Vorwort zur ersten Auflage.

Nachdem ich 1868 und 1876 im Verlage von J. Guttentag zu Berlin Kommentare zum preußischen Genossenschaftsgesetze vom 27. März 1867 und zum norddeutschen Genossenschaftsgesetze vom 4. Juli 1868 herausgegeben hatte, erklärte ich mich auf Ersuchen der Verlagshandlung im Voraus gern bereit, auch das neue Gesetz zu kommentiren. Aber die genaue Kenntniß des Entwurfs und seiner Abweichungen vom bisherigen Gesetze ließ es mir von vornherein mehr als zweifelhaft erscheinen, ob ich einen ausführlichen, gründlichen Kommentar werde so zeitig herstellen können, daß er beim Inkrafttreten des Gesetzes fertig vorliege. Ich war deshalb erfreut, in der Person des Herrn Gerichtsassessors Dr. jur. Hans Crüger, welcher seit drei Jahren die Stelle des ersten Sekretärs der Anwaltschaft des allgemeinen Verbandes der deutschen Erwerbs- und Wirthschaftsgenossenschaften verwaltet, einen Mitarbeiter zu gewinnen, der reiche Gelegenheit hatte, die Rechtsverhältnisse und wirthschaftlichen Bedürfnisse zahlreicher und verschiedenartiger Genossenschaften kennen zu lernen.

Unsere gemeinsame Arbeit wurde durch die erheblichen Veränderungen, die der Gesetzentwurf im Reichstage erfuhr, wider Erwarten erschwert. Dennoch konnte die Verlagshandlung den eigentlichen Kommentar bereits im September 1889, also vor dem Inkrafttreten des Gesetzes, versenden. Im Einverständniß mit uns versprach sie dabei, Einleitung, Sachregister und die von uns zur Vollständigkeit des Kommentars für unentbehrlich erachteten, im § 171 Abs. 2 des Gesetzes angekündigten Bekanntmachungen der Zentralbehörden der Einzelstaaten in vier bis fünf Wochen nachzuliefern. Es war vorausgesetzt, daß diese Bekanntmachungen, die nach dem Reichsgesetz vor dem 1. Oktober 1889 zu erwarten waren, spätestens Mitte Oktober allesammt vorliegen würden. Diese Voraussetzung traf nicht zu. Insbesondere blieb Preußen mit seiner Bekanntmachung, auf deren Abdruck wir Werth zu legen hatten, im Rückstande. Inzwischen war die erste Ausgabe des im September versendeten Kommentars bereits so weit vergriffen, daß Anfang Dezember 1889 ein zweiter unveränderter Neudruck bewirkt werden mußte. —

Die preußische Bekanntmachung ist im Reichsanzeiger erst am Weihnachtsabend erlassen. Die Verzögerung gestattete, im Nachtrage einige wichtige praktische Erfahrungen aus dem ersten Vierteljahre der Gültigkeitsdauer des neuen Gesetzes mitzutheilen.

Charlottenburg, 12. Januar 1890.

Ludolf Parisius.

Vorwort zur zweiten Auflage.

Bei der ersten Auflage konnten, da der eigentliche Kommentar bereits im September 1889 erschien, andere Kommentare, wie der kurz vorher erschienene von Proebst und die später erschienenen von Maurer und Joël nicht verglichen werden. In dieser zweiten, bedeutend vermehrten Auflage sind abweichende juristische Meinungen jener Werke besprochen und die sonst in der juristischen und genossenschaftlichen Literatur seit dem Inkrafttreten des Genossenschaftsgesetzes vom 1. Mai 1889 behandelten Fragen erörtert. Berücksichtigt sind alle in den fünf Jahren seit Erlaß des Gesetzes in Genossenschaftssachen ergangenen Entscheidungen der Gerichte und Behörden, und nicht blos die in Sammlungen und Zeitschriften mitgetheilten, sondern auch alle, die uns durch das Bureau des Allgemeinen Verbandes deutscher Erwerbs- und Wirthschaftsgenossenschaften zugänglich wurden. Das gesammte reiche Material der Anfragen von Genossenschaften und Behörden über Auslegung und Anwendung des Gesetzes bei dem Allgemeinen Verbande deutscher Erwerbs- und Wirthschaftsgenossenschaften stand uns zur Verfügung, so daß wohl fast jede in Theorie und Praxis seit Erlaß des Genossenschaftsgesetzes entstandene und aufgeworfene wichtige Frage in dem Kommentar hat berücksichtigt werden können.

Charlottenburg, 15. Dezember 1894.

Ludolf Parisius. **Dr. Hans Crüger.**

Vorwort zur dritten Auflage.

In der gleichen Weise wie die zweite Auflage ist die dritte auf Grund der wirthschaftlichen und rechtlichen Entwickelung des Genossenschaftswesens bearbeitet. Seit der zweiten Auflage hat das Genossenschaftsgesetz mehrfache Aenderungen erfahren, zunächst durch die Novelle vom 12. August 1896, dann durch Art. 11 des Einführungsgesetzes zum Handelsgesetzbuch vom 10. Mai 1897, es ist der Reichskanzler durch Art. 13 des eben erwähnten Gesetzes ermächtigt worden, den Text des Gesetzes betreffend die Erwerbs- und Wirthschaftsgenossenschaften, wie er sich aus den in Art. 11 vorgesehenen Aenderungen ergiebt, unter fortlaufender Nummernfolge der Paragraphen bekannt zu machen. Die Bekanntmachung ist im Reichs-Gesetzblatt 1898 S. 810 erfolgt.

Diese neue Fassung des Gesetzes ist dem Kommentar zu Grunde gelegt und es sind das neue Bürgerliche Gesetzbuch, das neue Handelsgesetzbuch, das Gesetz über die Angelegenheiten der freiwilligen Gerichtsbarkeit, die Konkursordnung, die Civilprozeßordnung mit den Aenderungen der 1897 er Gesetzgebung durchweg berücksichtigt, die Citate beziehen sich auf die mit dem 1. Januar in Kraft tretende Gesetzgebung, wo nicht ein Anderes bemerkt ist oder sich aus dem Zusammenhang ergiebt.

Der Kommentar behandelt das Genossenschaftsgesetz unter dem vom 1. Januar 1900 ab geltenden Rechte.

Charlottenburg, im Mai 1899.

Ludolf Parisius. **Dr. Hans Crüger.**

Inhaltsverzeichniß.

Erster Theil.

Zweiter Theil.

Dritter Theil.

Abkürzungen.*)

(Zahlen ohne weiteren Zusatz bedeuten die §§ dieses Gesetzes.)

A.V.[2] = Bekanntmachung betreffend die Führung des Genossenschaftsregisters und die Anmeldungen zu demselben vom 11. Juli 1889.

A.G.[4] = Gesetz, betreffend die Kommanditgesellschaften auf Aktien und die Aktiengesellschaften vom 18. Juli 1884.

Begr. I[1] = Begründung des I. Entwurfs.

Begr. II[1] = Begründung des II. Entwurfs.

Birkenbihl = Birkenbihl und Maurer: Das Reichsgesetz, betreffend die Erwerbs- und Wirthschaftsgenossenschaften vom 1. Mai 1889; zweite Auflage 1898.

Bl.f.G. = Blätter für Genossenschaftswesen.

B.G.B. = Bürgerliches Gesetzbuch.

Christiani = Anleitung für Genossenschafts-Vorstände im Verkehr mit den Gerichten; 1895.

C.P.O.[2] = Reichs-Civilprozeßordnung.

Denkschrift zum H.G.B. = Entwurf eines Handelsgesetzbuchs nebst Denkschrift (J. Guttentag-Berlin).

Denkschrift zum B.G.B. = Denkschrift zum Entwurf eines Bürgerlichen Gesetzbuchs (J. Guttentag-Berlin).

E.G. = Eingetragene Genossenschaft.

Entw. I[2], [3] = Entwurf eines Gesetzes betreffend die Erwerbs- und Wirthschaftsgenossenschaften nebst Begründung und Anlage. Amtliche Ausgabe; 1888.

Entw. II[2], [3] = Entwurf eines Gesetzes rc. vorgelegt dem Reichstag am 27. November 1888 (Drucksachen des Reichstags, 7. Legislaturperiode, IV. Session 1888/1889 Nr. 28).

Frw.-Ger. = Gesetz über die Angelegenheiten der freiwilligen Gerichtsbarkeit vom 17. Mai 1898.

G.K.G.[2] = Gerichtskostengesetz vom 18. Juni 1878 und 29. Juni 1881 (vergl. Bekanntmachung des Gesetzes mit den durch Artikel 4 des Gesetzes vom 17. Mai 1898 getroffenen Aenderungen R.G.Bl. 1898 S. 659).

G.R. = Genossenschaftsregister.

Ges. von 1868[2], [3] = Gesetz, betreffend die privatrechtliche Stellung der Erwerbs- und Wirthschaftsgenossenschaften vom 4. Juli 1868 (Bundesgesetzblatt des Norddeutschen Bundes, ausgegeben den 15. Juli 1868 Nr. 24).

G.V.G.[2] = Gerichtsverfassungsgesetz vom 17. Mai 1898.

Goldschmidt = Erwerbs- und Wirthschaftsgenossenschaften; 1882.

von Hahn = Kommentar zum Allgemeinen Deutschen Handelsgesetzbuch; 1877 und 1883.

Handelsgesellschafter = Der Handelsgesellschafter. Juristische Monatsschrift, Leipzig.

H.G.B.[4] = Handelsgesetzbuch vom 10. Mai 1897.

Herz = Novellen und Anträge zum Genossenschafts-Gesetz; 1883.

Hoffmann = Gesetz, betreffend die Erwerbs- und Wirthschaftsgenossenschaften vom 1. Mai 1889; 1889.

Jessenberger = Die eingetragenen Genossenschaften; 1897.

---

1. Die lateinischen Zahlen bezeichnen den Band, die arabischen die Seite.
2. Die beigefügte Zahl bezeichnet den Paragraphen.
3. Ist die Abkürzung in lateinischen Lettern gedruckt, so bedeutet dies, daß die Fassung des Gesetzes sich hier zuerst findet.
4. Die beigefügte Zahl bedeutet den Artikel.

Joël = Das Gesetz betreffend die Erwerbs- und Wirthschaftsgenossenschaften vom 1. Mai 1889 als Separat-Abdruck aus den „Annalen des Deutschen Reichs“; 1890.

Johow u. Küntzel = Entscheidungen des Kammergerichts.

J.M.Bl. = Justiz-Ministerial-Blatt für die Preußische Gesetzgebung und Rechtspflege.

Kaiser = Die civilrechtliche Haftung des Vorstandes und Aufsichtsraths der Aktiengesellschaften und Genossenschaften; 1897.

Komm.^{2}, ^{3} = Fassung des Gesetzes nach den Beschlüssen der VII. Kommission des Reichstags (Drucksachen des Reichstags, 7. Legislaturperiode, IV. Session 1888/1889 Nr. 132).

Komm.-Ber.^{1} = Bericht derselben Kommission (dieselben Drucksachen).

Liebig = Die Genossenschaft mit beschränkter Haftpflicht und ihre Behandlung im Konkurse; 1892.

Makower = Das allgemeine Deutsche Handelsgesetzbuch; elfte Auflage 1893.

v. Mandry = Der civilrechtliche Inhalt der Reichsgesetze.

Maret = Die rechtliche Stellung des Vorstandes einer Erwerbs- und Wirthschaftsgenossenschaft, 1891.

Maurer = Das Reichsgesetz betreffend die Erwerbs- und Wirthschaftsgenossenschaften vom 1. Mai 1889; 1890.

Monatsschrift für Handelsr. u. Bankw = Monatsschrift für Handelsrecht und Bankwesen, herausgegeben von Holdheim.

Nov. (vor „Komm.“ u. „Begr.“) = Novelle zum Gesetz vom 12. August 1896.

Oppermann u. Häntschke = Handbuch für Konsumvereine; 1898.

Parisius = Die Genossenschaftsgesetze im Deutschen Reiche; 1876.

Parisius u. Crüger = Formularbuch zum Reichsgesetz, betreffend die Erwerbs- und Wirthschaftsgenossenschaften vom 1. Mai 1889; zweite Auflage 1897.

Planck = Bürgerliches Gesetzbuch nebst Einführungsgesetz (J. Guttentag-Berlin).

Proebst = Das Reichsgesetz vom 1. Mai 1889 über die Erwerbs- und Wirthschaftsgenossenschaften; 1889.

Reinartz = Die eingetragene Genossenschaft als Korporation.

Ring = Das Reichsgesetz betreffend die Kommanditgesellschaften auf Aktien und die Aktiengesellschaften vom 18. Juli 1884; zweite Auflage 1892.

R.K.O.^{2} = Konkursordnung.

R.G.^{1} = Entscheidungen des Reichsgerichts in Civilsachen.

R.G.B.^{1} = Reichsgesetzblatt.

R.O.H.G. = Entscheidungen des Reichsoberhandelsgerichts.

Rtg.^{2}, ^{3} = Fassung des Gesetzes nach den Beschlüssen des Reichstages in zweiter Lesung (Drucksachen des Reichstags, 7. Legislaturperiode, IV. Session 1888/1889 Nr. 145).

Rtg. III^{2}, ^{3} = Fassung des Gesetzes nach den Beschlüssen des Reichstags in dritter Lesung (Drucksachen Nr. 186).

Schulze-Delitzsch = Material zur Revision des Genossenschaftsgesetzes; 1883.

Schulze-Delitzsch-Crüger = Vorschuß- und Kreditvereine als Volksbanken; 6. Auflage 1897.

von Sicherer = Die Genossenschaftsgesetzgebung in Deutschland; 1876.

Simon = Die Bilanzen der Aktiengesellschaften; zweite Auflage 1898.

Staub = Kommentar zum Allgemeinen Deutschen Handelsgesetzbuch; 1893.

Str.G.B.^{2} = Strafgesetzbuch für das Deutsche Reich.

Zeller = Das Reichsgesetz über die Erwerbs- und Wirthschaftsgenossenschaften vom 1. Mai 1889; 2. Auflage 1894.

Zeitschrift f. das ges. Aktienwesen = Zeitschrift für das gesammte Aktienwesen (Zittau — jetzt als Zeitschrift für Aktiengesellschaften, Leipzig.)

Berichtigungen und Ergänzungen.

Zu S. XVIII. Am 18. April 1899 hat die Generalversammlung der Raiffeisen'schen Genossenschaften folgende Aenderungen in der Organisation des Neuwieder Verbands beschlossen: 1. Die landwirthschaftliche Central-Darlehnskasse für Deutschland, welche bisher nur den Geldverkehr mit den angeschlossenen Genossenschaften vermittelte, übernimmt in einer neuen Abtheilung an Stelle der Firma Raiffeisen und Cons. auch den Waarenverkehr (Einkauf landwirthschaftlicher Bedarfsartikel und Verkauf landwirthschaftlicher Produkte) und zwar außer für die angeschlossenen Darlehnskassen-Vereine auch für alle anderen dem Revisionsverbande angehörigen Genossenschaften (Produktiv-, Absatz- u. s. w. Genossenschaften). Die Firma Raiffeisen u. Cons., welche damit ihre Geschäftsthätigkeit aufgiebt, überweist ihr Gesammtvermögen einer Raiffeisen-Stiftung, welche außer allgemeiner (genossenschaftlicher) ländlicher Wohlfahrtspflege die Unterstützung der Pensionskasse der im Dienste der Neuwieder Organisation stehenden Beamten bezweckt. 2. Die angeschlossenen Landes- und Provinzial-Verbände finden die weitgehendste Berücksichtigung ihrer besonderen Eigenthümlichkeiten in der neu hinzugekommenen Bestimmung, daß sie im Vorstand und Aufsichtsrath vertreten sind. Die Aufsichtsrathsmitglieder der einzelnen Verbände bilden zugleich den Beirath der betreffenden Filiale. 3. Der bisherige General-Anwaltschafts-Verband (Revisions-Verband) nimmt den Namen „Generalverband" an und sein Vorstand und Aufsichtsrath besteht satzungsgemäß aus dem Vorstande und Aufsichtsrathe der Central-Darlehnskasse.

S. 7 (§ 1 Erl. 2). Durch Urtheil vom 9. November 1898 hat das Reichsgericht (Monatsschrift für Handelsrecht 1899 Nr. 4) einen Beschluß für ungültig erklärt, durch welchen die Generalversammlung beschließt, von den ausscheidenden Mitgliedern einen Beitrag zu einem Amortisationsfonds zu erheben.

S. 8 (§ 1 Erl. 4) u. S. 14 (§ 1 Erl. 6) „Dem gesetzlichen Zweck einer eintragungsfähigen Genossenschaft ist nur entsprochen, wenn die Mitglieder in ihrem sonstigen Erwerbsberufe oder in ihrer Wirthschaftsführung grundsätzlich durch Geschäfte der Genossenschaft mit ihnen gehindert werden sollen, nicht aber insbesondere, wenn die Absicht besteht, den Mitgliedern durch Geschäfte der Genossenschaft mit Nichtmitgliedern Gewinn zuzuführen" (Beschluß des Kammergerichts vom 23. Mai 1898 Johow Bd. XVIII S. 27ff.); es ist als giltiger Gegenstand des Unternehmens nicht anerkannt: „Zweck der Genossenschaft ist die Erwerbung eines Grundstücks auf gemeinschaftliche Rechnung zur Errichtung eines Saalbaues, sowie die Verwaltung und wirthschaftliche Verwerthung des Grundstücks.

S. 12. Ein Gesetzentwurf betreffend das Flaggenrecht von Kauffahrteischiffen, in dem der im Text vertretene Grundsatz zur Anerkennung gelangt, liegt dem Reichstag zur Beschlußfassung vor.

S. 16 Z. 22 von unten: § 19 Erl. 3 statt § 19 Erl. 2.

S. 78 (§ 9 Erl. 3). „Neu bestellte Vorstandsmitglieder einer eingetragenen Genossenschaft, die noch nicht Genossen sind, dürfen ihre eigenen Beitrittserklärungen behufs ihrer Eintragung in die Genossenliste einreichen und zugleich oder nachher, auch vor dieser Eintragung, die durch ihre Bestellung eingetretene Aenderung in der Zusammensetzung des Vorstandes zur Eintragung in das Genossenschaftsregister anmelden" (Beschluß des Kammergerichts vom 28. November 1898 Johow Bd. XVIII S. 32ff.)

S. 85 zu § 10. Gesetz über die Angelegenheiten der freiwilligen Gerichtsbarkeit. Außer § 146 des Gesetzes kommt zur Anwendung § 19 des Gesetzes, wo allgemein bestimmt ist, daß gegen die Verfügungen des Gerichts das Rechtsmittel der Beschwerde gegeben ist.

S. 93 Z. 12 von oben muß es statt § 167 heißen: § 147, § 129.

S. 110 § 23 von unten sind die Worte „z. B. bei Ehefrauen" zu streichen und ferner ist in Z. 22 die Paranthese („bei Ehefrauen u. s. w.") zu beseitigen, es ist dem Satz hinzuzufügen: Die nach den Landesrechten meist geltende Beschränkung der Geschäftsfähigkeit der Ehefrauen ist in das B.G.B. nicht herübergenommen, es bestimmt nur Art. 200 Einf.Ges. zum B.G.B. daß die bisherigen Beschränkungen in der Geschäftsfähigkeit der Ehefrau in Kraft bleiben, solange der bisherige Güterstand bestehen bleibt. Nach dem B.G.B. sind Verträge, durch welche die Frau sich zu einer vermögensrechtlichen Leistung verpflichtet, für die Frau verbindlich. Aus der Verwaltungsgemeinschaft (§§ 1363ff. B.G.B.), der allgemeinen Gütergemeinschaft (§§ 1437ff.) und der Errungenschaftsgemeinschaft (§§ 1519ff.) aber ergiebt sich, daß aus den Verträgen der Frau gegenüber dem in der Verwaltung des Mannes befindlichen Vermögen der Frau ein Anspruch nur besteht, — wenn der Mann nicht dem Vertrage zugestimmt hat — falls es sich um eine ungerechtfertigte Bereicherung des Eingebrachten handelt (§ 1399, § 1460 B.G.B.). Trotz der Geschäftsfähigkeit der Ehefrau muß den Genossenschaften daher empfohlen werden für den Beitritt einer Ehefrau die Genehmigung des Ehemanns zu verlangen. Nur bei Gütertrennung (§§ 1426ff. B.G.B.) könnte sich die Genossenschaft mit der alleinigen Erklärung der Ehefrau begnügen. Ist der Beitritt vor der Ehe erklärt, so wird durch die Ehe an den aus der Mitgliedschaft entstehenden Verpflichtungen des Vermögens der Frau nichts geändert.

S. 135. Ueber Eigenthumsbeschränkungen Johow Bd. XVIII S. 400ff.

S. 151 (§ 19 Erl. 3). Verjährung der Dividende vgl. § 224 B.G.B.

S. 188 (§ 28 Erl. 6). Der Beschluß des Kammergerichts vom 28. Februar 1898 ist abgedruckt bei Johow Bd. XVIII S. 36ff.

Einleitung.

I. Zur Geschichte der deutschen Genossenschaftsbewegung. *)

Die ersten „auf dem Prinzip der Selbsthülfe der Betheiligten beruhenden deutschen Genossenschaften der deutschen Handwerker und Arbeiter" sind von dem Kreisrichter Hermann Schulze-Delitzsch — geboren am 29. August 1808, gestorben am 29. April 1883 — in den Jahren 1849 und 1850 in seiner Heimathsstadt Delitzsch ins Leben gerufen. Er behandelte diese „ersten rohen Anfänge" in einer 1850 veröffentlichten Schrift „Mittheilungen über gewerbliche und Arbeiterassoziationen". Diese Assoziationen sollten die Handwerker und Arbeiter von den Wegen der nach Staatsunterstützung lüsternen Zünftler und der von oben herab zentralisirenden Sozialisten ablenken. **) Schon drei Jahre darauf im März 1853 beschrieb er in seinem „Assoziationsbuch für deutsche Handwerker und Arbeiter" die 12 in Delitzsch und den Nachbarstädten Eilenburg und Bitterfeld errichteten Assoziationen, zwei Krankenkassen, zwei Vorschußvereine, zwei Konsumvereine und sechs Rohstoffassoziationen von Tischlern, Schuhmachern, Schneidern, und fügte Statuten, Formulare, Anweisungen zur Buchführung bei. In diesem Buche trat er den Handwerkern und Arbeitern mit einem vollständigen Assoziationssystem gegenüber, zugleich aber mit der Erklärung, daß diese Arten Assoziationen nur Vorstufen des Gewerbebetriebs für gemeinschaftliche Rechnung, der Produktivgenossenschaft seien. Anfangs 1854 gab Schulze bereits ein besonderes Blatt für seine Assoziationen heraus, die zunächst achtmal jährlich erscheinende Abtheilung der deutschen Gewerbezeitung „Innung der Zukunft", aus welcher in allmählicher langsamer Vergrößerung die „Blätter für Genossenschaftswesen" geworden sind. Von seinen Assoziationen traten in den nächsten Jahren schnell die Vorschußvereine in den Vordergrund. Im März 1855 widmete Schulze ihnen sein Buch „Vorschuß- und Kreditvereine als Volksbanken". Damals, als erst acht Vorschußvereine bestanden, wagte Schulze zu prophe-

*) Vgl. Die Erwerbs- und Wirthschaftsgenossenschaften in den einzelnen Ländern von Dr. jur. Hans Crüger (Jena 1892).

**) Vgl. Schneider „Vor 50 Jahren" in Bl.f.G. 1898 S. 461 ff., 469 ff.

zeien, „daß es in nicht ferner Zeit keine Stadt in Deutschland geben werde, welche nicht ein solches Institut nachzuweisen haben würde.“

Aus diesen ersten Anfängen entwickelte sich die deutsche genossenschaftliche Bewegung. Der vorsorglichen, unermüdlichen Thätigkeit „des Vaters des deutschen Genossenschaftswesens ist das bis 1. Oktober 1889 gültige deutsche Genossenschaftsgesetz, das „Gesetz betreffend die privatrechtliche Stellung der Erwerbs- und Wirthschaftsgenossenschaften vom 4. Juli 1868“, zu verdanken. Auch auf Entstehung und Inhalt des Gesetzes vom 1. Mai 1889 hat Schulze-Delitzsch, sowie der von ihm begründete allgemeine Verband der Erwerbs- und Wirthschaftsgenossenschaften einen hervorragenden Einfluß geübt. Es liegt nicht in unserer Absicht, etwa in Fortsetzung der von Parisius in der Einleitung seines 1876 erschienenen Werkes: „Die Genossenschaftsgesetze im deutschen Reiche“ für die Zeit bis 1875 gegebenen Darstellung, jenen Einfluß nachzuweisen. Mit dem 1. Oktober, mit dem Inkrafttreten des Gesetzes vom 1. Mai 1889, begann ebenso wie nach Erlaß des Gesetzes vom 5. Juli 1868, ein neuer Aufschwung des deutschen Genossenschaftswesens.

Wir werden uns mit einem flüchtigen Blick auf den Stand der Genossenschaftssache in Deutschland begnügen. Nur in einer Beziehung ist durch das Gesetz selbst eine Ausnahme geboten. Dasselbe verlieh den bestehenden und künftig entstehenden genossenschaftlichen Verbänden, von denen, als der rechtlichen Persönlichkeit entbehrend, die bisherige Gesetzgebung nichts kannte, durch den vierten Abschnitt eine dauernde Bedeutung. Thatsächliche Mittheilungen über Entstehung und bisherige Wirksamkeit des genossenschaftlichen Verbandswesens sind nicht zu entbehren, da Einrichtungen des von Schulze begründeten allgemeinen Verbandes und seiner Unterverbände die Vorschläge zu jenem Gesetzesabschnitt veranlaßt haben, die in der Hauptsache von den gesetzgebenden Faktoren genehmigt und in das Gesetz aufgenommen sind.

Auf eine von Schulze und acht Leitern genossenschaftlicher Kreditvereine erlassene Einladung versammelte sich um Pfingsten 1859 zu Weimar „der erste Vereinstag deutscher Vorschuß- und Kreditvereine, welche auf der Selbsthülfe der Kreditbedürftigen aus dem kleinen und mittleren Gewerbestande beruhen“ und beschloß, „ein Central-Korrespondenzbureau der deutschen Vorschuß- und Kreditvereine“ zu begründen, um dessen Leitung Schulze ersucht wurde. Bis Dezember 1859 hatten sich 32 Vereine betheiligt. Langsam ging es damit weiter. Im Auftrage des „dritten Vereinstages der auf Selbsthülfe gegründeten deutschen Vorschuß-, Kredit- und Rohstoffvereine“ Halle a. S. Pfingsten 1861 erließ der dort gewählte „engere Ausschuß der deutschen Genossenschaften“ einen öffentlichen Aufruf zum Beitritt. Die Centralstelle wurde 1861 zur „Anwaltschaft der deutschen Erwerbs- und Wirthschaftsgenossenschaften“. Auf dem Vereinstage zu Potsdam Pfingsten 1862, als sich ohne Zuthun des Anwaltes besondere Verbände für das Königreich Sachsen und für den Mittelrhein gebildet hatten, ward auf Schulzes Antrag die Bildung von Landes- und Provinzial-Unterverbänden angerathen und für dieselben ein Statutenentwurf genehmigt. Schon die folgenden Vereinstage zu Görlitz und Mainz vollendeten die Organisation. In Mainz 1864 nahm der sechste allgemeine Vereinstag „das Organische Statut des Allgemeinen Verbandes der auf Selbsthülfe beruhenden deutschen Erwerbs- und

Wirthschaftsgenossenschaften“ an, welches mit geringen Aenderungen bis 1891 galt.

Die Grundzüge dieser Organisation sind folgende: Die Geschäfte des allgemeinen Verbandes führt der gewählte Anwalt — von Schulzes Tode bis 1896 der Rechtsanwalt a. D. Friedrich Schenck von 1896 ab Dr. Hans Crüger mit förmlich eingerichtetem Bureau. Die dem Verbande beigetretenen Vereine beschicken durch Abgeordnete einen jährlich stattfindenden allgemeinen Genossenschaftstag, welcher als oberste Instanz die gemeinsamen Interessen überwacht, deren Wahrnehmung bei der Gesetzgebung, ebenso wie die Ertheilung von Rathschlägen und Gutachten an die einzelnen Vereine bei ihrer Organisation und bei allen einschlagenden geschäftlichen Vorkommnissen dem Anwalt übertragen ist. „Als Zwischenglieder zwischen den Centralorganen und den einzelnen Vereinen sind Unter- oder Provinzial- oder engere Landesverbände gebildet, welche die Vereine einzelner deutscher Länder, Provinzen oder gewisser Klassen der Genossenschaften umfassen und die Wahrnehmung von deren Sonderinteressen, sowie die Vermittelung mit den Centralstellen zu ihrer Aufgabe haben. Indem sie einestheils dem allgemeinen Vereinstage durch besondere Versammlungen vorarbeiten, anderntheils dessen Beschlüsse in ihrem Bereiche zur Geltung bringen, greifen sie lebendig in das Getriebe ein. Die von ihnen gewählten Vorstände bilden als engeren Ausschuß eine Körperschaft, welche dem Anwalt in der Zwischenzeit zwischen den Vereinstagen und insbesondere bei Ordnung der Finanzen des Verbandes zur Seite steht.“*)

Der gegenwärtige Bestand der zum allgemeinen Verbande gehörigen Vereine ist in den Mittheilungen des Anwaltes vom Genossenschaftstage 1898 auf 1542 angegeben, von denen 1472 Unterverbänden angeschlossen sind. Im nachfolgenden Verzeichniß der Unterverbände ist das Stiftungsjahr, der Ort, von welchem die Leitung erfolgt, und der Bestand vom 1. Oktober 1898 angeführt.

1. 1861. Verband Sächsischer Kreditgenossenschaften. — Chemnitz. 35 Vorsch.-V.

2. 1862. V. Erwerbs- u. Wirthschaftsgenossenschaften am Mittelrhein. — Wiesbaden. 69 Gen. (64 Vorsch.-V., 2 Rohstoff- und je eine Magazin- u. Produktiv-G.).

3. 1862. V. der Kredit-G. von Rheinland, Westfalen, nebst Lippe und Waldeck. — Ruhrort. 31 Vorschußvereine.

4. 1862. V. der Erwerbs- und Wirthschafts-Genossensch. Schlesiens. — Breslau. 94 Vereine (57 Vorsch.-V., 35 Produktiv-G., 2 Werk.-G.).

5. 1863. V. Norddeutscher G. (von Mecklenburg, Vorpommern und Rügen.) — Wolgast. 48 Vereine (47 Vorsch.-V., 1 Werk.-G.).

6. 1863. V. der Thüringischen Vorsch.-V. — Meiningen. 93 Vereine (92 Vorschuß-V., 1 Magazin-Verein).

7. 1864. V. der Vorsch.-V. zu Berlin. — Berlin. 30 Vorsch.-V.

8. 1864. V. der Kredit-G. im Regierungsbezirk Magdeburg, Herzogthum Braunschweig u. Provinz Hannover. — Halberstadt. 36 Vorsch.-V.

---

*) In dem auf dem Genossenschaftstage in Gera 1891 angenommenen (revidirten) Statut ist neben dem aus den Direktoren sämmtlicher Unterverbände bestehenden Gesammtausschusse noch ein vom Genossenschaftstage aus den Verbandsdirektoren und deren Stellvertretern auf drei Jahre zu wählender engerer Ausschuß von 7 Mitgliedern eingeführt, dem wesentliche Funktionen des früheren engeren Ausschusses übertragen sind.

9. 1864. V. der Erwerbs- u. Wirthschafts-G. für die südliche Hälfte der Prov. Sachsen u. das Herzogth. Anhalt. — Merseburg. 37 Vorsch.-V.

10. 1864. V. der Erwerbs- u. Wirthschafts-G. in Ost- u. Westpreußen. — Allenstein. 84 Vereine (81 Vorsch.-V., 1 Ackerbau-G.).

11. V. der deutschen Erwerbs- u. Wirthschafts-G. der Provinz Posen. — Posen. 33 Vorschuß-V.

12. 1864. V. Hessischer Vorsch.-V. — Cassel. 25 Vorsch.-V.

13. 1864. V. der Vorschuß- u. Kredit-V. von Pommern und den Grenzbezirken der Mark Brandenburg. — Stettin. 36 Vorsch.-V.

14. 1864. V. der Kredit-G. der preußischen Lausitz und der benachbarten Landestheile. — Guben. 23 Vereine (22 Vorsch.-V., 1 Rohstoff-G.).

15. 1864. V. der Kredit-G. von Westbrandenburg und angrenzender Landestheile. — Brandenburg. 29 Vorsch.-V.

16. 1865. V. der Konsumvereine der Prov. Brandenburg und der angrenzenden Provinzen u. Staaten. — Berlin. 26 Konsum-Vereine.

17. 1866. V. der Oberbadischen Genossenschaften. — Jestetten. 32 Vorsch.-V.

18. 1866. V. der Pfälzischen Kredit-G. — Speyer. 25 Vorsch.-V.

19. 1867. V. der Kredit- und Vorsch.-V. von Nordwestdeutschland. — Heide. 46 Vorsch.-V.

20. 1867. V. der Konsumvereine der Provinz Sachsen und der angrenzenden Provinzen u. Staaten. — Magdeburg. 155 Vereine (149 Konsum-V., 4 Rohstoff-, 1 Magazin-G., 1 Werk.-G.).

21. 1868. V. der Fränkischen Kredit- u. Vorsch.-V. — Miltenberg. 35 Vorsch.-V.

22. 1868. V. der Unterbadischen Genossenschaften. — Karlsruhe. 44 Vorsch.-V.

23. 1869. V. d. Schlesischen Konsumvereine. — Breslau. 14 Konsum-V.

24. 1870. V. der Erwerbs- u. Wirthschafts-G. der Provinzen Starkenburg und Oberhessen. — Darmstadt. 24 Vereine (22 Vorsch.-V., 2 Rohstoff-V.).

25. 1871. V. der Konsum-V. der Lausitz und der angrenzenden Provinzen. — Görlitz. 27 Konsum.-V.

26. 1872. V. Sächsischer Konsum-V. (Der Verband bestand in Sonderstellung schon seit 1869.) — Pieschen. 38 Vereine (37 Konsum-V., 1 Rohstoff-G.).

27. 1872. V. Süddeutscher Konsum-V. (Der Verband bestand in Sonderstellung schon seit 1867.) — München. 56 Konsum-V.

28. 1872. V. Rheinisch-Westfälischer Konsum-V. — Lüdenscheid. 23 Konsum-V.

29. 1877. V. Thüringischer Konsum-V. — Erfurt. 100 Vereine (97 Konsum-V., je eine Produktiv-, Weidegenossenschaft u. Wohnungsvereine).

30. 1878. V. Bayerischer Genossenschaften. — München. 20 Vereine (13 Vorschuß-V., 3 Produktiv-, 2 Bau-, 1 Magazin-, 1 Rostoff-G.).

31. 1888. V. Nordwestdeutscher Konsum-V. — Bremen. 77 Vereine (73 Konsum-V., 2 Produktiv-, 1 Bau-, 1 Rohstoff-G.)

32. 1897. V. der Baugenossenschaften Deutschlands. — Berlin. 27 Vereine.*)

Außer den 1472 Vereinen, welche die Mitglieder der 32 Unterverbände bilden, waren noch 170 Vereine vorhanden, die bisher zwar dem allgemeinen Verbande, aber keinem Unterverbande angehörten, nämlich 36 Vorschuß- und Kreditvereine, 16 Konsumvereine und 18 andere Genossenschaften.

Eine ständig fortschreitende Entwickelung in Statuten, Einrichtung und Geschäftsführung der Genossenschaften wurde erzielt:

---

*) Im Laufe der Jahre sind einzelne Verbände entstanden und wieder eingegangen, z. B. Verband der Genossenschaften im Saarbecken (1868 bis 1882), Verband norddeutscher Schuhmachergenossenschaften (1867 bis 1872), Verband deutscher Baugenossenschaften (1875 bis 1876) u. s. w. Ausgeschieden sind der Verband wirthsch. Genossenschaften in Württemberg — Ulm (von 1865 bis 1893 60 Ver.), der V. landwirthschaftlicher G. der Provinz Preußen — Insterburg (1876 bis 1890 30 G. blieb Verband der Vereinigung deutscher landwirthschaftlicher Genossenschaften), der Verband niedersächsischer G. (1884 bis 1890 Hannover 36 V.)

1. durch die enge Verbindung der Unterverbände und ihrer Leiter mit dem allgemeinen Vereinstage und dem Anwalt. Die Vereinstage wechselten den Ort. Sie fanden statt: 1. 1859 zu Weimar, 2. 1860 Gotha, 3. 1861 Halle a/S., 4. 1862 Potsdam, 5. 1863 Görlitz, 6. 1864 Mainz, 7. 1865 Stettin, 8. 1866 Cassel, 9. 1867 Quedlinburg, 10. 1868 Leipzig, 11. 1869 Neustadt a/H. und Magdeburg Konsumvereinstag, 12. 1871 Nürnberg, 13. 1872 Breslau, 14. 1873 Konstanz, 15. 1874 Bremen, 16. 1875 München, 17. 1876 Danzig, 18. 1877 Wiesbaden, 19. 1878 Eisenach, 20. 1879 Stuttgart, 21. 1880 Altona, 22. 1881 Cassel (zum zweiten Mal), 23. 1882 Darmstadt (letzter von Schulze besuchter und geleiteter Vereinstag), 24. 1883 Halberstadt (Wahl Schenks zum Anwalt), 25. 1884 Weimar (zum zweiten Mal), 26. 1885 Karlsruhe, 27. 1886 Kolberg, 28. 1887 Plauen i. Vgtl., 29. 1888 Erfurt, 30. 1889 Königsberg i. Pr., 31. 1890 Freiburg i. Baden, 32. 1891 Gera i. Reuß, 33. 1892 München (zum zweiten Mal), 34. 1893 Stettin (zum zweiten Mal), 35. 1894 Gotha (zum zweiten Mal), 1895 Augsburg, 1896 Wiesbaden, 1897 Rostock, 1898 Neustadt a/H. (zum zweiten Mal).

Die Unterverbandstage finden einen bis drei Monate vor dem allgemeinen Genossenschaftstage, ebenfalls mit Wechsel des Ortes, statt. Ihnen wohnt der Anwalt oder ein von ihm beauftragter Vertreter der Anwaltschaft bei. Die auf ein Jahr gewählten Verbandsdirektoren haben die Verpflichtung, die allgemeinen Vereinstage zu besuchen und dort den Sitzungen des Gesammtausschusses beizuwohnen; sie erhalten dazu Reisekosten und Tagegelder aus der Kasse des allgemeinen Verbandes.

2. durch die regelmäßigen Druckschriften des allgemeinen Verbandes. Das Organ desselben, die Blätter für Genossenschaftswesen, eine Fortsetzung der zuerst achtmal jährlich erschienenen Innung der Zukunft, vollenden demnächst ihren 46. Jahrgang. Die Jahresberichte über die auf Selbsthülfe gegründeten deutschen Erwerbs- und Wirthschaftsgenossenschaften sind aus den bescheidensten Anfängen zu einem großen statistischen Musterwerk angewachsen.*) Seit 1897 erscheinen sie als „Jahrbuch des Allgemeinen Verbandes der auf Selbsthülfe beruhenden deutschen Erwerbs- und Wirthschaftsgenossenschaften." Ueber die einzelnen allgemeinen Vereinstage ist jedesmal im Auftrage derselben ein Bericht nebst Darstellung der Finanzen u. dgl. vom Anwalt veröffentlicht und jedem Vereine des allgemeinen Verbandes zugesendet.**)

---

*) Die ersten Jahresberichte „über die deutschen Vorschußvereine" für die Jahre 1854, 1855, 1856, 1857 und 1858 sind in dem Sammelwerk: „Die Entwickelung des Genossenschaftswesens in Deutschland" von Schulze-Delitzsch 1870 wieder abgedruckt. Als besonderes Buch erschien zuerst der Jahresbericht für 1859 „über die auf dem Prinzip der Selbsthülfe der Betheiligten beruhenden deutschen Genossenschaften der Handwerker und Arbeiter"; 1860 lautete der Titel „über die auf Selbsthülfe gegründeten deutschen Erwerbs- und Wirthschaftsgenossenschaften des kleinen Gewerbsstandes", 1861 ebenso, nur zuletzt „des kleinen und mittleren Gewerbsstandes", von 1862 bis 1888 ebenso unter Fortfall der letzten Worte. Die Jahresberichte bis 1881 sind von Schulze-Delitzsch, der für 1882 von Dr. F. Schneider als stellvertretendem Genossenschaftsanwalt, die folgenden bis 1895 von F. Schenck, Anwalt des allgemeinen deutschen Genossenschaftsverbandes, herausgegeben. Seit 1896 ist Herausgeber der zeitige Anwalt Dr. Hans Crüger. Von dem Jahresbericht erhalten alle diejenigen Genossenschaften ein Freiexemplar, welche die ihnen übersandte statistische Tabelle rechtzeitig ausfüllten und einsandten.

**) Vgl. F. X. Proebst: „Die Grundlehren der deutschen Genossenschaften nach den

3. Den Zwecken des Verbandes diente ferner die von den verbündeten Vereinen 1864 mit einem Kommanditaktienkapital von 810000 Mk. begründete, jetzt mit 28 Millionen Mk. dotirte Deutsche Genossenschafts-Bank von Sörgel, Parrisius u. Co. in Berlin (Kommanditgesellschaft auf Aktien), mit der Bestimmung, den Genossenschaften die Großbankverbindungen zu vermitteln und als Centralgeldinstitut zu dienen, mit einer 1871 eröffneten Kommandite in Frankfurt a/M.

In den ersten Jahren der genossenschaftlichen Bewegung hatten sich die Genossenschaften öfters über die aus Uebelwollen gegen die Personen oder aus büreaukratischem Mißtrauen entsprungenen Versuche zu beklagen, ihre Wirksamkeit zu hemmen oder nach bestimmten Richtungen hin einzuzwängen. Eingedenk dieser Erfahrungen haben Schulze-Delitzsch und seine Freunde auch jede ihnen angebotene Förderung oder Unterstützung des Staates stets grundsätzlich abgelehnt. Als die preußische Regierung im August 1865 eine aus Arbeitgebern und Arbeitern zusammengesetzte Kommission unter anderm die Frage berathen ließ, was geschehen könne, „um die auf Selbsthülfe beruhenden Genossenschaften (Vorschuß- und Kreditvereine, Vereine zur Beschaffung von Rohstoffen, Konsumvereine, Produktivassoziation) zu **fördern**", nahm der gerade in Stettin tagende siebente allgemeine Vereinstag auf Antrag von Parisius eine Resolution an, in deren erstem Satze erklärt wurde: einzige Förderung, welche die Genossenschaften von der preußischen wie von jeder anderen Staatsregierung beanspruchen, sei, daß sie sich aller Versuche, die Genossenschaften der polizeilichen Kontrole zu unterstellen, fernerhin enthalten und dem von Schulze 1863 im Abgeordnetenhause eingebrachten Genossenschafts-Gesetzentwurfe zustimmen, — und dessen letzter Satz lautet:

> „**Alle Versuche der Staatsregierungen**, die auf Selbsthülfe beruhenden Erwerbs- und Wirthschaftsgenossenschaften im Allgemeinen oder innerhalb einer einzelnen Berufsklasse **durch positive Einmischung fördern** zu wollen, müssen als ihnen **schädlich zurückgewiesen** werden." *)

Andere Verbände, welche erst entstanden sind, nachdem durch Erlaß des Genossenschaftsgesetzes von 1868 die Hauptschwierigkeit der Bewegung aus dem Wege geräumt war, haben sich zu positiven Förderungen und Unterstützungen einzelner Regierungen von vornherein weniger spröde verhalten, sondern sie erbeten und bekommen.

Die Verbandsrevision des Genossenschaftsgesetzes von 1889 hat erhebliche Veränderungen in den Genossenschaftsverbänden hervorgerufen. Zu den Verbänden, die 1889 schon existirten, sind durch Lostrennung von Unterverbänden oder durch Zusammenschließung älterer und nach Inkrafttreten des neuen Gesetzes begründeter Genossenschaften eine Reihe neuer Verbände entstanden, von denen manche nur die Durchführung der gesetzlich angeordneten

---

Beschlüssen der allgemeinen Vereinstage systematisch dargestellt und eingeleitet mit einer Skizze der Geschichte des allgemeinen Vereinstages." — Die einzelnen Unterverbands-direktoren senden gedruckte Berichte und Mittheilungen über die Untervereinstage aus, die Verbände süddeutscher Konsumvereine und der Konsumvereine der Provinz Sachsen in Form von Zeitschriften.

*) Auf das mit diesen Grundsätzen brechende preußische Gesetz betreffend die Errichtung einer Centralanstalt zur Förderung des genossenschaftlichen Personalkredits vom 31. Juli 1895 kommen wir noch zu sprechen.

Revision bezwecken. Indem wir in Betreff Entstehung und Weiterentwickelung der größeren Verbände auf die erste Auflage S. XVII bis XXI und auf Parisius „Die Genossenschaftsgesetze im Deutschen Reiche" u. s. w. (1876) verweisen, wollen wir uns im Wesentlichen darauf beschränken, den letzten uns bekannten Bestand der Verbände aufzuführen.

Als zweiter größerer Verband entstand der (Raiffeisensche) Anwaltschaftsverband zu Neuwied — jetzt Generalanwaltschaftsverband ländlicher Genossenschaften für Deutschland.

Friedrich Wilhelm Raiffeisen (geb. 30. März 1818 zu Hamm a/Sieg im Kreise Altenkirchen, gestorben am 11. März 1888 zu Heddesdorf) hat als Bürgermeister der Bürgermeisterei Flammersfeld im Dezember 1849 den gemeinnützigen und wohlthätigen Zwecken gewidmeten „Flammersfelder Hülfsverein zur Unterstützung unbemittelter Landwirthe" und sodann, als er Bürgermeister von Heddesdorf geworden war, im Mai 1854 den „Heddesdorfer Wohlthätigkeitsverein" ins Leben gerufen, der neben dem Zweck, das Geldbedürfniß der Mitglieder zu befriedigen, „auch die Aufgabe hatte, für die Erziehung verwahrloster Kinder zu sorgen, arbeitslosen Einwohnern, besonders entlassenen Sträflingen Beschäftigung zu geben und eine Volksbibliothek zu errichten." Da diese „verschiedenen Geschäftszweige in ein und derselben Genossenschaft sich direkt nicht vereinigen ließen", erfolgte im Jahre 1864 die Umwandlung des Vereins in den „Heddesdorfer Darlehnskassenverein". Nachdem dieser Verein mehrere Jahre bestanden und sich bewährt hatte, „gelang es erst, in der Nachbarschaft verschiedene andere Vereine zu gründen. Seitdem haben sich dieselben in einer rascheren Folge über einen großen Theil der Rheinprovinz und dann auch in verschiedenen anderen Landestheilen und Staaten verbreitet." So schildert Raiffeisen in seiner, zuerst im März 1896 erschienenen Schrift*) die ersten Anfänge seiner Vereine, die sich 1868 sofort unter das Genossenschaftsgesetz stellten.

In Anlehnung an die 1876 begründete Aktiengesellschaft „Landwirthschaftliche Central-Darlehnskasse für Deutschland" wurde von Raiffeisen ein die an der Bank betheiligten Darlehnskassen umfassender Centralkassenverband und daneben am 26. Juni 1877 der Anwaltschaftsverband mit dem Sitze in Neuwied gebildet. Der Verband ist in seinen Einrichtungen dem allgemeinen Verband nachgebildet. Alljährlich findet ein Vereinstag statt. Der Direktor der Centraldarlehnskasse fungirt zugleich als Anwalt, der Aufsichtsrath zugleich als Anwaltschaftsrath. Zu letzterem gehören auch die Direktoren der Verbände, nicht auch der Unterverbände, die nur einen Kreis zu umfassen pflegen. Der Anwalt vermittelt auch den gemeinschaftlichen Bezug der nothwendigsten Wirthschaftsbedürfnisse und den Verkauf landwirthschaftlicher Produkte. Der Generalanwaltschaftsverband ist Revisionsverband. Neben der Generalanwaltschaft und der Landwirthschaftlichen Central-Genossenschaft besteht noch ein drittes von Raiffeisen gegründetes

*) Die erste Auflage des Raiffeisenschen Buches hat den Titel: „Die Darlehnskassen-Vereine als Mittel zur Abhülfe der Noth der ländlichen Bevölkerung, sowie auch der städtischen Handwerker und Arbeiter." Spätere Auflagen führen den Titel: „Die Darlehnskassen-Vereine, in Verbindung mit Konsum-, Verkaufs-, Winzer-, Molkerei-, Versicherungs- u. s. w. Genossenschaften als Mittel zur Abhülfe der Noth der ländlichen Bevölkerung. Praktische Anleitung zur Gründung und Leitung solcher Genossenschaften."

Verbands-Institut, die kaufmännische Firma Raiffeisen u. Co. in Neuwied. Diese hat die Druckerei und den Verlag des seit 16 Jahren monatlich erscheinenden Vereinsblattes „Landwirthschafts-Genossenschafts-Blatt (Organ für Darlehnskassen-, Winzer-, Konsum- u. s. w. Vereine)", ferner die General-Agentur einer Lebensversicherungsbank und betreibt den kaufmännischen Theil der mit den gemeinschaftlichen Bezügen verknüpften Geschäfte. Der Gewinn „dient zur Durchführung der Organisation der Vereine und zur Sicherung der Zukunft der ständigen Mitarbeiter." Zur Erleichterung des Verkehrs wurden seit 1895 von der Neuwieder Centralstelle Filialen in den größeren Städten errichtet, so in Cassel, Erfurt und Königsberg.*) Ferner wurden Kornhausgenossenschaften, welche in den staatlichen Kornhäusern ihre Geschäfte betreiben, staatlicherseits errichtet. Der Generalanwaltschaftsverband umfaßte am 1. Oktober 1889 etwa 500 Darlehnskassen, jetzt 3228 Genossenschaften, darunter 3036 Darlehnskassen, 50 Molkereigenossenschaften, 41 Winzer-, 16 Konsumvereine, je 13 Kornhaus- und Brennereigenossenschaften. Zum Nachfolger Raiffeisens wurde 1888 sein Stellvertreter Theodor Cremer gewählt. Dieser blieb Direktor der Centralkasse und Inhaber der Firma Raiffeisen u. Co., als der Sohn von F. W. Raiffeisen, Rudolf Raiffeisen am 10. September 1889 zum Generalanwalt gewählt wurde. Nachdem derselbe dieses Amt niedergelegt**) (28. November 1892), ist Th. Cremer wieder Generalanwalt. Sein Stellvertreter ist seit Januar 1894 Dr. jur. Josef Strauven in Neuwied.

Der dritte, jetzt größte Verband, ist der „Allgemeine Verband der landwirthschaftlichen Genossenschaften des Deutschen Reiches".

Nach dem Vorgang des landwirthschaftlichen Centralvereins für Rheinpreußen nahmen sich die landwirthschaftlichen Centralstellen im Großherzogthum Hessen und im Großherzogthum Baden der Verbreitung landwirthschaftlicher Genossenschaften (Darlehnskassenvereine und Konsumvereine) mit Erfolg an. In Hessen entstand noch in den 70er Jahren ein Verband landwirthschaftlicher Konsumvereine, welche die Einkäufe durch die Centralstelle besorgen ließen. Daneben entstand ein Verband südwestdeutscher landwirthschaftlicher Kreditgenossenschaften, der auch badische Vereine umfaßte. Diese bildeten sodann einen selbstständigen Verband. Ein solcher ward auch für die noch weit zahlreicheren Konsumvereine gegründet. Im Jahre 1881 machte sich seitens der Begründer der genannten Verbände, des als Oekonomierath verstorbenen früheren (bis 1879) stellvertretenden Anwaltes des Neuwieder Verbandes, Dr. Weidenhammer, des damaligen Polizeiraths Haas-Darmstadt und des Oekonomierath Märklin die Bestrebung der Trennung von Neuwied kund. Das Motiv bildete unter anderem der Umstand, daß Raiffeisen „fortgesetzt und in erhöhtem Maße seinen Genossenschaften einen christlich-religiösen Charakter zu geben versucht". ***) Im selben Jahre erschienen die Genannten auf dem Genossenschafts-

*) Bl.f.G. 1895 S. 77, 1899 Nr. 10.

**) Vgl. „Drei Jahre als Generalanwalt der Neuwieder Genossenschafts-Organisation von R. P. Raiffeisen." München 1894.

***) Aus einem vom 8. Januar 1881 datirten Briefe des Ersteren an Schulze-Delitzsch. S. Aufsatz von Dr. Crüger „Christenthum und Genossenschaft" in Nr. 16

tage zu Cassel, der Ende August stattfand, und erforderten hier Schulzes Rathschläge. Zum allgemeinen Verbande gehörten bereits seit ihrem Bestehen (1871) eine Reihe ost- und westpreußischer landwirthschaftlicher Konsumvereine und Molkereigenossenschaften (letztere die ersten in Deutschland), im August 1876 hatten sie sich auf dem Genossenschaftstage in Danzig zu einem Unterverbande unter dem Vorsitz von Stöckel-Insterburg vereinigt.*) Die Erörterungen, welche zwischen den Vertretern des landwirthschaftlichen Genossenschaftswesens aus Deutschlands äußerstem Südwesten und äußerstem Nordosten in Cassel und sodann ein Jahr darauf bei Gelegenheit des Genossenschaftstages zu Darmstadt gepflogen wurden, namentlich aber eine spätere Besprechung zwischen Schulze-Delitzsch, Stöckel-Insterburg und Haas-Darmstadt hatten zur Folge, daß die letzteren beiden am 6. Juli 1883 die Vereinigung der deutschen landwirthschaftlichen Genossenschaften begründeten. Sie gaben damit dem Drängen Schulzes nach, der „seine volle Ueberzeugung dahin aussprach, daß dieses besondere Zusammentreten für die weitere Entwickelung des Genossenschaftswesens auf landwirthschaftlichem Gebiete unbedingt erforderlich sei, und daß er von dieser Vereinigung eine ersprießliche Zusammenarbeit auf dem gesammten genossenschaftlichen Felde erhoffe".

Die Vereinigung, die 1884 erst 278 Konsumvereine und Molkereien umfaßte, und der sich 1888 auch die Verbände landwirthschaftlicher Kreditgenossenschaften aus Hessen und Baden anschlossen, hat sich fast sprunghaft schnell entwickelt. Dem Verbande gehörten am 15. März 1899 6505 Genossenschaften an, von denen 6501 in 28 Unterverbänden vereinigt sind. Von den Genossenschaften des Verbandes sind 39 Centralgenossenschaften, 3982 Kreditgenossenschaften, 1321 landwirthschaftliche Konsumvereine,

---

d. Bl.f.G. 1896 und von Ludolf Parisius „Thatsächliches von dem Wettbewerb bei Gründung von ländlichen Darlehnskassen" in Nr. 17 a. a. O. Die Veröffentlichung des Briefes sowie die beiden Aufsätze wurden hervorgerufen durch eine Schrift des Pastors W. Bode: „Die Verhandlungen des 28. Kongresses für innere Mission in Posen über die Genossenschaftsfrage". In einer durch den Kongreß angenommenen These hieß es: „In den Raiffeisenschen Darlehnskassen-Vereinen nach Organisation Friedrich Wilhelm Raiffeisens begrüßen wir ein echt christliches Werk, in welchem praktische Sozialreform auf christlicher Grundlage zur That und Wahrheit wird . . ." Pastor Bode hatte in Bezug hierauf behauptet: „In den Thesen, sowie in dem Referate forderte lediglich die Zuspitzung auf Neuwied zum Widerspruch heraus. Alles übrige könnte gerade so gut von einem Vertreter des Offenbacher Verbandes geschrieben sein: ein Beweis „in flagranti", daß die Differenzen beider Systeme lediglich auf geschäftstechnischem Gebiete liegen und daß nichts ungerechtfertigter ist, als wenn man dem Allgemeinen Verbande zu Offenbach das Recht bestreitet, sich Raiffeisensch zu nennen." In jenem Briefe Weidenhammers lautete es vorher: „Sie entschuldigen, wenn ich im Einvernehmen mit den Herren Haas und Märklin die Bitte an Sie richte, in Zukunft bei Erwähnungen unserer Vereinbarungen möglichst zu vermeiden, uns als Vertreter Raiffeisenscher Genossenschaften zu bezeichnen. Wir legen Werth darauf, daß es bekannt werde, daß wir mit Herrn Raiffeisen in keinerlei Beziehung mehr stehen . . ."

*) Vgl. des Verbandsdirektor Stöckel-Insterburg Bericht über den 18. Verbandstag 25./26. August 1889. Stöckel legt Zeugniß ab von der Fürsorge und liebevollen Theilnahme, welche Schulze-Delitzsch den ersten Anfängen des landwirthschaftlichen Genossenschaftswesens entgegenbrachte. Schulze war „von der ungeheuren Bedeutung des Genossenschaftswesens für die Landwirthschaft überzeugt und sah die große Ausdehnung desselben klar vorher". Auf seinen dringenden Wunsch wurde der selbstständige Unterverband landwirthschaftlicher Genossenschaften Ost- und Westpreußens begründet.

959 Molkereigenossenschaften, 204 Genossenschaften anderer Art. Die Verbände sind:

1. Verband landwirthsch. Genossenschaften für Ostpreußen. — Insterburg. 42 Genoss. (2 landw. Zentr.-G., 9 landw. Bezugsgen., 29 Molkereigen., 2 sonst. Gen.).

2. Verb. wirthsch. Gen. des Ermlandes. — Crossen bei Wormditt. 61 Gen. (1 landw. Zentr.-G., 58 ländl. Spar- und Darlehnskassen, 2 sonst. Gen.).

3. Verb. der landw. Gen. für Westpreußen. — Gruppe bei Graudenz. 45 Gen. (2 landw. Zentr.-Gen., 41 Molkerei-Gen., 2 sonst. Gen.).

4. Verb. der landw. Gen. für die Mark Brandenburg und die Niederlausitz. — Berlin. 220 Gen. (2 landw. Zentr.-Gen., 177 ländl. Spar- und Darlehnskassen, 3 landw. Bezugsgen., 19 Molkereigen., 19 sonst. Gen.).

5. Verb. pommerscher landw. Gen. — Reinfeld, Kreis Belgard. 162 Gen. (2 landw. Zentr.-Gen., 124 ländl. Spar- und Darlehnskassen, 20 landw. Bezugsgen., 16 sonst. Gen.).

6. Molkereiverband der Provinz Pommern. — Zimmerhausen. 47 Molkereigenoss.

7. Verb. der landwirthsch. Gen. für die Provinz Posen. — Posen. 274 Gen. (2 landw. Zentr.-Gen., 203 ländl. Spar- und Darlehnskassen, 9 Ein- u. Verkaufsgen., 35 Molkereigen., 25 sonst. Gen.).

8. Provinzialverb. der Spar- und Darlehnskassen Schlesiens. — Breslau. 444 Gen. (2 landw. Zentr.-Gen., 433 ländl. Spar- und Darlehnskassen, 7 Molkereigen., 2 sonst. Gen.).

9. Verb. der landw. Gen. der Provinz Sachsen und angrenzenden Staaten. — Halle a/S. 405 Gen. (2 landw. Zentr.-Gen., 173 ländl. Spar- und Darlehnskassen, 52 landw. Ein- und Verkaufsgen., 159 Molkereigen., 19 sonst. Gen.).

10. Verb. der schleswig-holsteinschen landw. Gen. — Kiel. 142 Gen. (2 landw. Zentr.-Gen., 83 ländl. Spar- und Darlehnskassen, 37 landw. Bezugsgen., 12 Molkereigen., 8 sonst. Gen.).

11. Verb. hannoverscher landw. Gen. — Hannover. 563 Gen. (4 landw. Zentr.-Gen., 248 ländl. Spar- und Darlehnskassen, 94 landw. Bezugsgen., 194 Molkereigen., 23 sonst. Gen.).

12. Verb. landw. Gen. im R.-B. Hildesheim und den Kreisen Burgdorf und Springe. — 38 Gen., (6 landw. Bezugsgen., 30 Molkereigen., 2 sonst. Gen.).

13. Meierei-Verb. für Westfalen, Lippe und Waldeck. — Münster. 81 Gen. (1 landw. Zentr.-Gen., 80 Molkereigen.).

14. Verb. der landw. Gen. des R.-B. Kassel und angrenzender Gebiete. — Kassel. 73 Gen. (1 landw. Zentr.-Gen., 38 ländl. Spar- und Darlehnskassen, 9 landw. Bezugsgen., 23 Molkereigen., 2 sonst. Gen.).

15. Verb. der nassauischen landw. Gen. — Biebrich. 166 Gen. (2 landw. Zentr.-Gen., 88 ländl. Spar- und Darlehnskassen, 68 landw. Bezugsgen., 8 sonst. Gen.).

16. Verb. der rheinpreußischen landw. Gen. — Bonn. 291 Gen. (2 landw. Zentr.-Gen., 52 ländl. Spar- und Darlehnskassen, 75 landw. Bezugs- und Absatzgen., 127 Molkereigen., 35 sonst. Gen.).

17. Bezugsverb. des Landw. Vereins für Rheinpreußen. — Bonn. 180 Bezugsgenossensch.

18. Verb. der Sechsämter-(Fichtelgebirgs)Produzentenvereine im Bezirksamtsbezirke Wunsiedel. — 5 Absatzgen.

19. Verb. pfälzischer landw. Gen. — Landau. 403 Gen. (1 landw. Zentr.-Gen., 266 ländl. Spar- und Darlehnskassen, 132 landw. Bezugsgen., 1 Molkereigen., 3 sonst. Gen.).

20. Verb. der landw. Gen. im Königreich Sachsen. — Dresden. 117 Gen. (2 landw. Zentral.-Gen., 79 ländl. Spar- und Darlehnskassenvereine, 13 Bezugsgen., 18 Molkereigen., 5 sonst. Gen.).

21. Verb. der landw. Gen. im Großherzogthum Baden. — Karlsruhe. 205 ländl. Kreditgen.

22. Verb. der badischen landw. Konsumvereine. — Karlsruhe. 455 landw. Bezugsgen.

23. Verb. der hessischen landw. Gen. — Offenbach a/M. 507 Gen. (2 landw. Zentr.-Gen., 346 Spar- und Darlehnskassen, 116 landw. Bezugsgen., 31 Molkereigen. 12 sonst. Gen.).

24. Verb. von Molkerei= und anderen landw. Gen. und Gesellsch. zu Rostock in Meckl. — 101 Gen. (1 landw. Zentr.=Gen., 35 ländl. Spar= und Darlehnskassen, 58 Molkereigen., 7 sonst. Gen.).

25. Verb. oldenburgischer landw. Gen. — Oldenburg. 94 Gen. (3 landw. Zentr.=Gen., 20 ländl. Spar= und Darlehnskassen, 43 landw. Bezugsgen., 22 Molkereigen., 6 sonst. Gen.).

26. Verb. der braunschweigischen Molkereigen. — Braunschweig. 9 Molkereigen.

27. Bayerische Landesverb. ländl. Darlehnskassenvereine, erst im Sommer 1898 dem Verbande beigetreten. — München. 1354 Gen. ohne die 266 dem pfälzischen Verbande angehörenden Darlehnskassen.

28. Molkereirevisionsverband für die Provinzen Schlesien und Posen. — Breslau. 15 Molkereigenossenschaften.*)

Die Organisation der Vereinigung ist nachgebildet der des allgemeinen Verbandes. Alljährlicher Vereinstag, ein Verwaltungsausschuß, bestehend aus den Vorsitzenden der Verbände und aus drei von den keinem Unterverbande angehörenden Genossenschaften gewählten Mitgliedern, und ein Geschäftsführer, jetzt Anwalt genannt, der zugleich Vorsitzender des Verwaltungsausschusses ist. Anwalt ist Haas=Offenbach, Stellvertreter Stöckel=Insterburg. Die allgemeinen Vereinstage wurden abgehalten 1885, 1886, 1887 und 1888 in Berlin, 1889 in Hildesheim, 1890 in Darmstadt, 1891 in Kiel, 1892 in Insterburg, 1893 in Stuttgart, 1894 in Hannover, 1895 in Neustadt a. d. Haardt, 1896 in Stettin, 1897 in Dresden, 1898 in Karlsruhe.

Neben diesen drei Verbänden, von denen der eine sich über das ganze Deutsche Reich erstreckt und die anderen beiden eine gleiche Ausdehnung anstreben, giebt es noch mehrere Verbände, die ihrer Ausdehnung von vornherein engere Grenzen gezogen haben:

1. Der Verband landwirthschaftlicher Kreditgenossenschaften in Württemberg. Die Genossenschaften (Darlehenskassenvereine) und deren Verband sind auf Anregung der staatlichen „Centralstelle für die Landwirthschaft" gegründet und werden von ihr unterstützt. Dem seit 1892 bestehenden Verbande, dessen Vorsteher der Professor Dr. Leemann in Tübingen ist, gehören 699 Darlehnskassenvereine und die vom Verbande errichtete landwirthschaftliche Genossenschafts=Centralkasse an.

2. Der Verband der ländlichen Genossenschaften der Provinz Westfalen (früher Verband der „Ländlichen Centralkasse" zu Münster in Westfalen genannt) schließt sich an die Centralkasse an und umfaßt 257 eing. Spar= und Darlehenskassenvereine. Der Verband steht in Beziehung zu dem westfälischen Bauernverein.

3. Der Verband des landwirthschaftlichen Kreisausschusses für Unterfranken und Aschaffenburg mit gegen 90 Darlehnskassen.**)

4. Der Verband der (polnischen) Erwerbs= und Wirthschaftsgenossenschaften der Provinzen Posen und Westpreußen, Anwalt Pfarrer

*) Das Preßorgan der Vereinigung erscheint monatlich in Darmstadt. Es besteht schon seit 1874 und hieß bis 1881: „Der Fortschritt, Zeitung für landwirthschaftliches Genossenschaftswesen. Organ des Verbandes landwirthschaftl. Konsumvereine im Großherzogthum Hessen, herausgegeben vom Vereinspräsidenten". Seit der Oktober=Nummer Jahrgang 16 heißt es: „Deutsche landwirthschaftliche Genossenschaftspresse, Fachzeitschrift für das landwirthschaftliche Genossenschaftswesen. Organ der Vereinigung der deutschen landwirthschaftlichen Genossenschaften."

**) Früher „Kreiskomité" genannt. Außerdem besteht in Unterfranken noch der „unterfränkische Kreisverband, der einen Unterverband zum obengenannten „bayrischen Landesverband bildet und am 1. November 1898 272 Vereine zählte.

Wawrzyniak in Mogilno, umfaßt die von Männern polnischer Nationalität geleiteten Genossenschaften, am 1. Jan. 1899 111 Genossenschaften. Der Verband ist Revisionsverband.

5. Der württembergische Genossenschaftsverband mit 77 (16 Neckar-, 26 Schwarzwald-, 15 Jagst-, 20 Donaukreis) Kreditgenossenschaften, früher Unterverband des allgemeinen Verbandes, ausgeschieden 1893, Vorstand Rechtsanwalt Oswald senior in Ulm.

6. Der Verband niedersächsischer Kreditgenossenschaften, Vorstand Dr. Glackemeyer in Hannover, von 1884—1890 Unterverband des allgemeinen Verbandes, mit gegen 70 Genossenschaften.

7. Verband schlesischer ländlicher Genossenschaften, e.G.m.b.H., zu Neiße, Direktor Freiherr von Huene, Vorsitzender des schlesischen Bauernvereins und jetzt Präsident der preußischen Centralgenossenschaftskasse. 113 eingetr. G. (112 Vorschußv., 1 Rohstoffg.).

8. Rheinischer Revisionsverband. 210 eingetr. G. (180 Kredit-, 29 Produkt.-, 1 Kons.-V.).

9. Molkereirevisionsverband für die Provinzen Brandenburg, Pommern, Sachsen und die Großherzogthümer Mecklenburg. — Prenzlau.

10. Westholsteinischer Meiereiverband. In Preußen 56 G. Hohenwestedt. 16 eingetr. G.*)

11. Rheinischer Genossenschaftsverband, Sitz in Köln, 136 eingetr. Genossenschaften (50 Kredit-, 8 Handwerkergenossenschaften, 2 Kleinproduktiv-, 2 Badeanstalten, 68 Konsumvereine, 6 sonstige G.)

12. Revisionsverband anhaltischer Kreditgenossenschaften, Sitz in Köthen. 6 Genossenschaften.

13. Der Revisionsverband von Erwerb- und Wirthschaftsgenossenschaften der Provinz Oberhessen. Gießen. 13 eingetr. G.

14. Revisionsverband der Konsumvereine in den Kreisen Merzig, Saarlouis, Saarbrücken und Ottweiler, Sitz St. Johann/Saar. 13 G.

15. Der Trierer Genossenschaftsverband. — Trier. In Preußen 56 eingetr. G.

16. Der Verband Sächsischer Konsumvereine. — Leipzig. 39 G., 2 Aktiengesellsch., 2 sonst. Vereine.

17. Der Westfälische Genossenschaftsverband. — Münster. 2 eingetr. G.

18. Der Revisionsverband des Bundes der Landwirthe. — Berlin. In Preußen 41 eingetragene Genossenschaften.

19. Der Verband deutscher sozialreformatorischer Erwerbs- und Wirthschaftsgenossenschaften. — Berlin. In Preußen 13 eingetr. G. darunter 7 Vorschußv.

20. Der Genossenschaftsverband „Vorsicht". — Schwelm. 1 eingetr. G.

21. Der Verband badischer Centrifugen-Molkereien. — Augustenberg.

22. Kurhessischer Verband ländlicher Genossenschaften zu Marburg. 9 eingetr. G. (6 Kredit-, 3 Konsumv.).

---

*) Der in der zweiten Auflage angeführte „Revisionsverband für das Herzogthum Schleswig" hat sich Nachrichten zufolge ebenso wie einige seitdem entstandenen kleineren Meiereiverbände in Schleswig-Holstein zu Gunsten der vier Bezirksmeiereiverbände der Landwirthschaftskammer zu Kiel aufgelöst.

An Erwerbs- und Wirthschaftsgenossenschaften fand das Gesetz vom 1. Mai 1889 im Deutschen Reiche nach dem Jahresbericht des Anwalts Schenck für 1888 5950 vor. In Dr. Crügers Jahrbuch für 1897 sind 16069 Genossenschaften als Bestand vom 31. Mai 1897 namhaft aufgeführt, darunter 12038 e. G. m. u. H., 3257 e. G. m. b. H. und 131 e. G. m. u. Nachschußpflicht und 643 nicht eingetragene Genossenschaften. Unter den 16069 Genossenschaften sind 10259 Kreditgenossenschaften, 1396 Konsumvereine, 192 Baugenossenschaften und 4222 Genossenschaften in einzelnen Gewerbszweigen. Die letzteren vertheilen sich folgendermaßen:

A. Rohstoffgenossenschaften 1. gewerbliche (der Handwerker) 73, 2. landwirthschaftliche (Konsumvereine) 1167, zusammen 1240.

B. Werkgenossenschaften 1. gewerbliche 30, 2. landwirthschaftliche a) zur Beschaffung landwirthschaftlicher Maschinen und Geräthe 108, b) zur Beschaffung und Unterhaltung von Zuchtvieh 347, zusammen 485.

C. Magazingenossenschaften 1. gewerbliche 70, 2. landwirthschaftliche 83, zusammen 153.

D. Produktivgenossenschaften 1. gewerbliche 179, 2. land- und forstwirthschaftliche 1844, Molkerei- und Käsereigenossenschaften 1754, Molkereien mit Bäckerei oder Müllerei 21, zusammen 1775, Winzergenossenschaften 82, Genossenschaften für Bau und Vertrieb von Feld- und Gartenfrüchten 64, Schlachtergenossenschaften 3, Waldgenossenschaften 3, Fischereigenossenschaften 5), zusammen 2111.

E. Verschiedene Genossenschaften 242.

II. Die Gesetzgebung in den Einzelstaaten und im Reiche seit dem Genossenschaftsgesetz vom 1. Mai 1889.

1. Die Grundsätze Schulzes über Ablehnung von Staatshülfe für das Genossenschaftswesen und über die hieraus folgende Unabhängigkeit von staatlichen Einflüssen der genossenschaftlichen Entwickelung sind bis in die letzte Zeit im Großen und Ganzen auch in Partikulargesetzgebungen anerkannt worden. Erst in diesem Jahrzehnt haben manche von ihnen den entschiedenen Bruch mit jenen Grundsätzen vollzogen. Entsprechend Anregungen aus landwirthschaftlichen Kreisen ging die Preußische Regierung 1895 zu einer staatlichen Unterstützung des Genossenschaftswesens über.

a) Das Gesetz betreffend die Errichtung einer Centralanstalt zur Förderung des genossenschaftlichen Personalkredites vom 31. Juli 1895 (Gesetzsammlung S. 310 ff.) besagt:

§ 1. „Zur Förderung des genossenschaftlichen Personalkredits wird unter dem Namen „Preußische Centralgenossenschaftskasse" eine Anstalt mit dem Sitze in Berlin errichtet. Die Anstalt besitzt die Eigenschaften einer juristischen Person, sie steht unter Aufsicht und Leitung des Staates."

§ 2. „Die Anstalt ist befugt, folgende Geschäfte zu betreiben:

1. zinsbare Darlehne zu gewähren an
   a) solche Vereinigungen und Verbandskassen eingetragener Erwerbs- und Wirthschaftsgenossenschaften (Reichsgesetz vom 1. Mai 1889 — Reichsgesetzbl. S. 55 —), welche unter ihrem Namen vor Gericht klagen und verklagt werden können;"
   b) die für die Förderung des Personalkredites bestimmten landschaftlichen (ritterschaftlichen) Darlehnskassen;

c) die von den Provinzen (Landeskommunalverbänden) errichteten gleichartigen Institute;

„2. von den unter 1 gedachten Vereinigungen u. s. w. Gelder verzinslich anzunehmen.

Zur Erfüllung dieser Aufgaben (1 und 2) ist die Anstalt außerdem befugt:

3. sonstige Gelder im Depositen- und Checkverkehr anzunehmen;

4. Spareinlagen anzunehmen;

5. Kassenbestände im Wechsel-, Lombard- und Effektengeschäft nutzbar zu machen;

6. Wechsel zu verkaufen und zu acceptiren;

7. Darlehen aufzunehmen;

8. für Rechnung der unter 1 bezeichneten Vereinigungen u. s. w. und der zu denselben gehörigen Genossenschaften, sowie denjenigen Personen, von denen sie Gelder im Depositen- und Checkverkehr oder Spareinlagen oder Darlehen erhalten hat, Effekten zu kaufen und verkaufen.

Der Geschäftskreis der Anstalt kann durch Königliche Verordnung über die in 1 genannten Vereinigungen hinaus durch die Hereinbeziehung bestimmter Arten von öffentlichen Sparkassen erweitert werden."

§ 3. „Der Staat gewährt der Anstalt für die Dauer ihres Bestehens als Grundkapital eine Einlage von 5 Millionen Mark in 3prozentigen Schuldverschreibungen nach dem Nennwerthe."

Weitere Bestimmungen des Gesetzes besagen: Die in § 2 genannten Genossenschaften können sich nach näherer Bestimmung der Aufsichtsbehörde an der Anstalt mit Vermögenseinlagen betheiligen. Von dem Reingewinn der Anstalt bei Jahresabschluß wird zunächst die eine Hälfte zur Bildung eines Reservefonds, die andere zur Verzinsung der Einlagen bis zu 3 von Hundert, ein etwaiger Ueberrest ebenfalls dem Reservefonds zugeführt. Sobald der Reservefonds ein Viertel der Einlagen beträgt, werden die Einlagen bis zu 4 vom Hundert verzinst, und der Ueberschuß in den Reservefonds abgeführt. Der Finanzminister als Aufsichtsbehörde erläßt die Geschäftsanweisungen für das aus drei auf Lebenszeit ernannten Mitgliedern bestehende Direktorium und die Dienstinstruktionen für die Beamten der Anstalt. Dem Direktorium liegt die Verwaltung der Anstalt sowie deren Vertretung nach außen ob. Die Beschlüsse des Direktoriums erfolgen nach Stimmenmehrheit; das Direktorium ist an die Weisungen der Aufsichtsbehörde gebunden. Dem Direktorium steht als Beirath bei den Geschäften der Anstalt ein Ausschuß zur Seite, der unter Vorsitz des Direktors der Anstalt mindestens einmal jährlich zusammentritt.

Die in § 3 dieses Gesetzes genannte staatliche Einlage ward bisher durch zwei Gesetze erhöht.

b) Das Gesetz vom 8. Juni 1896 (GS. S. 123 f.) besagt im § 1:

„Die der Preußischen Centralgenossenschaftskasse für die Dauer ihres Bestehens vom Staate als Grundkapital gewährte Einlage (§ 3 des Gesetzes vom 31. Juli 1895) wird auf 20 Millionen Mark erhöht.

Das Erhöhungskapital ist in baar oder in Schuldverschreibungen zum Kurswerth zu überweisen."

Bezüglich des Reinertrages bestimmte dieses Gesetz, daß zunächst $^1/_5$ zur Bildung eines Reservefonds, $^4/_5$ zur Verzinsung der Einlagen bis zu 3% verwendet, ein etwaiger Ueberschuß ebenfalls dem Reservefonds zugeführt werden sollte.

c) § 1 des Gesetzes vom 20. April 1898 (GS. S. 67 f.) lautet:

„Die der Preußischen Centralgenossenschaftskasse für die Dauer ihres Bestehens vom Staate als Grundkapital gewährte Einlage wird auf 50 Millionen Mark erhöht. Das Erhöhungskapital von 30 Millionen Mark ist baar oder in Schuldverschreibungen zum Kurswerth zu überweisen. Die Ueberweisung erfolgt in Höhe von 20 Millionen

Mark alsbald; für den Restbetrag von 10 Millionen Mark bestimmt der Finanzminister den Zeitpunkt der Ueberweisung."

Getreu seinen Grundsätzen nahm der Schulze-Delitzsche Verband gegenüber den in diesen Gesetzen festgelegten eine ablehnende Haltung ein. Auf dem Genossenschaftstage zu Augsburg 1895 nahm er auf Antrag des Anwalts Fr. Schenck eine Resolution einstimmig an, wonach den Genossenschaften des Allgemeinen Verbandes nicht empfohlen ward, Centralkassen zu dem Zwecke zu errichten, um mit der Preußischen Centralgenossenschaftskasse in Geschäftsverbindung zu treten.

Ein auf die Tagesordnung des Genossenschaftstages zu Wiesbaden 1896 gesetzter Antrag des stellvertretenden Anwalts Dr. Crüger forderte „in Erwägung, daß gegenwärtig in der deutschen Genossenschaftsbewegung eine Richtung in den Vordergrund tritt, welche sich von den wirthschaftlichen und sittlichen Grundsätzen des Schöpfers des deutschen Genossenschaftswesens, Schulze-Delitzsch's, mehr und mehr entfernt ......", unter Berufung auf den genannten Beschluß des Stettiner Vereinstages „die sich zu den wirthschaftlichen Grundsätzen Schulze-Delitzsch sich bekennenden Genossenschaften auf, diesen Grundsätzen der Selbsthülfe und Selbstverantwortung, ungeachtet etwa in Aussicht gestellter finanzieller Vortheile und Erleichterung treu zu bleiben und mit Entschiedenheit jeder Maßnahme auf dem Gebiete des Genossenschaftswesens entgegenzutreten, die in ihren Folgen nothwendiger Weise zur Gefährdung dieser Grundsätze führen muß." (Mittheilungen S. 199.) Er kam nicht mehr zur Verhandlung. Ueber die bezüglichen Verhandlungen auf dem Genossenschaftstage zu Neustadt a. d. H. siehe Mittheilungen S. 97 ff.

Von den andern Verbänden hatte noch der Vereinstag ländlicher (Raiffeisenscher) Genossenschaften zu Kassel 1895 eine Resolution gefaßt, daß die „Raiffeisenschen Vereine gegenüber den Absichten der preußischen Regierung hinsichtlich Schaffung einer staatlichen Centralkasse zur Regelung des Personalkredites für Landwirthschaft und Handwerk eine abwartende Haltung" beobachten.*) Bereits im Juli 1897 betrug der ihr von der Centralgenossenschaftskasse eingeräumte Kredit 2 400 000 Mark.**)

Der Verbandstag des Allgemeinen Verbandes der deutschen landwirthschaftlichen Genossenschaften (Offenbach) nahm 1895 zu Neustadt a./H. und 1896 zu Stettin Resolutionen des Anwaltes an, welche den Genossenschaften die geschäftliche Inanspruchnahme der Preußischen Centralgenossenschaftskasse empfahlen.***) Auch wurde Ausdehnung des Geschäftsverkehrs derselben auf außerpreußische Centralgenossenschaften erstrebt.†) Bereits auf dem Verbandstage zu Karlsruhe 1898 war die Stimmung gegenüber der „Preußenkasse" theilweise umgeschlagen. Es wurde von mehreren Seiten die Rückkehr zur „reinen Selbsthülfe" empfohlen.

Ferner wurden in Preußen durch die Gesetze vom 3. Dezember 1896 und vom 8. Juni 1897 für die Errichtung landwirthschaftlicher Getreidelagerhäuser 3 und 2 Millionen Mark bewilligt. Diese staatlichen Lagerhäuser werden an Kornhausgenossenschaften vermiethet.††)

---

*) Landwirthschaftliches Genossenschafts-Blatt vom 20. Juni 1895 S. 62.

**) A. a. O. vom 7. Juli 1896 S. 52.

***) Jahrbuch für 1895 S. 44, für 1896 S. 46.

†) Haas-Jahrbuch 1897 S. 94.

††) Hierüber, sowie über die Centralgenossenschaftskasse, sind in der jüngsten Session des Abgeordnetenhauses, dessen Mitglied Dr. Crüger ist, Verhandlungen gepflogen worden.

In Bayern war bereits durch Gesetz vom 11. Juni 1894 der im wesentlichen für die Vereine des Landesverbandes landwirthschaftlicher Darlehnskassen bestimmten Centraldarlehnskasse ein unverzinslicher Betriebsvorschuß von 100 000 Mark gewährt worden. Sodann ward eine staatliche Subvention von 2 Millionen Mark zu 3 % gewährt, die bald auf beinahe 4 Millionen Mark erhöht wurde. Ferner ward durch Gesetz vom 17. Juni 1896 die „bayrische Landwirthschaftsbank, eingetragene Genossenschaft mit beschränkter Haftpflicht" gegründet. Die staatliche Einlage betrug 2 Millionen Mark, davon nur eine, und zwar verzinslich. Außerdem erhielt die Bank einen staatlichen nicht rückzahlbaren Spesenzuschuß von 60 000 Mark.*) Die staatliche Einlage stieg, abgesehen von 1897 um weitere 2 Millionen Mark, zu 3 % verzinslich. Ferner hinterlegte der Staat nach dem erstgenannten Gesetze einen Betrag von 100 000 Mark zur Stärkung der Deckung für den Kontokurrentverkehr zwischen den landwirthschaftlichen Darlehnskassen bei der Königlichen Bank und überwies außerdem 4000 Mark einmalig und 25 000 Mark jährlich an die Centraldarlehnskasse und den Landesverband für Einrichtung und Betriebskosten.

In Sachsen ward 1891 in Dresden die Landesgenossenschaftskasse mit einer staatlichen Einlage von 2 Millionen gegründet, zum Zweck der billigen Kreditgewährung an die Genossenschaftsverbände mit juristischer Persönlichkeit.

2. a) Das RG. vom 6. August 1896 (RGB. S. 686 ff.) unterwarf die „Vereine, welche den gemeinschaftlichen Einkauf von Lebens- und Wirthschaftsbedürfnissen im Großen und deren Absatz im Kleinen zum ausschließlichen oder hauptsächlichen Zweck haben, einschließlich der bereits bestehenden" dem Konzessionszwange des § 33**) der Gewerbeordnung „auch dann, wenn der Betrieb auf den Kreis der Mitglieder beschränkt ist," sowie den für die Gewerbe maßgebenden Bestimmungen über die Sonntagsruhe.

b) Veränderungen für das Gesetz vom 1. Mai 1889 brachte ferner das RG. vom 12. August 1896 (RGB. S. 695 ff.) Von dem Verkaufsverbot für Konsumvereine an Nichtmitglieder werden die landwirthschaftlichen Konsumvereine ausgenommen. Im übrigen werden eine Reihe von Strafbestimmungen zur Befolgung dieses Verbotes getroffen.

c) Von den durch den Art. 10 des Einführungsgesetzes zum Handelsgesetzbuch vom 10. Mai 1897 herbeigeführten Aenderungen des Genossenschaftsrechts half die eine einem großen Mangel desselben ab. Es ermöglicht die Nichtigkeitserklärung der Genossenschaft im Falle der Eintragung falscher oder des Fehlens wesentlicher Statutsbestimmungen im Genossenschaftsregister. Ferner werden die Fälle angegeben, in denen die Möglichkeit der Heilung dieser Mängel durch Beschluß der Generalversammlung zugelassen wird. Dem Kommentar liegt zu Grunde die durch den Reichskanzler unter dem 14. Juni 1898 in Nr. 25 des RGB. (S. 810 ff.) gemäß Art. 13 des oben genannten Einführungsgesetzes veröffentlichte neueste Fassung des Genossenschaftsgesetzes, die vom 1. Januar 1900 an, dem Tage des Inkrafttretens des Bürgerlichen Gesetzbuches, gilt. Die frühere Fassung ergiebt sich aus den Anmerkungen.

*) Bl.f G. 1896 S. 137 ff., S. 250 f.; 1897 S. 264.

**) d. h. soweit sie „Gastwirthschaft, Schankwirthschaft oder Kleinhandel mit Branntwein oder Spiritus" betreiben.

III. Die einzelnen Arten der Erwerbs- und Wirthschafts-genossenschaften.

Die Entwickelung der verschiedenen Arten der deutschen Genossenschaften des Systems Schulze-Delitzsch bis zum Jahre 1874 hat Parisius in der Einleitung seines Buches „Die Genossenschaftsgesetze im deutschen Reiche“ darzustellen versucht (S. 17 bis 84). Seitdem hatte schon die Aenderung der Wirthschaftspolitik auf genossenschaftliche Unternehmungen der Handwerker und Arbeiter lähmend eingewirkt. Auch die bis dahin zahlreichsten Arten der Genossenschaften, die Vorschuß- und Kreditvereine und die Konsumvereine, hatten vor und nach dem neuen Genossenschaftsgesetze mancherlei Schwierigkeiten zu überwinden. Die Fortschritte, die in der Zeit von 1874 bis nach Erlaß des Genossenschaftsgesetzes in der Genossenschaftssache gemacht sind, haben wir in der ersten Auflage dieses Buches nachgewiesen. Regelmäßige statistische Aufnahmen liegen jetzt auch von anderen Verbänden vor, von dem Haas'schen und Neuwieder Verbande. Dem Haas'schen Verbande gehören nach seinem Jahrbuch für 1898 an 899 Darlehnskassen; über Neuwied siehe S. XVIII.

1. Die Vorschuß- und Kreditvereine.

Das in letzter Zeit vielfach hervorgetretene Bestreben, Kreditgenossenschaften in der Hauptsache auf Bankkredit hin zu gründen und den Geschäftsbetrieb wesentlich auf diesen hin zu erweitern erklärte ein Beschluß des 39. Allgemeinen Genossenschaftstages der auf Selbsthilfe beruhenden Erwerbs- und Wirthschaftsgenossenschaften 1898 zu Neustadt a./H. für unvereinbar mit der gesunden Entwickelung der Kreditgenossenschaften und stellte als Bedingung für dieselbe hin: Beschaffung von regelmäßig zur Verfügung stehendem Betriebskapital und Benutzung des Bankkredits nur zur Deckung des vorübergehenden Kreditbedürfnisses. Zur Vorsicht bei Gründung von Kreditgenossenschaften hatte schon ein Beschluß des Allgemeinen Genossenschaftstages zu Rostock ermahnt.*) Mit den Hand-

---

*) Der Beschluß lautet wörtlich:

1. Die Genossenschaften können auf dauernde Erfolge nur rechnen, wenn sie aus einem inneren Bedürfniß heraus errichtet sind und dieses Bedürfniß in zweckmäßiger Weise befriedigen. Dagegen entspricht die Errichtung von Genossenschaften durch die neuerdings üblich gewordene Art der Agitation von außen her nicht dem Wesen und den Zwecken der Genossenschaften und kann zu dauernden genossenschaftlichen Erfolgen nicht führen.

2. Die Betheiligung von Mitgliedern verschiedener Berufsarten — Landwirthen, Gewerbetreibenden, Angehörigen der arbeitenden Klassen — an der Kreditgenossenschaft bietet die beste Gewähr für die dauernd billigste Befriedigung des Kreditbedürfnisses, sie wirkt ausgleichend auf die Befriedigung des Geldbedürfnisses der einzelnen Berufsstände, sie führt zur Vertheilung des mit der Gewährung von Personalkredit verbundenen Risikos und schafft den möglichst großen Schutz für jeden einzelnen Berufsstand gegen die Folgen wirthschaftlicher Krisen.

3. Wo gleichwohl nach den örtlichen Verhältnissen die Errichtung von besonderen ländlichen Kreditgenossenschaften für nothwendig erachtet wird, sollte sie jedenfalls nach streng wirthschaftlichen und genossenschaftlichen Grundsätzen auf dem Boden der Selbsthilfe erfolgen. (Seite 122 bis 145.)

werkerkreditgenossenschaften beschäftigte sich der Allg. Vereinstag der deutschen landwirthschaftlichen Genossenschaften zu Stettin 1896. Im Hinblick auf die Gleichartigkeit der Ziele der ländlichen Spar- und Darlehnskassen mit denen der gewerblichen erklärte er die Aufnahme der letztern in die Verbände landwirthschaftlicher Genossenschaften und ihren Anschluß an deren Geldausgleichstellen für unbedenklich.

Die statistische Tabelle des Jahrbuchs der Anwaltschaft für 1897 enthält in 58 Kolonnen die Abschlüsse von 977 Genossenschaften, von denen 872 dem Allgemeinen Verbande angehören. Eingefügt sind, abgesehen von einzelnen anderen Genossenschaften, die von der württembergischen Centralstelle für Gewerbe und Handel dem Anwalt zur Benutzung überlassenen Abschlußtabellen 96 württembergischer Kreditgenossenschaften. Von jenen 977 Genossenschaften fallen 601 auf Preußen (80 Ost- und Westpreußen, 90 Brandenburg, 36 Pommern, 33 Posen, 89 Schlesien, 68 Sachsen, 39 Schleswig-Holstein, 4 Hannover, 6 Westfalen, 77 Hessen-Nassau und 17 Rheinprovinz), 68 auf Bayern, 25 Königreich Sachsen, 100 Württemberg, 76 Baden, 36 Hessen, 34 Mecklenburg, 81 sächsische Herzogthümer und thüringische Staaten, 13 Braunschweig, Oldenburg, Lippe und Waldeck, 3 Anhalt, 2 auf Hansastädte.

Bezüglich der Berufsarten der Mitglieder der Kreditgenossenschaften ergiebt die im Jahrbuch für 1897 (S. XVI) enthaltene Statistik, zu der 924 Genossenschaften (480 634 Genossen) berichteten, daß zu Beginn 1898 die selbständigen Landwirthe, Gärtner, Förster und Fischer mit 145 385 Genossen den höchsten Prozentsatz (30,3 %) stellten, danach kommen die selbständigen Handwerker mit 125 192 Genossen (26,0 %); die nächste Berufsart ist die der selbständigen Kaufleute und Händler mit 9 % (43 883 Genossen); die letzten sind die der Handlungskommis und sonstigen kaufmännischen Gehilfen, sowie die der Dienstmänner und Dienstboten mit je 0,8 % und 3621 bez. 3929 Genossen.

Obschon bei Erlaß des neuen Genossenschaftsgesetzes eine Reihe meist größerer Kreditvereine sich in Aktien- oder Aktien-Kommanditgesellschaften verwandelt und obschon in vielen Gegenden die in großer Zahl gegründeten Raiffeisenschen Darlehnskassen-Vereine den bestehenden Kreditvereinen erhebliche Konkurrenz gemacht haben, ist doch ein Rückgang an Mitgliedern und Kreditgewährung nicht eingetreten. Die 977 Kreditvereine hatten an 533 623 Mitglieder im Rechnungsjahr 1897 ausgegeben.

Sie gewährten — wir wollen nach dem Jahresbericht hier die wichtigsten Summen blos in Millionen Mark angeben — Kredit 1. auf festes Ziel Millionen Mk. 1165,9 Kredit in 1 669 567 einzelnen Posten und zwar auf Vorschußwechsel 549 ½ (einschließlich 296,9 Verlängerung älterer Kredite), auf Schuldschein 112,9 (einschl. 51 Verlängerung älterer Kredite), gegen Diskont (Geschäftswechsel) 485,8 auf Hypothek und Kaufschillinge (Güterzieler) 17,6; 2. im Kontokorrentverkehr Millionen 729,8 auf 52 484 Konten.

Die Gesammtsumme der gewährten Kredite, einschließlich der Prolongationen betrug 1895,7 Millionen Mark. Der Geschäftsertrag war Millionen 34,3 (darunter an Zinsen und Provisionen 31,2), die Geschäftslasten betrugen 24,1 (darunter an Zinsen an die Vereinsgläubiger 17,1, an Verwaltungskosten und Gehälter 6,7). An Verlusten ist 0,92 Million aufgeführt, zur Deckung sind aus dem Geschäftsertrage 0,48, aus dem

Reservefonds 0,38 verwendet. Vom Reingewinnvon 10,5 sind 7,8 den Mitgliedern als Dividende, 2,7 dem Reservefonds überwiesen.*)

Am Jahresschluß ergab die Bilanz Aktiva 713,5; Passiva 714,2 Millionen Mark. Auf der Aktivseite befanden sich u. A. an Werthpapieren Millionen 66,9, Wechseln und Schuldscheinen 335,9, Hypotheken 57 ½, bei den Kontokorrent-Inhabern 194,7, bei Banken und Vereinen 27,1. Unter den Passiven sind hervorzuheben: Guthaben der Mitglieder Millionen 129,8, Reserven 41, Anleihen auf längerer als 3 monatlicher Kündigung 196,8, auf kürzere Kündigung (Spareinlagen) 231, Schulden im Kontokorrent mit und ohne Kredit 718 Millionen Mark.

Das Jahrbuch des Anwalts bringt über die wichtigsten Geschäftsergebnisse nach den Tabellen Zusammenstellungen der 39 Jahre von 1859 bis 1897 und erläutert dieselben. Wir verweisen auf diese, machen aber darauf aufmerksam, daß ein erheblicher Wechsel unter den berichtenden Vereinen, namentlich in den letzten 5 Jahren eingetreten ist. Nachstehend bringen wir nur aus den Jahren 1860, 1865, 1870, 1875, 1880, 1885, 1890, 1895 und 1897 die Zahlen der Mitglieder, der Kreditgewährung, des eigenen Vermögens und der auf Kredit entnommenen Gelder. Wir machen dabei besonders auf den Durchschnittsbetrag aufmerksam, der an Kreditgewährung, an eigenem Vermögen und an den auf Kredit entnommenen Geldern auf das einzelne Mitglied fällt, sowie auf das Verhältniß des eigenen Kapitals der Kreditvereine zu dem fremden. Es betrug danach das Verhältniß des eigenen Vermögens der Genossenschaften zum gesammten Betriebskapital 1860 18,0, 1865 21,4, 1870 24,0, 1875 21,7, 1880 24,5, 1885 24,3, 1890 25,0, 1895 25,9, 1897 24,3 Prozent.

(Die Tabelle befindet sich auf Seite XXX.)

Zu einer besonders aufgenommenen Mitgliederstatistik haben 924 Genossenschaften berichtet. Dieselben hatten zu Anfang des Geschäftsjahres 1898 480 634 Mitglieder. Das prozentuale Verhältniß der einzelnen Berufsklassen im Mitgliederbestande ergab bei Beginn des neuen Geschäftsjahres 1898 eine Betheiligung der unselbstständigen Arbeiter mit 5,4 Prozent, der selbstständigen Handwerker mit 26,0 Prozent, der selbstständigen Landwirthe mit 30,3 Prozent von der Gesammtzahl der Mitglieder aller Kreditgenossenschaften. Diese Ziffern beweisen, wie unrichtig die immer wieder verbreitete Behauptung ist, daß das Kreditbedürfniß der Landwirthe in den Kreditgenossenschaften nach dem System von Schulze Befriedigung nicht finde. Soweit es sich übersehen läßt, übersteigt der von letzteren Genossenschaften den Landwirthen gewährte Kredit denjenigen, welchen sie aus den gesammten Kassen Raiffeisenschen Systems erhalten, um ein Vielfaches.

2. Die Konsumvereine.

Ueber die Konsumvereins-Bewegung in Deutschland vgl. Parisius „Die Genossenschaftsgesetze im Deutschen Reiche“ Einleitung S. 27 bis 41. Den Konsumvereinen ist durch das Gesetz vom 1. Mai 1889 der Verkauf an Nichtmitglieder verboten. Nur wenige von den bereits als eingetragene

*) Außerdem: Zu Volksbildungs- und andern gemeinnützigen Zwecken 75 841 M., zu andern Zwecken im Interesse der Genossenschaften (Jubiläen, Abhaltung von Verbandstagen u. s. w.) 24 665 M., Gewinnvorträge auf das nächste Jahr: 382 217 M.

Zu Seite XXIX.

1.	2.	Resultate der in Kolonne 2. bezeichneten Vorschußvereine.												
		3. Mitgliederzahl.		4. Gewährte Vorschüsse und Prolongationen.			5. Eigener Fond.					6. Auf Kredit entnommene Gelder.		
		a.	b.	a.	b. Durchschnittsbetrag		a.	b.	c.	d. Durchschnittsbetrag		a.	b. Durchschnittsbetrag	
Rechnungsjahr.	Zahl der Vorschußvereine, welche Abschlüsse eingereicht haben.	Gesammtsumme.	Durchschnittsbetrag f. d. Verein.	Gesammtsumme. Mark.	für den einzelnen Vorschußverein. Mark.	für jedes Mitglied. Mark.	Geschäftsantheile der Mitglieder. Mark.	Reservefonds. Mark.	Gesammtsumme von beiden. Mark.	für die einzelnen Vorschußvereine. Mark.	f. d. einzelne Mitglied. Mark.	Gesammtsumme der Anleihen und Spareinlagen. Mark.	für den einzelnen Verein. Mark.	für jedes Mitglied. Mark.
1860	133	31 603	238	25 435 467	191 244	804	1 386 036	200 535	1 586 571	11 928	50	7 176 981	53 961	227
1865	498	169 595	340	202 709 709	407 046	1194	13 328 637	1 229 037	14 557 674	29 232	85	52 970 328	106 365	312
1870	740	314 656	425	622 854 861	841 695	1977	40 347 456	3 642 525	43 989 981	59 445	139	137 997 486	186 483	438
1875	815	418 251	512	1 495 648 437	1 835 151	3589	83 542 008	8 427 981	91 969 989	112 848	219	330 164 901	405 111	789
1880	906	460 656	508	1 447 526 317	1 597 712	3155	102 029 366	16 398 062	118 427 428	130 714	257	364 449 945	402 262	791
1885	896	458 080	511	1 533 940 929	1 711 876	3350	107 841 112	21 581 595	129 422 707	144 445	282	401 801 383	448 439	877
1890	1072	518 003	483	1 641 574 191	1 531 319	3169	117 079 868	28 475 361	145 555 229	135 732	281	453 826 256	423 345	876
1895	1068	525 758	492	1 659 305 785	1 553 657	3156	125 791 326	37 693 574	163 484 900	153 076	311	467 123 041	437 381	888
1897	977	533 623	546	1 893 808 136	1 940 438	3553	129 786 852	41 018 294	170 805 146	174 826	320	531 205 267	543 711	997

Genossenschaften bestandenen Konsumvereinen haben deshalb liquidirt, um als Aktiengesellschaften neu zu erstehen, dagegen hat sich eine große Anzahl der als Genossenschaften m. u. H. eingetragenen in G. m. b. H. umgewandelt. Der Jahresbericht des Anwalts für 1897 führt 1396 Konsumvereine namhaft auf, davon 964 m. b. H., 317 m. u. H., 6 m. unbesch. Nachschußpflicht und 109 nicht eingetragene. Der rührigen und geschickten Agitation der Konkurrenten der Konsumvereine ist, wie früher unter Schulze-Delitzsch 1879 der Genossenschaftstag zu Stuttgart, so 1894 der Genossenschaftstag zu Gotha durch eine auf Referat des Dr. Crüger*) beschlossene Erklärung entgegen getreten, worin ausgesprochen wird, daß die feindliche unberechtigte Agitation gegen die Konsumvereine nur möglich sei, so lange über die Bedeutung, das eigentliche Wesen und die Wirksamkeit der Konsumvereine in weiten Bevölkerungskreisen und bei den Staatsverwaltungsbehörden unrichtige Vorstellungen bestehen. Die Konsumvereine wollen den Minderbegüterten, die ihre Lebensbedürfnisse theurer bezahlen müssen und in schlechterer Qualität erhalten als die Wohlhabenderen und dabei zur Entnahme auf Borg verleitet werden, es ermöglichen, ihre Wirthschaftsausgaben dadurch einzuschränken, daß sie ihre Wirthschaft nach verständigeren, zweckmäßigeren Grundsätzen einrichten. Die Konsumvereine verkaufen unverfälschte Waaren bester Qualität gegen baar zu Tagespreisen und sammeln, indem sie den Gewinn nach Verhältniß der entnommenen Waaren vertheilen, durch die genossenschaftliche Selbsthülfe die wirthschaftliche Ersparniß für die Mitglieder an, ohne daß diese sich Entbehrungen auferlegen.

21 deutsche Handelskammern und fünf andere Körperschaften, darunter der Allg. Verband der Erwerbs- und Wirthschaftsgenossenschaften, beriethen am 9. Dezember 1895 zu Osnabrück über „die Bedrängnisse des Kleinhandels und die Mittel zur Abhülfe derselben." Sie nahmen Thesen an, von denen ein Theil durch die Reichsgesetzgebung des Jahres 1896 (die Novelle zur Gewerbeordnung vom 6. und die zum Genossenschaftsgesetz vom 12. August) sich erledigt. Es ward die Einsetzung einer Kommission zur Prüfung „der Geschäftsthätigkeit der Konsumvereine und ihre Einwirkung auf die wirthschaftliche Lage des Kleinhandels . . ." beschlossen.**) Handelskammerberichte ergeben, daß in diesen Kreisen eine objektivere Auffassung bezüglich der Konsumvereine Platz gegriffen hat.***) Die in Folge der Osnabrücker Verhandlungen eingesetzte Kommission, die am 4. Mai 1896 in Hannover tagte, erkannte an, daß die Agitation gegen die Konsumvereine „bisher mehr mit Behauptungen als Beweisen arbeitete." †) Seitdem erschien der erste Band der Untersuchungen über die Lage des Kleinhandels in Deutschland. ††)

Von der gegen die Konsumvereine geplanten Umsatzsteuer nahm der

---

*) Dr. Crüger „Die Angriffe gegen die Konsumvereine und die Mittel zur Abwehr derselben." Vortrag. Separatabdruck aus den Mittheilungen 1894.

**) Bericht über die am 9. Dezember 1895 zu Osnabrück gepflogenen Verhandlungen deutscher Handelskörperschaften betreffend die Bedrängnisse des Kleinhandels und die Mittel zur Abhülfe desselben zusammengestellt von F. Stumpf, Sekretär der Handelskammer zu Osnabrück. 1896.

***) Bl.f.G. 1897 S. 84, 89, 98, 124, 177, 189.

†) Bl.f.G. 1896 S. 302 f.

††) Siehe Dr. Hans Crüger: „Zur Kritik der Agitation gegen die Konsumvereine". Berlin 1899.

39. Allgemeine Genossenschaftstag zu Neustadt a./H. am 27. August „mit Bedauern Kenntniß."

„Er erwartet zuversichtlich, daß diese allen sozialen und wirthschaftlichen Grundsätzen sowie der Gewerbefreiheit widersprechende Steuer nicht eingeführt, bezw. wo sie besteht, aufgehoben werde, da sie als Sondersteuer diejenigen Genossenschaften trifft, welche für ihre weitaus zum größten Theile den minderbegüterten Klassen angehörenden Mitglieder die nothwendigsten Lebensbedürfnisse beschaffen, somit zu einer mittelbaren Vertheuerung der Lebenshaltung der unter schwierigen Verhältnissen stehenden minderbegüterten Klassen führte."

Die Agitation der Konkurrenten hat in dem letzten Jahre fast überall dahin geführt, die kein Gewerbe betreibenden Konsumvereine unter mißbräuchlicher Anwendung der Doppelbesteuerung stärker mit Steuern zu belasten, als die konkurrirenden Gewerbetreibenden. Dadurch werden jene Ersparnisse der an den Konsumvereinen vorzugsweise betheiligten Lohnarbeiter, kleiner Handwerker und Beamten erheblich geschmälert.

Die Tabelle des Jahresberichts des Anwalts für 1897 enthält von Seite 148 bis 216 die Abschlüsse von 489 Konsumvereinen, die bei 403872 Mitgliedern in 953 Vereinslagern einen Verkaufserlös erzielten von 96717933 Mk., wovon 82,6 Millionen auf den Erlös aus dem Vereinslager und 14 Millionen auf den Erlös im Markengeschäft mit den Lieferanten fielen. Der Geschäftsertrag betrug 14354236 Mk. aus dem Vereinslager, 890785 aus dem Markengeschäft und 449428 Mk. aus anderen Quellen. An Verwaltungskosten und Gehältern wurden gezahlt 3685571 Mk. Vom Reingewinn von 9943192 Mk. wurde den Mitgliedern an Kapitaldividende in Form von Verzinsung der Guthaben 274038 Mk., an Waarendividende 9189543 Mk. (21,68 Mk. auf den Kopf und 9,9 Mk. auf 100 Mk. Verkaufserlös) gezahlt und 208192 Mk. dem Reservefond und 30029 Mk. für Bildungszwecke überwiesen. Am Jahresschluß befanden sich in der Bilanz unter den Aktiven 11182825 Mk. Waarenbestände und leer Gut nach den Inventurpreisen, 9353249 Mk. Werth der Grundstücke, auf denen 4304626 Mk. Hypothekenschulden lasteten.

Das Jahrbuch des Anwalts bringt eine vergleichende Uebersicht der Geschäftsergebnisse der Konsumvereine für die 34 Jahre von 1864 bis 1897. Dementsprechend geben wir nachfolgend die Zahlen der Mitglieder, des Verkaufserlöses, des eigenen Vermögens und der Darlehns- und Waarenschulden der Vereine aus den Jahren 1865, 1870, 1875, 1880, 1885, 1890, 1895 und 1897. Bei dieser Tabelle ist namentlich die starke Steigerung der durchschnittlichen Mitgliederzahl der Vereine bis 1890 zu beachten. Der erhebliche Rückgang derselben 1893 mag zum Theil Folge der gegnerischen Agitation sein. Der Verzehr, auf den Kopf berechnet, ist nach bedeutender Steigerung seit 1880 erheblich heruntergegangen. Erfreulich ist der Vergleich des eigenen Vermögens mit dem fremden Kapital (Anleihen und Waarenschulden); ersteres ist im Verhältniß zu letzterem bis 1885 beständig gewachsen und seitdem nicht erheblich zurückgegangen. Es betrug das eigene Vermögen durchschnittlich 1865 $40,_7$, 1870 $46,_5$, 1875 $50,_7$, 1880 $54,_3$, 1885 $59,_1$, 1890 $57,_3$, 1893 $52,_3$, 1897 $40,_9$ Prozent des gesammten Betriebskapitals.*)

(Die Tabelle befindet sich auf Seite XXXIII.)

*) Das erste praktisch brauchbare Buch über Konsumvereine war die auf Veranlassung von Schulze-Delitzsch noch vor Erlaß des preußischen Genossenschaftsgesetzes veröffentlichte Schrift von Eugen Richter: Die Konsumvereine. Ein Noth- und Hülfsbuch für deren Gründung und Einrichtung. Berlin 1867. Als Ergänzungsschriften erschienen: 1. „Anweisung für die Konsumvereine zur Unterstellung unter das Genossenschaftsgesetz des Norddeutschen Bundes nebst Musterstatuten und Motiven als Ergänzung zu dem Buche Eugen Richters 2c. nach den Materialien der Anwaltschaft

Zu Seite XXXII.

1. Rechnungsjahr.	2. Zahl der Konsumvereine, die den Abschluß einreichten.	Resultate der in Spalte 2 genannten Vereine. 3. Zahl der Mitglieder. a. Gesammtsumme.	3. b. Im Durchschnitt auf jeden Verein.	4. Summe des Verkaufserlöses im Jahre. a. Gesammtsumme. Mark.	4. Im Durchschnitt. b. auf jeden Verein. Mark.	4. Im Durchschnitt. c. auf jedes Mitglied. Mark.	5. Eigenes Vermögen. a. Guthaben der Mitglieder. Mark.	5. b. Reservefonds. Mark.	5. c. Gesammtsumme von beiden. Mark.	5. d. Durchschnittsbetrag des einzelnen Fonds auf jedes Mitglied. Mark.	6. Kapital- und Waaren-Schulden. a. Aufgenommene Anleihen. Mark.	6. b. Waaren-Schulden. Mark.	6. c. Gesammtsumme von beiden. Mark.	6. d. Durchschnittsbetrag auf den Kopf. Mark.
1865	34	6 647	195	925 383	27 217	139	66 678	8 301	74 979	11	49 587	56 844	106 431	16
1870	111	45 761	412	9 007 860	81 152	196	318 805	151 224	970 029	21	546 378	467 280	1 013 658	22
1875	179	98 056	541	22 704 963	126 843	231	2 912 265	503 409	3 415 674	34	2 429 586	875 844	3 305 430	33
1880	195	94 366	483	30 359 000	155 943	328	3 177 329	1 036 153	4 213 482	44	2 884 583	668 590	3 553 173	37
1885	162	120 150	741	35 136 555	216 892	292	3 319 098	1 735 746	5 054 844	42	2 891 867	463 237	3 355 104	29
1890	263	215 420	822	57 043 537	216 895	236	4 300 831	2 236 555	6 537 386	30	4 105 355	755 337	4 860 692	22
1895	460	292 077	700	82 681 043	179 741	287	6 957 304	3 228 884	10 186 188	35	7 446 206	1 196 959	8 643 165	30
1897	489	403 872	826	96 717 933	197 787	239	8 066 608	3 789 143	11 855 751	29	8 229 215	1 378 383	9 607 598	24

3. Die Genossenschaften in einzelnen Gewerbszweigen.

Die ältesten Genossenschaften dieser Art, die Rohstoffgenossenschaften, die Gewerbehallen und Magazingenossenschaften der Handwerker, sind in der Entwickelung gänzlich zurückgeblieben. Der Aufschwung, den sie nach langem Rückgange in den Jahren 1872 bis 1875 zu nehmen schienen, war nicht von Bestand. Die gründliche Unterweisung, die sie durch Schulzes 1873 erschienenes umfangreiches Buch erhielten,*) hat zwar einzelnen Genossenschaften, die aus der reichen Quelle Belehrung zu schöpfen verstanden, großen Nutzen gebracht, aber eine Ausbreitung dieser Art Genossenschaften nicht zu bewirken vermocht. Auch das neue Genossenschaftsgesetz hat keinen Aufschwung herbeigeführt. Als selbst auf dem Handwerkertage der Zünftler sich eine gewisse Geneigtheit zeigte, es auf dem genossenschaftlichen Wege zu versuchen, hat der Genossenschaftstag zu München (1892) den Mitgliedern der Verbandsgenossenschaften empfohlen, die Errichtung von industriellen Rohstoff-, Magazin-, Werk- und Produktivgenossenschaften zu fördern. Auch ist durch Vorträge Anregung gegeben.**) Allein ein Erfolg ist nicht erkennbar. Es scheint, wie es im Jahresbericht für 1893 heißt, „daß auf gewerblichem Gebiet diejenige Richtung, welche das Heil zur Erhaltung und zur Hebung des Kleinhandels von staatlichem Eingreifen, von Zwangsinnung und Befähigungsnachweis erwartet, noch die Führung behalten soll . . ." Seit dem Etatsjahr 1896/97 enthält der preußische Etat der Handels- und Gewerbeverwaltung die Summe von 10000 Mark „zur Förderung und Fortentwickelung des Genossenschaftswesens im Kleingewerbe."

Von gewerblichen Rohstoffgenossenschaften sind 73 (1889: 113; 1893: 59) vorhanden, davon 61 eingetragene G. (29 m. u. H., 30 m. b. H., 2 m. u. N.). Von jeher gab es unter den Rohstoffgenossenschaften viele, die nicht in das Genossenschaftsregister eingetragen waren. Gewerbliche Magazingenossenschaften wurden 70 gezählt, davon 63 eingetragen (30 m. u. H., 32 m. b. H., 1 m. u. N.). Gewerbliche Werkgenossenschaften 30, sämmtlich eingetragen (15 m. u. H., 13 m. b. H. und 2 m. u. N.).

---

deutscher Genossenschaften von Dr. Fritz Schneider", Berlin 1869; 2. „die doppelte und kaufmännische Buchführung, insbesondere für Konsumvereine, nach einer vollständig bewährten, leicht faßlichen Methode des neuen Konsumvereins, Eing. Gen. zu Magdeburg, bearbeitet und herausgegeben von Gustav Oppermann rc." Berlin 1869. Beide Schriften sind ersetzt durch das zu Leipzig 1883 erschienene „Taschenbuch für Konsumvereine. Eine Anweisung zu deren Gründung und Einrichtung von Dr. F. Schneider, nebst einer Anleitung zur einfachen und doppelten Buchführung von Gustav Oppermann", Leipzig 1883. Dazu Ergänzungsschrift Dr. F. Schneider: Wegweiser für Konsumvereine zur Anwendung des G. v. 1. Mai 1889. Berlin 1894. Endlich: „Handbuch für Konsumvereine. Praktische Anweisung zu deren Einrichtung und Gründung" von Oppermann und Häntschke. Man vgl. Die Geschichte der redlichen Pioniere von Rochdale von Georg Jacob Holyoake, ins Deutsche übersetzt von H. Häntschke. (Vorwort von F. Schenck.) Leipzig 1888.

*) „Die Genossenschaften in einzelnen Gewerbszweigen. Praktische Anweisung zu ihrer Gründung und Einrichtung von Schulze-Delitzsch, derzeit Anwalt des Allgem. deutschen Genossenschaftsverbandes unter Mitwirkung von Dr. F. Schneider, 1. Sekretär der Anwaltschaft". Leipzig 1873.

**) Vgl. Dr. Crüger: Die Besserung der wirthschaftlichen Lage des Handwerks durch Rohstoffgenossenschaften. Berlin 1894.

Auch die gewerblichen Produktivgenossenschaften können Fortschritte nicht verzeichnen. In einer vor einigen Jahren erschienenen Schrift hat H. Häntschke eine Fülle von Material über die sämmtlichen 322 gewerblichen Produktivgenossenschaften veröffentlicht, die seit Beginn der deutschen Genossenschaftsbewegung, wie sie Schulze-Delitzsch geschaffen hat, in Deutschland errichtet sind.*) 213 haben sich aufgelöst, unter ihnen befinden sich aber 23, deren Fabrikbetrieb noch fortbesteht, indem die Genossenschaft sich in eine offene Handelsgesellschaft oder Aktiengesellschaft oder Gesellschaft mit beschränkter Haftung umwandelte oder ein einzelner früherer Genosse das Geschäft käuflich übernahm. Das Jahrbuch für 1897 führt als bestehend an 179 Produktivgenossenschaften, davon sind 175 als Genossenschaften eingetragen (56 m. u. H., 116 m. b. H., 3 m. u. N.). Unter diesen haben manche zwar genossenschaftliche Form angenommen, entbehren jedoch des eigentlich genossenschaftlichen Charakters.

Die Zeitverhältnisse waren und sind für Errichtung gewerblicher Produktivgenossenschaften ungünstig. Auf der einen Seite das riesige Anwachsen der der genossenschaftlichen Selbsthülfe abgeneigten Sozialdemokratie, — auf der anderen Seite der Staatssozialismus, der das Recht auf Arbeit proklamirt und dem Arbeiter die Verantwortlichkeit für seine wirthschaftlichen Verhältnisse abnimmt und dem Staate zuschiebt. Im Wettbewerb des Staatssozialismus und der Sozialdemokratie um die Gunst des Arbeiters gehen beide — wie Schulze noch in seinem letzten erst nach seinem Tode veröffentlichten Aufsatze gegen die Staatshülfe hervorhob — übereinstimmend von der Annahme aus, daß sich der Arbeiter in einer „ein für allemal gegebenen Nothlage" befinde und auf dem Wege der Selbsthülfe nimmermehr zu einer menschenwürdigen Existenz gelangen könne. Bei Berathung des ersten Ausnahmegesetzes gegen die Sozialdemokratie (17. September 1878) wurde vom Fürsten Bismarck für nützlich erklärt, durch Versuche festzustellen, ob nicht doch „die Lösung der sozialen Frage" durch Gewährung von Staatsmitteln zu Produktivgenossenschaften nach Lassalle's Hundert-Millionen-Thaler-Projekt möglich sei.

Es werden auch für die auf Selbsthülfe gegründeten Produktivgenossenschaften bessere Zeiten kommen. Wird der natürliche Gang der Entwickelung zur vollständigen Aufsaugung des Kleinbetriebs führen? Wir glauben es nicht.

„Der Maschinentechnik wird es unfehlbar gelingen, das Hinderniß der Rückkehr zur konkurrenzfähigen Handarbeit zu beseitigen durch die Zuführung billiger mechanischer Arbeitskraft in die kleineren Werkstätten und die Wohnungen der Arbeiter. Das Endziel der Entwickelung des Zeitalters der Naturwissenschaft ist die Rückkehr zur Einzelarbeit, oder, wo es die Natur der Dinge verlangt, der Betrieb gemeinsamer Arbeitsstätten durch Arbeitsassoziationen, die erst durch die allgemeinere Verbreitung von Kenntniß und Bildung und durch die Möglichkeit billiger Kapitalbeschaffung eine gesunde Grundlage erhalten werden."

Diese Sätze, der Rede entnommen, mit der ein warmer, treuer Freund Schulzes und seiner Bestrebungen, Werner Siemens, im September 1886 die deutsche Naturforscherversammlung in Berlin begrüßte, zeigen, wo in Zukunft die Vorbedingungen einer gedeihlichen Entwickelung und sichere Erfolge der Produktivgenossenschaft zu suchen sind.

---

*) H. Häntschke, 2. Sekretär des Allg. Verbandes: Die gewerblichen Produktivgenossenschaften in Deutschland. Beitrag zur Förderung der Handwerker- und Arbeiterfrage. (350 Seiten.) Charlottenburg 1894.

Freilich auch in der Zukunft werden die Grundlagen für gewerbliche Produktivgenossenschaften die gleichen sein. Häntschke formulirt sie dahin:

„Kenntniß und Bildung, in technischer, geschäftlicher und allgemeiner Beziehung — genossenschaftlicher Geist, der den Einzelnen befähigt, sich den Anordnungen der gewählten Genossenschaftsleitung zu fügen, der weitere Ziele im Auge zu behalten, auf augenblickliche Vortheile zu verzichten, ermöglicht — Einrichtungen für eine gerechtere Entlohnung der Arbeit durch Betheiligung derselben am Reingewinn — größte Oeffentlichkeit hinsichtlich ihres Wirkens, ihrer Bestrebungen — Zusammenschluß zu Verbänden, um Erfahrungen auszutauschen, gemeinsame Interessen zu wahren — das sind die vornehmsten Grundlagen, auf welchen die gewerblichen Produktivgenossenschaften zu gedeihlicher Entwickelung geführt werden können."

Während die Rohstoff- und Magazingenossenschaften der Handwerker und die gewerblichen Produktivgenossenschaften in der Entwickelung zurückblieben, zeigten landwirthschaftliche Rohstoffgenossenschaften und Produktivgenossenschaften in den letzten Jahrzehnten einen überaus schnellen und nachhaltigen, selbst Schulze-Delitzschs weitgehende Hoffnungen übertreffenden Aufschwung. Man kann denselben erst seit 1871 datiren, seitdem in Ost- und Westpreußen größere landwirthschaftliche Genossenschaften gegründet wurden,*) die Schulzes Lehren und die Erfahrungen der anderen Arten Genossenschaften zu ihrer Organisation benutzten. Schulze hatte in seinem Buche über die Genossenschaften in einzelnen Gewerbszweigen unter Beibringung von Statuten und Formularen zunächst die landwirthschaftlichen Rohstoffgenossenschaften oder Konsumvereine, welche die für den landwirthschaftlichen Geschäftsbetrieb nöthigen Roh- und Hülfsstoffe, namentlich künstlichen Dünger, Futtermittel und Saatgetreide im Großen ankaufen und an ihre Mitglieder vertheilen, eingehend behandelt; sodann die landwirthschaftlichen Werkgenossenschaften zur gemeinschaftlichen Anschaffung und Benutzung landwirthschaftlicher Maschinen und Werkzeuge, die Genossenschaften zum Halten von Zuchtthieren (Stiergenossenschaften) und endlich die Genossenschaften für Handel und Produktion**) auf landwirthschaftlichem Gebiete, die Winzergenossenschaften und die Milchmagazin- und Molkereigenossenschaften, letztere vorzugsweise nach Mittheilungen des Generalsekretärs des landwirthschaftlichen Centralvereins für Lithauen und Masuren Stöckel-Insterburg über die ersten damals in Ostpreußen entstandenen Genossenschaften dieser Art.

---

*) Ueber die ersten Anfänge der genossenschaftlichen Bewegung unter den Landwirthen vgl. Parisius: Die Genossenschaftsgesetze im deutschen Reiche, Seite 56 bis 73; ferner den Aufsatz desselben: Zur landwirthschaftlichen Genossenschaftsbewegung in Nr. 4 Bl.f.G. 1889 S. 36.

**) Ueber die landwirthschaftlichen Absatzgenossenschaften urtheilte in der Februarsitzung 1897 des Preußischen Oekonomiekollegiums Professor Sering sich sehr zurückhaltend (Blätter für Genossenschaftswesen 1898 Nr. 24). Er sieht aus ihrer Entwickelung eine scharfe Konkurrenz unter den Landwirthen voraus. Ueber die Getreideabsatzgenossenschaften im Besonderen sagte er: „Danach glaube ich, daß die Getreide-Absatzgenossenschaften von vornherein darauf verzichten sollten, sich die Gewinne anzueignen, die der Großhandel aus der Spekulation auf die Schwankungen der Getreidepreise zieht. Das mit solcher Spekulation verbundene Risiko ist viel zu groß, und es wäre kaum ein volkswirthschaftlicher Fortschritt, dieses Risiko vom Händler auf die Genossenschaften und Landwirthe abzuwälzen. Wie schon Aktiengesellschaften und meist selbst offene Handelsgesellschaften sich als Träger von spekulativen Handelsunternehmungen wenig bewährt haben, so sind Genossenschaften nicht geeignet, mit dem Großhandel auf dem freien Produktenmarkt erfolgreich zu konkurriren."

An dem großen Aufschwung nahmen bisher nur die landwirthschaftlichen Konsumvereine und Molkereigenossenschaften Theil, wenn auch verschiedene neue Arten Genossenschaften auftauchten und hie und da mit Glück arbeiteten. So Dörrobst bereitende Obstverwerthungsgenossenschaften, Krautgenossenschaften, die Sauerkraut herstellen und verkaufen, Ankaufsgenossenschaften, die von weither Vieh zur Zucht oder Mast einführen, Verkaufsgenossenschaften zur besseren Verwerthung von Mastvieh oder von Saatgut oder von Tafelbutter, Züchtergenossenschaften u. s. w.

Was nun den Geschäftsbetrieb und die Ausbreitung der landwirthschaftlichen Konsumvereine anbelangt, so müssen dieselben naturgemäß den besten Wirkungskreis da finden, wo bei hoher Kultur der Kleinbetrieb vorherrscht. Der Raiffeisensche Verband freilich begünstigt die Begründung besonderer Konsumvereine nicht, die Zentralstelle besorgt gegen eine Entschädigung den Mitgliedern der einzelnen Darlehnskassenvereine, welche die Vermittelung übernehmen, den Bedarf an Kunstdünger und Futterstoffen. Anderwärts, in Rheinland, Westfalen, Schlesien, Nassau, besorgten das Gleiche die landwirthschaftlichen Zentralstellen oder die Bauernvereine — Interessentenvereine mit mehr oder weniger deutlich ausgeprägten religiösen oder politischen Parteibestrebungen. — In richtiger Erkenntniß, daß die Befriedigung dieser Wirthschaftsbedürfnisse in geordnetem geschäftlichem Wege erfolgen müsse, schuf man in Hessen und Baden dafür besondere Genossenschaften, jedoch so, daß den Einkauf auf voraufgehende Bestellung die Zentralstelle besorgt, die Einzelgenossenschaft aber die Bestellungen einsammelt, das auf Bestellung Gelieferte vertheilt und das Geld einzieht. Landwirthschaftliche Konsumvereine, die von jenen Wirthschaftsbedürfnissen Vorräthe ohne Bestellung einkaufen und lagern lassen und, wie die Lebensbedürfniß-Konsumvereine, zu Tagespreisen an Mitglieder verkaufen, kamen zuerst im Nordosten des Reiches auf. Der Insterburger ländliche Wirthschaftsverein ist der bedeutendste dieser Vereine geblieben.*) Der gegenwärtige Bestand der landwirthschaftlichen Konsumvereine erreicht nach Dr. Crügers Jahrbuch für 1897 im deutschen Reiche die Zahl 1167 und vertheilt sich nach Staaten und Provinzen folgendermaßen:

Preußen 452 (Ost- und Westpreußen 16, Brandenburg 5, Pommern 22, Posen 7, Schlesien 5, Sachsen 34, Schleswig-Holstein 73, Hannover 98, Westfalen 9, Hessen-Nassau 75, Rheinprovinz 88), Bayern 222, Sachsen 13, Württemberg 10, Baden 153, Hessen 235, Mecklenburg 1, Sächsische Herzogthümer 18, Oldenburg 52, Lippe und Waldeck 8, Anhalt 2, deutsche Reichslande 1 Verein.

---

*) Das Jahrbuch für 1897 bringt die Geschäftsergebnisse des Insterburger ländlichen Wirthschaftsvereins e. G. m. b. H. Unter seinen 370 Mitgliedern befinden sich die landwirthschaftliche Centralkasse Wormditt und 9 kleinere landw. Konsumvereine, die durch ihn den Bedarf ihrer Genossen an Düngermitteln, Sämereien, Maschinen u. s. w. decken. Der Wirthschaftsverein hatte 1897 an Waaren verkauft 479 768 Ztr. (darunter 255 893 Ztr. Düngermittel und 171 457 Ztr. Futtermittel). Er hatte, bei Geschäftsantheilen von 1500 Mk., ein eigenes Vermögen an Guthaben (265 715), Reservefonds (80 574) und Extrareserven (8 705) 354 996 Mark erreicht. „Diese allmähliche, aber sichere Steigerung des eigenen Vermögens bildet die gesunde und feste Basis unserer genossenschaftlichen Arbeit auf diesem Gebiete.“ (Verbandsdirektor Stöckel-Insterburg auf dem Verbandstage landwirthschaftlicher Genossenschaften Ostpreußens in Cranz, Juni 1898.) Der Verein hatte 926 chemische Analysen zur Untersuchung der gekauften Waaren vornehmen lassen, er besaß Grundeigenthum zum Werthe von 157 651 Mk. (65 045 Mk. Hypotheken, durch Amortisation abzuzahlen). Der Reingewinn betrug 47 181 Mk., wovon 4% Kapital- und 2% Waarendividende gezahlt wurden.

Von den 1167 landw. Konsumvereinen sind 123 nicht eingetragen (28 Schleswig-Holstein, 9 Rheinland, 42 Bayern, 42 Baden, 2 Hessen), also nur 1044 eingetragene Genossenschaften (852 m. u. H., 189 m. b. H., 3 m. u. N.).

Die Molkereigenossenschaften passen wenig für den landwirthschaftlichen Kleinbetrieb, sie sind von hohem Werthe für den großen und mittleren (bäuerlichen) Besitz, bei dem sich durch gleiche Ernährung und Wartung der Kühe in allen betheiligten Wirthschaften ein gleichmäßiges Produkt herstellen läßt. Wie sie sich von Ostpreußen aus allmählich verbreiteten und dann in Schleswig-Holstein mit seinem unabhängigen, wohlhabenden, Viehzucht und Weidewirthschaft betreibenden Bauernstande und in den ähnlich gearteten Landschaften von Oldenburg und Ostfriesland allgemein eingeführt wurden, hat nach den Jahresberichten bis 1887 Parisius in Nr. 4 der Bl.f.G. 1889 zusammengestellt. Wir wollen durch eine die Vertheilung der Molkereigenossenschaften für das deutsche Reich 1871, 1875, 1880, 1885, 1890, 1895 und 1897 darstellende Tabelle zeigen, wie diese treffliche Genossenschaftsart in unaufhaltsamer Bewegung allmählich in die einzelnen Staaten und Provinzen hineingetragen ist.

	1871	1875	1880	1885	1890	1895	1897
Ost- und Westpreußen	2	21	26	39	73	124	148
Brandenburg	—	1	1	6	23	43	54
Pommern	—	—	—	2	45	76	82
Posen	—	1	2	6	36	44	54
Schlesien	—	1	4	13	32	36	44
Sachsen	—	—	3	10	40	103	135
Schleswig-Holstein	—	—	9	84	219	225	222
Hannover	—	5	12	30	132	212	247
Westfalen	—	—	—	1	48	75	80
Hessen-Nassau	—	—	—	7	15	28	31
Rheinland	—	1	1	7	9	74	165
Preußen	2	30	58	207	672	1064	1262
Bayern	—	—	—	2	14	42	81
Sachsen	—	—	—	—	7	13	16
Württemberg	—	—	1	5	35	130	139
Baden	—	—	2	2	10	7	16
Hessen	—	—	—	9	15	28	34
Mecklenburg	—	—	1	6	65	89	94
Sächsisches Herzogthum und Thüringische Staaten	—	—	—	1	12	22	18
Oldenburg	—	—	2	17	36	35	35
Braunschweig	—	—	1	13	11	34	47
Anhalt	—	—	1	1	2	3	4
Waldeck und Lippe	—	—	1	3	12	18	19
Hansestädte	—	—	2	5	9	7	7
Elsaß-Lothringen	—	—	1	1	1	2	3
Deutsches Reich ohne Preußen	—	—	12	55	219	430	533
	2	30	70	262	901	1476	1775

Das Genossenschaftsgesetz ist der Entstehung neuer Molkereigenossenschaften entschieden förderlich gewesen. Freilich haben eine erhebliche Zahl eingetragener Molkereigenossenschaften in Schleswig-Holstein aus nicht zutreffenden Ursachen sich als Genossenschaften aufgelöst, um als Personenvereine (einzelne als Gesellschaften mit beschränkter Haftung) fortzubestehen; auch haben sich im Braunschweigischen und in der Provinz Sachsen einige

Molkereigenossenschaften in Aktiengesellschaften umgewandelt. Von den 1775 Molkereigenossenschaften sind 71 nicht eingetragen (Provinz Preußen 3, Schleswig-Holstein 29, Hannover 2, Rheinprovinz 1, Württemberg 33, Baden 1, Oldenburg 2).

Das Jahrbuch für 1897 führt von landwirthschaftlichen Produktivgenossenschaften ferner noch 82 Winzergenossenschaften, 64 Genossenschaften für den Bau und den Vertrieb von Feld- und Gartenfrüchten, 5 Fischereigenossenschaften und je 3 Genossenschaftsschlächtereien und Waldgenossenschaften auf.

Unter den gesammten 1932 landwirthschaftlichen Produktivgenossenschaften sind 1857 eingetragene Genossenschaften (1316 m. u. H., 477 m. b. H., 64 — sämmtlich Molkereien — m. u. N.).

Ueber die Gesammtleistungen der landwirthschaftlichen Konsumvereine sowohl, wie der Molkereigenossenschaften lassen sich einigermaßen zuverlässige Zahlen nicht beibringen. Viele dieser Genossenschaften sind statistischen Mittheilungen abgeneigt.

4. Baugenossenschaften.

Es giebt zwei Arten von Baugenossenschaften, solche, die ihren Mitgliedern den Eigenthumserwerb an den Häusern ermöglichen und solche, welche ihnen unkündbare Miethwohnungen beschaffen wollen. Es scheint, als ob alle zehn bis zwanzig Jahre gleichzeitig in vielen Großstädten und Industrieorten „Wohnungsnoth" eintritt und in Folge dessen die „Wohnungsfrage" ein regelmäßiger Gegenstand der Tagesordnung derjenigen Versammlungen wird, die sich mit der Förderung des Wohls der arbeitenden Klassen beschäftigen. In solchen Zeiten entstehen Baugenossenschaften ohne große Schwierigkeit. In der Zeit von 1871 bis 1874 arbeiteten eine erhebliche Zahl Baugenossenschaften mit gutem Erfolg. Fast alle aber haben sich aufgelöst — zum Theil unter erheblichen Verlusten für ihre Mitglieder. Man darf eine Eigenthümlichkeit der Baugenossenschaften nicht außer Acht lassen, auf die Parisius bereits 1865 aufmerksam machte: Während die anderen Genossenschaften dauernde, sich immer erneuernde Bedürfnisse ihrer Mitglieder befriedigen, ist das Mitglied einer Baugenossenschaft, wenn es durch dieselbe ein Haus zu Eigenthum erworben hat, ein für allemal befriedigt und hat kein Interesse mehr an der Mitgliedschaft.*) Günstig für die Entwicklung der Baugenossenschaften ist die Vermehrung der großen Städte mit ihren Fabriken und den vielen tausenden von Arbeitern.

Ein schneller Wandel in dem Bestand der Baugenossenschaften ist nicht zu vermeiden. Seit 1886 befinden wir uns wieder in einer Zeit-

*) Aufsatz von Parisius: Die auf dem Prinzip der Selbsthülfe beruhende Baugenossenschaft, in dem Sammelwerk: „Die Wohnungsfrage, mit besonderer Rücksicht auf die arbeitenden Klassen". Berlin 1865. Vgl. Parisius: Die Genossenschaftsgesetze im deutschen Reiche, Einleitung S. 75 bis 84. Sodann „Mittheilungen über deutsche Baugenossenschaften nebst einem Statut und Motiven von Dr. F. Schneider. Mit einem Vorworte von Schulze-Delitzsch". Leipzig 1875. Von neueren Schriften und Aufsätzen heben wir hervor den Aufsatz von Dr. Crüger: Baugenossenschaften, im: „Handwörterbuch der Staatswissenschaften" 2te Auflage Bd. II S. 465; Trüdinger „Die Arbeiterwohnungsfrage." 1888. „Spar- und Bauvereine in Hannover, Göttingen u. Berlin". 1893; Aufsätze von Pröbst in Bl.f.G. 1890, 91, 92, 93, siehe auch spätere Anmerkungen.

periode, in der in zahlreichen Städten über Wohnungsnoth geklagt und in Baugesellschaften und Baugenossenschaften Abhülfe gesucht wird. Der Verein für Sozialpolitik forderte Gutachten ein und veröffentlichte sie.*)

Nach dem Inkrafttreten des Genossenschaftsgesetzes von 1889 und anscheinend in Folge der Zulassung von Genossenschaften mit beschränkter Haftpflicht, die den Baugenossenschaften auch durch den Genossenschaftstag zu Freiburg i. Br. 1890 empfohlen wurde, entstand eine lebhaftere Bewegung, der „Wohnungsnoth" durch Baugenossenschaften abzuhelfen. Die Jahresberichte des Anwaltes führten an bestehenden Baugenossenschaften namhaft auf: 1875 30, 1876 64, 1877 50, 1878 46, 1879 46, 1880 36, 1881 34, 1882 35, 1883 33, 1884 33, 1885 33, 1886 35, 1887 35, 1888 28, 1889 38, 1890 50, 1891 55, 1892 77, 1893 101, 1897 192 (13 m. u. H., 179 m. b. H.). Ein 1875 in München errichteter Verband mit 8 Genossenschaften ging schon 1876 zu Grunde. Bis 1895 bestand kein Verband, 1896 ward ein „Verband der Baugenossenschaften Deutschlands" gegründet, der sich dem Allgemeinen Verbande anschloß. Die in den Jahresberichten wiederholt hervorgehobene Schwierigkeit, für Baugenossenschaften unkündbare Hypothekendarlehen zu erhalten, wird dadurch erheblich vermindert, daß die zufolge des Invaliditäts- und Altersversicherungsgesetzes vom 22. Juni 1889 gegründeten Versicherungsanstalten von ihren zu Hunderten von Millionen Mark anwachsenden Fonds einen Theil den Baugenossenschaften als allmählich durch vierteljährliche Ratenzahlungen zu verzinsende und zu tilgende Darlehen gegen hypothekarische Sicherheit gewähren.**) Ueber die beiden oben genannten Arten von Baugenossenschaften ward auf dem Allgemeinen Verbandstage zu Neustadt a. H. 1898 verhandelt und ein Beschluß gefaßt, wonach die verschiedenen Aufgaben durch eine Genossenschaft verfolgt werden können. — Zu bedauern ist, daß einzelne unter dem Einfluß der Bodenbesitzreformer (welche bestreben, daß der Grund und Boden, auf dem die Häuser stehen, Gemeindebesitz werde) stehende Baugenossenschaften dem Prinzip der Selbsthülfe entfremdet werden.

IV. Zur Geschichte des Genossenschaftsgesetzes vom 1. Mai 1889.

Schulze-Delitzsch hatte bei Gründung der ersten Genossenschaften die Frage der rechtlichen Form derselben mit besonderer Vorsicht behandelt, um auf der einen Seite jede Einmischung des Staates und seiner Behörden von ihnen abzuhalten, auf der anderen Seite nach Möglichkeit den Mangel

*) „Die Wohnungsnoth der ärmeren Klassen in deutschen Großstädten und Vorschläge zu deren Abhülfe. Gutachten und Berichte, herausgegeben im Auftrage des Vereins für Sozialpolitik". 2 Bde. (Leipzig 1886). Berichtet wird in diesem Werke über die Wohnungsverhältnisse in Hamburg, Frankfurt a. M., Straßburg im Elsaß, Bochum, Chemnitz, Osnabrück, Crefeld, Dortmund, Essen a. R., Berlin, Elberfeld, Breslau, Leipzig.

**) Vgl. im „Arbeiterfreund" 1894 3. Vierteljahrsheft den Aufsatz „Die Förderung des Baues von Arbeiterwohnungen aus Mitteln der Invaliditäts- und Altersversicherungs-Anstalten", von Hansen-Kiel.

der Rechtspersönlichkeit im Verkehr mit Dritten zu ersetzen. Die ersten Genossenschaften, die in Preußen im Gebiete des allgemeinen Landrechts ihren Sitz hatten, konnte er nur als erlaubte Privatgesellschaften hinstellen, jenen Mangel aber strebte er durch zum Theil künstliche Einrichtungen unschädlich zu machen. Zur Beseitigung indessen „eines Zustandes, der in jeder Weise mißlich, mancherlei Gefahren und unnütze Kosten und Weitläufigkeiten zur Folge hatte", suchte er Abhülfe von der Gesetzgebung. Die Aenderung des preußischen Gesellschaftsrechts durch Einführung des allgemeinen deutschen Handelsgesetzbuches bewog ihn, am 10. März 1863 im Abgeordnetenhause, dessen Mitglied er 1861 geworden war, zugleich als Anwalt und im Auftrage des allgemeinen Vereinstages einen ausführlichen Gesetzentwurf einzubringen, nach welchem im Anschluß an die Vorschriften des Handelsgesetzbuchs die Erwerbs- und Wirthschaftsgenossenschaften als besondere Art der Gesellschaften durch Eintragung in ein vom Handelsrichter als Theil des Handelsregisters zu führendes Genossenschaftsregister die gleiche rechtliche Stellung wie die Handelsgesellschaften erwerben konnten. Dieser in einer Kommission des Abgeordnetenhauses berathene und verbesserte Entwurf wurde die Grundlage des in der Landtagssession von 1866 bis 1867 endlich zu Stande gebrachten preußischen Gesetzes, „betreffend die privatrechtliche Stellung der Erwerbs- und Wirthschaftsgenossenschaften" vom 27. März 1867, eingeführt in die neuen Provinzen Hannover, Hessen-Nassau und Schleswig-Holstein durch Verordnungen vom 12. Juli, 12. August und 22. September 1867.

Mit dem preußischen Gesetze bis auf einige Schlußparagraphen übereinstimmend, wurden schon am 20. Juni 1867 im Herzogthum Sachsen-Meiningen und am 8. März 1868 im Großherzogthum Sachsen-Weimar Genossenschaftsgesetze erlassen. Daß in süddeutschen Staaten und im Königreich Sachsen auf anderen Grundlagen Genossenschaftsgesetze entworfen wurden, veranlaßte Schulze schon am 16. April 1868 als Mitglied des Norddeutschen Reichstages zu beantragen, das preußische Genossenschaftsgesetz mit einigen Aenderungen und Ergänzungen zu einem norddeutschen Bundesgesetz zu erheben. In einer Kommission von 21 Mitgliedern in zwei Sitzungen vorberathen, ward der Gesetzentwurf vom Reichstage am 23. Mai und sodann mit vielen vom Bundesrath befürworteten Aenderungsvorschlägen der von ihm mit der Begutachtung betrauten, gerade in Berlin tagenden Kommission zur Ausarbeitung einer Civilprozeßordnung, in der letzten Sitzung der Session, am 20. Juni 1868 unverändert angenommen. Das „Gesetz betreffend die privatrechtliche Stellung der Erwerbs- und Wirthschaftsgenossenschaften vom 4. Juli 1868" ist in Nr. 42 des Bundesgesetzblattes des Norddeutschen Bundes, ausgegeben zu Berlin den 15. Juli 1868, publizirt und im Norddeutschen Bunde laut § 73 vom 1. Januar 1869 in Kraft getreten. Dasselbe fand in vier norddeutschen Staaten, außer in Preußen, Sachsen-Meiningen und Sachsen-Weimar, auch noch im Königreich Sachsen, wo die Vollziehung am 15. Juni und die Verkündung im sächsischen Gesetz- und Verordnungsblatt am 27. Juni 1868 erfolgt war, besondere Genossenschaftsgesetze vor, an deren Stelle es zu treten hatte.*)

---

*) Die Geschichte der Entstehung des norddeutschen Genossenschaftsgesetzes vom 4. Juli 1868 und seiner Einführung in die übrigen deutschen Staaten ist ausführlich

In Bayern wurde ein Genossenschaftsgesetz am 29. April 1869 vollzogen, welches am 28. Mai im Königreich Bayern diesseits des Rheins und am 10. Juni 1869 in der Rheinpfalz in Kraft trat. Ein hessisches Gesetz vom 4. August 1864 führte das norddeutsche Genossenschaftsgesetz mit den einzelnen durch die Verschiedenheit des Geltungsgebietes erforderlichen Aenderungen in die nicht zum Norddeutschen Bunde gehörenden Theile des Großherzogthums ein. In Baden erschien das Genossenschaftsgesetz vom 11. Februar 1870. In Württemberg steckte man noch in den Vorarbeiten, als der Krieg ausbrach. Die Versailler Verträge bewirkten, daß das Gesetz vom 4. Juli 1868 als Reichsgesetz in Baden, Südhessen und Württemberg am 1. Januar 1871 eingeführt und dadurch das badische und hessische Gesetz aufgehoben wurden. In Elsaß-Lothringen ferner ist das Genossenschaftsgesetz zufolge Gesetz vom 11. Juli 1872 am 1. Oktober 1872, in Bayern zufolge Gesetz vom 23. Juni 1873 am 1. August 1873 in Kraft getreten.*)

Die Art und Weise, wie das Genossenschaftsgesetz für eine neue und noch wenig entwickelte Form des gemeinschaftlichen Geschäftsbetriebs gewissermaßen durch den Begründer und noch dazu in großer Hast geschaffen wurde, erklärte es zur Genüge, daß sich das Bedürfniß einer Revision des Gesetzes bald geltend machte. Bereits im Herbst 1876 stellte Schulze-Delitzsch im Reichstage den Antrag auf eine Revision, indem er den Entwurf einer Novelle mit Motiven vorlegte (Nr. 40 der Drucksachen). Derselbe wurde 1876 in einer Kommission durchberathen, ohne daß er zur Berichterstattung kam. Im neugewählten Reichstage von 1877 erneuerte Schulze seinen Antrag am 12. März. Sein verbesserter Entwurf (Nr. 41 der Drucksachen) kam am 16. April 1877 zur ersten Berathung. Auf Schulzes Begründung erklärte der Staatssekretär im Reichsjustizamt, Dr. Friedberg, daß bei der vom Bundesrath beschlossenen Reform des Aktiengesetzes voraussichtlich auch das Genossenschaftsgesetz in den Kreis der Revision gezogen werden müsse. Zugleich versprach er, sich bei den vorbereitenden Arbeiten zur Reformgesetzgebung den Rath genossenschaftlicher Praktiker zu erbitten. Schulze zog hierauf seinen Antrag zurück. In der Session von 1878 aber wiederholte er denselben, beschränkte ihn jedoch auf einzelne besonders dringlich erscheinende Punkte (Drucksachen des Reichstags 1878 Nr. 11). Auf den Bericht der mit der Vorberathung beauftragten Kommission beschloß in der Sitzung vom 11. März 1878 der Reichstag,

in Erwägung, daß das Bedürfniß zu einer Revision des Gesetzes überhaupt, insbesondere aber in der Richtung anzuerkennen sei, den Beginn der Mitgliedschaft beitretender Genossenschafter, das Rechtsverhältniß ausscheidender Genossenschafter und den zulässigen Zeitpunkt des sogenannten Umlageverfahrens festzustellen, —

---

behandelt von Parisius: „Die Genossenschaftsgesetze im deutschen Reich“. 1876. Einleitung Abschn. III. S. 85 bis 109. In diesem Kommentar sind auch die Einführungsgesetze, die Ausführungsverordnungen und das dem deutschen Reichsgesetze nachgebildete österreichische Genossenschaftsgesetz vom 9. April 1873 nebst Ausführungsverordnung abgedruckt (S. 403 bis 563).

*) Vgl. über die bayerische Genossenschaftsgesetzgebung namentlich Prof. v. Sicherer: Die Genossenschaftsgesetzgebung in Deutschland. Kommentar zum Reichsgesetze rc. unter Berücksichtigung des bayerischen Genossenschaftsgesetzes (Erlangen 1872) Seite 72 bis 86, 319 bis 324.

den Reichskanzler aufzufordern, den Entwurf einer Novelle zum Genossenschaftsgesetz, in welcher die in dem Antrage des Abgeordneten Schulze-Delitzsch angeregten Punkte ihre Erledigung fänden, mit thunlichster Beschleunigung ausarbeiten zu lassen (Stenograph. Bericht 1878 S. 442 der Drucksachen Nr. 40).

Ebenso beschloß der Bundesrath am 27. Februar 1879, den Reichskanzler zu ersuchen, im Anschluß an die Revision der Aktiengesetzgebung und unter Berücksichtigung der in der vorerwähnten Reichstagsresolution hervorgehobenen Punkte den Entwurf einer Novelle zum Genossenschaftsgesetz dem Bundesrath vorzulegen.

Zum letzten Male brachte Schulze-Delitzsch seinen jetzt mehrfach abgeänderten Entwurf am 28. April 1881 in den Reichstag ein. Am folgenden Tage wurden zwei von sämmtlichen Mitgliedern der deutschkonservativen Partei unterstützte Anträge des Freiherrn von Mirbach und des sächsischen Hofraths Ackermann zur Revision des Genossenschaftsgesetzes gestellt (Drucksachen des Reichstages 1881 Nr. 107, 108 und 109). Der letztere Antrag beschränkte sich auf die Hervorhebung einzelner Grundsätze, die für die Revision des Genossenschaftsgesetzes berücksichtigenswerth erschienen und namentlich die Organisation, die Beaufsichtigung und den Geschäftsbetrieb der Genossenschaften zum Gegenstande hatten, wogegen der Antrag von Mirbach die Zulassung von Genossenschaften mit beschränkter Haft neben den bisherigen Genossenschaften mit unbeschränkter Haft bezweckte. Die drei Anträge wurden vom Reichstage einer Kommission überwiesen. Da der im Oktober 1879 in das Amt getretene Staatssekretär im Reichsjustizamt Dr. von Schelling bei der ersten Berathung am 18. Mai 1881 erklärt hatte, zu einer Spezialberathung sei die Reichsregierung nicht im Stande, eine präzisirte Stellung einzunehmen, beschloß die Kommission schon in ihrer ersten Sitzung, zu beantragen, alle drei Anträge dem Reichskanzler als Material für die in Angriff genommene Revision des Genossenschaftsgesetzes zu überweisen und ihn um thunlichste Beschleunigung zu ersuchen. Eine zweite Berathung im Plenum des Reichstages hat nicht stattgefunden.

Vergeblich wartete Schulze-Delitzsch im Winter 1881 bis 1882 darauf, zu Vorarbeiten zu einer Genossenschaftsnovelle zugezogen zu werden. Sein dringender Wunsch, bei der Revision des Genossenschaftsgesetzes noch mitzuwirken, ging nicht in Erfüllung. Lediglich des Genossenschaftsgesetzes halber hatte er 1881 trotz schwerer körperlicher Leiden wieder eine Wahl zum Reichstage angenommen. Zum letzten Male kam am 8. Dezember 1882 eine Interpellation Schulzes wegen der Genossenschaftsnovelle zur Verhandlung. Der Staatssekretär im Reichsjustizamt Dr. von Schelling erklärte in seiner Antwort: die ursprüngliche Absicht, die Umbildung des Genossenschaftsrechts in der Form einer Novelle zu bewirken, sei aufgegeben und der Erlaß eines neuen Genossenschaftsgesetzes für nothwendig befunden. Nunmehr erkannte Schulze-Delitzsch, daß auf seine „persönliche Betheiligung“ bei der Revision „mit irgend welcher Sicherheit nicht gerechnet werden könnte“. Er schrieb deshalb in den letzten Monaten vor seinem am 29. April 1883 erfolgten Tode mit dem Aufgebot aller Kräfte das Büchlein: „Material zur Revision des Genossenschaftsgesetzes. Nach dem neuesten Stand der Frage geordnet“ (Leipzig 1883). Es verpflichte ihn, so schrieb er, „die von ihm bei der Genossenschaftsgesetzgebung, wie bei der Revision ergriffene Initiative, ja seine ganze Stellung in der Genossenschaftsbewegung, dem Inlande wie dem Auslande gegenüber", wie sie ihn auch „befähigen, das reiche Material, das sich durch seine Arbeiten und Anträge bei ihm gesammelt, gesichtet, in geordneter Reihenfolge den Genossenschaften zu übermachen".

Nach früheren Erklärungen der Reichsregierung sollte die Reform des Aktienrechts der Reform des Genossenschaftsrechts vorangehen. Das Reichsgesetz, betreffend die Kommanditgesellschaften auf Aktien und die Aktiengesellschaften, ist am 18. Juli 1884 erlassen. Durch dasselbe wurde eine Umänderung des früher ausgearbeiteten Genossenschaftsgesetzentwurfs bedingt. Endlich im August 1887 konnte der Nachfolger Schulzes in der Anwaltschaft des Genossenschaftsverbandes, Reichstagsabgeordneter Schenck, auf dem allgemeinen Vereinstage in Plauen mittheilen, daß nach der ihm aus dem Reichsjustizamt gewordenen Eröffnung in diesem der Entwurf des Genossenschaftsgesetzes fertig gestellt sei und vor der Beschlußfassung des Bundesraths einer Sachverständigen-Konferenz zur Begutachtung vorgelegt werden sollte.

Die Konferenz hat unter Vorsitz des Staatssekretärs von Schelling, unter Theilnahme des Direktors im Reichsjustizamt, des wirklichen Geheimen Raths Hanauer und der vortragenden Räthe Geh. Oberregierungsrath Dr. Hagens und Geh. Oberregierungsrath Dr. Hoffmann vom 15. bis 19. November 1887 berathen.*) Die Anregungen der Konferenz sind zum großen Theil berücksichtigt.

Die Thronrede vom 24. November 1887 hatte zwar dem Reichstage die Vorlegung des Genossenschaftsgesetzentwurfes angekündigt, allein es kam nicht dazu. Der Bundesrath beschloß in dankenswerther Weise zunächst die Veröffentlichnng des Entwurfs**) und ermöglichte dadurch den in erster Linie betheiligten bestehenden Erwerbs- und Wirthschaftsgenossenschaften, ihn in ihren Verbänden zu berathen und über die von ihnen vorzuschlagenden Aenderungen zu beschließen.***)

---

*) Als Sachverständige figurirten Vertreter aus verschiedenen genossenschaftlichen Verbänden: aus dem allgemeinen deutschen Genossenschaftsverbande der Anwalt Schenck und die Verbandsdirektoren Hopf-Insterburg, Pröbst-München, Schwanitz-Ilmenau, Glackemeyer-Hannover, ferner Dr. med. Kircharz-Unkel — an Stelle des damals erkrankten, seitdem verstorbenen F. W. Raiffeisen, — Vorsitzender des Anwaltschaftsrathes der ländlichen (Raiffeisenschen) Genossenschaften, Haas-Offenbach, Vorsitzender der Vereinigung deutscher landwirthschaftlicher Genossenschaften, Reichstagsabg. Leemann-Heilbronn, Vorsteher des Verbandes landwirthschaftlicher Kreditgenossenschaften im Königreich Württemberg, sodann Reichstagsabg. Freiherr von Mirbach-Sorquitten und die Professoren der Rechte Goldtschmidt-Berlin und von Sicherer-München. Zugegen waren noch Kommissarien des Reichsamts des Innern und der preußischen Ministerien für Landwirthschaft, für Handel und Gewerbe, für Justiz.

**) Entwurf eines Gesetzes, betreffend die Erwerbs- und Wirthschaftsgenossenschaften nebst Begründung und Anlage. Amtliche Ausgabe, Berlin 1888. (In den Noten ist er als Entw. I und seine Motive als Begr. I bezeichnet.)

***) Vgl. namentlich die Aufsätze des Anwaltes Schenck in den Blättern für Genossenschaftswesen. Jahrg. 1888. „Der Entwurf des neuen Genossenschaftsgesetzes" in Nr. 10 bis 34, und die Berathungen und Beschlüsse des allgemeinen Verbandes in den „Mittheilungen über den 29. allgemeinen Vereinstag der auf Selbsthülfe beruhenden deutschen Erwerbs- und Wirthschaftsgenossenschaften in Erfurt vom 30. August bis 1. September 1888. Herausgegeben im Auftrage des Vereinstages von F. Schenck rc." Seite 61 bis 179 und 189 bis 199.

Im Herbst 1888 endlich ist der Entwurf vom Bundesrath berathen und mit einigen Abänderungen angenommen worden. Derselbe ist am 27. November 1888 dem Reichstage zur Beschlußfassung vorgelegt.*)

Der Reichstag beschloß nach der ersten Berathung in der 14. Sitzung vom 13. Dezember 1888, den Gesetzentwurf einer Kommission von 28 Mitgliedern zur Vorberathung zu überweisen.**) Diese hat die Vorberathung in 23 Sitzungen in zwei Lesungen vollendet und am 18. März 1889 schriftlichen Bericht erstattet (Drucksachen Nr. 132). Auf Grund desselben hat der Reichstag die zweite Berathung in der 45. und 46. Sitzung vom 23. und 26. März vorgenommen (Zusammenstellung nach den Beschlüssen, Nr. 145 der Drucksachen). Nach der 3. Berathung in der 52. Sitzung vom 4. April 1889 (Zusammenstellung nach den Beschlüssen, Nr. 186 der Drucksachen) ist die Vorlage in der Schlußabstimmung angenommen. Der Bundesrath hat den Beschlüssen des Reichstags am 11. April zugestimmt und der Kaiser das Gesetz am 1. Mai vollzogen (Reichsgesetzblatt Nr. 11, ausgegeben den 10. Mai 1889, Seite 55 bis 93).

Die nach § 171 Abs. 1 einem Erlaß des Bundesraths vorbehaltenen, „zur Ausführung der Vorschriften über das Genossenschaftsregister und

---

*) Drucksachen des Reichstags 7. Legislatur-Periode IV. Session 1888/89 Nr. 98. In den Noten die Bezeichnungen Entw. II und Begr. II.

**) In die Reichstagskommission wurden folgende 28 Abgeordnete gewählt: 1. Graf Mirbach, Herrschaftsbes. in Sorquitten, 2. Graf Dönhoff in Friedrichstein, erbl. Herrenhausmitglied, 3. Landrath Hegel in Burg, 4. Oberlandesgerichtsrath Klemm in Dresden, 5. Landrath Dr. Scheffer in Schlochau, 6. Generallandschaftsdirektor Staudy in Posen, 7. Fabrikbesitzer Stadtrath Brauer in Forst i. L., 8. Geh. Oberregierungsrath Gamp in Berlin, 9. Oekonomierath Nobbe in Niedertopfstedt, 10. Landrath v. Rheinbaben in Fraustadt, 11. Fabrikant Böhm in Offenbach, 12. Geh. Justizrath Professor Dr. jur. v. Cuny in Berlin, 13. Professor der Rechte Dr. Enneccerus in Marburg, 14. Bürgermeister Hoffmann in Königsberg i. Pr., 15. Dr. med. Kruse in Norderney, 16. Landwirthschaftsinspektor Leemann in Heilbronn, 17. Justizrath Schneider in Mittweida, 18. Amtsrichter Francke in Berlin, 19. Landgerichtsrath Freiherr v. Buol-Berenberg in Mannheim, 20. Rittergutsbes. Freiherr v. Hoiningen-Huene in Groß-Mahlendorf, 21. Legationsrath a. D. v. Kehler in Berlin, 22. Amtsgerichtsrath Letocha in Berlin, 23. Gutsbesitzer Limbourg in Helenenberg, 24. Schornsteinfegermeister Metzner in Neustadt O.S., 25. Hofrath Roß in Glauchau, 26. Gutsbes. Freiherr v. Tänzl-Tratzberg in Dietldorf, 27. Landrath Dr. Baumbach in Sonneberg, 28. Genossenschaftsanwalt Schenck in Berlin. Es gehörten die Abgeordneten zu 1 bis 6 den Deutschkonservativen, zu 7 bis 10 der deutschen Reichspartei, zu 11 bis 18 der nationalliberalen Partei, zu 19 bis 26 dem Zentrum, zu 27 und 28 der deutschfreisinnigen Partei an. Während der Berathungen sind mehrere Abgeordnete aus der Kommission ausgeschieden und durch Parteigenossen ersetzt: Graf Dönhoff, Klemm und Scheffer durch Landrath Bohtz in Schmagorei (Brandenburg), Major a. D. v. Massow in Rohr (Pommern), Landrath v. Steinau-Steinrück in Seelow, — Francke und Leemann durch Amtsrichter Kulemann in Braunschweig und Rechtsanwalt Peters in Kiel; Metzner und Roß durch Bauergutsbesitzer Klose in Löwitz O. S. und Rentner Lucius in Düsseldorf; Dr. Baumbach durch Dr. med. Langerhans in Berlin.

An den Verhandlungen der Kommission haben ferner theilgenommen die Mitglieder des Bundesraths: der Nachfolger des Dr. von Schelling als Staatssekretär des Reichsjustizamts kaiserl. wirkl. Geh. Rath von Oehlschläger, der kaiserl. Geh. Ober-Regierungsrath Lohmann, der königl. bayr. Ministerialrath Heller und der königl. württemb. Direktor Dr. v. Stieglitz, und als Kommissarien des Bundesraths: die beiden verdienstvollen Verfasser des Entwurfs kaiserl. Geh. Oberregierungsrath Dr. Hagens und kaiserl. Geh. Regierungsrath Dr. Hoffmann, sowie der königl. preuß. Geh. Ober-Regierungsrath Dr. Thiel.

die Anmeldungen zu demselben erforderlichen Bestimmungen" sind vom Reichskanzler am 11. Juli 1889 bekannt gemacht (Reichsgesetzblatt Nr. 15, ausgegeben am 22. Juli 1888, Seite 149 bis 164). — Die Bekanntmachungen, welche nach § 171 Abs. 2 die Zentralbehörden der einzelnen Bundesstaaten zu erlassen haben, sind im dritten Theil abgedruckt. Die neuere Gesetzgebung siehe oben.

V. Der Begriff der Genossenschaft und die wichtigsten Neuerungen des Gesetzes vom 1. Mai 1889.

Der Begriff der Erwerbs- und Wirthschafsgenossenschaften, welche das Gesetz vom 1. Mai 1889 behandelt, ist im § 1 bis auf eine geringfügige Abweichung ebenso bestimmt, wie im Gesetz vom 4. Juli 1868.

Das preußische Genossenschaftsgesetz vom 27. März 1867 beabsichtigte, einer bereits vorhandenen, in der Gesetzgebung nicht berücksichtigten Klasse von Gesellschaften Rechtsfähigkeit zu verleihen, und das deutsche Genossenschaftsgesetz vom 4. Juli 1868 bezweckte, dieses preußische Gesetz auf das ganze, einer gemeinsamen Gesetzgebung zugängliche norddeutsche Bundesgebiet auszudehnen. Die Gesellschaften, für die und auf deren Betrieb die deutschen Genossenschaftsgesetze erlassen wurden, waren unter einander sehr verschieden. Aber ihre Verschiedenheiten kamen wenig in Betracht, denn nicht auf die durch bestehende Genossenschaften repräsentirten Arten der Gesellschaften wurde das Gesetz beschränkt, sondern einer jeden Gesellschaft, die unter den im Gesetz aufgestellten Begriff der Genossenschaft fällt und den Erfordernissen des Gesetzes genügt, wurde es *gestattet*, die Rechte zu erwerben, welche das Genossenschaftsgesetz verleiht.

So gab das Gesetz der weitesten Entwickelung des Genossenschaftswesens Raum, ohne zu verhindern, daß im Wesentlichen ebenso organisirte Gesellschaften die gleichen Zwecke in einer anderen rechtlichen Form zu verwirklichen suchten.

Schulze-Delitzsch hatte seine Schöpfungen anfänglich „*Assoziationen* der Handwerker und Arbeiter" oder der „Arbeiter und des Kleingewerbes" benannt, erst auf Anregung des zweiten Kongresses deutscher Volkswirthe (1859) erhielten sie den Namen „Genossenschaften". Die deutsche Bezeichnung hat sich unter den Vereinen selbst schnell als technische eingebürgert. Doch kehrte sich weder der allgemeine Sprachgebrauch noch die spätere Gesetzgebung daran, indem sie auch auf andere Vereinigungen den Namen anwendeten.

In dem ersten Entwurfe zu einem Genossenschaftsgesetz hatte Schulze die Begriffsbestimmung dahin gefaßt:

> „Diejenigen Vereine, welche die Förderung des Erwerbs oder der Wirthschaft ihrer Mitglieder mittelst genossenschaftlichen Geschäftsbetriebes bezwecken und wegen der unbeschränkten Zahl, sowie des stetigen Wechsels ihrer Theilnehmer nicht für geschlossene Sozietäten im Sinne der Gesetze erachtet werden können."

Der zweite Vereinstag der Vorschuß- und Kreditvereine (Gotha, Pfingsten 1860) genehmigte bei Berathung jenes Entwurfs diese Bezeichnung als erschöpfend und zweckmäßig. Sie ging auch über in den Gesetzentwurf „über die privatrechtliche Stellung der auf Selbsthülfe beruhenden Erwerbs- und Wirthschaftsgenossenschaften", welchen Schulze am 10. März 1863 dem preußischen Abgeordnetenhause vorlegte. Aber bei der Kommissionsberathung wurden zahlreiche Abänderungsanträge gestellt. Man fand, daß vom „genossenschaftlichen Geschäftsbetrieb" in einer Definition der Genossenschaft nicht geredet werden dürfe, und setzte dafür „gemeinschaftlichen Geschäftsbetrieb auf dem Wege der Selbsthülfe". Ein Antrag, neben dem Erwerb und der Wirthschaft der Mitglieder noch den Kredit als Gegenstand der bezweckten Förderung einzufügen, fand trotz Widerspruchs des Antragstellers und des zum Referenten bestellten Abgeordneten Parisius Annahme. Ebenso ein Antrag des letzteren, eine allseitig als eigenthümlich anerkannte Eigenschaft der bestehenden Genossenschaften durch die Worte „bei nicht geschlossener Mitgliederzahl" zu kennzeichnen. So entstand in der Kommission die Definition:

> „Vereine, welche bei nicht geschlossener Mitgliederzahl die Förderung des Kredits, des Erwerbs oder der Wirthschaft ihrer Mitglieder mittelst gemeinschaftlichen Geschäftsbetriebes auf dem Wege der Selbsthülfe bezwecken (Genossenschaften)."

In dem von der preußischen Staatsregierung 1866 und 1867 dem Landtage vorgelegten Entwurfe ist die Definition im Wesentlichen beibehalten. Nur die Worte „auf dem Wege der Selbsthülfe" blieben fort. „Die im § 1 enthaltene Definition der Genossenschaft" — hieß es in den Motiven, „schließt durch das darin aufgenommene Merkmal, wonach die Förderung des Kredits u. s. w. der Vereinsmitglieder durch gemeinschaftlichen Geschäftsbetrieb bezweckt werden muß, diejenigen Vereine, welche den Charakter von Wohlthätigkeitsinstituten an sich tragen (Unterstützungskassen u. s. w.), von der Kategorie der Genossenschaften aus, ohne daß es zu diesem Zweck noch der juristisch jedenfalls unklaren Bezeichnung der Genossenschaft, als auf „„Selbsthülfe"" beruhend, bedarf."

Bei den Berathungen im preußischen Landtage von 1866 und 1867 und in den Kommissionen desselben sind Versuche, die Definition abzuändern, nicht mehr gemacht worden. Die Definition des preußischen Genossenschaftsgesetzes ist sodann in buchstäblicher Uebereinstimmung in das norddeutsche Genossenschaftsgesetz übergegangen. Nach derselben findet eine Beschränkung der Genossenschaft auf bestimmte Volksklassen, wie „den kleineren und mittleren Gewerbestand", nicht statt. Aber in Ansehung des Gegenstandes des Unternehmens ist völlige Freiheit gelassen; alles was sich zum Gegenstand einer geschäftlichen Erwerbsthätigkeit eignet, kann auch den Gegenstand eines genossenschaftlichen Unternehmens bilden.

Der Entwurf des neuen Genossenschaftsgesetzes behielt in dem unverändert angenommenen Eingang des § 1 die bisherige Begriffsbestimmung der Genossenschaften bei, nur wurden die überflüssigen Worte „des Kredits" aus zutreffenden Gründen gestrichen.

Eine Erweiterung des Begriffs hat also das neue Gesetz den Genossenschaften nicht gebracht. Der Entwurf desselben wurde, wie der Anwalt Schenck im Reichstage in der ersten Berathung hervorhob, in den genossenschaftlichen Kreisen freudig begrüßt, weil er Berechtigung, Bedeutung und

Leistungen der deutschen Genossenschaftsbewegung in vollem Maße anerkannte, weil er bestrebt war, den wirklichen Bedürfnissen der Genossenschaften zu genügen und in der That eine Fortbildung des Genossenschaftsrechts enthielt. Die von Schulze-Delitzsch gestellten Anträge und die Wünsche der Genossenschaften waren in großer Zahl berücksichtigt. Viele Bestimmungen wurden als wesentliche Verbesserungen des Gesetzes vom 4. Juli 1868 auch von denjenigen gewürdigt, die wie der allgemeine Vereinstag zu Erfurt (August 1888) daneben eine Reihe von Bestimmungen als nicht vereinbar mit dem Wesen und der rechtlichen Stellung der Genossenschaften, ja als schädlich für ihre gedeihliche Fortentwickelung bezeichneten.

Der Reichstag hat sich bei der Mehrzahl der streitigen Bestimmungen auf die Seite des Entwurfs gestellt, er hat mehrere wesentliche Verbesserungen desselben, aber auch einzelne Aenderungen vorgenommen, die nicht als Verbesserungen anerkannt werden können. Wir wollen an dieser Stelle die beiden wichtigsten Neuerungen des Gesetzes vorweg besprechen.

A. Die neue Ordnung der Haftpflicht der Genossen: die Zulassung der Genossenschaften mit beschränkter Haftpflicht und die Bestimmungen über den Vollzug der Haftpflicht.

1. Die Haftpflicht.*)

Wir besprechen zunächst die Haftpflicht. Die ersten von Schulze-Delitzsch begründeten Erwerbs- und Wirthschaftsgenossenschaften — Vorschußvereine und Rohstoffassoziationen unbemittelter Arbeiter und Handwerker — lagen im Geltungsgebiet des preußischen allgemeinen Landrechts. Für Arbeiter und Handwerker, die Schulze es lehrte, sich durch Zusammenschluß und gegenseitige Verbürgung als Vielheit kreditfähig zu machen, war die wirthschaftliche beste Kreditbasis die unbeschränkte Solidarhaft, als die denkbar größte Garantie für Gläubiger. Diese Haftform war aber auch die einzig mögliche, unter die sich die Genossenschaften stellen konnten. Korporationsrechte konnten in Preußen nur konzessionirten Gesellschaften ertheilt werden, die sich zu einem fortdauernden gemeinnützigen Zwecke verbunden haben; zu jedem wichtigen Rechtsgeschäfte müssen sie Genehmigung der Regierung einholen. Die erlaubte Privatgesellschaft des preußischen Landrechts ließ nur die unbeschränkte Solidarhaft zu. „Die Mitglieder waren in direkter, solidarischer und unbeschränkter, sogar prinzipaler Weise den Gläubigern verhaftet. Jeder einzelne Genosse konnte statt der Genossenschaft selbst sofort von den Gläubigern derselben in Anspruch genommen werden.“ (Begr. I 46.)

Auch im Gebiete des gemeinen Rechts zwang der damalige Rechtszustand zu der gleichen Haftbasis. Es bot sich als Gesellschaftsform nur die Sozietät, in der die Mitglieder nach Außen hin durch einen Bevollmächtigten handeln konnten, der sie im Namen der ertheilten Vollmacht

*) Vgl. den Aufsatz von Dr. Crüger: Die Zulassung der Genossenschaften mit beschränkter Haftpflicht durch das Genossenschaftsgesetz vom 1. Mai 1889, in dem Archiv für öffentliches Recht (Freiburg i. Br. und Leipzig) 1894 Seite 389 bis 455; ferner die Aufsätze in Bl.f.G. 1892 Nr. 41, 1893 Nr. 13 und 15.

unbeschränkt solidarisch verpflichtete. Ein Vermögen der Genossenschaft, oder gar die Rechtspersönlichkeit derselben, wurde von der Rechtsprechung damals in der Regel nicht anerkannt.

An diesem Rechtszustand änderte auch die Einführung des Handelsgesetzbuches nichts, denn dasselbe hatte die Genossenschaften unberücksichtigt gelassen und die Form der offenen Handelsgesellschaft eignete sich für dieselbe wegen ihres wechselnden Mitgliederbestandes nicht.

Mit der Genossenschaftsgesetzgebung der Jahre 1867 und 1868 erlangten die Genossenschaften Rechtspersönlichkeit, sofern sie sich „unter das Gesetz stellten"; die allein zulässige Haftbasis blieb die unbeschränkte Solidarhaft mit der in Folge des Erwerbs der Rechtspersönlichkeit nothwendig gewordenen Abschwächung, daß der Gläubiger nur wegen des im Genossenschaftskonkurse erlittenen Ausfalls einen Genossen in Anspruch nehmen konnte, die Mitgliedschaft also aus einer prinzipalen zu einer subsidiären bürgschaftsähnlichen Haftpflicht umgestaltet war (s. unten Vorbemerkung zu § 105 S. 377 ff.

Hiervon abweichend war die Haftpflicht der Genossen in zwei deutschen Landesgesetzen geregelt, die kurz vor und nach dem Bundesgesetz erlassen waren. In dem sächsischen Gesetz vom 15. Mai 1868 war den Genossenschaften die Befugniß gegeben, in dem Statut die Art der Haftung der Mitglieder zu bestimmen, insbesondere die unbeschränkte oder direkte Haft auszuschließen. Durch das Gesetz vom 25. März 1874 wurden aber die auf die Genossenschaften bezüglichen Bestimmungen des Gesetzes aufgehoben.

Das bayerische Genossenschaftsgesetz vom 29. April 1869 ließ neben den Genossenschaften mit unbeschränkter Haftpflicht, den eingetragenen Genossenschaften, die sogenannten „registrirten Gesellschaften mit beschränkter Haftpflicht" zu. Bei ihnen haften die Mitglieder nur mit einer bestimmten Einlage und wiederkehrenden Beiträgen bis zu einer bestimmten Höhe. Der Geschäftsantheil des ausgeschiedenen Mitgliedes „und das sonst demselben auf Grund des Gesellschaftsvertrages gebührende Guthaben" werden ihm erst nach Erlöschen der zweijährigen Haftung ausbezahlt.*) Durch Gesetz vom 23. Juni 1873 ist das Gesetz außer Kraft getreten, an dem Fortbestand der in sehr geringer Zahl vorhandenen Genossenschaften mit beschränkter Haftpflicht wurde jedoch hierdurch nichts geändert, und es ist dies auch durch das Gesetz vom 1. Mai 1889 (§ 153, siehe Kommentar S. 460 f.) nicht geschehen.

In Deutschland gelangte das Prinzip der unbeschränkten Solidarhaft in der Gesetzgebung zur ausschließlichen Herrschaft, — nicht aber in irgend einem außerdeutschen Staate (vgl. Begr. I 48 ff., II 34 ff.). In England, wo bis 1862 die unbeschränkte Haftpflicht galt, wurde durch Gesetz vom 7. August 1862 die auf den Geschäftsantheil beschränkte Haftpflicht eingeführt. In Frankreich ließ der von den sociétés à capital variable handelnde dritte Theil des französischen Gesellschaftsgesetzes vom 24. Juli 1867 den Genossenschaften freie Wahl, Regel wurde die auf den Geschäftsantheil beschränkte Haftpflicht. Das italienische Gesetz vom 2. April 1882 hat die gleichen Grundsätze wie das französische; erst seit neuerer Zeit bilden sich in Italien ländliche Darlehnskassen mit unbeschränkter Haftpflicht. Das belgische Gesetz vom 18. Mai 1873 geht prinzipaliter von der unbe-

*) Art. 73 bis 75 des Gesetzes vom 29. April, abgedruckt bei Parisius a. a. O. S. 429. Daselbst sind auch die sächsischen und das österreichische Gesetz abgedruckt.

schränkten Solidarhaft aus, überläßt es aber den Genossenschaften, im Statut eine andere Haftform zu bestimmen. Das Gleiche ist der Fall nach dem portugiesischen Gesetze vom 2. Juli 1867, dem niederländischen Gesetze vom 17. November 1867, dem schweizerischen Bundesgesetze vom 14. Juni 1881. Das österrreichische Gesetz vom 9. April 1873 sieht Genossenschaften mit unbeschränkter wie mit beschränkter Haftpflicht vor, — die „registrirte Genossenschaft mit unbeschränkter Haftung" und diejenige mit beschränkter Haftung. Bei letzterer haften die Mitglieder außer mit den Geschäftsguthaben noch persönlich mit einem statutarisch festgesetzten Betrage, der jedoch nicht niedriger als der Geschäftsantheil angenommen werden darf.

In Deutschland fanden nach Erlaß des norddeutschen Gesetzes vom 4. Juli 1868 Schulze und seine genossenschaftlichen Freunde zunächst ihre Hauptaufgabe darin, die in Norddeutschland erzielte Rechtseinheit auch auf Süddeutschland auszudehnen und gleichzeitig die bestehenden Genossenschaften Norddeutschlands zu veranlassen, sich dem Gesetze zu unterstellen. Schwierigkeiten erhoben vielfach die Konsumvereine, die, wenn sie nur gegen baar verkauften, außer den ihnen überreichlich zufließenden freiwilligen Spareinlagen der Mitglieder, keines fremden Kapitals bedurften. Doch versöhnten sie sich mit der für sie bei redlicher Geschäftsführung ungefährlichen Solidarhaft, da sie als ein geringes Opfer erschien gegenüber dem großen Vortheil der Erlangung der zum Ankauf eines eigenen Grundstücks und zur Prozeßführung gegen Lagerhalter kaum entbehrlichen Rechtspersönlichkeit.

Etwas nachhaltiger war der Widerstand der beiden dazumal abseits der Schulzeschen Vereinigung stehenden Konsumvereinsverbände im Geltungsbereich des sächsischen und des bayerischen Gesetzes, beziehungsweise außerhalb des Bereichs des norddeutschen Gesetzes — des sächsischen und des süddeutschen Verbandes.*) Verstärkt wurden die Schwierigkeiten durch einen Beschluß des deutschen Juristentages vom August 1869. Auf einen Antrag von Professor Goldschmidt erklärte er zwar für wünschenswerth, daß für die Verpflichtungen der Genossenschaft jeder einzelne Genosse solidarisch und mit seinem ganzen Vermögen einstehe, es stehe jedoch prinzipiell der Bildung von Genossenschaften mit beschränkter Haftpflicht und freiem Austritt der Genossen nichts entgegen, sofern dahin Sorge getragen werde, daß dem Genossenschaftsgläubiger ein jederzeit bestimmtes und bekanntes Minimalkapital haftet. —

Der Krieg von 1870/1871 brachte mit der deutschen Einigung auch das gemeinsame deutsche Genossenschaftsrecht durch Ausdehnung des norddeutschen Gesetzes vom 4. Juli 1868 auf Süddeutschland. Vom 1. August 1873 an konnten sich in Deutschland nur Genossenschaften mit unbeschränkter Haftpflicht bilden. In den nächsten Jahren befestigte sich in und außerhalb der genossenschaftlichen Kreise die Meinung, daß die unbeschränkte

---

*) Ueber die Beschlüsse dieser Verbände vom Mai 1869 und deren Bedeutung sind richtig stellende Mittheilungen S. 270 und 277 der Bl.f.G. 1886 in dem Aufsatze von Parisius: Zur Frage der Zulassung von Genossenschaften mit beschränkter Haft Nr. 44 bis 48 zu finden. Zu vergleichen auch der voraufgehende Aufsatz desselben in Nr. 39 bis 42 „Der deutsche Juristentag und die beschränkte Haft der Mitglieder eingetragener Genossenschaften".

Solidarhaft die nothwendige und ausschließliche Grundlage der Erwerbs- und Wirthschaftsgenossenschaften sein müsse.

Erst sehr allmählich vollzog sich ein Umschwung in den Anschauungen. Es wirkten dahin vornehmlich die Zusammenbrüche großer Kreditgenossenschaften, bei denen die Mitglieder aus der Solidarhaft in Anspruch genommen wurden. Zwar war, wie noch der allgemeine Verbandstag in Stuttgart (1879) erklärte, aus den bei einzelnen Genossenschaften vorgekommenen schweren Unfällen kein Grund zur Aenderung der Ueberzeugung herzuleiten, „da diese Unfälle lediglich durch Vernachlässigung der im Gesetz selbst gegen die Gefahren der Solidarhaft gegebenen Schutzmittel, sowie durch ein den ersten Grundsätzen geordneter Geschäftsführung widersprechendes Gebahren und Nichtbeachtung aller Warnungen und Rathschläge entstanden", allein durch Resolutionen läßt sich das Mißtrauen nicht beseitigen. In der That haben Zusammenbrüche „in einzelnen Fällen den Charakter wahrer Kalamitäten für die davon betroffenen Bezirke angenommen, Vertrauen und Sicherheit im gewerblichen Verkehr untergraben und denselben ernstlich geschädigt. Nicht bloß der Umfang der vom Einzelnen zu tragenden Verluste, sondern namentlich die Unbestimmtheit und Unübersehbarkeit derselben und die andauernde Besorgniß, aus der Zahl der Genossen von den Gläubigern allein herausgerissen zu werden, haben hierbei verderblich gewirkt. Die weniger Gewissenhaften begannen durch Scheingeschäfte und betrügliche Vermögensübertragungen sich der bevorstehenden Inanspruchnahme zu entziehen, und schließlich unterlagen auch die Pflichtbewußteren, nunmehr doppelt gefährdet, nicht selten der Versuchung zu ähnlichen Manipulationen". (Begr. I 55, II 38.)

Daß solche Mißstände Wohlhabende von der Betheiligung an Genossenschaften abschrecken mußten, ist nicht zu verwundern. Da nun in der That auch ganze Klassen von Genossenschaften (Konsumvereine, Werkgenossenschaften, Magazinvereine) nur wenig Kredit bedurften, und da ferner sich durch die allmähliche Betheiligung der Landwirthschaft an der genossenschaftlichen Bewegung neue Bahnen für dieselben eröffneten, so war es nicht gerechtfertigt, dagegen zu opponiren, wenn n e b e n den Genossenschaften mit unbeschränkter Solidarhaft auch Genossenschaften mit beschränkter Solidarhaft in Nachahmung des österreichischen Gesetzes zugelassen wurden.

Schon auf dem Vereinstage zu Altona (im August 1880) hatte Schulze-Delitzsch einen Ausspruch beantragt, wonach es unter Umständen für zulässig zu erachten, daß „neben den nach wie vor nur auf der unbeschränkten Solidarhaft beruhenden Genossenschaften noch eine zweite Klasse ebenfalls mit solidarer persönlicher, aber durch eine bestimmte Summe für jeden einzelnen Genossen begrenzter Haft zugelassen werden könne". Als nun am 29. April 1881 Freiherr v. Mirbach im Reichstag einen von sämmtlichen Mitgliedern der deutschkonservativen Fraktion unterstützten Antrag einbrachte, welcher eine den Bestimmungen des österreichischen Gesetzes nachgebildete Zusatznovelle in Betreff Genossenschaften mit beschränkter Haftpflicht enthielt, trat Schulze dem Antrage keineswegs entgegen, sondern veranlaßte den Antragsteller, daran einige nothwendige Verbesserungen vorzunehmen, namentlich eine dem Wesen und Zweck der Genossenschaften widerstreitende Bestimmung, wonach die Haftbeträge deponirt werden sollten, zu beseitigen.*)

*) Ueber die Einzelheiten dieser Entwickelung s. die bereits citirten Aufsätze von

Schulze besprach in seiner letzten Schrift „Material zur Revision des Genossenschaftsgesetzes" (1883) den Antrag Mirbach. Stets habe er auf das Entschiedenste bekämpft die Beschränkung der Haft auf die Geschäftsantheile, welche die Genossenschafter jederzeit beim Austritt zurückziehen könnten, so daß überhaupt die Gläubiger das Nachsehen hätten. Dem werde entschieden auf dem Wege der beschränkten Garantiehaft vorgebeugt, für welche zuerst Professor Goldschmidt auf dem deutschen Juristentage zu Heidelberg (Ende August 1869) aufgetreten sei. Und so handle es sich für ihn nicht um das Aufgeben einer alten Gegnerschaft. „So entschieden wir in den 50er und 60er Jahren bei Beginn der Bewegung durch die wirthschaftliche und Vermögenslage der Betheiligten an die unbeschränkte Haft gebunden waren und von der Gesetzgebung nichts Anderes zu erwarten stand, so entschieden drängt die ganze Entwickelung der letzten Jahre zur Zulassung der beschränkten Haft als einer gewissen Konsequenz hin." Im Einzelnen trat Schulze den vom Professor Goldschmidt in seiner Ende 1881 erschienenen Schrift für das Gesetz formulirten Hauptpunkten bei.

Aeußere Unterscheidbarkeit der neuen Genossenschaften, Publizität des Haftungsbetrages, Haftung jedes Genossen mit einer dem Geschäftsantheil mindestens gleichkommenden Garantiesumme, subsidiäre Gestaltung der gesetzlichen Garantiehaft, Garantiehaft als modifizirt solidare Haftbarkeit, Unzulässigkeit der Kündigung der Geschäftsantheile waren die wesentlichsten Erfordernisse, welche Goldschmidt und mit ihm Schulze-Delitzsch an die Genossenschaften mit beschränkter Haftpflicht stellten.

Das neue Gesetz ist diesen Anforderungen durchweg nachgekommen. Nach demselben gelten im Allgemeinen die gleichen Bestimmungen für Genossenschaften mit unbeschränkter und beschränkter Haftpflicht. Es enthalten nur die §§ 119 bis 123 Sonderbestimmungen für die erstere und §§ 131 bis 142 solche für die letztere Gattung.

Bei den Genossenschaften mit beschränkter Haftpflicht ist die Haftung nicht blos auf das Geschäftsguthaben beschränkt, sondern der Genosse hat darüber hinaus noch mit der „Haftsumme" für die Verbindlichkeiten der Genossenschaft einzustehen. Diese Haftsumme muß durch das Statut bestimmt werden und darf nicht niedriger als der Geschäftsantheil sein (§ 131). Der wesentliche Unterschied zwischen beiden Genossenschaftsarten liegt also darin, daß bei der „unbeschränkten Haftpflicht" der Genosse eventuell persönlich mit seinem ganzen Vermögen für die Verbindlichkeiten der Genossenschaft haften muß, während bei der Genossenschaft mit beschränkter Haftpflicht diese persönliche Haftpflicht eine begrenzte ist.

Besonderheiten sind hauptsächlich, daß

a) das Statut den Erwerb mehrerer Geschäftsantheile gestatten darf (§ 134), wobei sich aber die persönliche Haftung mit dem Erwerb jedes weiteren Geschäftsantheils auf das der Zahl der Geschäftsantheile entsprechende Vielfache der Haftsumme erhöht (§ 135);

b) das Konkursverfahren auch bei bestehender Genossenschaft außer dem Falle der Zahlungsunfähigkeit in dem Falle der Ueberschuldung statt-

---

Parisius in den Bl.f.G. von 1886; Crüger im Archiv für öffentliches Recht; Goldschmidt: Erwerbs- und Wirthschaftsgenossenschaften, Studien und Vorschläge. 1881 S. 70 ff.; Schulze-Delitzsch: Material zur Revision des Genossenschaftsgesetzes S. 65 ff.; Herz: Die Novellen und Anträge zum Genossenschaftsgesetz 1883. S. 135 ff.

findet, sofern diese ein Viertheil des Betrages der Haftsumme aller Genossen übersteigt (§ 140).

Welche Folgen die Zulassung der Genossenschaften mit beschränkter Haftpflicht für die Genossenschaftsbewegung haben wird, ist zehn Jahre nach Bestand des Gesetzes vom 1. Mai 1889 noch nicht mit Sicherheit zu entscheiden. Den Kreditvereinen war durch Beschlüsse der genossenschaftlichen Vereinstage sowohl im allgemeinen Verbande (November 1887) als im Raiffeisenschen Verbande (Frankfurt a/M. 1889) und in der Vereinigung landwirthschaftlicher Genossenschaften (Hildesheim 1889) empfohlen, an der unbeschränkten Solidarhaft festzuhalten. Dennoch hat sich eine Anzahl älterer, guter Kreditvereine mit verhältnißmäßig viel eigenem Vermögen des Allgemeinen Verbandes in Genossenschaften m. b. H. umgewandelt. Für Konsumvereine und Magazingenossenschaften und für Rohstoffgenossenschaften, wenn sie nur gegen baar verkaufen, ist die beschränkte Haftpflicht jedenfalls ausreichend, weil sie Kredit nur in geringem Maße in Anspruch nehmen. Nach dem Jahrbuch für 1897 gab es am 30. April 1898 im Deutschen Reiche zusammen 15 426 eingetragene Genossenschaften. Diese vertheilten sich auf die verschiedenen Genossenschaftsarten und die verschiedenen Haftarten folgendermaßen:

Es bestanden am 30. April eingetragene Genossenschaften.

	Gesamtzahl	davon m. u. H.,	m. b. H.,	m. u. N.,	also von hundert m. u. H.,	m. b. H.,	m. u. N.
Kreditgenossenschaften	10 153	9 262	845	46	91,2	8,3	0,5
Genossenschaften in einzelnen Gewerbszweigen	3 564	2 383	1 106	75	66,3	31,0	2,7*)
Konsumvereine	1 287	317	964	6	24,6	74,9	0,5
Baugenossenschaften	192	13	179	—	6,8	93,2	—
Verschiedene Arten von Genossenschaften	230	63	163	4	27,4	70,9	1,7

2. Der Haftvollzug.

Die Vorschriften des Gesetzes vom 4. Juli 1868 über den Haftvollzug, die Geltendmachung der Haftpflicht (vgl. die Darstellung der geschichtlichen Entwickelung derselben in der Vorbemerkung zu § 105 S. 377 ff.) hatten sich „als der Verbesserung dringend bedürftig erwiesen. Die für die Verwirklichung der Haftpflicht gegebenen Formen und Mittel genügten weder, um die Interessen der Gläubiger, noch um diejenigen der Genossen zu wahren". (Begr. II. S. 40.) Bis zur Vorlegung des neuen Entwurfs fanden die auch vom Professor Goldschmidt gebilligten Vorschläge Schulzes allseitige Zustimmung der Genossenschaften. Schulze wollte zunächst das Vorverfahren des § 48 zur Abwendung des Konkurses durch Einführung eines durch die Liquidatoren zu bewirkenden Umlageverfahrens behufs Vertheilung der von einzelnen Genossen zur Deckung des Fehlbetrags eingezahlten Beträge vervollständigen**) und sodann der Generalversammlung

*) Bei der Trennung dieser (Rohstoff-, Magazin-, Werk- und Produktiv-) Genossenschaften in gewerbliche und landwirthschaftliche, entsprechen den obigen Zahlen folgend:

a)	329	130	191	8	39,5	58,1	2,4
b)	3 235	2 253	915	67	69,6	28,1	2,3

**) Ein entsprechender Antrag ist in der Reichstagskommission abgelehnt, vgl. Vorbemerkung zu § 90.

das Recht geben, in jeder Lage des Konkurses ein Umlageverfahren zur völligen oder theilweisen Deckung der Ausfälle der Gläubiger zu beschließen. Bei diesen und anderen von ihm vorgeschlagenen Verbesserungen des Umlageverfahrens hielt Schulze-Delitzsch für unbedenklich, den Gläubigern, deren Befriedigung gesichert sei, das Vorgehen gegen den einzelnen, den Einzelangriff, zu entziehen. Auf den Fortfall des Einzelangriffs legte Schulze großen Werth zur Beseitigung „der unsäglichen Härten und Verwirrungen", die entstehen, wenn „der einzelne Herausgegriffene seinerseits auf Hunderte, ja Tausende von Regreßprozessen zu antheiliger Wiedereinziehung des für alle gemachten Verlags angewiesen ist". Die Schwierigkeiten, welche bei Beseitigung des Einzelangriffs sich für die Haftpflicht der ausgeschiedenen Mitglieder ergeben, die für alle bis zu ihrem Ausscheiden von der Genossenschaft eingegangenen Verbindlichkeiten bis zum Ablauf der Verjährung gleich den übrigen Genossen haftbar sind, kamen bei Schulze weniger in Betracht, weil er annahm, daß die ausgeschiedenen Genossen schon nach dem Gesetze von 1868 wegen der bei ihrem Ausscheiden vorhandenen Schulden am Umlageverfahren gleich den übrigen zu betheiligen seien, ohne einen Rückgriff an die Genossenschaft oder die Genossen zu haben.*)

Der neue Entwurf brachte für Genossenschaften mit unbeschränkter und mit beschränkter Haftpflicht das gleiche Verfahren in Vorschlag. In der Begründung (II 40) heißt es:

„Der Hauptmangel des jetzigen Gesetzes liegt in dem Zeitpunkt, in welchem das sogenannte Umlageverfahren eingeleitet wird. Dasselbe tritt erst am Ende des Konkurses, „wenn der Schlußvertheilungsplan feststeht", also fast gleichzeitig mit der Zulassung des direkten Einzelangriffs ein, und während der ganzen Dauer des Konkursverfahrens geschieht nichts zur Deckung des Defizits, nichts, um dem Zugriff der Gläubiger zuvorzukommen. Das neue Gesetz hat vor Allem dafür zu sorgen, daß das zur Aufbringung der erforderlichen Beiträge dienende Verfahren unverzüglich nach der Eröffnung des Konkurses beginne. In diesem Zeitpunkt ist zwar der schließliche Ausfall der Gläubiger und daher der Betrag, welchen jeder Genosse nachzuschießen hat, noch nicht genau zu übersehen. Aber als Grundlage für das aufzubringende Defizit kann zunächst die Bilanz des Konkursverwalters dienen, und es kann auf Grund einer vorläufigen Berechnung (Vorschußberechnung) von den Mitgliedern die Einziehung der Beiträge, erforderlichenfalls im Wege der Zwangsvollstreckung, erfolgen. Auch sind schon in diesem Stadium des Verfahrens die uneinbringlichen Beiträge unter die zahlungsfähigen Genossen zu vertheilen und von ihnen beizutreiben. Sobald dann feststeht, welche Gläubiger im Konkurse berücksichtigt werden, und welchen Betrag der Ausfall erreicht, den sie erleiden, muß durch eine definitive Berechnung (Nachschußberechnung) der endgültige Betrag der von den Genossen zu leistenden Nachschüsse festgestellt, und ferner unverzüglich aus den vorgeschossenen und eventuell noch weiter einzuziehenden Beträgen die Befriedigung der Gläubiger herbeigeführt werden.

Um den Gläubigern die ihnen zuzubilligende Einwirkung auf die Feststellung und Einziehung der von den Genossen zu leistenden Beiträge zu sichern, darf das Verfahren nicht wie bisher dem Vorstande, unabhängig vom Konkursverwalter, sondern muß dem letzteren übertragen werden, unter der Beaufsichtigung des Konkursgerichts und Mitwirkung der Gläubiger in den durch die Konkursordnung gegebenen Schranken."

Die Nachschußpflicht wurde „als eine selbständige Verbindlichkeit der Genossen gegenüber der Genossenschaft und demnach der Anspruch auf die Nachschüsse als ein Bestandtheil des Vermögens derselben behandelt, der

---

*) Gegen die entgegengesetzte Ansicht von v. Sicherer und Parisius schrieb er den Aufsatz: Die Heranziehung ausgeschiedener Genossenschafter zur Deckung der Schulden einer eingetragenen Genossenschaft in „Streitfragen im deutschen Genossenschaftsrecht" (Leipzig 1880), S. 28 bis 42. Das Reichsgericht trat ihm aber nicht bei.

allerdings in seiner Entstehung durch den Eintritt des Konkurses bedingt und in seinem Umfang durch dessen Ausgang begrenzt erscheint". Das Nachschußverfahren wurde nun ein selbständiger und besonders geordneter Theil des Konkursverfahrens.

Der direkte Angriff des Gläubigers gegen den einzelnen Genossen wurde aufrecht erhalten, aber erst in einem Zeitpunkt zugelassen, zu welchem bei ordnungsmäßiger Durchführung des Vorschuß- und Nachschußverfahrens die Befriedigung der Gläubiger in der Hauptsache erfolgt sein muß. Der Genosse, der einen Gläubiger befriedigen mußte, tritt sofort in dessen Rechte, braucht keinerlei Regreßprozesse anzustellen, sondern macht seine Rechte in dem bis zu seiner vollen Befriedigung durchzuführenden Nachschußverfahren geltend. Der Einzelangriff wurde für nothwendig erachtet, weil die Möglichkeit nicht ausgeschlossen ist, daß auch ein verbessertes Nachschußverfahren zur Befriedigung der Gläubiger nicht führt, obgleich leistungsfähige Genossen vorhanden sind; falls eine Anzahl derselben es versteht, sich ihrer Beitragspflicht zu entziehen, müsse dem einzelnen Gläubiger die Wahrung seiner Rechte selbst in die Hand gegeben werden, außerdem sei es nur in dieser Form möglich, die subsidiäre Heranziehung der ausgeschiedenen Genossen zur Zahlung älterer Genossenschaftsschulden richtig durchzuführen, da für sie im Nachschußverfahren kein Platz sei.

Nach der Veröffentlichung des Entwurfs entstand unter den Genossenschaften über die Frage der Beibehaltung oder des gänzlichen Fortfalls des Einzelangriffs eine lebhafte Bewegung,*) die schließlich in Petitionen, Aufsätzen, Broschüren zum Ausdruck gelangte.

In den Verhandlungen der Reichstagskommission nahmen die Erörterungen über diese Streitfrage einen breiten Raum ein (Kommissionsbericht S. 49 bis 54). Die Beibehaltung des Einzelangriffs nach den Vorschlägen des Entwurfs wurde ebenso lebhaft vertheidigt wie bekämpft. Man war einig, daß es sich dabei in erster Linie um eine Frage der Zweckmäßigkeit handle. „Zur Ausgleichung der hervorgetretenen Gegensätze" — es waren von 1157 Genossenschaften Petitionen gegen die Einzelhaft beim Reichstage eingegangen — wurden Abänderungsanträge gestellt, nach welchen das Statut die Zulassung des Einzelangriffs sollte bestimmen können und die Haftpflicht ausgeschiedener Genossen durch ein besonderes Nachschuß-Umlageverfahren zur Deckung eines ungedeckten Fehlbetrages zu regeln sei.

Die Regierungsvertreter hielten zwar an dem Entwurf fest, erklärten aber, wenn die Kommission gegen die Bestimmungen desselben über den Einzelangriff Bedenken trage, so müsse man

„nicht die eventuelle Zulassung, sondern den Ausschluß des Einzelangriffs durch Statut gestatten. Dann bleibe das Prinzip des Einzelangriffs an sich bestehen, könne aber durch das Statut in Wegfall kommen. Es würde dann die Errichtung einer neuen Art von Genossenschaften gestattet werden, welche im Statut ausdrücklich erklärten,

---

*) Man vgl. über die einschlagenden Fragen Schulze-Delitzsch: Material zur Revision ꝛc. S. 98ff., 38ff.; Goldschmidt: Erwerbs- und Wirthschaftsgenossenschaften S. 41ff.; Dr. Richard Schultze: Umlageverfahren und Einzelangriff; Goldschmidt: Die Haftpflicht der Genossen und das Umlageverfahren; Ludolf Parisius: Die Haftpflicht der Genossen und das Umlageverfahren; Franz Werner: Zur Revision des Genossenschafts-Gesetzes. (Gegen Ludolf Parisius); Mittheilungen über den Allgemeinen Vereinstag zu Erfurt (1888) S. 85—137.

daß die direkte Haftpflicht der einzelnen Genossen gegenüber den Gläubigern ausgeschlossen und behufs Befriedigung derselben die Genossen nur zu Nachschüssen an die Genossenschaft verpflichtet sein sollen, und welche in ihre Firma den Zusatz: „eingetragene Genossenschaft mit Nachschußpflicht" aufnähmen. (Komm.-Ber. S. 52.)

Diesen Ausführungen trugen nun neue Anträge Rechnung. Allein dieselben wurden in der ersten Lesung der Kommission mit 13 gegen 12 Stimmen abgelehnt. Vor der zweiten Lesung aber kam ein Kompromiß zwischen Kommissionsmitgliedern aus vier politischen Parteien zu Stande, dessen Ergebniß die Abänderungsanträge (Nr. 47 der Kommissions-Drucksachen) der Abgg. Dr. v. Cuny, Dr. Enneccerus, Gamp, Hegel, Freiherr v. Huene, v. Massow vom 5. März 1889 darstellen. Für diese Abänderungsanträge war von vornherein eine große Mehrheit gesichert. Die Kommission schloß sich nun dem Grundgedanken der in der ersten Lesung gestellten Vermittelungsanträge an, nahm im § 2 eine dritte Genossenschaftsart „die eingetragene Genossenschaft mit unbeschränkter Nachschußpflicht" auf und fügte mit Bezug hierauf der zweiten Unterabtheilung des Abschnitt 8 „Besondere Bestimmungen für Genossenschaften mit unbeschränkter Nachschußpflicht" ein. Für diese Genossenschaftsart giebt es keinen Einzelangriff mehr. Der Kommissionsbericht erläutert ausführlich Art und Umfang der Heranziehung der ausgeschiedenen Genossen (S. 54):

„Durch die nach § 71 des Entwurfs vorgeschriebene Auseinandersetzung des ausgeschiedenen Genossen mit der Genossenschaft ist der ausgeschiedene Genosse der Genossenschaft und den in derselben verbliebenen Genossen gegenüber seiner Verpflichtung, zur Tilgung der Schulden der Genossenschaft beizutragen, an und für sich nachgekommen. Wenn dessenungeachtet die Kommission bei den Genossenschaften mit unbeschränkter Nachschußpflicht die ausgeschiedenen Genossen im § 122 der Nachschußpflicht unterworfen hat, so ließ sich dies durch die gleichzeitige Bestimmung im § 124 rechtfertigen, nach welcher den Ausgeschiedenen die von ihnen geleisteten Beiträge aus den Nachschüssen der in der Genossenschaft verbliebenen Genossen zu erstatten sind. Nur mit diesem Vorbehalt und nur subsidiär erscheine die Heranziehung der Ausgeschiedenen Seitens der Genossenschaft zulässig; aber so beschränkt rechtfertige sie sich, weil die nach verhältnißmäßig kurzer Zeit eingetretene Konkurseröffnung die Annahme begründe, daß die Auseinandersetzung auf Grund der Bilanz unzureichend gewesen sei. Bezüglich des Umfangs einer Heranziehung der Ausgeschiedenen zur Nachschußpflicht waren in der Kommission zwei Wege vorgeschlagen worden: nach dem einen sollten die ausgeschiedenen Genossen, sofern sie in den letzten zwei Jahren vor der Eröffnung des Konkursverfahrens ausgeschieden waren, alsdann aber nur wegen der bis zu dem Zeitpunkte ihres Ausscheidens von der Genossenschaft eingegangenen Verbindlichkeiten, der Nachschußpflicht unterliegen; der andere Vorschlag unterwirft ihr dagegen nur diejenigen ausgeschiedenen Genossen, deren Ausscheiden innerhalb der letzten 18 Monate vor der Konkurseröffnung erfolgt ist, diese aber ohne Unterscheidung, ob die Verbindlichkeiten vor oder nach dem Ausscheiden entstanden sind. Der erstere Weg ist scheinbar billiger, aber wegen der oft schwierigen Unterscheidung zwischen alten und neuen Schulden und der damit verknüpften Streitigkeiten weniger gangbar; der zweite Weg empfiehlt sich durch seine Folgerichtigkeit, da die Genossen bei der neuen Form in keinerlei Beziehung zu den Gläubigern stehen, namentlich aber durch seine Einfachheit und leichte praktische Durchführbarkeit. Die Kommission gab dem letzteren Wege den Vorzug, indem sie zugleich erwog, daß der Vortheil, welcher dem Ausgeschiedenen aus der Beschränkung seiner Haftpflicht auf die vor seinem Ausscheiden eingegangenen Verbindlichkeiten erwächst, dadurch wieder an Werth verliere, daß er eine Einwirkung auf den Fortbestand der alten Schulden oder eine Veränderung in dem Schuldenstande nicht habe, ihm auch die gesammte Verschlechterung, welche die Aktivmasse nach seinem Austritt erleidet, zur Last falle."

In der zweiten Berathung des Reichstags (25. März 1889) fand über § 2 und die neue dritte Art der Genossenschaften eine eingehende Erörterung statt. Es lag ein Antrag der Abgg. Schenck, Baumbach und Genossen auf Beseitigung der Bestimmungen über die Genossenschaft mit unbeschränkter Nachschußpflicht vor.*) Allein das in der Kommission geschlossene Kompromiß ward im Plenum von den betheiligten Parteien (den Deutschkonservativen, der deutschen Reichspartei, dem Centrum und den Nationalliberalen) aufrecht erhalten und die Einfügung der dritten Art Genossenschaften mit großer Mehrheit beschlossen.

Zwischen der nunmehr gesetzlich eingeführten dritten Art Genossenschaft und der Genossenschaft mit unbeschränkter Haftpflicht ist während ihres Bestehens, abgesehen von der Verschiedenheit der Firmen und der Beitrittserklärung, gar kein Unterschied, ebenso wenig nach der Auflösung, ausgenommen wenn diese durch Eröffnung des Konkurses erfolgt. Aber auch der Verlauf des Konkurses bietet bis zur Aufstellung der Nachschußberechnung keinerlei Abweichung. Nur in dem einzigen Falle, daß im Konkurse *drei Monate* nach der für vollstreckbar erklärten Nachschußberechnung die Konkursgläubiger noch nicht vollständig befriedigt sein sollten, tritt ein verschiedenes Verfahren ein. Für diesen Fall *darf* in der Genossenschaft mit unbeschränkter Haftpflicht ein jeder Gläubiger wegen des noch nicht getilgten Restes seiner Forderung sofort einen einzelnen Genossen im *gewöhnlichen Prozesse* direkt angreifen, sowie *nach weiteren drei Monaten* (sechs Monate nach der Vollstreckbarkeitserklärung der Nachschußberechnung) auch jeden in den letzten *zwei Jahren* ausgeschiedenen Genossen, soweit es sich um eine bis zu dessen Ausscheiden eingegangene Verbindlichkeit der Genossenschaft handelt. Dahingegen *muß* in der Genossenschaft mit unbeschränkter Nachschußpflicht auf Grund einer aufzustellenden besonderen Berechnung von den innerhalb der letzten *achtzehn Monate* vor der Eröffnung des Konkurses ausgeschiedenen Genossen die gesammte Restforderung aller Gläubiger — gleichviel ob die Verbindlichkeit *vor* oder *nach* dem Ausscheiden der Einzelnen eingegangen ist — im Umlageverfahren beigetrieben werden. In *beiden Arten* Genossenschaften geht daneben die Einziehung der Nachschüsse von den in der Genossenschaft verbliebenen Genossen auf Grund der Nachschußberechnung ohne Aufenthalt unverändert fort, und erhalten die ausgeschiedenen Genossen die von ihnen gezahlten Beträge aus den Nachschüssen erstattet.

Gegen die *rechtliche* Konstruktion dieser Genossenschaftsart läßt sich nichts einwenden. Die Haftpflicht ist bei ihr eine rein indirekte, „die

---

*) Vgl. Stenographische Berichte S. 1020 bis 1035. Der Abg. Anwalt Schenck begründete den Antrag auf Beseitigung der betreffenden Bestimmungen. Niemand habe eine Ahnung gehabt, daß ein Bedürfniß zu einer dritten Art Genossenschaft vorhanden sei. Die Bezeichnung entspreche dem Wesen dieser Genossenschaften nicht. Die G. mit unbeschr. Nachschußpflicht sei ebenfalls eine G. mit unbeschr. Haftbarkeit der Genossen, und die G. mit unbeschr. Haftpflicht sei ebenso eine G. mit unbeschr. Nachschußpflicht, wie die neue Genossenschaft. Diese sei offenbar der Absicht entsprungen, die Beunruhigung zu beseitigen, und den Forderungen derjenigen G. zu entsprechen, welche die Beseitigung des Einzelangriffs gewollt haben. Diese aber würden nicht zufriedengestellt. Schenck richtete sich sodann gegen die Bestimmung, daß die Ausscheidenden noch 18 Monate lang für alle nach ihrem Ausscheiden eingegangenen Forderungen zu haften haben. Außer Schenck sprach in gleichem Sinne der Abg. Baumbach. Die Vertretung der Kommissionsbeschlüsse übernahmen als Gegner des Einzelangriffs Enneccerus, v. Buol-Berenberg, Gamp, v. Cuny, v. Rheinbaben, während ihre Betheiligung am Kompromiß gewissermaßen entschuldigten die Abgg. Hegel, v. Huene, Graf Mirbach. Ueber die Entstehung der neuen Genossenschaftsart sind die Reden von Baumbach, Enneccerus, v. Cuny, v. Rheinbaben und des Staatssekretärs v. Oehlschläger zu vergleichen.

bloße Deckungspflicht" (Goldschmidt a. a. O. S. 41) geworden. Die „Umwandlung" einer Genossenschaft mit unbeschränkter Haftpflicht in eine solche mit unbeschränkter Nachschußpflicht kann sich nur auf dem Wege des § 137 des Gesetzes vollziehen, also unter den für den Fall, daß die Genossenschaft ihre Haftpflicht herabgemindert, zur Sicherung der Gläubiger gegebenen Kautelen. Auch die Genossenschaft mit unbeschränkter Nachschußpflicht beruht auf der unbeschränkten Haftpflicht. Der Genosse hat mit seinem ganzen Vermögen für die Verbindlichkeiten der Genossenschaft einzutreten, die Verschiedenheit der Art der Geltendmachung dieser Haftpflicht wirkt aber geradezu bestimmend rückwärts auf den Umfang derselben, so daß die unbeschränkte Haftpflicht bei den beiden Genossenschaftsarten dadurch eine ungleichwerthige wird.

Die Erfahrung hat ergeben, daß die eingetragene Genossenschaft mit unbeschränkter Nachschußpflicht keinen Einfluß auf die Entwickelung des deutschen Genossenschaftswesens geübt hat. Auf den Vereinstagen in Königsberg (Allg. Verband*), Frankfurt (Neuwieder Anwaltschaftsverband), Hildesheim (landwirthschaftliche Vereinigung) ist ihr von den genossenschaftlichen Praktikern, auch von denen, die sich lebhaft für Beseitigung des Einzelangriffs interessirt hatten, die Lebensfähigkeit abgesprochen. Wenn Birkenbihl in seiner Bearbeitung des Maurer'schen Kommentars S. 47 die Zulassung der dritten Genossenschaftsform „für eine glückliche Lösung derzeitiger Schwierigkeiten" hält und der Ansicht ist, daß sie auch fernerhin zu einer segensreichen Weiterentwickelung des Genossenschaftswesens die geeignete Handhabe bieten wird, so läßt er die zehnjährigen Erfahrungen völlig unberücksichtigt.

Ueber die Voraussetzung des Einzelangriffs bei den Genossenschaften mit unbeschränkter Haftpflicht gegen die ausgeschiedenen Genossen vgl. § 125 (für Genossenschaften mit beschränkter Haftpflicht § 141), über die Haftpflicht der ausgeschiedenen Genossen bei den Genossenschaften mit unbeschränkter Nachschußpflicht § 128.

Auch die Natur der persönlichen Haftpflicht hat unter dem jetzigen Gesetze einen zum Theil anderen Charakter erhalten.

Vor der Genossenschaftsgesetzgebung war die persönliche Haftpflicht die Folge der dem sogen. „Vorstande" der Genossenschaft ertheilten Vollmacht. Unter dem Gesetze vom 4. Juli 1868 hatte sie einen bürgschaftsartigen Charakter angenommen, sie war „eine im Wesen der Genossenschaft begründete gesetzliche Garantieverpflichtung nach Art der Schadlosbürgschaft". (Vergl. bei Goldschmidt a. a. O. S. 60 die zutreffende Widerlegung anderer Konstruktionen.) Das Umlageverfahren hatte auf die Beurtheilung der rechtlichen Seite der persönlichen Haftpflicht keinen Einfluß, denn, wenn es auch den Zweck hatte, die Gläubiger zu befriedigen,

---

*) Die Petition der Genossenschaften gegen den Einzelangriff war von den Vereinsdirektoren Matthies-Stralsund und Werner-Berlin und dem Verbandsdirektor Morgenstern-Breslau ausgegangen. Diese erklärten bei der Besprechung des Genossenschaftsgesetzes in Königsberg am 27. August 1889 die Genossenschaft mit unbeschränkter Nachschußpflicht in der gegenwärtigen Form für unbrauchbar. Im Laufe der Debatte konstatirte Parisius die allgemeine Uebereinstimmung in der Beurtheilung dieser Genossenschaft, wie sie im neuen Gesetz konstruirt ist: auch die Gegner des Fortbestandes des Einzelangriffs hielten sie für völlig ungeeignet und widerriethen deshalb den Uebergang zu dieser Haftform.

so war es doch wesentlich nur eine Regelung der Regreßrechte der Genossen unter einander.

Begründet ist die persönliche Haftpflicht auch nach dem neuen Gesetze in dem Wesen der Genossenschaft, deren Kredit anders als der der Kapitalgesellschaften regelmäßig nicht auf einem Kapitalsfonds, sondern auf der persönlichen Haftpflicht der Mitglieder beruht. Jeder, welcher der Genossenschaft beitritt, übernimmt mit diesem Beitritt die Haftung für deren Verbindlichkeiten.

Während nun aber diese Haftpflicht nach dem Gesetze von 1868 nur den Gläubigern gegenüber galt, besteht sie in Folge der veränderten Konstruktion des Nachschußverfahrens auch der Genossenschaft und bei der Genossenschaft mit unbeschränkter Nachschußpflicht sogar nur der Genossenschaft gegenüber.*) (Vgl. Erläuterung 10 zu § 73, Vorbem. zu § 105 und Vorbem. zu § 106.) Soweit nun die persönliche Haftpflicht in den Nachschüssen bezw. in der Zubuße bei dem Ausscheiden zum Ausdruck kommt, fehlt ihr der bürgschaftsartige Charakter, denn diese Verpflichtung hat einen selbstständigen Charakter, und sie besteht nicht den Gläubigern gegenüber, wenn sie auch zu deren Befriedigung schließlich dienen soll. Auch dies letztere braucht nicht immer der Fall zu sein, wie z. B. bei der Leistung des ausgeschiedenen Genossen. Daß die persönliche Haftpflicht gewissermaßen auch zu dem Genossenschaftsvermögen zu rechnen ist, folgt auch aus der Vorschrift in § 140, nach welcher zur Feststellung der Ueberschuldung die Haftsummen in Betracht zu ziehen sind. Es ist zu unterscheiden:

a) die Haftung der Genossenschaft gegenüber,
b) dem Gläubiger gegenüber.

Die erste ist bei allen drei Genossenschaftsarten vorhanden, sie ist nur in ihrem Umfange verschieden: bei den Genossenschaften „mit unbeschränkter Haftpflicht" und bei denen „mit unbeschränkter Nachschußpflicht" unbeschränkt, — bei den Genossenschaften „mit beschränkter Haftpflicht" durch die Haftsumme beschränkt. Die Nachschußpflicht ist in diesen Fällen nichts anderes als die jedem Genossen obliegende gesetzliche Verpflichtung, Beiträge zu der Genossenschaft zu leisten, sie hat keinen anderen Charakter wie die Verpflichtung, Einzahlungen auf den Geschäftsantheil zu machen, nur daß sie erst subsidiär eintritt und daß sie von bestimmten Voraussetzungen abhängt: vom Ausscheiden und vom Konkurs.

Bei den Genossenschaften mit unbeschränkter Nachschußpflicht hat der Genosse nur diese Nachschußpflicht, er tritt zu den Gläubigern der Genossenschaft durch den Beitritt in keine rechtliche Beziehung, dafür muß er aber auch die Haftung für diejenigen Verbindlichkeiten übernehmen, die noch innerhalb 18 Monaten nach seinem Austritt eingegangen sind, falls in dieser Zeit der Konkurs über die Genossenschaft eröffnet ist.

Bei den Genossenschaften mit unbeschränkter und beschränkter Haftpflicht übernimmt der Genosse, wenn innerhalb zweier Jahre nach seinem Ausscheiden es zum Konkurse kommt, für die bis zu seinem Austritt eingegangenen Verpflichtungen noch eine weitere subsidiäre Garantiehaft dem Gläubiger gegenüber. Bei den Genossenschaften mit beschränkter Haftpflicht

---

*) Ueber die abweichende Ansicht Maurer's, betreffend die Konstruktion der Nachschußpflicht, vgl. §§ 73 und 103.

ist diese Garantiehaft durch die Haftsumme begrenzt. Diese Garantiehaft — gleichfalls im Gesetze begründet — hat den bürgschaftsartigen Charakter behalten, der ihr nach dem Gesetze von 1868 innewohnte, sie hat in Folge des umgestalteten Nachschußverfahrens aber einen weit ausgeprägteren subsidiären Charakter bekommen (§§ 122, 125, 141).

Ueber die Folgen der Auflösung der Genossenschaft bei allen drei Arten vgl. § 75 und § 128 Erl. 3.

B. Die Revision.

Der vierte Abschnitt des Gesetzes (§§ 53 bis 64) von der Revision ist durchaus neu. In der Allgemeinen Begründung des Entwurfs (I S. 70, II S. 48) ist ausgeführt, daß die Gesetzgebung den Vorschlägen, welche dem Staat oder den Gemeinden durch Uebertragung einer dauernden Aufsichtsführung einen unmittelbaren Einfluß auf den Geschäftsbetrieb der Genossenschaften zuweisen wollen, nicht werde folgen können. Für eine dauernde Beaufsichtigung des Geschäftsbetriebes der Genossenschaften durch staatliche oder kommunale Behörden fehle es ebenso sehr an einem Bedürfniß wie an einer genügenden Grundlage. Die Zwecke der Genossenschaften seien rein privatrechtliche, ihre Zahl so beträchtlich und die Gegenstände ihres Geschäftsbetriebes so verschiedenartig, daß eine wirksame Staats- oder Kommunalaufsicht thatsächlich nicht durchführbar sein würde. Man hielt aber eine andere Kontrole, als die der Aufsichtsrath bietet, für ein Bedürfniß, und gelangte in Anlehnung an die im allgemeinen Verbande durch Schulze-Delitzsch eingeführte und auch nach seinem Tode sorgfältig fortentwickelte Institution der Verbandsrevision zu den Vorschlägen des vierten Abschnittes.

Frühzeitig hatte sich in vielen Kreditvereinen das Bedürfniß nach einer Prüfung der Einrichtungen und der Geschäftsführung durch einen dem Verein nicht angehörigen Sachverständigen herausgestellt. Den Mitgliedern des Vorstandes und des Aufsichtsrathes fehlte bei allem guten Willen oft die nöthige Kenntniß der Gesetze und einer richtigen genossenschaftlichen und kaufmännischen Geschäftsführung. Man wünschte Revisoren als Lehrmeister.

Im Verband der Erwerbs- und Wirthschaftsgenossenschaften vom Mittelrhein wurde der Verbandsdirektor (Schenck) schon im Jahre 1864 aufgefordert, dafür Sorge zu tragen, daß er zu jeder Zeit in der Lage sei, den Vereinen des Verbandes auf deren Verlangen einen sachverständigen Revisor zur Verfügung zu stellen. Aber von seiner Bereitwilligkeit wurde nachher wenig Gebrauch gemacht. Auf dem Genossenschaftstage zu Bremen (1874) erkärte sich Schulze gegen eine Beschickung der Vereine durch Kontrolbeamte der Unterverbände, dagegen rieth er den Verbandsdirektoren, wenn sich ein Verein freiwillig an sie wende, weil ihm seine Bücher in Unordnung gekommen seien, ihm dann nach Kräften durch eine Revision zu helfen. Dergleichen Ansuchen gelangten öfters an die Anwaltschaft, die aber schon der Kosten halber unmöglich für ganz Deutschland Bücherrevisoren beschaffen könne u. s. w. 1878 veranlaßte Schulze einen ausdrücklichen Beschluß des Genossenschaftstages zu Eisenach, den Unterverbandsdirektoren dringend zu empfehlen, sachverständige, im kaufmännischen

Rechnungswesen erfahrene und mit der genossenschaftlichen Organisation vertraute Männer zum Behufe von Geschäftsrevisionen und Inventuren auf Anrufen der einbezirkten Vereine . . . bereit zu halten und die Vornahme solcher Revisionen zu befördern. Dieser Beschluß hatte in einigen Verbänden zur weiteren Ausbildung des Revisionswesens Anstoß gegeben. Die Einrichtung bürgerte sich aber doch nur langsam ein. In Folge der Aufnahme, die der Antrag der Abgg. Ackermann und Genossen im Reichstage fand, fürchtete man, es könnten durch das neue Gesetz amtliche Revisionen der Genossenschaften angeordnet werden. Der Genossenschaftstag in Cassel (August 1881) beschloß deshalb:

„In Erwägung, daß die Einrichtung regelmäßiger Revisionen in den Verbandsvereinen, allgemein durchgeführt, eine wünschenswerthe Vervollständigung und organische Weiterentwickelung der Verbandseinrichtungen darstellt und zugleich geeignet ist, gesetzgeberischen Versuchen, die Genossenschaften der Kontrole staatlicher oder kommunaler Behörden zu unterstellen, entgegenzuwirken; daß es daher den allgemeinen Interessen entspricht, diese Einrichtung in allen Verbänden zur Durchführung zu bringen, erklärt es der allgemeine Vereinstag für Pflicht der Unterverbände, für die Einrichtung regelmäßig wiederkehrender Revisionen der einzelnen Vereine Sorge zu tragen."

Jetzt ward die Frage der Verbandsrevision ein Gegenstand der Berathung sämmtlicher Unterverbandstage. Auf dem nächstjährigen Genossenschaftstage (1882 Darmstadt) wurde allen dem allgemeinen Verbande angehörigen Genossenschaften empfohlen, die erforderlichen Schritte zu thun, um sich die Vortheile der verbandsmäßig organisirten Revisionseinrichtung zu sichern*).

Seit dieser Zeit hatten sich die Unterverbandstage und die Genossenschaftstage fast ausnahmslos mit dem inneren Ausbau der verbandsmäßig organisirten Revisionseinrichtung beschäftigt; in den meisten Unterverbänden wurde die Revision für eine obligatorische Einrichtung des Verbandes erklärt: Die Genossenschaften wurden verpflichtet, alle drei Jahre durch einen vom Unterverbande angestellten, mit dem Genossenschaftswesen vertrauten praktischen Genossenschafter (Revisor) ihre gesammte geschäftliche Thätigkeit prüfen zu lassen. Der Revisor hatte sein Augenmerk besonders darauf zu richten, ob die Bestimmungen der Gesetze überall beachtet sind, und ob die Geschäftsführung den Vorschriften des Statuts und den auf Genossenschafts- und Verbandstagen aufgestellten Grundsätzen entspricht. Nach vollendeter Revision hatte er den Befund in gemeinschaftlicher Sitzung mit Vorstand und Aufsichtsrath zu besprechen und sodann einen schriftlichen Bericht an die Genossenschaft zu erstatten und eine Abschrift desselben dem Verbandsdirektor einzusenden.

Der Genossenschaftstag zu Plauen (1887) hat die wichtigsten Grundsätze für die Ausbildung der Revision in einem Beschluß zusammengefaßt, der S. 266 in der Vorbemerkung zu §§ 53 ff. wörtlich abgedruckt ist. Nach einer bis 1887 reichenden Zusammenstellung in Nr. 50 bis 53 der Bl. f. G. 1888 und Nr. 1 der Bl. f. G. 1889 hatten bis Ende 1887 im allgemeinen Verbande 1098 Revisionen stattgefunden, 423 Genossenschaften waren einmal, 216 zweimal, 53 dreimal, 17 viermal, 2 fünfmal und 1 sechsmal revidirt. Von den Revisionen kamen 187 auf die Konsumvereinsverbände.

---

*) Ueber die Entwickelung der Verbandsrevision im allgemeinen Verbande vor Erlaß des neuen Gesetzes vgl. man die Aufsätze in Bl. f. G. 1884 Nr. 26, 28, 35, 49, 1887 Nr. 50 bis 53, 1888 Nr. 1.

Für das in Aussicht stehende Genossenschaftsgesetz schloß sich der Genossenschaftstag dem Vorschlage Schulzes in der letzten Redaktion der Novelle (Vorbemerkung zu Absch. IV (s. unten S. 265 ff.) nicht an.*)

Auch andere genossenschaftliche Verbände, namentlich der Anwaltschaftsverband in Neuwied, der allgemeine Verband der landwirthschaftlichen Genossenschaften des Deutschen Reiches, der Verband landwirthschaftlicher Genossenschaften in Württemberg und der polnische Verband hatten die Verbandsrevision, mehr oder weniger nach dem Muster des allgemeinen Verbandes, bei ihren Genossenschaften eingeführt und gehandhabt.

Der Entwurf des Reichsjustizamtes hielt es für zweckmäßig, sich an die im allgemeinen Verbande bestehenden Einrichtungen anzulehnen. Das Recht zur selbstständigen Ausübung der Revisionskontrole wurde den Verbänden, nur wenn sie gewisse Garantien bieten, zugestanden. Sie sollten es aber nur nach Prüfung an öffentlicher Stelle, durch staatliche Verleihung erhalten. Auch wurden die Voraussetzungen bestimmt, unter denen ihnen das Recht zur Bestellung des Revisors entzogen werden kann. Den keinem solchen Verbande angehörigen Genossenschaften sollte der Revisor durch den Richter bestellt werden.

Ueber das Verhalten der Genossenschaftstage und des Bundesraths zu diesen Bestimmungen des Entwurf s. unten Vorbemerkungen zu Abschnitt IV.

In der Reichstagskommission waren die Ansichten sehr getheilt. In Vertretung des Beschlusses des Genossenschaftstages in Erfurt waren

*) In der Schrift „Material zur Revision des Genossenschaftsgesetzes" hat Schulze-Delitzsch zur Begründung seines Antrages eine besondere Abhandlung über die Revisorenfrage beigefügt und in derselben auch die Bestimmungen des englischen Genossenschaftsgesetzes (Industrial and Provident Societies Act) von 1876 über die Zwangsrevision dargestellt. Die genannte Akte vom 11. August 1876, welche die Akte vom 7. August 1862 zum Zweck der Vorbeugung gegen leichtsinnige Geschäftsführung abänderte, führte regelmäßige Geschäftsrevisionen ein. Das Gesetz bestimmt, daß eine jede Genossenschaft

a) wenigstens einmal im Jahre ihre Rechnungen der Revision, entweder durch einen der nach diesem Gesetz bestellten öffentlichen Revisoren, oder durch zwei oder mehrere nach den Bestimmungen des Statuts bestellte Personen unterwerfen muß, denen alle Bücher und Rechnungen zugängig sein müssen, und welche die Einnahmen und Ausgaben, Fonds und Bestände der Gesellschaft zu prüfen, mit den Rechnungen und Belägen zu vergleichen und entweder als von ihnen richtig, gehörig belegt und in Uebereinstimmung mit dem Gesetz befunden zu unterzeichnen, oder der Gesellschaft besonders Bericht zu erstatten haben: inwieweit sie etwas unrichtig, nicht belegt, oder nicht in Uebereinstimmung mit dem Gesetz befunden haben;

b) einmal in jedem Jahre vor dem 1. Juni dem Registrar (dem Leiter der Kontrolstelle zur Eintragung der Genossenschaften in das amtliche Genossenschaftsregister) einen allgemeinen Ausweis (Jahresbericht) über die Einnahmen und Ausgaben, Fonds und Bestände nach dem Revisionsbefunde zu übersenden, dieser Ausweis muß die Ausgaben in Bezug auf die verschiedenen Zwecke der Gesellschaft getrennt aufführen, bis zum 31. Dezember einschließlich reichen und konstatiren, ob die Revision von einem nach diesem Gesetz bestellten öffentlichen Revisor vorgenommen und von welchem, wenn dieselbe von anderen Personen vollzogen wurde, den Namen, den Wohnort, den Beruf oder das Gewerbe dieser Personen, und auf welche Art sie bestellt wurden, angeben, sowie ein Exemplar des Revisionsberichts beifügen.

Die Wahl zwischen den beiden Klassen von Revisoren steht lediglich der Genossenschaft zu. Die öffentlichen Revisoren, die äußerst selten benutzt werden, ernennt das Schatzamt, welches eine Liste derselben und der ihnen zukommenden Honorare veröffentlicht. Die im englischen Gesetze von 1876 vorgeschriebene Zwangsrevision ist grundverschieden von der deutschen. Sie ist wesentlich kalkulatorisch. Der Grund hierfür liegt in dem Mangel eines Kontrolorgans in der Genossenschaft, in dem Fehlen des bei uns jetzt obligatorischen Aufsichtsrathes.

Anträge gestellt, zu deren Begründung ausgeführt wurde: Die bisher erzielten Erfolge seien nur möglich gewesen, weil die Revision aus der Selbstbestimmung und der freien Entschließung der Genossenschaften hervorgegangen sei. Die Zwangsrevision sei ungerechtfertigt, weil die Genossenschaften freiwillige Vereinigungen von Privatpersonen seien; sie sei auch gefährlich, weil sie das Bewußtsein der Selbstverantwortlichkeit für das Gedeihen der Genossenschaft bei den Mitgliedern schwäche. . . Die Zwangsrevision sei auch kaum durchführbar; da die Mehrzahl der bestehenden Genossenschaften keinem Verbande angehören, werde der vom Registerrichter für die jedesmalige Revision besonders zu bestellende Revisor die Regel bilden. Woher wolle aber jeder Registerrichter Verständniß dafür haben, welche Befähigung bei einem Revisor zur Vornahme einer ordnungsmäßigen Revision erforderlich sei, und woher wolle er ausreichend befähigte Revisoren nehmen? — Die Anträge wurden gegen zwei Stimmen abgelehnt. Von anderer Seite wurde beantragt, die Verbände ganz aus dem Gesetz zu streichen und die Revisionsbestellung ausnahmslos dem Richter zu übertragen. Diejenigen Kommissionsmitglieder endlich, die auf dem Boden der Regierungsvorlage standen, theilten sich wiederum in zwei Gruppen, „von welchen die eine den Verbänden eine größere Selbstständigkeit einräumen, die andere dagegen den Einfluß der Behörden auf die Handhabung der Revision verstärken wollte" (Komm.Ber. S. 25—30). Das Schlußergebniß der Kommissionsberathung war durch das vor der zweiten Lesung geschlossene Kompromiß beeinflußt. Der Abschnitt IV ward in der jetzigen Fassung angenommen unter Beseitigung der vom Bundesrath hineingebrachten Polizeimaßregeln. (Vgl. Komm.Ber. S. 25—30 und unten Erläuterungen zu §§ 59 und 61 S. 281 ff., 284 ff.)

Die gesetzliche Revision, wie sie hier geschaffen ist, enthält einen Eingriff in die Selbstverwaltung, dessen Erfolg von vornherein zweifelhaft war. Die Revision bleibt auch in Zukunft **trotz** der gesetzlichen **Pflicht** eine Vertrauenssache, denn der Vorstand und Aufsichtsrath müssen den **guten Willen** haben, aus der Revision Nutzen zu ziehen. Einen **gesetzlichen Zwang**, die Revision zu einer nutzbringenden zu machen, giebt es nicht und kann es nicht geben. Kann man doch unmöglich Jemanden zwingen, verkehrte wirthschaftliche Grundsätze aufzugeben.

Die Erfahrungen der zehn Jahre seit Einführung der Zwangsrevision sind meist nur aus dem allgemeinen Verbande zu öffentlicher Kenntniß gelangt. Hier hatten schon vor dem Gesetz fast alle Unterverbände die Revision für obligatorisch erklärt. Es läßt sich schwer untersuchen, ob die offenkundigen bedeutenden Fortschritte, die hier in den zehn Jahren die Revisionen selbst und die Genossenschaften durch die Revisionen gemacht haben, nicht auch gemacht worden wären ohne die Einführung der **Zwangs**revision. Wie wir schon in der ersten Auflage 1889 hervorhoben, ist es der erhöhten Kosten halber bedauerlich, daß die **zweijährige** Revisionspflicht statt der dreijährigen angenommen ist. Bei einer Vertheilung auf nur zwei Jahre bilden die Revisionskosten für kleine Genossenschaften eine zu schwere Belastung.*) Ihre Höhe hat dahin geführt, daß manche kleinere

---

*) Im allgemeinen Verbande belaufen sich die Kosten jeder einzelnen Revision durch den Verbandsrevisor durchschnittlich auf 90 Mark. Die Kosten der gerichtlichen Revisionen sind sehr verschieden. Bei einigermaßen gründlicher Ausführung werden

eingetragene Genossenschaften, namentlich landwirthschaftliche Konsumvereine, es vorgezogen haben, sich aufzulösen, um als nicht eingetragene Genossenschaften in schlechterer Rechtsform ihren Geschäftsbetrieb fortzusetzen.

Auch die Unterverbände des allgemeinen Verbandes, denen sämmtlich das Recht zur Bestellung des Revisors verliehen worden ist, erfuhren in Folge des neuen Genossenschaftsgesetzes störende Verschiebungen in ihrem Bestande. Sie konnten freilich auch die zweijährigen Revisionen durch tüchtige Revisoren nach den Beschlüssen des Genossenschaftstages zu Plauen ohne Schwierigkeit durchführen, sofern die Kosten der Revision ganz oder zum großen Theile aus der Verbandskasse bestritten wurden und die Beiträge zu dieser unter die Verbandsgenossenschaften nach Verhältniß ihrer Leistungsfähigkeit vertheilt wurden. Eine ziemliche Zahl größerer Kreditvereine und ebenso einige größere Konsumvereine, also Genossenschaften, die Erhebliches zu den Verbandskosten beigetragen hatten, verwandelten sich in Aktien- oder Aktienkommanditgesellschaften und traten dann meist aus dem Verbande aus. Lediglich des Revisionszwanges halber traten auch manche ältere seit vielen Jahren bestehende Genossenschaften bei, deren fehlerhafte Einrichtungen die Revisionen erheblich vertheuerten und den Verband nöthigten, auf den Verbandstagen die erziehliche Arbeit gewissermaßen wieder von vorne anzufangen. Den Leitern vieler dieser, nur der Ersparniß halber beigetretenen Vereine mangelte der genossenschaftliche Sinn.

Im allgemeinen Verbande wird unermüdlich gearbeitet, die Schwierigkeiten zu überwinden. Die Verbandsdirektoren wetteifern, die Revision für die einbezirkten Genossenschaften fruchtbar zu gestalten, geeignete praktische Genossenschafter zu Revisoren zu gewinnen und in dem schwierigen und mühseligen Amt fortzubilden. Einzelne Verbandsdirektoren übernehmen selbst die Revision. Die Verbandsrevisoren erstatten für den Verbandstag einen Generalbericht, der schon vorher gedruckt und zugleich mit einer statistischen Zusammenstellung nach den für den Jahresbericht des Anwalts bestimmten Tabellen von dem Verbandsdirektor versandt, auf dem Verbandstage Stoff zu fruchtbringenden Berathungen bildet. Auf den Genossenschaftstagen findet regelmäßig zwischen den Revisoren des ganzen Reiches in besonderen Revisoren-Konferenzen ein Austausch der Erfahrungen und Meinungen statt.

Nur von wenigen anderen Verbänden ist etwas darüber bekannt, wie und mit welchem Erfolge die Revisionen ausgeführt werden. Von den meisten anderen giebt es darüber keine Veröffentlichung. Generalberichte der Revisoren und statistische Nachweisungen über die Leistungen der Verbandsvereine fehlen fast überall. Obschon alljährlich im Januar von jedem Verbandsvorstand der höheren Verwaltungsbehörde, in deren Bezirk er seinen Sitz hat, ein Verzeichniß der dem Verbande angehörenden Genossenschaften einzureichen ist (§ 58 des Gesetzes), haben weder der Bundesrath noch das preußische Ministerium, weder das statistische Amt des Reichs noch das statistische Bureau Preußens jemals etwas darüber veröffentlicht, welchen Verbänden das Recht zur Bestellung des Revisors verliehen ist (§ 58), und welche Genossenschaften zu ihnen gehören, sowie welche keinem Revisionsverbande angehörende eingetragene Genossenschaften vorhanden

---

dafür 120 bis 150 Mark bezahlt. Es kommt aber auch vor, daß Vereine sich einen Revisor bestellen lassen, der die Revision für 15 Mark ausführt.

sind... Schon hiernach ist eine umfassende Untersuchung über die Wirkung der Zwangsrevision, eine Kontrole der Oeffentlichkeit gar nicht möglich.*) Alle und jede Kontrole ist bei den gerichtlichen Revisionen ausgeschlossen. Ein unfähiger Revisor kann Einrichtungen oder Maßnahmen veranlassen, die dem Interesse der Genossenschaft widersprechen oder wohl gar gemeinschädlich sind. Außer den revidirten Vereinen erfährt Niemand etwas davon. Der Vorstand seinerseits braucht sich, sofern er den durch Ordnungsstrafen zu erzwingenden Verpflichtungen im § 63 Abs. 2 nachkommt, um die Erinnerungen des Revisors nicht zu kümmern, selbst wenn sie ihm grobe Gesetzesverletzungen nachweisen.

Nach dem Genossenschaftsgesetz sollen die Staatsbehörden darüber wachen, daß der Revisionsverband der ihm obliegenden Pflicht der Revision genüge (§ 60). Sie sind berechtigt, in die Generalversammlung des Verbandes (Verbandstag) einen Vertreter zu senden (§ 59), „dessen Aufgabe es ist, von den Verhandlungen Kenntniß zu nehmen, zu dem Zweck, um der höheren Verwaltungsbehörde Bericht zu erstatten, damit diese sich ein Urtheil darüber bilden könne, ob der Verband der Revisionspflicht ordentlich nachkomme." **) Die Staatsbehörden sollen ferner bei den keinem Revisionsverbande angehörenden Genossenschaften darüber wachen, daß das Gericht einen brauchbaren Revisor bestelle (§ 61). Auch soll der Reichskanzler ermächtigt sein, allgemeine Anweisungen zu erlassen, nach denen die Revisionsberichte anzufertigen sind (§ 64). Ein Nutzen dieser Bestimmungen hat sich bisher nicht gezeigt. In die Versammlungen der Revisionsverbände wurden nur sehr selten Vertreter gesandt. Mit Einverständniß der höheren Verwaltungsbehörde sind oft recht ungeeignete, nicht sachverständige Personen zu Revisoren bestellt (§ 53 und § 61 d. G. siehe unten S. 269 ff., 284 ff.). Entscheidungen oder Erklärungen von höheren Verwaltungsbehörden zeigten nicht selten unverkennbar eine große Unkenntniß in Genossenschaftsangelegenheiten. Eine Anweisung des Reichskanzlers über die Anfertigung von Revisionsberichten ist nicht erlassen worden; ihre Herstellung würde auch schwierig sein, da ja die Reichs- und Landesbehörden von den erstatteten Berichten der Revisoren nichts zu sehen bekommen.

Nach alledem haben die Erfahrungen der letzten zehn Jahre uns noch nicht überzeugen können, daß der Beschluß des Erfurter Genossenschaftstages 1888, welcher den vierten Abschnitt des Gesetzentwurfs mit der Selbsthülfe nicht vereinbar erklärte und dringend dessen Beseitigung befürwortete, auf unrichtigen Voraussetzungen beruht.

In Preußen vertheilten sich nach den Mittheilungen der Preußischen Centralgenossenschaftskasse für 1899 die Revisionsverbände wie folgt:

1. Die Unterverbände des „Allgemeinen Verbandes der auf Selbsthülfe beruhenden deutschen Erwerbs- und Wirthschaftsgenossenschaften".

---

*) Schon die 2. Auflage enthielt diese Auslassungen. Seitdem hat sich in Preußen der beklagte Zustand in etwas geändert. Nach Verfügung des Justizministers vom 1. Mai 1896 haben die Amtsgerichte alljährlich zum 1. März eine Liste der in ihr Genossenschaftsregister eingetragenen Genossenschaften aufzustellen und an die Preußische Zentralgenossenschaftskasse einzusenden. Auf diesen Zähllisten beruht deren Statistik, der unbedingte Zuverlässigkeit freilich nicht zukommt.

**) Stenographischer Bericht über die Sitzung vom 26. Mai 1889 S. 1079. — Es sei dringend nothwendig, sagt mit Recht Proebst S. 209, daß „nur sachverständige und urtheilsfähige Männer zu solcher Vertretung gewählt werden".

2. Die Unterverbände des „Allgemeinen Verbandes der deutschen landwirthschaftlichen Genossenschaften".

3. Der „Generalanwaltschaftsverband ländlicher Darlehnskassen für Deutschland".

4. „Niedersächsischer Verband von Erwerbs- und Wirthschaftsgenossenschaften".

5. „Verb. d. Erwerbs- und Wirthschaftsgenossenschaften der Provinzen Posen und Westpreußen zu Schrimm".

6. „Revisionsverband der Konsumvereine in den Kreisen Merzig, Saarlouis, Saarbrücken und Ottweiler zu St. Johann a. d. S."

7. „Molkerei-Revisionsverband für das Herzogthum Schleswig".

8. „Westfälischer Genossenschaftsverband zu Münster i. W."

9. „Revisionsverband des Bundes der Landwirthe zu Berlin" mit 41 eingetragenen Genossenschaften.

10. „Central-Revisions-Verband landwirthschaftlicher Genossenschaften zu Berlin".

11. „Molkerei-Revisions-Verband für die Provinzen Brandenburg, Pommern, Sachsen und die Großherzogthümer Mecklenburg in Prenzlau".

12. „Molkerei-Revisions-Verband für die Provinzen Schlesien und Posen zu Breslau".

13. „Westholsteinischer Meierei-Verband zu Hohenwestedt".

14. „Verband schlesischer ländlicher Genossenschaften, e. G. m. b. H. zu Neiße".

15. „Verband der ländlichen Genossenschaften der Provinz Westfalen zu Münster".

16. „Rheinischer Revisionsverband".

17. „Trierischer Revisionsverband landwirthschaftlicher Genossenschaften in der Rheinprovinz, im Fürstenthum Birkenfeld und in Elsaß-Lothringen zu Trier".

18. „Kurhessischer Verband ländlicher Genossenschaften zu Marburg".

19. „Verband deutscher sozialreformatorischer Erwerbs- und Wirthschaftsgenossenschaften zu Berlin".

20. „Rheinischer Genossenschaftsverband zu Köln".

21. „Genossenschaftsverband „Vorsicht" zu Schwelm".

Erster Theil.

Gesetz, betreffend die Erwerbs- und Wirthschaftsgenossenschaften. Vom 1. Mai 1889.

In der Fassung des nach Maßgabe des Artikels 13 des Einführungsgesetzes zum Handelsgesetzbuch vom 11. Mai 1897 festgestellten Textes (R.G.Bl. 1898 Nr. 25, ausgegeben am 14. Juni 1898).

(Nr. 1856.)

Gesetz,

betreffend

die Erwerbs- und Wirthschaftsgenossenschaften.

Vom 1. Mai 1889.

Wir Wilhelm, von Gottes Gnaden Deutscher Kaiser, König von Preußen rc. verordnen im Namen des Reichs, nach erfolgter Zustimmung des Bundesraths und des Reichstags, was folgt:

Das Gesetz ist in Nr. 11 des Reichsgesetzblattes, ausgegeben zu Berlin den 10. Mai 1889 (Seite 55 bis 93), publizirt und laut § 172 am 1. Oktober 1889 in Kraft getreten. Das Genossenschaftsgesetz vom 4. Juli 1868 hat die Ueberschrift: „Gesetz betreffend die privatrechtliche Stellung der Erwerbs- und Wirthschaftsgenossenschaften." Einen Hinweis auf die rein privatrechtliche Stellung der Genossenschaften auch in das neue Gesetz aufzunehmen, wurde in der Kommission angeregt, indessen nahm man davon Abstand, weil das Gesetz es zwar grundsätzlich nur mit der privatrechtlichen Stellung der Genossenschaften zu thun habe, aber gleichwohl für einzelne Bestimmungen das öffentliche Interesse maßgebend sei. „Der Privatverkehr ist der Boden, in welchem die Genossenschaft wurzelt, womit es jedoch keineswegs im Widerspruch steht, daß die Gesetzgebung in Anbetracht der weiten Volkskreise, welche in den Wirkungskreis der Genossenschaften hineingezogen werden, sowie mit Rücksicht auf die den Genossenschaften eingeräumte gesetzlich gesicherte Stellung die Wohlthat der letzteren an diejenigen Bedingungen knüpft, welche im öffentlichen Interesse wünschenswerth erscheinen." (Kom. Ber. 3.)

Durch Art. 13 des Einführungsgesetzes zum Handelsgesetzbuch ist der Reichskanzler ermächtigt, den Text des Gesetzes betr. die Erwerbs- und Wirthschaftsgenossenschaften, wie er sich aus den in den Artikeln des Einführungsgesetzes zum Handelsgesetzbuch vorgesehenen Aenderungen ergiebt, durch das Reichsgesetzblatt bekannt zu machen. Das Reichsgesetzblatt Nr. 25, ausgegeben am 14. Juni 1898, enthält die Bekanntmachung des Textes verschiedener Reichsgesetze in der vom 1. Januar 1900 an geltenden Fassung, vom 20. Mai 1898.

In der Bekanntmachung des Textes fehlt die Einleitung des Gesetzes — „Wir Wilhelm u. s. w. u. s. w." Da die Bekanntmachung des Textes nur redaktionelle Bedeutung hat, ist dem Fortlassen der einleitenden Worte keine Bedeutung beizulegen. Die Bekanntmachung des Textes enthält noch eine weitere Aenderung. Die Novelle zum Genossenschaftsgesetz vom 12. August 1896 hat in der Reichstagskommission folgende Bezeichnung erhalten: Gesetz betreffend die Abänderung des Gesetzes über die Erwerbs- und Wirthschaftsgenossenschaften vom 1. Mai 1889 sowie den Geschäftsbetrieb von Konsumanstalten — dieser Zusatz ist in der Bekanntmachung fortgelassen und entsprechend ist auch Artikel 2 dieses Gesetzes (vom 12. August 1896) nicht aufgenommen, so daß ein besonderes Gesetz betreffend den Geschäftsbetrieb von Konsumanstalten vom 12. August 1896 (R.G.Bl. Nr. 29 S. 695ff.) übrig geblieben ist. Wir theilen dies Gesetz im Anschluß an das Genossenschaftsgesetz mit.

Erster Abschnitt.

Errichtung der Genossenschaft.

§ 1.

Gesellschaften von nicht geschlossener Mitgliederzahl, welche die Förderung des Erwerbes oder der Wirthschaft ihrer Mitglieder mittelst gemeinschaftlichen Geschäftsbetriebes bezwecken (Genossenschaften), namentlich:

1. Vorschuß- und Kreditvereine,
2. Rohstoffvereine,
3. Vereine zum gemeinschaftlichen Verkaufe landwirthschaftlicher oder gewerblicher Erzeugnisse (Absatzgenossenschaften, Magazinvereine),
4. Vereine zur Herstellung von Gegenständen und zum Verkaufe derselben auf gemeinschaftliche Rechnung (Produktivgenossenschaften),
5. Vereine zum gemeinschaftlichen Einkaufe von Lebens- oder Wirthschaftsbedürfnissen im Großen und Ablaß im Kleinen (Konsumvereine),
6. Vereine zur Beschaffung von Gegenständen des landwirthschaftlichen oder gewerblichen Betriebes und zur Benutzung derselben auf gemeinschaftliche Rechnung,
7. Vereine zur Herstellung von Wohnungen,

erwerben die Rechte einer „eingetragenen Genossenschaft" nach Maßgabe dieses Gesetzes.

Ges. von 1868 § 1, Entw. I u. II, Komm., Rtg. 1.

I. **Zur Geschichte des § 1.**

Ueber die Begriffsbestimmung im § 1 des Ges. vom 4. Juli 1868, welcher wörtlich mit § 1 des preußischen Genossenschaftsgesetzes vom 27. März 1867 übereinstimmt, vgl. Einleitung Abschnitt 4. „Die Bezeichnung des wirthschaftlichen Zweckes der Genossenschaften ist ohne wesentliche Aenderung aus dem früheren Gesetz übernommen. Nur ist, in Uebereinstimmung mit der Ueberschrift des Gesetzes, die Förderung des Kredits der Genossen unter den Zwecken der Genossenschaft nicht besonders aufgeführt; denn die Kreditgewährung darf einen Gegenstand des genossenschaftlichen Geschäftsbetriebes nur insoweit bilden, als sie zur Förderung der Erwerbsthätigkeit oder Wirthschaft der Genossen dient; sie ist also schon von diesen beiden Hauptzwecken der Genossenschaft umfaßt und zugleich begrenzt." Begründung II 59. Die Definition trifft nur die „Genossenschaften" im Sinne dieses Gesetzes, ihre drei wesentlichen Merkmale sind: 1. nicht geschlossene Mitgliederzahl, 2. Förderung des „Erwerbes oder der Wirthschaft ihrer Mitglieder", 3. gemeinschaftlicher Geschäftsbetrieb.

a) Zu 2 u. 3. Ges. von 1868 und Entw. I u. II hatten hier „2. Rohstoff- und Magazinvereine" (s. Erläuterung 8 u. 9).

b) Zu 4. Mit Rücksicht auf die ländlichen Genossenschaften ist im Entwurf statt des im Ges. von 1868 gewählten Ausdrucks „Anfertigung" von Gegenständen das Wort „Herstellung" gewählt, welches auch die Bearbeitung umfaßt und zugleich für die landwirthschaftlichen Produktivgenossenschaften (Winzervereine, Molkereigenossenschaften u. s. w.) zutrifft." Begr. II 59.

c) Zu 5. Im Ges. von 1868 lautet, entsprechend dem Entwurfe der preußischen Abgeordnetenhauskommission von 1863, die Nr. 4:

> Vereine zum gemeinschaftlichen Einkauf von Lebensbedürfnissen im Großen und Ablaß in kleineren Partien an ihre Mitglieder (Konsumvereine).

Im Entwurf „ist neben dem Einkauf von Lebensbedürfnissen auch die Anschaffung von Wirthschaftsbedürfnissen erwähnt, um damit zugleich die zur gemeinsamen Beschaffung von Saatgut, Kunstdünger, Viehfutter und dergleichen mehr bestimmten landwirthschaftlichen Konsumvereine zu umfassen." Begr. II 59. Diese Genossenschaften wurden mit Recht von Schulze nicht zu den Konsumvereinen, sondern zu den Rohstoffgenossenschaften gerechnet, weil sie die „Beschaffung der Rohstoffe und Materialien für ihr landwirthschaftliches Gewerbe in erster Linie zum Gegenstand des Unternehmens haben" (Schulze: Die Genossenschaften in einzelnen Gewerbszweigen S. 200, vgl. Einleitung ferner unten Erl. 8 und 11.) Indeß nahm Schulze auf einen von Stöckel (Direktor des Verbandes landwirthschaftlicher Genoss. der Prov. Preußen) der landwirthschaftlichen Konsumvereine halber dem Vereinstage zu Cassel (Aug. 1881) unterbreiteten und von demselben angenommenen Antrag die Einfügung des Wortes „Wirthschaftsbedürfnisse" in seine Novelle auf. (Schulze-D., Material u. s. w. S. 46 und Mittheilungen über den Vereinstag in Cassel S. 50.) Da diese Genossenschaften, trotz des Namens, in der That Rohstoffvereine sind, fielen sie nicht unter das Verbot des § 8 Abs. 4 in der Fassung des Gesetzes vom 1. Mai 1889, durch die Novelle von 1896 ist auch für den Verkauf der landwirthschaftlichen Konsumvereine eine gewisse Entscheidung getroffen (s. Erläuterungen zu § 8 Abs. 4).

Der Entwurf hat hier die Worte „an ihre Mitglieder" und in Nr. 7 (Baugenossenschaften) die Worte „für ihre Mitglieder" gestrichen, weil das Prinzip, „daß die Vereine ihre Geschäftsthätigkeit im Interesse der Genossen auszuüben haben", für alle Arten von Genossenschaften gilt und im Allgemeinen schon aus der Definition im Eingange des § 1 folgt. „Die Voraussetzungen und Schranken einer Ausdehnung des Geschäftsbetriebes auf Nichtmitglieder sind im Gesetze besonders zu regeln" (§ 8). Begr. II 59. Wie jene Worte auf einen Beschluß der Kommission des preußischen Abgeordnetenhauses von 1863 in deren Entwurf und von da in den preußischen Regierungsentwurf, in das preußische und deutsche Gesetz übergegangen sind, s. Parisius, Genossenschaftsgesetze im deutschen Reich S. 167.

Die Aenderung „im Kleinen" statt „in kleineren Partien" ist in der Reichstagskommission vorgenommen und „hat nur redaktionelle Bedeutung". Komm.-Ber. 4.

d) Zu 6. Im Entw. I ist diese neue Nummer „hinzugefügt, in welcher die sogenannten Werkgenossenschaften zur gemeinschaftlichen Anschaffung und Benutzung landwirthschaftlicher oder gewerblicher Maschinen und Werkzeuge sowie die Vereine zum Halten von Zuchtthieren und dergleichen berücksichtigt werden" Begr. II 59.

Statt dieses Satzes war von Schulze in seiner Novelle, entsprechend einem auf Stöckels Antrag (s. vorher) vom Vereinstage zu Cassel gefaßten Beschluß, aufzunehmen vorgeschlagen: „Genossenschaften zum gemeinsamen Betriebe einzelner Zweige des landwirthschaftlichen Gewerbes".

e) Zu 7. Ueber den Fortfall der Worte „für ihre Mitglieder" s. oben c).

f) Der Schluß des § 11 lautete im Gesetz von 1868 in weniger guter Fassung: erwerben die im gegenwärtigen Gesetze bezeichneten Rechte einer „eingetragenen Genossenschaft" unter den nachstehend angegebenen Bedingungen.

Ueber die Entstehung der Bezeichnung „eingetragene Genossenschaft" s. unten die Erläuterungen zu § 3 Abs. 1 Nr. 4. Es besteht keine Verpflichtung für die Gesellschaft, die Rechte einer eingetragenen Genossenschaft zu erwerben (unten Erl. 13).

II. Erläuterungen zu § 1.

1. „Gesellschaften".

Der Ausdruck „Gesellschaft" ist gewählt, weil vor der Eintragung nur eine nach den Landesgesetzen zu beurtheilende Vereinigung vorhanden ist. Ein Antrag in der Kommission, das Wort „Gesellschaft" entsprechend der Oesterreichischen Gesetzgebung durch „Verein" zu ersetzen, wurde zurückgezogen, nachdem die Regierungsvertreter erklärt hatten, daß sich der Ausdruck „Gesellschaft" auf privatrechtlichem Gebiet bewegt, während der Ausdruck „Verein" vorzugsweise auf dem öffentlichen Gebiet liegt (Komm.-Ber. 3). In dem Text des Paragraphen ist gleichwohl das Wort „Verein" gebraucht, wie dies auch in der Praxis vielfach Anwendung findet, vgl. aber für die Ausdrucksweise B.G.B. §§ 21 ff. und 705 ff.

2. „Nicht geschlossene Mitgliederzahl".

Der stets mögliche Wechsel in dem Bestande und in der Zahl der haftbaren Mitglieder — das Erforderniß der „nicht geschlossenen Mitgliederzahl" — ist die charakteristische Besonderheit der Genossenschaft. Sie unterscheidet sich dadurch von den Handelsgesellschaften. Das französische Gesetz vom 24. Juli 1867 sur les sociétés bezeichnet die Genossenschaft nach dem in Folge Ein- und Austritts der Mitglieder schwankenden Vereinsvermögen als société à capital variable. — Bei den übrigen Erwerbsgesellschaften ist entweder der Zutritt eines neuen Mitgliedes von der Einwilligung aller bisherigen Mitglieder abhängig, oder es ist, wie bei der Aktiengesellschaft, die Mitgliederzahl eine durch die unveränderliche Zahl Aktien in gewisser Weise geschlossene, so daß neue Mitglieder nur an Stelle Ausscheidender eintreten.

Das Statut kann die Aufnahme neuer Mitglieder von den verschiedensten Bedingungen abhängig machen, z. B. von der Zahlung eines Eintrittsgeldes, von dem Beschluß des Vorstandes oder des Aufsichtsraths oder der Generalversammlung, ja sogar von der Einwilligung aller Genossen u. s. w.; es kann die Genossenschaft auf bestimmte Klassen von Personen, z. B. auf Beamte, auf Meister eines und desselben Handwerks, auf Grundbesitzer beschränken. Aber es darf die Mitgliederzahl nicht ein für allemal festsetzen. Zulässig freilich ist eine Beschränkung der Mitgliederzahl nach Oben oder Unten, denn die Mitgliederzahl ist dabei nicht „geschlossen".

Niemand hat einen Anspruch auf Erwerb der Mitgliedschaft (§ 15), es ist unmöglich eine Genossenschaft zu zwingen, Personen, die ihr nicht gefallen, aufzunehmen. (Schulze-D., Genoss. in einzelnen Gewerbszweigen S. 288, Birkenbihl-Maurer S. 30, Joel S. 445, Mandry S. 164, Jessenberger S. 64.) Es kann daher eine Genossenschaft durch Ablehnung aller Aufnahmeanträge, in Ansehung des Eintritts neuer Mitglieder, thatsächlich geschlossen gehalten werden, die Mitgliederzahl wird aber dadurch nicht geschlossen, weil der Austritt durch Aufkündigung und durch den Tod nicht gehindert werden kann (s. §§ 65, 66, 77). Erschwerungen des **Austritts** sind nur im Rahmen des § 65 zulässig, insbesondere darf dem Ausscheidenden kein Vermögensnachtheil auferlegt werden. Es kann also nur die Kündigung bis zur Maximalfrist ausgedehnt werden (ebenso Birkenbihl-Maurer S. 296, a. A. Proebst S. 244, Joel S. 591, vgl. § 73 Erl. 4). Das R.G. Bd. 30 S. 83 läßt sich mit Bezug auf das Gesetz von 1868 wie folgt aus: „Die Gültigkeit einer statutarischen Bestimmung, welche an den Austritt des Genossen den Verlust seines Geschäftsantheiles und außerdem seine Belastung mit einem verhältnißmäßigen Antheil an den Passiven ohne Rücksicht auf Unter- oder Ueberbilanz knüpft, ist schon dem § 38 des Gesetzes gegenüber zu verneinen. Danach ist jedem Genossenschafter mindestens bei auf unbestimmte Zeit geschlossenem Gesellschaftsvertrage das Recht zum Austritt nach vorheriger Aufkündigung mit dem Schlusse des Geschäftsjahres gegeben. Nach § 9 des Gesetzes kann ihm dies Recht durch den Gesellschaftsvertrag nicht genommen werden. Der § 38 läßt nur abweichende Bestimmungen des Vertrages über die Kündigungsfrist und den Zeitpunkt des Austritts (an Stelle des Schlusses des Geschäftsjahres) zu. Kann der Genossenschafter vertragsmäßig nicht zum Verbleiben in der Gesellschaft verpflichtet werden, so ist nach den §§ 292 ff., 310, 311 A.L.R. I 5 auch eine Strafstipulation unzulässig, welche das Verbleiben erzwingen soll, das Austreten mit Strafe belegt." Die gleichen Grundsätze gelten auch nach dem Gesetze von 1889 (R.G. Bd. 33 S. 65). Dem § 38 des Gesetzes, insoweit er von der Kündigung handelt, entspricht jetzt der § 65 mit der Maßgabe, daß der Austritt nur zum Schluß des Geschäftsjahres stattfinden kann, dem § 9 entspricht § 18. Dazu kommt noch neu die zwingende Bestimmung im § 73 über die Auseinandersetzung. Der von dem Reichsgericht für Genossenschaften auf bestimmte Zeit ausgesprochene Zweifel ist durch § 65 Abs. 2 des jetzigen Gesetzes gehoben, wonach kein Genosse länger als zwei Jahre an eine Genossenschaft gebunden werden kann.

3. „**Die Förderung des Erwerbes oder der Wirthschaft**" (ihrer Mitglieder). Ueber Förderung des „Kredits" vgl. oben zu I.

Der Zweck der Genossenschaft muß **gerichtet** sein „auf Förderung des Erwerbes oder der Wirthschaft der Mitglieder" und muß **erreicht** werden mittelst gemeinschaftlichen Geschäftsbetriebes s. oben zu I. Förderung des „Erwerbes" ist nicht immer, wie Birkenbihl-Maurer S. 31 (ebenso Joel S. 445) annehmen, Vermehrung der Einnahme. Z. B. die Rohstoffgenossenschaft ist auf Förderung des Erwerbs gerichtet, sie soll aber die Ausgaben verringern; dagegen besteht allerdings Förderung der „Wirthschaft" immer in einer Verringerung der Ausgaben. Am deutlichsten kommt dies im Konsumverein zum Ausdruck. Die Genossenschaft verfolgt **wirthschaftliche Zwecke** durch **wirthschaftliche Mittel**; die wirthschaftlichen Zwecke sollen dem **Interesse der Mitglieder** dienen und das wirthschaftliche Mittel ist **gemeinschaftlicher** Betrieb eines Geschäfts. Der Zweck der Genossenschaft muß **unmittelbar** auf Förderung des Erwerbs oder der Wirthschaft der Mitglieder gerichtet sein. Daraus folgt, daß Vereine, die zwar gleichfalls ihre Mitglieder erwerbsfähiger machen wollen, aber nicht durch gemeinschaftlichen Geschäftsbetrieb und unmittelbare Einwirkung auf deren Erwerb oder Wirthschaft, sondern auf idealen Wegen, keine eingetragenen Genossenschaften sein können. So die **Bildungsvereine**. Die Förderung von Erwerb oder Wirthschaft muß auch der **einzige Zweck** sein (ebenso Maurer S. 28, ähnlich Proebst S. 14, 261, a. A. Birkenbihl-Maurer S. 32); zulässig ist natürlich auch die Verbindung der Förderung von Erwerb **und** Wirthschaft (Rohstoff- und Konsumverein). Ein Bildungsverein, der für seine Mitglieder eine Darlehenskasse unterhält, wird dadurch nicht eintragungsfähig; wohl aber die Darlehenskasse, wenn sie eine selbständige Gesellschaft geworden ist, gleichviel ob sie nur Mitglieder des Bildungsvereins oder auch Andere aufnimmt (a. A. Joel S. 445 und die dort Citirten). Wie mit den Bildungsvereinen, verhält es sich mit den Unterhaltungsgesellschaften. Ein Kasino kann nebenbei für die Mitglieder Lebensbedürfnisse oder Wein im Großen einkaufen und in kleinen Posten verkaufen, — es wird dadurch noch kein eintragungsfähiger Konsumverein. Anders aber liegt die Sache, wenn ein Kasino einen selbständigen Konsumverein begründet, oder wenn ein eingetragener Konsumverein für seine Mitglieder regelmäßige Unterhaltungsabende einrichtet. Der Richter hat blos zu prüfen, ob die Zwecke der Genossenschaft unmittelbar auf Förderung des Erwerbs oder der Wirthschaft der Mitglieder gerichtet sind: er kann die Eintragung nicht ablehnen, weil hinter den angeführten Zwecken noch andere vorliegen. Die Förderung des Erwerbs der Mitglieder bezwecken alle Erwerbsgesellschaften, gleichviel was der Gegenstand des Unternehmens ist. Gesellschaften, welche eine Turnhalle bauen, um aus der Vermiethung, oder ein Krankenhaus, eine Irrenheilanstalt, eine Kaltwasserheilanstalt herstellen, um aus dem geschäftlichen Betriebe Gewinn für die Mitglieder zu ziehen, können sich zu diesem Zwecke als eingetragene Genossenschaften konstituiren, wohingegen eine Religionsgesellschaft, die sich ihr Gotteshaus, ein Turnverein, der sich seine Turnhalle zum eigenen Gebrauch baut, ebensowenig eintragungsfähig ist, wie ein Verein, der in wohlthätiger oder gemeinnütziger Absicht ein Krankenhaus oder eine Heilanstalt irgend welcher Art gründet und unterhält oder auf andere Weise Wohlthätigkeit übt. Wenn Birkenbihl-Maurer S. 32 mit Joel S. 445, Jessenberger S. 18, v. Sicherer S. 145, 151, v. Mandry S. 164 für die Unterordnung unter das Gesetz den überwiegenden Zweck der Genossenschaften entscheiden lassen wollen, so ist der Praxis damit nicht gedient, da der Bestand der Genossenschaft dann von der Auslegung des Statuts (§ 81) abhängt. Uebrigens ist eine gelegentliche Bestimmung des Statuts, in der die Verfolgung eines Nebenzwecks zum Ausdruck gebracht wird, noch nicht entscheidend für den Gegenstand des Unternehmens der Genossenschaft, das gilt z. B. für den Fall, daß aus dem Gewinn Aufwendungen vorgesehen sind für einen Zweck, der als solcher nicht den Gegenstand des Unternehmens einer eingetragenen Genossenschaft bilden darf. Aus einer solchen Bestimmung des Statuts kann daher auch nicht die Auflösung aus § 81 hergeleitet werden. Nicht jede Genossenschaft aber, die auf Förderung des Erwerbs ihrer Mitglieder gerichtet ist, ist insofern auch eine Erwerbsgesellschaft, als sie ihrerseits auf Erwerb, d. h. auf Erzielung von Gewinn gerichtet ist: dies hängt vielmehr von der Art des Geschäftsbetriebes ab. Ein Rohstoffverein z. B., der den Erwerb der Mitglieder fördern will, aber nur an die Mitglieder die Waaren abgiebt, betreibt für sich keinen Erwerb, denn durch den Einkauf der Waaren im Großen und Ablaß im Kleinen will er für seine Mitglieder nur Ersparnisse erzielen. Vgl. Erl. 5 Ende.

Verfolgt eine Gesellschaft „andere als die in diesem Gesetze (§ 1) bezeichneten geschäftlichen Zwecke", so kann sie aufgelöst werden (§ 81), vgl. aber unten Erl. 6. Nur das Verfolgen anderer als dieser Zwecke ist unter Strafe gestellt, nicht etwa das Nichtbefolgen der im Statut aufgeführten Zwecke oder der Mangel des gemeinschaftlichen Geschäftsbetriebes (vgl. zu § 81). Mitglieder des Vorstandes werden, wenn ihre Handlungen auf andere als die im § 1 erwähnten geschäftlichen Zwecke gerichtet sind, gemäß § 149 bestraft. Vgl. aber auch Erl. 6.

4. „ihrer Mitglieder". — Die Gesellschaft muß die Förderung des Erwerbs oder der Wirthschaft ihrer Mitglieder bezwecken. Der Geschäftsbetrieb muß auf Förderung der eigenen Mitglieder gehen. Es ist Thatfrage, ob dies der Fall ist, so kann unter Umständen auch die Gewährung von Vortheilen an die Hinterbliebenen der Mit-

glieder, Erwerb oder Wirthschaft des Letzteren hindern (vgl. Erl. 5, O.V.G. Bd. 25, S. 326 ff.). Wenn eine Anzahl Fabrikbesitzer sich vereinigen und mit ihrem Kapital einen Laden (eine Konsumanstalt) errichten, um ihren Arbeitern die Lebensbedürfnisse gut und billig zu verschaffen, ohne einen anderen Gewinn als mäßige Verzinsung des Anlagekapitals zu beabsichtigen, so ist diese Gesellschaft nicht eintragungsfähig, weil die Gesellschaftsmitglieder nicht die eigene Wirthschaft und den eigenen Erwerb, sondern die Wirthschaft des Arbeiters zu fördern bezwecken. Ganz ebenso verhält es sich mit den sogenannten gemeinnützigen Baugesellschaften und mit den Volksküchen. Die Mitglieder der gemeinnützigen Baugesellschaften bezwecken Verbesserung der Arbeiterwohnungen, zu diesem Behufe werden Wohnhäuser mit kleinen Wohnungen gebaut und an Unbemittelte ohne Gewinn vermiethet oder verkauft. Die Volksküchen stellen ihr Essen zu Jedermanns Verfügung zu einem Preise, bei dem sich das Anlagekapital mäßig verzinst. Die Mitglieder des Vereins sind nicht diejenigen, welche das preiswürdige Essen verzehren und dadurch sparen, sondern Personen aus besseren Gesellschaftskreisen. Der Vereinszweck ist Fördern der Wirthschaft anderer Personen, und die Mitglieder streben nicht nach Förderung ihres Erwerbes durch die Volksküche. Dagegen können aber sehr wohl außer den Interessen der Mitglieder auch die von Nichtmitgliedern gefördert werden.

Ueber den Geschäftsbetrieb mit Nichtmitgliedern vgl. Erläuterungen zu § 8.

5. „mittelst gemeinschaftlichen Geschäftsbetriebs". Gewerbeordnung. Konzessionspflicht (vgl. oben I c sowie II 8 und 11 § 8 Erl. 6 c und d).

Die Begriffsbestimmung mittelst gemeinschaftlichen Geschäftsbetriebs ist verschieden ausgelegt. Es ist darunter zu verstehen der gemeinschaftliche Betrieb eines Geschäfts und nicht, wie v. Sicherer (S. 150) annimmt, „gemeinschaftlicher Abschluß von Rechtsgeschäften". Das Wort „Geschäftsbetrieb" setzt eine dauernde, in sich geschlossene Thätigkeit voraus, ein „Unternehmen" (§ 3 Abs. 1), nach welchem sich auch die Bezeichnung der Firma zu richten hat (§ 3 Abs. 1). Ebenso Joel S. 446 gegen Sicherer. Wäre die Auslegung Sicherers richtig, so könnte sich eine Genossenschaft auch für einen bestimmten Fall zum Abschluß von einzelnen Rechtsgeschäften bilden; dies aber widerspricht nicht allein dem Worte „Geschäftsbetrieb", sondern auch der Voraussetzung des § 3, daß die Genossenschaft ein „Unternehmen" zum Gegenstande haben soll. Mit Recht ist daher die Eintragung einer „Landesprodukten- und Waarenbörse" abgelehnt, da dieselbe nur den Mitgliedern für den Abschluß ihrer Geschäfte dient, aber nicht die Förderung des Erwerbs im Wege des gemeinschaftlichen Geschäftsbetriebes. (Busch, Archiv Bd. 24 S. 287.) Unzulässig und die Eintragung ausschließen würde daher auch eine Bestimmung des Statuts, nach welcher der Geschäftsbetrieb einem Dritten übertragen wird oder unter gewissen Voraussetzungen ruhen soll. Für Aktiengesellschaften vgl. dagegen R.G. Bd. 3 S. 128. Es ist Birkenbihl-Maurer (S. 34) darin beizustimmen, daß eine Molkereigenossenschaft nicht eintragungsfähig sein würde, welche sich darauf beschränkt, die Milchlieferung ihrer Genossen zu verpachten. Das Unternehmen kann auf Gewinn gerichtet sein, dann ist es ein „Handelsgeschäft", oder nicht auf Gewinn, dann fehlt ihm der Begriff des „Handels", und dann ist es ein nicht auf Gewinn abzielendes „Unternehmen" (Geschäft). „Unter Handelsgeschäft ist hier der Inbegriff aller Rechtsverhältnisse zu verstehen, welche mit dem Betrieb des Handelsgewerbes in Beziehung stehen, die Aktiv- und Passivforderungen aus Handelsgeschäften, das Eigenthum an den vorhandenen Waaren als Objekten beabsichtigter Handelsgeschäfte und an den über frühere Handelsgeschäfte aufgenommenen Urkunden, den Handelsbüchern mit den dazu gehörigen Belegen. Ferner kann dazu gerechnet werden Eigenthum und dingliche Rechte an den Handlungs- namentlich Fabriklokalitäten oder die obligatorischen Rechte in Bezug auf dieselben" . . . . . So v. Hahn, Kommentar zum Allgemeinen Deutschen Handelsgesetzbuch zu Artikel 22 § 2. Läßt man in dieser Begriffsbestimmung den „Handel" fort, so ist dieselbe vollständig zutreffend auf das „Geschäft" im weiteren Sinne der Genossenschaft. „Die mit der Absicht, sie zur Förderung des Erwerbs und der Wirthschaft zu benützen, gebildete Vermögensmasse ist das Geschäft, zu dessen Betrieb die Genossen zusammengetreten sind" (Birkenbihl-Maurer S. 33). Eine Genossenschaft, welche nur ihre Mitglieder an ihren Zwecken theilnehmen läßt, ist — ausgenommen die Produktivgenossenschaften — nicht auf Gewinn gerichtet, sondern auf Ersparniß, sei es bei der Beschaffung der im Gewerbe der Mitglieder nothwendigen Gelder, Geräthe, Rohstoffe, Magazine u. s. w., oder der in der Wirthschaft erforderlichen Gegenstände; derartige Genossenschaften betreiben zwar kein „Handelsgeschäft", im eigentlichen Sinne des Handelsgesetzbuchs, sie werden nur als „Kaufleute" behandelt (§ 17 Abs. 2), — aber stets ein „Geschäft"; die Genossenschaften jedoch, die auch Nichtmitglieder an ihren Zwecken theilnehmen lassen, sind auf Gewinn gerichtet (vgl. Erl. 3), das „Unternehmen" (Geschäft) ist daher ein „Handelsgeschäft" im eigentlichen Sinne. Nur das „Geschäft" der Produktivgenossenschaften ist stets ein „Handelsgeschäft". Die Genossenschaft kann wie ein Einzelkaufmann ein bestehendes Geschäft kaufen oder sich neu etabliren — ein neues Geschäft eröffnen. Der Betrieb des Geschäfts muß ein gemeinschaftlicher sein, er muß in den Händen der Mitglieder liegen, welche durch Vorstand, Aufsichtsrath und Generalversammlung an der Geschäftsleitung thätig sind.

In Folge des Erfordernisses des „gemeinschaftlichen Geschäftsbetriebes" sind, wie es in den Motiven der preußischen Regierungs-Vorlage von 1866 und 1867 ausgeführt war, ausgeschlossen: alle Wohlthätigkeitsinstitute, Bildungs- und Unterhaltungsvereine, die industrielle Partnerschaft; bei der letzteren sind die Arbeiter nicht am Betriebe des Geschäfts betheiligt, dasselbe befindet sich allein in den Händen des Fabrikherrn, wenn auch die Arbeiter an dem im Geschäft verwendeten Vermögen betheiligt sind.

Zweifelhaft ist es, ob Versicherungsgesellschaften auf Gegenseitigkeit die Form der eingetragenen Genossenschaft wählen dürfen.*) Schulze-Delitzsch war nicht der Ansicht. Wiederholt erklärte er in den Jahresberichten und auf Vereinstagen, es habe nicht in der Absicht des Gesetzgebers gelegen, Versicherungsgesellschaften als eingetragene Genossenschaften zuzulassen, — oder: nur die falsche Auslegung des Gesetzes seitens der Handelsgerichte habe die Eintragung ermöglicht.**) Da sich aber die Zahl der als Genossenschaften eingetragenen Versicherungsgesellschaften mehrte, beantragte er in seiner Novelle von 1876 einen Zusatz zu § 1: „Ausgeschlossen sind Versicherungsgesellschaften jeder Art." In der Begründung der Novelle hieß es: 1. es werde der Ausführung nicht bedürfen, daß auf dem Prinzip der Gegenseitigkeit beruhende Versicherungsgesellschaften nicht unter den im § 1 des Gesetzes aufgestellten Begriff der Genossenschaft fallen, und 2. es müsse dem Hereinziehen solcher fremdartiger Institute, welche obenein der Staatskonzession und Aufsicht unterliegen, in die Rechtssphäre der Genossenschaften in dem Interesse der letzteren entgegengetreten werden.***)

*) Nach dem für die Regelung des Versicherungswesens bestimmten im Reichsanzeiger bekannt gegebenen Gesetz-Entwurfe soll die Form der eingetragenen Genossenschaft für den Versicherungsbetrieb nicht weiter zugelassen werden.

**) Vgl. Jahresberichte von 1873 bis 1879 (in den letzteren werden die in einen Anhang verwiesenen Versicherungsgesellschaften Genossenschaften zweifelhaften Charakters genannt), Mittheilungen über den allgemeinen Vereinstag in Wiesbaden vom 2. bis 5. September 1877 S. 49.

***) Blätter für Genossenschaftswesen 1876 S. 211; 1877, S. 113.

In der Reichstagskommission 1876 wurde mehrfach, namentlich auch seitens der Vertreter des Bundesraths, der Ansicht Schulzes von der Unzulässigkeit der Eintragung von Versicherungsgesellschaften widersprochen, aber sein Antrag angenommen. Schulze hat denselben bei jeder Ergänzung oder Aenderung seiner Novelle aufrecht erhalten, aber in der Begründung nur den zweiten Punkt ausgeführt.*) In der Begründung des neuen Gesetzes ist die Ablehnung des Vorschlages Schulzes motivirt: „Unter den Zwecken des § 1 findet an sich auch die gegenseitige Versicherung gegen Schaden eine Stelle; denn die allgemeinen Voraussetzungen des Gesetzes sind mit diesem Gegenstande des Unternehmens vollkommen vereinbar. Trotzdem ist vorgeschlagen worden, alle Arten der Versicherung von dem Geschäftskreise der Genossenschaften auszuschließen. Die Gründe, welche hierfür geltend gemacht werden, genügen jedoch nicht, um eine solche Maßregel zu rechtfertigen; insbesondere versteht es sich von selbst, daß, wo zum Betriebe von Versicherungsgeschäften eine staatliche Genehmigung erforderlich ist, diese nicht dadurch umgangen werden kann, daß die Gesellschaft die Form einer Genossenschaft annimmt. Die Frage der Gesellschaftsform für Versicherungsvereine wird nur im Zusammenhang einer gesetzlichen Regelung des Versicherungswesens zu lösen sein, und es wäre bedenklich, ohne Rücksicht hierauf eine Assoziationsart, die für beschränktere Versicherungszwecke wohl anwendbar sein kann, gänzlich auszuschließen" (Begr. I 87). In der Reichstagskommission ist die Frage nicht erörtert. Es wird also, wie früher, bei jeder Versicherungsgesellschaft, die sich zur Eintragung meldet, zu prüfen sein, ob sie den Vorschriften des Gesetzes entspricht. In den bisherigen Erörterungen für oder gegen die Eintragungsfähigkeit ist nur allgemein von Versicherungen auf Gegenseitigkeit ohne Unterscheidung nach dem Gegenstande der Versicherung die Rede. (Parisius S. 166 vermißte an ihnen den gemeinschaftlichen Geschäftsbetrieb; anderer Meinung v. Sicherer S. 153, Goldschmidt S. 30. Vgl. R.G. Bd. 4 S. 394, und Bd. 11 S. 178, Gierke, Die Genossenschaftstheorie und die deutsche Rechtsprechung S. 295.) Birkenbihl-Maurer S. 38 (vgl. aber a. a. O. S. 31) halten die Bildung von Genossenschaften, um mittelst gemeinschaftlichen Betriebes des Versicherungsgewerbes den Erwerb ihrer Mitglieder zu fördern, für statthaft — in Frage bleibt doch aber, ob und wann auf diese Weise der Erwerb gefördert wird. Ebenso Proebst S. 21; Richter S. 21 unbestimmt. Die Lebensversicherung auf Gegenseitigkeit dürfte kaum als eingetragene Genossenschaft konstituirt werden können, denn bei ihr ist der Zweck nicht unmittelbar auf Förderung des Erwerbes oder der Wirthschaft der Mitglieder d. h. der Versicherten gerichtet, sie bezwecken vielmehr Verbesserung der materiellen Lage der Hinterbliebenen der Mitglieder. Aehnlich wie mit den Lebensversicherungen verhält es sich mit Begräbnißkassen, Sterbekassen, Witwen- und Waisenkassen. Anders liegt es bei Versicherungen gegen Schaden. Bisher kamen als eingetragene Genossenschaften Feuer-, Vieh-, Hagel-, Schiffs- und Baugewerbeunfall-Versicherungen vor. Diese bezwecken den Ersatz eines möglicherweise in Zukunft eintretenden, von dem Willen des sich versichernden Genossen unabhängigen Schadens. Erblickt man darin den Zweck der Förderung der Wirthschaft, so muß man die Eintragungsfähigkeit anerkennen, ebenso O.V.G. Bd. 25 S. 326 ff. Birkenbihl-Maurer S. 31 halten den Betrieb von Kranken- etc. Kassen in der Form der eingetragenen Genossenschaft für unzulässig, weil sie nicht den Erwerb der Mitglieder fördern, sondern gegen Unglücksfälle sichern — letzteres ist doch aber gewiß auch eine Förderung des Erwerbs. Es bleibt Thatfrage, wann durch die Versicherung Förderung von Erwerb und Wirthschaft der Mitglieder gegeben ist.

---

*) Vgl. Schulze-D. S. 17.

„Vereinigungen zu dem Zweck, ein Gut zu kaufen, zu bewirthschaften, zu parzelliren, ländliche Wirthschaften zu errichten", können sich in der Form von Genossenschaften bilden, wie dies der Kommissar des Bundesraths im Reichstage am 4. April 1889 (St. Ber. S. 1291) auf Befragen ausdrücklich bestätigte. Solche Ackerbau-Genossenschaften, namentlich zu dem Zwecke, durch Ueberlassung der Parzellen an die Mitglieder diese zu Landbesitzern zu machen, erfordern einen gemeinschaftlichen Geschäftsbetrieb. Auch eine Gesellschaft zur Kolonisation kann sehr wohl den Voraussetzungen des § 1 entsprechen; a. A. Birkenbihl-Maurer S. 318 mit Rücksicht darauf, daß es zweifelhaft ist, ob sie dem Gemeinwohl schaden oder nützen, der Thatbestand des § 81 kann hierbei aber schwerlich gegeben sein, da es bei der Kolonisation an der gesetzwidrigen Handlung fehlt; ebenso ist auch der daselbst angeführte Grund nicht stichhaltig, daß eine Gesellschaft zur Kolonisation „keinen der im § 1 angeführten Zwecke verfolgt", da dies sehr gut möglich ist, warum sollte die Kolonisation nicht den Erwerb der Mitglieder fördern können?

Von den sogenannten Markenkonsumvereinen sagten die Motive des preußischen Regierungsentwurfs vom 2. Februar 1866 (Drucksachen, Herrenhaus Nr. 10 S. 25) zu § 1, daß sie „nicht hierher gehören, weil bei denselben ein gemeinschaftlicher Geschäftsbetrieb ihrer Mitglieder überhaupt nicht stattfindet". Anschütz und Völdernsdorf erklären es für eine rein thatsächliche Frage (S. 53), und Sicherer sieht sie für eintragungsfähig an, „da ja auch bei diesen ein gemeinschaftlicher Abschluß von Rechtsgeschäften, von Einkäufen u. s. w. vorkommen kann" (S. 152). Ebenso Birkenbihl-Maurer S. 42. Reine Markenkonsumvereine — und diese kommen hier allein in Frage — aber kaufen keine Waaren, sondern vermitteln nur durch Verträge mit bestimmten Gewerbetreibenden für ihre Mitglieder Preisermäßigungen für solche Waaren, welche dieselben ihnen während der Dauer des Vertrages abkaufen. Genossenschaften, die ausschließlich den Abschluß derartiger „Markenverträge" bezwecken und es von vornherein ablehnen, wirkliche Konsumvereine im Sinne des Gesetzes (Nr. 5) zu werden, kommen jetzt selten vor oder sind nicht von langem Bestand.

Nach dem Entwurf eines Hypothekenbankgesetzes soll den eingetragenen Genossenschaften der Geschäftsbetrieb der Hypothekenbanken verboten werden (Bl. f. G. 1898 Nr. 25).

Nach § 3 des Gesetzes über das Auswanderungswesen vom 9. Juni 1897 soll eingetragenen Genossenschaften die Erlaubniß zu dem Geschäftsbetriebe der Beförderung von Auswanderern nach außerdeutschen Ländern in der Regel nur ertheilt werden, wenn sie im Reichsgebiete ihren Sitz haben.

Zulässig ist die Bildung von Rhedereigenossenschaften nach dem Gesetz vom 25. Oktober 1867 und die Führung der Bundesflagge durch die Schiffe der Genossenschaften, wobei in analoger Anwendung des vorstehend erwähnten Gesetzes Sitz der Genossenschaft im Reichsgebiete als ausreichend anzusehen sein wird, vgl. Proebst S. 98 dagegen Birkenbihl-Maurer S. 37, dann aber S. 128. Vgl. über Beschränkungen des Geschäftsbetriebs § 17.

Die Zulässigkeit des Vertriebes von Arzneimitteln im Wege der Genossenschaft ist wegen der Vorschrift in § 367 Z. 3 St.G.B. bestritten; während das Sächsische Oberlandesgericht in einem Beschluß vom 26. Sept. 1889 in Sachen des homöopathischen Vereins zu Lückau es verneint, bejaht das Kammergericht die Zulässigkeit (Johow u. Küntzel Bd. 5 S. 39), da die „angeschafften Mittel gemeinsames Eigenthum der Mitglieder sind" und die Vertheilung daher nicht unter § 367 Z. 3 St.G.B. falle — die Mitglieder seien nicht im Sinne des Gesetzes Andere; diese Art der Begründung ist jedenfalls nicht zutreffend, da die Genossenschaft Rechtspersönlichkeit besitzt und ihr Vermögen vollständig getrennt von den Mitgliedern ist, stehen auch die von ihr beschafften Waaren nicht im

Miteigenthum der Mitglieder — die Begründung mag für nicht eingetragene Genossenschaften zutreffen. Richtig ist aber, daß das Verhältniß der Mitglieder zur Genossenschaft sich wesentlich anders zu dieser gestaltet, wie sonst die Beziehungen zwischen Gesellschaften und Dritten, da die Genossenschaft der Förderung von Erwerb und Wirthschaft ihrer Mitglieder dient, und von diesem Gesichtspunkte aus kann die Anwendung des § 367 Z. 3 St.G.B. auf Genossenschaften, die für ihre Mitglieder Arzneien beschaffen, ausgeschlossen erscheinen. Das O.V.G. (Bd. 25 S. 326 ff.) erachtet es für zulässig, durch Bildung einer Genossenschaft für die Mitglieder ärztliche Hilfe und Medikamente zu beschaffen, da dies materielle Güter seien, die auf genossenschaftlichem Wege den Mitgliedern billiger verschafft werden, und Ersparung von Ausgaben Förderung der Wirthschaft sei (vgl. auch R.O.H.G. Bd. 20 S. 347).

Nicht geeignet soll die Genossenschaft für den Betrieb solcher Gewerbe sein, die nach den Bestimmungen der Gewerbeordnung bei dem Gewerbetreibenden eine bestimmte persönliche Qualifikation voraussetzen (Entsch. des O.V.G. Bd. 9 S. 286 ff. R.G. Bd. 13 S. 147); Birkenbihl-Maurer S. 37 wollen nur den Betrieb von solchen Unternehmungen ausgeschlossen wissen, die eine bestimmte technische Befähigung voraussetzen (§ 29 bis § 31 Gew.Ord.). In der Praxis ist allerdings an Genossenschaften z. B. vielfach die Konzession zum Kleinhandel mit Spirituosen ertheilt, und es ist nicht einzusehen, weswegen die Leitung einer Genossenschaft nicht die gleiche Garantie für die Einhaltung einer bestimmten Ordnung bieten soll wie eine physische Person. Um so mehr ist dies anzunehmen, nachdem durch das Gesetz betr. die Abänderung der Gewerbeordnung vom 6. August 1896 die Konzessionspflicht für den Kleinhandel mit Spirituosen (§ 33) auf Konsumvereine ausgedehnt ist. Ist anerkannt, daß der Konsumverein der Konzession bedarf, so ist die selbstverständliche Folge, daß sie ihm ertheilt werden kann. Der Standpunkt des preußischen Ministerium des Innern ist ein anderer (vgl. über die abweichende Rechtsprechung Bl. f. G. 1897 S. 502, zu vgl. ist auch der a. a. O. S. 489 besprochene Erlaß). Ueber die sich im Falle der Zuwiderhandlung gegen Vorschriften der Gewerbeordnung ergebenden Folgen vgl. Nr. 1 Bl. f. G. von 1892; § 81 des Gesetzes kann in solchen Fällen keine Anwendung finden, denn ein Verstoß gegen die Gewerbeordnung ist keine das Gemeinwohl gefährdende Handlung, nur nach den Bestimmungen der Gewerbeordnung kann daher auch gegen eine Genossenschaft vorgegangen werden, die ein konzessionspflichtiges Gewerbe betreibt, ohne die Konzession hierzu eingeholt zu haben. Vgl. § 8 Erl. 11.

Selbstverständlich hat auch die Genossenschaft die allgemein für den Gewerbebetrieb oder bestimmte Gewerbe geltenden reichs- und landesgesetzlichen Vorschriften zu befolgen, wobei allerdings in jedem Falle zu prüfen ist, ob der Geschäftsbetrieb auch als Gewerbe zu betrachten ist. Es ist in der Rechtsprechung fast allgemein anerkannter Rechtsgrundsatz, daß der Geschäftsbetrieb einer Genossenschaft, sobald sich derselbe auf den Kreis der Mitglieder beschränkt, kein Gewerbe ist, da er nicht auf Gewinn gerichtet ist (oben S. 7), folglich auch nicht den Bestimmungen der Gewerbeordnung unterliegt (vgl. § 8 Erl. 6c Urtheil des R.G. in Strafsachen vom 4. Oktober 1881 Bd. 5 S. 112; Reger Entsch. II S. 5; Pontz Verwaltungsrecht II S. 170; Johow u. Küntzel Bd. 9 S. 191, Bd. 11 S. 218; Entsch. des O.V.G. Bd. 2 S. 33, Bd. 9 S. 282, Bd. 11 S. 54, Bd. 16 S. 86, Bd. 22 S. 315 Urtheil vom 26. Oktober 1891, mitgetheilt in Nr. 1 Bl. f. G. von 1892). Eine Ausnahmestellung in dieser Rechtsprechung nehmen nur die Kgl. Sächsischen Gerichte ein, welche in dem Geschäftsbetrieb jeder Genossenschaft einen Gewerbebetrieb sehen, diese Annahme steht aber mit den thatsächlichen Verhältnissen im Widerspruch. Auch in den Motiven zu dem Gesetzentwurf betreffend die Bekämpfung des Mißbrauchs geistiger Getränke ist anerkannt: „Nach dem bestehenden Rechte unterliegen nur Vereine, welche den Gewerbebetrieb über den Kreis ihrer Mitglieder hinaus erstrecken, den Vorschriften der Gewerbeordnung“ (Motive zu § 22 des Entwurfs, in der ersten und zweiten Beilage des Reichsanzeigers Nr. 200 vom 26. August 1891 mitgetheilt). Durch die erwähnte Novelle zur Gewerbeordnung vom 6. August 1896 sind aber die Bestimmungen über die Konzessionspflichtigkeit des Kleinhandels mit Spirituosen und über die Sonntagsruhe ausdrücklich auch auf die Vereine anwendbar erklärt, die ihren Geschäftsbetrieb nur auf den Kreis der Mitglieder beschränken. So unterwerfen auch die neuen Gewerbegesetze die Genossenschaften der Gewerbesteuerpflicht, ohne Rücksicht auf die Ausdehnung des Geschäftsbetriebes über den Kreis der Mitglieder hinaus. Zum Theil auch sind die Konsumvereine dadurch unter die für die Gewerbetreibenden geltenden Bestimmungen gebracht, daß ihr Geschäftsverkehr als „öffentlicher Verkehr“ betrachtet wurde (vgl. das Urtheil des O.V.G. vom 15. Oktober 1890 Bl. f. G. 1891 Nr. 10) — (§ 8 Erl. 6 e). Ueber die Konzessionspflicht von Versicherungsgesellschaften vgl. oben S. 9.

Das Gesetz enthält keine Bestimmung, daß in dem Falle, wenn der Betrieb konzessionspflichtig ist, die Konzessionsurkunde vor der Eintragung beizubringen und diese von derselben abhängig zu machen ist. Das Aktiengesetz fordert in Art. 210 Z. 4 (ebenso H.G.B. § 195 Abs. 2 Z. 6) das Gesetz betr. die Gesellschaften mit beschr. H. in § 8, daß der Anmeldung des Gesellschaftsvertrages in dem Falle, daß der Gegenstand des Unternehmens der staatlichen Genehmigung bedarf, die Genehmigungsurkunde beizufügen ist. Eine analoge Anwendung dieser Gesetze erscheint durch nichts gerechtfertigt. Der Registerrichter hat sich ausschließlich an das Genossenschaftsgesetz zu halten und zu prüfen, ob nach diesem die Eintragung erfolgen kann, bejahendenfalls hat er dieselbe vorzunehmen. Sache der Genossenschaft ist es dann, falls das Unternehmen konzessionspflichtig ist, die Konzession einzuholen, widrigenfalls die betreffende Verwaltungsbehörde die Fortsetzung des Betriebes hindern kann. Die vorherige Eintragung erscheint auch um deswillen erforderlich, damit die Verwaltungsbehörde bei der Ertheilung der Genehmigung darüber nicht im Zweifel ist, daß die zu genehmigende Genossenschaft auch durch Eintragung rechtsbeständig ist (vgl. Parisius u. Crüger Formularbuch S. 4; Bl. f. G. Nr. 16 von 1892 „polizeilich aufgelöst?“; a. A. unter Bezugnahme auf das Aktiengesetz Birkenbihl-Maurer S. 30). Wird der eingetragenen Genossenschaft die Konzession nicht ertheilt, so bleibt ihr nichts übrig als zu liquidiren, über das zu beobachtende Verfahren und die von den Behörden zu ergreifenden Maßnahmen — § 360⁹ St.G.B. — vgl. Bl. f. G. a. a. O. Es ist vorgekommen, daß sich die Behörde bei Ertheilung der Genehmigung das Recht der Bestätigung von Vorstand und Aufsichtsrath vorbehalten hat, das Gesetz steht der Bestätigung des Aufsichtsraths entgegen, dessen Wahl nach dem Gesetz völlig frei durch die Generalversammlung erfolgt (vgl. § 81 Erl. 10 f.).

6. „bezwecken“ vgl. § 6 Erl. 4.

Es ist unnöthig, den Zweck der Genossenschaft im Statut aufzuführen: der § 6 schreibt nichts davon vor, verlangt dahingegen, daß das Statut „den Gegenstand des Unternehmens“ enthalten müsse, und § 12 verordnet das gleiche für den zu veröffentlichenden Auszug des Statuts. Die gleiche Bestimmung hatte das Gesetz von 1868. Trotzdem haben nicht blos viele Genossenschaften, insbesondere unter den außerhalb des allgemeinen Verbandes stehenden, in ihrem Statut kein Wort von dem Gegenstand des Unternehmens, vielmehr nur kürzere oder längere Mittheilungen über den Zweck der Genossenschaft, ja man fand auch bei zahlreichen Veröffentlichungen der Gerichte über neu eingetragene Genossenschaften Statut-Auszüge, die nur den Zweck der Genossenschaft, nicht den Gegenstand des Unternehmens enthielten. Das ist ein Verstoß gegen § 6 des Gesetzes, denn beide Dinge sind an sich nicht identisch, können vielmehr verschieden sein. Anderer Ansicht anscheinend das Kammergericht in dem Beschluß vom 21. Mai 1894 (Johow Bd. 14 S. 43ff.), dem entgegenzuhalten ist, daß der Zweck der eingetragenen Genossenschaft in § 1 Abs. 1 für alle Genossenschaften in gleicher Weise bestimmt ist; wie dieser Zweck erreicht werden soll, ergiebt sich aus dem „Gegenstand des Unternehmens", dessen Ausführung dann gewissermaßen Mittel zum Zweck ist; mit der Ansicht des Kammergerichts übereinstimmend Birkenbihl=Maurer S. 30.

Wie gefährlich für die Genossenschaften es ist, andere als geschäftliche Zwecke in dem Statut anzugeben, und wie sehr daher die Gerichte verpflichtet sind, bei der Prüfung der Statuten einzutragender Genossenschaften sorgfältig und streng zu verfahren, folgt aus den Bestimmungen in §§ 81, 149. Wenn Anschütz und Völderndorff (Kommentar zum A.D.H.G.), denen sich Sicherer (S. 145) anschließt, die Behauptung aufstellen: „Verfolgt ein zu der Kategorie der einzutragenden Genossenschaften gehörender Verein neben seinen wirthschaftlichen Zwecken auch noch Wohlthätigkeits-, Unterhaltungs= oder Bildungszwecke, so wird dadurch an der rechtlichen Natur der Genossenschaft selbst nichts geändert", so dürfte dieser Satz leicht zu Mißverständnissen führen können. In der rechtlichen Natur einer bereits eingetragenen Genossenschaft wird dadurch, daß sie wirthschaftliche und andere Zwecke in sich vereinigt, allerdings nichts geändert; vor der Eintragung aber hat die Genossenschaft die Rechte einer eingetragenen Genossenschaft nicht, und ist es lediglich nach den landesrechtlichen Vorschriften zu beurtheilen, ob es gestattet ist, sich zu wirthschaftlichen und anderen Zwecken mit einander zu verbinden. Wichtig ist die Frage: ob das Gericht verpflichtet oder auch nur berechtigt ist, eine Genossenschaft, welche nach ausdrücklichen Bestimmungen ihres Statuts als Gesellschaft neben den wirthschaftlichen Zwecken noch andere Zwecke verfolgt, in das Genossenschaftsregister einzutragen. Diese Frage ist zu verneinen. Denn da nach § 81 eine Genossenschaft lediglich deshalb, weil sie „andere, als die im § 1 erwähnten geschäftlichen Zwecke verfolgt", aufgelöst werden kann, so ist schon aus diesem Grunde der Richter nicht berechtigt, die Eintragung einer Genossenschaft zu bewirken, die sich schon nach dem Statut als ungeeignet zur Eintragung erweist. Ebenso Birkenbihl=Maurer S. 318, vgl. daselbst auch die Beurtheilung des Musterstatuts der Raiffeisenschen Kassen.

Unbedenklich zulässig ist es, daß eine eingetragene Genossenschaft den durch rein geschäftliche Zwecke zusammengeführten Mitgliedern, ohne daß sie ein statutarisches Recht darauf haben, Nebenleistungen gewährt (Unterhaltung, Bildung, Unterstützung in Noth und Unglück, Zuwendungen an die Hinterbliebenen verstorbener Mitglieder u. dgl.), die außerhalb der gesetzlich zulässigen Gesellschaftszwecke liegen, aber in Gesellschaften jeder Art vorkommen können (ebenso Proebst S. 261, Birkenbihl=Maurer S. 32, 318). Nur wenn diese Zuwendungen den Charakter der Genossenschaft wesentlich beeinflussen würden, wenn nach ihrem Umfange angenommen werden müßte, daß der Zweck der Genossenschaft sich aus diesen Nebenleistungen und nicht aus dem im Statute bezeichneten Gegenstande des Unternehmens ergiebt, könnte gegen die Genossenschaft das Auflösungsverfahren auf Grund des § 81 eingeleitet werden. In Sachen der Lübecker Genossenschaftsbäckerei hat das Landgericht Lübeck in dem Beschluß vom 3. Juli 1897 den Grundsatz aufgestellt „Bildungs= und gemeinnützige Zwecke, für welche ein aus einem gewissen Rest des Reingewinns zu bildender Dispositions=Fonds verwendet werden soll, stehen in dieser Allgemeinheit mit den gesetzlichen Zwecken der Erwerbs= und Wirthschaftsgenossenschaften gemäß § 1 des Reichs=Gesetzes vom 1. Mai 1889 so wenig in irgend welchem Zusammenhange, daß sie als außerhalb liegende Zwecke zu bezeichnen sind, für deren Erreichung die Vereinsform der Erwerbs= und Wirthschaftsgenossenschaft vom Gesetz nicht gewährt und daher nach § 79 (jetzt § 81) des Gesetzes versagt ist". Mit diesem Beschluß setzt sich das Landgericht in Widerspruch zu der bisherigen allgemein geltenden Praxis. Das Landgericht legt der Bildung des Dispositions-Fonds eine zu weit gehende Bedeutung bei, denn es ist nicht richtig, daß der Gegenstand des Unternehmens der Genossenschaft ohne weiteres durch die Bildung eines solchen Fonds beeinflußt wird, es hat aber gerade das Kammergericht (Johow Bd. 14 S. 46) mit Recht den Grundsatz aufgestellt, daß das gesammte Statut für die Eintragungsfähigkeit der Genossenschaft entscheidend ist. In jenem Beschluß liegt auch ein Verstoß gegen § 81 des Gesetzes und auch gegen § 16, denn die Möglichkeit, daß eine Bestimmung des Statuts Seitens der Genossenschaft mißbraucht werden kann, berechtigt das Gericht noch nicht die Eintragung abzulehnen; verfolgt die Genossenschaft thatsächlich einen nicht nach dem Gesetz erlaubten Zweck, so bleibt der Verwaltungsbehörde das Recht des Auflösungsverfahrens nach § 81 des Gesetzes. Daß die Genossenschaft an sich berechtigt ist, Theile des Reingewinns zu Zwecken zu verwenden, die nicht direkt den Mitgliedern gleichmäßig zu Gute kommen, ergiebt sich schon daraus, daß die Novelle von 1896 es zuläßt, daß die Vertheilung des Reingewinns ausgeschlossen wird, daß Stiftungs-Fonds zu Zwecken gebildet werden, die gänzlich außerhalb des Rahmens der Genossenschaft liegen, vgl. hierzu auch die Verhandlungen in der Reichstagskommission über die Novelle von 1896 (Erl. zu § 20), wo die Erweiterung der Fassung des § 20 ausdrücklich mit der Erwägung begründet ist, daß Genossenschaften die Förderung idealer Zwecke neben den wirthschaftlichen gesichert werden soll. Beschlüsse über derartige Zuwendungen, wenn dieselben nach dem Statut nicht statthaft sind, können von den Mitgliedern angefochten werden. Die Mitglieder sind ihrerseits in der Verfügung über ihre Dividende unbeschränkt. Vgl. § 19 Erl. 2, insbes. § 48 Erl. 1.

7. „namentlich".

Die „namentliche" Aufzählung einzelner Genossenschaftsarten stammt aus dem preußischen Gesetz. Die genannten Arten sollten — wie es im Komm.-Ber. des preuß. Abg.-Hauses Nr. 55 S. 15 Drucks. heißt — „nur erläuternde Beispiele sein, aber nicht die Reihe positiv abschließen". Solches ist in der Komm. des Reichstags wiederholt hervorgehoben (Komm.-Ber. 4).

8. Zu 2. „Rohstoffvereine".

Rohstoffvereine sind Genossenschaften, welche die zum Betriebe des Gewerbes der Mitglieder erforderlichen Rohstoffe, Werkzeuge und Geräthe gemeinschaftlich einkaufen. (Siehe Einleitung Kapitel 2 und Schulze-Delitzsch, Die Genossenschaften in einzelnen Gewerbezweigen. 2. Hauptstück, 1. Kapitel „Rohstoffgenossenschaft der Handwerker" S. 46—163.) Vgl. oben I c und unten Erl. 11.

9. Zu 3. „Absatzgenossenschaften".

Das Ges. von 1868 nannte diese Genossenschaftsart nicht besonders, sondern führte nur unter 2. „Rohstoff- und Magazingenossenschaften" auf. Die Absatzgenossenschaften wurden von der Kommission aufgenommen mit Rücksicht auf die neuerdings unter den Landwirthen öfters entstandenen Vereine zum Zweck des Absatzes der landwirthschaftlichen Erzeugnisse unmittelbar an die Konsumenten. Unter den Begriff der Magazinvereine fielen sie nicht, weil bei den letzteren vorausgesetzt wurde, daß die Verkaufsgegenstände bis zur Veräußerung in einem gemeinschaftlichen Verkaufslokal aufgespeichert werden, was jedenfalls bei den landwirthschaftlichen Genossenschaften nicht zutreffe (Komm.-Ber. 4).

10. Zu 4. „Herstellung".

Ueber die Mängel der Begriffsbestimmung im Gesetz von 1868 — „Anfertigung" statt „Herstellung" — vgl. Parisius 169 und oben I b). Wenngleich nunmehr die Winzervereine, Hopfenbaugenossenschaften und Molkereigenossenschaften als Produktivgenossenschaften ausdrücklich anerkannt sind, so fallen eine genossenschaftliche Färberei, in welcher nur Gegenstände für andere gefärbt, also bearbeitet werden, und eine genossenschaftliche Mühle, in der nur Lohnmüllerei betrieben, also das von Mahlgästen zugeführte Getreide gegen Lohn vermahlen wird, auch jetzt noch nicht unter den Begriff der Produktivgenossenschaft, da man von ihnen nicht wohl sagen kann, daß sie die hergestellten Gegenstände auf gemeinschaftliche Rechnung zu verkaufen bezwecken. A. A. Maurer S. 37 (dagegen hat Birkenbihl-Maurer S. 40 der hier vertretenen Ansicht sich angeschlossen), der annimmt, daß die Produktivgenossenschaft sich auf jede Thätigkeit beziehen kann, bei der Stoffe in die gewünschte Form gebracht werden; wie Maurer auch Pröbst S. 16. Dem ist nicht zuzustimmen, denn der Verkauf der Produkte ist ein wesentliches Merkmal der Produktivgenossenschaft. Ohne den Verkauf, wenn es sich nur um Zurichtung von Stoffen für ein Gewerbe handelt, liegt eine Werkgenossenschaft vor. Allerdings gehört es nach der gesetzlichen Definition nicht zum Wesen der Produktivgenossenschaft, daß in derselben ausschließlich die Interessen der Produzenten wahrgenommen werden, vielmehr fallen darunter auch Genossenschaften der Konsumenten zur billigen Herstellung gewisser Produkte, z. B. Bäckereien. Der Prümer Lohmühlenverein, eingetr. Genoss., mit dem Zweck, den Mitgliedern „den nothwendigen Bedarf an gemahlener Lohe zum Betriebe der ihnen gehörigen Gerbereien zu verschaffen", dessen Charakter als Produktivgenossenschaft früher in Zweifel kam, ist auch jetzt keine Produktivgenossenschaft (Bl. f. G. 1875 S. 13 und Parisius 169), da in ihm jeder Genosse das Recht hat, nach einer bestehenden und beschlossenen Reihenfolge zu seinem Bedarf ein gewisses Quantum Lohe auf der gemeinschaftlichen Mühle mahlen zu lassen, also „ein Verkauf der hergestellten Gegenstände auf gemeinschaftliche Rechnung" nicht stattfindet. Man wird ihn unter die Werkgenossenschaften einreihen können. Aber es ist gleichgültig, ob derartige Genossenschaften, Produktivgenossenschaften oder Werkgenossenschaften oder keines von beiden sind, ihrer Eintragungsfähigkeit thut es keinen Abbruch. (Vgl. Sicherer S. 157.)

Ueber eigentliche und uneigentliche Produktivgenossenschaften vgl. Erläuterungen zu § 8.

11. Zu 5. „Konsumvereine" (vgl. oben I c und II 8).

Ueber die Aenderungen in der Begriffsbestimmung siehe oben I c). — Ueber den Fortfall der Worte „an ihre Mitglieder" vgl. Erläuterungen zu § 8. Bei Konsumvereinen handelt es sich um die Befriedigung hauswirthschaftlicher Bedürfnisse. Bei Rohstoffvereinen um Beschaffung der Mittel für den Betrieb eines Gewerbes, daher sind auch die Einkaufsgenossenschaften von Händlern zu den letzteren zu zählen. Nicht richtig ist, daß es bei Rohstoffvereinen sich stets um Waaren handelt, die noch der Bearbeitung bedürfen, dagegen bei Konsumvereinen um ein zum Verkauf und Gebrauch fertiges Fabrikat (Birkenbihl-Maurer S. 39) denn zu den Rohstoffvereinen würde auch eine Genossenschaft gehören, die allein Werkzeuge führt. Nach jenem Unterschiede würden die Einkaufsvereine der Händler zu den Konsumvereinen zu zählen sein, was nach der gesetzlichen Definition nicht angängig ist. Der Unterschied zwischen Konsum- und Rohstoffvereinen ist wichtig wegen der Bestimmungen des Gesetzes über den Verkauf an Nichtmitglieder. Ueber mißbräuchliche Konsumvereine Bl. f. G. 1892 S. 24, 50, 326.

Unter die Konsumvereine sind auch „homöopathische Vereine" zu zählen, welche bezwecken, ihren Mitgliedern Arzneimittel u. dgl. zu verschaffen (oben S. 11).

Schwierigkeiten können auch entstehen bei Bestimmung der Grenze zwischen Konsumvereinen und Produktivgenossenschaften, wenn Beides in einem Geschäftsbetriebe sich vereinigt findet, so z. B. bei Konsumvereinen mit Bäckereibetrieb (vgl. § 8 Erl. 6c und d). Die Unterscheidung ist insofern von Wichtigkeit, als für den Produktionszweig des Konsumvereins die Beschränkung des Geschäftsbetriebes (§ 8) keine Anwendung findet. Zutreffend wird hierüber in dem Beschluß des Oberlandesgerichts Posen vom 9. Oktober 1897 in Sachen der dortigen Beamtenvereinigung (Bl. f. G. 1898 S. 468 ff.) ausgeführt: „Der Begriff der Konsumvereine ist im § 1 Ziff. 5 fest umgrenzt; es sind Vereine zu gemeinschaftlichem Einkaufe von Lebens- oder Wirthschaftsbedürfnissen im Großen und Ablaß im Kleinen. Ihr charakteristisches Merkmal besteht im gemeinschaftlichen Einkaufe, und nur für diese Art von Genossenschaften ist — wie der Hinweis im § 8 Abs. 4 auf § 1 Ziff. 5 klar erkennen läßt — das Verbot des Verkaufs von Waaren an Nichtmitglieder gegeben. Es ist sodann darauf hinzuweisen, daß die sogen. uneigentlichen Produktivgenossenschaften, bei denen also nicht Genossen desselben Gewerbes sich zusammenthun, um gemeinschaftlich Waaren anzufertigen oder zu verarbeiten, sondern Kapitalisten zusammentreten, um in nicht geschlossener Mitgliederzahl mittels gemeinschaftlichen Geschäftsbetriebes industrielle Produktion zu treiben, sich häufig in Verbindung mit Konsumvereinen finden. Begriffsmäßig ist die Bäckerei der Posener Beamtenvereinigung eine solche uneigentliche Produktivgenossenschaft, deren charakteristisches Merkmal nach der Begriffsbestimmung im § 1 Ziff. 4 des Genossenschaftsgesetzes im Verkaufe der hergestellten Gegenstände auf gemeinschaftliche Rechnung besteht. Es giebt keine gesetzliche Bestimmung, welche die Verbindung einer solchen Produktivgenossenschaft mit einem Konsumverein verhindert, und es unterliegt keinem Bedenken, daß nach dem Genossenschaftsgesetz das Verbot der Ausdehnung des Geschäftsbetriebes auf Nichtmitglieder bei dem Vorliegen einer solchen Verbindung sich lediglich auf diejenigen Geschäfte erstreckt, welche die Genossenschaft als Konsumverein macht, nicht auch auf diejenigen, welche in den Bereich der Produktivgenossenschaft fallen (vgl. Maurer a. a. O. S. 81, Parisius und Crüger a. a. O. Note 6d S. 48 und Note 10 S. 53, auch Parisius Textausgabe, 7. Aufl. S. 43 Note 10).

Dies entspricht auch der Absicht des Verbots, welches zu Gunsten des Kaufmannsstandes — nicht etwa zu Gunsten der Produzenten die unliebsame Konkurrenz der Konsumvereine einschränken sollte (vgl. Maurer S. 78).

Nach dem Genossenschaftsgesetz vom 1. Mai 1889 dürfte also ein Konsumverein die in eigener Bäckerei hergestellten Backwaaren auch an Nichtmitglieder verkaufen.

Es fragt sich, ob an dieser Rechtslage durch die Novelle vom 12. August 1896 (R.G.Bl. 1896 S. 695) etwas geändert ist. Dies ist zu verneinen.

Die Vorschrift im Art. 1 Nr. 1 entspricht der des § 8 Abs. 4; der Hinweis auf § 1 Nr. 5 läßt keinen Zweifel, daß die Beschränkung des Verkaufs an die Mitglieder auch jetzt nur für die eigentlichen Konsumvereine gelten sollte. Im Art. 1 Nr. 7 ist die Strafandrohung für Uebertretung des § 8 Abs. 4 eingefügt. Diese Vorschrift war für die Regierung der eigentliche Anlaß für die Vorlegung des Gesetzentwurfs, denn der Umstand, daß der § 8 Abs. 4 im Genossenschaftsgesetz insofern eine lex imperfecta geblieben war, als die Zuwiderhandlung gegen das Verbot nicht unter Strafe gestellt war, hatte zahlreiche Petitionen und Anträge veranlaßt, die schließlich zur Vervollständigung des Gesetzes nöthigten. Der Gesetzentwurf hatte sich auch im Wesentlichen auf diese Vorschriften beschränkt, wurde aber in der Kommission, an die er zur Vorberathung verwiesen wurde, durch Einfügung neuer Bestimmungen erweitert, zu denen — abgesehen von anderen, die hier nicht interessiren — der ganze Art. 2 gehört. Derselbe bezweckte, die für die eingetragenen Konsumvereine gegebenen einschränkenden Vorschriften auf a) von Arbeitgebern betriebene Konsumanstalten, b) Vereinigungen, deren wesentlicher Zweck ist, ihren Mitgliedern oder bestimmten Berufskreisen in dem Bezug von Waaren Vortheile zu verschaffen, auszudehnen, um zu Gunsten des Kaufmannsstandes auch der Konkurrenz dieser außerhalb des Genossenschaftsgesetzes stehenden Konsumanstalten und Vereinigungen, zu denen ausdrücklich auch die Beamten- und Offiziervereine gerechnet sind, Schranken zu setzen. Diese Bestimmungen wurden von den Regierungskommissarien nachdrücklich bekämpft, sind aber trotzdem zur Annahme gelangt. Die Verhandlungen in der Kommission und die Berathungen im Reichstage lassen erkennen, daß es auch im Art. 2 lediglich auf die Einschränkung des den Konsumvereinen eigenthümlichen Geschäftsbetriebes nämlich: gemeinschaftlicher Einkauf von Lebens- oder Wirthschaftsbedürfnissen im Großen und Ablaß im Kleinen, abgesehen ist, und geben nicht den geringsten Anhalt dafür, daß auch Vereinigungen, welche als Produktivgenossenschaften zu charakterisiren sind, unter die Vorschrift des Art. 2 fallen sollen (vgl. Stenographische Berichte über die Verhandlungen des Reichstages, 9. Legislaturperiode, 4. Session 1895/97, Anl. Bd. 1 Nr. 34 S. 96 „Entwurf". Anl. Bd. 2 Nr. 169 S. 1160 „Kommissionsbericht", daselbst Nr. 286 S. 1541 „Zusammenstellung der Beschlüsse zweiter Lesung", Sten. Berichte Bd. 1 S. 136 „Erste Berathung vom 14. Dezember 1895", Bd. 3 S. 1755 „Zweite Berathung vom 18. April 1896", das. S. 2192 „Dritte Berathung vom 7. Mai 1896").

Hiernach spricht schon die Entstehungsgeschichte der Novelle dafür, daß Vereinigungen der im Art. 2 gedachten Art nur in ihrer Eigenschaft als „Konsumvereine" den für letztere gegebenen Einschränkungen unterworfen sein sollen, und es kann nicht als die Absicht des Gesetzgebers hingestellt werden, diese Vereinigungen in ihrem gesammten Geschäftsbetriebe, also auch in der Produktion und in dem Verkaufe der hergestellten Gegenstände, auf ihre Mitglieder beschränken zu wollen."

12. Zu 6. „Werkgenossenschaften".

Unter die Werkgenossenschaften könnten auch die „Kojengenossenschaften" fallen (auf den Inseln Föhr, Sylt vgl. Professor Kuntze, „Die Kojengenossenschaft und das Geschoßeigenthum" Leipzig 1888): „auf planmäßiger und dauernder Anlage beruhende Fangstätten zur Erlangung von Wildenten". Die Koje (Fangstätte) steht im Eigenthum der „Genossenschaft" und wird von dieser unterhalten, die gefangenen Enten werden nach festgestellten Regeln unter die Genossen vertheilt.

13. Zu 7. „Baugenossenschaften".

Der Geschäftsbetrieb soll grundsätzlich gerichtet sein auf die Herstellung von Wohnungen für die Mitglieder der Genossenschaft, doch ist Ausdehnung auf Nichtmitglieder zulässig (§ 8 Ziff. 5). Die Baugenossenschaft kann dadurch, daß sie in der Vermiethung an Nichtmitglieder ihre Hauptaufgabe sieht, den Charakter der Produktivgenossenschaft (im weitesten Sinne) annehmen (Birkenbihl-Maurer S. 43), die Eintragungsfähigkeit einer solchen Genossenschaft ist nicht zu bezweifeln, so lange sie auf Förderung des Erwerbes ihrer Mitglieder — d. h. hier auf „Verdienen" — gerichtet ist, sie ist aber nicht eintragungsfähig, wenn sie den ausgesprochenen Charakter der Gemeinnützigkeit hat.

14. „erwerben".

Ueber Erwerb der „Rechte einer eingetragenen Genossenschaft" und die Unmöglichkeit, auf diese Rechte wieder zu verzichten, vgl. § 5 II Erl. 1, § 13. Es hängt von dem freien Willen der Genossenschaft ab, ob sie die Rechte einer eingetragenen erwerben will. Es besteht kein Zwang zur Eintragung — anders nach dem Oesterreichischen Genossenschaftsgesetz (s. Gierke in der „Deutschen Genossenschaft" 1888 S. 175), vgl. § 11 Erl. II 1, vgl. auch § 5 Erl. II 1. Eine nicht eingetragene Genossenschaft, die nach ihrem Statut keiner der vier Gesellschaftsformen des II. Buches des H.G.B. unterstellt werden kann, unterliegt auch nicht den Bestimmungen des H.G.B., sie untersteht dem bürgerlichen Recht (§ 5 Erl. 1), und es finden daher auch die Vorschriften des H.G.B. über die Firmenführung auf dieselbe keine Anwendung (Beschluß des Sächsischen Oberlandesgerichts vom 28. Juni 1890 in Sachen des Spar-

und Konsumvereins zu Seifhennersdorf — mitgetheilt in Nr. 40 Bl. f. G. von 1890, ebenso Joel S. 450). Die nicht eingetragenen Genossenschaften unterliegen den §§ 705 ff. B.G.B. Durch staatliche Verleihung kann ihnen Rechtspersönlichkeit nicht gewährt werden (§ 22 B.G.B., vgl. Art. 86 Einf.Ges. zum B.G.B.).

Hat sich die nicht eingetragene Genossenschaft aufgelöst, so kann sie nicht mehr als solche verklagt werden (R.G. Bd. 34 S. 169).

Nicht hierher gehören die öffentlichen Genossenschaften, deren Bildung der Staat erzwingen kann.

§ 2.

Die Genossenschaften können errichtet werden:

1. dergestalt, daß die einzelnen Mitglieder (Genossen) für die Verbindlichkeiten der Genossenschaft dieser sowie unmittelbar den Gläubigern derselben mit ihrem ganzen Vermögen haften (eingetragene Genossenschaft mit unbeschränkter Haftpflicht);
2. dergestalt, daß die Genossen zwar mit ihrem ganzen Vermögen, aber nicht unmittelbar den Gläubigern der Genossenschaft verhaftet, vielmehr nur verpflichtet sind, der letzteren die zur Befriedigung der Gläubiger erforderlichen Nachschüsse zu leisten (eingetragene Genossenschaft mit unbeschränkter Nachschußpflicht);
3. dergestalt, daß die Haftpflicht der Genossen für die Verbindlichkeiten der Genossenschaft sowohl dieser wie unmittelbar den Gläubigern gegenüber im Voraus auf eine bestimmte Summe beschränkt ist (eingetragene Genossenschaft mit beschränkter Haftpflicht).

Ges. von 1868 § 12, Entw. I u. II, Komm., Rtg. 2. Begr. I 45 bis 57, 88 (Begr. II 32 bis 40 u. 60), Komm. Ber. 5.

St. Ber.: Berathung I 14. Sitzg. 13. Dezember 1888, 273—294; Berathung II 45. Sitzg. 23. März, 1021—1035, 46. Sitzg. 26 März 1889, 1089; Berathung III 52. Sitzg. 4. April 1889, 1288.

I. Zur Geschichte des § 2.

In der Einleitung ist die Haftpflicht in den Genossenschaften und die rechtliche Stellung der einzelnen Genossenschaftsarten in Ansehung der Haftpflicht der Gegenstand ausführlicher Untersuchungen, vgl. daselbst Näheres über Entstehung der Bestimmungen des Ges. vom 4. Juli 1868 betreffend die Haftpflicht, über die ausschließliche Zulassung der unbeschränkten Haftpflicht in dem genannten Gesetz, sowie ferner über die Zulassung der Genossenschaften mit beschränkter Haftpflicht und über die Entstehung der Bestimmungen über Genossenschaften mit unbeschränkter Nachschußpflicht im Ges. vom 1. Mai 1889.

Der Entwurf hatte folgenden § 2 vorgeschlagen:

> Die Genossenschaften können mit unbeschränkter Haftpflicht errichtet werden dergestalt, daß die einzelnen Mitglieder (Genossen) für die Verbindlichkeiten der Genossenschaft mit ihrem ganzen Vermögen haften, oder mit beschränkter Haftpflicht dergestalt, daß diese Haftung im Voraus auf eine bestimmte Summe begrenzt ist.

Der jetzige § 2 entspricht den Beschlüssen der Kommission in deren zweiter Berathung.

II. **Erläuterungen zu § 2.**

1. § 2 behandelt den Umfang der Haftpflicht, die §§ 109, 115, 122, 128, 141, den Vollzug, die Geltendmachung der Haftpflicht. Haftumfang und Haftvollzug sind eng mit einander verbunden, der letztere kann auf den ersteren einen geradezu bestimmenden Einfluß ausüben. Vgl. Einleitung. Dem Gläubiger haftet in erster Reihe stets die Genossenschaft und bei der unbeschränkten Nachschußpflicht sogar ausschließlich (unrichtig bei Richter S. 25, daß der Gläubiger sich bei G. m. u. H. ohne erst an die Genossenschaft halten zu müssen, einen Genossen herausgreifen kann, § 122 besagt das Gegentheil).

2. Für alle drei Arten „eingetragener" Erwerbs- und Wirthschaftsgenossenschaften gelten der erste bis siebente Abschnitt (§§ 1 bis 118) und der neunte Abschnitt (§§ 146 bis 151) des Gesetzes.

Der erste Abschnitt bringt die besonderen Bestimmungen

I. für Genossenschaften mit unbeschränkter Haftpflicht
— §§ 119 bis 125 —

II. für Genossenschaften mit unbeschränkter Nachschußpflicht
— §§ 126 bis 130 —

III. für Genossenschaften mit beschränkter Haftpflicht
— §§ 131 bis 142 —

IV. für die Umwandlung von Genossenschaften
— §§ 143 bis 145 —

3. Zu Ziffer 1: „Genossen".

Das Ges. vom 4. Juli 1868 bezeichnete die Mitglieder der Genossenschaft mit dem im preußischen Regierungsentwurf von 1866 neugebildeten Ausdruck „Genossenschafter". Das Ges. vom 1. Mai 1889 hat entsprechend den Vorschlägen des Regierungsentwurfs ohne weitere Begründung den unschönen Ausdruck beseitigt und durch Genossen ersetzt.

§ 3.

Die Firma der Genossenschaft muß vom Gegenstande des Unternehmens entlehnt sein und entsprechend der im § 2 vorgesehenen Art der Genossenschaft die daselbst bestimmte zusätzliche Bezeichnung enthalten.

Der Name von Genossen oder anderen Personen darf in die Firma nicht aufgenommen werden. Jede neue Firma muß sich von allen an demselben Orte oder in derselben Gemeinde bereits bestehenden Firmen eingetragener Genossenschaften deutlich unterscheiden.

Ges. von 1868 § 2 Abs. 2 und 3, Entw. I und II, Komm. Rtg. 3.
Begr. I 88, II 60, Komm.Ber. 5.

I. **Zur Geschichte des § 3.**

Der § 3 entspricht den Absätzen 2 und 3 des § 2 des Ges. von 1868, die wörtlich dem preußischen Gesetze entlehnt waren.

a) Der erste Absatz lautete im Ges. von 1868 in Nachbildung Art. 18 des alten H.G.B. (vgl. § 20 neuen H.G.B.):

> Die Firma der Genossenschaft muß vom Gegenstande der Unternehmung entlehnt sein und die zusätzliche Bezeichnung „eingetragene Genossenschaft" enthalten.

Der Entwurf schlug dafür vor:

> Die Firma der Genossenschaft muß vom Gegenstande des Unternehmens entlehnt sein und im ersten Falle des § 2 die zusätzliche Bezeichnung: „eingetragene

Genossenschaft mit unbeschränkter Haftpflicht", im zweiten Falle des § 2 die zusätzliche Bezeichnung: „eingetragene Genossenschaft mit beschränkter Haftpflicht" enthalten.

Die Reichstagskomm. nahm in Folge der Aenderung zu § 2 die jetzige Fassung an. b) Vom zweiten Absatz ist der erste Satz übereinstimmend mit dem Ges. von 1868, nur ist „Genossen" statt „Mitgliedern (Genossenschaftern)" gesetzt. Der zweite Satz wie im Ges. von 1868, übereinstimmend mit Art. 20 alten H.G.B. (§ 30 neuen H.G.B.). Diesen Satz hatte Entw. I fortgelassen, „weil diese Bestimmung nach Art. 20 H.G.B. in Verbindung mit § 17 Abs. 2 Entw. ohnehin für die Genossenschaften maßgebend ist". Der Bundesrath hat sie aber in Entw. II wieder hineingestellt.

II. Erläuterungen zu § 3.

1. **Absatz** I. „Die Firma".

In Betreff der Firma — „des Namens, unter dem ein Kaufmann im Handel seine Geschäfte betreibt und die Unterschrift abgiebt" (§ 17 H.G.B.) — ist die Genossenschaft im Wesentlichen der Aktiengesellschaft gleichgestellt. Der Genossenschaft ist ausnahmslos, der Aktiengesellschaft in der Regel eine reine Sachfirma vorgeschrieben und die Aufnahme von Personennamen verboten; nur unter Einhaltung der Bestimmungen dieses Paragraphen könnte auch die e. G. die bisherige Firma eines bestehenden Handelsgeschäfts fortführen (§§ 20, 22 H.G.B.) und besonders ist daran festzuhalten, daß die e. G. nur eine Firma haben darf, so daß die Genossenschaft das Geschäft nicht getrennt unter der bisherigen Firma neben ihrer eigenen Firma fortführen darf (Johow Bd. 14 S. 33 ff.), ebenso Birkenbihl-Maurer S. 48; vgl. für Aktiengesellschaften die abweichende Ansicht in der Monatsschrift für Aktienrecht 1896 S. 245, die Praxis der Gerichte schwankt (Zeitschrift für das gesammte Aktienwesen 1896 S. 116, 161). Die Führung verschiedener Firmen würde für die Genossenschaft schon unvereinbar sein wegen der besonderen Regelung der Haftpflicht der Mitglieder. Es erscheint daher auch eine statutarische Bestimmung nicht zulässig, nach der der Vorstand berechtigt wird, bei Erwerbung von Handelsgeschäften mit Firmenrecht eine Verpflichtung für die Genossenschaft diese Firma zu führen (vgl. aber Keyßner in der Zeitschrift für Handelsrecht Bd. 21 S. 420). Ist die Firma trotz ihrer Unzulässigkeit in das Register eingetragen, so kann das Registergericht sie von Amtswegen löschen, vgl. für das Verfahren § 147, § 142 des Gesetzes über die Angelegenheiten der freiwilligen Gerichtsbarkeit vom 17. Mai 1898, ist die Eintragung rechtskräftig geworden, so ist weiter nach § 97 des Gesetzes zu verfahren. Gegen die Vorstandsmitglieder könnte auch nach § 140 a. a. O. wegen Führung einer ihnen nicht zustehenden Firma eingeschritten werden (vgl. auch Monatsschrift für Aktienrecht 1894 S. 391).

2. „Vom Gegenstande des Unternehmens entlehnt" § 1 § 6 Erl. 4. Darnach sind die Hauptbezeichnungen bei Vorschußvereinen: Vorschuß-, Kredit-, Kreditkassen-, Dahrlehns-, Darlehnskassen-, Spar- und Vorschuß-, Diskonto verein-Darlehns-, Vorschuß-, Kredit-, Gewerbe-, Handwerker-, Volks-, Genossenschaftsbank u. s. w. Bei Konsumvereinen sind neben Konsum- und Spar- und Konsumverein noch Waareneinkaufs-, Haushaltungs- und Lebensbedürfnißverein, sowie Einkaufsgesellschaft gebräuchlich. Die Rohstoff-, die Magazinvereine und die Produktivgenossenschaften pflegen noch das Gewerbe zu bezeichnen. Die landwirthschaftlichen Genossenschaften setzen oft dem Unternehmen die Bezeichnung „landwirthschaftlich" hinzu. Bei den Baugenossenschaften sind die Bezeichnungen Bauverein, Baugenossenschaft, Hausgenossenschaft, Baugesellschaft, Wohnungsverein die üblichsten. Genossenschaften, die in ihrem Geschäftsbetrieb und für denselben noch eine Thätigkeit entwickeln, die für sich allein den Gegenstand des Unternehmens einer anderen Genossenschaftsart ausmachen

kann, brauchen diesen Nebenbetrieb in der Firma nicht zum Ausdruck zu bringen. So braucht ein Konsumverein den Bäckereibetrieb in der Firma nicht kenntlich zu machen, obgleich für denselben, insoweit es sich z. B. um den Verkauf der Waaren handelt, die für Konsumvereine geltenden Einschränkungen nicht zur Anwendung kommen, es würde nur § 8 Nr. 5 zu beachten sein (§ 8 Erl. 6d), ebenso Birkenbihl-Maurer S. 48.

Unrichtigerweise wurden auch Firmen eingetragen, aus denen der Gegenstand des Unternehmens nicht erhellt, so z. B. „Barbier- und Friseurvereinigung in Hamburg, Eing. Genoss.", oder die in Berlin, Breslau u. s. w. als eingetragene Genossenschaften bestehenden „Schornsteinfegermeisterschaften" oder „Hannoversches Eishaus, Eing. Genoss.", oder „Deutscher Kellnerbund, Eing. Genoss." in Berlin, in Bromberg und in Königsberg, „Deutsche Centralgenossenschaft", „Deutsche Heimstättengenossenschaft" in Berlin. Auch den „homöopathischen Vereinen, Eing. Genoss." ist der Gegenstand des Unternehmens, die billigere Beschaffung von Medikamenten für ihre Mitglieder, schwer anzusehen. Zusätze zur Bezeichnung des Sitzes der Genossenschaft oder des ihr bestimmten, örtlich begrenzten Wirkungskreises sind Regel, — Gemeinde, Stadttheil, Stadt, Kreis, Landschaft werden dem Namen beigefügt. Zuweilen wird eine andere Gesellschaft oder eine begrenzte Klasse Gewerbtreibender genannt, für welche die Genossenschaft vorzugsweise oder ausschließlich bestimmt oder aus welchen die Genossenschaft hervorgegangen ist. Beispiele bieten: „Spar- und Vorschußkasse des christlich-sozialen Vereins zu Hedersleben, Eing. Genoss."; „Schlesischer Beamten-Kreditverein, Eing. Genoss. zu Breslau"; „Bergmännischer Konsumverein, Eing. Genoss." zu Freiberg; „Kohlenkonsumverein der Leipziger Bäckerinnung, Eing. Genoss."; „Beamten-Konsumverein, Eing. Genoss." zu Halle a./S. Allegorische Zusätze sind beliebt bei den Konsumvereinen, deren Mitglieder vorzugsweise Arbeiter sind: Selbsthülfe, Hoffnung, Glückauf, Fortschritt, Biene, Vorsicht u. s. w.; ebenso bei den industriellen Produktivgenossenschaften: Concordia, Eintracht, Selbsthülfe, Vorwärts, Arion (bei Pianofortemachern) u. s. w.

Es giebt aber nicht viele Bestimmungen des Gesetzes, gegen die so oft gesündigt wird, wie die Vorschrift in § 3 Abs. 1, und es ist zu bedauern, daß das Kammergericht in dem im Landwirthsch. Genossenschaftsblatt 1898 Nr. 11 mitgetheilten Beschluß anscheinend geneigt ist, das Gesetz nicht strenge nach dem Wortlaut und Sinn auszulegen: nach jenem Beschluß genügt es, wenn die Firma „dem Gegenstande des Unternehmens, wie er in seiner Hauptsache nach dem Willen der Genossenschaft sein soll, entlehnt" ist.

3. „Art der Genossenschaft".

a) Die im Reichstage nach den letzten Vorschlägen seiner Kommission beschlossene Fassung des ersten Absatzes ist keine glückliche. Sie gestattet die Deutung, daß unter der „zusätzlichen Bezeichnung" zur Firma der verschiedenen Arten Genossenschaften nur die Worte „mit unbeschränkter Haftpflicht" — „mit unbeschränkter Nachschußpflicht" und „mit beschränkter Haftpflicht" zu verstehen, somit das Wort „eingetragene" überflüssig sei und z. B. „Vorschußverein zu X. Genossenschaft mit unbeschränkter Haftpflicht" firmirt werden dürfe. Aus der Entstehungsgeschichte des Satzes ergiebt sich die Unrichtigkeit der Deutung.

b) Weil es nach dem Gesetze von 1868 nur eingetragene Genossenschaften mit unbeschränkter Haftpflicht gab, kam die Haftpflicht in der Firma nicht zum Ausdruck. In Folge der Zulassung von drei Haftformen muß nun auch die Firma diejenige Haftform erkennen lassen, mit der die Genossenschaft besteht.

4. Die Bezeichnung „eingetragene Genossenschaft" findet sich bereits im preußischen Gesetz. In der Kommission des Abgeordnetenhauses von 1863 wurde auf Antrag von Parisius der Zusatz „Einregistrirte Genossenschaft" beschlossen. Die Anregung dazu bot die englische Vorschrift, daß in dem Namen jeder Gesellschaft mit

beschränkter Haftung das letzte Wort „limited" lauten muß. Der Ministerial-Entwurf von 1866 schlug den Zusatz „Anerkannte Genossenschaft" vor, welchen die Kommission des Abgeordnetenhauses durch „Eingetragene Genossenschaft" ersetzte. Bei den Kommissions-Berathungen des Allgemeinen deutsch. H.G.B. wurde von einer Seite empfohlen, „die Aufnahme der Bezeichnung als Aktiengesellschaft in die Firma der Aktiengesellschaft selbst vorzuschreiben". Man hielt aber zur Vermeidung von Täuschungen es für das Geeignetste, durch den Namen das Wesen der Aktiengesellschaft (welches darin bestehe, daß keine Person mit ihrem Vermögen, sondern nur das Aktienkapital hafte) deutlich zu bezeichnen. Durch die Aufnahme der zusätzlichen Bezeichnung: „Eingetragene Genossenschaft" in die Firma der Genossenschaft soll umgekehrt die unter dem Gesetz stehende Genossenschaft als eine aus vielen solidarisch haftenden Personen zusammengesetzte rechtsfähige Gesellschaft dem Publikum gewissermaßen empfohlen werden.

5. „zusätzliche Bezeichnung".

Die Firma muß die zusätzliche Bezeichnung „eingetragene Genossenschaft mit unbeschränkter Haftpflicht u. s. w. je nach der Haftpflicht der Genossen enthalten. Aus der Fassung ergiebt sich, daß der Zusatz nicht durch Einschiebung anderer Worte verändert werden darf; er muß den Schluß der Firma bilden. Eine Firma z. B. wie „Eingetragene Diskonto- und Spargenossenschaft mit unbeschränkter Haftpflicht" würde gegen das Gesetz verstoßen, ebenso eine Firma, bei welcher hinter dem Zusatz noch andere Worte folgen, wie z. B. die Uebersetzung der Firma in eine andere Sprache. Daß die Firma, abgesehen von der zusätzlichen Bezeichnung, nicht deutsch zu sein braucht, sondern einer anderen lebenden Sprache angehören kann, nicht aber einer todten Sprache, wie der Hebräischen, steht außer Zweifel. Die zusätzliche Bezeichnung darf nicht abgekürzt werden (ebenso Birkenbihl-Maurer S. 49, a. A. Proebst S. 31), es ergiebt sich dies aus der Bezugnahme auf § 2. Die Abkürzung in der Zeichnung oder den Veröffentlichungen der Genossenschaft kann aber schließlich in Folge der Bestimmung des § 26 des Gesetzes unerheblich sein (vgl. Beschluß des Kammergerichts vom 18. Februar 1895, Bl.f.G. 1895 S. 153).

6. Alle vor dem 1. Oktober 1889 bestehenden eingetragenen Genossenschaften mußten den Zusatz „mit unbeschränkter Haftpflicht" annehmen (s. § 155 in der alten Fassung des Gesetzes), auch wenn sie die Umwandlung in eine Genossenschaft mit unbeschränkter Nachschußpflicht oder mit beschränkter Haftpflicht beschließen wollten: bis zur Wirksamkeit der Umwandlung waren sie Genossenschaften mit unbeschränkter Haftpflicht.

7. Absatz II. „Der Name von Genossen oder anderen Personen darf in die Firma nicht aufgenommen werden."

Gegen diese Bestimmung, entlehnt von der gleichen für Aktiengesellschaften erlassenen Bestimmung des Art. 18 des alten H.G.B. (in § 20 des neuen H.G.B. ist die Bestimmung nicht übernommen, die Aufnahme von Personennamen in die Firma der Aktiengesellschaft ist darnach statthaft), wird, soweit es die Namen von Mitgliedern anlangt, selten gefehlt. Das Fürstl. Schleizische Justizamt, welches 1875 die „Kommandit-Dampfdresch-Maschinen-Gesellschaft Christian Heinrich Lautenschläger in Langenwolschendorf und Genossen, Eingetr. Genossenschaft", in das Genossenschaftsregister eintrug und bekannt machte, der Fonds der Gesellschaft bestehe in 35 auf den Namen lautenden Aktien zu je 300 Mk. und 1500 Mk. baarem Darlehn von den Mitgliedern dieser Gesellschaft, sämmtliche Mitglieder hafteten persönlich und solidarisch für die Passiven der Gesellschaft (Bl.f.G. 1875 Nr. 10 S. 48), hat wohl keine Nachfolge gefunden. Schwieriger ist die Bestimmung anzuwenden in Ansehung der Namen von „andern Personen". Der Zweck der Bestimmung ist, irrige Auffassungen über die Mitgliedschaft oder die Haft „anderer Personen" zu verhindern. Es kann sich also nur um solche Personen handeln, deren Mitgliedschaft möglich ist, andernfalls hat „das Wort, welches an sich ein Personennamen ist, in Bezug auf die Firma diese Bedeutung verloren". (v. Hahn zu Art. 18, Anschütz u. Völderndorff Bd. I S. 158.) In dieser Beziehung ist die Firma: „Erwerbs- und Wirthschaftsvereinigung der barmherzigen Brüder vom Heiligen Johannes von Gott, Eing. Genoss." zu Trier zulässig — unrichtig ist sie nur, insofern sich der Gegenstand des Unternehmens nicht erkennen läßt. Mit Recht wurde zu Lebzeiten von Schulze-Delitzsch einem „Konsumverein Schulze-Delitzsch" die Eintragung versagt und erst ausgeführt, als die Firma in „Konsumverein nach Schulze-Delitzsch" geändert wurde. Heute würde der Eintragung eines „Konsumvereins Schulze-Delitzsch" nichts im Wege stehen. Der Name einer lebenden Person kann nur dann in die Firma aufgenommen werden, wenn sich aus der Art der Verbindung des Namens mit den übrigen, die Bezeichnung des Gegenstandes enthaltenden Worten der Firma ergiebt, daß von der Mitgliedschaft der betreffenden Person keine Rede sein kann.

8. „an demselben Orte oder in derselben Gemeinde bereits bestehenden Firmen eingetragener Genossenschaften".

Die Vorschrift des zweiten Satzes des Absatz II ist dem Art. 20 des alten H.G.B. (§ 30 des neuen H.G.B.) nachgebildet. Nöthig war sie nicht, — darin hatte der erste Entwurf Recht (s. oben I b zur Geschichte des § 3). Verschiedenheit in der Haftungsart reicht nicht aus (Birkenbihl-Maurer S. 50). Von der Firma anderer Gesellschaften unterscheidet sich die einer eingetragenen Genossenschaft stets durch den sie als solche kennzeichnenden Zusatz. (Vgl. § 17 Abs. 2.) Werden zwei Gemeinden zusammengelegt und dadurch erlangen zwei Genossenschaften (nun in derselben Gemeinde) die gleiche Firma, so hat keine derselben ein Recht, daß die andere die Firma ändere (vgl. Johow Bd. 16 S. 11).

§ 4.

Die Zahl der Genossen muß mindestens sieben betragen.

Entw. I u. II, Komm., Rtg. 4.
Begr. I 88, II 60, Komm.-Ber. 5.

Erläuterungen zu § 4.

In der Kommission des preußischen Abgeordnetenhauses von 1863 war von mehreren Seiten als Erforderniß vorgeschlagen, eine Mindestzahl der Mitglieder festzustellen. Auch die Regierung hatte sich mit der Frage beschäftigt: „Da die Nothwendigkeit der gesetzlichen Regelung der Genossenschaftsrechte zum Theil darin ihren Grund hat, daß der Geschäftsverkehr der Genossenschaften durch die große Anzahl ihrer Mitglieder sehr erschwert zu werden pflegt, so ist die Frage entstanden, ob die Geltung dieses Gesetzes nicht überhaupt auf solche Vereinigungen zu beschränken sei, bei denen eine größere Anzahl von Theilnehmern wirklich vorhanden ist. Dies würde die Feststellung einer zur Bildung anerkannter Genossenschaften erforderlichen Minimalzahl von Mitgliedern nothwendig gemacht haben. Für die Abmessung solcher Zahl läßt sich aber kein allgemein zutreffender Maßstab treffen." — In der Kommission von 1863 wurden für und gegen die Feststellung einer Mindestzahl (man schwankte zwischen 10 und 21) andere Gründe vorgebracht. Man hoffte dadurch zu verhindern, daß sich einige wenige Personen als Genossenschaft eintragen ließen, um das Vertrauen, welches die Genossenschaften zu genießen pflegten, zur Täuschung Unerfahrener auszubeuten. Im Hinblick auf die Produktivgenossenschaften, die der gesetzlichen Regelung am meisten bedürfen, aber oft mit sehr geringer Mitgliederzahl beginnen, verwarf die Kommission die betreffenden Anträge. Diese Rücksicht blieb maßgebend bei Erlaß des preußischen Gesetzes und des deutschen Gesetzes von 1868, nach welchem freilich der Vorstand nur aus einer Person bestehen und der Aufsichtsrath ganz fehlen durfte. In den ersten Novellen von 1876 und 1877 hatte Schulze-Delitzsch auf Grund der inzwischen gemachten Erfahrungen die Betheiligung von sieben Personen verlangt; die Reichstagskommission von 1877 billigte dies. In der Novelle von 1881 verlangte Schulze eine Mindestzahl von 10 Mitgliedern, weil es für eine lebensfähige genossenschaftliche Organisation angemessen sei, daß neben zwei Personen des Vorstandes und drei Personen des Aufsichtsrathes noch fünf andere Mitglieder für die Generalversammlung übrig blieben.

Das Aktiengesetz vom 18. Juli 1884 verlangte im Art. 209 für die Gründung der Aktiengesellschaft mindestens fünf Personen, ebenso § 182 H.G.B. Das vorliegende Gesetz hat sieben als Mindestzahl gewählt. In der Begründung des Entwurfs (I 88 u. II 60) heißt es: „Für Vereinigungen einer ganz geringen Zahl von Personen genügt die gewöhnliche Form der Gesellschaft und ist die Erlangung juristischer, gegenüber den Mitgliedern selbstständiger Persönlichkeit, insbesondere aber die korporative Verfassung der Genossenschaft ungeeignet. Ein richtiges Funktioniren des Verwaltungsorganismus wird dadurch unmöglich und es entstehen leicht unrichtige Vorstellungen über die Leistungsfähigkeit und Kreditwürdigkeit einer solchen Assoziation. Der Entwurf bestimmt daher, nach dem Vorgang des englischen, belgischen und schweizerischen Genossenschaftsrechts, die Mindestzahl der Mitglieder auf sieben. Wenn wenigstens fünf Personen zur Besetzung der Stellen im Vorstand und Aufsichtsrath für nöthig zu erachten sind, so kann die Zahl wohl kaum niedriger gegriffen werden." . . . (Vgl. auch Schulze-Delitzsch, S. 17; „Die Novellen und Anträge zum Genossenschaftsgesetz, besprochen und erläutert von Dr. J. H. Herz 2c. Breslau 1883" S. 44.)

Für eine Vereinigung von weniger als sieben Personen genügt, soweit sie Handel treibt, die offene Handelsgesellschaft, auch können sie ohne Schwierigkeit eine einfache Sozietät bilden und nach Außen durch Bevollmächtigte handeln.

Die nothwendige Folge der Vorschrift ist die Auflösung einer Genossenschaft, deren Mitgliederzahl unter die gesetzliche Mindestzahl sinkt (§ 80), eine Ausnahme bilden Genossenschaften, welche bei dem Inkrafttreten des Gesetzes weniger als sieben haben, solange sie es unter diesem Gesetz noch nicht auf 7 Mitglieder gebracht haben (§ 160 in der alten Fassung).

Ueber die Aufnahmefähigkeit vgl. § 15 Erl. 1.

§ 5.

Das Statut der Genossenschaft bedarf der schriftlichen Form.

Ges. 1868 § 2 Abs. 1, Entw. I u. II Komm., Rtg. 5.
Begr. I 5, II 61.

I. **Zur Geschichte des § 5:**

a) In wörtlicher Uebereinstimmung mit dem preußischen Gesetz lautete die entsprechende Vorschrift des Gesetzes von 1868 im ersten Absatz des § 2:

„Zur Gründung der Genossenschaft bedarf es: 1. der schriftlichen Abfassung des Gesellschaftsvertrages (Statuts)";

b) der preußische Regierungsentwurf hatte notarielle oder gerichtliche Form verlangt und sich auf Art. 209 H.G.B. (heute § 182 H.G.B.) berufen, welcher die gleiche Form für Aktiengesellschaften vorschrieb. (Vgl. Parisius S. 174.)

Die Mehrheit des preußischen Abgeordnetenhauses hielt die schriftliche Abfassung des Gesellschaftsvertrages für vollkommen ausreichend. „Das Prinzip der Solidarhaft stelle die Genossenschaft näher der offenen Handels- und der gewöhnlichen Kommanditgesellschaft; für beide gelte der mündliche Begründungsvertrag. Zur bessern Sicherheit wolle man dennoch für die Genossenschaft die schriftliche Form einräumen, weil dieselbe leicht zu bewirken sei und zur Feststellung der nothwendigen Vorbedingungen für die Eintragung dienlich sei. Weiter zu gehen verbiete das Interesse der Genossenschaften. Eine nicht zu unterschätzende Bürgschaft liege darin, daß die Vorsteher den Vertrag zur Eintragung beim Handelsgericht einreichen müssen; die Fälschung würde mit der schwersten Strafe dieses Verbrechens, bis zu zehn Jahren Zuchthaus belegt werden (§ 252 des Strafgesetzbuchs)." (Bericht Nr. 55 der Drucksachen des Abgeordnetenhauses S. 15. St. Ber. der Sitzung vom 18. Dezember 1866, S. 1259—1261.)

II. Erläuterungen zu § 5.

1. „Statut". — Entstehung der Genossenschaft.

Statt Gesellschaftsvertrag im Ges. von 1868 heißt es in diesem Gesetz stets „Statut". Die Aenderung ist in der Begründung zum Gesetz nicht berührt. Bereits für das Ges. von 1868 war es streitig, welche Rechtsnatur dem Gesellschaftsvertrage beiwohne. Die Einen (z. B. Gierke, Deutsches Genossenschaftsrecht I 1106 Genossenschaftstheorie S. 133, Beseler u. A.) sehen in demselben einen „konstituirenden Akt", die Andern einen „Vertrag". Mit Recht sagt Sicherer (S. 163): „Der konstituirende Akt kann nur ein rechtsetzender sein im objektiven oder im subjektiven Sinne des Wortes. Im ersten Falle könnte er nur als Ausfluß der Autonomie betrachtet werden. Diese Annahme erweist sich aber als unhaltbar, da die Autonomie höchstens der schon gegründeten, nicht aber der erst zu gründenden Genossenschaft zustehen kann. Somit bleibt nur die zweite Annahme übrig. Darnach fällt der „konstituirende Akt" unter den Begriff der Rechtsgeschäfte und, da zu seiner Entstehung mehrere übereinstimmende Willenserklärungen nothwendig sind, unter den Begriff des Vertrages."

Ein prinzipieller Unterschied zwischen den Worten „Gesellschaftsvertrag" und „Statut" ist nicht vorhanden. Während die ältere Fassung des H.G.B. den Gesellschaftsvertrag für die Kommanditgesellschaft auf Aktien nicht als Statut bezeichnete, diesen letzteren Ausdruck vielmehr lediglich auf das Grundgesetz der Aktiengesellschaft anwendete, bedient sich das Aktiengesetz vom 18. Juli 1884 bei beiden Gesellschaften (Art. 175 und 209) des gleichen Ausdrucks „Gesellschaftsvertrag" und schaltet als gleichberechtigt die Bezeichnung „Statut" in Klammern ein, ebenso im Genossenschaftsgesetz von 1868, und das neue H.G.B. bedient sich ausschließlich des Wortes „Gesellschaftsvertrag". Das „Statut" ist hiernach der zwischen bestimmten Personen abgeschlossene Vertrag, zu einer Genossenschaft zusammenzutreten, mit der Absicht, für dieselbe die Rechte einer eingetragenen Genossenschaft zu erwerben. Birkenbihl-Maurer (S. 52) legen Gewicht darauf, daß das Wort „Statut" gewählt ist, glauben darin ein Merkmal für die rechtliche Natur der Genossenschaft als juristische Person zu sehen und führen dann weiter die Theorie aus, daß das Statut ein Mittelding zwischen Gesellschaftvertrag und Gesetz sei. Diese Annahme ist hinfällig. Der der Sachverständigen-Kommission vorgelegte Entwurf gebraucht das Wort Gesellschaftsvertrag, und die Anregung in der Kommission, dafür das geläufige und eingelebte Wort Statut einzustellen, fand allgemein Zustimmung (Proebst S. 33). Nur eine Aeußerlichkeit hat also zur Wahl des Wortes „Statut" geführt. Für den Gesellschaftsvertrag der zur Eintragung bestimmten Genossenschaft kann nichts anderes gelten, als für den der nicht eingetragenen Genossenschaft: es handelt sich in beiden Fällen um die Gründung eines körperschaftlichen Gebildes, und der Unterschied besteht nur darin, daß bei der nicht eingetragenen Genossenschaft diese körperschaftliche Gestaltung sich nach außen nicht nach Maßgabe des Genossenschaftsgesetzes äußern kann, während dies durch die Eintragung in das Genossenschaftsregister erreicht wird. Bis dahin ist die Genossenschaft eine Vermögensgemeinschaft mit körperschaftlicher Verwaltungsorganisation (Sohm, die deutsche Genossenschaft). Die für Aktiengesellschaften durchgeführte Trennung von Feststellung des Statuts und Errichtung der Gesellschaft ist dem Genossenschaftsgesetz unbekannt. Der Abschluß des Gesellschaftsvertrages (durch Unterschrift) mit gegenseitigen Rechten und Pflichten ist die gesetzliche Grundlage der Genossenschaft.

Vor der Eintragung hat die Genossenschaft nicht die Rechte einer „eingetragenen" Genossenschaft (§ 13), sie besteht aber als „Genossenschaft" (§ 1 Erl. II 13). Die Grundsätze des B.G.B. § 705 ff. sind für dieselbe bis dahin maßgebend, z. B. für die Rechte und Pflichten der Mitglieder gegen einander, die Haftpflicht Dritten gegenüber aus Rechtsgeschäften der nicht eingetragenen Genossenschaften. Für Aktiengesellschaften und Gesellschaften mit beschränkter Haftung (§ 11 Abs. 2) ist bestimmt, daß „die Handelnden" persönlich und solidarisch haften, wenn vor der Eintragung im Namen der Gesellschaft gehandelt wird, da diese Gesellschaften vor der Eintragung „als solche" nicht bestehen. Für die Genossenschaft ist eine solche Bestimmung nicht getroffen, die Rechtsgeschäfte müssen daher mit Bezug auf die Verpflichtung nach den Grundsätzen beurtheilt werden, welche für die dem B.G.B. unterstehenden nicht eingetragenen Genossenschaften gelten (vgl. § 13 Erl. II 1). Dabei wird § 736 B.G.B. sinngemäße Anwendung zu finden haben, indem Tod, Konkurs eines Mitglieds, Kündigung nicht das Ende der Gesellschaft herbeiführen. Vgl. für die Zeit vor Geltung des B.G.B. die Ausführungen bei Birkenbihl-Maurer S. 108 ff. Aenderungen des Statuts können nur nach den Bestimmungen desselben vorgenommen werden, das Genossenschaftsgesetz kommt noch nicht zur Anwendung. Die Zulässigkeit einer Aenderung des Statuts im Wege der Beschlußfassung — also nicht durch Vertrag — ergiebt sich aber aus dem internen Bestehen der Genossenschaft. Der Abschluß des Gesellschaftsvertrages hat zur Folge, daß nach innen hin bereits Rechtswirkungen entstanden sind. Die aktive Parteifähigkeit besitzt eine solche eingetragene Genossenschaft nicht (§ 50 Abs. 2 C.P.O.). Ueber die Rechtspersönlichkeit nicht eingetragener Genossenschaften, Gierke, Genossenschaftstheorie S. 69 Anm. 3, 75, 76. Ein Rücktritt der Mitglieder ist nur nach Maßgabe des Statuts zulässig. Da der Vertrag auf Gründung einer eingetragenen Genossenschaft geht, muß den Unterzeichnern des Statuts der Rücktritt offen stehen, wenn die Eintragung nicht zu erreichen ist, oder doch nur unter Bedingungen, welche die wesentlichen Grundlagen des Vertrages betreffen. Der Vertrag ist unter der Resolutivbedingung der Eintragung geschlossen (Joel S. 472). Die Genossenschaft kann nur auf der Grundlage zu Stande kommen, die sie bei der Errichtung gehabt hat (R.G. Bd. 21 S. 250). Für Aktiengesellschaften hat das R.G. (Bd. 24 S. 23) angenommen, daß die Gesellschaft mit ihrer Entstehung in die ihr von den Gründern ausgemachten Rechte eintritt, daß der Gesellschaftsvertrag die Grundlage für den Rechtserwerb bildet, daß die Vermögensstücke in Folge dessen aber auch mit denjenigen Verpflichtungen belastet übergehen, welche darauf beim Abschluß des Vertrages hafteten. Bei Genossenschaften wird ein solcher Fall des Vermögenserwerbs schwerlich vorkommen, eintretenden Falls würde der gleiche Grundsatz für sie gelten, wie er für Aktiengesellschaften angenommen ist (Joel S. 472). Es wird im Wesentlichen Thatfrage sein. In der Entscheidung vom 27. März 1897 (Jurist. Wochenschrist vom 17. Mai 1897 Entsch. Bd. 39 S. 25 ff.) hat das R.G. die Frage, ob die nicht eingetragene Genossenschaft mit bindender Wirkung in der Weise kontrahiren kann, daß die eingetragene Genossenschaft in das Geschäft eintritt, im Grundsatz bejaht. Vgl. Birkenbihl-Maurer S. 102. Ob die einzelnen Genossen vor der Eintragung bereits zu Leistungen an die Genossenschaft verpflichtet sind, hängt von dem Statut ab, im Zweifel wird dies nicht anzunehmen sein (vgl. R.G. Bd. 5 S. 19).

Mit der Eintragung wird in Gemäßheit der Absicht der Vertragschließenden ihr bis dahin bestehendes Vertragsverhältniß gelöst; sie werden Mitglieder der durch diesen Akt juristische Persönlichkeit erhaltenden Genossenschaft. Zwischen denselben besteht nun kein Vertragsverhältniß mehr. Das Ges. von 1868 ließ hierüber Zweifel, da § 9 Abs. 3 eine Vorschrift des Statuts ermöglichte, nach welcher ein Genosse, der auf seinen Geschäftsantheil mehr als das ihm statutenmäßig Obliegende geleistet hat, an die übrigen Genossen Regreß nehmen konnte, und da ferner die Genossen im Umlageverfahren zu einander in ein Verhältniß traten (§§ 52 ff.). Auch diese Beziehungen sind jetzt weggefallen: die Vorschrift aus § 9 ist in das Gesetz nicht übergegangen (§ 18), und im Umlageverfahren handelt es sich jetzt nur noch um Verbindlichkeiten der Genossen gegenüber der Genossenschaft. (Vgl. für das Ges. von 1868, Sicherer S. 162.)

Von Wichtigkeit und in der Beantwortung nicht zweifellos ist die Frage, in wie weit Personen gezwungen werden können der eingetragenen Genossenschaft beizutreten, welche sich durch besondere Erklärung hierzu bereit erklärt haben. Das Reichsgericht hat sich hiermit in dem Urtheil vom 28. Januar 1893 (Entscheidungen Bd. 30 S. 95 ff.) beschäftigt. In dem in Rede stehenden Fall war der Plan für die Gründung einer Molkereigenossenschaft entworfen, der Beklagte hatte das damals aufgenommene Protokoll unterzeichnet, die Mitglieder für Vorstand und Aufsichtsrath waren bezeichnet und war ihnen der Auftrag ertheilt, „die Statuten zu entwerfen, deren Bestimmungen sich sämmtliche Unterschriebene unterwarfen"; die Genossenschaft war begründet. Einer der Unterzeichner verweigerte den Beitritt. Das Reichsgericht hat die Klage auf Erklärung des Beitritts aus folgenden Gründen abgewiesen:

„Es kann zweifelhaft erscheinen, ob nach dem Genossenschaftsgesetz vom 1. Mai 1889 eine Klage der eingetragenen Genossenschaft auf Beitrittserklärung überhaupt statthaft ist, ob sie insbesondere auf ein der Feststellung des Statuts voraufgegangenes Betheiligungsversprechen gestützt werden kann. Auch wenn diese Frage bejaht wird, ist ein solches Versprechen der Genossenschaft gegenüber nur unter der Voraussetzung rechtswirksam, daß zur Zeit, in welcher dasselbe abgegeben wird, die wesentlichen Grundlagen des Statuts bereits feststehen. Dies ergiebt sich aus dem Zwecke der vom Gesetz geforderten schriftlichen Beitrittserklärung. Dieselbe soll eine besondere Garantie gewähren für die Sicherheit und Ernstlichkeit des Entschlusses, einer in ihren Grundlagen bestimmten Genossenschaft beitreten zu wollen. Dieser Zweck der gesetzlichen Formvorschrift würde vereitelt werden, wenn der Beitritt auf Grund eines Vorvertrages erzwungen werden könnte, in welchem wesentliche Bestandtheile des Statuts unbestimmt geblieben und der Festsetzung durch Mitkontrahenten oder Dritte überlassen worden sind. Das Reichsgericht schließt sich in dieser Hinsicht den Grundsätzen an, von welchen die Rechtsprechung des Reichs-Ober-Handelsgerichts bei Beurtheilung der vor Errichtung des Statuts einer Aktiengesellschaft erfolgten Aktienzeichnungen ausgegangen ist. Die im Protokoll vom 21. März 1891 den Mitgliedern des Vorstandes „und Aufsichtsraths ertheilte Vollmacht, die Statuten zu entwerfen, und die Erklärung, daß die Unterzeichner des Protokolls sich den Bestimmungen dieser Statuten unterwerfen, vermögen hiernach die Klageanträge nicht zu begründen. Bei Errichtung des Protokolls war unstreitig die Bestimmung über wesentliche Bestandtheile des Statuteninhalts noch offen gelassen; insbesondere war über den Betrag der Geschäftsantheile und die Höhe der Haftsumme keine Festsetzung getroffen. Der Umfang der aus dem Beitritt zur Genossenschaft erwachsenden Verbindlichkeit stand mithin nicht fest. Die Erwägung des Berufungsrichters verkennt, daß es sich im vorliegenden Fall nicht um eine reine Anwendung von Grundsätzen des bürgerlichen Rechts, sondern in erster Linie darum handelt, ob das in dem erwähnten Protokoll und der Anlage zu demselben enthaltene Betheiligungsversprechen im Sinne des Genossenschaftsgesetzes für hinlänglich bestimmt zu erachten ist. Dies muß aber verneint werden."

Dieser Auffassung muß zugestimmt werden. Mit derselben steht in Uebereinstimmung, wenn das R.G. (Bd. 40 S. 46) Klage auf Ausstellung der Beitrittserklärung zuläßt, wenn Jemand in verbindlicher Weise erklärt hat, der Genossenschaft beitreten zu wollen; der Verpflichtung zum Beitritt steht einer Gegenleistungspflicht, deren Nichterfüllung in Frage kommen kann, nicht gegenüber. Nach dem B.G.B. wird der Grundsatz der Formfreiheit zur Anwendung kommen §§ 145 ff.

2. „schriftliche Form".

In der Begründung des § 5 heißt es (I 89, II 61):

„Das Statut ist von den Genossen, welche sich bei der Gründung der Genossenschaft betheiligen oder weiterhin bis zur Einreichung des Statuts zum Genossenschaftsregister der Genossenschaft beitreten, zu unterzeichnen (§ 11 Abs. 2 Nr. 1, § 15)".

Es genügt nicht, daß sich die Gründer in einem besonderen Protokoll zu dem Statut bekennen. Doch braucht das Statut selbst nicht etwa geschrieben zu sein, es kann auf jede beliebige Weise hergestellt sein und als Anlage des Protokolls genommen werden, in dem die Beschlüsse über die Festsetzung des Statuts enthalten sind.

Die Bestimmungen, über die das Statut Auskunft geben muß, sind in §§ 6, 7, 131 Abs. 2, 36 Abs. 1 enthalten, § 8 bezeichnet die Gegenstände, über welche das Statut Bestimmungen enthalten muß, wenn zu ihrer Regelung überhaupt Veranlassung vorliegt. Nach der Anmeldung kann eine Unterzeichnung des Statuts, welches bei dem Gericht bleibt, selbstverständlich nicht mehr erfolgen. Es greifen dann die besonderen gesetzlichen Bestimmungen über den Erwerb der Mitgliedschaft Platz (§ 15).

§ 6.

Das Statut muß enthalten:

1. **die Firma und den Sitz der Genossenschaft;**
2. **den Gegenstand des Unternehmens;**
3. **Bestimmungen über die Form für die Berufung der Generalversammlung der Genossen, sowie für die Beurkundung ihrer Beschlüsse und über den Vorsitz in der Versammlung;**
4. **Bestimmungen über die Form, in welcher die von der Genossenschaft ausgehenden Bekanntmachungen erfolgen, sowie über die öffentlichen Blätter, in welche dieselben aufzunehmen sind.**

Ges. von 1868 § 3, Ziffer 1, 2, 8, 11, Entw. I und II, Komm., Rtg. 6, Begr. I 89, II 61.

I. Zur Geschichte des § 6.

a) Der § 3 des Ges. von 1868, im Wesentlichen übereinstimmend mit § 3 des preußischen Gesetzes, war den Art. 175 und 209 des H.G.B. alter Fassung nachgebildet, welche die Erfordernisse des Gesellschaftsvertrages der Aktienkommanditgesellschaft und der Aktiengesellschaften enthielten. Mit der Einleitung: „Der Gesellschaftsvertrag muß enthalten" führte § 3 die Erfordernisse unter 12 Ziffern auf. Von denselben hatte die Genossenschaft die zu 1 (jetzt 6 Ziff. 1), zu 2 (jetzt 6 Ziff. 2), zu 3 (vgl. 8 Ziff. 1), zu 6 (vgl. jetzt 7 Ziff. 3), zu 8 (vgl. 6 Ziff. 3), zu 9 (vgl. 43): „die Bedingungen des Stimmrechts der Genossenschafter und die Form, in welcher dasselbe ausgeübt wird", zu 10 (vgl. 8 Ziff. 4), zu 11 (vgl. 6 Ziff. 4) und im Wesentlichen auch zu 7 (vgl. 9): „die Art der Wahl und die Zusammensetzung des Vorstandes und die Formen für die Legitimation der Mitglieder des Vorstandes und der Stellvertreter derselben" mit der Aktiengesellschaft gemeinsam. Der Genossenschaft eigenthümlich waren nur die Erfordernisse zu 4 „die Bedingungen des Ein- und Austritts der Genossenschafter" (vgl. unten Erl. II 1), zu 5 (vgl. § 7 Ziff. 2): „den Betrag der Geschäftsantheile der einzelnen Genossenschafter und die Art der Bildung dieser Antheile" und zu 12 „die Bestimmung, daß alle Genossenschafter für die Verbindlichkeiten der Genossenschaft solidarisch und mit ihrem ganzen Vermögen haften".

b) Zu Ziffer 2 (Gegenstand des Unternehmens).

Der preußische Regierungsentwurf vom 2. Februar 1866 hatte im Gegensatz zu dem Entwurf der Kommission des Abgeordnetenhauses von 1863 und zu den Art. 175 und 209 des H.G.B. alter Fassung in § 3 als zweites Erforderniß „den Zweck der Genossenschaft" hingestellt, anscheinend um spätere Strafbestimmungen vorzubereiten" (Bericht Nr. 55 S. 16). Die Kommission des Abgeordnetenhauses stellte den Ausdruck des Handelsgesetzbuchs wieder her, der sodann auch im Regierungsentwurf vom 11. November 1866 und in den Genossenschaftsgesetzen belassen wurde (s. unten Erl. zu dieser Ziffer).

c) Zu Ziffer 3 (Generalversammlung).

Das Ges. von 1868 hatte in Ziff. 8: „die Form, in welcher die Zusammenberufung der Genossenschafter geschieht". Neu ist die Vorschrift der statutarischen Feststellung von Bestimmungen über die Form für Beurkundung der Beschlüsse der Generalversammlung und über den Vorsitz in der Versammlung (s. Erl. zu 6).

d) Zu Ziffer 4 (Bekanntmachungen).

Das Ges. von 1868 hatte in § 3 Ziff. 11, in Uebereinstimmung mit Ziff. 8 des Art. 175 und Ziff. 11 des Art. 209 H.G.B. alter Fassung, die gleiche Vorschrift, nur unter Fortlassung der Worte „Bestimmungen über". Die preußischen Regierungsentwürfe hatten dagegen sowohl für die von den Organen der Genossenschaft, als auch die vom Genossenschaftsrichter zu erlassenden Bekanntmachungen das Regierungs-Amtsblatt bestimmt. Das Abgeordnetenhaus hatte diese Art der Veröffentlichung verworfen und die obige Bestimmung dem H.G.B. entlehnt (s. Parisius S. 185 zu d).

In der Reichstagskommission zur Novelle von 1896 (Komm.-Ber. S. 15) war der Antrag gestellt: „In mehrsprachigen Bezirken ist Bestimmung darüber zu treffen, ob die Bekanntmachungen außer in der deutschen Sprache gleichzeitig noch in anderer Sprache erfolgen sollen."

Der Antrag wurde von der Mehrheit als überflüssig bezeichnet, da auch jetzt die Generalversammlung berechtigt sei, eine solche Bestimmung im Statut zu treffen, und abgelehnt.

II. Erläuterungen zu § 6.

1. §§ 6 und 7 enthalten diejenigen Bestimmungen, welche das Statut enthalten muß, wenn es eingetragen werden soll, § 8 trifft Vorkehrung für den Fall, daß die daselbst angeführten Einrichtungen überhaupt in Betracht kommen. Es muß im Statut das Ausscheiden durch Uebertragung des Geschäftsguthabens (§ 76) ausdrücklich ausgeschlossen sein, wenn es nicht statthaft sein soll. Das Statut muß eine Bestimmung über die Beschlußfähigkeit des Aufsichtsraths enthalten (§ 36). Bei Genossenschaften mit beschränkter Haftung kommt § 131 in Betracht. In Betreff der Legitimationsprüfung für den Verkauf in Konsumvereinen vgl. § 8 Erl. 12, § 31. Es wird hier auch die Frage zu erörtern sein, ob die Mitglieder durch das Statut noch zu anderen Leistungen

verpflichtet werden können als zu den Einzahlungen auf Geschäftsantheil. Für Aktiengesellschaften hat das Reichsgericht dies verneint, und zwar mit Bezug auf den Charakter der Gesellschaft, auf die dem Wesen derselben entsprechende ausschließlich kapitalistische Betheiligung der Mitglieder, vgl. aber jetzt § 212 H.G.B. Der Charakter der Aktie ist völlig verschieden von dem des Geschäftsantheils, das Wesen der Genossenschaft ist nicht kapitalistisch, dieselbe beruht auf der persönlichen Mitgliedschaft der Genossen, sie ist gerichtet auf Förderung von Erwerb und Wirthschaft der Mitglieder. Es ist daher auch nicht einzusehen, weswegen nicht das Statut außer der Verpflichtung der Mitglieder zu Einzahlungen auf den Geschäftsantheil, diesen noch andere Verpflichtungen sollte auferlegen können. Die Genossenschaft umfaßt die Person der Mitglieder und kann das Statut sich daher auch über eine bloße Kapitalbetheiligung derselben hinaus erstrecken, den Mitgliedern Leistungen auferlegen und für den Fall der Nichterfüllung Konventionalstrafen vorsehen. Vgl. jedoch § 43 Erl. 2 über die Rechte der Generalversammlung den Mitgliedern gegenüber. Bei bestehender Genossenschaft dürfte eine derartige Einführung von Leistungen oder Erhöhung derselben nur mit Zustimmung aller Mitglieder erfolgen, für künftig Beitretende gilt dieselbe dann als Vorschrift des Statuts. So hat das R.G. in dem Urtheil vom 9. Februar 1898 (Jurist. Wochenschrift 1898 S. 205) für die Milchlieferungspflicht der Mitglieder bei einer Molkereigenossenschaft folgende Grundsätze aufgestellt:

„Die Bestimmungen, die die Milchlieferung zum Inhalt haben, sind mit den auf den Erwerb der Mitgliedschaft und die Regelung des Genossenverhältnisses gerichteten Bestimmungen zu einem untrennbaren Ganzen verwoben. Genossen sind dritte Personen nur dann, wenn sie der Genossenschaft nicht in ihrer Eigenschaft als Genossen gegenüberstehen. Die Regelung des Rechtsverhältnisses zwischen der Genossenschaft und ihren Mitgliedern als solchen fällt überhaupt nicht in die Zuständigkeitssphäre des Vorstandes. Darüber entscheiden Gesetz und Statut. Sie gehört zu den inneren Angelegenheiten der Genossenschaft und nicht zu der Geschäftsführung, die dem Vorstande anvertraut ist. Der Kl. ist kraft seiner Genosseneigenschaft gehalten, die Milch unter den statutarischen Bedingungen abzugeben. Die besonderen darauf bezüglichen Abreden beschäftigen sich also mit einem Gegenstande, der innerhalb des Kreises seiner genossenschaftlichen Rechte und Pflichten liegt. Ueber die Milchlieferung konnte er nicht als Dritter mit dem Vorstande kontrahiren. Daran ändert auch die Thatsache nichts, daß die Vereinbarung getroffen ward, ehe er thatsächlich die Mitgliedschaft erworben hatte. Wenn sich die Revision demgegenüber nun darauf beruft, daß nach der reichsgerichtlichen Judikatur auch die Rechtswirksamkeit der einem Aktionär vertragsmäßig obliegenden Rübenlieferungspflicht anerkannt worden sei, so läßt sich doch hieraus für die Selbständigkeit und Gültigkeit des Milchlieferungsvertrages Nichts folgern. Die Rechtslage ist in dem einen und anderen Falle verschieden. Während die Rübenlieferungspflicht auf ein besonderes, nur an die Voraussetzung der Aktionäreigenschaft gebundenes Rechtsverhältniß zwischen der Aktiengesellschaft und ihrem Aktionär zurückgeführt werden kann, erscheint bei Produktivgenossenschaften allgemein und so auch bei der verklagten Genossenschaft die Verpflichtung zur Einlieferung der für gemeinschaftliche Rechnung zu verwerthenden Produkte und so auch die Milchlieferungsverpflichtung als ein Theil des Genossenschaftsverhältnisses selber." (Vgl. auch Bl. f. G. 1898 S. 164 einen Fall, in dem den Mitgliedern besondere Verpflichtungen auferlegt sind.)

Die im § 3 des Ges. von 1868 aufgeführten und hier in den §§ 6, 7 und 8 nicht berücksichtigten Gegenstände sind weggelassen, weil „die bezüglichen Vorschriften als absolute oder dispositive im Gesetz selbst getroffen sind. Dahin gehören die Bestimmungen über Wahl und Zusammensetzung des Vorstandes und die Formen für die Legitimation seiner Mitglieder (Ziff. 7, vgl. §§ 9 und 24) und über die Bedingungen des Stimmrechts der Genossen (Ziff. 9, vgl. § 42). „Bedingungen", richtiger: Bestimmungen, welche die Genossenschaft für Ein- und Austritt der Genossen aufstellen will (Ziff. 4), sind, abgesehen von den Vorschriften, die der Entwurf [das Gesetz] in den §§ 15, 65, 67, 72, 76 zum Gegenstande hat, nicht unbedingt in den Gesellschaftsvertrag zu verweisen; insbesondere kann es sich empfehlen, Voraussetzungen für die Aufnahme von Genossen auch durch Beschluß des Aufsichtsraths oder der Generalversammlung für den Vorstand wirksam festzustellen. Endlich mußte die bisherige, die Haftung der Genossen betreffende Ziffer 12 weggelassen werden". (Begr. II 61.)

§ 6 bezieht sich auf Bestimmungen organisatorischer Natur, § 7 auf die Grundlage der Kredit- und Vermögensverhältnisse der Genossenschaften.

2. „Muß enthalten".

Wenn das Statut den Erfordernissen der §§ 6 und 7 — und § 36 bezw. auch § 131 — nicht entspricht, so hat das Registergericht die Eintragung in das Genossenschaftsregister zu versagen. Ueber den Umfang des Prüfungsrechts des Richters und die Folgen gesetzwidriger Eintragungen vgl. § 10. Ueber das Nichtigkeitsverfahren § 94ff.

3. Zu Ziffer 1 (Firma und Sitz).

Ueber die Firma vgl. § 3 und die Erläuterungen.

Der Sitz der Genossenschaft bedeutet in der Regel deren Niederlassung, wenn nur eine vorhanden ist, sonst deren Hauptniederlassung im Gegensatz zu den Zweigniederlassungen. Das Geschäftslokal, in welchem sich die Kasse und die Buchführung befinden und der Vorstand den gemeinschaftlichen Geschäftsbetrieb leitet, bildet das entscheidende Kennzeichen — der Ort, wo die Werkstätten oder die Verkaufsläger sind, ist gleichgültig. So auch R.O.H.G. Bd. 21 S. 37, Entscheidung des Hanseatischen O.L.G. vom 12. Juli 1897 (Handelsgesellschafter V S. 7), der Sitz wird durch das Statut dauernd bestimmt, Aenderung erfordert Statutenänderung, setzt aber selbstverständlich nicht Auflösung voraus. Vgl. Joel S. 456, Birkenbihl-Maurer S. 57. Der Sitz der Genossenschaft ist maßgebend für den Gerichtsstand derselben (§ 17 C.P.O.), vgl. aber auch § 21 C.P.O. Die Verlegung des Sitzes an einen zu einem anderen Gerichte gehörigen Ort hat zur Folge, daß die Genossenschaft in dem bisherigen Register gelöscht und an dem neuen Sitz eingetragen wird. Verlegung des Sitzes erfolgt im Wege der Statutenänderung oder muß im Statut bereits vorgesehen sein. Wird der Sitz ins Ausland verlegt, so hat dies zur Folge, daß die Gesellschaft den Charakter als inländische Genossenschaft verliert, die ihr beigelegte Rechtspersönlichkeit aufgiebt — der Beschluß auf Verlegung des Sitzes hat also die gleichen Folgen wie der auf Auflösung: es hat die Liquidation einzutreten (so für Aktiengesellschaften R.G. Bd. 7 S. 70). Zulässig ist, daß die Genossenschaft ihren Sitz im Inlande hat und außerhalb ihre Geschäfte betreibt. Das Statut ist in der Bestimmung des Sitzes unbeschränkt (a. A. Struckmann und Koch zu C.P.O. § 17 [jetzt § 19]), daher hat auch die Verlegung des Geschäftsbetriebes allein noch keine Aenderung des Sitzes zur Folge, a. A. Dernburg II § 217, der für Handelsgesellschaften annimmt, daß die Gesellschaft einen doppelten Sitz hat, wenn der Ort, an dem die Verwaltung geführt wird, von dem registrirten Ort verschieden ist. Dem Inlande gleich steht das Ausland, insoweit in demselben die Konsulargerichtsbarkeit durch Herkommen oder Vertrag gestattet ist. Vgl. § 3 des Gesetzes über die Konsulargerichtsbarkeit vom 10. Juli 1879, wonach die Führung von Genossenschaftsregistern auch in den Konsulargerichtsbezirken nach den Bestimmungen des Genossenschaftsgesetzes erfolgt, so daß in solchen Bezirken sich eine eingetragene Genossenschaft bilden kann, für welche der Konsul das Register führt. Vgl. für offene Handelsgesellschaften R.G. Bd. 36 S. 177. Nichts steht im Wege, daß auch Ausländer einer solchen Genossenschaft beitreten, freilich kann die gerichtliche Verfolgung von Ansprüchen gegen solche Personen aus den Rechtsverhältnissen der Genossenschaft erhebliche Schwierigkeiten verursachen. (Vgl. in Bl. f. G., 1894, S. 294, die Bekanntmachung des Kaiserlichen Konsuls zu Jerusalem, betreffend den landwirthschaftlichen Produzentenverein Sarona e. G. m. b. H. zu Jaffa in Palästina)

4. Zu Ziffer 2. Gegenstand des Unternehmens. (§ 1 Erl. 5 und 6, § 3 Erl. 2.)

Der Gegenstand des Unternehmens muß „ein individuelles Gepräge tragen" (Ring). Die Festsetzung eines allgemeinen unbestimmten und unbestimmbaren Genossenschaftszweckes als Gegenstand des Unternehmens oder statt desselben ist unzulässig. Dies ergiebt sich aus § 3 über die Bezeichnung der Firma und daraus, daß das Statut den Gegenstand des Unternehmens bezeichnen muß, dessen Festsetzung also z. B. nicht einem Organe der Genossenschaft überlassen werden kann. Ueber Verhältniß des Gegenstandes des Unternehmens zum Zweck des Geschäftsbetriebes, § 1 Erl. 6, Parisius und Crüger, Formularbuch (S. 20); zu veröffentlichen, ist nach § 12 Z. 3 auch nicht der Zweck der Genossenschaft, sondern der Gegenstand des Unternehmens. In Bl. f. G. 1889 Nr. 42, 43, 45—50, 52, 1890 Nr. 1 u. ff. und den weiteren Jahrgängen hat Parisius fehlerhafte Veröffentlichungen nach dieser und anderer Richtung in großer Anzahl mitgetheilt.

Zweifel können darüber entstehen, inwieweit eine Aenderung des Gegenstandes des Unternehmens (im Wege der Statutenänderung, § 16 Abs. 2) vorgenommen werden kann. Es wird anzunehmen sein, daß die Minderheit nicht durch die Mehrheit gezwungen werden kann, der Genossenschaft einen ganz anderen Charakter zu geben, z. B. die Generalversammlung eines Konsumvereins wollte beschließen, die Darlehnsgewährung als Gegenstand des Unternehmens einzuführen; damit würde die Grundlage der Genossenschaft verändert und ein solcher Beschluß könnte als ungiltig angefochten werden (vgl. R.G. Bd. 3 S. 132). Dagegen wird Uebergang zur Produktion in der Regel im Rahmen der Aufgaben des Konsumvereins liegen, wenn auch der Konsumverein mit dem betreffenden Geschäftszweig aufhört Konsumgenossenschaft zu sein und Produktivgenossenschaft wird. Ob und inwieweit eine Aenderung des Gegenstandes hiernach zulässig ist, ist im einzelnen Falle Thatfrage. Auch für die Vertretung der Genossenschaft ist der Gegenstand des Unternehmens insoweit maßgebend, als die Vorstandsmitglieder der Genossenschaft gegenüber sich bei Uebertretungen verantwortlich machen würden, falls sie sich in Geschäfte einlassen, die ohne Zusammenhang mit dem statutarischen Gegenstande des Unternehmens stehen, und von dieser Verantwortung würden sie auch nicht durch die Zustimmung des Aufsichtsraths frei werden; gegen Dritte gilt dagegen keine Beschränkung (§ 27 Erl. 3. Maurer S. 155 hebt insbesondere hervor, daß es für die Thätigkeit des Vorstandes keine anderen Grenzen giebt, als den Begriff Genossenschaft. Ebenso Birkenbihl-Maurer S. 165, für A. G. Holdheim in der Wochenschrift für Aktienrecht 1893 S. 295 ff.). Auf die Fassung des Gegenstandes des Unternehmens ist folglich stets besondere Sorgfalt zu verwenden, da zu weite Fassung eine Ausdehnung auf fern liegende Gegenstände ermöglicht — zu enge Abänderung des Statuts erfordert, die von einer Dreiviertel-Stimmenmehrheit abhängt (Parisius u. Crüger Formularbuch S. 22); jedoch nicht allein aus diesen Gründen, sondern auch um Zweifel über den Umfang der Vertretung des Vorstandes auszuschließen. Das Gericht hat daher bei Eintragung des Statuts auf die Prüfung dieses Punktes besondere Sorgfalt zu verwenden. Wesentliche Mängel in der Festsetzung des Gegenstandes des Unternehmens würden trotz Eintragung Nichtigkeit des Statuts zur Folge haben und die Existenz der Genossenschaft in Frage stellen.

Für Vorschußvereine bezeichnet Schulze's Musterstatut als Gegenstand des Unternehmens: „den Betrieb eines Bankgeschäftes behufs gegenseitiger Beschaffung der in Gewerbe oder Wirthschaft nöthigen Geldmittel auf gemeinschaftlichen Kredit". Das neu redigirte Musterstatut (Schulze-Delitzsch-Crüger S. 239) sagt dafür besser: „Betrieb von Bankgeschäften zum Zwecke der Beschaffung der in Gewerbe und Wirthschaft der Mitglieder nöthigen Geldmittel". In dem badischen Steuergesetz vom 20. Juni 1884 fand sich als ein Kriterium der Steuerpflicht für Vorschußvereine der Begriff „bankmäßiger" Betrieb angegeben. Durch Gesetz vom 6. Mai 1892 ist dies geändert, da ein jeder Vorschußverein „Bankgeschäfte" betreibt, die Bezeichnung „bankmäßig" einen sehr dehnbaren und ganz unbestimmten Begriff darstellt, mit dem sich nach keiner Richtung hin etwas feststellen läßt. In Bayern scheint man diesen Begriff gleichwohl für die Steuergesetzgebung wieder verwerthen zu wollen.

Für Konsumvereine bezeichnet das neue Musterstatut (Oppermann-Häntschke S. 245) als Gegenstand des Unternehmens „den gemeinschaftlichen Einkauf von Lebens- und Wirthschaftsbedürfnissen im Großen und Ablaß im Kleinen an die Mitglieder".

„Die Genossenschaften in einzelnen Gewerbszweigen" anlangend, bezeichnet Schulze-Delitzsch in den Musterstatuten seines Buches als Gegenstand des Unternehmens bei den Rohstoffvereinen „den Einkauf der zum Betriebe des . . . gewerbes erforderlichen Rohstoffe, Werkzeuge und Geräthe für gemeinschaftliche Rechnung und Verkauf derselben an die Mitglieder"; bei den Magazinvereinen „den Verkauf der von den einzelnen Mitgliedern für eigene Rechnung eingelieferten . . . . -Waaren in einem zu diesem Zwecke eingerichteten gemeinsamen Magazin"; für landwirthschaftliche Rohstoffvereine: „den Einkauf der zum Betriebe der Landwirthschaft erforderlichen Roh- und Hülfsstoffe, namentlich Kunstdünger und Saatgut, sowie Werkzeuge, Geräthe u. dgl. für gemeinschaftliche Rechnung und Verkauf derselben an die Mitglieder"; für landwirthschaftliche Rohstoff- und Werkvereine lauten die letzten Worte des bis dahin übereinstimmenden Statuts: „Geräthe, Maschinen u. s. w. für gemeinschaftliche Rechnung und deren Verkauf oder Verleihung an die Mitglieder". In dem Musterstatut für industrielle Produktion: „die Anfertigung und den Verkauf von . . . . . . auf gemeinsame Rechnung und Gefahr".*)

Bei den Genossenschaften außerhalb des Schulze'schen Verbandes ist oft nicht genügende Sorgfalt auf die statutarischen Bestimmungen verwendet. In F. W. Raiffeisens Schrift über die Darlehnskassenvereine ist in den Normalstatuten, die „fast ausnahmslos in den verschiedensten Theilen des Reiches bei Gründung neuer Darlehnskassenvereine ohne Widerspruch angenommen sind", der Gegenstand des Unternehmens erst in zweiter Reihe angegeben, und zunächst nur der Zweck des Vereins der Gegenstand des Unternehmens als Mittel zum Zweck „die Verhältnisse seiner Mitglieder in sittlicher und materieller Beziehung zu verbessern, die dazu nöthigen Einrichtungen zu treffen, namentlich die zu Darlehnen an die Mitglieder erforderlichen Geldmittel unter gemeinschaftlicher Garantie zu beschaffen, besonders auch müßig liegende Gelder anzunehmen und zu verzinsen" (Raiffeisen a. a. O. 5. Aufl. S. 97). Ebenso fehlt im Statut sowohl des Winzervereins (S. 183) als der Molkereigenossenschaft (S. 207) der Gegenstand des Unternehmens. Es ist als Zweck an-

*) In den neuen Musterstatuten ist als der Gegenstand des Unternehmens angegeben bei Rohstoffgenossenschaften „der gemeinschaftliche Einkauf der zum Betriebe des . . . gewerbes erforderlichen Rohstoffe, Werkzeuge und Geräthe und der Ablaß im Kleinen an die Mitglieder", — für industrielle Produktivgenossenschaften „die Anfertigung und der Verkauf von . . . durch gemeinschaftlichen Geschäftsbetrieb".

gegeben beim Winzerverein: „durch Einsammeln und gemeinsames Keltern der Trauben seiner Mitglieder reine Weine zu erzielen, diese einheitlich zu behandeln und sodann durch gemeinschaftlichen Verkauf möglichst hoch zu verwerthen", — bei der Molkereigenossenschaft: „die von ihren Mitgliedern produzirte Milch zu sammeln, dieselbe gemeinsam zu verarbeiten, die daraus gewonnenen Produkte für gemeinschaftliche Rechnung zu verkaufen und so den Produzenten die Möglichkeit der höchsten Ausnutzung der Milch, den Konsumenten die Garantie für die größte Güte der Milchprodukte zu verschaffen".

Fehler gleicher Art mehrerer Musterstatuten in der von Professor Mendel 1886 herausgegebenen Schrift „Die landwirthaftlichen Ankaufs- und Verkaufsgenossenschaften ꝛc., sind in der ersten Auflage dieses Buches S. 26 besprochen.

In den Musterstatuten des Allgem. Verbandes der landwirthschaftlichen Genossenschaften (Anwalt Haas), mitgetheilt in Karl Ihrig's, des Anwaltschaftssekretärs, landwirthschaftlichem Genossenschaftskalender, ist als Gegenstand des Unternehmens angeführt bei landw. Kreditgenossenschaften: „der Betrieb eines Spar- und Darlehnskassen-Geschäfts zum Zweck: 1. der Gewährung von Darlehn an die Genossen für ihren Geschäfts- und Wirthschaftsbetrieb, 2. der Erleichterung der Geldanlage und Förderung des Sparsinns"; bei landw. Konsum- und Absatzvereinen: 1. gemeinschaftlicher Einkauf von Verbrauchsstoffen und Gegenständen des landwirthschaftlichen Betriebs, 2. gemeinschaftlicher Verkauf landwirthschaftlicher Erzeugnisse; bei Molkereigenossenschaften: „die Milchverwerthung auf gemeinschaftliche Rechnung und Gefahr"; bei landw. Maschinengenossenschaften: „gemeinschaftliche Beschaffung und Benutzung landwirthschaftlicher Maschinen und Geräthe, sowie Ablaß solcher an die Genossen"; bei Viehversicherungsgenossenschaften: „Versicherung des Viehstandes der Mitglieder"; bei Obstbaugenossenschaften: „Anbau und Verwerthung von Obst und ähnlichen Produkten"; bei Zentralgenossenschaften landw. Konsumvereine: „Betrieb eines Großhandels-Geschäftes zum Zweck: 1. des gemeinschaftlichen Einkaufs von Verbrauchsstoffen und Gegenständen des landwirthschaftlichen Betriebes für die Genossen; 2. des gemeinschaftlichen Verkaufs landwirthschaftlicher Erzeugnisse"; bei Zentralgenossenschaften von Molkereien: „Betrieb eines Großhandels-Geschäftes zum Zweck: 1. der Beschaffung von Bedarfs-Gegenständen für den Molkereibetrieb auf gemeinschaftliche Rechnung und zum Ablaß derselben an die als Mitglieder angeschlossenen Molkereien; 2. der Erzielung eines gleichmäßigen Molkereiproduktes in bester Güte, sowie 3. der Verwerthung von Molkereiprodukten auf gemeinschaftliche Rechnung."

5. Zu Ziffer 3 (Berufung der Generalversammlung der Genossen) vgl. §§ 43, 44, 46.

Die regelmäßig an bestimmten Tagen stattfindenden Generalversammlungen der alten germanischen Genossenschaften haben sich bei den englischen Konsumvereinen noch in voller Wirksamkeit erhalten. Man bringt dort in die Geschäftsführung die größte Regelmäßigkeit dadurch hinein, daß die Tage, an denen das Eine oder das Andere vorgenommen wird, durch das Statut ein für allemal festgestellt sind. (S. Parisius S. 197.)

Nach dem Gesetz wäre ein Gleiches auch den deutschen Genossenschaften gestattet, es ist dies freilich nur möglich, wenn die Genossenschaft ihr eigenes Versammlungshaus hat. Vor dem Genossenschaftsgesetz war bereits die Bekanntmachung durch die Zeitung die übliche Form, bei kleinen Vereinen pflegte man sich noch mit Umlauf- oder besonderen Einladungszetteln zu begnügen. Das Gesetz läßt für die Form der Zusammenberufung volle Freiheit. Die Genossenschaften thun aber jedenfalls gut daran, in dieser Beziehung die Gültigkeit der Generalversammlungsbeschlüsse nur von der leicht nachweisbaren

Zeitungsbekanntmachung abhängig zu machen, für ganz kleine Genossenschaften, bei denen die Zeitungsbekanntmachung zu kostspielig ist, empfiehlt sich besondere Einladung durch schriftliche Anzeige.*)

Die ordnungsmäßige Bekanntmachung ist in Zukunft auch um deswegen von ganz besonderer Bedeutung, weil nach § 51 des Gesetzes die Anfechtung der Generalversammlungsbeschlüsse darauf gegründet werden kann, daß die Berufung der Generalversammlung oder die Ankündigung des Gegenstandes der Beschlußfassung nicht gehörig erfolgt war. Wegen Verstoßes gegen diese Vorschriften vgl. § 95.

6. „Beurkundung der Beschlüsse und Vorsitz in der Versammlung." § 47.

Diese Erfordernisse sind neu. Die Beurkundung der Generalversammlungsbeschlüsse ist auch in § 47 entsprechend dem § 33 des bisherigen Gesetzes, vorgeschrieben, sie ist von Wichtigkeit auch der Anfechtung aus § 51 wegen. Das Statut wird Bestimmung darüber zu treffen haben, in welcher Form die Beschlüsse in das Protokollbuch einzutragen sind, insbesondere von wem sie zu unterzeichnen sind. Notarielle Beurkundung ist nicht erforderlich.

Den Vorsitz wird das Statut am besten dem Direktor oder dem Vorsitzenden des Aufsichtsraths (oder deren Stellvertreter) übertragen, je nachdem die Berufung von dem Vorstande oder dem Aufsichtsrath ausgegangen ist, daneben hat die Generalversammlung das Recht, jederzeit selbstständig einen Vorsitzenden zu wählen. § 46 Abs. 2. Es genügt die Bestimmung, „einem Mitgliede des Vorstandes" gebührt der Vorsitz, nicht nöthig ist, daß der Vorsitzende genau bezeichnet ist. Sache des Vorstandes ist dann, den Vorsitzenden zu bestimmen — ebenso wird es sich mit dem Aufsichtsrathe bei entsprechender Vorschrift verhalten.

Durchaus erwünscht ist, daß das Statut auch über die Form der Abstimmung eine Vorschrift enthält, ob und wann dieselbe durch Stimmzettel erfolgen soll, was im Fall von Stimmengleichheit gilt u. s. w. § 8 Z. 4 ist zu beachten (vgl. § 8 Erl. 4), ferner über die Protokollführung — als Protokollführer kann auch ein Nichtmitglied fungiren. Nach dem Gesetz braucht auch selbst der Vorsitzende nicht Mitglied zu sein. Vgl. für die Handhabung der Geschäfte in der Generalversammlung § 41 Erl. 7.

7. Zu Ziffer 4 (Form der Bekanntmachungen). Vgl. § 46.

Ueber die Form der Bekanntmachungen enthalten die Musterstatuten des Schulze-schen Verbandes ziemlich übereinstimmende Vorschriften. Alle Bekanntmachungen und Erlasse in Angelegenheiten der Genossenschaft ergehen unter deren Firma und sind von so viel Vorstandsmitgliedern zu unterzeichnen, wie zur Vertretung der Genossenschaft nach dem Statut bestimmt sind. Die Einladungen zu den Generalversammlungen, welche vom Aufsichtsrath ausgehen, erläßt der Aufsichtsrath, unterzeichnet von dem Vorsitzenden desselben.**) In Betreff der Berufung durch die Mitglieder vgl. § 45.

---

*) Schulze-Delitzsch empfahl bei industriellen Produktivgenossenschaften mit geringerer Mitgliederzahl sowie bei ebensolchen Rohstoff- und Magazingenossenschaften Aushang im Geschäftslokal und schriftlichen, von dem Eingeladenen zu unterzeichnenden Umlauf (Genossenschaften in einzelnen Gewerbzweigen S. 282—284 u. s. w.).

Raiffeisen schlägt in allen Statuten vor, daß die Einberufung durch den Vereinsvorsteher schriftlich unter Angabe der Verhandlungsgegenstände erfolge: „durch Beschluß der Generalversammlung können jedoch die Einladungen in ortsüblicher Weise oder durch das . . . . Blatt erfolgen". Aus den Statuten der Mendelschen Schrift ist die Bestimmung im landwirthschaftlichen Produzentenverein zu Löningen hervorzuheben, darnach wird die Generalversammlung durch den Vorstand anberaumt und „im öffentlichen Gitterkasten zu Löningen 14 Tage lang veröffentlicht".

**) Die Raiffeisenschen Statuten schreiben übereinstimmend vor, daß alle öffentlichen Bekanntmachungen durch den Vorsteher der Genossenschaft zu unterzeichnen sind. Bei

Für die Sprache, in welcher die Bekanntmachungen zu erlassen sind, ist der Zweck derselben maßgebend; Bekanntmachungen für die Mitglieder, z. B. Einladungen zur Generalversammlung, können in der den Mitgliedern geläufigen Sprache erfolgen, Bekanntmachungen für die Allgemeinheit, z. B. Veröffentlichung der Bilanz, müssen in deutscher Sprache geschehen (Johow u. Küntzel Bd. 4 S. 42).

8. „Oeffentliche Blätter."

Die Bekanntmachungen der Genossenschaft müssen durch öffentliche Blätter erfolgen (ebenso Birkenbihl-Maurer S. 62), nur für die Berufung der Generalversammlung ist dem Statut die Form der Bekanntmachung freigestellt. Wie zu I d erwähnt, entspricht die Fassung der alten Fassung der Art. 175 und 209 des H.G.B. Diese sind nun durch das Ges. v. 18. Juli 1884 sowohl für die Aktienkommanditgesellschaft wie für die Aktiengesellschaft so abgeändert, daß seitdem auch die von den Gesellschaften ausgehenden Bekanntmachungen in anderer Weise als durch öffentliche Blätter erfolgen können. (§ 182 Abs. 2 Z. 6 H.G.B.) Warum diese Erleichterung den Genossenschaften im neuen Gesetz vorenthalten wird, ist nirgends erläutert. „Oeffentlich" ist das Blatt, das für die Allgemeinheit bestimmt ist, eine Korpszeitung wird daher z. B. nicht zu den „öffentlichen Blättern" zu zählen sein (Formularbuch S. 25, ebenso Birkenbihl-Maurer S. 62). Nach dem Wortlaut könnte man zu der Annahme kommen, daß das Statut nur „Bestimmungen über die öffentlichen Blätter" enthalten muß, das ist aber nicht die Absicht des Gesetzes, das Statut soll die öffentlichen Blätter namentlich aufführen, in denen die Genossenschaft die Bekanntmachungen erläßt. Zweifel sind darüber entstanden, ob das Statut die Aenderung der Blätter oder den Ersatz für ein eingehendes Blatt einem Organ z. B. dem Vorstand übertragen kann. Die Entscheidungen des Kammergerichts stimmen hierüber nicht überein. In einem Beschluß vom 8. April 1890 in Sachen des V. V. zu Neumark ist entschieden, „daß eine Aenderung des so (durch das Statut) bestimmten Blattes, außer in dem Falle des Eingehens und dauernd nicht anders als durch Beschluß der Generalversammlung (§ 16) stattfinden kann;" in dem Beschluß vom 5. Mai 1890 in Sachen des V. V. zu Dommitzsch läßt das Kammergericht den Vorstand auch dauernd ein neues Blatt festsetzen. Geht man davon aus, daß das Statut die Blätter benennen muß, so kann jede Aenderung nur im Wege der Statutenänderung erfolgen, es muß daher für den Fall des Eingehens derart Vorsorge getroffen werden, daß z. B. eine Berufung der Generalversammlung nicht unmöglich wird, deswegen enthalten jetzt die meisten Statuten die Bestimmung, daß der Reichsanzeiger als Ersatzblatt eintreten soll, für den Fall, daß die Bekanntmachung durch die andern benannten Blätter nicht erfolgen kann, bis durch die Generalversammlung ein anderes Blatt bestimmt ist.

„Die Berufung der Generalversammlung der Genossenschaft ist als ordnungs- und statutenwidrig nicht zu erachten, wenn sie nach dem Eingehen eines der im Statut zu Bekanntmachungen bestimmten mehreren Blätter in den übrigen, allein forterscheinenden Blättern bekannt gemacht ist und das Statut besondere Bestimmungen für diesen Fall nicht enthält." (Johow u. Küntzel Bd. 4 S. 44.) Ebenso hat das Kammergericht in dem Beschluß vom 18. Februar 1895 (Bl. f. G. 1895 S. 153) ausgesprochen, daß wenn das im Statut bezeichnete Blatt eingeht die Bekanntmachung ordnungsmäßig in dem Blatte erfolgt, das zweifellos als die Fortsetzung des eingegangenen Blattes zu betrachten ist.

Mendel fehlt trotz § 3 Ziff. 11 des Ges. von 1868 in dem Statut eines zum Oldenburgischen Verbande gehörenden Konsumvereins (S. 90) und eines Vereins zum Verkauf von Mastvieh (Landwirthschaftlicher Produzentenverein zu Löningen S. 132) jede Bestimmung über die Form der Bekanntmachungen.

§ 7.

Das Statut muß ferner bestimmen:

1. ob die Genossen der unbeschränkten Haftpflicht oder nur der unbeschränkten Nachschußpflicht oder der beschränkten Haftpflicht unterliegen sollen;
2. den Betrag, bis zu welchem sich die einzelnen Genossen mit Einlagen betheiligen können (Geschäftsantheil),

   sowie die Einzahlungen auf den Geschäftsantheil, zu welchen jeder Genosse verpflichtet ist; dieselben müssen bis zu einem Gesammtbetrage von mindestens einem Zehntheile des Geschäftsantheils nach Betrag und Zeit bestimmt sein;
3. die Grundsätze für die Aufstellung und die Prüfung der Bilanz;
4. die Bildung eines Reservefonds, welcher zur Deckung eines aus der Bilanz sich ergebenden Verlustes zu dienen hat, sowie die Art dieser Bildung, insbesondere den Theil des jährlichen Reingewinns, welcher in den Reservefonds einzustellen ist, und den Mindestbetrag des letzteren, bis zu dessen Erreichung die Einstellung zu erfolgen hat.

Ges. von 1868 § 3 Ziffer 5, 6, 12, Entw. I und II Komm., Rtg. 7. Begr. I 79, 90, II 54, 63. Komm.-Ber. 5.

I. Zur Geschichte des § 7.

a) Im Allgemeinen: vgl. Bemerkungen zu § 6.

Zu Ziffer 1 vgl. Parisius 201 bis 205. Das Ges. von 1868 hatte § 3 Nr. 12, wonach der Gesellschaftsvertrag die Bestimmung enthalten muß, daß alle Genossenschafter für die Verbindlichkeiten der Genossenschaft solidarisch und mit ihrem ganzen Vermögen haften, sowie § 12 Abs. 1: „Insoweit die Genossenschaftsgläubiger aus dem Genossenschaftsvermögen nicht befriedigt werden können, haften ihnen alle Genossenschafter, ohne daß diesen die Einrede der Theilung zusteht, für die Ausfälle solidarisch und mit ihrem ganzen Vermögen" u. s. w.

b) Zu Ziffer 2 (Geschäftsantheil).

Auf Inhalt und Fassung der Bestimmungen über den Geschäftsantheil ist die Entwickelung von Einfluß gewesen, welche das Verhalten der einzelnen Genossenschaftsarten dazu genommen hat. Schulze-Delitzsch hatte bei Begründung der Vorschuß- und Kreditvereine die Geschäftsantheile für ein wesentliches Erforderniß erachtet; nicht auf die Solidarhaft allein sollten sie sich stützen, er brachte, wie er selbst es ausdrückt, sein System „mit der eignen Kapitalbildung für die Mitglieder durch Einführung der Stammantheile, des Guthabens derselben in der Vereinskasse, dem Prinzip nach zum Abschluß". Demgemäß hatte der erste Gesetzentwurf Schulzes, bezw. der Kommission des preußischen Abgeordnetenhauses von 1863 unter die nothwendigen Erfordernisse des Statuts aufgenommen:

> „den Normalbetrag der durch Voll- oder Theilzahlungen oder terminliche Einlagen, sowie durch die Zuschreibung von Dividenden zu bildenden Geschäftsantheile der einzelnen Mitglieder und den niedrigsten Satz der terminlichen Einlagen."

Der preußische Regierungsentwurf von 1866 schlug statt dessen die in das preußische und von da in das norddeutsche Gesetz übergegangene Fassung vor:

„den Betrag der Geschäftsantheile der einzelnen Genossenschafter und die Art der Bildung dieser Antheile.“

Nach dem Wortlaut dieser Bestimmung und der Geschichte ihrer Entstehung mußte jeder Genosse einen Geschäftsantheil besitzen. Allein die Raiffeisenschen Darlehnskassenvereine stellten sich unter das Genossenschaftsgesetz und wurden in das Genossenschaftsregister eingetragen, obschon sie grundsätzlich Geschäftsantheile verwarfen. Die Zulässigkeit des Mangels von Geschäftsantheilen begründete Raiffeisen selbst mit einer Anmerkung zu § 3 Ziffer 4: „Es ist damit selbstredend nicht vorgeschrieben, daß überhaupt Geschäftsantheile gebildet werden müssen, daß diese nicht gleich Null sein können“. (Raiffeisen in der 1872 erschienenen zweiten Auflage seiner Schrift über die Darlehnskassenvereine S. 337.) Nach dem Vorgange des Kreisgerichts zu Neuwied haben auch andere rheinische Gerichte Darlehnskassenvereine ohne Geschäftsantheile in das Genossenschaftsregister eingetragen. Erst die Interpellation, welche Schulze-Delitzsch am 19. Januar 1876 im Reichstage stellte, und deren Beantwortung durch den Präsidenten des Reichskanzleramts Delbrück veranlaßten den Justizsenat zu Ehrenbreitstein, die ihm unterstellten Genossenschaftsrichter, wegen der „thatsächlich und rechtlich begründeten Rügen“ Schulzes mit „angemessener Weisung zu versehen“. (Vgl. Parisius S. 190, 267 bis 270, 280 u. 569, Herz S. 53.)

Gegen die unrichtige Auslegung der gesetzlichen Bestimmung suchte Schulze Abhülfe in seinen Anträgen von 1876 und 1877, indem er in Uebereinstimmung mit den Beschlüssen der allgemeinen Vereinstage von Cassel und Wiesbaden die Fassung vorschlug (der Gesellschaftsvertrag muß enthalten:)

„die Bestimmung über den Betrag von Geschäftsantheilen der einzelnen Genossenschafter, sowie die Bestimmungen über die Bildung dieser Antheile und einer Reserve“.

Damit nun nicht etwa die Geschäftsantheile auf einen nur wenig Null übersteigenden Betrag festgesetzt würden, schlug er ferner als Zusatz zum § 3 vor:

„die Geschäftsantheile müssen
a) bei Kredit- und Produktivgenossenschaften auf mindestens 60 Mk.,*)
b) bei Konsumvereinen auf mindestens 20 Mk.,
c) bei anderen Genossenschaften auf mindestens 30 Mk.
bemessen und seitens der Mitglieder durch volle oder Theilzahlungen in die Kasse eingebracht werden, welche letzteren jedoch
a) bei Kredit- und Produktivgenossenschaften nicht unter 5 Mk.,
b) bei Konsumvereinen nicht unter 2 Mk.,
c) bei anderen Genossenschaften nicht unter 3 Mk.
alljährlich betragen dürfen.

Bis zur Erreichung der Normalhöhe der Geschäftsantheile der einzelnen Mitglieder ist der auf die letzteren fallende Geschäftsgewinn nicht an dieselben zu verabfolgen, sondern einzubehalten und ihren Einzahlungen auf die Geschäftsantheile zuzuschreiben“.

Dieser letztere Zusatz fehlt in den letzten Abdrücken der Novelle, wie Herz (S. 52) meint, durch ein Versehen.

Die Raiffeisenschen Darlehnskassenvereine hatten in Folge des auf sie geübten Zwanges kleine Geschäftsantheile eingeführt. Raiffeisen selbst aber sprach in der fünften Auflage seines Buches (1887 S. 40) unter der Mittheilung, daß noch eine ganze An-

*) In der Novelle von 1876 bei Kreditgenossenschaften mindestens 100 Mk., bei anderen Genossenschaften mindestens 50 Mk. mit Theilzahlungen nicht unter 5% jährlich.

zahl Richter, namentlich außerhalb Preußens, die Auslegung Delbrücks nicht als bindend anerkennten und nach wie vor Vereine ohne Geschäftsantheile eintrügen, die Hoffnung aus, daß das neue Genossenschaftsgesetz von dem Zwange der Ansammlung der Geschäftsantheile befreien werde.*)

Diese Hoffnung ist nicht in Erfüllung gegangen. In der allgemeinen Begründung des Entwurfes war auf Bildung eines „ausreichenden und möglichst konstanten Vereinsvermögens" ein großer Werth gelegt und sodann unter Darlegung der Gründe für und wider entwickelt worden, daß keine Veranlassung vorhanden sei, für die ländlichen Genossenschaften eine Ausnahme von den Vorschriften über die Bildung der Geschäftsantheile und der Guthaben zu machen. (Begr. I 79, II 50, 54.)

Die Entwürfe hatten übrigens den zweiten Absatz der Ziffer 2 dahin vorgeschlagen:

„sowie nach Betrag und Zeit die Einzahlungen, welche auf den Geschäftsantheil von jedem Genossen geleistet werden müssen; der Gesammtbetrag dieser Einzahlungen muß mindestens den zehnten Theil des Geschäftsantheils erreichen".

Diese Aenderung erfolgte in der Kommission (s. unten Erläuterungen zu Ziffer 2).

c) Zu Ziffer 3 (Bilanz).

Das preußische Gesetz und das Gesetz von 1868 hatten als Ziffer 6 des § 3:

„die Grundsätze, nach welchen die Bilanz aufzunehmen und der Gewinn zu berechnen ist, und die Art und Weise, wie die Prüfung der Bilanz erfolgt".

Dieser Satz war entlehnt dem Art. 209 des H.G.B. älterer Fassung, wo in der entsprechenden Nr. 7 für den Gesellschaftsvertrag der Aktiengesellschaft dieselbe Bestimmung getroffen und nur hinter „berechnen" eingeschaltet war „und auszuzahlen".

In dem Aktiengesetz vom 18. Juli 1884 ist die Verweisung auf den Gesellschaftsvertrag fortgefallen, und statt dessen die grundsätzliche Entscheidung in den Art. 239 bis 239b getroffen (jetzt § 260 Abs. 2 § 261 H.G.B.).

Ein wesentlicher Unterschied zwischen der Bestimmung der Ziffer 3 und der Bestimmung des § 3 Ziffer 6 des alten Gesetzes ist nicht vorhanden.

d) Zu Ziffer 4 (Reservefonds).

Im preußischen Landtage waren sowohl im Abgeordnetenhause als im Herrenhause unklar gefaßte Anträge auf obligatorische Einführung eines Reservefonds (Geschäftsvermögens) gestellt, aber abgelehnt, vgl. Parisius S. 185 u. 186. Das Gesetz von 1868 erwähnte in § 39 Abs. 2 den Reservefonds, ohne ihn obligatorisch zu machen. Dies schlug Schulze, der ihn in fast allen Musterstatuten empfohlen hatte, in der Novelle von 1881 vor. Der Entwurf schloß sich ihm an. Im Reichstage hatten Ackermann und Genossen 1881 beantragt, die Höhe der Dividende im Maximalbetrage zu Gunsten des Reservefonds zu bestimmen, Goldschmidt (a. a. O. 32) erklärte, daß dieser Vorschlag weder an sich Billigung verdiene, noch dem Vorwurf entgehen würde, die Rechte der jeweiligen, an dem Reservefonds nicht betheiligten Genossen in empfindlichster Weise zu beeinträchtigen.

II. Erläuterungen zu § 7.

1. Ziffer 1. „Haftpflicht".

„Während die im § 6 aufgeführten Essentialien des Statuts wesentlich Fragen organisatorischer Natur betreffen, beziehen sich die Bestimmungen des § 7 auf die

---

*) Für Winzervereine und für Molkereigenossenschaften erklärt übrigens Raiffeisen die Geschäftsantheile für durchaus erforderlich. In den Winzervereinen sollen in den ersten 10 Jahren von dem Traubenerlöse jährlich 5% (bis zum Minimum von 50 Mk. für die kleinsten Winzer) für den Geschäftsantheil aufgesammelt werden, in den Molkereigenossenschaften von dem Milcherlöse. (Raiffeisen 5. Aufl. 1887 S. 179, 191, 205 und 216.)

nothwendigen Grundlagen der Kredit- und Vermögensverhältnisse der Genossenschaft". Begr. I 90. Für die Haftpflicht der Genossen sind für alle drei Genossenschaftsarten maßgebend die §§ 105 bis 118, für die Genossenschaften mit unbeschränkter Haftpflicht ferner § 122, für die mit unbeschränkter Nachschußpflicht §§ 128 bis 130, für die mit beschränkter Haftpflicht endlich § 141.

Die Fassung der Ziffer 12 des § 3 des Gesetzes von 1868 hatte zu verschiedenen Zweifeln über die Aufnahme oder Fortlassung einer Bestimmung über die Haftpflicht im Statut geführt (vgl. Parisius S. 202 ff. und Sicherer S. 177 ff.). Das jetzige Gesetz schließt jeden Zweifel aus. In § 2 werden die drei Haftformen benannt, unter denen sich allein eine eingetragene Genossenschaft konstituiren kann, und nach § 23 haften die Genossen für die Verbindlichkeiten der Genossenschaft nach Maßgabe dieses Gesetzes. Wird im Statut eine andere Haftpflicht festgesetzt, wie sie nach § 2 möglich ist, so darf dessen Eintragung nicht erfolgen, und die Genossenschaft würde, wenn eingetragen, als nichtig anzufechten sein (§ 95), vgl. auch § 147 des Gesetzes über die Angelegenheiten der freiwilligen Gerichtsbarkeit für die Löschung von Amtswegen. Die Bestimmung über die Haftpflicht muß dem Wortlaut des Gesetzes entsprechen.

Die Genossen sind bei allen drei Arten zu Nachschüssen in Gemäßheit der §§ 105 ff. verpflichtet und, je nachdem die unbeschränkte Haftpflicht, die unbeschränkte Nachschußpflicht oder die beschränkte Haftpflicht gewählt wird, kommen die §§ 122, 128 bis 130, 141 (122) zur Anwendung (vgl. über die Haftpflicht Einleitung IV A).

2. Ziffer 2. „Geschäftsantheil" — Unterschied von „Geschäftsantheil" und „Geschäftsguthaben":

„Das bisherige Gesetz gebraucht die Ausdrücke „Geschäftsantheil" und „Geschäftsguthaben" gleichbedeutend; insonderheit wird der Ausdruck „Geschäftsantheil" sowohl für den statutenmäßigen sogenannten Normalbetrag der Mitgliedereinlagen, als für den jeweiligen Betrag, welchen die Einlagen eines Genossen erreichen, angewendet. Der Entwurf hält jedoch beide Begriffe deutlich auseinander: Geschäftsantheil bedeutet nur den Höchstbetrag der statthaften Mitgliedereinlagen, wogegen der jeweilige Betrag, welchen die Einlagen eines Genossen erreichen, mit Geschäftsguthaben bezeichnet wird." (Komm.Ber. 5.) Die Bezeichnung des „Geschäftsguthabens" im Komm.Ber. ist nicht ganz genau, da zu den Einlagen die zugeschriebenen Dividenden kommen, und anderntheils etwa für Verlust abgeschriebene Beträge in Betracht kommen. „Geschäftsguthaben" ist also der sich hiernach ergebende Betrag des Geschäftsantheilkonto des Mitgliedes, der nur nach dem Jahresabschluß festzustellen ist (vgl. die weiter unten folgenden Ausführungen zu Erl. 4). Da Geschäftsantheil hiernach nur ein Begriff ist und die Höchstgrenze des Geschäftsguthabens bezeichnet, ist es nicht richtig, wenn Richter S. 38 behauptet, die Geschäftsantheile gehörten zum Vermögen der Genossenschaft, unrichtig ist es auch, wenn er das Geschäftsguthaben im Gegensatz zum Geschäftsantheile zum freien Eigenthum des Mitgliedes rechnet, das Geschäftsguthaben bildet vielmehr nur eine bedingte Forderung an die Genossenschaft und gehört im Uebrigen zum Vermögen der Genossenschaft, das dem Gläubiger haftet. Nicht korrekt erscheint die von Birkenbihl-Maurer S. 64 angenommene Gleichstellung des Geschäftsantheils mit dem voll gezahlten Geschäftsguthaben. Vgl. auch dieselben S. 275, Proebst S. 41 ff., Sicherer S. 235. Wie hier Jessenberger S. 30, Zeller S. 17. Der Geschäftsantheil muß im Statut seiner Höhe nach genau (ziffermäßig) bestimmt sein, und zwar muß der Geschäftsantheil für alle Genossen gleich sein — ebenso Birkenbihl-Maurer S. 65. Erhöhung und Herabsetzung des Geschäftsantheils (vgl. § 22) erfolgen im Wege der Statutenänderung (§ 16 Abs. 2). Bei G. m. u. H. und m. u. N. ist die Betheiligung mit nur einem Geschäftsantheil zulässig (§§ 119, 126 — Uebergangsbestimmung in § 163 alter

Fassung), bei G. m. b. H. kann das Statut die Betheiligung mit mehreren Geschäftsantheilen gestatten (§ 134).

3. Die Absicht des neuen Gesetzes, die Genossenschaften Schulzes auf die Grundsätze von der Förderung der eigenen Kapitalbildung durch Geschäftsantheile und Dividendenzuschreibung zurückzuführen, ist aus der Begründung zu erkennen. „Die Ausstattung der Genossenschaft mit eigenem Vermögen ist zu wichtig, um zuzulassen, daß im Statut Einrichtungen getroffen werden, durch welche die Erreichung jenes Zweckes möglicherweise illusorisch gemacht wird. Allerdings kann bei der Verschiedenheit der Verhältnisse die Höhe der Geschäftsantheile durch das Gesetz nicht festgesetzt werden; auch die Art, wie die Guthaben zu bilden sind, ist wenigstens nicht in allen Beziehungen durch absolute Vorschriften zu regeln. Immerhin aber lassen sich gesetzliche Anhaltspunkte gewinnen. Die Genossenschaft hat zwei Quellen für die Bildung eigenen Vermögens: Einzahlungen ihrer Mitglieder und den Geschäftsgewinn, den sie selbst erzielt. Auf den letzteren Weg allein darf die Genossenschaft sich nicht beschränken; derselbe ist zu unsicher und langwierig. Einzahlungen der Genossen, wenn auch in kleinen Raten, sind nicht zu entbehren; sie haben zugleich den Vortheil, die Mitglieder zum Sparen anzuhalten. Die Einzahlungen der Genossen sind deshalb obligatorisch zu machen. Daraus folgt indessen nicht die Nothwendigkeit, die gesetzliche Einzahlungsfrist schlechthin auf den vollen Betrag des Geschäftsantheils zu erstrecken, so daß durch einen und denselben Betrag zugleich die Grenze der Pflicht und des Rechts zur Leistung von Einlagen gezogen würde. Da die Leistungsfähigkeit der Mitglieder eine verschiedenartige ist, so entstände der Uebelstand, daß der Geschäftsantheil nach den Kräften der am wenigsten Leistungsfähigen, auf deren Mitgliedschaft noch gerechnet wird, bemessen würde, und dadurch müßte die Kapitalbildung der Vereine beeinträchtigt werden. Es ist deshalb gesetzlich nur ein Bruchtheil des Geschäftsantheils als obligatorisches Minimum der Einzahlungen zu fordern, soweit nicht der Gesellschaftsvertrag selbst ein Mehreres verlangt." (Begr. I 90, II 62.) Das Gesetz hat den Zweck, die eigene Kapitalsbildung zu fördern, nicht überall erreicht; es bestehen Konsumvereine und landwirthschaftliche Konsumvereine mit einem Geschäftsantheile in Höhe von 50 Pf. und 1 Mk.! Der Allg. Verband der deutschen Erwerbs- und Wirthschaftsgenossenschaften hat gegen derartige unwirthschaftliche Einrichtungen auf dem Genossenschaftstage zu Stettin (1893) Stellung genommen.

4. Die rechtliche Stellung des Geschäftsantheiles*) und des Geschäftsguthabens.

Das Gesetz unterscheidet, wie bereits erwähnt, zwischen „Geschäftsantheil" und „Geschäftsguthaben" (z. B. §§ 16, 19, 22). Ueber die Definition vgl. oben Erl. 2. Der Geschäftsantheil, d. h. die Einzahlungen, welche jeder Genosse zu leisten hat (und zugeschriebene Gewinnantheile), gehören zu dem Vermögen der Genossenschaft (vgl. § 22), sie sind daher in der Bilanz streng zu scheiden von den Spareinlagen, welche Schulden der Genossenschaft sind: während erstere zur Befriedigung der Gläubiger dienen sollen, sind die Spareinleger selbst Gläubiger. Der Genosse hat nur bei Lösung seines Verhältnisses mit der Genossenschaft einen Anspruch auf Zahlung einer Geldsumme, deren Höhe durch die Vermögenslage der Genossenschaft und die Zahl der Genossen im Zeitpunkt des Ausscheidens bestimmt wird (§ 73); diese Forderung, die Geschäftsguthabenforderung (vgl. § 19), ist sein Eigenthum und über dieselbe kann er frei verfügen, ihre Höhe bestimmt sich stets erst durch die Auseinandersetzung, sie ist bedingt durch die Lösung des Verhältnisses zwischen dem Genossen und der

*) Vgl. die Ausführungen bei Parisius S. 182 ff. und bei Sicherer S. 171 ff. über den Geschäftsantheil nach dem Gesetze von 1868.

Genossenschaft (§ 73), betagt durch das gleiche Ereigniß. Die Realisirbarkeit ist von dem Eintritt der Bedingung abhängig. Die Geschäftsguthabenforderung steht in ihrer Realisirbarkeit in unlösbarer Verbindung mit der Mitgliedschaft. Die Träger der Genossenschaft sind die Personen, und deren Verpflichtung, auf den Geschäftsantheil Einzahlungen zu leisten, ist nur eine Folge der persönlichen Mitgliedschaft. Die Einzahlungen auf den Geschäftsantheil geben daher auch dem Genossen keinen Anspruch auf einen verhältnißmäßigen Antheil am Gesellschaftsvermögen. Ist nun aber auch das aus der Betheiligung auf Geschäftsantheil entstehende Geschäftsguthaben untrennbar von der Mitgliedschaft, so kann doch der Genosse darüber mit der Bedingung der Beendigung der Mitgliedschaft verfügen, er kann dasselbe verpfänden, nur nicht an die Genossenschaft (§ 22), es kann ihm gepfändet werden (§ 66), er kann dasselbe folglich auch veräußern — ebenso Birkenbihl-Maurer S. 275 — wobei freilich zu beachten ist, daß er nur die bedingte Forderung veräußert, daß sein Verhältniß zur Genossenschaft dadurch nicht verändert wird, er also trotz Verpfändung, Cession u. s. w. weiter Mitglied bleibt und die Rechte und Pflichten eines solchen hat (vgl. Entwurf eines Gesetzes, betr. die Gesellsch. m. b. H. S. 63), bis die Mitgliedschaft ordnungsmäßig beendigt ist, worauf erst bei der Auseinandersetzung (§ 73) das Geschäftsguthaben festgestellt wird; a. A. in Betreff der Verfügung Proebst S. 41 ff., die daselbst angezogenen Entscheidungen beziehen sich aber auf das Gesetz von 1868, ferner ist zu berücksichtigen, daß die Verfügung über das Geschäftsguthaben noch nicht den Anspruch auf Auszahlung zur Folge hat; Verfügung und Realisirung sind zu unterscheiden. Eine Verwechselung mit dem Ausscheiden durch Uebertragung des Geschäftsguthabens liegt wohl bei Joel S. 459 vor, der außerdem den § 76 nicht richtig auslegt. Verschieden von der einfachen Uebertragung des Geschäftsguthabens ist der Fall des Ausscheidens ohne Auseinandersetzung durch Uebertragung des Geschäftsguthabens (§ 76). Ueber Geschäftsantheil und Geschäftsguthaben vgl. Crüger in Bl. f. G. Nr. 5 von 1891 und Nr. 40 von 1893. Ueber das Kompensationsrecht der Genossenschaft § 22 Erl. 4 u. 6, § 73 Erl. 7.

Für die Aktiengesellschaft schreibt § 182 H.G.B. vor, daß der Gesellschaftsvertrag „die Höhe des Grundkapitals und der einzelnen Aktien" bestimmen muß. (Die Bestimmung im Art. 216 H.G.B. bisheriger Fassung, daß die Aktie ein verhältnißmäßiger Antheil an dem Vermögen der Gesellschaft ist, ist in das neue H.G.B. nicht herübergenommen, da sie hier für die einzelnen, das Gesellschaftsvermögen bildenden Gegenstände unrichtig und soweit sie eine Bedeutung hat, praktisch unerheblich ist. Denkschrift zum H.G.B. S. 143.) Während bei den Aktiengesellschaften die Aktie die Basis der Mitgliedschaft ist, die Mitgliedschaft als Aktie begründet und aufgehoben, übertragen und ausgeübt wird, nimmt die Mitgliedschaft bei der Personalgenossenschaft — der eingetragenen Genossenschaft — nicht den Charakter eines zum Vermögen des Einzelnen gehörigen Sonderrechts an. (Vgl. Gierke a. a. O. 287 ff.)

Ueber die Behandlung des Geschäftsguthabens im Konkurse der Mitglieder § 73 Erl. 8.

5. Zu Ziffer 2 Abs. 2 „Einzahlungen auf den Geschäftsantheil". Das Statut muß bestimmen

1. die Höhe des Geschäftsantheils (vgl. §§ 119, 126, 134).

2. die von jedem Genossen auf den Geschäftsantheil zu leistenden obligatorischen Einzahlungen, welche jedoch nach Betrag und Zeit nur bis zu einem Zehntheile des Geschäftsantheils bestimmt sein müssen; über dies Zehntheil hinausgehende obligatorische Einzahlungen brauchen nicht nach Betrag und Zeit bestimmt zu sein, die Festsetzung weiterer Einzahlungen nach Betrag und Zeit unterliegt der Beschlußfassung der Generalversammlung (§ 50), insoweit das Statut die Genossen zu Einzahlungen auf den Geschäftsantheil verpflichtet, ohne dieselben nach Betrag und Zeit

festzusetzen. Die Regierungsvorlage hatte vorgeschrieben, daß das Statut die sämmtlichen Einzahlungen auf den Geschäftsantheil nach Betrag und Zeit zu bestimmen habe, und daß der Gesammtbetrag dieser Einzahlungen mindestens den zehnten Theil des Geschäftsantheils erreichen müßte. In der Kommission wurde diese Regelung für bedenklich erachtet, weil, wenn das Statut über alle Einzahlungen auf den Geschäftsantheil nach Betrag und Zeit Bestimmungen enthalten müßte, jede Aenderung in den Einzahlungen, auch wenn sie die über den zehnten Theil des Geschäftsantheils zu leistenden Einzahlungen betreffe, nur im Wege der Statutenänderung vorgenommen werden könne, hierdurch aber jede Vergrößerung des Vereinsvermögens unnöthig erschwert werde (Komm.-Ber. 6).

Es braucht also nunmehr das Statut z. B. nur Folgendes zu bestimmen:

„der Geschäftsantheil beträgt 100 Mk., die Mitglieder sind verpflichtet bis zur Erreichung eines Geschäftsguthabens von 50 Mk.*) baare Einzahlungen zu leisten. Bis zur Erreichung eines Geschäftsguthabens von 10 Mark haben die Mitglieder monatlich 1 Mk. einzuzahlen".

Zur Einzahlung der Beträge zwischen 10 und 50 Mk. können die Mitglieder dann jederzeit durch einfachen Generalversammlungsbeschluß angehalten werden nach dem von der Kommission zur Ergänzung vorgeschlagenen § 50.

Für die Bilanz kommen nur die Geschäftsguthaben in Betracht und nicht die Einzahlungen auf Geschäftsantheil, zu denen die Mitglieder künftig noch verpflichtet sein werden. Auch hier zeigt sich der Unterschied zwischen Geschäftsguthaben und Aktien, da das Aktienkapital voll unter Passiven erscheint, die Geschäftsguthaben nur nach dem wirklichen Bestande. Zweifelhaft kann die Behandlung der Einzahlungen sein, die von den Mitgliedern hätten geleistet werden müssen, aber nicht geleistet sei. Allerdings sind dies Forderungen der Genossenschaft (§ 22) und sie werden als solche auch für die Bilanz behandelt werden können, sie sind dann aber nur zu ihrem wahren Werth einzustellen und der Geschäftsguthaben-Betrag auf der Passiv-Seite ist entsprechend zu erhöhen (ebenso Birkenbihl-Maurer S. 67, vgl. Parisius u. Crüger, Das Reichsgesetz über die Gesellschaften mit beschränkter Haftung, S. 188).

Nur Einzahlungen und zugeschriebene Dividenden können das Geschäftsguthaben bilden, das durch abgeschriebene Verluste entsprechend verkleinert wird. Niemals aber können die Mitglieder auf ihrem Geschäfts-Guthaben-Konto ins Debet kommen, dasselbe kann nicht etwa in der Weise belastet werden, daß ein Verlust unter die Mitglieder vertheilt wird und das Geschäftsguthaben nun gewissermaßen aus einem Minus besteht. Die Bestimmung, die sich zuweilen in Statuten befindet: Der Verlust wird auf die Mitglieder nach den Geschäftsantheilen vertheilt und die Mitglieder werden entsprechend belastet, ist insofern ungültig, als damit ausgesprochen ist, daß nach Abschreibung sämmtlicher Geschäftsguthaben noch eine weitere Belastung der Mitglieder auf Geschäfts-Guthaben-Konto eintritt. Eine solche Belastung würde gegen den Grundsatz verstoßen, daß die Mitglieder (ausgenommen die Ausgeschiedenen, § 73) bei bestehender Genossenschaft aus ihrer persönlichen Haftpflicht nicht in Anspruch genommen werden können (vgl. auch Birkenbihl-Maurer S. 349). Das Geschäfts-Guthaben-Konto eines Mitgliedes kann unter Null nicht herabsinken, da es nur durch Einzahlungen und zugeschriebene Dividenden gebildet wird (ebenso Birkenbihl-Maurer S. 66 und S. 133). Uebersteigt der Verlust der Genossenschaft Reserven und Geschäftsguthaben, so kann er nur durch die Unterschriften späterer Jahre und Neubildung der Geschäftsantheile nach Maßgabe des Statuts gedeckt werden, die Deckung durch ein freiwilliges Umlageverfahren

---

*) oder bis zur Erreichung des Geschäftsantheils.

ist absichtlich nicht in das Gesetz aufgenommen (§ 15 Erl. 5, § 19 Erl. 1 u. 3 und Vorbemerkung zum 7. Abschnitt).

6. „verpflichtet ist".

Der Genosse ist nur verpflichtet, die ihm nach Statut oder Generalversammlungsbeschluß obliegenden Zahlungen zu leisten. Das Statut kann die regelmäßigen Einzahlungen auch derart bestimmen, daß ein Genosse keine größeren als die vorgeschriebenen leisten darf; jedoch muß jedem Genossen die Möglichkeit bleiben, den Betrag des Geschäftsantheiles zu erreichen, sei es auch nur durch Stehenlassen der Dividende, denn Geschäftsantheil ist begriffsmäßig derjenige Betrag, bis zu welchem eine Betheiligung mit Einlagen möglich sein muß. Die obligatorischen Einzahlungen hören auf, falls „schon vor der vollen Leistung derselben das Geschäftsguthaben des Genossen durch Gewinnzuschreibung den Geschäftsantheil erreicht. In diesem Falle beginnt jedoch die Einzahlungspflicht wieder, wenn durch Verlustabschreibungen eine Minderung des Guthabens eingetreten ist." (Begr. II 63, s. auch vorstehenden Erl.) Es ist selbstverständlich, daß bei Erreichung des Geschäftsantheils die weiteren baaren Einzahlungen — und gleichfalls die Zuschreibungen der Dividende — aufhören müssen, denn über den Betrag des Geschäftsantheils kann das Konto nicht hinausgehen. Birkenbihl-Maurer, S. 66, nehmen an, daß das Wort „Einzahlungen" im zweiten Satz der Nr. 2 einen Gegensatz zu den „Einlagen" im ersten Satz bildet, daß unter den „Einzahlungen" nur baare Zahlungen zu verstehen sind. Dem ist an und für sich zuzustimmen, nicht zutreffend aber ist die Schlußfolgerung Maurers, daß nämlich die dem Geschäftsantheile zufallende Dividende bei der Berechnung des von dem Mitgliede durch regelmäßige „Einzahlungen" zu erreichenden Geschäftsguthabens nicht berücksichtigt werden solle. Maurer spricht allerdings nur von dem nach dem zweiten Satz der Nr. 2 obligatorischen Zehnttheil des Geschäftsantheils, doch muß dann das Gleiche gelten, als wenn das Statut einen höheren Betrag festgesetzt hat, dies ergiebt sich schon aus der Entstehungsgeschichte der Vorschrift. Der Zweck der Vorschrift in Satz 2 der Nr. 2 ist der, daß das Statut nicht blos einen Geschäftsantheil bestimmt, sondern daß auch dessen Erreichung bezw. die Erreichung eines Mindestbetrages des Geschäftsguthabens gesichert ist. Wenn dieser Zweck auf anderem Wege als durch baare Zahlungen, z. B. Zuschreibung von Gewinnantheilen erreicht wird, so ist der Vorschrift des Gesetzes auch genügt. Dazu kommt, daß die Zuschreibung des Gewinnantheils rechtlich und buchmäßig sich von einer baaren Einzahlung nicht unterscheidet: Der Genosse zahlt die ihm zukommende Dividende auf Geschäftsantheil ein. Daraus ist nun freilich nicht zu schließen, daß das Mitglied die ihm statutarisch obliegende baare Einzahlung gegen die zuzuschreibende Dividende kompensiren kann, falls auch diese Zuschreibung auf einer statutarischen Verpflichtung beruht, denn es sind dies zwei getrennte statutarische Pflichten —, handelt es sich jedoch darum, festzustellen, ob das Mitglied zu weiteren baaren Einzahlungen verpflichtet ist mit Rücksicht auf das von ihm erreichte Geschäftsguthaben, so sind die zugeschriebenen Gewinnantheile dabei zu berücksichtigen. Ist also z. B. der Geschäftsantheil auf 100 Mk. festgesetzt und das Statut schreibt bis zur Erreichung eines Geschäftsguthabens von 50 Mk. vierteljährliche Einzahlungen von 1 Mk. vor, so hört die Verpflichtung zu weiteren baaren Einzahlungen auf, wenn das Geschäftsguthaben von 50 Mk. durch Zuschreibung der Dividende erreicht ist. Der Fall kommt bei Konsum-, Rohstoff- und ähnlichen Genossenschaften öfters vor.

Fordert das Statut nicht die Zuschreibung der Dividende zu dem Geschäftsguthaben, was nach § 19 Abs. 2 zulässig ist, so hat das Mitglied das Recht, die Dividende zuschreiben und auf den entsprechenden Betrag der baaren in Zukunft zu leistenden Einzahlungen verrechnen zu lassen. § 22 Abs. 3 verbietet eine Aufrechnung nur mit geschuldeten Einzahlungen. Unzulässig ist im Statut, die Bildung des

Geschäftsantheils allein durch Gewinnantheilsüberweisung vorzusehen. Bis zum zehnten Theil des Geschäftsantheils müssen die Einzahlungen nach Betrag und Zeit festgesetzt sein. Zulässig aber ist andererseits eine Beschränkung der Einzahlungen, doch muß immerhin die Erreichung des Geschäftsantheils dabei möglich bleiben, wenn auch nur durch Stehenlassen der Dividende.

Inwieweit ein Mitglied sich gegenüber einer von der Genossenschaft geforderten statutarischen Einzahlung darauf berufen kann, daß es bereits früher eine größere Einzahlung geleistet, als ihm obgelegen hat, ist Thatfrage, es hängt davon ab, ob und welche Vereinbarung bei dieser Zahlung getroffen ist. Im Zweifel wird allerdings anzunehmen sein, daß ein Mitglied mit einer größeren Einzahlung nicht sich von der weiteren regelmäßigen Zahlung von Beiträgen auf Geschäftsantheil hat befreien wollen. Für rückständige Einzahlungen sind Verzugszinsen zu zahlen (H.G.B. § 218 — Birkenbihl-Maurer S. 67 f. auch vorstehenden Erl.).

Der Geschäftsantheil kann nur durch baare Zahlungen und zugeschriebene Dividende gebildet werden; Sacheinlagen, Wechsel u. s. w. sind ausgeschlossen (ebenso Birkenbihl-Maurer S. 67). Aus dem Wort „Einlagen" im ersten Satz der Nr. 2 kann das Gegentheil nicht geschlossen werden, da das Gesetz, wo es sonst von der Bildung des Geschäftsantheils handelt (Satz 2 der Nr. 2, § 50 u. s. w.), nur der „Einzahlungen" gedenkt, ferner auch das Gesetz anderen Falls, wie es für Aktiengesellschaften und Gesellschaften mit beschränkter Haftung geschehen ist, mit Bezug auf Sacheinlagen Sondervorschriften getroffen hätte. Dazu kommt, daß die Verpflichtung zur Auszahlung des Geschäftsguthabens nach Beendigung der Mitgliedschaft der Verrechnung der Sacheinlagen jede Grundlage entziehen würde. Läßt sich daher die Genossenschaft von einem Mitgliede über die von diesem auf Geschäftsantheil zu leistenden Einzahlungen einen Wechsel ausstellen, so kommt dieser nicht für das Geschäftsantheilskonto in Betracht, derselbe ist jedoch als Forderung in die Bilanz einzustellen und es müßte in der Passivseite ein gleicher Kapitalbetrag gegenübergestellt werden, da derartige Bestände niemals zu einem Gewinnüberschuß führen können und für die Frage der Zulänglichkeit des Aktivvermögens zur Schuldendeckung natürlich nicht mitzurechnen sind. Bringt ein Mitglied Werthobjekte in die Genossenschaft ein, so können sie auf Geschäftsantheil nicht verrechnet werden. Für Schutzvorschriften, wie sie für Aktiengesellschaften und Gesellschaften mit beschränkter Haftung angetroffen sind, liegt in dieser Hinsicht für die Genossenschaften kein Bedürfniß vor. Wegen der Rückstände auf Geschäftsantheil in der Bilanz vgl. oben Erl. 5.

Geräth das Mitglied in Konkurs, so sind die fälligen Einzahlungen als Konkursforderungen anzumelden, es handelt sich um eine einseitige statutarische Schuldverbindlichkeit und es kommen die von der Rechtsprechung (R.G. Bd. 2 S. 264) für Aktiengesellschaften aufgestellten Grundsätze nicht zur Anwendung. Auch der Zwangsvergleich kann keinen Einfluß ausüben (§ 22). In der Praxis wird das Verhältniß regelmäßig dadurch zur Lösung kommen, daß von der einen oder andern Seite das Ende der Mitgliedschaft herbeigeführt wird (Ausschluß Seitens der Genossenschaft, falls Konkurs des Mitgliedes im Statut als Ausschließungsgrund aufgeführt ist, Kündigung des Konkursverwalters).

Im Falle des Konkurses der Genossenschaft ist der Genosse zu Einzahlungen nur verpflichtet, wenn er mit solchen im Rückstande ist, ebenso Birkenbihl-Maurer S. 66 und 404. In der Begründung I S. 201, II S. 132 sind dagegen zu den von dem Konkursverwalter einzuziehenden Forderungen der Genossenschaft nicht blos die bei Eröffnung des Konkursverfahrens fälligen Einzahlungen gerechnet, sondern auch die „im Laufe des Verfahrens fällig" werdenden. Mit der Begründung Joel S. 458. Die in Konkurs gerathene Genossenschaft aber ist aufgelöst, die Pflicht des Genossen zu Einzahlungen erreicht ihr Ende mit der Auflösung der Genossenschaft, es fehlt das Rechtssubjekt, welchem gegenüber er eine solche Verpflichtung haben kann; im Falle des Konkurses der Genossenschaft bleibt nur noch die persönliche Haftpflicht des Genossen.*) Das Kammergericht in einem Beschlusse vom 27. März 1897 hat sich der Begründung angeschlossen, indem es ausführt: „Denn weder gehen Forderungen mit Wegfall des berechtigten Subjektes ohne weiteres unter, noch erlischt die Genossenschaft durch Eröffnung des Konkursverfahrens. Ein Erlöschen der Genossenschaft mit diesem Moment tritt nur nach ihrer produktiven Seite hin ein, während sie im übrigen für die Zwecke der Liquidation fortbesteht." Beides ist richtig, trifft aber die Sache nicht, denn die künftigen Einzahlungen auf Geschäftsantheil gelten gerade dem produktiven Zwecke und es handelt sich nicht um den Untergang bestehender Forderungen.

Ueber die Geltendmachung der persönlichen Haftpflicht im Konkurse des Mitgliedes vgl. Vorbemerkung zu § 98. Ueber das Geschäftsguthaben im Konkurse des Mitgliedes § 73 Erl. 8.

7. Ueber Erhöhung des Geschäftsantheils vgl. § 16 Abs. 2, über Herabsetzung desselben § 22, über Zuschreibung des Gewinns §§ 19 und 20, über die bei Genossenschaften mit beschränkter Haftpflicht erforderliche Bestimmung des Statuts über die Höhe der Haftsumme § 131, über Regreß gegen andere Genossen § 21 Abs. 2.

---

*) Bei Festsetzung der Bestimmungen des Statuts, betreffend den Geschäftsantheil und die Einzahlungen auf denselben ist vielfach gefehlt. So ist in vielen Statuten von einem „Höchstbetrag" und einem „Mindestbetrag" des Geschäftsantheils die Rede, obgleich der Geschäftsantheil für alle Mitglieder gleich sein muß, es liegt dann in der Regel auch nur eine Verwechslung vor zwischen Geschäftsantheil und den obligatorischen regelmäßigen Einzahlungen auf denselben. Mangelhafte Anweisungen haben hier und dort die Schuld daran, in dieser Beziehung ist besonders einer nach Erlaß des Gesetzes erschienenen Schrift des Konsuls Georg Mahlstedt zu gedenken, von welcher der Verfasser meint, daß an der Hand derselben „die Konstituirung einer landwirthschaftlichen Genossenschaft beschafft werden kann, ohne daß dazu juristische Hülfe nöthig ist, anders als zur Eintragung in das Genossenschaftsregister, der Handelsrichter": Die landwirthschaftlichen Genossenschaften, und deren Vereinigung zu Verbänden, ihr Nutzen, ihre Errichtung und ihr Betrieb. Ein Rathgeber bei der Errichtung landwirthschaftlicher Genossenschaften und Verbände. Oldenburg 1889, 2. Aufl. 1891. Die darin mitgetheilten „Muster bewährter Statuten" eingetragener Genossenschaften (Molkereigenossenschaften, landwirthschaftlicher Konsumvereine, landwirthschaftlicher Produzentenvereine, Schlächterei vereinigter Landwirthe, eines „Zentralverbandes landwirthschaftlicher Genossenschaften eingetragene Genossenschaft mit beschränkter Haftpflicht") enthalten sämmtlich eine Reihe erheblicher Verstöße gegen das Genossenschaftsgesetz, so daß deren Gebrauch dringend zu widerrathen ist. (Vgl. den Aufsatz S. 266 der Nr. 28 vom 13. Juli der Bl.f.G. 1889.) Ueber die Bildung der Geschäftsantheile schlägt Mahlstedts Musterstatut für eine Molkereigenossenschaft (E. G. mit unbeschränkter Haftpflicht) folgende Verpflichtung jedes Genossen vor: „Zur Bildung des Mitgliederguthabens, Geschäftsantheils, einen Antheil von . . . M. mit . . . M. Einzahlung zu erwerben. Diese Einzahlung hat in den ersten drei Monaten nach der Eintragung in das Genossenschaftsregister zu erfolgen (§ 7 Abs. 2 des Gen.-Ges.). Die Vollzahlung des Antheils, dessen Höhe durch die Generalversammlung alljährlich bestimmt oder verändert werden kann, sofern es nicht bei oben genannter Summe sein Bewenden haben soll, geschieht in der Weise, daß jeder Genosse für je 5 kg Milch, die er im verflossenen Geschäftsjahre im Durchschnitt pro Tag geliefert hat . . . M. einzahlt, außerdem wird dem Geschäftsantheil der Antheil am Jahresgewinne zugeschrieben, bis derselbe die vorgeschriebene Höhe erreicht hat (§ 19 des Gen.-Ges.). Am Vermögen der Genossenschaft ist jeder Genosse pro rata der auf seinen Antheil eingezahlten Summe betheiligt". Wir brauchen die blos in dieser Bestimmung enthaltenen zahlreichen Verstöße gegen das Gesetz nicht erst nachzuweisen.

8. Zu Ziffer 3 (Bilanz). Vgl. § 33 die Erläuterungen.

Für die Bilanz sind die §§ 39 bis 41 des H.G.B. maßgebend. (Vgl. § 17 Abs. 2.) Darnach „hat jeder Kaufmann bei dem Beginne seines Handelsgewerbes, seine Grundstücke, seine Forderungen und Schulden, den Betrag seines baaren Geldes und seine anderen Vermögensstücke genau zu verzeichnen, dabei den Werth der einzelnen Vermögensgegenstände anzugeben und einen das Verhältniß des Vermögens und der Schulden darstellenden Abschluß zu machen. Er hat demnächst für den Schluß eines jeden Geschäftsjahres ein solches Inventar und eine solche Bilanz aufzustellen." (§ 39.) „Bei der Aufnahme des Inventars und der Bilanz sind sämmtliche Vermögensgegenstände und Schulden nach dem Werthe anzusetzen, der ihnen in dem Zeitpunkte beizulegen ist, für welchen die Aufstellung stattfindet. Zweifelhafte Forderungen sind nach ihrem wahrscheinlichen Werthe anzusetzen, uneinbringliche Forderungen abzuschreiben." (§ 40.) Es kann Birkenbihl-Maurer S. 68 nicht ganz allgemein darin zugestimmt werden, daß die für Aktiengesellschaften gegebenen Vorschriften, auch insoweit sie Sonderbestimmungen enthalten, das Muster für die Aufstellung der Bilanz der Genossenschaften bilden sollen. Sonderbestimmungen können nicht ohne Weiteres analoge Anwendung finden. Das Gesetz „verlangt nur, daß das Statut Grundsätze für die Prüfung der Bilanz enthalten muß, dagegen nicht, daß diese Grundsätze solche sein müßten, welche nicht schon aus dem Gesetze selbst hervorgehen." (Johow Bd. 14 S. 38) — Parisius und Crüger Formularbuch S. 27.

9. Zu 4 (Reservefonds).

Nach dem Gesetz von 1868 war die Ansammlung eines Reservefonds nicht obligatorisch (s. oben I zur Geschichte d). Schulze-Delitzsch hatte in seiner Novelle von 1881 auch die obligatorische Bildung eines Reservefonds verlangt. Die Musterstatuten enthielten sämmtlich (mit Ausnahme der für Magazinvereine) Bestimmungen über den Reservefonds. Den Vorschußvereinen ist empfohlen, den Reservefonds bis zu 15%, den Produktivgenossenschaften bis zu 10% der Geschäftsguthaben anzusammeln, andere Arten Genossenschaften brauchen wegen des mit dem Geschäftsbetriebe verbundenen verhältnißmäßig geringen Risikos keinen großen Reservefonds (Proebst S. 47). An Stelle der Bildung des Reservefonds nach dem Geschäftsguthaben wird auch der Kreditbestand als Maßstab empfohlen (Schulze-Delitzsch-Crüger S. 73).

Daß im Statut der Mindestbetrag des Rerservefonds auch durch Prozente von anderen beweglichen Summen, so von dem Werth des Waarenlagers, der Immobilien und Utensilien der Genossenschaft bestimmt werden kann, hat das Kammergericht (Johow Bd. 15 S. 50ff.) ausdrücklich anerkannt, weil der Genossenschaft in der Bestimmung des Reservefonds volle Freiheit gelassen ist. Nicht ausreichend ist aber die Bestimmung, „daß der Reservefonds so lange anzusammeln ist, bis er als Betriebskapital der Genossenschaft genüge", damit wird der Mindestbetrag nicht ausreichend bezeichnet (Johow Bd. 17 S. 16ff.), weil die Möglichkeit fehlt den Betrag nach Maßgabe der Inventur nnd Bilanz festzusetzen. Das Kammergericht berührt in dieser Entscheidung auch die Frage, ob die Summe der außenstehenden Forderungen als Anhaltspunkt für die Höhe des Betriebskapitals dienen kann; es war nämlich hervorgehoben, daß das Betriebskapital der Summe der außenstehenden Forderungen gleichkomme also jenes auch aus der Bilanz genügend ersichtlich sei. Das Kammergericht verneint dies: „Denn jedenfalls ertheilen die Außenstände höchstens Aufschluß darüber, in welcher Höhe die Genossenschaft nach ihrem jeweiligen Vermögen und Kredit in der Lage war, den an sie herangetretenen Anforderungen zu entsprechen." Damit ist jedenfalls nicht ausgesprochen, daß der Reservefonds nicht nach den Außenständen bemessen werden darf, die sogar einen sehr angemessenen Maßstab für die Festsetzung des Mindestbetrages des Reservefonds bieten.

Von dem Erforderniß der statutarischen Festsetzung des Mindestbetrages des Reservefonds darf ausnahmsweise nur dann abgesehen werden, wenn der Gewinn (§ 20) ganz und dauernd dem nach § 7 zu bildenden Verlust-Reservefonds überwiesen wird, es genügt also nicht, daß die Gewinn-Vertheilung ausgeschlossen ist (Johow Bd. 17 S. 21, a. A. Birkenbihl-Maurer S. 70) — vgl. § 20 Erl.

Nichtbeachtung der gesetzlichen und statutarischen Vorschriften über Bildung des Reservefonds würden Vorstand und Aufsichtsrath der Genossenschaft verantwortlich machen. Für die bestehenden Genossenschaften vgl. § 156 (alte Fassung).*) Obligatorisch ist die Bildung „eines Reservefonds .... zur Deckung eines aus der Bilanz sich ergebenden Verlustes", also nicht daß der gebildete Reservefonds zur Deckung von Verlusten allein zu dienen hat, sondern es muß nur überhaupt zu dem genannten Zweck ein Reservefonds gebildet werden. Nicht ausgeschlossen ist daher, daß auch noch zu anderen Zwecken Reservefonds gebildet werden, z. B. Gewinn-Reservefonds, welcher zur Ergänzung der Dividenden in schlechten Jahren dienen soll, wirthschaftlich aber verwerflich ist, da durch ihn meist die wahre Geschäftslage verschleiert wird, ferner Effekten-Reservefonds zur Deckung von Kursverlusten. Delkrederefonds vgl. Erl. 8. Die Bildung einer Gewinnreserve wird ausdrücklich anerkannt in der Begr. I 105 zu § 19.**) Ueber die Zuweisung des gesammten Ueberschusses an den Reservefonds vgl. § 20. Ueber Anlegung des Reservefonds vgl. Bl.f.G. 1884 S. 170, 1893 S. 190, Schulze-Delitzsch-Crüger S. 73. Auch der außerhalb des Geschäfts angelegte Reservefonds muß als Bestandtheil des Vermögens der Genossenschaft in der Bilanz erscheinen.

Der zur Verlustdeckung gebildete Reservefonds (vgl. § 20 Erl.) darf auch nur zu diesem Zweck — nicht z. B. zur Dividendenzahlung — benutzt werden, das Gesetz schreibt aber nicht vor, daß er auch zu diesem Zwecke verwendet werden muß, die Generalversammlung hat über die Vertheilung des Verlustes zu beschließen, und es steht ihr frei, unter ganzer oder theilweiser Erhaltung des Reservefonds den Verlust von den Geschäftsantheilen abzuschreiben (Begr. I 93 § 19). Das Reichsgericht hat (Bd. 28 S. 45 ff.) die bis dahin fast ausschließlich vertretene Ansicht, daß der auf Grund des Art. 185 b A.G. angesammelte Reservefonds auch mit dem den gesetzlichen Betrag übersteigenden Theil seinem Zweck, Verlustdeckung, auch nicht durch Statutenänderung ent-

---

*) Ueber die hohe Bedeutung, welche die Raiffeisenschen Darlehnskassenvereine dem Reservefonds (Vereinskapital) beilegen, und wie sie zu Gunsten desselben die Gewinnvertheilung ausschließen, vgl. Raiffeisen 5. Aufl. S. 88 bis 93 und Erläuterung zu § 20. — Das H.G.B. (alter Fassung vor dem Aktiengesetz von 1884) hatte zwar die Zulässigkeit eines Reservefonds bei Aktien- und Aktienkommanditgesellschaften ausgesprochen, aber weder die Bildung eines solchen anbefohlen, noch denselben gesetzlich normirt, das Ges. vom 18. Juli 1884 machte die Bildung eines Reservefonds „zur Deckung eines aus der Bilanz sich ergebenden Verlustes" obligatorisch und ordnete u. A. an, daß ihm vom jährlichen Reingewinn mindestens 5% so lange zugeschrieben werden soll, bis es 10% des Gesammtkapitals erreicht, Art. 185 b und 239 b, ebenso jetzt § 262 H.G.B.

**) Von dem getadelten Gewinnreservefonds ist verschieden die seit einigen Jahren bestehende Dividendenreserve des Vorschußvereins zu Insterburg. Im neuesten Statut des Vereins lautet die Bestimmung über die Superdividenden: „Mehr als 6% darf die Dividende nicht betragen. Erübrigt vom Geschäftsgewinn nach Abrechnung der Dividende, der Ueberweisung an den Reservefonds, den nöthigen Abschreibungen und nach Ausscheidung von mindestens 2% des Reingewinns für gemeinnützige Zwecke noch ein Betrag, so ist dieser als Dividendenreserve (§ 63 b) zur Deckung etwaiger Verluste drei Jahre hindurch zurückzustellen und der nach Ablauf von 3 Jahren noch vorhandene Betrag als Superdividende an diejenigen Mitglieder oder deren Erben zu vertheilen, welche in dem Jahre, aus welchem die zu vertheilende Reserve herrührt, ordentliche Dividende erhalten haben."

zogen werden könne, fallen gelassen und sich der Auffassung (vertreten von Neukamp in der Zeitschrift für Handelsrecht Bd. 38 S. 96 ff.) angeschlossen, „daß der allgemeine Grundsatz der Abänderlichkeit des Gesellschaftsvertrages für den Art. 185 b (jetzt § 262 H.G.B.) nicht ausgeschlossen sei, und daß daher, soweit der gesammelte Reservefonds des Art. 185 b seiner Höhe nach, weil das gesetzlich erforderte Maß übersteigend, lediglich auf einer Bestimmung des Gesellschaftsvertrages beruhe, vermöge einer Aenderung dieser Bestimmung für einen anderen Zweck verfügbar gemacht werden könne." In der gleichen Entscheidung heißt es dann mit Bezug auf den Reservefonds der Genossenschaften: „Da der § 7 Ziffer 4 des Genossenschaftsgesetzes den Betrag, welchen der Reservefonds erreichen soll, ohne eigene Festsetzung eines bestimmten Mindestbetrages der Regelung durch das Statut überläßt, und zwar wie es ausdrücklich heißt, „den Mindestbetrag bis zu dessen Erreichung die Einstellung zu erfolgen hat", so ergiebt sich natürlich hier, daß dieser Mindestbetrag, und wenn im Statut nur ein Betrag festgesetzt ist, dieser derjenige ist, dessen einmal erfolgte Sammlung nicht wieder aufgegeben werden kann. Dieses Ereigniß unterscheidet sich von dem bei der Aktiengesellschaft vertretenen nicht in anderer Weise, als sich eben aus der Ueberlassung der Normirung des Mindestbetrages an die Genossenschaft erklärt. Die völlig analoge Behandlung ergiebt sich, sobald bei der Genossenschaft Zuwendungen über diesen Betrag hinaus gemacht sind." Daraus ergiebt sich als die Auffassung des Reichsgerichts, daß wenn der Reservefonds den im Statut festgesetzten Mindestbetrag erreicht hat, der darüber hinausgehende Mehrbetrag zu anderen Zwecken (Abschreibungen, Spezialreserven), selbst zur Vertheilung unter die Mitglieder verwendet werden kann. Einfacher Generalversammlungsbeschluß würde hierzu genügen, da es sich dabei nicht um eine Aenderung einer Bestimmung des Statuts handelt. Eine Herabsetzung des Mindestbetrages des Reservefonds ist solange zuläſsig, als nicht bereits die Sammlung desselben bis zum Mindestbetrage erfolgt ist, es würde hierzu aber eine Statutenänderung erforderlich sein, das Gleiche gilt in Betreff der Bestimmungen des Statuts über die Art der Bildung des Reservefonds. Nach diesen Grundsätzen würde die Generalversammlung auch befugt sein, Spezialreserven als solche aufzuheben und als Gewinn zu vertheilen, insoweit sie nicht statutarisch Verwendung zu finden haben, im letzteren Falle bedürfte es zur Aenderung des Zwecks der Statutenänderung. Unvereinbar mit der gesetzlichen Bestimmung der Verlustreserven ist jedenfalls die Vertheilung von Spezialreserven als Gewinn und die Abschreibung des Verlustes von der Hauptreserve. Mit dem Zweck der Spezialreserven unvereinbar ist ferner Deckung von Verlusten aus denselben und Neubildung der Spezialreserven aus dem Gewinn desselben Jahres — ein Verfahren, das zuweilen beliebt ist, um die Tantiemen der Vorstandsmitglieder zu erhöhen (§ 24 Erl. 7).

Der Ausscheidende hat an den Reservefonds, ganz gleich zu welchem Zweck er gebildet ist, keinen Anspruch (§ 73), und es darf ihm auch ein solcher Anspruch nicht im Statut eingeräumt werden. Im Falle der Auflösung der Genossenschaft ist der Reservefonds — falls sich Ueberschüsse über den Gesammtbetrag der Geschäftsguthaben hinaus ergeben, und das Statut nichts anderes über die Vertheilung vorschreibt (§ 91 Abs. 3) — unter die Mitglieder nach Köpfen zu vertheilen (§ 91 Abs. 2); Maurer S. 71 (und ebenso jetzt Birkenbihl S. 70) nimmt unter Berufung auf § 91 ohne weitere Begründung Vertheilung nach Geschäftsguthaben an, doch geht § 91 gerade prinzipiell von der Vertheilung nach Köpfen aus und dies entspricht auch der zu Grunde liegenden persönlichen Haftpflicht; in Frage könnte höchstens bei Genossenschaften mit beschränkter Haftpflicht kommen, ob hier durch das Statut Vertheilung nach der Kapitalbetheiligung vorzusehen sein würde. Für eine statuten- oder gesetzwidrige Verwendung des Reservefonds machen sich Vorstand und Aufsichtsrath ersatzpflichtig, zuwiderlaufenden Beschlüssen der Generalversammlung hätten sie die Ausführung zu versagen (§§ 34, 41). Zulässig ist es aber, dem Ausscheidenden Antheil an den Spezialreserven zu gewähren, da hier die Gründe nicht in Betracht kommen, die für das Verbot der Vertheilung der Hauptreserven maßgebend sind.

§ 8.

Der Aufnahme in das Statut bedürfen Bestimmungen, nach welchen:

1. die Genossenschaft auf eine bestimmte Zeit beschränkt wird;
2. Erwerb und Fortdauer der Mitgliedschaft an den Wohnsitz innerhalb eines bestimmten Bezirks geknüpft wird;
3. das Geschäftsjahr, insbesondere das erste, auf ein mit dem Kalenderjahre nicht zusammenfallendes Jahr oder auf eine kürzere Dauer, als auf ein Jahr, bemessen wird;
4. über gewisse Gegenstände die Generalversammlung nicht schon durch einfache Stimmenmehrheit, sondern nur durch eine größere Stimmenmehrheit oder nach anderen Erfordernissen Beschluß fassen kann;
5. die Ausdehnung des Geschäftsbetriebes auf Personen, welche nicht Mitglieder der Genossenschaft sind, zugelassen wird.

Genossenschaften, bei welchen die Gewährung von Darlehen Zweck des Unternehmens ist, dürfen ihren Geschäftsbetrieb, soweit er in einer diesen Zweck verfolgenden Darlehnsgewährung besteht, nicht auf andere Personen außer den Mitgliedern ausdehnen. Darlehnsgewährungen, welche nur die Anlegung von Geldbeständen bezwecken, fallen nicht unter dieses Verbot.

Als Ausdehnung des Geschäftsbetriebes gilt nicht der Abschluß von Geschäften mit Personen, welche bereits die Erklärung des Beitritts zur Genossenschaft unterzeichnet haben und von derselben zugelassen sind.

Konsumvereine (§ 1 Nr. 5) dürfen im regelmäßigen Geschäftsverkehr Waaren nur an ihre Mitglieder oder deren Vertreter verkaufen. Diese Beschränkung findet auf landwirthschaftliche Konsumvereine, welche ohne Haltung eines offenen Ladens die Vermittelung des Bezugs von ihrer Natur nach ausschließlich für den landwirthschaftlichen Betrieb bestimmten Waaren besorgen, hinsichtlich dieser Waaren keine Anwendung.

Ges. von 1868 § 3 Nr. 3, 10, 11 Entw. I u. II, Komm., Rtg. 8, Nov. Art. 1 Z. 1, Begr. I 74 bis 77, 83, 94 bis 96. Begr. II 51, 52, 56, 64 ff., Komm.Ber. 7 bis 13. Novelle Begr. S. 2, Novelle Komm.Ber. S. 1.

Reichstag, St. Ber.: 1. Berathung 13. Dezember 1888. S. 281 bis 295; 2. Berathung 23. März 1889. S. 1036 bis 1056; 3. Berathung 4. April 1889. S. 1290 bis 1300. Novelle 1. Berathung 14. Dezember 1895. S. 136 ff.; 2. Berathung 18. und 20. April 1896. S. 1755 ff. und 1785 ff.; 3. Berathung 7. Mai 1896. S. 2192 ff.

I. **Zur Geschichte des** § 8.

Dieser § 8 ist geformt nach Art. 209a des Aktiengesetzes vom 18. Juli 1884 (Art. 209 H.G.B. alter Fassung).

a) Absatz I zu 1 (Zeitdauer).

Inhaltlich übereinstimmend mit § 3 Nr. 3 des Ges. von 1868, Aktiengesetz vom 18. Juli 1884 Art. 209a. Die Bestimmung ist in das neue H.G.B. nicht herübergenommen, da „überhaupt entbehrlich" (Denkschrift zum H.G.B. S. 131).

b) Zu 2 (Wohnsitz als Voraussetzung der Mitgliedschaft).

Dieser Satz ist erst in der Kommission des Reichstages eingefügt. Die Kommission hielt es für angezeigt, den im § 63 des Entw. (jetzt 67) vorgesehenen Fall, daß durch das Statut die Mitgliedschaft an den Wohnsitz innerhalb eines bestimmten Bezirks geknüpft wird, durch Einschaltung der besonderen Nummer zu berücksichtigen (Komm.-Ber. 7).

c) Zu 3 (Geschäftsjahr).

Der Entwurf des Bundesraths hatte als Nr. 2:

„das Geschäftsjahr, insbesondere das erste, auf eine kürzere Dauer, als auf ein Jahr bemessen wird".

Erst in dritter Berathung hat der Reichstag die Worte „auf ein mit dem Kalenderjahr nicht zusammenfallendes Jahr oder" eingeschoben und dementsprechend § 12 durch Ziffer 6 und § 157 durch den ersten Absatz ergänzt. (St. Ber. der Stzg. 4. April S. 1201).

d) Zu 4 (Stimmenmehrheit).

Statt § 3 Nr. 10 des Ges. von 1868, genau übereinstimmend mit Art. 209 Nr. 10 H.G.B. alter Fassung ist der Satz in Uebereinstimmung mit Art. 209a Nr. 5 des A.G. vom 18. Juli 1884. Sachlich ist kein Unterschied. Jetzt bestimmt H.G.B. § 251: „Die Beschlüsse der Generalversammlung bedürfen der Mehrheit der abgegebenen Stimmen (einfache Stimmenmehrheit), soweit nicht durch das Gesetz oder den Gesellschaftsvertrag eine größere Mehrheit oder sonstige Erfordernisse vorgeschrieben sind. Für Wahlen können im Gesellschaftsvertrag andere Bestimmungen getroffen werden."

e) Zu 5 (Ausdehnung des Geschäftsbetriebes auf Nichtmitglieder).

Dieser Satz ist neu und war in gleicher Fassung schon im ersten Entwurfe. Vgl. unten die Erläuterungen II.

f) **Absatz** II **und** III (Verbot des Geschäftsbetriebes mit Nichtmitgliedern bei Kreditgenossenschaften).

Diese Bestimmungen sind ganz neu. Das Verbot war in dem ersten Entwurfe des Reichsjustizamts ohne Einschränkung:

„eine solche Ausdehnung ist unzulässig, soweit der Gegenstand des Unternehmens in Gewährung von Kredit besteht".

Der lebhafte Widerspruch, den dies Verbot bei den genossenschaftlichen Praktikern der Sachverständigen-Kommission fand, führte dazu, in dem veröffentlichten Entw. I den Abs. 3 einzufügen und den Abs. 2 dadurch abzuschwächen, daß statt der Worte „der Gegenstand des Unternehmens in" gesetzt wurde: „der Geschäftsbetrieb in einer den Zweck des Unternehmens bildenden". In dieser Gestalt hatte darüber die Reichstagskommission zu berathen. In der ersten Lesung nahm sie den ersten Satz des Abs. 2 in der jetzigen Fassung an, und in der zweiten Lesung wurde der zweite Satz hinzugefügt. Ueber die Beweggründe, die zur Annahme dieser Ausnahmebestimmungen geführt haben, und über die Wirkung derselben auf die bestehenden Kreditgenossenschaften s. Erläuterungen.

g) **Absatz** IV (Lex Kulemann).

Diese Bestimmung ist ebenfalls ganz neu und bei der dritten Berathung des Gesetzes in der Abendsitzung des 4. April 1889 entstanden, sie wurde dann erweitert durch die Novelle vom 12. August 1896. Das Nähere darüber in den Erläuterungen.

II. **Erläuterungen zu** § 8.

1. **Absatz** I („bedürfen Bestimmungen") vgl. § 6 Erl. 1, § 36 Erl. 3, § 134. „Während die §§ 6 und 7 vorschreiben, über welche Gegenstände im Statut Bestimmung getroffen werden muß, handelt der § 8 Abs. 1 von denjenigen Bestimmungen, welche, wenn sie überhaupt getroffen werden, der Aufnahme in das Statut bedürfen. Die letztere Art von Bestimmungen wird in § 8 Abs. 1 nicht erschöpft. Der Gesetzentwurf selbst führt an verschiedenen Stellen (z. B. in den §§ 36, 65, 67, 76) weitere hierher gehörige Bestimmungen an." Komm.Ber. 7.

2. Zu 1 (Genossenschaft auf bestimmte Zeit).

Grundsätzlich gilt die Genossenschaft als auf bestimmte Zeit geschlossen. Es ist statthaft, das Bestehen der Genossenschaft auf eine bestimmte Zeit zu beschränken, es muß dies jedoch im Statut geschehen (vgl. § 16 Erl. 1). Die Beschränkung der Zeit kann entweder in der Art getroffen sein, daß die Genossenschaft an einem bestimmten Tage ihr Ende erreichen soll oder indem ein Zeitraum für die Dauer bestimmt ist; mit Recht wendet sich Maurer S. 314 dagegen, daß die Zeitdauer auch durch die Angabe des Zwecks und dessen Erreichung soll bestimmt sein können, ein so wichtiger Akt, wie die Auflösung kann nicht an einen solchen vagen Begriff wie Erreichung des Zwecks gebunden werden (vgl. Seuffert Bd. 35 Nr. 55). Nach dem französischen Gesetz ist der Vertrag stets auf eine bestimmte Zeit abzuschließen. In Deutschland und ebenso in England, Italien, Rußland, Oesterreich ist die Regel: Errichtung auf unbestimmte Dauer. Dies liegt auch im Wesen der Genossenschaft. Die zeitlich beschränkte Genossenschaft hört auf mit Ablauf der Zeit (§ 79): an den Zeitablauf hat sich die Liquidation anzuschließen, andernfalls hat die Genossenschaft nicht weiter die Rechte einer eingetragenen Genossenschaft. Die Zeitbeschränkung kann auch im Wege der Statutenänderung bei einer auf unbestimmte Zeit geschlossenen Gesellschaft eingeführt werden. In Betreff der Kündigung § 65. Zur Fortsetzung ist eine Statutenänderung nothwendig (§ 16 Abs. 1). Die Fortsetzung muß dann aber vor dem Zeitablauf beschlossen und in das Genossenschaftsregister eingetragen sein. Zulässig erscheint, daß sich eine Genossenschaft stets nur auf ein Jahr bildet (Sicherer S. 170), wegen der damit verbundenen Kosten und Arbeit ist dies aber jedenfalls nicht empfehlenswerth.

Daß die Bestimmung in Z. 1 entbehrlich ist, trifft für die Genossenschaften ebenso zu wie für die Aktiengesellschaften.

3. Zu 2 (Wohnsitz in einem bestimmten Bezirk). — § 67.

Die Regierungsvorlage hatte nur in § 67 die Bestimmung, daß ein Genosse wegen Verlegung des Wohnsitzes aus dem Bezirk der Genossenschaft ausscheiden könne, wenn das Statut die Mitgliedschaft an den Wohnsitz in einem bestimmten Bezirke knüpfte, in der Kommission wurde diese Vorschrift auch an dieser Stelle berücksichtigt. Mit derselben ist dem Grundsatz der Raiffeisenschen Vereine Rechnung getragen, wonach die Mitglieder in einem bestimmten Vereinsbezirke wohnen müssen. In der Begründung I 83, II 56 heißt es: „Ein Versuch, diese Einrichtungen für alle Arten von Genossenschaften durch gesetzliche Bestimmung eines Maximalumfangs der Genossenschaftsbezirke zu verallgemeinern, würde jedenfalls scheitern. Kleine Bezirke würden dem Geschäftsbetriebe nur eine geringe Ausdehnung gestatten und dadurch die Wirksamkeit der Genossenschaften je nach Art ihres Geschäftszweiges oder Unternehmens in hohem Grade beschränken. . . . Es empfiehlt sich aber auch nicht einmal, die Festsetzung eines beliebig bestimmten

Vereinsbezirkes als einen wesentlichen Bestandtheil des Gesellschaftsvertrages vorzuschreiben. . . . Auch hier muß vielmehr der Verschiedenheit der Verhältnisse Rechnung getragen und von einer allgemeinen Normirung Abstand genommen werden." Von dieser Bestimmung ist zuweilen in einer vom Gesetze nicht beabsichtigten Weise Gebrauch gemacht; es findet sich in Statuten die Bestimmung, nach der die Mitgliedschaft am Wohnsitz im Deutschen Reich geknüpft ist. Beabsichtigt ist damit, das Ausscheiden von Mitgliedern herbeizuführen, die ausgewandert und verschollen sind. Die Rechtsgiltigkeit einer solchen Bestimmung ist nach der Entstehungsgeschichte, wenn auch nicht nach dem Wortlaut der Vorschrift, zweifelhaft; es läßt sich der gleiche Erfolg auch erreichen, wenn Verlegung des Wohnsitzes ins Ausland im Statut als Ausschließungsgrund bezeichnet wird (§ 68).

4. Zu 3 (Geschäftsjahr).

Nach der Regierungsvorlage und dem Kommissionsentwurf sollte das Statut eine Bestimmung über das Geschäftsjahr nur enthalten, wenn dasselbe auf eine kürzere Zeit als auf ein Jahr bemessen würde. In der dritten Lesung wurde vom Reichstage auf einen von den Kommissaren des Bundesraths veranlaßten oder mit ihnen vereinbarten Antrag mehrerer Abgeordneten eine Ergänzung beschlossen, wonach auch eine Abweichung vom Kalenderjahr dergestalt, daß das Geschäftsjahr zwar 12 ganze Monate umfaßt, aber nicht mit dem 1. Januar, sondern mit einem anderen Tage beginnt, durch das Statut bestimmt werden muß. Dieser neuen Fassung gemäß wurde auch im § 12 die Nr. 6 und im § 157 (bisherige Fassung) der erste Absatz eingeschoben. Geschäftsjahr ist also gleichbedeutend mit Geschäftsperiode. In der Begründung des Entwurfs heißt es bei dieser Bestimmung (I 94, II 64): „Mehr als ein Jahr kann die Rechnungsperiode, da die Genossenschaften als Kaufleute im Sinne des Handelsgesetzbuchs gelten, nach den Bestimmungen desselben über die Inventarisirung und Bilanzaufnahme (§ 39 H.G.B.) niemals betragen.*) Kürzere Geschäftsjahre, z. B. von drei Monaten, sind dagegen bei vielen Genossenschaften, namentlich bei Konsumvereinen üblich. Die Wichtigkeit einer solchen Festsetzung, welche nicht blos in Bezug auf die Buchführung und Gewinnvertheilung, sondern auch noch in anderen Richtungen, namentlich in Betreff des Zeitpunktes für das Ausscheiden von Mitgliedern (§§ 65 ff.) von maßgebender Bedeutung ist, läßt es wünschenswerth erscheinen, daß die betreffende Vorschrift im Statut getroffen werde. Für das erste Geschäftsjahr der Genossenschaft wird sich eine kürzere als einjährige Dauer in den meisten Fällen als nothwendig ergeben." Der Tag der Eintragung der Genossenschaft in das Register braucht nicht nothwendig der Tag für den Beginn des ersten Geschäftsjahres zu sein.

Die Bilanzziehung, wie sie § 39 H.G.B. vorschreibt, hat in jedem Jahre, d. h. in jedem an den Geschäftsbeginn sich anschließenden Zeitjahr zu erfolgen. Will ein Kaufmann (auch eine Genossenschaft) bei Nichtübereinstimmung des Geschäftsjahres mit dem Kalenderjahr die Jahresfrist für die Bilanzziehung mit letzterem zusammenfallen lassen, so kann er dies ohne Verletzung des § 39 nur erreichen, wenn er an einem auf den Beginn des Geschäftsjahres folgenden Schluß des Kalenderjahres eine Zwischenbilanz aufmacht, von welcher dann dem Kalenderjahr entsprechend die neue einjährige Bilanzfrist läuft. Eine Verlängerung des Geschäftsjahres über den Abschluß des Kalenderjahres hinaus und die Aufmachung einer Bilanz für einen Theil eines Jahres und das folgende Jahr bei dem Ablauf des letzteren erscheint ausgeschlossen. Zuwiderhand-

---

*) Das erste Geschäftsjahr beträgt bei Genossenschaften oft mehr als 12 Monate, namentlich wenn es vom zweiten Jahre an mit dem Kalenderjahr zusammenfallen soll. Nach § 39 H.G.B. ist ein solches Verfahren nicht gesetzmäßig. Ebenso Joël (S. 460, Proebst S. 50, Birkenbihl-Maurer S. 73.

lungen fallen bei Vorhandensein der Voraussetzungen im Uebrigen unter die Strafbestimmungen wegen Bankerotts. (Entscheidung des 2. Strafsenats des R.G. vom 7. Juli 1893.) — Nach dem Wortlaut des Gesetzes dürfte gesetzlich zulässig sein die Bestimmung: „der Rechnungsabschluß erfolgt vierteljährlich an dem dem Schluß des Kalenderquartals zunächst liegenden Sonntage", wenngleich durch sie streng genommen nicht die Geschäftsperiode bestimmt, sondern nur eine Anleitung gegeben wird, dieselbe mit Hülfe eines Kalenders für jedes Vierteljahr zu ermitteln.*) Nicht wenige Konsumvereine sind zwar zu jährlichen Geschäftsperioden übergegangen, haben aber die Bemessung von Sonntag zu Sonntag beibehalten. Bei einer Bestimmung, daß das Geschäftsjahr jedesmal vom ersten bis wiederum ersten Sonntage des Monat Januar, oder jedesmal bis zu dem dem Jahresschluß zunächst liegenden Sonntage bemessen wird, dauert das Geschäftsjahr öfters länger als zwölf Monate, was im Widerspruch mit § 39 H.B.G. steht. Den Konsumvereinen ist schon aus diesen rechtlichen Bedenken anzurathen, das Geschäftsjahr mit dem Kalenderjahr zusammenfallen zu lassen. Das Geschäftsjahr wird außer von § 8 noch von den §§ 12, 19, 33, 38, 48, 65, 67, 68, 70, 76, 77, 91, 99, 139, 140 und in der alten Fassung § 156 betroffen. Enthält das Statut über die Geschäftsperiode keine Bestimmung, so gilt als solche das Kalenderjahr. Für Genossenschaften m. u. H., welche die Gewinnvertheilung auf bestimmte Zeit ausgeschlossen haben, vgl. §§ 20 und in der alten Fassung § 114.

5. Zu 4 (Beschlußfassung der Generalversammlung).

Voraussetzung jeder gültigen Beschlußfassung ist, daß die Generalversammlung ordnungsmäßig berufen ist und daß der Gegenstand der Beschlußfassung vorher angekündigt war, vgl. aber § 51 und für Beschlüsse über Leitung der Versammlung und über Berufung einer außerordentlichen Generalversammlung (§ 46). Ist die Versammlung nicht ordnungsmäßig berufen u. s. w., so kann ein gültiger Beschluß selbst dann nicht gefaßt werden, wenn alle Mitglieder anwesend sind (vgl. über die Heilung § 51). Das Gesetz schreibt stärkere als einfache Mehrheiten vor, und zwar von drei Viertheilen in § 16 (Abänderung des Statuts, des Gegenstandes des Unternehmens und Erhöhung des Geschäftsantheils), § 36 (Widerruf der Bestellung des Aufsichtsraths), § 78 (Auflösung), § 132 (Erhöhung der Haftsumme), § 144 (Umwandlung). Es ist damit in dem Gesetz bereits für die wichtigsten Angelegenheiten eine größere Majorität vorgesehen, entsprechend den Musterstatuten von Schulze-Delitzsch, bei denen sich die Mehrheitsziffer zwischen $^2/_3$ und $^5/_6$ bewegt (vgl. Parisius S. 200).

Das Statut kann außer der größeren Stimmenmehrheit „auch noch andere Erfordernisse" aufstellen und muß dieselben enthalten, wenn sie bei der Beschlußfassung maßgebend sein sollen; es genügt nicht, daß dieselben in der Geschäftsordnung getroffen sind.

Die Bestimmungen des Statuts über die Abstimmung müssen so getroffen werden, daß das für alle Mitglieder gleiche Stimmrecht (§ 43) nicht berührt wird (§ 43 Erl. 7).

Zu den „anderen" Erfordernissen gehört u. A. eine Bestimmung über die Beschlußfähigkeit (vgl. Komm.Ber. 7, Proebst S. 51), das Erforderniß der Anwesenheit einer bestimmten Anzahl Mitglieder oder, daß über bestimmte Gegenstände in zwei innerhalb einer bestimmten Zeit auf einander folgenden Generalversammlungen zu beschließen sei; in dem ersten Falle muß jedenfalls dann weiter eine Bestimmung getroffen werden, daß eine folgende Generalversammlung ohne Rücksicht auf die Anzahl

*) Der Ausführungserlaß vom 11. Juli 1889 und das als Anlage beigefügte Formular der Liste der Genossen hat nirgends auf die Möglichkeit Rücksicht genommen, daß die Geschäftsperiode wechseln, nicht auf dasselbe Datum fallen könne.

der erschienenen Genossen beschlußfähig ist, da es sonst leicht überhaupt nicht zu einer Beschlußfassung kommen kann. Zur Verhandlung braucht es in der nicht beschlußfähigen Generalversammlung nicht zu kommen. Ueber die rechtliche Natur der Beschlußfassung, Beschlußfähigkeit, Vertagung u. s. w. § 43 Erläuterungen; über die Abstimmung § 6 Erl. 6. Geringere als einfache Stimmenmehrheit darf für keinen Beschluß im Statut vorgesehen sein, in § 251 H.G.B. ist ausdrücklich anerkannt, daß unter „einfacher Stimmenmehrheit" die Mehrheit der abgegebenen Stimmen zu verstehen ist, es ist dies die sogenannte „absolute Mehrheit", denn die „relative Mehrheit" ist überhaupt keine Mehrheit, sondern nur eine verhältnißmäßige Minderheit.

Bei der Auszählung der Stimmen werden nur die gültigen, abgegebenen Stimmen gezählt (vgl. für A.Ges. R.G. Bd. 40 S. 140 — H.G.B. § 207 Abs. 3), ebenso Birkenbihl=Maurer S. 75 — vgl. § 16 Erl. 3 § 43 Erl. 7.

6. Zu 5 (Ausdehnung des Geschäftsbetriebes auf Nichtmitglieder).

a) Deklarationsgesetz vom 19. Mai 1871.

Das Ges. von 1868 definirte den Zweck der Genossenschaften als „Förderung des Kredites, des Erwerbes oder der Wirthschaft ihrer Mitglieder". Nach der Entstehungsgeschichte des Gesetzes und auch nach dem Sinne dieser Vorschrift konnte es nicht zweifelhaft erscheinen, daß durch diese Definition den Genossenschaften Geschäfte mit Nichtmitgliedern nicht verboten seien, denn es ist nicht undenkbar, daß in einzelnen Fällen die Ausdehnung des Geschäftsbetriebes auf Nichtmitglieder in hohem Grade geeignet ist, den „Erwerb" der Mitglieder der Genossenschaft zu fördern. Einzelne Gerichte aber waren anderer Ansicht: es wurde von denselben die Eintragung von Statutenänderungen abgelehnt, durch welche der Geschäftsbetrieb auf Nichtmitglieder ausgedehnt werden sollte. Schulze=Delitzsch interpellirte hierauf am 19. Mai 1870 den Bundeskanzler, ob er von den Entscheidungen preußischer Gerichte und Verwaltungsbehörden, welche dem Wortlaute des Bundesgesetzes vom 4. Juli 1868 sowie den von den Vertretern der Bundesregierungen im Reichstage bei Erlaß des Gesetzes abgegebenen Erklärungen zuwider den Genossenschaften den Geschäftsverkehr mit Nichtmitgliedern untersagen, Kenntniß genommen, und was er zur Verhütung der daraus entstehenden Vermögensschädigungen und Rechtsverwirrungen für geeignet gefunden habe oder finden möchte? — Der Präsident des Bundeskanzleramts Staatsminister Delbrück erklärte darauf, daß das Bundeskanzleramt mit der vom Interpellanten vorgetragenen Auffassung des Gesetzes einverstanden sei, und sprach zugleich die Hoffnung aus, daß die Verhandlung im Reichstage dahin wirken werde, der richtigeren Auffassung des Gesetzes Eingang zu verschaffen und ein weiteres legislatives Einschreiten entbehrlich zu machen (St. Ber. S. 1053 ff., Sitzung vom 20. Mai 1870). Als einzelne Gerichte trotzdem auf der Auffassung beharrten: es müßte eine Beziehung stattfinden zwischen dem Geschäftsbetriebe der Mitglieder und dem der Genossenschaft,*) legten die Bundesregierungen dem Reichstage am 8. Mai ein Deklarationsgesetz vor, welches am 12. und 13. Mai 1871 vom Reichstage in erster, zweiter und dritter Berathung ohne alle Debatten angenommen wurde. Das am 19. Mai 1871 vollzogene „Gesetz betreffend die Deklaration des § 1 des Ges. vom 4. Juli 1868" enthält folgenden einzigen Paragraphen:

„Die im § 1 des Ges. vom 4. Juli 1868 (Bundesgesetzbl. S. 415) bezeichneten Gesellschaften verlieren den Charakter von Genossenschaften im Sinne des gedachten Gesetzes dadurch nicht, daß ihnen die Ausdehnung ihres Geschäfts=

---

*) Ueber die einzelnen Entscheidungen, die zu dem Deklarationsgesetz Anlaß gaben, s. Parisius S. 170 bis 173.

betriebes auf Personen, welche nicht zu ihren Mitgliedern gehören, im Statute gestattet wird."

(Bundesgesetzbl. Nr. 21 S. 101.)

b) Die Ausdehnung des Geschäftsbetriebes auf Nichtmitglieder bleibt grundsätzlich zulässig.

Das jetzige Gesetz will an dem durch die Deklaration bestätigten Grundsatz des Ges. vom 4. Juli 1868 festhalten; es schränkt jedoch das Prinzip für die zwei zur Zeit wichtigsten Genossenschaftsarten, für Vorschuß- und für Konsumvereine, sowie den letzteren durch die Novelle vom 12. August 1896 gleichgestellten landwirthschaftlichen Rohstoffvereinen (fälschlich im Gesetz Konsumvereine genannt, s. oben § 1 I 1 und II 8 und 11), in höchst bedenklichem Maße ein: bei jenen im Interesse der Mitglieder, bei diesen im Interesse der Konkurrenten. Den übrigen Genossenschaftsarten: Rohstoffvereinen (landwirthschaftlichen mit der im Gesetz vorgesehenen Einschränkung), Magazingenossenschaften, Produktivgenossenschaften, ist eine Ausdehnung des Geschäftsbetriebes auf Nichtmitglieder gestattet, dieselbe soll aber im Statut ausdrücklich zugelassen sein; dehnt der Vorstand bei diesen Genossenschaften den Geschäftsbetrieb ohne eine solche statutarische Vorschrift auf Nichtmitglieder aus, so macht er sich für den dadurch entstandenen Schaden der Genossenschaft verantwortlich; das Gleiche gilt für den Aufsichtsrath. Birkenbihl-Maurer S. 31, 75 halten mit Unrecht das Verlangen in Pos. 5 für inkonsequent, da es nach dem Wortlaut des Gesetzes zweifellos sei, daß jede Genossenschaft ihren Geschäftsbetrieb auf Nichtmitglieder ausdehnen kann — vgl. dagegen Begr. I 87, unten unter c) mitgetheilt.

c) Der Geschäftsbetrieb mit Nichtmitgliedern — insbes. bei distributiven Genossenschaften.

Was unter einem Geschäftsbetrieb mit Nichtmitgliedern zu verstehen ist, kann nicht zweifelhaft sein, wenn man den Geschäftsbetrieb in seine Einzelheiten zerlegt. Der Geschäftsbetrieb der Genossenschaften zerfällt in zwei Theile: erstens müssen sie Geschäfte betreiben, um im Stande zu sein, Erwerb und Wirthschaft ihrer Mitglieder zu fördern, also z. B. Vorschußvereine sich Geld verschaffen, Rohstoffvereine, Konsumvereine Waaren einkaufen, Produktivgenossenschaften Waaren verkaufen, Werkgenossenschaften Geräthe anschaffen u. s. w. Diese Geschäfte bilden stets nur Mittel zum Zweck. Zweitens aber geht ihr Geschäftsbetrieb auf Förderung des Erwerbs oder der Wirthschaft ihrer Mitglieder, sie machen ihre Thätigkeit für die Mitglieder nutzbar, also z. B. Vorschußvereine leihen diesen Geld, Rohstoffvereine, Konsumvereine geben an diese Waaren ab, Produktivgenossenschaften, im eigentlichen Sinne, lassen von diesen Waaren herstellen, Werkgenossenschaften verleihen an diese die Geräthe. Unstreitbar kann der erste Theil des Geschäftsbetriebes auf Mitglieder nicht beschränkt werden, derselbe muß der Genossenschaft auch mit Nichtmitgliedern gestattet sein, soll sie überhaupt bestehen können. (Vgl. Begr. I 75, II 51.) Anders verhält es sich mit dem zweiten Theil: die Genossenschaft kann selbstverständlich ihre Zwecke erfüllen, auch ohne daß sie Nichtmitglieder an denselben theilnehmen läßt. Und in der Begr. I 87 ist es sogar, wie erwähnt, als Prinzip aufgestellt, daß die Genossenschaften „ihre Geschäftsthätigkeit im Interesse der Genossen auszuüben haben". Das preußische Kommunalnothsteuerges. vom 27. Juli 1885 erklärte für gemeindeeinkommensteuerpflichtig eingetragene Genossenschaften, welche ihren Geschäftsbetrieb auf Nichtmitglieder ausdehnen; das Oberverwaltungsgericht hat in einer Reihe Entscheidungen, sowohl für Vorschuß- wie für Konsumvereine als für Produktivgenossenschaften, den Grundsatz aufgestellt, daß ein Geschäftsbetrieb über den Kreis der Mitglieder hinausgeht, wenn Nichtmitgliedern gestattet wird, an denjenigen Zwecken Theil zu nehmen, zu deren Erreichung die Genossenschaft gebildet ist (vgl. O.V.G. Bd. 14 S. 158, Bd. 15 S. 113, 116 und ferner die in Nr. 7 und 12 der Bl.f.G. von 1888 mitgetheilten Entscheidungen des O.V.G.). In dem gleichen Sinne hat sich das preußische O.V.G. zu den gleichlautenden bezw. ähnlichen Bestimmungen des preußischen Staatseinkommensteuergesetzes vom 24. Juni 1891 und des Kommunalabgabengesetzes vom 14. Juli 1893 ausgesprochen. Durch Urtheil des O.V.G. vom 16. Dezember 1895 in Sachen des Konsumvereins Königshütte O.-Schl. (Aktiengesellschaft), mitgetheilt Bl.f.G. 1896 S. 246 heißt es: „Der sog. Kundengewinn, d. h. der aus dem Gewinne an die in das Kundenverzeichniß aufgenommenen Waarenabnehmer nach Verhältniß ihrer Waarenentnahme gezahlte Betrag bildet lediglich eine den Waarenabnehmern zurückzuerstattende Vergütung für Zahlung zu hoher Verkaufspreise", es wird die Besteuerung dieses Betrages ausgeschlossen. Vgl. auch Entsch. des O.V.G. in Steuersachen Bd. VI S. 385. Im Gegensatz hierzu hat das O.V.G. in der Entscheidung vom 10. Juni 1898 (Bl.f.G. 1898 S. 410) die Einkaufsdividende der Mitglieder der Konsumvereine als eingetragener Genossenschaften für einkommensteuerpflichtig erklärt und zwar in der Erwägung, daß bezüglich des von den Genossenschaften an ihre Mitglieder vertheilten Kundengewinnes alle Voraussetzungen gegeben seien, an welche der § 16 des Preußischen Eink St.G. vom 24. Juni 1891 die Einkommensteuerpflicht knüpft. Es ist zuzugeben, daß nach dem strengen Wortlaut des § 16 des Eink.St.G. die Ueberschüsse, welche als Dividenden, gleichviel unter welcher Benennung, unter die Mitglieder vertheilt werden, als steuerpflichtiges Einkommen zu gelten haben. Nach der Auffassung des O.V.G. aber sind die Ueberschüsse, die als Kundengewinn an Nichtmitglieder vertheilt werden, steuerfrei. Das ist demnach der springende Punkt in dem Urtheil: Der Kundengewinn der Konsumvereinsmitglieder gehört zu den steuerbaren Ueberschüssen des § 16, der Kundengewinn an Nichtmitglieder bei Aktiengesellschaften aber nicht! Wenn man den sog. Kundengewinn, wie dies auch das O.V.G. in den früheren Entscheidungen gethan hat, nicht als Gewinn des Vereins, sondern als Ersparnisse der Kunden bezw. der Mitglieder auffaßt, dann kann man ihn nicht unter die Ueberschüsse des § 16 rechnen.

Die Ausdehnung des Geschäftsbetriebes auf Nichtmitglieder ist auch insofern von Bedeutung, als durch dieselbe der Geschäftsbetrieb der distributiven Genossenschaften (Kredit-, Rohstoff-, Konsum-, Werk-, Bau-, Magazingenossenschaften) den Charakter des Gewerbebetriebes bekommt, denn diese Ausdehnung hat zur Folge, daß die Genossenschaft Gewinn erzielen will, was bei den distributiven Genossenschaften dann nicht der Fall ist, wenn sie ihren Geschäftsbetrieb auf den Kreis der Mitglieder beschränken, da ihre Tendenz dann nicht auf Erzielung von Gewinn, sondern von Ersparnissen für die Mitglieder gerichtet ist: die Vertheilung der Ueberschüsse ist in solchem Falle Zurückvergütung eines Theiles der von den Mitgliedern gezahlten Preise die Ansammlung des Reservefonds hat ausschließlich die Bedeutung der Bildung eines Verlustfonds. Auf solche Genossenschaften kommen daher auch die für Gewerbetreibende geltenden Bestimmungen nur insoweit zur Anwendung, als die Gesetze sie ausdrücklich für anwendbar erklären, während die mit Nichtmitgliedern arbeitenden distributiven Genossenschaften den Gewerbetreibenden gleich zu behandeln sind. Vgl. § 1 Erl. 5, Entsch. des O.V.G. Bd. 9 S. 282 ff., Urtheil vom 26. Oktober 1891 in Sachen des Konsumvereins Goldlauter, mitgetheilt in Entsch. Bd. 22 S. 315, Urtheil des Reichsgerichts Entsch. in Strafsachen Bd. 5 S. 112, die Aufsätze „Mißbräuchliche Konsumvereine" in Nr. 2 und 4 Bl.f.G. von 1892; in Betreff der Anwendung der Vorschriften über die Sonntagsruhe das Urtheil des O.L.G. zu Braunschweig vom 20. Mai 1893, mitgetheilt in Nr. 41 Bl.f.G. von 1893, das Ministerialreskript vom 11. März 1893 und dessen Besprechung in Nr. 15 Bl.f.G. von 1894 (durch die Novelle zur Gewerbeordnung vom 8. August 1896 sind die Bestimmungen über die Sonntagsruhe auf die Konsumvereine ausdrücklich ausgedehnt);*) in Betreff der Maaß- und Gewichtsordnung das Urtheil des O.V.G. vom 15. Oktober 1890 in Sachen des Stettiner Spar- und Konsumvereins, mitgetheilt in Nr. 10 Bl.f.G. von 1891, den Erlaß des Württembergischen Ministers des Innern vom 25. Juni 1891, der preuß. Minister des Innern und für Handel und Gewerbe vom 21. Januar 1891 (durch diese Erlasse sind die Konsumvereine thatsächlich der Maaß- und Gewichtsordnung unterstellt); in Betreff des Begriffs „offener Laden" das Urtheil des O.V.G. vom 11. April 1893, mitgetheilt in Nr. 29 Bl.f.G. von 1893, dagegen die Entscheidung des Badischen Ministeriums der Finanzen vom 3. Januar 1891 und die Besprechung des Urtheils von Crüger in Nr. 40 Bl.f.G. von 1893. Vgl. auch Erl. 11. Entgegen dieser von den höchsten Gerichtshöfen fast ausnahmslos anerkannten Theorie sucht nunmehr die Gesetzgebung den Konsumvereinen überall den Charakter als Gewerbtreibende zu geben, während in der Novelle vom 12. August 1896 durch Strafbestimmungen die Beschränkung des Geschäftsbetriebes bei den Konsumvereinen auf den Kreis der Mitglieder gesichert ist (vgl. § 1 Erl. 5 Bl.f.G. 1896 S. 45.

d) Anwendung auf Produktivgenossenschaften.

Eine besondere Erläuterung verdient die Ausdehnung des Geschäftsbetriebes auf Nichtmitglieder bei Produktivgenossenschaften. Es sind zu diesem Zweck drei Arten solcher Genossenschaften zu unterscheiden: 1. Genossenschaften, bei denen sich Genossen desselben Gewerbes event. unter Zuziehung von Kapitalisten u. s. w. zusammenthun, um gemeinschaftlich Waaren anzufertigen bezw. zu verarbeiten; Zweck der Genossenschaft ist Besserung des Erwerbs der arbeitenden (produzirenden) Mitglieder. Hier liegt eine Ausdehnung des Geschäftsbetriebes auf Nichtmitglieder noch nicht vor, wenn, was nicht zu vermeiden ist, vorübergehend zur Aushilfe fremde Arbeitskräfte im Betriebe eingestellt werden. (Vgl. Proebst S. 52.) 2. Genossenschaften, zu denen sich eine Anzahl Personen vereinigen, um für den eigenen Gebrauch Waaren herzustellen; dahin gehören in der Regel Bäckereigenossenschaften, bei denen Gegenstand des Unternehmens ist, die Mitglieder mit gutem Brod zu versorgen. Nach der Definition des Gesetzes sind dies Produktivgenossenschaften, wirthschaftlich stehen sie den Konsumvereinen gleich. Bei ihnen liegt eine Ausdehnung des Geschäftsbetriebes auf Nichtmitglieder dann vor, wenn die Waare auch an Nichtmitglieder verkauft wird. Ein Konsumverein, der Produktion betreibt, z. B. eine Bäckerei hat, wird dadurch für diesen Geschäftszweig Produktivgenossenschaft, vgl. die Rechtsprechung bei § 1 Erl. 11, ferner Gierke S. 1082. In wie weit in einzelnen Geschäftszweigen der Konsumvereine Produktion liegt, ist Thatfrage. Die Aufnahme der Produktion in den Geschäftsbetrieb erfordert Aenderung der Firma, da diese sich nach dem Gegenstand des Unternehmens richten muß, doch kann die Genossenschaft nicht zu der Aenderung gezwungen werden. 3. Kommen in Betracht Genossenschaften, die allerdings auf Produktion gerichtet sind, bei denen die „Genossenschaft" aber nur die äußere Form des Geschäftsbetriebes abgiebt. Hier kann ebenso-

---

*) Hieraus ergeben sich, abgesehen von dem Ladenschluß, der Beschäftigung der Angestellten wichtige Bestimmungen für die Aufnahme der Inventur. Die Mitwirkung der Gehilfen und Arbeiter bei Inventur ist nicht zu entbehren und für die Konsumvereine eignet sich zur Inventur kaum ein anderer Tag wie der Sonntag. Die Gewerbeordnung sieht nur eine Ausnahme vor, und bestimmt im § 105e, daß die Vorschrift aus § 105b über die Beschäftigung von Gehilfen und Arbeitern an Sonn- und Feiertagen keine Anwendung finden sollen, „für einen Sonntag zur Durchführung einer gesetzlich vorgeschriebenen Inventur". Gesetzlich vorgeschrieben ist aber nur die für die Aufstellung der Bilanz erforderliche Inventur. Ueber das dann aufzustellende Verzeichniß der Arbeiter vgl. a. a. O. Vorstands- und Aufsichtsrathsmitglieder sind für die von ihnen selbst zu besorgenden Arbeiten bei der Inventur durch die Bestimmungen der Gewerbeordnung nicht eingeschränkt. Vgl. § 31 Erl. 3.

wenig wie bei Aktiengesellschaften von einer Beschränkung des Betriebes auf Mitglieder oder Ausdehnung auf Nichtmitglieder die Rede sein, § 8 Nr. 5 muß deswegen bei solchen Genossenschaften außer Anwendung bleiben. Zuweilen läßt sich freilich nicht mit Sicherheit feststellen, zu welcher der drei Arten die Produktivgenossenschaft gehört.

Von landwirthschaftlichen Produktivgenossenschaften kommen hauptsächlich solche in Betracht, die sich auf einen landwirthschaftlichen Nebenbetrieb beziehen, wie Milch, Obstverwerthung u. s. w. Eine Ausdehnung des Geschäftsbetriebes auf Nichtmitglieder liegt bei denselben vor, wenn sie zu verarbeitende Rohstoffe auch von Nichtmitgliedern annehmen.

Die Produktivgenossenschaften unterliegen wegen ihrer rechtlichen Selbständigkeit (§ 13) den für Fabriken maßgebenden gewerblichen Bestimmungen. Molkereigenossenschaften als Fabriken, vgl. R.G.Entsch. in Strafsachen Bd. 22 S. 288.

7. Zu Absatz II: Verbot der Darlehnsgewährung an Nichtmitglieder in Vorschußvereinen.

a) Die Begründung des Verbots.

Vielleicht haben bei dem Verbot, welches ursprünglich (siehe I f) im weitesten Umfange beabsichtigt war, auch sozialpolitische Gründe mitgespielt.

In der allgemeinen Begründung (Entw. I 76, II 51) heißt es: „Wenn es hiernach im Allgemeinen bei dem bisherigen Recht bewenden kann (Entw. § 8 Nr. 4), so muß doch gerade für die zahlreichste und wichtigste Art der deutschen Genossenschaften, die Kreditvereine, eine Ausnahme gemacht werden. Bei ihnen fehlt es schon an einem wirklichen Bedürfnisse zur Ausdehnung der Vorschußgeschäfte auf Nichtmitglieder. Das fremde Kapital wird immer ohne große Schwierigkeiten nach dem jeweiligen Kreditbedürfnisse der Mitglieder reduzirt werden können, und für die nutzbringende Verwendung momentan etwa überflüssiger Bestände bedarf es nicht der Hereinziehung von Nichtmitgliedern in den regelmäßigen Darlehnsverkehr der Genossenschaft. Vielmehr ist in solcher Ausdehnung des Betriebes gerade eine der Ursachen zu finden, welche dahin geführt haben, daß manche Kreditvereine des Charakters genossenschaftlicher Institute verlustig gegangen und zu Banketablissements geworden sind, indem sie ihren Zweck nicht sowohl in der Förderung des Kredits ihrer Mitglieder, als in der Erzielung möglichst hoher Dividenden durch die außerhalb des Kreises der Genossen betriebenen Geschäfte erblickten. Dazu tritt der sehr beachtenswerthe Umstand, daß es für die Sicherheit der Kreditgenossenschaften von erheblicher Bedeutung ist, die Kreditnehmer durch ihre Mitgliedschaft an dem Gedeihen der Genossenschaft selbst unmittelbar zu interessiren. Nach alledem erscheint es angezeigt, den bezeichneten Genossenschaften die Ausdehnung der ihren regelmäßigen Geschäftsbetrieb bildenden Darlehnsgewährung auf Nichtmitglieder zu untersagen, wobei jedoch durch die Formulirung des Verbots (§ 8 Abs. 2, 3) Sorge dafür zu tragen ist, daß weder die nöthige geschäftliche Bewegungsfreiheit der Genossenschaften, noch die Sicherheit des Verkehrs mit denselben unter dem Verbote leidet." Die fortgesetzte Zuwiderhandlung gegen das Verbot wollte die Vorlage (im § 81) mit Auflösung gleich der Vornahme gesetzwidriger Handlungen u. s. w. bestrafen.

Das Verbot bezieht sich nur auf Vorschußvereine, auf Genossenschaften, bei welchen die Gewährung von Darlehen Zweck des Unternehmens ist. Der Gegenstand des Unternehmens ergiebt sich aus dem Statut. A. A. Birkenbihl-Maurer S. 77, die dem Gericht die Untersuchung überlassen, ob die Gewährung von Darlehen Zweck der Genossenschaft ist. Das Gesetz bietet für diese Erweiterung der Vorschrift keine Handhabe.

b) Einschränkungen des Verbots und Beseitigung der Strafvorschrift. Unter den Genossenschaften rief dies Verbot und ganz besonders die Androhung der Auflösung große Beunruhigung hervor. Schulze-Delitzsch und die Allgemeinen

Vereinstage hatten allerdings stets eine Einschränkung der Darlehnsgewährung auf die Mitglieder angerathen (vgl. Proebst S. 66 ff.), in dem Gesetze wurde ein Verbot aber um deswegen höchst bedenklich, weil es in jedem Falle Thatfrage ist, ob eine Darlehnsgewährung an Nichtmitglieder vorliegt und eine falsche Auslegung des Gesetzes über das betreffende Rechtsgeschäft die Vernichtung der Genossenschaft zur Folge haben konnte.

Der Allgem. Vereintsag zu Erfurt faßte daher folgenden Beschluß:

„Den Kreditgenossenschaften wird wie bisher die Kreditgewährung an Nichtmitglieder widerrathen und empfohlen, durch statutarische Bestimmung diese Kreditgewährung zu untersagen. Das im § 8 Abs. 2 des Gesetzentwurfs für Kreditgenossenschaften ausgesprochene gesetzliche Verbot der Ausdehnung des Geschäftsbetriebes auf Nichtmitglieder aber kann weder als nothwendig, noch als zweckmäßig anerkannt werden und muß deshalb dessen Beseitigung verlangt werden, in jedem Falle aber müssen in § 76 Abs. 1 (jetzt 81) die Worte „oder in ihrem Geschäftsbetriebe dem Verbote des § 8 Abs. 2 fortgesetzt zuwiderhandelt" gestrichen werden."

In der ersten Lesung der Kommission erhielt der Absatz 2 folgende Fassung:

„Genossenschaften, bei welchen die Gewährung von Darlehen Zweck des Unternehmens ist, dürfen ihren Geschäftsbetrieb, soweit er in einer diesen Zweck verfolgenden Darlehnsgewährung besteht, nicht auf andere Personen außer den Mitgliedern ausdehnen."

Dabei wurde die § 81 angedrohte Auflösung bei fortgesetztem Zuwiderhandeln beibehalten (Komm.Ber. 7 und 8). Das Verbot in dieser Begrenzung erklärten die Regierungsvertreter sogar für eine im öffentlichen Interesse liegende Nothwendigkeit, denn es handle sich darum, die Gefahr auszuschließen, daß die Kreditgenossenschaften der genossenschaftlichen Natur entkleidet würden und durch Einführung eines für sie nicht passenden bankmäßigen Betriebes zum wirthschaftlichen Ruin weiter Kreise führten. Mit Recht wurde ihnen erwidert, daß die Geschichte der Kreditgenossenschaften diese Befürchtungen keineswegs rechtfertigt. Als die Ursachen stattgefundener Bankbrüche haben sich bisher herausgestellt: Gewährung zu hoher Darlehnssummen an Mitglieder schlechte Anlage von Kapitalien, Spekulationen und Unterschleife; Darlehen an Nichtmitglieder aber haben dabei niemals eine Rolle gespielt.

Auch in zweiter Lesung hielt die Kommission an dem Verbot der Darlehnsgewährung trotz lebhaften Widerspruchs des Abg. Anwalt Schenck und trotz zahlreicher Petitionen gegen dasselbe grundsätzlich fest, es handelte sich für sie nur darum, eine Fassung für den Absatz 2 zu finden, welche der Absicht der Gesetzgeber entsprach und die verbotenen Geschäfte möglichst scharf kennzeichnet; man einigte sich schließlich auf den Zusatz zu Absatz 2:

„Darlehnsgewährungen, welche nur die Anlegung von Geldbeständen bezwecken, fallen nicht unter dieses Verbot".

Von großer Bedeutung aber war die Streichung der bei fortgesetzten Zuwiderhandlungen die Auflösung androhenden Stelle des § 81; statt ihrer wurde die Ordnungsstrafe in § 160 aufgenommen. Praktische Anwendung hat die Ordnungsstrafe wohl in keinem Fall gefunden.

c) Umfang des Verbots.

Die Auslegung des Absatz 2 kann nur auf wirthschaftlichem Boden geschehen; man muß ausgehen von der Absicht, welche zu dieser Gesetzesbestimmung geführt hat. Den rechtlichen Begriff des Darlehns läßt man besser ganz bei Seite. „Das Darlehen ist dazu bestimmt, dem Empfänger den zeitweiligen Genuß einer Kapitalsumme der Art zu gewähren, daß er Eigenthum und freie Verfügung über das Geliehene gegen Verpflichtung dereinstiger Rückgewähr in genere erhält" (Dernburg, Lehrbuch des preußischen Privatrechts II § 176). Ob der Geber ein Geschäft mit der Ausleihung von Geldern treibt, ob er nur augenblicklich müßige Gelder unterbringen will, ob er auf Schuldschein zahlt oder auf Wechsel, ob er sich Sicherheit bestellen läßt oder nicht, ob er einen Wechsel diskontirt, was ihn zu der Geldleihe veranlaßt hat — immer giebt er ein Darlehen. Hieraus und aus dem Wortlaut des Abs. 2 folgt aber jedenfalls, daß hier unter Darlehn nicht der juristische Begriff „Darlehn" verstanden werden kann, sondern ein bestimmter wirthschaftlicher Begriff. Joël S. 462 (vgl. auch Zeller S. 21, Proebst S. 59) nimmt im Gegensatz hierzu freilich an, daß das Verbot in objektiver Beziehung eine „Darlehnsgewährung in streng juristischem Sinne dieses Wortes" voraussetzt, daß jede andere Kreditgewährung an Nichtmitglieder daher gestattet sei, z. B. der Ankauf von Wechseln; Joël selbst aber fügt sogleich die Einschränkung zu „sofern die Diskontirung nicht blos als Form erscheint, unter welcher die Darlehnsgewährung realisirt wird". Damit giebt Joël auch seinerseits die objektive Grundlage preis und hält sich an die subjektive Absicht der Genossenschaft bei der Darlehnsgewährung und den wirthschaftlichen Begriff des Darlehns. Um diesen aber zu erkennen, muß man auf das zurückgehen, was nach den Motiven, Berichten und Verhandlungen Regierung und Volksvertretung unter dem „Darlehen" verstanden wissen wollte:

„Das Verbot bezieht sich zunächst nur auf Darlehnsgeschäfte, nicht auf sonstige Kreditgewährungen. Es läßt sich unter Umständen nicht vermeiden, daß Geschäfte, mit welchen eine Kreditgewährung verbunden ist, auch mit Nichtmitgliedern abgeschlossen werden. Untersagt ist ferner die Darlehnsgewährung nur insoweit, als sie den Zweck des Unternehmens bildet, und das Verbot trifft auch nicht die einzelnen Geschäfte als solche, sondern nur die Ausdehnung des Geschäftsbetriebes auf Nichtmitglieder, welche in denselben zu Tage tritt."

So heißt es wörtlich in der besonderen Begründung (I 95, II 64):

„Hiernach sind Darlehnsgewährungen an Nichtmitglieder je nach dem Zwecke verschieden zu beurtheilen, welchen die Genossenschaft mit der Hingabe der Gelder verfolgt, je nachdem nämlich die Darlehnsgewährungen zur Befriedigung eines Kreditbedürfnisses des Empfängers oder zur Anlegung von Geldbeständen dienen sollen. Handelt es sich um die gewerbsmäßige Absicht, den Zweck des Unternehmens zu verfolgen und demgemäß den Darlehnsempfänger in den regelmäßigen Vorschußverkehr hineinzuziehen, so greift das Verbot Platz; handelt es sich dagegen darum, durch Anlegung von Geldbeständen das von der Geschäftspraxis gebotene Mittel anzuwenden, um dem Zwecke des Unternehmens Genüge leisten zu können, so findet die Ausnahmebestimmung Anwendung. Allerdings sind Fälle denkbar, in welchen die Anlegung von Geldbeständen zwar auf Seiten der Genossenschaft der Zweck der Darlehnshingabe ist, aber als mitbestimmendes Motiv für die Auswahl des Empfängers die Befriedigung eines Kreditbedürfnisses desselben in Frage kommt; eine Kreditgenossenschaft, welche Bestände anlegen will, wird aus begreiflichen Gründen unter mehreren Darlehnsnehmern häufig denjenigen zu bevorzugen geneigt sein, welcher der Aufnahme eines Darlehns am meisten benöthigt. Die Kommission hat dies nicht ausschließen wollen. Sodann erschien es nach Ansicht der Kommission zweifellos, daß zu den Geschäften mit Nichtmitgliedern, welche ohne Weiteres zulässig sind, u. A. gehören: der Ankauf von Wechseln, sofern die Diskontirung nicht blos als Form erscheint, unter welcher eine Darlehnsgewährung verwirklicht werden soll, ebenso der Ankauf von Effekten oder Kaufgelder-Restforderungen, also auch von Hypotheken (vgl. Proebst S. 57), die Unterbringung von Geldern bei Sparkassen, Bankgeschäften oder anderen Genossenschaften." (Komm.-Ber. 9 und 10.)

„Alle Geschäfte, welche nicht Darlehen sind, sind zunächst völlig ausgeschieden: die Diskontirung von Wechseln, der Ankauf von Güterzielen und eine ganze Reihe von anderen Geschäften fallen schon an und für sich nicht unter diese Fassung; verboten bleibt blos das eigentliche Darlehnsgeschäft mit Nichtmitgliedern. Aber dieses eigentliche Darlehnsgeschäft ist nur dann noch verboten, wenn es in den regelmäßigen Vorschußverkehr fällt, wenn also der Zweck die regelmäßige Vorschußgewährung ist, der Zweck, zu dem der Vorschußverein gegründet ist, nämlich die Erlangung leichten Kredits für die Mitglieder . . .

Die Ordnungsstrafe, welche gedroht ist, ist nur für den Fall gedroht, daß Darlehen an Nichtmitglieder in den gewöhnlichen Vorschußverkehr gegeben sind. Wenn die Strafe stattfinden soll, so muß bewiesen werden: der Zweck dieses Darlehns war nicht, Geld unterzubringen, sondern war, Vorschüsse zu gewähren, wie sie sonst an Mitglieder gewährt werden." (Abg. Professor Enneccerus in der Sitzung vom 23. März 1889, St. Ber. S. 1040 B.) —

Bei der Auslegung ist daran festzuhalten, daß verboten ist die Darlehnsgewährung an Nichtmitglieder in einem Umfange, daß dadurch der Zweck des Unternehmens auf Nichtmitglieder ausgedehnt wird. Voraussetzung also sind Darlehen der Genossenschaft an Dritte, und zwar nicht in einzelnen Fällen, sondern in einem geschäftsmäßigen Umfange: nicht verboten ist das einzelne Darlehen, sondern die Ausdehnung des Geschäftsbetriebes in Bezug auf Darlehen auf Nichtmitglieder, „mit andern Worten die gewerbsmäßige Darlehnshingabe an Nichtmitglieder" (Maurer S. 76). Der in der Rechtsprechung für Hehlerei angenommene Begriff der „Gewerbsmäßigkeit", wonach unter Umständen dieselbe schon in einer einzelnen That gefunden werden kann, muß hier jedoch außer Betracht bleiben (Birkenbihl-Maurer S. 78); das Verbot bezieht sich hier ausschließlich auf eine wiederholte Darlehnsgewährung an Nichtmitglieder, dieselbe muß ein Bestandtheil des Geschäftsbetriebes sein, die Verfolgung des Zwecks des Geschäftsbetriebes, insoweit er in der Darlehnsgewährung besteht, muß auf Nichtmitglieder ausgedehnt sein.

Zu prüfen wird stets zunächst sein, ob die einzelnen Geschäfte Darlehen an Nichtmitglieder bilden; hierzu ist unbedingtes Erforderniß, daß die Absicht des Vorstandes darauf gerichtet sein muß, dem Empfänger des Geldes ein Darlehn zu geben, daß das Geschäft also im **wesentlichen** Interesse des Empfängers abgeschlossen ist. Deswegen fällt niemals die Anlage müßiger Gelder unter das Verbot, mag sie für kürzere oder längere Zeit erfolgt sein, mag der Empfänger das Geld erhalten haben oder nicht: denn für die Beurtheilung desselben bestimmend ist die Absicht, welche der Vorstand mit der Ausleihung verfolgte.

Bankdirektor Thorwart kennzeichnet den Kreis der erlaubten und verbotenen Geschäfte in Nr. 17 der Bl.f.G. von 1889 zutreffend folgendermaßen:

„Nach wie vor sind gestattet: die Annahme von Spareinlagen z. B., der Ankauf und Verkauf von Werthpapieren, Zinsscheinen, Wechseln in fremder Währung, die Uebernahme von Wechseln zum Einzug auf den eigenen Platz und auf fremde Orte, die Anlage müßiger Kassenbestände, sei es — wie der Schlußbericht der Reichstags-Kommission noch besonders hervorhebt — durch Hingabe zur Verzinsung an eine Sparkasse, an einen Bankier, sei es durch Ankauf sogenannter Diskontwechsel, oder von Kaufgelderrestforderungen, sei es selbst durch Gewährung eines Lombarddarlehens; alle diese Geschäfte können die Vereine nach wie vor mit Mitgliedern und Nichtmitgliedern machen. Ausdrücklich sagt das Gesetz: „Darlehnsgewährungen, welche nur die Anlegung von Geldbeständen bezwecken, fallen nicht unter dieses Verbot."

Bei dem Ankauf von Wechseln ist der Zweck zu prüfen: „Es kommt darauf an, ob nach der Absicht der Vertragschließenden der Wechselgeber gegen Hingabe des Wechsels den zeitweiligen Gebrauch einer vom Wechselnehmer ihm auszuzahlenden Wechselsumme erlangen und dann die Geldsumme zurückzahlen und den Wechsel wieder erhalten soll; in solchem Falle liegt ein Darlehen vor. Die Absicht kann aber andererseits auch darauf gehen, daß der Wechselgeber die ihm aus dem Wechsel zustehenden Rechte definitiv auf einen Anderen übertragen, dieser Andere als Wechselnehmer hierfür definitiv eine Geldsumme an den Ersteren zahlen soll; dann liegt ein Kaufgeschäft vor" (R.G. Strafsachen Bd. 18 S. 183, 184). Darlehnsempfänger ist stets derjenige, welchem von dem Verein das Geld ausgezahlt ist; giebt also der Verein das Geld auf einen Wechsel, der von Mitgliedern und Nichtmitgliedern ausgestellt ist, so ist allein entscheidend, wem von dem Verein thatsächlich das Geld ausgehändigt ist: nur wenn das Nichtmitglied das Geld erhalten hat, kann es überhaupt zu Erwägungen kommen, ob dies Geschäft unter das Verbot des § 8 Abs. 2 fällt, denn was das Mitglied mit dem Gelde anfängt, geht den Verein nichts an, dieser hat sich auch nicht darum zu bekümmern, ob das Mitglied etwa nur vorgeschoben ist. Auf die Gültigkeit der gegen das Verbot abgeschlossenen Geschäfte ist das Verbot ohne Einfluß, da nicht das einzelne Geschäft, sondern eine Ausdehnung des Geschäftsbetriebes auf Nichtmitglieder verboten ist. (Begr. I 95, II 64.)

Nach der Darstellung, welche das Verbot in der Kommission gefunden hat (vgl. Komm.Ber. 8 und 9), wird, wie Thorwart a. a. O. ausgeführt, ausgeschlossen sein:

„für Nichtmitglieder die Eröffnung einer laufenden Rechnung mit Kreditbewilligung, die Gewährung eines Darlehns unter den gewöhnlichen Vorschußbedingungen (also z. B. dem Zugeständnisse bei Abschluß des Geschäfts, die Schuld erst nach wiederholten Verlängerungen zurückzahlen zu dürfen), die Diskontirung von Wechseln, im Falle hierunter nur eine Form der Darlehnsgewährung verwirklicht werden soll. Zulässig ist dagegen zur Anlage müßiger Gelder auch bei Nichtmitgliedern die Gewährung eines Darlehens auf bestimmte Frist; ebenso ist die einmalige oder mehrmalige Verlängerung des Darlehens bei seiner Fälligkeit zulässig, sobald wiederum die Voraussetzung der Geldanlage zutrifft; ferner ist zulässig der Erwerb von Kaufgelderrestforderungen (Kaufschillingen, Güterzielern), von Geschäftswechseln und von Wechseln, gezogen von dem Aussteller auf einen Bankier; ausgeschlossen bleiben natürlich die sogen. Vorschußwechsel. Allerdings ist immer die vorausgehende Bedingung, daß es sich um die Unterbringung flüssiger Kassenbestände handeln muß. Es wird also nicht zulässig sein, z. B. von dem Bankier auf Kredit Geld zu entnehmen, um einem Nichtmitgliede ein Darlehen zu gewähren, das Geld muß vielmehr schon vorher dem Vereine zur Verfügung gestanden haben. Nicht minder wird es als zulässig bezeichnet werden müssen, das Guthaben bei dem Bankier wegzuziehen oder vorräthige Wechsel bei diesem oder bei der Reichsbank zurückzudiskontiren, im Falle sich bei der Darlehnsgewährung an ein Nichtmitglied Gelegenheit zur Erzielung höherer Zinsen bietet. Denn es sind ja auch nur müßige Gelder, welche vorher bei dem Bankier oder durch Diskontirung von Wechseln zinstragend angelegt wurden, und ein Austausch dieser Anlage gegen eine andere erscheint durch das Gesetz nicht als verboten".

Ausgeschlossen von dem Verbot sind auch die Geschäfte, die mit einem ausgeschiedenen Genossen blos zum Zweck der Abwickelung früherer Geschäfte geschlossen werden, da bei ihnen die Absicht fehlt, das Vorschußgeschäft auf Nichtmitglieder auszudehnen. (Begr. I 95, II 65.)

Nicht nothwendig ist, daß das Geld baar in der Kasse liegt, denn die Anlage müßiger Gelder kann auch verändert werden, ohne daß in der neuen Anlage ein Darlehen enthalten ist.

d) Ordnungsstrafe.

Die Umstände für eine verbotene Ausdehnung des Geschäftsbetriebes hat der Richter nachzuweisen (vgl. § 160) und dieser Beweis ist, wie aus dem Vorhergehenden erhellt, so schwierig, daß Dr. Enneccerus sogar meinte, eine Bestrafung werde überhaupt nicht eintreten, weil der Beweis nicht geführt werden könne, außer in dem Falle, daß bei dem allgemeinen Geschäftsgebahren des Vereins stadtkundig gar nicht mehr gefragt werde, ob Jemand Mitglied sei oder nicht. (St.Ber. S. 1040.)

Jedenfalls hat der Richter nachzuweisen

1. daß der Vorstand nicht die Absicht gehabt hat, müßige Gelder anzulegen, sondern die Absicht, ein Darlehn zu gewähren,
2. daß dies so häufig vorgekommen ist, um den Schluß zu rechtfertigen: es liegt in Betreff der Darlehnsgewährung eine Ausdehnung des Geschäftsbetriebes auf Nichtmitglieder vor.

Schließlich ist, da es sich um eine Ordnungsstrafe handelt, nicht die Uebertretung des Verbots strafbar, sondern der Richter kann den Vorstand nur anhalten, künftig bei Vermeidung einer Ordnungsstrafe von Zuwiderhandlungen gegen das Verbot abzulassen. Nach § 160 hat das Gericht die Mitglieder des Vorstandes zur Befolgung der im § 8 Abs. 2 enthaltenen Vorschriften durch Ordnungsstrafen anzuhalten. Der Richter hat also zunächst den Beweis der Uebertretung des Verbots für die Androhung der Ordnungsstrafe zu führen und ferner den Beweis, „daß er der Aufforderung des Richters, von ferneren Zuwiderhandlungen gegen das Verbot abzulassen, keine Folge geleistet hat". (Berichterstatter v. Rheinbaben in der Sitzung vom 23. März 1889, St.Ber. S. 1043.)

8. Zu **Absatz** III. (Ausnahme zu Gunsten der neu beitretenden Genossen.)

Die Ausnahmebestimmung des Abs. 3 ist veranlaßt durch die gesetzliche Regelung des Erwerbs der Mitgliedschaft, nach welcher erst durch die Eintragung in die Mitgliederliste die Mitgliedschaft entsteht, und durch die Erwägung, daß bei der ohne die hier zugelassene Ausnahme verursachten erheblichen Verzögerung der Auszahlung des Darlehns die Kreditsucher genöthigt werden könnten, eine andere, für sie weniger zuträgliche Kreditquelle zu suchen. Die Darlehnssucher müssen nicht blos die Beitrittserklärung ausgestellt haben, sondern auch von der Genossenschaft zugelassen sein. Es ist nicht nöthig, daß die Zulassung bereits durch Einreichung der Beitrittserklärung seitens des Vorstandes an das Gericht bestätigt ist. Selbstverständlich müssen die statutarischen Bestimmungen über die Aufnahme der sich Meldenden vorher gewahrt sein.

„Die Bestimmung des dritten Absatzes bezieht sich nicht blos auf die Verbotsvorschrift des Abs. 2, sondern auch auf die Nr. 5 des Abs. 1, erübrigt also für solche Geschäfte anderer als Kreditgenossenschaften jede statutarische Festsetzung. Sie hat auch weitergehend für die Besteuerung der Genossenschaften die Folge, das Geschäfte mit den bezeichneten Personen nicht einen Gewerbebetrieb im Sinne der Steuergesetze begründen". (Begr. I 96, II 65.) Die neue Gewerbesteuergesetzgebung nimmt freilich einen andern Standpunkt ein!

Wenn nun auch für Konsumvereine eine statutarische Bestimmung, wie sie Nr. 5 Abs. 1 des § 8 vorsieht, nach dem Verbot in Abs. 4 § 8 überhaupt nicht möglich ist, so ist doch der Konsumvereine an den angeführten Stellen der Begründung nicht als Ausnahme von den anderen Genossenschaften gedacht, und man kann annehmen, daß auch für sie die Voraussetzung gelten soll — auch Proebst S. 90 bezieht die Ausnahmen auf alle Genossenschaftsarten — daß für solche Geschäfte — nämlich für Geschäfte mit Personen, welche bereits die Erklärung des Beitritts zur Genossenschaft unterzeichnet haben und von derselben zugelassen, aber noch nicht in die Liste der Genossen bei Gericht eingetragen sind — sich statutarische Bestimmungen erübrigen. Danach muß ein Aufgenommener von dem Tage seiner Aufnahme in den Konsumverein an seinen Bedarf an Lebensmitteln aus dem Lager der Genossenschaft decken können, ohne daß ein Verstoß gegen die Bestimmung des § 8 Abs. 4 vorliegt.

9. Folgen des Verbots für bestehende Kreditgenossenschaften.*) Das Verbot konnte nur für diejenigen Vorschuß- und Kreditvereine von Bedeutung sein, welche entgegen den Rathschlägen Schulze-Delitzschs die Darlehnsgewährung auch auf Nichtmitglieder ausgedehnt hatten. In den letzten Jahren hatte die Zahl derselben zugenommen. Jeder Zusammenbruch eines Vorschußvereines hatte, wenn Mitglieder aus der Solidarhaft in Anspruch genommen wurden, in der Regel nicht blos die Umwandlung anderer Vorschußvereine in Aktiengesellschaften, sondern auch für benachbarte Vorschußvereine den Austritt wohlhabender Mitglieder zur Folge gehabt, sowie den Beitritt wohlhabender Personen gehemmt.**) Diese Erfahrung bewog öfters die Leiter von Vereinen, sich die Kundschaft solcher durch die Solidarhaft von der Mitgliedschaft fern gehaltener Personen durch Einführung der Kreditgewährung an Nichtmitglieder zu erhalten oder zu erwerben. Von den Mitgliedern war in blühenden und gut geleiteten Vereinen ein Widerspruch nicht zu besorgen, solange diese Geschäfte keinen Verlust, sondern Gewinn einbrachten. Dazu kam noch, daß in Preußen und verschiedenen anderen Bundesstaaten die Heranziehung aller Vorschußvereine zur Gewerbesteuer manchen Verein, der vorher streng an dem Grundsatze, nur mit Mitgliedern Geschäfte zu machen, festgehalten hatte, veranlaßte, von diesem Grundsatze gelegentlich abzuweichen, um die Steuer wieder herauszuschlagen. Eine Anzahl Vorschußvereine, bei denen die Darlehnsgewährung an Nichtmitglieder einen erheblichen Umfang erreicht hatte, die glaubten, auf diesen Geschäftsbetrieb nicht verzichten zu können, haben sich in Aktiengesellschaften umgewandelt. Eine Uebergangsbestimmung bot § 157 (alter Fassung) wonach erst mit dem 1. Oktober 1891 das Verbot des § 8 Abs. 2 bei denjenigen Genossenschaften in Kraft trat, deren Statut die Ausdehnung des Geschäftsbetriebes durch Gewährung von Darlehen an Nichtmitglieder gestattete. Prolongation solcher Vorschüsse war auch über diesen Termin hinaus zulässig. Vorschuß- und Kreditvereine, die den nicht in Darlehnsgewährungen bestehenden Geschäftsbetrieb auf Nichtmitglieder ausdehnen, also z. B. Ankauf und Verkauf von Effekten und Kaufgelderrestforderungen nicht ausschließlich mit Mitgliedern betreiben wollen, haben dies nach § 8 Nr. 5 ausdrücklich im Statut auszusprechen. Voraussetzung ist wieder die Ausdehnung des Geschäftsbetriebes; und in dieser Beziehung verdient Beachtung ein Urtheil des Reichsgerichtes vom 24. Juni 1889 (Jurist. Wochenschrift 1889 S. 344), in dem ausgesprochen ist, „es ist nicht zu bezweifeln, daß der Ankauf von Werthpapieren zum Zweck der Vermögensanlage an sich nicht als Bankiergeschäft anzusehen ist, ebensowenig das Verkaufen von Werthpapieren zum Zweck anderweiter Anlage des erhaltenen Kaufpreises". Ein Mitglied kann mit der Genossenschaft sowohl unter seinem Familiennamen sowie unter der Geschäftsfirma Geschäfte machen. Ebenso zulässig ist, daß die Geschäfte durch den Prokuristen abgeschlossen werden.

10. **Absatz** IV: Verbot der Ausdehnung des Geschäftsbetriebes der Konsumvereine auf Nichtmitglieder. — Entstehung der Bestimmung.

Der Abs. 4 ist erst in der dritten Berathung des Reichstags in der Abendsitzung vom 4. April 1889 angenommen. In der allgemeinen Begründung der Regierungsvorlage (Begr. I 75) heißt es: „Es ist nicht abzusehen, weshalb beispielsweise ein Konsumverein mit offenem Laden nicht auch an Personen sollte verkaufen dürfen,

*) Vgl. Morgenstern „§ 8 Abs. 2 des Genossenschaftsgesetzes" in Nr. 42 Bl.f.G. von 1890.

**) Vgl. Parisius in Bl.f.G. 1886 Nr. 40 S. 242 und Dr. Schneider, „Verluste und Bankerotte bei den deutschen Volksbanken" im Arbeiterfreund 23. Jahrg. 1885 S. 167 bis 200.

welche nicht zur Genossenschaft gehören. . . . Die möglichste Fruktifizirung der vorhandenen Einrichtungen und Vorräthe entspricht dem eigenen Interesse solcher Genossenschaften, ohne daß ein nachtheiliger Einfluß auf die Solidität der Geschäftsführung aus einer derartigen Ausdehnung derselben zu besorgen wäre." Entgegengesetzte Meinung äußerte bereits bei der ersten Berathung des Gesetzes am 13. Dezember 1888 der Frhr. v. Buol-Berenberg. Derselbe beantragte sodann in der Kommission, zwischen Abs. 2 und 3 einzuschieben:

„Konsumvereine dürfen ihre Waaren nur an Mitglieder ablassen".

Hiermit in Zusammenhang standen zwei fernere Anträge zu § 17:

a) Antrag des Abg. v. Buol-Berenberg:

„Einkauf von Lebensbedürfnissen im Großen und Ablaß im Kleinen bezweckende Genossenschaften unterliegen, wenn sie auch an Nichtmitglieder Waaren ablassen, den Vorschriften der Gewerbeordnung".

b) Antrag des Abg. Metzner aus Neustadt O.S.:

„Die Genossenschaften unterliegen bezüglich ihres Geschäftsbetriebes den Bestimmungen der Gewerbeordnung, sowie der Steuerpflicht nach den für den Landestheil, in welchem die Genossenschaften ihren Sitz haben, geltenden Steuergesetzen".

Der Antrag, betreffend das Verbot an Nichtmitglieder, wurde mit 11 gegen 10 Stimmen abgelehnt. Die beiden andern Anträge wurden gegen 3 bezw. 5 Stimmen abgelehnt, nachdem die Regierungsvertreter sich gegen die Aufnahme solcher in die Gewerbeordnung gehörigen Vorschrift in das Genossenschaftsgesetz nachdrücklich erklärt und auch hervorgehoben hatten, daß der Antragsteller von thatsächlich irrthümlichen Voraussetzungen ausgegangen sei. Sein Antrag bezwecke, gesetzliche Begünstigungen der Konsumvereine auf dem Gebiete der Gewerbepolizei und der Besteuerung zu beseitigen, deren sich der gewöhnliche Kaufmann nicht erfreue. Aber wohl in keinem Bundesstaate seien Konsumvereine, die ihren Geschäftsbetrieb auf Nichtmitglieder ausdehnten, steuerfrei oder von den Vorschriften der Gewerbeordnung ausgenommen. Höchstens könne man von den Genossenschaften, die ihren Betrieb auf den Kreis ihrer Mitglieder beschränken, sagen, daß sie nach jetziger Lage der Gesetzgebung in den größeren Bundesstaaten, wie in Bayern, Württemberg und bezüglich der Kommunalbesteuerung in Preußen, der Steuerpflicht nicht unterliegen, in Baden sei das Halten eines offenen Ladens Kriterium der Steuerpflicht u. s. w. (Komm.Ber. 13.) Vgl. jetzt oben S. 14.

Angenommen wurde dagegen in der Kommission und im Reichstage in dritter Lesung auf Antrag des Abg. Hegel folgende Resolution:

„Der Reichstag wolle beschließen: Mit Rücksicht darauf, daß nach den Erklärungen der Herren Vertreter des Bundesraths von den verbündeten Regierungen bereits gesetzgeberische Maßregeln zur wirksameren Bekämpfung der Trunksucht und eine Revision der gewerbepolizeilichen Vorschriften über den Vertrieb von Spirituosen erwogen werden, die verbündeten Regierungen zu ersuchen, bei dieser Gelegenheit auch Maßregeln gegen die Mißbräuche, welche der Vertrieb von Spirituosen durch die Konsumvereine mit sich gebracht hat, vorzuschlagen und die Vorlage des Gesetzentwurfs möglichst zu beschleunigen." (Vgl. hierzu das in Entsch. Bd. 22 S. 315 mitgetheilte Urtheil des O.V.G. in Sachen des Konsumvereins Goldlauter vom 26. Oktober 1891.)

In der zweiten Lesung war von dem Abg. Kulemann wiederum der Antrag eingebracht.

Zur zweiten Berathung im Plenum des Reichstages hat der Abg. Kulemann beantragt, zu § 8 folgenden Abs. 4 anzunehmen:

„Genossenschaften zum gemeinschaftlichen Einkaufe von Lebensbedürfnissen im Großen und Ablaß im Kleinen dürfen ihre Waaren nur an Personen verkaufen, deren Mitgliedschaft bekannt oder durch eine im Statut bestimmte Legitimation dargethan ist,"

und außerdem in dem § 137 (jetzt 160), welcher von den Ordnungsstrafen handelt, mittelst deren die Vorstandsmitglieder zur Befolgung von Vorschriften des Gesetzes anzuhalten sind, die Beziehung auf § 8 Abs. 4 einzufügen.

Dieser Antrag wurde im Reichstage außer von dem Antragsteller selbst nur durch den Abg. Dr. Miquél vertreten, alle übrigen Abgeordneten, welche zum Worte kamen — es waren dieses Abgeordnete der Fraktionen der Deutsch-Freisinnigen, der Deutsch-Konservativen, der Reichspartei und des Zentrums —, sowie auch die Vertreter der verbündeten Regierungen sprachen sich gegen den Antrag aus und wiesen dessen Undurchführbarkeit und Unzweckmäßigkeit nach. In Folge dessen wurde der Antrag mit großer Mehrheit abgelehnt.

Der Abg. Kulemann änderte nun seinen Antrag für § 8 so ab, wie er jetzt als Absatz 4 im Gesetz steht, und brachte ihn mit der erforderlichen Unterstützung zur dritten Berathung ein, zugleich mit dem Antrage, hinter § 145 (jetzt § 151) im Abschnitt von den Strafbestimmungen einen letzten § 145a dahin einzufügen:

„Personen, welche in Konsumvereinen (§ 1 Ziffer 5) mit dem Verkaufe der Waaren beauftragt sind, werden mit Geldstrafe bis zu 30 Mk. bestraft, wenn sie der Vorschrift des § 8 Absatz 4 zuwider Waaren verkaufen."

Jetzt wurde der Antrag zu § 8 trotz des entschiedenen Widerspruchs des Vertreters der verbündeten Regierungen, Geh. Oberregierungsrathes Dr. Hagens, nach kurzer Debatte bei schwacher Besetzung mit 113 gegen 93 Stimmen angenommen, dahingegen die Strafbestimmung (§ 145a) abgelehnt.*) Die von der Kommission vorgeschlagene Resolution wurde angenommen.

---

*) Zur Erklärung des Vorganges in der Abendsitzung vom 4. April noch einiges Thatsächliche. Bei dem maßgebenden Kompromiß, welches die nationalliberalen, die freikonservativen, die deutschkonservativen und die klerikalen Kommissionsmitglieder zwischen der ersten und zweiten Lesung abschlossen und dessen Ergebniß der gemeinschaftliche Antrag der Abg. Dr. v. Cuny, Dr. Enneccerus, Freiherr v. Huene, Gamp, Hegel, v. Massow bildete, wurden die gegen die Konsumvereine gerichteten Anträge ausdrücklich ausgenommen und den Mitgliedern der Parteien die Entschließung überlassen. Der für die zweite Berathung im Plenum gestellte Antrag Kulemann fand in der Sitzung vom 23. März nur die Unterstützung des Abg. Dr. Miquél, während der Bundesrathskommissar, der preußische Geh. Oberregierungsrath Dr. Thiel, und sämmtliche zu Wort gekommenen Redner sich dagegen erklärten. Von diesen waren aber nur Baumbach-Sonneberg und Graf Mirbach-Sorquitten grundsätzlich Gegner des Antrages. Der Abg. Gamp, vortragender Rath im preußischen Handelsministerium, erklärte sich gegen den Antrag nur deshalb, weil er den beabsichtigten Zweck nicht erreiche; er wollte „die berechtigten Beschwerden gegen die Konsumvereine" dadurch beseitigt wissen, daß die Bestimmungen des Nahrungsmittelgesetzes, der Maß- und Gewichtsordnung auf sie angewendet, ihr Branntweinhandel geregelt und ihre Besteuerung überall so wie in Preußen zufolge des Reskripts des preußischen Finanzministers erfolge. Der Abg. v. Buol-Berenberg sprach trotz der von ihm in der Kommission in gleichem Sinne gestellten Anträge sich gegen den Antrag aus, weil er keinesfalls die beabsichtigte Wirkung, sondern eher das Gegentheil erzielen werde. Der Abg. Klemm-Dresden endlich erklärte, er „empfinde unendliche Sympathien für das, was Kulemann beantrage", allein den Uebelständen, die er mit vollem Rechte bekämpfe, ließe sich auf diesem Wege nicht beikommen.

Die Ablehnung des Antrages Kulemann erfolgte in zweiter Berathung mit ziemlich erheblicher Mehrheit. Die dritte Berathung erfolgte am 4. April in einer Abendsitzung, die zu 8 Uhr angesetzt war und der eine von 11 Uhr 20 bis 4 Uhr 30 dauernde Sitzung vorausgegangen war; die Bänke waren selbst für eine Abendsitzung sehr leer; es war verbreitet, abgesehen von ein paar kleinen, mehr formalen, jedenfalls unbedenklichen Aenderungen (Anträge: Drucksachen Nr. 184 zu § 8 Nr. 3, § 12 Nr. 6

Die Gegner der Konsumvereine ruhten nicht in ihren Bemühungen eine Strafbestimmung in das Gesetz auf die Uebertretung des Verbots der Waarenabgabe an Nichtmitglieder hineinzubringen. Zunächst wurde versucht den § 81 des Gesetzes anzuwenden, indem man behauptete, daß Konsumvereine die Waaren an Nichtmitglieder abgeben einen durch das Gesetz nicht gebilligten Zweck verfolgen, die Gerichte aber folgten dieser Argumentation nicht. Dann sollte landesgesetzlich das fehlende Strafverbot ergänzt werden. Es erging auch thatsächlich ein Erlaß des preußischen Ministers des Innern vom 2. Juli 1891 (Bl.f.G. 1891 S. 511), in dem gesagt wurde:

„Zuwiderhandlungen gegen das Verbot des § 8 Absatz 4 des Genossenschaftsgesetzes kann durch Festsetzung von Ordnungsstrafen des Gerichtes gemäß § 152 (jetzt § 160) desselben Gesetzes nicht entgegengetreten werden. Auch erscheint ein Vorgehen im Wege eines Zwangsverfahrens lediglich auf Grund des § 132 des (preuß.) Landesverwaltungsgesetzes nicht angebracht. Es wird jedoch in denjenigen Fällen, in welchen sich die Lagerhalter von Konsumvereinen gewerbepolizeilicher Uebertretungen, z. B. durch den unkonzessionirten gewerbemäßigen Verkauf von Spirituosen an Nichtmitglieder, schuldig machen, sich empfehlen, dieselben auf Grund der Strafbestimmungen der Gewerbeordnung zur strafgerichtlichen Verfolgung zu ziehen und die Fortsetzung des Geschäftsbetriebes gemäß § 15 Absatz 2 dieses Gesetzes polizeilich zu verhindern. Unzutreffend ist das Bedenken, die Verbotsbestimmung in § 8 Absatz 4 a. a. O. sei privatrechtlicher Natur. Die Anwendbarkeit des § 79 (jetzt § 81) des Genossenschaftsgesetzes auch bei hartnäckiger Zuwiderhandlung gegen das in § 8 Absatz 4 enthaltene Verbot in verneinendem Sinne zu entscheiden, dafür liegt zunächst ein ausreichender Anlaß nicht vor." Vgl. ferner die Bl.f.G. 1890 S. 170 mitgetheilte Verfügung des Präsidenten des Oberlandesgerichts Cöln vom 2. April 1890, in der die Nichtanwendung des § 81 auf die Uebertretung des Verbots in § 8 Abs. 4 ausgesprochen wurde — Entsch. des O.V.G. Bd. 22 S. 315 Proebst in Bl.f.G. 1892 Nr. 51 ferner auch Entscheidung des R.G. in Strafsachen Bd. 24 S. 327, oben § 1 Erl. 5 und die dortigen Citate, sowie schließlich S. 66 ff. der zweiten Auflage des Kommentars. Die Bestrafung eines Konsumvereins ist in keinem Fall erfolgt. Bis auf wenige Ausnahmen hielten sich die Konsumvereine auch streng an die Verbotsbestimmung des Gesetzes. Bei dem Reichstag ging Petition auf Petition ein, das Gesetz mit der Strafbestimmung zu ergänzen. Mittelst einer Resolution vom 8. Februar 1893 (Nr. 29 der Drucksachen des Reichstags 1892/93) beschloß der Reichstag auf Antrag des Abg. Ackermann und

---

und § 157 Abs. 1) solle nichts geändert werden. Gleichwohl brachte der Abg. Kulemann zu § 8 den oben angeführten Antrag ein. In der Debatte zum § 8 befürworteten den Antrag außer dem Antragsteller der frühere Berichterstatter v. Rheinbaben und der Abg. Biehl, während ihn die Abgg. Langerhans-Berlin und Graf Mirbach, vor Allem aber mit großer Entschiedenheit der Kommissar des Bundesraths Dr. Hagens bekämpften. Auf Antrag der Abgg. Scipio und Freiherr v. Ow wurde die Debatte geschlossen. Die Abstimmung über den Antrag war zweifelhaft. Es fand deshalb Auszählung (Hammelsprung) statt. Nun wurde der Antrag mit 113 gegen 93 Stimmen angenommen. Dr. Hagens hatte erklärt, ohne jede Sanktion, die nur in einer Strafbestimmung zu suchen sei, werde das Verbot „kaum etwas Anderes als ein Schlag ins Wasser sein". Als nun über die Strafbestimmung verhandelt wurde, sprach er gegen diese, welche für die Konsumvereine Beunruhigung und Beeinträchtigung herbeiführen müsse. Nachdem außer dem Antragsteller Kulemann nur der Abg. Metzner für, die Abgg. Enneccerus, Graf Mirbach und Graf Stolberg-Wernigerode gegen die Strafbestimmung gesprochen hatten, wurde diese abgelehnt, indem die Mehrheit ohne Auszählung durch Probe und Gegenprobe festgestellt wurde. Auf die von unrichtigen Voraussetzungen ausgehenden gegen die Konsumvereine gerichteten Ausführungen Maurers S. 33 u. 78 ist hier nicht der Platz einzugehen, sie sind übrigens auch von Birkenbihl in der neuen Bearbeitung des Kommentars nicht übernommen. Vgl. über die maßlosen — nicht wie Maurer sagt „maßvoll gehaltenen" — Petitionen gegen die Konsumvereine die zahlreichen Aufsätze in den Bl.f.G.

Genossen, die Regierung um alsbaldige Vorlage eines Gesetzes zu ersuchen, durch welches den Konsumvereinen die Abgabe von Waaren an Nichtmitglieder schlechthin nur unter Strafandrohung verboten werde. Ferner wurden durch die Anträge der Abgg. Gröber und Genossen, Dr. Kropatscheck und Genossen, Dr. Hammacher und Genossen (Nr. 17, 26, 158 der Drucksachen des Reichstags 1893/94) eine Ergänzung des Genossenschaftsgesetzes durch Strafbestimmungen gegen Uebertretungen des im § 8 Abs. 4 enthaltenen Verbots in Anregung gebracht. Am 17. Januar 1894 wurde über den ersten Antrag ausführlich im Reichstag verhandelt. So gedrängt legte die Regierung am 4. Dezember 1895 dem Reichstag den Entwurf eines Gesetzes betreffend die Abänderungen des Gesetzes über die Erwerbs- und Wirthschaftsgenossenschaften vom 1. Mai 1889 vor. In der Begründung (S. 3 Nr. 34 der Drucksachen des Reichstags 1895/96) heißt es:

„Es ist nicht zu verkennen, daß diese Kundgebungen (aus dem Handels- und Handwerkerstande) zum Theil über das berechtigte Ziel hinausgehen, indem sie sich gegen die Existenz der Konsumvereine überhaupt richten und die dem Handels- und Handwerkerstande unliebsame Konkurrenz derselben auch soweit sie legitim ist, zu beseitigen suchen. Andererseits steht es aber auch außerhalb allem Zweifel (?), daß die erhobenen Klagen bis zu einem gewissen Grade begründet sind; die Ausdehnung des Geschäftsbetriebes vieler solcher Vereine steht im Widerspruch mit dem Gesetz (?) und ist vom sozialpolitischen Standpunkt aus um deswillen bedenklich, weil sie die wirthschaftliche Existenz zahlreicher Einzelbetriebe im Handel und Handwerk gefährdet. Ein Einschreiten der Gesetzgebung erscheint daher geboten. Um demselben einen Erfolg zu sichern, ist es erforderlich, daß nicht nur das wissentliche Abgeben von Waaren an Nichtmitglieder mit Strafe bedroht werde, sondern auch jedem fahrlässigen Verhalten der mit dem Waarenverkauf betrauten Angestellten von Konsumvereinen entgegen getreten werde." Der Abg. Dr. Hammacher und Genossen legten einen vollständigen Gegen- oder vielmehr erweiterten Gesetz-Entwurf vor (Nr. 158 der Drucksachen des Reichstages 1895/96). Der Entwurf schlug nun eine Aenderung des Absatz 4 und Einschaltung neuer Bestimmungen § 30a (jetzt § 31) und § 145a (jetzt § 152) vor. Von diesen Vorschlägen sind die ersten beiden unverändert und der letzte mit Abänderungen in das Gesetz aufgenommen.

Der Reichstag beschloß in erster Berathung, in der 8. Sitzung am 14. Dezember 1895, den Entwurf in eine Kommission von 14 Mitgliedern zu verweisen.*) (Stenograph. Ber. S. 158.)

Die Kommission unter dem Vorsitz des Freiherrn von Stumm-Halberg hat die Berathung in acht Sitzungen und zwei Lesungen vollendet und am 4. März 1896 durch den Abgeordneten Dr. Hitze schriftlichen Bericht erstattet. (Drucksachen Nr. 169.) Die Beschlüsse der Kommission haben den Gesetzentwurf durch eine Reihe neuer Bestimmungen erweitert.

---

*) In die Reichstagskommission wurden gewählt: 1. Dr. Kropatscheck. 2. von Podbielski-Dallmin. 3. Freiherr Stumm-Halberg. 4. Klemm-Dresden. 5. Dr. Pieschel-Naumburg. 6. Frank- (Baden) Hof-Buckenberg. 7. Fuchs-Cöln. 8. Dr. Hitze-Münster i/W. 9. Roeren-Cöln. 10. Wattendorff-Ibbenbüren. 11. von Czarlinski-Zakrzewko. 12. Dr. Fritz Schneider-Potsdam. 13. Galler-Stuttgart. 14. Wurm-Berlin. Während der Kommissions-Berathungen sind mehrere Abgeordnete aus der Kommission ausgeschieden und durch Parteigenossen ersetzt; v. Podbielski durch v. Werdeck-Schorbus, Frank und Pieschel durch Münch-Ferber (Hof, Bayern) und Dr. Osann-Darmstadt.

An den Verhandlungen der Kommission haben ferner theilgenommen: als Mitglied des Bundesraths der königl. württembergische Reg.-Direktor von Schicker, und als Kommissarien des Bundesraths der kaiserl. geh. Oberregierungsrath Dr. Hoffmann (Reichsjustizamt), der geh. Oberpostrath Sydow (Reichspostamt), der geh. Admiralitätsrath Dr. Danneel (Reichsmarineamt), der geh. Reg.-Rath Gruner (Reichsamt des Innern).

1. Sind die Strafen ausgedehnt auf Konsumvereinsmitglieder, die Waaren an Nichtmitglieder veräußern, Artikel 1, 7 § 145b (jetzt § 153);

2. ist die Ausgabe von Marken oder anderen Werthzeichen als Zahlungsmittel beim Waarenbezug verboten und unter Strafe gestellt, Artikel 1, 3 § 30b und 7 § 145c (jetzt § 32 und § 154);

3. sind die für Konsumvereine und deren Mitglieder erlassenen Beschränkungen auf Konsumanstalten und -Vereinigungen (Gesellschaften, Korporationen) insbesondere auf Beamten- und Offiziervereine ausgedehnt, Artikel 2; vgl. Erläuterung zu der Ueberschrift des Gesetzes;

4. sind durch Aenderungen der §§ 20 und 80 des Genossenschaftsgesetzes (jetzt § 20 und 82) und Einschiebung eines § 89a (jetzt § 92) Wünsche der ländlichen Darlehnskassen Raiffeisenschen Systems, in Betreff der Ausschließung der Gewinnvertheilung und der Vertheilung des Vermögens bei Auflösung der Genossenschaft erfüllt worden.

Auf Grund des Kommissionsberichts hat der Reichstag die zweite Berathung in der 71. und 72. Sitzung vom 18. und 20. April 1896 vorgenommen. (Zusammenstellung nach den Beschlüssen Nr. 286 der Drucksachen.) In der dritten Berathung, in der 86. Sitzung vom 7. Mai 1896 ist der Entwurf nach den Beschlüssen der zweiten Berathung unverändert angenommen mit der veränderten Ueberschrift: „Gesetz, betreffend die Abänderung des Gesetzes über die Erwerbs- und Wirthschaftsgenossenschaften vom 1. Mai 1889, sowie den Geschäftsbetrieb von Konsumanstalten vom 12. August 1896." Der Bundesrath hat den Beschlüssen des Reichstages zugestimmt und der Kaiser das Gesetz am 12. August 1896 vollzogen. Vgl. Erläuterung zur Ueberschrift des Gesetzes.

11. Umfang des Verbots. („Konsumverein" — im regelmäßigen Geschäftsverkehr." „Landwirthschaftliche Konsumvereine.")

Unter das Verbot fallen „Vereine zum gemeinschaftlichen Einkaufe von Lebens- oder Wirthschaftsbedürfnissen im Großen und Ablaß im Kleinen" (§ 1 Nr. 5). Konsumvereine fallen unter das Verbot nur soweit sie dieser Begriffsbestimmung entsprechen, also z. B. nicht mit den Waaren, die sie selbst herstellen (§ 1 Erl. 11; Erl. 6c und d zu diesem Paragraphen, ebenso Birkenbihl-Maurer S. 80).

Die Waarenabgabe darf nicht im „regelmäßigen Geschäftsverkehr" an Nichtmitglieder geschehen. Der Antragsteller hat diesen Ausdruck, wie er sagte, gewählt, um dem Einwand des Vertreters der verbündeten Regierungen in der zweiten Berathung zu begegnen, daß Vereine Waaren, die sie angeschafft haben, schleunigst verkaufen müssen aus Furcht vor Verderb; derartige nothwendige Akte sollten außerhalb des Rahmens der Bestimmung fallen. (St. Ber. 1889 S. 1292.) Es ist klar, daß ein solcher Fall nicht unter den regelmäßigen Geschäftsverkehr fällt, aber das Beispiel trägt wenig zur Erklärung des unbestimmten Begriffs bei.

Der Gegensatz von regelmäßigem Geschäftsverkehr ist ein unregelmäßiger Geschäftsverkehr, das ist ein Geschäftsverkehr, welcher von Zeit zu Zeit unterbrochen wird; Jemand führt eine Waare nicht regelmäßig, sagt man, wenn er sie nur zeitweise vorräthig hat. Dies auf Konsumvereine mit Bezug auf das Verbot des Abs. 4 übertragen, würde Folgendes ergeben: der Konsumverein könnte zu bestimmten Zeiten, z. B. zu Weihnachten, zu Messen, Jahrmärkten Waaren an Nichtmitglieder verkaufen, er könnte Waaren, die er durch einen günstigen Gelegenheitskauf in einer das Bedürfniß der Mitglieder übersteigenden Quantität gekauft hat oder die dem Verderben oder dem Wechsel der Mode ausgesetzt sind, an Nichtmitglieder abgeben, er könnte auch einzelne Waaren stets an Nichtmitglieder verkaufen, denn wie bei den Vorschußvereinen nicht die einzelne Darlehnsgewährung an Nichtmitglieder verboten ist, so ist auch hier nach der ursprünglichen Bestimmung der Vorschrift nicht der einzelne Verkauf, sondern die Ausdehnung des Geschäftsverkehrs, also der ganzen Geschäftsthätigkeit auf Nichtmitglieder untersagt, und andererseits ist das Verbot sogar enger als bei den Vorschußvereinen: nur der regelmäßige und ordnungsmäßige Geschäftsbetrieb soll nicht auf Nichtmitglieder ausgedehnt werden.*) Joël S. 465 hält dagegen das einzelne Kaufgeschäft mit einem Nichtmitgliede für verboten. Verkauf „im . . . Geschäfts**verkehr**" an Nichtmitglieder kann doch aber nur bedeuten: Ausdehnung des Geschäftsverkehrs auf Nichtmitglieder. Mit Unrecht beruft sich auch Joël auf den Wortlaut des Abs. 2, der Wortlaut beider Absätze ist unabhängig zu beurtheilen, da die Bestimmungen ganz unabhängig von einander entstanden sind. Mit der hier vertretenen Anschauung und gegen Joël auch Birkenbihl-Maurer S. 81, Richter S. 50. An dieser Auffassung ist auch durch die Novelle von 1896 und die neue Fassung des Absatz 4 nichts geändert, zumal auch in den sämmtlichen Vorschlägen auf Einführung der Strafbestimmung von dem ursprünglichen Grundsatz in dem Gesetz von 1889 ausgegangen ist: dem Verbot der Waarenabgabe an Nichtmitglieder im „regelmäßigen Geschäftsverkehr". Mit dieser Auslegung ist auch die Bestimmung im § 31 durchaus vereinbar, es müßte nur die Anweisung des Vorstandes über die Legitimationsprüfung der Käufer durch die Verkäufer die Voraussetzungen genau angeben, unter denen von der Legitimationsprüfung abzusehen ist und diese Voraussetzungen müßten ferner ergeben, daß sie nicht für den „regelmäßigen Geschäftsverkehr" gelten. Auch die Strafbestimmung in § 152 ist sehr wohl mit dieser Einschränkung verträglich und die Strafbestimmung in § 153 kann, wie sich schon aus dem unmittelbaren Anschluß an § 152 ergiebt, nur dahin verstanden werden, daß eine Verletzung der Vorschrift in § 8 Abs. 4 vorliegt. Ueber den Verkauf an Personen, die zwar als Mitglieder aufgenommen, aber noch nicht vom Gericht in die Liste der Genossen eingetragen sind, vgl. oben Erl. 7.

Das Verbot des Abs. 4 betrifft nicht blos Lebensbedürfnisse, wie der Antrag des Abg. Kulemann in der zweiten Berathung vorschlug, sondern auch Wirthschaftsbedürfnisse. Auch Rohstoffvereine führen Wirthschaftsbedürfnisse, welche in dem Gewerbe der Mitglieder gebraucht werden. Während den Konsumvereinen die Abgabe von Wirthschaftsbedürfnissen „im Kleinen" an Nichtmitglieder nicht gestattet ist, sind die Rohstoffvereine hierzu berechtigt. Das Kriterium wird sein, ob das „Wirthschaftsbedürfniß" für den Privatgebrauch der Wirthschaften oder für das Gewerbe gebraucht wird. (§ 1 II, Erl. 11). Nach der Begriffsbestimmung des Konsumvereins erscheint es daher nicht statthaft, daß er z. B. landwirthschaftliche Artikel an Nichtmitglieder verkauft, während ein landwirthschaftlicher Rohstoffverein dies thun darf. Zu solchen Widersprüchen führt eine Gesetzgebung, die sich mit rechtlichen und wirthschaftlichen Grundsätzen in Widerspruch setzt.

Die Beschränkung bezieht sich nach dem Wortlaut auf Konsumvereine ohne Rücksicht darauf, ob sie einen „offenen Laden" haben oder nicht. Die Anweisung über die Legitimationsprüfung (§ 31) ist aber nur für Konsumvereine mit offenem Laden zu erlassen.

---

*) Unter den nicht regelmäßigen Geschäftsverkehr fallen mancherlei Geschäfte auch in reinen Konsumvereinen. Viele besorgen ihren Mitgliedern auf vorgängige Bestellung den Kohlenbedarf für den Winter, sie sammeln die Bestellungen und nehmen, um das Quantum für die Eisenbahnwagen zu erfüllen, auch Bestellungen von Nichtmitgliedern an. Vielfach kommt es vor, daß der Verein, um den ärmeren Familien zu helfen, den Winterbedarf von Kartoffeln von auswärts besorgt. Man nimmt darauf Bestellungen von Mitgliedern und Nichtmitgliedern an und liefert die Kartoffeln ohne Gewinn. Man will an den armen Leuten „nichts verdienen". Es ist ein Geschäftsverkehr aus Gefälligkeit. — Niemand wird darin einen regelmäßigen Geschäftsverkehr finden. Daß Gewährung von Bädern (Konsumv. Burg bei Magdeburg) oder Verpachtung von Gartenparzellen (Konsumv. Altenburg) nicht zum regelmäßigen Geschäftsverkehr gehören, ist ebenfalls zweifellos.

Das Merkmal des „regelmäßigen Geschäftsverkehrs“ führt zur Suspendirung des Verbots für die Zeit nach Auflösung der Genossenschaft, denn nach diesem Zeitpunkte hat die Genossenschaft für den produktiven Zweck aufgehört zu bestehen, sie hat keinen „regelmäßigen Geschäftsverkehr“ mehr, kann also nun die Waaren an Jedermann verkaufen. Dafür spricht auch, daß § 31 nicht im ersten, sondern im zweiten Abschnitte des Gesetzes steht.

Diese künstliche Verbotsbestimmung führt zu einer Reihe Zweifelsfragen bei der praktischen Handhabung. Wir heben einige hervor.

Kann der Dienstbote ohne ausdrücklichen Auftrag der Herrschaft Waaren beziehen? Es ist zu unterscheiden, ob die Waaren für den Haushalt oder den Dienstboten bestimmt sind. Im ersteren Falle erscheint der Dienstbote als negotiorum gestor und die Waarenabgabe an ihn ist unbedenklich, auch wenn er nicht die Legitimation (§ 31) vorzeigen kann, sofern er nur dem Verkäufer bekannt ist. Dagegen kann der Dienstbote den eigenen Bedarf aus dem Konsumverein nicht beziehen, wenn er nicht selbst Mitglied ist, da der Dienstbote seine rechtliche Selbstständigkeit auch während des Dienstes behält.

Wohl aber ist die Herrschaft befugt, im Rahmen des § 153 Abs. 2 Z. 1 Waaren, die aus dem Konsumverein bezogen sind, an ihren Dienstboten abzugeben, denn das Mitglied kann mit Bezug auf die Dienstboten nicht schlechter gestellt sein, als mit Bezug auf die Kostgänger. Keine Beschränkung ist natürlich für die Waaren anzunehmen, die das Mitglied verschenkt.

Hauskinder gehören zum Haushalt des Vaters (bezw. der Mutter), ist der Vorstand des Haushalts Mitglied im Konsumvereine, so können daher auch die Hauskinder die für ihren persönlichen Bedarf gebrauchten Gegenstände aus dem Konsumverein entnehmen.

Kann der Konsumverein „im Großen“ Waaren an Nichtmitglieder abgeben? Nach der Definition des Gesetzes für den Konsumverein muß als Merkmal desselben „Ablaß im Kleinen“ angenommen werden, die Genossenschaft geht also mit dem „Ablaß im Großen“ über den Geschäftsbetrieb eines Konsumvereins hinaus und ist damit an die für den Konsumverein geltenden Beschränkungen nicht gebunden. Auch der Weiterverkauf von Waaren durch die Mitglieder muß trotz § 153 straflos bleiben, da § 153 voraussetzt, daß die für die Konsumvereine geltenden Vorschriften verletzt werden.

Zulässig erscheint daher auch ferner, daß ein Gewerbetreibender aus dem Konsumverein Rohmaterialien bezieht (z. B. ein Bäcker das Mehl), und das daraus hergestellte Produkt an Jedermann verkauft.

Diese Grundsätze müssen auch bei der Beantwortung der Frage zu Grunde gelegt werden, in wie weit ein Restaurateur für seinen Geschäftsbetrieb Waaren aus dem Konsumverein beziehen kann. Es erscheint um so mehr zulässig, daß der Restaurateur unbeschränkt in dem Waaren-Bezug und der Verwerthung der Waaren in seinem Geschäftsbetriebe ist, als § 153 Abs. 2 Z. 1 die Weiterabgabe von Waaren an Nichtmitglieder in Speiseanstalten zum alsbaldigen persönlichen Gebrauch zuläßt.

Anders wieder ist der Geschäftsbetrieb eines Bäckers zu beurtheilen, der ausschließlich im Auftrage der Genossenschaft bäckt, hier liegt ein Geschäftszweig der Genossenschaft vor, für den die Beschränkungen des Gesetzes gelten, denn weder ist der Bäcker selbständig und treibt ein eigenes Gewerbe, noch ist der Konsumverein durch diese geschäftliche Verbindung zur Produktivgenossenschaft geworden.

Unbedingt zulässig ist der Verkauf von Fastagen u. s. w. an Nichtmitglieder, da derselbe nicht zu dem „regelmäßigen Geschäftsverkehr“ gehört, ebenso wie die Abhaltung von Auktionen, in denen an jedermann verkauft wird. Aus demselben Grunde ist gestattet der probeweise Verkauf von Waaren an Nichtmitglieder.

Zweifelhaft ist, ob die sog. „Waarenbanken" unter die für Konsumvereine geltenden Beschränkungen fallen. Es wird dies anzunehmen sein, insoweit ihr Geschäftsbetrieb sich nur auf das Beschaffen von Waaren für Mitglieder beschränkt.

Das Verbot für die landwirthschaftlichen Konsumvereine ist neu durch die Novelle von 1896 in das Gesetz hineingekommen, in der Kommission wurde volle Gleichstellung der landwirthschaftlichen Rohstoffgenossenschaften mit den Konsumvereinen gefordert; jedenfalls ist es wieder eine gewaltsame Gesetzgebung, die hier „Konsumvereine" und „landwirthschaftliche Konsumvereine" zusammenwirft, denn letztere gehören zu der Kategorie der Rohstoffvereine (§ 1 Erl. 11), für die Zusammenstellung läßt sich höchstens anführen, daß die landwirthschaftlichen Konsumvereine, vielfach auch die sonst nur von „Konsumvereinen" geführten Waaren abgeben. Dies trifft aber noch mehr für die Raiffeisen'schen Darlehenskassen zu, gegen die daher auch von Seiten der Kleinhändler eine nicht minder lebhafte Agitation wie gegen die Konsumvereine geführt wird. In der Kommission stellte man sich schließlich auf den Boden der Regierungs-Vorlage. Nur die landwirthschaftlichen Konsumvereine werden von den für die Konsumvereine geltenden Beschränkungen nicht betroffen, die keine offenen Laden haben und die ausschließlich für den landwirthschaftlichen Betrieb bestimmte Waaren führen.

Offener Laden (S. 60) ist nach der Rechtsprechung des preuß. Oberverwaltungsgerichts (Entsch. in Staatssteuersachen Bd. 1 S. 300; Erk. v. 11. April 1893, abgedruckt in Bl.f.G. Nr. 29 1893), ein Laden dessen Zutritt nicht durch ein physisches Hinderniß geschlossen ist (vgl. die Kritik dieses Urtheils von Crüger in Bl.f.G. 1893 Nr. 40). Dagegen hat das badische Ministerium der Finanzen in einer Entscheidung vom 3. Januar 1891 (abgedruckt in Bl.f.G. Nr. 10 1891) ausgesprochen, daß ein Laden „offen" ist, „der nicht nur den Mitgliedern des Vereins, sondern dem Gesammtpublikum zum Zweck von Waareneinkäufen offen steht". Letztere Entscheidung entspricht dem Sprachgebrauch, so daß ein Laden nicht mehr offen ist, wenn der Zutritt Nichtmitgliedern verboten ist (so auch Birkenbihl-Maurer S. 82). — Das gegenwärtige Gesetz hat keine Bestimmung des Begriffes. „Eine Definition im Gesetze selbst aufzunehmen erscheine unthunlich" — erklärte ein Regierungsvertreter in der Kommission. Er theilte dabei mit, „nach den Entscheidungen des preußischen Oberverwaltungsgerichts sei unter einem „offenen Laden" im Allgemeinen ein zum Verkaufe im Kleinverkehr dienendes, mit Waarenvorräthen zur sofortigen Entnahme ohne vorgängige Bestellung versehenes Geschäftslokal zu verstehen, sofern Jedermann der Eintritt offen stehe, d. h. sofern keine Einrichtungen getroffen seien, die den freien Zugang für Jedermann thatsächlich derart ausschlössen, daß nur die zum Eintritt befugten denselben erlangen könnten. Es sei anzunehmen, daß die Gerichte von dieser . . . Auffassung auch bei der Anwendung des gegenwärtigen Gesetzes ausgehen würden.", Komm.Ber. 4. Wir glauben, man sei ebenso gut anzunehmen berechtigt, die Gerichte würden sich der Auffassung des badischen Ministers der Finanzen anschließen, zumal jetzt der Verkauf an Nichtmitglieder bestraft wird.

Ob die „Reserveläger" der Genossenschaften zu den „offenen Läden" zu rechnen sind, ist Thatfrage (Komm.Ber. zur Novelle S. 4).

§ 9.

Die Genossenschaft muß einen Vorstand und einen Aufsichtsrath haben.

Die Mitglieder des Vorstandes und des Aufsichtsraths müssen Genossen sein. Gehören der Genossenschaft einzelne eingetragene Genossen-

schaften als Mitglieder an, oder besteht die Genossenschaft ausschließlich aus solchen, so können Mitglieder der letzteren in den Vorstand und den Aufsichtsrath berufen werden.

Ges. von 1868 §§ 3 Ziff. 7, 17, 20, Entw. I und II, Komm., Rtg. 9. Begr. I 81 96, II 55, 65.

I. Zur Geschichte des § 9.

a) Ueber die Bestimmung im Gesetz von 1868 § 3 Ziffer 7 und die Gründe, weshalb sie in dem entsprechenden § 6 nicht berücksichtigt ist, s. oben § 6 zur Gesch. a und Erläut. 1.

b) Zu **Abs.** I „Aufsichtsrath".

Nach dem Ges. von 1868 war der Aufsichtsrath kein nothwendiges Organ der Genossenschaft. Er stand darin dem Aufsichtsrath der Aktiengesellschaft des H.G.B gleich, für die Aktiengesellschaft wurde dies in der Novelle vom 11. Juni 1870 geändert (vgl. Art. 209 f. des Ges. vom 18. Juli 1884 und jetzt §§ 182, 190 H.G.B.). — Schulze-Delitzsch verlangte zuerst in der Novelle 1881 (zu §§ 3 und 28) einen obligatorischen, aus mindestens drei Personen bestehenden Aufsichtsrath. Derselbe sei bei Genossenschaften geradezu unentbehrlich. Nur die Rücksichtnahme auf die oft nur aus wenig Mitgliedern bestehenden Produktivgenossenschaften habe früher eine entsprechende Anordnung verhindert, diese Rücksichtnahme sei hinfällig geworden dadurch, daß die Bestimmungen über den Konkurs der offenen Handelsgesellschaften durch die R.K.O. verbessert seien und nun diese Form für solche ohnedies der Beschränkung der Mitgliederzahl geneigten Genossenschaften die zweckmäßige seien (Schulze-Delitzsch, Mater. S. 5, 7, 26). Vgl. Vorbemerkung zu §§ 36 ff.

c) **Abs.** II. Mitgliedschaft eingetragener Genossenschaften.

Das Ges. von 1868 hatte keinerlei Bestimmung darüber, ob Genossenschaften, Handelsgesellschaften, Korporationen u. s. w. Mitglieder eingetragener Genossenschaften werden könnten. „Während der Jahre langen Vorverhandlungen bis zur Publikation des Gesetzes war weder in den Kommissions-, noch in den Plenarsitzungen der drei bei der preußischen und bei der norddeutschen Gesetzgebung betheiligten parlamentarischen Körperschaften der Möglichkeit gedacht, daß die Genossenschaften andere Mitglieder als einzelne Menschen aufnehmen" (Parisius S. 269). Allein nach Erlaß des preußischen und noch mehr des deutschen Gesetzes wurden vielfach Handelsgesellschaften und eingetragene Genossenschaften als Mitglieder eingetragener Genossenschaften aufgenommen und von den Registerrichtern unbeanstandet zugelassen. Ueber die Frage, ob dies gesetzlich zulässig sei, waren die Meinungen getheilt. (Vgl. Parisius S. 268—269, Sicherer S. 171.) In Betreff der Mitgliedschaft eingetragener Genossenschaften gaben die Raiffeisenschen Vereine Anlaß zur Erörterung der Frage im Reichstage, in Folge der bereits bei § 7 I b besprochenen Interpellation Schulze-Delitzschs in der Sitzung vom 19. Januar 1876. Raiffeisen hatte 1872 die „Rheinische landwirthschaftliche Genossenschaftsbank", deren Mitglieder nur eingetragene Genossenschaften (Darlehnskassenvereine) waren, als eingetragene Genossenschaft gegründet. In gleicher Weise entstanden die „Westfälische landwirthschaftliche Bank, E. G." zu Iserlohn und „Die landwirthschaftliche Zentralkasse für Hessen, E. G." in Darmstadt, ebenfalls ohne Geschäftsantheile und mit lauter eingetragenen Darlehnskassen als Mitgliedern. Diese drei Banken gründeten dann 1874 die „landwirthschaftliche Generalbank, E. G." zu Neuwied. Letztere hatte nur jene drei Provinzialbanken als Mitglieder, aber einen Vorstand von fünf Personen, die nicht Mitglieder waren. Kein einziger der betheiligten Registerrichter hatte eine Eintragung wegen der mehrfachen groben Verstöße gegen das Gesetz beanstandet. Die Beantwortung von Schulzes Interpellation durch Minister Delbrück veranlaßte den preußischen Justizminister einzuschreiten. Ueber den weiteren Verlauf der Angelegenheit giebt Raiffeisen (Aufl. 4 S. 154 ff.) Aufschluß. Die Generalbank und die drei Provinzialbanken wurden aufgelöst. Die Rheinische Bank entstand später als Aktiengesellschaft unter der Firma „Landwirthschaftliche Zentraldarlehnskasse“ in Neuwied. Schulze beantragte nun in der Novelle von 1876 den Zusatz zu § 2: „Als Mitglieder dürfen nur physische Personen aufgenommen werden, welche sich durch Verträge verpflichten können“. Er wollte nicht blos Genossenschaften, sondern auch Aktiengesellschaften, offene Handelsgesellschaften, Korporationen u. s. w. von der Mitgliedschaft ausschließen. Die Reichstagskommission von 1877 entschied sich zwar gegen die Zulassung von eingetragenen Genossenschaften, aber trat nicht für die Ausschließung der Handesgesellschaften ein. Schulze änderte nun in der Novelle von 1877 unter ausdrücklicher Bezugnahme auf die Reichstagskommission und seine eigene abweichende Ansicht seinen Antrag dahin ab: „Eingetragene Genossenschaften können einer anderen eingetragenen Genossenschaft nicht beitreten“. (Schulze, Mater. S. 17, Herz S. 41 ff.) Der Entwurf des neuen Gesetzes hat hingegen als Mitglieder der eingetragenen Genossenschaft „Korporationen, Handelsgesellschaften, Genossenschaften und andere Personenvereine“ (§ 41) zugelassen. Im § 9 war als letzter Satz des Abs. 2 vorgeschlagen: „Gehören der Genossenschaft eingetragene Genossenschaften als Mitglieder an, so können Vorstandsmitglieder der letzteren in den Vorstand und den Aufsichtsrath berufen werden“. Die Kommission hat diese Bestimmung vervollständigt und verbessert (s. Erläuterungen 4).

II. Erläuterungen zu § 9.

1. **Zum Abs.** I „Vorstand“ (wenigstens zwei Personen § 24).

Es erscheint wesentlich, daß sich das Statut für die Organe der Bezeichnung des Gesetzes bedient (a. A. Maurer S. 144 Anm. 2, dessen Ansicht von Birkenbihl (S. 152) auch nicht aufrecht erhalten ist). Ueber Bestellung des Vorstandes § 24 und § 11 Erl. 4. Vom Vorstande handeln die §§ 24 bis 35. Das Gericht hat bei der Eintragung zu prüfen, ob die angemeldeten Vorstandsmitglieder der Genossenschaft als Mitglieder angehören. Wird dies übersehen oder das Gericht in einen Irrthum versetzt, so muß die Genossenschaft gutgläubigen Dritten für die Rechtshandlungen solcher die Mitgliedseigenschaft nicht besitzender Vorstandsmitglieder haften, sobald die Eintragung erfolgt und veröffentlicht ist. Scheidet das Vorstandsmitglied als Mitglied aus der Genossenschaft aus, so endet damit seine Funktion als Vorstandsmitglied, und haben die verbleibenden Vorstandsmitglieder sofort die Eintragung der Beendigung der Vollmacht anzumelden, die Bestellung endigt durch Wegfall einer jeden der in der Person des Vorstandsmitgliedes nach Gesetz oder Statut erforderlichen Voraussetzungen (Birkenbihl-Maurer S. 153); scheidet das Mitglied nicht freiwillig aus, wird es ausgeschlossen, so bliebe ihm nur nach Maßgabe des Anstellungsvertrages ein Entschädigungsanspruch (§ 24 Abs. 3), falls der Ausschluß nicht verschuldet ist. Maurer S. 147 übersieht, daß bei Verlust der bürgerlichen Ehrenrechte Ausschluß erfolgen kann (§ 68). Vgl. jetzt Birkenbihl-Maurer S. 156.

2. „Aufsichtsrath“ (wenigstens drei Personen § 36).

Vom Aufsichtsrath handeln die §§ 34 bis 39. Bleibt die Genossenschaft länger als drei Monate ohne Aufsichtsrath oder fehlt es ihm an der zur Beschlußfähigkeit erforderlichen Zahl der Mitglieder, so werden die, die daran schuld sind, bestraft (§ 148). Für die bestehenden Genossenschaften, die keinen Aufsichtsrath hatten, war im § 158 (alte Fassung) die Uebergangsbestimmung gegeben, wonach sie erst in 6 Monaten seit dem 1. Oktober 1889, also bis 31. März 1890, den Aufsichtsrath in beschlußfähiger Zahl zu beschaffen nöthig hatten.

Das Ges. von 1868 fügte bei der ersten Erwähnung des Aufsichtsraths in Klammern die Bezeichnungen „Verwaltungsrath und Ausschuß“ hinzu. Das neue Gesetz kennt nur die Bezeichnung „Aufsichtsrath“.

3. **Absatz** II „müssen Genossen sein“ (§ 24).

Im Ges. von 1868 war in den §§ 27 und 28 ausgesprochen, daß der Vorstand „aus der Zahl der Genossenschafter“ und der Aufsichtsrath „von den Genossenschaftern aus ihrer Mitte, jedoch mit Ausschluß der Vorstandsmitglieder“ gewählt wird. Die Bestimmung des neuen Gesetzes ist folgendermaßen begründet (Begr. II 65, 66): „Es erscheint zweckmäßig, im Gegensatze zu Art. 191, 224 des Aktiengesetzes, für den Aufsichtsrath wie für den Vorstand an der Vorschrift des jetzigen Genossenschaftsgesetzes festzuhalten, daß dieselben nur aus Mitgliedern der Genossenschaft bestehen dürfen. Denn die Haftpflicht der letzteren ist ein zu wirksames Moment für das Interesse an der richtigen Leitung der Genossenschaftsgeschäfte, als daß es bei der Zusammensetzung der beiden maßgebenden Organe unberücksichtigt bleiben dürfte. Es wird übrigens nicht gefordert, daß die in den Vorstand oder Aufsichtsrath Gewählten schon zur Zeit der Wahl Mitglieder der Genossenschaft gewesen sind. Für eine solche Beschränkung, wie sie zum Theil in der Praxis aus der Fassung des früheren § 17 hergeleitet worden ist, fehlt es an einem genügenden Grunde; vielmehr muß es gestattet sein, daß der Beitritt zu der Genossenschaft mit der Annahme der Wahl verbunden wird.“ . . .

„Der Beitritt“ — soll heißen die Beitrittserklärung: die Mitgliedschaft selbst entsteht erst durch die Eintragung in die Liste der Genossen (§ 15). Das Statut kann für die Wählbarkeit beliebige Beschränkungen treffen, z. B. auch Wohnsitz am bestimmten Orte. Es müssen aber die Vorstands- und Aufsichtsrathsmitglieder physische Personen sein.

4. „Beitritt einer Genossenschaft zu einer andern“.

Einzelne Genossenschaften können fortan Mitglieder der Genossenschaft sein, auch kann eine Genossenschaft nur aus Genossenschaften bestehen. Diese, Schulzes Ansichten entgegengesetzten, Bestimmungen sind hauptsächlich im Interesse der landwirthschaftlichen Genossenschaften getroffen. „Die landwirthschaftlichen Konsumvereine sind vielfach den Darlehnskassenvereinen als Mitglieder beigetreten, da ihnen Vorschüsse von den letzteren sonst nicht gegeben werden können.“ Ebenso verfolgen öfters „die Konsumvereine den Plan, sich zu Zentralgenossenschaften behufs leichteren gemeinsamen Bezugs der von den einzelnen Genossenschaften benöthigten Wirthschaftsbedürfnisse zu vereinigen. Nach dem geltenden Gesetz ist die Zulässigkeit der zuerst erwähnten Betheiligungsform, wenn auch nicht unbestritten, doch wohl zu bejahen. Dagegen kann die Bildung einer Genossenschaft ausschließlich aus anderen Genossenschaften nach dem bestehenden Recht nicht als zulässig betrachtet werden, da zu Vorstandsmitgliedern nur physische Personen gewählt werden können und diese selbst Mitglieder der Genossenschaft sein müssen“ (Begr. II S. 55). Die früher gegen den Beitritt einer Genossenschaft zu einer andern aus der Haftung erhobenen Bedenken werden nicht mehr für zutreffend erachtet, einmal wegen der besseren Bestimmungen über Realisirung der Haftpflicht und sodann, weil die vorzugsweise betheiligten Konsumvereine sich überwiegend der beschränkten Haftpflicht bedienen würden. Die Spezialbestimmung des § 9 über die Zusammensetzung der Organe der Genossenschaften soll die Bildung von Genossenschaften ausschließlich aus Genossenschaften ermöglichen. Nach der Regierungsvorlage sollten nur Vorstandsmitglieder der Mitglieder-Genossenschaften in den Vorstand und Aufsichtsrath der Genossenschaft berufen werden können, in der Kommission wurde dies Recht auf alle Mitglieder der Genossenschaften übertragen, weil die Vorstandsmitglieder der einzelnen Genossenschaften häufig außerhalb des Sitzes der Zentralgenossenschaft wohnen. Es liegt hier eine Durchbrechung des Prinzips vor, daß die Mitglieder von Vorstand und Aufsichtsrath Genossen sein müssen; die Durchbrechung war allerdings nothwendig, wollte man die Bildung von nur aus Genossenschaften bestehenden Genossenschaften zulassen. Die Ausnahme gilt aber auch nur für Genossenschaften, Mitglieder anderer Gesellschaften (Gesellschafter einer Gesellschaft m. b. H., Mitglieder einer offenen Handelsgesellschaft u. s. w.) müßten persönlich als Genossen beitreten, wenn sie Mitglied von Vorstand oder Aufsichtsrath sein wollen (Birkenbihl-Maurer S. 83). Eine andere Frage ist, ob die betreffenden Gesellschaften als solche in den Vorstand und Aufsichtsrath gewählt werden dürfen, deren Zulassung als Mitglieder der Genossenschaft durch § 43 zweifellos gestellt ist. Es wird dies zu verneinen sein, denn es liegt in der Natur der juristischen Person, daß sie als Repräsentant physische Personen nöthig hat (Begr. II S. 55; Crüger „Die Wahl in den Vorstand und Aufsichtsrath" in Nr. 31 der Bl.f.G. von 1891; vgl. Proebst S. 71), der allerdings mit Unrecht auf die Mitglieder-Genossenschaften als auf eine Ausnahme hinweist, auch sie sind nicht als solche in Vorstand und Aufsichtsrath wählbar, eine Ausnahme existirt nur insofern, als ihre Mitglieder wählbar sind, ohne daß sie Genossen zu sein brauchen. Daraus ergiebt sich, daß eine Genossenschaft wohl ausschließlich aus Genossenschaften wegen der Ausnahmebestimmung bestehen kann, nicht aber z. B. nur aus Aktiengesellschaften u. s. w. Birkenbihl-Maurer S. 85 wollen die eingetragene Genossenschaft als solche in den Vorstand wählen lassen, „da der Beitritt einer eingetragenen Genossenschaft zu einer anderen eingetragenen Genossenschaft zulässig ist", mit derselben Begründung müßten sie dann aber auch Korporationen und andere Gesellschaften als wählbar annehmen, da auch diese der eingetragenen Genossenschaft als Mitglieder beitreten können, gleichwohl bestreiten sie hier die Wählbarkeit. Das ist ein Widerspruch.

5. Haftpflicht der Mitglieder der Mitglieder-Genossenschaften für die Verbindlichkeiten der Zentralgenossenschaft.

Unwidersprochen wurde in der Kommission konstatirt, daß, wenn eine Genossenschaft mit unbeschränkter Haftpflicht oder unbeschränkter Nachschußpflicht einer anderen eingetragenen Genossenschaft als Mitglied angehöre, die erstere für die Schulden der Hauptgenossenschaft mit ihrem ganzen Vermögen, d. h. mit Allem, was sie habe, ebenso herangezogen werden könne, wie jedes andere Mitglied der Hauptgenossenschaft, und daß, falls das vorhandene Vermögen der Untergenossenschaft hierzu nicht ausreiche, auch die Mitglieder derselben für den Fehlbetrag in der gleichen Weise in Anspruch zu nehmen seien, wie für andere Verbindlichkeiten der Untergenossenschaft. Es setze dies also voraus, daß über das Vermögen der letzteren der Konkurs eröffnet werde. (Komm.Ber. 5).

6. Vertretung der Mitglieder-Genossenschaften in der Zentralgenossenschaft.

Die Untergenossenschaften üben ihre Mitgliedschaftsrechte in der Generalversammlung durch vom Vorstand ernannte Bevollmächtigte aus (§ 43 Abs. 4).

§ 10.

Das Statut, sowie die Mitglieder des Vorstandes sind in das Genossenschaftsregister bei dem Gerichte einzutragen, in dessen Bezirke die Genossenschaft ihren Sitz hat.

Das Genossenschaftsregister wird bei dem zur Führung des Handelsregisters zuständigen Gerichte geführt.

Ges. von 1868 §§ 4 und 18, Entw. I und II, Komm., Rtg. 10. Vgl. Begr. I 97, 98, II 66 und 67. — Bekanntmachung, betreffend die Führung des Genossenschaftsregisters und die Anmeldungen zu demselben. Vom 11. Juli 1889 (S. 150 bis 167 der Nr. 15 des R.G.B., ausgegeben zu Berlin 22. Juli 1889).

I. Zur Geschichte des § 10.

Der Regierungsentwurf zum preußischen Genossenschaftsgesetze hatte eine Bestimmung, wonach ein Antrag auf Anerkennung der Genossenschaft vom Vorstande an den Oberpräsidenten der Provinz unter Beifügung des Gesellschaftsvertrages und eines Verzeichnisses der Genossenschafter zu richten sei und der Oberpräsident die Anerkennung durch Attest aussprechen sollte. Eine gleiche Genehmigung sollte die Bedingung der Gültigkeit eines jeden den Gesellschaftsvertrag abändernden Beschlusses sein. Um diesen Punkt und die damit zusammenhängenden Bestimmungen über anderweitige amtliche Einwirkung drehten sich die erheblichsten Differenzen zwischen der Kommission des Abgeordnetenhauses und dem Ministerium. Nachdem im Abgeordnetenhause das von den Genossenschaften in vielen Petitionen als völlig unannehmbar bezeichnete Anerkennungsrecht des Oberpräsidenten fast einstimmig abgelehnt war, erklärte der Handelsminister in der Kommission des Herrenhauses, gegen den Fortfall dieses Anerkennungsrechts keine Schwierigkeiten erheben zu wollen, da die Einmischung des Staats in gewerbliche Unternehmungen allerdings mit manchen Bedenken verbunden sei und die Genossenschaften ohnehin auch bei Versagung der Anerkennung durch den Oberpräsidenten fortbestehen und nur der Vortheile des neuen Gesetzes entbehren würden. (Vgl. Parisius S. 205.) Das preußische Gesetz bestimmte sodann nur in § 4:

> „Der Gesellschaftsvertrag muß bei dem Handelsgerichte (Art. 73 des Einführungsgesetzes zum Allgemeinen deutschen Handelsgesetzbuche vom 24. Juni 1861), in dessen Bezirk die Genossenschaft ihren Sitz hat, in das Genossenschaftsregister, welches einen Theil des Handelsregisters bildet, eingetragen und im Auszuge veröffentlicht werden."

Im § 4 des Ges. von 1868 wurde der Hinweis auf das preußische Einführungsgesetz zum Allgemeinen deutschen H.G.B. gestrichen, aber hinzugefügt, daß mit der Anmeldung der Genossenschaft das Mitgliederverzeichniß zu überreichen ist, und da in Schaumburg-Lippe und Lauenburg das Allgemeine deutsche H.G.B. noch nicht eingeführt war, wurden die Worte eingeschoben „wo ein Handelsregister existirt". § 4 des Ges. von 1868 lautet:

> „Der Gesellschaftsvertrag muß bei dem Handelsgerichte, in dessen Bezirk die Genossenschaft ihren Sitz hat, nebst dem Mitgliederverzeichnisse durch den Vorstand eingereicht, vom Gerichte in das Genossenschaftsregister, welches, wo ein Handelsregister existirt, einen Theil von diesem bildet, eingetragen und im Auszuge veröffentlicht werden."

Das Genossenschaftsregister sollte also einen Theil des Handelsregisters bilden.

Durch das Ges. vom 5. Juni 1869, welches das Allgemeine deutsche H.G.B. zum Bundesgesetz erklärte, ist dasselbe mit dem 2. Januar 1876 auch in Schaumburg-Lippe eingeführt, nachdem es im Herzogthum Lauenburg bereits seit dem 1. Januar 1869 zufolge Ges. vom 2. Oktober 1868 in Gültigkeit getreten war. Damit verlor der Zwischensatz „wo ein Handelsregister existirt" (und ebenso § 8 des Ges. von 1868 jede Bedeutung.

Die Vorschrift, daß das Genossenschaftsregister einen Theil des Handelsregisters bilden soll, wurde in den Ausführungsverordnungen der einzelnen Bundesstaaten vielfach nicht beachtet.*)

---

*) Als Theil des Handelsregisters ist das Genossenschaftsregister geführt in Bayern (Bekanntmachung des Staatsministeriums der Justiz vom 27. August 1873 § 1), Sachsen (Verordnung vom 23. Juli 1868 § 17), Württemberg (Verfügung des Justizministers vom 28. Januar 1873 § 3), Baden (Verordnung vom 4. Mai 1870

Seit dem Genossenschaftsgesetz von 1889 bildet das Genossenschaftsregister **nicht** mehr einen Theil des Handelsregisters, sondern wird von dem zur Führung des letzteren zuständigen Gerichte als ein selbstständiges Register geführt (§ 1 A.V. und § 161 Abs. 1 des Ges.)

In Betreff der angelegten Register bestimmt § 2 A.V.:

„Die in Gemäßheit des Gesetzes vom 4. Juli 1868 (Bundes-Gesetzbl. S. 415) angelegten Register gelten als Genossenschaftsregister im Sinne des neuen Gesetzes und dieser Bestimmungen.

Wo bisher die dem Gesetze vom 4. Juli 1868 unterstehenden Genossenschaften nicht in eine besondere, als Genossenschaftsregister dienende Abtheilung des Handelsregisters, sondern zusammen mit den Handelsgesellschaften in das letztere eingetragen sind, ist ein besonderes Genossenschaftsregister anzulegen. In dasselbe sind aus dem Handelsregister die auf die vorgedachten Genossenschaften bezüglichen Eintragungen, soweit sie noch Geltung haben, von Amtswegen zu übertragen; hierbei ist die erfolgte Uebertragung aus dem Handelsregister zu vermerken."

Geführt werden die Genossenschaftsregister nach dem in den einzelnen Bundesstaaten vorgeschriebenen Formular (§ 12 A.V.); nur für die Führung der Liste der Genossen giebt A.V. ein Formular (§ 24).

In der Begr. I 97, II 66 heißt es:

„Materiell steht der Entwurf auf dem gleichen Standpunkt (— wie das Gesetz von 1868 —). Es ergiebt sich daraus allerdings der Mißstand, daß in den einzelnen Bundesstaaten abweichende Bestimmungen zur Anwendung kommen. Denn nach den Ausführungsgesetzen zum Handelsgesetzbuch und theilweise jetzt zu den Reichsjustizgesetzen ist der Rechtszustand in Betreff des Handelsregisters, namentlich was die zur Führung desselben zuständigen Gerichte,*) das Verfahren, die Rechtsmittel und die Verhängung

---

§ 1), Hessen (Instruktion des Justizministers vom 20. Mai 1870 § 1), Braunschweig (Ausführungsverordnung vom 15. Januar 1869 § 7), Sachsen-Meiningen (Ausführungsverordnung vom 17. Dezember 1868 Art. 5), Anhalt (Ausführungsverordnung vom 17. Oktober 1868 § 2), Lippe (Verordnung vom 23. Dezember 1868 § 2), Elsaß-Lothringen (Instruktion vom 28. September 1873 § 1). Die übrigen Verordnungen ließen es zum Theil unbestimmt, ob das Genossenschaftsregister ein Theil des Handelsregisters sein sollte, oder richteten zum Theil — entgegen dem § 4 des Gesetzes — ganz selbstständige Genossenschaftsregister ein, wie z. B. für Preußen die Instruktion des Justizministers vom 17. Dezember 1868 § 18.

Die Trennung des Genossenschaftsregisters vom Handelsregister hatte denn auch weitere gesetzwidrige Bestimmungen zur Folge, wie z. B. die Führung der Genossenschaftsregister durch andere Beamte als die mit der Führung der Handelsregister betrauten, Veröffentlichung der Eintragungen in anderen Blättern als in den für die Eintragungen in das Handelsregister bestimmten (§§ 6 und 2 der preußischen Instruktion vom 17. Dezember 1868).

Was daraus, daß das Genossenschaftsregister ein Theil des Handelsregisters sein sollte, folgte, ergiebt die Darstellung bei Parisius S. 214.

*) Durch Verfügung des Preußischen Justizministers vom 11. Februar 1890 ist denjenigen Amtsgerichten, in deren Bezirk eine Genossenschaft besteht, und welche bisher zur Führung des Genossenschaftsregisters nicht zuständig waren, die Führung des Registers vom 1. Oktober 1890 ab übertragen. Hierdurch ist vielen Genossenschaften der Verkehr mit dem Registergericht erleichtert. Vgl. ferner § 25–30 des Ausführungsgesetzes zum G.V.G. vom 24. April 1878; allgem. Verfügung vom 29. August 1879 (J.M.Bl. 1879 S. 305). „In Bayern, Elsaß-Lothringen, Hamburg, Bremen, Lübeck und Koburg wird das Handels- und Genossenschaftsregister bei den Kammern für Handelssachen oder den Zivilkammern der Landgerichte geführt; in allen anderen Bundesstaaten bei den Amtsgerichten" (Anmerkung der Begr. I 97, II 66).

der Ordnungsstrafen betrifft, in den einzelnen Bundesstaaten recht verschiedenartig gestaltet. Der Entwurf muß jedoch darauf verzichten, eine einheitliche Gestaltung in Betreff des Genossenschaftsregisters allein herbeizuführen. Bei den wesentlich gleichen Gesichtspunkten, welche für die Kompetenz und das Verfahren rücksichtlich der beiden Register in Betracht kommen, würde eine sachlich abweichende Regelung in Betreff derselben größere Mißstände nach sich ziehen, als sie in der örtlichen Rechtsverschiedenheit liegen. Die letztere zu beseitigen, muß der künftigen Revision des Handelsgesetzbuchs vorbehalten bleiben.

„Hierdurch wird nicht ausgeschlossen, daß wenigstens hinsichtlich der äußeren Einrichtung und Führung des Registers und seiner Anlagen einheitliche Bestimmungen getroffen werden. Dies ist um so mehr ein Bedürfniß, als der Inhalt der von dem Registergericht zu führenden Mitgliederliste nach dem Entwurf eine wesentlich andere Bedeutung erhält als nach dem bisherigen Recht. Der § 161 sieht deshalb den Erlaß von Ausführungsbestimmungen hierüber durch den Bundesrath vor.

Schon mit Rücksicht hierauf erscheint es unthunlich, das Genossenschaftsregister mit dem bisherigen Gesetze schlechthin zum Theil des Handelsregisters zu erklären. Ohnehin hat die Tragweite dieser Bestimmung in einzelnen Beziehungen zu Zweifeln Anlaß gegeben, und es empfiehlt sich daher, statt jener allgemeinen Vorschrift die einzelnen Materien, in welchen die für das Handelsregister reichs- und landesrechtlich geltenden Grundsätze auf das Genossenschaftsregister Anwendung finden sollen, zu bezeichnen. In Betreff der Gerichtszuständigkeit geschieht dies zum Verständnisse des Gesetzes schon an dieser Stelle; die übrigen Vorschriften sind in den Schlußbestimmungen (§§ 147 bis 152 alter Fassung) getroffen". Ueber den jetzigen Rechtszustand vgl. II Erl. 1.

II. **Erläuterungen. Abs.** I.

1. Das Genossenschaftsregister.*)

Das Genossenschaftsregister ist nur formell von dem Handelsregister getrennt, materiell gelten für beide wesentlich die gleichen Grundsätze (Entscheidung des O.V.G. vom 14. März 1892 Bl. f. G. Nr. 22 von 1893). „Nach den in den einzelnen Bundesstaaten für das Handelsregister geltenden Vorschriften" bestimmen sich „die Obliegenheiten des Richters und des Gerichtsschreibers (Registerführers), in Betreff der Führung des Genossenschaftsregisters und der Liste der Genossen, sowie in Betreff der auf die Eintragungen in dieselben bezüglichen Verhandlungen" (§ 10 A.V.). Neben oder unter den „für das Handelsregister geltenden Vorschriften" sind die in den einzelnen Bundesstaaten erlassenen Gesetze und Verordnungen zur Ausführung des Genossenschaftsgesetzes vom 4. Juli 1868**) nicht erwähnt, wenngleich nach § 4 desselben das Genossenschaftsregister einen Theil des Handelsregisters bilden sollte. Man wird sie als mit dem Gesetze vom 4. Juli 1868 aufgehoben zu erachten haben. In § 156 sind die §§ 9—11 H.G.B. ausdrücklich auf das Genossenschaftsregister für anwendbar erklärt, und in § 3 A.V. ist in Abs. 2 noch besonders für Ertheilung von Abschriften u. s. w. aus dem Register und der Liste, in Betreff der Bekanntmachungen, der Bestimmung der öffentlichen Blätter die entsprechende Anwendung der auf das Handelsregister bezüglichen Vorschriften der §§ 9—11 H.G.B. (Artikel 12 bis 14 des H.G.B. alter Fassung) und der zu denselben in den einzelnen Bundesstaaten ergangenen Ausführungsbestimmungen ausgesprochen, soweit nicht in dem Gesetze oder der Bekanntmachung etwas Anderes verordnet ist. Die Führung liegt dem mit der Führung des Handelsregisters betrauten

*) Vgl. Parisius und Crüger, Formularbuch „das Genossenschaftsregister und die Thätigkeit des Registergerichts".

**) Ein vollständiger Abdruck dieser Gesetze und Verordnungen bei Parisius, Die Genossenschaftsgesetze im Deutschen Reiche S. 401—541.

Gericht ob (§ 1 A.V.). Durch das Gesetz, betreffend die Angelegenheit der freiwilligen Gerichtsbarkeit hat die Führung des Genossenschaftsregisters eine einheitliche Regelung erfahren. In der Denkschrift zu dem Entwurf des gedachten Gesetzes heißt es S. 77: „Der § 147 dehnt die das Handelsregister betreffenden Vorschriften der §§ 127 bis 131, 142, 143 auf das Genossenschaftsregister aus". Bezüglich der Vorschriften der §§ 132 ff. über das Ordnungsstrafverfahren bedarf es einer solchen Ausdehnung nicht, da diese Bestimmungen schon auf § 160 Abs. 2 des Genossenschaftsgesetzes auch in den auf das Genossenschaftsregister bezüglichen Angelegenheiten Anwendung finden. Im Uebrigen erscheint dagegen eine ausdrückliche Vorschrift zur Sicherung eines übereinstimmenden Verfahrens in den Angelegenheiten des Handelsregisters und des Genossenschaftsregisters angezeigt. Was insbesondere die Bestimmungen der §§ 142, 143 über die Löschung unrichtiger Eintragungen betrifft, so hat es sich gerade auf dem Gebiete des Genossenschaftsrechts gegenüber der vielfach vorgekommenen Eintragung nichtiger Genossenschaften als ein erheblicher Mißstand herausgestellt, daß zur Zeit gesetzliche Vorschriften der gedachten Art fehlen. Diese Lücke wird durch die Ausdehnung der §§ 142, 143 auf das Genossenschaftsregister und durch die dem § 144 entsprechenden Vorschriften des § 147 Abs. 2 bis 4 ausgefüllt.

Auch die §§ 125, 132—139, nicht aber § 126 (Genossenschaftsgesetz § 10 Abs. 2, § 160 Abs. 2) finden also auch auf das Genossenschaftsregister Anwendung.

Die Führung des Genossenschaftsregisters erfolgt danach durch das zuständige Amtsgericht.*)

---

*) Die in Betracht kommenden Vorschriften des Gesetzes über die Angelegenheiten der freiwilligen Gerichtsbarkeit lauten:

§ 147.

Die Vorschriften der §§ 127 bis 131, 142, 143 finden auf die Eintragungen in das Genossenschaftsregister entsprechende Anwendung.

Eine in das Genossenschaftsregister eingetragene Genossenschaft kann gemäß den Vorschriften der §§ 142, 143 als nichtig gelöscht werden, wenn die Voraussetzungen vorliegen, unter denen nach den §§ 94, 95 des Gesetzes, betreffend die Erwerbs- und Wirthschaftsgenossenschaften, die Nichtigkeitsklage erhoben werden kann.

Ein in das Genossenschaftsregister eingetragener Beschluß der Generalversammlung einer Genossenschaft kann gemäß den Vorschriften der §§ 142, 143 als nichtig gelöscht werden, wenn er durch seinen Inhalt zwingende Vorschriften des Gesetzes verletzt und seine Beseitigung im öffentlichen Interesse erforderlich erscheint.

In den Fällen der Abs. 2, 3 soll die nach § 142 Abs. 2 zu bestimmende Frist mindestens 3 Monate betragen.

Die hier angezogenen Paragraphen lauten:

§ 127.

Das Registergericht kann, wenn eine von ihm zu erlassende Verfügung von der Beurtheilung eines streitigen Rechtsverhältnisses abhängig ist, die Verfügung aussetzen, bis über das Verhältniß im Wege des Rechtsstreits entschieden ist. Es kann, wenn der Rechtsstreit nicht anhängig ist, einem der Betheiligten eine Frist zur Erhebung der Klage bestimmen.

§ 128.

Die Anmeldungen zur Eintragung in das Handelsregister sowie die zur Aufbewahrung bei dem Gericht bestimmten Zeichnungen von Unterschriften können zum Protokoll des Gerichtsschreibers des Registergerichts erfolgen.

§ 129.

Ist die zur Eintragung erforderliche Erklärung von einem Notar beurkundet oder beglaubigt, so gilt dieser als ermächtigt, im Namen des zur Anmeldung Verpflichteten die Eintragung zu beantragen. Die Vorschriften des § 124 finden entsprechende Anwendung.

Eine besondere Beilage zum Genossenschaftsregister bildet die Liste der Genossen (§ 24 Abs. 1 A.V.), welche wie das Genossenschaftsregister öffentlich ist (Gesetz §§ 12 Abs. 3 und 156 A.V. § 3).

---

§ 130.

Jede Eintragung soll den Tag, an welchem sie erfolgt ist, angeben und mit der Unterschrift des zuständigen Beamten versehen werden.

Jede Eintragung soll demjenigen, welcher sie beantragt hat, bekannt gemacht werden. Auf die Bekanntmachung kann verzichtet werden.

§ 131.

Die Eintragung einer Zweigniederlassung ist von Amtswegen dem Registergericht der Hauptniederlassung mitzutheilen und in dessen Register zu vermerken. Das Gleiche gilt, wenn die Zweigniederlassung aufgehoben wird.

§ 142.

Ist eine Eintragung in das Handelsregister bewirkt, obgleich sie wegen Mangels einer wesentlichen Voraussetzung unzulässig war, so kann das Registergericht sie von Amtswegen löschen. Die Löschung geschieht durch Eintragung eines Vermerks.

Das Gericht hat den Betheiligten von der beabsichtigten Löschung zu benachrichtigen und ihm zugleich eine angemessene Frist zur Geltendmachung eines Widerspruchs zu bestimmen.

Auf das weitere Verfahren finden die Vorschriften des § 141 Abs. 3, 4 Anwendung.*)

§ 143.

Die Löschung einer Eintragung kann gemäß den Vorschriften des § 142 auch von dem Landgericht verfügt werden, welches dem Registergericht im Instanzenzuge vorgeordnet ist. Die Vorschrift des § 30 Abs. 1 Satz 2 findet Anwendung.**)

Gegen die einen Widerspruch zurückweisende Verfügung des Landgerichts findet die sofortige Beschwerde an das Oberlandesgericht mit der Maßgabe statt, daß die Vorschriften des § 28 Abs. 2, 3 zur entsprechenden Anwendung kommen. Die weitere Beschwerde ist ausgeschlossen.***)

Es bestimmt ferner:

§ 148 Abs. 1.

Die Vorschriften des § 146 Abs. 1, 2 finden auf die nach § 45 Abs. 3, § 61, § 83 Abs. 3, 4, § 93 des Gesetzes betreffend die Erwerbs- und Wirthschaftsgenossenschaften, und nach § 66 Abs. 2, 3, § 74 des Gesetzes betreffend die Gesellschaften mit beschränkter Haftung, von dem Registergericht zu erledigenden Angelegenheiten Anwendung.

Die angezogenen Bestimmungen lauten:

---

*) § 141 Abs. 3 und 4 lauten:

Wird Widerspruch erhoben, so entscheidet über ihn das Gericht. Gegen die den Widerspruch zurückweisende Verfügung findet die sofortige Beschwerde statt.

Die Löschung darf nur erfolgen, wenn Widerspruch nicht erhoben oder wenn die den Widerspruch zurückweisende Verfügung rechtskräftig geworden ist.

**) Die Vorschrift lautet:

Ist bei einem Landgericht eine Kammer für Handelssachen gebildet, so tritt für Handelssachen diese Kammer an die Stelle der Civilkammer.

***) § 28 Abs. 2 und 3:

Will das Oberlandesgericht bei der Auslegung einer reichsgesetzlichen Vorschrift, welche eine der im § 1 bezeichneten Angelegenheiten betrifft, von der auf weitere Beschwerde ergangenen Entscheidung eines anderen Oberlandesgerichts, falls aber über die Rechtsfrage bereits eine Entscheidung des Reichsgerichts ergangen ist, von dieser abweichen, so hat es die weitere Beschwerde unter Begründung seiner Rechtsauffassung dem Reichsgericht vorzulegen. Der Beschluß über die Vorlegung ist dem Beschwerdeführer bekannt zu machen.

In den Fällen des Abs. 2 entscheidet über die weitere Beschwerde das Reichsgericht.

Das Rechtsmittel gegen ablehnende Entscheidung über Anträge auf Eintragung ordnet § 150 des Gesetzes in der alten Fassung, § 150 ist durch § 187 des Gesetzes

---

§ 146 Abs. 1, 2.

Soweit in den im § 145 bezeichneten Angelegenheiten ein Gegner des Antragstellers vorhanden ist, hat ihn das Gericht, wenn thunlich, zu hören.

Gegen die Verfügung, durch welche über den Antrag entschieden wird, findet die sofortige Beschwerde statt.

Ferner kommen für die eingetragenen Genossenschaften zur Anwendung § 125 der lautet:

„Für die Führung des Handelsregisters sind die Amtsgerichte zuständig.

Durch Anordnung der Landesjustizverwaltung kann die Führung des Registers für mehrere Amtsgerichtsbezirke einem Amtsgericht übertragen werden.“

Auch die §§ 132 bis 139 gelten nach § 160 Abs. 2 des Genossenschafts-Gesetzes, sie lauten:

§ 132.

Sobald das Registergericht von einem sein Einschreiten nach den §§ 14, 319 und dem § 325 Nr. 9 des Handelsgesetzbuchs rechtfertigenden Sachverhalte glaubhafte Kenntniß erhält, hat es den Betheiligten unter Androhung einer Ordnungsstrafe aufzugeben, innerhalb einer bestimmten Frist seiner gesetzlichen Verpflichtung nachzukommen oder die Unterlassung mittels Einspruchs gegen die Verfügung zu rechtfertigen.

Die Beschwerde gegen diese Verfügung ist unzulässig.

§ 133.

Wird innerhalb der bestimmten Frist weder der gesetzlichen Verpflichtung genügt, noch Einspruch erhoben, so ist die angedrohte Strafe festzusetzen und zugleich die frühere Verfügung unter Androhung einer erneuten Ordnungsstrafe zu wiederholen.

In gleicher Weise ist fortzufahren, bis der gesetzlichen Verpflichtung genügt oder Einspruch erhoben wird.

§ 134.

Wird rechtzeitig Einspruch erhoben, so hat das Gericht, wenn sich der Einspruch nicht ohne Weiteres als begründet ergiebt, zur Erörterung der Sache den Betheiligten zu einem Termine zu laden.

Das Gericht kann, auch wenn der Betheiligte nicht erscheint, nach Lage der Sache entscheiden.

§ 135.

Wird der Einspruch für begründet erachtet, so ist die erlassene Verfügung aufzuheben.

Andernfalls hat das Gericht den Einspruch zu verwerfen und die angedrohte Strafe festzusetzen. Das Gericht kann, wenn die Umstände es rechtfertigen, von der Festsetzung einer Strafe absehen oder eine geringere als die angedrohte Strafe festsetzen.

Im Falle der Verwerfung des Einspruchs hat das Gericht zugleich eine erneute Verfügung nach § 132 zu erlassen. Die in dieser Verfügung bestimmte Frist beginnt mit dem Eintritte der Rechtskraft der Verwerfung des Einspruchs.

§ 136.

Wird im Falle des § 133 gegen die wiederholte Verfügung Einspruch erhoben und dieser für begründet erachtet, so kann das Gericht, wenn die Umstände es rechtfertigen, zugleich die früher festgesetzte Strafe aufheben oder an deren Stelle eine geringere Strafe festsetzen.

§ 137.

Gegen die Versäumung der Einspruchsfrist ist auf Antrag nach Maßgabe des § 22 Abs. 2 die Wiedereinsetzung in den vorigen Stand zu ertheilen.

§ 138.

Bei der Festsetzung der Ordnungsstrafe ist der Betheiligte zugleich in die Kosten des Verfahrens zu verurtheilen.

betreffend die Angelegenheiten der freiwilligen Gerichtsbarkeit aufgehoben und ersetzt durch § 48 Abs. 1 dieses Gesetzes, wo bestimmt ist, daß § 146 Abs. 1 und 2 des Gesetzes:

„Soweit . . . ein Gegner des Antragstellers vorhanden ist, hat ihn das Gericht, wenn thunlich, zu hören.

Gegen die Verfügung, durch welche über den Antrag entschieden wird, findet die sofortige Beschwerde statt"

Anwendung finden auch die nach § 45 Abs. 3, § 61, § 83 Abs. 3, 4, § 93 des Genossenschaftsgesetzes von dem Registergericht zu erledigenden Angelegenheiten.

Die Eintragungen in das Genossenschaftsregister verleihen den eingetragenen Verhältnissen entweder Rechtswirksamkeit (Eintragung des Statuts, von Statutenänderungen, der Mitglieder in die Liste der Genossen, der Betheiligung mit einem weiteren Geschäftsantheile, des Ausscheidens von Mitgliedern) oder haben nur die Bedeutung einer öffentlichen Beurkundung (Eintragungen mit Bezug auf die Vorstandsmitglieder und der Auflösung). Ueber die Anlegung von Generalakten zur Kontrolle über die Führung des Registers und die gesetzliche Aufsicht (§§ 45, 80, 83, 61, 93, 33, 89, 63, 160) vgl. Parisius und Crüger Formularbuch S. 133. Das Genossenschaftsregister ist dauernd aufzubewahren, die Registerakten können nach Ablauf von 30 Jahren seit der Eintragung einer der im § 22 A.V. bezeichneten Thatsachen vernichtet werden (§ 23 A.V.).

Zu erwähnen ist hier bei der allgemeinen Darstellung der Führung des Genossenschaftsregisters die Stellung des Registerrichters zum Prozeßrichter. (§ 16 Erl. 6).

Der Registerrichter handelt — abgesehen von den Fällen, in denen ihm ein Aufsichtsrecht übertragen ist (§ 160) — stets nur auf Antrag. Daraus ergiebt sich weiter, daß der Registerrichter dem Prozeßrichter völlig unabhängig gegenübersteht. Die Berichtigung von Eintragungen kann nicht Gegenstand der Zwangsvollstreckung sein; die von dem Prozeßrichter auf Antrag einer Partei erlassene einstweilige Verfügung ist für den Registerrichter nicht bindend. Im Prozeßwege kann höchstens zwischen den Parteien festgestellt werden, daß diese einander gegenüber verpflichtet seien, gewisse Anmeldungen zu bewirken, und daß sie im Falle der Unterlassung schadenersatzpflichtig sind (Johow und Küntzel Bd. 4 S. 36 ff.). Daher ist der Registerrichter nicht verpflichtet, die Eintragung angefochtener Beschlüsse zu verweigern. Der Registerrichter verfügt stets nach eigenem, freiem Ermessen. (Vgl. § 16, § 51.) Mit dieser bisher vertretenen Auffassung stimmt § 127 des Gesetzes betreffend die Angelegenheiten der

---

§ 139.

Gegen den Beschluß, durch welchen die Ordnungsstrafe festgesetzt oder der Einspruch verworfen wird, findet die sofortige Beschwerde statt.

Ist die Strafe nach Maßgabe des § 133 festgesetzt, so kann die Beschwerde nicht darauf gestützt werden, daß die Verfügung, durch welche die Strafe angedroht worden ist, nicht gerechtfertigt gewesen sei.

Endlich bestimmt noch § 187 des Gesetzes über die Angelegenheiten der freiwilligen Gerichtsbarkeit:

Ergiebt sich aus den Erklärungen einer Partei, daß eine ihr unter Verletzung der Vorschriften der §§ 181—186 zugestellte Ladung in ihre Hände gelangt ist, so ist die Zustellung als mit dem Zeitpunkte bewirkt anzusehen, in welchem die Partei nach ihren Erklärungen die Ladung erhalten hat.

§ 150 des Genossenschafts-Gesetzes (alte Fassung) handelt von den Rechtsmitteln gegen die Entscheidung über Anträge auf Eintragung in das Genossenschafts-Register, er ist ersetzt durch den oben mitgetheilten § 146 Abs. 2 des Gesetzes über die Angelegenheiten der freiwilligen Gerichtsbarkeit, der nach § 148 dieses Gesetzes auch für Genossenschaften gilt.

freiwilligen Gerichtsbarkeit überein, der auch für das Genossenschaftsregister gilt (§ 147 a. a. O.):

„Das Registergericht kann, wenn eine von ihm zu erlassende Verfügung von der Beurtheilung eines streitigen Rechtsverhältnisses abhängig ist, die Verfügung aussetzen, bis über das Verhältniß im Wege des Rechtsstreits entschieden ist. Es kann, wenn der Rechtsstreit nicht anhängig ist, einem der Betheiligten eine Frist zur Erhebung der Klage bestimmen".

Das Ermessen des Registergerichts entscheidet. Das Urtheil stellt das Rechtsverhältniß unter den Parteien fest mit bindender Wirkung auch für den Registerrichter. Insoweit letzterer aber das Interesse anderer Betheiligter oder das öffentliche Interesse wahrzunehmen hat, ist er an das Urtheil nicht gebunden, er muß nach § 12 (a. a. O.) von Amtswegen die zur Feststellung der Thatsachen erforderlichen Ermittelungen anstellen und die geeignet erscheinenden Beweise aufnehmen (Jastrow, Das Reichsgesetz über die Angelegenheiten u. s. w. S. 110).

Zweifel können nach dem Wortlaut des § 10 entstehen über den Umfang der Eintragung.

Nach § 10 sollen das Statut und die Mitglieder des Vorstandes in das Genossenschaftsregister eingetragen werden. Aus der Wortfassung würde zu folgern sein, daß das ganze unverkürzte Statut einzutragen sei. Dies würde ein überflüssiges Schreibwerk verursachen, da das Statut in Urschrift zu den Registerakten geht und mit diesen auf Verlangen jederzeit vorgelegt werden muß. Mit Recht hat daher der Bundesrath „zur Ausführung der Vorschriften über das Genossenschaftsregister" (§ 161) die Bestimmung (A.V. § 15) für nöthig erachtet, daß in das Register selbst nur ein Auszug aus dem Statut aufgenommen wird, der die in § 12 Abs. 2 und 4 des Gesetzes bezeichneten Angaben, bei Genossenschaften mit beschränkter Haftpflicht außerdem die Höhe der Haftsumme und im Fall des § 134 des Gesetzes die höchste Zahl der Geschäftsantheile, auf welche ein Genosse sich betheiligen kann, zu enthalten hat. Der in das Register einzutragende Auszug des Statuts stimmt also mit dem zu veröffentlichenden Auszug überein.

Außer dem Auszug des Statuts sind einzutragen die Vorstandsmitglieder nach Namen und Wohnort. Nicht einzutragen sind die Namen der Aufsichtsrathsmitglieder, die Abschrift ihrer Bestellungsurkunde wird nur zu den Akten genommen. So Parisius und Crüger Formularbuch S. 32. Ueber Eintragungen bei dem Gericht der Zweigniederlassung § 157 Abs. 2, A.V. § 20. Eintragungen sind vorgeschrieben in §§ 10, 14, 15, 16 (§§ 133, 143, 145), 28, 51, 70, 71, 76, 78ff., 82, 84, 85 Abs. 2, 102, 137 Abs. 2, [§ 165 Abs. 1, § 169 alter Fassung]; vgl. A.V. §§ 12ff., 24ff.

2. Bescheinigungen und Abschriften von Eintragungen in das Genossenschaftsregister.

Bescheinigungen werden von dem Gericht über die eingetragenen Mitglieder des Vorstandes ausgestellt. Die Mitglieder des Vorstandes bedürfen einer solchen Bescheinigung, um sich den Behörden gegenüber in ihrer Eigenschaft legitimiren zu können. Die Bescheinigung hat nur zu enthalten, welche Personen als Mitglieder des Vorstandes eingetragen sind. Zeitbeschränkungen bleiben unbeachtet (§ 27 Abs. 2 A.V. § 19 Abs. 3 es würden jedoch §§ 28, 160 hierbei vom Richter zu beobachten bezw. zur Ausführung zu bringen sein).

Abschriften und Auszüge. Von den „Eintragungen in das Genossenschaftsregister" sind Abschriften auf Verlangen an jeden — da das Genossenschaftsregister öffentlich ist — zu ertheilen (§ 156 und H.G.B. § 9 Abs. 2). Von den Beilagen zum Genossenschaftsregister, d. h. von denjenigen Urkunden, auf Grund deren die Eintragungen stattgefunden haben, sind Abschriften zu ertheilen, „sofern ein berechtigtes Interesse glaubhaft gemacht wird". (H.G.B. § 9 Abs. 2.) Die Liste der Genossen ist nicht ein Theil des Genossenschaftsregisters, sie muß vielmehr als eine besondere Beilage desselben betrachtet werden. Die Liste ist öffentlich und kann daher von jedem abgeschrieben werden, das Gericht kann daher bei Ertheilung der Abschrift nicht den Nachweis eines berechtigten Interesses fordern (vgl. Bl.f.G. 1896 S. 440).

3. Veröffentlichung der Eintragungen s. § 12, § 131 Abs. 2, § 132 Abs. 2 in Betreff des Statuts, §§ 16, 22, 133 für Statutenänderung, § 28 für Vorstandsmitglieder, § 78 ff. für Auflösung, § 14 für Zweigniederlassung, § 143 für die Umwandlung von Genossenschaften.

4. Prüfungsrecht des Richters.*)

Dem Vorstande liegt nach § 11 die Anmeldung ob und zwar müssen nach § 157 sämmtliche Vorstandsmitglieder die Anmeldung persönlich oder schriftlich in beglaubigter (A.V. § 8) Form bewirken. Ueber die Pflicht des Vorstandes hierzu § 11 Erl 1. Der Anmeldung sind die in § 11 bezeichneten Urkunden beizufügen. Das Gericht hat in erster Reihe die Identität und Verfügungsfähigkeit der Anmeldenden, und ob dieselben Mitglieder der Genossenschaft sind, zu prüfen, ferner eine formale Prüfung der Urkunden vorzunehmen, insbesondere zu prüfen, ob das Statut von den in der Liste aufgeführten Genossen unterzeichnet ist; die Zahl derselben muß mindestens 7 betragen (§ 4). Es ist nicht nothwendig, daß Statut und Abschrift geschrieben sind, sie können auch auf andere Weise hergestellt oder vervielfältigt sein, namentlich durch den Druck. Wenn im § 5 schriftliche Form für das Statut verlangt wird, so ist dadurch nur bestimmt, einmal, daß gerichtliche oder notarielle Form nicht erforderlich ist und sodann, daß das Statut selbst von den Genossen unterschrieben sein muß. Es würde nicht genügen, wenn sich die Mitglieder in besonderem Protokoll zu dem Statut bekennen (§ 5 Erl. 2). Es ist Birkenbihl-Maurer (S. 90) jedoch nicht zuzustimmen, daß sich die Prüfung auch auf die Wahrheit der gemeldeten Thatsachen zu erstrecken hat, so daß er, wenn er an der Richtigkeit Zweifel hegt, Aufklärung verlangen kann. Die Prüfung ist einmal nur eine formale und dann eine materielle mit Bezug auf die Beobachtung des Gesetzes. Freilich hat der Richter der Genossenschaft Rechtsfähigkeit zu geben; diese Rechtsfähigkeit ist aber unabhängig von Thatsachen, sie beruht allein darauf, daß das Statut bestimmten gesetzlichen Anforderungen genügt. Das Gericht beurkundet nur ihm gemeldete Thatsachen, deswegen auch die eingetragenen Thatsachen durch die Eintragung allein nicht bewiesen werden (vgl. R.G. Bd. I S. 242). Zu den wichtigsten Obliegenheiten des Richters gehört die materielle Prüfung des Statuts. Er hat zu prüfen, „ob das Statut den gesetzlichen Vorschriften entspricht, insbesondere,

ob die in demselben bezeichneten Zwecke der Genossenschaft mit den Bestimmungen im § 1 des Gesetzes im Einklang stehen."

Unter den gesetzlichen Vorschriften können in diesen Worten des § 15 A.V. nach dem ganzen Zusammenhange nur die Vorschriften des Genossenschaftsgesetzes verstanden werden. Danach liegt dem Registerrichter nicht ob, zu prüfen, ob in dem Statut Bestimmungen zu finden sind, die gegen eine Vorschrift irgend eines Reichs-

*) Vgl. die Cirkular-Verfügung des Preußischen Justizministers an die Amtsgerichts-Präsidenten vom 17. Februar 1892 (mitgetheilt in der deutschen landwirthsch. Genossenschaftspresse vom 15. August 1892), in der die Gerichte angewiesen werden „die ihnen in den fraglichen Beziehungen obliegende Thätigkeit mit der größten Sorgfalt auszuüben".

Eine ausführliche Anleitung ist erlassen „für die Großherzoglich Hessischen Amtsgerichte die Führung des Genossenschaftsregisters und die damit zusammenhängenden Geschäfte betreffend".

oder Landesgesetzes verstoßen, — die Prüfung des Statuts hat sich vielmehr lediglich auf die Uebereinstimmung desselben mit dem Genossenschaftsgesetze vom 1. Mai 1889 zu erstrecken.

Das Genossenschaftsgesetz führt in den §§ 6, 7, 36 Abs. 1, 131 Abs. 2 dasjenige auf, was jedes Statut enthalten muß. Dem Registerrichter liegt also ob, zunächst zu untersuchen, ob das Statut enthält, was das Genossenschaftsgesetz von dem Statut einer jeden eingetragenen Genossenschaft verlangt und ob es nichts enthält, was diesem Verlangen des Genossenschaftsgesetzes widerspricht. Trifft ersteres nicht zu oder ist letzteres der Fall, so muß die beantragte Eintragung zurückgewiesen werden. Mit Unrecht sagt Richter S. 32, daß der Richter in solchem Falle nur die Eintragung ablehnen kann.

Die Prüfung des Statuts hat sich aber nicht blos auf diejenigen Bestimmungen zu erstrecken, welche darin enthalten sein müssen, sondern auch auf den übrigen Inhalt desselben. Wenn der Registerrichter in diesem etwas findet, was mit Vorschriften des Genossenschaftsgesetzes im Widerspruch steht, so ist er ebenfalls verpflichtet, die Eintragung abzulehnen.

Der Standpunkt, den Schulze-Delitzsch (Bl.f.G. 1869 Nr. 14) gegenüber der Ausführungs-Verordnung von Sachsen-Altenburg vom 18. Dezember 1868 einnahm, ist auch als Richtschnur für die Prüfung des Statuts auf Grund des vorliegenden Gesetzes anzusehen. Die betreffende Verordnung enthielt die Bestimmung, daß Genossenschaften, deren Statuten den Erfordernissen in den §§ 1 bis 3 des Genossenschaftsgesetzes genügen, jeder Zeit berechtigt seien, die Eintragung als „eingetragene Genossenschaft" zu beantragen. Schulze erklärte diese Bestimmung für unrichtig. Die Eintragung würde seiner Ansicht nach auch dann zu verweigern sein, wenn das Statut irgend einem anderen Paragraphen des Gesetzes widerspricht. . . . . Man kann sich hier nicht damit begnügen, zu sagen, einer Prüfung des Statuts seitens des Gerichts in allen diesen Punkten bedürfe es nicht, weil das Statut selbstverständlich insoweit keine Giltigkeit habe, als es dem Gesetze widerspreche, und daß in den Punkten, wo ein solcher Widerspruch vorhanden, an Stelle des Statuts die Vorschrift des Gesetzes einträte, denn . . . dies . . . würde in manchen Punkten nicht zutreffen; jedenfalls würde die Sicherheit des geschäftlichen Verkehrs der Genossenschaft mit dem Publikum sehr darunter leiden, wenn letzteres nicht die Gewißheit hätte, daß die gerichtlich geprüften Statuten der Genossenschaft wenigstens allen gesetzlichen Anforderungen genügen." Ein weiteres Prüfungsrecht aber steht dem Registerrichter nicht zu, insbesondere hat er nicht zu prüfen, ob die Bestimmungen des Statuts zweckmäßig sind, ob deren Fassung korrekt ist, oder zu Mißverständnissen Anlaß geben kann u. dgl. Die Prüfung ist ausschließlich eine rechtliche. Zu prüfen ist aber auch nicht, ob etwaige landesgesetzliche Bestimmungen beobachtet sind, z. B. über den Beitritt von Frauen zur Genossenschaft (Proebst S. 102).

Die Unterschriften des Statuts zu prüfen, liegt dem Gericht nicht ob. Indeß wenn sich die Ungültigkeit von Unterschriften „aus den dem Gericht bekannten Thatsachen als zweifellos" (A.V. § 26 Abs. 4) ergiebt (z. B. wenn der angebliche Unterzeichner bereits verstorben oder entmündigt war), so kann es die Eintragung des Statuts aus diesem Grunde nur dann ablehnen, wenn nach Abzug der ungültigen Unterschriften die Zahl der Genossen weniger als sieben beträgt. Selbstverständlich aber würde die Eintragung dieses Namens in die Liste der Genossen nicht erfolgen.

Das Statut muß mit dem Datum versehen sein, denn das Datum des Statuts ist zu veröffentlichen.

Ueber die Prüfung der Konzessionspflicht und die etwa beizubringenden Konzessionsurkunden § 1 Erl. 5.

5. Nichtige Eintragungen.

Das in der vorstehenden Anmerkung dargestellte Prüfungsrecht oder vielmehr die Prüfungspflicht ist in nicht wenigen Fällen von den Gerichten in nicht ausgiebiger Weise wahrgenommen, und die früher wesentlich nur theoretisch erörterte Frage, welche Folgen die Eintragung eines Statuts hat, das nicht dem Gesetze entspricht, ist wiederholt praktisch geworden. In den meisten Fällen sind die Mängel im Wege eines Entgegenkommens der Genossenschaft beseitigt, wobei freilich sogleich die Frage entsteht, ob eine gesetzwidrige Eintragung dadurch gehoben werden kann, daß durch Statutenänderung die Gesetzwidrigkeiten im Statut beseitigt werden.

Daraus, daß „die Genossenschaft vor erfolgter Eintragung in das Genossenschaftsregister die Rechte einer eingetragenen Genossenschaft nicht hat" (§ 13), folgt noch nicht, daß sie diese Rechte nach der Eintragung besitzt. Der Richter schafft durch den bloßen Akt der Eintragung in das Genossenschaftsregister kein neues Recht; eine Genossenschaft, welche Eigenschaften entbehrt, die zur Eintragung in das Genossenschaftsregister gesetzlich erforderlich sind, erhält durch die Eintragung keinesfalls Ersatz des Mangels. Zum Begriff einer eintragungsfähigen Genossenschaft gehört nach § 1, daß ihre Mitgliederzahl nicht geschlossen ist, daß sie nicht beliebige ideale Zwecke verfolgt, sondern daß sie Förderung des Erwerbs oder der Wirthschaft der Mitglieder bezweckt. Eine Gesellschaft, welche diese Voraussetzungen des Begriffs einer Genossenschaft nicht erfüllt, kann durch Eintragung in das Genossenschaftsregister niemals die Rechte einer eigetragenen Genossenschaft erwerben. Ebenso ist es, wenn die Genossenschaft in ihr Statut die Haftpflicht nicht nach einer der drei in § 2 aufgeführten Arten ordnet, oder wenn sie die Haftpflicht zwar nach einer der drei Arten ordnet, aber die Firma einer der beiden anderen Arten entnimmt, z. B. die Firma einer Genossenschaft mit unbeschränkter Haftpflicht feststellt, aber im Statut ausdrücklich bestimmt, daß die Genossen nur mit einem bestimmten Betrage haften. Die Genossenschaft kann trotz der Eintragung die Rechte einer eingetragenen Genossenschaft nicht erhalten, wenn das Statut der schriftlichen Form entbehrt (§ 5) oder wenn es die wesentlichen Erfordernisse nicht enthält, welche es nach §§ 6 und 7 enthalten muß, oder wenn es bei einer Genossenschaft mit beschränkter Haftpflicht keine Bestimmung über die Haftsumme enthält. Freilich gehen die Ansichten über die Bedeutung einzelner dieser Essentialien auseinander. Ein Streit über einzelne Punkte kommt mehr oder weniger auf Zweckmäßigkeitsfragen hinaus. Was die anderen Bestimmungen des Gesetzes anlangt, so hat eine Abweichung des Statuts von denselben insoweit es sich um zwingende Bestimmungen handelt, zur Folge, daß die Vorschrift des Statuts trotz der Eintragung ungültig ist und an ihrer Stelle die gesetzliche Vorschrift tritt. Ueber den Einfluß des § 51 vgl. die Erl. zu diesem Paragraphen. Es handelt sich also bei nichtigen Eintragungen um eine Verletzung der Essentialien, welche für das Wesen der Genossenschaft bestimmend sind, um die Eintragung eines Statuts, welches überhaupt keine entsprechenden genügenden Bestimmungen enthält oder solche, welche für gesetzwidrig zu erachten sind. Das Gesetz von 1889 besagte nichts darüber, wie in solchen Fällen Abhilfe zu schaffen ist. § 23 A.V., der von der Korrektur unrichtiger und unwirksamer Eintragungen in die Liste der Genossen handelt, konnte hier nicht Anwendung finden. Aus Veranlassung der zahlreich vorgekommenen nichtigen Eintragungen nach dem Inkrafttreten des Gesetzes hatte sich Parisius mit der Frage eingehend in Nr. 41 Bl.f.G. von 1892 beschäftigt. Parisius kam zu folgendem Resultat: 1. der Richter ist nicht befugt, eine zu Unrecht eingetragene Genossenschaft von Amtswegen zu löschen, da das Gesetz ihm dies Recht nicht einräume, ebensowenig wie ein solches Recht für das Handelsregister bestehe. 2. Der Richter ist auch nicht befugt, einen Antrag der Vorstandsmitglieder auf Löschung zu erzwingen (ebenso Birkenbihl-Maurer S. 94). 3. Die Regelung der Angelegenheit kann nicht im Wege der Statutenänderung erfolgen, da keine rechtsgiltig eingetragene Genossenschaft existirt. Parisius schließt, daß die Genossenschaft aus dem Register entfernt werden muß, daß dies nur auf Antrag des Vorstandes geschehen könne, dessen Antrag aber, da die Legitimation des Vorstandes hierzu immerhin zweifelhaft sei, von dem Gericht allen Genossen mitgetheilt werden müßte mit dem Anheimgeben, in bestimmter Frist Widerspruch zu erheben. Ist dieses Verfahren nicht angängig, so bleibt eine nichtige Eintragung bestehen und Mitglieder wie Gläubiger können schwer geschädigt werden, es sei eine Lücke in der Gesetzgebung — ebenso auch für Aktiengesellschaften u. s. w., die nur im Wege der Gesetzgebung abgeändert werden könne, für welche Parisius Vorschläge macht, ohne jedoch — durch Zweckmäßigkeitsgründe bestimmt — ein Ergänzungsgesetz herbei zu wünschen. Inzwischen hatten die Ministerien einzelner Bundesstaaten eine Durchsicht der Genossenschaftsregister angeordnet zur Prüfung auf die Gültigkeit der Eintragungen und den Gerichten, in deren Register fehlerhafte Eintragungen gefunden wurden, aufgegeben, das Erforderliche zur Richtigstellung zu veranlassen. Infolge einer solchen Anweisung hatte das Kgl. Sächsische Amtsgericht Augustusburg durch eine Verfügung vom 20. März 1893 an eine Genossenschaft seines Bezirks, unter Hinweis auf die durch das Ministerium gemachten Beanstandungen, die Aufforderung gerichtet, das Statut . . zu verbessern, das verbesserte Statut einer unverzüglich vorschriftsmäßig einzuberufenden Generalversammlung vorzulegen und spätestens bis zum 1. Juli d. J. . . . bei dem unterzeichneten Amtsgericht anzumelden. So gut die Absicht hierbei war, das Verfahren war unzulässig, das Gesetz berechtigt das Gericht nicht, eine Aenderung des Statuts zu fordern (vgl. Crüger in Bl.f.G. Nr. 18 von 1893).

In Preußen war eine Molkerei-Gesellschaft Chottschow von dem Amtsgericht Lauenburg (Pommern) eingetragen, deren Statut eine gesetzwidrige Bestimmung über die Haftpflicht enthielt. Als das Gericht auf den Verstoß aufmerksam gemacht wurde, forderte es nach mehreren weiteren gesetzwidrigen Maßnahmen den Vorstand zu einer Aenderung des Statuts auf; mit dem Vorstand konnte keine Einigung erzielt werden, und nun löschte das Amtsgericht die Genossenschaft. Ueber die gegen dieses Verfahren eingelegte Beschwerde und weitere Beschwerde hat das Kammergericht durch Beschluß vom 13. November 1893 (mitgetheilt in Nr. 7 Bl.f.G. von 1894, Johow Bd. 13 S. 55) erkannt und derselben stattgegeben. Wir übergehen hier die Gründe, da sie heute nur noch ein historisches Interesse haben und weisen auf die Johow Bd. 14 S. 39 mitgetheilte Entscheidung des Kammergerichts hin, in der der Grundsatz aufgestellt ist, daß passiver Widerstand des Gerichts dann nicht statthaft ist, wenn es sich um unwesentliche Bestimmungen handelt, — eine Entscheidung, die freilich auch in Zukunft noch Bedeutung erlangen kann.

Vgl. über nichtige Eintragungen auch Monatsschrift für Aktienrecht 1893 S. 299 ff.

Die Frage der Bedeutung nichtiger Eintragungen ist nun durch die §§ 94 ff. des Gesetzes (vgl. daselbst) und § 147 des Gesetzes über die Angelegenheiten der freiwilligen Gerichtsbarkeit (vgl. § 10 Erl. 1 Anm.) gelöst.

6. Eintragung der Vorstandsmitglieder.

In Betreff der Eintragung der Vorstandsmitglieder bestimmt § 19 A.V.:

„Die Anmeldung und Eintragung der Vorstandsmitglieder (Gesetz § 10 Abs. 1, § 28) hat mit dem Beginn ihres Amtes zu erfolgen. Dasselbe gilt für den Fall der Wiederwahl bisheriger Vorstandsmitglieder und für den Fall der Bestellung von Stellvertretern behinderter Vorstandsmitglieder (Gesetz § 35).

Imgleichen ist die Beendigung der Vollmacht von Vorstandsmitgliedern alsbald nach dem Ausscheiden derselben aus dem Vorstande anzumelden und einzutragen. Als Beendigung der Vollmacht gilt auch eine vorläufige Enthebung durch den Aufsichtsrath (Gesetz § 40).

Eine Beschränkung der Vertretungsbefugniß des Vorstandes kann nicht eingetragen werden."

7. Sitz der Genossenschaft.

Der Sitz der Genossenschaft ist nach § 17 C.P.O. der Ort, wo die Verwaltung geführt wird.

§ 11.

Die Anmeldung behufs der Eintragung liegt dem Vorstande ob.

Der Anmeldung sind beizufügen:

1. **das Statut, welches von den Genossen unterzeichnet sein muß, und eine Abschrift desselben;**
2. **eine Liste der Genossen;**
3. **eine Abschrift der Urkunden über die Bestellung des Vorstandes und des Aufsichtsraths.**

Die Mitglieder des Vorstandes haben zugleich ihre Unterschrift vor dem Gerichte zu zeichnen oder die Zeichnung in beglaubigter Form einzureichen.

Die Abschrift des Statuts wird von dem Gerichte beglaubigt und, mit der Bescheinigung der erfolgten Eintragung versehen, zurückgegeben. Die übrigen Schriftstücke werden bei dem Gerichte aufbewahrt.

Ges. von 1868 §§ 4 und 18, Entw. I und II, Komm. Rtg. 11, A.B. §§ 6, 8, 15, 19. Vgl. Begr. I 98, II 66.

I. **Zur Geschichte des § 11.**

Die entsprechenden alten Bestimmungen befinden sich in §§ 4 und 18 des Ges. von 1868 und der Instruktion des preuß. Justizministers vom 7. Dezember 1868 § 22.

In der Reichstags-Kommission zur Novelle von 1896 war beantragt worden, als Absatz 5 die Bestimmung beizufügen:

„Von der Eintragung in die Liste hat das Gericht jeden einzelnen Genossen zu benachrichtigen".

Der Antrag wurde von dem Regierungskommissar mit dem Hinweis darauf bekämpft, daß nach der bestehenden Vorschrift das Statut von allen Genossen unterzeichnet sein müsse und ein Bedürfniß zu besonderem Schutz gegen etwaige leichtfertige Abgabe der Unterschrift nicht anerkannt werden könne (Komm.Ber. S. 15), gleichwohl wurde der Antrag angenommen. Das Plenum hat ihn in der zweiten Berathung der Novelle abgelehnt (Sten.Ber. S. 1771 ff., 71. Sitzung vom 18. April 1896).

II. **Erläuterungen zu § 11.**

1. **Absatz** I **bis** III. Die Anmeldung und deren Form.

Es besteht für die Genossenschaft keine Verpflichtung, sich eintragen zu lassen (§ 1 Erl. 13), § 11 bezieht sich daher nur auf solche Genossenschaften, welche die Rechte einer „eingetragenen" erwerben wollen (vgl. § 22 B.G.B). Das Gesetz giebt dem Gericht auch in diesem Falle nicht das Recht, die Vorstandsmitglieder durch Ordnungsstrafen zur Anmeldung anzuhalten. Es ist Sache der Mitglieder von dem zögernden Vorstande dies zu fordern und ihn eventuell im Wege der Klage dazu anzuhalten. Will sich der Vorstand aber der Firma „eingetragene Genossenschaft" bedienen, ohne daß dieselbe eingetragen ist, so dürfte anzunehmen sein, daß das Handelsgericht gegen die firmirenden Vorstandsmitglieder auf Grund des § 37 H.G.B. Ordnungsstrafen verhängen kann. Formulare zur Anmeldung bei Parisius u. Crüger, Formularbuch S. 16, 135.

Die Anmeldung ist durch sämmtliche Mitglieder des Vorstandes persönlich zu bewirken oder in beglaubigter Form einzureichen (§ 157 Abs. 1; A.V. § 6), gleichgültig ob sie zur Geschäftsführung berufen sind oder nicht. Für die beglaubigte Form der Einreichung genügt die Beglaubigung der Unterschriften. „Die Beglaubigung der Unterschriften kann außer durch das Gericht oder einen Notar auch durch den Gemeindevorsteher oder die Polizeibehörde erfolgen. Einer Zuziehung von Zeugen bedarf es nicht". (A.V. § 8). Diese Bestimmung ist eine wesentliche Erleichterung für die Genossenschaften (Erläut. zu § 157), vgl. B.G.B. § 129, Gesetz über die Angelegenheiten der freiwilligen Gerichtsbarkeit § 167. Das Ges. von 1868 ließ über die Unterschiede von Anmeldung und Einreichung Zweifel zu (vgl. Parisius S. 210 bis 213). Jetzt entscheidet § 157. Ueber Anmeldungen zu dem Gericht der Zweigniederlassung s. §§ 14, 157 Abs. 2. Wissentlich falsche Anmeldungen § 147. — Alle Anmeldungen können zum Protokolle des Gerichtsschreibers des Registergerichts erfolgen (§ 128 des Gesetzes über die Angelegenheiten der freiwilligen Gerichtsbarkeit). Nach § 129 dieses Gesetzes ist der Notar, der die erforderliche Anmeldung für das Handelsregister beurkundet hat, ermächtigt, im Namen der zur Anmeldung Verpflichteten die Eintragung zu beantragen. Durch § 147 dieses Gesetzes ist die Vorschrift auch ausdrücklich auf Genossenschaften angewendet, insoweit also § 157 Gen.Ges. ergänzt.

2. **Abs.** II Nr. 1. „Das Statut".

Bis zur Anmeldung des Statuts zur Eintragung wird die Mitgliedschaft durch Unterzeichnung des Statuts erworben, nach diesem Zeitpunkt kommen die Vorschriften in § 15 zur Anwendung. Das Statut ist im Original und in einer einfachen nicht beglaubigten Abschrift (Komm.Ber. S. 14) einzureichen, es genügt auch Abdruck (§ 10 Erl. 4). Die Abschrift braucht von den Mitgliedern nicht unterschrieben zu sein. Das Original bleibt bei dem Genossenschaftsregister und gehört zu den Akten, die über jede Genossenschaft angelegt werden. Im Register ist auf die Stelle der Akten zu verweisen (A.V. §§ 13 bis 15, vgl. § 130 Gesetz über die Angelegenheiten der freiwilligen Gerichtsbarkeit). Die Abschrift wird beglaubigt zurückgegeben und dient als authentisches Exemplar. Ueber den Fall der Konzessionspflicht des Unternehmens § 1 Erl. 5.

3. **Abs.** II Nr. 2. „Liste der Genossen".

In der einzureichenden Mitgliederliste sind nur diejenigen Genossen aufzuführen, welche das Statut unterzeichnet haben, denn wer das Statut nicht unterschrieben hat, kann die Mitgliedschaft nur in den Formen des § 15 erwerben. Alphabetische Ordnung und bestimmtes Formular ist nicht vorgeschrieben. Die Liste wird alsdann vom Gericht nach dem der Ausführungsverordnung beigefügten Formulare aufgestellt und fortgesetzt. (A.V. §§ 24 bis 39). Die Liste der Genossen bildet eine besondere Beilage zum Genossenschaftsregister, ist öffentlich und kann Jeder dieselbe während der Geschäftsstunden einsehen (§§ 12 Abs. 3, 156, H.G.B. § 9; A.V. § 3), vgl. § 10 Erl. 2.

4. **Abs.** II Nr. 3. „Bestellung des Vorstandes und des Aufsichtsraths".

Die Originalurkunden werden regelmäßig aus den in das Protokollbuch eingetragenen Wahlprotokollen bestehen. Es ist eine einfache Abschrift einzureichen. Die Einreichung unrichtiger Abschriften unterliegt der Strafvorschrift des § 147. Die Mitglieder des Aufsichtsraths sind in das Genossenschaftsregister nicht einzutragen.

Es handelt sich um die Anmeldung der ersten Vorstands- und Aufsichtsrathsmitglieder, also derjenigen, welche vor der Eintragung der Genossenschaft gewählt sind. § 24 und 36 des Gesetzes können auf diese Wahl daher keine Anwendung finden, denn es giebt bei deren Vornahme noch keine Generalversammlung im Sinne des Gesetzes.

Das Gesetz enthält hier eine Lücke (ebenso das Aktiengesetz, jetzt aber § 190 Abs. 3 H.G.B., betr. die Gesellschaften m. b. H. vom 20. April 1892, vgl. Parisius und Crüger zu diesem Gesetz S. 81).

Das bisher üblichste Verfahren ist, daß in derselben Versammlung, in welcher das Statut angenommen und unterschrieben wird, von denen, die das Statut unterschrieben haben und die in Folge dessen eine Gesellschaft bilden, Vorstand und Aufsichtsrath gewählt werden. Es kommt der Wille derer, welche bis zur Eintragung die (nicht eingetragene) Genossenschaft bilden, am unzweifelhaftesten zum Ausdruck durch die sofort nach der Statutunterzeichnung erfolgende Wahl von Vorstand und Aufsichtsrath. Wahl durch Stimmenmehrheit muß für genügend erachtet werden, es ist die Wahlhandlung nicht von den wählenden Mitgliedern, d. h. von allen denen, die das Statut unterschrieben haben, zu unterzeichnen. Die Wahl erfolgt auf Grund eines Mehrheitsbeschlusses, und dieser Beschluß ist nach Maßgabe des Statuts zu beurkunden (so auch Birkenbihl-Maurer S. 98).

Der Registerrichter hat, wenn die Wahlen des Vorstandes und des Aufsichtsraths in der konstituirenden Versammlung erfolgen, zu prüfen:

a) ob die Gewählten das Statut unterzeichnet haben und in der der Anmeldung beigefügten Liste der Genossen stehen,

b) ob es mindestens zwei Vorstands- und drei Aufsichtsrathsmitglieder sind,

c) ob aus der Bestellungsurkunde der Vorstandsmitglieder hervorgeht, daß sich die Mehrheit der Stimmen auf die Gewählten vereinigt hat.

Wenn das Statut besondere Bestimmungen über die Bestellung des *ersten* Vorstandes in der zur Annahme und Unterzeichnung des Statuts abgehaltenen Versammlung enthalten sollte, so würde der Richter die Prüfung der Bestellungsurkunde auch hierauf zu erstrecken haben. Fehlen aber — wie dies ziemlich allgemein der Fall sein wird — im Statut derartige Bestimmungen ganz, so wird das, was sonst das Statut über Bestellung des Vorstandes enthält, für diese erste Bestellung nicht maßgebend sein. Die Giltigkeit der Wahl der Aufsichtsrathsmitglieder ist von dem Gericht nicht zu prüfen, da sie nicht eingetragen werden (Beschluß des Kammergerichts vom 18. Februar 1895 Bl.f.G. 1895 S. 153).

In allen Fällen, wo die Wahl von Vorstand und Aufsichtsrath nicht in unmittelbarem Anschluß an die Statutenvollziehung erfolgen kann, sollte die konstituirende Versammlung, die also keine Generalversammlung ist, darüber Bestimmung treffen, *wann* die den Vorstand und den Aufsichtsrath wählende Versammlung stattfinden soll, auf welche Weise und durch wen sie einzuberufen ist, und ob inzwischen und wer zu fernerer Unterzeichnung des Statuts aufzufordern oder zuzulassen ist.

Nicht erforderlich ist eine Erklärung der gewählten Vorstandsmitglieder über die Annahme der Wahl, in Betreff derselben ergiebt sich diese aus der Anmeldung des Statuts. Die Aufsichtsrathsmitglieder müssen sich über die Annahme der Wahl erklären.

Während in Betreff des Vorstandes auch jede Veränderung in dem Personalbestande anzumelden ist, ist von dem Aufsichtsrath nur Abschrift der ersten Bestallungsurkunde dem Gericht zu geben. Es dient dies zur Kontrole, daß ein Aufsichtsrath bestellt ist. (Vgl. die Strafvorschrift in § 148.)

5. **Absatz** III. „*Unterschrift*".

Unterschrift ist die Zeichnung des Namens, die Firma braucht von ihnen nicht besonders gezeichnet zu werden (so auch jetzt Birkenbihl-Maurer S. 99), denn dieselbe ist im Statut vorgeschrieben und wird regelmäßig auch blos vermittelst eines Stempels unter die Urkunden gesetzt. Worauf es ankommt, sind *allein die Unterschriften* (vgl. § 28), daher bedarf es auch nicht der Bezeichnung als „Vorstand". Erfolgt die

Anmeldung schriftlich in beglaubigter Form, so ist eine besondere Erklärung über die Zeichnung erforderlich (Parisius u. Crüger, Formularbuch S. 135).

6. **Absatz** IV. Durch die meisten Ausführungsverordnungen war bereits das Verfahren dahin geordnet, daß das Statut in Urschrift mit einer Abschrift eingereicht und die Abschrift mit einer Bescheinigung zurückgegeben werde. Von der Eintragung bezw. der Ablehnung einer beantragten Eintragung ist der Vorstand zu benachrichtigen (§ 9 A.B.)

§ 12.

Das eingetragene Statut ist von dem Gerichte im Auszuge zu veröffentlichen.

Die Veröffentlichung muß enthalten:

1. das Datum des Statuts;

2. die Firma und den Sitz der Genossenschaft;

3. den Gegenstand des Unternehmens;

4. die Form, in welcher die von der Genossenschaft ausgehenden Bekanntmachungen erfolgen, sowie die öffentlichen Blätter, in welche dieselben aufzunehmen sind;

5. die Zeitdauer der Genossenschaft, falls dieselbe auf eine bestimmte Zeit beschränkt ist;

6. das Geschäftsjahr, falls es, abgesehen von dem ersten, auf ein mit dem Kalenderjahre nicht zusammenfallendes Jahr oder auf eine kürzere Dauer, als auf ein Jahr, bemessen ist;

7. die Namen und den Wohnort der Mitglieder des Vorstandes.

Zugleich ist bekannt zu machen, daß die Einsicht der Liste der Genossen während der Dienststunden des Gerichts Jedem gestattet ist.

Ist in dem Statut bestimmt, in welcher Form der Vorstand seine Willenserklärungen kundgiebt und für die Genossenschaft zeichnet, so ist auch diese Bestimmung zu veröffentlichen.

Ges. von 1868 § 4, Entw. I u. II, Komm. Rtg. II u. Rtg. III, 12. St. Ber.: 3. Berathung 4. April 1889 S. 1201; A.B. §§ 4, 5.

I. Zur Geschichte des § 12.

Der § 12 ist mit wenigen Aenderungen übereinstimmend mit § 4 Abs. 2, 3 u. 4 des bisherigen Gesetzes, nur ist in dritter Berathung des Reichstags der Satz in Ziffer 6 eingeschoben. (Vgl. § 8 Ziff. 3 und Erläuterungen dazu.)

II. Erläuterungen zu § 12.

1. **Absatz** I u. II „ist zu veröffentlichen".

Die Veröffentlichung bezweckt nur der Eintragung Publizität zu verschaffen und hat sonst keine rechtliche Wirkung. (Joël S. 471, Birkenbihl-Maurer S. 101.)

Die Veröffentlichungen haben zu erfolgen:

a) durch den Deutschen Reichsanzeiger,

b) durch die vom Registergericht bestimmten Blätter, für kleinere Genossenschaften nur durch ein Blatt (§ 156, A.B. § 5). Maurer S. 96 schließt für kleinere Genossenschaften mit Unrecht den Reichsanzeiger aus, vgl. § 156 Erl. 2.

Nach dem zur Anwendung kommenden § 11 H.G.B. hat jedes Handelsgericht für seinen Bezirk alljährlich im Monat Dezember die öffentlichen Blätter zu bestimmen, in welchen im Laufe des nachfolgenden Jahres die Bekanntmachungen erfolgen sollen. Ueber die Bestimmung der öffentlichen Blätter Parisius u. Crüger, Formularbuch S. 11.

Im Anschluß an diese Vorschriften des H.G.B. ist in der A.V. § 3 bestimmt, daß in Betreff der Bekanntmachung der Eintragungen in das Register und in Betreff der Bestimmung der öffentlichen Blätter, in welchen die Bekanntmachungen erfolgen, soweit nicht in dem Gesetze oder den Ausführungsbestimmungen etwas Anderes verordnet ist, außer den Vorschriften des H.G.B. „die zu denselben in den einzelnen Bundesstaaten ergangenen Ausführungsbestimmungen entsprechende Anwendung finden". Die Bestimmungen aus Art. 12 H.G.B. alter Fassung über die Veröffentlichung der für die Bekanntmachungen bestimmten Blätter sind in das neue H.G.B. nicht herübergenommen. In der Denkschrift zum H.G.B. S. 27 ist in Aussicht gestellt, daß unter Mitwirkung der Landesjustizverwaltungen von Reichswegen alljährlich eine zusammenfassende Bekanntmachung über die von den einzelnen Registergerichten für ihre Veröffentlichungen benutzten Blätter veranlaßt werde. Das wird ein großer Fortschritt sein, zumal die Denkschrift unter Hinweis auf den bisherigen Art. 14 Abs. 3 H.G.B. eine Vermeidung der großen Mannigfaltigkeit der für die Bekanntmachungen bestimmten Blätter erwartet.

§ 5 der A.V. bestimmt, daß für die Bekanntmachungen aus dem Genossenschaftsregister andere als die für die Bekanntmachungen aus dem Handelsregister dienenden Blätter bestimmt werden können, daß die Bekanntmachungen im Reichsanzeiger in einem bestimmten Theile desselben zusammenzustellen sind, daß bei der Veröffentlichung der bestimmten Blätter im Dezember dasjenige Blatt besonders zu bezeichnen ist, in welchem außer dem Reichsanzeiger die Bekantmachungen für kleinere Genossenschaften erfolgen sollen, daß bei der Auswahl dieses Blattes hauptsächlich auf seine Verbreitung im Gerichtsbezirke Gewicht zu legen ist und daß bei der Entscheidung, ob eine Genossenschaft zu den kleineren zu rechnen sei, die Zahl der Mitglieder, die Größe des Genossenschaftsvermögens, die Art und der Umfang des Geschäftsbetriebes zu berücksichtigen ist. —

Die Veröffentlichung aller amtlichen Bekanntmachungen stets auch durch den Deutschen Reichsanzeiger ist in Anlehnung an die entsprechenden Vorschriften der Gesetze über den Schutz der Handelsmarken und der Muster und Modelle bestimmt (vgl. Parisius S. 218, wo die Vereinigung der sämmtlichen Bekanntmachungen aus dem Genossenschaftsregister in dem Reichsanzeiger als dem geeignetsten Zentralorgan befürwortet ist). § 10 H.G.B.

2. „Auszug".

Ein „Auszug" der Eintragung ist zu veröffentlichen. Ueber die Eintragung des Auszugs § 10. Bei den begründeten Beschwerden eingetragener Genossenschaften über unnütze Steigerung der Insertionskosten ist auf eine für Aktiengesellschaften gemachte Bemerkung in Anschütz und Völderndorf II S. 485 hinzuweisen: Den Auszug fertigt der Handelsrichter an, allein es ist dabei nicht ausgeschlossen, daß die Parteien denselben bereits bei der Anmeldung formgerecht einreichen. Durch einen Auszugsentwurf mit knapper Wortfassung könnten Genossenschaften erhebliche Ersparnisse erzielen, da der Registerrichter, der den Auszug in weitschweifiger Formulirung veröffentlicht, dies nicht thut, um der Genossenschaft Kosten zu verursachen, und demnach keinen Anstoß daran nehmen kann, wenn man ihm einen Entwurf des von ihm zu fertigenden Schriftstückes vorlegt. In Betreff des Umfangs der Veröffentlichung haben die Gerichte vielfach gefehlt. Ueber die unerhörte Verschwendung von Insertionskosten finden sich zahlreiche Belege in den Aufsätzen von Parisius in den Bl.f.G. von 1889 ff. Man möchte meinen, daß es kaum eine Statutenbestimmung giebt, die nicht irgend ein Registerrichter entgegen dem Gesetz veröffentlicht hätte. Vgl. Parisius und Crüger Formularbuch S. 38ff. und ebenda „Beispiele, von dem was nicht zu veröffentlichen ist." Parisius und Crüger fassen die Bestimmungen über die „Veröffentlichungen" in dem Formularbuch folgendermaßen zusammen:

1. Bei allen Genossenschaften ist zu veröffentlichen:

das Datum des Statuts, die Firma, der Sitz der Genossenschaft, der Gegenstand des Unternehmens, die Form, in welcher die von der Genossenschaft ausgehenden Bekanntmachungen erfolgen und die öffentlichen Blätter, in welche dieselben aufzunehmen sind, die Namen und der Wohnort der Mitglieder des Vorstandes. Zugleich ist bekannt zu machen, daß die Einsicht der Liste der Genossen während der Dienststunden des Gerichts Jedem gestattet ist. (§ 12 Nr. 1 bis 4, 7 und Abs. 3.)

2. Bei allen Genossenschaften mit beschränkter Haftpflicht ist außerdem die Haftsumme zu veröffentlichen. (§ 131.)

3. Ferner hat sich die Veröffentlichung noch auf folgende Punkte zu erstrecken, wenn über dieselben im Statut Bestimmungen enthalten sind:

a) die Zeitdauer der Genossenschaft ist zu veröffentlichen, falls dieselbe auf eine bestimmte Zeit beschränkt ist (§ 12 Nr. 5);

b) das Geschäftsjahr ist zu veröffentlichen, falls es, abgesehen von dem ersten, auf ein mit dem Kalenderjahr nicht zusammenfallendes Jahr, oder auf eine kürzere Dauer als ein Jahr bemessen ist (§ 12 Nr. 6);

c) die Form, in welcher der Vorstand seine Willenserklärungen kundgiebt und für die Genossenschaft zeichnet, ist zu veröffentlichen, falls sie im Statut bestimmt ist (§ 12 Abs. 4);

d) bei den Genossenschaften mit beschränkter Haftpflicht ist die höchste Zahl der zulässigen Geschäftsantheile zu veröffentlichen, falls das Statut die Betheiligung der Genossen auf mehrere Geschäftsantheile gestattet (§ 134 Abs. 2).

Im Besonderen ist noch Folgendes zu erwähnen:

Zu 1. α) Die Firma darf weder in der Eintragung noch in der Veröffentlichung abgekürzt sein, es ist also nicht gestattet, E. G. m. u. H. oder E. G. m. b. H. zu setzen.

β) Der Gegenstand des Unternehmens ist wörtlich so einzutragen und zu veröffentlichen, wie er im Statut angegeben ist. Sonst sind „die Angaben" im § 12 Abs. 2 und 4 und im § 134 nicht an den Wortlaut der einzelnen Statutsätze gebunden.

γ) Bekanntmachungen der Genossenschaft erfolgen stets nur durch den Vorstand. Enthält das Statut auch eine Bestimmung über die Form der vom Aufsichtsrath ausgehenden Bekanntmachungen, so kann sich dies nur auf die Berufung der Generalversammlung beziehen. Die hierfür bestimmte Form ist nicht zu veröffentlichen.

δ) Der Beruf der Vorstandsmitglieder ist nicht zu veröffentlichen, es sei denn, daß es zur Unterscheidung der Person von einer mit gleichem Namen nothwendig erscheint.

In die Liste der Genossen sollen nach A.V. § 25 die Mitglieder der Genossenschaft „nach Vor- und Zunamen, Beruf und Wohnort" eingetragen werden.

Zu 2. Die Haftsumme, also ein Geldbetrag, ist zu veröffentlichen; eine Angabe über das Verhältniß der Höhe der Haftsumme zum Geschäftsantheil (z. B. das Doppelte des Geschäftsantheils) genügt nicht, da die Höhe des Geschäftsantheils oder eine Aenderung derselben weder eingetragen noch veröffentlicht wird.

In dem Beschluß vom 9. Mai 1892 hat das Kammergericht (mitgetheilt in der Wochenschrift für Aktienrecht vom 20. August 1892 in Bl.f.G. Nr. 43 von 1892 J.M.Bl. 1892 S. 328ff.) entschieden, daß für die von dem Gericht zu Unrecht bewirkten Insertionen keine Zahlungspflicht der Genossenschaft besteht. In dem streitigen Falle handelt es sich darum, daß das Gericht entgegen der Bestimmung im § 156 des Gesetzes für eine „kleinere" Genossenschaft die Veröffentlichung außer in dem Reichsanzeiger noch in drei weiteren Blättern veranlaßt hatte. In dem Beschluß heißt es: „Die Pflicht zur Tragung der Insertionskosten besteht für die Genossenschaft nur hinsichtlich derjenigen Insertionen, welche durch das Genossenschaftsgesetz vorgeschrieben sind und nicht auch für irgend welche andere vom Gericht gegen das Gesetz veranlaßte Insertionen. Denn der § 159 Gen.Ges. kann nur auf die von dem Gesetz angeordneten Bekanntmachungen bezogen werden. Die Eintragungen der Genossenschaften sind nach § 133 Gen.Ges. und § 5 der Bekanntmachung vom 11. Juli 1889 außer im Reichsanzeiger der Regel nach in allen denjenigen Blättern zu veröffentlichen, welche das Amtsgericht für die Bekanntmachungen aus dem Handels- bezw. Genossenschaftsregister bestimmt hat. Aber § 156 schreibt in Satz 3 ausdrücklich vor, daß das Amtsgericht für „kleinere Genossenschaften" neben dem Reichsanzeiger nur ein anderes Blatt zu bestimmen hat . . . Sonach ist für solche Genossenschaften die Pflicht zur Zahlung von Insertionskosten durch das Gesetz auf die Bekanntmachung im Reichsanzeiger und in einem anderen Blatte beschränkt." An diesen Grundsätzen ist in konstanter Rechtsprechung festgehalten (z. B. Bl.f.G. 1898 S. 52, vgl. auch J.M.Bl. 1893 S. 111 ff.). „Die Veröffentlichung der Eintragungen in das Genossenschaftsregister", wo auf den erwähnten Beschluß des Kammergerichts hingewiesen und in Aussicht gestellt wird, daß der Fiskus in jedem Falle prüfen wird, ob der Richter für die zu Unrecht angeordneten Bekanntmachungen regreßpflichtig ist, es wird daher — heißt es daselbst dann weiter — auf möglichste Verringerung der Gebühren einerseits durch knappe Fassung der Eintragung, andererseits durch zweckmäßige äußere Anordnung der Bekanntmachung (so z. B. durch Vermeidung neuer Absätze, durch Weglassung des vielfach üblichen Abdrucks der Spaltenüberschriften des Genossenschaftsregisters u. dgl.) thunlichst Bedacht zu nehmen sein. Es wird auf die Musterbeispiele des Formularbuches des Genossenschaftsgesetzes von Parisius und Crüger verwiesen, und in dem J.M.Bl. selbst die Bekanntmachung der Eintragungen systematisch erörtert.

„Die öffentliche Bekanntmachung einer Eintragung muß ohne Verzug, sobald diese geschehen ist, und ohne daß eine andere Eintragung abgewartet werden darf, veranlaßt werden" (A.V. § 4). Oeffentlichkeit des Registers und Ertheilung von Abschriften von den Eintragungen vgl. § 10 Erl. 2.

3. **Abs.** III: „Einsicht der Liste der Genossen".

Im Gesetze von 1868 hieß es, daß die Einsicht der Liste „jeder Zeit" gestattet sein soll, die Vorschrift ist mit Art. 12 H.G.B. (alter Fassung) in Uebereinstimmung gesetzt. Ob der Richter auch von den Mitgliederlisten (vgl. § 9 H.G.B.) wie von den Eintragungen in das Genossenschaftsregister — verpflichtet ist, eine Abschrift zu ertheilen, vgl. § 10 Erl. 2. Auf dem Titelblatt der Liste ist die Firma und der Sitz der Genossenschaft sowie Beginn und Ende des Geschäftsjahres derselben (Ges. § 8 Nr. 3, § 12 Nr. 6, § 157 Abs. 1 alter Fassung) anzugeben (A.V. § 24).

4. **Abs.** IV: „in welcher Form".

Der vierte Absatz, im alten Gesetz wörtlich entnommen dem Art. 210 des H.G.B. (210c Aktienges., jetzt § 198 Abs. 2, § 199 H.G.B.) und nur in der Fassung verändert, bezieht sich auf § 25 des Ges. (§ 232 H.G.B.). Nach dem Wortlaut kann kein Zweifel darüber bestehen, daß die Veröffentlichung der Form, in welcher der Vorstand zu zeichnen hat, auch dann erfolgen muß, wenn das Statut lediglich diejenige Form feststellt, welche das Gesetz für den Fall vorschreibt, daß das Statut nichts darüber bestimmt.

§ 13.

Vor der Eintragung in das Genossenschaftsregister ihres Sitzes hat die Genossenschaft die Rechte einer eingetragenen Genossenschaft nicht.

Ges. von 1868 § 5, Entw. I u. II, Komm. Rtg. 13. Einf.Ges. z. H.G.B. Art. 10 I.

I. Zur Geschichte des § 13.

Der § 13 stimmte im Gesetz von 1889 wörtlich überein mit dem § 5 des Ges. von 1868 und dieser mit dem § 5 des preußischen Gesetzes, welcher aus dem Regierungsentwurf vom 2. Februar 1866 herrührt:

„Der Zeitpunkt der Eintragung in das Genossenschaftsregister bestimmt den Zeitpunkt, von welchem ab der Genossenschaft die Rechte einer anerkannten (statt eingetragenen) Genossenschaft zustehen. Einer Bestimmung über die Rechtsverhältnisse der Genossenschaften vor diesem Zeitpunkt, wie solche in dem Art. 211 des Handelsgesetzbuchs für die Aktiengesellschaften getroffen ist, bedarf es nicht, weil die Genossenschaften als Gesellschaften auch ohne staatliche Genehmigung existiren können, und ihre Rechte in diesem Falle sich nach den allgemeinen Gesetzen über den Sozietätsvertrag richten."

So in den Motiven des Regierungsentwurfs, der noch die Anerkennung der Genossenschaften durch den Staat verlangte. (Regierungsentw. Nr. 10, Drucksachen, Herrenhaus S. 27.)

§ 13 lautete in der Fassung des Gesetzes von 1889:

„Vor erfolgter Eintragung in das Genossenschaftsregister hat die Genossenschaft die Rechte einer eingetragenen Genossenschaft nicht".

In der Denkschrift S. 312 wird die Aenderung wie folgt begründet:

„Für den Geschäftsverkehr mit einer in das Handelsregister eingetragenen Zweigniederlassung soll, wenn es sich um die Frage handelt, ob eine in das Handelsregister einzutragende Thatsache Dritten entgegengesetzt werden kann, nach § 15 Abs. 3 des Entwurfs des Handelsgesetzbuchs (§ 15 Abs. 3 H.G.B.) nicht die Eintragung in das Register der Hauptniederlassung, sondern die Eintragung in das Register der Zweigniederlassung entscheidend sein. Nur soweit rechtliche Vorgänge in Betracht kommen, deren Wirksamkeit schlechthin von der Eintragung in das Handelsregister abhängt, wie die Errichtung einer Aktiengesellschaft oder die Aenderung des Statuts einer solchen, ist ausschließlich der Inhalt des Registers der Hauptniederlassung maßgebend. Es erscheint folgerichtig, die gleichen Grundsätze gegenüber den Eintragungen in das Genossenschaftsregister zur Geltung zu bringen und demgemäß den § 148 Abs. 3 (alte Fassung, jetzt § 157) des Genossenschaftsgesetzes zu streichen, die §§ 13, 16 und 29 (habe die gleichen Ordnungsnummer behalten) entsprechend zu ändern".

Die übrigen Aenderungen sind nur redaktioneller Natur.

II. Erläuterungen zu § 13.

1. „Vor der Eintragung".

Ueber die Rechtsverhältnisse vor der Eintragung § 5 Erl. II 1. Daß kein Zwang zur Eintragung besteht § 1 Erl. II 13, § 11 II 1. Ueber das Prüfungsrecht des Richters § 10 Erl. II 4. Ueber nichtige Eintragung § 10 Erl. II 5. Die Eintragung, nicht die Veröffentlichung des Auszuges des Gesellschaftsvertrages (§ 12) bestimmt den Zeitpunkt, wo die Genossenschaft die Rechte dieses Gesetzes erwirbt. Die Veröffentlichung verleiht der Eintragung nur Publizität (§ 12.)

2. „Ueberleitung".

In Betreff der Ueberleitung bestehender nicht eingetragener Genossenschaften Erläut. § 154 (alte Fassung). (Vgl. Parisius S. 224 bis 227.)

3. „Die Eintragung ist nicht rückgängig zu machen".

Ist eine Genossenschaft eingetragen, so kann sie nur in Folge Auflösung gelöscht werden (§§ 78, 79, 80, 81, 101; § 147 des Gesetzes über die Angelegenheiten der freiwilligen Gerichtsbarkeit); die Genossenschaft kann ihre Löschung nicht beantragen, um in einer andern Gesellschaftsform ihre Geschäfte fortzusetzen; die Genossenschaft entsteht durch die Eintragung als selbstständiges Rechtssubjekt und endigt mit der Auflösung, nur zum Zweck der Liquidation besteht sie nach der Auflösung noch fort. Anschütz und Völderndorff (§ 26) stellen als „Grundsatz" auf, daß eine eingetragene Genossenschaft sich auflösen und ihre Firma löschen lassen und sich nachher von Neuem als nicht eingetragene Genossenschaft konstituiren kann. Es ist ganz selbstverständlich, daß dieselben Personen, welche eine eingetragene Genossenschaft bilden, diese auflösen und sich sodann wieder zu einer Genossenschaft unter anderer Firma in anderer Rechtsform vereinigen können; dann aber wird eben die Genossenschaft auch nicht fortgesetzt, es könnte sich nur um Fortsetzung des Geschäfts handeln, es wäre also auch kein Mehrheitsbeschluß im Stande, die Minderheit zu zwingen, der neuen Gesellschaft beizutreten. Nur wenn das Statut eine diesbezügliche Bestimmung enthielte, würden die Genossen, welche zur Zeit der Auflösung der Genossenschaft angehörten, von der neuen Gesellschaft zum Beitritt gezwungen werden können. (Anschütz und Völderndorff a. a. O.)

§ 14.

Jede Zweigniederlassung muß bei dem Gerichte, in dessen Bezirke sie sich befindet, behufs Eintragung in das Genossenschaftsregister angemeldet werden.

Die Anmeldung hat die im § 12 vorgeschriebenen Angaben zu enthalten. Derselben sind zwei beglaubigte Abschriften des Statuts und eine durch das Gericht der Hauptniederlassung beglaubigte Abschrift der Liste der Genossen beizufügen. Die Bestimmung im § 11 Absatz 3 findet Anwendung.

Das Gericht hat die eine Abschrift des Statuts, mit der Bescheinigung der erfolgten Eintragung versehen, zurückzugeben und von der Eintragung zu dem Genossenschaftsregister bei dem Gerichte der Hauptniederlassung Mittheilung zu machen.

Ges. von 1868 § 7, Entw. I u. II, Komm. Rtg. 14, Begr. I 99, II 67, A.B. §§ 6, 8, 20.

I. **Zur Geschichte des § 14.**

Das Ges. von 1868, wörtlich mit dem preußischen Gesetz und dem Entwurf desselben von 1863 übereinstimmend, hatte im Anschluß an die Artikel des H.G.B. 86, 152, 179 namentlich 212 älterer Fassung in dem entsprechenden § 7 bestimmt: „Bei jedem Handelsgerichte, in dessen Bezirk die Genossenschaft eine Zweigniederlassung hat, muß diese behufs Eintragung in das Genossenschaftsregister angemeldet werden und ist dabei Alles zu beobachten, was die §§ 4 bis 6 für das Hauptgeschäft vorschreiben." — Der § 14 des Gesetzes hat sich in der Regelung der Eintragung der Zweigniederlassung mehr an Art. 179 und 212 des A.G. vom 18. Juli 1884 — jetzt § 201 H.G.B. — angeschlossen.

II. **Erläuterungen zu § 14.**

1. **Absatz** I: „Zweigniederlassung".

Der Begriff der Zweigniederlassung ist bestritten. „Das Hauptkriterium für eine Niederlassung ist, daß in ihr Geschäfte abgeschlossen werden, und zwar nicht nur nebensächliche, den Abschluß oder die Ausführung der wesentlichen Geschäfte unterstützende und erleichternde, sondern wesentliche zum eigentlichen Geschäftsgange der Hauptniederlassung gehörende, und zwar nicht lediglich nach den von der Hauptniederlassung gegebenen Anweisungen oder nach bestimmten Schematen abzuschließende Verträge, sondern mit einer gewissen Freiheit und Selbstständigkeit der Entschließung" (R.O.H.G. Bd. 14 S. 402 Bd. 21 S. 63, Bd. 27 S. 315 u. a., vgl. v. Hahn Art. 21 § 2, Makower zu Art. 21, Endemann S. 58, Anschütz und v. Völderndorff, 173 ff.). Das Kammergericht (Johow u. Küntzel Bd. 5 S. 22) fordert für die Zweigniederlassung, daß „an einem vom Sitz des Hauptgeschäfts verschiedenen Orte gleichartige Handelsgeschäfte des Prinzipals abgeschlossen werden; dieser abgezweigte Betrieb nach seiner Organisation auf die Dauer berechnet ist und der damit Beauftragte eine selbstständige Thätigkeit entwickelt". — Hält man nicht daran fest, daß der Leiter der Niederlassung in dem Abschluß der Geschäfte eine gewisse Selbstständigkeit haben muß, so kommt man nothwendigerweise dahin, in jedem Komptoir, in jeder Verkaufsstelle eine Zweigniederlassung zu sehen. Das Kammergericht hat in dem Beschluß vom 24. Mai 1897 (Handelsgesellschafter V S. 28) eine Zweigniederlassung in dem Falle angenommen, daß eine Bank einer Zuckerfabrik erstand. Für den Begriff der Zweigniederlassung erscheint freilich nicht erforderlich, daß Haupt- und Zweigniederlassung an verschiedenen Orten sich befinden, sie sind auch am gleichen Orte denkbar. Aus der allgemeinen Vorschrift des § 13 Abs. 1 H.G.B., die das Prinzip für die Eintragung der Zweigniederlassungen enthält und § 29 H.G.B. ergiebt sich die Berücksichtigung der Zweigniederlassung wenn sie in dem Gerichtsbezirk der Hauptniederlassung liegt. Es bestimmt § 13 Abs. 1 H.G.B.: „Soweit nicht in diesem Gesetzbuch ein Anderes vorgeschrieben ist, sind die Eintragungen in das Handelsregister und die hierzu erforderlichen Anmeldungen und Zeichnungen von Unterschriften sowie die sonst vorgeschriebenen Einreichungen zum Handelsregister bei jedem Registergericht, in dessen Bezirke der Inhaber der Firma eine Zweigniederlassung besitzt, in gleicher Weise wie bei dem Gerichte der Hauptniederlassung zu bewirken."

Und in der Denkschrift zum H.G.B. S. 28 heißt es:

„Einer besonderen Vorschrift darüber, daß auch die Errichtung einer Zweigniederlassung, die sich in dem Bezirke des Registergerichts der Hauptniederlassung befindet, bei diesem Gerichte zur Eintragung anzumelden ist, bedarf es nicht. Die Verpflichtung zur Anmeldung ergiebt sich aus § 13 Abs. 1 in Verbindung mit § 28 (jetzt § 29) wonach auch der Ort der Niederlassung angemeldet und eingetragen werden soll."

Diesen Grundsätzen entspricht auch § 20 der A.V., dessen fünfter und letzter Absatz bestimmt: „Wird eine Zweigniederlassung in demselben Gerichtsbezirk errichtet, welchem die Hauptniederlassung angehört, so ist nur die Errichtung und der Ort der Zweigniederlassung sowie gegebenenfalls die Aufhebung durch den Vorstand anzumelden und in dem Register bei der Hauptniederlassung einzutragen." Voraussetzung also ist ein anderer Ort in demselben Gerichtsbezirk.

Die Zweigniederlassung muß gesonderte Buchführung haben und der Leiter muß berechtigt sein, selbstständig, wenn auch in gewissen Grenzen, für die Genossenschaft Rechtsgeschäfte abschließen zu können, er darf nicht blos angewiesen sein, die Anordnungen des Vorstandes auszuführen. **Ob die Genossenschaft Handel im eigentlichen Sinne treibt oder nicht, ist für die Beurtheilung der Frage, ob eine Niederlassung Zweigniederlassung ist, unerheblich.**

Die gesonderte Buchführung und ebenso Aufstellung einer besonderen Bilanz sind nicht durch Gesetz auferlegte Verpflichtungen, sondern ergeben sich aus der Selbstständigkeit des Geschäftsbetriebes. Der Vorstand ist verpflichtet, die Handelsbücher derart zu führen, daß dieselben eine Uebersicht des Vermögenszustandes gewähren. Das Hauptgeschäft muß in seinen Büchern erkennen lassen, welchen Einfluß die Ergebnisse des Nebengeschäfts aktiv und passiv auf die Vermögenslage der Genossenschaft ausüben, ob das Nebengeschäft Gewinn oder Verlust gebracht, und muß auch danach die Bilanz gezogen werden (R.G. Strafsachen Bd. 5 S. 407).

Die Errichtung der Zweigniederlassung ist ein Akt der Geschäftsführung und daher der Vorstand selbstständig zu derselben berechtigt; falls das Statut einschränkende Bestimmungen nach dieser Richtung enthält, würde sich der Vorstand bezw. auch der Aufsichtsrath für deren Nichteinhaltung der Genossenschaft verantwortlich machen (vgl. Handelsgesellschaft IV S. 67). Sitz der Genossenschaft ist der der Hauptniederlassung, welcher daher auch trotz der Zweigniederlassung den Gerichtsstand ergiebt; Klagen bei dem Gericht der Zweigniederlassung nach Maßgabe des § 21 C.P.O.

Das Vermögen der Genossenschaft ist ein einheitliches, es kann daher auch nicht ein Konkurs über das Vermögen der Zweigniederlassung eröffnet werden, a. A. Joël S. 474: „wenn die Genossenschaft im Deutschen Reich keinen allgemeinen Gerichtsstand hat"; der Fall ist aber nicht denkbar, da Verlegung des Sitzes ins Ausland der Auflösung gleichkommt (§ 6 Erl. II 3). Da die Genossenschaft nur eine Firma haben kann, muß die der Zweigniederlassung mit der der Hauptniederlassung übereinstimmen; findet sich an dem Orte der Zweigniederlassung bereits eine gleiche Firma, so ist nach § 30 Abs. 3 H.G.B. ein entsprechender Zusatz zu nehmen. Die Vorstandsmitglieder vertreten die gesammte Genossenschaft, eine Beschränkung auf die Haupt- oder Zweigniederlassung ist ungültig (R.G. Bd. 22 S. 70ff., § 27 Erl. 4). Auflösung der Zweigniederlassung A.V. § 20 Abs. 4. Im Falle der Auflösung der Genossenschaft hat der Vorstand dies nicht dem Gericht der Zweigniederlassung anzumelden, die diesbezügliche Mittheilung liegt dem Gericht der Hauptniederlassung ob, ebenso bei Konkurs (A.V. § 20 Abs. 3). Ueber Anmeldungen zu dem Gericht der Zweigniederlassung § 157 Abs. 2.

Die Merkmale der Zweigniederlassung (vgl. Bl.f.G. Nr. 22 von 1891) eines Vorschußvereins sind, daß die Leiter derselben, innerhalb der Grenzen ihrer Vollmacht, bei eigener Buch- und Kassenführung selbstständig nicht blos Anlehen aufnehmen, sondern auch Kredit gewähren, Vorschüsse ausleihen. Für die Zweigniederlassung eines Konsumvereins ist erforderlich, daß die Leiter bei gesonderter Buchführung nicht blos Waaren zu den von ihnen festgesetzten Preisen verkaufen lassen, sondern auch selbstständig Waaren, wenn auch nur in bestimmten Gattungen, einkaufen. Der selbstständige Waareneinkauf ist von maßgebender Bedeutung, während der Verkauf der Waaren eine stets mehr die Geschäftsführung unterstützende Thätigkeit ist, die auf Selbstständigkeit keinen Anspruch erheben kann. Daß der Lagerhalter mit dem Einkauf nichts zu thun haben darf, ist ein feststehender Grundsatz für die Geschäftsführung der Konsumvereine. Keine Zweigniederlassung ist z. B. anzunehmen, wenn ein Konsumverein an einem andern Orte einen Laden eröffnet, der von dem Hauptlager oder doch durch Vermittelung des Vorstandes durch die Lieferanten mit Waaren versehen wird, und dessen Lagerhalter für den Verkauf der Waaren genaue Instruktion (Preislisten u. s. w.) erhalten hat; es würde in diesem Falle ohne Einfluß sein, wenn der Leiter dieser Verkaufsstelle eine gesonderte Buchführung hätte.

Die Produktivgenossenschaft würde nur dort eine Zweigniederlassung haben, wo selbstständig Herstellung und Verkauf der Produkte stattfindet, jedenfalls ist dort keine Zweigniederlassung, wo nur die Produkte hergestellt werden.

Die Zweigniederlassungen bei den Vorschußvereinen bedürfen einer eingehenden **Besprechung**.

Da eine Zeitlang unter größeren Vorschußvereinen die Neigung zur Gründung von Zweigniederlassungen vielfach hervortrat, so stellte Schulze-Delitzsch für dieselben gewisse Grundsätze auf, die auf dem Vereinstage zu Breslau am 19. August 1872 zur Berathung kamen und angenommen wurden. Darin ist zunächst ausgesprochen, es widerstreite den genossenschaftlichen Prinzipien, Zweigvereine an Orten zu errichten, wo die zur Existenz eines selbstständigen Vereins erforderlichen Elemente vorhanden sind; es müsse daher bei der Organisation der Zweigvereine Alles vermieden werden, was die spätere Loslösung derselben vom Hauptvereine behufs ihrer selbstständigen Konstituirung erschwert. „Unbeschadet der gesetzlich feststehenden Einheit und Untrennbarkeit des Hauptvereins und der Zweigvereine nach Außen, wenn es sich um die gemeinsame Haftpflicht gegen dritte Personen aus den von jedem einzelnen der zugehörigen Vereine abgeschlossenen Geschäfte handelt: ist innerhalb des Kreises der Vereine, in ihrem Verhältniß unter einander eine Theilung der Geschäfte und des Risiko einzuführen, vermöge deren jeder Verein für Verluste bei den ihm separat überlassenen Operationen den übrigen gegenüber zunächst aus seinen Mitteln aufkommen muß, wogegen er aber auch den dabei erzielten Gewinn für sich behält." Von den ferneren Vorschlägen ist hervorzuheben, daß von den gemeinsamen Organen der Vorstand und Aufsichtsrath die Oberaufsicht über die spezielle Geschäftsführung der Zweigvereine und außerdem die Verwaltung der besonderen Angelegenheiten des Hauptvereins hat. In der Generalversammlung haben alle Mitglieder der verbundenen Vereine gleichmäßig eine Stimme. Den Zweigvereinen werden die einfacheren Kreditgeschäfte im Kreise ihrer Mitglieder bis zu einem gewissen Belange, die Einkassirung von Beiträgen, die Annahme von Anlehen und Spareinlagen innerhalb bestimmter Grenzen übertragen. Die Geschäftsführung bei den Zweigvereinen wird durch Beamte (vgl. Erläuterung zu § 27) geführt und deren Befugnisse in Vertretung des Vereins durch Vollmacht bestimmt, welche der Vorstand ausstellt, der in Gemeinschaft mit dem Aufsichtsrath auch diese Beamten ernennt, jedoch Vorschläge des Zweigvereins entgegennimmt. Zur lokalen Kontrole über die Geschäftsführung wählen die Mitglieder eine Anzahl Vertrauensmänner aus ihrer Mitte, welche sich nach Art der Ausschüsse konstituiren u. s. w., während die eigentliche Oberaufsicht bei den Organen der Zentralstelle bleibt. Eine Versammlung der Mitglieder der Zweigvereine findet nur zur Wahl der Vertrauensmänner und zur Beschlußnahme über Einbringung von Anträgen bei der Zentralstelle statt. Die Neigung für Zweigniederlassungen hat sich bei den Vorschußvereinen in Folge der gemachten Erfahrungen seit Jahren — und mit vollem Recht — durchaus verloren. Statt dessen hat man mehr und mehr das System der Vertrauensmänner oder der Ortsausschüsse zur stärkeren Heranziehung der Landbevölkerung ausgebildet. In dieser Hinsicht ist besonders beachtenswerth das im Auftrage des 10. Verbandstages des preußischen Unterverbandes (1873) erstattete Gutachten des Vorschußvereins Insterburg über die Behandlung der Kreditgesuche ländlicher Mitglieder und die Errichtung von Filialen seitens der Vorschußvereine (im Auszuge veröffentlicht in Nr. 15 der Bl.f.G. von 1874 S. 69 ff.), sowie die darüber auf dem 11. Verbandstag der Genossenschaften der Provinz Preußen im Mai 1874 zu Christburg stattgefundene Verhandlung. Letztere führte zu einem Beschlusse, der auch für andere Provinzen und Landschaften Deutschlands empfehlenswerth ist. Er lautet:

„1. Zur zweckmäßigen Erledigung der Darlehnsgesuche ländlicher Mitglieder erscheint im Bezirke des diesseitigen Verbandes die Errichtung von Filialen — Zweigniederlassungen — nicht geboten. Wo dieselben aus lokalen Bedürfnissen errichtet werden, ist die Annahme der von dem Breslauer Vereinstage ausgesprochenen Grundsätze empfehlenswerth.

2. Ebenso wenig wird den Vereinen die Errichtung von Lokalausschüssen mit getrennter Verwaltung und besonderer solidarischer Haftbarkeit ihrer Mitglieder empfohlen. Derartige Errichtungen führen leicht zu Verstößen gegen den genossenschaftlichen Geist und zu rechtlichen Widersprüchen.

3. Die Darlehnsgesuche ländlicher Mitglieder können dagegen, wo die Kenntniß des Verwaltungsrathes bezüglich der Verhältnisse der ländlichen Mitglieder nicht mehr ausreicht, durch ein organisirtes System von Vertrauensmännern, welche aus der Zahl der Mitglieder vom Verwaltungsrath zu ernennen sind, zweckmäßig erledigt werden.

4. Die kollegialische Berathung über die Verhältnisse der ländlichen Mitglieder in regelmäßigen Zusammenkünften von Vertrauensmännern ist jeder andern Form bei Weitem vorzuziehen, und daher überall, wo persönliche und lokale Verhältnisse es gestatten, auf die Bildung solcher Vertrauensmänner-Kollegien hinzustreben.

5. Eine derartige Organisation kann der Ausbreitung des Genossenschaftswesens, des Sparsinns in den Kreisen ländlicher Bevölkerung und der Verbreitung von Volksbildung höchst förderlich werden".*)

2. **Absatz** II. Anmeldung.

Die Anmeldung einer Zweigniederlassung oder der Aufhebung einer solchen zum Genossenschaftsregister muß durch sämmtliche Mitglieder des Vorstandes oder durch sämmtliche Liquidatoren persönlich bewirkt oder in beglaubigter Form eingereicht werden. Vgl. A.V. § 6. — Der Vorstand ist durch Ordnungsstrafen zur Anmeldung der Zweigniederlassung anzuhalten (§ 160). Das Gesetz von 1868 enthielt hier eine Lücke — Parisius S. 238. Die Eintragung erfolgt nicht, bevor die Eintragung der Hauptniederlassung nachgewiesen ist (§ 17 Abs. 2, H.G.B. § 13 Abs. 2, A.V. § 20 Abs. 1). Ueber die Einzelheiten A.V. § 20. Muster einer Anmeldung Parisius und Crüger, Formularbuch S. 96. Das Gericht hat nicht zu prüfen, ob thatsächlich eine Zweigniederlassung vorhanden ist, sondern nur, ob die Anmeldung ordnungsmäßig geschehen ist, ob die nothwendigen Urkunden eingereicht, ob die nach § 14 des Gesetzes erforderlichen Angaben gemacht sind, und ob dieselben mit dem Statut übereinstimmen. Nicht zu prüfen ist insbesondere, ob an dem Sitz der Zweigniederlassung sich nicht in Wirklichkeit der Sitz der Hauptniederlassung befindet (vgl. hierüber Johow Bd. 13 S. 45 ff.).

3. „Beglaubigte Abschriften des Statuts".

Hier bedarf es nach ausdrücklicher Vorschrift der A.V. § 8 Abs. 3 ausnahmsweise einer gerichtlichen oder notariellen Beglaubigung. (Andere Ausnahmen §§ 58, 66 Abs. 2 und 69 Abs. 1).

4. „Liste der Genossen".

Die Liste der Genossen wird auf Grund der im § 158 Abs. 1 vorgesehenen Mittheilungen von dem Gericht der Zweigniederlassung weitergeführt. Maßgebend bleibt die bei dem Gericht der Hauptniederlassung geführte Liste. A.V. § 25. Die Eintragungen erfolgen auf Grund der von dem Gericht der Hauptniederlassung zu machenden Mittheilungen.

5. „Veröffentlichung der Eintragung."

Die Eintragung ist ihrem ganzen Inhalte nach zu veröffentlichen (anders im Fall des § 12), da nach § 138 in Verbindung mit § 10 H.G.B. der ganze Inhalt der Eintragung stets zu veröffentlichen ist, soweit das Gesetz nicht anderes bestimmt (Begr. I 99.

*) Vgl. Bl.f.G. 1874 Nr. 33 S. 151.

Formular bei Parisius und Crüger, Formularbuch S. 103 ff.). Es genügt nicht ein Hinweis auf das Hauptregister (Zeitschrift für das ges. Aktienwesen 1896 S. 151).

6. **Absatz** III. „Mittheilung zu machen".

„Von der bewirkten Eintragung der Zweigniederlassung hat das Gericht dem Gericht der Hauptniederlassung Mittheilung zu machen. Von dem letzteren ist auf Grund dieser Mittheilung die Errichtung der Zweigniederlassung im Register bei der Hauptniederlassung einzutragen." A.V. § 20 Abs. 2. —

„Dies rechtfertigt sich einerseits durch die Wichtigkeit der Existenz von Filialen und ist andererseits erforderlich, weil das Gericht der Hauptniederlassung weiterhin von einem Theile der Eintragungen in das Hauptregister und von allen Eintragungen in die Liste der Genossen dem Gericht der Zweigniederlassung von Amtswegen Kenntniß geben soll" (§ 158). — Begr. a. a. O.

Vorbemerkung zu § 15 —

zugleich zur Geschichte des § 15.

Vgl. Allgemeine Begründung Abschnitt III: Entstehung und Endigung der Mitgliedschaft — Begr. I 63, II 44—47.

In Betreff des Beitritts zur Genossenschaft ist zu unterscheiden zwischen der Zeit bis zur Anmeldung des Statuts zur Eintragung und der Zeit nach der Anmeldung. In dem ersteren Zeitabschnitt wird die Mitgliedschaft erworben durch Unterschrift des Statuts, in dem zweiten durch Ausstellung einer ordnungsmäßigen Beitrittserklärung und Aufnahme. In beiden Fällen aber muß zur „Entstehung" der Mitgliedschaft bei der eingetragenen Genossenschaft die Eintragung in die Liste der Genossen hinzukommen. In dem ersteren Zeitabschnitt geschieht die Eintragung in die Liste der Genossen gleichzeitig mit der Eintragung des Statuts in das Genossenschaftsregister; in dem zweiten Zeitabschnitt erfolgt die Eintragung in die Liste der Genossen auf Grund der Beitrittserklärung und der Einreichung derselben (§ 15). Die Unterzeichner des Statuts sind als erste Mitglieder einer zur Eintragung angemeldeten Genossenschaft einzutragen (A.V. § 26 Abs. 2).

Das Gesetz von 1868 bestimmte in § 2 Abs. 4:

„Zum Beitritt der einzelnen Genossenschafter genügt die schriftliche Beitrittserklärung."

In konstanter Rechtsprechung ist (vgl. z. B. R.G. Bd. 1 S. 242, Bd. 8 S. 3) als Grundsatz aufgestellt worden, daß zwar die schriftliche Erklärung des Beitritts zum Erwerb der Mitgliedschaft genügte, daß aber andererseits auch die Erklärung des Beitritts in schriftlicher Form erforderlich war. Ferner war von dem R.O.H. (Urtheil vom 16. November 1875 in Sachen Essener Volksbank gegen Plange) ausgesprochen, daß der Erwerb der Mitgliedschaft auch noch davon abhängig sei, daß die ferneren im Statut für denselben aufgestellten Erfordernisse erfüllt seien. Das Wichtigste jedoch blieb immer die schriftliche Beitrittserklärung. Nicht selten waren nun aber die Fälle, daß es von der Genossenschaft versäumt wurde, sich eine schriftliche Beitrittserklärung ausstellen zu lassen; zum Genossenschaftsregister hatte der Vorstand nur die alphabetisch geordnete Mitgliederliste einzureichen, der Richter war nicht nur nicht berechtigt, die Richtigkeit dieser Liste zu prüfen, sondern war hierzu auch gar nicht in der Lage. Die Eintragung in die Mitgliederliste war für den Erwerb und Verlust der Mitgliedschaft völlig gleichgültig; wer z. B. eine schriftliche Beitrittserklärung ausgestellt hatte, wurde als Mitglied betrachtet, ohne Rücksicht darauf, ob er auch in der Mitgliederliste geführt wurde. Kam es nun zum Konkurse der Genossenschaft, so entzogen die, welche keine schriftliche Beitrittserklärung ausgestellt hatten, sich ihrer Verpflichtung und es gab keine Möglichkeit, sie als Mitglieder im Konkurse zu behandeln, mochten sie auch die Rechte als Mitglieder genossen und sich den Pflichten derselben unterzogen haben.*)

Schulze-Delitzsch schlug nun in seiner Novelle vor zu bestimmen:

„Der Beitritt der einzelnen Genossenschafter geschieht nach vorgängiger Aufnahme derselben durch Unterzeichnung des Gesellschaftsvertrages oder einer schriftlichen Beitrittserklärung dazu. Zum Beweis der Aufnahme genügt die Anzeige des Eintritts in den Quartalslisten"

und ferner:

„Den Quartalsanzeigen müssen die Beitrittserklärungen wie die Kündigungen vom Vorstande im Original beigefügt werden, ferner Abschrift der Gesellschaftsbeschlüsse über den Ausschluß von Mitgliedern und die Todesanzeigen über das Ausscheiden Verstorbener."

Schulze-D. hielt fest daran, daß die Mitgliedschaft erworben würde und entstände durch Abschluß des aus Aufnahme und Beitritt bestehenden Vertrages, er wollte aber die Führung der Mitgliederliste in die Hände des Richters legen, indem er verlangte, daß die sich auf Erwerb und Verlust der Mitgliedschaft beziehenden Urkunden dem Richter im Original einzureichen seien, wodurch er denselben in den Stand setzte, die formellen Voraussetzungen dieser beiden Akte zu prüfen.

Die Regierungsvorlage schlug einen anderen Weg ein, um Sicherheit zu schaffen, daß „alle in der Mitgliederliste aufgeführten Personen wirklich als Genossen haften und andererseits alle haftpflichtigen Genossen wirklich in der Liste aufgeführt sind" (Begr. I 65, II 45). Sie legt die Führung der Liste ebenfalls in die Hände des Gerichts, knüpft aber Entstehung und Verlust der Mitgliedschaft an die Eintragung in die gerichtliche Liste. Wie bei dem Statut und der Statutenänderung ist auch hier die Rechtswirksamkeit abhängig gemacht von der Eintragung in das Register, ebensowenig aber wie dort schafft der Richter neue Rechte, sondern bringt nur solche zur Wirksamkeit.

---

*) In der allgemeinen Begründung der Vorlage waren die „allererheblichsten Uebelstände" aufgeführt, die in der Praxis erwachsen sind. „Die gerichtlichen Mitgliederlisten stellten sich häufig als ebenso unrichtig und unvollständig heraus, wie die vom Vorstande zu führenden Mitgliederverzeichnisse. Aus den mannigfaltigsten Gründen wurde die Mitgliedschaft bestritten, und wo man nach der Liste auf zahlreiche haftverbindliche Genossen zu rechnen hatte, erwies hinsichtlich eines erheblichen Theils derselben die Erwartung zum Schaden der übrigen Genossen und der Gläubiger sich als trügerisch. Mitunter sind trotz der gesetzlichen Vorschrift und der angedrohten Ordnungsstrafen die Verzeichnisse und Listen überhaupt nicht fortgeführt worden. Sehr häufig ist es vorgekommen, daß in den Listen Personen aufgeführt waren, welche niemals der Genossenschaft beigetreten oder längst wieder ausgeschieden waren. Es haben sogar in einzelnen Fällen Hunderte von Personen, ungeachtet sie bis zuletzt an den Generalversammlungen der Genossenschaft theilgenommen und Dividenden bezogen hatten, im Konkurse schließlich ihre Mitgliedschaft bestritten, und zwar mit Erfolg, weil nicht nachgewiesen werden konnte, daß von ihnen eine schriftliche Beitrittserklärung unterzeichnet oder das Eintrittsgeld, von dessen Entrichtung der Gesellschaftsvertrag den Erwerb der Mitgliedschaft abhängig machte, bezahlt war. In einem unlängst von dem Reichsgericht entschiedenen Fall hatte sogar ein Vorstandsmitglied, um sich der Haftung für die Genossenschaftsschulden zu entziehen, seinen Austritt aus der Genossenschaft erklärt, diese Erklärung aber wissentlich verheimlicht, noch mehrere Jahre lang die Thätigkeit des Vorstehers ausgeübt, sowie die Remuneration hierfür bezogen; daß dessenungeachtet die Aufkündigung den Austritt desselben bewirkt hatte, konnte mit Rücksicht auf die Bestimmungen des geltenden Rechts auch vom Reichsgericht nicht verneint werden.

Es liegt auf der Hand, daß solche Vorkommnisse geeignet sind, den Kredit der Genossenschaften ernstlich zu gefährden." (Begr. I 64, II 44.)

Zur Rechtfertigung wird angeführt:

„Behält die Eintragung den Charakter einer Beurkundung von Rechtsakten der Genossenschaft ohne Pflicht des Registerrichters, dieselben materiell zu prüfen und über sie zu entscheiden, ist namentlich eine unrichtige Eintragung nichtig oder anfechtbar, so bleibt man auch mit den Grundsätzen im Einklange, welche das Handelsgesetzbuch für die Eintragungen ins Handelsregister aufstellt: denn selbstständige Rechtswirkungen der Registereinträge finden sich auch im Handelsgesetzbuch in mehrfachen Beziehungen anerkannt." (Begr. I S. 66.)

Wie in Preußen dem Grundbuch, so ist hier der gerichtlichen Mitgliederliste öffentlicher Glaube beigelegt: die Eintragungen bilden formelle Wahrheiten zu Gunsten Dritter, zu den Dritten aber gehört die Genossenschaft selbst; es wird nicht unterschieden zwischen den Wirkungen der Eintragungen Dritten und der Genossenschaft gegenüber, weil „die Befriedigung der Gläubiger für den Ausfall im Konkurse durch die Nachschußpflicht der Genossen herbeigeführt wird und diese eine Verbindlichkeit gegenüber der Genossenschaft bildet, also durch die Mitgliedschaft nach innen bedingt wird" (Begr. I 67); eine Trennung, welche auch dem Grundgedanken der direkten Haftpflicht widersprechen würde, welcher alle Genossen gleichmäßig unterliegen, endlich auch durch die Rücksicht auf die Genossen selbst verboten sei, die sich bei Prüfung des Mitgliederstandes auf die Liste verlassen müßten. Freilich ist der öffentliche Glaube nicht von so weitgehender Bedeutung wie etwa der, den das Grundbuch genießt, denn abgesehen von einigen Wirkungen, welche sich nur an die Formalität der Eintragung knüpfen, ist für die Mitgliedschaft selbst weiter entscheidend das zu Grunde liegende materielle Verhältniß.

In der Kommission nahm der Abgeordnete Schenck die Vorschläge von Schulze-Delitzsch auf, indem er auf die Bedenken hinwies, Entstehung und Verlust der Mitgliedschaft von der Handlung eines Dritten, des Registerrichters abhängig zu machen, auf welchen weder die Genossen, noch die Genossenschaft einen Einfluß hätten. Durch eine nicht rechtzeitige Eintragung in die Liste könnten die Genossen auf das schwerste geschädigt werden. — Die Kommission gab jedoch der Regierungsvorlage den Vorzug, indem sie den Genossen durch das Recht, die Eintragung einer Vormerkung herbeizuführen, für ausreichend gesichert hielt und § 71 insofern abänderte, daß der Richter verpflichtet sein sollte, die Eintragung in die Liste stets unverzüglich zu bewirken (Komm.Ber. 15).

Der Verlust der Mitgliedschaft wird bei § 70 erörtert.

Das Gesetz unterscheidet zwischen Erwerb (materielle Seite) und Entstehung der Mitgliedschaft (formelle Seite). Zu Grunde liegt ein Vertrag zwischen der Genossenschaft und dem sich zur Aufnahme Meldenden. Für Genossenschaften mit unbeschränkter Haftpflicht und unbeschränkter Nachschußpflicht sind noch besondere Formerfordernisse aufgestellt (§§ 120 und 127). Für den Abschluß des Vertrages ist maßgebend das Statut, welches regelmäßig die Bedingungen angeben wird, welche seitens der sich Meldenden zu erfüllen sind. Der Verlauf wird der sein, daß zunächst ein Aufnahmegesuch erfolgt, hierauf die statutenmäßige Beschlußfassung stattfindet und demnächst erst die Beitrittserklärung ausgestellt wird, in der Beitrittserklärung muß der Aufgenommene die unbedingte Erklärung seines Beitritts abgeben. Aus der Fassung des § 15 Abs. 2 geht allerdings hervor, daß der Gesetzgeber davon ausging, daß zunächst die Beitrittserklärung ausgestellt wird, und auf Grund derselben die Zulassung erfolgt. Es mag dies in der Praxis die Regel sein, allein es entspricht dem Sinne des Beitrittsvertrages mehr, wenn die Beitrittserklärung nach der Aufnahme ausgestellt wird, denn man kann einer Gesellschaft füglich erst beitreten, wenn man aufgenommen ist.

Das Statut kann die Voraussetzungen für den Beitritt beliebig ordnen, beliebig erschweren oder erleichtern, denselben von Geschlecht, Wohnsitz, Religion u. s. w. abhängig machen. Da eine Vererbung der Mitgliedschaft nicht möglich ist, müssen auch die Erben selbstständig beitreten, das Statut kann ihnen nur Erleichterungen bei der Aufnahme verschaffen, wie z. B. Erlaß des regelmäßig vorkommenden Eintrittsgeldes. Durchaus zu verwerfen wäre es, wenn die Genossenschaft jedem beliebigen Dritten den Beitritt verstatten würde, sie muß in ihrem eigenen Interesse sich bei jedem sich Meldenden das Recht vorbehalten, die Aufnahme abzulehnen. Die Zulassung kann auch noch bedingungsweise erklärt werden, so daß der Zugelassene, ehe er einen Anspruch auf die Mitgliedschaft erwirbt, gewisse Voraussetzungen zu erfüllen hat. Maßgebend ist immer das Statut. Setzt sich der Vorstand über die Bestimmungen des Statuts hinweg, so hat dies zwar auf den Erwerb der Mitgliedschaft keinen Einfluß, da es sich nur um eine Beschränkung des Vorstandes handelt (§ 27), doch macht sich der Vorstand der Genossenschaft verantwortlich.

Der so zwischen dem sich Meldenden und der Genossenschaft zu Stande gekommene Vertrag hat nur obligatorische Wirkungen. Der Zugelassene kann verlangen, daß ihm durch Einreichung seiner Beitrittserklärung die Mitgliedschaft in Gemäßheit des § 15 verschafft wird, und wenn der Vorstand schuldhafterweise die Einreichung verzögert, Ersatz des ihm hierdurch entstehenden Schadens beanspruchen (Begr. I 101). Auch Klage auf Eintragung muß für zulässig erachtet werden, da der Antrag auf Eintragung eine Folge des Erwerbes der Mitgliedschaft ist, um dieselbe zur Entstehung zu bringen. Beide Ansprüche können nebeneinander verfolgt werden. Schadensersatzpflichtig ist die Genossenschaft als Kontrahentin. Maurer S. 112 nimmt Schadensersatzpflicht des Vorstandes an, dem kann nicht beigestimmt werden, da zwischen dem sich Meldenden und dem Vorstande kein Vertragsverhältniß entstanden ist, sondern zwischen dem sich Meldenden und der Genossenschaft (so auch jetzt Birkenbihl-Maurer S. 117, vgl. Jessenberger S. 64). Andererseits ist aber auch Derjenige, welcher seine Aufnahme nachgesucht hat (über die Wirkung eines Betheiligungsversprechens § 5 Erl. 1, R.G. Bd. 30 S. 95, Bd. 40 S. 46) und zugelassen ist, gebunden, er ist zur Ausstellung der Beitrittserklärung verpflichtet und nöthigenfalls hierzu im Wege der Klage anzuhalten. A. A. Richter S. 80, der Widerruf „in beglaubigter Form" zuläßt, es ist nicht zu ersehen, welche besondere Bedeutung hier die „Beglaubigung" haben soll. Der Vertrag ist perfekt, einseitiger Rücktritt daher nicht zulässig. (So auch Birkenbihl-Maurer S. 118, Jessenberger S. 64, vgl. § 5 Erl. 1 und die vorstehend mitgetheilten Entscheidungen des R.G.). Dagegen kann vor der Eintragung der Vertrag mit gegenseitiger Uebereinstimmung aufgehoben werden, nach der Eintragung ist auch dies nicht zulässig, die Mitgliedschaft ist dann entstanden und kann nur nach Maßgabe des Gesetzes und des Statuts ihr Ende erreichen. Dieser Vertrag hat jedoch in Bezug auf Mitgliedschafts-Rechte und Pflichten (abgesehen von § 8 Abs. 3) noch keine Wirkung, denn nach § 15 Abs. 3 „entsteht" die Mitgliedschaft erst durch Eintragung des Zugelassenen in die gerichtliche Mitgliederliste; seine Wirkung ist hierdurch bedingt. Der Vorstand hat zu diesem Zweck die Beitrittserklärung dem Gericht einzureichen, von einem weiteren Beweise der Zulassung ist abgesehen, die Einreichung durch den Vorstand ist hierfür als genügend erachtet (a. A. Birkenbihl-Maurer S. 117). Vor der Eintragung in die gerichtliche Mitgliederliste wird der Aufgenommene — ausgenommen den Fall des § 8 Abs. 3 — unter keinen Umständen als Mitglied behandelt. Wird z. B. vor der Eintragung Konkurs über die Genossenschaft eröffnet, so kann der Aufgenommene weder von den Gläubigern noch von den Genossen als Mitglied in Anspruch genommen werden, es kann auch nicht mehr seine Eintragung verlangt werden, denn die Eintragung ist davon abhängig, daß die Genossenschaft noch besteht; mit der Konkurseröffnung aber hat die Genossenschaft ihr Ende erreicht (§ 101), sie besteht nur noch zur Durchführung des Konkurses und bezw. zur Liquidation fort. Daß der Aufgenommene auch nicht zum Nachschußverfahren herangezogen werden kann, folgt daraus, daß auch der Genossenschaft gegenüber die Entstehung der Mitgliedschaft von der Eintragung abhängig ist und daß das Nachschußverfahren die Befriedigung der Gläubiger bezweckt, diese aber gegen die nicht in die Liste eingetragenen Genossen keine Rechte haben. Selbstverständlich haben die Gläubiger auch bestehender Genossenschaften kein Recht, die Eintragung eines Zugelassenen zu verlangen, denn der Aufnahmevertrag hat Rechtswirkung nur zwischen den Kontrahenten.

Auch in dem Falle des § 8 Abs. 3, daß der Zugelassene in Betreff der Darlehnsgewährung als Genosse behandelt wird, kann dessen Eintragung in die Liste nicht mehr erfolgen, wenn vor derselben Konkurs über die Genossenschaft eröffnet ist.

Denkbar ist der Fall, daß der Konkurs über die Genossenschaft eröffnet ist und gleichwohl eine Eintragung noch stattgefunden hat. Nach § 108 R.K.O. hat der Eröffnungsbeschluß die Stunde der Eröffnung anzugeben und soll, falls dies versäumt ist, als Zeitpunkt der Eröffnung die Mittagsstunde des Tages gelten, an welchem der Beschluß erlassen ist. Es ist also sehr wohl möglich, daß die Eintragung eines Genossen in die Mitgliederliste erfolgt ist, als der Konkurs bereits eröffnet war, weil der Register-Richter erst nach der Eintragung Kenntniß von der Konkurseröffnung erhalten hat. Die Eintragung wird in solchem Falle nichtig sein, denn die Genossenschaft bestand zur Zeit derselben nicht mehr. § 33 A.V. wird anzuwenden sein. Ist der nicht eingetragene Genosse als Mitglied behandelt, hat er z. B. Dividende bezogen, so muß er dieselbe zurückerstatten, denn er hat Alles ohne Rechtsgrund empfangen (Begr. I 103); hieran wird auch durch die spätere Eintragung nichts geändert.

§ 15.

Nach der Anmeldung des Statuts zum Genossenschaftsregister bedarf es zum Erwerbe der Mitgliedschaft einer von dem Beitretenden zu unterzeichnenden, unbedingten Erklärung des Beitritts.

Der Vorstand hat die Erklärung im Falle der Zulassung des Beitretenden behufs Eintragung desselben in die Liste der Genossen dem Gerichte (§ 10) einzureichen. Die Eintragung ist unverzüglich vorzunehmen.

Durch die Eintragung, welche auf Grund der Erklärung und deren Einreichung stattfindet, entsteht die Mitgliedschaft des Beitretenden.

Von der Eintragung hat das Gericht den Genossen und den Vorstand zu benachrichtigen. Die Beitrittserklärung wird in Urschrift bei dem Gerichte aufbewahrt. Wird die Eintragung versagt, so hat das Gericht hiervon den Antragsteller unter Rückgabe der Beitrittserklärung und den Vorstand in Kenntniß zu setzen.

Ges. von 1868 §§ 2 Abs. 4, 3 Ziff. 4, 4, 25 und 26, Entw. I und II, Komm. Rtg. 15, vgl. Begr. I 63 bis 68 und 99 bis 103, Begr. II 44 bis 47 und 67 bis 70, Komm.Ber. 14 und 15, A.V. 7, 9, 26.

I. **Zur Geschichte des § 15** (siehe Vorbemerkung). Vgl. A.V. § 24 ff.

a) Zum Absatz II. Der letzte Satz, die Anweisung an den Richter, ist in der Kommission hinzugefügt, entsprechend der Bestimmung in § 70.

b) Zum Absatz IV. Der letzte Satz fehlte im ersten Entwurf des Reichsjustizamts und ist erst im Bundesrath hinzugefügt.

II. **Erläuterungen zu § 15** (vgl. Vorbemerkung, insbesondere über den Mitgliedschaftsvertrag und dessen Wirkungen).

1. **Absatz** I „Erwerb der Mitgliedschaft".

Der Vertrag zwischen der Genossenschaft und dem sich Meldenden wird perfekt durch Zulassung und Ausstellung einer unbedingten schriftlichen Beitrittserklärung (vgl. Vorbemerkung), bei Genossenschaften mit unbeschränkter Haftpflicht und mit unbeschränkter Nachschußpflicht in den Formen der §§ 120, 127, seine Wirkung für die Entstehung der Mitgliedschaft ist jedoch abhängig von der Eintragung, er ist durch dieselbe bedingt.

Wie in der Vorbemerkung bereits ausgeführt, kann das Statut Bestimmungen über die Aufnahmefähigkeit und die Aufnahmeform treffen. Enthält das Statut Nichts hierüber, so entscheidet über die Aufnahme der Vorstand als Vertreter der Genossenschaft und ist in seiner Entscheidung völlig unbeschränkt. Ueber etwaige Uebertretung des Statuts und deren Folgen siehe Vorbemerkung. Ein Recht auf die Aufnahme hat Niemand und der Abgewiesene ist daher auch nicht berechtigt auf Aufnahme zu klagen unter dem Vorgeben, daß er nach dem Statut nicht hätte abgewiesen werden dürfen, denn das Statut schafft für ihn kein Recht. (§ 1 Erl. 2, Joël S. 445, Maurer S. 116.) Beitreten können nicht blos physische, sondern auch juristische Personen (vgl. § 9 und § 43), wie Personenvereine, auch nicht eingetragene Genossenschaften können beitreten, insofern man in denselben Rechtspersönlichkeiten sieht, die als solche Erklärungen abgeben und sich verpflichten können. Handlungsunfähigkeit ist mangels einer entgegengesetzten Bestimmung des Statuts kein Hinderniß für die Aufnahme, der Beitritt hätte dann durch den gesetzlichen Vertreter zu erfolgen, wobei zu berücksichtigen ist, daß in Folge des bürgschaftsartigen Charakters der Mitgliedschaft der eingetragenen Genossenschaft, in dem Erwerb der Mitgliedschaft mitenthalten ist, die Uebernahme fremder Verbindlichkeiten, der Vormund bedarf daher der Genehmigung des Vormundschaftsgerichts (§ 1822 B.G.B., vgl. aber auch § 112 B.G.B.). Bei beschränkter Handlungsfähigkeit z. B. bei Ehefrauen ist die Genehmigung dessen beizubringen, zu dessen Gunsten die Handlungsunfähigkeit besteht (bei Ehefrauen die Genehmigung des Ehemannes). Ueber die Voraussetzungen des Betriebs eines Erwerbsgeschäfts durch die Ehefrau, die „Handelsfrau", vgl. § 1405 B.G.B., Art. 4 Einf.Ges. zum H.G.B. — als Handelsfrau bedarf die Frau nicht der Genehmigung des Ehemannes zu dem Erwerb der Mitgliedschaft, wenn dieser zu den Geschäften gehört, die der betreffende Geschäftsbetrieb mit sich bringt (vgl. Schneider in Bl.f.G. 1895 S. 151 ff.). Die Erklärung des Beitritts ist bei physischen Personen mit Vor- und Zunamen, bei Gesellschaften unter der Firma und in der Form abzugeben, in welcher dieselben ihre Willenserklärungen zu verlautbaren haben. Für nicht zulässig ist erachtet, daß ein Einzelkaufmann die Erklärung mit seiner Handelsfirma ausstellt, — anders liegt es bei der Erklärung des Beitritts einer offenen Handelsgesellschaft, denn da die offene Handelsgesellschaft als solche Mitglied wird, kann die Erklärung auch nur mit deren Handelsfirma (dem Namen der Gesellschaft) abgegeben werden —, es steht dem entgegen die Rücksicht auf eine geordnete Führung der Liste der Genossen; nach § 18 (früher Art. 16) H.G.B. darf zwar der Einzelkaufmann als ursprüngliche Firma nur seinen bürgerlichen Namen mit oder ohne Vornamen, event. unter Zusätzen, führen, aber § 22 (früher Art. 22) H.G.B. läßt bei Erwerb eines bestehenden Handelsgeschäftes dessen Fortführung unter der bisherigen Firma mit oder ohne Nachfolgezusatz zu. Ein rechtlicher Zwang, daß der Erwerber bei Fortführung der Firma die Passiven des ihm übertragenen Geschäfts übernimmt, besteht nicht. Sicherlich läßt sich auch ein Rechtssatz, daß der jeweilige Träger einer in die Genossenliste eingetragenen Firma eines Einzelkaufmannes — wenn die Zulässigkeit solcher Eintragung einstweilen unterstellt wird — Mitglied der Genossenschaft sei, nicht aufstellen. Hiernach kann ohne Weiteres bei Zulassung solcher Eintragung das Ergebniß eintreten, daß die Genossenliste den wirklichen Verhältnissen widerspricht. Wird nämlich die Firma in die Liste eingetragen und demnächst mit dem Geschäfte veräußert, so weist die Liste in zweifacher Beziehung einen nicht richtigen Inhalt auf. Als Genosse kommt nach wie vor der frühere Firmenträger in Betracht, welcher in der Liste mit einer ihm nicht mehr zuständigen Firma bezeichnet ist. Derjenige aber, dessen Firma in der Liste eingetragen steht, ist nicht Genosse. Eine derartige Sachlage muß die Gläubiger der Genossenschaft, wie die Genossen selbst gleichmäßig irre führen. Selbst wenn dieselben aus der Genossenliste ersehen können, daß es sich um eine Firma handelt, werden sie nach der Natur der Sache den gegenwärtigen Träger dieser Firma und nicht eine Person als Genossen ansehen, welcher die Firma nicht mehr zusteht. Damit würde der gesetzliche Zweck der Genossenliste, die haftpflichtigen Genossen für Jedermann klarzustellen, durchaus verfehlt. Es ergiebt sich hieraus die Unzulässigkeit der nachgesuchten Eintragung." So das Kammergericht in dem Beschluß vom 9. Oktober 1893 (mitgetheilt in Nr. 1 Bl.f.G. von 1894, Johow Bd. 13 S. 51). Selbstverständlich kann in solchem Falle der Beitritt dann auch nicht durch einen Prokuristen erklärt werden; nicht das „Geschäft" kann Mitglied werden, sondern nur der Inhaber, folglich muß auch dieser die Erklärung persönlich abgeben. Anders bei Handelsgesellschaften, Erl. 2. Unbekannt sind dem Gesetz „Ehren-Mitglieder"; wer Mitglied der Genossenschaft ist, ist es mit allen Rechten und Pflichten eines solchen, es kann Niemand nur mit den Rechten eines Genossen Mitglied werden und ebensowenig kann Jemand auf andere Weise als nach Maßgabe des § 15 Mitglied der Genossenschaft werden.

Unzulässig ist es auch, zwei Kategorien von Mitgliedern mit verschiedenen Rechten der Mitglieder zu schaffen; etwas anderes ist, die Mitglieder an gewissen Einrichtungen der Genossenschaft nur unter bestimmten Voraussetzungen theilnehmen zu lassen, z. B. bei der Baugenossenschaft, den Erwerb eines Hauses an die Bedingung zu knüpfen, daß ein Minimal-Guthaben eingezahlt ist. Das ist statthaft. Die Beitrittserklärung selbst, auch insoweit sie eine Erklärung über die Haftpflicht enthält (§§ 120, 127), hat nicht den Charakter einer Sicherheitsleistung gegenüber den Gläubigern, ist daher auch nicht wie solche mit Bezug auf die landesgesetzlichen Stempelgesetze zu beurtheilen, die Beitrittserklärung ist vielmehr nur stempelpflichtig, wo die Stempelgesetze die Stempelpflichtigkeit derartiger Beitrittserklärungen aussprechen. Der Ausspruch der Haftpflicht der einzelnen Genossen ist nur ein gesetzlich in § 120 und § 127 vorgeschriebener nothwendiger Bestandtheil der Beitrittserklärung, durch welche die Art der Genossenschaft, zu welcher der Beitritt erfolgt ist, gekennzeichnet wird, und eine Anerkennung der aus dem Beitritt der einzelnen Genossen nach dem Gesetz folgernden Rechtsstellung der Genossen, und vertritt nicht eine nach anderweitiger Bestimmung der Stempelgesetze steuerpflichtige Verhandlung.

Ohne Einfluß auf die einmal entstandene Mitgliedschaft sind Veränderungen in der Person des Mitgliedes, z. B. Verheirathung, Verlust der Handlungsfähigkeit; sollen dieselben das Ende der Mitgliedschaft herbeiführen, so müßten sie im Statut (§ 68) als Ausschließungsgründe vorgesehen sein, und der Ausschluß müßte dementsprechend erfolgen (Johow Bd. 11 S. 48). Findet im Laufe der Mitgliedschaft eine Aenderung in dem Namen des Mitglieds statt, z. B. ein weibliches Mitglied verheirathet sich, so muß der Vorstand dies dem Gericht zur Berichtigung der Eintragung in die Liste der Genossen anzeigen, da die Liste der Genossen Vor- und Zunamen enthalten muß (A.V. § 26), vgl. Beschluß des Landgerichts Berlin vom 1. März 1894, mitgetheilt in Nr. 15 Bl.f.G. von 1894. Ist eine offene Handelsgesellschaft Mitglied, so ist ein Wechsel in den Personen der Gesellschafter ohne Einfluß auf die Mitgliedschaft der Handelsgesellschaft.

2. „zu unterzeichnenden“.

Die zu unterzeichnende Erklärung wird in der Regel ein gedrucktes Formular sein (s. Erl. zu §§ 120, 127, 131). Nach § 126 B.G.B. muß die Urkunde von dem Aussteller eigenhändig durch Namensunterschrift oder mittelst gerichtlich oder notariell beglaubigter Handzeichen unterzeichnet werden. Unterzeichnung durch einen beauftragten Dritten ist daher unzulässig. Gesellschaften rc. zeichnen in der Form, in der sie ihre rechtsverbindlichen Erklärungen abgeben. Zur Wahrung der Form ist nicht erforderlich, daß der Unterzeichner der Sprache kundig ist, in der die Erklärung abgefaßt ist, hat er unterzeichnet, ohne den Inhalt zu kennen, so kann er die Erklärung anfechten (§ 119 B.G.B., Planck zu § 126). Die Beitrittserklärung muß in deutscher Sprache abgefaßt sein (§ 8 des Gesetzes über die Angelegenheit der freiwilligen Gerichtsbarkeit, § 186 Gerichtsverfassungsgesetz).

Die Beitrittserklärung muß bei Frauen außer Vor- und Zunamen auch den Geburtsnamen enthalten.

3. „unbedingter“.

Die Erklärung des Beitritts muß unbedingt sein (vgl. §§ 120, 127). Ist gegen dieses Formerforderniß verstoßen, so hat der Richter die Eintragung zu versagen. Hat er gleichwohl die Eintragung vorgenommen, so wird es von dem der Bedingung zu Grunde liegenden Sachverhalt abhängen, ob die Eintragung im Wege der Klage angefochten werden kann. Der Eingetragene wird die Klage z. B. dann haben, wenn die Bedingung, unter der er suspensiv seinen Beitritt erklärt hat, nicht eingetreten ist. Das Gleiche ist anzunehmen, wenn die Beitrittserklärung dem Vorstande unter einer Bedingung übergeben ist. Die Löschung als Mitglied kann der Eingetragene nur dadurch herbeiführen, daß er im Wege des Prozesses den Erwerb der Mitgliedschaft als ungiltig anficht.

4. **Absatz** II „einzureichen“.

Der § 25 des Ges. von 1868 verpflichtet den Vorstand, am Schlusse jedes Quartals über den Eintritt und Austritt schriftlich Anzeige zu machen und alljährlich im Januar ein vollständiges Verzeichniß der Genossen einzureichen. Die blos quartalsweise Anzeige über den Beitritt neuer Mitglieder konnte nicht beibehalten werden. Aber es schien „auch nicht erforderlich, vorzuschreiben, daß die Einreichung stets sofort nach Unterzeichnung der Erklärung und erfolgter Zulassung der Beitretenden stattzufinden habe. In der Regel wird eine kurze Zurückhaltung der Einreichung für die Interessen des beigetretenen Genossen ohne jede Bedeutung sein, und es kann dem pflichtmäßigen Ermessen des Vorstandes überlassen bleiben, die Umstände des Falles in dieser Richtung auf seine Verantwortung hin zu prüfen. Sofern nicht etwa der Schluß des Geschäftsjahres oder die Abhaltung einer Generalversammlung bevorsteht oder sonstige Gründe eine größere Beschleunigung erforderlich machen, wird der Regel nach wohl die Einrichtung genügen, daß der Vorstand in jedem Monat einmal an einem bestimmten Tage die eingegangenen Beitrittserklärungen dem Gericht einreicht. Hierdurch wird weder für die Genossenschaft noch für die Gerichte eine besondere Belastung veranlaßt werden.“ (Begr. I 101, II 69.) Das von Gerichten wiederholt gestellte Ansinnen, die Beitrittserklärungen sofort einzureichen, ist demnach nicht begründet.

Es ist anzunehmen, daß der Vorstand jeder Genossenschaft mit deren Registerrichter einen bestimmten Tag im Monat zur Einreichung der Beitrittserklärungen vereinbart. Da der Registerrichter verpflichtet ist, „die Eintragung unverzüglich vorzunehmen“, so muß es ihm willkommen sein, wenn er in Folge der Vereinbarung in der Regel nur einmal im Monat diese Eintragungen vorzunehmen hat.

Die Einreichung erfolgt durch den Vorstand in der für die Abgabe seiner Willenserklärungen maßgebenden Form (A.V. § 7). Die Stellung eines besonderen Antrags auf Eintragung des Beitritts ist nicht erforderlich, da der Antrag hierauf in der Einreichung der Urkunden selbst liegt, a. A. Birkenbihl-Maurer S. 117. Nicht nachzuweisen hat der Vorstand, daß die Aufnahme erfolgt ist, da sich dieselbe aus der Einreichung ergiebt. Die Einreichung kann sogar als Ersatz der Aufnahme betrachtet werden, so daß, wenn auch eine Aufnahme selbst nicht vorausgegangen ist, in der Einreichung der Beitrittserklärung durch den Vorstand die Aufnahme zu finden ist (Joël S. 475).

5. **Absatz** III. Prüfung des Richters. (Parisius u. Crüger, Formularbuch S. 52ff.)

Liegt eine formgerechte, vom Vorstand eingereichte Beitrittserklärung vor, so muß der Richter die Eintragung vornehmen. Er hat sich auf eine formelle Prüfung zu beschränken. (Komm.Ber. 15.) In der Ausführungsverordnung heißt es (§ 26 Abs. 3 u. 4):

„Bei der Eintragung eines Genossen, welcher nach der Anmeldung des Statuts der Genossenschaft beitritt, hat das Gericht zu prüfen, ob die Beitrittserklärung (Gesetz § 15) die Unterschrift des Genossen trägt, eine unbedingte ist und bei Genossenschaften mit unbeschränkter Haftpflicht oder unbeschränkter Nachschußpflicht die in den §§ 120, 127 des Gesetzes vorgeschriebene Bemerkung enthält, sowie ob die Einreichung ordnungsmäßig durch den Vorstand erfolgt ist (§ 7 dieser Bestimmungen).

Auf die Echtheit der Unterschrift und die materielle Gültigkeit der Beitrittserklärung erstreckt sich die Prüfung des Gerichts nicht; vielmehr bleibt es im Allgemeinen den Betheiligten überlassen, Mängel in dieser Richtung durch Anfechtung der Eintragung im Wege der Klage geltend zu machen. Eine Ablehnung der Eintragung aus solchen Gründen ist jedoch nicht ausgeschlossen, falls die Ungültigkeit der Beitrittserklärung, ohne daß es weiterer Ermittelungen bedarf, aus den dem Gericht bekannten Thatsachen sich als zweifellos ergiebt."

Der Richter kann also nur die materielle Gültigkeit prüfen, er ist nicht dazu verpflichtet, und ferner ergiebt sich eine Beschränkung insofern, als nach A.V. § 24 Abs. 3 die Eintragungen in die Liste „ohne Verzug vorzunehmen" sind. Daher heißt es auch in § 26, daß sich die „Ungiltigkeit" ergeben muß „ohne daß es weiterer Ermittelungen bedarf", z. B. es ist dem Gerichte bekannt, daß der Genosse verstorben, entmündigt ist, daß die Frau verheirathet ist. Bei Beitritt von Gesellschaften durch ihre Vertreter ist daher auch deren Legitimation nicht zu prüfen. Findet der Richter später, daß die Eintragung nicht hätte erfolgen dürfen, z. B. daß die Einreichung der Beitrittserklärung nicht ordnungsmäßig erfolgt ist, so müßte er die Eintragung nach Maßgabe des § 33 A.V. löschen, falls die Eintragung „auf einem Versehen des Gerichts" beruht. Ungiltigkeiten, die in dem Mitgliedschaftsvertrage beruhen, zu rügen bleibt den Parteien überlassen und würde dann nach A.V. § 33 Abs. 2 zu verfahren sein. Auch in dem Falle, daß die Eintragung auf einem Versehen des Gerichts beruht, bleibt den Genossen neben dem Einschreiten des Gerichts von Amtswegen das Recht, die Mitgliedschaft anzufechten, da sie nicht ordnungsmäßig entstanden ist. Die Verweigerung der Eintragung ist mit der sofortigen Beschwerde anfechtbar (§ 148; 146 Abs. 2 des Gesetzes über die Angelegenheiten der freiwilligen Gerichtsbarkeit, der an Stelle des § 150 alter Fassung des Gen.Ges. getreten ist). Falsche Anzeigen § 147. Formulare für Eintragungen Parisius u. Crüger, Formularbuch S. 56.

6. Wirkung der Eintragung (vgl. Vorbemerkung).

Die Eintragung hat nicht die Wirkung, daß durch dieselbe Recht geschaffen wird, sie heilt weder formelle noch materielle Mängel, insoweit dieselben auf den Erwerb der Mitgliedschaft als solchen von Einfluß sind. Die Eintragung schafft gewissermaßen nur eine Vermuthung, daß der Eingetragene Mitglied sei. Nicht durch die Eintragung als solche wird die Mitgliedschaft begründet, sondern durch die Eintragung, welche auf Grund der Erklärung und deren Einreichung stattfindet. Die Anfechtung der Eintragung kann daher darauf gegründet werden, daß die Beitrittserklärung materiellrechtlich ungültig war, und kann ferner die formalen Voraussetzungen der Eintragung: Erklärung und Einreichung, betreffen.

Die Beitrittserklärung kann ungültig sein, weil sie gefälscht war, weil der Eingetragene zum Beitritt gezwungen, durch Betrug dazu veranlaßt, sich bei dem Beitritt in einem wesentlichen Irrthum befunden hat, dispositionsunfähig war: kurz, aus allen den Gründen, aus denen eine Erklärung überhaupt angefochten werden kann (§§ 116 ff. B.G.B.) Maurer (S. 113 Anm. 9) vertritt die Ansicht, daß durch die Eintragung die Mitgliedschaft von dem vorangegangenen Vertrage losgelöst, eine Anfechtung desselben daher wegen Betrug, Irrthum u. s. w. nach der Eintragung nicht mehr möglich wird. Maurer beruft sich auf die für A.G. ergangene Entscheidung des R.G. (B. 19 S. 124). Dieser Auffassung kann nicht beigetreten werden, da nicht durch die Eintragung an und für sich die Mitgliedschaft entsteht, sondern durch die Eintragung, welche „auf Grund der Erklärung stattfindet", sie ist aufgegeben von Birkenbihl S. 118. Anfechtbar ist die Mitgliedschaft nach diesseitiger Auffassung daher auch, wenn der Beitritt durch Vorspiegelung falscher Thatsachen herbeigeführt ist (vgl. für das Gesetz von 1868 R.G. Bd. 24 S. 149), wobei bereits das unredliche Verhalten eines Vorstandsmitgliedes ausreicht (§ 25 Erl. 4). Es muß sich aber das unredliche Verhalten unmittelbar gegen den betreffenden Kontrahenten gerichtet haben. Das R.G. hat in dem Urtheil vom 14. Januar 1896 (Entsch. Bd. 36 S. 105 ff.) den Grundsatz aufgestellt: „Es kann zwar nicht ohne Weiteres und allgemein angenommen werden, daß jede Unrichtigkeit einer veröffentlichten Bilanz oder die Vertheilung einer dem Geschäftsstande nicht entsprechenden Dividende eine für den Beitritt eines später eingetretenen Genossen kausal gewordenen Täuschung enthält. Doch ist die Möglichkeit anzuerkennen, daß solche Maßnahmen zum Zwecke einer Täuschung geschehen und daß solcher Erfolg durch dieselben herbeigeführt wird." Bei der großen Bedeutung, die die Folgen der Anfechtung der Mitgliedschaft unter der Behauptung, daß die Genossenschaft falsche Bilanzen veröffentlicht und das Publikum getäuscht hat, für die Genossenschaften hat, mag hier im Wortlaut die Kritik dieses Urtheils des R.G. und das ihm zu Grunde liegende Urtheil des O.L.G. folgen, die Crüger in der Monatsschrift für Aktienrecht S. 108 ff. veröffentlicht.

„Der Befriedigung der Gläubiger einer Genossenschaft mit unbeschränkter Haftpflicht dient das Vereinsvermögen und die persönliche Haftpflicht der Mitglieder. Nach § 105 des Gesetzes sind die Genossen verpflichtet, Nachschüsse zur Konkursmasse zu leisten, soweit die Konkursgläubiger wegen ihrer bei der Schlußvertheilung berücksichtigten Forderungen aus dem zur Zeit der Eröffnung des Konkursverfahrens vorhandenen Vermögen der Genossenschaft nicht befriedigt werden; diese Nachschüsse werden von der Genossenschaft zu Gunsten der Befriedigung der Gläubiger geltend gemacht. Die Gläubiger haben ferner nach Maßgabe des § 122 des Gesetzes die direkte Inanspruchnahme der Mitglieder für den erlittenen Ausfall. Aus der persönlichen Haftpflicht können die Mitglieder also sowohl von der Genossenschaft wie von den Gläubigern in Anspruch genommen werden. Auf der persönlichen Haftpflicht der Mitglieder beruht endlich auch die Inanspruchnahme des ausgeschiedenen Mitgliedes nach Maßgabe des § 73 des Gesetzes.

Wenn das Reichsgericht für diese letztere Inanspruchnahme den Ausdruck „negativer Geschäftsantheil" wählt, so scheint bereits in diesem Ausdruck — abgesehen von dem darin enthaltenen Widerspruch — eine mißverständliche Auffassung der hier geltend gemachten Verbindlichkeit zu liegen, denn unter Geschäftsantheil versteht das Gesetz § 7) den Betrag, bis zu dem sich ein Mitglied mit Einlagen betheiligen kann; völlig verschieden hiervon ist, die persönliche Haftpflicht der Mitglieder, um deren Geltendmachung es sich aber hier handelt. (Vgl. § 7 Erl. 5, § 19 Erl. 1 u. 3.)

Hieraus ergiebt sich, daß die Anfechtung der Mitgliedschaft durch einen Genossen von der gleichen Bedeutung für die Gläubiger der Genossenschaft wie für diese selbst ist, denn kann die Anfechtung mit Erfolg geltend gemacht werden, so scheidet der Genosse auch aus der persönlichen Haftpflicht aus, er kann weder nach Maßgabe des § 73 des Gesetzes noch nach § 105 oder § 122 des Gesetzes zur Befriedigung der Gläubiger herangezogen werden. In Folge dessen unterscheidet auch das Gesetz nicht zwischen den Wirkungen der Eintragungen in die Liste der Genossen Dritten und der Genossenschaft gegenüber, die Wirkungen sind in beiden Fällen die gleichen, es ist der gerichtlichen Mitgliederliste öffentlicher Glauben beigelegt, die Bestimmungen über die Führung der Mitgliederliste sind so getroffen, daß

alle in der Mitgliederliste aufgeführten Personen wirklich als Genossen haften und andererseits alle haftpflichtigen Genossen wirklich in der Liste aufgeführt sind.

Das Reichsgericht hat aber in seiner Entscheidung die Beschränkung des Einwandes des Betruges nur unter dem Gesichtspunkte „zu Gunsten des Betrügers" geprüft und ist gar nicht darauf eingegangen, inwieweit nun auch die Rechte der Gläubiger berührt werden, also derjenigen Personen, welche auf Grund der Mitgliederliste, der ein gewisser öffentlicher Glauben nicht nur nach der Stelle, wo sie geführt wird — auf und von dem Gericht — sondern auch nach der gesetzlichen Ordnung zukommt, sich mit der Genossenschaft in Rechtsgeschäfte eingelassen, ihr Kredit gewährt haben. Es kann dagegen nicht eingewendet werden, daß es für den Kredit der Genossenschaft in der Regel unerheblich ist, ob ein Mitglied mehr oder weniger in der Liste steht, da die Gläubiger sich nicht so genau an dieselbe halten, denn hier wird das Prinzip des der Mitgliederliste innewohnenden öffentlichen Glaubens getroffen und es ist überhaupt nicht mehr zu übersehen, ob und welche Mitglieder berechtigt sind, sich unter Anfechtung der Mitgliedschaft nicht allein den Verpflichtungen der Genossenschaft, „des Betrüger", sondern auch den Gläubigern gegenüber zu entziehen.

Wir kommen zu folgendem Ergebniß unter Zugrundelegung der Entscheidung des Reichsgerichts:

Unter dem Genossenschaftsgesetz von 1868 versuchten die Mitglieder sich ihren Verpflichtungen aus der persönlichen Haftpflicht dadurch zu entziehen, daß sie Formmängel bei ihrer Aufnahme als Mitglieder nachzuweisen suchten;

Das Genossenschaftsgesetz von 1889 hat diesen Mißstand beseitigen wollen, indem es die Führung der Liste der Genossen in die Hände des Gerichts legte und Entstehung und Verlust der Mitgliedschaft an die Eintragung in die gerichtliche Liste knüpfte.

Den Mitgliedern ist jetzt ein bequemer Weg, sich ihren Verpflichtungen zu entziehen, durch die unbeschränkte Zulassung der Einrede des Betruges gegeben.

Der der Liste der Genossen beigelegte öffentliche Glauben versagt im entscheidenden Falle, wenn die Mitglieder aus der persönlichen Haftpflicht in Anspruch genommen werden sollen.

Ist die Auffassung des Reichsgerichts zutreffend, daß für die Anfechtung der Mitgliedschaft mit dem Einwande des Betruges nur die Stellung der Genossenschaft als solcher in Betracht zu ziehen ist, daß der Schutz der Rechte der Gläubiger dabei nicht zu berücksichtigen ist, so schwebt in Zukunft der Kredit jeder Genossenschaft gewissermaßen in der Luft, denn bei jeder größeren Krisis einer Genossenschaft zeigt sich immer wieder, daß die Ursachen derselben weit zurückliegen, daß die Verluste schon vor Jahren in der Bilanz hätten zum Ausdruck kommen müssen — die in der Zwischenzeit beigetretenen Mitglieder würden dann berechtigt sein, den Erwerb der Mitgliedschaft mit Rücksicht auf die falschen Bilanzen anzufechten und die Gläubiger haben das Nachsehen.

Die Entscheidung des Reichsgerichts verstößt aber nicht nur gegen das Genossenschaftsgesetz dadurch, daß die durch die Eintragungen in die Liste der Genossen erworbenen Rechte der Gläubiger unberücksichtigt bleiben, die Entscheidung gibt auch der Veröffentlichung der Bilanz eine mit den gesetzlichen Bestimmungen unvereinbare Bedeutung. Eine wichtige Rolle spielt hierbei der — Eventualdolus. Der Kausalzusammenhang zwischen den falschen Bilanzen der letzten Jahre und dem Erwerb der Mitgliedschaft wird darin gefunden, daß nach der Feststellung des Oberlandesgerichts „als erwiesen angenommen, daß eine beabsichtigte Täuschung zu dem Zwecke stattgefunden habe, neue Beitrittserklärungen zur Genossenschaft zu erzielen, und daß der Beklagte in solcher Weise zum Beitritt bestimmt sei“. In der Entscheidung des Oberlandesgerichts heißt es:

„Es ist zur Begründung der Doluseinrede im obigen Sinne nicht erforderlich, daß die Genossenschaftsorgane die Betrugsabsicht bei der Veröffentlichung der gefälschten Bilanzen und Abschlüsse gerade speziell persönlich dem Beklagten gegenüber gehegt haben. Die Veröffentlichungen adressirten sich an das ganze Publikum und sollten dieses täuschen; es ist ohne Weiteres anzunehmen, daß die Genossenschaftsorgane dabei die Absicht hatten, das Publikum in den irrigen Glauben zu versetzen, die Genossenschaft befinde sich in dem blühenden finanziellen Zustande, wie solchen die gefälschten Bilanzen und Abschlüsse auswiesen, und daß sie dabei zugleich die eventuelle Absicht hatten, jeden später sich zum Eintritt Meldenden auf diese Weise zu täuschen und dessen Täuschung auch durch die spätere Aufnahme in die Genossenschaft zu benutzen, und daß dies auch in Ansehung des jetzt Beklagten geschehen ist. Ein Weiteres, als ein solcher Eventualdolus auf Seiten der Organe der Genossenschaft ist nicht zu erfordern, und da ferner mit der Vorinstanz nach den vorliegenden Umständen ohne Weiteres anzunehmen ist, daß sich der Beklagte durch den Irrthum, in welchem er auf diese Weise über den finanziellen Zustand der klagenden Genossenschaft gesetzt wurde, seiner Zeit zu der Beitrittserklärung bestimmen ließ, er jedenfalls diesen Beitritt nicht erklärt haben würde, wenn die Bilanzen und Abschlüsse der Wahrheit gemäß erfolgt waren, so steht dem Anspruche der Genossenschaft auf Einzahlung des negativen Geschäftsantheiles des Beklagten die Betrugseinrede wirksam entgegen, daß die betrügerischen Vorstandsmitglieder bei Veröffentlichung der falschen Bilanzen und Abschlüsse nicht in erster Linie die Gewinnung von neuen Mitgliedern bezweckt haben, daß sie vielmehr dabei zunächst die Absicht verfolgt haben, die schwierige Lage der Genossenschaft dilatorisch zu behandeln in der Hoffnung, es werde mit der Zeit eine Sanirung der Geschäftslage eintreten; allein da gerade eine langsame Gesundung der Geschäftslage das längere Fortbestehen der Genossenschaft und deren Kredites nothwendig voraussetzte, so mußte auch die Absicht der Genossenschaftsorgane zugleich dahin gerichtet sein, den Mitgliederbestand und Zuwachs, wie er sich bisher entwickelt hatte, zu erhalten, da ohne diese eine solche Gesundung keinesfalls zu erwarten war, vielmehr der Ruin der Genossenschaft in nothwendiger Aussicht stand.“

Die Veröffentlichung der Bilanz durch den Vorstand geschieht nach Maßgabe des § 33 des Gesetzes, diese Veröffentlichung — der von der Generalversammlung genehmigten Bilanz — erfolgt für die Gläubiger, der Vorstand erfüllt also mit der Veröffentlichung der Bilanz eine gesetzliche Pflicht. Wird eine Bilanz veröffentlicht, die nach kaufmännischen Grundsätzen falsch ist, so können die Vorstandsmitglieder von der Genossenschaft zur Verantwortung gezogen werden, oder auch wenn der erforderliche Thatbestand vorhanden ist, strafrechtlich verantwortlich gemacht werden. Zur Anfechtung bestimmter Rechtshandlungen kann aber eine falsche Bilanz nur benutzt werden, wenn sie ausdrücklich denselben zu Grunde gelegt ist, insbesondere gilt dies auch für die Anfechtung einer Rechtshandlung des Vorstandes wegen Betruges, denn soll eine Willenserklärung wegen Betrug angefochten werden, so muß sie auch wirklich durch denselben veranlaßt worden sein.

Es ist denkbar, daß Jemand sich durch eine günstige Bilanz bestimmen läßt, eine Aktie zu kaufen, in der Erwartung, aus derselben eine hohe Dividende zu ziehen, es kommt aber höchst selten vor, daß Jemand sich mit Rücksicht auf die Dividende entschließt, einer Genossenschaft mit unbeschränkter Haftpflicht beizutreten und die Wahrscheinlichkeit spricht sehr dagegen, wenn diese Genossenschaft nur 6 oder 7% Dividende vertheilt, dann tritt er der Genossenschaft vielmehr nur bei, um sich deren Einrichtungen zu bedienen.

Es kann nicht als richtig zugegeben werden, daß bereits die Möglichkeit, es habe sich Jemand durch eine Bilanz bestimmen lassen, der Genossenschaft beizutreten, denselben zur Anfechtung der Mitgliedschaft wegen Betruges berechtigt, wenn sich später herausstellt, daß die Bilanz falsch war. Läßt man diese Wirkung eines Eventualdolus zu, dann ergiebt sich als die selbstverständliche Folge jeder durch Vertrauensmißbrauch der Verwaltung geschädigten Genossenschaft: die Fahnenflucht eines Theils der Mitglieder — oder was dem gleichkommt, es wird den Gläubigern der Genossenschaft das in der persönlichen Haftpflicht dieser Mitglieder und ihrer Kapitalbetheiligung bestehende Haftobjekt entzogen. Diese rechtliche Folge der Anfechtung ist von dem Reichsgericht nicht in Erwägung gezogen, obgleich sie sich aus der Rechtsnatur der Mitgliedschaft bei einer Genossenschaft ergiebt. Das Reichsgericht, wohl in dem Gefühl, daß das Oberlandesgericht zu weit gegangen ist, aber ohne sich mit den rechtlichen Folgen der thatsächlichen Feststellung und der rechtlichen Wirkung dieses Eventualdolus zu beschäftigen, weist auf die bedeutende Höhe der Unterbilanz, auf die „besonderen örtlichen und persönlichen Verhältnisse“ hin. Wo aber ist dann die Grenze für eine Anfechtung der Mitgliedschaft?

Weder das Oberlandesgericht noch das Reichsgericht haben geprüft, ob der Beklagte wirklich durch die Bilanzen veranlaßt sei, der Genossenschaft beizutreten, sondern sie haben sich begnügt, die Möglichkeit anzunehmen, und das Oberlandesgericht hat weiter ausgeführt, daß der Beklagte nicht beigetreten wäre, wenn zur Zeit seines Beitritts die wahre Sachlage bereits bekannt gewesen wäre. Das Letztere ist aber durchaus unerheblich, denn der Beklagte könnte daraus nur ein Recht herleiten, wenn die falsche Bilanz aufgestellt wäre, um ihn als Mitglied zu gewinnen.

Wäre die Ansicht des Reichsgerichts zutreffend, so könnte auch jeder Aktionär, der durch falsche Bilanz getäuscht, Aktien erworben hat, die Aktiengesellschaft wegen der betrügerischen Manipulation des Vorstandes schadenersatzpflichtig machen, was nichts Anderes bedeuten würde, als den Gläubigern einen Theil des Aktienkapitals entziehen, denn der Aktionär würde auf diesem Umwege seine Aktienbetheiligung — ganz oder theilweise herausziehen können — ebenso wie das Mitglied der Genossenschaft die falsche Bilanz benutzt, um sich seinen Verpflichtungen den Gläubigern gegenüber zu entziehen.

Der Anfechtung der Mitgliedschaft bei der Genossenschaft steht die Geltendmachung des Schadensersatzanspruchs bei den Aktiengesellschaften aus dem Erwerb der Aktie gleich, beide Klagen beruhen auf dem betrügerischen Verhalten des Vorstandes bei Aufstellung der Bilanz.

Die Auffassung des Reichsgerichts müßte nothwendiger Weise noch einen Schritt weiter führen; ihre Richtigkeit vorausgesetzt, müßte man auch schließen, daß bei früherem Bekanntwerden der wahren Sachlage die älteren Mitglieder ihren Austritt erklärt hätten, daß sie daran durch die betrügerischen Manipulationen des Vorstandes verhindert und nun zum mindesten berechtigt wären, gegen die Genossenschaft einen Schadenersatzanspruch geltend zu machen, das hieße aber das Befriedigungsobjekt der Gläubiger noch weiter schmälern und einem unbestimmten Kreise von Mitgliedern die Gelegenheit bieten, sich dem vollen Umfange der gesetzlichen Verbindlichkeiten zu entziehen!

Eine falsche Bilanz kann aus diesen Gründen daher überhaupt nicht die Anfechtung der Mitgliedschaft bei einer Genossenschaft begründen, denn dies würde zur Vernichtung der gesetzlichen Haftpflicht der Genossenschaft führen und damit dazu, den Gläubigern das Haftobjekt zu entziehen."

Mit diesen Ausführungen scheint auch das Urtheil des R.G. vom 5. April 1895 (Bd. 35 S. 332) in Uebereinstimmung zu stehen.

Nicht verpflichtet ist der Vorstand dem sich zur Aufnahme Meldenden über eine seit der letzten Bilanz eingetretene Verschlechterung der Geschäftslage Mittheilung zu machen, wenn der sich Meldende nicht eine solche über die zeitige Geschäftslage verlangt. Ist Letzteres der Fall und er wird falsch unterrichtet, so liegt allerdings eine betrügerische Handlung des Vorstandes vor und der Erwerb der Mitgliedschaft kann als ungültig angefochten werden.

Die Beitrittserklärung kann ungültig sein, weil sie nicht den formalen Voraussetzungen entspricht (vgl. Erl. 3) oder die Einreichung der Urkunden durch den Vorstand nicht in der für die Erklärungen des Vorstandes vorgeschriebenen Form erfolgt ist. Oder die Anfechtung kann darauf gestützt werden, daß der Vorstand nicht berechtigt war, über die Beitrittserklärung zu verfügen, daß dieselbe ohne Willen des Erklärenden in den Besitz des Vorstandes gekommen ist.

Aus dem Wortlaute des Gesetzes: Wirkung der Eintragung „auf Grund der Erklärung und deren Einreichung" folgt, daß die Gültigkeit der Eintragung nicht deswegen angefochten werden kann, weil bei der Aufnahme der Mitglieder das Statut verletzt ist, Bedingungen, die bei der Aufnahme zu erfüllen sind, unbeachtet geblieben sind, da der Vorstand die Erklärung kraft seiner nicht einzuschränkenden gesetzlichen Befugniß, die Genossenschaft zu vertreten, für diese abgegeben hat (Begr. I 100, II 68).

Nur in sehr begrenztem Maße kann man daher von dem öffentlichen Glauben sprechen, den die Mitgliederliste genießt; wie hier mit dem Erwerb der Mitgliedschaft, verhält es sich mit der Löschung (vgl. §§ 69, 70). Allein die Folge hat die jetzige Einrichtung der Mitgliederliste, daß Niemand Mitglied werden und ausscheiden kann, ohne in die gerichtliche Liste eingetragen, bezw. daselbst gelöscht zu sein.

Die Eintragung kann auch nichtig sein, weil z. B. die Eintragung falsch ausgeführt war. Die Berichtigung hat von Amtswegen zu erfolgen, wenn die Eintragung auf einem Versehen des Gerichts beruhte (A.V. § 33 Abs. 1).

Ohne Einfluß auf die Gültigkeit der Entstehung der Mitgliedschaft ist die Benachrichtigung nach Maßgabe des Abs. 4 § 15.

Die Anfechtung der aus materiellen oder formellen Gründen ungültigen Eintragung geschieht im Wege der Klage. Die Beweislast trifft den Anfechtenden, a. A. Joël S. 477, der wohl nicht berücksichtigt, daß durch die Eintragung eine Vermuthung für die Mitgliedschaft entsteht. Die Klage des zu Unrecht Eingetragenen ist gegen die Genossenschaft zu richten. Die Eintragung einer Vormerkung ist nicht vorgesehen, sie ist auch entbehrlich, da die Ungültigkeitserklärung rückwirkende Kraft hat und kein Gläubiger das Recht hat, sich auf die Eintragung zu berufen, falls diese für ungültig erklärt ist. Die Berichtigung (in der letzten Spalte der Liste) erfolgt alsdann auf Antrag des Eingetragenen oder der Genossenschaft, wenn „die Unwirksamkeit der Eintragung entweder durch eine übereinstimmende Erklärung des betheiligten Genossen und des Vorstandes der Genossenschaft in beglaubigter Form anerkannt oder durch rechtskräftiges Urtheil festgestellt" ist (A.V. § 33 Abs. 2).

Die Klage auf Anfechtung ist im Konkurse der Genossenschaft gegen den

Konkursverwalter zu richten, da die von dem Eingetragenen zu leistenden Nachschüsse in die Konkursmasse kommen (anders nach dem Gesetz von 1868, vgl. Urtheil des Reichsgerichts vom 13. Februar 1889: Jurist. Wochenschr. S. 140 von 1889), und zwar ist dies die Klage, mittelst deren die für vollstreckbar erklärte Vorschußberechnung angefochten wird. Da die Beiträge zur Konkursmasse festgestellt und eingezogen werden, ist für eine Feststellungsklage jetzt kein Raum (§ 256 C.P.O.). Der Streit darüber, sich als Genossen zu Beiträgen heranziehen zu lassen, gehört in den Konkurs, zu einem Streit über die Mitgliedschaft mit den anderen Genossen fehlt es im Konkurse an der Veranlassung (Urtheil des R.G. vom 9. Juli 1890, Jurist. Wochenschr. Nr. 38 und 39 von 1890). In dem gleichen Urtheil ist die Frage, welche Wirkung die Vorschriften des Gesetzes auf einen Anspruch auf Feststellung der Nichtmitgliedschaft ausüben, der gegen die noch nicht in Konkurs verfallene Genossenschaft erhoben, aber bei Ausbruch des Konkurses noch nicht zu Ende geführt ist, unerörtert geblieben. Da die Genossenschaft als Rechtspersönlichkeit trotz des Konkurses weiter besteht, und die Feststellung der Vorschußberechnung möglicherweise erst nach einiger Zeit zu erwarten ist, während andererseits der Genosse ein dringendes Interesse gerade in diesem Falle daran hat, seine Nichtmitgliedschaft festgestellt zu sehen — wo z. B. wegen des Konkurses über die Genossenschaft der offene Arrest über das Vermögen der Mitglieder ausgebracht ist, oder dieselben zum mindesten thatsächlich in ihren Verfügungen Schranken erdulden — so muß auch der Feststellungsprozeß seinen Fortgang nehmen. Die Mitgliedschaft kann nicht blos der Genossenschaft und dem Konkursverwalter sondern auch dem Gläubiger gegenüber — (§ 122), wenn derselbe das Mitglied direkt in Anspruch nimmt — angefochten werden, und zwar mit allen den Einwänden, welche gegen die Genossenschaft geltend zu machen waren, denn die Haftung dem Gläubiger gegenüber ist nur eine Folge der Mitgliedschaft. Vgl. für das Gesetz von 1868 R.G. Bd. 24 S. 149 ff.

7. **Absatz** IV. „Benachrichtigung".

Die Benachrichtigungen sind mit Rücksicht auf die sich an die Eintragung knüpfenden Rechtswirkungen nothwendig*) (vgl. die Vorbemerkung gegen Schluß), auf den Erwerb der Mitgliedschaft sind sie freilich ohne Einfluß, es handelt sich um eine Ordnungsvorschrift, auf deren Beobachtung zu verzichten weder die Genossenschaft noch das Mitglied berechtigt ist. Außer an die Genossenschaft muß die Benachrichtigung auch an die Mitglieder von dem Gericht direkt erfolgen und darf nicht durch Vermittelung der Genossenschaft geschehen. Nach A.V. § 9 können sie „ohne Förmlichkeiten, insbesondere durch einfache Postsendung erfolgen. Für die Benachrichtigung von Eintragungen in die Liste der Genossen sind in der Regel Postkarten zu verwenden. Wird eine Eintragung in die Liste abgelehnt, so sind zugleich die Gründe der Ablehnung mitzutheilen." In der Praxis ist die Gebührenberechnung lange Zeit verschieden gehandhabt. In der Begründung des § 15 (Begr. I S. 103) hieß es: „die Kosten, welche dadurch (durch die Benachrichtigung) entstehen, beschränken sich, da Schreibgebühren nicht berechnet werden, auf die Erstattung der geringen Portoauslagen", trotzdem wurden die Benachrichtigungen in einzelnen Bundesstaaten als Abschriften, in anderen sogar als Ausfertigungen behandelt und für dieselben Schreibgebühren in Rechnung gestellt. Selbst in einem Bundesstaat, wie in Preußen, war die Praxis bei den einzelnen Gerichten eine schwankende. Dies veranlaßte zunächst den preußischen Justizminister, durch eine

---

*) Wo Benachrichtigungen zu erfolgen haben, bestimmt das Gesetz. Durch Verfügung des Preußischen Justizministers vom 27. Dezember 1895 sind aber die Gerichte angewiesen, auf Verlangen der Genossenschaft auch in dem in der Verfügung bezeichneten Fällen der Genossenschaft vor der Einreichung Nachricht zu geben.

allgemeine Verfügung vom 12. Dezember 1891 die Angelegenheit zu ordnen. Die Verfügung lautet:

Allgemeine Verfügung vom 12. Dezember 1891, — betreffend die Benachrichtigungen von Eintragungen in die Liste der Genossen.*)

§§ 15 Absatz 4, 72 Absatz 1, 76 Absatz 3, 77 Absatz 3, 137 Absatz 4, 148 Absatz 1 des Gesetzes, betreffend die Erwerbs- und Wirthschaftsgenossenschaften, vom 1. Mai 1889 (Reichs-Gesetzbl. S. 55).

§§ 9 Abs. 2, 26 Absatz 5 der Bekanntmachung des Reichskanzlers, betreffend die Führung des Genossenschaftsregisters und die Anmeldungen zu demselben, vom 11. Juli 1889 (Reichs-Gesetzbl. S. 150).

1. Die in dem Gesetze, betreffend die Erwerbs- und Wirthschaftsgenossenschaften, vom 1. Mai 1889 (Reichs-Gesetzbl. S. 55) vorgeschriebenen Benachrichtigungen von Eintragungen in die Liste der Genossen erfolgen unter Benutzung der beiden in Anlage A abgedruckten Formulare.

Formular I ist für die Fälle des § 15 Absatz 4, Formular II für die Fälle der §§ 72 Absatz 1, 76 Absatz 3, 77 Absatz 3, 137 Absatz 4 des Gesetzes bestimmt.

Bei Benutzung des Formulars II ist der Wortlaut der Eintragung und zwar unter Wiederholung der Spaltenüberschriften aus der Liste in die Benachrichtigung zu übernehmen. In Anlage B sind Beispiele der Ausfüllung des Formulars abgedruckt.

2. Die Formulare sind für die Benachrichtigung sowohl des Vorstands, als auch des Genossen, im Falle des § 66 des Gesetzes auch für die Benachrichtigung des Gläubigers (vgl. § 72 Abs. 1) zu verwenden.

Bei den Benachrichtigungen sind die Vorschriften der §§ 9 Absatz 2, 26 Absatz 5 der Bekanntmachung des Reichskanzlers, betreffend die Führung des Genossenschaftsregisters und die Anmeldungen zu demselben, vom 11. Juli 1889 (Reichs-Gesetzbl. S. 150) zu beachten.

Die Formulare können auch zu den Mittheilungen benutzt werden, welche von Eintragungen in die Liste der Genossen dem Gerichte der Zweigniederlassung zu machen sind (§ 158 Abs. 1 des Gesetzes).

3. Jedes der beiden Formulare ist in zwei Sorten, nämlich

a) auf einem Viertelbogen Konzeptpapier,

b) auf der Rückseite einer Postkarte

herzustellen. Bei Herstellung der Postkarten sind die Bestimmungen in § 12 Nr. VIII der Postordnung vom 8. März 1879 zu beachten.

Die Formularsorten zu a) sind anzuwenden, wenn mit der Behändigung der Benachrichtigung nach § 18 Absatz 3 der Geschäftsordnung für die Gerichtsschreibereien der Amtsgerichte ein Gerichtsdiener oder ein Gerichtsvollzieher zu beauftragen ist. Die Formularsorten zu b) gelangen zur Anwendung, wenn die Behändigung durch die Post zu bewirken ist.

4. Die Ausfüllung der Formulare gehört zu den Obliegenheiten des Gerichtsschreibers; derselbe hat die Benachrichtigungen zu unterschreiben. Schreibgebühren kommen für die Benachrichtigungen nicht in Ansatz.

5. Die Formulare sind als Landesformulare im Sinne der Cirkular-Verfügung vom 21. Juni 1881 (I. 2028) anzusehen.

Sollten entsprechende Formulare in einzelnen Oberlandesgerichtsbezirken bereits im Gebrauch sein, so dürfen die bei den Gerichten vorhandenen Bestände noch verwendet werden. Doch sind hierbei die Bestimmungen unter Nr. 4 in Anwendung zu bringen.

Berlin, den 12. Dezember 1891.

An sämmtliche Justizbehörden.
I. 4886 G. 58 Bd. 7.

Der Justizminister.
von Schelling.

---

*) In der Verfügung haben wir die Paragraphen des Gesetzes nach der jetzt geltenden Ordnungsnummer citirt.

I. **Anlage A.**

Königliches Amtsgericht.

...., den..........ten ....18.........

In die Liste der Genossen für die Genossenschaft ....

....

in.............................. — ist — sind — am ....ten ....18.........

als neue..........Genosse.........eingetragen worden

unter Nr...

unter Nr...

....

Benachrichtigung von Eintragung neuer Genossen (§ 15 Gen.Ges.).

Gerichtsschreiber des Königlichen Amtsgerichts.

II.

Königliches Amtsgericht.

...., den..........ten ....18.........

In die Liste der Genossen für die Genossenschaft ....

....

in.............................. ist bei dem Genossen ....

....in..

(Nr...........................der Liste) am.........ten ....

Folgendes — eingetragen — vorgemerkt — worden:

....

....

....

Benachrichtigung von der Eintragung einer Veränderung in die Liste der Genossen (§§ 72, 76, 77, 137 Gen.Ges.)

Gerichtsschreiber des Königlichen Amtsgerichts.

Anlage B.

Beispiele für die Ausfüllung des Formulars II.

1. Fall des § 72 verb. m. § 70 des Genossenschaftsgesetzes (vergl. das Formular zur Liste der Genossen im Reichs-Gesetzblatt von 1889 S. 165 ff. unter Nr. 1):

In die Liste der Genossen für die Genossenschaft *Merseburger Konsum-Verein e. G. m. b. H.* in *Merseburg* ist bei dem Genossen *Schlossermeister Wilhelm Meier* in *Merseburg* (Nr. *1* der Liste) am *18* ten *November* 1892 Folgendes — eingetragen [— vorgemerkt —*)] worden:

Grund des Ausscheidens: Aufkündigung zum 31. Dezember 1892.
Tag des Ausscheidens: 31. Dezember 1892.

---

*) Bei der Ausfüllung zu durchstreichen.

2. Fall des § 72 verb. m. § 71 des Gesetzes (vergl. das Formular im Reichs-Gesetzblatt von 1889 S. 165ff. unter Nr. 6).

In die Liste der Genossen für die Genossenschaft *Merseburger Konsum-Verein e. G. m. b. H.* in *Merseburg* ist bei dem Genossen *Landwirth Hans* ***Müller*** in *Bolzhausen* (Nr. 6 der Liste am *20*ten *Dezember 1893* Folgendes [— eingetragen —*)] vorgemerkt worden:

Grund des Ausscheidens: Vorgemerkt Kündigung zum 31. Dezember 1893.

3. Fall des § 76 des Gesetzes (vergl. das Formular im Reichs-Gesetzblatt von 1889 S. 165ff. unter Nr. 4):

In die Liste der Genossen für die Genossenschaft *Merseburger Konsum-Verein e. G. m. b. H.* in *Merseburg* ist bei dem Genossen *Klempnermeister Anton* ***Himmelreich*** in *Merseburg* (Nr. *4* der Liste am *5*ten *Juni 1891* Folgendes — eingetragen [— vorgemerkt —*)] worden:

Grund des Ausscheidens: Uebertragung des Guthabens an den Gastwirth Eduard ***Schulz*** *in Merseburg (Nr. 7 der Liste).*

Tag des Ausscheidens: 5. Juni 1891.

4. Fall des § 77 des Gesetzes (vergl. das Formular im Reichs-Gesetzblatt von 1889 S. 165ff. unter Nr. 3):

In die Liste der Genossen für die Genossenschaft *Merseburger Konsum-Verein e. G. m. b. H.* in *Merseburg* ist bei dem Genossen *Kaufmann Philipp* ***Kraus*** in *Merseburg* (Nr. *3* der Liste) am *7*ten *August 1892* Folgendes — eingetragen [— vorgemerkt —*)] worden:

Grund des Ausscheidens: Verstorben am 30. Juli 1892.

Tag des Ausscheidens: 31. Dezember 1892.

5. Fall des § 137 Absatz 4 des Gesetzes (vergl. das Formular im Reichs-Gesetzblatt von 1889 S. 165ff. unter Nr. 6):

In die Liste der Genossen für die Genossenschaft *Merseburger Konsum-Verein e. G. m. b. H.* in *Merseburg* ist bei dem Genossen *Landwirth Hans* ***Müller*** in *Bolzhausen* (Nr. *6* der Liste) am *1*ten *Mai 1891* Folgendes — eingetragen [— vorgemerkt —*)] worden:

Zahl der weiteren Geschäftsantheile: 1.

Gleiche Verfügungen sind auch in den übrigen Bundesstaaten durch die zuständigen Behörden erlassen, vgl. Bl.f.G. 1892 Nr. 7 1896 Nr. 23 über das widerspruchsvolle Verhalten von Schwarzburg-Rudolstadt in dieser Frage Bl.f.G. 1897 S. 190, 333 und 451. Die Gesetzmäßigkeit der Verfügung des Preußischen Ministers ist denn auch in dem Beschluß des Kammergerichts vom 9. August 1892 in Sachen des Stettiner Konsum- und Sparvereins (mitgetheilt in Nr. 49 Bl.f.G. von 1892) anerkannt, in dem gleichen Beschluß ist weiter ausgeführt, daß die Benachrichtigungen weder „Abschriften" noch „Ausfertigungen" seien — das Kammergericht hat damit die vorher wiederholt vertretene Ansicht, daß die Benachrichtigungen „Abschriften" seien, aufgegeben — da die Benachrichtigungen in „Urschrift" zu erfolgen hätten.

§ 16.

Eine Abänderung des Statuts oder die Fortsetzung einer auf bestimmte Zeit beschränkten Genossenschaft kann nur durch die Generalversammlung beschlossen werden.

Zu einer Abänderung des Gegenstandes des Unternehmens, sowie zur Erhöhung des Geschäftsantheils bedarf es einer Mehrheit von drei Viertheilen der erschienenen Genossen. Das Statut kann noch andere Erfordernisse aufstellen. Zu sonstigen Aenderungen des Statuts bedarf es

---

*) Bei der Ausfüllung zu durchstreichen.

einer Mehrheit von drei Viertheilen der erschienenen Genossen, sofern nicht das Statut andere Erfordernisse aufstellt.

Auf die Anmeldung und Eintragung des Beschlusses finden die Vorschriften des § 11 mit der Maßgabe entsprechende Anwendung, daß der Anmeldung zwei Abschriften des Beschlusses beizufügen sind. Die Veröffentlichung des Beschlusses findet nur insoweit statt, als derselbe eine der im § 12 Absatz 2 und 4 bezeichneten Bestimmungen zum Gegenstande hat.

Der Beschluß hat keine rechtliche Wirkung, bevor er in das Genossenschaftsregister des Sitzes der Genossenschaft eingetragen ist.

Ges. von 1868 § 6, Entw. I und II, Komm. Rtg. 16, Einf.Ges. zum H.G.B. Art. 10 II Begr. I 103, II 70, Komm.Ber. 15, A.B. §§ 6, 16.

I. **Zur Geschichte des § 16.**

a) **Absatz** I **und** II.

Der § 6 des Ges. von 1868 war wesentlich mit dem preußischen Gesetze übereinstimmend und dem Art. 214 H.G.B. alter Fassung nachgebildet, er verordnete im ersten Absatze nur, daß jede Abänderung des Statuts schriftlich erfolgen und angemeldet werden müsse. Als selbstverständlich war dabei erachtet, daß die Abänderung des Statuts nur durch einen Beschluß der Generalversammlung stattfinden könne. Lediglich dem Statut war überlassen, zu bestimmen, ob der Beschluß mit größerer Stimmenmehrheit oder nach anderen Erfordernissen erfolgen müsse. Dagegen verlangte der Entwurf, in Anlehnung an den Art. 215 des A.G. vom 18. Juli 1884 (H.G.B. § 275) eine Mehrheit von 3/4 der Erschienenen für Aenderungen des Statuts und für Fortsetzung einer auf bestimmte Zeit beschränkten Genossenschaft, sofern das Statut nicht andere Erfordernisse aufstelle; für Abänderung des Gegenstandes der Unternehmung, sowie für eine Erhöhung der Geschäftsantheile müsse diese Mehrheit erreicht werden, doch könnte das Statut noch andere Erfordernisse aufstellen. In der Kommission trat der Abgeordnete Schenck gegen diese erschwerenden Formen auf. Er fand in dem Verlangen der 3/4 Stimmenmehrheit hier wie in den entsprechenden Vorschlägen in den §§ 36 (Entziehung des Mandats eines Aufsichtsrathsmitgliedes), 78 (Beschluß der Auflösung) und 132 (Erhöhung der Haftsumme in einer Genossenschaft mit beschränkter Haftpflicht) eine nicht gerechtfertigte Einmischung in die Geschäftsführung der Genossenschaft. In der Kommission wurde sein auf Streichung des Abs. II gerichteter Antrag abgelehnt (Komm.Ber. 16).

b) **Absatz** III. Vgl. Erl. 6.

c) **Absatz** IV. s. § 6 Abs. III des Ges. von 1868 (Parisius, S. 232). Absatz 4 lautete in der Fassung des Gesetzes von 1889:

„Der Beschluß hat keine rechtliche Wirkung, bevor er in das Genossenschaftsregister eingetragen worden ist."

Die Aenderung ist durch Art. 10 II des Einf.Ges. zum H.G.B. erfolgt als eine Folge des § 15 Abs. 3 H.G.B., vgl. oben § 13 des Ges. unter I am Ende.

II. **Erläuterungen.**

1. **Absatz** I. „Fortsetzung der Genossenschaft". Siehe § 8 Erl. 2. Statutenänderung. Das Nebeneinanderstellen von Aenderung und Verlängerung des Gesellschaftsvertrages ist hergebracht.

Wenn in A.B. § 16 Abs. 2 bestätigt wird, daß mit einem Beschluß auf Fortsetzung einer auf bestimmte Zeit beschränkten Genossenschaft auch dann wie mit einer

Statutenänderung verfahren werden soll, wenn „sie (die Fortsetzung) nicht eine Statutenänderung enthält", so sollte wohl hiermit einem Urtheil des Reichsgerichts (Entscheidungen Bd. 6 S. 123ff.) Rechnung getragen werden, in dem ausgeführt ist, daß, wenn die Verlängerung im Gesellschaftsvertrage bereits vorgesehen ist, „man dazu gelangen kann, von der Fortsetzung neben der Aenderung des Statuts zu sprechen". Dies erscheint aber nicht zutreffend, denn die Fortsetzung einer auf bestimmte Zeit beschränkten Genossenschaft ist stets eine Statutenänderung (ebenso Joël S. 480), da die Beschränkung auf bestimmte Zeit im Statut getroffen sein muß (§ 8 Pos. 1); hieran kann auch der Umstand nichts ändern, daß im § 16 die Beschlußfassung über „die Fortsetzung einer auf bestimmte Zeit beschränkten Genossenschaft" neben der Beschlußfassung über „Abänderung des Statuts" aufgeführt ist.

Nur die Generalversammlung kann die Fortsetzung beschließen und kann dies auch keinem anderen Organ delegiren. Das Gleiche gilt von jeder anderen Aenderung des Statuts (Johow Bd. 15 S. 19). Es muß daher als gesetzwidrig betrachtet werden, wenn, wie es wiederholt geschieht, bei Festsetzung der Statuten 2c. es dem Vorstand oder Aufsichtsrath überlassen bleibt, bei etwaigen Beanstandungen des Gerichts selbstständig die erforderlichen Aenderungen vorzunehmen. Vgl. jetzt § 274 H.G.B. für Akt.=Ges. Unter Statutenänderung ist jede Abänderung einer Bestimmung des Statuts zu verstehen, auch wenn dieselbe nur redaktioneller Natur ist (Johow und Küntzel Bd. 5 S. 32, ebenso Maurer S. 120). Dies schon aus dem Grunde, weil es im einzelnen Falle oft schwer festzustellen sein wird, ob die Aenderung nur redaktionell oder auch materiell ist. Eine Aenderung des Statuts ist nicht blos die Abänderung einer Bestimmung desselben, sondern auch der Zusatz einer neuen Bestimmung und das Wegstreichen einer alten Bestimmung.

Die Aenderung des Statuts ist nicht als ein neuer Vertrag anzusehen; das über die Verhandlungen der Generalversammlung aufgenommene, von einigen Personen zur Beglaubigung unterschriebene Protokoll kann nicht als ein in schriftlicher Form zum Abschluß gekommener Vertrag angesehen werden (vgl. das Urtheil des R.G. vom 29. April 1893, mitgetheilt in Nr. 31 Bl.f.G. von 1893). „Zwar ist — heißt es in den Gründen — dem Berufungsrichter darin beizutreten, daß das Statut sich als die vertragliche Grundlage der genossenschaftlichen Vereinigung darstellt und daß daher jede Statutenänderung als eine Abänderung dieses grundlegenden Vertrages erscheint. Hieraus ist aber nicht zu folgern, daß ein die nicht erschienenen oder als widersprechend in der Minderheit gebliebenen Mitglieder statutenmäßig bindender Generalversammlungsbeschluß, durch welchen das Statut eine Aenderung erleidet, als ein neuer Vertrag anzusehen sei. Denn die einzelnen Mitglieder, welche durch ihre Unterwerfung unter das Statut sich damit einverstanden erklärt haben, daß die verfassungsmäßig zu Stande kommenden Beschlüsse der Generalversammlung eine bindende Kraft für alle Genossen erlangen sollen, sind in solcher Weise von vornherein gebunden, und auf dieser Grundlage werden die Beschlüsse der die Gesammtheit vertretenden Generalversammlung trotz der fehlenden Zustimmung einzelner Genossen wirksam". Die Veranlassung zu dieser Entscheidung bot eine Klage auf Rückforderung des in Preußen für ein Protokoll über Statutenänderung eingezogenen Vertragsstempels; unterm 4. Februar 1892 hatte der Preußische Finanzminister eine Verfügung erlassen, in welcher für die Stempelpflichtigkeit als Grundsatz aufgestellt war, „daß

1. Genossenschaftsverträge, Statuten und Statutenänderungen, wenn letztere in der Form von Verträgen oder von die Stelle von Verträgen vertretenden Protokollen abgefaßt sind, des einmaligen Stempels von 1,50 Mk. bedürfen (§ 5 u. ff., § 16 des Gesetzes)"

Eigenthümlich ist hierbei bereits die Nebeneinanderstellung von „Genossenschaftsverträgen“ und „Statuten“, obgleich doch ein Unterschied nicht besteht, das „Statut“ ist der „Genossenschaftsvertrag“. Daß ferner Statutenänderungen nie in der Form von Verträgen abgefaßt sein können, daß die Protokolle keine Verträge sind, das hat das Reichsgericht in dem gedachten Urtheil mit Recht als Grundsatz aufgestellt. Und wenn das Protokoll wirklich von allen Mitgliedern unterschrieben sein sollte — die Beurkundung richtet sich nach dem Statut (§ 6 Pos. 3 des Gesetzes) —, wenn ferner das Statut in allen seinen Bestimmungen abgeändert sein sollte, so daß das „alte“ Statut durch ein „neues“ Statut ersetzt ist, so bleibt es doch immer eine Statutenänderung, denn den Ausgang bildet der ursprüngliche Gesellschaftsvertrag, die Abänderung geht vor sich im Wege der Beschlußfassung nach Maßgabe desselben. Die Mehrheit entscheidet, die Minderheit hat sich zu fügen — das ist das Wesen des Beschlusses. Der Vertrag dagegen beruht auf der wechselseitig ausgesprochenen Willensvereinigung mehrerer sich einander gegenüber stehender Personen zur Bestimmung eines Rechtsverhältnisses unter ihnen. In der Generalversammlung aber handelt es sich nicht um die vertragsmäßige Feststellung eines Rechtsverhältnisses unter den Genossen, sondern um die Feststellung eines Rechtsverhältnisses der Genossenschaft durch Entscheidung der Mehrheit (vgl. das Reskript und dessen Kritik von Crüger in Nr. 13 Bl.f.G. von 1892).

Auch die sog. Sonderrechte unterliegen insoweit der Statutenänderung, als dieselbe nicht gegen § 18 des Gesetzes verstößt. Vgl. § 43 Erl. 1.

Ein Zwang zur Vornahme einer Statutenänderung kann durch das Gericht unter keinen Umständen ausgeübt werden (vgl. § 10 Erl. 1 u. 5).

Nach eingetretener Auflösung kann die Genossenschaft eine Aenderung des Statuts nicht mehr beschließen, da sie alsdann ausschließlich nur zum Zweck der Liquidation fortbesteht (§ 87). Ebenso Birkenbihl-Maurer S. 311, vgl. Johow Bd. 15 S. 35.

2. **Absatz** II. „Erhöhung des Geschäftsantheils“.

Bei der Aktiengesellschaft bildet der Normalbetrag der Aktien die unveränderliche Grenze für die persönliche Heranziehung des Aktionärs. Dem Wesen der Genossenschaft aber, bei welcher eine den ursprünglichen Geschäftsantheil übersteigende Leistungspflicht schon in Folge der persönlichen Haftpflicht der Genossen eintreten kann, entspricht es, auch für die Höhe des Geschäftsantheils keine unübersteigliche Schranke zu ziehen. „Reicht die Höhe des Geschäftsantheils nicht aus, um das vorhandene Kapitalbedürfniß zu befriedigen, so muß dem letzteren durch Erhöhung des Antheils Rechnung getragen werden können; und dies um so mehr, als im Falle der Ueberschuldung einer Genossenschaft die Erhöhung des Geschäftsantheils unter Umständen ein geeignetes Mittel bilden wird, um die Genossenschaft vor der Auflösung und Eröffnung des Konkurses und demzufolge die Mitglieder vor dem Eintritt der persönlichen Haftpflicht zu bewahren.“ (Begr. I 104, II 70). Unter Umständen wird für diesen Zweck schon eine Hinaufsetzung der auf den Geschäftsantheil zu leistenden Einzahlungen (§ 7 Ziff. 2) oder eine Verkürzung der hierfür bestimmten Einzahlungsfristen ausreichen. Beides kann in der Form von Statutenänderungen beschlossen werden (vgl. jedoch § 50). Die Zusammenlegung mehrerer Geschäftsantheile bei G. m. b. H. (§ 134) z. B. in der Art, daß fortan an Stelle zweier Geschäftsantheile von 500 Mk. der Erwerb eines Geschäftsantheils von 1000 Mk. eingeführt werden soll, würde wie eine Erhöhung des Geschäftsantheils zu behandeln sein und eine gleichzeitige Erhöhung der Haftsumme zur Folge haben (§ 131) dieselbe würde damit von selbst eintreten. In Betreff der Einzahlungen nach Betrag und Zeit würde dabei § 7 Pos. 2 zu beachten sein.

3. „Beschlußfassung“.

Von Sicherer S. 191 ff. wurde mit Bezug auf das Gesetz von 1868 behauptet, daß jede Statutenänderung mit Stimmeneinheit beschlossen werden müsse, falls das Statut nichts Anderes bestimmt; vgl. dagegen Parisius S. 229 und § 78 Erl. 1. Durch das Gesetz ist der Streit jetzt jedenfalls gegen Sicherer mit der herrschenden Ansicht entschieden. „Erschienen" für die Beschlußfassung sind diejenigen Genossen, welche sich an der Abstimmung betheiligt haben, und zwar in giltiger Weise, nur nach den abgegebenen giltigen Stimmen ist daher die Stimmenmehrheit festzustellen (§ 8, Erl. 5, § 41 Erl. 7, vgl. für Aktiengesellschaften R.G. Bd. 20 S. 140). Das Gesetz fordert $^3/_4$ Mehrheit, ferner in §§ 36, 78, 132. Vgl. § 20 alter Fassung.

4. „noch andere Erfordernisse". „andere Erfordernisse", vgl. die Ausnahme in § 20 alter Fassung.

„Noch andere Erfordernisse" bedeutet weitere Erschwernisse, die das Statut aufstellen kann, z. B. größere Mehrheiten, mehrfache Beschlußfassungen, Anwesenheit eines bestimmten Bruchtheils der Mitglieder, Zustimmung des Vorstandes oder des Aufsichtsraths oder beider u. s. w. Zu den sonstigen Aenderungen des Statuts bedarf es nur dann der größeren Mehrheit von drei Viertheilen der Erschienenen, sofern nicht das Statut „andere Erfordernisse" aufstellt, sei es erleichternde, sei es erschwerende. Es kann auch bestimmen, daß diese Aenderungen mit einfacher Mehrheit beschlossen werden können. Ueber Herabsetzung des Geschäftsantheils oder der auf ihn zu leistenden Einzahlungen oder Verlängerung der Einzahlungsfristen, § 22.

5. **Absatz** III. „Anmeldung".

Die Anwendung „des § 11" beschränkt sich darauf, daß die Anmeldung dem Vorstande obliegt und auf die Anwendung des letzten Absatzes. Abs. 2 ist dadurch ersetzt, daß der Anmeldung „zwei Abschriften" beizufügen sind, es handelt sich dabei um die Abschrift des die Statutenänderung beurkundenden Protokolls, welches nach Maßgabe des Statuts (§ 6 Pos. 3) unterzeichnet sein muß. Da „Abschriften" einzureichen sind, erhält das Gericht auch nur die Abschriften der Unterschriften. Das Originalprotokoll wird nicht vorgelegt.

Ueber die Form der Anmeldung § 157 Abs. 1. Anmeldung zum Register der Zweigniederlassung § 157 Abs. 2. Vgl. A.V. § 16: „Eintragung von Statutenänderungen".

Die Abschriften des Beschlusses bedürfen keiner Beglaubigung (Komm.Ber. 14, A.V. §§ 8 und 16), sie brauchen auch nicht „geschrieben" zu sein. Die eine Abschrift ist zu den Akten zu nehmen; in dem Register ist auf die Stelle der Akten zu verweisen (A.V. § 16 Abs. 3). Vgl. Parisius und Crüger Formularbuch S. 47: Muster für eine Eintragungsverfügung. Ablehnung der Eintragung nach § 148, 146 Abs. 2 des Ges. über die Angelegenheiten der freiwilligen Gerichtsbarkeit anfechtbar.

6. „Prüfungsrecht des Richters".

Die Bestimmungen über Statutenänderung und deren von der Eintragung in das Genossenschaftsregister abhängige Rechtswirksamkeit sind wesentlich gleichlautend mit den entsprechenden Vorschriften in §§ 277 H.G.B. (bisher Art. 214). Für Aktiengesellschaften gehen die Ansichten über den Umfang von Prüfungsrecht und Pflicht des Richters mit Bezug auf die einzutragende Bestimmung weit auseinander. Während z. B. Hahn, Makower, Staub annehmen, daß der Richter nicht blos die Prüfung des Beschlusses auf seine Uebereinstimmung mit dem Gesetz, sondern auch auf das Zustandekommen und ob kein Verstoß gegen statutarische Vorschriften vorliegt, zu erstrecken hat, beschränken Andere (Ring, Hergenhahn) die Prüfung darauf, ob der Beschluß nicht gegen das Gesetz verstößt. Und mit Bezug auf das an eine einmonatliche Frist gebundene Anfechtungsrecht der Aktionäre wird dem Richter von Einzelnen sogar das Recht eingeräumt, die Eintragung solange abzulehnen, als die Anfechtung noch für rgend einen Aktionär zulässig ist (Völderndorff, Esser, Kayser, Gareis-Fuchsberger). Die Vorschriften des Genossenschaftsgesetzes weichen von dem Aktiengesetz nach dieser Richtung insoweit ab, als bei der Anmeldung der Statutenänderung dem Gericht nicht das Protokoll vorzulegen ist, sondern nach § 16 Abs. 2 nur zwei Abschriften des zur Eintragung gelangenden Beschlusses einzureichen sind.

Der Beschluß der Generalversammlung über die Statutenänderung ist von sämmtlichen Mitgliedern des Vorstandes zur Eintragung anzumelden. Der Richter hat daher jedenfalls die Legitimation der Anmeldenden zu prüfen. Ferner negativ: Da die Vorstandsmitglieder den Beschluß in zwei Abschriften beizufügen haben, ist der Richter gar nicht in der Lage zu prüfen, ob die Vorschriften für die ordnungsmäßige Beschlußfassung (Berufung u. s. w.) beobachtet sind (vgl. Jurist. Wochenschrift 1888 S. 283, Beschluß des Kammergerichts vom 5. März 1888), denn aus dem Beschlusse können dieselben nicht hervorgehen, und andere Urkunden hat der Vorstand nach dem Gesetze nicht vorzulegen. So heißt es zutreffend in dem Beschluß des Kammergerichts vom 4. Juni 1894 (Bd. 14 S. 43) unter Hinweis auf S. 44 des Formularbuchs von Parisius und Crüger: „Das aus dem Mangel des Nachweises gehöriger Berufung der Generalversammlung hergeleiteten Bedenken ist von dem Landgericht beseitigt, übrigens bereits vorher von dem Amtsgerichte selbst aufgegeben worden.“ Weitergehend in der Prüfung des Sächsischen O.L.G. in dem Beschluß vom 5. Februar 1895 (Monatsschrift 1895 S. 188), in dem die Ablehnung der Eintragung von Beschlüssen über Gegenstände gerechtfertigt wird, deren Verhandlung nicht vorher angekündigt war; es läßt überhaupt Sanirung durch Ablauf der Frist nur zu, wenn es sich „um nicht gehörige Ankündigung des Gegenstandes der Beschlußfassung handelt.“ Wenn Birkenbihl-Maurer S. 231 ff. und 89 ff. ausführen, daß man dem Richter nicht zumuthen könne, daß er bei einer Genossenschaft von 1000 Genossen einen ihm vielleicht von 10 Genossen präsentirten Beschluß als Statuten abändernden Generalversammlungsbeschluß entgegennimmt, so kann ein solcher Fall gar nicht eintreten, da die Eintragung nur auf Grund der Anmeldung des Vorstandes erfolgen darf. Die Verantwortlichkeit des Vorstandes muß dafür bürgen, daß nur ein ordnungsmäßiger Beschluß der Generalversammlung zur Anmeldung gelangt. Den Genossen bleibt unter allen Umständen das Recht der Anfechtung nach Maßgabe des § 51. Mit vollem Recht ist dem Gericht die Prüfung des Zustandekommens des Beschlusses nicht übertragen, denn bei kleineren Genossenschaften geschieht die Berufung der Generalversammlung zuweilen in einer Form, die es sehr schwer macht, den Nachweis zu führen, daß die Berufung ordnungsmäßig erfolgt ist, z. B. Einladung durch Briefe, durch Ansage, Aushang u. s. w. Wollte man dem Richter die Prüfung der Berufung übertragen, so würde dies bei einem vorsichtigen Richter zu unerträglicher Weitläufigkeit führen. Wenn Birkenbihl-Maurer ihre Ansicht mit dem Vertrauen des Publikums zum Richter und zur Genossenschaft zu rechtfertigen suchen, so ist dem entgegenzuhalten, daß in der Praxis das Vertrauen zur Genossenschaft nicht im Geringsten auf der Prüfung des Statuts und der Statutenänderungen durch das Gericht beruht. Birkenbihl-Maurer legen der Eintragung in das Genossenschaftsregister und der damit verbundenen Rechtswirksamkeit eine viel zu große Bedeutung bei. Die Eintragung ist abhängig von der Beobachtung zwingender gesetzlicher Bestimmungen, sie heilt keine gesetzlichen Verstöße, sie kann nur die Vermuthung begründen, daß das ihr zu Grunde liegende Rechtsverhältniß unanfechtbar ist, aber sie giebt, wie zahlreiche Fälle beweisen, keine Sicherheit dafür, und das Gesetz selbst regelt jetzt das Nichtigkeitsverfahren. Die an die Eintragung geknüpfte Rechtswirksamkeit ist für das Statut und für Aenderungen desselben daher ebenso wie für den Erwerb der Mitgliedschaft in gewissem Umfange doch nur eine bedingte, sie schafft kein Recht. Ebensowenig wie bei dem Statut hat daher das Gericht auch bei den Aenderungen desselben zu Grunde liegende Thatsachen zu prüfen (a. A. a. O. Birkenbihl-Maurer). Der Richter hat sich nur mit der Prüfung von Rechtsverhältnissen zu befassen. Wollte man eine so weit gehende Prüfungspflicht konstruiren, dann müßte damit Hand in Hand eine unerträglich weitgehende zivilrechtliche Verantwortlichkeit gehen. Birkenbihl-Maurer selbst wollen übrigens auch „gehörige Berufung“ und „gehörige Ankündigung“ zu denjenigen Vorschriften zählen, deren Verletzung durch Verzicht der Genossen auf die Anfechtung geheilt werden kann. Dies ist wohl auch der allein praktisch durchführbare Standpunkt. Insoweit es sich bei den Generalversammlungsbeschlüssen um einen Verstoß handelt, der nur das Verhältniß der Genossenschaft zu den Genossen berührt, der also nicht von öffentlich rechtlicher Bedeutung ist, hängt die Anfechtung von dem freien Willen der Mitglieder ab (§ 51), das Registergericht muß eine solche Beanstandung den Mitgliedern überlassen, es ist weder berechtigt noch verpflichtet, seine Kontrole darauf auszudehnen.

Das Gericht hat auch nur die Gesetzmäßigkeit des angemeldeten Beschlusses zu prüfen und nicht ob z. B. noch weitere Statutenänderungen erforderlich waren (Beschluß des Kammergerichts vom 10. August 1897 in Sachen des Vorschuß-Vereins zu Nimptsch).

Es bleibt daher nur übrig zu erörtern, inwieweit der Richter den Beschluß selbst zu prüfen hat. In dieser Beziehung steht zweifellos wohl fest, daß der Richter die Eintragung abzulehnen hat, wenn der Beschluß gegen eine Bestimmung des Genossenschaftsgesetzes — wie bei der Eintragung des Statuts — verstößt, ferner, daß der Richter zu einer Ablehnung nicht berechtigt ist, wenn ihm der Beschluß unzweckmäßig, redaktionell mangelhaft oder unklar erscheint. Es muß aber weitergegangen werden: eine Ablehnung darf auch nicht darauf gestützt werden, daß der Beschluß dem Statut zuwiderläuft. Birkenbihl-Maurer S. 232 nehmen freilich an, daß für den Richter das von ihm gutgeheißene Statut „ebensogut objektives Recht wie das Gesetzes- oder Gewohnheitsrecht“ ist. Dem kann nicht beigetreten werden. Das Statut erhält nie Gesetzeskraft und -Wirksamkeit, wie ja auch eine unrichtige Auslegung desselben im Prozeß nicht das Rechtsmittel der Revision rechtfertigt, und wie vor Allem die vorhandenen nichtigen Eintragungen ergeben. Birkenbihl-Maurer gehen auch hier wieder zu weit in der Werthschätzung der Eintragung für das „Publikum“, abgesehen davon, daß das Publikum von derartigen Verletzungen des Statuts überhaupt nicht betroffen wird, denn ihm gegenüber tritt der Vorstand für die Genossenschaft unbeschränkt und unbeschränkbar auf. Die Genossen aber haben wieder das Recht der Anfechtung nach Maßgabe des § 51. Das Prüfungsrecht des Richters in Betreff Statutänderungen kann nicht weiter gehen als sein Prüfungsrecht bei Eintragung des Statuts selbst. Die Frage, ob der Richter die Eintragung eines gegen eine andere Bestimmung des Statuts verstoßenden statutändernden Beschlusses ablehnen kann, ist schon deshalb zu verneinen, weil die Eintragung einer Genossenschaft in das Genossenschaftsregister keine Garantie dafür bietet, daß alle einzelnen Bestimmungen des Statuts mit den Gesetzen in Einklang stehen, und der Registerrichter nicht die Befugniß hat, Aenderungen oder Ergänzungen des Statuts zu erzwingen. Wäre der Richter verpflichtet, die Uebereinstimmung des Generalversammlungsbeschlusses mit dem Statut zu prüfen und nur dann, wenn diese vorhanden ist, den eine Bestimmung des Statuts abändernden Beschluß einzutragen, so könnte es kommen, daß der Registerrichter eine gesetzlich zulässige und nebenbei zweckmäßige Statutenänderung nicht eintragen darf, weil sie sich mit einer fehlerhaften Bestimmung des Statuts nicht in Uebereinstimmung befindet. So wie hier Jessenberger S. 54.

Für Aktiengesellschaften hat das Kammergericht wiederholt ausgesprochen, daß der

Richter die Aufnahme gesetzwidriger Bestimmungen abzulehnen hat (Johow u. Küntzel Bd. 3 S. 15, Bd. 4 S. 35, Bd. 5 S. 33 — weiter gehend anscheinend Bd. 2 S. 24, doch handelte es sich in der daselbst angezogenen Entscheidung des R.O.H.G. Bd. 20 S. 96 um einen gesetzwidrigen Beschluß).

Die Frage nach dem Umfange der Prüfung erscheint verwickelter durch das an eine bestimmte Frist gebundene Anfechtungsrecht von Generalversammlungsbeschlüssen durch die Mitglieder. Der § 51 ist nachgebildet dem Art. 190a A.G. (§ 271 H.G.B.). Nach dem Kommissionsberichte (S. 18) wurde in der Reichstagskommission zu der letzteren Bestimmung „allseitig anerkannt, daß, falls die Eintragung des Beschlusses in das Handelsregister erforderlich sei, der Registerrichter die Eintragung eines Beschlusses der Generalversammlung als eines ungiltigen so lange noch aussetzen könne, als die Anfechtung des Beschlusses noch für irgend einen Aktionär zulässig sei. Auf Grund dieses Berichtes geht Esser (S. 98) soweit, anzunehmen „der Registerrichter würde also in den meisten Fällen die Eintragung des Beschlusses erst nach Ablauf von einem Monat nach der Generalversammlung vornehmen". Völderndorff (S. 562) scheint sogar noch die Möglichkeit der Anfechtung durch die Nichterschienenen in Betracht ziehen zu wollen; er meint, „freilich könnte man sagen, der Vorstand muß aber dem Richter den Nachweis liefern, daß die Generalversammlung ordentlich berufen und der Gegenstand der Berathung gehörig angekündigt gewesen ist, . . . allein ein vorsichtiger Richter wird nicht leicht einen solchen Beweis als geliefert ansehen". Diese Konsequenz jener Anschauung zeigt am besten ihre Unhaltbarkeit. Der § 51 regelt das Anfechtungsrecht von Generalversammlungsbeschlüssen durch die Mitglieder, nichts deutet darauf hin, daß gleichzeitig die Regelung dieses Anfechtungsrechts, welches im allgemeinen Recht begründet ist, und welches das Gesetz nur an bestimmte Voraussetzungen bindet, die Bedeutung eines Suspensiveffekts für die Eintragung eines Beschlusses und dessen Rechtswirksamkeit haben soll. Eine solche weitgehende Bedeutung hätte im Gesetz zum Ausdruck gebracht werden müssen, und es kann nicht der Willkür überlassen bleiben, ob ein Richter dem § 51 diese Bedeutung beilegt oder nicht, es kann nicht in das Ermessen des Richters gestellt werden, ob eine Statutenänderung 4 Wochen später in Kraft tritt, als die Genossenschaft es wünscht, — und das würde die Bedeutung einer solchen Anwendung des § 51 sein, da die Rechtswirksamkeit von der Eintragung abhängt. Wenn daher das Kammergericht in dem Beschluß vom 21. November 1892 (mitgetheilt in der Wochenschrift für Aktienrecht Nr. 2 von 1893, Johow Bd. 12 S. 37), die Ansicht vertritt, daß die Beanstandung der Eintragung „von dem Standpunkte aus zu rechtfertigen ist, daß der Verstoß gegen Gesetz oder Statut auch nicht durch Ablauf der Anfechtungsfrist ohne Erhebung einer Anfechtungsklage geheilt worden ist", und nun dem Amtsgericht aufgiebt, durch Erhebungen eventuell bei dem zuständigen Prozeßgericht dies festzustellen — so steht das Kammergericht damit allerdings auf dem Standpunkt, den es den Aktiengesellschaften gegenüber eingenommen hat (vgl. Jurist. Wochenschrift 1888 S. 283, Beschluß vom 5. März 1888). Aus den angeführten Gründen kann dieser Standpunkt nicht getheilt werden. Derselbe aber erscheint auch nicht einmal konsequent, denn das Kammergericht vertritt in der gleichen Entscheidung die Ansicht, daß grundsätzlich der Vorstand und die Genossen über die Innehaltung von Gesetz und Statut zu wachen haben, daß bei Verletzung von Ordnungsvorschriften es von den Genossen abhänge, den Beschluß durch Unterlassung der Anfechtung zur Rechtswirksamkeit anwachsen zu lassen. — Die Folge davon ist aber, daß sich das Registergericht nicht um die Anfechtung zu kümmern, sondern selbständig in die Prüfung einzutreten hat; vergl. über das Verhältniß vom Registergericht zum Prozeßgericht § 10 Erl. 1, wo dargelegt ist, wie die Stellung des Registergerichts nach dem Gesetz über die Angelegenheiten der freiwilligen Gerichtsbarkeit eine zweifellose geworden ist.

Nur wenn die Verfügung von der Beurtheilung eines streitigen Rechtsverhältnisses abhängig ist, kann das Registergericht die Eintragung aussetzen, andernfalls hat es selbstständig nach § 12 des Gesetzes über die Angelegenheiten der freiwilligen Gerichtsbarkeit zu entscheiden. Und damit steht dann auch die sonst vertretene Praxis in Uebereinstimmung, nach welcher der Registerrichter nach seinem Ermessen zu prüfen hat und unabhängig von dem Prozeßrichter ist (Johow u. Küntzel Bd. 4 S. 36 ff.), so daß die Anfechtung allein noch durchaus nicht zur Ablehnung der Eintragung genügt, sondern der Richter gleichwohl die Eintragung zu verfügen hat, wenn er dieselbe vom Standpunkte des Gesetzes aus für begründet erachtet. Hätte doch andernfalls jeder Genosse durch rechtzeitige Erhebung des Widerspruchs und Anfechtung es in der Hand, den Eintritt der Rechtswirksamkeit eines Beschlusses auf lange Zeit hinauszuschieben und damit möglicherweise die Existenz der Genossenschaft in Frage zu stellen.

Wir kommen daher zu folgendem Resultat:

1. Das Anfechtungsrecht des Genossen nach Maßgabe des § 51 hat auf die Eintragung des Beschlusses keine Wirkung. Der Registerrichter hat nach seinem Ermessen über die Eintragung zu verfügen, und die Ablehnung der Eintragung ist mit der Beschwerde anfechtbar. Weder die Möglichkeit der Anfechtung aus § 51 noch die erfolgte Anfechtung haben für die Eintragung Suspensiveffekt.
2. Der Richter hat den zur Eintragung angemeldeten Beschluß der Generalversammlung nur darauf zu prüfen, ob er mit den Bestimmungen des Genossenschaftsgesetzes verträglich ist. Ist dies nicht der Fall, so ist die Eintragung abzulehnen, mag auch eine Anfechtung nach Maßgabe des § 51 nicht erfolgt sein.

In letzterer Beziehung führt das Kammergericht in dem erwähnten Beschluß vom 21. November 1892 aus: „Es erhellt daraus (aus dem Zweck des § 51: thunlichste Sicherheit zu gewähren, daß nicht ein Zustand längerer Ungewißheit über die Gültigkeit von Generalversammlungsbeschlüssen eintreten kann), daß auch ein Generalversammlungsbeschluß, bei dessen Fassung Gesetz oder Statut nicht beobachtet worden sind, zu allseitiger Rechtswirksamkeit zu erwachsen vermag, sofern Vorstand und Genossen nicht den Willen haben, die Ungültigkeit mittelst der befristeten Anfechtungsklage geltend zu machen. . . . Es mag sein, daß in besonders gelagerten Fällen das Registergericht nicht über den Willen der zunächst Betheiligten hinaus dem Gesetze in dieser Art Geltung verschaffen kann, wenn nämlich der Beschluß öffentlich-rechtliche Normen verletzt, welche zum Schutze Dritter, nicht dem genossenschaftlichen Verbande angehöriger Personen, erlassen sind.“ Nach der von uns vertretenen Auffassung bietet der § 51 in der gedachten Richtung keinen Anhaltspunkt. Insbesondere sollte darüber kein Zweifel bestehen, daß durch die Unterlassung der Anfechtung nach Maßgabe des § 51 keine Bestimmung in das Statut hineingelangen kann, die dem Gesetze widerspricht, denn die Bestimmungen des Gesetzes, insoweit sie nicht dispositives Recht enthalten, sind auch der Disposition der Parteien ebenso bei Statutenänderungen entzogen, wie dies bei dem ursprünglichen Statut der Fall ist. Es kann keine Rede davon sein, „daß die Genossen eine Gesetzesverletzung vereinbaren können;“ in Frage kann dabei nur die Unterlassung einer Anfechtung wegen Nichtbeobachtung gesetzlicher oder statutarischer Bestimmungen beim Zustandekommen des Beschlusses, d. h. also von Ordnungsvorschriften, kommen. Diese aber zu prüfen, ist, wie oben dargelegt ist, der Richter überhaupt nicht in der Lage. Will man hierbei von einer Gesetzesverletzung sprechen, die nicht gerügt werden soll, — von „vereinbaren“ kann wohl nicht die Rede sein — so bezieht sich dies auf eine Gesetzesverletzung der Vergangenheit, die unterlassene Anfechtung kann nie zur Folge haben, daß eine gesetzwidrige Bestimmung für die Zukunft Gesetzeskraft erhält. Die Anfechtung des Beschlusses wegen Verstöße bei der Berufung der Generalversammlung, der Bekanntmachung der Tagesordnung ist Sache der Mitglieder und hat nach § 51 zu erfolgen. (So auch der Beschluß des Kammergerichts a. a. O.) Der weitere Einfluß der Unterlassung dieser Anfechtung aus § 51 wird bei § 51 zu erörtern sein. Hier war nur klarzulegen, daß die Anfechtung, bezw. die Möglichkeit derselben, auf die Eintragung von Aenderungen des Statuts keinen Einfluß hat (ebenso Staub Art. 190a § 18, Makower Art. 190a Anm. 7, Ring S. 301).

Hat der Richter eine gesetzwidrige Bestimmung des Statuts eingetragen, so verleiht die Eintragung derselben keine Rechtswirksamkeit (§ 18); handelt es sich um eine Vorschrift, welche das Gesetz regelt, so kommt die entsprechende Bestimmung des Gesetzes für die Genossenschaft zur Anwendung. Die Abänderung kann von dem Gericht nicht erzwungen werden und es würden event. die gleichen Grundsätze maßgebend sein, welche bei nichtigen Eintragungen von Statuten zu beobachten sind (§ 10 Erl. 5).

7. Veröffentlichung.

Zu veröffentlichen sind außer den Bestimmungen nach Maßgabe des § 16, Aenderung der Haftsumme (§ 131), Aenderung mit Bezug auf den Erwerb mehrerer Geschäftsantheile (§ 134).

Der Schlußsatz des § 16 Abs. 3 ist in der Reichstagskommission entstanden. Der Entwurf hatte ihn nicht, statt dessen im Eingange des Absatzes die Worte: „Auf die Anmeldung, Eintragung und Veröffentlichung des Beschlusses.“ Der Kommissionsbericht drückt sich bei Begründung des Zusatzes so undeutlich aus, daß er zu Zweifeln Anlaß giebt. Die entsprechende Bestimmung im § 6 Abs. 2 des Gesetzes von 1868 lautete:

> „Mit dem Abänderungsbeschlusse wird in gleicher Weise wie mit dem ursprünglichen Vertrage verfahren. Eine Veröffentlichung desselben findet nur insoweit statt, als sich dadurch die in den früheren Bekanntmachungen enthaltenen Punkte ändern.“

In der Begründung des Entwurfs war ausdrücklich gesagt, daß der betreffende Absatz „in veränderter Fassung den Vorschriften des bisherigen § 6 entspreche“.

Im Kommissionsbericht heißt es wörtlich: „Zu Absatz 3 wurde von einem Mitgliede beantragt, durch einen Zusatz des Inhalts: daß die Veröffentlichung des Beschlusses nur insoweit stattfinden solle, als eine Abänderung der in den früheren Bekanntmachungen enthaltenen Bestimmungen vorliege, die häufig vorgekommene, mit unverhältnißmäßigen Kosten verknüpfte Mitveröffentlichung auch der unverändert gebliebenen Statutenbestimmungen auszuschließen. Die Kommission hielt es für bedenklich, den Richter mit einer derartigen Auslegung von Generalversammlungsbeschlüssen zu befassen, trug aber dem Zwecke des Antrages durch Annahme der jetzigen veränderten Fassung des Absatzes 3 Rechnung. Danach müssen alle Beschlüsse veröffentlicht werden, welche eine der im § 12 Absatz 2 und 4 bezeichneten Bestimmungen zum Gegenstand haben, gleichviel, ob sie Neues enthalten oder alte Bestimmungen wiederholen. Sache der Generalversammlung wird es demnach sein, durch präzise Beschlußfassung der Genossenschaft unnöthige Druckkosten zu ersparen.“

Nach dem Wortlaut der Bestimmung selbst ist es zweifellos, daß sie nur von der Veröffentlichung statutändernder Beschlüsse handelt (ebenso Proebst S. 95, anscheinend auch Maurer S. 117, a. A. Joël S. 481 unter Bezugnahme auf den Kom.Ber. und mit ihm jetzt Birkenbihl-Maurer S. 123), also Beschlüsse, welche „alte Bestimmungen wiederholen“, d. h. in Inhalt und Form den „alten Bestimmungen“ des Statuts gleich sind, somit das Statut nicht abändern, nicht zu veröffentlichen sind. Insofern ist die Begründung im Kommissionsbericht unrichtig. Sie ist dem klaren Wortlaut des Gesetzes gegenüber unerheblich. Der Unterschied zwischen der alten und der neuen Bestimmung des Gesetzes besteht darin, daß nach der alten Bestimmung die vorgeschriebene Berücksichtigung der „in den früheren Bekanntmachungen enthaltenen

9*

Punkte" bei wörtlicher Auslegung dahin führen mußte, die Veröffentlichung auch auf diejenigen Punkte auszudehnen, in Betreff deren frühere Bekanntmachungen gegen das Gesetz verstießen, während nach der neuen Bestimmung den Registerrichter die früheren Bekanntmachungen nichts angehen, er vielmehr nur zu prüfen hat, ob die im § 12 Abs. 2 u. 4 bezeichneten Bestimmungen durch den Generalversammlungsbeschluß abgeändert sind. Die gleiche Prüfung liegt ihm nach §§ 131 und 134 bei Beschlüssen ob, welche die Bestimmungen der Haftsumme und der höchsten Zahl der zulässigen Geschäftsantheile bei Genossenschaften mit beschränkter Haftpflicht betreffen.

Da die Annahme eines neuen (revidirten) Statuts rechtlich nur als Statutänderung in Betracht kommt, so muß der Registerrichter sich auch in diesem Falle der gleichen Prüfung unterziehen, darf also diesen Fall in Ansehung der Veröffentlichungen nicht ebenso behandeln, wie die Eintragung des Statuts einer neu begründeten Genossenschaft. Vgl. in Betreff der Veröffentlichung Parisius und Crüger Formularbuch S. 49. Verstöße gegen das Gesetz sind bei den Veröffentlichungen sehr zahlreich, dieselben haben meist weit den gesetzlichen Umfang überschritten und sind dadurch den Genossenschaften unnöthige Kosten entstanden. Beispiele von dem, was nicht zu veröffentlichen ist, bei Parisius und Crüger Formularbuch S. 49. Darüber, daß die Genossenschaft zu Unrecht verursachte Insertionen nicht zu bezahlen braucht, vgl. § 12 Erl. 2.

8. Rechtliche Wirkung.

Der Eintragung des Beschlusses wohnt nach außen hin die gleiche Wirksamkeit inne wie der Eintragung des Statuts. Sie hat aber eine noch weitergehende Bedeutung. Während das Statut auch vor der Eintragung zu Recht besteht und gewisse Rechtswirkungen ausübt, ist dies bei der beschlossenen Aenderung desselben nicht der Fall. Zu der mit § 16 Abs. 4 übereinstimmenden Vorschrift des § 6 Abs. 3 des Ges. vom 4. Juli 1868 hat das Reichsgericht (Bd. 8 S. 11) entschieden: indem die Bestimmung einem Gesellschaftsbeschlusse vor der Eintragung in das Register rechtliche Wirkung versagt, unterscheidet sie nicht zwischen der Wirkung nach außen und derjenigen nach innen, und es ist daher auch der Richter zu einer solchen Unterscheidung nicht befugt. Daß der ursprüngliche Gesellschaftsvertrag vor der Eintragung zu Recht besteht, läßt keinen Schluß auf die nach der Stellung des Vereins unter das Genossenschaftsgesetz entstehenden Rechtsverhältnisse zu, weil jener Vertrag unter der Herrschaft des gewöhnlichen Gesellschaftsrechts eingegangen wird. Ebenso für die gleichlautende Bestimmung in Art. 214 A.G. (§ 277 Abs. 3 H.G.B.) das R.G. Bd. 24 S. 58, wo ausgesprochen ist, „daß der Beschluß der Generalversammlung, den Gesellschaftsvertrag zu ändern, diese Aenderung noch nicht bewirkt, vielmehr nur die Willensäußerung, daß solche Aenderung bewirkt werden soll und das Gebot an die zuständigen Gesellschaftsorgane durch entsprechende Anmeldung des Beschlusses das für solche Aenderung Erforderliche vorzunehmen, enthält." Es gilt dies sowohl für neue Bestimmungen, welche beschlossen werden, wie für die Aenderung bereits vorhandener statutarischer Vorschriften.

Für zulässig muß es erachtet werden, daß in dem Beschluß für das Inkrafttreten ein späterer Termin als die Eintragung vorgesehen wird. Ist die beschlossene Statutenänderung aus inneren Gründen zum Theil inhaltslos geworden, so bleibt der Rest bestehen, kann eingetragen werden und erhält darauf Rechtswirksamkeit.

Hat die Genossenschaft eine Zweigniederlassung, so hat die Anmeldung auch zu dem Gericht derselben zu erfolgen, falls dies nicht das Gericht der Hauptniederlassung ist (A.V. § 20 Abs. 5); für die Wirkung ist entscheidend die Eintragung bei dem Gericht der Hauptniederlassung (§ 13 H.G.B.).

Dritten gegenüber hängt die rechtliche Wirksamkeit allein von der Eintragung und nicht von der Veröffentlichung ab, abgesehen von der Aenderung der Form für die

Willenserklärung des Vorstandes, für welche § 29 eine Ausnahme enthält. Proebst S. 95 unter Hinweis auf § 29 scheint dies allgemein anwenden zu wollen, doch trifft § 29 nur den Fall der gerichtlichen Beurkundung außer der daselbst ausdrücklich erwähnten Statutenänderung, während es sich in § 16 darum handelt, daß die Eintragung rechtliche Wirksamkeit verleiht.

Daß die Eintragung in das Register der Hauptniederlassung maßgebend ist, vgl. § 13.

Zweiter Abschnitt.

Rechtsverhältnisse der Genossenschaft und der Genossen.

Vorbemerkung. In Betreff der Anordnung unterscheidet sich dieser zweite Abschnitt des Gesetzes von dem Abschnitt II des Gesetzes von 1868, welcher überschrieben ist „Von den Rechtsverhältnissen der Genossenschafter unter einander, sowie den Rechtsverhältnissen derselben und der Genossenschaft gegen Dritte" (§§ 9—16), dadurch, daß von den Bestimmungen des alten Gesetzes

1. der § 10, der die in der Generalversammlung auszuübenden Rechte der Genossen behandelt, jetzt dem § 43 im dritten Abschnitte des Gesetzes entspricht,
2. die §§ 13 bis 15 ganz fortgeblieben,
3. der § 16 (Bestimmungen über das Recht des Gläubigers eines Genossen, den Austritt desselben behufs Erlangung des beschlagnahmten Guthabens herbeizuführen) im fünften Abschnitt als § 66 erscheint.

Ueber die fortgefallenen Bestimmungen §§ 13 bis 15*) sagt die Begründung (I 111, II 75):

„Der zweite Abschnitt des bisherigen Gesetzes enthält in den § 13 bis 15 noch eine Reihe von Bestimmungen, welche in wörtlicher Anlehnung an die auf die offene Handelsgesellschaft bezüglichen Artikel 119 bis 121 des Handelsgesetzbuches (im neuen H.G.B. fortgefallen, da auch § 719 Abs. 2 B.G.B. der Grundsatz bei allen Ge-

---

*) Die Bestimmungen lauten:

§ 13. Die Privatgläubiger eines Genossenschafters sind nicht befugt, die zum Genossenschaftsvermögen gehörigen Sachen, Forderungen oder Rechte oder einen Antheil an denselben zum Behufe ihrer Befriedigung oder Sicherstellung in Anspruch zu nehmen. Gegenstand der Exekution, des Arrestes oder der Beschlagnahme kann für sie nur dasjenige sein, was der Genossenschafter selbst an Zinsen und Gewinnantheilen zu fordern berechtigt ist und was ihm im Falle der Auflösung der Genossenschaft oder des Ausscheidens aus derselben bei der Auseinandersetzung zukommt.

§ 14. Die Bestimmung des vorigen Paragraphen gilt auch in Betreff der Privatgläubiger, zu deren Gunsten eine Hypothek oder ein Pfandrecht an dem Vermögen eines Genossenschafters kraft des Gesetzes oder aus einem anderen Rechtsgrunde besteht. Ihre Hypothek oder ihr Pfandrecht erstreckt sich nicht auf die zum Genossenschaftsvermögen gehörigen Sachen, Forderungen und Rechte, oder auf einen Antheil an denselben, sondern nur auf dasjenige, was in dem letzten Satze des vorigen Paragraphen bezeichnet ist.

Jedoch werden die Rechte, welche an dem von einem Genossenschafter in das Vermögen der Genossenschaft eingebrachten Gegenstande bereits zur Zeit des Einbringens bestanden, durch die vorstehenden Bestimmungen nicht berührt.

§ 15. Eine Kompensation zwischen Forderungen der Genossenschaft und Privatforderungen des Genossenschaftsschuldners gegen einen Genossenschafter findet während der Dauer der Genossenschaft weder ganz noch theilweise statt. Nach Auflösung der Genossenschaft ist sie zulässig, wenn und soweit die Genossenschaftsforderung dem Genossenschafter bei der Auseinandersetzung überwiesen ist.

sellschaften anerkannt ist —) es für unzulässig erklären, daß Privatgläubiger der einzelnen Genossen sich wegen ihrer Ansprüche gegen diese unmittelbar an das Vermögen der Genossenschaft halten, oder daß Forderungen der letzteren zur Aufrechnung gegen solche Ansprüche verwendet werden. Diese Grundsätze sind jedoch für die Genossenschaft ganz ebenso selbstverständlich, wie für die Aktiengesellschaft, bei welcher auch das Handelsgesetzbuch ähnliche Vorschriften nicht für nöthig gehalten hat. Das genossenschaftliche Vermögen steht nicht im Eigenthum der einzelnen Mitglieder, sondern ausschließlich im Eigenthum der Genossenschaft selbst, und es erscheint nicht angemessen, Bestimmungen in das Gesetz aufzunehmen, deren Nothwendigkeit sich nur von einem entgegengesetzten Standpunkt aus begründen ließe." (Vgl. Parisius S. 274 bis 277.)

§ 17.

Die eingetragene Genossenschaft als solche hat selbständig ihre Rechte und Pflichten; sie kann Eigenthum und andere dingliche Rechte an Grundstücken erwerben, vor Gericht klagen und verklagt werden.

Genossenschaften gelten als Kaufleute im Sinne des Handelsgesetzbuchs, soweit dieses Gesetz keine abweichenden Vorschriften enthält.

Ges. von 1868 § 11 Abs. 1 u. 3, Entw. I u. II, Komm. Rtg. 17, Begr. I 105, II 71, Komm.Ber. 16.

I. Zur Geschichte des § 17.

a) Dieser § 17 entspricht den Absätzen 1 und 3 § 11 des Gesetzes von 1868. Absatz 2 war in der Regierungsvorlage gleichlautend mit dem dortigen Absatz 1:

„Die eingetragene Genossenschaft kann unter ihrer Firma Rechte erwerben, und Verbindlichkeiten eingehen, Eigenthum und andere dingliche Rechte an Grundstücken erwerben, vor Gericht klagen und verklagt werden",

der wiederum mit dem Art. 111, offene Handelsgesellschaft, (jetzt § 124) und Art. 164, Kommanditgesellschaft (jetzt § 161 Abs. 2) H.G.B. übereinstimmt.

In der Kommission wurde es von mehreren Seiten für nothwendig erachtet, im Gesetze klar zu stellen, daß die Genossenschaft eine „juristische Person" sei. Der Regierungsvertreter erklärte, daß die Bezeichnung „juristische Person" mit Absicht vermieden sei, weil die Bedeutung dieses Ausdrucks von der Rechtswissenschaft verschieden aufgefaßt werde. Es genüge auch für die Bedürfnisse der Genossenschaften, wenn ihnen ohne technische Bezeichnung lediglich dem Inhalte nach jene Rechte zugetheilt würden, welche sie im Rechts- und Verkehrsleben zur Erreichung des genossenschaftlichen Zwecks brauchten. Im Uebrigen sei es aber unbedenklich, wenn die rechtliche Natur der Genossenschaften so gekennzeichnet würde, daß daraus hervorgehe, daß der Gesetzgeber ihnen die juristische Persönlichkeit zugestehe. Abs. 1 erhielt dieser Erklärung entsprechend die jetzige Fassung, welche mit dem von der juristischen Persönlichkeit handelnden § 41 des Entwurfes des Bürgerlichen Gesetzbuchs und dem die rechtliche Natur der Aktiengesellschaften kennzeichnenden Art. 213 H.G.B. (jetzt § 210) übereinstimmt (Komm.Ber. S. 16), das B.G.B. spricht allgemein (§§ 21 ff.) von „Rechtsfähigkeit".

b) Die Bestimmung des Abs. 2 des § 11 des Ges. von 1868 über den Gerichtsstand der Genossenschaften ist nicht aufgenommen, da § 19 (jetzt § 17) C.P.O. bestimmt: „Der allgemeine Gerichtsstand der . . . Genossenschaften . . . wird durch den Sitz derselben bestimmt."

c) Ueber Abs. II s. unten Erläuterungen.

II. Erläuterungen zu § 17.

1. **Absatz** I. Rechtspersönlichkeit der Genossenschaft. Vgl. § 25 Erl. 4. Nach der Fassung des § 17 besitzt die eingetragene Genossenschaft jedenfalls Rechtspersönlichkeit, sie besteht unabhängig von ihren Mitgliedern, hat selbstständiges

Vermögen und ist nicht blos ein Personenverband ihrer Mitglieder. Die eingetragene Genossenschaft als Einheit ist Trägerin ihrer Rechte und Pflichten. Beruht nicht auf Gewerbebetheiligung der Mitglieder. Die Frage, ob die Genossenschaft eine juristische Person ist, wird verschieden beantwortet werden, je nach der Auffassung, die man von der Entstehung einer solchen hat. Die Bestimmungen des Gesetzes über Geschäftsbetrieb und Organisation enthalten die Merkmale einer juristischen Person, auch die Vorschriften über die Haftpflicht der Mitglieder sind nicht unvereinbar mit dem Charakter der Genossenschaft als juristischer Person (vgl. Birkenbihl-Maurer S. 102 ff.). Das Preußische Oberverwaltungsgericht hat freilich in konstanter Rechtsprechung wegen der persönlichen Haftpflicht der Mitglieder der eingetragenen Genossenschaft den Charakter einer juristischen Person abgesprochen (Entscheidungen Bd. 7 S. 31, Bd. 14 S. 165, Preußisches Verwaltungsblatt Nr. 7 von 1892).

Nach gemeinem und preußischem Recht waren juristische Personen erbfähig und die Merkmale der eingetragenen Genossenschaften sind derart, daß ihre Erbfähigkeit auch anerkennen muß, wer dieselbe nicht für eine juristische Person erachtet, denn sie ist in allen rechtlichen Beziehungen einer solchen gleichgestellt. Nach Art. 86 Einf.Ges. z. B.G.B. bleiben aber von dem B.G.B. unberührt die landesgesetzlichen Vorschriften, welche den Erwerb von Rechten durch juristische Personen beschränken oder von staatlicher Genehmigung abhängig machen, soweit diese Vorschriften Gegenstände im Werthe von mehr als 5000 Mk. betreffen. Die Bestimmung bezieht sich auch auf solche juristische Personen, deren Rechtsfähigkeit auf Reichsgesetz beruht (Achilles a. a. O.). Die Erbfähigkeit der juristischen Person ist im Uebrigen nach § 2101 Abs. 2 B.G.B. nicht zu bezweifeln, vgl. Art. 6 des Preußischen Ausführungs-Gesetzes zum B.G.B., nach Art. 7 § 2 a. a. O. bedürfen juristische Personen, die in einem anderen Bundesstaat ihren Sitz haben zum Erwerbe des Eigenthums an einem Grundstücke im Werthe von mehr als 5000 Mark die Genehmigung des Königs oder der durch Königliche Verordnung bestimmten Behörde (Begründung S. 10).

Die eingetragene Genossenschaft kann alle diejenigen Rechte ausüben, die nicht physische Persönlichkeit voraussetzen. Daher kann die Genossenschaft nicht Gesellschafter bei einer offenen Handelsgesellschaft oder persönlich haftender Gesellschafter bei einer Kommanditgesellschaft sein (vgl. Johow Bd. 11 S. 19 — Beschluß des Kammergerichts vom 9. Januar 1893, mitgetheilt im Handelsgesellschafter I S. 39, und auch mit anderer Begründung für die Mitgliedschaft der offenen Handelsgesellschaft bei einer solchen, Urtheil des R.G. vom 11. Februar 1896 im Handelsgesellschafter III S. 154). Ueber Ausübung konzessionspflichtiger Betriebe § 1 Erl. 5. Insoweit die Genossenschaft ein Gewerbe betreibt, unterliegt sie auch den für das Gewerbe geltenden Vorschriften (§ 8 Erl. 6c). Strafthaten kann die Genossenschaft als solche nicht begehen (vgl. für Aktiengesellschaften a. A. Ring S. 297). Es gelten für die Genossenschaften die gleichen Grundsätze in dieser Beziehung wie für Aktiengesellschaften, und mit Bezug auf letztere hat das R.G. (Entsch. in Strafsachen Bd. 16 S. 123) erkannt: „Die Aktiengesellschaft kann nicht Subjekt einer strafbaren Handlung sein... Der Satz, daß sie durch die von ihren Vertretern in ihrem Namen geschlossenen Rechtsgeschäfte berechtigt und verpflichtet wird, hat keine Bedeutung für das Strafrecht; sobald die Gesellschaftsorgane in ihrer Eigenschaft als solche strafbare Handlungen vornehmen, fällt die Verantwortlichkeit dafür lediglich auf sie zurück, sie haben die Strafe verwirkt..." als Grund wird von dem R.G. angeführt, „daß der Gesellschaft als einem nur fingirten Rechtssubjekt die natürliche Handlungsfähigkeit und damit zugleich die strafrechtliche Verantwortlichkeit für dasjenige, was ihre Organe in ihrer Vertretung handeln, abgeht." Die Strafbarkeit der Vertreter setzt aber voraus, daß „in ihrer Person und in demjenigen, was sie thun, der gesammte Thatbestand der vom Gesetz mit Strafe bedrohten Handlung sich erfülle". Ueber die Bedeutung des § 81 vgl. daselbst Erl. 1. Ordnungsstrafen werden daher auch nicht über die Genossenschaft, sondern über deren Vorstandsmitglieder verhängt (§ 160). Civilrechtlich ist die Genossenschaft allerdings für die Handlungen ihrer Vorstandsmitglieder verantwortlich (§ 26 Erl. 5, B.G.B. § 31). Gegen die Genossenschaft können Delikte begangen werden, insofern dieselben nicht als Angriffsobjekt eine physische Person voraussetzen, so kann eine Genossenschaft nicht beleidigt werden (§ 168 St.G.B.), wohl aber kann sie nach § 187 St.G.B. verletzt werden. Da die Genossenschaft strafrechtlich für die Handlungen ihrer Vorstandsmitglieder nicht verantwortlich ist, haftet sie auch nicht für Stempelkontraventionsstrafen (vgl. Urtheil des R.G. vom 12. Januar 1886, Jurist. Wochenschrift 1886 S. 108) und ebensowenig für Gewerbekontraventionen, nur die Vorstandsmitglieder sind für die Wechselstempelsteuerkontravention verantwortlich und zwar auch nur diejenigen, von welchen festgestellt werden kann, daß sie den Wechsel unterschrieben haben (R.G. Urtheil vom 7. Juli 1893 Entsch. in Strafsachen Bd. 24 S. 226), die Strafe ist gegen jedes betheiligte Vorstandsmitglied besonders festzusetzen, anders nach dem preußischen Stempelsteuergesetz vom 31. Juli 1895, nach dem die Strafe gegen alle Vorstandsmitglieder nur einmal festgesetzt wird. Für Uebertretung gewerbepolizeilicher Vorschriften bei Betrieb eines Gewerbes sind die Vorstandsmitglieder verantwortlich (R.G. Strafsachen Bd. 29 S. 27), vgl. auch § 151 Gew.O. Die Genossenschaft haftet aus der Thatsache, daß Veranstaltungen im Fabrikbetriebe getroffen sind, die einen Dritten schädigen (Urtheil des O.L.G. in Bayern vom 15. März 1895, mitgetheilt in der Wochenschrift für Aktienrecht 1895 Nr. 6). Ebenso ist die Genossenschaft verantwortlich für Befolgung der Polizei-Gesetze (R.G. Urtheil für A.G. vom 25. Oktober 1897; mitgetheilt in der Zeitschrift für Aktiengesellschaften 1898 S. 201). Es ist als allgemeiner Rechtsgrundsatz aufgestellt (in dem B.G.B.), daß die Verantwortung die Korporation überall trifft, wo sie handelnd in den Rechtsverkehr eingreift und mit ihrem Eingreifen zu anderen Personen in rechtliche Beziehungen tritt, welche eine Beschädigung dieser Personen zur Folge haben können. Der Grundsatz ist durch das B.G.B. Gesetz geworden, s. darüber weiter unten.

Polizei-Gesetze können die Genossenschaften aber nur für ihren äußeren Geschäftsverkehr treffen, der innere regelt sich ausschließlich nach dem Genossenschaftsgesetz, es kann daher dem O.V.G. in seiner Entscheidung vom 19. Dezember 1895 (Entsch. Bd. 29 S. 447) nicht beigetreten werden, wenn daselbst die Anwendung polizeilicher Verfügungen auf die Versammlungen der Genossenschaften für anwendbar erklärt wird; und ebensowenig ist der Entscheidung des O.V.G. vom 27. März 1896 (Juristenzeitung 1896 S. 491) beizustimmen, daß die Genossenschaft verpflichtet sein soll, der Behörde ein Mitgliederverzeichniß einzureichen, wenn genügender Verdacht der Begehung strafbarer Handlungen vorliegt, die durch das Mitgliederverzeichniß kontrollirt werden sollen; will die Behörde ein Mitgliederverzeichniß haben, so mag sie es sich bei dem Gericht beschaffen.

Anders liegt es bei Rechtsgeschäften, die ein Delikt gegen Dritte involviren, z. B. unbefugter Gebrauch von Marken (R.G. Bd. 10 S. 302), in diesem Falle haftet die Genossenschaft für den Schaden; das Gleiche gilt für Patentverletzungen (R.G. Bd. 15 S. 126 ff.): „dem Rechte der Bethätigung entspricht die Pflicht, sich der Verletzung zu enthalten. In diesen Fällen handelt es sich um Verpflichtungen aus den von dem Willensorgan vorgenommenen Rechtsgeschäften." Es besteht die Haftung für rechtswidrige Akte, die unter der Firma der Genossenschaft vorgenommen sind: R.G. Bd. 20 S. 195 (falsche Auskunft), Bd. 32 S. 35 (Haftung für Delikte, die im inneren Zusammenhang mit dem Geschäftsbetriebe stehen, R.G. Bd. 17 S. 95 (unwahre Angaben). Die Haftpflicht ist jetzt eine ganz allgemeine nach § 31 B.G.B., die Haftung ist auf jeden Schaden ausgedehnt, der durch eine in Ausführung der Verrichtungen begangenen, zum Schadensersatz verpflichtende Handlung einem Dritten zugefügt wird. „Es kommt also weder auf ein Verschulden des Vereins an, noch darauf, ob dem Vorstand oder dem sonstigen verfassungsmäßig berufenen Vertreter ein Verschulden zur Last fällt, noch auch darauf, ob die Handlung, durch welche der Schaden zugefügt wird, eine widerrechtliche ist. Erforderlich ist nur, daß durch die Handlung eine Verpflichtung zum Schadensersatz begründet wird" (Planck zu § 31 B.G.B.); die Haftung bezieht sich auf die Handlungen der verfassungsmäßigen Vertreter, für die Handlungen des vom Vorstande Bevollmächtigten verbleibt es bei § 831 B.G.B. (§ 278 B.G.B.).

Es ist in dem B.G.B. zum Ausdruck gebracht der in dem Urtheil des R.G. vom 5. Mai 1893 (Bd. 31 S. 249) ausgesprochene Grundsatz: „Es ist die Annahme geboten, daß juristische Personen, für schuldhafte Handlungen und Unterlassungen ihrer Vertreter auch außerkontraktlich in demselben Maße verantwortlich sind, wie natürliche Personen für eigenes Verschulden, denn der Wille der juristischen Person gelangt nur in den Handlungen und Unterlassungen ihrer Vertreter zum Ausdruck und zur Geltung, und wie sie durch ihre Vertreter am Verkehr theilnimmt und unmittelbare Rechte erwirbt, so muß sie auch außerkontraktlich die Willensakte ihrer Vertreter als eigene Willensakte anerkennen. Von diesem aus der Organisation und der Theilnahme der juristischen Personen am Verkehr sich ergebenden und für den Schutz des bürgerlichen Verkehrs nothwendigen Rechtssatze ist das Reichsgericht schon wiederholt in gemeinrechtlichen Entscheidungen ausgegangen, und es bestehen keine landrechtlichen Vorschriften, nach welchen für das Gebiet des A.L.R. eine geringe Haftung der juristischen Personen aus schuldhaften Handlungen ihrer Vertreter angenommen werden müßte. Die selbstverständliche Voraussetzung jenes Rechtssatzes ist jedoch, daß der Vertreter, aus dessen Verschulden die juristische Person verantwortlich gemacht werden soll, ein die juristische Person repräsentirendes Willensorgan ist, und daß die schuldhafte Handlung oder Unterlassung innerhalb des dem Vertreter zugewiesenen Geschäftskreises liegt, sich mithin nicht als ein blos persönliches Verschulden darstellt; die juristische Person haftet daher nicht ohne Weiteres für Verschulden von Angestellten und Bediensteten, welche nicht ihre Willensorgane sind und ebensowenig für solche schuldhafte Handlungen und Unterlassungen wirklicher Vertreter, welche sich nicht auf die ihnen zustehende Verwaltung des Vermögens der juristischen Person beziehen.*)

Einen wichtigen Grundsatz der Haftpflicht der Genossenschaft für die Handlungen ihrer Vorstandsmitglieder finden wir in der Entscheidung des R.G. vom 27. Februar 1897 (Jurist. Wochenschrift vom 17. Mai 1897); nach dem Statut der in Rede stehenden Genossenschaft bedurfte es für rechtsverbindliche Erklärungen der Unterschriften zweier Vorstandsmitglieder, gleichwohl hat das R.G. die Genossenschaft für verpflichtet erklärt, aus den vom Kassirer allein bescheinigten Spareinlagen, „weil Jahre hindurch, ja Jahrzehnte hindurch, nicht blos der Vorstand, sondern die ganze Genossenschaft ein

---

*) Vergl. auch ferner für das gemeine Recht Urtheil des R.G. vom 6. April 1888 (Jurist. Wochenschrift 1888 S. 212), R.O.H.G. Bd. 12 S. 78 — a. A. R.O.H.G. Bd. 19 S. 202. — Windscheid I § 59; für das preußische Recht R.O.H.G. Bd. 8 S. 206, Bd. 18 S. 136, R.G. Bd. 8 S. 151 und 236, Bd. 18 S. 120, 176, Bd. 19 S. 349, Bd. 21 S. 172, Bd. 22 S. 261, Bd. 29 S. 142; Urtheil vom 7. November 1885, mitgetheilt in den Bl.f.G. Nr. 2 von 1886, Koch, Kommentar zu A.L.R. II 6 § 81 Dernburg I § 52, Förster-Eccius IV S. 733.

Verfahren geduldet hat, das sich in schreienden Widerspruch mit dem Statut setzte. Wurden bei der beklagten Genossenschaft regelmäßig die Sparkassenbücher in der Form ausgestellt, daß der Kassirer allein auf dem Umschlage unterschrieb und nahm der Kassirer allein Darlehen in Empfang, ohne auch nur die Zuschreibungen seinerseits zu unterschreiben, so läßt sich nicht anders annehmen, als daß dies Verfahren allgemein bekannt geworden ist und der Genossenschaft selbst bekannt war. Duldeten dies die Genossen aber, ohne dagegen einzuschreiten, so müssen sie auch die nachtheiligen Folgen tragen und sind nicht berechtigt, dieselben auf das Publikum abzuwälzen. Es steht der Genossenschaft die Einrede der Arglist entgegen, wenn sie sich, nachdem sie Jahre lang geduldet hat, daß ihre Geschäfte in dieser Weise dem Publikum gegenüber verwaltet wurden, den Verbindlichkeiten durch Berufung auf die Formvorschriften des Statuts entziehen wollen", (vgl. Birkenbihl-Maurer S. 201). In ähnlichem Sinne hat sich das R.G. in einem S. 79 Bl.f.G. von 1898 mitgetheilten Urtheil ausgesprochen. Das Statut erfordert die Unterschrift von drei Vorstandsmitgliedern und das R.G. führt aus: „wenn auch außer dem Kassirer nur ein Vorstandsmitglied die fragliche Quittung unterschrieben hat, so ist diese an und für sich trotz der entgegenstehenden Bestimmung des Statuts zur Begründung der Klage genügend, weil sich erwiesenermaßen bei der beklagten Genossenschaft ein dauernder Geschäftsgebrauch dahin gebildet hatte und auch gehandhabt wurde, daß bei Quittungen über Einlagen schon die Unterschrift eines einzigen Vorstandsmitgliedes (außer dem Kassirer) für die Gültigkeit derselben als genügend und den Verein bindend angesehen wurde." Nun war aber auch die zweite Unterschrift von dem Kassirer gefälscht. Das R.G. führt hierzu aus:

„Eine Buchung des Betrages, sowie eine Genehmigung des Vorstandes liegt auch nicht vor; vielmehr ist dieser Betrag unbestritten nie in die Kasse der Genossenschaft geflossen, sondern sofort vom Kassirer unterschlagen worden."

Dagegen ist der Anspruch auf Grund des Art. 1384 code civil begründet.

Dieser lautet:

> „Man ist nicht allein verantwortlich für den Schaden, welchen man durch eigene Schuld verursacht, sondern auch für denjenigen, der durch die Handlungen von Personen verursacht wird, für die man einstehen muß; so haften Auftraggeber (commettants) für den Schaden, den die von ihren Beauftragten (préposés) in den denselben anvertrauten Geschäften (dans les fonctions auxquelles ils les ont employés) verursacht haben."

Es steht thatsächlich fest, daß R. von der Genossenschaft als Kassirer angestellt und diese Stelle 8 Jahre ununterbrochen bekleidet hatte.

Als solcher hatte er die Einlagen entgegenzunehmen und für eine regelrechte Quittung zu sorgen, da nirgends in den Statuten bestimmt ist, daß die Einzahlungen nur in Gegenwart eines oder mehrerer Vorstandsmitglieder bethätigt werden könnten oder daß der Einlegende selbst die erforderlichen Schritte thun müßte, um die nöthigen Unterschriften für seine Quittung zu erlangen.

Gehörte aber die Erwirkung und Uebermittelung der Quittung zu den dem Kassirer übertragenen Obliegenheiten, so muß die Genossenschaft als Auftraggeberin auch ohne den Nachweis eines persönlichen Verschuldens ihrerseits verantwortlich gemacht werden, wenn der Kassirer in Ausführung seiner Obliegenheit dem Einleger, anstatt einer gültigen Quittung, eine gefälschte Namensunterschrift eines Vorstandsmitgliedes zukommen ließ und ihn dadurch beschädigte, daß er einerseits wegen Fehlens einer regelrechten Quittung gegen die Genossenschaft keinen Darlehensanspruch erworben hatte, andererseits aus dem Vermögen des Kassirers nicht befriedigt werden konnte.

Die Frage wird in den Bl.f.G. a. a. O. für das B.G.B. behandelt, B.G.B. § 831 (s. oben) lautet:

> „Wer einen Anderen zu einer Verrichtung bestellt, ist zum Ersatze des Schadens verpflichtet, den der Andere in Ausführung der Verrichtungen einem Dritten widerrechtlich zufügt.
>
> Die Ersatzpflicht tritt nicht ein, wenn der Geschäftsherr bei Auswahl der bestellten Person ꝛc. die im Verkehre erforderliche Sorgfalt beobachtet oder wenn der Schaden auch bei Anwendung dieser Sorgfalt entstanden wäre."

Diese Bestimmung ist erheblich milder als die des Art. 1384 c. c., insofern der in Anspruch Genommene die Haftbarkeit von sich abweisen kann, wenn er darthut, daß er bei Auswahl seines Beauftragten nicht fahrlässig gehandelt, sich nach dessen Vorleben erkundigt, seine Referenzen ꝛc. geprüft und daß er seine Dienstführung gehörig überwacht habe; oder wenn er zwar diesen Beweis nicht führen, aber nachweisen kann, daß auch bei aller Sorgfalt dieser Schaden trotzdem entstanden wäre.

Hiernach könnte man annehmen, daß, wenn im vorliegenden Falle die Genossenschaft hätte darthun können, daß sie bei Anstellung des Kassirers die nöthigen Erkundigungen eingezogen und dessen Geschäftsführung überwacht hätte, die Klage gegen sie unter der Herrschaft des neuen Rechtes hätte abgewiesen werden müssen.

Allein für Vereine und juristische Personen sind die §§ 31 und 89 maßgebend, welche völlig dem Art. 1384 c. c. entsprechen.

Diese lauten:

> § 31. Der Verein ist für den Schaden verantwortlich, den der Vorstand, ein Mitglied des Vorstandes oder ein anderer verfassungsmäßig berufener Vertreter durch eine in Ausführung der ihm zustehenden Verrichtungen begangene, zum Schadensersatz verpflichtende Handlung einem Dritten zufügt.
>
> § 89. Die Vorschrift des § 31 findet auf den Fiskus, sowie auf die Körperschaften, Stiftungen und Anstalten des öffentlichen Rechtes entsprechende Anwendung.

Da die eingetragenen Genossenschaften „Körperschaften des öffentlichen Rechtes" sind, ist auch für sie § 31 maßgebend; die beklagte Genossenschaft hätte also nicht ihre Haftbarkeit durch einen Beweis ausschließen können, da sie bei Auswahl des Kassirers sorgfältig zu Werke gegangen sei.

Hiernach wäre auch unter Herrschaft des neuen bürgerlichen Rechtes die Genossenschaft zu verurtheilen gewesen, die zweiten streitigen 4000 Mk. herauszuzahlen, weil der Kassirer zweifellos ein Mitglied des Vorstandes, mindestens aber (wie die Rechner bei den Raiffeisen-Vereinen) ein durch das Statut berufener Vertreter der Genossenschaft ist und durch seine Handlung — Uebergabe einer gefälschten Quittung — in Ausführung der ihm zustehenden Verrichtungen den Einleger geschädigt hat.

Nicht zu verkennen ist, daß durch diese weitgehende Haftpflicht der Gesellschaft für das Thun und Unterlassen ihres Vertretungsorgans und der Mitglieder desselben zum großen Theil jene Vorschriften illusorisch gemacht werden, die das Genossenschaftsgesetz zum Schutze der Genossenschaft und deren Mitglieder giebt. Es ist dies eine Mahnung für die Mitglieder der Genossenschaft, mit Sorgfalt die Handlungen der Verwaltung zu beobachten — vgl. § 25 Erl. 4.

Prozeßfähigkeit besitzt die Genossenschaft nicht (vgl. R.G. Bd. 12 S. 399 ff., a. A. Birkenbihl-Maurer S. 126), sie ist aber nach § 17 C.P.O. parteifähig. Die Vertretung hat der Vorstand, dessen Legitimation im Prozeß von Amtswegen zu prüfen ist und durch einen Auszug aus dem Genossenschaftsregister geführt wird (§ 26). Für die Eidesleistung sind die §§ 473 und 474 C.P.O. maßgebend, wenn auch die

einzelnen Vorstandsmitglieder nicht „mehrere gesetzliche Vertreter" sind. Auch in den nicht unter die C.P.O. fallenden Angelegenheiten erfolgt die Eidesleistung durch die Vorstandsmitglieder. Die Zustellung (vgl. § 24 Erl. 2), welche an die Genossenschaft als Partei zu erfolgen hat, braucht nur an ein Vorstandsmitglied zu geschehen (§ 171 C.P.O.); in Rechtsstreitigkeiten mit einem Vorstandsmitgliede erfolgt die Zustellung an den Aufsichtsrath, der in diesem Falle die Genossenschaft vertritt (§ 37 Abs. 1). Mitglieder der Genossenschaft können über Angelegenheiten zu Gericht sitzen, welche Schädigungen der Genossenschaft betreffen (R.G. Bd. 23 S. 361), da die Mitglieder nicht als „Verletzte" im Sinne des § 22 St.P.O. zu betrachten sind.

Vorstandsmitglieder als Zeugen vgl. § 24 Erl. 1.

2. **Absatz** II. „Genossenschaften gelten als Kaufleute". Vgl. § 1 Erl. 5, ferner über Gewerbebetrieb der Genossenschaften vgl. ebenda und § 8 Erl. 6.

Ueber die Voraussetzungen, unter denen nicht eingetragene Genossenschaften Handelsgeschäfte betreiben, vgl. die ausführliche Darstellung bei v. Sicherer S. 121 ff. Der eingetragenen Genossenschaft verlieh bereits das preußische Gesetz die Kaufmannseigenschaft. In den Materialien zum preußischen Regierungsentwurf wurde dies folgendermaßen begründet: „Wiewohl die Genossenschaften ihrem Hauptzwecke nach größtentheils keine Handelsgesellschaften sind, so läßt sich doch nicht vermeiden, daß sie im geschäftlichen Verkehr auch Handelsgeschäfte vornehmen. Es würden dann auf sie die Vorschriften des Handelsgesetzbuchs insoweit Anwendung finden, als die Art. 276, 277 dieselben auf diejenigen Handelsgeschäfte ausdehnen, welche von Nichtkaufleuten vorgenommen werden. Diese Vorschriften reichen aber nicht aus, um eine gleichmäßige rechtliche Beurtheilung der Genossenschaften in allen Landestheilen herbeizuführen." Nach Schulze-Delitzschs Entwurf sollte sich der § 11 des norddeutschen Gesetzes im dritten Absatze vom § 10 des preußischen Gesetzes nur darin unterscheiden, daß der Hinweis auf die Bestimmungen des Einführungsgesetzes zum Allgemeinen deutschen Handelsgesetzbuche als nur für Preußen passend gestrichen wurde. So beschloß es auch der Reichstag bei der ersten Berathung. In der Kommission desselben war ein Vorschlag, dafür hinter die Worte „die in Betreff der Kaufleute im Allgemeinen deutschen Handelsgesetzbuche" zu setzen: „und in den dasselbe in den einzelnen Bundesstaaten ergänzenden Bestimmungen", mit allen gegen drei Stimmen abgelehnt worden. Die Civilprozeß-Kommission schlug die in das Ges. von 1868 aufgenommene Fassung vor und führte zur Motivirung an: „Die Fassung ist gewählt, um außer Zweifel zu stellen, daß auch diejenigen hinsichtlich der Kaufleute bestehenden Bestimmungen, welche in den verschiedenen Einführungsgesetzen zum Handelsgesetzbuch enthalten sind, auf die Genossenschaften Anwendung finden sollen." Die Fassung ist in das jetzige Gesetz übernommen. Die rechtliche Beurtheilung der Geschäfte der eingetragenen Genossenschaften ist dadurch vereinfacht: alle einzelnen Geschäfte, welche zu ihrem Geschäftsbetriebe gehören, sind als Handelsgeschäfte anzusehen (§ 343 H.G.B.), mögen sie ihren Geschäftsbetrieb auf Nichtmitglieder ausdehnen oder nicht, mögen sie Konsumvereine oder Produktivgenossenschaften sein; nach § 344 H.G.B. ferner gelten „die von einem Kaufmann vorgenommenen Rechtsgeschäfte im Zweifel als zum Betriebe seines Handelsgewerbes gehörig". Der Grundsatz des Art. 275 H.G.B. alter Fassung, daß Verträge über Immobilien keine Handelsgeschäfte sind, ist in das neue H.G.B. nicht hinübergenommen (§ 2 H.G.B.), und da die Genossenschaften den Erfordernissen des § 2 stets entsprechen, betreiben auch Baugenossenschaften Handelsgeschäfte, vgl. für die frühere Rechtslage R.O.H.G. Bd. 22 S. 327. Ueber den Gegenstand des Geschäftsbetriebes vgl. § 1 Erl. 5.

Die Genossenschaften gelten als Kaufleute nur im Sinne des Handelsgesetzbuchs, nicht im Sinne anderer Gesetze, wie z. B. der Steuergesetze; in Betreff der

Gewerbesteuer wurde dies ausdrücklich derzeit im Norddeutschen Reichstage und in der bayerischen Abgeordnetenkammer hervorgehoben (v. Sicherer S. 224, Parisius S. 260). Für die Beurtheilung der Steuerpflichtigkeit der Genossenschaften sind heute andere Grundsätze entscheidend (vgl. S. 58 ff.). Die Genossenschaften gelten als Kaufleute, — auf die Genossen selbst ist dies ohne Einfluß, diese werden durch ihre Zugehörigkeit zur Genossenschaft nicht Kaufleute, ebenso wenig wie die Aktionäre, die Kommanditisten, die stillen Gesellschafter durch ihre Betheiligung an einer Handelsgesellschaft. Zur Anwendung kommen auf die Genossenschaften nicht blos die Bestimmungen des Handelsgesetzbuchs, sondern auch alle anderen gesetzlichen Bestimmungen, die für die Kaufleute „im Sinne des Handelsgesetzbuchs" gegeben sind, soweit nicht das Genossenschaftsgesetz etwas Anderes bestimmt: so z. B. § 101 Ziff. 1 G.V.G. über die Zuständigkeit der Handelskammer für Rechtsstreitigkeiten „gegen einen Kaufmann aus Geschäften, welche für beide Theile Handelsgeschäfte sind". Als Kleinkaufleute im Sinne von § 4 H.G.B. gelten die Genossenschaften auch bei kleinstem Betriebe nicht. Dies ergiebt sich aus ihrer Eintragung, der Pflicht der Führung einer Firma, von Handelsbüchern.

Bestritten ist es, ob „eingetragene Genossenschaften" auch Handelsgesellschaften sind. Während Wilmowski und Levy zu § 101 G.V.G. in der eingetragenen Genossenschaft unter allen Umständen eine „Handelsgesellschaft" sehen, unterscheidet Turnau (Justizverfassung in Preußen I S. 463), ob die eingetragene Genossenschaft ein Handelsgewerbe betreibt, verneinen Struckmann und Koch zu § 101 G.V.G. und Endemann S. 296, daß die eingetragene Genossenschaft eine Handelsgesellschaft sei. „Sie ist niemals Handelsgesellschaft selbst dann, wenn sie den Betrieb von Handelsgeschäften, sei es auch über den Kreis ihrer Mitglieder hinaus, unternimmt, da sie unter keine derjenigen Assoziationsformen gehört, welche allein zu dem Charakter der Handelsgesellschaften berufen sind. . . Dieses Resultat ist wunderlich genug, aber es ist einmal so" (Endemann a. a. O.). Hält man an der Terminologie des H.G.B. fest, und man kann nicht wohl anders, so ist die eingetragene Genossenschaft wohl „Kaufmann", d. h. hat dessen Rechte und Pflichten, nicht aber Handelsgesellschaft (ebenso Joël S. 501, Birkenbihl-Maurer S. 129), während die Aktiengesellschaft in § 210 Abs. 2 H.G.B. als Handelsgesellschaft auch für den Fall erklärt ist, „wenn der Gegenstand des Unternehmens nicht in Handelsgeschäften besteht". Es kommt daher § 101 Ziff. 3 G.V.G. auf sie nicht zur Anwendung. Die Gesellschaft mit beschränkter Haftung (Gesetz vom 20. April 1892) ist in § 13 ausdrücklich für eine „Handelsgesellschaft" erklärt.

Abweichungen von dem H.G.B. enthält das Gesetz u. A. in folgenden Vorschriften:

a) Die Firma muß den in § 3 des Ges. bestimmten Zusatz enthalten.

b) Auf die von der Genossenschaft angestellten Bevollmächtigten kommen die Bestimmungen des H.G.B. nur unter der Einschränkung des § 42 zur Anwendung.

c) Die Eintragungen in das Genossenschaftsregister sind kostenfrei (§ 159).

d) Dem Genossenschaftsregister wohnt in Betreff des Mitgliederbestandes eine besondere Publizität inne.

e) Die Bestimmungen des H.G.B. über die Bestellung von Prokuristen und Bevollmächtigten zum gesammten Geschäftsbetriebe kommen nicht zur Anwendung.

Von denjenigen im Genossenschaftsgesetz nicht besonders erwähnten Bestimmungen des Handelsgesetzbuchs, welche nach § 17 auf eingetragene Genossenschaften Anwendung finden, sind folgende als wichtig hervorzuheben:

I. Firma. Die §§ 30, 37 H.G.B. schützen die Genossenschaft im ausschließlichen Besitz ihrer Firma.

II. Handelsbücher. Die Genossenschaft ist zur Führung von Handelsbüchern verpflichtet. (§§ 38 ff. H.G.B.) Aus den Büchern müssen die Geschäfte und die Lage des Genossenschaftsvermögens vollständig zu ersehen sein. Die empfangenen Geschäftsbriefe sind aufzubewahren; von den abgesandten Geschäftsbriefen ist eine Kopie in ein Kopirbuch einzutragen. Vor dem Beginn des Geschäfts und später alle Jahre sind Inventar und Bilanz des Vermögens anzufertigen. Die Bücher müssen in einer lebenden Sprache und mit den Schriftzeichen einer solchen geführt werden; sie sind einzubinden und zu foliiren und dürfen keine ungehörig leeren Stellen und keine Durchstreichungen und Rasuren zeigen. Bücher, Geschäftsbriefe, Inventare und Bilanzen sind zehn Jahre lang aufzubewahren.

III. Auslegungsregeln. Auf die Geschäfte der eingetragenen Genossenschaft sind die im Handelsgesetzbuche für Handelsgeschäfte vorgeschriebenen Auslegungsregeln anzuwenden. (§§ 343 ff. H.G.B.)

IV. Kaufmännische Zinsen. Die eingetragene Genossenschaft hat die den Kaufleuten eigenthümlichen Rechte auf Zinsen, § 352 H.G.B.; besonders wichtig darunter ist das Recht, vom Saldo bei Kontokorrenten mit Kaufleuten oder mit anderen eingetragenen Genossenschaften Zinsen zu nehmen (§ 355 H.G.B.).

V. Pflicht, Aufträgen zu antworten. Die eingetragene Genossenschaft ist verpflichtet, auf erhaltene Aufträge bei bestehender Geschäftsverbindung ohne Verzug zu antworten, widrigenfalls das Schweigen als Uebernahme des Auftrages gilt (§ 362 H.G.B.).

VI. Kaufmännisches Pfandrecht. Die eingetragene Genossenschaft genießt bei ihren Geschäften mit Kaufleuten oder andern eingetragenen Genossenschaften die Vortheile, welche den Kaufleuten in Betreff der Veräußerung von Faustpfändern in dem § 368 H.G.B. eingeräumt sind.

VII. Kaufmännisches Retentionsrecht. Die eingetragene Genossenschaft hat das den Kaufleuten in §§ 369 ff. H.G.B. eingeräumte Zurückbehaltungsrecht (Retentionsrecht). Sie kann also wegen einer fälligen Forderung gegen einen Kaufmann oder eine eingetragene Genossenschaft aus einem Geschäfte, welches auch auf Seiten des Schuldners als Handelsgeschäft erscheint, alle beweglichen Sachen und Werthpapiere des Schuldners zurückbehalten, welche mit dessen Willen auf Grund von Handelsgeschäften in ihren Besitz gekommen sind und sich noch in ihrem Gewahrsam befinden. — So ist z. B. vom Reichs-Oberhandelsgericht mit Recht angenommen, daß der Vertrag, wodurch eine Eingetragene Genossenschaft einen selbstständigen Kaufmann als Kassirer (nicht als Vorstandsmitglied) annimmt und letzterer diese Stellung als Nebengeschäft übernimmt, ein beiderseitiges Handelsgeschäft sei, — daß demnach die Forderungen der Genossenschaft als Prinzipal gegen den seine Pflichten verletzenden Kassirer aus einem Handelsgeschäft entspringen, — daß die Hypothekeninstrumente, welche der Genossenschaft, also einem Kaufmann, zur vertragsmäßigen Deckung für die Defekte, das ist zur Sicherung für eine im Handelsbetrieb entstandene Forderung, verpfändet wurden, auf Grund eines Handelsgeschäfts in den Besitz der Genossenschaft gelangt sind, daß daher auf solche Hypothekeninstrumente das kaufmännische Retentionsrecht des H.G.B. anwendbar sei. (Entscheidung d. R.O.H.G. vom 28. Mai 1872 Bd. 6 S. 195.)

VIII. Der redliche Erwerber von Waaren, beweglichen Sachen und Inhaberpapieren, die von einer Genossenschaft in deren Geschäftsbetriebe veräußert oder verpfändet sind, ist gegen Ansprüche Dritter in weitem Maße geschützt. (§§ 366, 367 H.G.B.)

IX. Stille Gesellschaft. Die eingetragene Genossenschaft kann stille Gesellschafter annehmen, also einzelne Personen oder Handelsgesellschaften oder eingetragene Genossenschaften sich mit einer Vermögenseinlage gegen Antheil an Gewinn und Verlust bei ihrem Geschäftsbetrieb betheiligen lassen; sie kann sich selbst beim Handelsbetrieb eines Andern oder beim Geschäftsbetrieb einer andern eingetragenen Genossenschaft mit einer Einlage als stiller Gesellschafter betheiligen. In beiden Fällen finden die Bestimmungen der §§ 335 ff. H.G.B. Anwendung.

Das Recht der eingetragenen Genossenschaft, stille Gesellschafter anzunehmen, ist bei zwei Arten der Genossenschaften praktisch geworden, bei Produktivgenossenschaften und Baugenossenschaften. Es kann Jemand gleichzeitig nicht blos Mitglied, Gläubiger und Schuldner, sondern auch stiller Gesellschafter einer und derselben eingetragenen Genossenschaft sein, eben weil diese Kaufmann im Sinne des Allgemeinen deutschen Handelsgesetzbuchs ist. — Da der stille Gesellschafter in Betreff der Prüfung der Bilanz erheblich mehr Rechte als der Genossenschafter hat, so ist der Fall denkbar, daß Jemand, an dessen Mitgliedschaft einer Genossenschaft außerordentlich viel gelegen ist, um deshalb in die Genossenschaft einzutreten kein Bedenken trägt, weil die Genossenschaft ihn gleichzeitig als stillen Gesellschafter annimmt und ihm so das Recht gewährt, sich zur Sicherung gegen die Gefahren der Solidarhaft einen genauen Einblick in die Bücher und Papiere der Genossenschaft zu verschaffen, während er dies als Genossenschafter nur durch Beschlüsse der Generalversammlung durchzusetzen im Stande ist.

§ 18.

Das Rechtsverhältniß der Genossenschaft und der Genossen richtet sich zunächst nach dem Statut. Letzteres darf von den Bestimmungen dieses Gesetzes nur insoweit abweichen, als dies ausdrücklich für zulässig erklärt ist.

Ges. von 1868 § 9 Abs. 1, Entw. I u. II, Komm. Rtg. 18. Begr. I 105, II 71.

I. **Zur Geschichte des § 18.**

Der § 18 entspricht in veränderter Fassung dem Abs. 1 des § 9 des Ges. von 1868. Der erste Satz lautet dort: „Das Rechtsverhältniß der Genossenschafter unter einander richtet sich zunächst nach dem Genossenschaftsvertrage." Während die frühere Formulirung — nachgebildet dem Art. 90 H.G.B. (offene Handelsgesellschaft) — nur die Rechtsverhältnisse der Genossen unter einander erwähnt, trägt die jetzige Fassung dem Umstande Rechnung, daß es sich im Wesentlichen um die Rechtsverhältnisse der Genossenschaft selbst und um diejenigen zwischen ihr und den Genossen handelt (Begr. I 105).

II. **Erläuterungen.** „Abweichungen".

Nicht gesetzmäßige Abweichungen sind ungültig, mögen sie auch in das Genossenschaftsregister eingetragen sein, an ihre Stelle treten von selbst die gesetzlichen Vorschriften (vgl. R.G. Bd. 13 S. 25, Bd. 33 S. 65, Johow Bd. 11 S. 46) — Birkenbihl-Maurer S. 130, Joël S. 502.

Abweichungen von dem Gesetz sind ausdrücklich für zulässig erklärt:

1. Erfordernisse zu Beschlüssen über Abänderungen des Gegenstandes des Unternehmens, zur Erhöhung des Geschäftsantheils, zu sonstigen Aenderungen des Statuts — § 16 Abs. 2.

2. Maßstab für Vertheilung von Gewinn und Verlust und Bestimmung, wie weit Gewinn vor Erreichung des Geschäftsantheils auszuzahlen ist — § 19 Abs. 2.

3. Festsetzung der Nichtvertheilung des Gewinns — § 20 (vgl. § 114 Abs. 1 alter Fassung).

4. Mitgliederzahl und Art der Bestellung des Vorstandes — § 24 Abs. 2.

5. Form, in welcher der Vorstand seine Willenserklärungen kundgiebt und zeichnet — § 25 Abs. 1.

6. Beschränkungen des Vorstandes im Umfang seiner Befugniß der Genossenschaft gegenüber dieselbe zu vertreten — § 27 Abs. 1.

7. Mitgliederzahl und Beschlußfähigkeitsziffer des Aufsichtsraths — § 36 Abs. 1.

8. Weitere Obliegenheiten des Aufsichtsraths — § 38 Abs. 3.

9. Ausschluß der Kreditgewährung an ein Vorstandsmitglied und Erfordernisse derselben, sowie Ausschluß der Erfordernisse der Uebernahme einer Bürgschaft für eine Kreditgewährung seitens eines Vorstandsmitgliedes — § 39 Abs. 2.

10. Ausschließung der Theilnahme von Frauen an der Generalversammlung — § 43 Abs. 4.

11. Recht, die Generalversammlung zu berufen — § 44 Abs. 1 u. 2.

12. Zahl der Genossen, auf deren Antrag die Berufung einer Generalversammlung oder die Ankündigung von Gegenständen zur Beschlußfassung durch die Generalversammlung stattfinden muß — § 45 Abs. 1 u. 2.

13. Art und Weise der Berufung der Generalversammlung und Ankündigung der Gegenstände der Verhandlung — § 46 Abs. 1 u. 2.

14. Kündigungsfrist des Austritts eines Genossen — § 65 Abs. 2.

15. Besondere Gründe der Ausschließung — § 68.

16. Berechnung des Fehlbetrags eines ausscheidenden Genossen — § 73 Abs. 2.

17. Ausschließung der Guthabenübertragung oder Aufnahme besonderer Voraussetzungen derselben — § 76 Abs. 1 (§ 138).

18. Erfordernisse des Auflösungsbeschlusses — § 78 Abs. 1.

19. Bestellung von Liquidatoren — § 83 Abs. 1.

20. Form, in welcher die Liquidatoren ihre Willenserklärung kundgeben und zeichnen — § 85 Abs. 1.

21. Oeffentliche Versteigerung unbeweglicher Sachen durch die Liquidatoren — § 89 Abs. 2.

22. Maßstab für Vertheilung der bei der Liquidation sich ergebenden Ueberschüsse — § 91 Abs. 3.

23. Bestimmung der Person, bei der die Bücher und Schriften der aufgelösten Genossenschaft zu bewahren sind — § 93.

24. Beitragsverhältniß zu den Nachschüssen — § 105 Abs. 2.

25. Erfordernisse für Erhöhung der Haftsumme — § 132.

26. Zulassung der Betheiligung auf mehrere Geschäftsantheile — § 134.

(Ueber die nach dem Ges. von 1868 gestatteten Abweichungen vgl. Parisius S. 242.)

§ 19.

Der bei Genehmigung der Bilanz für die Genossen sich ergebende Gewinn oder Verlust des Geschäftsjahres ist auf diese zu vertheilen. Die Vertheilung geschieht für das erste Geschäftsjahr nach dem Verhältniß ihrer auf den Geschäftsantheil geleisteten Einzahlungen, für jedes folgende nach dem Verhältniß ihrer durch die Zuschreibung von Gewinn oder die Abschreibung von Verlust zum Schlusse des vorhergegangenen Geschäftsjahres ermittelten Geschäftsguthaben. Die Zuschreibung des Gewinns erfolgt solange, als nicht der Geschäftsantheil erreicht ist.

Das Statut kann einen anderen Maßstab für die Vertheilung von Gewinn und Verlust aufstellen, sowie Bestimmung darüber treffen, inwieweit der Gewinn vor Erreichung des Geschäftsantheils an die Genossen

auszuzahlen ist. Bis zur Wiederergänzung eines durch Verlust verminderten Guthabens findet eine Auszahlung des Gewinns nicht statt.

Ges. von 1868 §§ 9 Abs. 2 und 47, Entw. I und II, Komm. Rtg. 19, Begr. I 105, II 71—73.

I. **Zur Geschichte des § 19.**

Im preußischen Ges. vom 27. März 1867 lautete der entsprechende Abs. 2 des § 8:

„Der Gewinn und Verlust wird in Ermangelung einer anderen Bestimmung des Gesellschaftsvertrages unter die Genossenschafter nach Köpfen vertheilt,"

im Ges. vom 4. Juli 1868 Abs. 2 des § 9:

„In Ermangelung einer anderen Bestimmung des Gesellschaftsvertrages wird der Gewinn unter die Genossenschafter nach Höhe von deren Geschäftsantheilen vertheilt, ebenso der Verlust, soweit diese Antheile zusammen zu dessen Deckung ausreichen, wogegen ein nach Erschöpfung des Genossenschaftsvermögens noch zu deckender Rest gleichmäßig nach Köpfen von sämmtlichen Genossenschaftern aufgebracht wird."

Ueber das Verhältniß dieser beiden Sätze zu einander und zu § 19 siehe Erl. 1. Zu § 19 ist in der Kommission die Ergänzung beantragt, die als § 20 in das Gesetz aufgenommen, dann durch die Novelle von 1896 geändert wurde.

II. **Erläuterungen zu § 19.**

1. Grundsätze. Vgl. § 20.

Das Ges. von 1868 bestimmte über die Vertheilung von Gewinn und Verlust in § 9 Abs. 2 und § 47; es trennte nicht scharf genug die Vertheilung bei bestehenden und bei aufgelösten Genossenschaften.

§ 19 bestimmt die Grundsätze, nach welchen die Vertheilung von Gewinn und Verlust während bestehender Genossenschaft zu erfolgen hat, § 91 bezieht sich auf die aufgelösten Genossenschaften, und ferner enthält § 73 eine besondere Bestimmung über die Verlustvertheilung.

Nach dem preußischen Gesetze sollte, in Anlehnung an die gleiche Bestimmung des Art. 109 (jetzt § 121 Abs. 3) H.G.B. für die offene Handelsgesellschaft, Gewinn und Verlust beim Mangel einer statutarischen Bestimmung nach Köpfen vertheilt werden. Trotz der wörtlichen Uebereinstimmung war die Vertheilung aber eine verschiedene, denn nach Art. 106 (§ 121 Abs. 1) H.G.B. müssen jedem Gesellschafter zunächst von seinem Antheile 4% Zinsen gutgeschrieben werden, vor Deckung dieser Zinsen ist überhaupt kein Gewinn vorhanden. Das Ges. von 1868 stellte im Wesentlichen dieselben Grundsätze auf, wie das jetzige Gesetz in §§ 19 und 91. In dem Bericht der Reichstagskommission zum Ges. von 1868 heißt es:

„Daß in Ermangelung anderer Vertragsbestimmungen Gewinn und Verlust einer Gesellschaft sich nach Verhältniß des Antheils am Gesellschaftsvermögen vertheilt, entspricht den allgemeinen Rechtsgrundsätzen; daß aber, wenn der Verlust das Gesellschaftsvermögen übersteigt und die Genossenschafter mit ihrem übrigen eigenen Vermögen für die Deckung eintreten sollen, die Vertheilung der aufzubringenden Deckung nach Köpfen zu geschehen hat, folgt — soweit eben die Statuten nichts Anderes bestimmen — aus dem Grundsatze der Solidarhaft." (Reichstags-Drucksachen Nr. 80 S. 5.)

Die Gewinnvertheilung muß sich in der Regel nach dem Risiko, nach der Verlustvertheilung richten. Darnach ist es nothwendig, die Gewinn- und Verlustvertheilung während des Geschäftsbetriebes der Genossenschaft von der nach der Auflösung derselben zu sondern.

Das Ergebniß wird nun folgendes sein und zwar zunächst für die Genossenschaften mit unbeschränkter Haftpflicht und mit unbeschränkter Nachschußpflicht:

A. Verlust. 1. Während des Geschäftsbetriebes entscheidet die Bilanz am Schluß jeder Geschäftsperiode, ob Gewinn erzielt oder Verlust entstanden ist. Der Verlust vermindert das Gesellschaftsvermögen und muß, insofern und insoweit dazu nicht statutengemäß ungetheilt aufbewahrtes Vermögen der Genossenschaft als solches verwendet wird, das Geschäftsguthaben, das heißt die buchmäßige, durch Austritt realisirbare Betheiligung des einzelnen Genossenschafters am Gesellschaftsvermögen verhältnißmäßig vermindern. Würde das ganze Gesellschaftsvermögen nach der Bilanz durch Verluste aufgezehrt und bliebe noch ein Betrag zu decken, so würde die Genossenschaft, wenn sie fortbestehen wollte, genöthigt sein, durch Einziehung weiterer Einzahlungen auf Geschäftsantheil (event. bei Erhöhung des Geschäftsantheils und der auf denselben zu leistenden Einzahlungen) für allmähliche Beseitigung der Unterbilanz zu sorgen.

2. Löst sich die Genossenschaft auf, und stellt sich bei der Liquidation ein Verlust heraus, so wird dieser das Gesellschaftsvermögen und damit die Betheiligung der Genossen an demselben verhältnißmäßig vermindern; bleibt nach Abschreibung des ganzen Gesellschaftsvermögens noch ein Minus, so kommt es zum Konkurs (§ 98) und in Folge der Solidarbürgschaft erscheint die Leistung der Nachschüsse nach Köpfen (§ 105 Abs. 2) als die entsprechende Vertheilung.

B. Gewinn. 1. Ergiebt während des Geschäftsbetriebes am Schluß einer Rechnungsperiode die Bilanz der Genossenschaft einen Gewinn, so vermehrt derselbe das Gesellschaftsvermögen, muß also, wenn der Gesellschaftsvertrag nichts Anderes bestimmt, auf die Geschäftsguthaben nach Verhältniß ihrer Höhe vertheilt werden.

2. Liquidirt die Genossenschaft, so müssen nach Deckung aller Schulden die Geschäftsguthaben, wie sie beim Beginn der letzten Geschäftsperiode, also in Folge des letzten zur Ausführung gelangten Geschäftsabschlusses auf den, das Kapitalkonto der Genossenschaft darstellenden Konten der Genossenschafter gebucht stehen, zur Auszahlung gelangen. Von dem verbleibenden Ueberschuß ist der nach einer Bilanz der letzten Rechnungsperiode sich ergebende Reingewinn statutenmäßig zu vertheilen. Was dann noch übrig bleibt, ist nichts Anderes als unvertheilt gebliebener aufgesparter Gewinn der Vorjahre. Diesen in Ermangelung einer andern Bestimmung des Gesellschaftsvertrages nach der gegenwärtigen Höhe der Geschäftsguthaben zu vertheilen, liegt kein Grund vor; weit mehr entspricht die kopfweise Vertheilung jener aus dem Prinzip der Solidarbürgschaft hervorgehenden Bestimmung, wonach die durch das Vermögen der Genossenschaft nicht gedeckten Verluste ebenfalls kopfweise aufgebracht werden.

Für die Genossenschaft mit beschränkter Haftpflicht erscheinen diese Grundsätze nicht in vollem Umfange maßgebend, denn in den Fällen A 2 und B 2 ist von der unbeschränkten Solidarbürgschaft ausgegangen. Für die Genossenschaft mit beschränkter Haftpflicht ist freilich grundsätzlich die Haftpflicht gleichfalls für alle Mitglieder die gleiche — ihrer Höhe nach, wenn auch beschränkt (§ 131), doch kann durch das Statut auch die Betheiligung der Genossen auf mehrere Geschäftsantheile zugelassen werden (§ 134) und die persönliche Haftpflicht der Genossen wird für diejenigen, welche dann von dem Erwerb mehrerer Geschäftsantheile Gebrauch machen, eine entsprechend höhere (§ 135). Der Zweck dieser Bestimmung ist, den Mitgliedern eine Betheiligung nach ihrem Vermögen zu ermöglichen. Freilich kann diese verschiedenartige Betheiligung nicht wie bei Aktiengesellschaften durch den Besitz mehrerer Aktien dazu führen, daß der stärker betheiligte Genosse einen größeren Einfluß gewinnt, als der minderbetheiligte, denn das Stimmrecht muß für alle Genossen gleich bleiben — trotzdem erscheint es nothwendig, für die gedachten Fälle bei der Vertheilung von Verlusten und des Ueberschusses diese verschiedene Betheiligung nicht unberücksichtigt zu lassen. Es mag hier mehr der Gerechtigkeit entsprechen, wenn in den Fällen A 2 und B 2 eine Vertheilung nach Verhältniß der Haftsumme stattfindet. Eine fernere Aenderung erleidet der Fall zu A insofern, als der Konkurs bereits in dem Falle eintritt, daß die Ueberschuldung ein Viertheil des Betrages der Haftsummen übersteigt.

Wie erwähnt, wird in § 19 nur die Gewinn- und Verlustvertheilung bei bestehender Genossenschaft behandelt, es kommt hierbei die Vertheilung des Verlustes, welcher nach Aufopferung von Reservefonds und Geschäftsguthaben noch vorhanden ist, nicht weiter in Betracht, vgl. hierüber § 91, für den Fall des Ausscheidens vgl. § 73, für den Fall des Konkurses § 105.

2. **Absatz** I. Maßstab für Gewinn- und Verlustvertheilung.

Aus § 19 und den daselbst aufgestellten Grundsätzen über den Maßstab der Vertheilung ist nur zu entnehmen, daß und in welcher Weise der bei Genehmigung der Jahresbilanz sich ergebende Reingewinn zu vertheilen sei, nicht jedoch der Rechtssatz, daß unbedingt der ganze Gewinn zur Ausschüttung an die Genossen gelangen müsse. Würde man das Letztere annehmen, so käme der Generalversammlung mit der in § 48 getroffenen Bestimmung lediglich eine rechnungsmäßige Aufgabe zu, während doch gerade angenommen werden muß, daß die Generalversammlung auch über die Festsetzung des auf die einzelnen Genossen treffenden Gewinnantheils freie Entschließung hat, soweit nicht Gesetz oder Statut entgegensteht (Urtheil des R.G. vom 10. März 1896 Bl.f.G. 1897 S. 155). Die Festsetzung der Höhe des auf die Genossen entfallenden Reingewinns liegt ebenso in der Hand der Generalversammlung wie die Genehmigung der Bilanz (a. a. O.), vgl. Erl. 3 und die dort angezogene Begründung des Gesetzes.

Das Gesetz schließt sich, was den Maßstab für Gewinn- und Verlustvertheilung anlangt, an die Einrichtung an, welche bei den Vorschuß- und Kreditvereinen in Uebung ist.*) Eine abweichende Regelung durch das Statut ist gestattet; von dieser Zulassung werden außer den Vorschußvereinen alle Genossenschaften Gebrauch machen. Mangels abweichender Regelung des Statuts sollen, abgesehen vom ersten Jahr, die zum Schlusse des vorhergegangenen Geschäftsjahres ermittelten Geschäftsguthaben den Maßstab bilden. Da nun regelmäßig bis zur Erreichung des Geschäftsantheils die Dividende dem Geschäftsguthaben zugeschrieben wird, so fragt es sich, ob die, wirthschaftlich zwar aus dem Vorjahre herrührende Dividende, die aber erst im Laufe des Jahres festgestellt ist, für die Dividendenvertheilung dieses Jahres mit in Betracht kommt. Es muß dies bejaht werden, da die Dividende thatsächlich bereits in dem vorhergegangenen Geschäftsjahre verdient war, und es sich im laufenden Jahre nur um die rechnerische Feststellung handelt.

Wenn übrigens Birkenbihl-Maurer (S. 133) annehmen, „mit Abschluß des Geschäftsjahres werden die Einlagen zu Geschäftsguthaben" und damit den gesetzlichen Vorschlag begründen, so kann dem nicht beigetreten werden. Die Einlage „wird" nie zum Geschäftsguthaben, sie trägt nur zur Bildung desselben bei, und dies sobald sie geleistet ist; der Grund für die vorgeschlagene Gewinnvertheilung ist vielmehr, daß die im Laufe des Jahres geleisteten Einzahlungen nur theilweise in demselben mitgearbeitet haben, und ferner soll verhindert werden, daß ein Mitglied durch hohe Einzahlungen

*) Die Raiffeisenschen Darlehnskassenvereine in ihrer grundsätzlichen Mißachtung der Gewinnvertheilung haben, als sie genöthigt wurden, Geschäftsantheile einzuführen, nach Raiffeisens Rath die Einrichtung getroffen, daß für die Geschäftsguthaben „keine Dividende im eigentlichen Sinne, sondern nur Zins in derselben Höhe, wie für Darlehen oder noch besser für Anlehen zu zahlen sind, gewährt werden" (Raiffeisen a. a. O. S. 40), eine Bestimmung die übrigens die Anwendung des § 20 ausschließt.

zum Schluß des Jahres seine Dividende willkürlich vergrößert (so auch Joël S. 504, vgl. unten Erl. 4).

Bei den Konsumvereinen wird der Gewinn an die Mitglieder nach dem Waarenbezuge innerhalb des Geschäftsjahres vertheilt; auf die Geschäftsguthaben kommt in der Regel aus dem Reingewinn eine Kapitaldividende zur Vertheilung: für die Verlustvertheilung kann dieser Maßstab nicht gelten, da es die Mitglieder in der Hand hätten sich der Tragung der Verluste zu entziehen, der Verlust wird nach dem Statut nach den Geschäftsguthaben vertheilt werden. Ebenso wie bei den Konsumvereinen vertheilen die Rohstoffvereine Gewinn und Verlust.

Die gleiche Verlustvertheilung findet sich bei den Magazingenossenschaften, von dem Gewinn wird eine Kapitaldividende gegeben und der Rest unter die Mitglieder nach Verhältniß der von diesen als Lagergelder und Verkaufsprozente geleisteten Beiträge vertheilt.

Bei den Genossenschaften für industrielle Produktion hat die Frage der Vertheilung von Gewinn und Verlust ihre besondere Geschichte, namentlich in Frankreich und England. Die deutschen Produktivgenossenschaften vor Erlaß des preußischen Genossenschaftsgesetzes waren zu gering an Zahl oder gingen zu schnell wieder zu Grunde, als daß man von ihnen Erhebliches berichten könnte. Kleinere Produktivgenossenschaften mit einer geringen Zahl in gemeinschaftlichen Werkstätten beschäftigter Mitglieder pflegten den Reingewinn nach Verzinsung des Geschäftskapitals kopfweise zu vertheilen, d. h. den Mitgliedern gutzuschreiben, und dabei die üblichen guten Stücklöhne zu zahlen. Schulze-Delitzsch hatte damals in einem der Form der offenen Handelsgesellschaft angepaßten Musterstatut (Innung der Zukunft 1865 S. 53), im Interesse der schnelleren Kapitalbildung durch Beiträge, die Vertheilung des Reingewinnes, nach Abzug von 10 Prozent für den Reservefonds, lediglich auf die Geschäftsantheile nach deren Höhe vorgeschlagen (vgl. die Einzelheiten bei Parisius S. 249 ff. und auch Häntschke, die gewerblichen Produktivgenossenschaften in Deutschland 1894).

Für landwirthschaftliche Konsumvereine (Rohstoffassoziationen) gilt das Gleiche wie für die Lebensmittel-Konsumvereine.

Für landwirthschaftliche Handels- und Produktivgenossenschaften ist die Vertheilung des Gewinnes mit 5 Prozent Kapitaldividende auf die Geschäftsguthaben und mit dem Rest auf die zur Verwerthung eingelieferten Produkte angemessen. (Vgl. Schulze a. a. O. S. 402).*)

---

*) Bei den Winzervereinen und Molkereigenossenschaften hat Raiffeisen in den Statuten nur Kapitaldividenden vorgeschlagen; bei dem Winzerverein heißt es: „Der Geschäftsgewinn wird zur Ansammlung eines Reservekapitals und zur Dividende an die Mitglieder benutzt. Zum Reservekapital soll jährlich die Hälfte des Gewinnes so lange verwendet werden, bis damit allmählich die Immobilien sowie das stehende Inventar (Lagerfässer, Kelter u. s. w.) bezahlt sind. Der nicht dem Reservekapital zugeschlagene Theil des Gewinnes wird nach dem Verhältnisse der eingezahlten Geschäftsantheile unter die Mitglieder als Dividende vertheilt“ (S. 193). Aehnlich bei den Molkereigenossenschaften (S. 217). Von den Verlusten ist nichts erwähnt. — v. Mendel hat in dem Statut eines Oldenburger Konsumvereins E.G. nichts von Gewinn und Verlust, in dem Statut des „landwirthschaftlichen Produzentenvereins“ E.G. die Bestimmung: „Das Vereinsvermögen wird gebildet 1. durch die etwa einzuziehenden Konventionalstrafen, 2. durch die Geschäftsüberschüsse. Es sind jedoch die Ankaufspreise so zu bemessen, daß nach Abzug der Geschäftsunkosten, der Amortisationsbeträge und Zinsen für etwaige Anleihen ein erheblicher Jahresüberschuß nicht verbleibt.“ Sorgfältige Bestimmungen über Gewinn und Verlust hat die „Sauerkrautfabrik Büttelborn E.G.“. Dieselbe hat, ähnlich wie Schulze für die Rohstoffgenossenschaften vorschlug (Musterstatut S. 114 ff. — Genossenschaften in einzelnen Gewerbzweigen, vgl. Parisius S. 298), neben den Geschäftsantheilen von 100 Mk. noch

Die Dividenden-Vertheilung findet nach dem Gesetz grundsätzlich unter alle Mitglieder statt, das Statut kann auch hierin eine Aenderung treffen (vgl. § 20). Vor dem Gesetz war es allgemein üblich, die Ausgeschlossenen für das Jahr des Ausschlusses an der Gewinnvertheilung nicht theilnehmen zu lassen; Grund dafür war, daß die Mitgliedschaft mit dem Tage des Ausschlusses endete. Jetzt aber erreicht dieselbe auch in diesem Falle ihr Ende erst mit dem Ende des Geschäftsjahres (§ 70), bis zu diesem Zeitpunkte haben sie für die Verluste einzustehen, es erscheint daher nicht gerechtfertigt, sie bei der Gewinnvertheilung des betreffenden Jahres unberücksichtigt zu lassen. In der Vorschrift kann übrigens keine unzulässige Beschränkung des Ausscheidens gesehen werden, es fragt sich aber, ob sie mit § 19 des Gesetzes in Verbindung steht, und dies ist zu verneinen, da der erste Grundsatz des Gesetzes eine

---

Garantiekapitalien der Mitglieder von 100 Mk., die den rechtlichen Charakter von Darlehen haben. Vom Reingewinn erhalten der Reservefonds mindestens 5 Prozent, die Geschäftsantheile 4 Prozent Kapitaldividende. Der Ueberschuß wird an die Mitglieder in der Weise vertheilt, daß „der auf das von den Mitgliedern gezeichnete und eingelieferte Rohprodukt entfallende Gewinn nach Maßgabe deren Zeichnung bezw. Lieferung und der Gewinn aus dem zugekauften Rohprodukt nach Köpfen ausgeschlagen wird". Sind Geschäftsantheil und Garantiekapital voll, so wird der Gewinn baar ausbezahlt. Bei einer Unterbilanz wird der Verlust in gleicher Weise wie der Gewinn auf das im letzten Jahre gelieferte Rohprodukt bezw. nach Köpfen vertheilt, die betreffenden Beträge werden baar bezahlt oder von Geschäftsantheilen und Garantiekapitalien abgeschrieben. Mitglieder, die das gezeichnete Rohprodukt nicht liefern, werden mit dem Doppelten der Zeichnung zur Theilnahme am Verlust herangezogen u. s. w.

Die S. 48 in der Anm. erwähnten Musterstatuten des Konsuls Mahlstedt nach dem neuen Gesetz enthalten gleiche unzureichende Bestimmungen über den Reingewinn: „Von diesem Reingewinn werden 10 Prozent zu einem Reservefonds zurückgestellt, bis dieser mindestens im Ganzen 10 Prozent des eingezahlten Mitgliederguthabens erreicht hat." So bei Molkereigenossenschaft, landwirthschaftlichem Konsumverein, landwirthschaftlichem Produzentenverein, Schlächterei vereinigter Landwirthe. Daneben befindet sich überall bei den Bestimmungen über Bildung des Geschäftsantheils der schon a. a. O. erwähnte Satz „außerdem wird dem Geschäftsantheil der Antheil am Jahresgewinn zugeschrieben, bis derselbe die vorgeschriebene Höhe erreicht hat". Man darf hieraus wohl schließen, daß eine Vertheilung des Gewinns lediglich nach den Geschäftsguthaben beabsichtigt ist. Von Verlusten enthalten die Statuten nichts.

Nach den Musterstatuten des Allgemeinen Verbandes der landwirthschaftlichen Genossenschaften (Ihrigs Genossenschafts-Kalender) wird ein Reservefonds bis zu $^1/_4$ der Gesammthöhe der Geschäftsantheile und „zu außerordentlichen, der Beschlußfassung der Generalversammlung anheimgegebenen Verwendungen, insbesondere zur Deckung von mit dem Geschäftsbetrieb verbundenen Ausfällen, eine besondere Betriebs-Rücklage" .. bis zu $^1/_4$ der Gesammthöhe der Geschäftsantheile (bei Molkereigenossenschaften bis zu einem Drittheil des Werthes der durchschnittlichen Monats-Produktion") angesammelt. Vom Reingewinn erhalten Reservefonds und Betriebs-Rücklage je mindestens 10%, dann die Geschäftsguthaben bis zu 4% Zinsen (Kapitaldividende). Der Ueberschuß soll nach Verfügung der Generalversammlung an die Genossen als Gewinnüberschuß bei landwirthschaftlichen Konsumvereinen nach Maßgabe des Jahres-Umsatzes der einzelnen Genossen (Waarendividende), bei Molkereigenossenschaften nach Maßgabe der Milchlieferung (Milchdividende) — unter kopfweiser Vertheilung des Gewinns und Verlustes (Kopfdividende) — vertheilt werden. Bei anderen Arten landwirthschaftlicher Genossenschaften sollen Reservefonds und Betriebs-Rücklage nochmals mit je $^1/_4$ bedacht, der Rest aber auf die Geschäftsguthaben vertheilt werden. Verluste des Betriebsjahres sollen zunächst aus den Betriebs-Rücklagen, dann aus dem Reservefonds und schließlich aus den Geschäftsguthaben der Genossen im Verhältniß der Höhe derselben gedeckt werden. Der hierbei etwa noch ausfallende Betrag wird bei landwirthschaftlichen Konsumvereinen nach Maßgabe des Jahres-Umsatzes der einzelnen Genossen, bei Molkereigenossenschaften nach Maßgabe der Milchlieferung der einzelnen Genossen, mindestens aber (?) nach Maßgabe der von denselben gezeichneten Milchmengen, bei anderen Arten landwirthschaftlicher Genossenschaften zu gleichen Theilen auf die Genossen vertheilt.

gleichmäßige Vertheilung von Gewinn und Verlust auf die Mitglieder ist, d. h. unter Zugrundelegung gleicher Grundsätze, diese können durch das Statut in Abweichung von dem Gesetz bestimmt werden, § 19 bietet keinen Anhalt dafür, daß das Statut Mitgliedern den Gewinn entziehen darf. In diesem Sinne ist auch das Urtheil des R.G. vom 9. Februar 1898 (Jurist. Wochenschrift 1898 S. 205) und das Urtheil des R.G. vom 10. März 1896 (Bl.f.G. 1897 S. 155) aufzufassen, vgl. auch Urtheil des R.G. vom 23. Oktober 1896 (Entsch. Bd. 38 S. 16), vgl. Weiteres Erl. 1.

3. Beschlußfassung über die Vertheilung von Gewinn und Verlust, § 1 Erl. 6, § 48 Erl. 1.

Der Anspruch auf Feststellung des Reingewinns und des zur Vertheilung kommenden Antheils ist kein klagbares Sonderrecht des einzelnen Mitgliedes, „was als Anspruch auf den Reingewinn in abstracto bezeichnet wird, ist nichts Anderes als gesellschaftliches Minderheitsrecht, daß der Gesellschaftswille sich nur nach Gesetz und Statut bethätige" (Ring S. 392, vgl. die vorstehende Erl. 2 und § 48). Die Vertheilung erfolgt nach Beschluß der Generalversammlung (§ 48), die hierbei an das Statut gebunden ist, insbesondere an die Bestimmungen über Dotirung des Reservefonds (§ 7 Nr. 4). „Auf diesen durch den Beschluß der Generalversammlung bei Feststellung der Bilanz zur Vertheilung unter die Genossen bestimmten Gewinnbetrag beziehen sich die Vorschriften des § 19, und nur auf den gesetzlichen oder statutenmäßigen Antheil an diesem Betrage gewährt das Gesetz dem einzelnen Genossen einen Rechtsanspruch. Eine Anfechtung des Gewinnfestsetzungsbeschlusses durch die Mitglieder ist nur in Gemäßheit des § 51, also nur insoweit zulässig, als durch den Beschluß gesetzliche oder statutarische Vorschriften verletzt sind" (Begr. I 106). Ueber den Rechtsanspruch auf Gewinn wie vorstehend auch R.G. Bd. 22 S. 114. Urtheil vom 10. März 1896 Bl.f.G. 1897 S. 155, R.G. Bd. 37 S. 18. Der Ausgeschiedene wirkt bei der Beschlußfassung über Vertheilung von Gewinn und Verlust nicht mit und hat auf dieselbe keinen Einfluß (R.G. Bd. 32 S. 52). Die Beschlußfassung über die Gewinn- und Verlustvertheilung darf keinem anderen Organ übertragen werden. Liberalitäten kann die Generalversammlung nur beschließen, wenn das Statut beliebige Verwendung des Reingewinnes nicht ausschließt (vgl. § 1 Erl. 6, § 48 Erl. 1), andernfalls ist jeder Genosse zur Anfechtung des betreffenden Beschlusses berechtigt. Es ist nicht mit R.G. Bd. 3 S. 134 anzunehmen, daß eine Schenkung einer Aktien-Gesellschaft (also dann auch Genossenschaft) ohne Weiteres außerhalb des Rahmens des geschäftlichen Unternehmens fällt. Zulässig sind stets remuneratorische Schenkungen (R.G. a. a. O.) und solche, die im Geschäft üblich sind (vgl. ferner Erl. 1 zu § 48) (z. B. betreffend Bildung von Pensionsfonds). Andere Schenkungen sind zulässig, wenn die Generalversammlung über einen Theil des Reingewinnes freie Verfügung hat. Es darf nur kein Verstoß gegen § 81 vorliegen. Erlaß von Schulden, Befreiung der Bürgen von Verbindlichkeiten, Niederschlagung von Regreßansprüchen fällt in die Kompetenz der Generalversammlung (§ 48 Erl. 1), Schenkungen des Vorstandes vgl. § 27 Erl. 2. Enthält das Statut keine Vorschrift über die Art der Gewinnvertheilung, so hat die Generalversammlung zunächst den zur Dotirung des Reservefonds (§ 7 Nr. 4) bestimmten Antheil festzusetzen, sodann den auf die Genossen fallenden Betrag, es braucht aber nicht der ganze Reingewinn zur Vertheilung zu kommen, die Generalversammlung kann auch eine anderweitige Verwendung des Reingewinns, selbst des ganzen, beschließen, denn die Genossen haben nach dem Gesetz (§ 48) keinen Anspruch auf Antheil am Gewinn (vgl. R.G. Urtheil vom 10. März 1896 Bl.f.G. 1897 S. 155 Bd. 22 S. 114 Bd. 37 S. 18). Zulässig ist die Bildung von Spezial- und Gewinnreserven auch ohne daß das Statut dies vorsieht (vgl. R.O.H.G. Bd. 24 S. 420, in Betreff Spezialreserven für bestimmte zweifelhafte Werthe vgl. R.G.

Bd. 4 S. 102). Schließt der Gesellschaftsvertrag eine beliebige Verwendung des Reingewinns aus, so enthält der nach § 48 zu fassende Beschluß nur die Erfüllung einer Form. Mit Feststellung und Genehmigung der Bilanz ist dann der Anspruch auf die Dividende entstanden (vgl. R.O.H.G. Bd. 19 S. 143, R.G. Bd. 15 S. 100).

Die Entstehung des Anspruchs auf Auszahlung der Dividende setzt aber eine materiell richtige Bilanz (vgl. R.G. Bd. 32 S. 52) voraus, so daß der Klage des Mitgliedes auf Zahlung seitens der Genossenschaft der Einwand entgegengesetzt werden kann, daß die Bilanz, auf Grund deren die Zahlung gefordert wird, materiell unrichtig sei, wofür ihr unter Aufstellung einer anderen Bilanz der Beweis obliegt (vgl. über die Anfechtung der Bilanz § 48 Erl. 1). Das Gesetz enthält nicht wie das H.G.B. § 217 und das Gesetz, betr. die Gesellschaften m. b. H. (§ 32) Schutzvorschriften für die gutgläubigen Empfänger von Dividenden, mangels einer solchen Bestimmung wird daher umsomehr anzunehmen sein, daß die Genossenschaft nachweislich aus Irrthum zu Unrecht festgestellte und ausgezahlte Dividenden zurückfordern kann, wobei aber immer nur falsche Bilanzen in Frage kommen können (vgl. R.O.H.G. Bd. 23 S. 172 ff., R.G. Bd. 13 S. 29, ebenso Joël S. 504, Birkenbihl-Maurer S. 135), nicht auch sonstige Gesetz- und Statutverletzungen bei der Beschlußfassung über die Vertheilung, da solche Beschlüsse nur nach § 51 anfechtbar sind (vgl. § 48 Erl. 3). Ist der zur Vertheilung kommende Reingewinn festgestellt, so kann derselbe nicht willkürlich wieder geändert werden (vgl. R.G. Bd. 37 S. 62) und es wird der Anspruch des Mitgliedes auf Auszahlung durch später eintretende Verluste nicht beeinflußt, es ist mit seiner Forderung Gläubiger der Genossenschaft geworden und kann den Anspruch auch z. B. im Konkurse der Genossenschaft geltend machen, immer vorausgesetzt, daß die Bilanz richtig ist.

Das Recht auf Erhebung des Reingewinns unterliegt der ordentlichen Verjährung, zulässig aber ist, im Gesellschaftsvertrage eine Frist zu setzen, innerhalb deren der Reingewinn abgehoben werden muß (Präklusivfrist R.G. Bd. 9 S. 31), der Beginn der Frist setzt eine zahlungsbereite Kasse voraus. Insoweit aber die Dividende dem Geschäftsguthaben zugeschrieben ist, verjährt sie mit demselben (§ 74), die zweijährige Verjährungsfrist wird auch sonst gelten, wenn das Mitglied ausgeschieden ist und, vorausgesetzt, daß der Gewinn nach Verhältniß der Geschäftsguthaben vertheilt ist.

Aenderungen der Bestimmungen über die Gewinn-Vertheilung erfolgen im Wege der Statutenänderung und treten im Zweifel bereits mit der Eintragung in Rechtswirksamkeit (§ 16), so daß sie schon für das Jahr der Beschlußfassung maßgebend sind.

Ausschließung der Gewinnvertheilung (§ 20).

Für Dividendenvertheilung auf Grund falscher Bilanz oder entgegen dem Gesetz oder Statut sind Vorstand und Aufsichtsrath der Genossenschaft ersatzpflichtig (§ 34, § 38), vgl. § 12 Nr. 4b Allg. Begründung zum A.G. und Makower zu Art. 222 A.G. Anm. 6; bei wissentlich falschen Bilanzen tritt Bestrafung nach § 147 ein.

Mit dem Verlust der Mitgliedschaft endet jeder Anspruch auf Gewinnantheil, dies folgt aus der persönlichen Natur der Mitgliedschaft, denn wird die Dividende auch nach den Geschäftsguthaben vertheilt, so ist doch hierin nur der Maßstab gegeben, und überdies hat das Geschäftsguthaben mit der Beendigung der Mitgliedschaft den Charakter eines solchen verloren. Daraus ergiebt sich dann weiter, daß, wenn die Genossenschaft an die Erben eines verstorbenen Mitgliedes Dividende ausgezahlt hat, etwa weil ihr der Tod unbekannt geblieben ist, sie von dem Empfänger Rückzahlung der Dividende beanspruchen kann.

Der gesetzliche oder statutenmäßige Antheil an dem nach dem Generalversammlungsbeschluß zur Vertheilung kommenden Gewinnbetrag ist Gegenstand der Pfändung; insoweit jedoch statutarisch oder gesetzlich (§ 19 letzter Satz) eine Zuschreibung der Dividende zum Guthaben erfolgen muß, ist die Dividende als solche nicht pfändbar, sondern nur gleichzeitig mit dem Guthaben (§ 66). Die Pfändung der Dividende erstreckt sich auf den auf die Genossen am Jahresschluß entfallenden Gewinnantheil. Wenn nun die Dividende nach verschiedenen Grundsätzen vertheilt wird, was z. B. bei Konsumvereinen häufig der Fall ist, in denen die Dividende theils nach Geschäftsguthaben, theils nach den Einkäufen vertheilt wird, so muß aus dem Pfändungsbeschluß hervorgehen, auf welche Bestandtheile sich die Pfändung erstreckt. Geht die Pfändung auch auf die Einkaufsdividende, so erstreckt sich dieselbe auch auf die nach der Pfändung durch Einkäufe erworbene Dividende, da die betreffende Dividende immer ein Ganzes bildet. Vgl. unten Erl. 5, § 66 Erl. 8. Das Statut kann Bestimmungen treffen, durch welche das Mitglied in der Verwerthung seines Anspruchs auf Dividende beschränkt wird. Es ist dies von Wichtigkeit für Ergreifung von Maßregeln gegen den Handel mit Dividendenmarken. Vgl. hierüber Entsch. des O.L.G. zu Breslau in Sachen des Breslauer Konsumvereins, mitgetheilt in Nr. 48 Bl.f.G. von 1887.

Zur Deckung des sich aus der Bilanz ergebenden Verlustes (vgl. § 7 Erl. 5, § 15 Erl. 6) dient der Reservefonds, die Generalversammlung ist aber deswegen nicht verpflichtet, den Reservefonds, falls er auch zur Deckung des Verlustes ausreichen würde, zu diesem Zwecke zu verwenden, sondern sie kann auch unter ganzer oder theilweiser Erhaltung des Reservefonds den Verlust mit den Geschäftsantheilen decken (Begr. I 93, II 64), vorausgesetzt, daß das Statut dies zuläßt (§ 48 Abs. 1). Das Statut muß die Verlustdeckung stets so regeln, daß alle Mitglieder zu derselben heranzuziehen sind und zwar in gleichmäßiger Weise (s. oben), daß insbesondere die persönliche Haftpflicht nicht illusorisch wird. Ungiltig erscheint daher die Bestimmung in dem Statut einer Molkereigenossenschaft, wonach die Mitglieder zur Deckung einer Unterbilanz nach Verhältniß der eingelieferten Milch verpflichtet sein sollen, da hierbei die Mitglieder, welche keine Milch geliefert haben, nicht haftbar sein würden, was mit dem Gesetz unvereinbar ist (vgl. oben Erl. 2 Anm.). Unzulässig erscheint die Vertheilung eines Verlustes zur Deckung über mehrere Jahre unter Fortführung der Forderung. Dem steht entgegen, daß zweifelhafte Forderungen nach § 40 H.G.B. (§ 17 des Gesetzes) nach ihrem wahrscheinlichen Werthe in der Bilanz anzusetzen, uneinbringliche Forderungen aber abzuschreiben sind (Bl.f.G. von 1892 S. 94).

Zweifelhaft kann erscheinen, ob es statthaft ist, in dem Falle, daß die Verluste und Ausgaben die Erträge übersteigen, den Verlust in der Bilanz fortzuführen, ohne eine entsprechende — mögliche — Abschreibung von dem Vereinsvermögen vorzunehmen. Das Gesetz steht dem nicht entgegen, wenn auch ein derartiges Verfahren als zweckmäßig nicht bezeichnet werden kann. Ein solches Verlustkonto wird sich freilich auf der Aktivseite dann stets finden, wenn das in Reserven und Geschäftsguthaben bestehende Vereinsvermögen zur Deckung der Verluste nicht ausreicht. Beseitigung dieses Verlustkontos ist dann nur möglich durch die Erträge künftiger Jahre und Bildung eines neuen Vereinsvermögens. Letzteres kann nur geschehen durch fortgesetzte bezw. erhöhte Einzahlungen auf Geschäftsantheil. Das so im Laufe des Jahres angesammelte Vereinsvermögen ist dann in der nächsten Bilanz zur Verringerung des Verlustkontos zu verwenden. Die in Sachen des Sp. und V.V. Weimar von dem Reichsgericht (Bd. 36 S. 105 ff. ausführlicher Monatsschrift für Aktienrecht 1896 S. 108 ff.) vertretene Auffassung, daß der ganze Verlust auf die Mitglieder umzulegen sei und zu einem „negativen Geschäftsantheil" führe, ist bei § 7 Erl. 5, § 15 Erl. 6 widerlegt. Vgl. auch Birkenbihl-Maurer S. 349. Insoweit das Vereinsvermögen zur Deckung der Verluste nicht ausreicht, muß das Verlust-konto fortgeführt werden. „Negatives Vereinsvermögen" giebt es nicht — das sind eben die nichtgedeckten Schulden. Unrichtig bei Zeller zu § 71 (§ 73), daß der Verlust-Antheil dem Conto der verbliebenen Mitgliedern zur Last geschrieben wird. Wenn in einzelnen Genossenschaften in solchen Fällen der Versuch gemacht ist, durch ein Umlageverfahren von den Mitgliedern zur Deckung des Verlustes Beiträge einzuziehen, so kann dies als gesetzmäßig nicht erachtet werden (vgl. Vorbemerkung zu § 98, Begr. II 110, § 33 Erl. 3). Einerseits kennt das Gesetz nur das Umlageverfahren im Konkurse, sowie Zubuße nur beim Ausscheiden (§ 73), und die von den Mitgliedern zu leistenden Einzahlungen beschränken sich ferner außerdem nach dem Gesetz auf die Bildung des Geschäftsantheils; die Generalversammlung ist nicht berechtigt, den Mitgliedern Verpflichtungen aufzuerlegen, welche dieselben nicht nach dem Gesetz, dem Statut oder nach besonderem Vertrage haben (vgl. R.G. Bd. 17 S. 17), andererseits was die Mitglieder in anderer Form einzahlen, bildet kein Vereinsvermögen, sondern verschafft wieder ihnen gegen die Genossenschaft einen obligatorischen Anspruch, ist also nicht geeignet, eine Verringerung des Verlustkontos herbeizuführen. Ebenso Birkenbihl-Maurer S. 133. Für unzulässig muß auch erachtet werden, wenn in derartigen Fällen den Mitgliedern gestattet wird, ihrer Verpflichtung zu Einzahlungen auf Geschäftsantheil in Form der Hinterlegung von Wechseln zu genügen, derartige Sacheinlagen kennt das Gesetz nicht (§ 7), sie tragen daher auch nicht zur Bildung eines Vereinsvermögens bei, durch welches allein sich die Unterbilanz beseitigen läßt. Ueber ein Verfahren zur Rückerstattung von Geschäftsguthaben, die zur Deckung von Verlusten abgeschrieben waren, aus dem Geschäftsgewinn späterer Jahre vgl. Nr. 35 Bl.f.G. von 1892. Vgl. über das freiwillige Umlageverfahren Crüger in der Wochenschrift für Aktienrecht 1895 S. 225ff.

4. **Absatz** II. Berechnung der Geschäftsguthaben für die Gewinn- und Verlust-Vertheilung, vgl. oben Erl. 2.

Die in dem Gesetz vorgeschriebene Berechnung, — welche nach Absatz 2 im Statut auch anders geregelt werden kann — entspricht der bei den Genossenschaften üblichen Praxis. Die im Laufe des Geschäftsjahres Eingetretenen haben erstens nicht bei der Erzielung des durch die Geschäftsführung des ganzen Geschäftsjahres erzielten Gewinnes mitgewirkt, und ferner würde es den Genossen ermöglicht werden, ihren Gewinnantheil beliebig in guten Geschäftsjahren zu vergrößern, wollte man auch die im Laufe des Geschäftsjahres gemachten Einzahlungen für dividendenberechtigt erklären. Neu beitretende Genossen haben hiernach für das Jahr ihres Beitritts keinen Gewinnantheil. Wirthschaftlich falsch ist eine abweichende statutarische Regelung, wonach die im Laufe des Geschäftsjahres geleisteten Einzahlungen — gleichviel ob voll oder nach Verhältniß der Zeit — am Gewinn des ganzen Geschäftsjahres gleichberechtigt mit den am Schlusse des vorhergegangenen Geschäftsjahres ermittelten Geschäftsguthaben theilnehmen. Für das erste Geschäftsjahr der Genossenschaft hat das Gesetz eine Gewinnvertheilung nicht ausschließen wollen, was der Fall gewesen wäre, wenn man jenen Grundsatz nicht für das erste Geschäftsjahr ausgeschlossen hätte. Dagegen kann es bei Genossenschaften, bei denen die Ansammlung des Gesellschaftsvermögens sich zu langsam vollzieht, angemessen erscheinen, auf die im Geschäftsjahre geleisteten Einzahlungen im Statut die Vertheilung einer geringen Kapitaldividende nach Verhältniß oder Zeit vorzusehen. Ueber die bei Konsumvereinen vielfach üblichen Abschlagsdividenden siehe Erläuterungen zu § 48. In dem Falle, daß bei G. m. b. H. der Erwerb mehrerer Geschäftsantheile nach dem Statut zugelassen ist (§ 134), und Mitglieder im Besitze mehrerer Geschäftsantheile sind, wird das Geschäftsguthaben nach der Gesammtbetheiligung berechnet, denn die sämmtlichen Geschäftsantheile bilden für die Mitglieder doch immer nur ein Geschäftsguthaben. Ueber die Berechnung im Falle der Uebertragung des Geschäftsguthabens nach Maßgabe des § 76 vgl. § 76 Erl. 7.

Wird die Abschreibung des Verlustes von dem Geschäftsguthaben beschlossen, so gilt für die Berechnung mangels einer besonderen statutarischen Bestimmung der Betrag der Geschäftsguthaben als Grundlage, wie er sich nach der der Generalversammlung vorgelegten Bilanz ergiebt.

5. Zuschreibung des Jahresgewinnes zu den Geschäftsguthaben. Die Zuschreibung der auf den einzelnen Genossen entfallenden Dividende zu seinem Geschäftsguthaben hat den Vortheil, daß das Gesellschaftsvermögen möglichst schnell anwächst, ferner dient die Genossenschaft dadurch ihren Mitgliedern gewissermaßen als Sparkasse. Die Dividendenbeträge werden auf diese Weise zusammengehalten. Der Verschiedenartigkeit der Verhältnisse wegen hat das Gesetz davon abgesehen, diese Zuschreibung für alle Fälle anzuordnen, das Statut kann die Dividendenvertheilung anders regeln. Nur für den Fall ist der Vorschrift unbedingt Geltung beigelegt, daß die Guthaben durch frühere Verluste vermindert sind, alsdann soll der Gewinn dem Guthaben zugeschrieben werden müssen, bis dasselbe wieder auf die frühere Höhe gekommen ist: es ist diese Vorschrift im Interesse des Gläubigers getroffen, damit das Genossenschaftsvermögen auf der einmal erreichten Höhe thunlichst erhalten wird (Begr. I 107 H.G.B. §§ 169, 172). Soll die Auszahlung der Dividende vor Erreichung des Geschäftsantheils zulässig sein, so muß dies im Statut ausdrücklich vorgesehen sein. Im Falle der Wiederergänzung eines abgeschriebenen Geschäftsguthabens darf auch das Statut frühere Auszahlung nicht zulassen. Ist der Erwerb mehrerer Geschäftsantheile zulässig (bei G. m. b. H. § 134) und in Folge von Verlusten haben derartige Abschreibungen vorgenommen werden müssen, daß das Geschäftsguthaben solcher Mitglieder, die zuvor mehrere Geschäftsantheile besessen haben, nun nicht mehr einen Geschäftsantheil erreicht, so muß die Zuschreibung der Dividende solange für das betreffende Mitglied erfolgen, bis das gesammte Geschäftsguthaben der früheren Jahre wieder erreicht ist, wie das Mitglied auch die regelmäßigen Einzahlungen bis zu diesem Zeitpunkte fortsetzen muß, denn wer einmal mehrere Geschäftsantheile besessen hat, bleibt in deren Besitz, auch wenn sie durch Abschreibungen verloren sind, dies ergiebt sich aus der sich nach den Geschäftsantheilen richtenden persönlichen Haftpflicht des Mitgliedes (§ 135), welche durch die Abschreibung des Geschäftsguthabens nicht vermindert ist. Wer aber einen weiteren Geschäftsantheil erworben hat, muß die statutarischen Einzahlungen zur Bildung desselben leisten und muß sich ferner die Zuschreibung der Dividende nach Maßgabe des § 19 und des Statuts gefallen lassen.

Insoweit die Dividende nach Gesetz oder Statut dem Geschäftsantheil zuzuschreiben ist, darf dieselbe weder zur Verrechnung auf Einzahlungen auf Geschäftsantheil, noch zur Deckung irgend welcher Verbindlichkeiten gegenüber der Genossenschaft verwendet werden: insoweit ist dieselbe von Dritten auch nur gleichzeitig mit dem Geschäftsguthaben pfändbar. Ueber die Verantwortlichkeit von Vorstand und Aufsichtsrath §§ 34, 41, 142. Entgegen diesen Vorschriften ausgezahlte Dividende muß die Genossenschaft zurückerhalten (vgl. S. 151).

§ 20.

Durch das Statut kann festgesetzt werden, daß der Gewinn nicht vertheilt, sondern dem Reservefonds zugeschrieben wird.

Komm. 19a, Rtg. 20, Komm.Ber. 17, Nov.Komm.Ber. 12 ff.

Zur Geschichte des § 20 und Erläuterungen.

1. Weder das Ges. von 1868 noch die Regierungsvorlage kannte eine solche oder ähnliche Bestimmung. In der Kommission ward im Interesse der Raiffeisenschen Darlehnskassen beantragt, in das Gesetz eine Vorschrift dahin aufzunehmen: „Durch das Statut kann bestimmt werden, daß der Gewinn nicht vertheilt, sondern dem Reservefonds zugeschrieben wird." Die Regierungsvertreter erklärten, daß der Gesetzentwurf der ausschließlichen Bildung eines untheilbaren Vermögens entgegen sei und daher auch nicht wolle, daß der Gewinn dauernd untheilbar sei. Es handle sich bei dem Antrag um eine neue Genossenschaftsart, deren Zulassung nicht unbedenklich sei. Thatsächlich lasse sich der Zweck des Antrages auch nach dem Entwurf dadurch erreichen, daß das Statut bestimme, daß der Gewinn während einer bestimmten Anzahl von Jahren nicht zur Vertheilung kommen solle. (Komm.Ber. 17.) Die Kommission lehnte den Antrag ab, nahm aber dann einen Antrag mit der Zusatzbestimmung an. § 20 lautete in dem Gesetz von 1889:

„Durch das Statut kann für einen bestimmten Zeitraum, welcher zehn Jahre nicht überschreiten darf, festgesetzt werden, daß der Gewinn nicht vertheilt, sondern dem Reservefonds zugeschrieben wird. Bei Ablauf des Zeitraums kann die Festsetzung wiederholt werden; für den Beschluß genügt, sofern das Statut nicht andere Erfordernisse aufstellt, einfache Stimmenmehrheit."

Die Regierungsvorlage zu der Novelle von 1896 enthielt keine § 20 bezügliche Aenderung, obgleich bei dem Reichstage eine Reihe Petitionen vom Verbande Raiffeisenscher Darlehnskassen eingegangen waren auf Abänderung des Gesetzes in dem Sinne, daß statutarisch die Gewinn-Vertheilung gänzlich ausgeschlossen werden könne. Mehrere Kommissionsmitglieder brachten nun zu der Novelle die von der Petitions-Kommission gebilligten Anträge ein, sie beantragten:

1. nach § 20 folgenden § 20a einzusetzen:

„Durch Statut kann auch bestimmt werden, daß der Gewinn bis zu einer im Statut festzusetzenden Höhe zu einem untheilbaren Vereinsvermögen angesammelt wird.

Im Falle der Auflösung des Vereins fällt dieses Vermögen, sofern nicht dasselbe durch das Statut einer physischen oder juristischen Person zu einem bestimmt bezeichneten Verwendungszweck überwiesen ist, an diejenige Kommune, in welcher der Verein seinen Sitz hatte. Die Zinsen dieses Fonds sind von der Kommune zu gemeinnützigen Zwecken für den Bezirk des aufgelösten Vereins zu verwenden."

2. § 89 Zeile 1 hinter „Vermögens" zu setzen: „sofern dasselbe nicht nach § 20a als untheilbar erklärt ist".

Weiterhin stellten sie den Antrag, den § 114 des Gesetzes, welcher bestimmt:

„Ist durch das Statut die Gewinnvertheilung ausgeschlossen (§ 20), so finden während des hierfür bestimmten Zeitraums auf das Ausscheiden der Genossen die Bestimmungen in den §§ 63 bis 75 mit der Maßgabe Anwendung, daß an Stelle des Geschäftsjahres das Quartal tritt und daß die Aufkündigung (§ 63 Abs. 2) mindestens sechs Wochen, sowie die Einreichung der Urkunden durch den Vorstand (§ 67) mindestens drei Wochen vor dem Quartalschluß erfolgen muß.

Im Falle des Ausscheidens ist eine Bilanz aufzustellen; die Zahl der mit dem Quartalschluß ausgeschiedenen Genossen ist zu veröffentlichen."

wenigstens in seinem zweiten Absatz zu streichen.

Zur Begründung des letzten Antrages wurde auf die große Belästigung hingewiesen, die diese Bestimmung mit sich bringe. Es könne der Fall eintreten, daß eine Genossenschaft viermal im Jahre eine Bilanz aufstellen müsse. Die Darlehnskassen verfügten aber nicht über so geschulte Kräfte und die Mittel, um ohne Noth solche Arbeit zu leisten. Auch sei zu erwägen, ob nicht der ganze § 114 gestrichen werden könnte.

In der Kommission (vgl. Bericht S. 11ff.) wurde gegenüber diesen Anträgen hervorgehoben, „daß nur die Rechte solcher Gesellschaften, welche die Förderung des Erwerbs oder der Wirthschaft ihrer Mitglieder (§ 1) durch das Gesetz vom 1. Mai 1889 geregelt werden sollten, nicht aber die gemeinnützigen Vereine. Die Mehrheit der Kommission trat für die Anträge ein: „Die Darlehnskassen nach dem System Raiffeisen dienten der wirthschaftlichen Hebung ihrer Mitglieder, verfolgten auch Erwerbszwecke, . . . wenn dabei der Gedanke der christlichen Nächstenliebe und Gemeinnützigkeit betont oder gepflegt wurde, so sei damit der „Erwerbs"- und „Wirthschafts"-Zweck nicht aufgegeben, sondern nur um so mehr gesichert". Vgl. die Anwendung § 1 Erl. 6. Bezüglich des § 114 (alter Fassung) wurde allgemein die Anschauung vertreten, daß gar kein Grund vorliege, die Vereine, welche die Dividenden-Vertheilung ausschließen, anders zu behandeln, als alle übrigen und wurde Streichung des § 114 einstimmig beschlossen.

Die Anträge wurden schließlich in folgender Fassung angenommen (vgl. Sten.-Ber. S. 1773ff. Sitzung vom 18. April 1896):

Der § 20 erhält folgende Fassung:

„Durch das Statut kann festgesetzt werden, daß der Gewinn nicht vertheilt sondern dem Reservefonds zugeschrieben wird."

Der Absatz 3 des § 89 (jetzt 91) erhält folgende Fassung:

„Durch das Statut kann die Vertheilung des Vermögens ausgeschlossen oder ein anderes Verhältniß für die Vertheilung bestimmt werden."

Hinter § 89 wird folgende Bestimmung eingeschaltet:

„§ 89a. (§ 92.)

Ein bei der Auflösung der Genossenschaft verbleibendes unvertheilbares Reinvermögen (§ 89 [91] Abs. 3) fällt, sofern dasselbe nicht durch das Statut einer physischen oder juristischen Person zu einem bestimmten Verwendungszwecke überwiesen ist, an diejenige Gemeinde, in der die Genossenschaft ihren Sitz hatte. Die Zinsen dieses Fonds sind zu gemeinnützigen Zwecken zu verwenden."

„Der § 114 wird aufgehoben." (Abgedruckt nach § 120.)

Solange die Raiffeisenschen Darlehnskassen keine Geschäftsantheile hatten, war die Gewinnvertheilung gänzlich ausgeschlossen; insoweit die Darlehnskassen zu dem Neuwieder Verbande gehörten, wurde aus den Ueberschüssen ein untheilbares Vereinsvermögen gebildet, welches im Falle der Auflösung der Genossenschaft seitens des Neuwieder Verbandes verwaltet und im Falle der Neugründung einer Darlehnskasse am gleichen Orte dieser überwiesen werden sollte. Mit der Einführung der Geschäftsantheile ging man auch zur Dividendenvertheilung über (vgl. § 19), jedoch unter Einhaltung einer Maximalgrenze; an der Aufsparung eines untheilbaren Vermögens wurde dabei festgehalten, nur daß dasselbe jetzt die Bezeichnung „Stiftungsfonds" erhielt, und dessen Ansammlung gefordert wurde „bis der einzelne Verein mit eigenen Mitteln arbeiten kann". Von dem jährlichen Ueberschuß soll ein erheblicher Theil nach dem Statut diesem untheilbaren Vereinsvermögen überwiesen werden. Auch schon vor der Aenderung durch die Novelle von 1896 wurde in der zweiten Auflage dieses Kommentars (S. 138) die Frage bejaht, ob die theilweise statutarische Ausschließung der Gewinnvertheilung und die Ueberweisung dieses Theils an einen untheilbaren Fonds mit dem Gesetze vereinbar ist.

In diesem Sinne hat sich auch das Kammergericht mit Bezug auf den Stiftungsfonds in dem Beschlusse vom 21. Mai 1894 in Sachen des Oberschelder Darlehnskassenvereins ausgesprochen (Johow Bd. 14 S. 46), daselbst heißt es für die Anwendung des § 20: „es genügt, um die Anwendbarkeit des § 20 auszuschließen, die Feststellung, daß das Statut nicht die Zuschreibung des ganzen Gewinns zu einem als Stiftungsfonds bezeichneten Reservefonds vorschreibt", „das Bedenken, es müßte nach dem in der Reichstagskommission betonten Prinzipe der Genossenschaft positiv eine Antheilnahme der Genossen an dem Geschäftsgewinne gesichert sein, kann nicht mit Grund aufgeworfen werden"; des Weiteren wird dann dargelegt, wie mit anderweitiger Verwendung des Reingewinns Förderung der Wirthschaft der Mitglieder sehr wohl vereinbar sei.

Gegenüber den Bestrebungen des Neuwieder Verbandes auf Ausdehnung der Bestimmung in § 20 ist nochmals darauf hinzuweisen, daß auch die Neuwieder Kassen die Gewinn-Vertheilung zum großen Theil nicht ausschließen, sondern nur beschränken.

Macht die Genossenschaft von der Bestimmung in § 20 Gebrauch, so braucht sie nicht die besondere Verlust-Reserve zu bilden, dabei ist aber Voraussetzung a. Ausschließung jeglicher Gewinnvertheilung, b. Ueberweisung des ganzen Gewinns an den Haupt-Reservefonds, andernfalls wenn der Fonds z. B. wie der „Stiftungsfonds" der Raiffeisenschen Kassen gemeinnützigen Zwecken dient, ist eine besondere Verlust-Reserve nach § 7 des Gesetzes zu bilden. Das Kammergericht läßt sich (Johow Bd. 17 S. 19) wie folgt, darüber aus: „Wenn der § 20 Genossenschafts-Gesetz neuer Fassung von dem Reservefonds handelt, so ist dabei ersichtlich dieser Begriff als ein gegebener vorausgesetzt. Danach kann hierbei nur auf den Reservefonds in gesetzlichem Sinne gezielt sein, also gemäß § 7 Ziff. 4 Genossenschafts-Gesetz auf denjenigen, welcher zur Deckung von Bilanz-Verlusten zu dienen hat. Allerdings war bei der Berathung des jetzigen § 20 in der Reichstagskommission eine abweichende Formulirung vorgeschlagen, wonach es zulässig sein sollte, durch das Statut zu bestimmen, daß der Gewinn bis zu einer im Statut festzusetzenden Höhe zu einem untheilbaren Vereins-Vermögen angesammelt werde (Stenographische Berichte des Reichstages 1895/97, Anlage Bd. 2 S. 1166). Allein dieser Vorschlag ist nicht Gesetz geworden. Es ist nicht die Ansammlung des Gewinns zu einem untheilbaren Vereins-Vermögen schlechthin zugelassen, durch deren Bestimmung sich vielleicht die Festsetzung eines besonderen Reservefonds erübrigen würde, sondern nur gestattet, daß ein solches Vermögen durch Zuschlagung des Gewinns zu dem Reservefonds gebildet werde, danach bleibt es auch nach dem durch die Novelle geschaffenen Rechtszustand erforderlich, daß das Statut die Bildung eines Reservefonds vorsieht, welcher dem gesetzlichen Zweck, der Ausgleichung von Bilanz-Verlusten und lediglich diesem Zweck gewidmet ist." In dem fraglichen Falle war die Zuschreibung „bis zu demjenigen Zeitpunkte in Aussicht genommen, in welchem der Reservefonds als Betriebskapital des Vereins genügen würde", das Kammergericht hat in dieser Bestimmung nicht eine genügende Festsetzung des Mindestbetrages des Reservefonds gesehen (vgl. S. 49).

Wie das Statut festsetzen kann, daß der Gewinn nicht vertheilt werden soll, kann die Bestimmung auch im Wege der Statutenänderung beseitigt werden, mit dieser Aenderung würde dann aber auch im nothwendigen Zusammenhange die Bildung einer Reserve nach § 7 des Gesetzes stehen.

§ 21.

Für das Geschäftsguthaben werden Zinsen von bestimmter Höhe nicht vergütet, auch wenn der Genosse Einzahlungen in höheren als den geschuldeten Beträgen geleistet hat.

Auch können Genossen, welche mehr als die geschuldeten Einzahlungen geleistet haben, im Falle eines Verlustes andere Genossen nicht aus dem

Grunde in Anspruch nehmen, daß von letzteren nur diese Einzahlungen geleistet sind.

Ges. von 1868 § 9 Abs. 3, Entw. I u. II, Komm. 20, Rtg. 21. Begr. I 108, II 73.

I. **Zur Geschichte des § 21.**

a) **Absatz** I ist neu.

Nach dem Ges. von 1868 galt jedoch dasselbe, wenngleich es nicht ausdrücklich ausgesprochen war.

b) **Absatz** II findet sich ähnlich in § 9 Abs. 3 des Ges. von 1868.

Ueber die Entstehung, Bedeutung und Mängel der Bestimmung des preußischen Gesetzes und die erheblich geänderte Bestimmung des Gesetzes von 1868:

„Genossenschafter, welche auf ihre Geschäftsantheile die ihnen statutenmäßig obliegenden Einzahlungen geleistet haben, können von anderen Genossenschaftern nicht aus dem Grunde, weil letztere auf ihre Antheile mehr eingezahlt haben, im Wege des Rückgriffs in Anspruch genommen werden, sofern nicht der Gesellschaftsvertrag ein Anderes festsetzt" vgl. Parisius S. 240, 241 u. 252 bis 254.

II. **Erläuterungen zu § 21.**

1. **Absatz** I — vgl. § 19 Erl.

„Die höhere Verlustgefahr, welcher bei verschiedenem Betrage des Mitgliederguthabens der stärker Betheiligte ausgesetzt ist, findet ihr Aequivalent in dem nach § 19 eintretenden höheren Antheil am Gewinn. Es würde hiermit im Widerspruch stehen, wenn für die freiwillig geleisteten höheren Einzahlungen auch noch feste Zinsen, die von den übrigen Genossen zu tragen wären, berechnet würden" (Begr. I 108, II 73). Eine Zinsvergütung von bestimmter Höhe für die geleisteten Einzahlungen ist mit Recht ganz allgemein ausgeschlossen, denn Einzahlungen auf Geschäftsantheile gehören zum Vermögen der Genossenschaft, und wenn das Geschäftsguthaben auch eine Forderung der Genossen ist, so liegen derselben doch immer Einzahlungen auf den Geschäftsantheil zu Grunde, und es würde somit die Genossenschaft, wollte sie das Geschäftsguthaben während der Mitgliedschaft verzinsen, ihr eigenes Vermögen verzinsen. Gestattet ist dagegen das bei Genossenschaften, die den größten Theil des Reingewinns nicht nach Geschäftsguthaben vertheilen, übliche Verfahren, dem Guthaben vorweg eine durch einen Prozentsatz (z. B. 5 %) in seinem Höchstbetrage fixirten, bei gutem Erfolge verhältnißmäßig kleinen Theil des Reingewinns als Kapitaldividende zu gewähren. Voraussetzung ist hierbei, daß überhaupt Reingewinn, und zwar ein zur Deckung ausreichender Reingewinn erzielt wird. Wird gar kein Reingewinn erzielt, so wird keine Kapitaldividende gezahlt; ist der Reingewinn nicht ausreichend, die auf das Guthaben im Statut vorausbewilligte Kapitaldividende ganz zu decken, so wird ein niedrigerer Betrag (statt 5 % z. B. nur 2 %) gewährt, während die Dividende für die in der Geschäftsperiode bezogenen Waaren (Lebensbedürfnisse bei Konsumvereinen, Rohstoffe bei Rohstoffgenossenschaften) oder gelieferten Produkten (Trauben bei Winzer-, Milch bei Molkerei-, Obst bei Obstverwerthungsgenossenschaften) ganz ausfällt. Da bei diesen Genossenschaften die Kapitaldividende nur geringe Gewinnbeträge fortnimmt, so pflegt sie in den Geschäftsberichten, oft auch in den Statuten fälschlich als Verzinsung bezeichnet zu werden. Die Gewährung von bestimmten Zinsen würde die Genossenschaft unter allen Umständen als eine Schuld belasten.

2. **Absatz** II. Ausschließung des Regresses.

Auch hier ist in der Begründung des Entwurfs (I 108, II 73) für die Ausschließung des Regresses der Umstand geltend gemacht, daß die Genossen mit größerem Geschäftsguthaben auch einen größeren Antheil am Gewinn haben. Der Grund trifft zwar bei Vorschußvereinen zu, aber nicht bei allen den Genossenschaftsarten, bei denen der Gewinn nicht nach dem Geschäftsguthaben vertheilt wird. Das Gesetz beseitigt die im Ges. von 1868 gestattete abweichende statutarische Regelung. „Die Zulassung des Regresses würde die Folge haben, daß die in Anspruch genommenen Mitglieder schon während bestehender Genossenschaft indirekt zu höheren als den statutmäßigen Leistungen an die Genossenschaft gezwungen würden, und dies ist unter allen Umständen auszuschließen" (Begr. a. a. O.). Das Gleiche gilt auch für die G. m. b. H. bei Zulassung des Erwerbs mehrerer Geschäftsantheile (§ 134).

3. Verzögerte Einzahlungen.

Diejenigen Genossen, welche mit ihren Einzahlungen im Rückstande verblieben, sind der Genossenschaft gegenüber zur nachträglichen Zahlung nebst Verzugszinsen verpflichtet, und diese Forderung der Genossenschaft gehört eventuell auch zur Konkursmasse. (Vgl. § 7 Erl. 6). In der ersten Auflage war auch für diesen Fall verneint, daß der einzelne Genosse ihnen gegenüber ein Regreßrecht haben soll, es wird jedoch nach der Fassung des Gesetzes mit Joël und Maurer anzunehmen sein, daß ein Regreßrecht derjenigen Genossen, welche mehr als die statutenmäßigen Einzahlungen geleistet haben, gegen diejenigen Genossen besteht, welche im Rückstande geblieben sind, doch hängt der Regreßanspruch davon ab, daß im Konkurse die Rückstände nicht eingezogen sind.

§ 22.

Eine Herabsetzung des Geschäftsantheils oder der auf denselben zu leistenden Einzahlungen oder eine Verlängerung der für die letzteren festgesetzten Fristen kann nur unter Beobachtung der Bestimmungen erfolgen, welche für die Vertheilung des Genossenschaftsvermögens im Falle der Auflösung maßgebend sind.

Das Geschäftsguthaben eines Genossen darf, solange er nicht ausgeschieden ist, von der Genossenschaft nicht ausgezahlt oder im geschäftlichen Betriebe zum Pfande genommen, eine geschuldete Einzahlung darf nicht erlassen werden.

Gegen die letztere kann der Genosse eine Aufrechnung nicht geltend machen.

Entw. I u. II, Komm. 21, Rtg. 22, Begr. I 109, II 50, 73ff., Komm.Ber. 18.

I. **Zur Geschichte des § 22.**

a) **Absatz** I. Die Bestimmung, daß auch eine Verlängerung der für die Einzahlungen auf die Geschäftsantheile festgesetzten Fristen nur in derselben Art erfolgen dürfe, wie die Herabsetzung des Geschäftsantheils oder der darauf zu leistenden Einzahlungen, ist erst in der Reichstagskommission beschlossen, „da die Gläubiger der Genossenschaft ein Interesse daran haben, daß die statutenmäßigen Fristen für die Einzahlungen auf den Geschäftsantheil ohne ihre Zustimmung nicht in die Ferne gerückt werden". (Komm.Ber. 18).

b) **Absatz** II lautete in der Vorlage:

„Das Geschäftsguthaben darf von der Genossenschaft nicht ausgezahlt oder zum Pfande genommen, eine geschuldete Einzahlung darf nicht erlassen werden."

In der Reichstagskommission wurden die Aenderungen beschlossen. (S. unten Erl.).

II. **Erläuterungen zu § 22.**

1. **Absatz** I. Die Reduktion des Genossenschaftsvermögens.

Das Genossenschaftsvermögen dient in erster Reihe zur Befriedigung der Gläubiger; dasselbe kann daher nicht ohne ihre Mitwirkung vertheilt werden (§ 90); die in Abs. 1 vorgesehenen Verfügungen kommen aber zum Theil einer Auftheilung gleich, wie die Herabsetzung des Geschäftsantheils, falls mit derselben eine Auszahlung der Geschäftsguthaben verbunden, zum Theil berühren sie wenigstens die Interessen der Gläubiger. Herabsetzungen des Geschäftsantheils u. s. w. werden bei den meisten Arten von Genossenschaften zu den Seltenheiten gehören, sie können sich jedoch als nothwendig erweisen, wenn das eigene Vermögen so groß geworden ist, daß es im Geschäfte nicht mehr verwendbar ist, oder falls der Ungleichheit in der Betheiligung der Mitglieder ein zu weiter Spielraum gelassen war. Eine Herabsetzung des Geschäftsantheils liegt auch dann vor, wenn eine G. m. u. H. beim Uebergang zur b. H. den bisherigen Geschäftsantheil in mehrere Geschäftsantheile zerlegt (vgl. zu § 134).

Das Gesetz erwähnt die Fälle nicht, daß für die regelmäßigen Einzahlungen (nach Betrag und Zeit) eine Grenze unterhalb des Betrags des Geschäftsantheils bestimmt, oder die vorhandene Grenze herabgesetzt werden soll. Auch diese Fälle werden als eine Art Herabsetzung der Einzahlungen auf Geschäftsantheil — jedenfalls als Verminderung — anzusehen und daher auch ebenso zu behandeln sein.

2. Das Verfahren.

Erforderlich ist eine Statutenänderung für die Herabsetzung des Geschäftsantheils (mit $^3/_4$ Mehrheit zu beschließen, falls das Statut nicht andere Erfordernisse aufstellt, § 16), da der Betrag desselben im Statut bestimmt sein muß; ferner bei Herabsetzung der Einzahlungen oder Verlängerung der Fristen, insoweit das Statut darüber Bestimmung getroffen hat. Insoweit das Statut über Betrag und Zeit der Einzahlungen keine Vorschriften enthält, genügt einfacher Generalversammlungsbeschluß (§ 50). Durch einen solchen kann also auch eine Herabsetzung der durch Generalversammlungsbeschluß festgesetzten Einzahlungen erfolgen, ohne daß § 22 zu beobachten ist; ebenso Birkenbihl-Maurer S. 142. Bei einer Herabsetzung der Höhe der Einzahlungen und Aenderung der Fristen derselben bleibt die Bestimmung des § 7 maßgebend, daß die Einzahlungen bis zu einem Gesammtbetrage von mindestens einem Zehnttheile des Geschäftsantheils nach Betrag und Zeit im Statut zu bestimmen sind. Ist der Beschluß ordnungsmäßig gefaßt, so muß der Vorstand denselben dreimal in den für die Bekanntmachungen der Genossenschaft bestimmten Blättern veröffentlichen, und zwar mit der Aufforderung an die Gläubiger, sich bei der Genossenschaft zu melden, falls sie der Herabsetzung des Geschäftsantheils u. s. w. widersprechen. Der Widerspruch kann auch von den Gläubigern erhoben werden, die sich während des Sperrjahres mit der Genossenschaft in Geschäfte eingelassen haben, aber erst später von der beschlossenen Herabsetzung Kenntniß erhalten. Der Beschluß kann eingetragen werden — und tritt damit in Wirksamkeit erst nach Ablauf eines Jahres von dem Tage, an welchem die Aufforderung der Gläubiger in den hierzu bestimmten Blättern zum dritten Male erfolgt ist (§ 90 Abs. 1), falls bis zu diesem Zeitpunkt diejenigen Gläubiger, welche sich gemeldet haben, befriedigt, bezw. wenn ihre Forderungen nicht fällig sind, sichergestellt sind. Ist dies bis zu dem genannten Zeitpunkte noch nicht geschehen, so kann der Beschluß auch noch nicht zur Eintragung angemeldet werden. § 90 Abs. 2, auf den hier Bezug genommen wird, schreibt allerdings nur vor, daß „nicht erhobene Schuldbeträge u. s. w. zurückzubehalten sind". Dies reicht aus im Falle der Liquidation, ein Zurückbehalten hätte aber keine Bedeutung im Falle der Herabsetzung des Geschäftsantheils und der eventuell damit verbundenen Auszahlung desselben. Proebst S. 112 geht gleichfalls davon aus, daß der Beschluß frühestens nach Ablauf des Sperrjahres eingetragen werden darf, anderer

Ansicht Birkenbihl-Maurer S. 141, 406, Joël S. 507, diese nehmen unter Bezugnahme auf den Wortlaut des § 22 an, daß die Eintragung zu erfolgen hat, unmittelbar nachdem der Beschluß gefaßt ist und ohne Rücksicht auf das Sperrjahr. Freilich ist in § 22 nicht wie in § 133 für die Herabsetzung der Haftsumme ausdrücklich angeordnet, daß die Eintragung erst nach Ablauf des Sperrjahres erfolgen kann, und auch in der A.B. ist hiervon nicht besonders die Rede, aber in der Regierungsvorlage war auch bei den Bestimmungen über Herabsetzung der Haftsumme (§ 114b jetzt 133) und über Umwandlung in Genossenschaften mit geringerer Haftpflicht (§ 124 jetzt 130) nur auf § 86 (jetzt 90) Bezug genommen, und erst in der Kommission wurden die jetzigen unzweideutigen Vorschriften dem Gesetze dort eingefügt. Ganz gewiß ist nur durch ein Versehen nicht auch bei § 22 auf § 133 Abs. 2 hingewiesen. § 133 aber ist gewissermaßen nur die Erläuterung des früheren Hinweises auf § 90, und es steht nichts im Wege, auch bei § 22 das Gleiche anzunehmen, zumal dies allein nur einer sachgemäßen Anwendung des § 90 entspricht. Von diesem Verfahren darf unter keinen Umständen abgesehen werden, das Sperrjahr ist einzuhalten, selbst wenn die Genossenschaft keinen Gläubiger haben sollte.

Ist die Frist verstrichen, so ist der Beschluß nach Maßgabe des § 16 zum Registergericht anzumelden und tritt mit der Eintragung in Wirksamkeit; eine Veröffentlichung dieser Eintragung hat **nicht** zu erfolgen, da auch die Höhe des Geschäftsantheils nicht veröffentlicht ist (§ 12), ebenso Birkenbihl-Maurer S. 141; a. A. Christiani S. 31 ohne Angabe von Gründen. Die im § 133 verlangte schriftliche Versicherung, daß die Gläubiger, welche sich bei der Genossenschaft gemeldet und der Herabsetzung nicht zugestimmt haben, befriedigt oder sichergestellt sind, kann in den Fällen des § 22 Abs. 1 nicht verlangt werden, die Eintragung des Beschlusses ist ohne dieselbe vorzunehmen. Ueber das Verfahren vgl. Parisius u. Crüger Formularbuch S. 117. Falsche Anmeldung § 147. Mit der rechtswirksam gewordenen Herabsetzung verliert das buchmäßige Geschäftsguthaben eines Mitgliedes, insoweit es den Betrag des neuen Geschäftsantheils übersteigt, den Charakter als solches und kann ausgezahlt werden. Es bedarf keiner besonderen Bilanzziehung, die Bücher der Genossenschaft sind maßgebend.

3. **Absatz** II. Auszahlung der Geschäftsguthaben (§ 73 Erl. 6).

Es ist nicht nothwendig, daß mit der Herabsetzung des Geschäftsantheils auch stets eine Auszahlung oder eine Herabminderung der Einzahlungspflicht verbunden ist, so z. B. wenn die sämmtlichen Guthaben den neubestimmten Geschäftsantheil nicht übersteigen, und auch der bisherige Betrag der obligatorischen Einzahlungen nicht höher war als der neue Geschäftsantheil (Begr. I 109). Die Herabsetzung hat dann nur die Wirkung, daß kein Genosse bis zur früheren Grenze Einzahlungen machen kann, und daß die Gewinnzuschreibung nicht mehr bis dahin stattfindet.

Ausgeschlossen ist natürlich auch eine Kündigung des Geschäftsguthabens ohne Kündigung der Mitgliedschaft — ebenso bei Genossenschaften mit beschränkter Haftpflicht die Kündigung eines Geschäftsantheils unter Verbleib mit den übrigen Geschäftsantheilen.

Ueber die Haftbarkeit der Mitglieder des Vorstandes und Aufsichtsrathes vgl. §§ 34 Abs. 3 und 41 Abs. 3. Die Haftung besteht nur bis zum Zahlungstermin, und insoweit sich dann die Zahlungspflicht der Genossenschaft ergiebt, hat die Auszahlung an die zuvor in Anspruch genommenen Mitglieder von Vorstand und Aufsichtsrath zu erfolgen, da die Genossenschaft sich mit dem Geschäftsguthaben nicht bereichern darf. Die in Anspruch genommenen Mitglieder von Vorstand und Aufsichtsrath haben ferner auch gegen das Mitglied den Anspruch der Genossenschaft auf Zurückzahlung des Geschäftsguthabens. (Vgl. R.G. Bd. 19 S. 116.) Zuwiderhandlungen können eventuell als

Untreue bestraft werden (vgl. Urtheil des R.G. vom 8. Januar 1883, abgedruckt in Nr. 12 der Bl.f.G. von 1883, und § 131 d. Ges.) Vgl. § 19.

4. Verpfändung der Geschäftsguthaben.

In der Regierungsvorlage hieß es: „Das Geschäftsguthaben darf von der Genossenschaft nicht . . . zum Pfande genommen werden." Das Geschäftsguthaben — wohl zu unterscheiden von dem Geschäftsantheil — ist eine dem Genossen zustehende Forderung an die Genossenschaft, bedingt durch sein Ausscheiden. Sie unterliegt der Pfändung der Gläubiger des Genossen (§ 66) und kann auch von dem Genossen verpfändet werden. Juristisch steht also auch nichts im Wege, daß der Genosse der Genossenschaft mit der Guthabenforderung Sicherheit bestellt. Schulze-Delitzsch und die Allgemeinen Vereinstage haben stets die sogenannte „Guthabenbeleihung", die sich aus den Zeiten vor Erlaß eines Genossenschaftsgesetzes bei den Vorschußvereinen eingebürgert hatte, lebhaft bekämpft. Mit Recht heißt es in der Begr. I 110: „Der dem Genossen nur im Falle des Ausscheidens zustehende und dem Betrag nach unsichere Anspruch auf das Guthaben ist einerseits nicht geeignet, der Genossenschaft eine wirkliche Sicherheit zu bieten, und andererseits liegt in der Beleihung desselben unter Umständen nichts Anderes als eine versteckte Rückzahlung des Guthabens selbst." (Ebenso Komm.Ber. 18.) Weiter ist noch zu beachten, daß die Einzahlungen auf die Geschäftsantheile, welche die Bestandtheile der Geschäftsguthaben sind, im Eigenthum der Genossenschaft stehen und den Gläubigern derselben als Sicherheit dienen. Es ist insofern unwirthschaftlich gehandelt, wenn die Genossenschaft ihrerseits sich mit dem aus dem Geschäftsantheil ergebenden Guthaben Sicherheit bestellen läßt, denn diese Sicherheit versagt gerade dann, wenn sie möglicherweise am nöthigsten gebraucht wird: im Konkurse der Genossenschaft. Die Guthabenbeleihung ist nichts anderes als Gewährung von Blankokredit. Nicht gesetzlich ausgeschlossen ist aber durch das Verbot die Gewährung von Blankokredit. Bestehen bleibt auch das Kompensationsrecht der Genossenschaft mit dem Geschäftsguthaben wegen ihrer fälligen Forderungen bei dem Eintritt der Fälligkeit des Geschäftsguthabens (§ 73), doch besteht dies Kompensationsrecht nur wegen der Forderungen, die entstanden sind, ehe ein Dritter durch Pfändung oder Cession ein Recht auf das Geschäftsguthaben erworben hat (§ 7 Erl. 4 und das Verbot der Guthabenbeleihung in Nr. 14 Bl.f.G. von 1890). Bei dem Inkrafttreten des Gesetzes ordnungsmäßig verpfändete Geschäftsguthaben — wobei zu beachten ist, daß es sich um die Verpfändung einer Forderung handelt — werden durch das gesetzliche Verbot nicht betroffen, da jura quaesita geschont bleiben müssen. Trotz dieses Verbots findet sich vielfach in Statuten eine Bestimmung über die Inanspruchnahme des Geschäftsguthabens für Forderungen der Genossenschaft, eine solche Vorschrift ist als Verpfändung jedenfalls ungiltig und kann nur zu Recht bestehen, insoweit sie eine Wiedergabe des gesetzlichen Kompensationsrechts enthält.

Für unzulässig muß eine Verfügung der Genossenschaft über die Geschäftsguthaben erachtet werden, z. B. zum Zweck der Sicherstellung eines bestimmten Gläubigers der Genossenschaft; das Geschäftsguthaben gilt als ein der Gesammtheit der Gläubiger haftbares untheilbares Ganzes. Das Gesetz giebt nirgends die Möglichkeit, daß der Gläubiger sich von der Genossenschaft einen Theil der Geschäftsguthaben verpfänden lassen kann derart, daß die anderen Gläubiger auf den Rest angewiesen bleiben. (Ueber einen Verstoß hiergegen vgl. Nr. 13 Bl.f.G. von 1893 „von der Hannoverschen Centralkasse".)

5. „im geschäftlichen Betriebe".

In der Kommission wurde von dem Regierungsvertreter anerkannt, daß unter gewissen Umständen, wenn sich nämlich die Genossenschaft außerhalb ihres geschäftlichen Betriebes, also namentlich zur Sicherung eines gefährdeten Anspruchs ein

Guthaben zum Pfande bestellen lasse, Ausnahmen zugelassen werden könnten. In Anlehnung an § 225 (Art. 215 d) H.G.B. wurden deswegen die Worte „im geschäftlichen Betriebe" eingeschoben. Die Genossenschaft ist mithin in Zukunft berechtigt, das Guthaben gerichtlich pfänden zu lassen (vgl. § 66 Erl. 1), verboten ist nur die vertragsmäßige Verpfändung. Es wird dies für die Genossenschaft aber wenig Werth haben, da sie mit der Aufrechnung den Zweck einfacher erreicht, freilich ist die Aufrechnung erst nach dem Ausscheiden des Mitgliedes zu realisiren. Die Worte in dem Kommissionsbericht: „außerhalb ihres geschäftlichen Betriebes, also namentlich zur Sicherung eines gefährdeten Anspruchs ein Guthaben zum Pfande bestellen lassen", können nicht dahin ausgelegt werden, daß in Zukunft, wenn es sich um eine gefährdete Forderung handelt, sich die Genossenschaft vertragsmäßig ein Pfandrecht an dem Guthaben einräumen lassen kann; denn jedes vertragsmäßige Pfandrecht würde doch „im geschäftlichen Betriebe" genommen sein (a. A. Birkenbihl-Maurer S. 143).

6. Auszahlung.

Der Auszahlung steht eine Verrechnung mit dem Geschäftsguthaben gleich. Es darf die Kompensation (Erl. 4) daher erst nach dem Ausscheiden des Mitgliedes und nach der nach Maßgabe des § 73 vorgenommenen Auseinandersetzung stattfinden. Auch im Konkurse des Mitgliedes ist, da der Konkurs an und für sich die Mitgliedschaft nicht berührt, das Geschäftsguthaben nicht zur Konkursmasse auszuzahlen, es ist nur in Folge des offenen Arrestes das Vorhandensein des Geschäftsguthabens dem Konkursverwalter anzuzeigen; hat die Genossenschaft ihrerseits in solchem Falle an den Gemeinschuldner Forderungen, so wird sie freilich gut thun, durch entsprechende Maßnahmen sich das zukünftige Kompensationsrecht — also für den Fall des Ausscheidens des Mitgliedes — zu sichern, um nicht vermöge ihres Verhaltens während des Konkurses ihr Recht zur Aufrechnung zu verlieren. Die künftige Aufrechnungsbefugniß hindert die Genossenschaft nicht, ihre Forderung zum vollen Betrage anzumelden, jedoch erscheint sie nicht berechtigt, bei vorhandener oder bevorstehender Realisirbarkeit des Geschäftsguthabens die Konkursdividende von der vollen Forderung zu erheben und sich dann wegen des Ausfalls an das Geschäftsguthaben zu halten (vgl. Urtheil des R.G. vom 5. Juli 1890, Bl.f.G. Nr. 42 von 1890). Ob der Fall bevorstehender Realisirbarkeit vorliegt, ist Thatfrage, er wird dann anzunehmen sein, wenn die Genossenschaft nach dem Statut berechtigt ist, das Mitglied auszuschließen und so ihrerseits die Realisirbarkeit eintreten zu lassen, oder wenn Seitens des Konkursverwalters Maßregeln zur Beendigung der Mitgliedschaft eingeleitet sind. Nicht anwendbar ist der § 44 (jetzt § 51 R.K.O auf die aus dem Geschäftsverkehr mit der Genossenschaft entstehenden Forderungen bereits aus dem Grunde, weil es sich dabei nicht um gemeinschaftliche Verpflichtungen handelt (vgl. R.G. a. a. O.). Ueber die Behandlung des Geschäftsguthabens im Konkurse des Mitgliedes § 73 Erl. 8.

7. Erlaß geschuldeter Einzahlungen.

In Betreff der Wirkung einer Vorausbezahlung auf künftig fällige Einzahlungen § 7 Erl. 6. In welcher Form ein „Erlaß" stattfindet, darüber entscheidet das B.G.B. § 397, da der Vorstand der Vertreter der Genossenschaft ist, müßte der Erlaß von ihm ausgehen, der Erlaß-Vertrag ist nach dem B.G.B. formlos. Das Gesetz verbietet einen „Erlaß", derselbe ist also ungültig, und die Einzahlungen würden trotz des Erlasses geschuldet bleiben.

Mit dem Verbot des „Erlasses" geschuldeter Einzahlungen bleibt vereinbar, daß die Generalversammlung den Vorstand unter besonderen Umständen ermächtigt, auf die Verhältnisse der Mitglieder bei Einziehung der Beiträge Rücksicht zu nehmen. Die Rücksicht dürfte natürlich nicht soweit gehen, auf die Einziehung der Beiträge zu verzichten, dieselben zu erlassen, wohl aber könnte der Vorstand von Zwangsmaßregeln

Abstand nehmen. Immer handelt es sich um baare Zahlungen, der Vorstand ist nicht berechtigt, an Stelle derselben Sacheinlagen u. s. w. anzunehmen. Diese Sacheinlagen könnten nur den Charakter der Sicherstellung für spätere Einzahlungen oder fällig gewesene Einzahlungen auf Geschäftsantheile haben, sie sind daher auch nur als Sicherheiten buchmäßig zu behandeln.

6. **Absatz** III. „Aufrechnung".

Vgl. hierüber Art. 184c A.G. (jetzt § 221 Satz 2 H.G.B.) R.G. Bd. 6 S. 69, Bd. 18 S. 3, Bd. 19 S. 128; oben bei § 7 Erl. 6 und ferner § 105 Abs. 4. Und doch kann unter Umständen das sich ergebende thatsächliche Verhältniß der Aufrechnung gleichkommen, trotz des Verbots derselben, wenn die Forderung des Mitgliedes fällig ist und die Genossenschaft keinen Grund zur Zurückhaltung hat.

7. Zuwiderhandlungen.

Zuwiderhandlungen gegen die Vorschriften des § 22 haben zur Folge, daß die Rechtshandlungen und Rechtsgeschäfte ungültig sind; die Mitglieder des Vorstandes und Aufsichtsrathes machen sich nach §§ 34 Abs. 3, 41 Abs. 3 und 142 haftbar für die Auszahlung des Guthabens (Begr. I 110). Im Uebrigen kommen § 34 Abs. 3 und § 41 Abs. 3 zur Anwendung; in Abs. 3 daselbst ist nur der Auszahlung des Geschäftsguthabens gedacht, da die weiteren verbotenen Rechtsgeschäfte ungültig sind und daher keine Verminderung des Vereinsvermögens zur Folge haben.

§ 23.

Für die Verbindlichkeiten der Genossenschaft haften die Genossen nach Maßgabe dieses Gesetzes.

Wer in die Genossenschaft eintritt, haftet auch für die vor seinem Eintritt eingegangenen Verbindlichkeiten.

Ein den vorstehenden Bestimmungen zuwiderlaufender Vertrag ist ohne rechtliche Wirkung.

Ges. von 1868 § 12, Entw. I und II, Komm. 22, Rtg. 23. Art. 10 III. Einf.Ges. z. H.G.B. Begr. I 111, II 75.

1. **Zur Geschichte des § 23.**

Der § 23 entspricht dem § 12 des Ges. von 1868. Er stammt in der Fassung des Gesetzes von 1889 aus dem ersten Regierungsentwurf und enthielt als vierten Absatz:

> „Frauen können in Betreff der durch ihre Mitgliedschaft übernommenen Verpflichtungen sich auf die nach Landesgesetzen für sie geltenden Rechtswohlthaten nicht berufen."

Die Bestimmung ist nun gestrichen, da sie durch das B.G.B. gegenstandslos geworden ist.

a) **Absatz** I. Ueber die Bestimmung des alten Gesetzes und ihre Bedeutung vgl. oben § 7 zur Geschichte a und Erläuterung 1.

b) **Absatz** II und III. Die jetzigen Bestimmungen weichen mehrfach in der Fassung von denen des § 12 des Ges. von 1868 ab. Außerdem sind im Abs. 3 die Worte „gegen Dritte" gestrichen. Dieselben sind — wie es in der Begr. (I 111, II 75) heißt: „aus dem die offene Handelsgesellschaft betreffenden Art. 113 (jetzt § 130) des H.G.B. entnommen und haben dort einen guten Sinn; denn bei der offenen Handelsgesellschaft muß der eintretende Gesellschafter allerdings in der Lage sein, seinen Mitgesellschaftern gegenüber die Haftung für frühere Schulden auszuschließen, so daß hier nur Dritten gegenüber die Vereinbarung wirkungslos ist. Dagegen kann bei der Genossenschaft eine derartige Vereinbarung auch nicht mit Wirksamkeit zwischen dem eintretenden Genossen und der Genossenschaft zugelassen werden. Ein Schadlosversprechen, welches der eine Genosse persönlich einem andern ertheilt, wird durch die Bestimmung des Entwurfs natürlich nicht berührt."

II. **Erläuterungen zu § 23.**

1. **Absatz** I. „haften die Genossen" vgl. Einleitung IV A, Vorbemerkung zu § 98 und die zum Theil abweichende Ansicht von Birkenbihl-Maurer S. 145 ff.

Der § 12 Abs. 1 des Ges. von 1868 brachte den Umfang der Haftpflicht der Genossen zum Ausdruck, während hier nur der Grundsatz aufgestellt wird, daß die Genossen nach Maßgabe des Gesetzes, dieses **Gesetzes**, haften. Die spezielle Regelung der Haftpflicht findet sich im 7. und 8. Abschnitt. Während nach dem Ges. von 1868 die Frage aufgeworfen werden konnte, ob eine Genossenschaft auch eintragungsfähig sei, wenn in dem Statut eine andere Haftpflicht vereinbart war (vgl. Erl. 1 zu § 7), ist es jetzt außer Zweifel, daß weder durch Statut noch durch besondere Vereinbarung die Haftpflicht vermindert oder erweitert werden kann: die Haftpflicht bestimmt sich nach den drei im § 2 vorgesehenen Genossenschaftsarten.

2. **Absatz** II und III. Haftpflicht neu eintretender Genossen.

Das neu eintretende Mitglied übernimmt die Solidarhaft für die vor seinem Eintritt eingegangenen Verbindlichkeiten der Genossenschaft in gleicher Weise, wie für die bestehenden Gesellschaftsverbindlichkeiten das neue Mitglied einer offenen Handelsgesellschaft die Solidarhaft und der neue Kommanditist einer Kommanditgesellschaft die Haft seiner Einlage übernimmt (vgl. Birkenbihl-Maurer S. 150, Sicherer S. 231). Während aber bei den beiden letzteren Gesellschaften der neu eintretende Gesellschafter sich der Gesellschaft gegenüber durch einen Vertrag decken kann (§§ 130, 173 H.G.B.), denn nur Dritten gegenüber ist demselben Wirksamkeit genommen, wird bei der Genossenschaft eine derartige Vereinbarung auch nicht mit Wirksamkeit zwischen dem eintretenden Genossen und der Genossenschaft zugelassen.

3. zu dem früheren **Absatz** IV. Beschränkungen der Frauen vgl. § 43 Abs. 4 betr. Stimmrecht.

Nur wegen der durch die Mitgliedschaft übernommenen Verpflichtungen konnten sich Frauen nicht auf die nach den Landesgesetzen ihnen zustehenden Rechtswohlthaten berufen. Das Gleiche bestimmte § 12 Abs. 4 des Ges. von 1868. Inwiefern eine Frau berechtigt ist, selbstständig Mitglied einer Genossenschaft zu werden, bestimmt sich nach Güterrecht: regelmäßig wird die Genehmigung des Ehemannes erfordert. Ueber die Mitgliedschaft von Handelsfrauen vgl. § 15 S. 110.

Ueber Beschränkung der Ehemänner vgl. zweite Auflage S. 146. Bl.f.G. 1889 Nr. 17 u. 18, 1895 Nr. 16 u. 29.

Dritter Abschnitt.

Vertretung und Geschäftsführung.

Vorbemerkung.

Die §§ 24 bis 52 ordnen die Vertretung und Geschäftsführung, sie sind im Wesentlichen nachgebildet den Art. 227 ff. und Art. 224 ff. des A.G. vom 18. Juli 1884, jetzt

§§ 231 ff., 243 ff. H.G.B. und weichen nicht unerheblich von den die Genossenschaftsorgane behandelnden Vorschriften in §§ 17 bis 33 des Gesetzes von 1868 ab.

Die Organe der Genossenschaft sind:

1. der Vorstand,
2. der Aufsichtsrath,
3. die Generalversammlung.

Einsetzung weiterer „Organe" durch das Statut vgl. § 27.

§§ 24 bis 35 handeln von dem Vorstande, §§ 36 bis 41 von dem Aufsichtsrathe, §§ 43 bis 52 von der Generalversammlung, § 42 handelt von den Bevollmächtigten.

Der Vorstand hat: die gesetzliche Vertretung, der Aufsichtsrath: die Kontrole, die Generalversammlung ist der gesetzgebende Körper. Der Aufsichtsrath, nach dem Ges. v. 1868 fakultativ, ist jetzt obligatorisch, die Rechte der Mitglieder haben eine bedeutende Erweiterung erfahren. Die Obliegenheiten von Vorstand und Aufsichtsrath sind streng getrennt, sie stehen nebeneinander, d. h. sie sind koordinirt mit besonderen Rechten und Pflichten, es ist daher verfehlt, von der Ueberordnung des einen oder des andern Organs zu sprechen. Die Führung der Kontrole ist durchaus kein Merkmal der Ueberordnung.

Im Ges. von 1868 hatte der dritte Abschnitt die Ueberschrift: Von dem Vorstande, dem Aufsichtsrathe und der Generalversammlung. Die §§ 22 und 24 des Ges. von 1868, welche über die Leistung von Eiden durch den Vorstand und die Zustellungen an denselben Bestimmung treffen, sind wie der bisherige § 11 Abs. 2 (vom Gerichtsstand) „mit Rücksicht auf die Regelung dieser Frage in der Civilprozeßordnung weggelassen. (Begr. I 112.)

§ 24.

Die Genossenschaft wird durch den Vorstand gerichtlich und außergerichtlich vertreten.

Der Vorstand besteht aus zwei Mitgliedern und wird von der Generalversammlung gewählt. Durch das Statut kann eine höhere Mitgliederzahl sowie eine andere Art der Bestellung festgesetzt werden.

Die Mitglieder des Vorstandes können besoldet oder unbesoldet sein. Ihre Bestellung ist zu jeder Zeit widerruflich, unbeschadet der Entschädigungsansprüche aus bestehenden Verträgen.

Ges. von 1868 §§ 9 und 17, Entw. I und II, Komm. 23, Rtg. 24. Begr. I 112, II 77, Komm.Ber. 19 A.B. § 7.

I. Zur Geschichte des § 24.

Derselbe schließt sich dem § 17 des Ges. von 1868 an.

a) **Absatz** I. Der im Ges. von 1868 voranstehende Satz: „Jede Genossenschaft muß einen aus der Zahl der Genossenschafter zu wählenden Vorstand haben", ist in veränderter Gestalt in § 9 aufgenommen. S. Erläuterungen.

b) **Absatz** II. Von den hier und bei § 9 vorgenommenen Aenderungen des § 17 sind zwei von Schulze-Delitzsch in seinen Novellen beantragt: durch das Erforderniß der Doppelzeichnung wurde bedingt, daß der Vorstand aus zwei Mitgliedern bestehen muß, es war ferner der Annahme entgegenzutreten, daß die Vorstände zur Zeit der Wahl bereits Mitglieder der Genossenschaft sein müßten. — Daß auch eine andere Art der Bestellung der Vorstände als Wahl zulässig sei, ist von Schulze nicht vorgeschlagen.

II. Erläuterungen zu § 24.

1. **Absatz** I. Stellung des Vorstandes.

Bis zur Genossenschaftsgesetzgebung übertrug die Generalversammlung die Verwaltung einem aus dem Vorstande und Beisitzern bestehenden Ausschusse. Der Vorstand war für die Beschlüsse der Generalversammlung und des Ausschusses die ausführende Behörde. Er verpflichtete nicht die Genossenschaft, da diese keine Rechtspersönlichkeit besaß, sondern die Genossen, und zwar nur insoweit, als er in den Grenzen seiner Vollmacht handelte. Sobald die Genossenschaften Rechtspersönlichkeit erhielten, wurden in Betreff ihrer inneren Organisation die Bestimmungen des Handelsgesetzbuchs über Aktiengesellschaften als die am meisten den deutschrechtlichen Genossenschaften oder den Korporationen analog gestalteten Handelsgesellschaften auf sie angewandt. Der Vorstand wurde ein nothwendiges Organ der Genossenschaft, das dieselbe nach außen unbeschränkt vertritt, wenn es auch in seinen Beziehungen zur Genossenschaft durch Statut und Generalversammlung beliebig beschränkt sein kann (§ 27). Der Vorstand ist nicht mehr Bevollmächtigter — R.O.H.G. Bd. 13 S. 183, R.G. Bd. 7 S. 77, auch nicht Handlungsbevollmächtigter der Genossenschaft — sondern gesetzlicher Vertreter der mit juristischer Persönlichkeit versehenen Genossenschaft vgl. R.G. Bd. 3 S. 131; Urtheil vom 9. Februar 1889 in der Jurist. Wochenschrift 1889, S. 130: „Der Ausführung, daß die Mitglieder des Vorstandes . . . kraft ihrer Bestellung zu den einzelnen Genossenschaftern in ein Vollmachtsverhältniß oder doch in ein quasikontraktliches Verhältniß getreten sind, ist nicht zuzustimmen. Vorstand und Aufsichtsrath sind Organe der juristischen Person". Wenn daher in der Anleitung des Reichsversicherungsamtes vom 31. Oktober 1890, betr. den Kreis der nach dem Alters- und Invaliditätsgesetz versicherten Personen „die Vorstandsmitglieder von Aktien- und ähnlichen Gesellschaften" auch darunter bezogen sind, indem dieselben zu den Handlungsgehülfen und Betriebsbeamten gezählt werden, so beruht dies auf einer Verkennung der rechtlichen Stellung der Vorstandsmitglieder, dieselben sind weder Gehülfen noch Beamte, sondern gesetzliche Vertreter (vgl. auch unten Erl. 9 Bl.f.G. Nr. 40 von 1894, Nr. 10 von 1899). Aus der Stellung des Vorstandes als gesetzlichen Vertreters der Genossenschaft folgt, daß seine Mitglieder in Rechtsstreitigkeiten der Genossenschaft nicht Zeugniß ablegen können (ebenso Birkenbihl-Maurer S. 160), denn Zeugniß ist die Aussage einer dritten von den Prozeßparteien verschiedenen Person, welche über ihre Wahrnehmungen betreffs einer streitigen Thatsache Auskunft giebt (R.G. Bd. 17 S. 366), die Personen, welche die Partei in ihrem rechtlichen Auftreten darstellen, können daher nicht zugleich als Zeugen in diesem rechtlichen Auftreten dienen (R.G. Bd. 2 S. 400, Bd. 17 S. 367, Urtheil vom 23. Januar 1888 in Jurist. Wochenschrift S. 109 von 1888). Das Gleiche gilt für das Verwaltungsstreitverfahren. Das O.L.G. Colmar hat in dem Beschluß vom 28. März 1896 (Zeitschrift für Aktiengesellschaften 1898 S. 76) ausgesprochen, daß die Direktoren einer Bankgesellschaft zur Zeugniß-Verweigerung darüber berechtigt sind, ob der einer der Parteien gewährte Kredit im ganzen Umfange ausgenützt ist, da das zwischen einem Bankhause und dem Kunden bestehende Verhältniß ein Vertrauensverhältniß ist (§ 348 Z. 5 — jetzt § 383 Z. 5 C.P.O.). In Betreff sog. Vorstands-Stellvertreter unten Erl. 5. Die Genossenschaft hat nur einen Vorstand, in Betreff des sog. Filialkassenvorstandes § 27 Erl. 4, § 14 Erl. 1.

„Es genügt zur Erfüllung der gesetzlichen Bestimmung, daß jede Aktiengesellschaft einen Vorstand haben muß, nicht, daß eine Person oder mehrere als Vorstand bezeichnet und mit der Vertretung der Aktiengesellschaft betraut werden. Der Vorstand muß in der That Organ der Aktiengesellschaft d. h. Werkzeug sein, durch welches dieselbe ihren Willen zum Vollzug bringt. Die Aktiengesellschaft muß daher die Möglichkeit haben,

daß er gemäß ihrem Willen handelt" (R.G. Bd. 3 S. 129); die gleichen Grundsätze gelten für die Genossenschaft, und würde daher ein Vorstand z. B. dann nicht vorhanden sein, wenn derselbe verpflichtet ist, nach den Anweisungen Dritter z. B. einer Behörde zu handeln.

2. Gerichtliche und ähnliche Vertretung.

Der Vorstand hat die Prozesse zu führen, die Genossenschaft vor den Behörden zu vertreten (Legitimation § 26 Abs. 2); er hat die Eide für die Genossenschaft nach Maßgabe der §§ 473, 474 C.P.O. zu leisten; in Folge der diesbezüglichen Vorschriften ist § 22 Ges. von 1868 nicht aufgenommen; § 24 a. a. O., der von den Zustellungen handelte, ist durch § 171 C.P.O. ersetzt, wonach zur Wirksamkeit der Zustellung in gerichtlichen Angelegenheiten die Zustellung an einen Vertreter genügt, wenn mehrere vorhanden sind. So auch das Kammergericht (für Akt.-Ges.) in dem Beschluß vom 2. Februar 1897 (Zeitschrift für das gesammte Aktienwesen 1897 S. 151), daselbst wurde auch der zutreffende Grundsatz aufgestellt, daß die Zustellung an Vorstandsmitglieder ordnungsmäßig im Geschäftslokal der vertretenen Gesellschaft erfolgt (§ 183 C.P.O.), da sie in ihrer Eigenschaft als Vertreter wie Gewerbetreibende zu betrachten sind. Durch § 184 C.P.O. ist die Frage (Einschiebung des Wortes „Vereins") außer Zweifel gestellt. Für die Zustellung an Aufsichtsrathsmitglieder (§ 51) aber gilt nicht § 184 C.P.O., da sie nicht gesetzliche Vertreter sind, die Zustellung erfolgt nach § 180 C.P.O. (a. a. O.). Mit Bezug auf den Wechsel-Protest bei Aktiengesellschaften mit Kollektivvertretung hat das R.G. (Bd. 24 S. 86) Folgendes angenommen: „Ermittelt der mit der Protestaufnahme beauftragte Beamte innerhalb der Geschäftslokalitäten diejenige Stelle, welche dazu bestimmt ist, daß an ihr die Zahlungsbegehren auf Wechsel entgegengenommen werden, und nimmt hier eine Person, die sowohl der Kassirer der Bank ist, wie auch dem Vorstande derselben angehört, so daß sie präsumptiv an der Geschäftsleitung der Bank theilnimmt, das Zahlungsbegehren entgegen und ertheilt eine Antwort, die sich als auf Kenntniß der Sachlage und auf eine Befugniß zur Erklärung beruhend darstellt, so darf der Beamte annehmen, daß diese Person zur Entgegennahme und Beantwortung des Begehrens ermächtigt ist."

Der Vorstand ist berechtigt, Strafantrag wegen verleumderischer Beleidigung der Genossenschaft zu stellen. Vgl. A.V. § 6, § 7 Abs. 1 betr. Anzeigen zum Register — § 17 Erl. 1 über die sich aus der Rechtspersönlichkeit der Genossenschaft für die gerichtliche Vertretung des Vorstandes ergebenden Folgen.

Das Gesetz bezeichnet folgende besonderen Pflichten des Vorstandes:

1. Anmeldung des Statuts und der Mitglieder des Vorstands beim Gericht behufs Eintragung in das Genossenschaftsregister (§§ 11, 157);
2. Beachtung der Bestimmungen in §§ 8 Abs. 2, 14, 15 und 16;
3. Anmeldung jeder Aenderung im Bestande des Vorstandes (§§ 28, 29);
4. Führung eines Verzeichnisses der Genossen (§ 30);
5. Sorge für Buchführung, Veröffentlichung der Bilanz und der Mitgliederbewegung, Einreichung der Bekanntmachungen (§ 33);
6. Einberufung der Generalversammlung (§§ 44, 45 Abs. 1);
7. Eintragung der Beschlüsse der Generalversammlung in das Protokollbuch (§ 47), Offenlegung der Bilanz (§ 48 Abs. 2);
8. Antrag auf Bestellung des Revisors (§ 61 Abs. 2);
9. Vertretung der Genossenschaft bei einer Anfechtungsklage (§ 51);
10. Verpflichtungen gegenüber dem Revisor und Einreichung der Revisionsbescheinigung an das Gericht (§ 63);
11. Verpflichtungen mit Bezug auf das Ausscheiden von Mitgliedern (§§ 69, 76 Abs. 2, 77);

12. Anmeldung der freiwilligen Auflösung (§ 78 Abs. 2), des Zeitablaufs (§ 79 Abs. 2), Bekanntmachung der Auflösung nach Maßgabe des § 82 Abs. 2;

13. Vornahme der Liquidation (§ 83 Abs. 1), Anmeldung der ersten Liquidatoren (§ 84);

14. Antrag auf Eröffnung des Konkursverfahrens (§§ 99, 100, 140), Einberufung der Generalversammlung im Falle des Konkurses (§ 104), Unterstützung des Konkursverwalters (§ 117);

15. Einberufung der Generalversammlung nach § 121;

16. Anmeldung des Herabsetzungsbeschlusses (§ 133) und der Umwandlung einer Genossenschaft (§ 143);

17. Einreichung der Erklärung über Betheiligung auf einen weiteren Geschäftsantheil (§ 137).

Ueber die Form der durch den Vorstand vorzunehmenden Anmeldungen § 157.

In der Prozeßführung gegen Mitglieder des Vorstandes hat der Aufsichtsrath die gerichtliche Vertretung (§ 39). In den Fällen des § 51 haben Vorstand und Aufsichtsrath die gerichtliche Vertretung. Für Prozesse gegen Aufsichtsrathsmitglieder ist § 39 Abs. 3 maßgebend.

3. Außergerichtliche Vertretung.

§ 20 Abs. 2 des Ges. von 1868 bestimmte, daß die Befugnisse des Vorstandes zur Vertretung der Genossenschaft sich auch auf diejenigen Geschäfte beziehen, zu denen nach den Gesetzen eine Spezialvollmacht erforderlich ist, es ist dies als selbstverständlich fortgelassen. Den Umfang der Prozeßvollmacht bestimmt § 81 C.P.O. Vgl. § 27: die Vertretung ist Dritten gegenüber unbeschränkt und unbeschränkbar. Beim Abschluß des Anstellungsvertrages mit Vorstandsmitgliedern ist der Aufsichtsrath der Vertreter der Genossenschaft (§ 39). Kein Vorstandsmitglied kann von der Vertretung ausgeschlossen werden (§ 25 Erl. 1). Die Wahl von sog. „Ehren-Vorstandsmitgliedern" verbietet sich dadurch, daß kein Vorstandsmitglied von seinen Verpflichtungen befreit werden kann. Ueber die Haftung der Genossenschaft für Handlungen des Aufsichtsraths vgl. § 39 Erl. 1.

4. Kontrahiren der Vorstandsmitglieder als Vertreter der Genossenschaft mit sich selbst oder als Vertreter Dritter.

Das Gesetz enthält keine Bestimmung darüber, ob Vorstandsmitglieder auch bei denjenigen Geschäften mitwirken können, bei denen sie interessirt sind (vgl. § 43 Abs. 3); bei Gelegenheit der Behandlung der Frage der Kreditgewährung an Vorstandsmitglieder heißt es in der Begr. II S. 81: „Hierbei darf das Vorstandsmitglied, welchem der Kredit gewährt werden soll, nicht mitstimmen", und in der Kommission erklärten die Regierungsvertreter auf die Frage, „ob, wenn der Vorstand nur aus zwei Mitgliedern bestehe und in Folge dessen das eine Beleihung nachsuchende Vorstandsmitglied als mitwirkend ausscheide, der Aufsichtsrath als einziges verantwortliches Organ fungiren könne", daß dies zu verneinen, „daß alsdann ein Stellvertreter des zu beleihenden Vorstandsmitgliedes in Funktion zu treten habe". Gesprochen ist hier nur von dem inneren Vorgang des „Mitstimmens", nicht von der äußeren Vertretungsbefugniß eines Vorstandsmitgliedes, das für die Genossenschaft mit sich selbst kontrahirt. Mangels einer besonderen gesetzlichen Bestimmung sind hier die allgemeinen Rechtsgrundsätze entscheidend. Es ist rechtlich zulässig, daß ein Vorstandsmitglied für die Genossenschaft mit sich selbst oder in dieser Eigenschaft mit sich selbst als Stellvertreter eines Dritten einen Vertrag abschließt (R.G. Bd. 6 S. 11, Bd. 7 S. 119, Jurist. Wochenschrift S. 154 von 1889, an letzterer Stelle ist auch die einschlägige Literatur angegeben; vgl. Gierke S. 711, Förster-Eccius I § 74). Nur wenn das Vorstandsmitglied seine Stellung dazu benutzt, um den Vertrag unter Hintansetzung des Interesses der Genossenschaft zu seinem alleinigen Vortheil abzuschließen, ist die Genossenschaft berechtigt, wegen Arglist den Vertrag anzufechten. Das Vorstandsmitglied, das dabei absichtlich zum Nachtheil der Genossenschaft handelt (§ 146) macht sich strafbar (R.G. Strafsachen Bd. 26 S. 136). Die Genossenschaft hat zu beweisen, daß das Vorstandsmitglied ihre Interessen wissentlich benachtheiligt hat (R.G. Bd. 6 S. 17). Es ist nicht unbedingt nothwendig, daß in jeder Kreditentnahme durch ein Vorstandsmitglied eine Interessen-Kollision liegt. Ob daher ein Vertrag, bei dem ein Vorstandsmitglied als Kontrahent mitgewirkt hat, anfechtbar ist, ist Thatfrage, vgl. § 25.

Eine Selbstbevollmächtigung liegt nicht in dem Falle vor, daß unter den Mitgliedern des Vorstandes, welche die Vollmacht eines Vorstandsmitgliedes ausstellen, sich eben dieses bevollmächtigte Vorstandsmitglied befindet. Die Verfügung des Reichspostamts, nach welcher dann eine unzulässige Selbstbevollmächtigung vorliegen soll (vgl. Nr. 21 Bl.f.G. von 1893), ist nach dem Gesetze daher unhaltbar. So auch Birkenbihl-Maurer S. 162, 194; vgl. Entscheidung des Landgerichts Braunschweig vom 10. März 1898 (Bl.f.G. 1898 Nr. 26). — Dagegen dann aber wieder der Bescheid des Reichspostamts vom 2. Juli 1898 (Bl.f.G. 1898 Nr. 31), in dem das Reichspostamt an seiner Auffassung festhält. Es bevollmächtigt das Vorstandsmitglied nicht sich selbst, sondern es wird von dem Vorstande bevollmächtigt.

5. **Absatz** II. Zahl der Vorstandsmitglieder.

Abweichend von § 17 des Ges. von 1868 bestimmt das Gesetz, daß der Vorstand aus mindestens zwei Mitgliedern bestehen muß; nach dem Ges. v. 1868 war es möglich, daß die Genossenschaft ein Vorstandsmitglied hatte. „Eine derartige Einrichtung läßt sich bei der unbeschränkten Vertretungsbefugniß des Vorstandes und den Folgen, welche aus derselben für die einzelnen Genossen entstehen können, nicht rechtfertigen. Der Entwurf schreibt daher vor, daß der Vorstand aus mindestens zwei Mitgliedern bestehen muß (§ 24) und daß die Mitwirkung von mindestens ebensoviel Vorstandsmitgliedern zu allen rechtsverbindlichen Erklärungen für die Genossenschaft erforderlich ist*) (§ 25)." — So Begr. I 112, II 75. In Folge dieser Vorschrift ist jeder Genossenschaft zu empfehlen, drei Vorstandsmitglieder anzustellen, weil andernfalls, wenn eins der zwei Vorstandsmitglieder verhindert wäre, die Genossenschaft ihre Thätigkeit einstellen müßte, bis für Stellvertreter gesorgt ist, welche in das Genossenschaftsregister einzutragen und bei Beendigung der Vollmacht zu löschen sind (§ 29). Die Genossenschaft kann sich in der Regel auch nicht damit helfen, daß sie sog. „Stellvertreter" im Voraus bestellt, denn das Gesetz läßt eine Bestellung von Vorstandsmitgliedern für bestimmte Fälle nicht zu (§ 27 A.V. § 19 Abs. 3), und für die gesetzlichen Pflichten des Vorstandes, z. B. des § 33, würden auch diese „Stellvertreter" mitverantwortlich sein. Werden aber Stellvertreter eingesetzt, was gesetzlich zulässig ist, da es auf die Bezeichnung der Vorstandsmitglieder nicht ankommt, so werden sie vollberechtigte und vollverpflichtete Vorstandsmitglieder und alle für sie durch Statut oder Geschäftsanweisung gegebenen Beschränkungen gelten nur der Genossenschaft gegenüber.

Zweifel können darüber entstehen, ob das Statut, wenn es eine Bestimmung über die Anzahl der Mitglieder von Vorstand und Aufsichtsrath trifft — was nicht erforderlich ist, falls es bei der gesetzlichen Mindestzahl bleiben soll (§ 24 Abs. 1,

---

*) Vgl. Beschluß des Allgem. Vereinstags zu Plauen 1887, worin die schon von Schulze-D. vorgeschlagene Aenderung dahin, „daß der Vorstand jeder Genossenschaft aus mindestens zwei Mitgliedern bestehen muß, welche Mitglieder der Genossenschaft sein müssen, und daß die Zeichnung von mindestens zwei Vorstandsmitgliedern geschehen muß", aufgenommen wurde. (Vgl. Mittheilungen über den 28. Allgem. Vereinstag 2c., S. 86 u. 141.)

§ 36 Abs. 1) — dann eine bestimmte Zahl angeben muß oder einen Spielraum lassen darf, z. B. 5 bis 7 Aufsichtsrathsmitglieder. Für die mit dem § 36 Abs. 1 gleichlautende Bestimmung des Art. 191 Abs. 1 A.G. (jetzt § 243 H.G.B.), ist dies allgemein angenommen, und in Betreff der Vorstandsmitglieder hat das Kammergericht (Johow, Entsch. Bd. 10 S. 37) sogar angenommen, daß im Statut die Zahl der Aufsichtsrathsmitglieder nicht Ausdruck zu finden brauche. Letzteres kann wegen des Wortlauts von § 36 Abs. 1 für Genossenschaften allerdings nicht anerkannt werden, dagegen erscheint es zulässig, daß das Statut für die Anzahl der zu bestellenden Mitglieder von Vorstand und Aufsichtsrath einen Spielraum läßt — für zweckmäßig kann dies für Genossenschaften freilich keineswegs erachtet werden —, es steht der Genossenschaft frei, „eine höhere (als die gesetzliche) Zahl" im Statut vorzusehen, damit ist nicht ausgeschlossen, daß das Statut einen Spielraum angiebt. Schulze-Delitzsch hatte für alle Arten Genossenschaften in den Musterstatuten drei Vorstandsmitglieder (vgl. Parisius S. 286 bis 288), Raiffeisen fünf Vorstandsmitglieder empfohlen.

6. Wahl und Bestellung.

Ueber die Bestellung des ersten Vorstandes § 11 Erl. 4.

§ 17 des Gesetzes von 1868 verlangte, daß der Vorstand aus der Zahl der Genossenschafter zu wählen sei. Das Gesetz geht auch zunächst von der Wahl aus, überläßt aber dem Statut, eine andere Art der Bestellung anzuordnen (vgl. § 231 H.G.B.). Ueber die Bedingung, daß die Vorstandsmitglieder Genossen sein müssen § 9 Erl. 3. In der Kommission des Herrenhauses war zum preuß. Gen.Ges. von 1867 der Antrag gestellt, durch Fortlassung der Vorschriften über die obligatorische Wahl es zu ermöglichen, „daß die Stifter einer Genossenschaft, welche etwa bei dieser Stiftung humane Zwecke verfolgten, sich einer Wahl nicht zu unterziehen brauchten". Die Kommission verwarf den Antrag, nicht weil sie diese schließlich auch auf einen bei Aktiengesellschaften vorgekommenen Gründer-Unfug hinauslaufende Möglichkeit nicht zulassen wollte, sondern weil die Gründer dasselbe dadurch erreichen könnten, daß sie sich zunächst zu Vorständen wählten und dann erst Andere als Theilnehmer zuzögen (Parisius S. 280). — Zur Rechtfertigung der jetzigen Vorschriften über Bestellung des Vorstandes ist in den Begr. (I 112, II 76) folgendes gesagt: „Außerdem bestimmt der § 23, daß die Mitglieder des Vorstandes durch die Generalversammlung zu wählen sind. Eine absolute Vorschrift, wie sie in Betreff des Aufsichtsraths (vgl. § 35) angezeigt ist, erscheint hier jedoch nicht am Platze, denn ähnlich, wie bei den Aktiengesellschaften, kann sich auch für die Genossenschaften unter Umständen eine andere Art der Bestellung des Vorstandes empfehlen und muß deshalb der statutarischen Festsetzung vorbehalten bleiben. Dies gilt insbesondere von der bei manchen Genossenschaften bestehenden Einrichtung, wonach die Generalversammlung bei ihrer Wahl auf die seitens des Aufsichtsraths vorgeschlagenen Personen beschränkt ist. Für eine solche Einrichtung lassen sich beachtenswerthe Gründe anführen; trotzdem erscheint es bei der Verschiedenartigkeit der in Betracht kommenden Genossenschaften und ihrer Verhältnisse nicht angezeigt, dieselbe ohne weiteres zur gesetzlichen Regel zu machen".

In der Kommission ist die Zulassung anderer Arten der Bestellung als durch Wahl nicht bemängelt.

Aus den bisherigen Erfahrungen ist Folgendes mitzutheilen: vgl. die Aufsätze von Crüger über die Wahl der Vorstandsmitglieder in Nr. 1 und 3 Bl.f.G. von 1893, Schulze-Delitzsch-Crüger S. 101 ff., Oppermann-Häntschke S. 43 ff.

a) Das Ges. von 1868 hatte die Wahl vorgeschrieben, also jede andere Art der Bestellung ausgeschlossen, aber nicht bestimmt, wer zu wählen habe. Vor dem Genossenschaftsgesetze war es, namentlich bei Konsumvereinen, gebräuchlich, daß die Generalversammlung eine so große Anzahl Personen, als den Vorstand und den Aufsichtsrath bilden, ohne Unterscheidung ihrer Funktionen in einem Wahlgange wählte und die Gewählten in ihrer ersten Sitzung die Funktionen unter sich vertheilten, indem sie zuerst die einzelnen Vorstandsmitglieder in besonderen Wahlgängen wählten und die übrig bleibenden dann den Aufsichtsrath bildeten. Diese Mischung von mittelbarer und unmittelbarer Wahl konnte allenfalls zulässig erscheinen, so lange Vorstand und Aufsichtsrath noch nicht streng geschieden waren, spätere Beibehaltung mußte zu Mißständen führen. Jetzt würde dies Verfahren, nicht wegen § 24, sondern wegen § 36 unzulässig sein. — Es ist vorgekommen und vom Registerrichter nicht beanstandet, daß bei einer von einer gemeinnützigen Gesellschaft aus ihren Mitgliedern und für dieselben gegründeten eingetragenen Genossenschaft der Vorstand der letzteren von jener Gesellschaft „gewählt" wurde.

b) Im Allgemeinen war bei den Genossenschaften anfänglich unbeschränkte direkte Wahl durch die Generalversammlung Regel. Wo in größeren Genossenschaften Vorstandsmitgliedern zugleich die technische Leitung, die eigentliche genossenschaftliche Geschäftsführung überwiesen ist, und namentlich wenn mit dem Amte ein auskömmliches oder gutes Gehalt verbunden ist, bietet die unbeschränkte direkte Wahl durch die Generalversammlung die Gefahr, daß in Folge persönlicher Agitationen unfähige Personen gewählt werden. Die Wahl lediglich dem Aufsichtsrath zu übertragen, ist nicht minder bedenklich. Die Frage ist wiederholt auf Anregung der Anwaltschaft (Schulze 1873, Schenck 1884) auf allgemeinen Vereinstagen verhandelt. In Uebereinstimmung mit einem Beschluß in Konstanz 1873 wurde 1884 in Weimar den Genossenschaften empfohlen, die Mitglieder des Vorstandes nur auf Vorschlag des Aufsichtsraths durch die Generalversammlung wählen zu lassen. Der Aufsichtsrath hat darnach nur jedesmal eine Person vorzuschlagen, und wenn dieselbe von der Mehrheit verworfen ist, in derselben oder in einer folgenden Generalversammlung so lange andere geeignete Personen vorzuschlagen, bis eine derselben die Mehrheit erlangt. Obschon in der Begründung der Vorlage abgelehnt war, diese Einrichtung zur gesetzlichen Regel zu machen, so beantragte in der Reichstagskommission der Abg. Dr. Scheffer-Schlochau, der als Landrath in seinem Kreise eine Anzahl Raiffeisenscher Kassen gegründet hat, in den ersten Satz des Absatzes 2 die Worte „auf Vorschlag des Aufsichtsraths" einzuschieben, um dadurch zu verhindern, daß in Folge von Ueberrumpelung oder Mangel an Personenkenntniß ganz ungeeignete Personen gewählt würden. Der Antrag wurde aber abgelehnt, nachdem von dem Vertreter des Bundesraths bemerkt war, daß er auf ausdrücklichen Wunsch der gehörten Sachverständigen aus dem ersten Entwurf gestrichen sei, weil er in manchen Fällen doch zu einer ungerechtfertigten Beschränkung der Generalversammlung führen könne.

c) Das preußische Genossenschaftsgesetz und das Ges. von 1868 hatten mit vollem Bedacht Wahl der Vorstandsmitglieder vorgeschrieben, wie Parisius S. 184 und 196 bezeugt: „Es kann kein erbliches oder durch Behörden zu besetzendes Amt werden, auch durch Reihenfolge oder Loos (was bei kleinen Produktiv- oder Rohstoffgenossenschaften denkbar wäre) darf die Person der Vorsteher nicht bestimmt werden." Nach dem Wortlaut des § 24 ist künftig gestattet, jede Art der Bestellung des Vorstandes durch Statut einzuführen, z. B. Wahl durch den Aufsichtsrath, Ernennung durch eine Staats- oder Gemeindebehörde, durch den Landrath oder Bürgermeister, man kann die Vorstandsmitgliedschaft die Reihe herumgehen oder durch das Loos bestimmen lassen, oder an ein bestimmtes Amt in der Gemeinde, an den Besitz eines bestimmten Grundstücks knüpfen, man kann dem Besitzer der größten am Weinbau oder der Obstlieferung für die Genossenschaft betheiligten Grundfläche, ja auch dem Besitzer der größten Zahl betheiligter Milchkühe oder Zuchtthiere eine Stelle im Vorstande vorbehalten. Selbst Wahl auf Lebenszeit ist zulässig, wenn dies auch mit der jederzeitigen Widerruflichkeit

— Abs. 3 — wohl in einem inneren Widerspruch steht. Bei Genossenschaften, deren Geschäftsbetrieb konzessionspflichtig ist (§ 1 Erl. 5) z. B. bei Versicherungsgesellschaften (vgl. § 1 Erl. 5 Anm.) ist es vorgekommen, daß sich die Verwaltungsbehörde ein Bestätigungsrecht der gewählten Vorstandsmitglieder vorbehielt (vgl. R.G. Bd. 3 S. 129 und oben Erl. 1).

Für kein Mitglied der Genossenschaft besteht eine Verpflichtung zur Annahme des Amtes.

Die Vorstandsmitglieder müssen physische Personen sein (§ 9 Erl. 4), sie brauchen nicht aus den Genossen gewählt zu werden (§ 9 Erl. 3). Handlungsfähigkeit ist selbstverständlich Voraussetzung, das Statut kann die Wählbarkeit von besonderen Voraussetzungen abhängig machen (§ 9 Erl. 1 u. 3), deren späterer Wegfall dann gleichzeitig auch das Ende der Funktion als Vorstandsmitglied herbeiführen würde, und wie eine Beendigung der Vollmacht nach § 29 behandelt werden müßte (unten Erl. 7, Proebst S. 131).

Für Reichsbeamte bestimmt § 16 des Gesetzes vom 31. März 1873 1. daß dieselben für die Uebernahme eines Nebenamtes, mit welchem eine fortlaufende Remuneration verbunden ist, der Genehmigung bedürfen; 2. daß die Genehmigung zu versagen ist für den Eintritt in den Vorstand und Aufsichtsrath „einer jeden auf Erwerb gerichteten Gesellschaft", sofern die Stelle mittelbar oder unmittelbar mit einer Remuneration verbunden ist. Wenn Maurer S. 145 und Joël S. 511 hieraus ein allgemeines Verbot für Genossenschaften herleiten, so lassen sie unbeachtet, daß nicht alle Genossenschaften auf Erwerb gerichtet sind, daß dies nicht bei denjenigen distributiven Genossenschaften (Vorschuß-, Konsum-, Rohstoff- u. dgl. Vereinen) der Fall ist, welche ihren Geschäftsbetrieb auf den Kreis der Mitglieder beschränken (vgl. § 8 Erl. 6c), hier kann also die Genehmigung ertheilt werden. (So auch jetzt Birkenbihl-Maurer S. 153.)

Für die Beamten der Bundesstaaten entscheiden die Landesgesetze. In Preußen bestimmt die A.K.O. vom 13. Juli 1839, daß Staatsbeamte ein Nebenamt, mit welchem fortlaufende Remuneration verbunden ist, nur mit Genehmigung übernehmen dürfen; das Gesetz vom 10. Juni 1874 verbietet für die unmittelbaren Staatsbeamten die Mitgliedschaft im Vorstand und Aufsichtsrath von Aktien-, Kommandit- und Bergwerks-Gesellschaften, wenn dieselbe mit einer Remuneration verbunden ist. Für Genossenschaften besteht ein solches Verbot nicht, es bedarf daher in Preußen für Staatsbeamte in allen Fällen nur der Genehmigung, wenn die Stelle bei der Genossenschaft mit fortlaufender Remuneration verbunden ist, im anderen Fall kann dieselbe auch ohne Genehmigung übernommen werden. Ueber die Annahme von mit fortlaufender Remuneration verbundenen Nebenämtern durch Kommunal-Beamte entscheidet in Preußen die vorgesetzte Dienstbehörde (Magistrat bezw. Regierung).

Ueber die Ausschließungsgründe bei Wahl von Vorstands- und Aufsichtsrathsmitgliedern, insbesondere für Rechtsanwälte — vgl. Wochenschrift für Aktienrecht 1895 S. 7 ff. — über Notare als Vorstands- und Aufsichtsrathsmitglieder Bl.f.G. 1895 S. 184. Zulässig sind verwandtschaftliche Beziehungen unter den Vorstandsmitgliedern oder unter diesen und Aufsichtsrathsmitgliedern, doch sind zu enge Beziehungen gewiß nicht im Interesse der Genossenschaft gelegen.

Gerade die Gewährung völliger Freiheit in der statutarischen Festsetzung der Art der Vorstandsbestellung kann leicht dazu beitragen, Gesellschaften mit unentgeltlich ihr Amt verwaltenden Vorstandsmitgliedern zu verleiten, die genossenschaftliche Form zu wählen, wo sie nicht paßt. Jedenfalls ist zu wünschen, daß die Genossenschaften von jener Freiheit keinen Gebrauch machen, sondern dem auf langjährige Erfahrung begründeten Rath der allgemeinen Vereinstage folgen und die Vorstandsmitglieder durch die Generalversammlung auf Vorschlag des Aufsichtsraths wählen lassen.

7. Anstellung.

Der Gewählte hat ein Klagerecht auf Anstellung (R.O.H.G. Bd. 17 S. 111), doch kann die Genossenschaft nach Maßgabe des Abs. 3 jederzeit zurücktreten, was den Vertrag freilich nicht berührt (Erl. 9). Die Auflösung der Genossenschaft ist ebenso zu behandeln wie ein Widerruf, der Vertrag bleibt unberührt (vgl. a. A. bei Birkenbihl-Maurer S. 155 — Erl. 9 am Ende.) Nach § 39 des Gesetzes ist der Aufsichtsrath ermächtigt, die Genossenschaft bei der Anstellung der Vorstandsmitglieder zu vertreten. Der Anstellungsvertrag fällt unter die Geschäfte, welche die Genossenschaft mit Dritten abschließt (vgl. R.O.H.G. Bd. 14 S. 91). Zulässig ist auch, daß die im Amte verbleibenden Vorstandsmitglieder, falls dieselben noch rechtsverbindliche Erklärungen abgeben können, mit dem neu hinzutretenden Vorstandsmitgliede den Anstellungsvertrag abschließen. Ebenso Birkenbihl-Maurer S. 194. Im Zweifel wird die Vereinbarung über Gehalt u. s. w. zwischen dem neuen Vorstandsmitgliede und dem Aufsichtsrathe zu treffen sein, da letzterer für den Abschluß des Vertrages nach dem Gesetze die Vertretung der Genossenschaft hat (§ 39). Die Vertheilung der Geschäfte unter den Vorstandsmitgliedern ist eine interne Angelegenheit der Genossenschaft, und, falls das Statut oder Geschäftsordnung dieselben nicht ergeben, im Anstellungsvertrage zu ordnen. Insofern es sich um Angelegenheiten handelt, deren Ausführung das Gesetz dem Vorstande überträgt, sind sämmtliche Vorstandsmitglieder trotz der Arbeitstheilung verantwortlich. Das Gleiche gilt von der Geschäftsführung, insoweit nicht durch den Gesellschaftsvertrag bestimmte Zweige derselben einzelnen Vorstandsmitgliedern zugewiesen sind (R.G. Bd. 12 S. 76) — § 25 Erl. 2, § 34 Erl. 3. Was die Natur des Vertrages anlangt, so treten wir der Ansicht Maurers (S. 157ff.) bei, daß derselbe als Dienstvertrag anzusehen ist (vgl. R G. Bd. 7 S. 77). Die Beendigung der Funktion als Vorstandsmitglied tritt ohne Weiteres ein, wenn dasselbe der Voraussetzungen verlustig geht, an welche Gesetz oder Statut die Wahl in den Vorstand knüpfen, z B. Verlust der Mitgliedschaft (§ 9, § 68 Abs. 4: Ausschluß); trifft das Vorstandsmitglied hierbei ein Verschulden, so wird es der Genossenschaft schadensersatzpflichtig. (Proebst S. 131. Birkenbihl Maurer S. 153.)

In Betreff der Berechnung der Tantièmen vgl. R.G. Bd. 11 S. 163, Bd. 22 S. 165, R.O H G. Bd. 22 S. 281, Parisius u. Crüger, Gesetz betr. G.m.b.H. S. 159, Bl.f.G. 1898 Nr. 47, § 7 Erl. 9. Das H G.B. § 236 verbietet den Mitgliedern des Vorstandes, ein Handelsgewerbe zu betreiben oder in dem Handelszweige der Gesellschaft Geschäfte zu machen (vgl. früher A.G. Art. 232, 196a); das Genossenschaftsgesetz enthält ein solches Verbot nicht und konnte es nicht aufnehmen, wollte es nicht die Entstehung vieler Genossenschaften unmöglich machen. Ein solches Verbot müßte also vertragsmäßig vorgesehen werden.

8. Absatz III. Besoldung.

Während die Raiffeisenschen Darlehnskassen als Regel unbesoldete Vorstandsmitglieder und einen besoldeten Rechner haben, werden nur bei kleinen Schulze-Delitzschen Genossenschaften die Vorstandsgeschäfte im Ehrenamt wahrgenommen, es ist dann aber auch kein besoldeter Rechner angestellt. Größere Vereine besolden die Vorstandsmitglieder nach dem Umfange ihrer Thätigkeit. Neben einem angemessenen festen Gehalt wird meist eine geringe Tantième geboten. Für die Vorschußvereine ist auf dem Allgem. Vereinstage zu Bremen (1870) beschlossen: sobald Charakter und Umfang der Vereinsgeschäfte zu bankmäßiger Entwickelung drängen und Zeit und Kraft der bei der Verwaltung betheiligten Vorstandsmitglieder in einem Grade in Anspruch nehmen, welche lohnende Nebenbeschäftigung ausschließt, denselben ein auskömmliches, der Mühewaltung entsprechendes, festes Gehalt zu gewähren, dagegen die Tantième von Gewinn oder Umsatz zu beschränken. Auf die Verantwortung der Vorstandsmitglieder ist die Besoldung ohne Einfluß. Das Gehalt ist nicht ein Aequivalent für die in einer bestimmten Zeit geleisteten Dienste; als Leistung und Gegenleistung stehen sich vielmehr gegenüber: die Uebernahme des die Thätigkeit des Vorstandsmitgliedes beanspruchenden Dienstberufs und der Genuß des auf die vertragsmäßige Dienstzeit zugesicherten Einkommens. Dieser für die Vorstandsmitglieder von Aktiengesellschaften ausgesprochene Grundsatz (R.O.H.G. Bd. 19 S. 61) trifft auch bei den Genossenschaften zu; hieraus folgt, daß, im Falle ein Vorstandsmitglied krank wird, dasselbe, auch wenn es nicht im Stande ist, ferner Funktionen auszuüben, so lange einen Anspruch auf das volle Gehalt hat, bis es seiner Stelle enthoben ist (R.O.H.G. a. a. O.). Ueber die Höhe der Unkosten bei den verschiedenen Genossenschafts-Systemen vgl. Bl.f.G. 1896 Nr. 1 und Jahrbuch des Anwalts des Allgemeinen Verbandes der deutschen Erwerbs- und Wirthschaftsgenossenschaften für 1897 S XXII.

9. Dauer der Bestellung des Vorstandes und Widerruflichkeit.

Die Vorstandsmitglieder werden in den Genossenschaften in der Regel auf drei Jahre oder auf Kündigung (§ 27 Erl. 4) gewählt. Schon der 14. Allgem. Vereinstag zu Konstanz 1873 hat nicht blos den Vorschußvereinen, sondern allen denjenigen Genossenschaften, welche die Periode der ersten Entwickelung zurückgelegt haben, empfohlen, die Vorstandsmitglieder (ebenso wie die Mitglieder des Aufsichtsraths) auf mehrjährige Dauer zu wählen und einen Wechsel in den Personen derselben nur theilweise eintreten zu lassen. Mehrfach, auch von Schulze, ist jedoch dabei hervorgehoben, daß, wenn ein Vorstandsmitglied auf längere Zeit an die Genossenschaft gefesselt werden soll, die Anstellung auf gegenseitige sechsmonatliche Kündigung als das geeignetste Mittel erscheint. In den Musterstatuten hat Schulze-Delitzsch für Rohstoffgenossenschaften und für Genossenschaften für industrielle Produktion mit stärkerer Mitgliederzahl von vornherein die Wahl der Vorstandsmitglieder (Obmann, Lagerhalter, Kassirer) auf beiderseits halbjährige Kündigung vorgeschlagen (Schulze, Genoss. in einzelnen Gewerbezweigen S. 115, 339 und Parisius S. 287 und 288). Der 25. Allgem. Vereinstag zu Weimar 1884 hat allen Genossenschaften empfohlen, in den Statuten Bestimmungen zu treffen, daß die Vorstandsmitglieder abwechselnd einer Neuwahl unterliegen, damit ein gleichzeitiges Ausscheiden sämmtlicher Vorstandsmitglieder vermieden werde, und ferner die Wahl der Vorstands- und Aufsichtsrathsmitglieder zeitig vor Ablauf der Wahlperiode vorzunehmen. Das Gesetz hat, in Uebereinstimmung mit dem früheren Gesetz, mit Recht jede Bestimmung über die Dauer der Bestellung unterlassen.

In der Kommission war (vom Abg. Dr. Scheffer) beantragt, zu § 24 als Abs. 4 hinzuzusetzen, daß im Statut angeordnet werden könne, daß die auf eine bestimmte Zeit bestellten Vorstandsmitglieder nach Ablauf derselben noch bis zu dem Tage als gewählt gelten sollten, an welchem die Beendigung ihres Amtes in das Genossenschafsregister eingetragen und ihnen hiervon Mittheilung gemacht worden ist. Der Antrag wurde zurückgezogen, nachdem die Regierungsvertreter erklärt hatten, daß nach dem Entwurf der Aufnahme einer solchen Bestimmung in das Statut nichts entgegenstehe (Komm.Ber. S. 14). Im Interesse der Genossenschaft wird es liegen, die Wahlen in Gemäßheit der vorher erwähnten Empfehlung des Weimarer Vereinstages vor Ablauf der Wahlperiode vorzunehmen, damit ihre Geschäfte nicht von Personen geführt werden, welche nicht ordnungsmäßig gewählt sind. Die Fortführung der Geschäfte in solchem Falle würde statutenwidrig sein und dem Gesetz insoweit widersprechen, als nach § 28 eine Beendigung der Vollmacht ohne Verzug zur Eintragung in das Genossenschaftsregister anzumelden ist. Dritten gegenüber gilt freilich grundsätzlich keine Zeitbeschränkung (§ 27, Holdheim in der Monatsschrift für Aktienrecht 1894 S. 201), nur wenn sie von dem

Ablauf der Wahlperiode Kenntniß haben, kann ihnen die Genossenschaft die Beendigung der Vollmacht entgegensetzen (§ 29). Es sind aber die Vorstandsmitglieder auch nach Ablauf ihrer Wahlperiode verpflichtet, noch über diese Rechnung zu legen, und die Genossenschaft ist nicht verpflichtet, ihnen die Kaution herauszugeben, bevor sie dies gethan haben (R.O.H.G. Bd. 24 S. 365). Die jederzeitige Widerruflichkeit der Bestellung durch die Generalversammlung folgt aus allgemeinen Rechtsgrundsätzen, da Niemandem ein Recht auf die gesetzliche Vertretung eingeräumt werden kann. In dem jederzeitigen Widerruf liegt ein Korrelat für die Machtbefugnisse des Vorstandes. Die Bestellung ist auch dann jederzeit widerruflich, wenn dieselbe — verkehrterweise — auf Lebenszeit erfolgt ist; ein Ausschluß dieses Rechts der Genossenschaft durch Vertrag ist unzulässig und, wenn getroffen, nichtig. Ausgeübt kann das Recht nur durch die Generalversammlung werden, denn dem Aufsichtsrath ist ausdrücklich nur das Recht der vorläufigen Suspension ertheilt (§ 40, A.V. § 19 in Betreff der sofortigen Anmeldung zur Eintragung).

Für die Beurtheilung der Frage, ob die Entlassung berechtigt war oder nicht, sind nicht die für die Handlungsbevollmächtigten maßgebenden §§ 59 ff. H.G.B. entscheidend, da der Vorstand nicht Handlungsbevollmächtigter, sondern gesetzlicher Vertreter ist. Maßgebend sind jetzt daher die Bestimmungen des B.G.B. § 626. Vgl. Oberhandelsgericht und Reichsgericht für die gleichlautende Vorschrift des Art. 227 Abs. 3 A.G. (jetzt § 231 Abs. 3 H.G.B.) (R.O.H.G. Bd. 13 S. 183, R.G. Bd. 7 S. 77.) Ebenso richtet sich der Anspruch aus dem Vertrage im Falle unbegründeter Entlassung nach dem B.G.B. § 628 (früher nach dem Landesrecht). Es ergiebt sich das aus der Entstehungsgeschichte des Vorbildes des § 24 Abs. 2, des Art. 227 Abs. 3 (jetzt § 231 Abs. 3) H.G.B. (v. Hahn zu Art. 227 H.G.B., Jurist. Wochenschrift S. 426 von 1888). Unter keinen Umständen aber hat das abgesetzte Vorstandsmitglied einen Anspruch auf Wiederübernahme der Geschäfte (R.O.H.G. Bd. 14 S. 86, R.G. Bd. 22 S. 35 — dag. R.O.H.G. Bd. 17 S. 111). Wird die Genossenschaft aufgelöst oder geräth dieselbe in Konkurs, so endigen damit die Funktionen der Vorstandsmitglieder, und ihnen bleibt nur ein Entschädigungsanspruch nach Maßgabe des Vertrages (§§ 626, 628 B.G.B. — Erl. 7 am Anfang). Für den Konkurs der Genossenschaft würde R.K.O. § 22 in Betreff der Kündigung anzuwenden sein.

Nur die Genossenschaft kann jeder Zeit von dem Vertrage zurücktreten, die Vorstandsmitglieder haben ein solches Recht nicht, ebenso Birkenbihl-Maurer S. 156, vgl. R.G. Bd. 13 S. 50, — so wurde in der zweiten Auflage behauptet, jetzt giebt § 628 B.G.B. dem Vorstandsmitglied das Recht des Rücktritts, „wenn ein wichtiger Grund vorliegt"; zur Anwendung dieser Vorschrift führt die Annahme des Dienst-Vertrags für das Rechtsverhältniß.

§ 25.

Der Vorstand hat in der durch das Statut bestimmten Form seine Willenserklärungen kundzugeben und für die Genossenschaft zu zeichnen. Ist nichts darüber bestimmt, so muß die Erklärung und Zeichnung durch sämmtliche Mitglieder des Vorstandes erfolgen. Weniger als zwei Mitglieder dürfen hierfür nicht bestimmt werden.

Die Zeichnung geschieht in der Weise, daß die Zeichnenden zu der Firma der Genossenschaft oder zu der Benennung des Vorstandes ihre Namensunterschrift beifügen.

Ges. von 1868 § 19, Entw. I und II, Komm. 24, Rtg. 25, Begr. I 112, II 76, Komm.Ber. 20.

I. **Zur Geschichte des § 25.**

Der § 19 des Ges. von 1868 stimmte wörtlich mit § 19 des preußischen Gesetzes und dieser mit Art. 229 (jetzt §§ 232, 233) des H.G.B. überein. § 25 weicht von § 19 darin ab, daß entsprechend dem Vorschlage Schulze-D. die Zeichnung von mindestens zwei Vorstandsmitgliedern erfolgen muß und daß durch Einfügung der Worte: „Erklärung und" im zweiten Satze eine Klarstellung in Betreff der mündlichen Willenserklärungen erfolgt ist (s. Erl. 3).

II. **Erläuterungen zu § 25.**

1. **Absatz** I. Vertretung (vgl. auch § 24 Erl. 1—3) — Beschlußfassung.

Das Gesetz geht von der Kollektivvertretung (vgl. Riesenfeld in der Monatsschrift für Aktienrecht: „Der Kollektiv-Vorstand" 1895 S. 201 ff., 232 ff., 251 ff.) aus, überläßt aber dem Statut die Regelung mit der Beschränkung, daß weniger als zwei Vorstandsmitglieder für die Zeichnung nicht bestimmt werden können. Ueber die Form der Zeichnung bestimmt Absatz 2. Enthält das Statut eine Vorschrift über die Form der Willenserklärung und der Zeichnung, so ist dieselbe zu veröffentlichen (§ 12 Abs. 4). Ueber die Form der Zeichnung kann das Statut allerdings nichts anderes vorschreiben, als was in Abs. 2 verordnet ist. Daraus, daß das Gesetz von der Kollektivvertretung nach außen ausgeht, ergiebt sich, daß im Zweifel auch für die Geschäftsführung die Mitwirkung sämmtlicher Vorstandsmitglieder erforderlich ist, denn jedes derselben ist zur Zeichnung nothwendig. Ueber die Mitwirkung persönlich betheiligter Vorstandsmitglieder § 24 Erl. 4, wo dieselbe nicht angängig, müßte für das behinderte Vorstandsmitglied ein Stellvertreter bestellt werden, falls der Vorstand sonst nicht vertretungsberechtigt ist. Beschlußfähig ist der Vorstand, wenn soviel Vorstandsmitglieder anwesend sind, als zur Vertretung erforderlich sind; mangels besonderer Bestimmungen des Statuts für die Vertretung verlangt die Kollektivvertretung daher, daß alle Vorstandsmitglieder anwesend sind. Hervorgehoben mag hier werden, daß bei Stimmengleichheit, falls das Statut nichts anderes bestimmt, der Antrag nach parlamentarischem Brauch als abgelehnt gilt und mit Recht, da derselbe thatsächlich dann nicht die Mehrheit der Stimmen erhalten hat. Ueber Inhibirung des Beschlusses durch ein überstimmtes Vorstandsmitglied § 27 Erl. 1.

Das Kammergericht (Johow Bd. 10 S. 37) hat sich mit Bezug auf die gleichlautende Vorschrift des Art. 229 A.G. jetzt §§ 232, 233 H.G.B. dahin ausgesprochen, daß das Statut dem Aufsichtsrath die Befugniß einräumen kann, die Zeichnung des Vorstandes zu regeln; es mag dies für Aktiengesellschaften hier dahingestellt bleiben. Eine solche Regelung kann mit dem Wortlaut des § 25 nicht als übereinstimmend betrachtet werden, denn wenn das Gesetz bestimmt, daß der Vorstand „in der durch das Statut bestimmten Form" seine Willenserklärungen kundgiebt, so kann damit doch nur gemeint sein, daß eine vom Gesetz abweichende Bestimmung in dem Statut getroffen sein muß. So auch Birkenbihl-Maurer S. 162.

2. Ausschluß eines Vorstandsmitgliedes von der Zeichnung (§ 24 Erl. 3).

Der Ausschluß eines Vorstandsmitgliedes von der Zeichnung ist nicht denkbar, denn derselbe würde der rechtlichen und thatsächlichen Stellung der Vorstandsmitglieder widersprechen. Wer nicht für den Verein zeichnen kann, ist nicht im Stande den Verein zu vertreten, und wer dies nicht vermag, ist eben nicht Vorstandsmitglied. Hierzu kommt noch, daß das Gesetz eine Reihe Bestimmungen (z. B. über Anmeldungen zum Genossenschaftsregister) enthält, in denen der gesammte Vorstand auftreten muß. Ebenso Proebst S. 122, Birkenbihl-Maurer S. 160 Anm. 9, a. A. Joël S. 511, da nach § 28 auch eine Beendigung der Vollmacht einzutragen sei; doch man mag darunter verstehen, was man will, die Beendigung der Vollmacht hat das Aufhören aller Funktionen des Vorstandsmitgliedes zur Folge und nicht blos des Rechts zur Zeichnung.

3. „Willenserklärungen".

Durch die Fassung des Abs. 1 ist klar gestellt, daß die Vorschriften desselben über die zu Erklärungen des Vorstandes erforderliche Anzahl von Mitgliedern nicht blos auf schriftliche, sondern auch auf mündliche Willenserklärungen sich beziehen (Begr. I 113, vgl. Erl. 4). Auch hier gilt also im Zweifel Kollektivvertretung.

4. Anzahl der zeichnenden Mitglieder. Vgl. § 17 Erl. 1.

In Konsequenz der Vorschrift in § 24, daß jede Genossenschaft mindestens zwei Vorstandsmitglieder haben muß, wird hier verlangt, daß durch das Statut nicht weniger als zwei Vorstandsmitglieder zur Zeichnung bestimmt werden dürfen. Die Vertretung muß für den gesammten Geschäftsbetrieb in der gleichen Weise geordnet sein, wegen § 27 ist es unzulässig, für verschiedene Geschäfte die Mitwirkung einer verschiedenen Anzahl Vorstandsmitglieder vorzuschreiben, vgl. hierüber Riesenfeld in der Monatsschrift für Aktienrecht 1895 S. 251 und die daselbst angezogene Literatur, a. A. Birkenbihl-Maurer S. 162. Nach dem Ges. von 1868 konnte das Statut auch nur einem Vorstandsmitglied die Vertretung übertragen. In der Praxis kam es vor, daß das Statut Doppelzeichnung verlangte, zwei Vorstandsmitglieder aber einem Vorstandsmitgliede für die gesammte Vertretung der Genossenschaft Vollmacht ertheilten. Hatte der Dritte Kenntniß davon, daß das Statut Doppelzeichnung vorschrieb, so war auch bereits unter dem Ges. von 1868 die von dem einen Vorstandsmitgliede ausgestellte Bescheinigung bedeutungslos; der Dritte konnte sich dann nicht darauf berufen, daß das eine Vorstandsmitglied bevollmächtigt war (vgl. R.O.H.G. Bd. 6 S. 394 ff., Bd. 12 S. 34, Bd. 16 S. 34). In Betreff der Erfordernisse der Gültigkeit einer Willenserklärung als der Erklärung des Vorstandes hat jeder Dritte, der mit dem Verein kontrahiren will, die Bestimmungen des Gesetzes und die Eintragungen über die Vertretung des Vorstandes zu beobachten; nach § 25 des Ges. dürfen nun nicht weniger als zwei Vorstandsmitglieder zur Abgabe der Erklärung ermächtigt werden, und dies ist auch für die Gläubiger bindend; schließen sie mit nur einem Vorstandsmitgliede ab, so müssen sie wissen, daß nach dem Gesetz ein Vorstandsmitglied nicht für die Genossenschaft auftreten darf.

Die Genossenschaft kann wegen des von einem Vorstandsmitgliede für sie abgeschlossenen Rechtsgeschäfts aus dem Gesichtspunkt der Bereicherung in Anspruch genommen werden: der Gläubiger hat zu beweisen, daß die von ihm geleisteten Zahlungen u. s. w. an die Genossenschaft gekommen und diese durch dieselben bereichert ist (R.G. Bd. 8 S. 91), vgl. ferner wegen der weitergehenden außerkontraktlichen Haftung § 17 Erl. 1 S. 137.

Gilt in Folge der Vorschrift des Gesetzes die Kollektivvertretung oder fordert der Gesellschaftsvertrag für die Rechtshandlungen das Zusammenwirken einer bestimmten Anzahl Vorstandsmitglieder, so ist eine Uebertragung der dieser Gesammtheit obliegenden Vertretung auf ein Vorstandsmitglied nach Vorstehendem nicht zuläsig, es darf auf diese Weise aus der Kollektivvertretung durch die Willkür des Vorstandes nicht eine Einzelvertretung geschaffen werden. Dagegen ist statthaft, daß der Vorstand als solcher einem seiner Mitglieder Vollmacht ertheilt zum Betrieb von bestimmten Geschäften der Genossenschaft, sowie für die Vertretung der letzteren in Bezug auf diese Geschäftsführung (§ 42), in welchem Falle sich die Befugniß des Vertreters nach der ertheilten Vollmacht richtet und im Zweifel sich auf alle Rechtshandlungen erstreckt, welche die Ausführung derartiger Geschäfte mit sich bringt. So kann einem Vorstandsmitgliede Einkaufs-Vollmacht von dem Vorstande ertheilt werden (R.G. Urtheil vom 22. September 1896 in Monatsschrift für Aktienrecht 1897 S. 24). Zwar bezieht sich

§ 42 nur auf „sonstige Bevollmächtigte", doch ist kein Grund einzusehen, aus dem einem Vorstandsmitgliede nicht die gleichen Rechte vom Vorstande sollten eingeräumt werden können, wie einem beliebigen Angestellten. Die Genossenschaft trägt dann den Schaden bei Veruntreuungen, vgl. den Fall des Abholens der Briefe von der Post R.G. Bd. 35 S. 320. Ueber Postvollmacht vgl. Bl.f.G. 1898 S. 309, Schulze-Delitzsch-Crüger S. 109, § 24 Erl. 4. Die Vollmacht kann auch mündlich ertheilt werden (R.O.H.G. Bd. 12 S. 35). Es ist nicht zu verkennen, daß der Vorstand auf diesem Wege sich in bedenklicher Weise von der gesetzlich gebotenen Doppelzeichnung befreien kann, er kann insbesondere eins seiner Mitglieder bevollmächtigen, über alle Posteingänge zu quittiren, über gewisse Kassengeschäfte allein zu quittiren; andererseits wird die Vertretung durch Bevollmächtigte für gewisse Geschäftszweige bei großen Genossenschaften nicht zu entbehren sein. Ein solches Vorstandsmitglied aber stellt nicht den Vorstand dar, sondern handelt immer nur als Bevollmächtigter Namens des Vorstandes, und die Vollmacht muß auf die Vornahme bestimmter Geschäfte oder bestimmter Arten von Geschäften gehen. Bedeutungslos Dritten gegenüber ist (§ 27) die wiederholt sich in Statuten findende Vorschrift, daß bei allen rechtsverbindlichen Zeichnungen sich ein bestimmtes Vorstandsmitglied betheiligen muß. Zulässig ist selbstverständlich die Uebertragung der Ausführung eines Beschlusses des Vorstandes an ein Vorstandsmitglied, wie auch nachträgliche Genehmigung der Handlung eines Vorstandmitgliedes durch den Vorstand statthaft ist (vgl. R.O.H.G. Bd. 16 S. 35). Schreibt jedoch das Statut vor, daß zu rechtsverbindlichen Quittungen die Unterschrift zweier Vorstandsmitglieder nothwendig sein soll, so kann der Vorstand diese statutarische Vorschrift nicht durch Vollmachtsertheilung hinfällig machen, und dieselbe ist auch für die Gläubiger der Genossenschaft (§ 12 Abs. 4) bindend (vgl. R.G. Bd. 8 S. 89), es bliebe für die Haftbarkeit der Genossenschaft dann nur der Grund der Bereicherung. (Vgl. Urtheile des R.G. vom 7. März und 24. November 1883, Bl.f.G. von 1886 Nr. 2) und die außerkontraktliche Verpflichtung S. 137 ff.

Zu § 24 Erl. 5 ist bereits bemerkt, daß in Folge der verlangten Doppelzeichnung die Genossenschaften fast durchweg drei Vorstandsmitglieder werden haben müssen. Dies vorausgesetzt, sollte statutarisch bestimmt werden, daß die Majorität der Vorstandsmitglieder den Verein zu vertreten berechtigt sei, damit nicht im Falle der Behinderung eines Mitgliedes die gleiche Stockung wie bei zwei Mitgliedern eintritt und ferner nicht ein einzelnes Mitglied im Stande ist, durch seinen Widerspruch die Vornahme jedes Geschäfts zu verhindern. Es kann die Vertretung aber auch nur der Majorität übertragen werden, damit nicht die Minorität gegen den ausdrücklichen Willen der Majorität des Vorstandes die Genossenschaft zu verpflichten im Stande ist.

In der Reichstagskommission war beantragt, den letzten Satz in Abs. 1 dahin zu fassen: „weniger als zwei Mitglieder dürfen hierfür bei Erklärungen, welche eine Verpflichtung der Genossenschaft enthalten, nicht bestimmt werden", der Antrag wurde auf die Erklärung der Regierungsvertreter hin, daß die Vorschrift über die Doppelzeichnung nur Willenserklärungen im Auge hat, welche die Genossenschaft verpflichten, zurückgezogen (Komm.Ber. S. 20). Im gleichen Sinne hatte sich das Reichsgericht (Urtheil vom 28. Februar 1889, Juristische Wochenschrift 1889 S. 154) zu § 19 des Gesetzes von 1868 ausgesprochen (Birkenbihl-Maurer S. 162). Für die gegentheilige Ansicht vgl. Riesenfeld in der Monatsschrift für Aktienrecht 1895 S. 235. Die abweichende Ansicht in der ersten Auflage ist aufgegeben.

Die unzureichende Zeichnung verpflichtet nicht die Genossenschaft — vgl. aber § 17 Erl. 1 — auch nicht das betreffende Vorstandsmitglied. Art. 241 Abs. 1 A.G. (Gesetz von 1884) bestimmt für Aktiengesellschaften, daß die Mitglieder des Vorstandes aus den von ihnen im Namen der Gesellschaft vorgenommenen Rechtshandlungen Dritten gegenüber für die Verbindlichkeiten der Gesellschaft persönlich nicht verpflichtet sind. Eine solche Vorschrift ist für Genossenschaften nicht getroffen, weil — Begr. I 113, II 76 — dieselbe leicht zu Mißverständnissen Anlaß geben könnte. Die Bestimmung ist auch entbehrlich, weil es sich von selbst versteht, daß die Vorstandsmitglieder nicht — oder doch nicht anders — wie alle übrigen Genossen verpflichtet werden, sie ist auch nicht in das neue H.G.B. übernommen. In der zweiten Auflage wurde die Frage aufgeworfen, in wie weit der Kontrahent dann nach Maßgabe des Art. 298 Abs. 2 H.G.B. (alter Fassung) Erfüllung oder Schadensersatzanspruch von dem handelnden Vorstandsmitgliede beanspruchen kann.

Nach Art. 298 sollte die Bestimmung des Artikels 55 in Beziehung auf denjenigen gelten, welcher ein Handelsgeschäft als Bevollmächtigter schließt, ohne Vollmacht dazu erhalten zu haben, oder welcher bei dem Abschlusse des Handelsgeschäfts seine Vollmacht überschreitet.

Art. 55 bestimmt: „Wer ein Handelsgeschäft als Prokurist oder als Handlungsbevollmächtigter schließt, ohne Prokura oder Handlungsvollmacht erhalten zu haben, ingleichen ein Handlungsbevollmächtigter, welcher bei Abschluß eines Geschäfts seine Vollmacht überschreitet, ist dem Dritten persönlich nach Handelsrecht verhaftet; der Dritte kann nach seiner Wahl ihn auf Schadensersatz oder Erfüllung belangen.

Diese Haftungspflicht tritt nicht ein, wenn der Dritte, ungeachtet er den Mangel der Prokura oder der Vollmacht oder die Ueberschreitung der letzteren kannte, sich mit ihm eingelassen hat."

Die gleichen Grundsätze enthält § 179 B.G.B. für die Handlungen der Vertreter, weswegen die Bestimmungen nicht in das neue H.G.B. hinübergenommen sind. Vgl. § 26 Erl. 4.

Der Anspruch wird für den Fall zu bejahen sein, daß das Vorstandsmitglied als Bevollmächtigter des Vorstandes aufgetreten ist, handelte es dagegen als Vertreter der Genossenschaft, so mußte der Kontrahent wissen, daß ein einzelnes Vorstandsmitglied ohne Vollmacht des Vorstandes die Genossenschaft nicht vertreten kann, bezw. sind auch die Bestimmungen über die Zeichnung für die Genossenschaft und Abgabe der Willenserklärung nach § 12 Abs. 4 veröffentlicht. Das R.G. in dem Urtheil vom 16. Januar 1894 (Wochenschrift für Aktienrecht Nr. 6 von 1894) läßt dagegen in allen Fällen den Anspruch zu. Birkenbihl-Maurer S. 163 schließen denselben in allen Fällen aus, mit Rücksicht auf die Eintragung der Vorstandsmitglieder und deren Veröffentlichung.

5. Kenntniß einzelner Vorstandsmitglieder von Thatumständen.

Die für die Vertretung der Genossenschaft durch den Vorstand in Betreff der Mindestzahl gegebenen Vorschriften kommen nur zur Anwendung, soweit ein stellvertretendes Handeln der Vorstandsmitglieder stattfindet, nicht aber da, wo es sich um die, gleichviel woher erlangte, Kenntniß von Thatumständen oder um sonstige, für die Willensbestimmung erhebliche innere Zustände handelt, welche als solche nach dem Sinne des objektiven Rechts Einfluß auf die Gestaltung eines durch Willenserklärungen begründeten Rechtsverhältnisses haben. Vgl. auch das am Schluß der Erl. 4 bezeichnete Urtheil des R.G. Diesen Grundsatz hat das R.G. in dem Urtheil vom 2. Februar 1885 (abgedruckt S. 309 der Bl.f.G. von 1885) für den mit § 25 — bis auf den letzten Satz des Abs. 1 — gleichlautenden Art. 229 (jetzt §§ 232, 233) H.G.B. aufgestellt (a. A. Ring S. 540, da das Wissen eines Vorstandsmitgliedes kein Wissen des Vorstandes ist). Mit Recht wird von dem R.G. für das von dem Willen unabhängige Wissen das Prinzip der Kollektivität abgelehnt, weil es keinen Maßstab dafür abgiebt, „ob das Wissen eines mithandelnden Vertreters das Nichtwissen des andern, der Dolus des einen den guten Glauben des andern überwiegt, oder ob das Umgekehrte der Fall ist.

Nur diese Auffassung entspricht auch den Bedürfnissen des Verkehrs wie den Anforderungen des Rechtsgefühls. Denn es ist zweifellose Pflicht jedes einzelnen Vorstandsmitgliedes und daher bei normalem Verhalten ohne Weiteres vorauszusetzen, daß dasselbe seine, für die Wirkungen des beabsichtigten Geschäfts . . . erhebliche Wissenschaft seinen Genossen mittheilt, und das Unterbleiben dieser Mittheilung kann, abgesehen von ganz besonders gearteten Fällen, nur auf bewußter Pflichtverletzung oder unentschuldbarer Nachlässigkeit beruhen." Ebenso Monatsschrift für Aktienrecht 1893 S. 314 und Riesenfeld daselbst 1895 S. 233.

Zur Wirksamkeit der gegen die Genossenschaft vorgenommenen Rechtsakte genügt daher Zustellung an ein Vorstandsmitglied § 24 Erl. 2.

6. **Absatz** II. Zeichnung.

Die Firma der Genossenschaft ist das feststehende Moment in der Zeichnung, nur die Unterschriften wechseln mit der Aenderung der Vorstandsmitglieder. Die Gültigkeit eines Rechtsgeschäfts für die Genossenschaft ist nicht davon abhängig, daß die Vorstandsmitglieder zu ihrer Unterschrift die Firma der Genossenschaft hinzusetzen. Abs. 2 enthält nur eine Ordnungsvorschrift. Nach § 26 ist es gleichgültig, ob das Geschäft ausdrücklich im Namen der Genossenschaft geschlossen ist, oder ob die Umstände ergeben, daß es nach dem Willen des Kontrahenten für die Genossenschaft geschlossen werden sollte, folglich ist es auch unerheblich, ob der Name der Firma der Unterschrift hinzugefügt ist (vgl. Entsch. des R.G. in Sachen der Kreditbank für Stadt und Amt Menden E.G. gegen Fiskus vom 13. Mai 1886 abgedruckt in Nr. 29 der Bl.f.G. von 1886 und für die offene Handelsgesellschaft bei analoger Bestimmung Johow Bd. 13 S. 171, ferner daselbst S. 172 Anmerkung für die eingetragene Genossenschaft.) Jede dem zuwiderlaufende Bestimmung des Statuts ist ungiltig, vgl. R.O.H.G. Bd. 18 S. 341.

„Namensunterschrift"; „Darüber, in welcher Form die Unterschriften von Urkunden herzustellen sind, entscheidet die Rechtssitte" (R.G. Bd. 14 S. 97), zulässig soll demnach die Unterschrift mit den auf lithographischem Wege hergestellten Nachbildungen sein, „vorausgesetzt, daß diese Nachbildungen auf eine Verfügung des Vorstandes zurückzuführen sind". Wir können dieser Auffassung nicht beitreten, so auch jetzt Birkenbihl-Maurer S. 163. Die „Rechtssitte" kann das Gesetz nicht ändern, und dies verlangt „Namensunterschrift"; Abdruck einer solchen, d. h. Nachbildung derselben, ist nicht identisch mit der „Unterschrift". Daß eine Bestimmung über die Zeichnung nur im Statut getroffen werden kann, s. oben Erl. 1.

§ 26.

Die Genossenschaft wird durch die von dem Vorstande in ihrem Namen geschlossenen Rechtsgeschäfte berechtigt und verpflichtet; es ist gleichgültig, ob das Geschäft ausdrücklich im Namen der Genossenschaft geschlossen worden ist, oder ob die Umstände ergeben, daß es nach dem Willen der Vertragschließenden für die Genossenschaft geschlossen werden sollte.

Zur Legitimation des Vorstandes Behörden gegenüber genügt eine Bescheinigung des Gerichts (§ 10), daß die darin zu bezeichnenden Personen als Mitglieder des Vorstandes in das Genossenschaftsregister eingetragen sind.

Ges. von 1868 § 20, Entw. I und II, Komm. 25, Rtg. 26, Begr. I 113, II 76, Komm.Ber. 20.

I. **Zur Geschichte des § 26.**

Der § 26 schloß sich im Entwurf fast wörtlich dem § 20 des Ges. von 1868 an, der wörtlich dem § 19 des preuß. Ges. entlehnt war. „Kontrahenten" ist in „Vertragschließende" und „Attest" in „Bescheinigung" verdeutscht. § 20 Ges. von 1868 hatte nach dem ersten Satz: „Die Befugniß des Vorstandes zur Vertretung der Genossenschaft erstreckt sich auch auf diejenigen Geschäfte und Rechtshandlungen, für welche nach den Gesetzen eine Spezialvollmacht erforderlich ist." Die Worte des Entwurfs „zur Legitimation des Vorstandes bei allen das Grund- und Hypothekenbuch betreffenden Anträgen" zu Anfang des letzten Satzes sind in der Reichstagskommission „im Interesse einer gleichmäßigen Gestaltung der Formen, in welchen der Vorstand im Verkehr mit den Behörden seine Legitimation zu führen hat", durch die Worte „Behörden gegenüber" ersetzt.

II. **Erläuterungen zu § 26.**

1. **Absatz** I. Die Genossenschaft wird aktiv und passiv Rechtssubjekt durch die Handlungen des Vorstandes.

Abgesehen von den Fällen des § 39, in denen der Aufsichtsrath die Genossenschaft zu vertreten hat, ist der Vorstand der alleinige gesetzliche Vertreter der Genossenschaft (vgl. § 24 Erl. 2 am Schluß). Beschließt z. B. die Generalversammlung (§ 43 Erl. 5) eine Zuwendung etwa durch Erlaß der Schuld, so erwirbt der Bedachte Rechte hieraus erst dann, wenn der Vorstand von dieser Ermächtigung der Generalversammlung Gebrauch gemacht und demselben in rechtsverbindlicher Weise hiervon Kenntniß giebt; mag also auch die Generalversammlung ordnungsmäßig beschlossen haben, Jemandem eine Schuld zu erlassen, so kann dieser, wenn trotzdem der Vorstand die Forderung einklagt, sich nicht mit Erfolg auf jenen Beschluß berufen, da derselbe eine rein innere Angelegenheit ist und kein Rechtsverhältniß zwischen der Genossenschaft und Dritten begründet; die Generalversammlung könnte ihrem Beschluß nur dadurch Wirksamkeit verleihen, daß sie den Vorstand absetzt und einen solchen wählt, der ihren Beschluß ausführt. Ueber die Haftpflicht der Vorstandsmitglieder bei einer nicht ordnungsmäßigen Vertretung Erl. 4 am Schluß, strafrechtliche Verantwortung der Genossenschaft § 17 Erl. 1 — vgl. ferner unten Erl. 4 und 5.

2. Unbeschränkte Vertretung durch den Vorstand. — § 27.

Die Frage, ob die unbeschränkte Vertretungsbefugniß des Vorstandes für die Genossenschaften als ein Bedürfniß anzuerkennen ist, wird mit Recht Begr. I 113, II 76 bejaht, da die Zweifel und Unklarheiten, welche im Geschäftsverkehr der Genossenschaften aus einer Beschränkung der Vollmachten des Vorstandes auf gewisse, jedenfalls nur durch eine allgemeine Umgrenzung zu bezeichnende, Gattungen von Handlungen oder Geschäften entstehen würden, voraussichtlich größere Nachtheile zur Folge hätten, als sie erfahrungsgemäß aus der unbeschränkten Vertretungsbefugniß des Vorstandes erwachsen. In der Kommission war beantragt, eine rechtliche Wirkung Dritten gegenüber insoweit eintreten zu lassen, als die Beschränkung durch das Statut festgesetzt und veröffentlicht worden sei. Der Antrag wurde mit großer Mehrheit abgelehnt (Komm.Ber. 21), da die Genossenschaft gegen die Willkür des Vorstandes hinreichend geschützt sei.

3. Die Rechtsgültigkeit der von dem Vorstande vorgenommenen Handlungen hängt nicht von der Eintragung desselben ab. — § 29 Erl.

Die Rechtsgültigkeit der von den Vorstandsmitgliedern vorgenommenen Rechtshandlungen ist allein davon abhängig, daß sie statutenmäßig gewählt sind. „Die Bestimmungen des Genossenschaftsgesetzes über Rechte und Pflichten des Vorstandes der Genossenschaft gegenüber, insbesondere über dessen Befugniß, die Genossenschaft Dritten gegenüber zu vertreten, sind den entsprechenden Bestimmungen des Handelsgesetzbuchs über Aktiengesellschaften nachgebildet, wie denn die §§ 17 und 23 des Gen.Ges. von

1868 den Inhalt der Art. 227 (jetzt § 231) und 233 (jetzt § 234) H.G.B. fast wortgetreu wiedergeben. Nach dem System des Handelsgesetzbuchs sind die Einträge in das Handelsregister, abgesehen von besonderen Fällen (Art. 198, 211, jetzt §§ 200, 277 H.G.B.), nicht bestimmt, den einzutragenden Vorgängen Rechtswirksamkeit zu verleihen, sondern die nur ihnen im Interesse des Verkehrs erforderliche Offenkundigkeit zu sichern und an den Mangel des Eintrages nur Rechtsfolgen zu Gunsten gutgläubiger Dritter zu knüpfen. Dies gilt nach Art. 233 (jetzt §§ 234, 15) H.G.B. insbesondere auch für Einträge, welche Aenderungen des Vorstandes der Aktiengesellschaft betreffen, daher zweifellos die Vertretungsbefugnisse eines neu bestellten Vorstandes auch ohne Eintrag in das Handelsregister bestehen und der Mangel dieses Eintrags wohl zur Folge haben kann, daß die Aktiengesellschaft Rechtshandlungen, welche der frühere noch in das Handelsregister eingetragene Vorstand unbefugterweise vornimmt, gegen sich gelten lassen muß, nie aber, daß sie berechtigt ist, dasjenige, was ihr statutenmäßig bestellter Vorstand innerhalb der ihm gesetzlich zustehenden Befugnisse gethan, als sie nicht verpflichtend abzulehnen. Diese Grundsätze gelten auch für die Genossenschaft, da in § 23 Abs. 2 des Gen.Ges. (von 1868) die Folgen, welche sich an den Eintrag bezw. Nichteintrag von Aenderungen des Vorstandes knüpfen, ganz übereinstimmend mit Art. 233 Abs. 2 (§ 234, § 15) H.G.B. geregelt sind, auch die in Art. 233 a. a. O. (jetzt § 14 H.G.B.) enthaltene Androhung einer Ordnungsstrafe sich in der allgemeinen Bestimmung von § 66 des Genossenschaftsgesetzes findet und eine Absicht, an den bezüglichen Grundsätzen des Handelsgesetzbuchs irgend etwas zu ändern, nirgends ersichtlich ist" (Entsch. des R.G. Bd. 9 S. 90ff.). Diese Ausführungen treffen auch das vorliegende Gesetz, denn die §§ 17ff. des Ges. vom 4. Juli 1868 sind in Bezug auf die Vertretung der Genossenschaft durch den Vorstand in die §§ 28ff. hinübergenommen. Andererseits aber kann die Genossenschaft Rechtshandlungen der in das Genossenschaftsregister eingetragenen Vorstandsmitglieder nicht aus dem Grunde anfechten, weil der Beschluß der Generalversammlung über die Vorstandswahl ungültig gewesen sei. Wenn auch die Eintragung eines Generalversammlungsbeschlusses oder einer auf demselben beruhenden Thatsache in das Genossenschaftsregister etwaige Mängel beim Zustandekommen nicht heilen kann — vgl. auch § 81 —, so muß doch nach §§ 24 und 28 die Thatsache der Eintragung des Vorstandes auf Grund eines solchen Beschlusses bewirken, daß derselbe Dritten gegenüber, so lange eine Aenderung im Register in Folge Anfechtung des Beschlusses nicht geschehen ist — abgesehen den Fall des § 29 Abs. 1 —, zur Vertretung der Genossenschaft befugt ist (vgl. R.O.H.G. Bd. 20 S. 210).

4. Keine besondere Verpflichtung der Vorstandsmitglieder aus den Rechtsgeschäften.

Ueber die Haftpflicht der Vorstandsmitglieder aus nicht dem Gesetz oder Statut entsprechender Vertretung § 25 Erl. 4 Schluß. Ueber strafrechtliche Verantwortung der Vorstandsmitglieder § 17 Erl. 1.

5. Verantwortung der Genossenschaft für Verschulden der Vorstandsmitglieder. § 17 Erl. 1, § 25 Erl. 4.

6. **Absatz** II. Legitimation.

Abs. 2 entspricht dem letzten Satz des § 20 des Ges. von 1868: das Wort Attest ist verdeutscht. „Im Interesse einer gleichmäßigen Gestaltung der Formen, in welchen der Vorstand im Verkehr mit den Behörden seine Legitimation zu führen hat", ist für die Legitimation allen Behörden gegenüber diese Vorschrift gegeben (Komm.Ber. S. 20). In Preußen konnten nach dem Allgemeinen Landrecht nur Gesellschaften mit Korporationsrechten als „moralische" Personen Grundstücke und Kapitalien auf ihren

Namen erwerben, Handelsgesellschaften und erlaubte Privatgesellschaften konnten es nicht (A.L.R. II 6 § 13). Das Nähere, wie nach Erlaß des H.G.B. im Gebiete des Allgem. Landrechts bei Eintragung von Grundstücken u. s. w. auf den Namen von Handelsgesellschaften in das Hypothekenbuch zu verfahren sei, bestimmt Art. 23 des Einführungsgesetzes vom 14. Juni 1861 in Verbindung mit §§ 102 bis 105 der Instruktion vom 12. Dezember 1861. In dem Kommissionsentwurfe von 1863 war vorgeschlagen, die Gültigkeit jenes Art. 23 auch für Genossenschaften auszusprechen. Diese Bestimmung wurde in den Regierungsentwurf von 1866 und das preuß. Gesetz nicht aufgenommen, dahingegen wurde entsprechend dem § 3 des Art. 23 a. a. O. in dem letzten Satz des § 19 (§ 20 des Ges. von 1868) bestimmt, daß die Vorstandsmitglieder beim Hypothekenbuch durch ein Attest des Handelsgerichts legitimirt werden. Wenn die „Behörden" an dem Gericht ihren Sitz haben, wo das Genossenschaftsregister geführt wird, so wird eine Bezugnahme auf dessen Akten genügen (§ 105 der preuß. Instruktion vom 12. Dezember 1861). Die Führung der Legitimationen, die Beschaffung der Bescheinigungen ist meist mit Kosten verbunden, zu weit gehen die Gerichte, die in jedem Falle der Vertretung der Genossenschaft auch Führung der Legitimation fordern. Vielmehr ist als Grundsatz aufzustellen, daß es in der Regel eines Nachweises aus dem Handelsregister nicht bedarf. Vgl. hierüber Entscheidungen und Literatur preußisches Justiz-Ministerial-Blatt 1896 S. 117 ff. und Bl.f.G. 1896 S. 216. Vgl. auch über die Kosten Allgem. Verf. des Preuß. Justizministers vom 29. Mai 1895 J.M.Bl. 1895 S. 171) und Bl.f.G. 1895 S. 510.

§ 27.

Der Vorstand ist der Genossenschaft gegenüber verpflichtet, die Beschränkungen einzuhalten, welche für den Umfang seiner Befugniß, die Genossenschaft zu vertreten, durch das Statut oder durch Beschlüsse der Generalversammlung festgesetzt sind.

Gegen dritte Personen hat eine Beschränkung der Befugniß des Vorstandes, die Genossenschaft zu vertreten, keine rechtliche Wirkung. Dies gilt insbesondere für den Fall, daß die Vertretung sich nur auf gewisse Geschäfte oder Arten von Geschäften erstrecken oder nur unter gewissen Umständen oder für eine gewisse Zeit oder an einzelnen Orten stattfinden soll oder daß die Zustimmung der Generalversammlung, des Aufsichtsraths oder eines anderen Organs der Genossenschaft für einzelne Geschäfte erforderlich ist.

Ges. von 1868 § 21, Entw. I u. II, Komm. 26, Rtg. 27.

I. Zur Geschichte des § 27.

Der § 27 stimmt mit dem bisherigen § 21 fast wörtlich überein, wenige rein redaktionelle Aenderungen schließen sich meist der Fassung des Art. 231 (jetzt § 235) H.G.B. an.

II. Erläuterungen zu § 27.

1. **Absatz** I. „Beschlüsse der Generalversammlung".

Der Vorstand ist nicht an gesetz- oder statutenwidrige Beschlüsse der Generalversammlung oder des Aufsichtsraths gebunden. Nach § 34 hat er die Sorgfalt eines ordentlichen Geschäftsmannes anzuwenden, und es wird nach den Motiven hiermit auch § 33 des Ges. von 1868 getroffen, welcher den Vorstand verpflichtete, die in

Gemäßheit des Gesellschaftsvertrages gefaßten Beschlüsse auszuführen. Also nur an solche Beschlüsse ist er gebunden. Liegt eine Verletzung von Gesetz oder Statut vor, so hat er das Anfechtungsrecht nach Maßgabe des § 51, andernfalls wird er zu versuchen haben, durch eine neue Generalversammlung den nach seiner Ueberzeugung gegen das Interesse der Genossenschaft verstoßenden Beschluß aufheben zu lassen. Der Genossenschaft gegenüber macht sich der Vorstand durch die Ausführung des Beschlusses wohl nur dann verantwortlich, wenn er es unterlassen hat, denselben als gesetz- oder statutenwidrig anzufechten, liegt dafür kein Grund vor, und er führte den Beschluß aus, so hätte er gegen eine Klage wegen daraus entstehenden Schadens die exceptio doli (vgl. Makower zu Art. 222 A.G. Anm. 6; § 12 Nr. 4b der Allgem. Begr. zum A.G.). Weitergehend Birkenbihl-Maurer S. 180, die den Vorstand der Genossenschaft gegenüber immer für gedeckt halten, wenn er die Beschlüsse der Generalversammlung ausführt, doch erscheint dies nicht mit Maurer allein nach § 27 zu beurtheilen zu sein, sondern nur unter Hinzuziehung von § 34 Abs. 1 (vgl. § 34 Erl. 5). Es können die Vorstandsmitglieder sich den Gläubigern gegenüber mit dem Generalversammlungsbeschluß nicht entschuldigen in den Fällen, in denen sie denselben direkt haften (§§ 90, 142), das Gleiche gilt von den Aufsichtsrathsmitgliedern. Führen die Vorstandsmitglieder den gesetz- oder statutenwidrigen Beschluß nicht aus oder fechten sie denselben an, so müssen sie allerdings gewärtigen, von der Generalversammlung ihres Amtes enthoben zu werden (vgl. Proebst S. 128).

Hält der Vorstand die ihm auferlegten Beschränkungen nicht ein, so kann sich die Genossenschaft Dritten gegenüber nicht darauf berufen, der Genossenschaft aber ist er für den dadurch entstandenen Schaden verantwortlich (§ 34). Die Geltendmachung des Schadenersatzanspruchs kann nur die Generalversammlung beschließen (§ 39). Wenn die Vorstandsmitglieder zu einem Rechtsgeschäft statutarisch die Genehmigung der Generalversammlung einzuholen haben und sie unterlassen dies, so machen sie sich schadensersatzpflichtig, es sei denn, sie führen den Nachweis, die Generalversammlung hätte Vornahme des Geschäfts beschlossen (vgl. R.G. Bd. 35 S. 83 für A.Ges.).

Für die strafrechtliche Verantwortung (z.B. § 149) kann sich ein Vorstandsmitglied jedenfalls nicht durch einen Beschluß der Generalversammlung decken.

2. **Absatz** II. Dritten gegenüber sind die Beschränkungen wirkungslos.

Dritten gegenüber ist der Vorstand in der Vertretung unbeschränkt und unbeschränkbar (§ 26 Erl. 2). Auch für die Mitglieder der Genossenschaft, welche mit dieser im Geschäftsverkehr stehen, würde eine Beschränkung des Vorstandes, selbst wenn sie im Statut vorgesehen ist, für den Geschäftsverkehr keine rechtliche Wirkung haben (vgl. Erl. 3), denn die im Geschäftsbetriebe mit den Mitgliedern abgeschlossenen Verträge sind keine innern Angelegenheiten des Vereins, die Genossen erscheinen dann als Dritte, und die Rechte und Verbindlichkeiten der Kontrahenten können rücksichtlich ihrer Entstehung, rechtlichen Wirksamkeit und Auslegung nach keinen anderen Grundsätzen beurtheilt werden, als wenn sie zwischen dem Vorstand und einer außerhalb der Genossenschaft stehenden Person zu Stande gekommen sind (R.G. Bd. 4 S. 73). Ebenso Birkenbihl-Maurer S. 169, Joël S. 514. Das Gesetz enthält eine Beschränkung in § 42. (Proebst S. 128.)

Schenkungen durch den Vorstand sind für zulässig zu erachten, insoweit dieselben bei derartigen Unternehmungen üblich sind, gestattet sind ihm hiernach insbesondere remuneratorische Schenkungen. Nicht beschränkt ist die Vertretung des Vorstandes auch durch den Gegenstand des Unternehmens (§ 6 Erl. 4, Makower Art. 231 Anm. 9). Landesgesetzliche oder behördliche Vorschriften, welche gewisse Geschäfte von behördlicher Genehmigung abhängig machen, sind gleichfalls wegen der allgemeinen Fassung des § 27' Dritten gegenüber unverbindlich.

3. Kenntniß des Dritten von der Beschränkung.

Kenntniß des Dritten, daß die Vorstandsmitglieder gegen ihre Vollmacht handeln, begründet nur dann eine exceptio doli für die Genossenschaft, wenn die Vorstandsmitglieder dolos gegen die Genossenschaft handelten, z. B. um sich auf ihre Kosten zu bereichern, und der Dritte an diesem dolosen Verfahren Theil genommen hat (vgl. R.G. Bd. 9 S. 149, Bd. 22 S. 75, v. Hahn Art. 231 § 1, Ring S. 518, Makower zu Art. 232). Die Mitglieder des Vorstands und Aufsichtsraths müssen selbstverständlich dann von den Beschränkungen Kenntniß haben, sie sind für sie bestimmt, müssen daher auch in den Rechtsgeschäften zwischen der Genossenschaft und ihnen gelten (§ 37 Erl. 6).

4. Beschränkung auf einzelne Orte.

Es giebt keine Filialkassenvorstände. Die Befugnisse des Vorstandes gelten sowohl für die Haupt- wie für die Zweig-Niederlassung. Selbst wenn die Filialen als Zweigniederlassung zur Eintragung gelangen, können als Mitglieder des Vorstandes daselbst immer nur die Vorstandsmitglieder der Hauptniederlassung angemeldet werden. Die sog. Filialvorsteher sind nur Bevollmächtigte (§ 14 Erl. 1, § 42 Erl. 1), deren Eintragung in das Genossenschaftsregister nicht erfolgen kann (R.G. Bd. 22 S. 70ff., Kammergerichts-Entsch. vom 4. April 1892, mitgetheilt in der Wochenschrift für Aktienrecht 1892 S. 284). Daß die Zeitbeschränkung Dritten gegenüber nicht gilt, § 24 Erl. 9, und daß sie nicht eingegangen werden darf, § 28 Erl. 1.

5. Beschränkung durch andere Organe.

Hierdurch wird anerkannt, daß die Genossenschaft außer Vorstand, Aufsichtsrath und Generalversammlung noch andere Organe haben kann. Die mit der Geschäftsführung betrauten Bevollmächtigten oder Beamten sind keine „Organe". Hierher würde z. B. die Baukommission bei Baugenossenschaften gehören, ferner die „Kreditkommission" bei Vorschußvereinen, deren Zweck es ist, die von dem Vorstande beschlossenen Kredite einer Nachprüfung zu unterziehen, zweckmäßig erscheint dieselbe allerdings durchaus nicht, denn das ist eine Thätigkeit, die am richtigsten dem Aufsichtsrath übertragen wird. Für unzulässig muß es erachtet werden, aus Vorstand und Aufsichtsrath ein neues Organ zu bilden. Das Gesetz trennt scharf die Obliegenheiten dieser beiden Organe und diese selbst, es würde daher mit der Tendenz des Gesetzes in Widerspruch stehen, wollte man Vorstand und Aufsichtsrath für gewisse Obliegenheiten zu einem einzigen Organ verschmelzen. Ein solcher gesetzlicher Verstoß liegt auch überall da vor, wo man Vorstand und Aufsichtsrath über Angelegenheiten, die beiden Organen zur Beschlußfassung überwiesen sind, nach Köpfen abstimmen läßt (vgl. Vorbemerkung zu §§ 36 bis 41). In der Begründung zum Aktiengesetz (§ 12_2 b) ist hervorgehoben, daß ein Verwaltungsrath neben dem Aufsichtsrath als rechtlich selbstständiges „Organ" nicht zugelassen werden dürfe. Das Gleiche muß auch für Genossenschaften angenommen werden. Mit Recht ist in der Begründung ausgesprochen, daß ein solcher Verwaltungsrath entweder einen Theil des Vorstandes oder des Aufsichtsrathes bildet.

§ 28.

Jede Aenderung des Vorstandes, sowie die Beendigung der Vertretungsbefugniß eines Vorstandsmitgliedes ist durch den Vorstand zur Eintragung in das Genossenschaftsregister anzumelden. Eine Abschrift der Urkunden über die Bestellung oder über die Beendigung der Ver-

tretungsbefugniß eines Vorstandsmitgliedes ist der Anmeldung beizufügen und wird bei dem Gericht aufbewahrt.

Die Vorstandsmitglieder haben ihre Unterschrift vor dem Gerichte zu zeichnen oder die Zeichnung in beglaubigter Form einzureichen.

Ges. von 1868 § 23 Abs. 1, Entw. I und II, Komm. 27, Rtg. 28, Einf.Ges. z. H.G.B. Art. 10 IV A.V. §§ 6, 8 und 19. Begr. I 113, II 76, Komm.Ber. 21.

I. **Zur Geschichte des § 28.**

§ 28 lautete in der Fassung des Gesetzes von 1889: „Jede Aenderung in der Zusammensetzung des Vorstandes sowie eine Wiederwahl oder eine Beendigung der Vollmacht von Mitgliedern desselben muß ohne Verzug zur Eintragung in das Genossenschaftsregister angemeldet werden. Zugleich haben neue Mitglieder ihre Unterschrift vor dem Gericht zu zeichnen oder die Zeichnung in beglaubigter Form einzureichen. Eine Abschrift der Urkunden über ihre Bestellung oder über die Beendigung ihrer Vollmacht ist der Anmeldung beizufügen und bleibt in der Verwahrung des Gerichts. Soweit eine Wiederwahl von Vorstandsmitgliedern erfolgt ist, unterbleibt die Veröffentlichung der Eintragung." Dazu heißt es in Begr. I 114, II 77:

Der § 28 „betrifft die Eintragung des Vorstandes in das Genossenschaftsregister und entspricht dem Abs. 1 des bisherigen § 23. Neu ist die Bestimmung, daß nicht blos die Neuwahl, sondern auch die Wiederwahl von Vorstandsmitgliedern zur Eintragung in das Genossenschaftsregister anzumelden ist . . . Ferner ist durch die Fassung klargestellt, daß nicht blos das gänzliche Ausscheiden, sondern auch die nach § 38 (§ 40) durch den Aufsichtsrath verfügte Suspension von Vorstandsmitgliedern und das hierdurch bewirkte einstweilige Erlöschen ihrer Vollmacht in das Genossenschaftsregister eingetragen werden muß." Der letzte Satz war in der Kommission hinzugefügt. Die Anmeldung einer Wiederwahl ist nunmehr wieder fortgefallen (Denkschrift zum H.G.B. S. 312) als überflüssig, sie wäre nur von Bedeutung, wenn die zeitliche Begrenzung eingetragen werden könnte, was nach § 27 Abs. 2 ausgeschlossen ist.

II. **Erläuterungen zu § 28.**

1. „Aenderung".

Der Ausdruck „Aenderung in der Zusammensetzung des Vorstandes" ist angepaßt dem Eingang des Abs. 1 § 29: „Aenderung in dem Vorstande". Hierunter ist, wie in der Kommission konstatirt wurde, nur der Fall zu verstehen, daß andere Personen in den Vorstand kommen, oder daß die Zahl der Vorstandsmitglieder verringert wird (Komm.Ber. 21).

2. Beendigung der (Vollmacht) Vertretungsbefugniß.

Unter Beendigung der Vertretungsbefugniß fällt die vom Aufsichtsrath verfügte Suspension von Vorstandsmitgliedern (Begr. I 113, II 76); der Ausdruck „Beendigung der Vollmacht" ist hierfür nicht korrekt, da die vorläufige Suspension die Vollmacht nicht beendigt, so wurde in der zweiten Auflage bemerkt, der Ausdruck ist nur geändert.

3. Anmeldung.

Die Anmeldung geschieht durch sämmtliche Mitglieder des Vorstandes persönlich oder in beglaubigter Form, sie muß auch zu dem Gericht der Zweigniederlassung erfolgen (§ 157, vgl. A.V. §§ 6, 8 und 19). Bei schriftlicher Anmeldung ist auch die Unterschrift des neugewählten Mitgliedes in beglaubigter Form einzureichen, wobei die Unterschrift der Anmeldung gleichzeitig als Zeichnung benutzt werden kann (vgl. Parisius u. Crüger, Formularbuch S. 79, 142). Der Anmeldung ist eine unbeglaubigte

Abschrift der Urkunden über die Bestellung, z. B. des Wahlprotokolls beizufügen, welche in der Verwahrung des Gerichts bleibt; im Falle der Suspension ist eine Abschrift des Beschlusses des Aufsichtsraths über die Suspension beizugeben. Auch die Anmeldung der Suspension hat durch den Vorstand und nicht durch den Aufsichtsrath zu geschehen; bleiben bei der Suspension noch so viel Vorstandsmitglieder im Amte, daß keine Stellvertretung erforderlich ist, so haben diese die Suspension anzumelden, werden Stellvertreter bestellt, so haben sämmtliche Vorstandsmitglieder die Stellvertreter und die Suspension anzumelden. Die Anmeldung erfolgt stets durch die verbleibenden bezw. unter Hinzuziehung der neu bestellten Mitglieder; die abgetretenen oder abgesetzten Mitglieder haben bei der Anmeldung nicht mitzuwirken, selbstverständlich, da dieselben ja eine Anmeldung verhindern könnten. Letztere sind gar nicht berechtigt, ihr Ausscheiden aus dem Vorstand anzumelden.

Der Zeitpunkt der Anmeldung ist nach § 19 A.V. der Beginn des Amtes. § 28 des Gesetzes schreibt vor, daß die Anmeldung „ohne Verzug" erfolgen muß. Es ist dies nicht ganz korrekt, die A.V. stellt es richtig, die Anmeldung wird in den meisten Fällen einige Zeit nach Beginn des Amtes erfolgen. Eine Anmeldung vor Beginn des Amtes hätte das Gericht abzulehnen, da das Genossenschaftsregister dann offenbar mit den thatsächlichen Verhältnissen im Widerspruch stände. Die Beendigung der Vertretungsbefugniß von Vorstandsmitgliedern ist alsbald nach dem Ausscheiden derselben anzumelden (A.V. § 19 Abs. 2).

Nach jeder Richtung hin gilt das Gleiche auch für die Stellvertreter der Vorstandsmitglieder, mögen dieselben für einen bestimmten Fall oder ganz allgemein bestellt sein. Das Gesetz läßt keine Beschränkung der Vorstandsmitglieder nach außen zu (weder nach Zeit, noch nach Geschäftsbetrieb), eine solche darf auch nicht eingetragen werden (§ 27 Erl. 4 A.V. § 19 Abs. 3).

5. Zeichnung.

Nur die neuen Mitglieder haben bei dem Gericht zu zeichnen, da die Zeichnung der Wiedergewählten bereits bei dem Gericht abgegeben ist. Nur die Unterschrift ist zu zeichnen, nicht die Firma. (§ 11 Erl. 5.)

6. Eintragung. Oeffentliche Bekanntmachung.

Der Richter hat zu prüfen, ob die Anmeldung in der gesetzlichen Form ferner, ob die Bestellung unter Beobachtung der statutarischen Vorschriften erfolgt ist. Dies muß aus der in Abschrift beizugebenden Bestellungsurkunde hervorgehen (§§ 11, 28, 84). Ist die Wahl der Vorstandsmitglieder durch den Aufsichtsrath erfolgt, so hat das Gericht nicht zu prüfen, ob die Aufsichtsrathsmitglieder ordnungsmäßig gewählt sind, Beschluß des Kammergerichts vom 28. Februar 1898, Bl.f.G. 1898 S. 196. Nicht zu prüfen ist auch, ob die Abstimmung bei der Wahl in statutenmäßiger Weise erfolgt ist, dagegen muß die Abschrift des Wahl-Protokolls ergeben, daß dieses ordnungsmäßig unterzeichnet ist (Bl.f.G. 1898 S. 70). Die Prüfung hat sich insbesondere darauf zu erstrecken, ob die im Statut vorgeschriebene Form der Wahl beobachtet, ferner ob die Vorstandsmitglieder bei der Anmeldung (nicht bei der Wahl) Mitglieder der Genossenschaft sind. Es genügt, wenn gleichzeitig die Einreichung der Beitrittserklärung erfolgt (Preuß. Justiz-Min.Bl. 1899 Nr. 9). Nur wenn die Vorstandsmitglieder sich selbst als Liquidatoren anmelden, ist keine Bestellungsurkunde vorzulegen, (§ 84). Die Annahme der Wahl ist nicht zu prüfen, denn dieselbe liegt in der Anmeldung. Im Falle der Eintragung der Beendigung der Vertretungsbefugniß ist zu prüfen, ob der Beschluß des Aufsichtsraths bezw. der Generalversammlung in Abschrift eingereicht ist (§§ 40, 83).

Die Richtigkeit der angemeldeten Thatsachen hat der Richter nicht zu prüfen, gleichfalls nicht die Ordnungsmäßigkeit der Berufung der Generalversammlung, wenn Wahl u. s. w. durch dieselbe erfolgt ist (§ 10 Erl. 4, § 16 Erl. 6, vgl. R.G. Bd. 1 S. 243). Wird z. B. zur Eintragung angemeldet, daß ein Vorstandsmitglied ausgeschieden sei, so hat der Richter diese angemeldete Thatsache einzutragen, ohne in eine Prüfung derselben einzutreten. Wissentlich falsche Anmeldungen sind nach § 147 strafbar. Die in das Genossenschaftsregister eingetragene Aenderung ist öffentlich bekannt zu machen (H.G.B. § 11). Wird die Wiederwahl angemeldet, obgleich es das Gesetz nicht verlangt, so hat eine Eintragung der Veröffentlichung gleichwohl nicht zu erfolgen. Ist die Eintragung und öffentliche Bekanntmachung eines Vorstandsmitgliedes nicht erfolgt, so hat dies, falls dasselbe nur statutenmäßig gewählt ist, auf die von demselben für die Genossenschaft vorgenommenen Rechtshandlungen keinen Einfluß (vgl. § 26 Erl. 3), so kann z. B. die Gültigkeit der von statutenmäßig gewählten Vorstandsmitgliedern berufenen Generalversammlung nicht aus dem Grunde angefochten werden, weil dieselben nicht eingetragen sind, oder ihre Wahl nicht öffentlich bekannt gemacht ist. Andererseits kann sich die Genossenschaft nach Eintragung und Veröffentlichung nicht auf Mängel der Wahl berufen (§ 26 Erl. 3 am Schluß).

Formulare für Eintragung und Veröffentlichung bei Parisius u. Crüger Formularbuch S. 82.

§ 29.

Eine Aenderung des Vorstandes, eine Beendigung der Vertretungsbefugniß eines Vorstandsmitgliedes, sowie eine Aenderung des Statuts rücksichtlich der Form für Willenserklärungen des Vorstandes kann, solange sie nicht in das Genossenschaftsregister eingetragen und öffentlich bekannt gemacht ist, von der Genossenschaft einem Dritten nicht entgegengesetzt werden, es sei denn, daß dieser von der Aenderung oder Beendigung Kenntniß hatte.

Nach der Eintragung und Bekanntmachung muß der Dritte die Aenderung oder Beendigung gegen sich gelten lassen, es sei denn, daß er sie weder kannte noch kennen mußte.

Für den Geschäftsverkehr mit einer in das Genossenschaftsregister eingetragenen Zweigniederlassung ist im Sinne dieser Vorschriften die Eintragung und Bekanntmachung durch das Gericht der Zweigniederlassung entscheidend.

Ges. von 1868 § 23 Abs. 3. Entw. I und II, Komm. 28, Rtg. 29, Einf.Ges. zum H.G.B. Art. 10 IV, Begr. I 114, II 77.

I. Zur Geschichte des § 29.

§ 29 entspricht dem Abs. 3 des § 23 des Ges. von 1868. An Stelle der Verweisung auf die entsprechenden Bestimmungen des H.G.B. ist der in Betracht kommende Inhalt wiedergegeben. Sie sind ausgedehnt auf den Fall, daß eine neue statutarische Bestimmung über die Form, in welcher der Vorstand seine Willenserklärungen abzugeben hat, insbesondere über die Zahl der Vorstandsmitglieder, welche dabei mitzuwirken haben, getroffen ist. Nach den Motiven schien es angemessen, auch hier die unbedingte Wirksamkeit gegen Dritte nicht blos von der Eintragung der Statutenänderung ins Genossenschaftsregister (§ 16 Abs. 4), sondern auch von der Veröffentlichung der Eintragung abhängig zu machen (§ 16 Abs. 3, § 12 Abs. 4).

§ 29 lautete in der Fassung des Gesetzes von 1889:

„Die Aenderung in dem Vorstande oder Beendigung der Vollmacht eines Mitgliedes und eine Aenderung des Statuts rücksichtlich der Form für Willenserklärungen des Vorstandes kann, solange sie nicht in das Genossenschaftsregister eingetragen und öffentlich bekannt gemacht ist, einem Dritten von der Genossenschaft nur entgegengesetzt werden, wenn letztere beweist, daß derselbe beim Abschlusse des Geschäfts von der Aenderung oder Beendigung Kenntniß hatte.

Nach geschehener Eintragung und Bekanntmachung muß der Dritte, sofern nicht durch die Umstände die Annahme begründet wird, daß er beim Abschlusse des Geschäfts die Aenderung oder Beendigung weder gekannt habe noch habe kennen müssen, dieselbe gegen sich gelten lassen."

Die gleichen Gründe, die zu der Aenderung des § 13 und § 16 geführt, haben auch die Abänderung des § 29 veranlaßt; für den Geschäftsverkehr mit den Zweigniederlassungen sollen, wenn es sich um die Frage handelt, ob eine in das Handelsregister eingetragene Thatsache Dritten entgegengesetzt werden kann (§ 15 Abs. 3 H.G.B.), nicht die Eintragung in das Register der Hauptniederlassung sondern in das der Zweigniederlassung entscheidend sein (Denkschrift zum H.G.B. S. 312).

II. **Erläuterungen zu § 29.**

Bedeutung der Eintragung und Veröffentlichung. Vgl. § 28 Erl. 6 am Schluß.

Es sind die verschiedenen Fälle zu unterscheiden, wie folgt: Der Dritte, welcher mit Personen, die früher zur Vertretung der Genossenschaft berechtigte Vorstandsmitglieder waren, in der bisher üblichen Form ein Geschäft abschließt,

I. weiß, daß jene Vertretungsbefugniß aufgehört hat, oder daß nur eine größere Anzahl Vorstandsmitglieder als bisher die Vertretung hat, dann bindet das Geschäft die Genossenschaft nicht;

II. er weiß es nicht und

1. die Eintragung und Veröffentlichung ist nicht erfolgt, so ist die Genossenschaft verpflichtet,

2. die Eintragung und Veröffentlichung ist erfolgt, so ist die Genossenschaft

a) verpflichtet, wenn jener die Aenderung des Vorstandes u. s. w. weder „kannte noch kennen mußte",

b) nicht verpflichtet, wenn dieser Fall nicht vorliegt.

Die Bestimmung entspricht dem § 15 H.G.B., die frühere Vorschrift über die Beweislast ist fortgefallen und sind die dadurch entstandenen Zweifel beseitigt, vgl. Makower zu § 15 des neuen H.G.B.

Nur im Falle des Abs. 2 ist das Kennenmüssen dem Kennen gleichgestellt, aber auch in den Fällen des Abs. 1 können Umstände die gleichen Folgen haben (Denkschrift zum H.G.B. S. 30).

Bei dem Vorhandensein einer Zweigniederlassung ist nur die Eintragung bei der Letzteren und nicht bei dem Gericht der Hauptniederlassung maßgebend (vgl. § 148 Abs. 3 alter Fassung des Ges. von 1889).

§ 30.

Der Vorstand hat ein Verzeichniß der Genossen zu führen und dasselbe mit der Liste in Uebereinstimmung zu halten.

Ges. von 1868 § 25, Entw. I und II, Komm. 29, Rtg. 30, Begr. I 114, II 77, Komm.Ber. 21.

I. Zur Geschichte des § 30.

a) Nach dem Ges. von 1868 (§ 25) hatte der Vorstand am Schlusse jedes Quartals Ab- und Zugangslisten und im Januar ein alphabetisch geordnetes Mitgliederverzeichniß dem Registerrichter einzureichen. Diese Bestimmungen sind durch § 15 beseitigt. Jetzt hat die „gerichtliche Liste der Genossen" authentischen Aufschluß über Zahl und Person der Mitglieder zu geben. Zur Erleichterung der Information der Betheiligten ist angeordnet, daß auch bei der Genossenschaft die nöthige Aufklärung aus einem mit der Gerichtsliste übereinstimmenden Verzeichnisse der Genossen entnommen werden kann.

b) Der Regierungsentwurf enthielt noch folgenden zweiten Satz:

„Das Verzeichniß ist im Geschäftslokale der Genossenschaft oder an einer anderen, durch den Vorstand bekannt zu machenden, geeigneten Stelle zur Einsicht für Jeden auszulegen." Dieser Theil des § 30 wurde in der Reichstagskommission abgelehnt, weil er eine zu große Belästigung der Genossenschaften enthalte (Komm.Ber. 21). Die Vorschrift war überflüssig, da die gerichtliche Liste, welche die allein maßgebende ist, in den Geschäftsstunden zu Jedermanns Einsicht offen liegt (§§ 15, 156; H.G.B. § 9 Abs. 1).

II. Erläuterungen zu § 30.

Daß der Vorstand ein Mitgliederverzeichniß führt, ist selbstverständlich, wenn auch dieses Verzeichniß keine zivilrechtliche Bedeutung mehr hat, denn der Vorstand muß jederzeit in der Lage sein, sich vergewissern zu können, ob Jemand Mitglied ist. „Die Aufrechterhaltung der Uebereinstimmung mit der gerichtlichen Liste unterliegt der Aufsicht des Registerrichters in Gemäßheit des § 152 (jetzt § 160), und wissentlich unrichtige Angaben in dem Verzeichniß ziehen die Strafen des § 141 (jetzt § 147) nach sich" (Begr. I 115). Diese Aufsicht kann aber nicht etwa in der Art gehandhabt werden, daß das Gericht sich regelmäßig das Verzeichniß der Genossen vorlegen läßt, sondern das Gericht muß die Ueberzeugung haben, daß der Vorstand seiner Pflicht mit Bezug auf die Führung des Verzeichnisses nicht nachkommt, dann hat es die Vorstandsmitglieder durch Androhung von Ordnungsstrafen zur ordnungsmäßigen Führung anzuhalten (ebenso Birkenbihl-Maurer S. 174). Da das Verzeichniß mit der Liste der Genossen sich in Uebereinstimmung befinden muß, kann der Vorstand die Eintragungen in das Verzeichniß erst vornehmen, wenn er von dem Gerichte die Benachrichtigung über die betreffenden Eintragungen (Beitritt und Ausscheiden) in die Liste der Genossen erhalten hat.

§ 31.

Für Konsumvereine, welche einen offenen Laden haben, hat der Vorstand, um die Beobachtung der Bestimmung des § 8 Absatz 4 zu sichern, Anweisung darüber zu erlassen, auf welche Weise sich die Vereinsmitglieder oder deren Vertreter den Waarenverkäufern gegenüber zu legitimiren haben. Abschrift der Anweisung hat er der höheren Verwaltungsbehörde, in deren Bezirk die Genossenschaft ihren Sitz hat, unverzüglich einzureichen.

Die höhere Verwaltungsbehörde ist befugt, die Mitglieder des Vorstandes zur Einreichung und nöthigenfalls zur Abänderung oder Ergänzung der Anweisung durch Geldstrafen bis zum Betrage von je dreihundert Mark anzuhalten.

Gegen die Anordnungen und Straffestsetzungen der höheren Verwaltungsbehörde findet binnen zwei Wochen die Beschwerde an die Landeszentralbehörde statt.

Nov. Entw. Art. 2, Komm. Art. 1, 4, Rtg. Art. 1, 3, Komm.Ber. 5.

I. **Zur Geschichte des § 31.**

§ 8 Abs. 4 in der Fassung des Gesetzes von 1889 lauteten: „Konsumvereine dürfen im regelmäßigen Geschäftsverkehr Waaren nur an Personen verkaufen, welche als Mitglieder oder deren Vertreter bekannt sind, oder sich als solche in der durch das Statut vorgeschriebenen Weise legitimiren." Das Statut brauchte also keine Bestimmung über die Legitimation zu enthalten; auch eine besondere Anweisung für die Legitimationsprüfung war nicht vorgesehen. Art. 2 des Entwurfs eines Gesetzes betr. die Abänderung des Genossenschaftsgesetzes u. s. w. enthielt dann eine dem jetzigen § 31 gleiche Bestimmung, vgl. zur Geschichte ferner § 8 Erl. 9.

II. **Erläuterungen.**

1. Offener Laden.

Ueber den Begriff offener Laden vgl. § 8 Erl. 10 am Ende. Die Vorschrift bezieht sich nur auf Konsumvereine, die einen offenen Laden haben und nicht auf Vereine, die überhaupt keinen Laden haben, oder deren Laden als ein geschlossener zu betrachten ist. Da die landwirthschaftlichen Genossenschaften nach Maßgabe des § 8 Abs. 4 unter den daselbst getroffenen Bestimmungen den Konsumvereinen gleichgestellt sind, gilt dann insoweit entsprechend für sie auch die Vorschrift in § 31. Die Beschränkung gilt auch nur für den distributiven und nicht für den produktiven Theil der Geschäftsthätigkeit § 1 Erl. 11.

2. Die Anweisung.

Das Statut hat über die Prüfung der Legitimation keine Bestimmung zu enthalten, der Erlaß der Anweisung ist eine Verwaltungsmaßregel und liegt dem Vorstande ob.

Die Anweisung hat nur die Bestimmungen zu enthalten, wie die Legitimation der Waarenkäufer als Mitglieder oder als deren Vertreter zu prüfen ist; z. B.:

> Die Angestellten des Konsumvereins . . . werden angewiesen, Waaren nur an solche Personen abzugeben, die ihnen entweder als Mitglieder des Vereins oder als von diesen zum Waareneinkauf bevollmächtigt persönlich bekannt sind, oder die sich durch Vorlegen der Legitimationskarte als Mitglied oder als Vertreter eines Mitgliedes zum Einkauf der Waaren legitimiren.

Wo von den Konsumvereinen ein Einkaufsbuch ausgegeben wird, in das der Betrag der entnommenen Waaren eingetragen wird, kann dieses als Legitimation gelten. Als Legitimationskarte empfiehlt der Allg. deutsche Genossenschaftsverband folgendes Formular:

Legitimationskarte
für
Nr. . . . (der Liste der Genossen)
Konsumverein . . . (Firma)
Der Vorstand.
(Unterschrift der Vorstandsmitglieder.)

Vorgeschlagen ist, auf der Rückseite die Strafbestimmungen über den Mißbrauch der Legitimation (§ 152) aufzudrucken (vgl. Bl.f.G. 1896 S. 390). Ueber die Strafbestimmungen §§ 152ff.

Die Legitimation braucht von dem Vorstande nicht unterschrieben zu sein, es genügt Faksimile-Stempel.

In dem Erlaß vom 6. November 1896 (Bl.f.G. 1897 S. 56) hat der preußische Minister für Handel und Gewerbe erklärt: „Im Allgemeinen wird es genügen, wenn die Anweisung dahin lautet, daß die Waarenverkäufer nur an solche Personen Waaren abgeben dürfen, die ihnen als Mitglieder des Konsumvereins bezw. als Kaufberechtigte der Konsumanstalten (vgl. Art. 2 der Novelle vom 12. August 1896) persönlich bekannt sind, oder die sich über ihre Eigenschaft als Vereinsmitglieder oder Kaufberechtigte, oder als Vertreter eines Vereinsmitgliedes oder eines Kaufberechtigten durch Beibringung einer näher zu bezeichnenden Legitimation ausweisen. Einkaufskarten, Erkennungszeichen und Einkaufsbücher werden in der Regel als ausreichende Legitimation zu erachten sein, sofern sie von dem Vorstande des Konsumvereins oder den Konsumanstalten auf die Namen der Mitglieder oder Kaufberechtigten ausgestellt sind." Vgl. Crüger, Bl.f.G. 1896 S. 391 ff.

§ 32.

Von Konsumvereinen oder von Gewerbetreibenden, welche mit solchen wegen Waarenabgabe an die Mitglieder in Verbindung stehen, dürfen Marken oder sonstige nicht auf den Namen lautende Anweisungen oder Werthzeichen, welche anstatt baaren Geldes die Mitglieder zum Waarenbezug berechtigen sollen, nicht ausgegeben werden.

Nov. Komm. I 4, Rtg. I 3, Komm.Ber. 6.

I. **Zur Geschichte** vgl. § 8 Erl. 9.

II. **Erläuterung.**

Damit ist nicht die Ausgabe von Dividendenmarken — als Unterlage für die Vertheilung von Dividenden — sondern „von Marken als Zahlungs-Surrogate beim Einkauf von Waaren" verboten, weil in der Ausgabe solcher Werthmarken thatsächlich ein Privilegium zu sehen sei, das den Konsumvereinen von vornherein einen Vorsprung vor dem Privatkaufmann gebe (Komm.Ber. 6). Erscheint diese Auffassung auch nicht begründet, so hat sich aber auch die Ausgabe von Werthmarken oder Zahlungsmittel in der Praxis aus verschiedenen Gründen nicht bewährt und ist fast überall abgeschafft worden; nur in dem Verkehr der Mitglieder mit Lieferanten des Konsumvereins ist das Werthmarkensystem vielfach beibehalten. Hier läßt es sich leicht durch Dividendenmarken ersetzen (vgl. S. 272 Bl.f.G. von 1895). — Als „Marke und Werthzeichen" u. s. w. im Sinne dieser Bestimmung ist jede Erklärung, Bescheinigung u. s. w. zu verstehen, mittelst denen anstatt mit baarem Gelde die Waaren bezahlt werden. — Strafbestimmung § 154. —

In Betreff der Anwendung auf Tauschbanken vgl. § 8 Erl. 9.

§ 33.

Der Vorstand ist verpflichtet, Sorge zu tragen, daß die erforderlichen Bücher der Genossenschaft geführt werden.

Er muß binnen sechs Monaten nach Ablauf jedes Geschäftsjahres die Bilanz desselben, die Zahl der im Laufe des Jahres eingetretenen oder ausgeschiedenen, sowie die Zahl der am Jahresschlusse der Genossen-

schaft angehörigen Genossen veröffentlichen. Die Bekanntmachung ist zu dem Genossenschaftsregister einzureichen.

Ges. von 1868 § 26, Entw. I und II, Komm. 30, Rtg. 31, Begr. I 115, II 77. Vgl. A.V. § 7.

I. **Zur Geschichte des** § 33.

§ 33 stimmt im ersten, die Buchführung betreffenden, Absatz mit dem ersten, dem Art. 239 des H.G.B. (jetzt gleichfalls § 239) entlehnten, Satze des § 26 des Ges. von 1868 überein. Im zweiten Absatz bezüglich der dem Vorstande alljährlich obliegenden Veröffentlichungen behandelt er die Vorschriften des zweiten Satzes des früheren § 26 und stimmt mit ihm im Wesentlichen überein (vgl. § 260 Abs. 2 H.G.B.), nur sind einige redaktionelle Verbesserungen vorgenommen, namentlich mit Rücksicht auf die Genossenschaften, deren Geschäftsjahr weniger als ein Kalenderjahr beträgt (s. unten Erl. 4). Der § 26 des Ges. von 1868 hatte in Folge Versehens nur einen Absatz. Wie dieses Versehen und dadurch der Zweifel entstanden ist, ob dem Registerrichter nicht (gegen die Absicht des Gesetzgebers) die Kontrole über die Buchführung zustehe, darüber vgl. Parisius S. 306. Neu ist die Bestimmung im letzten Satz über die Einreichung der Bekanntmachung zum Genossenschaftsregister.

II. **Erläuterungen zu** § 33.

1. **Absatz** I. Verpflichtungen des Vorstandes. — Buchführung und Bilanz.

Das Gesetz überträgt die Sorge für die Buchführung, die Veröffentlichung der Bilanz und Einreichung der Bekanntmachung dem Vorstande. Es handelt sich also um Verpflichtungen des Organs, und ein jedes Mitglied desselben ist folglich für die Ausführung verantwortlich und hat darüber mit der Sorgfalt eines ordentlichen Geschäftsmannes zu wachen. Dabei mag hier nochmals hervorgehoben werden, daß das Gesetz eine Beschränkung einzelner Vorstandsmitglieder mit Bezug auf die Wahrnehmung der gesetzlichen Obliegenheit des Vorstandes nicht zuläßt, daher auch die Verantwortung für die Obliegenheiten des § 33 solche Vorstandsmitglieder trifft, welche nur als sogenannte Stellvertreter bestellt sind.

Die Pflicht zur Buchführung und Bilanzziehung (H.G.B. Art. 5, 28, 29 jetzt § 6, §§ 38ff.) gehört dem öffentlichen Rechte an, diese objektive kaufmännische Gesellschaftspflicht wird durch § 33 in ihrem vollen Umfange als eine persönliche Pflicht des Vorstandes individualisirt, das Gesetz hat nicht die Buchführung und die Aufstellung der Bilanz zu einer körperlich und persönlich von allen Vorstandsmitgliedern auszuübenden Funktion erhoben, sondern die volle persönliche Verantwortlichkeit der Vorstandsmitglieder für Dasein und Aufrechterhaltung der gesetzlich vorgeschriebenen buchmäßigen Ordnung, sowie für ordnungsmäßige Erledigung der Pflicht der Bilanzziehung aussprechen wollen. Die Bilanz gehört zu der von den Vorstandsmitgliedern regelmäßig zu bewirkenden Rechnungslegung. Die Geschäfts- und Arbeitstheilung, welche bei einer Mehrheit von Vorstandsmitgliedern unter ihnen gewillkürt ist, gleichviel ob solche Arbeitstheilung schon durch das Statut bestimmt oder sonstwie festgesetzt ist, vermag keinen rechtlichen Einfluß auszuüben auf Befreiung oder Abminderung der jedem Vorstandsmitgliede als solchem vom Gesetze unbedingt auferlegten, öffentlichen, rechtlichen Pflicht. Noch weniger kann davon die Rede sein, daß die Anstellung von Beamten und Bevollmächtigten die fragliche Verantwortung beeinflussen kann. Jedes der Vorstandsmitglieder unterliegt daher der Strafbestimmung aus § 210 Z. 2 und 3 jetzt § 240 Z. 3 und 4 R.K.O. Diese von dem Reichsgericht (Strafsachen Bd. 13 S. 237) aufgestellten Grundsätze gelten auch für die Vorstandsmitglieder einer eingetragenen Genossenschaft, und dieselben sind von dem R.G. (Strafsachen Bd. 13 S. 355) auf die Vorstandsmitglieder einer solchen Genossenschaft angewendet; freilich bezieht sich das Urtheil auf § 26 des Gesetzes von 1868, doch für das vorliegende Gesetz gelten die gleichen Grundsätze. Daselbst heißt es: „Da es sich um eine Verpflichtung handelt, die dem Vorstand als solchem auferlegt ist, so erscheint die Folgerung begründet, daß sich diese Verpflichtung auf jedes einzelne Vorstandsmitglied erstreckt, daß also jedes Mitglied persönlich für die Buchführung Sorge zu tragen hat. Diese Folgerung ist auch in § 214 (jetzt § 244) R.K.O. zum Ausdruck gebracht, nach welchem die Mitglieder des Vorstandes als solche und nicht etwa nur diejenigen von ihnen, welche speziell die Sorge für die Buchführung haben, mit den Strafbestimmungen der §§ 209 ff. (jetzt §§ 239 ff.) bedroht sind."

2. „Die erforderlichen Bücher."

Welche bestimmten Bücher der Kaufmann, also auch die eingetragene Genossenschaft, zu führen hat, darüber enthält das H.G.B., im Gegensatz zu anderen Gesetzgebungen, wie z. B. Code de commerce, keine Vorschriften. § 38 H.G.B. bestimmt nur, daß jeder Kaufmann verpflichtet ist, Bücher zu führen, aus welchen seine Handelsgeschäfte und die Lage seines Vermögens vollständig zu ersehen sind. Die die Unterlassung der genügenden Buchführung betreffenden Strafvorschriften enthalten die §§ 239 ff. der R.K.O.

Nicht strafbar ist im Falle Konkurses die Unterlassung der Führung eines Kopirbuchs (Jurist. Wochenschrift S. 454/1888), wenn die übrigen Bücher die Uebersicht über die Vermögenslage zulassen. Das Genossenschaftsgesetz selbst enthält keine Strafvorschrift auf die Unterlassung der Führung der nothwendigen Bücher. Die Vorstandsmitglieder brauchen die Bücher nicht selbst zu führen, sie haben aber dafür Sorge zu tragen, daß es geschieht, und zwar in dem Gesetz entsprechender Weise, dafür sind sie verantwortlich.

Die Buchführung muß nicht blos äußerlich ordnungsmäßig sein, sondern muß auch die Uebersicht des wirklichen Vermögenszustandes gewähren. Vgl. über den Begriff der Buchführung R.G. in Strafsachen Bd. 25 S. 364. Zu den gesetzlichen Vorschriften, welchen eine Buchführung zu entsprechen hat, und deren Nichtbefolgung die Uebersicht des Vermögensstandes zu beeinträchtigen geeignet ist, gehört namentlich die Vorschrift in §§ 39 ff. H.G.B. über richtige Werthangaben*) und Werthabschreibungen. Dabei ist es unerheblich, ob die erforderliche Abschreibung unmittelbar oder durch Einstellung eines Ersatzpostens erfolgt, nur bei thatsächlichem Verlust ist die Abschreibung zu wählen, weil sonst der vorhandene Posten irreführen könnte. Wer aber sich dabei beruhigte, daß der bereits angesammelte Reservefonds zur nöthigen Rücklage genügt, würde ein falsches Bild bieten, da der Reservefonds nicht in erster Linie den Zweck hat, eine Rücklage für schon eingetretene Schäden zu gewähren. Die Uebersicht des Vermögens muß durch die geführten Bücher selbst, also ohne Zuhilfenahme anderer Erkenntnißquellen geboten werden, vgl. R.G. in Strafsachen Bd. 29 S. 222 über die Voraussetzungen einer unordentlichen Buchführung. Zu den Büchern gehört die Bilanz (Erl. 3), welche wesentlich dazu bestimmt ist, das Ergebniß der Bücher in Rücksicht auf den Vermögenszustand zu einem bestimmten Zeitpunkte festzustellen. Die Uebersicht ist auch dann nicht gewahrt, wenn dieselbe nur von einem Sachkundigen mit Ueberwindung besonderer Schwierigkeiten zu gewinnen ist (vgl. hierüber den Aufsatz in Nr. 12 Bl.f.G. von 1892). Für die Führung der Handelsbücher ist § 43 H.G.B. zu befolgen. Unzulässig ist es daher, Geschäfte, über welche die Bücher Aufschluß geben

*) Ueber Verbuchung vorweg erhobener Zinsen, die für die Richtigkeit der Bilanz von großer Wichtigkeit ist, ist zu vergleichen der Aufsatz Nr. 27 Bl.f.G. von 1892.

müssen, auf losen Zetteln zu verzeichnen und einzutragen (R.G. Strafsachen Bd. 17 S. 302 und Bl.f.G. S. 250 von 1890). Eine „unordentliche" Buchführung im Sinne der R.K.O. würde daher vorliegen, wo die losen Zettel als Ergänzung der Bücher dienen, da dann nicht die Bücher die Uebersicht bieten.

3. **Absatz** II. Bilanz*) (§ 7 Erl. 8, § 19, Erl. 3, § 48 Erl. 1).

„Die Inventarien und Bilanzen bilden unzweifelhaft wesentliche Bestandtheile der kaufmännischen Buchführung. Wenn auch zwischen den Handelsbüchern im engeren Sinne des Wortes und den Bilanzen im Gesetz unterschieden wird, so ist doch die Anfertigung der letzteren als eine zur Buchführung im weiteren Sinne gehörige Thätigkeit anzusehen. Die Aufstellung von Inventar und Bilanz hat den Zweck, eine Feststellung des Vermögensbestandes und Uebersicht über denselben für den Zeitpunkt der Anfertigung und damit zugleich mittelst Vergleichung der verschiedenen Bilanzen eine Uebersicht über die Ergebnisse der Geschäftsführung zu gewähren" (R.G. in Strafsachen Bd. 13 S. 355). Wie für die Buchführung haben die sämmtlichen Vorstandsmitglieder daher auch für die Aufstellung der Bilanz Sorge zu tragen. Das Aktiengesetz bringt in Art. 239 (§ 260 H.G.B.) unzweideutig zum Ausdruck den Gesichtspunkt, „daß die Bilanz zu der vom Vorstande als solchem über seine Geschäftsführung regelmäßig zu bewirkenden Rechnungslegung gehört und einen von ihm zu vertretenden Rechnungsausweis darstellt" (R.G. Strafsachen Bd. 13 S. 355ff.); fehlt es auch in § 33 an diesem unzweideutigen Ausdruck, so ist derselbe doch entbehrlich. Nicht nur daß die Bilanz ein Theil der Buchführung ist, für welche der Vorstand Sorge zu tragen hat, es hat auch der Vorstand die Bilanz zu unterzeichnen (vgl. R.G. Bd. 13 S. 238 durch alle Vorstandsmitglieder, H.G.B. § 41), er hat dieselbe zu veröffentlichen (§ 33), zur Einsicht der Genossen offenzulegen (§ 48 Abs. 2), der Aufsichtsrath hat den Vorstand bei seiner Geschäftsführung zu überwachen und § 38 überträgt ihm ausdrücklich die Prüfung der Jahresrechnung, Bilanzen und Vorschläge zur Vertheilung von Gewinn und Verlust, der Vorstand ist der Geschäftsführer, als solcher muß er Rechnung ablegen: diese Rechnung ist die Bilanz. Es kann nach Allem also gar kein Zweifel darüber bestehen, daß die Bilanz zu der vom Vorstande einer Genossenschaft zu bewirkenden Rechnungslegung gehört (ebenso Birkenbihl-Maurer S. 177). Die Rechnungslegung ist eine Pflicht der Vorstandsmitglieder, welche die Geschäfte geführt haben, sie sind also auch dann noch hierzu verpflichtet, wenn ihre Wahlperiode oder sonst ihre Vollmacht abgelaufen ist. Erst wenn das Vorstandsmitglied dieser Pflicht nachgekommen ist, braucht daher die Genossenschaft die etwa hinterlegte Kaution herauszugeben (R.O.H.G. Bd. 24 S. 365, § 24 Erl. 9). Die Bilanz wird dann auch von dem (oder den) früheren Vorstandsmitgliede unterzeichnet, die Veröffentlichung aber erfolgt durch den neuen Vorstand, denn nicht die gelegte, sondern die von der Generalversammlung genehmigte Bilanz wird veröffentlicht.

Ueber die Aufstellung der Bilanz vgl. § 7 Erl. 8. „Es kann, auch wenn die übrigen Bücher ordnungsmäßig geführt und in den Inventuren und Bilanzen die vorhandenen Vermögensstücke und Forderungen vollständig aufgezählt sind, lediglich in Folge von unrichtigen, unter Mißachtung des Art. 31 (jetzt § 40 Abs. 2 u. 3) H.G.B. erfolgten Werthangaben die Buchführung als eine derartig unordentliche erscheinen, daß die Handelsbücher als Ganzes keine Uebersicht des Vermögensstandes gewähren" (R.G. Strafsachen Bd. 13 S. 355ff.). Aufnahme am Sonntag § 8 Erl. 6c. Das R.G. hat in dem Urtheil vom 2. Oktober 1893 (Jurist. Wochenschrift 1893 S. 532) Geschäftsübersichten, in denen die Vermögensstücke nicht aufgeführt sind, die Eigenschaft einer Bilanz abgesprochen (§ 39 H.G.B.).

---

*) Vgl. über Inventur und Jahresrechnung Bl.f.G. Nr. 6 von 1891.

Für die Feststellung des Werthes der einzelnen Vermögensbestandtheile ist von der Annahme des Weiterbetriebes des Unternehmens auszugehen, und es ist nicht der Werth einzusetzen, der sich bei der Liquidation ergeben würde (Simon S. 304 R.O.H.G. Bd. 12 S. 19, R.G. Bd. 19 S. 119). Unberücksichtigt bleiben muß auch eine durch das Ausscheiden von Mitgliedern eintretende Verminderung der Rentabilität des Betriebes (R.G. Urtheil vom 13. Januar 1896, Jurist. Wochenschrift 1896 Nr. 48). Das Inventar ist nach § 39 H.G.B. genau nach den einzelnen Werthen zu spezialisiren. Die Abschätzung der Werthe ist eine zur Buchführung selbst gehörige Thätigkeit. Für die Vorstandsmitglieder gilt wieder eine Anweisung aus R.G. Strafsachen Bd. 13 S. 355ff. auch in dieser Beziehung: „Hat ein Kaufmann . . . durch Zuwiderhandlung gegen den sich schon aus der Natur der Sache ergebenden, in Art. 31 (jetzt § 40) H.G.B. besonders hervorgehobenen Grundsatz über die Aufstellung der Bilanz einen Zustand herbeigeführt, bei dem eine Uebersicht über den wirklichen Vermögensstand nicht mehr zu gewinnen ist, so kann, wenn derselbe seine Zahlungen eingestellt hat, oder über sein Vermögen das Konkursverfahren eröffnet worden ist, die Anwendung des § 210 Z. 2 (jetzt § 240 Z. 3) R.K.O. gerechtfertigt sein". Und ferner: „Durch Vorlegung einer Bilanz mit unwahrem Inhalte wird objektiv eine unwahre Darstellung dieses Verhältnisses gegeben", werden daher in einer Bilanz zweifelhafte Forderungen, die hinter dem Nennwerthe erheblich zurückstehen, nach dem Nennwerthe angenommen, so ist damit eine unwahre Darstellung gegeben (§ 147). Haben die Vorstandsmitglieder — und ebenso die Aufsichtsrathsmitglieder — gewußt, daß die Bilanz in dieser Beziehung unwahre Angaben enthielt, so haben sie sich mit deren Vorlegung wissentlich einer unwahren Darstellung schuldig gemacht, dieses Wissen genügt subjektiv zur Herstellung des Thatbestandes des § 147, derselbe erfordert nicht eine bestimmte auf Täuschung Dritter gerichtete Absicht (vgl. R.G. Strafsachen Bd. 14 S. 80ff.) und Holdheim in der Monatsschrift für Aktienrecht 1894 S. 71ff. Die Voraussetzungen der civilrechtlichen und strafrechtlichen Verantwortung decken sich nicht, jene geht auf das „Wissen sollen", diese auf das Wissen (vgl. R.G. Urtheil vom 23. November 1893 in der Jurist. Wochenschrift 1894 S. 52).

Zu § 7 Erl. 8 ist darauf hingewiesen, daß die für Aktiengesellschaften bei Aufstellung der Bilanz geltenden Sonderbestimmungen für die Genossenschaften nicht ohne Weiteres gelten, daher müssen z. B. Werthpapiere zum Tageskurs in die Inventur aufgenommen werden, denn die Mitglieder haben ein Recht darauf, daß „sämmtliche Vermögensstücke" nach dem Werthe angesetzt werden, welche ihnen zur Zeit der Aufnahme beizulegen ist. Erfolgt trotzdem eine geringere Bewerthung und die Bilanz wird genehmigt, so hat es dabei freilich sein Bewenden. Die Frage ist von großer praktischer Bedeutung. Läßt man es gelten, daß die Effekten auch zu geringerem Werthe angesetzt werden, als er ihnen am Tage der Aufnahme innewohnt, so würde, wenn im folgenden Jahre dieser Grundsatz nicht mehr befolgt wird, der sich gegen die vorjährige Bilanzirung ergebende Gewinn einem Jahre zu Gute kommen, dem er nicht gebührt. Das Verfahren ist auch um deswillen bedenklich, weil bei demselben den Mitgliedern kein klares Bild geboten wird. Geht der Kurs in der Folgezeit zwischen Aufstellung und Genehmigung der Bilanz zurück, so ist dies auf die Feststellung der betreffenden Werthe ohne Einfluß, da nur der Zeitpunkt für dieselben maßgebend ist, auf den die Bilanz gezogen wird; selbstverständlich wird aber in solchem Falle eine Ausscheidung aus dem Gewinn für etwaige Verluste nothwendig sein. Das Gleiche gilt für Forderungen, doch ist hierbei zu unterscheiden, ob der Verlust erst nachträglich in die Erscheinung getreten ist, oder ob er erst später entstanden ist (Simon S. 318), im ersteren Falle ist die Bilanz entsprechend abzuändern, da die objektive Richtigkeit entscheiden muß, im letzteren Falle trifft der Verlust das folgende Jahr. Bedingte und betagte Forderungen sind nach ihrem zeitigen Werthe unter Berücksichtigung der Bedingung und Betagung einzusetzen (R.G. Bd. 19 S. 118.) Bei der Einsetzung der Zinsen müssen die im Voraus verausgabten und erhobenen Zinsen berücksichtigt werden (Bl.f.G. 1892 Nr. 27).

Um zu verhindern, daß durch die Einsetzung von Werthpapieren zum Tageskurs Werthe zur Vertheilung kommen, die in Wirklichkeit noch gar nicht verdient, vielleicht sogar am folgenden Tage wieder verloren sind, um ferner die Genossenschaft vor Kursschwankungen ihrer Anlagewerthe möglichst zu sichern, empfiehlt es sich, die Kursgewinne einem Effektenreservefonds zu überweisen, auf den dann auch Effekten-Kursverluste zu übernehmen sein würden. Zulässig ist die Bildung eines Delkrederekontos, welches die ganz specifische und feste Bedeutung einer Abschreibung hat für ausstehende Forderungen, „bei denen wegen ihrer Natur . . . die Möglichkeit von Verlusten Seitens eines sorgfältigen Kaufmanns für die Beurtheilung des Vermögensstandes in Berücksichtigung gezogen werden muß" (R.G. Bd. 22 S. 160 ff.): zu jenen Möglichkeiten von Verlusten gehört Dauer der Abwickelung, Konjunktur.

Waarenvorräthe, die zum Zwecke der Veräußerung oder Verarbeitung angeschafft sind, können höchstens nur zum Anschaffungs- oder Herstellungspreis aufgenommen werden; fehlt es auch darüber an einer gesetzlichen Bestimmung, wie für Aktiengesellschaften, so muß dies gleichwohl angenommen werden, da unter Zugrundelegung des Veräußerungswerthes ein Gewinn zur Vertheilung kommen würde, der nicht realisirt ist. Bei dem Herstellungspreise sind die Verwaltungskosten nicht zu berücksichtigen (vgl. Simon S. 326 ff.)

Zum dauernden Betriebe bestimmte Anlagen sind zum zeitigen Werthe aufzunehmen und nicht zu dem Werthe, den sie bei der Liquidation haben würden (R.O.H.G. Bd. 12 S. 19). Als Maximalgrenze wird für Aktiengesellschaften und Gesellschaften mit beschränkter Haftung jedoch der Anschaffungs- oder Herstellungspreis im Gesetz vorgesehen, „da die jeweils aufgenommene Taxe nicht zur Grundlage für die Vertheilung eines Reingewinns gemacht werden kann, dessen Realisirung durch die Natur der Sache von vornherein ausgeschlossen ist" (vgl. Begründung I S. 92 zu dem Gesetzentwurf, betr. die Gesellschaften mit beschränkter Haftung). Für Genossenschaften ist eine solche Bestimmung nicht getroffen. § 40 H.G.B. muß daher auch hier als maßgebend betrachtet werden. Nach § 40 H.G.B. aber „bildet der Erwerbspreis keine Grenze für die Werthansetzung, so wenig wie er ohne Rücksicht auf einen geringeren Werth der betreffenden Anlage deshalb, weil er der Erwerbspreis war, angesetzt werden dürfte. Entscheidend für den Ansatz wird nur der Werth, welcher dem Vermögensstück zur Zeit der Aufnahme beizulegen war. Im Statut der Gesellschaft kann innerhalb der gesetzlichen Grenzen eine nähere Feststellung der Bewerthungsgrundsätze, also auch eine Begrenzung des vollen Werthbegriffs für den Ansatz erfolgen" (R.G. Bd. 19 S. 119 für Aktiengesellschaften auf Grund des früheren Art. 209 Ziff. 7 H.G.B., dem § 7 Ziff. 3 des Genossenschaftsgesetzes entspricht). „Nicht in Betracht zu ziehen ist die in den besonderen vom Regelmäßigen abweichenden Verhältnissen des einzelnen Besitzers beruhende, einer gleichen Bethätigung in anderen Händen nicht fähige Nutzbarkeit bezw. der so besonders geartete Nutzbarkeitsgrad." (R.G. a. a. O.) Es ist die Frage entstanden, ob die Betriebsgegenstände in einer späteren Bilanz zu einem höheren Werthe angesetzt werden können, und ob es zulässig ist, Abschreibungen rückgängig zu machen. Staub (Monatsschrift für Aktienrechte 1893 S. 365) bejaht dies, Simon (S. 414) weist mit Recht auf die Kontinuität der Bilanzen hin, er behauptet, daß die Vorschriften des Gesetzes nicht erschöpfend seien für die Grundsätze der Aufstellung der Bilanz, daß Handelsgewohnheitsrecht heranzuziehen sei, nachdem ein solches Verfahren als ein schwindelhaftes zu erachten wäre. Damit ist aber die Berichtigung früherer Irrthümer bei der Werthbemessung nicht ausgeschlossen.

Gründungskosten spielen bei Genossenschaften naturgemäß eine untergeordnete Rolle. Die von den Gründern für das Zustandekommen der Genossenschaft aufgewendeten Kosten können nicht ohne weiteres dieser zur Last fallen, es sei denn, daß es sich um Kosten handelt behufs Erfüllung von Formen, von denen das Gesetz die Verleihung der Rechtspersönlichkeit abhängig macht. Es fehlt im Gesetz eine Bestimmung über die Entschädigung der Gründer, da sich ein Bedürfniß bisher nicht ergeben hat; nach allgemeinen Rechtsgrundsätzen wird jedoch anzunehmen sein, daß eine solche Entschädigung im Statut vorgesehen sein muß, wenn die Verpflichtung der Genossenschaft zu derselben bestehen soll (vgl. R.O.H.G. Bd. 20 S. 216).

Ihrem Anspruch und Umfang nach unbestimmte Forderungen sind in das Inventar nicht aufzunehmen, daher sind auch z. B. Regreßansprüche gegen Mitglieder des Vorstandes und Aufsichtsraths aus Verletzung der Obliegenheiten derselben nicht einzustellen, insoweit diese nicht bereits an dem Tage realisirbar sind oder doch einen bestimmten Werth haben, auf welchen die Bilanz gezogen wird; es ändert folglich sich auch diese Bilanz nicht, wenn später die Regreßansprüche geltend gemacht werden und der Genossenschaft Ersatz geleistet wird, denn für die Bilanz kommt immer nur der Tag in Frage, auf den sie gezogen wird. Der muthmaßliche Werth eines Regreßanspruchs läßt sich kaum je mit Sicherheit bestimmen. Dementsprechend hat das Kammergericht in dem Beschluß vom 8. September 1893 in Sachen des Vorschußvereins zu Spremberg auch dahin erkannt, daß die Klage der Genossenschaft auf Zahlung der Zubuße eines ausgeschiedenen Genossen nach Maßgabe des § 73 nicht deswegen nach § 139 (jetzt § 148) C.P.O. auszusetzen sei, weil die Regreßansprüche gegen die früheren Vorstandsmitglieder nicht feststehen, denn diese Ansprüche sind für die Auseinandersetzung auf Grund des § 73 nicht präjudiciell. Nicht in die Inventur aufzunehmen ist die von ausgeschiedenen Mitgliedern nach § 73 zu leistende Zubuße, denn diese ergiebt sich erst aus der Bilanz. Ueber rückständige Einzahlungen auf Geschäftsantheile vgl. § 7. Zweifelhafte Forderungen sind, wie hervorgehoben ist, nur zu dem wahren Werth einzusetzen. (Vgl. Simon S. 418ff.) Es ist derjenige Betrag einzusetzen, der wahrscheinlich thatsächlich eingehen wird und wobei Sicherheiten zu berücksichtigen sind.

Ueber Anfechtung der Bilanz u. s. w. § 19 Erl. 3, § 48 Erl. 1. Vertheilung des Reingewinns § 19. Prüfung der Bilanz §§ 38, 43.

Nicht erforderlich ist für die Genossenschaft die Aufstellung einer Eröffnungsbilanz. Zwar gilt die Genossenschaft als Kaufmann (§ 17 Abs. 2), und ein Kaufmann hat (§ 39 H.G.B.) auch bei dem Beginn seines Gewerbes eine Bilanz aufzustellen, jedoch ist in § 33 ausdrücklich bestimmt, wann der Vorstand die Bilanz aufzustellen hat, und es ist die Eröffnungsbilanz dabei nicht erwähnt. Dieselbe würde auch fast ausnahmslos ohne Bedeutung sein. Ebenso Birkenbihl-Maurer S. 178. Für Gesellschaften mit beschr. Haftung a. A. R.G. Strafsachen (Bd. 29 S. 232), wo Aufstellung der Eröffnungs-Bilanz auf den Tag der Eintragung gefordert wird.

Von der jährlichen Aufnahme des Inventars läßt § 39 H.G.B. nur für den Fall eine Ausnahme zu, daß ein Waarenlager vorhanden ist, dessen Inventur nach der Beschaffenheit des Geschäfts nicht füglich in jedem Jahr geschehen kann. Die Bilanz muß aber auch in diesem Falle jährlich aufgestellt werden (R.G. Bd. 20 S. 345). Die Bilanz des Jahres ist aufzustellen, die Bilanz bezieht sich aber nicht auf eine Zeitperiode, sondern auf einen Zeitpunkt; der Schluß des Geschäftsjahres bestimmt die Bilanz. Betreffs Geschäftsjahr vgl. § 8 Erl. 4.

4. Veröffentlichung der Bilanz.

Nach § 26 des Ges. von 1868 sollte die Bilanz „spätestens in den ersten sechs Monaten jeden Geschäftsjahres" veröffentlicht werden. Diese Vorschrift ist mit Rücksicht darauf, daß hierbei auf die Genossenschaften, deren Geschäftsjahr weniger als ein Kalenderjahr beträgt, keine Rücksicht genommen war, entsprechend abgeändert.

Es muß eine Bilanz veröffentlicht sein. Die Veröffentlichungen der Raiffeisenschen Kassen, die sich auf eine Gegenüberstellung der Aktiven und Passiven beschränken, stellen keine Bilanzen dar und müßten von dem Gerichte zurückgewiesen werden (vgl. Bl.f.G. Nr. 42 von 1897). Dies Recht des Gerichts ist für Aktiengesellschaften ausdrücklich anerkannt in der Denkschrift zum H.G.B. S. 160. Ebenso Birkenbihl-Maurer S. 178. In dem in der Landwirthsch.Gen.Presse 1899 (S. 50) mitgetheilten Beschluß hat das Kammergericht „zugegeben (für Genossenschaften), daß das Registergericht zu einer Beanstandung befugt ist, wenn ihm eine Bekanntmachung vorgelegt wird, die eine Bilanz, das heißt einen das Verhältniß des Vermögens und der Schulden darstellenden Abschluß überhaupt nicht enthält", dadurch wird aber dem Registergericht nicht die Prüfung übertragen „ob die Bilanz in allen Punkten dem Statut entspricht oder nicht." Vgl. Erl. 6.

„Geschäftsjahr" bedeutet soviel wie Geschäftsperiode. Die Genossenschaften, welche eine kürzere Geschäftsperiode als sechs Monate, z. B. drei Monate haben, werden natürlich in kürzerer Zeit eine Bilanz ziehen, denn bevor diese nicht gezogen und genehmigt ist, kann kein Gewinn vertheilt werden. Nach dem Gesetz freilich würde die Einhaltung der sechsmonatigen Frist genügen. Voraussetzung für die Pflicht des Vorstandes ist, daß er überhaupt in der Lage ist, rechtzeitig eine Bilanz aufzustellen; es ist vorgekommen, daß bei einer Genossenschaft (Vorschußverein Spremberg) wegen Veruntreuungen früherer Vorstandsmitglieder die Bücher mit Beschlag belegt waren, der neue Vorstand war daher außer Stande, eine Bilanz aufzustellen, gleichwohl wollte das Gericht denselben zur Veröffentlichung durch Androhung von Ordnungsstrafen (§ 160) zwingen, das Kammergericht hat die Festsetzung der Ordnungsstrafe aufgehoben, da Unmögliches von dem Vorstande nicht gefordert werden kann. Ebenso würde der Fall liegen, wenn der neue Vorstand wohl im Besitze der Bücher ist, die Aufstellung der Bilanz aber so schwierig, daß dieselbe in 6 Monaten nicht fertigzustellen ist. Wenn keine genehmigte Bilanz vorliegt, kann eine Veröffentlichung nicht erzwungen werden (vgl. Beschluß des sächsischen O.L.G. vom 15. März 1895 in der Zeitschrift für das ges. Aktienwesen 1896 S. 60).

Die Veröffentlichung der Bilanz muß in deutscher Sprache erfolgen (Johow u. Küntzel Bd. 4 S. 42), und zwar muß dieselbe durch öffentliche Blätter geschehen (§ 6 Pos. 4, Proebst S. 138).

Zu veröffentlichen ist die genehmigte Bilanz (Bl.f.G. 1898 S. 90), die wesentlich für die Gläubiger bestimmt ist. Vorausgeschickt sei hierbei: Brutto-Bilanz ist diejenige, welche die Schlußsummen der einzelnen Konten in Debet und Credit nach dem Hauptbuch, also den Jahresumsatz, aber nicht den Reingewinn angiebt; Netto-Bilanz ist diejenige, welche die aus der Aufrechnung der einzelnen Konten im Hauptbuch sich ergebenden Saldi dieser Konten am Schlusse des Geschäftsjahres als Aktiven und Passiven verzeichnet und als Ausgleichs-Summe den Reingewinn oder den Verlust des Jahres angiebt; Schluß-Bilanz ist diejenige, welche die Saldi der einzelnen Konten in derjenigen Höhe verzeichnet, welche sie nach Vertheilung des Reingewinns bezw. der Zuschreibung desselben zu den betreffenden Konten erreichen. Zwischen der Bilanz nach § 48 und der Bilanz nach § 33 kann daher ein wesentlicher Unterschied bestehen. Die den Genossen nach § 48 zur Einsicht zu stellende Bilanz ist die Bilanz über den Geschäftsstand zu Ende des Geschäftsjahres ohne Verrechnung des Reingewinns oder Verlustes, die Netto-Bilanz. Mit dieser Netto-Bilanz werden zweckmäßigerweise den Mitgliedern die Vorschläge über die Vertheilung des Reingewinns mitzutheilen sein, gesetzlich vorgeschrieben ist es nicht.

Der Allgemeine Genossenschaftstag zu Neustadt (1898) hat beschlossen:

„In Erwägung, daß

1. die nach § 33 Abs. 2 des Genossenschaftsgesetzes zu veröffentlichende Bilanz ein deutliches Bild von dem Vermögensstande der Genossenschaft und von dem geschäftlichen Ergebnisse derselben im abgelaufenen Geschäftsjahre geben,
2. der Vermögensstand der Genossenschaft durch die Gruppirung der Saldi der einzelnen Konten in den Aktiven und Passiven der Netto-Bilanz, das geschäftliche Ergebniß durch den in dieser Bilanz enthaltenen Saldo des Gewinn- und Verlust-Kontos zur Darstellung gebracht werden soll,

wird den Vorständen der Genossenschaften empfohlen, im Sinne des § 33 Abs. 2 des Genossenschaftsgesetzes die von der Generalversammlung genehmigte Bilanz vor der Verbuchung der beschlossenen Vertheilung des Reingewinnes, bei einem Verlust-Saldo oder einer Unterbilanz vor Beseitigung oder Minderung derselben durch die beschlossenen Abschreibungsbuchungen in den durch Statut bestimmten Blättern zu veröffentlichen."

In § 33 ist unter Bilanz diejenige zu verstehen, welche von der Generalversammlung genehmigt ist, das Gesetz besagt darüber nichts, ob die Bilanz bereits auf Grund der vollzogenen Gewinnvertheilung zu veröffentlichen ist oder mit den angenommenen Vorschlägen. Da dieselbe den Gläubigern ein deutliches Bild der Geschäftslage bieten soll, wird es richtig sein, die genehmigte Netto-Bilanz und nicht die Schluß-Bilanz zu veröffentlichen.

5. Mitgliederliste. Für G. m. b. H. § 139.

Zu veröffentlichen sind die am Jahresschluß der Genossenschaft angehörigen Genossen. Am Jahresschluß gehören der Genossenschaft aber auch noch die Mitglieder an, die mit Jahresschluß ausscheiden. Die Bilanz bezieht sich auf den letzten Tag der Geschäftsperiode, an welchem auch die Mitglieder, die auszuscheiden haben, noch der Genossenschaft zugehören, ihre Geschäftsguthaben befinden sich insbesondere noch unter dem Vereinsvermögen, denn die Auseinandersetzung mit ihnen findet erst auf Grund der Bilanz statt (§ 73). Solange aber die Geschäftsguthaben zu dem Vermögen der Genossenschaft unter den Passiven zählen, sind auch deren Eigenthümer Mitglieder der Genossenschaft. Die Worte „eingetretenen oder ausgeschiedenen" haben die Frage entstehen lassen, ob es genügt, entweder die Zahl der eingetretenen Mitglieder anzugeben oder die Zahl der ausgeschiedenen. Das würde aber mit dem Zweck der Bestimmung nicht verträglich sein, denselben sogar vereiteln: den Gläubigern ein Bild der Mitgliederbewegung zu geben. Es handelt sich daher nur um einen nicht ganz korrekten Ausdruck, es müßte eigentlich „und" heißen, welches Wort dann allerdings auch wieder nicht passen würde, wenn nur einer der beiden Fälle eingetreten ist (vgl. Bl.f.G. 1893 S. 200). Ebenso Birkenbihl-Maurer S. 178.

Zu den betreffenden Veröffentlichungen hat das Gericht die Vorstandsmitglieder durch Ordnungsstrafen anzuhalten (§ 160). Nicht berechtigt ist das Gericht, die Mitgliederliste zur Kontrole mit der Liste der Genossen einzufordern (vgl. § 30).

6. Einreichung der Bekanntmachung zum Genossenschaftsregister.

Nach dem Ges. von 1868 § 26 war der Vorstand nicht verpflichtet, durch regelmäßige Einreichung der Belagsexemplare den Nachweis der rechtzeitigen Bilanzveröffentlichung zu führen, sondern mußte nur auf ausdrückliche Aufforderung des Gerichts die Belagsexemplare einsenden (Parisius S. 309), vielfach ist daher auch besonders bei Produktivgenossenschaften eine Bilanz nicht veröffentlicht; nach dem Gesetz müssen sie nun unaufgefordert regelmäßig ein Belagsexemplar über die Veröffentlichungen der Bilanz und Mitgliederzahl dem Gericht einsenden. Das Belagsexemplar wird von jedem Blatt gegeben werden müssen, in dem die Veröffentlichung stattgefunden hat, denn „die Bekanntmachung ist einzureichen und der Vorstand ist verpflichtet, in allen statutarisch hierzu bestimmten Blättern die Bilanz u. s. w. zu veröffentlichen", zur „Bekanntmachung" gehört also die Veröffentlichung in allen diesen Blättern. Zweck dieser Anordnung ist, dem Gericht die Kontrole zu erleichtern, daß die Veröffentlichung stattgefunden hat.

Unter „veröffentlichen" kann nur ein Bekanntmachen in Zeitungsblättern verstanden werden, denn die Veröffentlichung geschieht im Interesse des Publikums, die Genossen erhalten in der Generalversammlung Kenntniß von der Bilanz, und außerdem ist ihnen die Bilanz noch vor der Generalversammlung zugänglich zu machen (§ 48 Abs. 2), ferner folgt auch aus § 6 Nr. 4, daß die Bekanntmachungen der Genossenschaft in öffentlichen Blättern erfolgen müssen (vgl. „Bilanzveröffentlichungen" von Fr. Proebst in Nr. 45, und „Die Bilanzen der Genossenschaften" von Crüger in Nr. 48 der Bl.f.G. 1888). Ueber die Beanstandung durch das Gericht oben Erl. 4. Die Giltigkeit des Beschlusses hat das Gericht nicht zu prüfen, da keine Eintragung in Frage steht (Johow Bd. 12 S. 25, Beschluß des Kammergerichts vom 18. Februar 1895, mitgetheilt in Bl.f.G. 1895 S. 153).

Das Gericht ist nicht berechtigt, die Bilanz auf ihre Ordnungsmäßigkeit zu prüfen; dies ist Sache des Aufsichtsraths und des Revisors. Aus der Bilanz aber muß sich ergeben, daß sie auf den Schluß des Geschäftsjahres, das sich aus dem Statut ergiebt, gezogen ist. Es genügt, zu prüfen, ob die Bilanz in den statutarisch bestimmten Blättern wirklich bekannt gemacht ist.

Die Einreichung muß auch zu dem Genossenschaftsregister der Zweigniederlassung erfolgen (§ 157). Ueber die Benachrichtigung seitens des Gerichts, daß die Bekanntmachung eingereicht ist, vgl. Preußische Justiz-Min.-Verf. vom 27. Dezember 1895 (J.M.Bl. 1896 S. 15).

Zu der Einreichung der Bekanntmachung bedarf es weder der Mitwirkung sämmtlicher Vorstandsmitglieder, noch der beglaubigten Form (A.V. § 7).

7. Ordnungsstrafen.

Die Mitglieder des Vorstandes sind zur Verfolgung der Vorschrift durch Ordnungsstrafen anzuhalten (§ 160).

§ 34.

Die Mitglieder des Vorstandes haben die Sorgfalt eines ordentlichen Geschäftsmannes anzuwenden.

Mitglieder, welche ihre Obliegenheiten verletzen, haften der Genossenschaft persönlich und solidarisch für den dadurch entstandenen Schaden.

Insbesondere sind sie zum Ersatze der Zahlung verpflichtet, wenn entgegen den Vorschriften in §§ 19, 22 der Gewinn oder das Geschäftsguthaben ausgezahlt wird.

Die Ansprüche auf Grund der vorstehenden Bestimmungen verjähren in fünf Jahren.

Ges. von 1868 §§ 27 Abs. 1, 33 Abs. 1, Entw. I und II, Komm. 31, Rtg. 32, Begr. I 115, II 78.

I. Zur Geschichte des § 34.

a) Absatz I bis III. Das Ges. von 1868 hatte in § 27 Abs. 1 eine dem Art. 241 des H.G.B. damaliger Fassung (jetzt § 241) entlehnte Bestimmung über die persönliche und solidarische Haftung der Vorstandsmitglieder, die außer den Grenzen ihres Auftrages oder entgegen den Vorschriften des Gesetzes oder des Gesellschaftsvertrages handeln, und außerdem in § 33 Abs. 1 über die Verpflichtung des Vorstandes zur Beobachtung und Ausführung der statutarischen Bestimmungen und der Beschlüsse der Generalversammlung aufgenommen (vgl. Parisius S. 313 und 335, und von Sicherer S. 259 und 271). Inzwischen sind die Bestimmungen in Betreff der Aktiengesellschaft neu geordnet durch das Ges. vom 18. Juli 1884. Der jetzige § 34 lehnt sich an den Art. 241 des A.G. (§ 241 H.G.B.) an.

b) Abs. 4 ist neu, er entspricht ebenfalls den Bestimmungen des Art. 241 A.G. (§ 241 H.G.B.)

II. **Erläuterungen zu § 34.**

1. **Absatz** I. Umfang der Sorgfalt.

„Sorgfalt eines ordentlichen Geschäftsmannes" ist gleich der eines Hausvaters in geschäftlichen Dingen (Begr. I 116). Es ist dies weniger, als die Sorgfalt eines ordentlichen „Kaufmanns". Dem richterlichen Ermessen ist dadurch der nothwendige Spielraum für die Individualität des einzelnen Falls und der einzelnen Persönlichkeit gelassen. Ein besonderes Maß technischer Kenntnisse wird also nicht gefordert (Joël S. 519, R.G. Strafsachen Bd. 5 S. 163). Dem Ges. von 1868 fehlte eine solche allgemeine Bestimmung, es kamen deshalb die verschiedenen landesgesetzlichen Bestimmungen zur Anwendung.

2. Beweislast.

Das Gesetz sagt nicht, wen die Beweislast trifft. Nach allgemeinen Rechtsgrundsätzen muß man annehmen, daß die Genossenschaft nachzuweisen hat, daß und welche Pflichten den Vorstandsmitgliedern obgelegen haben, und daß zwischen diesen Pflichten und dem Schaden ein Kausalzusammenhang besteht; hierdurch wird der Schadensersatzanspruch begründet, und es ist dann Sache des Vorstandsmitgliedes, die Erfüllung seiner Pflichten oder aber solche Umstände, welche ihm dieselbe unmöglich gemacht haben, nachzuweisen (R.G. Bd. 13 S. 46; § 12 Nr. 4 der allgemeinen Begründung zu dem A.G. vom 18. Juli 1884, vgl. § 27 Erl. 2, R.G. Bd. 35 S. 86 betreffend die Beobachtung des Statuts), a. A. anscheinend Zeller § 32 Erl. 1.

3. **Absatz** II. Haftung der Mitglieder des Vorstandes.

Jedes Mitglied des Vorstandes, welches die Sorgfalt eines ordentlichen Geschäftsmannes nicht beobachtet hat, muß für den dadurch entstandenen Schaden haften; es haften aber auch nur diejenigen Mitglieder, welche den Schaden verursacht haben. Haben z. B. die bei der Beschlußfassung überstimmten Mitglieder zur Verhinderung des schädigenden Geschäfts die Sorgfalt eines ordentlichen Geschäftsmannes angewandt, so sind sie frei von Verantwortung. Die Minderheit darf sich aber nicht mit einfachem Protest begnügen, sondern muß die zur Verhinderung des Schadens den Umständen nach gebotenen Schritte thun (ebenso Birkenbihl-Maurer S. 160). Alle Vorstandsmitglieder haften da, wo es sich um die Obliegenheiten handelt, welche das Gesetz dem Vorstande als solchem auferlegt (§ 33); ferner kommt in Betracht, „soweit nicht einzelne Zweige der Geschäftsführung durch den Gesellschaftsvertrag bestimmten Vorstandsmitgliedern zugewiesen sind, haben alle Vorstandsmitglieder sich der Geschäftsführung zu unterziehen, und eine von den Mitgliedern des Vorstandes unter sich beschlossene Theilung der Verwaltung ist der Gesellschaft gegenüber in Ansehung der gesetzlichen Haftung der Vorstandsmitglieder ohne rechtliche Wirkung" (R.G. Bd. 12 S. 76, vgl. § 24 Erl. 7). Ueber Gegenstand des Unternehmens § 6 Erl. 4, über Einfluß der Beschlüsse der Generalversammlung § 27 Erl. 1.

4. Obliegenheiten.

Trotz der prinzipiellen Gleichstellung der Verantwortlichkeit der Mitglieder des Vorstandes und Aufsichtsraths gestaltet sich thatsächlich die der ersteren strenger. Während von den Mitgliedern des Aufsichtsraths, wenn sie wegen Schadensersatzes in Anspruch genommen werden, regelmäßig blos nachzuweisen ist, daß sie die Sorgfalt eines ordentlichen Geschäftsmannes auf die ihnen meist nur obliegende kontrolirende Thätigkeit angewendet haben, müssen die Mitglieder des Vorstandes für ein mißglücktes oder schadenbringendes Geschäft einstehen, wenn sie nicht den Beweis führen, daß von ihnen die Eingehung und Abwickelung des Geschäfts selbst mit der bezeichneten Sorgfalt erfolgt ist (Begr. zu Art. 241 A.G.). § 27 Abs. 1 des Ges. von 1868 sprach nur von „handeln" der Vorstandsmitglieder gegen die Vorschriften des Gesetzes, des Gesellschaftsvertrages u. s. w. Durch das Wort „Obliegenheiten" sind alle Funktionen getroffen, die nach Gesetz, Statut, Beschluß der Generalversammlung u. s. w. ihnen obliegen. Eine Verletzung der Obliegenheiten kann ebenso ein Unterlassen wie ein Handeln enthalten. Als eine besonders wichtige Obliegenheit — abgesehen von § 33 — mag hier die Einhaltung der von der Generalversammlung für die Kreditgewährung (§ 49) gezogenen Grenzen hervorgehoben werden.

5. Verantwortlichkeit gegenüber der Genossenschaft — strafrechtliche vgl. §§ 146 ff.

„Die Verantwortlichkeit und Schadensersatzpflicht soll regelmäßig der Genossenschaft gegenüber bestehen" (Begr. I 116, II 78). Der Ersatzanspruch der Genossenschaft gehört zum Vermögen derselben, im Konkurs also zur Masse, ein vom Konkursverwalter abgeschlossener Vergleich verbraucht folglich die Ansprüche der Gläubiger (R.G. Urtheil vom 19. Mai 1897 Bd. 39 S. 62, Handelsgesellschafter V S. 20, Kaiser S. 41 ff.). Wenn die Generalversammlung dem Vorstande Decharge ertheilt hat, so hat sie sich damit noch nicht jedes Schadensersatzanspruchs begeben, sondern nur insoweit, als sie aus den ihr gemachten Vorlagen die Geschäftsführung zu übersehen im Stande war § 27 Erl. 1, R.G. Bd 12 S. 77, Bd. 13 S. 51, Bd. 18 S. 63, Urtheil des R.G. vom 8. Februar 1894 in Monatsschrift für Aktienrecht 1894 S. 210, Proebst S. 174 Anm. 2, Ring S. 598, vgl. die andere Ansicht bei Simon S. 20 ff., der dem Entlastungsbeschluß nur dann die Wirkung entzieht, wenn er auf Grund irreführender Vorlagen erfolgt ist, Unvollständigkeit der Vorlagen aber soll nicht genügen. Der Vorstand wird von seiner Verantwortlichkeit nicht unter allen Umständen dadurch frei (§ 27 Erl. 1), daß er sich auf einen Generalversammlungsbeschluß berufen kann, denn wenn die Genossenschaft nachweisen kann, daß die Generalversammlung nicht in der Lage war, die Folgen ihres Beschlusses zu übersehen, kann er der Genossenschaft die exceptio doli nicht entgegenhalten, falls sie Schadensersatz beansprucht. Dies gilt auch in dem Falle der vorzeitigen Vertheilung des Vermögens (§ 90 letzter Satz). Die Vertretung der Genossenschaft hat in solchen Fällen der Aufsichtsrath (§ 39).

6. Verhältniß des Vorstandes zu den Genossen.

Mit den Genossen steht der Vorstand, welcher ein Organ der Genossenschaft ist, in keinem Vertragsverhältniß, er ist nicht ihr Vertreter (vgl. Jurist. Wochenschrift S. 130 von 1889); den Genossen haften die Vorstandsmitglieder daher nur außerkontraktlich (vgl. Urtheil des R.G. vom 13. Februar 1892, Jurist. Wochenschrift 1892 S. 165). Es gelten die Bestimmungen der §§ 823, 829, 852 B.G.B., vor dem B.G.B. bestand die Ersatzpflicht im Gebiete des gemeinen Rechts bei arglistiger (Windscheid II § 451) Schädigung des Genossen (R.O.H.G. Bd. 19 S. 181), im Gebiete des Allgem. Landrechts nach dem Umfange des von ihnen gegen den Genossen begangenen Verschuldens (A.L.R. I 6 §§ 10 ff.); ferner wenn das Klagerecht der Genossenschaft auf den Genossen übertragen war, Urtheil des R.G. vom 20. Oktober 1891 in der Jurist.

Wochenschrift 1891 S. 514 — § 41 Erl. 3. Der einzelne Genosse kann in den Prozessen der Genossenschaft gegen den Vorstand interveniren, im Uebrigen ist er auf die Generalversammlung angewiesen.

7. Verhältniß des Vorstandes zu den Gläubigern.

Zwischen den Vorstandsmitgliedern und den Genossenschaftsgläubigern entsteht gleichfalls kein Vertragsverhältniß. Eine allgemeine gesetzliche Schadensersatzpflicht den Gläubigern gegenüber, wie sie Art. 241 des A.G. in Abs. 4 (§ 241 H.G.B.) vorsieht, ist in das Gesetz nicht aufgenommen, weil (Begr. II 78) wenigstens bei den Genossenschaften mit unbeschränkter Haftpflicht — und dasselbe gilt von den später hinzugekommenen Genossenschaften mit unbeschränkter Nachschußpflicht — keine Veranlassung vorliegt, den Gläubigern eine unmittelbare Ersatzpflicht gegen die Vorstandsmitglieder zu geben, da diese als Genossen solidarisch für die Genossenschaftsschulden einstehen müssen. Es ist diese Argumentation nicht ohne Bedenken, da Fälle möglich sind, in denen sich das Fehlen einer direkten Verantwortlichkeit bemerkbar machen kann, so z. B. wenn die schuldhaften Vorstandsmitglieder aus der Genossenschaft ausgeschieden und die aus den Verbindlichkeiten der Genossenschaft gegen sie als Genossen entspringenden Ansprüche verjährt sind (vgl. Parisius S. 313, v. Sicherer S. 259). Nicht Rechnung ist anscheinend auch dem Umstande getragen, daß in Folge der Zulassung von Zentralgenossenschaften Vorstand und Aufsichtsrath nicht nothwendig aus Mitgliedern der Zentralgenossenschaft bestehen müssen (§ 9 Abs. 2). Bei solchen kann der Ersatzanspruch der Gläubiger gegen die schuldhaften Vorstandsmitglieder aus ihrem Verhältniß als Genossen in weite Ferne gerückt sein, denn ihre persönliche Haftpflicht ließe sich erst realisiren, wenn auch über die Genossenschaft, welcher sie angehören, der Konkurs eröffnet ist, und dies wieder kann erst wegen der im Konkurse der Zentralgenossenschaft erlittenen Ausfälle geschehen (vgl. Stroß in der „Deutschen Genossenschaft“ 1889 S. 45).

Eine direkte gesetzliche Ersatzverbindlichkeit besteht nur in den Fällen der §§ 90 Abs. 3 und 142. Vgl. im Uebrigen Erl. 5.

8. Persönliche und solidarische Haftpflicht.

Jedes Mitglied, welches seine Obliegenheiten verletzt hat, haftet für den entstandenen Schaden direkt und mit seinem ganzen Vermögen ohne die exceptio divisionis, vgl. oben Erl. 2. Die Einrede der Vorausklage ist ausgeschlossen (R.G. Bd. 13 S. 51).

9. **Absatz** III. Gesetzwidrige Auszahlung von Gewinn und Geschäftsguthaben § 19 Erl. 5, § 22 Erl. 6 und 7.

Zur Rechtfertigung der Bestimmung des dritten Absatzes heißt es in der Begründung des Entwurfs (I 116, II 78): „Nach Analogie des Art. 241 (§ 241 H.G.B.) sollen in den Fällen gesetzwidriger Verminderung des Genossenschaftsvermögens durch unberechtigte Auszahlung von Mitgliederguthaben oder Gewinnantheilen (§§ 19, 22) die Vorstandsmitglieder auch ohne besonderen Schadensnachweis, namentlich ohne Rücksicht auf die Solvenz oder Insolvenz des rückzahlungspflichtigen Genossen, der Genossenschaft ersatzpflichtig sein. Auch dies liegt in der Konsequenz des Standpunktes, welchen der Entwurf im Allgemeinen hinsichtlich der Fürsorge für die möglichste Integrität des Genossenschaftsvermögens einnimmt. Für die weiter nach § 22 hier noch in Betracht kommenden Fälle des Erlasses von Einzahlungen, welche auf den Geschäftsantheil geschuldet werden, oder der Zulassung einer Aufrechnung gegen solche Einzahlungen erscheint eine gleiche Bestimmung nicht erforderlich, da diese Rechtsakte, weil an sich ungültig, eine effektive Verminderung des Genossenschaftsvermögens nicht bewirken.“ Erhält die Genossenschaft die gesetzwidrig geleisteten Zahlungen zurück, so müssen auch die von Vorstandsmitgliedern geleisteten Zahlungen zurückerstattet werden.

Das Gleiche gilt, wenn dieses Geschäftsguthaben fällig wird, insoweit dasselbe dann zur Auszahlung gelangt. Im Uebrigen tritt der Vorstand an Stelle der Genossenschaft für den Anspruch auf Rückerstattung des Geschäftsguthabens durch das betreffende Mitglied. Hat der Vorstand — abgesehen von dem Falle des § 19 — Gewinn unrechtmäßigerweise, etwa auf Grund einer unrichtigen Bilanz oder aus dem zur Verlustdeckung dienenden Reservefonds, vertheilt, so ist er nur nach allgemeinen Grundsätzen der Genossenschaft schadensersatzpflichtig. Sind die in Abs. 3 bezeichneten Zahlungen auf Grund eines Generalversammlungsbeschlusses erfolgt, so besteht die Ersatzverbindlichkeit gegenüber der Genossenschaft nur, wenn die Generalversammlung sich darüber in Unkenntniß befand, daß entgegen dem Gesetz gehandelt wurde und Vorstand und Aufsichtsrath hierbei ein Verschulden trifft (vgl. oben Erl. 5).

10. **Absatz** 4. In Uebereinstimmung mit Art. 180d, 209, 226 und 241 A.G. (§ 241 H.G.B.) ist hier angeordnet, daß nicht die Klage, sondern die Schadens- und Ersatzansprüche in fünf Jahren verjähren; es tritt also hier eine feste Begrenzung der Dauer der Haftung ein. Ebenso § 41. Der Beginn des Laufs der Verjährung ist nicht bestimmt, bestimmt sich also nach bürgerlichem Rechte. Nach § 198 B.G.B. beginnt die Verjährung mit der Entstehung des Anspruchs. Die Sonderbestimmung über den Beginn der Verjährung des Anspruchs auf Ersatz aus einer unerlaubten Handlung (§ 852 B.G.B.) kann hier nicht angewendet werden, weil es sich um die Kontraktsklage handelt, vgl. auch in analoger Anwendung R.G. Bd. 29 S. 28 für das Gebiet des Allg. Landrechts (anderer Ansicht das Urtheil des Landgerichts München Bl.f.G. 1898 Nr. 8). Der Anspruch ist entstanden mit dem Eintritt des Schadens aus der schädigenden Handlung, da die letztere allein nicht ersatzpflichtig macht (vgl. Alberti in Bl.f.G. 1895 S. 540), unerheblich für den Beginn ist der Zeitpunkt der Kenntniß des Schadens, da andernfalls die absichtlich gewählte kurze Verjährungsfrist belanglos sein werde. So auch wohl Cosack, Lehrbuch des Handelsrechts 3. Aufl. S. 711. Birkenbihl zu dem Gesetz betreffend Gesellschaften mit beschränkter Haftung S. 234, Neukamp zu dem gleichen Gesetz S. 156, Parisius und Crüger zu demselben Gesetz S. 194 lassen bei gleicher Bestimmung die Verjährung mit der schädigenden Handlung beginnen, wobei die Voraussetzung ist, daß der Schaden auch sogleich in Wirklichkeit tritt. Der Ablauf der Verjährung hat Erlöschen des Rechts zur Folge (R.G. Bd. 19 S. 140). Unterbrechung der Verjährung nach §§ 208 ff. B.G.B.

§ 35.

Die für Mitglieder des Vorstandes gegebenen Vorschriften gelten auch für Stellvertreter von Mitgliedern.

Entw. I und II und Komm. 32, Rtg. 33. Begr. I 116, II 78. A.B. § 19.

Erläuterungen zu § 35.

1. Begründet wird diese Bestimmung folgendermaßen: „§ 33 (jetzt § 35) verallgemeinert die Bestimmung des früheren § 23 Abs. 2, welcher den Satz aussprach, daß die für die Mitglieder des Vorstandes gegebenen Vorschriften auch für die interimistischen Stellvertreter derselben in Betreff der Eintragungen in das Genossenschaftsregister Anwendung zu finden haben. Das Gleiche muß auch in allen anderen Beziehungen und für Stellvertreter jeder Art gelten (vgl. H.G.B. Art. 232a (jetzt § 242)." „Im Falle einer Bestellung von Stellvertretern für den Vorstand (einer Aktiengesellschaft — das Gleiche gilt von der Genossenschaft) oder für Mitglieder des Vorstandes herrscht allgemeines Einverständniß darüber, daß Dritten gegenüber die Vertretungsbefugniß der auftretenden Stellvertreter nicht davon abhängig ist, daß der

Vertretungsfall auch wirklich vorhanden" (R.G. Bd. 24 S. 84). In Frage steht immer der Fall, daß für ein Mitglied des Vorstandes ein Stellvertreter bestellt ist; wo nach dem Statut sog. Vorstands-Stellvertreter gewählt werden, haben diese von vorne herein die gleichen Rechte und Pflichten wie die anderen Vorstandsmitglieder (§ 27). Unzulässig ist folglich auch jede Beschränkung eines Stellvertreters Dritten gegenüber, bei der Eintragung ist keine beschränkende Bestimmung einzutragen, die Bestellung des Stellvertreters für ein bestimmtes Vorstandsmitglied ist als eine unzulässige Beschränkung anzusehen.

Ueber Stellvertretung durch Aufsichtsrathsmitglieder vgl. § 37.

2. Nach § 19 A.V. hat die Anmeldung und Eintragung der Stellvertreter behinderter Vorstandsmitglieder ebenso wie die Anmeldung und Eintragung der Vorstandsmitglieder mit dem Beginn ihres Amtes zu erfolgen. Stellvertretung durch Mitglieder des Aufsichtsraths — § 35.

Vorbemerkung zu den §§ 36 bis 41.

(Aufsichtsrath.)

Die §§ 36 bis 41 in Verbindung mit § 9 enthalten die Bestimmungen über den jetzt obligatorischen Aufsichtsrath. Sie sind wesentlich nachgebildet den Art. 191 Abs. 1 und 4, 142, 225, 225a u. 226 des A.G. (jetzt §§ 243 ff. H.G.B.). Vgl. Perl, das Recht des Aufsichtsraths in Aktiengesellschaften in Gruchot, Beiträge 17. Jahrg. S. 338 ff. u. S. 621 ff. Schulze-Delitzsch-Crüger S. 97 ff., 117 ff., Oppermann-Häntschke S. 41 ff., 52 ff.

Der Aufsichtsrath ist bestimmt, die Gesammtheit der Genossenschafter, wie sie in der Generalversammlung organisirt ist, dem Vorstande gegenüber zu vertreten und an Stelle der Generalversammlung unter deren Aufsicht die ganze Führung der Geschäfte des Vereins zu überwachen. Der Aufsichtsrath erscheint seinem Wesen nach als eine verkürzte Generalversammlung, „als ein Gesellschafts-Ausschuß, welcher von jener, außer der geringeren Anzahl von Mitgliedern und der größeren Leichtigkeit des Zusammentretens, noch eine gewisse Stetigkeit in der Zusammensetzung und die Möglichkeit einer mit Rücksicht auf Geschäftskenntnisse und Erfahrung zu machenden Bestellung voraus hat". (Renaud S. 626.)

In der Ueberwachung des Vorstandes durch den Aufsichtsrath ist eine Sicherheit gegen die Ueberschreitung seiner Befugnisse geboten. Während in den Händen des Vorstandes die Geschäftsführung liegt, hat der Aufsichtsrath die Kontrole zu üben, und hieraus folgt, daß die Funktionen beider Organe streng geschieden sein müssen, denn Niemand, der die Geschäfte führt, kann gleichzeitig über seine Thätigkeit die Kontrole üben.

Vor dem preuß. Gen.Ges. hatten die Vorschußvereine — und diese kamen für die Gesetzgebungsfrage damals fast allein in Betracht, — nur einen Ausschuß, bestehend aus Direktor, Kassirer, Kontroleur (Schriftführer), die zusammen den Vorstand bildeten, und einer Anzahl Beisitzer. Ein besonderer Aufsichtsrath bestand nicht (vgl. § 9 I b). Der Ausschuß bewilligte als ungetrennte Körperschaft die Vorschüsse und faßte alle für die Verwaltung erforderlichen Beschlüsse. Das Gen.Ges. von 1868 verlangte die Theilung des Ausschusses in Vorstand und Aufsichtsrath, den es auch Verwaltungsrath oder Ausschuß zu nennen gestattete (§ 28), und Ausschließung des Aufsichtsrathes von der eigentlichen Verwaltung und Beschränkung seiner Thätigkeit im Wesentlichen auf die Kontrole. Die älteren Vereine fanden sich in diese Aenderung schwer hinein, und die neu entstehenden Vereine trafen ihre Einrichtungen oft nach Schulzes vor Erlaß des Gen.Ges. entworfenen Statuten. Viele preuß. Vereine hatten bei Unterstellung unter das preuß. Gen.Ges. den Direktor zugleich zum Vorsitzenden des

Aufsichtsraths gemacht, und es bedurfte erst der ausdrücklichen Bestimmung in § 28 des Ges. von 1868, um festzustellen, daß „Niemand zugleich im Vorstande und in dem den Vorstand beaufsichtigten Aufsichtsrathe sitzen darf". (Bericht der Reichstagskommission von 1868 bei Parisius S. 316). — Die meisten Vorschußvereine und ebenso auch viele Konsumvereine und Rohstoffgenossenschaften behielten auch nachher noch eine vollständige Vermischung beider Organe bei. Erst sehr allmählich hat Schulze durch unermüdlichen Eifer und zähe Ausdauer die seinem allgemeinen Verbande angehörenden Vereine zu veranlassen gewußt, die Trennung der Funktionen streng durchzuführen, damit nicht durch verkehrte statutarische Bestimmungen die Kontrole des Aufsichtsraths unmöglich und das Bewußtsein der Verantwortlichkeit bei Vorständen, denen es bequemer war, nur die Anordnungen des Aufsichtsraths auszuführen, erheblich vermindert würde.

Schon auf dem Allgem. Vereinstage zu Neustadt a. Haardt 1869 wurde auf Schulzes Antrag beschlossen:

Die Vorstände eingetragener Genossenschaften können bei der Verwaltung der Genossenschaftsangelegenheiten an die Genehmigung der Ausschüsse und Generalversammlungen mit der im § 21 des Gen.Ges. bezeichneten Wirkung gebunden werden: dagegen entspricht jede definitive Vornahme verantwortlicher Verwaltungsmaßregeln seitens der letzteren weder der Vorschrift des Gesetzes noch den Prinzipien einer geordneten Geschäftsführung.

Da dieser Beschluß noch wenig Wirkung hatte, suchte Schulze Abhülfe durch die Gesetzgebung. In der Novelle von 1876 und 1877 wollte er neben anderen Aenderungen dem vom Aufsichtsrath handelnden § 28 des Gesetzes noch zwei Absätze anhängen:

Zum Abschluß von Rechtsgeschäften außer den ihm im § 29 übertragenen ist er nicht befugt, vielmehr kann der Vorstand dabei nur an seine Genehmigung mit der im § 21 bestimmten Wirkung verwiesen werden.

Dagegen liegt ihm die ordnungsmäßige Wahrnehmung der ihm im Vorstehenden, sowie im Gesellschaftsvertrag übertragenen Kontrole der Geschäftsführung des Vorstandes ob, und ist er der Genossenschaft wegen des durch sein pflichtwidriges Verhalten verursachten Schadens verantwortlich.

Inzwischen zeigte sich bei den Zusammenbrüchen, daß die Aufsichtsräthe ihren Pflichten nicht genügten und ungesetzliche Einrichtungen aufrecht erhalten wurden. Auf Schulzes Antrag wurde auf dem Allgem. Vereinstage in Eisenach 1878 beschlossen:

a) Die bei einer Anzahl Kreditgenossenschaften trotz wiederholter Abmahnung noch vorkommende direkte Beschlußfassung der Aufsichtsräthe über die Kreditgesuche ist durchaus verwerflich, weil, wenn der Aufsichtsrath selbst dadurch mit der Verwaltung der wichtigsten, mit dem meisten Risiko verbundenen Geschäftszweige befaßt wird, dies jede Ueberwachung des letzteren seinerseits aufhebt, da man Akte, die man überwachen soll, nicht selbst vornehmen darf.

b) Die Beseitigung dieses Mißstandes ist daher im Interesse der Vereine wie der Aufsichtsräthe selbst geboten, indem die letzteren dadurch in Widerspruch mit den Grundbedingungen ihrer Wirksamkeit gerathen und zu einer Verantwortlichkeit hingedrängt werden, für deren Uebernahme es an den nöthigen Voraussetzungen gebricht.

Endlich wurde auf dem Allgem. Vereinstage in Stuttgart 1879, unter Hinweis auf die Beschlüsse von Neustadt a/H und Eisenach, an die Vereine noch eine Mahnung erlassen wegen besonderer unzulässiger Einrichtungen, wie Uebertragung des Vorsitzes im Aufsichtsrathe an den zum Vorstande gehörigen Direktor und Berufung einzelner Aufsichtsräthe zur Stellvertretung behinderter Vorstandsmitglieder.

Das Gesetz mit seinen meist sich dem neuen Aktiengesetz anschließenden Bestimmungen hält nun zwar die Scheidung zwischen Vorstand und Aufsichtsrath in Uebereinstimmung mit Schulzes Vorschlägen streng aufrecht. Allein durch den in den § 36 ohne Noth eingefügten Satz, wonach „weitere Obliegenheiten des Aufsichtsraths durch das Statut bestimmt werden", ist den Genossenschaften die Handhabe geboten, wiederum dem Aufsichtsrathe wichtige Funktionen, die dem Vorstand gebühren, ungehörigerweise zu übertragen.

In den Musterstatuten Schulzes war die Scheidung zwischen Vorstand und Aufsichtsrath überall sorgsam durchgeführt. Der Darlegung der Obliegenheiten des Vorstandes folgte die der Obliegenheiten des Aufsichtsraths, sodann waren die Angelegenheiten aufgeführt, zu denen der Vorstand die Genehmigung des Aufsichtsraths einzuholen hat, und endlich eine Reihe Angelegenheiten, welche Vorstand und Aufsichtsrath „in gemeinsamer Sitzung zu beschließen haben".

Aus Berathungen der Unterverbandstage und Allgem. Vereinstage sind Probeinstruktionen für die Aufsichtsräthe der verschiedenen Genossenschaftsarten hervorgegangen, die in der Hauptsache von den auf fortschreitende Entwickelung ihrer Einrichtungen bedachten Genossenschaften angenommen sind.

In den auf Grund des jetzigen Gesetzes festgestellten Statuten ist insoweit eine Aenderung getroffen, als fortgefallen sind die Angelegenheiten, welche Vorstand und Aufsichtsrath in gemeinsamer Sitzung zu beschließen haben, statt dessen sind diese Angelegenheiten Vorstand und Aufsichtsrath in der Art zur Erledigung übertragen, daß beide Organe gemeinsam über dieselben zu berathen haben, daß aber die Beschlußfassung eine getrennte ist, so daß sowohl die Mehrheit des Vorstandes wie die Mehrheit des Aufsichtsraths sich für die Angelegenheit entschieden haben muß, wenn der vorliegende Antrag als angenommen gelten soll. (Ebenso Ring S. 506.)

Es bedarf keiner Begründung, daß in allen Genossenschaften Angelegenheiten vorkommen, welche sachgemäß nur in gemeinsamen Sitzungen beider Gesellschaftsorgane erledigt werden können, das heißt einer sorgfältigen gemeinsamen Berathung unterliegen müssen. Eine Nothwendigkeit, dieser gemeinsamen Berathung eine gemeinsame Beschlußfassung folgen zu lassen, bei der ein jedes anwesende Mitglied beider Organe seine Stimme abgiebt und die Mehrheit entscheidet, ist nicht nachgewiesen. In einer derartigen gemeinsamen Sitzung beschließt nicht der Vorstand und nicht der Aufsichtsrath, sondern eine für jede einzelne Sitzung aus den anwesenden Vorstands- und Aufsichtsrathsmitgliedern neugebildete Körperschaft entscheidet. Es läuft dies in der That nur darauf hinaus, daß für bestimmte Angelegenheiten möglich gemacht wird, die Mehrheit einer der beiden Genossenschaftsorgane mit Hülfe von Mitgliedern des andern Organs niederzustimmen. Da in der Regel die Mitgliederzahl des Vorstandes geringer als die des Aufsichtsrathes ist, so kann selbst der einstimmige Vorstand in der gemeinsamen Sitzung überstimmt werden.

Die ganze Einrichtung ist ein Ueberbleibsel der Zeit vor Erlaß der Genossenschaftsgesetze, eine theilweise Konservirung jener alten, aus Vorstand und Beisitzern bestehenden „Ausschüsse". Vgl. Parisius in Bl.f.G. 1889 Nr. 34 S. 353. Abgesehen von diesen Zweckmäßigkeitsgründen erscheint das Aufgeben der gemeinsamen Beschlußfassung von Vorstand und Aufsichtsrath aber auch durch das Gesetz jetzt geboten. Wie bemerkt, diese Art der Beschlußfassung verschmilzt die beiden Organe zu einem neuen Organ. Nun läßt freilich das Gesetz in § 27 Abs. 2 die Bildung neuer Organe neben Vorstand und Aufsichtsrath zu, es würde aber der Absicht des Gesetzes, welche auf scharfe Trennung von Vorstand und Aufsichtsrath gerichtet ist (vgl. z. B. § 37) widersprechen, ein weiteres Organ aus diesen beiden Organen zu bilden. Dazu kommt, daß das Statut bei der Uebertragung „weiterer Obliegenheiten an den Aufsichtsrath (§ 38 Abs. 3) sich selbstverständlich im Rahmen der Stellung dieses Organs halten muß, also auch nicht demselben Verwaltungsangelegenheiten in der Art übertragen kann, daß es dieselben durchzuführen den Vorstand durch die Abstimmung zwingen kann, denn das würde sich auch wieder nicht mit der Verantwortung des Vorstandes als des die Geschäftsführung innehabenden Organs vertragen (vgl. den in den Bl.f.G. Nr. 44 von 1891 mitgetheilten Beschluß des Kammergerichts in Sachen des Kreditvereins der Friedrichstadt zu Berlin).

Was die Stellung des Aufsichtsraths zum Vorstande anlangt, so kann daraus, daß ihm die Kontrole über dessen Geschäftsführung innewohnt, durchaus nicht geschlossen werden, daß der Aufsichtsrath dem Vorstande übergeordnet ist. Kontroliren kann auch der Gleichberechtigte. Die beiden Organe stehen gleichberechtigt zu einander mit vollständig getrennten Funktionen, sie haben ihre besonderen Rechte und Pflichten. Es würde mit der unbeschränkten und unbeschränkbaren Vertretungsbefugniß des Vorstandes, mit der Stellung als gesetzliche Vertretung der Genossenschaft unvereinbar sein, wollte man in dem Aufsichtsrath ein vorgesetztes Organ sehen (vgl. Vorstand und Aufsichtsrath in Nr. 20 Bl.f.G. von 1892).

§ 36.

Der Aufsichtsrath besteht, sofern nicht das Statut eine höhere Zahl festsetzt, aus drei von der Generalversammlung zu wählenden Mitgliedern. Die zu einer Beschlußfassung erforderliche Zahl ist durch das Statut zu bestimmen.

Die Mitglieder dürfen keine nach dem Geschäftsergebniß bemessene Vergütung (Tantieme) beziehen.

Die Bestellung zum Mitgliede des Aufsichtsraths kann auch vor Ablauf des Zeitraums, für welchen dasselbe gewählt ist, durch die Generalversammlung widerrufen werden. Der Beschluß bedarf einer Mehrheit von drei Viertheilen der erschienenen Genossen.

Ges. von 1868 § 28 Abs. 1, Entw. I und II, Komm. 33, Rtg. 34. Begr. I 117, II 78, Komm.Ber. 21.

Erläuterungen zu § 36.

1. **Absatz** I. Wahl.

Der Aufsichtsrath wird gewählt, „jede andere Art der Bestellung" (§ 24) ist ausgeschlossen. Nur die Generalversammlung darf den Aufsichtsrath wählen. Das Wahlrecht darf keinem anderen Organ übertragen werden. Daher ist auch ein Kooptionsrecht unzulässig. So ist es auch wohl allgemein bei den Genossenschaften gehalten. Da das Wahlrecht der Generalversammlung ein völlig freies sein soll, ist z. B. unzulässig die Bestimmung, daß Wahl auf Vorschlag des Aufsichtsraths erfolgt mit der Maßgabe, daß die doppelte Anzahl von Kandidaten vorzuschlagen ist — unzulässig ist auch die Bestimmung, daß eine Anzahl Aufsichtsrathsmitglieder aus einer bestimmten Kategorie von Mitgliedern zu wählen ist. Ueber die Wahlen von Vorstandsmitgliedern in den Aufsichtsrath § 37 Abs. 2. Zu verwerfen ist es, durch das Statut zu gestatten, daß Jemand gewählt wird, der nur die relative Mehrheit, d. h. mehr Stimmen als Andere, aber weniger als die Mehrzahl erhalten hat. Der Gewählte sollte nachweisbar das Vertrauen der Mehrheit derer besitzen, die an der Wahl theilnehmen. Vgl. Nr. 26 Bl.f.G. von 1893. — Die Mitglieder des Aufsichtsraths müssen Genossen sein (§ 9 Abs. 1), wie bei dem Vorstande genügt es, wenn die Gewählten vor Antritt des Amtes Genossen werden. Ebenso Proebst S. 144. Nur die Mitglieder einer Mitgliedsgenossenschaft können in den Aufsichtsrath gewählt werden, ohne daß sie für ihre Person Mitglieder zu werden brauchen (§ 9). Wie die Mitglieder des Vorstandes müssen auch die des Aufsichtsraths physische Person und handlungsfähig sein (§ 9

Erl. 4 am Schluß), Gesellschaften sind daher nicht wählbar. In Betreff der Wählbarkeit von Beamten vgl. § 24 Erl. 6 am Schluß. Zulässig, wenn auch durchaus nicht zweckmäßig ist es, daß nahe Verwandte von Vorstandsmitgliedern in den Aufsichtsrath gewählt werden. Ebenso ist es gesetzlich zulässig, wenn auch sonst verkehrt, daß der eine Gesellschafter einer offenen Handelsgesellschaft in den Vorstand, der andere in den Aufsichtsrath gewählt wird, wobei beide für ihre Person Mitglieder sein müssen. Vgl. Birkenbihl-Maurer S. 185 und die dort Citirten. Das Statut kann die Wählbarkeit von bestimmten Bedingungen abhängig machen.

2. Mindestzahl.

„Eine geringere Anzahl als drei würde gegenüber einem Vorstande von mindestens zwei Mitgliedern nicht die nöthige Selbstständigkeit und Widerstandskraft besitzen" (Begr. I 117, II 78). Vgl. die Uebergangsbestimmung in § 158 alter Fassung. Zulässig erscheint, daß das Statut für die Anzahl der Aufsichtsrathsmitglieder einen Spielraum läßt (vgl. § 24 Erl. 5 am Schluß). In Betreff des Vertrages (Dienstvertrag) der Annahme der Wahl gilt das Gleiche wie für Vorstandsmitglieder; mit der Wahl des Mitgliedes und der Annahme wird ein Vertrag zwischen dem Mitgliede und der Genossenschaft geschlossen (R.G. Strafsachen Bd. 7 S. 280). Auf die Erfüllung des Vertrages Seitens des Aufsichtsrathsmitglieds ist es ohne Einfluß, ob es Vergütung erhält oder nicht. Das Aufsichtsrathsmitglied kann gegen die Genossenschaft auf Ausübung seiner Thätigkeit klagen, was erforderlich sein wird, wenn es sich gegen spätere Ansprüche aus seinem Amte schützen will, da es sich nicht allein darauf mit Erfolg berufen kann, daß es vom Vorstande nicht zugelassen ist; vgl. § 38 und die Erl.

3. Beschlußfähigkeit.

Die beim Mangel einer diesbezüglichen Bestimmung sich ergebenden Zweifel und Mißstände machen eine ausdrückliche Feststellung dieses Punktes dringend wünschenswerth (Begr. II. 79), vgl. § 148 Ziff. 1 Strafvorschrift.

Wirken bei der Beschlußfassung Personen mit, die nicht ordnungsmäßig in den Aufsichtsrath gewählt sind oder die nach den Bestimmungen des Statuts von der Abstimmung ausgeschlossen sind, so wird der Beschluß dadurch nicht ungültig, vielmehr ist entscheidend, ob ihre Stimmen von ausschlaggebender Bedeutung waren.

4. Rücktritt.

Ein Mitglied des Aufsichtsraths ist nicht ohne Weiteres berechtigt, vor dem Schluß der Wahlperiode zurückzutreten. Es muß hierzu eine ausreichende Veranlassung haben, über deren Berechtigung richterliches Ermessen zu entscheiden hätte. Besorgniß um das Schicksal der Genossenschaft ist jedenfalls nicht ein solcher Grund, dieselbe würde das Aufsichtsrathsmitglied vielmehr zwingen zu bleiben und seine Schuldigkeit im Aufsichtsrath zu thun, vgl. Birkenbihl-Maurer S. 187, Joël S. 522, Zeller § 34 Erl., Jessenberger S. 46. Der Rücktritt würde dem Vorsitzenden des Aufsichtsraths zu erklären sein (R.G. Bd. 13 S. 50 ff., ebenso Joël S. 522, Birkenbihl-Maurer S. 187). Verlust der Mitgliedschaft hat unmittelbaren Austritt aus dem Aufsichtsrath zur Folge, insbesondere kommt § 68 Abs. 4 zur Anwendung. Tritt ein Aufsichtsrathsmitglied im Laufe des Jahres zurück, so hat es auf den entsprechenden Antheil der für das Jahr ausgesetzten Besoldung Anspruch.

5. **Absatz** II. Besoldung.

Das Verbot der Tantième verdankt seinen Ursprung einer Verkennung der thatsächlichen Verhältnisse. Der Regierungsentwurf verbot die Besoldung der Mitglieder des Aufsichtsraths und wollte ihnen nur einen Anspruch auf Erstattung angemessener baarer Auslagen geben, auch sollte ihnen statutarisch eine Vergütung für Zeitversäumniß zugewiesen werden können. Das Verbot sollte verhindern, „daß die Stellen im Aufsichtsrath lediglich wegen des mit denselben verbundenen pekuniären

Vortheils begehrt und angenommen würden, während die Erfahrung zeigt, daß die Zusicherung einer festen Vergütung keineswegs die regelmäßige Folge hat, die Aufsichtsrathsmitglieder zu vermehrter Thätigkeit anzuspornen." Erfahrungen von dem Erfolge hoher Besoldung der Aufsichtsrathsmitglieder können von Genossenschaften nicht vorliegen, weil bei diesen solche Besoldungen nicht vorkommen. Allerdings gewähren die Vorschußvereine und Konsumvereine den Mitgliedern des Aufsichtsraths in der Regel Entschädigungen und in den verschiedensten Formen. Die Generalversammlungen, in denen jeder anwesende Genosse nur eine Stimme hat, haben bei Festsetzung der Bilanz dafür zu sorgen, daß die Entschädigung der Aufsichtsrathsmitglieder in bescheidenen Grenzen bleibt. In der Reichstagskommission erklärten die Regierungsvertreter, daß es bei der Vorschrift vor Allem darauf ankomme, die Tantième für die Aufsichtsräthe auszuschließen. Vergeblich wurde vom Anwalt Schenck geltend gemacht, man könne die Besoldungsfrage, wie bisher, dem Statut überlassen, da Unzuträglichkeiten nicht nachgewiesen seien. Schließlich aber glaubte die Mehrheit „die Möglichkeit ausschließen zu müssen, daß sich der Aufsichtsrath, der als kontrolirende Behörde die Pflicht habe, die Höhe des Gewinns gegenüber der Solidität des Geschäfts zurücktreten zu lassen, bei Ausübung seiner Thätigkeit durch die Aussicht auf Gewinn bestimmen lasse" (Komm.-Ber. 22). So entstand das Verbot der „nach dem Geschäftsergebniß gemessenen Vergütung (Tantième)". Jede andere Art der Vergütung, wie feste Besoldung, Zeitversäumnißgelder, Sitzungsgelder u. s. w., ist gestattet. Auch ist, wie in der Kommission ohne Widerspruch konstatirt wurde, nicht ausgeschlossen, „daß eine etwaige feste Besoldung der Aufsichtsrathsmitglieder nach Maßgabe des erzielten Geschäftsgewinns nachträglich erhöht oder daß am Schlusse des Geschäftsjahres denselben mit Rücksicht auf den erzielten Gewinn eine Remuneration zugebilligt wird".

6. **Absatz** III. Widerruf der Bestellung.

Abs. 3 ist Art. 191 Abs. 4 u. Art. 224 A.G. (§ 243 Abs. 4 H.G.B.) nachgebildet. Die Fortdauer der Funktion eines Mitgliedes des Aufsichtsraths, welches nicht mehr das Vertrauen der Genossenschaft besitzt, ist mit den Interessen derselben nicht vereinbar. Das Gesetz von 1868 hatte eine solche Bestimmung nicht.*) Die Mitglieder des Aufsichtsraths dürfen nur von der Generalversammlung gewählt werden, folglich steht dieser allein auch das Recht des Widerrufs zu, und es darf hieran durch das Statut nichts geändert werden. Eine größere Mehrheit ist für den Widerruf vorgeschrieben, damit das Widerrufsrecht nicht mißbraucht werden kann. Durch das Statut kann der Widerruf weder erleichtert, noch erschwert werden. Selbstverständlich wird an den Rechten der abgesetzten Aufsichtsrathsmitglieder aus bestehenden Verträgen nichts geändert. Eine Suspension, wie für Vorstandsmitglieder, kennt das Gesetz nicht. Ueber das Recht zum Rücktritt vgl. Erl. 4.

§ 37.

Die Mitglieder des Aufsichtsraths dürfen nicht zugleich Mitglieder des Vorstandes oder dauernd Stellvertreter derselben sein, auch nicht als Beamte die Geschäfte der Genossenschaft führen. Nur für einen im Vor-

---

*) Daß die Zurückberufung der Aufsichtsrathsmitglieder unter dem Ges. von 1868 trotz Mangels ausdrücklicher Bestimmung zulässig war, ist von Parisius (S. 320) ausgeführt wie folgt: „Da der Aufsichtsrath die Generalversammlung gegenüber dem Vorstande zu vertreten hat und Sonderrechte der Generalversammlung gegenüber nicht besitzt, vielmehr nur eine verkürzte Generalversammlung ist, so ist die Generalversammlung berechtigt, den auf bestimmte Zeit gewählten Aufsichtsrath oder einzelne Mitglieder desselben schon vor Ablauf der Zeit wieder von ihren Befugnissen zu entbinden."

aus begrenzten Zeitraum kann der Aufsichtsrath einzelne seiner Mitglieder zu Stellvertretern von behinderten Mitgliedern des Vorstandes bestellen; während dieses Zeitraums und bis zur ertheilten Entlastung des Vertreters darf der letztere eine Thätigkeit als Mitglied des Aufsichtsraths nicht ausüben.

Scheiden aus dem Vorstande Mitglieder aus, so dürfen dieselben nicht vor ertheilter Entlastung in den Aufsichtsrath gewählt werden.

Ges. von 1868 § 28 Abs. 1, Entw. I und II, Komm. 34, Rtg. 35. Begr. I 118, II 79.

Erläuterungen zu § 37.

1. Mitglieder des Aufsichtsraths.

Ueber die vielfach vorgekommene Vermischung der Funktionen von Vorstand und Aufsichtsrath vgl. die Vorbemerkung und § 38. Die Bestimmung des § 28 Abs. 1 des Ges. von 1868, wonach Vorstandsmitglieder nicht in den Aufsichtsrath gewählt werden können, ist in Abs. 2 zum Ausdruck gelangt. Der Vorstand hat die Geschäftsführung (§ 24), der Aufsichtsrath die Kontrole (§ 38); diese Funktionen können unmöglich in einer Hand vereinigt werden. Da, wo dies dennoch geschehen ist, verliert der Aufsichtsrath die Fähigkeit zu einer unparteiischen Kontrole, und die getrennten Aufgaben beider Organe werden in unklarer Weise vermengt.

2. Stellvertretung der Vorstandsmitglieder.

„Der § 35 (jetzt § 37) untersagt deshalb jede dauernde Stellvertretung oder Delegation, sowie die Bestellung von Aufsichtsrathsmitgliedern zu geschäftsführenden Beamten der Genossenschaft." (Begr. II 80.) Eine Statutenbestimmung, wonach im Bedürfnißfalle der Aufsichtsrath aus seiner Mitte einen Stellvertreter für ein Vorstandsmitglied zu ernennen hat, ohne daß vorgeschrieben ist, daß dieser aus dem Aufsichtsrath auszuscheiden hat, ist nicht gesetzwidrig, falls der Aufsichtsrath dann noch beschlußfähig bleibt (§ 36). Nur für einen „im Voraus begrenzten Zeitraum" kann der Aufsichtsrath einzelne seiner Mitglieder zu Stellvertretern von „behinderten" Vorstandsmitgliedern bestellen. Es kann sich hier nach dem Wortlaut nur um den Fall der Suspension oder der vorübergehenden Behinderung von Vorstandsmitgliedern handeln, denn von einem Vorstandsmitgliede, welches gestorben oder ausgeschieden ist, kann man nicht sagen, daß es behindert sei, dasselbe hat das Amt verloren (vgl. auch Birkenbihl-Maurer S. 191); gleichwohl wird auch in solchem Falle aber für Vertretung gesorgt werden müssen, da, wenn z. B. der Vorstand nur aus zwei Mitgliedern besteht, die Genossenschaft andernfalls ohne ordnungsmäßige Vertretung sein würde bis zur ordentlichen Besetzung der Vorstandsstelle. Es liegt auch kaum ein Grund vor, weshalb § 37 hier nicht anwendbar sein soll, derselbe wird analoge Anwendung finden müssen. In solchem Fall muß die Vertretung auch dann, wenn sie nicht durch ein Mitglied des Aufsichtsraths besorgt wird, zeitlich begrenzt sein, um nicht die ordentliche Besetzung unnöthigerweise zu verzögern (zum Theil abweichend in 1. Aufl.). Die Bestellung selbst darf nur auf einen im Voraus begrenzten Zeitraum und für bestimmte, bereits gegebene, nicht aber für mögliche künftige Behinderungsfälle erfolgen (vgl. Johow Bd. 15 S. 30 ff., Zeitschrift für das ges. Aktienwesen 1896 S. 111, Monatsschrift für Aktienrecht 1895 S. 358). Eine Vertretung über die Wahlperiode hinaus giebt es nicht. Wahl des Aufsichtsrathsmitgliedes in den Vorstand oder zum dauernden Stellvertreter eines Vorstandsmitgliedes und Annahme muß wie Ausscheiden aus dem Aufsichtsrath behandelt werden. Die Vertretung muß immer eine in sich geschlossene sein und kann sich nicht auf bestimmte Fälle beschränken (§ 35, § 27

a. A. Proebst S. 147). Es ist vorgekommen, daß Mitglieder des Aufsichtsraths als Vorstandsmitglieder bestellt und eingetragen wurden, die nur in Thätigkeit treten sollten, wenn ein Vorstandsmitglied behindert sein würde. Es war dies nach dem Gesetz von 1868 unzulässig und ist nach § 37 ausdrücklich verboten. Seine Thätigkeit als Aufsichtsrathsmitglied darf der Betreffende erst wieder übernehmen, wenn ihm Entlastung ertheilt ist. Diese Bestimmung erschwert mit Recht die Bestellung von Aufsichtsrathsmitgliedern zur Stellvertretung behinderter Vorstandsmitglieder; denn die Entlastung des Vertreters kann nur durch die Generalversammlung auf Grund der Bilanz erfolgen. Endet also die Stellvertretung für den „im Voraus begrenzten Zeitraum" auch noch vor Schluß der Geschäftsperiode, so kann das Aufsichtsrathsmitglied doch nicht eher wieder in den Aufsichtsrath eintreten oder in denselben neu hineingewählt werden, bis auf Grund des Abschlusses über das Geschäftsjahr, in welchem die stellvertretende Thätigkeit stattfand, die Entlastung durch die Generalversammlung erfolgt ist. Auf alle Fälle liegen mindestens mehrere Monate dazwischen, in denen der zur Stellvertretung Bestellte weder im Vorstand noch im Aufsichtsrath thätig sein darf.

Wird der Aufsichtsrath durch die Bestellung des Stellvertreters aus seiner Mitte beschlußunfähig, so sind die Mitglieder von Vorstand und Aufsichtsrath strafrechtlich dafür verantwortlich, daß dieser Zustand nicht länger als drei Monate anhält (§ 148).

Maurer S. 174 faßt die Bestimmung über die Ernennung von Stellvertretern durch den Aufsichtsrath aus seiner Mitte dahin auf, daß der Aufsichtsrath bei der Ernennung der Stellvertreter auf seine, des Aufsichtsraths, Mitglieder beschränkt ist, dem kann nicht zugestimmt werden. Der § 37 will nur besagen, daß, wenn der Aufsichtsrath eins seiner Mitglieder zum Stellvertreter bestellt, er dann in der Weise gebunden ist, daß die Stellvertretung sich auf einen im Voraus begrenzten Zeitraum beschränkt, im Uebrigen ist der Aufsichtsrath vollkommen frei, und er ist auch nicht einmal auf die „Genossen" angewiesen, da auch der Vorstand nicht aus den Genossen zu wählen ist — nothwendig ist nur, daß der Stellvertreter der Genossenschaft als Mitglied beitritt (§§ 9, 35), ebenso jetzt Birkenbihl-Maurer S. 189. Auch steht das Gesetz nicht im Wege, durch das Statut die Stellvertretung in anderer Weise als durch den Aufsichtsrath zu regeln, wenn auch dies die zweckmäßigste Art ist. Maurer a. a. O. nimmt allerdings an, daß das Gesetz durch § 37 die Stellvertretung endgiltig regelt, wir können in § 37 aber nur die erwähnte Beschränkung sehen und halten es daher für nothwendig, daß das Statut die Frage der Stellvertretung ordnet (ebenso jetzt Birkenbihl-Maurer S. 189). Das Recht und die Pflicht des Aufsichtsraths, die Stellvertretung zu ordnen, ist nur in dem Falle des § 40 von dem Gesetz anerkannt. Fehlt es daher für andere Fälle im Statut an einer Vorschrift über die Ordnung der Stellvertretung, so kann dies für die Genossenschaft zu großen Schwierigkeiten führen, wenn der Vorstand nur aus zwei Mitgliedern besteht. Dem Gericht ist die Stellvertretung nur nach Maßgabe des § 157 anzumelden. Dritten gegenüber ist die Zeitbeschränkung wirkungslos (§ 27 A.V. § 19 Abs. 3), der Dritte hat auch nicht zu prüfen, ob der Fall der Vertretung vorliegt (ebenso Birkenbihl-Maurer S. 189, Ring S. 510, a. A. Joël S. 525, dem gegenüber zu bemerken ist, daß die Nothwendigkeit einer solchen Prüfung im Widerspruch mit dem Zweck der Eintragung steht); ihm gegenüber genügt als Legitimation die Eintragung in das Register, welche die gleiche Wirkung wie in dem Falle des § 29 (§ 35) hat. Die Beschränkung der Vertretung der Zeit nach ist nicht einzutragen (A.V. § 19 Abs. 3). Die Beschränkung muß kalendermäßig bestimmt sein, Verlängerung ist zulässig.

Makower Art. 225a Anm. 94, Staub S. 470 überlassen dem Richter die Prüfung, ob ein Fall der Behinderung vorliegt und ob die zeitliche Beschränkung gehörig festgestellt ist. Birkenbihl-Maurer S. 190 scheinen dem beizutreten. Wir können uns dem nicht anschließen. Die Eintragung der Beschränkung hat Dritten gegenüber keine Wirkung, ja sie ist nicht einmal einzutragen; es steht daher mit dem Zweck der Eintragung außer Zusammenhang, wenn man den Richter prüfen läßt, ob die Zeitbeschränkung eine gehörige ist; ganz abgesehen davon, daß der Richter darüber auch schwer ein Urtheil haben wird. Und ebenso liegt es mit der Prüfung, ob der Fall der Stellvertretung gegeben ist; es ist nicht einzusehen, wie der Richter dies prüfen soll, ohne in die Verhältnisse der Genossenschaft weiter einzudringen, als das Gesetz dies zuläßt. Zu prüfen hat der Richter nur, ob die Anmeldung dem Gesetz entsprechend erfolgt ist, und ob der Beschluß über die Ernennung des Stellvertreters in Abschrift vorliegt, der allerdings von dem gesetz- (§ 40) oder statutenmäßigen Organ gefaßt sein muß (vgl. Ring S. 511). Wenn der Aufsichtsrath sein Recht mit Bezug auf die Stellvertretung überschreitet, so hat er dies der Genossenschaft gegenüber zu verantworten. Dazu kommt noch, daß der Richter keine Macht hat darüber zu wachen, daß eine getroffene Zeitbeschränkung auch eingehalten wird.

Durch die Delegation in den Vorstand verliert das Mitglied des Aufsichtsraths nicht sein Recht auf die Bezüge als solches, da es Aufsichtsrathsmitglied bleibt.

Die Beendigung der Stellvertretung ist von den im Vorstande verbleibenden Mitgliedern bezw. unter Hinzutritt der nun ordnungsmäßig neu eingetretenen Mitglieder zur Eintragung anzumelden (§§ 29, 35).

3. Aufsichtsrathsmitglieder dürfen nicht Beamte der Genossenschaft sein, sie dürfen auch keine Bücher führen, da sie die Buchführung zu kontroliren haben. Ring S. 509 will dagegen den Ton auf die Worte „als Beamte" legen und Zulassung bei der Geschäftsführung gestatten; doch erscheint dies mit der Kontrole derselben unvereinbar. Das Gesetz läßt auch keine Vertretung der Beamten durch Mitglieder des Aufsichtsraths zu.

4. Absatz II. Wahl von ausgeschiedenen Vorstandsmitgliedern in den Aufsichtsrath.

Das Erforderniß der vorhergehenden Entlastung ist eine Konsequenz des letzten Satzes in Abs. 1. Auch wird die Generalversammlung durch die Prüfung der Bilanz, welche der Entlastung vorauszugehen hat, erst in den Stand gesetzt zu beurtheilen, ob das ausgeschiedene Vorstandsmitglied geeignet ist, im Aufsichtsrath die Geschäftsführung des Vorstandes zu kontroliren. Es ist dies eine zwingende Vorschrift, deren Nichtbeachtung Ungiltigkeit der Wahl zur Folge hätte.

§ 38.

Der Aufsichtsrath hat den Vorstand bei seiner Geschäftsführung in allen Zweigen der Verwaltung zu überwachen und zu dem Zweck sich von dem Gange der Angelegenheiten der Genossenschaft zu unterrichten. Er kann jederzeit über dieselben Berichterstattung von dem Vorstande verlangen und selbst oder durch einzelne von ihm zu bestimmende Mitglieder die Bücher und Schriften der Genossenschaft einsehen, sowie den Bestand der Genossenschaftskasse und die Bestände an Effekten, Handelspapieren und Waaren untersuchen. Er hat die Jahresrechnung, die Bilanzen und die Vorschläge zur Vertheilung von Gewinn und Verlust zu prüfen und darüber der Generalversammlung vor Genehmigung der Bilanz Bericht zu erstatten.

Er hat eine Generalversammlung zu berufen, wenn dies im Interesse der Genossenschaft erforderlich ist.

Weitere Obliegenheiten des Aufsichtsraths werden durch das Statut bestimmt.

Die Mitglieder des Aufsichtsraths können die Ausübung ihrer Obliegenheiten nicht anderen Personen übertragen.

Ges. von 1868 § 28 Abs. 2 bis 4, Entw. I u. II, Komm. 35, Rtg. 36. Begr. I 118, II 79, Komm.Ber. 22.

I. Zur Geschichte des § 38.

a) Bis auf den letzten Satz im ersten Absatz stimmt jetzt der § 38 wörtlich mit Art. 225 des A.G. vom 18. Juli 1884, jetzt § 246 H.G.B., überein, nur ist „Genossenschaft" statt „Gesellschaft", „Genossenschaftskasse" statt „Gesellschaftskasse", „Statut" statt „Gesellschaftsvertrag" gesetzt.

b) Im Ges. von 1868 bildete der Inhalt der jetzigen ersten beiden Absätze des § 38 den größten Theil des zweiten Absatzes und den dritten und vierten Absatz des § 28. Diese Sätze waren wörtlich bis auf den Ausdruck „Genossenschaft" statt „Gesellschaft" dem damaligen Artikel 225 des H.G.B. entlehnt, so daß hier die Umformung der Bestimmungen des Genossenschaftsgesetzes lediglich der Umformung der Bestimmungen des Handelsgesetzbuchs durch das neue Aktiengesetz gefolgt ist (jetzt § 246 H.G.B.).

c) Der Entwurf hatte die Prüfung der „Bilanz" statt der „Bilanzen", wie der „Jahresrechnung" statt der „Jahresrechnungen" des Art. 225 des A.G. (§ 246 H.G.B.) auferlegt. In der Kommission ist wieder „Bilanzen" gesetzt, da außer der Jahresbilanz noch andere Bilanzen vorkommen können. Die Vorschrift bezieht sich ganz besonders auf die in den §§ 89 und 114 (in der alten Fassung des Ges. von 1889) vorgesehenen Bilanzen (Komm.Ber. 22).

II. Erläuterungen zu § 38.

1. **Absatz** I. Funktionen (vgl. Vorbemerkung über Trennung der Geschäftsführung von der Kontrole).

Der Umfang der Kontrole ist hier schärfer zum Ausdruck gebracht als in § 28 des Gesetzes von 1868; während in dem letzteren nur bestimmt war, daß der Aufsichtsrath sich von dem Gange der Angelegenheiten der Genossenschaft unterrichten kann, ist dies ihm hier zur Pflicht gemacht. Jede Einschränkung durch das Statut ist unwirksam. Da der Aufsichtsrath den Vorstand bei seiner Geschäftsführung, d. h. also die Geschäftsführung zu überwachen hat, so erstreckt sich die Kontrole auch auf die Beamten (Birkenbihl-Maurer S. 191). Ebensowenig empfiehlt es sich bei der Genossenschaft wie bei der Aktiengesellschaft, den Aufsichtsrath ausschließlich auf eine kontrolirende Thätigkeit im engsten Sinne zu beschränken, d. h. ihm jede entscheidende Mitwirkung bei der inneren Verwaltung schlechthin zu entziehen. Als blos beobachtendes Organ und ohne jedes maßgebende Bestimmungsrecht würde derselbe leicht das Interesse an der Kontrole und die Befähigung zu dieser selbst verlieren. Auch an sich ist es zweckmäßig, den Vorstand über besonders wichtige Angelegenheiten nicht allein entscheiden zu lassen. So besteht bei sehr vielen Genossenschaften die Einrichtung, daß über gewisse Gegenstände der Aufsichtsrath allein oder zusammen mit dem Vorstand beschließt, oder daß der letztere dabei an die Genehmigung des Aufsichtsraths gebunden ist. (Begr. II 80. — Vgl. Vorbemerkung zu §§ 36ff. in Betreff der gemeinschaftlichen Berathung.)

Der Aufsichtsrath hat die Kontrole, er kann daher jederzeit Berichterstattung von dem Vorstande verlangen, die Bücher einsehen u. s. w. Daraus aber folgt, daß nicht einzelne Mitglieder eigenmächtig diese Rechte ausüben dürfen, sie müssen durch einen Beschluß des Aufsichtsraths hiermit beauftragt sein.

Das Gesetz kann selbstverständlich nur die allgemeinen Grundzüge für die Funktionen des Aufsichtsraths geben, es muß jeder Genossenschaft überlassen bleiben, im Statut oder in Geschäftsanweisungen Einzelbestimmungen zu treffen, die ihrem Geschäftsbetriebe entsprechen. Derartige detaillirte Vorschriften sind ganz besonders nothwendig bei Genossenschaften, deren Aufsichtsrathsmitglieder, zumal in den ersten Jahren des Bestehens, oft nicht genügende Geschäftskenntniß besitzen, um zu wissen, worauf sie hauptsächlich ihr Augenmerk zu richten haben. Wie die Erfahrung gezeigt, sind solche Geschäftsanweisungen für ältere Genossenschaften nicht weniger erforderlich. Bei der Bestimmung der Befugnisse des Aufsichtsraths ist aber immer davon auszugehen, daß er nicht die Verwaltung der Genossenschaft führen darf, sondern daß er in diese nur insoweit eingreifen darf, wie es unbeschadet der Vertretungsbefugniß und Verantwortlichkeit des Vorstandes geschehen darf. (Schulze-Delitzsch-Crüger S. 97 ff.) Diese Befugnisse sind daher in der Art zu gestalten, daß dem Vorstand vorgeschrieben wird zu besonders wichtigen Angelegenheiten, die selbstverständlich, um Streit zu vermeiden, zu bezeichnen sind, die Genehmigung des Aufsichtsraths einzuholen, oder daß derartige Angelegenheiten Vorstand und Aufsichtsrath zur gemeinsamen Berathung — und allerdings getrennten Beschlußfassung, vgl. Vorbemerkung — überwiesen werden. Die Folge einer derartigen Regelung ist, daß der Aufsichtsrath in der Lage ist, die Ausführung von Geschäften u. s. w. zu verhindern, die er mit dem Interesse der Genossenschaft für nicht vereinbar erachtet, indem er seine Zustimmung versagt. Der Aufsichtsrath bleibt dabei im Rahmen einer wirksamen und rechtzeitigen Kontrole, es ist ihm kein Eingriff in die Geschäftsführung insoweit gestattet, als daß er etwa den Vorstand zur Ausführung irgend welcher Geschäfte zwingen könnte, was unvereinbar mit der Stellung des Vorstandes als geschäftsführenden Organs sein würde.

Daß derartige weitere als die unmittelbar gesetzlichen Obliegenheiten dem Aufsichtsrath übertragen werden können, schreibt Abs. 3 vor, aus dem sich aber auch weiter ergiebt, daß diese Obliegenheiten im Statut selbst vorgesehen werden müssen, daß nicht durch einfachen Generalversammlungsbeschluß derartige Einschränkungen des Vorstandes getroffen werden können, und daß noch weniger der Aufsichtsrath ein Recht hat, eigenmächtig dieselben zu fordern. Es brauchen nun aber nicht die einzelnen Obliegenheiten im Statut aufgeführt zu sein, sondern es genügt, wenn das Statut die Bestimmung weiterer als der gesetzlichen Obliegenheiten der Dienstanweisung vorbehält (Johow Bd. 15 S. 55 ff.). Nach § 27 des Gesetzes hat der Vorstand die Einschränkungen einzuhalten, welche „durch das Statut oder durch Beschlüsse der Generalversammlung festgesetzt sind"; wie bei § 27 ausgeführt ist, sind hier nur dem Gesetz entsprechende Beschlüsse zu verstehen. Ein einfacher Beschluß der Generalversammlung, durch welchen dem Aufsichtsrath andere als die im § 38 Abs. 1 vorgesehenen Obliegenheiten übertragen werden, kann demnach als ein gesetzmäßiger Beschluß im Sinne des § 27 nicht erachtet werden. Alle dem Gesetz entsprechend durch das Statut dem Aufsichtsrath übertragenen Obliegenheiten mit Bezug auf eine Einschränkung der Geschäftsführung des Vorstandes verpflichten den Vorstand der Genossenschaft gegenüber (§ 27 Abs. 1), lassen aber dessen Vertretungsbefugniß nach außen im Allgemeinen unberührt (§ 27), so daß die Genossenschaft sich dem Dritten gegenüber auf die so getroffenen Einschränkungen nicht berufen kann, wenn der Vorstand dieselben nicht eingehalten hat, doch haften die Mitglieder des Vorstandes, welche sich hierbei vergangen haben, der Genossenschaft nach § 34 Abs. 2. Aber auch der Aufsichtsrath hat diese Obliegenheiten wahrzunehmen und dafür zu sorgen, daß der Vorstand dieselben einhält, andernfalls haften seine Mitglieder nach § 41 Abs. 2, und sie können sich nicht damit zu entschuldigen versuchen, daß der Vorstand die Einschränkungen nicht beachtet hat, sie mußten denselben dazu zwingen, nöthigenfalls zur Suspension greifen (§ 40).

2. Prüfung der Jahresrechnung und Bilanzen.

Wenn auch die „Jahresrechnung", d. h. die Rechnung der Geschäftsperiode besonders hervorgehoben ist, so hat der Aufsichtsrath doch nicht nur diese, sondern jede gelegte Rechnung zu prüfen (Proebst S. 149). Die Bilanz beruht auf zwei Grundlagen, einmal auf dem Abschluß der Bücher zur Uebersicht über die Aktiven und Passiven und zweitens auf der Inventur zur Uebersicht, ob dieses buchmäßige Soll dem Ist entspricht. Hat der Aufsichtsrath die Bilanz zu prüfen, so ergiebt sich daraus, daß er nicht allein die Uebereinstimmung der Bilanz mit den Büchern zu prüfen hat, sondern daß die Inventuraufnahme eine der wesentlichsten Funktionen des Aufsichtsraths ist, und daß der Aufsichtsrath bei der Jahresinventur zugegen sein muß, so auch Birkenbihl-Maurer S. 192. Die Prüfung des Istbestandes ist selbstverständlich nur möglich im unmittelbaren Anschluß an den Jahresabschluß, da jeder spätere Tag Veränderungen bringt. Anders liegt es mit der Prüfung der Bonität der Außenstände, welche später erfolgen kann, oder erfolgen muß, da von der richtigen Bewerthung die Richtigkeit der Bilanz abhängt. Vgl. die Mittheilungen über den Allgemeinen Genossenschaftstag zu Stettin 1893 S. 52 ff., ferner Thorwart „Die Revisionsthätigkeit des Aufsichtsraths bei den Vorschußvereinen" in Nr. 53 Bl.f.G. von 1892, Schulze-Delitzsch-Crüger S. 226 ff. Nicht soweit geht anscheinend Simon S. 158, der nur verlangt, daß sich der Aufsichtsrath davon überzeugt, daß die Bilanz mit den Büchern insbesondere dem Inventar übereinstimmt und die Grundsätze der Aufstellung richtig sind „Darüber hinaus sämmtliche Inventurbestände nachzuprüfen, liegt thatsächlich außerhalb der Möglichkeit und rechtlich außerhalb der Sorgfalt eines ordentlichen Geschäftsmannes". Simon spricht von Aktiengesellschaften, bei Genossenschaften trifft weder das Eine noch das Andere zu.

Die Verantwortlichkeit der Aufsichtsrathsmitglieder für die Richtigkeit der Bilanz beruht auf der gleichen Grundlage wie die der Vorstandsmitglieder (vgl. auch R.G. in Strafsachen Bd. 14 S. 80 ff.).

In Betreff der Gewinn-Vertheilung hat der Aufsichtsrath nur die Pflicht der Prüfung der Vorschläge, es darf ihm nicht das Recht übertragen werden, selbstständig die Gewinn-Vertheilung vorzunehmen, das letztere ist ein Recht der Generalversammlung, welches derselben unter keinen Umständen entzogen werden darf (§ 48). Dasselbe Verhältniß bestand bereits nach dem Ges. von 1868.

3. **Absatz** II. Berufung der Generalversammlung.

Während hier dem Aufsichtsrath die Pflicht der Berufung der Generalversammlung auferlegt ist, wenn dies im Interesse der Genossenschaft „erforderlich ist", soll nach § 44 die Generalversammlung berufen werden, wenn dies im Interesse der Genossenschaft erforderlich „erscheint". Es soll hier jedenfalls kein prinzipieller Unterschied gemacht werden, und es ist eine gerichtliche Entscheidung darüber, ob die berufene Generalversammlung in der That erforderlich war, oder ob es im Interesse der Genossenschaft nicht besser gewesen wäre, sie hätte nicht stattgefunden, nicht denkbar. Der Aufsichtsrath wird also für einen Irrthum in der Beurtheilung der Nothwendigkeit einer Generalversammlung wegen deren Kosten nicht verantwortlich zu machen sein.*)

---

*) Im Ges. von 1868 war es ebenso. Dem „erforderlich ist" in § 28 Abs. 4,

Die Berufung der Generalversammlung hat in der durch das Statut (§ 6 Pos. 4) vorgeschriebenen Form zu erfolgen. Ist diese Form nicht beobachtet, so kann die Anfechtung der in der betreffenden Generalversammlung gefaßten Beschlüsse nach Maßgabe des § 51 erfolgen. Da auch der Vorstand zur Berufung der Generalversammlung berechtigt ist, wird das Statut zweckmäßigerweise die Reihenfolge festsetzen, vgl. § 44 Erl. 1.

4. **Absatz** III. „Weitere Obliegenheiten".

Das Gesetz führt in den ersten beiden Absätzen die hauptsächlichsten Funktionen des Aufsichtsraths auf: die Ueberwachung des Vorstandes bei der gesammten Geschäftsführung, die Prüfung der Jahresrechnung, der Bilanzen und der Vorschläge zur Vertheilung von Gewinn und Verlust und die Berichterstattung darüber an die Generalversammlung. Diese Befugnisse können dem Aufsichtsrath nicht durch Statut entzogen werden. Dahingegen kann das Statut „weitere Obliegenheiten des Aufsichtsraths" bestimmen, die durch Aenderung des Statuts dem Aufsichtsrath jederzeit wieder entzogen werden können, vgl. hierüber Erl. 1.

Das Gesetz enthält noch Obliegenheiten in § 40 (Sorge für Fortführung der Geschäfte im Falle der Suspension), § 41 Abs. 3 (Entgegentreten bei unrechtmäßiger Auszahlung von Gewinn oder Geschäftsguthaben), § 39 (Prozeßführung gegen Mitglieder des Vorstandes und Abschluß von Verträgen mit denselben), § 51 (Vertretung der Genossenschaft in Gemeinschaft mit dem Vorstande bei Anfechtungsklagen), § 83 (Veranlassung der Ernennung und Abberufung von Liquidatoren durch das Gericht), § 90 (Sorge für rechtzeitige Vertheilung des Vereinsvermögens).

5. **Absatz** IV. Uebertragung der Geschäfte (vgl. § 41 Erl. 1).

Die Mitglieder des Aufsichtsraths können die Ausübung ihrer Obliegenheiten nicht anderen Personen übertragen, d. h. solchen Personen, welche nicht zum Aufsichtsrath gehören. Birkenbihl-Maurer S. 193 glauben hierin ein Verbot der Uebertragung der Obliegenheiten an Mitglieder des Aufsichtsraths zu sehen, insoweit dieselbe nicht bereits in Abs. 1 zugelassen ist; Abs. 1 ist aber durchaus nicht erschöpfend. Für die Wahrnehmung der meisten gesetzlichen und statutarischen Obliegenheiten muß sich der Aufsichtsrath nothwendigerweise in Kommissionen theilen. Innerhalb des Aufsichtsraths können bestimmte Funktionen einem Einzelnen oder einer Kommission übertragen werden, es wird dies in größeren Vereinen sogar die Regel sein. Ist die Einsetzung solcher Kommissionen mit Genehmigung der Generalversammlung erfolgt, so werden regelmäßig die einer Kommission nicht angehörigen Mitglieder des Aufsichtsraths nicht regreßpflichtig gemacht werden können, wenn die Kommission ihren Obliegenheiten nicht pflichtgemäß nachgekommen ist. Die Einsetzung der Kommission berechtigt die Mitglieder des Aufsichtsraths aber auch nicht, sich ganz auf die Kommission zu verlassen, denn die in § 38 vom Gesetze bezeichneten Funktionen sind dem Aufsichtsrathe als solchem übertragen, und grundsätzlich sind für deren Wahrnehmung alle Mitglieder verantwortlich. Die Einsetzung der Kommission mit Genehmigung der Generalversammlung entbindet den Aufsichtsrath in seiner Gesammtheit daher nicht von der Pflicht, dafür zu sorgen, daß die Kommission mit der nothwendigen Sorgfalt verfahre. Die Einsetzung der Kommission ist für des Aufsichtsraths Verant-

---

entlehnt dem Art. 225 H.G.B. alter Fassung, stand das „erforderlich scheint", entlehnt dem Art. 237 Abs. 1, seit der Novelle von 1870 Art. 236 Abs. 2 H.G.B. alter Fassung, im § 31 Abs. 2 gegenüber. Das A.G. von 1884 hat Art. 225 und Art. 236 abgeändert, aber „erforderlich ist" und „erforderlich scheint" blieben unangetastet an ihrer Stelle und sind von da in § 38 und § 44 des neuen Gen.Ges. übergegangen, jetzt § 246 H.G.B. und § 253 H.G.B.

wortung daher nur insofern von Bedeutung, als dieselbe mitbestimmend ist bei der Prüfung der Frage, ob das einzelne Aufsichtsrathsmitglied die Sorgfalt eines ordentlichen Geschäftsmannes angewandt hat (ebenso Ring S. 507). Haben die Aufsichtsrathsmitglieder eigenmächtig die Funktionen unter sich getheilt, so können sie sich, wenn sie von der Genossenschaft in Anspruch genommen werden, nicht damit entschuldigen, daß die betreffenden Pflichten, aus deren Vernachlässigung der Schaden entstanden ist, einer von ihnen eingesetzten Kommission übertragen waren, denn der Aufsichtsrath nimmt eine solche Geschäftstheilung auf seine eigene Verantwortung vor.

Nicht ausgeschlossen ist, daß der Aufsichtsrath sachverständige Hilfskräfte zu seiner Thätigkeit hinzuzieht. Seine Verantwortung bleibt gleichwohl die gleiche. Die Kosten dafür trägt die Genossenschaft, vgl. Urtheil des O.L.G. Karlsruhe vom 2. Mai 1890 in der Wochenschrift für Aktienrecht 1892 S. 75. Ebenso ist eine Aktiengesellschaft für verpflichtet erklärt durch Handlungen des Aufsichtsraths, „wenn diese Handlungen durch die dem Aufsichtsrathe speziell ertheilte Vollmacht oder durch die allgemeinen Ermächtigungen des Gesetzes oder Statuts gedeckt sind", Urtheil des Landgerichts Berlin vom 20. Oktober 1893 a. a. O. 1894 Nr. 5.

Ebensowenig wie die „Mitglieder des Aufsichtsraths" kann „der Aufsichtsrath" die Wahrnehmung seiner Obliegenheiten andern „übertragen", er bleibt immer als Aufsichtsrath für die ihm durch das Gesetz überwiesenen Obliegenheiten verantwortlich.

§ 39.

Der Aufsichtsrath ist ermächtigt, die Genossenschaft bei Abschließung von Verträgen mit dem Vorstande zu vertreten und gegen die Mitglieder desselben die Prozesse zu führen, welche die Generalversammlung beschließt.

Der Genehmigung des Aufsichtsraths bedarf jede Gewährung von Kredit an ein Mitglied des Vorstandes, soweit letztere nicht durch das Statut an noch andere Erfordernisse geknüpft oder ausgeschlossen ist. Das Gleiche gilt von der Annahme eines Vorstandsmitgliedes als Bürgen für eine Kreditgewährung.

In Prozessen gegen die Mitglieder des Aufsichtsraths wird die Genossenschaft durch Bevollmächtigte vertreten, welche in der Generalversammlung gewählt werden.

Ges. von 1868 § 29, Entw. I u. II, Komm. 36, Rtg. 37. Begr. I 119, II 80, Komm.Ber. 22 u. 23.

I. **Zur Geschichte des § 39.**

a) Die Absätze I und III.

Diese Vorschriften stimmen im Wesentlichen mit § 29 des alten Gesetzes überein. Im letzteren befanden sich noch Vorschriften über die Form der Legitimationsführung und über die Intervention der Genossen in den Prozessen (Parisius S. 322 bis 326, darüber s. unten Erläuterungen zu 3, 5 und 10).

b) Absatz II ist neu.

Die Kreditgewährung an Mitglieder des Vorstandes eines Vorschußvereins ist von Schulze-Delitzsch und den Allgemeinen Vereinstagen seines Verbandes oftmals behandelt. Auf Schulzes Antrag beschloß der Vereinstag zu Bremen 1874, den Vorschußvereinen „wiederholt und dringend zu empfehlen, die Mitglieder ihres Vorstandes und sonstige Kassenbeamte von Benutzung der von ihnen verwalteten Vereinskasse zu Krediten für eigene Rechnung vollständig auszuschließen". — In der 5. Auflage seines Buches „Vorschuß- und Kreditvereine als Volksbanken" räth er allen Vorschußvereinen ohne Ausnahme, ein Verbot in dieser Richtung in die Statuten aufzunehmen, und seine Verletzung durch sofortige Entlassung zu ahnden (S. 225 ff.).

Ein großer Theil der zum Verbande gehörenden Vorschußvereine hat den Rath befolgt, andere haben nur den Kassirer von der Kreditgewährung ausgeschlossen, ein Theil aber meint, durch ein Verbot, welches Männer, die Kredit in Anspruch zu nehmen genöthigt seien, von dem Vorstande ausschließt, zu sehr in der Wahl der Vorstandsmitglieder beschränkt zu werden. Schließlich hat Schulze in der letzten Fassung seiner Novelle vorgeschlagen, in das Gesetz aufzunehmen:

„An die Vorstandsmitglieder dürfen während der Dauer ihrer Funktion Kredite aus der Vereinskasse nicht gewährt werden, und ist ihnen jede Benutzung derselben für ihre Privatzwecke untersagt."

Dieser Antrag bezieht sich allgemein auf alle Arten Genossenschaften, nicht blos auf die Vorschußvereine.

Das Reichsjustizamt hielt eine gesetzliche Bestimmung in Betreff dieser Kreditgewährung für nothwendig. In dem ersten den Sachverständigen vorgelegten Entwurfe befand sich ein undurchführbarer Vorschlag dahin:

Die Gewährung von Kredit an ein Mitglied des Vorstandes oder Aufsichtsraths bedarf im einzelnen Falle der Genehmigung durch die Generalversammlung.

Der erste veröffentlichte Entwurf hatte statt dessen als zweiten Absatz des § 36, jetzt 39:

Der einstimmigen Genehmigung des Aufsichtsraths bedarf, soweit nicht das Statut ein Anderes bestimmt, jede Gewährung von Kredit an ein Mitglied des Vorstandes.

Bei der Berathung im Bundesrath erfuhr diese Bestimmung, wonach dem Statut volle Freiheit gewährt wird, Kredit an den Vorstand in beliebiger Form ohne alle Erschwerung zuzulassen, eine sehr bedeutende Umänderung dahin:

Der einstimmigen Genehmigung des Aufsichtsraths bedarf jede Gewährung von Kredit an ein Mitglied des Vorstandes, soweit letztere nicht durch das Statut ausgeschlossen ist.

Zur Begründung dieses Vorschlages ist (Begr. II 80) gesagt:

„Hinsichtlich eines bestimmten Gegenstandes, nämlich der Kreditgewährung an Mitglieder des Vorstandes, erscheint es geboten, im Gesetz selbst eine Vorschrift zu treffen. Es bedarf nach den gemachten Erfahrungen eines Schutzes gegen die Gefahr, daß Vorstandsmitglieder ihre Stellung durch Privatgeschäfte mit der Genossenschaft mißbräuchlich ausnutzen; der Entwurf macht deshalb im § 37 Abs. 2 (jetzt § 39) jede Kreditgewährung an dieselben von der einstimmigen Genehmigung des Aufsichtsraths abhängig. Daß die sämmtlichen Mitglieder, aus denen der Aufsichtsrath besteht, ihre Zustimmung geben, ist zwar nicht nothwendig, vielmehr genügt hier, wie bei allen Erklärungen des Aufsichtsraths, die Erklärung durch die zur Beschlußfähigkeit desselben erforderliche Zahl von Mitgliedern; es soll aber unter denjenigen, welche sich geäußert haben, kein Mitglied gegen die Kreditgewährung gestimmt haben dürfen. Außerdem versteht es sich von selbst, daß die letztere durch den Vorstand, welchem die Verantwortlichkeit nicht abgenommen werden kann, bewilligt sein muß, und hierbei darf das Vorstandsmitglied, welchem der Kredit gewährt werden soll, nicht mitstimmen. Darüber hinaus mag ein vollständiges Verbot, wenn solches wünschenswerth erscheint, durch das Statut ausgesprochen werden; gesetzlich würde sich dasselbe nicht rechtfertigen, zumal es bei zahlreichen, namentlich ländlichen Kreditgenossenschaften, in welchen der Vorstand aus einer größeren Anzahl unbesoldeter Mitglieder besteht, die Auswahl geeigneter Personen für die Besetzung des Vorstandes allzu sehr beschränken würde." Aus der Berathung in der Kommission ist der zweite Absatz hervorgegangen. Vgl. darüber Erl. 6. Die allgemeinen Vereinstage in Plauen und Erfurt hatten sich gegen jede gesetzliche Bestimmung ausgesprochen.

II. Erläuterungen zu § 39.

Zu Absatz I.

1. Abschließung von Verträgen mit dem Vorstande.

Es sind dies die einzigen Fälle, in denen der Aufsichtsrath allein eine direkte Vertretung der Genossenschaft hat. Doch ist eine Verpflichtung der Genossenschaft durch Handlungen des Aufsichtsraths insoweit möglich, als sich dieselben aus dem dem Aufsichtsrath ertheilten Auftrag ergeben (vgl. Monatsschrift für Aktienrecht 1892 S. 57, 1894 S. 83). In Gemeinschaft mit dem Vorstand vertritt der Aufsichtsrath die Genossenschaft bei Anfechtungsklagen (§ 51). Die Legitimation wird durch einen Beschluß des Aufsichtsraths geführt werden, in welchem die Personen bestimmt sind, die für den Aufsichtsrath den Vertrag zu unterzeichnen hatten, falls dies nicht durch den gesammten Aufsichtsrath geschieht. Auch in diesem Falle könnte unter Umständen der Vorstand die Vertretung haben (§ 24 Erl. 7). Vgl. § 247 H.G.B.

2. Prozeßführung gegen Vorstandsmitglieder.

Ermächtigt ist der Aufsichtsrath, unzulässig ist es daher, wenn das Statut einem bestimmten Mitgliede des Aufsichtsraths die Vertretung überläßt. Während des Konkurses hat der Konkursverwalter etwaige Regreßprozesse zu führen, der zu dem Prozeß nicht die Genehmigung der Generalversammlung bedarf (§ 34 Erl. 5), führt der Konkursverwalter den Prozeß nicht, so tritt der Aufsichtsrath für den Regreßprozeß wieder in sein Recht (vgl. für A.G. R.G. Urtheil vom 10. November 1896 in Monatsschrift für Aktienrecht 1897 S. 31). Vgl. ferner unten Erl. 2b.

Die Bestimmungen des Handelsgesetzbuchs über die Prozesse der Aktionäre in der Aktiengesellschaft und der Kommanditisten in der Kommanditgesellschaft auf Aktien gegen die Mitglieder des Vorstandes bezw. die persönlich haftenden Gesellschafter und gegen die Mitglieder des Aufsichtsraths (Art. 223, 194, 195 A.G., §§ 268, 325 Z. 7, 328 H.G.B.) weichen in mehreren Beziehungen erheblich von § 39 ab.

a) Der Aufsichtsrath in jenen Handelsgesellschaften kann, wenn es sich „um die Verantwortlichkeit der Mitglieder des Aufsichtsraths handelt", ohne und selbst gegen den Beschluß der Generalversammlung gegen den Vorstand bezw. die persönlich haftenden Mitglieder klagen (Art. 223, 194, — § 247 H.G.B.). Dem Aufsichtsrath der Genossenschaft ist ein solches Recht nicht gegeben.

b) Die Generalversammlung jener Handelsgesellschaften wird bei den von ihr beschlossenen Prozessen gegen den Vorstand bezw. die persönlich haftenden Mitglieder durch den Aufsichtsrath oder durch Bevollmächtigte vertreten, welche in der Generalversammlung gewählt werden (Art. 223, — § 268 H.G.B.). Da in § 39 der Generalversammlung das Recht, sich durch Bevollmächtigte vertreten zu lassen, nicht ausdrücklich abgesprochen ist und der in § 39 übergegangene Ausdruck „ermächtigt" dem Aufsichtsrath keineswegs ein ausschließliches Recht auf die Vertretung der Genossenschaft in jenen Prozessen zuspricht, so wird man annehmen müssen, daß die Genossenschaft ebenfalls das Recht hat, sich dazu besondere Bevollmächtigte zu wählen, welche dann unter die Bevollmächtigten des § 42 fallen (a. A. Birkenbihl Maurer S. 194, Joël S. 527). Auch der Vorstand könnte den Prozeß führen, falls keine kollidirenden Interessen vorliegen; diese Vertretung wird sogar die Regel sein, wenn der Vorstand aus neu bestellten Mitgliedern besteht, welche Regreßansprüche gegen frühere Vorstandsmitglieder geltend machen (Ring S. 178).

c) In Prozessen gegen die Mitglieder des Aufsichtsraths werden bei jenen Handelsgesellschaften die Aktionäre bezw. Kommanditisten durch Bevollmächtigte vertreten, welche in der Generalversammlung gewählt werden. Dem entspricht § 39 Abs. 3.

d) Die Art. 195, 223, — § 268 H.G.B. haben „gegen die möglichen Chikanen der persönlich haftenden Gesellschafter (bezw. des Vorstandes) oder des Aufsichtsraths" ein Schutzmittel dadurch geschaffen, daß ausnahmsweise auf Antrag auch das Handelsgericht die Bevollmächtigten ernennen kann. Für eine so weitgehende Fürsorge hat sich bei den Genossenschaften kein Bedürfniß herausgestellt.

3. Legitimation in den vom Aufsichtsrath geführten Prozessen.

§ 29 des Ges. von 1868 enthielt eine Bestimmung für die Legitimation; das Gesetz hat eine solche Vorschrift als überflüssig weggelassen (Begr. II 81). Es handelt sich um eine gesetzliche Vertretung, das Gericht ist daher von Amtswegen zur Prüfung der Legitimation verpflichtet (§ 56 C.P.O.). „Der Nachweis, daß die im Prozeß auftretenden Personen zu Aufsichtsrathsmitgliedern gewählt sind, ist zur Erbringung der Legitimation derselben ebenso genügend wie erforderlich" (Begr. II 81). Man wird den Richter für berechtigt halten müssen, zu verlangen, daß ihm der Nachweis durch beglaubigte Abschriften der Wahlprotokolle geführt wird, falls ihm nicht diese im Original vorgelegt werden, was zu beanspruchen er kein Recht hat. Der Nachweis des Generalversammlungsbeschlusses auf Führung des Prozesses gehört dagegen nicht zur Legitimation, er müßte nur erbracht werden, wenn die Beklagten seine Existenz bestreiten. Der vom Aufsichtsrath für die Führung des Prozesses beauftragte Anwalt hat nur Handlungen der sachverständigen und anwaltlichen Thätigkeit vorzunehmen, ist nicht zum Abschluß von Rechtsgeschäften berechtigt (R.G. Bd. 3 S. 98).

4. Die Genossenschaft als Beklagte gegen die Vorstandsmitglieder.

Der Aufsichtsrath hat auch diejenigen Prozesse zu führen, in denen die Genossenschaft als Beklagte auftritt und der Vorstand Kläger ist (vgl. § 51 Abs. 2).

5. Intervention der Genossen in Prozessen gegen Vorstandsmitglieder.

Mit Rücksicht auf § 66 C.P.O. ist das in § 29 des Ges. von 1868 den Genossen eingeräumte Recht, in Prozessen gegen die Aufsichtsrathsmitglieder als Intervenient aufzutreten, nicht aufgenommen. Wie bei Parisius S. 325 nachgewiesen ist, war durch Redaktions- und Druckfehler dieses Recht nur auf Prozesse gegen Aufsichtsrathsmitglieder beschränkt, nach der Absicht der Gesetzgeber sollte es auch für Prozesse gegen den Vorstand gelten.

§ 66 C.P.O. lautet: „Wer ein rechtliches Interesse daran hat, daß in einem zwischen anderen Personen anhängigen Rechtsstreite die eine Partei obsiege, kann dieser Partei zum Zwecke ihrer Unterstützung beitreten. Die Nebenintervention kann in jeder Lage des Rechtsstreits bis zur rechtskräftigen Entscheidung desselben, auch in Verbindung mit der Einlegung eines Rechtsmittels erfolgen." Nach dem jetzigen Rechtszustande kann daher jeder Genosse einem Prozesse der Genossenschaft gegen Vorstand oder Aufsichtsrath als Nebenintervenient beitreten.

6. Absatz II. Kreditgewährung an die Vorstandsmitglieder.

Das Ges. von 1868 hatte über die Kreditgewährung an Vorstandsmitglieder überhaupt keine Vorschrift. Ueber die Entstehung der Vorschrift oben I b. Es handelt sich nur um die direkte Gewährung von Kredit (bezw. Annahme als Bürgen) an Vorstandsmitglieder, dem steht z. B. nicht gleich Gewährung von Kredit an eine offene Handelsgesellschaft, zu deren Gesellschaftern das Vorstandsmitglied gehört.

Die Genehmigung des Aufsichtsraths muß in jedem Falle der Kreditgewährung an ein Vorstandsmitglied eingeholt werden, die Genehmigung muß durch Beschluß des Aufsichtsraths ausgesprochen und das Darlehen darf nicht eher ausbezahlt werden, als bis dies geschehen ist, selbst wenn das Statut noch weitere Einschränkungen enthält. Erleichterung durch das Statut ist ausgeschlossen.

Die Ausdehnung der für die Kreditgewährung gegebenen Vorschriften auf die Bürgschaftsleistung eines Vorstandsmitgliedes ist in der Kommission beschlossen, um die Vorschiebung eines Dritten, für welchen das betreffende Vorstandsmitglied Bürgschaft leistet, zu verhindern (Komm.Ber. 23).

Die Vorschußvereine, welche bisher dem Rathe Schulze-Delitzsch entsprochen und die Vorstandsmitglieder gänzlich von der Kreditgewährung ausgeschlossen haben, können in dem Gesetz keine Veranlassung finden, von dem Verbot Abstand zu nehmen. Neu entstehenden Vereinen räth das Musterstatut (Schulze-Delitzsch-Crüger S. 189) dieselbe Bestimmung an.

Wo aber die Bestimmung des Gesetzes maßgebend bleibt, wird der Geschäftsgang folgender sein: zunächst hat sich der Vorstand darüber schlüssig zu machen, ob der von einem Vorstandsmitglied begehrte Kredit gegeben bezw. ob die angebotene Bürgschaftleistung angenommen werden soll. Ueber die Mitwirkung des betheiligten Vorstandsmitgliedes vgl. § 24 Erl. 4 oben Erl. I b. Besteht der Vorstand nur aus zwei Mitgliedern, so müßte für den Fall der Darlehnsgewährung eine Stellvertretung bestellt werden, was durch Eintragung, Löschung und damit verbundene Veröffentlichungen große Kosten verursacht. Will der Vorstand den Kredit gewähren oder das Vorstandsmitglied als Bürgen annehmen, so hat er die Genehmigung des Aufsichtsraths einzuholen, und nur wenn diese ertheilt wird, darf das Rechtsgeschäft ausgeführt werden. Versagt der Aufsichtsrath die Genehmigung, oder wird dieselbe nicht nachgesucht, und der Vorstand schließt dennoch das Rechtsgeschäft ab, so ist das Geschäft anfechtbar, da es sich um eine gesetzliche Beschränkung handelt, die den Vorstandsmitgliedern nicht unbekannt sein kann (§ 27 Erl. 3).

An diese Beschränkungen ist nur die Kreditgewährung an Vorstandsmitglieder gebunden, andere Rechtsgeschäfte, wie z. B. An- und Verkauf von Werthpapieren, können für ein Vorstandsmitglied wie für jeden Dritten vorgenommen werden.

7. „Kredit."

Während in § 8 Abs. 2 die Darlehnsgewährung verboten wird, ist hier die Rede von Gewährung von Kredit, es fallen unter die Einschränkung also alle Rechtsgeschäfte, mit denen eine Gewährung von Kredit verbunden ist, wie z. B. selbst die Anlage müßiger Gelder. Das Verbot bezieht sich auf alle Arten Genossenschaften, z. B. bei Konsumvereinen und Rohstoffvereinen für Verkauf auf Kredit, obschon bei den Verhandlungen im Reichstage stets nur auf die Verhältnisse der Kreditgenossenschaften Rücksicht genommen und niemals die Wirkung geprüft ist, die das Verbot auf andere Arten Genossenschaften haben kann.

8. **Absatz** III. „Prozesse gegen die Aufsichtsrathsmitglieder."

Es handelt sich um Prozesse aus der Verantwortlichkeit der Aufsichtsrathsmitglieder. Prozesse aus Rechtsgeschäften der Genossenschaft mit Aufsichtsrathsmitgliedern führt der Vorstand. Doch auch die Vertretung in den anderen Prozessen durch den Vorstand erscheint nicht ausgeschlossen, z. B. in dem Fall, daß der frühere Vorstand seines Amtes entsetzt, und nun der neue Vorstand gegen den früheren Vorstand im Aufsichtsrath Regreß aus deren Geschäftsthätigkeit nimmt. Vgl. oben Erl. 2b.

9. Legitimation der Bevollmächtigten.

Abs. 3 entspricht dem § 29 Abs. 2 Satz 1 des Ges. von 1868. Die Legitimation des Bevollmächtigten wird nach § 56 C.P.O. von Amtswegen zu prüfen sein, da die „Bevollmächtigten" als gesetzliche Vertreter der Genossenschaft für den Prozeß angesehen werden müssen. Die Legitimation derselben ist ebenso wie die der Aufsichtsrathsmitglieder im Falle des Abs. 1 zu führen.

10. Intervention der Genossen in Prozessen gegen Aufsichtsrathsmitglieder.

Jeder Genosse hat das Recht zu interveniren (s. oben zu 5). C.P.O. § 66 vgl. Urtheil des R.G. vom 9. Februar 1889 in der Jurist. Wochenschrift 1889 S. 130.

§ 40.

Der Aufsichtsrath ist befugt, nach seinem Ermessen Mitglieder des Vorstandes vorläufig, bis zur Entscheidung der ohne Verzug zu berufenden Generalversammlung, von ihren Geschäften zu entheben und wegen einstweiliger Fortführung derselben das Erforderliche zu veranlassen.

Ges. von 1868 § 28 Abs. 2, Entw. I u. II, Komm. 37, Rtg. 38. Begr. I 120, II 81, A.B. § 19.

I. Zur Geschichte des § 40.

§ 40 stimmt im Wesentlichen überein mit § 28 Abs. 2 Satz 2 des Ges. von 1868. Die Vorschrift entstammt den früheren Entwürfen Schulzes und der Kommission des Abgeordnetenhauses vom Jahre 1866, sie ist eigenthümlich der Genossenschaft; die Kommission des Abgeordnetenhauses von 1866 motivirte dieselbe in ihrem Berichte folgendermaßen: „Der Aufsichtsrath ist zur Kontrole des Vorstandes bestellt. Die Natur der Genossenschaften bringt es mit sich, daß keine gleich sichere Garantie wie bei Aktiengesellschaften für die geeignete Auswahl und Tüchtigkeit der Vorstandsmitglieder gegeben ist. Das Amt pflegt häufig eine Mußebeschäftigung zu sein, und der ursprüngliche Eifer nimmt in solchen Fällen ab. Die Erfahrung hat nach dem Zeugniß der Antragsteller und einzelner Kommissionsmitglieder die erwähnten Sätze bestätigt" u. s. w. § 28 des Ges. von 1868 gab dem Aufsichtsrathe das Recht, auch Beamte vorläufig zu entsetzen. Dies ist im § 40 fallen gelassen, weil eine solche Maßregel dem Vorstande als dem eigentlichen Verwaltungsorgane zu überlassen sei (Begr. II 81). Wenn Proebst S. 156 dem Aufsichtsrath die Entsetzung von Beamten dann überträgt, wenn dieselben von ihm angestellt werden, so ist dem entgegenzuhalten, daß der Vorstand als Vertreter der Genossenschaft die Anstellung hat.

II. Erläuterungen zu § 40.

1. Rechte des Aufsichtsraths und der Generalversammlung bei der Entsetzung.

Die Befugniß, den Vorstand zu suspendiren, kann dem Aufsichtsrathe nicht durch das Statut entzogen werden. Er hat diese Befugniß unbeschränkt. Die bloße Ueberzeugung von der Nothwendigkeit des Schritts genügt. Es ist also nicht nöthig, daß die Vorstandsmitglieder gegen Gesetz, Statut oder berechtigte Beschlüsse der Generalversammlung oder des Aufsichtsraths gehandelt haben, oder daß sie durch Handlungen oder Unterlassungen absichtlich oder fahrlässig die Genossenschaft geschädigt haben, schon die einfache Ueberzeugung von ihrer Unfähigkeit berechtigt den Aufsichtsrath, den Vorstand zu suspendiren, aber er muß stets ohne Verzug die Generalversammlung berufen. Eine Zurücknahme der Suspension durch den Aufsichtsrath nach der Eintragung ist unzulässig, es muß die Entscheidung der Generalversammlung herbeigeführt werden, die ein Recht darauf hat, gehört zu werden, wenn Umstände eingetreten sind, die derartige Maßregeln erforderlich gemacht haben.

Das Statut darf die Befugniß des Aufsichtsraths nicht auf die definitive Absetzung ausdehnen, da das Gesetz die definitive Entscheidung der Generalversammlung vorbehält. Daraus folgt, daß die Generalversammlung die Suspension auch dann aufheben kann, wenn die suspendirte Person sich Handlungen zu Schulden kommen ließ, welche nach allgemeinen gesetzlichen Bestimmungen die Genossenschaft berechtigen würden, von dem Anstellungsvertrage sofort zurückzutreten. Erfolgt die Anstellung der Vorstandsmitglieder durch den Aufsichtsrath, so können dieselben sich weitergehende Rechte vorbehalten, was aber, wie überhaupt bereits die Anstellung durch den Aufsichtsrath, die Gefahr nach sich zieht, daß der Vorstand in eine bedenkliche Abhängigkeit zum Aufsichtsrath geräth. Ueber die Rechte des Vorstandsmitgliedes bei definitiver Amtsentsetzung § 24 Erl. 9.

2. Fürsorge für Fortführung der Geschäfte.

Es ist zu unterscheiden:

a) Es bleiben nach der Suspension von Vorstandsmitgliedern noch so viele im Amt, als nothwendig sind, um für den Verein rechtsverbindlich zu handeln, so kann möglicherweise die Vereinbarung mit diesen genügen, daß die Geschäfte des oder der suspendirten Vorstandsmitglieder von ihnen mit versehen werden, bis die Generalversammlung über die Suspension entschieden hat;

b) der gesammte Vorstand oder so viel Mitglieder desselben sind suspendirt, daß nicht die genügende Anzahl zur Leitung der Geschäfte verbleibt. Der Vorstand ist ein nothwendiges Organ der Genossenschaft, es ist daher ausgeschlossen, daß der Aufsichtsrath sich damit begnügt, Bevollmächtigte zu bestellen. Die Einsetzung von Bevollmächtigten zum gesammten Geschäftsbetriebe ist überdies untersagt (§ 42) und Vollmachten können nur von der gesetzlichen Vertretung der Genossenschaften ertheilt werden. Der Aufsichtsrath muß daher für Stellvertreter sorgen, — er darf als solcher die Geschäfte nicht übernehmen (R.G. Bd. 3 S. 99), — und zwar unverzüglich, da bis zu deren Bestellung die Geschäfte der Genossenschaft nicht weiter geführt werden können; er ist auf seine Mitglieder nicht angewiesen aber berechtigt, aus seiner Mitte die Stellvertreter zu bestellen; doch dürfen diese Personen nur auf einen bestimmten Zeitraum bestellt werden und bis zu ihrer wegen dieser Stellvertretung ertheilten Entlastung ihrer Thätigkeit als Mitglieder des Aufsichtsraths nicht ausüben (§ 37 Erl. 2). Auf die Stellvertreter kommen die für die Vorstandsmitglieder gegebenen Vorschriften zur Anwendung (§ 35). Die vorläufige Enthebung von Vorstandsmitgliedern durch den Aufsichtsrath gilt in Ansehung der Anmeldung und Eintragung als Beendigung der Vollmacht (A.V. § 19).

§ 41.

Die Mitglieder des Aufsichtsraths haben die Sorgfalt eines ordentlichen Geschäftsmannes anzuwenden.

Mitglieder, welche ihre Obliegenheiten verletzen, haften der Genossenschaft persönlich und solidarisch für den dadurch entstandenen Schaden.

Insbesondere sind sie in den Fällen des § 34 Absatz 3 zum Ersatze der Zahlung verpflichtet, wenn diese mit ihrem Wissen und ohne ihr Einschreiten erfolgt ist.

Die Ansprüche auf Grund der vorstehenden Bestimmungen verjähren in fünf Jahren.

Entw. I und II, Komm. 38, Rtg. 39. Begr. I 121, II 81.

Erläuterungen zu § 41.

1. **Absatz** I. Umfang der Sorgfalt.

Das Ges. von 1868 stellte den Grundsatz, daß die Aufsichtsrathsmitglieder die Sorgfalt eines ordentlichen Geschäftsmannes bei der Erfüllung ihrer Pflichten anzuwenden haben, zwar nicht auf, doch hatte sich derselbe in der Praxis und Rechtsprechung auf Grund des zwischen der Genossenschaft und den Aufsichtsrathsmitgliedern bestehenden Auftragsverhältnisses herausgebildet (R.G. Bd. 13 S. 45). Die Vorschriften über die zivilrechtliche Verantwortlichkeit entsprechen den Grundsätzen, die nach § 34 für den Vorstand gelten, es treffen daher die Ausführungen zu § 34 auch hier zu. Es gilt dies insbesondere für Feststellung der „Obliegenheiten", thatsächlich wird es sich bei dem Aufsichtsrath nach seiner Stellung in der Regel um „Unterlassungen" bei der Kontrole handeln, vgl. insbesondere § 38 Erl. 1, 2, 4; für die Ausführung der dem Aufsichtsrath als Organ übertragenen Obliegenheiten (§ 38) sind daher auch alle Mitglieder desselben verantwortlich, vgl. § 38 Erl. 5, das Urtheil des R.O.H.G. vom 17. Januar 1878 in Bl.f.G. 1878 S. 97, Proebst S. 159, Zeitschrift für das gesammte Aktienwesen 1896 S. 4, Birkenbihl-Maurer S. 199.

„Die Genossenschaft hat nur nachzuweisen, daß und welche Pflichten dem Aufsichtsrathsmitgliede in der betreffenden Angelegenheit obgelegen haben, und daß zwischen diesen Pflichten und dem Schaden der Kausalzusammenhang vorhanden ist . . ., und es ist . . . Sache des Aufsichtsrathsmitgliedes, die Erfüllung seiner Verbindlichkeiten oder aber solche Umstände darzulegen, welche ihm die Erfüllung unmöglich gemacht haben . . . Bitten und Ermahnungen und Aeußerung von Bedenken (gegenüber dem Vorstand) waren umsoweniger ausreichend (zur Entlastung), als . . . der Vorstand, wenn er auch manchmal eine Zusicherung gemacht hat, solche doch niemals erfüllt (hat) . . . Die aus der regelmäßig erfolgten Dechargirung des Vorstandes entnommene Einrede kann . . . zurückgewiesen werden, weil die Entlastung des Vorstandes nicht ohne weiteres eine Gutheißung der von dem Aufsichtsrath geübten Art der Ueberwachung enthalte; sie ist aber schon aus dem Grunde unbeachtlich, weil die Generalversammlung sich mit der Dechargirung des Vorstandes diesem und dem Aufsichtsrathe gegenüber nur soweit präjudizirt, als sie aus den ihr gemachten Vorlagen die Geschäftsführung des Vorstandes zu übersehen vermag" (R.G. a. a. O.). Vgl. auch R.G. Bd. 35 S. 83, § 27 Erl. 1. Strafrechtliche Verantwortung §§ 146ff.

2. Absaz II. Keine subsidiäre Haftpflicht.

Schulze-D. (Vorschuß- und Kreditvereine als Volksbanken, 5. Aufl., S. 160) nimmt als Regel eine subsidiäre Haftpflicht der Aufsichtsrathsmitglieder an und macht eine Ausnahme hiervon nur in den Fällen, in welchen der Schade durch Pflichtverletzung derselben in einer Thätigkeit entstanden ist, welche ihnen direkt und zwar unabhängig vom Vorstande übertragen ist, und rechnet hierher: Prüfung der Jahresrechnungen, der Bilanzen und Vorschläge zur Gewinnvertheilung, sowie die Berichterstattung an die Generalversammlung (anscheinend beistimmend R.O.H.G. Bd. 23 S. 172); aber diese Fälle bilden doch nur einen Theil der Kontrole, die dem Aufsichtsrath direkt und unabhängig vom Vorstand übertragen ist. Das Gesetz macht den Vorstand für Vernachlässigung der ihm übertragenen Obliegenheiten verantwortlich und den Aufsichtsrath, wenn er seine Obliegenheiten vernachlässigt. Es wird hiernach angenommen werden müssen, daß, wenn die Genossenschaft durch eine Handlung des Vorstandes geschädigt ist, und der Aufsichtsrath sich ebenfalls bei derselben einer Pflichtversäumniß schuldig gemacht hat, die Mitglieder des Vorstandes und Aufsichtsraths solidarisch für den dadurch entstandenen Schaden haften; es ist im Gesetz nicht begründet, zwischen verschiedenen Obliegenheiten des Aufsichtsraths einen Unterschied für die Haftpflicht zu machen. In dem Urtheil des Reichsgerichts vom 28. April 1885 (Bd. 13 S. 51) ist die Einrede der Vorausklage eines Aufsichtsrathsmitgliedes verworfen, weil für den eingetretenen Schaden auch sein eigenes Verhalten, nämlich sein Nichteinschreiten kausal gewesen ist, dem Aufsichtsrathsmitgliede daher gegenüber der als Kaufmann geltenden Genossenschaft, welche für die Zwecke ihres Betriebes Vorstand und Aufsichtsrath bestellt hat, die Einrede der Vorausklage nicht zusteht.

3. Haftung gegenüber der Genossenschaft.

Das Gesetz schreibt ausdrücklich die Haftung nur gegenüber der Genossenschaft vor. Zwischen den Mitgliedern des Aufsichtsraths und den Genossen besteht kein Vertragsverhältniß; bereits unter dem früheren Gesetz, welches nach dieser Richtung nicht klar war, war ein Klagerecht der Genossen verneint. Die Frage, ob außerkontraktlich ein Klagerecht begründet ist, entscheidet sich nach dem B.G.B. (vgl. § 34 Erl. 6). An diesem Rechtszustande wird auch durch die Auflösung der Genossenschaft nichts geändert, wobei nur in Frage käme, ob dieselbe einen Uebergang der Rechte der Genossenschaft auf die Genossen zur Folge hat, da mit diesem Zeitpunkte neue Ansprüche nicht entstehen. Auch dies ist nicht anzunehmen, da auch in der Liquidation bezw. beim Konkurse eine nachträgliche Geltendmachung der Rechte durch die Genossenschaft (zur event. Nachtragsvertheilung) bestehen bleibt, und wenn der Einzelne auch selbst ein Recht hat, die Abtretung eines entsprechenden Theils der Forderung von der Genossenschaft zu fordern, so steht die Geltendmachung des Rechts ihm doch nicht ohne Weiteres zu, vgl. hierüber, und daß die Urtheile des R.G. Bd. 10 S. 72, 76 sich nur auf außerkontraktliche Schaden beziehen, das Urtheil vom R.G. vom 20. Oktober 1891 in der Jurist. Wochenschrift 1891 S. 514. Die Ersatzansprüche der Genossenschaft gehören zu deren Vermögen R.G. Bd. 39 S. 62 § 34 Erl. 5. Ueber die Beweislast oben Erl. 1.

In Betreff der Haftung gegenüber den Gläubigern vgl. § 34 Erl. 7 § 90 Abs. 3, § 143.

4. Absatz III. Auszahlung von Gewinn und Geschäftsguthaben.

In den Fällen, in denen Vorstandsmitglieder ohne besonderen Schadensnachweis ersatzpflichtig sind (§ 34 Abs. 3), haften auch die Aufsichtsrathsmitglieder, falls „die Zahlung mit ihrem Wissen und ohne ihr Einschreiten" erfolgt ist. Das Vorhandensein dieser Voraussetzungen gehört zur Klagebegründung. Die Aufsichtsrathsmitglieder haften selbstverständlich auch für verschuldetes Nichtwissen und Nichthindern, da darin eine Verletzung ihrer Obliegenheit mit Bezug auf die Kontrole liegt (Proebst S. 159): eines Schadennachweises bedarf es nicht, da in der Thatsache der unberechtigten Auszahlung von Geschäftsguthaben und Gewinn bereits der Schaden liegt. Ebenso Birkenbihl-Maurer S. 199 a. A. Joël S. 529. Im Uebrigen vgl. § 34 Erl. 9.

5. Verjährung vgl. § 34 Erl. 10.

§ 42.

Der Betrieb von Geschäften der Genossenschaft, sowie die Vertretung der letzteren in Bezug auf diese Geschäftsführung kann auch sonstigen Bevollmächtigten oder Beamten der Genossenschaft zugewiesen werden. In diesem Falle bestimmt sich die Befugniß derselben nach der ihnen ertheilten Vollmacht; sie erstreckt sich im Zweifel auf alle Rechtshandlungen, welche die Ausführung derartiger Geschäfte gewöhnlich mit sich bringt.

Die Bestellung von Prokuristen oder von Handlungsbevollmächtigten zum gesammten Geschäftsbetriebe findet nicht statt.

Ges. von 1868 § 30. Entw. I u. II, Komm. 39, Rtg. 40. Begr. I 121, II 81.

I. **Zur Geschichte des § 42.**

a) Der erste Absatz ist, wie die Begründung ausspricht, mit dem früheren § 3

„wörtlich gleichlautend".*) § 30, wörtlich übereinstimmend mit dem § 29 des preuß. Ges., war aus dem Art. 234 H.G.B. alter Fassung Art. 235 A.G. übernommen (die Bestimmung ist in dem neuen H.G.B. fortgefallen) von dem er nur durch Umänderung des Wortes „Gesellschaft" in „Genossenschaft" abweicht.

b) Der zweite Absatz ist neu. Das Ges. von 1868 enthält nichts von Prokuristen und Handlungsbevollmächtigten zum gesammten Geschäftsbetriebe. Ob deren Bestellung zulässig sei, war streitig. Schulze-Delitzsch erklärt sich mit Entschiedenheit dagegen (Vorschuß- und Kreditvereine, 5 Aufl., S. 162). Anderer Meinung Anschütz u. Völdernsdorff Bd. 2 S. 8, v. Sicherer S. 267, Parisius S. 266, 285 u. 327. Daß ein praktisches Bedürfniß für die Zulassung von Prokuristen nicht vorhanden sei, ward allgemein anerkannt, auch von der Reichstagskommission von 1876, die den mit Abs. 2 des Ges. übereinstimmenden Antrag Schulzes annahm. Vgl. Schulzes Anträge in seiner Novelle Mat. S. 27, Herz S. 86, Parisius a. a. O. In das G.R. waren öfters Prokuristen eingetragen.

II. Erläuterungen zu § 42.

1. Absatz I. Umfang der Vollmacht.

Der Vorstand ist der gesetzliche Vertreter der Genossenschaft nach § 24 des Ges., seine Befugnisse regelt das Gesetz. Da nun weder der Generalversammlung noch dem Aufsichtsrath die Vertretung zugewiesen ist, so könnte es zweifelhaft erscheinen, ob die Generalversammlung oder ein sonstiges Organ befugt sei, irgend welche Vollmacht zur Vertretung der Gesellschaft zu ertheilen. Wegen der absoluten Fassung von § 34 könnte man sogar bezweifeln, ob der Gesellschaftsvertrag neben dem Vorstand Vertreter der Genossenschaft mit beschränkter Vertretungsbefugniß anerkennen dürfe. Hiergegen ist die vorliegende Bestimmung gerichtet, durch welche anerkannt wird, daß „sowohl durch statutarische Bestimmung als auch durch Beschluß der Generalversammlung oder eines sonst kompetenten Organs" der Genossenschaft Vertreter mit beschränkter Vollmacht bestellt werden können. Nicht die Grundsätze des H.G.B. über die Vertretung durch „Handlungsbevollmächtigte" sollen auf den Umfang der Vollmacht zur Anwendung kommen, sondern in erster Reihe soll der Umfang der ertheilten Vollmacht entscheidend sein. Eine Vollmacht darf aber nicht zum gesammten Geschäftsbetriebe ertheilt werden — und dementsprechend ist auch die noch weitergehende Bestellung von Prokuristen untersagt —, sondern die Vollmacht darf nur den Betrieb „von" Geschäften, d. h. einzelner Geschäfte oder Geschäftszweige umfassen; erst im Zweifel erstreckt sich dieselbe auf alle Rechtshandlungen, welche die Ausführung des einzelnen übertragenen Geschäfts oder des übertragenen Geschäftszweiges mit sich bringt (H.G.B. § 54). Nur mit dieser Beschränkung sind daher die Vorschriften des H.G.B. über die Handlungsbevollmächtigten auf die Bevollmächtigten und Beamten der Genossenschaft anzuwenden. Zulässig ist Ertheilung der Vollmacht für den Kassenverkehr (R.G. Bd. 8 S. 70), vgl. über verschiedene Arten der Vollmachtsertheilung Crüger in Bl.f.G. 1898 S. 439. Die Ertheilung der Vollmacht kann nur durch den Vorstand als gesetzlichen Vertreter erfolgen, der dabei Dritten gegenüber unbeschränkt ist; in R.G. Bd. 22 S. 70 ff. sind die sog. Filialkassenvorstände für Bevollmächtigte erachtet (§ 27 Erl. 4), und es ist eine stillschweigende Erweiterung der Vollmacht für rechtsverbindlich Dritten gegenüber erachtet. Es ist nicht zu verkennen, daß auf diesem Wege eine bedenkliche Umgehung der Bestimmung über die Doppelzeichnung möglich

*) Darnach ist die kleine Aenderung „die Vertretung der letzteren in Bezug" statt „die Vertretung der Genossenschaft in Beziehung" auf einen Abschreibefehler zurückzuführen.

ist (vgl. § 17 Erl. 1, § 25 Erl. 4). Ueber die Bevollmächtigung von Vorstandsmitgliedern § 25 Erl. 4. Der Vorgesetzte des Bevollmächtigten ist der Vorstand, der wie die Anstellung so auch allein die Entlassung verfügen kann. Als Ausfluß der Kontrole über die Geschäftsführung hat der Aufsichtsrath dieselbe auch auf die Angestellten zu erstrecken, ohne direkt das Recht der Entlassung derselben zu haben (§ 38 Erl. 1), a. A. Birkenbihl-Maurer S. 201. Fälle der Vollmacht durch die Generalversammlung § 39. Birkenbihl-Maurer S. 201 nehmen an, daß Bevollmächtigten durch den Vorstand nicht die Berufung der Generalversammlung übertragen werden kann, da für die Beziehung des Vorstandes zu den Genossen eine Bevollmächtigung nicht statthaft ist; dem ist zuzustimmen. Dasselbe gilt für den Verkehr mit dem Registergericht, wegen der persönlichen Verantwortung der Vorstandsmitglieder (Birkenbihl-Maurer a. a. O.), vgl. § 12 Abs. 2 H.G.B. für andere Gesellschaften. Für Vertretung durch den Notar gelten §§ 129, 147 des Gesetzes über die Angelegenheiten der freiwilligen Gerichtsbarkeit (§ 157 Gen.-Ges.). Aus § 42 ist nicht herzuleiten, daß ein Vorstandsmitglied für seine Person einen Vertreter bestellen kann, denn die Vollmacht ist stets von dem Vorstande herzuleiten.

2. Bevollmächtigte und Beamte.

Der Unterschied zwischen Bevollmächtigten und Beamten ist darauf zurückzuführen, daß das Mandat von Beamten mehr auf Uebertragung dauernder Verrichtungen ganzer Geschäftszweige, das der Bevollmächtigten mehr auf Erledigung einzelner Aufträge sich bezieht (Schulze-D. a. a. O. S. 167).

3. Form der Vollmacht.

Die Vollmacht muß, um Dritten gegenüber Geltung zu haben, von dem Vorstande ertheilt sein und zwar in Gemäßheit des § 25. Schriftlichkeit ist, da es sich um ein Handelsgeschäft handelt, zwar nicht erforderlich, doch im Interesse der Klarheit und Sicherheit durchaus wünschenswerth.

4. Zeichnung der Bevollmächtigten.

Die Form der Zeichnung der Bevollmächtigten und Beamten richtet sich nach den Bestimmungen der Vollmacht. Es darf aber kein eine Prokura andeutender Zusatz gebraucht werden, vielmehr muß der Zusatz das Vollmachtsverhältniß ausdrücken (§ 57 H.G.B.). Für den Dritten, der mit dem Bevollmächtigten verhandelt, ist der Umfang der Vollmacht, event. § 42 und daß sie vom Vorstand in der vorgeschriebenen Form ertheilt ist, maßgebend. Hat der Vorstand bei Ertheilung seine Befugnisse überschritten, so ist dies dem Dritten gegenüber unerheblich (§ 27).

5. Ueberschreitung der Vollmacht.

Ueberschreitet der Bevollmächtigte oder Beamte die Vollmacht, so ist die Genossenschaft nicht an das Geschäft gebunden. Die Rechte und Pflichten zwischen dem Bevollmächtigten und dem Dritten richten sich nach § 179 B.G.B. (früher nach Art. 55 H.G.B. in der bisherigen Fassung).

6. Absas II. Prokuristen.

In Betreff des Verbots der Bestellung von Prokuristen und Handlungsbevollmächtigten für den gesammten Geschäftsbetrieb heißt es Begr. II S. 81: „Für die Genossenschaften ist schon bei dem geringeren Umfange ihres Geschäftsbetriebes kein Bedürfniß vorhanden, neben dem Vorstand noch Bevollmächtigte mit so umfassenden Vertretungsbefugnissen zu bestellen. Die Zulassung derselben wäre aber auch mit der Vorschrift des § 24 über die Mindestzahl der zu Erklärungen für die Genossenschaft nothwendigen Vorstandsmitglieder nicht verträglich; denn nach Handelsgesetzbuch steht die Vollmacht des einzelnen Prokuristen oder Disponenten derjenigen des Vorstandes an Umfang wenig nach. Außerdem würde der Schutz hinfällig werden, welchen das Gesetz durch die Vorschrift zu schaffen bezweckt, daß die Mitglieder des Vorstandes nothwendig Mitglieder der Genossenschaft sein, also durch die Haftverbindlichkeit als Genossen zugleich die Folgen ihrer sämmtlichen Handlungen persönlich tragen sollen." Wie es in Folge der ausgedehnten Haftung der Genossenschaften für Verschulden ihrer Vorstandsmitglieder mit dem Schutz bestellt ist, vgl. § 17 Erl. 1. Das Gesetz schweigt darüber, was mit den Prokura-Vermerkungen geschehen sollte, die unter dem Gesetz von 1868 in das Genossenschaftsregister eingetragen waren. Die Prokura erlosch am 30. September 1889, die Vermerke mußten von Amtswegen gelöscht werden, ein besonderer Antrag des Vorstandes war dazu nicht erforderlich.

Vorbemerkung zu §§ 43 bis 52.

Die §§ 43 bis 52 enthalten die Vorschriften über die Generalversammlung. Dieselben werden in dem Ges. vom 4. Juli 1868 in den §§ 10, 31, 32 und 33 behandelt. Das neue Gesetz erweitert, meist im Anschluß an die Bestimmungen des A.G. vom 18. Juli 1884, die Rechte der Genossen, beseitigt aber die Befugniß, durch das Statut ungleiches Stimmrecht der Genossen festzusetzen.

§ 43.

Die Rechte, welche den Genossen in den Angelegenheiten der Genossenschaft, insbesondere in Bezug auf die Führung der Geschäfte, die Prüfung der Bilanz und die Vertheilung von Gewinn und Verlust zustehen, werden in der Generalversammlung durch Beschlußfassung der erschienenen Genossen ausgeübt.

Jeder Genosse hat eine Stimme.

Ein Genosse, welcher durch die Beschlußfassung entlastet oder von einer Verpflichtung befreit werden soll, hat hierbei kein Stimmrecht. Dasselbe gilt von einer Beschlußfassung, welche den Abschluß eines Rechtsgeschäfts mit einem Genossen betrifft.

Die Genossen können das Stimmrecht nicht durch Bevollmächtigte ausüben. Diese Bestimmung findet auf handlungsunfähige Personen, Korporationen, Handelsgesellschaften, Genossenschaften oder andere Personenvereine und, wenn das Statut die Theilnahme von Frauen an der Generalversammlung ausschließt, auf Frauen keine Anwendung. Ein Bevollmächtigter kann nicht mehr als einen Genossen vertreten.

Ges. von 1868 § 10, Entw. I und II, Komm. 40, Rtg. 41. Begr. I 122, II 81, Komm.-Ber. 23.

I. Zur Geschichte des § 43.

a) Absatz I und II. Inhaltlich stimmten die entsprechenden beiden Absätze des § 10 des Ges. von 1868 genau mit Art. 224 H.G.B. von der Aktiengesellschaft überein. Der erste Absatz dieses Artikels und der § 10 enthielten vor dem Worte „Führung" noch das Wort „Einsicht", und der Schluß lautete „werden von der Gesammtheit der Aktionäre (bezw. der Genossenschafter) in der Generalversammlung ausgeübt". Der jetzige Abs. 1 stimmt überein mit Abs. 1 des Art. 221 des A.G. (§ 250 H.G.B.).

Der Abs. 3 lautete im Ges. von 1868: „Jeder Genossenschafter hat hierbei Eine Stimme, wenn nicht der Gesellschaftsvertrag ein Anderes festsetzt." Ueber Entstehung dieser Bestimmung s. Parisius S. 254.

b) Absatz III ist neu, entspricht Art. 190 Abs. 3 (Art. 221 Abs. 2) des A.G. (§ 252 H.G.B.)

c) Absatz IV ist ebenfalls neu. Ueber Ausübung des Stimmrechts durch Bevollmächtigte enthielt das Ges. von 1868 nichts. Die Bestimmung wegen der Frauen und der letzte Satz des Abs. 4 sind in der Kommission entstanden.

II. Erläuterungen zu § 43.

1. Absatz I. Umfang der Rechte der Genossen.

Der Abs. 1 stimmt überein mit dem Art. 221 Abs. 1 des A.G. (§ 250 H.G.B.) Der einzelne Genosse kann gleich dem Aktionär in Angelegenheiten der Genossenschaft keinerlei Rechte ausüben, dies können nur die statutenmäßigen Organe der Genossenschaft. Der einzelne Genosse als solcher hat auf die Führung der Geschäfte keinen Einfluß.

Die Rechte der Mitglieder sind in den einzelnen Arten der Handelsgesellschaften sehr verschieden.

In der offenen Handelsgesellschaft kann jeder Gesellschafter, auch wenn er nicht in dem Geschäftsbetriebe der Gesellschaft thätig ist, sich persönlich von dem Gange der Geschäftsangelegenheiten unterrichten; er kann jederzeit in das Geschäftslokal kommen, die Handelsbücher und Papiere der Gesellschaft einsehen und auf ihrer Grundlage eine Bilanz zu seiner Uebersicht anfertigen (§ 118 H.G.B.).

Der Kommanditist hat diese Rechte nicht. Er kann nur eine abschriftliche Mittheilung der jährlichen Bilanz verlangen und die Richtigkeit derselben unter Einsicht der Bücher und Papiere prüfen. Auch kann das Handelsgericht auf seinen Antrag, wenn wichtige Gründe dazu vorliegen, die Mittheilung einer Bilanz oder sonstige Erklärungen nebst Vorlage der Bücher und Papiere zu jeder Zeit anordnen (§ 166). Genau dieselben Rechte wie der Kommanditist hat der stille Gesellschafter (§ 338 H.G.B.). In der Kommanditgesellschaft auf Aktien stehen sie dem Kommanditisten nur mit der Beschränkung zu, daß sie blos die Gesammtheit derselben in der Generalversammlung ausüben darf (§§ 320, 250 H.G.B.), und dasselbe gilt für die Mitglieder der Aktiengesellschaft (§ 250 H.G.B.).

Das A.G. vom 18. Juli 1884 hatte die Rechte der Kommanditisten wesentlich erweitert; sie können vom Richter zur Berufung einer Generalversammlung (Art. 188, 237 H.G.B., jetzt § 254) ermächtigt werden; auch haben sie unter bestimmten Voraussetzungen das Recht, Beschlüsse der Generalversammlung als gesetz- und statutenwidrig anzufechten (Art. 190a u. 222 H.G.B., jetzt § 271); ferner haben die Aktionäre noch das Recht, eine gerichtliche Prüfung des Hergangs bei der Gründung zu verlangen (Art. 222a, jetzt §§ 266, 267), und sind ihnen weitere Rechte auf Einsicht der Bilanz gewährleistet (Art. 239, jetzt § 263).

Das Gesetz von 1868 räumte den Genossen als solchen gar keine Rechte ein, sie waren nur auf die Generalversammlung angewiesen; in der Praxis allerdings wurde ihr Recht auf Anfechtung der Generalversammlungsbeschlüsse im Wege der Klage anerkannt. Wie das A.G. von 1884, so hat auch das vorliegende Gen.Ges. die Individualrechte der Genossen bedeutend erweitert. Maßgebend sind dieselben Beweggründe, welche die Einführung der Individualrechte in das Aktiengesetz veranlaßt haben. In der allgemeinen Begründung zum Aktiengesetz wird ausgeführt: Die Mitgliedschaftsrechte, d. h. die Rechte, welche die einzelnen Mitglieder in Gemeinschaft mit den übrigen Mitgliedern in der Generalversammlung ausüben, reichen nicht aus zum Schutz der Mitglieder. Neben diesen Mitgliedschaftsrechten werden vielmehr noch eine Reihe Rechte für die Mitglieder beansprucht, welche sich von jenen dadurch unterscheiden, daß sie unabhängig von dem Willen der übrigen Mitglieder ausgeübt und daher denselben auch nicht durch Beschluß der Generalversammlung entzogen werden können. Zwei Klassen dieser Rechte lassen sich scharf von einander scheiden: die eigentlichen Sonderrechte und die Individualrechte (vgl. Birkenbihl-Maurer S. 227). Sonderechte (nach v. Hahn, zu Art. 216 H.G.B. „Einzelrechte") sind vermögensrechtlichen Inhalts; bei ihnen steht die Gesellschaft dem berechtigten Mitgliede als Verpflichtete gegenüber, sie beruhen entweder auf Vertrag oder sind aus der Mitgliedschaft abzuleiten, indem sie nur dem Mitgliede als solchem zustehen, und Einzelberechtigungen desselben nicht Rechte der Gesellschaft bilden.

In der Genossenschaft gehört zu diesen Rechten*), das Recht des Genossen auf Zahlung der durch die Generalversammlung festgesetzten Dividende (§ 48), auf die den Mitgliedern als solchen zustehenden Vermögensvortheile (z. B. Zahlung bestimmter Preise für an die Genossenschaft gelieferte Produkte, auf Herausgabe seines Guthabens bei Austritt aus der Genossenschaft oder bei Auflösung derselben (§ 73), ferner der Anspruch auf Verbleib in der Genossenschaft z. B. gegen gesetz- oder statutenwidrigen Ausschluß u. s. w. Hierher gehört auch das Recht auf Kündigung. Geräth das Mitglied in Konkurs, so übt der Konkursverwalter an Stelle des Mitglieds dieses Recht vermögensrechtlichen Inhalts aus.

Diese Sonderrechte setzen der Beschlußfreiheit der Mitglieder eine Schranke, behaupten Birkenbihl-Maurer S. 204, sie sollen also unabänderlich sein. Dem kann nicht zugestimmt werden, die Sonderrechte haben bei der Genossenschaft eine ganz andere Bedeutung wie bei den Kapitalgesellschaften, bei letzteren müssen die Betheiligten gegen Vermögensschädigungen Seitens der Mehrheit geschützt werden, bei der Genossenschaft ist dieser Schutz entbehrlich, da den Mitgliedern der Austritt aus der Genossenschaft nach Maßgabe des Statuts freisteht. Die Grenze für die Beschlußfassung zieht § 18 des Gesetzes; es kann also nicht Konfiskation des Geschäftsguthabens beschlossen werden (§ 73), nicht die Kündigung über zwei Jahre ausgedehnt werden (§ 65).

Im Gegensatze zu diesen Sonderrechten soll das Mitglied bei Geltendmachung der Individualrechte Träger und Vertreter des Gesammtwillens der Mitglieder sein und nicht vermögensrechtliche Ansprüche zu eigenem Vortheile gegen die Gesellschaft, sondern Rechte der Genossenschaft Namens und im Interesse derselben verfolgen. Während aber deren Geltendmachung bei normaler Leitung und Verwaltung den Organen der Gesellschaft obliegt, und die Mitgliedschaftsrechte das Mitglied auf eine antheilige Mitwirkung anweisen, soll es durch die Individualrechte im Gegensatze zu den Mitgliedschaftsrechten Willen und Recht der Gesellschaft selbstständig und unabhängig von der Generalversammlung geltend machen können.

In der Genossenschaft sind die Individualrechte folgende:

1. Das Recht, in der Generalversammlung gefaßte Beschlüsse im Wege der Klage anzufechten (§ 51).
2. Das Recht, eine Generalversammlung zu berufen (§ 45).
3. Das Recht, Gegenstände zur Beschlußfassung anzukündigen (§ 45).
4. Das Recht, Einsicht der Protokollbücher zu verlangen (§ 47).
5. Das Recht, eine Abschrift der Bilanz, sowie der Gewinn- und Verlustberechnung zu verlangen (§ 48).

---

*) Endemann § 89 erklärt „Einsicht der Bücher für ein persönliches Recht des Einzelnen". Dies ist im Gesetz nicht begründet. Ein solches Recht konnte auch gar nicht eingeräumt werden, wenn man berücksichtigt, daß es Genossenschaften mit 20000 Mitgliedern giebt. Nur die Einsicht der Protokollbücher ist vorgesehen.

Die von der statutenmäßigen und gesetzlichen Mehrheit der Generalversammlung gefaßten Beschlüsse gelten als Beschlüsse der Genossenschaft und verpflichten auch die Minderheit. Sie sind keine Verträge (vgl. § 16 Erl. 1).

Das Aktiengesetz hat eine Reihe Individualrechte, für welche bei den Genossenschaften das Bedürfniß fehlt. „Dies gilt insbesondere von einer Befugniß der Genossen, die Verfolgung von Ansprüchen der Genossenschaft gegen die Mitglieder des Vorstandes und Aufsichtsraths aus deren Geschäftsführung selbstständig in die Hand zu nehmen. Nach der Weise, wie die Generalversammlung der Genossenschaften zusammengesetzt ist, muß es bei dem Beschluß der Mehrheit über die Geltendmachung solcher Ansprüche um so mehr sein Bewenden behalten, als es bei den Genossenschaften nicht so, wie bei Aktiengesellschaften, möglich ist, durch Uebertragung oder Zutheilung von Antheilsrechten Majoritäten zu bestimmten Zwecken zu erlangen. Noch weniger kann das Recht für eine Minderheit anerkannt werden, besondere Geschäftsrevisionen zu verlangen; für ein solches ist neben der einzuführenden allgemeinen Revision kein Raum." (Begr. I 127, II 85.)

Die Rechtslage der Genossen ist nach dem Gesetz eine gleiche, soweit nicht das Statut Verschiedenheit (im Rahmen des Gesetzes) schafft, durch Generalversammlungsbeschluß können solche nicht eingeführt werden (R.G. Bd. 38 S. 15).

2. Rechte der Generalversammlung.

Die Generalversammlung ist ein nothwendiges Organ der Genossenschaft, welches durch das Statut nicht beseitigt werden kann, sie ist für die Regelung der inneren Verhältnisse der Genossenschaft oberstes Organ und sie ist souverän, soweit sie sich im Rahmen des Gesetzes und des Statuts hält (vgl. § 51). Vgl. § 27 Erl. 1 über die Bedeutung der Beschlüsse für den Vorstand. Die Generalversammlung kann nicht den Mitgliedern Verpflichtungen auferlegen, die nicht nach dem Gesetz oder durch besonderen Vertrag begründet sind (R.G. Bd. 17 S. 17 — vgl. auch § 6 Erl. 1 über Auflage weiterer Leistungen). Ihr stehen folgende Rechte zu:

a) Im Allgemeinen Wahrung der Interessen der Genossenschaft (§ 44 Abs. 2).
b) Feststellung der Bilanz, Vertheilung von Gewinn und Verlust (§ 48).
c) Festsetzung der Beschränkung des Vorstandes in der Vertretung (§ 27 Abs. 1).
d) Wahl des Aufsichtsraths (§ 36).
e) Entsetzung von Mitgliedern des Vorstandes, Aufsichtsraths und von Liquidatoren (§§ 24 Abs. 3, 36 Abs. 3, 83 Abs. 4).
f) Beschlußfassung über die Führung von Prozessen gegen die Mitglieder des Vorstandes und Aufsichtsraths (§ 39).
g) Beschlußfassung über die Auflösung (§ 78 Abs. 1) und Ernennung von Liquidatoren (§ 83 Abs. 1).
h) Festsetzung des Gesammtbetrages der aufzunehmenden Anleihen und Spareinlagen und der bei der Kreditgewährung an die Genossen einzuhaltenden Grenzen (§ 49).
i) Entbindung der Liquidatoren von der öffentlichen Versteigerung unbeweglicher Sachen (§ 89 Abs. 2).

Vgl. Bl.f.G. 1891 Nr. 32: Die „Generalversammlung" über die statutarisch der Generalversammlung einzuräumende Mitwirkung an der Verwaltung. **Diese Mitwirkung muß sich, um die Geschäftsführung nicht zu schwerfällig zu machen, auf die** Genehmigung der Verwaltungsgrundsätze beschränken, in dieser Beziehung ist aber der sozialpolitische Charakter der Genossenschaft, sowie die Solidarität der Mitglieder zu beachten (vgl. Schulze-Delitzsch „Assoziationsbuch" S. 12 ff., sowie Schulze-Delitzsch-Crüger „Vorschuß- und Kreditvereine" S. 89 ff. und Bl.f.G. a. a. O.). **Die der Generalversammlung zugewiesenen Rechte beschränken jedoch den Vorstand nur der Genossenschaft und nicht Dritten gegenüber (§ 27).**

Die Gültigkeit der Beschlüsse ist davon abhängig, daß die Generalversammlung ordnungsmäßig berufen ist, und die Beschlüsse auf der Tagesordnung standen (§ 46). Mängel in dieser Beziehung heilen durch Ablauf der Anfechtungsfrist (§ 51), Mängel in der Berufung jedoch nur soweit als sie nicht der Generalversammlung den Charakter einer solchen nehmen.

3. Keine rückwirkende Kraft der Beschlüsse.

Die in der Generalversammlung gefaßten Beschlüsse haben keine rückwirkende Kraft, sie sind daher auch nicht im Stande, einem früheren Beschluß eine authentische Interpretation zu geben und diesem z. B. eine verbindliche Kraft beizulegen (vgl. R.G. Bd. 8 S. 11).

4. Die Generalversammlung kann nicht Schiedsrichter in Sachen der Genossenschaft sein.

Die Generalversammlung hat auch nicht das Recht, als Schiedsrichter zwischen der Genossenschaft und den Mitgliedern wegen vermögensrechtlicher Ansprüche aufzutreten, denn sie ist nicht eine dritte Rechtspersönlichkeit, sondern ein Organ der Genossenschaft (vgl. Sicherer S. 213).

5. Beschränkungen der Generalversammlung.

In ihrer Beschlußfassung ist die Generalversammlung an das Gesetz und Statut gebunden; vgl. auch § 19 Erl. 3 in Betreff freigebiger Verfügungen, ferner § 26 Erl. 1, § 27 Erl. 2).

6. Die Abhaltung der Generalversammlung.

Berufung (§ 44), Tagesordnung (§ 46), Stimmrecht (insbesondere der Erschienenen) und Präsenzliste (folgende Erl. 7), Beurkundung und Form der Abstimmung (§ 6 Erl. 5), Vorsitz ebendaselbst. Der Vorsitzende hat nur die formelle Leitung, materielle Befugnisse, wie z. B. Vertagung, stehen ihm nicht zu. Die Ordnung in der Generalversammlung regelt sich nach der Geschäftsordnung, falls eine solche besteht, sonst nach parlamentarischem Brauch. Ein Genosse, der an der Ausübung seines Stimmrechts behindert wird, kann auf Zulassung klagen (vgl. R.G. Bd. 20 S. 142 ff.). Die Mehrheit der Genossen hat das Recht, die Beschlußfassung zu vertagen (vgl. § 264 H.G.B.), jedoch wird die neue Versammlung wiederum ordnungsmäßig berufen werden müssen, so daß die Angelegenheit so zu behandeln ist, als wenn ein Beschluß nicht gefaßt, und eine neue Generalversammlung mit dem gleichen Gegenstande der Tagesordnung einberufen wird. Berathung unzulässiger Anträge § 149.

In neuerer Zeit ist die Frage entstanden, wie sich Vorstand und Aufsichtsrath zu verhalten haben, wenn am Orte kein Lokal so groß ist, daß alle Mitglieder Platz finden. Das Gesetz besagt nichts für den Fall. Nach allgemeinen Rechtsgrundsätzen hat das einberufende Organ seine Pflicht erfüllt, wenn es für die Abhaltung der Generalversammlung das geeignetste Lokal auswählt, ein Mehr kann nicht geboten werden, vgl. Bl.f.G. 1898 S. 137, 209 Mittheilungen über den Allg. Genossenschaftstag zu Neustadt (1898). Für die Abhaltung der Generalversammlung gelten nur die Bestimmungen dieses Gesetzes und des Statuts der Genossenschaft und nicht etwa die Vorschriften der landesgesetzlichen Vereinsgesetzgebung. Es bedarf daher auch weder einer polizeilichen Anmeldung, noch ist eine polizeiliche Ueberwachung statthaft, vgl. auch § 47 I. Abgehalten muß die Generalversammlung werden am Sitz der Gesellschaft, wenn das Statut nichts Anderes bestimmt (vgl. Urtheil des R.G. v. 10. Juni 1898 in der Zeitschrift für Aktiengesellschaften 1898 S. 268).

7. Stimmrecht, Beschlußfassung.

Das Ges. von 1868 stellte nur die Regel der Stimmberechtigung des einzelnen Genossen auf, ließ aber dem Gesellschaftsvertrage volle Freiheit, die Bedingungen des Stimmrechts anders zu ordnen. Anfänglich hatten es die Genossenschaften für selbstverständlich erachtet, daß in den Generalversammlungen jeder Genosse eine Stimme und nur eine Stimme habe, und daß Stellvertretung nicht gestattet sei. In dem ersten Gesetzentwurf Schulzes, wie er aus den Berathungen des preußischen Abgeordnetenhauses von 1863 hervorging, war keine Bestimmung über das Stimmrecht (Innung der Zukunft 1863 S. 60). Erst der Entwurf des preußischen Ministeriums von 1866 hatte aus dem Art. 224 des H.G.B. die Bestimmung übernommen, daß jeder Genosse eine Stimme hat, „wenn nicht der Gesellschaftsvertrag etwas Anderes festsetzt" (Bl.f.G. 1866 S. 31). Die Regierungskommissarien vertraten in der Kommission des Herrenhauses die Vertragsfreiheit. Dort erklärte man es unter Umständen für empfehlenswerth, bei größerer Kapitalbetheiligung Genossen mehrere Stimmen zu geben, aber verlangte, daß jeder Genosse mindestens eine Stimme habe. Die „Vertragsfreiheit" gelangte so in das preußische und von da in das deutsche Genossenschaftsgesetz. Aber es wurde, soweit Schulzes Einfluß reichte, davon nur selten Gebrauch gemacht. Das Gesetz gestattete, einzelnen Mitgliedern durch das Statut das Stimmrecht ganz zu entziehen, oder ihnen mehrere Stimmen zuzuweisen. In allen Musterstatuten Schulzes aber wurde an der alten Regel festgehalten. Schulze-D. begründete dies für Vorschußvereine ausführlich und erklärte höchstens als zulässig, das Stimmrecht entweder an eine bestimmte Frist zu knüpfen, während welcher Jemand der Genossenschaft angehört haben mußte, oder an die Einzahlung einer mäßigen Quote des Geschäftsantheils. (Schulze, Vorschuß- und Kreditvereine, 5. Aufl. S. 112.) Solche Bestimmungen sind in die Statuten einzelner Vorschußvereine übergegangen. Neuerdings ist bei den landwirthschaftlichen Genossenschaften vielfach die Neigung hervorgetreten, dieses Stimmrecht nach dem Maße der Betheiligung zu ordnen, z. B. bei Molkereigenossenschaften auf jede betheiligte Kuh eine Stimme zu geben. Das Gesetz hat mit Recht die Zulassung eines ungleichen Stimmrechts verboten. Die Begründung des Entwurfs entspricht dem von den Genossenschaften eingenommenen Standpunkt: „Eine Verschiedenheit des Einflusses bei der Beschlußfassung widerspricht dem Wesen der Genossenschaft in ihrem Gegensatz zur Aktiengesellschaft. Bei unbeschränkter Haftpflicht setzt jeder Genosse gleichmäßig seine ganze Person ein, und die etwaige Verschiedenheit in der Höhe der Geschäftsguthaben kann eine Ungleichheit des Stimmrechts nicht rechtfertigen. Auch bei beschränkter Haftpflicht und mehrfachen Geschäftsantheilen muß an der Gleichheit des Stimmrechts festgehalten werden, wenn nicht der genossenschaftliche Charakter der Vereine, welcher auf thunlichster Gleichartigkeit der Mitglieder und auf persönlicher Mitwirkung eines jeden beruht, leiden soll." (Begr. II 82.) Nach gesetzlicher Vorschrift ist nunmehr jedem Genossen eine und nur eine Stimme gewährt. Daraus folgt:

1. daß das Stimmrecht mit dem Erwerbe der Mitgliedschaft beginnt und mit dem Verluste der Mitgliedschaft endigt. Ausnahme davon im Abs. 3 und zu Ungunsten der Ausgeschlossenen im § 68 Abs. 4;

2. daß keinem Genossen, so lange er Genosse ist, durch das Statut das Stimmrecht in den Generalversammlungen entzogen werden darf. (Ueber die Zulassung statutarischer Bestimmung zu Ungunsten der Frauen s. Erl. 9);

3. daß Nichtgenossen kein Stimmrecht in den Generalversammlungen haben. In Folge dessen dürfen sie auch keine Anträge zur Beschlußfassung stellen, denn wer nicht stimmberechtigt ist, kann eine Versammlung auch nicht zwingen, über einen Antrag zu beschließen, der von Niemandem aufgenommen ist. Dagegen steht nichts im Wege, ihnen die Theilnahme an derselben zu gestatten und sie mit ihrem Rath zu hören. Daß eine solche Theilnahme statutarisch festgesetzt werden kann, unterliegt keinem Zweifel, es kann aber auch die Generalversammlung dieses Recht, falls das Statut es nicht verbietet, während der Versammlung jedem Dritten einräumen.

Wie bemerkt, zeigt sich hauptsächlich bei Molkereigenossenschaften das Streben, ein ungleiches Stimmrecht der Mitglieder einzuführen, indem man dasselbe mit der Betheiligung der Mitglieder mit Kühen oder mit der Milchlieferung in Verbindung zu setzen sucht. Daß hierfür ein Bedürfniß nicht vorliegt, darüber vgl. Stöckel „Errichtung, Organisation und Betrieb der Molkereigenossenschaften," Bremen 1880, S. 26. Das Kammergericht hatte eine Bestimmung des Statuts auf ihre Gültigkeit zu prüfen, nach welcher für bestimmte Beschlüsse verordnet war, daß dieselben mit einer Mehrheit von drei Viertheilen der anwesenden Stimmen gefaßt werden und die vorgeschriebene Stimmenmehrheit „die Mehrheit der Menge der gezeichneten Milchlieferung" in sich vereinigt. Das Kammergericht (Bd. 10 S. 41 ff.) hatte dieses Erschwerniß für ungültig erklärt; in den Gründen heißt es, daß § 41 Abs. 2 (jetzt § 43) eine absolute der Parteiverfügung entzogene Norm giebt, daß die fragliche Anordnung aber das gleiche Stimmrecht beeinträchtige, indem eine Minderheit der Stimmen in Folge ihrer Milchlieferung den Ausschlag geben könne. Die nach § 8 Abs. 1 Z. 4, § 16 Abs. 2 u. s. w. zulässigen anderen Erfordernisse für die Beschlußfassung schaffen also keine schrankenlose statutarische Freiheit. „Auch die Erwägung, es könne nach § 8 Abs. 1 Z. 4 selbst einstimmiger Beschluß der Genossen verordnet, um so mehr also einer Anzahl von Genossen ein Widerspruchsrecht zugestanden werden, hält nicht Stich. Denn steht jedem Genossen zufolge Verlangens des einstimmigen Beschlusses ein Recht auf Abwehr zu, so herrscht die gesetzlich erforderte Gleichberechtigung der Genossen. Diese wird aber gerade dadurch gestört, daß einer Anzahl von Genossen, welche die Mehrheit der Milchlieferungen darstellen, ein Widerspruchsrecht gegen Beschlüsse der Stimmenmehrheit eingeräumt ist."

Das Recht der Stimmabgabe beginnt für den Genossen mit dem Tage der Eintragung in die Liste der Genossen. Es endigt mit dem Ausscheiden, eine Ausnahme gilt nur im Falle des § 68. Nach dem Ausscheiden hat der Genosse kein Stimmrecht mehr trotz der Bestimmung in § 75. Beschränkung in der Sprechzeit durch Beschlußfassung der Generalversammlung ist insoweit unzulässig, als sie geeignet ist, die Möglichkeit der sachgemäßen Erörterung der auf der Tagesordnung stehenden Gegenstände zu behindern, während im Uebrigen die Handhabung der Geschäftsordnung in der betreffenden Generalversammlung zu entscheiden ist (vgl. R.G. Bd. 36 S. 24). Strafen für Abstimmung § 151 bei Bestechung.

Das Gesetz enthält keine Vorschrift für die Beschlußfähigkeit der Generalversammlung (§ 8 Erl. 5). Auch wenn das Statut nichts darüber vorschreibt, wird man doch annehmen müssen, daß nicht bereits ein Genosse die Generalversammlung bilden kann, sondern daß dazu bei der Genossenschaft, als einer Personalgesellschaft, nach der allgemeinen römischen Rechtsregel (tres faciunt collegium*) mindestens drei Genossen gehören. Für A.G. vertritt das R.G., daß die Generalversammlung auch schon bei Anwesenheit eines Aktionärs beschlußfähig ist (R.G. Bd. 34 S. 116). Bei der Abstimmung selbst werden nicht die körperlich erschienenen Genossen, sondern nur die gültig abgegebenen Stimmen gezählt. Ungültige Stimmen gelten für die Beschlußfassung nicht; wer seine Stimme nicht abgiebt oder in ungültiger Weise, muß ebenso angesehen werden, wie ein Genosse, der nicht erschienen ist. (H.G.B. § 207; § 16 Erl. 3, § 8 Erl. 5.) Die Mehrheit ist eine über die Eins reichende Zahl. Zu einem gültigen Beschluß der Generalversammlung gehört die Mehrheit der Stimmen, also die Abgabe von mindestens zwei gültigen Stimmen. Zu berücksichtigen ist dabei in jedem Falle § 43 Abs. 3; so bei Beschlußfassung über die Bilanz (§ 43 Abs. 1), bei Widerruf der Bestellung von Vorstandsmitgliedern (§ 24 Abs. 3) und von Aufsichtsraths-

---

*) Savigny, System des heutigen römischen Rechts Bd. 2 S. 180. Dig. L. 85 de verborum significatione $50,_{16}$.

mitgliedern (§ 36 Abs. 3).*) Durch die Anwesenheit von Nichtmitgliedern wird die Beschlußfassung nicht ungültig, selbst die Betheiligung von Nichtmitgliedern an der Abstimmung hat nur dann diese Folge, wenn sie für den Beschluß von ausschlaggebender Bedeutung war (vgl. Urtheil des R.G. vom 9. Januar 1897 in der Zeitschrift für das gesammte Aktienwesen 1897 S. 94). Die Kosten der Generalversammlung trägt die Genossenschaft, es kann aber regreßpflichtig gemacht werden, wer die Abhaltung der Generalversammlung verursacht hat (vgl. Zeitschrift für das gesammte Aktienwesen 1895 S. 211).

Für den Fall, daß das Statut die Beschlußfassung davon abhängig macht, daß eine bestimmte Anzahl Mitglieder anwesend ist, sollte stets auch die Bestimmung getroffen werden, daß bei Beschlußunfähigkeit die nächste Generalversammlung ohne Rücksicht auf die Anzahl der Anwesenden zu beschließen hat, da ohne eine solche Vorschrift ein Beschluß vielleicht nie zu Stande kommen kann.

Eine Präsenzliste zu führen ist nicht nothwendig, denn es zählen nur die abgegebenen gültigen Stimmen für den Beschluß; ist die Beschlußfähigkeit von der Anwesenheit einer bestimmten Anzahl Mitglieder abhängig gemacht, so muß im Protokoll festgestellt werden, wie viel Mitglieder anwesend sind, um die Beschlußfähigkeit — oder deren Mangel — zu konstatiren. Bei A.G. ist eine Präsenzliste zu führen. H.G.B. § 258.

Beschlußfassung. Wo das Gesetz nicht eine größere Stimmenmehrheit erfordert, und das Statut nicht weitere Erfordernisse vorschreibt, entscheidet einfache Stimmenmehrheit. Vgl. § 251 H.G.B.; § 8 Erl. 5; in dem H.G.B. ist zum Ausdruck gebracht, daß einfache Stimmenmehrheit überall die Bedeutung von absoluter Mehrheit hat (Denkschrift S. 154), für das Genossenschaftsgesetz gilt eine solche Auslegung nicht. Bei Stimmengleichheit ist der Antrag abgelehnt. Das Statut kann für solchen Fall auch Entscheidung durchs Loos vorschreiben, aber nicht Entscheidung durch den Vorsitzenden, da dieser dann entgegen dem Gesetz zwei Stimmen hätte. Wie das Statut die Beschlußfähigkeit von der Anwesenheit aller Mitglieder abhängig machen, wie es Einstimmigkeit der Anwesenden für gewisse Fälle vorschreiben kann, so kann es auch die Zustimmung aller Genossen verlangen (a. A. Birkenbihl-Maurer S. 203). Zulässig ist eine allgemeine Bestimmung des Statuts, daß alle Beschlüsse mit absoluter Stimmenmehrheit zu fassen sind, soweit nicht das Gesetz eine größere Stimmenmehrheit erfordert (vgl. R.G. Bd. 27 S. 70).

8. Absatz III. Entziehung des Stimmrechts.

„Unter Anlehnung an die Vorschriften des Aktiengesetzes (Art. 190, 221 — jetzt § 252 H.G.B.) ist das Stimmrecht in denjenigen Fällen auszuschließen, in welchen die Privatinteressen des einzelnen Genossen mit denen der Genossenschaft kollidiren.“ (Begr. I 122, II 82.) Stimmt ein Genosse, dem nach gesetzlicher Bestimmung des Abs. 3 das Stimmrecht entzogen ist, dennoch mit, so kann der Beschluß, wenn seine Stimme auf denselben von Einfluß war, angefochten werden. Vorstand und Aufsichtsrath haben bei der Abstimmung über die Bilanz kein Stimmrecht (R.G. Bd. 4 S. 302), ihre Mitwirkung aber macht den Beschluß auch nicht ungültig, vielmehr entscheidet das sonstige Stimmenverhältniß (vgl. für A.G. R.G. Urtheil vom 9. Januar 1897 in Monatsschrift für Aktienrecht 1897 S. 121). Hierher gehört auch Auflösung der durch Rechtsgeschäfte begründeten Rechtsverhältnisse, z. B. Widerruf der Bestellung von Vorstands- und Aufsichtsrathsmitgliedern (Joël S. 535). Diese Einschränkungen gelten auch für die Bevollmächtigten nach Abs. IV (Joël a. a. O.). Ueber Beschränkung der Sprechzeit vgl. Erl. 7.

---

*) Schulze-Delitzsch scheint nach einer Ausführung in „Material zur Revision“ S. 59 gleicher Ansicht zu sein.

9. **Absatz** IV. Ausübung des Stimmrechts durch Vertreter.

Das Ges. von 1868 enthielt keinerlei Bestimmung über Vertretung der Genossen in der Führung des Stimmrechts. Ob die Bestimmung des Abs. 2 § 10 dahin auszulegen war, daß der Gesellschaftsvertrag, der „ein Anderes festsetzen kann" —. als daß jeder Genosse in der Generalversammlung eine Stimme hat, — auch die Vertretung durch gesetzliche Vertreter oder Bevollmächtigte festsetzen durfte, war zweifelhaft. Gierke*) bejahte die Frage. Der § 43 hält grundsätzlich daran fest, daß eine Uebertragung des Stimmrechts an andere Personen unzulässig sei: „Bei dem meist lokalen Charakter der Genossenschaften fehlt es dafür an einem ausreichenden Bedürfniß, und die Gefahr von Mißbräuchen, sowie die Rücksicht auf die möglichste Förderung der individuellen Betheiligung der Genossen spricht dagegen. Die Ausübung des Stimmrechts durch Bevollmächtigte ist deshalb, von besonderen Fällen abgesehen, zu untersagen. Es empfiehlt sich auch nicht, nach dem Muster des italienischen Handelsgesetzbuchs (Art. 225) Bevollmächtigte zur Generalversammlung in denjenigen Fällen zuzulassen, in welchen ein Mitglied wegen triftiger, im Statut besonders festzusetzender, Gründe am Erscheinen in der Versammlung verhindert ist." . . . (Begr. I 123, II 82.) Die Ausübung des Stimmrechts durch Bevollmächtigte ist daher nur in Ausnahmefällen gestattet:

a) im Falle des § 77 eine Folge der Bestimmung, daß die Erben des verstorbenen Mitgliedes bis zum Ablauf des Geschäftsjahres an die Mitgliedschaft gebunden bleiben.

b) bei der Mitgliedschaft von handlungsunfähigen Personen. Ein Handlungsunfähiger kann durch Beitrittserklärung seines gesetzlichen Vertreters Mitglied werden, sofern das Statut dies nicht ausschließt (§ 15 Erl. 1). Auch wo dies der Fall ist, kann die Genossenschaft handlungsunfähige Mitglieder haben, — solche, die z. B. in Folge Entmündigung handlungsunfähig geworden sind. Das Stimmrecht wird dann ausgeübt durch den gesetzlichen Vertreter oder den von ihm Bevollmächtigten.

c) bei der Mitgliedschaft von Korporationen, Handelsgesellschaften, Genossenschaften u. s. w. Der zum Stimmrecht Bevollmächtigte muß von den gesetzlichen Vertretern bevollmächtigt sein. Hinsichtlich der „Korporationen, Handlungsgesellschaften, Genossenschaften, Personenvereine" und der „mehreren Erben" des § 77 kann es zweifelhaft sein, ob die Ausübung des Stimmrechts nur durch Bevollmächtigte soll erfolgen dürfen. Aus der Begründung geht es nicht hervor. Darin heißt es: „Eine Ausnahme ist nur insofern zuzulassen, als durch den Ausschluß von Bevollmächtigten eine Erschwerung für die Geschäftsbehandlung in der Generalversammlung selbst entstehen würde. Dies wäre der Fall, wenn für die einer Genossenschaft als Mitglieder angehörenden juristischen Personen, Handelsgesellschaften, Genossenschaften oder sonstigen Personenvereine die sämmtlichen, nur in Gemeinschaft zur Vertretung befugten Repräsentanten oder Vorstandsmitglieder in der Generalversammlung erscheinen müßten. Hier ist, gleichwie in dem Falle mehrerer Erben, die Zulässigkeit einer Ausübung des Stimmrechts durch Bevollmächtigte nach der Sachlage geboten und die Gefahr eines Mißbrauchs ausgeschlossen." (Begr. I 123.) Anwesend können sämmtliche Erben, alle gesetzlichen Vertreter der Gesellschaft sein, die Abstimmung hat allerdings stets durch Einen zu erfolgen.

---

*) Gierke (Die Genossenschaftstheorie und die deutsche Rechtsprechung S. 287) sagt mit Bezug auf die E.G.: „Eine Ausübung einzelner Mitgliedschaftsrechte und namentlich auch des Stimmrechts durch Stellvertreter kann statutarisch sowohl zugelassen als auch geboten sein. In Ermangelung statutarischer Bestimmung muß dagegen hier jede Stellvertretung als ausgeschlossen gelten, sofern es sich nicht blos um die Geltendmachung rein vermögensrechtlicher Ansprüche handelt. So würde auch z. B. der Vormund eines dispositionsunfähig gewordenen Genossenschafters zwar Zinsen und Dividende erheben, indeß nicht das Stimmrecht ausüben können."

d) falls Frauen statutarisch von der Generalversammlung ausgeschlossen sind, sollen sie sich durch Bevollmächtigte vertreten lassen können. Der Regierungsentwurf kannte diese Beschränkung der Frauen nicht; sie ist in der Reichstagskommission angenommen. Im Kommissionsbericht heißt es:

„Durch entsprechende Ergänzung des zweiten Satzes des Abs. 4 hat die Kommission eine Vertretung von Frauen in der Generalversammlung für den Fall ermöglichen wollen, daß nach der herrschenden Landessitte (?) die Theilnahme von Frauen an derartigen Versammlungen nicht üblich sei. Um aber andererseits die Vertretungsbefugniß der Frauen nicht weiter als nöthig auszudehnen, ist sie nur für den Fall vorgesehen, daß das Statut das Erscheinen von Frauen in der Generalversammlung ausschließt."

Ob der Besuch von genossenschaftlichen Versammlungen nach der Landessitte üblich sei oder nicht, sollte keinen Grund abgeben, die Rechte der Frauen zu schmälern. In den Generalversammlungen der Konsumvereine erscheinen in vielen Vereinen Frauen und betheiligen sich an den Verhandlungen. Wo es sich um Wirthschaftsbedürfnisse oder Wirthschaftsprodukte handelt, sind die Frauen zuverlässige Sachverständige. Voraussetzung der Zulassung von Vertretern der Frauen ist, daß das Statut die Frauen von der Generalversammlung ausschließt. In der Ausübung der übrigen Rechte, sowohl Mitgliedschaftsrechte wie Individualrechte, sind sie dadurch nicht beschränkt; sie können dieselben in Person geltend machen.

Das Gesetz bestimmt nichts über die Form der Vollmachten. Schriftliche Vollmachten wie bei Aktiengesellschaften wird man als genügend betrachten müssen. Die Vollmachten werden von der Genossenschaft aufbewahrt werden. Eine Einschränkung in der Vertretung durch Bevollmächtigte durch das Statut ist der zwingenden Bestimmung in Abs. IV wegen ausgeschlossen.

10. „Nicht mehr als einen Genossen".

Der Schlußsatz in Betreff der Vertretung mehrerer Personen durch einen Bevollmächtigten ist von der Kommission zugefügt, er soll einer Häufung von Vertretungen vorbeugen und entspricht dem Abs. 2. Der Bevollmächtigte kann Genosse sein oder nicht. Ist er Mitglied, so hat er Stimmrecht für sich und für seinen Auftraggeber.

§ 44.

Die Generalversammlung wird durch den Vorstand berufen, soweit nicht nach dem Statut oder diesem Gesetze auch andere Personen dazu befugt sind.

Eine Generalversammlung ist außer den im Statut oder in diesem Gesetze ausdrücklich bestimmten Fällen zu berufen, wenn dies im Interesse der Genossenschaft erforderlich erscheint.

Ges. von 1868 § 31 Abs. 1 u. 2, Entw. I u. II, Komm. 41, Rtg. 42.

I. Zur Geschichte des § 44.

Der § 44 gleicht den beiden ersten Absätzen des § 31 des Ges. von 1868, die im Wesentlichen dem preußischen Gesetze entlehnt waren und mit Art. 236 und Abs. 1 des Art. 237 H.G.B. übereinstimmten. Aus letzteren beiden Theilen ist mit geringen Aenderungen der Art. 236 des A.G. entstanden — jetzt § 253 H.G.B.

II. Erläuterungen zu § 44.

1. Absas I. Zu dem übereinstimmenden Abs. 1 des § 30 des preuß. Ges. besagen die Motive des preußischen Regierungsentwurfs: „Die Bestimmungen über die Berufung

der Generalversammlung, ihre Befugnisse und Beschlüsse sind hauptsächlich in dem Gesellschaftsvertrage zu bestimmen. Es sind deshalb in dem Gesetz nur allgemeine Normen über die Zusammenberufung der Generalversammlung, die Vorbereitung und den Gegenstand ihrer Beschlüsse aufgestellt, welche einer näheren Motivirung nicht bedürfen." Nach dem Gesetz sind außer dem Vorstande zur Berufung der Generalversammlung berechtigt der Aufsichtsrath (§ 38 Abs. 2) und die Genossen unter der Voraussetzung des § 45.

Da sowohl Vorstand wie Aufsichtsrath zur Berufung berechtigt sind, wird das Statut, um eine Kollision zu vermeiden, die Reihenfolge bestimmen, in der diese beiden Organe zur Berufung zu schreiten haben, und nach der Stellung, welche der Aufsichtsrath zur Generalversammlung als der „Vertrauensausschuß" einnimmt, wird es diesem in erster Reihe die Berufung übertragen und dem Vorstande für den Fall, daß der Aufsichtsrath dieselbe verzögert. Dem Vorstand bleibt es auch bei dieser Regelung stets unbenommen, kraft seines gesetzlichen Rechts die Generalversammlung zu berufen. Gleichwohl hatte das Kammergericht in dem Beschluß vom 19. August 1890 in Sachen des Kreditvereins zu Stettin eine solche Bestimmung des Statuts für ungiltig erklärt, in der Annahme, daß dadurch dem Vorstand das unmittelbare Recht zur Berufung entzogen werde. In dem Beschluß vom 28. Juli 1893 in Sachen des Vorschußvereins zu Küstrin hat das Kammergericht diese Ansicht fallen gelassen und jene statutarische Regelung für zulässig erklärt. Beide Beschlüsse sind in Nr. 41 Bl.f.G. von 1893 mitgetheilt. Vgl. auch Proebst S. 150 Anm. 6. Die Berufung durch den Vorstand erfolgt in der für die Abgabe seiner Willenserklärung maßgebenden Form; für die Berufung durch den Aufsichtsrath hat das Statut die Form zu bestimmen (§ 6 Z. 4). Ist bei der Berufung die Form nicht völlig gewahrt, z. B. die Form nicht genau, so beeinflußt dies die Gültigkeit der Beschlüsse nicht, wenn nur kein Zweifel über die Abhaltung der Generalversammlung walten kann (vgl. R.G. Bd. 34 S. 113), dies gilt z. B. für mangelhafte Unterzeichnung der Berufung. Vgl. übrigens auch § 26 des Ges. Das Statut wird auch jedem einzelnen Vorstandsmitgliede das Recht der Berufung übertragen können (Joël S. 539), dann bedarf es aber hierfür einer Bestimmung über die Form der Berufung. Nach dem Wortlaut des ersten Absatzes könnte man annehmen, daß unter der „anderen Person" auch Nichtmitglieder zu verstehen seien. Das ist nicht der Fall. Bei Aktiengesellschaften brauchen weder die Mitglieder des Vorstandes noch des Aufsichtsraths Aktionäre zu sein. Ohne Zweifel können bei ihnen auch Personen, die Nichtaktionäre sind, statutarisch mit dem Recht der Berufung der Generalversammlung begabt werden. (Ring S. 570.) Bei Genossenschaften müssen die Mitglieder des Vorstandes und des Aufsichtsraths Genossen sein (§ 9). Das Genossenschaftsgesetz giebt nur Genossen, nicht Fremden die Befugniß „Generalversammlungen der Genossen" zu berufen. Die Frage, ob das Statut auch Nichtgenossen die Befugniß ertheilen kann, ist früher nicht erörtert worden. In Schulze-Delitzsch's erstem in das preußische Abgeordnetenhaus eingebrachten Entwurf (1863) lautete der erste Absatz des von der Kommission nur redaktionell geänderten § 25: „Die Generalversammlung der Genossenschaftsmitglieder wird durch den Vorstand oder den Aufsichtsrath nach den Bestimmungen des Gesellschaftsvertrages und in der darin festgesetzten Form berufen, unter Bekanntmachung des Zweckes derselben oder der Gegenstände der Verhandlung." In den Motiven des preußischen Regierungsentwurfs von 1867 war mit keinem Worte angedeutet, daß die dem Art. 238 des H.G.B. nachgebildete Bestimmung, wonach außer dem Vorstand „nach dem Gesellschaftsvertrag auch andere Personen" dazu befugt erklärt werden könnten, die Generalversammlung der Genossenschafter zu berufen, eine Abweichung von dem Vorschlage des Schulze'schen Entwurfs enthalten solle. Bei der Berathung der Genossenschaftsgesetze im preußischen Landtage, im norddeutschen Reichstage, im deutschen Reichstage ist weder in der Kommission noch im Plenum die Möglichkeit zur Sprache gebracht, daß auch Nichtgenossen nach dem Statut die Befugniß zur Berufung von Generalversammlungen ertheilt werden könne. Anderenfalls würden Schulze-Delitzsch und seine Freunde bei dem großen Werth, den sie auf die Unabhängigkeit der Genossenschaften und die Selbstverantwortlichkeit ihrer Mitglieder legten, widersprochen und eine andere Fassung der Bestimmung beantragt haben. Nach dem Gesetz wird die „Generalversammlung der Genossen" nur von Genossen gebildet, denen ausnahmsweise im Falle des § 43 Abs. 3 Bevollmächtigte von Genossen hinzutreten. Es kann nicht beabsichtigt sein, Genossenschaften zu gestatten, durch das Statut die Befugniß, die Generalversammlung der Genossen zu berufen auch Nichtgenossen zu ertheilen. Vgl. Verhandlungen des Verbandstages thüringischer Vorschußvereine über einen Antrag, wonach der Verbandsdirektor unter gewissen Voraussetzungen verpflichtet sein solle, eine Generalversammlung einzuberufen (Bl.f.G. 1894 Nr. 31). A. A. jedoch ohne Angabe von Gründen Birkenbihl-Maurer S. 212. Ueber die Form der Berufung § 46, § 6 Z. 4. Ueber den Ort § 43 Erl. 6, Kosten der Generalversammlung § 43 Erl. 7.

2. Absatz II. „Interesse der Genossenschaft".

Abs. 2 entspricht dem § 31 Abs. 2 des Ges. von 1868. Da die Generalversammlung nur über Anträge beschließen darf, die in der bekannt gemachten Tagesordnung standen, so ist es wichtig, daß die Zusammenberufung der Generalversammlung nicht von der Willkür des Vorstandes abhängt. Gegen einen seine Pflicht vernachlässigenden Vorstand hat der Aufsichtsrath in dem Recht der Berufung der Generalversammlung (§ 38) ein wichtiges Droh- und Schreckmittel — gegen einen böswilligen Vorstand ist die schärfere Waffe die Suspension vom Amte, auch die bessere Waffe. Der einzelne Genosse hat gegen eine schlechte Verwaltung stets in der Generalversammlung, welche Vorstand und Aufsichtsrath absetzen kann, einen weit besseren Schutz, als der Aktionär, da letzterer sich, wenn er nicht niedergestimmt werden will, in eine nur mit großen Geldmitteln zu führende Wettbewerbung um die Stimmen einlassen muß. Je schlechter die Verwaltung einer Aktiengesellschaft ist, desto schwieriger ist oft der Kampf gegen sie, denn desto lieber suchen die ehrlichen Aktionäre aus der Gesellschaft durch Verkauf der Aktien herauszukommen. Anders in der Genossenschaft. Hier hilft die Flucht wegen der Solidarhaft wenig, hier ist es demnach auch leichter, unter der Mitgliedschaft für eine berechtigte Opposition Theilnehmer zu finden. Nach dem Ges. von 1868 konnten die einzelnen Genossenschafter die Zusammenberufung einer Generalversammlung nicht erzwingen. Lehnte der Vorstand diesen Antrag auf Berufung der Generalversammlung ab, so blieb ihnen nur die Beschwerde an den Aufsichtsrath. Der vom Vorstand und Aufsichtsrath abschlägig beschiedene Genosse konnte, wenn der gesetzlich oder statutarisch dazu bestimmte Theil der Genossenschafter seinem Antrage zustimmte, gegen den Vorstand die Hülfe des Genossenschaftsrichters anrufen, welcher den Vorstand alsdann zur Berufung der Generalversammlung durch Ordnungsstrafen anhalten sollte. In dem jetzigen Gesetze sind den Genossenschaftern thatsächlich keine weitergehenden Rechte gegeben — vgl. 45 Erl. 3.

§ 45.

Die Generalversammlung muß ohne Verzug berufen werden, wenn der zehnte Theil oder der im Statut hierfür bezeichnete geringere Theil der Genossen in einer von ihnen unterschriebenen Eingabe unter Anführung des Zwecks und der Gründe die Berufung verlangt.

In gleicher Weise sind die Genossen berechtigt, zu verlangen, daß Gegenstände zur Beschlußfassung einer Generalversammlung angekündigt werden.

Wird dem Verlangen nicht entsprochen, so kann das Gericht (§ 10) die Genossen, welche das Verlangen gestellt haben, zur Berufung der Generalversammlung oder zur Ankündigung des Gegenstandes ermächtigen. Mit der Berufung oder Ankündigung ist die gerichtliche Ermächtigung bekannt zu machen.

Ges. von 1868 § 31 Abs. 3, Entw. I u. II, Komm. 42, Rtg. 43.
Begr. I 123, II 83.

I. Zur Geschichte des § 45.

Der dritte Absatz des früheren § 31 findet sich „in veränderter Form" im Abs. 1 des § 45. Die frühere Bestimmung war als Wiedergabe des Art. 237 H.G.B. (alter Fassung) beabsichtigt, aber fehlerhaft aufgenommen (Parisius S. 327 bis 333). Der jetzige § 45 „regelt das Recht der Genossen, die Berufung der Generalversammlung und die Ankündigung von Gegenständen der Tagesordnung zu verlangen in Uebereinstimmung mit den Vorschriften im Art. 237 des Aktiengesetzes (jetzt § 254 H.G.B.)". Das Ges. von 1868 „giebt das Recht zum Berufungsantrage dem zehnten Theil der sämmtlichen Genossen, gestattet aber, daß der Gesellschaftsvertrag eine größere Zahl von Mitgliedern für nothwendig erklärt. Die letztere Bestimmung ist im Entwurfe beseitigt, so daß statutarisch nur noch günstigere Bestimmungen für die Genossen festgesetzt werden können. Zugleich ist das nach dem gegenwärtigen Gesetze fehlende Mittel geschaffen, die Berufung der Generalversammlung und ebenso die Ankündigung von Gegenständen zur Tagesordnung im Falle ungerechtfertigter Weigerung des Vorstandes oder Aufsichtsraths ohne deren Mitwirkung durchzusetzen. In diesem Falle soll die Berufung oder Ankündigung durch die Antragsteller selbst auf Grund gerichtlicher Ermächtigung gestattet sein". (Begr. I 123, II 83.)

II. Erläuterungen zu § 45.

1. Absatz I. „unterzeichnete Eingabe".

Die Eingaben müssen von den Genossen nur unterschrieben sein. Die Eingabe ist an die Genossenschaft als solche zu richten (Proebst S. 168), doch ist es unerheblich, ob dieselbe an Vorstand oder Aufsichtsrath gerichtet ist, da beide Organe für die Berufung zuständig sind. Es ist im Gesetz nicht begründet, daß die Genossen sich an beide Organe wenden müssen (so Birkenbihl-Maurer S. 214), das könnte zu einer bedenklichen Verzögerung führen. „Zweck" und „Gründe" der Berufung müssen in der Eingabe angeführt sein, d. h. die Gegenstände, welche in der Generalversammlung zur Besprechung bezw. Beschlußfassung gebracht werden sollen, und die Gründe für dieselben.

2. „Der zehnte Theil . . ."

Das Ges. von 1868 gestattete die statutarische Festsetzung eines größeren Theils. Eine solche Bestimmung ist — auch für die bestehenden Genossenschaften, die hiervon Gebrauch gemacht hatten — ungesetzlich und unverbindlich. Die Festsetzung des „geringeren Theils" der Genossen kann auch in einer absoluten Zahl bestehen; wird jedoch diese Zahl in Folge Verringerung der Mitgliederzahl geringer als der zehnte Theil derselben, so tritt an ihre Stelle die gesetzliche Bestimmung.

3. Absatz III. Gerichtliche Ermächtigung. Vgl. Erl. 4 betr. das Verfahren.

Dem Ges. von 1868 war die gerichtliche Ermächtigung zur selbstständigen Berufung und Stellung von Anträgen unbekannt. Die Genossen haben, wenn ihrer Eingabe auf Berufung der Generalversammlung oder Stellung von Anträgen nicht „ohne Verzug" nachgekommen wird — selbstverständlich aber ist eine angemessene Ueberlegungsfrist zu gewähren, die eventl. auch von dem Gericht zu stellen wäre, wenn sich die Genossen an dasselbe wenden — an das Gericht (§ 10) mit dem Antrage zu gehen, sie zur Berufung der Generalversammlung bezw. Stellung von Anträgen zu ermächtigen. Der Antrag muß von allen Genossen unterzeichnet sein, da wider seinen Willen keiner der Genossen ermächtigt werden könnte. Das Gericht ist bei der Prüfung, ob die Ermächtigung zu ertheilen ist, nicht auf die Entscheidung beschränkt, ob den formellen Erfordernissen des Paragraphen genügt ist, sondern ist befugt, nach Einziehung von Informationen aller Art, insbesondere Anhörung der Genossenschaftsorgane, auch weiter zu prüfen, ob nicht Chikane, Verfolgung von Sonderinteressen und sonstige Schädigung der Genossenschaft beabsichtigt ist (vgl. Mot. S. 83 zu der gleichlautenden Bestimmung des Art. 337 A.G. — jetzt § 254 H.G.B.). Ueber die Eingabe an die Genossenschaft oben Erl. 1.

Das Gesetz hat das Minderheitsrecht in Betreff der Berufung nicht verstärkt, sondern beschränkt. Schon das Gesetz von 1868 verlangte für die Eingabe Anführung des Zweckes und der Gründe, aber nur um den aufgeforderten Gesellschaftsorganen die bessere Vorbereitung der Generalversammlung zu ermöglichen, die sie einberufen m u ß t e n, gleichviel ob die angeführten Gründe stichhaltig waren oder nicht. Trotz Beibehaltung des früheren Wortlauts ist die absolute Verpflichtung der Gesellschaftsorgane zur Einberufung der Generalversammlung beseitigt; denn mit der Bezeichnung „kann" im dritten Absatz ist dem Richter die Befugniß ertheilt, den Antrag abzulehnen, also die Weigerung der Gesellschaftsorgane für berechtigt zu erklären. Daraus folgt, daß diese nicht mehr unterschiedslos verbunden sind, die Versammlung einzuberufen, sondern in eine Prüfung des Zweckes und der Gründe des Antrages eintreten können. Vgl. Ring, Aktiengesetz S. 572 zu Art. 188 und 237 A.G. — dagegen scheinbar Birkenbihl-Maurer S. 213 die aber nicht berücksichtigen, daß der Vorstand zur Berufung von dem Gericht durch Ordnungsstrafen anzuhalten war (§ 66 des Ges. von 1868), die Mitglieder also auf den Klageweg nicht angewiesen waren.

In der Ermächtigung wird zweckmäßigerweise für die Berufung eine Frist zu setzen sein.

4. B e s c h w e r d e.

Gegen die Entscheidung des Registergerichts haben die Genossen die sofortige Beschwerde, §§ 148, 146 Abs. 2 des Ges. betreffend die Angelegenheiten der freiwilligen Gerichtsbarkeit. Das Landgericht zu Gotha (Zeitschrift für das gesammte Aktienwesen 1897, S. 59) hatte ausgesprochen, daß die Organe der Genossenschaft gegenüber der Ermächtigung des Gerichts zur Berufung kein Beschwerderecht haben.

5. F o r m d e r B e r u f u n g.

Die Berufung selbst muß von den Mitgliedern ausgehen, die dazu ermächtigt sind; es ist nicht nothwendig, daß sich alle diese betheiligen, ihre Anzahl muß aber dem im Statut vorgeschriebenen bezw. dem gesetzlichen, zur Berufung berechtigten, Theil der Mitglieder mindestens entsprechen. Ueber die Form der Berufung wird das Statut nach § 6 Z. 4 eine Bestimmung zu enthalten haben. Vgl. § 44 Erl. 1 für den Fall der Verletzung der Form. Für die von den Mitgliedern einberufene Generalversammlung gilt das Gleiche wie von jeder andern Generalversammlung.

§ 46.

Die Berufung der Generalversammlung muß in der durch das Statut bestimmten Weise mit einer Frist von mindestens einer Woche erfolgen.

Der Zweck der Generalversammlung soll jederzeit bei der Berufung bekannt gemacht werden. Ueber Gegenstände, deren Verhandlung nicht in der durch das Statut oder durch § 45 Absatz 3 vorgesehenen Weise

mindestens drei Tage vor der Generalversammlung angekündigt ist, können Beschlüsse nicht gefaßt werden; hiervon sind jedoch Beschlüsse über die Leitung der Versammlung, sowie über Anträge auf Berufung einer außerordentlichen Generalversammlung ausgenommen.

Zur Stellung von Anträgen und zu Verhandlungen ohne Beschlußfassung bedarf es der Ankündigung nicht.

Ges. von 1868 § 32, Entw. I und II, Komm. 43, Rtg. 44. Begr. I 129, II 83, Komm.Ber. 23.

I. Zur Geschichte des § 46.

Der entsprechende § 31 des preußischen Gesetzes stimmte buchstäblich mit Art. 238 H.G.B. überein. Im Ges. von 1868 wurden auf Schulzes Antrag die nicht gerade nothwendigen Worte „über die Leitung der Versammlung" und der zweite Satz des zweiten Absatzes eingeschoben. Dabei gingen durch einen Redaktionszufall die Worte „hiervon sind" verloren. (Parisius S. 339.) Der Entwurf hatte nun

1. im Einklang mit dem durch das Aktiengesetz umgeänderten neuen Art. 238 (jetzt § 258 H.G.B.) im ersten Absatz eine Frist (im Aktiengesetz zwei Wochen) eingefügt, im ersten Satz des zweiten Absatzes das zwingende „muß" durch ein instruktionelles „soll" ersetzt und die erste Hälfte des zweiten Satzes ebenfalls unter Einschiebung einer Frist (im Aktiengesetz eine Woche) durch Verweisung auf die beiden Arten der Einberufung geändert;

2. den Rest des § 31 unverändert gelassen, nur die verloren gegangenen Worte „hiervon sind" wieder aufgenommen.

Die Reichstagskommission hat für nöthig befunden, im ersten Absatz das in allen Fassungen der Genossenschaftsgesetze und des H.G.B. unangefochten gebliebene „hat" durch „muß" zu ersetzen.

II. Erläuterungen zu § 46.

1. Absatz I. Frist.

Ist in dem Gesellschaftsvertrage eine längere Frist als eine Woche vorgeschrieben, so hat es bei derselben sein Bewenden. Die Frist ist auch einzuhalten, wenn die Generalversammlung in Folge gerichtlicher Ermächtigung von den Genossen berufen wird. Die Frist soll den Genossenschaftern genügende Vorbereitung für die Generalversammlung ermöglichen und verhindern, daß die Berufung der Generalversammlung so spät erfolgt, daß es den Genossen nicht möglich ist, derselben beizuwohnen, oder daß sie gar erst von der Berufung Kenntniß erhalten, nachdem die Versammlung abgehalten ist. Die Motive sagen nicht, von wann ab die Frist zu rechnen ist, falls eine mehrmalige Bekanntmachung im Statut erfordert ist. Nach den Motiven zu Art. 238 A.G. soll die Frist erst von der letzten Einrückung beginnen: man wird dies auch für die Generalversammlung der Genossenschaft annehmen müssen, es könnte sonst durch böswillige Maßnahmen der Einberufer der Zweck der Bestimmung hintertrieben werden. So auch Birkenbihl-Maurer S. 215. Selbstverständlich gilt dies nur für den Fall, daß das Statut mehrmalige Einladung erfordert; das einberufende Organ ist im Uebrigen unbeschränkt, die Einladung auch innerhalb der Frist noch beliebig oft zu wiederholen. Eine „Woche" umfaßt eine Frist von sieben Tagen, die zwischen Berufung und Abhaltung liegen muß. Die Frist beginnt an dem Tage der Ausgabe des Zeitungsblatts und endet mit dem entsprechenden Tage der folgenden Woche (Johow u. Küntzel Bd. 2 S. 23). Diese in der zweiten Auflage vertretene Ansicht muß nunmehr mit Rücksicht auf die Bestimmung in § 187 B.G.B. aufgegeben werden, nach § 187 B.G.B.

„wird bei der Berechnung der Frist der Tag nicht mitgerechnet, in welchen das Ereigniß oder der Zeitpunkt fällt". In § 255 H.G.B. ist dies der größeren Klarheit wegen von der Kommission eingefügt (Komm.Ber. H.G.B. S. 82).

2. Bekanntmachung.

Die Bekanntmachung muß in der durch das Statut bestimmten Form erfolgen. Die Bekanntmachung der Berufung braucht noch nicht die Tagesordnung oder nicht die ganze Tagesordnung zu enthalten (Abs. 2), sie muß aber Zeit und Ort enthalten, die danach unabänderlich feststehen vgl. Birkenbihl-Maurer S. 217. Vgl. § 6 Erl. 5 und 7 über die Form und die öffentlichen Blätter, wo solche statutarisch für die Bekanntmachungen vorgeschrieben sind.

3. „muß erfolgen".

Ueber Verstöße bei der Berufung § 44 Erl. 1: Im Regierungsentwurf stand, entsprechend dem § 32 des Ges. von 1868 und dem Art. 238 H.G.B. in der alten Fassung und in der neuen des Aktiengesetzes (§ 255 H.G.B.) „hat zu erfolgen"; durch die in der Kommission vorgenommene Aenderung sollte angedeutet werden, daß die hier gegebene Vorschrift über die Berufung der Generalversammlung eine wesentliche ist, deren Verletzung einen Grund zur Anfechtung der gefaßten Beschlüsse geben würde (Komm.Ber. 24). — § 51. Handelt es sich um einen Beschluß, der dem Gericht zur Eintragung anzumelden ist, so hat dieses nicht zu prüfen, ob die Berufung ordnungsmäßig erfolgt ist (§ 16 Erl. 6, § 28 Erl. 6, § 78) und kann die Eintragung aus diesem Grunde nicht beanstanden vgl. Johow Bd. 12 S. 37, a. A. das Sächsische O.L.G. in dem Beschluß vom 5. Februar 1895 (Monatsschrift für Aktienrecht 1895 S. 188). Nur eine ordnungsmäßig berufene Versammlung kann giltige Beschlüsse fassen, eine andere Versammlung der Mitglieder selbst dann nicht, wenn sie alle erschienen sind, denn die Versammlung stellt keine statutenmäßige Generalversammlung dar. Fraglich erscheint aber, ob die direkte Einladung jedes Mitgliedes die statutarisch vorgeschriebene Einladung ersetzt, es wird dies bejaht, sofern sich erweisen läßt, daß jedes Mitglied von der Abhaltung der Versammlung und der Tagesordnung Kenntniß erhalten hat, von Birkenbihl-Maurer S. 216 u. den dort Citirten. Sind bei der Berufung Unregelmäßigkeiten vorgekommen, in der Versammlung ist aber kein Widerspruch erfolgt, (§ 51) und die abwesend Gebliebenen genehmigen den in der Generalversammlung gefaßten Beschluß, so konvalescirt derselbe, da die Letzteren mit der Genehmigung auf ihr Anfechtungsrecht verzichtet haben; vgl. § 51 Erl. 15.

4. Absatz II. Zweck der Generalversammlung.

Der Erörterung von Angelegenheiten in der Generalversammlung ist nur durch § 149 eine Schranke gezogen. Abgesehen von den besonders benannten Fällen in Abs. 2 setzt aber ein gültiger Beschluß voraus, daß der Gegenstand der Beschlußfassung ordnungsmäßig bekannt gegeben ist (vgl. § 48 Erl. 1). Dazu ist erforderlich: 1. daß die gesetzliche dreitägige Frist bei der Bekanntgabe — die in der gleichen Weise wie die Berufung zu erfolgen hat — gewahrt ist; diese Frist kann durch das Statut weder verlängert noch verkürzt werden, die Mitglieder haben ein Recht auf dieselbe; 2. daß der Gegenstand bei der Bekanntmachung so bezeichnet ist, daß ersichtlich ist, um was es sich handelt; es genügt daher nicht für die Aenderung einer Statutenbestimmung bekannt zu machen „Statutenänderung", sondern es muß zu ersehen sein, welche Bestimmung des Statuts geändert werden soll (Wochenschrift für Aktienrecht Nr. 16 von 1892), es genügt, wenn die Genossenschaftsmitglieder durch die Ankündigung auf die Beschlußfassung vorbereitet sind (R.G. Urtheil vom 11. April 1897 in Bl.f.G. 1897 S. 299). Amendirungen zu dem Gegenstande der Tagesordnung sind selbstverständlich zulässig. Auch die Beobachtung dieser Vorschriften entzieht sich der Prüfung des Richters (s. vorstehende Erl.).

Die Gültigkeit der Generalversammlungsbeschlüsse ist davon abhängig, daß

a) die Generalversammlung in der durch das Statut bestimmten Weise berufen ist,

b) bei der Berufung die statutarische, mindestens eine Woche betragende Frist gewahrt ist,

c) der Gegenstand der Beschlußfassung mindestens drei Tage vorher angekündigt ist,

d) die Beschlußfassung über den Gegenstand nicht durch das Statut der Generalversammlung entzogen ist.

5. „soll bekannt gemacht werden".

Daß Gesetz ist hier durch Aenderung des „muß" in „soll" in Uebereinstimmung gebracht mit dem neuen Art. 238 A.G. (s. oben „zur Geschichte") § 256 H.G.B. Es genügt, wenn die dreitägige Frist eingehalten ist, und bildet die Unterlassung der Bekanntmachung bei der Einberufung keinen Anfechtungsgrund.

§ 47.

Die Beschlüsse der Generalversammlung sind in ein Protokollbuch einzutragen, dessen Einsicht jedem Genossen und der Staatsbehörde gestattet werden muß.

Ges. von 1868 § 33 Abs. 2, Entw. I, II, Komm. 44, Rtg. 45. Begr. I 125, II 83. Komm.Ber. 24.

I. Zur Geschichte des § 47.

§ 47 ist gleichlautend mit § 33 Abs. 2 des Ges. von 1868 und dieser wörtlich mit § 32 Abs. 2 des preuß. Ges. Daß der Staatsbehörde die Einsicht in das Protokollbuch zu gestatten ist, war eine Forderung des preußischen Regierungsentwurfs von 1866. In den Motiven dieses Entwurfs heißt es (S. 30): „Da die Staatsregierung die Generalversammlungen nicht unter ihre Kontrole gesetzt hat, so ist es erforderlich, ihr die Mittel zur Erlangung der Ueberzeugung zu gewähren, daß die Generalversammlungen nicht zu Verhandlungen benutzt werden, welche außerhalb des Zwecks der Genossenschaft liegen. Deshalb ist die Führung eines Protokollbuchs über die Beschlüsse und Gestattung der Einsicht derselben durch die Staatsbehörde im letzten Satz des § 32 (jetzt § 47) vorgeschrieben". Die Kommission des Abgeordnetenhauses strich die Worte „und der Staatsbehörde". Als aber mit der Regierung das Kompromiß über die streitigen Punkte zunächst innerhalb der Kommission geschlossen wurde, war die Wiedereinfügung der betreffenden Worte das zweite der drei Opfer (§ 47, § 81, § 149), die man der Regierung zu bringen sich entschloß (s. Erläuterung zu § 81). Der Nachtragsbericht der Kommission meinte, es geschehe dies „in Konsequenz der zu § 28 (jetzt 149) gemachten Konzession".

II. Erläuterungen zu § 47.

1. Protokollbuch vgl. § 43 Erl. 7 in Betreff Präsenzliste u. s. w.

Die Führung eines Protokolls und die Eintragung der Beschlüsse in das Protokollbuch hat durch § 51 eine größere Bedeutung erlangt. Das Protokollbuch gehört zu den Büchern der Genossenschaft, für deren Führung der Vorstand Sorge zu tragen hat (§ 33), er braucht also das Protokollbuch nicht selbst zu führen, sondern muß nur sorgen, daß dasselbe geführt wird, was in der Regel durch den vom Vorsitzenden in der Generalversammlung ernannten Schriftführer geschehen wird. Der Schriftführer braucht nicht Mitglied zu sein.

„Wenn solche Protokolle in Gemäßheit des Genossenschaftsgesetzes in das dafür bestimmte Protokollbuch eingetragen sind, und wenn zugleich in den Vereinsstatuten eine gewisse Form für deren Errichtung vorgeschrieben, und diese Form gewahrt ist, so erlangen sie damit zufolge vertragsmäßiger Unterwerfung der Vereinsgenossen unter das Statut eine erhöhte Beweiskraft. Sie erbringen alsdann den Mitgliedern der Genossenschaft gegenüber so lange vollen Beweis für die Wahrheit und Vollständigkeit der darin enthaltenen Beurkundungen, bis deren Unrichtigkeit oder Unvollständigkeit im Wege der Gegenbeweisführung dargelegt wird" (R.G. Entsch. Bd. 8 S. 12). Es handelte sich um die im Protokoll beurkundete Ordnungsmäßigkeit der Berufung.

2. Strafvorschrift.

Nach § 160 sind die Vorstandsmitglieder zur Befolgung der in § 47 enthaltenen Vorschriften durch Ordnungsstrafen anzuhalten. Es entspricht dies dem § 66 des Ges. von 1868. Die Absicht des preuß. Ges. und des Ges. von 1868 war, es unter die Kontrole des Richters zu stellen, daß den Genossen und der Staatsbehörde die Einsicht in das Protokollbuch der Generalversammlung gestattet werde. Der Wortlaut des Gesetzes ließ auch die Auslegung zu, daß der Richter die Eintragung der Beschlüsse in das Protokollbuch kontroliren und durch Ordnungsstrafen dazu anhalten könne. In der Kommission des Reichstages zu dem jetzigen Gesetz wurde die Frage aufgeworfen, ob dem Richter ein solches Recht zustehe, und dabei bemerkt, daß dies kaum die Absicht des Entwurfs sein könne, da der Richter nicht die Möglichkeit habe, die Eintragung der Beschlüsse zu kontroliren, auch eine solche Kontrole mit der richterlichen Thätigkeit und der anerkannten rechtlichen Natur der Genossenschaften nicht als verträglich angesehen werden könne. Die Regierungsvertreter erwiderten hierauf, es sei allerdings die Absicht der Vorlage, daß das Zwangsrecht des Registerrichters sich auch auf die Eintragung der Generalversammlungsbeschlüsse in das Protokollbuch beziehe, und daß der Richter, sobald er von einer Unterlassung Kenntniß erhalte, auf die richtige Eintragung der Beschlüsse hinwirken solle (Komm.Ber. 24). Wie der Registerrichter von der Unterlassung Kenntniß erhalten, kann sich in den einzelnen Fällen verschieden gestalten; jedenfalls ist es nach der Auslegung, die die §§ 47, 160 durch die Regierungsvertreter erhalten haben, wohl nicht zweifelhaft, daß der Registerrichter nicht beliebig Vorlage der Protokollbücher verlangen kann, wie es unter dem Ges. von 1868 versucht ist (vgl. auch Parisius zu § 66), der Registerrichter muß Kenntniß von einer Unterlassung erhalten haben, dann erst kann er die Angelegenheit weiter verfolgen. Eine wörtliche Auslegung des § 47 könnte zu endlosen Chikanen benutzt werden.

3. Staatsbehörde.

Hätte dem Gericht die jederzeitige beliebige Einsicht der Protokollbücher übertragen werden sollen, so hätte § 47 anders gefaßt werden müssen. Im zweiten Theil des Satzes sind diejenigen Interessenten ausdrücklich benannt, denen jederzeitige Einsicht der Protokollbücher gestattet ist: den Genossen und der Staatsbehörde, d. h. den Verwaltungsbehörden. Die Gerichte sind hier nicht genannt, sie aber werden nach dem Sprachgebrauch nicht als „Staatsbehörden" bezeichnet. Man hat auch nach den übereinstimmenden Aeußerungen in den Berichten und Verhandlungen bei Entstehung dieser Bestimmung nicht daran gedacht, unter „Staatsbehörde" die Gerichte mit einzubegreifen. So auch Proebst S. 172, Birkenbihl-Maurer S. 218, a. A. Joël S. 542. Dem Registerrichter liegt nach § 160 die Aufsicht darüber ob, daß den Genossen und den Staatsbehörden die Bücher zur Einsicht in dem Geschäftslokal zu den Geschäftsstunden vorgelegt werden.

Nach § 161 wird von der Zentralbehörde jedes Bundesstaates bekannt gemacht, welche Behörde hier unter der Bezeichnung „Staatsbehörde" zu verstehen ist. Danach ist es allerdings in das Belieben der Ministerien der Einzelstaaten gestellt, die Streitfrage zu entscheiden.

§ 48.

Die Generalversammlung hat über die Genehmigung der Bilanz zu beschließen und von dem Gewinn oder Verlust den auf die Genossen fallenden Betrag festzusetzen.

Die Bilanz, sowie eine den Gewinn und Verlust des Jahres zusammenstellende Berechnung (Jahresrechnung) sollen mindestens eine Woche vor der Versammlung in dem Geschäftslokale der Genossenschaft oder an einer anderen, durch den Vorstand bekannt zu machenden, geeigneten Stelle zur Einsicht der Genossen ausgelegt oder sonst denselben zur Kenntniß gebracht werden. Jeder Genosse ist berechtigt, auf seine Kosten eine Abschrift der Bilanz, sowie der Jahresrechnung zu verlangen.

Ges. von 1868 § 10, Entw. I und II, Komm. 45, Rtg. 46. Begr. I 124, II 83, Komm.Ber. 24.

I. Zur Geschichte des § 48.

a) Absatz I. Vgl. Bemerkungen und Erläuterungen zu §§ 19 und 43.

b) Absatz II ist neu. Der Entwurf ist in der Kommission mehrfach geändert. Es hieß darin: „Die Vorlagen hierzu sind mindestens . . . auszulegen . . . zu bringen. Jeder Genosse ist berechtigt, auf seine Kosten eine Abschrift der Bilanz, sowie der Gewinn- und Verlustrechnung zu verlangen.“ Er war dem zweiten Absatz des Art. 239 (H.G.B. §§ 260, 263) des Aktiengesetzes nachgebildet. „Die Kommission hatte,“ so heißt es im Bericht S. 24, „den Ausdruck Gewinn- und Verlustrechnung“, für welche als Voraussetzung die doppelte Buchführung aufgestellt werden könne, durch den Ausdruck: „Jahresrechnung“ ersetzt, da von einer kleinen Genossenschaft, wenn auch die Führung kaufmännischer Bücher, so doch nicht eine doppelte Buchführung verlangt werden könne.“ Daß ohne doppelte Buchführung eine Gewinn- und Verlustrechnung nicht aufgestellt werden könne, ist freilich nicht einzuräumen.

II. Erläuterungen zu § 48.

1. Absatz I. Genehmigung der Bilanz. Gewinnvertheilung. — § 1 Erl. 6, § 19 Erl. 3, § 20, § 33 und Erläuterungen.

In der Begründung des Entwurfs (I 125, II 83) heißt es: „In dem geltenden Gesetze fehlt es an einer ausdrücklichen Bestimmung, daß nur die Generalversammlung zur Feststellung der Jahresbilanz und zur Beschlußfassung über die Verwendung des Jahresgewinnes oder die Deckung des Verlustes, insbesondere über den von dem Einen oder Anderen auf die Genossen fallenden Betrag zuständig ist. Es bedarf keiner weiteren Begründung, daß der Generalversammlung dieses wesentliche Recht auch durch das Statut nicht entzogen werden darf. Der Entwurf erkennt deshalb die ausschließliche Zuständigkeit derselben für die erwähnte Beschlußfassung an.“ Die Praxis hatte auch bereits nach dem Ges. von 1868 die Beschlußfassung über die Bilanz und die Vertheilung der Dividende als ein ausschließliches Recht der Generalversammlung anerkannt und eine Uebertragung dieses Rechts auf andere Organe der Gesellschaft für unzulässig erklärt (R.G. Bd. 13 S. 26). § 48 stellt das Recht der Generalversammlung, über die Genehmigung der Bilanz zu beschließen und Gewinn und Verlust zu vertheilen, unzweideutig fest. Ueber die Mitwirkung von Vorstand und Aufsichtsrath bei der Abstimmung § 43 Erl. 8. Den Genossen ist ein unbedingter Anspruch auf den ganzen bilanzmäßigen Jahresgewinn nicht eingeräumt (§ 19 Erl. 2 u. 3). Das gilt auch für die

Ausgeschlossenen und Ausgeschiedenen, vgl. über deren Rechte weiter unten, ferner § 19 Erl. 2 und Urtheil des R.G. vom 10. März 1896 in Bl.f.G. 1897 S. 155, auch Urtheil des R.G. vom 13. Juni 1896, in der Jurist. Wochenschrift 1896 Nr. 48. Eine abweichende Ansicht vertritt das R.G. in dem Urtheil vom 25. Juni 1896 (Jurist. Wochenschrift 1896 Nr. 46/47), wo unter Bezugnahme auf das Recht des Ausgeschiedenen auf Auseinandersetzung nach Maßgabe des § 73 der Generalversammlung das Recht abgesprochen ist, den Reingewinn dem Reservefonds zuzuweisen, wo das Statut nur Ueberweisung von 10% vorsah; diesem Urtheil kann nicht beigetreten werden, da der Anspruch am Reingewinn nicht nach § 73 des Gesetzes, sondern nach § 19 und § 48 zu beurtheilen ist.

Die Genehmigung der Bilanz muß ausdrücklich beschlossen sein, die Vermuthung, daß nicht bemängelte Posten als genehmigt gelten (A.G. Art. 239a ist auch in das H.G.B. nicht übernommen), gilt für Genossenschaften nicht. Solange ein solcher Beschluß nicht vorliegt, ist die Bilanz nicht genehmigt, kann ein Gewinn nicht vertheilt und mit den ausgeschiedenen Mitgliedern die Auseinandersetzung nach § 73 nicht vorgenommen werden. Aus dem Rechte der Generalversammlung, über die Genehmigung der Bilanz zu beschließen, ergiebt sich auch ihr weiteres Recht, Ermittelungen über deren Richtigkeit anzustellen und zu diesem Zweck z. B. eine Kommission einzusetzen, die Beschlußfassung über die Genehmigung auszusetzen und dieselbe einer späteren Generalversammlung vorzubehalten. Die Befugnisse einer solchen Kommission beschränken sich auf die Ausübung der Rechte, die zur Prüfung der Rechnung auszuüben sind, die Kommission hat weder das Recht Vorstandsmitglieder vom Amte zu entheben noch Generalversammlungen zu berufen, ein solcher Auftrag kann ihr durch Beschluß der Generalversammlung nicht überwiesen werden, vgl. Urtheil des O.L.G. Stettin vom 26. März 1896 mitgetheilt Bl.f.G. 1896 S. 270. Dem Vorstand muß, um einer Verschleppung vorzubeugen, das Recht zugebilligt werden, auf Ertheilung der Entlastung zu klagen. Diese Klage ist aber nicht an die Frist des § 51 gebunden, sondern ergiebt sich aus dem Vertragsverhältniß, aus dem Rechte des Geschäftsführers, Entlastung für die Geschäftsführung zu erhalten. Da der wiederholte Beschluß auf Vertagung der Versagung der Genehmigung gleich zu achten ist, kann derselbe auch von dem Vorstande mit der Behauptung angefochten werden, daß nach dem Gesetz die Entlastung zu beschließen sei (Ring S. 599). Ueber die Folgen der Entlastung vgl. § 34 Erl. 5. Genehmigung der Bilanz und Ertheilung der Entlastung sind nicht gleichbedeutend (vgl. R.O.H.G. Bd. 20 S. 222, ebenso Birkenbihl-Maurer S. 221, a. A. Joël S. 543); es kann die erstere beschlossen werden, die nur in einer Anerkennung der Richtigkeit der Rechnung besteht, ohne daß dem Vorstand die Entlastung für seine Geschäftsführung gewährt wird (a. A. Joël S. 543). Da der Vorstand nach § 33 die Bilanz innerhalb 6 Monaten zu veröffentlichen hat, muß bis dahin die Genehmigung ertheilt sein (§ 33 Erl. 4).

Nach der Fassung des § 48 hat, wie oben dargelegt ist, kein Genosse einen Anspruch auf Dividende, sondern die Generalversammlung hat den auf die Genossen fallenden Betrag festzusetzen, das Statut kann jedoch Bestimmungen über die Vertheilung des Gewinns enthalten, welche dann für die Beschlußfassung, betreffend die Gewinnvertheilung, maßgebend sind. Nothwendig berücksichtigt muß der Reservefonds nach § 7 Z. 4 sein (§ 31 Erl. 3). Außerachtlassung der diesbezüglichen statutarischen Bestimmung würde Anfechtung nach § 51 begründen. Mit dem Urtheil des Kammergerichts vom 2. Februar 1897 (Bl.f.G. 1897 S. 309) wird im Gegensatz zu R.G. (Bd. 40 S. 33) anzunehmen sein, daß die Einstellung eines Betrages zum Beamten-Unterstützungs-Konto, auch wenn eine derartige Rücklage statutarisch nicht vorgesehen ist, als eine Verwaltungsmaßregel zu betrachten ist, die im wirthschaftlichen Interesse der Gesellschaft und der ihr obliegenden Fürsorge für die Beamten liegt.

Zuwendungen für Maßnahmen u. s. w. die auch nur mittelbar dem statutenmäßigen Zweck dienen, sind stets statthaft (vgl. das in der Landwirthsch. Gen.-Presse 1896 S. 65 mitgetheilte Urtheil des O.L.G. Stettin). Ueber Verwendung des Reingewinns zu Schenkungen, gemeinnützigen Zwecken § 19 Erl. 3, § 20 Erl. 1, § 1 Erl. 6. Dieselbe würde unzulässig sein, wenn das Statut bindende Vorschriften über die Gewinnvertheilung enthält, läßt das Statut jedoch einen gewissen Spielraum der Beschlußfassung, so ist die Generalversammlung innerhalb desselben auch befugt, über den Gewinn zu verfügen, nur darf dies nicht in einer Art erfolgen, daß daraus hervorgeht, die Genossenschaft verfolge andere als die im § 1 bezeichneten geschäftlichen Zwecke, da dann die Auflösung der Genossenschaft nach § 81 erfolgen könnte, — also freilich auch dann noch nicht nothwendig eintreten müßte (vgl. § 81). Bestimmte Grenzen lassen sich nicht ziehen, es muß von den Behörden erwartet werden, daß sie den sozialpolitischen Aufgaben der Genossenschaften das nöthige Verständniß entgegenbringen, und ebenso, wie das ganze Statut der Genossenschaft und nicht eine einzelne Bestimmung für die Prüfung maßgebend ist, ob die Genossenschaft der Förderung des Erwerbs oder der Wirthschaft ihrer Mitglieder dient, kann auch nicht nach den Zuwendungen aus dem Reingewinn allein die Frage entschieden werden, ob die Genossenschaft andere als die zulässigen Zwecke verfolgt; das ganze Gebahren der Genossenschaft ist dafür maßgebend, vgl. in ersterer Beziehung den Beschluß des Kammergerichts vom 21. Mai 1894 in Sachen des Oberschelder Darlehnskassenvereins Johow Bd. 14 S. 43; vgl. § 1 Erl. 6 die Kritik des Urtheils des Landgerichts Lübeck. Zu beachten ist ferner § 149. Ist nämlich mit der Zuwendung die Erörterung von Anträgen verbunden, welche auf öffentliche Angelegenheiten gerichtet sind, deren Erörterung unter das Vereins- und Versammlungsrecht fällt, so würde § 149 Platz greifen. Dies ist der Rahmen, innerhalb dessen die Generalversammlung Liberalitäten beschließen kann. Der Erlaß von Forderungen u. s. w. scheint gleichfalls in die Kompetenz der Generalversammlung zu fallen, wenigstens insoweit sich die Verwaltung gegen Regreßansprüche der Genossenschaft decken will, denn Dritten gegenüber ist zivilrechtlich die Vertretung des Vorstandes unbeschränkt (§ 27). Ueber Bildung von Spezialreserven § 19 Erl. 3 — ebenda und § 31 Erl. 3, § 73 Erl. 9 über die Bedeutung der Richtigkeit der Bilanz nach rechnerischen und kaufmännischen Grundsätzen für den Anspruch auf Dividende.

Wegen Verstöße gegen Gesetz und Statut ist die Bilanz nach § 51 anfechtbar, der Nachweis der Unrichtigkeit steht der Genossenschaft und jedem Mitgliede zu. Es kann Maurer (S. 203) nicht darin beigetreten werden, daß die in der Genossenschaft verbliebenen Genossen — die ausgeschiedenen haben bei der im folgenden Jahre stattfindenden Feststellung der Bilanz kein Stimmrecht mehr — jeden Anspruch auf Gewinn illusorisch machen könnten, indem sie Immobilien u. s. w. beliebig niedrig ansetzen, bezw. durch Bildung von Spezialreserven über Gebühr sichern, denn die Generalversammlung ist bei Feststellung der Bilanz an § 40 Abs. 2 u. 3 H.G.B. gebunden (§ 7 Erl. 8, § 33 Erl. 3), ferner muß, wenn die Einstellung in die Bilanz nach kaufmännischen Grundsätzen für eine offenbar irrthümliche zu erachten ist, dies einem Rechnungsfehler gleichgehalten werden, es steht daher den aktiven und ausgeschiedenen Mitgliedern der Nachweis der Unrichtigkeit zu (Urtheil des R.G. vom 15. November 1893 in Jurist. Wochenschrift 1893 S. 23, R.G. Bd. 32 S. 52). Gegen Willkür sind also auch die Ausgeschiedenen in dieser Beziehung gesichert (so auch jetzt Birkenbihl-Maurer S. 223). In der Entscheidung des R.G. (Bd. 4 S. 108) ist ausgesprochen, daß der Ausgeschiedene mit Rücksicht auf die Berechnung seines Geschäftsguthabens nicht „unter der Behauptung, daß später abgeschriebene Verluste bereits in der Zeit vor ihrem (der Ausgeschiedenen) Eintritt bestanden hätten, die Rektifikation der bezüglichen Bilanzen und die Vertheilung jener Verluste auf die damals vorhandenen Mitglieder . . . zu verlangen" berechtigt ist. Ebenso ist der Ausgeschiedene nicht berechtigt zu fordern, daß der sich aus den Büchern ergebende höhere Werth in die Bilanz einzustellen ist, die Genossenschaft hat den zeitigen Werth einzusetzen, vgl. Urtheil des R.G. vom 6. Juni 1888, mitgetheilt in Bl.f.G. v. 1888 S. 232 — Birkenbihl-Maurer S. 294. Auf die Beschlußfassung über Gewinn- und Verlustvertheilung haben sie freilich keinen Einfluß und sind daher auch nicht in der Lage, den Beschluß insoweit anfechten zu können (§ 73 Erl. 3). Eine gesetz- und statutenmäßige Gewinnvertheilung aber kann nicht rückgängig gemacht werden (R.G. Bd. 37 S. 62 — § 19 Erl. 3).

In dem Urtheil vom 8. Dezember 1893 in Sachen des Vorschuß-Vereins Blumberg hat das Reichsgericht (Bd. 32 S. 91) ausdrücklich das Recht der Generalversammlung auf Richtigstellung einer falschen Bilanz anerkannt. In Frage stand die Auseinandersetzung mit den ausgeschiedenen Mitgliedern nach § 73 des Gesetzes. In den Gründen heißt es: „Der . . . Satz, daß die Generalversammlung die beschlossene Bilanz nicht beliebig oder willkürlich ändern dürfe, könnte an sich als richtig anerkannt werden. Indem aber das O.L.G. . . . ausspricht, daß auch die Berichtigung einer materiell unrichtigen Bilanz als eine beliebige oder willkürliche und darum unzulässige Aenderung anzusehen sei, so ist dies unrichtig, da vielmehr die Ausgeschiedenen nur Abrechnung auf Grund der wirklichen Vermögenslage der Genossenschaft verlangen können, und die Genossenschaft, wenn sie der Abrechnung an Stelle der zuerst genehmigten unrichtigen Bilanz eine berichtigte Bilanz zu Grunde legt, ein Recht der ausgeschiedenen Genossen nicht verletzt". Letzteres wird dann aus dem Wortlaut des § 73 und dessen Zweck dargelegt, der Auseinandersetzung auf Grund der wirklichen Vermögenslage erfordere. Weiter wird ausgeführt: „tritt nun in Folge Irrthums oder Böswilligkeit der Betheiligten der Fall ein, daß die Generalversammlung die Genehmigung einer Bilanz beschließt, welche mit den Vorschriften des § 39 Abs. 1 bis 4 H.G.B. in Widerspruch steht, und deshalb die wirkliche Vermögenslage der Genossenschaft nicht darstellt, so ist die natürliche Folge die, daß nunmehr den Organen der Genossenschaft die Pflicht erwächst, eine Beschlußfassung der Generalversammlung über Berichtigung der Bilanz herbeizuführen. . . . Der Beschluß, durch welchen eine Generalversammlung eine Bilanz genehmigt, hat nicht etwa den Charakter einer Entscheidung über die rechtlichen Beziehungen zwischen den Mitgliedern und der Genossenschaft, sondern ist nichts anderes als das Mittel, durch welches der Wille der Genossenschaft zur Entstehung und zum Ausdruck gebracht wird, daß der vorgelegte Bilanzentwurf fortan als die vom Gesetz verlangte Bilanz gelten soll. Dieser Wille ist, wie der jedes Privaten, der Abänderung unterzogen." Das R.G. kommt dann auf die Bedeutung des § 51 für dieses Rechtsverhältniß zu sprechen. „Die in § 49 (51) des Gesetzes dem Vorstande und den aktiven Genossen eingeräumte Befugniß zur Anfechtung eines Generalversammlungsbeschlusses, hat nichts gemein mit der Befugniß der Generalversammlung, gefaßte Beschlüsse aufzuheben oder zu ändern." Zum Schluß weist das R.G. auf die früheren Entscheidungen (Bd. 11 S. 160 u. Bd. 13 S. 28) hin, in denen die Rückforderung auf Grund falscher Bilanzen ausgezahlter Dividende zugelassen ist und meint: „Diese Urtheile sind allerdings zu einer Zeit ergangen, als die in Art. 190a, 222 A.G. (§ 271 H.G.B.) und in § 49 (51) des Genossenschaftsgesetzes für die Anfechtung bestimmte Frist noch nicht bestand. Die Entscheidung würde aber auch heute nicht anders ausfallen, da die Versäumung jener Frist eben nur auf die Rechte der Anfechtungsberechtigten, nicht auf die Rechte der Gesellschaften, selbst einen beschränkenden Einfluß hat." Das R.G. spricht sich an dieser Stelle darüber nicht aus, ob ein Mitglied auch bei Anfechtung einer Bilanz an die Frist und die Erfüllung der Voraussetzungen des § 51 gebunden ist, da dies gar nicht in Frage stand. Nach den übrigen Ausführungen kann man sehr wohl zu einer Verneinung gelangen, denn das R.G. spricht von der Pflicht der Organe trotz erfolgter Genehmigung, die für falsch erkannte Bilanz richtig zu stellen, es erklärt, daß jeder Beschluß über die Genehmigung „nicht etwa den Charakter einer Entscheidung über die rechtlichen Beziehungen zwischen den Mitgliedern und der Genossenschaft" hat. Und hierauf kommt es für die Beurtheilung der Frage an, ob jener Beschluß durch Ablauf der Frist rechtswirksam wird.

Die Anfechtung der Richtigkeit der Bilanz muß aber für alle Theile in der gleichen Weise geregelt werden, sollen nicht die verworrensten Verhältnisse enstehen. Es kommen in Betracht:

1. als Ansprüche der Genossenschaft:
   a) Zahlung einer Zubuße der Mitglieder nach Maßgabe des § 73;
   b) Rückforderung zu Unrecht auf Grund falscher Bilanz ausgezahlter Dividende von aktiven und ausgeschiedenen Genossen;
2. als Ansprüche der Mitglieder:
   a) Forderung der aktiven Mitglieder auf Zahlung der Dividende;
   b) Forderung der ausgeschiedenen Mitglieder auf Zahlung der Dividende;
   c) Forderung der ausgeschiedenen Mitglieder auf Auszahlung des Geschäftsguthabens;
   d) Anspruch der aktiven Mitglieder auf ungeschmälerten Fortbestand des Geschäftsguthabens, d. h. daß nicht auf Grund falscher Bilanzen von demselben zu Unrecht Abschreibungen vorgenommen werden.

Für die Ansprüche der Genossenschaft ist wohl unstreitig, daß die Generalversammlung eine falsche Bilanz berichtigen und dementsprechend die Ansprüche zu 1a und b geltend machen kann. Dem Recht der Genossenschaft auf Zubuße entspricht aber andererseits das Recht des Ausgeschiedenen auf Ermäßigung derselben und auf Auszahlung des Geschäftsguthabens und der Dividende. Eine verschiedene Anwendung des § 51 auf die Genossenschaft und den Ausgeschiedenen würde danach zu einer völlig verschiedenen Beurtheilung der beiden Parteien führen. Wozu noch kommt, daß der Ausgeschiedene gar nicht in der Lage ist, von dem Recht des § 51 Gebrauch zu machen, der § 51 auf ihn also gar nicht anwendbar ist. Birkenbihl-Maurer S. 223 geben gleichfalls dem Ausgeschiedenen ein selbstständiges Anfechtungsrecht (vgl. auch Joël S. 548, R.G. Urtheil vom 17. Juni 1896, Jurist. Wochenschrift 1896 Nr. 48, Urtheil vom 25. Juni 1896 a. a. O. Nr. 46/47). Läßt man aber nothwendigerweise in dem Falle zu 2b und c eine Anfechtung der Bilanz durch den Ausgeschiedenen zu, so ist nicht einzusehen, weswegen den aktiven Genossen für ihre Ansprüche aus 2a und d ein geringeres Recht zustehen soll, zumal noch die materielle Unrichtigkeit der Bilanz in der Regel erst nach längerer Zeit bekannt wird. In diesem Zeitpunkte können denn doch nicht Rechte der Genossenschaft und der Ausgeschiedenen entstehen —, während die aktiven Genossen keine Möglichkeit haben sollen, ihnen zugefügte Schädigungen zu verfolgen, wozu noch weiter kommt, daß die Genossenschaft ihnen gegenüber an § 51 nicht gebunden ist. Der gleiche Grundsatz muß daher überall gelten und zwar die Unanwendbarkeit des § 51 auf die Richtigstellung materiell unrichtiger Bilanzen, dieselbe kann von beiden Theilen auch später gefordert werden. In der Praxis wird es allerdings sich wohl stets um Bilanzen handeln, nach denen zu Unrecht Dividenden ausgezahlt sind: die Genossenschaft ist dann berechtigt, dieselben zurückzufordern, sie kann aber auch weiter von den Ausgeschiedenen Zurückvergütung zu Unrecht — nach § 73 — ausgezahlter Geschäftsguthaben und Zahlung der Zubuße fordern. Mit dem gleichen Rechte brauchen aber auch die Ausgeschiedenen nicht auf Grund falscher Bilanzen,

d. h. solcher, die nicht nach kaufmännischen Grundsätzen aufgestellt sind, wenn dieselben zu ihrem Nachtheil unrichtig sind, sich Abschreibungen u. s. w. gefallen zu lassen, sondern können die betreffenden Posten in der Bilanz beanstanden und Richtigstellung der Bilanz fordern. Die Rechte der aktiven Genossen können dann aber auch wieder nicht geringer wie die der Ausgeschiedenen sein, zumal hier ein Fall vorliegt, in welchem nur ausnahmsweise der Grund zur Anfechtung innerhalb der Frist erkannt werden wird.

In allen Fällen aber können jedenfalls die Mitglieder dadurch Abhilfe schaffen, daß sie die Abhaltung einer Generalversammlung zur Richtigstellung der Bilanz herbeiführen, so daß dann von dieser Seite die Ordnung aller Verhältnisse erfolgt. Daß es von Seiten der Genossenschaft geschehen kann, darüber scheint kaum mehr Streit zu herrschen.

Endlich mag noch für die Nichtanwendung des § 51 auf diese Fälle — materielle Unrichtigkeit der Bilanz — der Umstand sprechen, daß es sich um die Verfolgung persönlicher Vermögensrechte handelt. Für sonstige Verletzung von Gesetz und Statut hat es bei § 51 sein Bewenden.

Wenn gegen die Anfechtung der Bilanz durch jedes Mitglied eingewendet wird, daß dies zu endlosen Chikanen führen kann, so ist dem entgegenzuhalten, daß den Ausgeschiedenen dieses Recht doch nicht genommen werden kann, sollte nicht die Auseinandersetzung zwischen ihnen und der Genossenschaft darin bestehen, daß diese die Macht hat, die Ansprüche jener nach Willkür festzusetzen —, dann aber liegt die Gefahr der chikanösen Anfechtung bei den Ausgeschiedenen gewiß näher als bei den aktiven Mitgliedern. Zudem wird ein Mitglied sich nicht leicht in einen derartigen Prozeß einlassen, und in dem Prozeß ist nur festzustellen, ob die Bilanz nach „kaufmännischen Grundsätzen“ richtig ist, eine Berechnung nach Mark und Pfennigen kommt naturgemäß nicht in Betracht.

2. Verlustdeckung. § 19 Erläuterungen.

3. Anspruch auf die Dividende. Erl. 1, § 19 Erl. 2 und 3.

Der Anspruch auf die Dividende entsteht, wenn dieselbe durch die Generalversammlung festgesetzt ist, § 19 Erl. 2 und 3, oben Erl. 1, R.G. Bd. 22 S. 114, Bd. 15 S. 100. Rückerstattung zu Unrecht empfangener Dividende § 19 Erl. 3, oben Erl. 1, R.G. Bd. 13 S. 29. Verjährung des Anspruchs auf Dividende § 19 Erl. 3. Ueber Manko-Dividende Oppermann-Häntschke S. 66, 67.

4. Abschlagsdividende.

Abschlagsdividenden, die früher bei Aktiengesellschaften ziemlich gebräuchlich waren, sind weder bei Aktiengesellschaften noch bei Genossenschaften zulässig. Erst durch den Beschluß der Generalversammlung über Vertheilung des festgestellten bilanzmäßigen Reingewinns entsteht ein Anspruch des Genossen auf einen bestimmten Theil des Reingewinns. Neuerdings haben mehrere große Konsumvereine, die nur jährlich abschließen und Gewinn vertheilen, Einrichtungen getroffen, die man als „Abschlagsdividende“ kennzeichnet. So Breslau, Neustadt-Magdeburg (vgl. hierüber 1. Auflage S. 195 ff.)

In wirthschaftlicher Beziehung ist bei solchen Vereinen wie Breslau und Neustadt-Magdeburg ein Bedenken nicht zu erheben. Länger bestehende Konsumvereine mit korrekten Einrichtungen verkaufen zu Tagespreisen nur gegen baar, sie haben keine Schulden, bewegliches und unbewegliches Eigenthum steht weit unter dem Werth zu Buch, sie machen keine Spekulations-Einkäufe, kaufen nur den Bedarf der nächsten Wochen und nur gegen baar. Erhebliche Verluste, die den Gewinn aufzehren oder unter 5% des Waarenverkaufs herabdrücken, sind sehr unwahrscheinlich. In dem Gewinn steckt auch der Rabatt, den der Kaufmann dem regelmäßig kaufenden Kunden oder wegen Baarzahlung gewährt. Die Einrichtung der sog. Abschlagsdividende ist getroffen, um den statutarisch verbotenen Handel mit Dividendenmarken, dem „Dividendenwucher",*) entgegenzutreten und dem unbemittelten Genossen, der von der Hand in den Mund lebt, in Nothlagen Verfügung über einen Theil seiner voraussichtlichen „Ersparnisse" zu gewähren. Auf alle Fälle muß der Verein für jeden möglichen Ausnahmefall durch eine Spezialreserve gedeckt sein, die durch den in der Regel sich aus der Einrichtung ergebenden Gewinn zu bilden ist. Gehandhabt wird die Sache nicht als Abschlagsdividende, sondern als Ankauf einer bedingten, ungewissen Forderung, die der Genosse durch die Entnahme einer bestimmten Quantität Waaren aus dem Vereinslager an die Genossenschaft erworben hat. Bei einer wirklichen Abschlagsdividende würde, wenn deren Betrag von dem auf Grund der Bilanz festgestellten Prozentsatz nicht erreicht wird, der Empfänger — ganz abgesehen von der Ersatzpflicht der Vorstands- und Aufsichtsrathsmitglieder (§§ 34 und 41) — das Zuvielempfangene zurückzugeben haben. Das ist hier nicht der Fall, wenngleich die Statuten, welche den Kauf der bedingten (nicht bestimmten aber bestimmbaren) Forderung (emtio spei) irrthümlich als Abschlagsdividende behandeln, es nicht ausdrücklich aussprechen.

5. Absatz II. Vorherige Auslegung der Jahresrechnung.

Nach dem bisherigen Gesetze stand es Vorstand und Aufsichtsrath frei, erst in der Generalversammlung mit ihren Vorlagen für die Genehmigung der Bilanz und die Gewinn- und Verlustvertheilung hervorzutreten. Diesem Mangel haben nach Vorgang von Unterverbänden die Allgemeinen Vereinstage abzuhelfen gesucht, zuerst in Altona 1880 für die Vorschußvereine (Mittheilungen S. 19, Antrag des Pommerschen Verbandes), dann in Cassel 1881 für die Konsumvereine (Mittheilungen S. 79, Antrag des Münchener Konsumvereins); endlich ist in Karlsruhe 1885 allen Genossenschaften auf Antrag des engeren Ausschusses empfohlen, „zeitig vor der nach Schluß des Geschäftsjahres stattfindenden Generalversammlung, in welcher über Vertheilung des Reingewinns zu beschließen ist, den Mitgliedern einen eingehenden Rechenschaftsbericht durch Druck zugänglich zu machen und die darin eingestellten Zahlennachweise mit Erläuterungen zu den einzelnen Geschäftszweigen und Mittheilungen über die Ausdehnung des Geschäftes, Mitgliederzahl und Mitgliederbewegung und wichtigere Vorkommnisse aus dem Geschäft zu begleiten". Die Motive stellen sich auf den Standpunkt dieses Beschlusses und der Praxis der meisten Genossenschaften des Allgemeinen Verbandes. Sie fordern (I 125, II 83) die nöthige Garantie für die Beschlußfassung der Generalversammlung über

---

*) Ueber den Handel mit Dividendenmarken und die vom Breslauer Konsumverein dagegen getroffenen Maßregeln vgl. Crügers Aufsatz in Bl.f.G. Nr. 48, 1887. Oppermann-Häntschke S. 133. Die Bestimmung des Statuts über eine solche Abschlagsdividende würde etwa zu lauten haben:

§ . . .

„Der Vorstand ist berechtigt, unter Genehmigung des Aufsichtsraths zu beschließen, daß die von den Mitgliedern innerhalb 8 Tagen nach je einem der Kalenderquartale abgelieferten Dividendenmarken für den Verein anzukaufen sind.

Es dürfen nur je 20 Mk. Dividendenmarken oder das Mehrfache davon angekauft werden.

Den Kaufpreis haben Vorstand und Aufsichtsrath gemeinschaftlich am Schlusse jeden Quartals nach der muthmaßlich zu erwartenden Dividende festzusetzen, wobei derselbe 1% hinter dieser Dividende zurückbleiben und 5% nicht übersteigen darf.

An der am Jahresschluß zur Vertheilung kommenden Dividende nehmen die Mitglieder, welche ihre Dividendenmarken an den Verein verkauft haben, in gleicher Art Antheil, wie die übrigen Mitglieder, es wird ihnen jedoch von der Dividende der Kaufpreis plus 1% in Abzug gebracht.

Die Generalversammlung verfügt über den in Folge dieser Einrichtung nicht zur Vertheilung kommenden Theil der Reineinnahme erst ein Jahr später (zu humanen und anderen Zwecken); bis dahin hat derselbe als Sicherheitsrücklage für die etwaigen, dem Verein durch diese Einrichtung entstehenden Verluste zu dienen."

Feststellung der Jahresbilanz: „Es ist nothwendig, daß die Theilnehmer der Generalversammlung schon vorher in die Lage versetzt werden, sich über die Aufstellungen der Genossenschaftsorgane zu informiren und die Richtigkeit der Angaben zu prüfen. Die Vorschriften, welche in dieser Beziehung der Art. 239 des Aktiengesetzes (§ 263 H.G.B.) enthält, erscheinen im Allgemeinen auch für die Genossenschaften angemessen." Die Genossenschaften dürfen sich durch den gesetzlichen Zwang nicht abhalten lassen, den in einer Beziehung strengeren Anforderungen des Karlsruher Beschlusses nachzukommen. Wollte künftig eine Genossenschaft sich den Abdruck der Bilanz und der Jahresrechnung ersparen und sich mit der Auslegung begnügen, so könnte sie durch das Verlangen einer Abschrift jener Schriftstücke seitens einer erheblicheren Zahl Mitglieder in große Verlegenheit gerathen. Uebrigens sind diese Vorschriften nur instruktioneller Natur (Komm.Ber. 24), und es kann daher der Generalversammlungsbeschluß über Gewinn- und Verlust-Vertheilung nicht wegen Nichtbeachtung derselben als ungültig angefochten werden. Die Befolgung dieser Vorschriften ist aber in § 160 unter Ordnungsstrafe gestellt.

6. Ertheilung von Abschriften der Bilanz.

Erzwingung durch Ordnungsstrafen nach § 160. Das Gesetz handelt, nachdem in § 43 vorausgeschickt ist, wie die Mitglieder ihre Rechte auszuüben haben, in den §§ 44 bis 50 von der Berufung der Generalversammlung, der Beurkundung ihrer Beschlüsse und den ihr zukommenden Gerechtsamen. Die beiden Sätze des § 48 Abs. 2 sollen denselben Rechtsanspruch verwirklichen: dem einzelnen Genossen Einsicht in die Geschäftsführung zu gewähren. Der die Abschrift Verlangende soll im Stande sein, in der Generalversammlung die geeigneten Vorschläge zu machen. Das Gesetz bietet keinen Anhalt hiernach dafür, daß ein Genosse auch nach geschehener Entlastung noch die Abschrift einer Bilanz fordern kann (Beschluß des Landgerichts zu Oels, mitgetheilt in Nr. 2 Bl.f.G. von 1893, Johow Bd. 13 S. 7). Wird der Antrag des Genossen auf Androhung der Ordnungsstrafe abgelehnt, so hat er gegen den Bescheid das Rechtsmittel der sofortigen Beschwerde § 148, 146 des Gesetzes über die Angelegenheiten der freiwilligen Gerichtsbarkeit und Johow a. a. O.

§ 49.

Die Generalversammlung hat festzusetzen:

1. **den Gesammtbetrag, welchen Anleihen der Genossenschaft und Spareinlagen bei derselben nicht überschreiten sollen;**
2. **die Grenzen, welche bei Kreditgewährungen an Genossen eingehalten werden sollen.**

Entw. I u. II, Komm. 46, Rtg. 47. Begr. I 125, II 84, Komm.Ber. 24.

I. Zur Geschichte des § 49.

a) Schulze-Delitzsch hat schon vor Erlaß des Genossenschaftsgesetzes in Wort und Schrift darauf gedrungen, daß namentlich in Vorschußvereinen und Rohstoffassoziationen die Generalversammlung zufolge statutarischer Bestimmung von Zeit zu Zeit den Höchstbetrag der Schuldverpflichtungen und den Höchstbetrag der bei einem einzelnen Mitgliede gleichzeitig ausstehenden Kredite festzustellen habe (vgl. Verhandlungen der Allgem. Vereinstage zu Gotha 1860, zu Mainz 1864, zu Constanz 1873). Auch in seinen Musterstatuten für Vorschußvereine, Rohstoffgenossenschaften, landwirthschaftliche Konsumvereine und Produktivgenossenschaften fehlen nirgends die entsprechenden Bestimmungen, in Produktivgenossenschaften soll der Generalversammlung auch übertragen werden, den Höchstbetrag der einem einzelnen Kunden zu gewährenden Kredite festzustellen (Schulze,

Vorschuß- und Kreditvereine ꝛc. S. 217; Die Genossenschaften in einzelnen Gewerbszweigen S. 124, 230, 333, 346, 398; Parisius S. 296 u. 297). Schulzes Vorschläge wurden selbst von vielen, zum Allgemeinen Verbande gehörenden Genossenschaften nicht befolgt, wie fast bei jedem Zusammenbruch einer Genossenschaft zu Tage kam. Dies veranlaßte ihn unter den Vorschlägen seiner Novelle aufzunehmen, daß der Gesellschaftsvertrag auch enthalten muß „die Anweisung an die Generalversammlung auf Bestimmung des Höchstbetrages, welchen a) sämmtliche die Genossenschafter belastende Anleihen und Spareinlagen, b) die bei einem Mitgliede gleichzeitig ausstehenden Kredite nicht übersteigen dürfen".

Der Entwurf nahm den Vorschlag in verbesserter Fassung auf.

b) In dem Entwurf stand unter Ziffer 1: „Anleihen der Genossenschaft sowie Spareinlagen". In der Reichstagskommission wurde die Frage aufgeworfen, ob von der Generalversammlung für Anleihen und für Spareinlagen je eine besondere, oder ob für beide zusammen eine gemeinschaftliche Grenze festzusetzen sei. Die Kommission entschied sich für die letztere Alternative und ersetzte, um dies klarer zu stellen, das Wort „sowie" durch „und" (Komm.Ber. 24).

II. Erläuterungen zu § 49.

1. Im Allgemeinen.

In der Begründung (I 125, II 84) heißt es:

„Das richtige Verhältniß zwischen dem fremden Kapital, welches eine Genossenschaft in ihrem Geschäfte verwendet, und ihrem eigenen Vermögen bildet die nothwendige Grundlage für eine solide Geschäftsführung und enthält zugleich einen Schutz gegen die Gefahr persönlicher Heranziehung der einzelnen Genossen. Andererseits verhindert die Festsetzung einer Maximalgrenze für den Kredit, der einem einzelnen Genossen gewährt werden darf, die ungerechtfertigte Begünstigung einzelner Mitglieder und beschränkt den Verlust, der aus dem Vermögensverfall eines einzelnen Schuldners der Genossenschaft erwachsen kann. Die erforderlichen Beschlußfassungen der Generalversammlung herbeizuführen, liegt dem Vorstand ob, natürlich nur bei einer solchen Genossenschaft, von welcher überhaupt Kredit gegeben oder genommen wird. Im Uebrigen aber beziehen sich die Bestimmungen nicht blos auf Vorschuß- und Kreditvereine, sondern auf alle Arten von Genossenschaften. Es wird beispielsweise auch für Konsumvereine und Rohstoffgenossenschaften, von welchen besonders die letzteren nicht selten ihren Mitgliedern einen übermäßig langen und ungedeckten Waarenkredit bewilligten, von vortheilhaftem Einfluß sein, wenn durch allgemeine Normen bestimmte Grenzen hierfür gezogen werden."

2. Ziffer 1: „Anleihen und Spareinlagen".

Die Bestimmung gilt für alle Genossenschaften. Bei den Vorschußvereinen, für welche die Bestimmung von großer Wichtigkeit ist, gehören zu den „Anleihen und Spareinlagen" noch die von ihnen auf laufende Rechnung und auf Checkkonto geschuldeten Beträge. Ueber die Zurechnung von Giroverbindlichkeiten (Verpflichtungen aus weiter begebenen noch schwebenden Wechseln) Mittheilungen über den Allgem. Genossenschaftstag zu Wiesbaden (1896) S. 207. Waarenschulden kommen nicht in Betracht. Die Festsetzung muß in einer absolut bestimmten Summe erfolgen.

3. Ziffer 2: „Kreditgewährungen an Genossen".

Daß bei Rohstoffgenossenschaften und bei allen Arten Konsumvereinen der Waarenkredit zu berücksichtigen ist, geht aus der Begründung (Erl. 1) hervor. Den Waarenkredit, den Produktivgenossenschaften ihren Kunden gewähren, durch die Generalversammlung begrenzen zu lassen, bleibt nach wie vor statutarischer Bestimmung vorbehalten. Zwischen gedecktem und ungedecktem Kredit wird nicht unterschieden. „Kreditgewährungen an Genossen": hieraus folgt, daß nicht hierunter die vorübergehende Anlage müßiger Gelder fällt, wohl aber Diskontiren von Wechseln, wenn das zu Grunde liegende Geschäft ein Darlehnsgeschäft ist. Es können für die verschiedenen Arten der Kreditgewährung verschiedene Grenzen gezogen werden, gleichzeitig aber muß auch die Grenze für die Gesammtbelastung bestimmt werden. Bürgschaftsübernahme ist keine Kreditentnahme, sie fällt daher nicht unter die von der Generalversammlung festgesetzten Maximalgrenze.

Zulässig ist, daß für die verschiedenen Arten der Kreditgewährung bei der Kreditgenossenschaft durch die Generalversammlung besondere Grenzen gezogen werden, es ist dann aber eine Maximalgrenze für die gesammte Kreditgewährung gleichzeitig auch zu ziehen.

Ueber die Vertheilung der Belastung bei Wechsel-Diskontirung vgl. Bl.f.G. 1895 S. 60, 153.

4. Ueberschreitung der Grenzen.

„Eine Ueberschreitung der für den Aktiv- oder Passivkredit gezogenen Grenzen soll, wie durch die Wortfassung zum Ausdruck gebracht ist, nur die Folge haben, daß die Mitglieder des Vorstandes und Aufsichtsraths nach § 27 Abs. 1, §§ 34 und 41 der Genossenschaft sich verantwortlich machen. Die Gültigkeit der einzelnen Geschäfte, durch welche die Ueberschreitung herbeigeführt worden ist, muß davon unberührt bleiben, wenn nicht die Sicherheit des Geschäftsverkehrs mit den Genossenschaften gefährdet werden soll." So die Begründung a. a. O.: Unterlassen Vorstand und Aufsichtsrath, die Beschlußfassung der Generalversammlung zu beantragen, so können die Genossen nach Abs. 2 u. 3 § 45 die Beschlußfassung betreiben.

§ 50.

Soweit das Statut die Genossen zu Einzahlungen auf den Geschäftsantheil verpflichtet, ohne dieselben nach Betrag und Zeit festzusetzen, unterliegt ihre Festsetzung der Beschlußfassung durch die Generalversammlung.

Komm. 46a, Rtg. 48.

Erläuterung zu § 50.

Das Statut muß die Einzahlungen auf den Geschäftsantheil nach Betrag und Zeit bis zu einem Gesammtbetrage von mindestens einem Zehntheile des Geschäftsantheils festsetzen (§ 7 Ziff. 2), zu Einzahlungen von dem, was darüber hinaus ist, können die Mitglieder jederzeit durch Generalversammlungsbeschluß angehalten werden, soweit in dem Statute allgemein die Verpflichtung der Mitglieder ausgesprochen ist, den Geschäftsantheil durch Einzahlung zu bilden, ohne daß dieselben gleichzeitig nach Betrag und Zeit bestimmt sind. Dieser § 50 ist zur Ergänzung des § 7 Abs. 2 in der Kommission vorgeschlagen und angenommen. (Vgl. § 7 Erl. 5.)

§ 51.

Ein Beschluß der Generalversammlung kann wegen Verletzung des Gesetzes oder des Statuts im Wege der Klage angefochten werden. Die Klage muß binnen einem Monat erhoben werden.

Zur Anfechtung befugt ist jeder in der Generalversammlung erschienene Genosse, sofern er gegen den Beschluß Widerspruch zum Protokoll erklärt hat, und jeder nicht erschienene Genosse, sofern er zu der Generalversammlung unberechtigter Weise nicht zugelassen worden ist oder sofern er die Anfechtung darauf gründet, daß die Berufung der Versammlung oder die Ankündigung des Gegenstandes der Beschlußfassung nicht gehörig erfolgt sei. Außerdem ist der Vorstand und, wenn der Beschluß eine Maßregel zum Gegenstande hat, durch deren Ausführung sich die Mitglieder des Vorstandes und des Aufsichtsraths strafbar oder den Gläubigern der Genossenschaft haftbar machen würden, jedes Mitglied des Vorstandes und des Aufsichtsraths zur Anfechtung befugt.

Die Klage ist gegen die Genossenschaft zu richten. Die Genossenschaft wird durch den Vorstand, sofern dieser nicht selbst klagt, und durch den Aufsichtsrath vertreten. Zuständig für die Klage ist ausschließlich das Landgericht, in dessen Bezirke die Genossenschaft ihren Sitz hat. Die mündliche Verhandlung erfolgt nicht vor Ablauf der im ersten Absatz bezeichneten Frist. Mehrere Anfechtungsprozesse sind zur gleichzeitigen Verhandlung und Entscheidung zu verbinden.

Die Erhebung der Klage sowie der Termin zur mündlichen Verhandlung sind ohne Verzug von dem Vorstande in den für die Bekanntmachungen der Genossenschaft bestimmten Blättern zu veröffentlichen.

Soweit durch ein Urtheil rechtskräftig der Beschluß für nichtig erklärt ist, wirkt es auch gegenüber den Genossen, welche nicht Partei sind. War der Beschluß in das Genossenschaftsregister eingetragen, so hat der Vorstand dem Gerichte (§ 10) das Urtheil behufs der Eintragung einzureichen. Die öffentliche Bekanntmachung der letzteren erfolgt, soweit der eingetragene Beschluß veröffentlicht war.

Entw. I u. II, Komm. 47, Rtg. 49, Einf.Ges. z. H.G.B. Art. 10 V u. VI, Begr. I 126, II 84, Komm.Ber. 24, A.B. § 7.

I. Zur Geschichte des § 51.

Die Bestimmungen der §§ 51 und 52 sind neu und waren den Art. 190a und b des Aktiengesetzes (jetzt §§ 271, 320 H.G.B.) nachgebildet. In der Begründung ist dazu gesagt: „Die Befugniß der einzelnen Genossen, Beschlüsse der Generalversammlung wegen Verstoßes gegen die Bestimmungen des Gesetzes oder Statuts durch Klage als ungültig anzufechten, ist schon nach dem geltenden Recht als begründet anzusehen, wenngleich das Genossenschaftsgesetz selbst keine besondere Bestimmung darüber enthält. Der Schwerpunkt der in den §§ 51 und 52 enthaltenen Vorschriften liegt deshalb in den Voraussetzungen und Beschränkungen, welche für die Geltendmachung des Anfechtungsrechts aufgestellt werden. Sie haben den Zweck, thunlichste Sicherheit zu gewähren, daß nicht ein Zustand längerer Ungewißheit über die Gültigkeit von Generalversammlungsbeschlüssen eintreten kann. Die Vorschriften entsprechen im Einzelnen den Bestimmungen in den Artikeln 190a, b und 222 des Aktiengesetzes (jetzt §§ 271, 320 H.G.B.). Da für die Genossenschaften nicht, wie nach Art. 238a des letzteren Gesetzes (jetzt § 259 Abs. 5 H.G.B.), die Einreichung aller Generalversammlungsbeschlüsse zu den Anlagen des Genossenschaftsregisters vorgesehen ist, so muß im letzten Absatz des § 51 die Einreichung von Urtheilen, durch welche die Ungültigkeit solcher Beschlüsse ausgesprochen wird, auf die Fälle beschränkt werden, in denen der Beschluß in das Genossenschaftsregister eingetragen war." Ueber die in der Kommission beschlossene Aenderung s. Erl. 8.

Absatz 1 ist durch Art. 10 V des Einf.Ges. z. H.G.B. abgeändert und lautete in der Fassung des Gesetzes von 1889:

> Ein Beschluß der Generalversammlung kann wegen Verletzung des Gesetzes oder des Statuts als ungültig im Wege der Klage angefochten werden. Dieselbe findet nur binnen der Frist von einem Monate statt. Zur Anfechtung befugt ist außer dem Vorstande jeder in der Generalversammlung erschienene Genosse, sofern er gegen den Beschluß Widerspruch zu Protokoll erklärt hat, und jeder nicht erschienene Genosse, sofern er die Anfechtung darauf gründet, daß die Berufung der Generalversammlung oder die Ankündigung des Gegenstandes der Beschlußfassung nicht gehörig erfolgt war.

In Abs. 4 heißt es statt „nichtig" — „ungültig" (Art. 10 VI Einf.Ges. z. H.G.B.

II. Erläuterungen zu § 51.

1. **Absatz** I. Voraussetzungen der Anfechtungsklage.

Ein Generalversammlungsbeschluß kann wegen Verletzung von Gesetz oder Statut angefochten werden 1. von dem Vorstande als solchem, ohne daß derselbe braucht Widerspruch erhoben zu haben (vgl. § 27 Erl. 1), 2. von jedem in der Generalversammlung erschienenen Genossen, sofern er gegen den Beschluß Widerspruch zu Protokoll erklärt hat, 3. von jedem nicht erschienenen Genossen, sofern er die Anfechtung darauf gründet, daß die Berufung der Generalversammlung oder die Ankündigung des Gegenstandes der Beschlußfassung nicht gehörig erfolgt war. Unerheblich ist, ob er von der nicht gehörigen Berufung oder Ankündigung des Gegenstandes Kenntniß gehabt hat, da er dieselbe zu beachten nicht verpflichtet war. Ein behinderter Genosse gilt als nicht erschienen, 4. von den einzelnen Vorstandsmitgliedern und Aufsichtsrathsmitgliedern nach Maßgabe des Abs. 2 (§§ 90, 142, 149). Das O.L.G. Jena hat in dem Urtheil vom 26. Oktober 1891 (Monatsschrift für Aktienrecht 1893 S. 219) ausgesprochen, (für A.G.), daß der Vorstand sein Anfechtungsrecht dadurch nicht verliert, daß seine Mitglieder in der Generalversammlung für den Beschluß gestimmt haben, denn die Verpflichtung des Vorstandes zur Anfechtung sei eine gesetzliche. Letzteres ist im Gesetz nicht begründet. Es wird zu unterscheiden sein zwischen Angelegenheiten, die die Vorstandsmitglieder nur als einfache Mitglieder berühren und denen, wo ihre Verantwortung in Frage kommt, bei Ersteren kann für sie nur dasselbe gelten wie für die anderen Mitglieder, bei Letzteren muß auch das einzelne Vorstandsmitglied das Recht der Anfechtung behalten, selbst wenn es für den Beschluß gestimmt hat.

Für alle Fälle ist als Grundsatz anzuerkennen, daß die Anfechtung ihre Grenzen in der Einflußlosigkeit der Verletzung des Gesetzes und des Statuts hat (vgl. die Entscheidungen in der Zeitschrift für Aktiengesellschaften V S. 19, zum Theil anders R.G. Bd. 3 S. 126, wo die Wichtigkeit und das Interesse der Genossenschaft für unerheblich erklärt ist). § 51 entspricht dem § 271 H.G.B. (Denkschrift zum H.G.B. S. 313). Ohne Einfluß ist, ob das Mitglied etwa von dem Gesetz und Statut keine genügende Kenntniß hatte und deswegen die Erhebung des Widerspruchs unterläßt; es mag sich mit dem Widerspruch für alle Fälle sichern, wenn es über die Giltigkeit des Beschlusses im Zweifel ist.

2. Klage.

Nur im Wege der Klage kann ein Generalversammlungsbeschluß nach Maßgabe des § 51 angefochten werden, nicht im Wege der Einrede; ein Genosse also, welcher von der Genossenschaft verklagt wird, darf nicht einredeweise, sondern nur im Wege der Widerklage den Einwand erheben, daß der jener Klage zu Grunde liegende Generalversammlungsbeschluß ungültig sei —, die Widerklage ist an die Voraussetzungen des § 51 gebunden.

3. **Klage-Ansprüche.**

Das Recht, im Wege der Klage Generalversammlungsbeschlüsse anzufechten, ist ein Individualrecht des Genossen, er hat dasselbe nicht zur Geltendmachung vermögensrechtlicher Ansprüche zu eigenem Vortheil, sondern Namens und im Interesse der Genossenschaft. Jeder Beschluß, bei dem Gesetz — d. h. das Genossenschaftsgesetz (weitergehend Joël S. 546) — oder Statut verletzt ist, ist anfechtbar; es ist auch zweifellos die Anfechtung dann zulässig, wenn es sich um die Verletzung eines dem Genossen als solchem durch das Gesetz oder das Statut gewährleisteten Rechts handelt (R.G. Bd. 38 S. 14). Hierdurch wird der Kreis der Anfechtungsklagen begrenzt. Nicht unter sie fallen die den Genossen als dritten Personen aus einem besonderen Vertragsverhältnisse zustehenden Rechte gegen die Genossenschaft, falls dieselben durch einen Generalversammlungsbeschluß verletzt werden, zum mindesten ist der Genosse nicht auf die Anfechtungsklage angewiesen (vgl. R.G. Bd. 14 S. 127, Bd. 17 S. 17 für die analogen Vorschriften des Aktien-Gesetzes); nicht hierher fallen ferner die Rechte aus der Mitgliedschaft (Joël S. 546), soweit sie vermögensrechtlicher Natur sind und nur das einzelne Mitglied betreffen, wie z. B. das Recht auf Verbleiben in der Genossenschaft, welches sich durch Anfechtung eines Ausschließungsbeschlusses der Generalversammlung äußert, denn dieses Recht ist kein Individualrecht, sondern ein persönliches Recht; andernfalls würde man zu verschiedenem Rechte kommen, je nachdem das Statut die Ausschließung durch die Generalversammlung oder ein anderes Organ festsetzt. Es kann im einzelnen Falle zweifelhaft sein, ob ein Mitglied bei der Anfechtung auf den § 51 angewiesen ist; bei der Prüfung des Anspruchs muß stets im Auge behalten werden, daß § 51 sich nur auf Individualrechte, auf Rechte der Minderheit bezieht. Nicht hierher gehört daher auch die Anfechtung der Bilanz wegen unrichtiger Aufstellung, wogegen der Beschluß über die Feststellung der Bilanz nur nach § 51 angefochten werden kann, wenn er Gesetz oder Statut verletzt (§ 48 Erl. 1), Birkenbihl-Maurer S. 233.

4. Frist.

Die Klage muß innerhalb eines Monats erhoben, d. h. zugestellt sein. Versäumniß der Frist hat Verlust des Anfechtungsrechts zur Folge, denn es handelt sich um keine Nothfrist, gegen welche die Wiedereinsetzung in den vorigen Stand zulässig wäre, sondern um eine Präklusivfrist (anders im Falle des § 111). Wahrung der Frist durch einen Genossen kommt allen zu Gute, denn das Urtheil hat nach Abs. 4 absolute Wirkung. Wird die Anfechtung mit nicht gehöriger Berufung oder Ankündigung des Gegenstandes der Beschlußfassung begründet, so beginnt die Frist erst mit dem Tage zu laufen, an welchem das nicht erschienene Mitglied Kenntniß von der Generalversammlung oder der Beschlußfassung erhalten hat (Birkenbihl-Maurer S. 229 a. A. Joël S. 546).

5. Widerspruch.

Der Widerspruch muß vor Schluß der Generalversammlung zu Protokoll, d. h. zu dem in der Generalversammlung geführten Protokoll erklärt werden. Der Erklärung steht es gleich, wenn die Aufnahme in das Protokoll verweigert, oder sonst das Mitglied an der Ausübung seines Rechts behindert ist. Die Erhebung des Widerspruchs ist — ausgenommen die im Abs. 2 zugelassenen Ausnahmen — Voraussetzung der Klage, dem Kläger liegt also der Beweis im Bestreitungsfalle ob, daß Widerspruch erhoben, bezw. aus welchen Gründen er unterlassen ist. In der Folge ist der Genosse an die zu Protokoll etwa abgegebene Begründung des Widerspruchs nicht gebunden, er kann zur Begründung der Klage alle dem angefochtenen Beschlusse anklebenden Mängel geltend machen, ohne daß ihm entgegengehalten werden kann, der von ihm erhobene Widerspruch habe auf anderen Gründen beruht (R.G. Bd. 20 S. 141 für die gleichlautende Vorschrift des A.G.). Das R.G. hat (Bd. 22 S. 161) angenommen, daß der Widerspruch vor der Beschlußfassung erhoben sein muß (ebenso Birkenbihl-Maurer S. 228); dies ist in dem Wortlaut des Gesetzes kaum begründet, denn es heißt, daß der Widerspruch

„gegen den Beschluß" zu erklären ist, was doch wohl voraussetzt, daß ein Beschluß bereits gefaßt ist (ähnlich Joël S. 546). In der gleichen Entscheidung ist ein Widerspruch gegen die Gewinnvertheilung auch auf die Bilanz bezogen. Auch dies kann nicht als zutreffend erachtet werden, denn die Genehmigung der Bilanz ist völlig unabhängig von der Beschlußfassung über die Gewinnvertheilung. Man kann sich sehr wohl für die erstere aber gegen letztere erklären. Erfolgt der Einspruch in der Generalversammlung, so braucht der anzufechtende Beschluß nicht bezeichnet zu werden, wenn Einspruch wegen nicht ordnungsmäßiger Berufung eingelegt ist (vgl. R.G. Bd. 30 S. 51).

6. Intervention.

Die Genossen können als Nebenintervenienten in den Prozeß eintreten (§ 62 C.P.O. mit Rücksicht auf Abs. 4), auch wenn sie die Frist nicht gewahrt haben.

7. Rückwirkende Kraft.

Die Bestimmungen des § 51 haben rückwirkende Kraft, sie sind als das Klagerecht organisirende Vorschriften auf jede einen Generalversammlungsbeschluß betreffende Anfechtungsklage in Anwendung zu bringen, die unter der Herrschaft des Gesetzes von 1889 erhoben wird, mag auch der angefochtene Beschluß aus einer früheren Zeit herrühren (R.G. Bd. 14 S. 142).

8. Absatz II. Die Genossenschaft als Beklagte.

Der Regierungsentwurf bestimmte in Uebereinstimmung mit dem A.G. in Art. 222 (jetzt § 271 H.G.B.): „Die Klage ist gegen den Vorstand . . . . zu richten." In der Kommission war beantragt zu sagen: „Die Klage ist gegen die Genossenschaft zu richten; dieselbe wird, sofern der Vorstand klagt, durch den Aufsichtsrath vertreten." Um der Absicht des Entwurfs, daß die Klage gegen die Genossenschaft zu richten sei, einen deutlichen Ausdruck zu geben, wurde die jetzige Fassung gewählt; im Uebrigen wurde der Antrag abgelehnt, „weil derselbe im Widerspruch mit der bezüglich der Aktiengesellschaft bestehenden Vorschrift in Art. 222 H.G.B. den Aufsichtsrath als allgemeines Mitvertretungsorgan beseitigt und ihm nur dann die Vertretung der Genossenschaft überträgt, wenn der Vorstand selbst klagt. Die Nothwendigkeit einer regelmäßigen Mitbetheiligung des Aufsichtsraths in den hier in Frage stehenden präjudiziellen Prozessen wurde seitens der Regierungsvertreter damit begründet, daß es sich dabei häufig um die Verantwortlichkeit des Vorstandes handeln werde, und dieser an der Anfechtung und Beseitigung des Beschlusses der Generalversammlung ein Interesse haben könne." (Komm.Ber. 24.) Es ist nicht abzusehen, wie der Prozeß geführt werden soll, wenn Vorstand und Aufsichtsrath in der Instruktion nicht einig sind, und etwa jedes der beiden Organe einen andern Anwalt zu dem Prozesse stellt. Die Klage ist dem Vorstand und dem Aufsichtsrath zuzustellen (R.G. Bd. 14 S. 142) und zwar für Letzteren dem Vorsitzenden desselben. Voraussetzung ist auch, daß ein beschlußfähiger Aufsichtsrath vorhanden ist; allerdings wird erforderlich sein, daß, wenn die Genossenschaft einen solchen Aufsichtsrath nicht hat, der Kläger Kenntniß davon besitzt. Alsdann würde er zu dem Hülfsmittel des § 57 C.P.O. greifen müssen (vgl. Urtheil des R.G. vom 4. November 1890 in der Juristischen Wochenschrift 1891 S. 14). In dem Urtheil vom 24. Oktober 1896 in Sachen des V. V. Pölitz hat das R.G. Urtheil vom 24. Oktober 1896 (Monatsschrift für Aktienrecht 1897 S. 27) für die Vertretung der Genossenschaft den Aufsichtsrath für zuständig erklärt, der zur Zeit der Klagerhebung thatsächlich im Amte ist, auch wenn es sich um die Anfechtung des Beschlusses als ungültig handelt, durch den dieser Aufsichtsrath bestellt ist: Als gesetzliche Vertreter der Genossenschaft sind zu belangen die Gesammtheit derjenigen Personen, die zur Zeit der Klageerhebung den Vorstand und den Aufsichtsrath bilden. Betrifft, wie im vorliegenden Falle, der angefochtene Beschluß den Personenbestand der zur Vertretung der Genossenschaft berufenen Organe, so kann der Kläger, der die Ungültigkeit eines solchen

Beschlusses herbeiführen will, sich nicht schon während des Prozesses auf den Standpunkt stellen, den Beschluß als nicht vorhanden zu betrachten. Der Beschluß besteht, solange er nicht für ungültig erklärt ist. Da er zu seiner Rechtswirksamkeit nicht der Eintragung in das Genossenschaftsregister bedarf, so ist der durch denselben geschaffene Zustand während des Prozesses als rechtsbeständig vorauszusetzen. Daraus folgt, daß im vorliegenden Prozeß die Gesammtheit derjenigen Personen, die infolge des angefochtenen Beschlusses den Aufsichtsrath bildeten, zur Vertretung der Genossenschaft berufen war. Ueber die Zustellung § 24 Erl. 2 und Urtheil des O.L.G. Rostock vom 6. Februar 1895 (Monatsschrift für Aktienrecht 1895 S. 119). Die Gebühren sind nur für einen Prozeßbevollmächtigten zu ersetzen (R.G. Bd. 14 S. 142).

9. Verhandlung.

Die Verhandlung darf nicht vor Ablauf eines Monats stattfinden, damit die sämmtlichen Anfechtungsprozesse verbunden werden können. Dies ist erforderlich, weil ein rechtskräftiges Urtheil, das den Beschluß für ungültig erklärt, gegenüber allen Genossen gilt.

10. **Absatz** III. Veröffentlichung der Klageerhebung u. s. w.

Klageerhebung und Termin sind von dem Vorstand in allen Fällen zu veröffentlichen, jedoch nur der erste Termin.

11. Ordnungsstrafe.

Die Befolgung der Vorschriften im Abs. 3 und 4 ist im § 160 unter Ordnungsstrafe gestellt.

12. **Absatz** IV. Wirkung des Urtheils.

Nur ein Urtheil, welches den Beschluß für ungültig erklärt, wirkt für und wider alle Genossen; ein Vergleich oder ein Verzicht berührt nur diejenigen Genossen, welche von demselben betroffen werden.

13. „einzureichen".

Der Vorstand hat das Urtheil einzureichen, d. h. nach Maßgabe der für die Form der Willenserklärung des Vorstandes geltenden Bestimmungen bei Vermeidung der Ordnungsstrafen des § 160. Die Einreichung muß auch zum Genossenschaftsregister der Zweigniederlassung erfolgen (§ 157). Das Urtheil ist von Amtswegen einzutragen (vgl. Beschluß des Landgerichts Berlin vom 29. März 1894 Monatsschrift für Aktienrecht 1894 S. 153).

14. Wirkung gegen Dritte.

Dritte werden durch die Ungültigkeitserklärung des Generalversammlungsbeschlusses nicht berührt, da der Vorstand ihnen gegenüber unbeschränkt handelt (§ 27).

15. Der Einfluß des § 51 auf die Eintragungen in das Genossenschaftsregister. (Vgl. § 16 Erl. 6.) Einfluß der Nichtanfechtung.

Nach dem Wortlaut des § 51 kann ein Beschluß der Generalversammlung wegen Verletzung des Gesetzes oder des Statuts als ungültig im Wege der Klage angefochten werden; dieselbe findet aber nur binnen der Frist von einem Monat statt. Hiernach hätte es den Anschein, als wenn ein gesetz- oder statutenwidriger Beschluß, der innerhalb der Frist nicht angefochten ist, rechtswirksam wird; Birkenbihl-Maurer S. 93 zu § 10 ziehn die Konsequenz, „daß die Genossen eine Gesetzesverletzung vereinbaren können." Das ist in dieser Allgemeinheit ganz gewiß nicht zutreffend, diese Auffassung ergiebt sich aus einer Verbindung der Anfechtung nach § 51 mit der Prüfung des einzutragenden Beschlusses durch das Gericht; die Konsequenz zeigt aber auch am besten, daß ein solcher Zusammenhang nicht besteht, daß der Registerrichter sich um eine erfolgte oder mögliche Anfechtung nach Maßgabe des § 51 nicht zu bekümmern hat, sondern vollkommen unabhängig die Prüfung und die Eintragung vornehmen kann. Es ist dies bei § 10 Erl. 1, § 16 Erl. 6 des Näheren dargelegt. Kommt der Richter zu dem Resultat, daß die zur Eintragung angemeldete Bestimmung gesetzwidrig ist, so muß er die Eintragung ablehnen, und die Genossenschaft kann sich nicht darauf berufen, daß eine Anfechtung nicht erfolgt sei. Die zwingenden gesetzlichen Bestimmungen sind der Parteidisposition entzogen (§ 18). Daß der Richter in seinen Maßnahmen von der Anfechtung nicht berührt wird, ergiebt sich aus dem Absatz 4, wo die Eintragung vorausgesetzt ist (ebenso Proebst S. 182); den Registerrichter interessirt nur das Urtheil, welches einen in das Register eingetragenen Beschluß aufhebt. Nur wenn die von dem Gericht zu erlassende Verfügung von der Beurtheilung eines streitigen Rechtsverhältnisses abhängt, kann nach § 127 des Gesetzes über die Angelegenheiten der freiwilligen Gerichtsbarkeit die Eintragung ausgesetzt werden, — insoweit das öffentliche Interesse in Betracht kommt, hat es nach § 127 des Gesetzes über die Angelegenheiten der freiwilligen Gerichtsbarkeit selbstständig zu entscheiden. Zu weit gehn in der Anwendung dieser Bestimmungen Birkenbihl-Maurer S. 234.

Gleichwohl ist für die Wirkung der Anfechtung noch ein weiter Spielraum, insbesondere kommen alle die Fälle in Betracht, in denen bei Berufung der Versammlung, Ankündigung des Gegenstandes zur Beschlußfassung ein Fehler begangen ist; erfolgt hier keine Anfechtung, so gilt der Mangel als geheilt —, freilich kann die Anfechtung auch sehr spät erfolgen (vgl. Erl. 4). — Mit Ring S. 580 (gegen Birkenbihl-Maurer S. 230) wird anzunehmen sein, daß auf diese Weise Beschlüsse einer jeden Versammlung durch ausgebliebene Anfechtung rechtswirksam werden können, vorausgesetzt nur, daß die Versammlung das Gepräge einer Generalversammlung gehabt hat (vgl. § 46 Erl. 3). Freilich würde Vorstand und Aufsichtsrath für die Mitwirkung bei derartigen Beschlüssen immer mit einer gewissen Verantwortung belastet bleiben (vgl. § 27 Erl. 1). — Das Gleiche wird bei allen Verletzungen des Statuts anzunehmen sein, welche nicht gleichzeitig einen Verstoß gegen solche Bestimmungen des Gesetzes enthalten, die zwingender Natur sind. Eine Heilung von Mängeln ist daher nur ausgeschlossen, wenn eine Maßregel getroffen wird, die nach dem Gesetze keine Rechtswirksamkeit haben kann. Ein solcher Beschluß ist und bleibt ungültig. Dies gilt nicht allein von Bestimmungen des Statuts, die mit dem Gesetze in Widerspruch stehen, sondern auch von allen Beschlüssen, welche die Generalversammlung nach dem Gesetze mit rechtsverbindlicher Wirkung überhaupt nicht zu fassen vermochte.

§ 52.

Für einen durch unbegründete Anfechtung des Beschlusses der Genossenschaft entstandenen Schaden haften ihr solidarisch die Kläger, welchen bei Erhebung der Klage eine bösliche Handlungsweise zur Last fällt.

Entw. I und II, Komm. 48, Rtg. 50. Begr. I 126, II 84.

Erläuterung zu § 50.

§ 50 ist wörtlich dem Art. 190b des Aktiengesetzes (§ 273 Abs. 2 H.G.B.) entlehnt: die Anfechtung muß eine unbegründete gewesen, die Klage darf nicht aus blos formalen Gründen abgewiesen sein. Die Nebenintervenienten kommen bei dem Schadenersatz nicht in Betracht. Bösliche Handlungsweise erfordert neben dem Dolus nicht allgemein die grobe Fahrlässigkeit, sondern nur denjenigen Frevelmuth, welcher sich der rechtswidrigen Folgen seines Verhaltens bewußt ist (R.G. Bd. 1 S. 22).

Vierter Abschnitt.

Revision.

Vorbemerkungen.

Das Gesetz erklärt im § 53: Die Einrichtungen der Genossenschaft und die Geschäftsführung derselben in allen Zweigen der Verwaltung sind mindestens in jedem zweiten Jahre der Prüfung durch einen Revisor zu unterwerfen, und in § 38: Der Aufsichtsrath hat den Vorstand bei seiner Geschäftsführung in allen Zweigen der Verwaltung zu überwachen und zu dem Zweck sich von dem Gange der Angelegenheiten der Genossenschaft zu unterrichten. Der Unterschied ist klar: dem Aufsichtsrath liegt die dauernde Ueberwachung der Verwaltung ob, der Revisor hat in bestimmten Zeiträumen zu prüfen, ob die Einrichtungen der Genossenschaft, die Verwaltung des Vorstandes, die Kontrole des Aufsichtsraths dem Gesetz und Statut entsprechen: die Funktionen von Aufsichtsrath und Revisor sind also durchaus verschieden.

Dieser Abschnitt des Gesetzes ist veranlaßt durch die schnelle Entwickelung der sogenannten „Verbandsrevision" in den Unterverbänden des Allgemeinen Verbandes der deutschen Erwerbs- und Wirthschaftsgenossenschaften. Diese Entwickelung ist in der Einleitung dargestellt. Erst 1878 unter steter Anregung von Schulze-Delitzsch in einzelnen Verbänden eingeführt, errang die Verbandsrevision in allen denjenigen Unterverbänden, wo man sie geschickt und thatkräftig anfaßte, in kurzer Zeit überraschende Erfolge. Bald bürgerte sie sich in einer stetig wachsenden Zahl Genossenschaften als eine Einrichtung ein, die als unentbehrlich für die gesammte Fortentwickelung und den inneren Ausbau des deutschen Genossenschaftswesens erachtet wurde. Schulze-Delitzsch war in den letzten Lebensjahren von banger Sorge erfüllt, die staatssozialistischen Bestrebungen könnten zu schwerer Beeinträchtigung der „Schöpfungen der Selbsthülfe" führen, die er „zur gesunden wirthschaftlichen, politischen und humanen Entwickelung des Vaterlandes für unentbehrlich" erklärte.*) In der weiteren Ausbildung der Verbandsrevision sah er ein Mittel, rauhe Eingriffe der Staatsgewalt von den Genossenschaften abzuwenden. Er selbst nahm in seinem 1882 dem Reichstag zur Abänderung des Ges. vom 4. Juli 1868 eingereichten Antrage als Zusatz zu dem die Obliegenheiten des Aufsichtsraths behandelnden Paragraphen folgende Vorschrift auf:

> „Außerdem hat die Genossenschaft in Perioden von 2—3 Jahren je eine Superrevision durch einen ihr nicht angehörigen, sachverständigen Revisor, unter Zuziehung des Aufsichtsraths, vornehmen und durch Einreichung eines Attestes desselben bescheinigen zu lassen."

Diese Vorschrift war ein Zugeständniß an den im Reichstage eingebrachten Antrag der Abg. Ackermann und Genossen, welcher Bestrebungen der Gegner der Genossenschaften unterstützte. Schulze-Delitzsch war weit davon entfernt, die Aufnahme weiterer Bestimmungen über die Revision in das Gesetz zu befürworten.**) Die Verbandsrevision hat nach seinem Tode erfreulichen Fortgang genommen; auch andere genossenschaftliche

---

*) Siehe seinen nachgelassenen Aufsatz: „Für Selbsthülfe — gegen Staatssozialismus" (zuerst im „Reichsfreund" dann in vielen politischen Zeitungen abgedruckt).

**) „Eine gedeihliche Entwickelung der in die sozialen Aufgaben der Zeit so tief eingreifenden Genossenschaften ist nur denkbar, wenn sie sich aus dem innersten Wesen derselben heraus ungehemmt vollzieht," sagte er zum Schluß seiner Abhandlung über die Revisorenfrage, Material. S. 84 bis 95, mit Bezug auf die Arbeiten des Reichsjustizamts.

Vereinigungen, die früher Rechnungsrevisoren zum Besten der einbezirkten Vereine unterhielten, haben die bessere Einrichtung der Verbandsrevision eingeführt. Ein auf Antrag des Anwaltes Schenck auf dem Allgemeinen Vereinstage zu Plauen im August 1887 gefaßter Beschluß zeigt, welche innere Ausbildung die Verbandsrevision genommen hat, und wohin ihre weitere Entwickelung zielt:

In Erwägung,

1. daß die weitere erfolgreiche Entwickelung der Verbandsrevision zunächst davon abhängt, daß zu dem verantwortlichen Amte eines Verbandsrevisors überall nur tüchtige, leistungsfähige und taugliche Männer berufen werden, daß in der Person des Revisors ein öfterer Wechsel ausgeschlossen ist, und daß die gesammte Thätigkeit aller in dem allgemeinen Verbande angestellten Revisoren einer fortwährenden, eingehenden, gewissenhaften Kontrole unterstellt ist,

2. daß die Revisionsthätigkeit gefördert wird, wenn die einzelnen Revisoren nicht nur die geschäftlichen Einrichtungen in einem Verbande kennen lernen, sondern wenn dieselben Gelegenheit und Veranlassung finden, die geschäftliche Behandlung und deren Erfolge in Genossenschaften verschiedener Unterverbände zu beobachten,

3. daß die zweckentsprechende Durch- und Weiterführung der Verbandsrevisionen erfordert, daß in allen Unterverbänden über die Anstellung, die Rechte und die Verpflichtungen der Verbandsrevisoren in den wesentlichen Punkten gleichmäßige Bestimmungen, wie solche auf dem allgemeinen Vereinstage zu Weimar von dem Anwalte angeregt worden sind, erlassen werden, — und

4. daß endlich die fernere segensreiche Wirksamkeit der Verbandsrevision wesentlich dadurch bedingt ist, daß in allen Unterverbänden — entsprechend dem Beschlusse des Vereinstages zu Karlsruhe — Anordnungen getroffen werden, welche, ohne die Selbstständigkeit der einzelnen Genossenschaften anzutasten, für die bereitwillige, rasche und pünktliche Befolgung der Rathschläge des Revisors in geeigneter Art Fürsorge treffen,

wird den Unterverbänden empfohlen:

I. bei der Anstellung der Verbandsrevisoren darauf bedacht zu sein, daß zu diesem Amte nur kaufmännisch gebildete, mit dem Genossenschaftswesen und den Bestimmungen des Genossenschaftsgesetzes vertraute praktische Genossenschafter berufen werden, welche bereit und im Stande sind, ihre ganze Kraft und Zeit der Revisionssache zu widmen,

II. überall, wo die Revision der Genossenschaften eines Verbandes nicht die ganze Arbeitskraft eines Revisors in Anspruch nimmt, für mehrere Unterverbände einen gemeinsamen Revisor zu bestellen,

III. in jedem Unterverbande über die Anstellung, die Rechte und die Pflichten des Verbandsrevisors Bestimmungen zu erlassen, welche Vorschriften darüber enthalten:

a) daß der Revisor Beamter des Unterverbandes ist und als solcher den Anordnungen des Verbandsdirektors unterworfen ist; daß der Revisor insbesondere nur auf Anweisung des Verbandsdirektors ordentliche und außerordentliche Revisionen vornehmen darf;

b) daß der Revisor von dem Verbandstage auf Vorschlag des Verbandsdirektors gewählt und entlassen wird, und daß in Fällen gröblicher Pflichtverletzung der Verbandsdirektor gehalten ist, den Revisor vorläufig und unter Vorbehalt der Genehmigung des nächsten ordentlichen Verbandstages seines Amtes zu entheben;

c) daß der Revisor für seine Leistungen aus der Verbandskasse nach Anweisung des Verbandsdirektors bezahlt wird, und daß demselben untersagt ist, von einzelnen Vereinen oder von Mitgliedern derselben Bezahlung, Gratifikation oder Geschenke anzunehmen; und daß derselbe auch Nebenbeschäftigungen, welche mit einer Einnahme verbunden sind, nur mit Zustimmung des Verbandsdirektors übernehmen darf;

d) daß der Revisor bei allen ordentlichen Revisionen nach Vorschrift der ihm gegebenen Instruktion zu verfahren hat; daß bei den ordentlichen Revisionen in der Regel nicht eine kalkulatorische Prüfung der einzelnen Geschäfte vorzunehmen ist, daß der Revisor aber ganz besonders darauf sein Augenmerk zu richten hat, ob die Bestimmungen des Gesetzes überall beobachtet sind, ob die Geschäftsführung den Vorschriften des Gesellschaftsvertrages entspricht, und ob die Beschlüsse der Vereinstage und der Verbandstage die erforderliche Beachtung gefunden haben;

e) daß der Revisor überall da, wo die Verwaltung in einzelnen Theilen, wie z. B. bei der Vornahme von Revisionen oder bei der Geschäftsinventur am Jahresschlusse 2c., mangelhaft geführt ist, gehalten sein soll, die betreffende Geschäftsthätigkeit in Gegenwart von Vorstand und Aufsichtsrath selbst vorzunehmen und dabei die erforderliche Anleitung zu ertheilen;

f) daß der Revisor die unabweisbare Verpflichtung hat, nach vollendeter Revisionsarbeit dem Vorstand und Aufsichtsrathe der revidirten Genossenschaft in gemeinschaftlicher Sitzung über seinen Revisionsbefund genaue Mittheilung zu machen und über die Beseitigung vorhandener Mängel und die Herbeiführung besserer Einrichtungen seine Rathschläge zu ertheilen, und nach dieser Verhandlung mit Vorstand und Aufsichtsrath über das Ergebniß seiner Revision schriftlichen Bericht an die revidirte Genossenschaft zu erstatten und eine Abschrift dieses Berichtes an den Verbandsdirektor einzusenden;

g) und daß der Revisor dem ordentlichen Verbandstage in jedem Jahre über seine Thätigkeit als Verbandsrevisor und deren Erfolge schriftlichen Bericht zu erstatten hat, und

IV. in jedem Unterverbande Anordnungen zu treffen, durch welche der Vorstand jeder revidirten Genossenschaft verpflichtet wird, innerhalb einer bestimmten Zeit nach stattgehabter Revision dem Verbandsdirektor Mittheilung zu machen, inwieweit die Erinnerungen und Mahnungen des Verbandsrevisors befolgt worden sind, oder aus welchen Gründen dieses in einzelnen Fällen nicht geschehen ist oder nicht geschehen konnte, und durch welche dem Verbandsdirektor ausdrücklich das Recht ertheilt und die Verpflichtung auferlegt wird, etwa vorhandene Irrthümer und Mißverständnisse über die Ausstellungen und Rathschläge des Verbandsrevisors aufzuklären, sodann aber zur Befolgung dieser Rathschläge durch Beseitigung der vorhandenen Uebelstände und Herbeiführung besserer Einrichtungen aufzufordern und, sofern diese Aufforderungen ohne Erfolg bleiben sollten, in geeigneter Weise dem nächsten ordentlichen Verbandstage Mittheilung zu machen.

Dieser Beschluß ist durch die Beschlüsse des Allg. Genossenschaftstages zu Gotha 1894 dahin erweitert:

„Die Erhaltung der segensreichen Wirksamkeit und die weitere Entwickelung der Verbandsrevision ist bedingt durch die bereitwillige und gewissenhafte Berücksichtigung der Rathschläge des Verbandsrevisors durch die Genossenschaften; die Bestimmungen des Genossenschaftsgesetzes und der Verbandsstatuten, welche zur Herbeiführung und Sicherung dieser bereitwilligen Berücksichtigung der Rathschläge des Revisors durch die Genossenschaften gegeben sind, müssen deshalb überall sorgsame Beobachtung finden.

1. An die Vorstände der Unterverbände wird deshalb das Ersuchen gestellt, strenge darüber zu wachen, daß den Vorschriften in § 61 (jetzt § 63) des Genossenschaftsgesetzes und den von den Genossenschaften selbst durch die Verbandsstatuten und durch Verbandstagsbeschlüsse zu diesem Zwecke getroffenen Anordnungen pünktlich Folge geleistet wird;

2. Die Vorstände der Genossenschaften werden aufgefordert, nach der Vorschrift in § 61 (jetzt § 63) des Genossenschaftsgesetzes den Bericht des Verbandsrevisors stets zur Beschlußfassung auf die Tagesordnung der nächstfolgenden Generalversammlung zu setzen, und

3. den Aufsichtsräthen wird dringend empfohlen, an den Revisionen sich zu betheiligen und über das Ergebniß der Revision der Generalversammlung eingehenden Bericht zu erstatten."

Zur Ausführung dieser Anweisung beschloß der Allgem. Genossenschaftstag zu Augsburg (1895).

„1. Den Vorständen der Unterverbände wird empfohlen, darüber zu wachen:

a) daß keine Revision abgehalten wird, ohne die in § 61 (jetzt § 63) des Genossenschaftsgesetzes vorgeschriebene Zuziehung des Aufsichtsraths;

b) daß der Verbandsrevisor nach Vollendung der Revisionsarbeit ‚in gemeinschaftlicher Sitzung mit dem Vorstand und dem Aufsichtsrath der revidirten Genossenschaft das Ergebniß der Revision bespricht und erst nach dieser Besprechung den schriftlichen Bericht über die Revision erstattet.

c) daß der Bericht über die Revision zur Beschlußfassung auf die Tagesordnung der nächsten Generalversammlung gesetzt wird.

2. Den Unterverbänden wird empfohlen, in die Verbandsstatuten Bestimmungen darüber aufzunehmen:

a) daß der Vorstand jeder revidirten Genossenschaft verpflichtet ist, dem Verbandsdirektor anzuzeigen, wann die nächste Generalversammlung nach der Revision stattfindet, in deren Tagesordnung nach der Vorschrift in § 61 (jetzt § 63) des Genossenschaftsgesetzes der Bericht über die Revision als Gegenstand der Beschlußfassung aufzunehmen ist;

b) daß nach der Abhaltung der Generalversammlung dem Verbandsdirektor aus dem Protokolle der Generalversammlung eine Abschrift der Verhandlungen über diesen Gegenstand mitzutheilen ist;

c) daß in allen Fällen, in welchen durch die Revision schwere Mißstände sich ergeben haben, der Verbandsdirektor eine Abschrift des Revisionsberichtes an den Anwalt einzusenden hat."

Das Reichsjustizamt hatte den Werth der im Allgemeinen Verbande gemachten Erfahrung erkannt und bemühte sich, dieselbe durch Einführung der Revision als gesetzliche Einrichtung für alle deutschen Genossenschaften zu verwerthen. In der Begründung seiner Vorschläge zu diesem Abschnitte (I 68, II 49) ist ausgeführt, daß bei den Genossenschaften eine weitere Kontrole, als die, welche der Aufsichtsrath bietet, zweifellos ein Bedürfniß sei. „Hier wird es sich empfehlen, nicht blos in Ausnahmefällen, sondern als dauernde Einrichtung eine regelmäßig wiederkehrende umfassende Prüfung der Geschäftsführung und Vermögenslage durch einen sachverständigen Revisor vorzuschreiben, der von der einzelnen Genossenschaft unabhängig ist und über die Art und Weise seiner Untersuchung und deren Ergebniß zu berichten hat. Eine derartige Einrichtung bietet, wenn richtig gehandhabt, zugleich die Gelegenheit zur Unterweisung und Fortbildung der Genossenschaftsbeamten und dient dazu, die gemachten Erfahrungen in weiteren Kreisen fruchtbar zu machen. Dieser Erwartung haben im Wesentlichen schon jetzt die günstigen Erfahrungen bei denjenigen Genossenschaften entsprochen, welche sich solchen periodischen Revisionen unterworfen haben. Die Bestellung und Besoldung des Revisors ist für diese Genossenschaften in der Regel von den bestehenden Verbänden gewerblicher oder landwirthschaftlicher Genossenschaften in die Hand genommen worden. An diese Einrichtung wird das Gesetz sich am zweckmäßigsten anlehnen. Die Zugehörigkeit zu solchen Verbänden hat sich bisher im Allgemeinen als ein wirksames Mittel zur Stärkung der geschäftlichen Solidität der Genossenschaften erwiesen. Die Verbände erscheinen zur Wahrnehmung der Revisionskontrole besonders geeignet, weil bei ihnen die eingehendste Sachkenntniß und zugleich das stärkste Interesse an einer wirksamen Aufsicht über ihre Mitgliedgenossenschaften sich vereinigt. Sie sind aber auch am besten in der Lage, den Mißständen, welche bei der Revision etwa zu Tage treten, Abhülfe zu schaffen, und verfügen über hinreichende Mittel, um die einzelnen Genossenschaften zur Abstellung der aufgedeckten Unregelmäßigkeiten anzuhalten."

Der im November 1887 der Sachverständigenkonferenz vorgelegte Entwurf brachte nun einen vollkommenen Ausbau der Revision. Die gesetzliche Regelung wurde beibehalten in dem im Mai 1888 vom Reichsjustizamt veröffentlichten Entwurf. Die Ansicht der Genossenschaften über die Aufnahme von Revisionsbestimmungen in das Gesetz war getheilt. Die Einen, und unter ihnen der Anwalt Schenck, wollten in dem Gesetz überhaupt keine Vorschrift über die Revision haben, da, wenn eine solche Aufnahme fände, nothwendigerweise die Regierung auch eine Kontrole über die Ausführung der Revisionen beanspruchen müsse. Die Mehrheit des allgemeinen Vereinstages zu

Erfurt (1888) folgte indessen dem Zugeständniß von Schulze-Delitzsch und beschloß: Der allgemeine Vereinstag erklärt sich damit einverstanden, daß durch das Genossenschaftsgesetz jede Genossenschaft verpflichtet wird, mindestens in jedem dritten Jahre eine Revision ihrer Einrichtungen und ihrer Geschäftsführung in allen Zweigen der Verwaltung durch einen ihr nicht angehörigen sachverständigen Revisor vornehmen zu lassen und zum Genossenschaftsregister eine Bescheinigung des Revisors, daß die Revision erfolgt ist, einzureichen. Im Uebrigen hält der allgemeine Vereinstag die Bestimmungen über die Revision in dem IV. Abschnitt des Gesetzentwurfs mit den Grundsätzen der Selbsthülfe nicht vereinbar und befürwortet deshalb dringend deren Beseitigung.

Im Bundesrath wurden noch weitere schwerwiegende, die freie Entwickelung der genossenschaftlichen Verbandsrevision beeinträchtigende Bestimmungen, hinzugefügt (§§ 57 und 59) die aus ungenügender Kenntniß des innersten Kerns der ganzen Einrichtung hervorgegangen waren. Ueber die Entwickelung der „Verbandsrevision" vgl. Proebst S. 189 ff. Die Ansichten der Reichstagskommission gingen weit auseinander. Die von dem Abg. Schenck und seinen Freunden zur Ausführung des Beschlusses des allgemeinen Vereinstages zu Erfurt gestellten Anträge wurden abgelehnt. Aus einem Kompromiß sind dann die Bestimmungen des Gesetzes hervorgegangen. Der Abschnitt IV hat jedenfalls im Verhältniß zur Regierungsvorlage im Reichstag wesentliche Verbesserungen erfahren.

§ 53.

Die Einrichtungen der Genossenschaft und die Geschäftsführung derselben in allen Zweigen der Verwaltung sind mindestens in jedem zweiten Jahre der Prüfung durch einen der Genossenschaft nicht angehörigen, sachverständigen Revisor zu unterwerfen.

Entw. I u. II, Komm. 49, Rtg. 51. Begr. I 127, II 85, Komm.Ber. 30.

I. Zur Geschichte des § 53.

a) die Worte: „durch einen der Genossenschaft nicht angehörigen, sachverständigen" sind in der Kommission hinzugefügt.

b) Der Vorentwurf des Reichsjustizamts, wie er der Sachverständigenkonferenz vorgelegt wurde, forderte alljährliche Prüfung der Geschäftsführung, insbesondere auch der Bilanz.

II. Erläuterungen zu § 53.

1. in jedem zweiten Jahre. — Prüfung. — Der Revisor.

Ein Antrag in der Kommission, daß die Revision in jedem dritten Jahre stattfinden sollte, wurde abgelehnt. Die erste Revision der beim Inkrafttreten des Gesetzes bestehenden Genossenschaften mußte vor Ablauf des zweiten Jahres seit diesem Zeitpunkt, also bis 1. Oktober 1891, vorgenommen sein. Selbstverständlich kann die Genossenschaft nicht zu häufigeren als zweijährigen Revisionen gezwungen werden; dem würde der Wortlaut des Gesetzes entgegenstehen. Ueber die Fristbestimmung können Zweifel entstehen. Bei Genossenschaften, die schon vor dem 1. Oktober 1889 eingetragen sind, lief das erste Jahr vom 1. Oktober 1889 bis 30. September 1890, das zweite Jahr vom 1. Oktober 1890 bis 30. September 1891. Vor dem 1. Oktober 1891 mußten sie sich revidiren lassen. — Bei einer erst nach dem 1. Oktober 1889 eingetragenen Genossenschaft beginnt das erste Jahr mit dem Tage der Eintragung und das zweite Jahr nach dem Ablauf des ersten. Eine am 10. Dezember 1890 eingetragene Genossenschaft hat sich also das erste Mal spätestens am 9. Dezember 1892 revidiren zu lassen.

Zweifelhaft wird die Berechnung der Fristen für die folgenden Revisionen. Werden bei späteren Revisionen die zwei Jahre für die Revisionspflicht jedesmal vom Tage der letzten Revision an berechnet, oder sind die zwei Jahre bei den vor dem 1. Oktober 1889 eingetragenen Genossenschaften jedesmal vom 1. Oktober an und bei den nach dem 1. Oktober 1889 eingetragenen Genossenschaften stets vom Eintragungstage an zu berechnen? — Nach der Wortfassung des § 53 könnte man geneigt sein, sich für die zweite Art der Berechnung zu entscheiden. Allein damit steht die Begründung des Gesetzentwurfs im Widerspruch, indem es darin (I 127) heißt, die Revision solle „mindestens in jedem zweiten Jahre erfolgen; sie muß also begonnen werden, bevor seit Beendigung der letzten Revision zwei Jahre verflossen sind". Der Begründung hat sich auch das Badische Ministerium der Justiz in einem Erlaß vom 6. April 1892 (mitgetheilt in Nr. 22 Bl.f.G. von 1892) angeschlossen, ebenso auch Ihrig in Nr. 22 der Deutschen landw. Genossenschaftspresse von 1891, Schenck Bl.f.G. 1892 Nr. 9 u. 22, Birkenbihl-Maurer S. 246. Ist die Revision in einer Periode verspätet vorgenommen, so beginnt die zweijährige Periode gleichwohl an dem Revisionstermin. Unter „Jahr" ist das „Kalenderjahr" zu verstehen. Es genügt, wenn die folgende Revision vor Ablauf der Revisionsperiode begonnen ist, und diese hat mit dem letzten Tage der vorausgegangenen Revision zu laufen angefangen. Auf eine aufgelöste Genossenschaft kommen die Vorschriften betr. die Revision nicht zur Anwendung, einmal weil es sich bei der Abwickelung der Geschäfte wohl kaum mehr um eine Verbesserung der Geschäftsführung handeln kann, dann ist auch in § 87 auf Abschnitt IV nicht Bezug genommen (ebenso Birkenbihl-Maurer S. 246 a. A. Proebst S. 272). Ueber „Einrichtung" und „Geschäftsführung" vgl. Vorbemerkung.

Die periodische Revision (heißt es in Begr. II 85) darf sich keineswegs auf eine blos kalkulatorische Kontrole der Bilanzen und Geschäftsbücher beschränken. Die Untersuchung des Revisors muß sich wesentlich auf die materielle Seite der Geschäftsführung und die hierbei befolgten Grundsätze, sowie auf das Funktioniren der Genossenschaftsorgane und die sonstigen Einrichtungen der Genossenschaft richten.

Eine kalkulatorische Prüfung vorzunehmen wird der Revisor in der Regel nicht für verpflichtet erachtet werden; doch wird sich auch diese als Pflicht herausstellen, wenn er Unregelmäßigkeiten findet, die er dann aufzudecken hat. Das Gesetz enthält keine Bestimmung über die Verantwortung des Revisors, es verlangt aber einen „sachverständigen" Revisor; wer das Amt übernimmt, muß daher auch die Sorgfalt eines Sachverständigen anwenden, und es kommt nicht weiter darauf an, ob der Revisor auch die nöthigen Kenntnisse besitzt. Wird diese Sorgfalt nicht angewendet und der Genossenschaft entsteht daraus ein Schaden, so ist der Revisor für denselben haftbar.

2. „der Genossenschaft nicht angehörigen".

In dem Regierungsentwurf war diese Bestimmung nicht enthalten, ein Antrag auf Einfügung derselben wurde mit der Begründung angenommen, „daß es im Wesen der Revision liege, daß sie eine außerhalb der einzelnen Genossen stehende Einrichtung sei" (Komm.Ber. 30). Nach dem Wortlaut des Gesetzes könnte daher ein Beamter der Genossenschaft, der nicht Mitglied ist, zum Revisor bestellt werden, ebenso zweifellos ist, daß es der Tendenz des Gesetzes und dem Zweck der Revision widerspricht, wenn ein Angestellter der Genossenschaft die gesetzliche Revision auszuführen hat.

Auch der Verbandsdirektor des Revisionsverbandes (§§ 54 ff.) kann zum Revisor gewählt werden (Proebst S. 201).

3. „sachverständigen".

Sachverständig ist derjenige Revisor, der genossenschaftlich und kaufmännisch wenigstens rechnerisch geschult ist. Kaufmännische Vorbildung ist nicht, wie Richter S. 212 annimmt, erforderlich.

4. Strafvorschrift.

Die Vorstände von Genossenschaften, welche keinem Revisionsverbande angehören, sind durch Ordnungsstrafen anzuhalten, bei dem Gericht die Bestellung eines Revisors zu beantragen (§§ 51 Abs. 2 und 160).

§ 54.

Für Genossenschaften, welche einem den nachfolgenden Anforderungen genügenden Verbande angehören, ist diesem das Recht zu verleihen, den Revisor zu bestellen.

Entw. I u. II, Komm. 50, Rtg. 52, Begr. I 128, II 86, Komm.Ber. 31.

Erläuterungen zu § 54.

Der Regierungsentwurf stellte die Verleihung in das völlige Ermessen des Bundesraths; es hieß daselbst: „kann" diesem das Recht verliehen werden. Diese Aenderung der Kommission ist ziemlich bedeutungslos (§ 56). In der Kommission des Reichstags ist jedoch ausdrücklich erklärt worden, daß die Absicht nicht bestehe, das Moment der Willkür in die Prüfung darüber hineinzubringen, ob ein Revisionsverband als solcher anzuerkennen sei. Die verbündeten Regierungen wünschten ihrerseits nur materielle Garantien dafür, daß die Verbände ihren Aufgaben entsprechen würden . . . Demgemäß wurde, um die Prüfung der Revisionstüchtigkeit des Verbandes von außerhalb des Statuts liegenden Erwägungen frei zu halten und die der Vorlage zu Grunde liegende Absicht klarer zum Ausdruck zu bringen, von der Kommission der Paragraph in seiner jetzigen Fassung angenommen und § 56 in gleichfalls veränderter Fassung. Die Folge ist, daß die Verleihungsbehörde die Versagung der Verleihung nur auf das Statut selbst, entweder auf einen Mangel desselben an gewissen Vorschriften, oder auf die Mangelhaftigkeit der Vorschriften gründen kann (vgl. Komm.Ber. 31, Joël S. 555). Die entsprechenden Merkmale enthält § 56. Das Gesetz kennt nur Verleihung auf unbestimmte Zeit. Verleihung für einen bestimmten Zeitraum ist unzulässig. Statutenänderungen sind der verleihenden Behörde einzureichen, bedürfen jedoch nicht der Bestätigung (§ 57) und bedingen keine neue Beleihung mit dem Recht, den Revisor zu bestellen. Hiergegen hat das Sächsische Ministerium des Innern in der Verfügung vom 19. November 1896 in Sachen des Verbandes der Sächsischen Kreditgenossenschaften verstoßen. Das Statut muß bezeichnen 1. den Verbandsbezirk, 2. die höchste und geringste Mitgliederzahl, 3. die Art der Bestellung des Revisors, 4. Art und Umfang der Revision, 5. Bildung, Sitz und Befugnisse des Vorstandes (vgl. § 56). Die Verleihung erfolgt nach Maßgabe des § 57. Es ist als ein Mangel empfunden, daß die Verleihungen nicht öffentlich bekannt gemacht werden, und die Thätigkeit einzelner Revisionsverbände auf diese Weise der allgemeinen Kritik nicht zugänglich ist, was nach den gemachten Erfahrungen recht nothwendig erscheint. Die von der Preußischen Zentral-Genossenschafts-Kasse veröffentlichte Statistik ist als der Anfang einer solchen Veröffentlichung zu betrachten, nothwendig wäre fortlaufende Veröffentlichung der durch den Bundesrath und die Landesbehörden erfolgenden Verleihungen in dem Reichsanzeiger.

Das Recht, den Revisor zu bestellen, ist zurückziehbar aus den in § 60 bezeichneten Gründen. Das Recht der Bestellung des Revisors ist dem Revisionsverbande zu verleihen; der Verband ist also in der Art der Bestellung unbeschränkt, nicht von der Behörde abhängig und auch insbesondere nicht verpflichtet, dieser von der Bestellung Kenntniß zu geben. Der Verband kann die Wahl des Revisors auch seinem Vorstande überlassen, zulässig ist, wie bemerkt, daß der Verbandsdirektor zum Revisor bestellt wird.

Das Statut ist zwecks Beleihung des Verbandes mit dem Recht der Revisionsbestellung dem Bundesrath bezw. der Zentralbehörde des Bundesstaats einzureichen (§ 57). Das Statut ist ferner nebst beglaubigter Abschrift der Verleihungsurkunde in Gemäßheit des § 58 den Gerichten einzureichen.

Das Recht der Revision beschränkt sich auf die Genossenschaften des statutarisch bestimmten Bezirks.

Der Revisionsverband kann sich nicht als eingetragene Genossenschaft konstituiren, dem steht einmal § 60 Pos. 1 im Wege, ferner ist für den Revisionsverband die Revision der wichtigste Zweck, der sich nicht im Rahmen des § 1 des Gesetzes verfolgen läßt. Ueber einen Verstoß hiergegen vgl. Nr. 46 Bl.f.G. von 1893 der Fehler ist später noch wiederholt. So auch Birkenbihl-Maurer S. 248. Der Verkehr mit dem Gericht beschränkt sich für den Vorstand des Verbandes auf die Einreichung des Verbandsstatuts nebst beglaubigter Abschrift der Verleihungsurkunde und des Mitgliederverzeichnisses (§ 58); das Gericht kann insbesondere den Vorstand nicht zur Ausführung der Revisionen anhalten, es hat nur das Recht, die Vorstandsmitglieder der Genossenschaft zur Einreichung der Revisionsbescheinigung durch Ordnungsstrafen anzuhalten (§ 63 Abs. 2, § 160). Der Verkehr mit der Behörde, welche das Recht verliehen hat, beschränkt sich auf Einreichung der Statutenänderungen (§ 57 Abs. 2); ferner hat der Vorstand bei Abhaltung einer Generalversammlung nach § 59 Anzeige den zuständigen Behörden zu erstatten. Eine Aufsicht über die Revision ist keiner Behörde eingeräumt, wie insbesondere auch über die Wahl des Vorstandes, die Bestellung des Revisors, wie bemerkt, keine Anzeige zu erstatten ist. „Es wird weder eine staatliche Genehmigung oder Anerkennung für die Bildung oder das Bestehen des Verbandes gefordert, noch eine Auflösung desselben . . . vorgesehen." Das Gesetz regelt die Verhältnisse der Genossenschaftsverbände als solcher überhaupt nicht, es zieht dieselben in den Kreis seiner Bestimmungen nur in soweit, als sie darauf ausgehen, die im öffentlichen Interesse vorgeschriebene Revisionskontrole ihrerseits selbstständig wahrzunehmen, und auch hierbei beschränkt sich die staatliche Einflußnahme auf die Ertheilung und gegebenenfalls auf die Entziehung des Rechts zur Bestellung des Revisors (Begr. I S. 128), im Uebrigen haben sich die Verbände den §§ 55 ff. B.G.B. anzupassen und sich als „eingetragener Verein" zu konstituiren oder sind als Gesellschaften nach §§ 705 ff. B.G.B. zu konstituiren. Durch staatliche Verleihung kann ihnen Rechtspersönlichkeit nicht verliehen werden (§§ 21, 22 B.G.B.). Die bisherige Streitfrage über die Rechtsstellung des Verbandes hat damit ihre Erledigung gefunden. Kein Zweifel kann darüber bestehen, daß der Revisionsverband eine korporative Organisation hat (vgl. §§ 54, 56, 57), damit stimmt die Begr. zu § 62 überein, in der ausgesprochen ist, daß vorausgesetzt wird, mit dem Verbande können Vermögensstreitigkeiten im Prozeßwege zum Austrag gebracht werden. Nach der neuen C.P.O. hat der Verband freilich nur die passive und nicht die aktive Parteifähigkeit, es sei denn er konstituirt sich nach §§ 55 ff. B.G.B. als „eingetragener Verein". Die in § 59 Abs. 3 bezeichnete Behörde hat nur das Recht, sich in der Generalversammlung vertreten zu lassen, und die für die Verleihung zuständige Stelle kann dem Verbande das Recht den Revisor zu bestellen, entziehen, wenn dieselbe eine der Voraussetzungen des § 60 für eingetreten erachtet. Eine Auflösung des Verbandes steht ihr nicht zu. Der Verband ist nicht nur berechtigt, die Revision der ihm zugehörigen Genossenschaften auszuführen, sondern er ist dazu auch verpflichtet (§ 60 Pos. 2); gegen seine Mitglieder hat der Verband aber nur die statutarischen Rechte mit Bezug auf die Revision, weigert sich eines der Mitglieder, dieselbe ausführen zu lassen, so wird der Verband dieses Mitglied ausschließen müssen, um die Gefahr der Auflösung zu vermeiden. Das Statut wird diesen Fall zu ordnen haben. Zulässig ist, daß der Revisionsverband sich mit anderen Verbänden zu gemeinsamer Thätigkeit verbindet.

§ 55.

Der Verband muß die Revision der ihm angehörigen Genossenschaften und kann auch sonst die gemeinsame Wahrnehmung ihrer im § 1 bezeichneten Interessen, insbesondere die Unterhaltung gegenseitiger Geschäftsbeziehungen zum Zweck haben. Andere Zwecke darf er nicht verfolgen.

Entw. I 51, Entw. II u. Komm. 51, Rtg. 53. Begr. I 129, II 86.

I. Zur Geschichte des § 55.

a) Der § 55 stimmt genau mit dem Entw. II, wie er aus den Berathungen des Bundesrathes hervorging, und mit dem ersten Abs. des Entw. I überein.

b) Entw. I hatte noch einen zweiten Absatz, dahinlautend: „Derselbe soll wenigstens zehn und höchstens zweihundert Genossenschaften umfassen." In der Begründung war gesagt worden, es sei „ebenso ausführbar wie nothwendig, in Betreff der Zahl der Genossenschaften, welche einem Revisionsverband angehören sollen, oder dürfen, im Gesetz selbst gewisse Minimal- und Maximalgrenzen festzusetzen" . . . „Bei der Maximalzahl von 200 ist in Erwägung gezogen, daß darüber hinaus die nothwendige Einheitlichkeit in der Revisionsleitung nicht mehr genügend aufrecht zu erhalten sein würde, während auf der anderen Seite die angegebene Zahl ausreichen wird, um aus solchen Verbänden, welche, wie theilweise die ländlichen, vorwiegend aus kleinen Genossenschaften bestehen, die Anstellung eines eigenen, berufsmäßigen Revisors zu ermöglichen und bei zweijährigen Revisionsperioden die Thätigkeit des letzteren genügend, aber auch nicht zu stark in Anspruch zu nehmen." Im Bundesrath wurde dieser Satz beseitigt und dafür im folgenden § 56 durch Einschiebung der Worte „sowie die höchste und die geringste Zahl von Genossenschaften, welche der Verband umfassen kann", dem Statut die Festsetzung der Zahl überlassen. Die Begründung II 86 motivirt dies nicht näher. In dem der Sachverständigenkonferenz vorgelegten Vorentwurf war sogar vorgeschlagen, daß der Verband wenigstens zwanzig *gleichartige* Genossenschaften umfassen müsse und sich nicht über die Bezirke zweier Oberlandesgerichte hinaus erstrecken dürfe.

II. Erläuterungen zu § 55.

1. „*der ihm angehörigen Genossenschaften*".

Welcher Art die Genossenschaften angehören, ist gleichgültig. Nur im Vorentwurf war die Gleichartigkeit der Genossenschaften vorausgesetzt. Sie können also auch verschiedenen Arten angehören.

2. „*Andere Zwecke*".

Verfolgt der Verband andere als die benannten Zwecke, so ist ihm nicht das Recht zu verleihen, einen Revisor zu bestellen, und ist dies geschehen, so kann ihm das Recht entzogen werden (§ 60).

Es genügt, daß der Verband die Revision der ihm zugehörigen Genossenschaften sich zur Aufgabe gestellt hat, dann kann er sich als Revisionsverband im Sinne des Gesetzes konstituiren und kann außerdem „die gemeinsame Wahrnehmung der in § 1 bezeichneten Interessen der Genossenschaften" bezwecken; es geschieht dies in der Regel durch Anbahnung von Geschäftsverbindungen und den Austausch der gemachten Erfahrungen, in der Wahrnehmung der besonderen Interessen der Genossenschaften des Verbandes und des Genossenschaftswesens überhaupt. In Begr. I 128 heißt es: „Es bedarf keiner weiteren Begründung, daß die Verbände neben der Revision keine anderen Zwecke als die Wahrnehmung der genossenschaftlichen Interessen verfolgen dürfen, hierin also der gleichen Beschränkung unterliegen, welcher die Genossenschaften selbst unterworfen sind (§§ 81, 149)." Es kommen im Uebrigen §§ 81, 149 auf Revisionsverbände nicht zur Anwendung. Mit Recht sagt Proebst S. 202 — und ihm stimmen Birkenbihl-Maurer S. 250 bei —: „alles was diesem Zwecke dient, darf sich auch der Verband zur Aufgabe stellen. Bei der kurzen allgemeinen Fassung des § 1 kann hier nur eine freisinnige Auslegung Platz greifen. Jede Engherzigkeit in der Handhabung des Gesetzes wäre geeignet, das Gegentheil von dem zu erreichen, was die Absicht der gesetzgebenden Kräfte war: sie würde das Verbandsleben, das gefördert werden soll, hemmen und möglicherweise zerstören". Aber nur die gemeinsame Wahrnehmung jener Interessen in Gestalt der mittelbaren Förderung von Erwerb und Wirthschaft der Mitglieder der Genossenschaften kann der Verband bezwecken — allein in dieser Weise kann der Hinweis auf § 1 verstanden werden — er kann, wie bei § 54 bereits hervorgehoben ist, nicht selbst Genossenschaft —, Vorschußverein, Einkaufsgenossenschaft u. s. w. — werden. Hat sich der Verband als eingetragener Verein nach §§ 55 ff. B.G.B. konstituirt, so ergiebt sich auch aus den Bestimmungen des B.G.B., daß er nicht gleichzeitig wirthschaftliche und ideale Zwecke verfolgen kann. Im Widerspruch hiermit steht die Entscheidung des Landgerichts zu Ellwangen vom 7. Mai 1895 in dem Rechtsstreit gegen den Verband der württembergischen landwirthschaftlichen Genossenschaften und Molkereien sowie die dem Verbande angeschlossenen Genossenschaften, durch das Urtheil ist der Verband und sind seine Mitglieder für haftbar erklärt für Rechtsgeschäfte, die der Vorstand des Verbandes eingegangen, es handelte sich um Waareneinkäufe und sah das Statut des Verbandes solche allerdings vor. Das Landgericht stellte sich für den Verband auf den Standpunkt: „Wenn Jemandem von dem, in dessen Namen er handelt, eine Stellung eingeräumt worden ist, mit deren Anweisung nach der Verkehrssitte die Ermächtigung zur Vornahme von Rechtshandlungen, welche in den dieser Stellung entsprechenden Geschäftskreis fallen, verknüpft ist, so kann er nach außen trotz Mangels einer Vollmacht als zur Stellvertretung ermächtigt gelten und fällt hiernach der Abschluß von Kaufgeschäften der den Klagegrund bildenden Art in den Geschäftskreis des Verbandsvorstandes, so kann einem Kontrahenten, bei welchem der Verbandsvorstand Namens des Verbandes einkauft, nicht zugemuthet werden, sich zuerst zu vergewissern, ob der Bestellung entsprechende Aufträge „vorliegen". Freilich ließ das Statut des Verbandes Waarenbestellungen durch den Vorstand zu, gleichwohl hätte die Frage erörtert werden müssen, ob ein Revisionsverband als solcher unmittelbaren Erwerb und Wirthschaft der angeschlossenen Genossenschaften fördern könne und dies hätte verneint werden müssen. Die Frage bleibt von Wichtigkeit für den Fall, daß der Verband sich den §§ 705 ff. B.G.B. anpaßt, bei Unterstellung unter §§ 55 ff. B.G.B. würde die Verfolgung eines wirthschaftlichen Geschäftsbetriebes unmöglich sein, wer sich gleichwohl in Geschäftsverbindung mit dem „eingetragenen Verein" einläßt, hat sich selbst die Folgen zuzuschreiben. Doch auch in der Form der Gesellschaft ist die Verbindung ausgeschlossen, da sich aus § 55 des Gesetzes ergiebt, daß der Revisionsverband niemals eine Erwerbsgesellschaft sein kann, der Betrieb eines Handelsgewerbes durch ihn ist durch § 55 ausgeschlossen. Die Revisionsverbände sind von dem Gesetz geschaffen in Anlehnung an die Genossenschaftsverbände, deren Zweck es von jeher war, außer der Fortbildung der Einrichtungen der verbundenen Genossenschaften die gemeinsamen Interessen derselben mit vereinten Kräften wahrzunehmen, die Anknüpfung gegenseitiger Geschäftsbeziehungen anzuregen. Nicht die Genossenschaftsverbände haben als gemeinsame Geschäftsstelle gedient, sondern haben die Schaffung solcher veranlaßt. Hat der Revisionsverband nicht die Natur einer Erwerbsgesellschaft, so können auch auf seinen Vorstand nicht die Vorschriften für den institor analoge

Anwendung finden. Mit dem vorstehend mitgetheilten Urtheil des Landgerichts Ellwangen stimmt freilich das R.G. überein, wenn es in dem Urtheil vom 4. März 1895 in Sachen des Verbandes württembergischer landwirthschaftlicher Genossenschaften und Molkereien sich für die Zulässigkeit des gemeinschaftlichen Waarenbezugs seitens eines Revisionsverbandes ausgesprochen hat, es heißt in dem Urtheil: „dem Verbande ist das Recht zur Bestellung von Revisoren für die ihm angeschlossenen Genossenschaften nach Maßgabe der §§ 51 (53) ff. verliehen. Diese Genossenschaften sind landwirthschaftliche Konsum-Vereine und Absatzgenossenschaften, § 1 Ziff. 3, 5 des Gesetzes; indem der Verband für die Genossenschaften den gemeinsamen Einkauf von landwirthschaftlichen Verbrauchsstoffen sorgt, bliebe er hiernach durchaus innerhalb der seiner Zuständigkeit in § 50, Satz 1 gezogenen Grenze und hat nicht „andere Zwecke" verfolgt".

Der Revisionsverband hat weiter auch zweifellos viele die Genossenschaften betreffende Angelegenheiten zu behandeln, welche nicht direkt unter den Wortlaut des § 55 fallen, es ergiebt sich dies allein schon aus seiner Bedeutung als **Revisionsverband**. Eine Angelegenheit von großer Bedeutung für die Genossenschaften ist z. B. die Besteuerung; man braucht nicht durch scharfsinnige Betrachtungen erst auch die Verhandlung über eine derartige Angelegenheit als eine „gemeinsame Wahrnehmung der im § 1 bezeichneten Interessen" zu konstruiren — sie ergiebt sich aus dem Zweck des Verbandes: Wahrnehmung aller Interessen der verbundenen Genossenschaften, gegenseitige Belehrung. Wollte man die Erörterung derartiger Angelegenheiten als nicht streng mit § 55 vereinbar aus der Thätigkeit des Revisionsverbandes ausschließen, so würde man **zu einer Trennung des Revisionsverbandes und des Genossenschaftsverbandes drängen** — zum Schaden der Revision und entgegen der Absicht des Gesetzes. Es darf nicht übersehen werden, daß es sich hier um die Regelung einer vollständig neuen Materie handelt, daß man sich dabei nicht an den Buchstaben, sondern an den Sinn des Gesetzes halten muß. Aehnlich wie mit der Besteuerung der Genossenschaften verhält es sich mit einer großen Anzahl volkswirthschaftlicher Fragen, zu denen die Genossenschaften auf ihren Verbandstagen Stellung nehmen müssen. Es muß die Verhandlung über Alles gestattet sein, was die **Wahrnehmung der Interessen**, die Aufklärung der **Genossenschaften** in allen sie berührenden Angelegenheiten betrifft. Bei der Verfolgung dieser Zwecke handelt es sich in den Generalversammlungen der Revisionsverbände **nicht um Verhandlungen über öffentliche Angelegenheiten**. Es ist dies von Wichtigkeit, weil dieselben den landesgesetzlichen Bestimmungen über das Vereins- und Versammlungsrecht unterstehen. Für den Begriff „öffentliche Angelegenheit" genügt es nicht, daß irgend ein Zusammenhang zwischen ihr und den Interessen der Allgemeinheit vorhanden ist, denn dann würde jede Angelegenheit eine öffentliche sein; es muß sich bei der Verhandlung vielmehr **unmittelbar** um die Interessen der Allgemeinheit handeln, und **diese Erörterung** muß bezweckt sein. Bei den Verhandlungen in den Generalversammlungen der Revisionsverbände, so bedeutungsvoll sie **mittelbar** für die Allgemeinheit sein mögen, handelt es sich immer nur um die inneren Angelegenheiten der zum Verbande gehörigen Genossenschaften. In der Reichstagskommission wurde von den Vertretern der Regierungen auf eine diesbezügliche Anfrage ausgeführt, daß durch die Bestimmung in § 59 über die Abhaltung der Versammlungen des Verbandes das Landesversammlungs- und Vereinsrecht nicht berührt werde, da es sich bei § 59 lediglich um die Ausübung des Revisionsrechts handele, und der Paragraph gewähre dem Vertreter der höheren Verwaltungsbehörde keinerlei polizeiliche Befugnisse, vielmehr nur das Recht, von den Verhandlungen Kenntniß zu nehmen und darüber der höheren Verwaltungsbehörde Bericht zu erstatten, damit diese ersehen könne, ob der Verband der Revisionspflicht entspreche. Damit ist nun zweifellos nicht gesagt, daß die Verbände

„öffentliche" Vereine seien, oder daß die nach § 55 dem Verbande zugewiesenen Angelegenheiten „öffentliche" seien. Und weiter handelt es sich auch nicht um eine öffentliche Angelegenheit, wenn der Verband seine Thätigkeit in der oben gedachten Richtung erstreckt, wenn er z. B. die Besteuerung der Genossenschaften behandelt, dann will er damit nur die Interessen seiner Glieder wahrnehmen, er bezweckt nicht die Erörterung der Interessen der Allgemeinheit. Wo dies der Fall ist, da würde allerdings das Landesrecht zu beobachten sein. Will man aber nicht die von dem Gesetzgeber anerkannte Bedeutung dieser Organisation in Frage stellen, so darf dem Revisionsverbande gegenüber ebensowenig eine ängstliche Polizeiaufsicht geübt werden, wie früher gegen die Genossenschaftsverbände. Vgl. in Betreff der Verhandlungen in den Generalversammlungen der Genossenschaften Schulze-Delitzsch Nr. 51 Bl.f.G. von 1874, ferner über die Beobachtung polizeilicher Vorschriften bei Abhaltung der Generalversammlung des Revisionsverbandes Nr. 19 Bl.f.G. von 1893 (so auch Birkenbihl-Maurer S. 250), vgl. auch § 59 Erl. 1.

§ 56.

Die Zwecke des Verbandes müssen in dem Statut desselben angegeben sein. Der Inhalt des Statuts muß erkennen lassen, daß der Verband im Stande ist, der Revisionspflicht zu genügen. Das Statut hat insbesondere den Verbandsbezirk sowie die höchste und die geringste Zahl von Genossenschaften, welche der Verband umfassen kann, festzusetzen und die Bestimmungen über Auswahl und Bestellung der Revisoren, Art und Umfang der Revisionen, sowie über Bildung, Sitz und Befugnisse des Vorstandes und über die sonstigen Organe des Verbandes zu enthalten.

Entw. I u. II, Komm. 52, Rtg. 54. Begr. I 130, II 86. Komm.Ber. 31.

I. Zur Geschichte des § 56.

a) Der zweite Satz (s. § 54 Erl. 3) ist in der Kommission hinzugefügt. In § 57 des Entwurfes II war ein zweiter, folgendermaßen lautender Absatz vorhanden:

„Die Verleihung ist zu versagen, wenn den Voraussetzungen der §§ 55, 56 nicht entsprochen ist; sie kann außerdem nur versagt werden, wenn die Annahme begründet ist, daß der Verband der Pflicht der Revision nicht genügen werde."

Gegen diese Bestimmung ward geltend gemacht, daß sie Willkür bei Verleihung oder Versagung der Revisionsbefugniß ermögliche. „Um die Prüfung der Revisionstüchtigkeit des Verbandes von außerhalb des Statuts liegenden Erwägungen frei zu halten", ward der Absatz gestrichen und dessen Inhalt „mit § 56" durch Einschaltung des zweiten Satzes verflochten. Vgl. § 54.

b) Ueber die Einschiebung der Worte von der höchsten und geringsten Zahl der Genossenschaften s. § 55 b.

II. Erläuterungen zu § 56.

1. „Zwecke des Verbandes".

§ 55 schreibt vor, welche Zwecke der Verband verfolgen darf. (§ 55 Erl. 2.)

2. „Inhalt des Statuts".

Wenn auch das Statut die aufgezählten Erfordernisse enthält, so folgt daraus nun noch nicht ein Anspruch auf die Verleihung, denn die Behörde (§ 57) hat darüber zu entscheiden, ob „der Inhalt des Statuts erkennen läßt, daß der Verband im Stande ist, der Revisionspflicht zu genügen". Es läßt sich sehr wohl denken, daß das Statut über die Bestellung des Revisors, die Ausführung der Revisionen, die Anzahl der Genossenschaften Bestimmungen enthält und dieselben sogar erkennen lassen, daß der Verband der Revisionspflicht nicht genügen wird. Die Verleihung des Rechts ist somit trotz des „ist" in § 54 in das Belieben der Behörden gestellt. Vgl. hierüber § 54 Erl.

5. Verbandsbezirk.

Der Entwurf sagt darüber (I 129, II 86): „Was die Festsetzung eines bestimmten Verbandsbezirks betrifft, so läßt sich im Gesetz selbst eine räumliche Grenze für die Ausdehnung der Verbandsbezirke nicht wohl vorschreiben, da es an einem allgemein zutreffenden Maßstab hierüber fehlt und eine gesetzliche Vorschrift dieser Art in bestehende Einrichtungen vielfach störend eingreifen würde. Immerhin wird sich nicht bestreiten lassen, daß eine allzu große räumliche Ausdehnung der Verbandsbezirke der richtigen Erfüllung der Revisionsaufgaben Hindernisse bereiten muß, und es empfiehlt sich deshalb, wenigstens durch das Erforderniß statutarischer Festsetzung desjenigen Bezirks, in welchem die dem Verband beitretenden Genossenschaften ihren Sitz haben müssen, auf eine gewisse Beschränkung in der fraglichen Richtung hinzuwirken." Die Bestimmung des Verbandsbezirks macht Schwierigkeiten. Die bestehenden Unterverbände des Allgemeinen Verbandes sind in voller Freiheit von unten auf ohne strenge Berücksichtigung staatlicher oder provinzieller Grenzen, oft in Folge der Anziehungskraft alter Stammesgemeinschaften gebildet.*) In einzelnen auf der Grenze belegenen Landschaften haben Genossenschaften in der Zugehörigkeit zu den Unterverbänden gewechselt. Der Bezirk muß nun im Statut bestimmt sein, und das Recht der Revision erstreckt sich nur auf diesen Bezirk; es kann der Verband jederzeit den Bezirk abändern — er hat die Abänderung nur der Verleihungsbehörde einzureichen — und damit seinen Revisionsbezirk vergrößern oder verkleinern (vgl. aber § 57 Erl. 1).

4. „höchste und geringste Zahl".

Wenn schon die Vorschrift, daß der Verband mindestens 10, höchstens 200 Genossenschaften umfassen soll, fortgelassen ist, so folgt daraus noch nicht, daß auch drei Genossenschaften sich zu einem Revisionsverbande zusammenschließen können. Einem solchen Verbande würde das Recht der Bestellung des Revisors gewiß nicht verliehen werden; dasselbe würde geschehen, wenn die Zahl zu groß bemessen ist (Komm.Ber. 31). In Betreff der Mindestzahl ist darauf zu achten, daß die Kosten für die einzelne Genossenschaft nicht zu groß werden und in Betreff der höchsten Anzahl ist Obacht zu geben, daß nicht die Einheitlichkeit der Revision verloren geht.

5. Bestimmungen über die Bestellung des Revisors, Art und Umfang der Revision.

Wie bei § 54 dargelegt ist, ist das Statut in den Bestimmungen über die Bestellung des Revisors — über dessen Qualifikation § 53 — unbeschränkt, es kann die Revision z. B. dem Vorstande übertragen oder auch verordnen, daß der Verbandsdirektor als Revisor fungiren soll. Da der Revisor die Genossenschaft nicht revidiren kann, bei welcher er Mitglied ist, so wird das Statut z. B. durch Bestellung mehrerer Revisoren für diesen Fall Vorsorge treffen müssen. Der Name des Revisors ist keiner Behörde mitzutheilen (§ 54 Erl.). Die Art der Revision sowie deren Umfang bestimmt sich nach § 53. Die nachstehenden Bestimmungen haben vielfach Eingang gefunden:

---

*) Die Namen mancher Verbände zeigen dies schon: Lausitz, Nordwestdeutschland, Norddeutschland, Thüringen, Oberbaden, Unterbaden. Vorschußvereine in der Provinz Brandenburg befinden sich z. B. in fünf verschiedenen Kreditverbänden: Westbrandenburg, Lausitz, Berlin, Pommern, Norddeutschland.

1. Für den Verband wird ein Verbandsrevisor angestellt, dessen Obliegenheiten darin bestehen, die Geschäftsführung der dem Verbande angehörigen Genossenschaften nach der ihm ertheilten Instruktion und nach den ihm vom Verbandsdirektor gegebenen Weisungen und der von diesem bestimmten Reihenfolge zu prüfen und alle ihm von dem Verbandsdirektor übertragenen Arbeiten für den Verband auszuführen.

Der Verbandsdirektor ist berechtigt den Revisor jederzeit persönlich oder durch einen Beauftragten zu vertreten, auch der Revision des Revisors beizuwohnen.

2. Als Verbandsrevisor darf nur eine Person gewählt werden, welche kaufmännisch oder rechnerisch gebildet, mit dem Genossenschaftswesen und dem Genossenschaftsrecht vertraut ist und die erforderliche Gesetzeskenntniß besitzt.

3. Der Revisor ist Beamter des Verbandes und als solcher verpflichtet, den Anordnungen des Verbandsdirektors Folge zu leisten.

4. Der Revisor wird von dem Verbandstage auf Vorschlag des Verbandsdirektors gewählt und ebenso entlassen.

Die näheren Bestimmungen über Dauer der Anstellung, Kündigungsfrist, Bezahlung pp. werden durch besonderen von dem Verbandsdirektor mit dem Revisor abzuschließenden Vertrag geregelt.

5. In Fällen gröblicher Pflichtverletzung ist der Verbandsdirektor berechtigt, den Revisor vorläufig seines Amtes zu entheben, vorbehaltlich der Genehmigung des nächsten ordentlichen Verbandstages.

6. Der Revisor wird für seine Leistungen durch den Verband bezahlt; demselben ist untersagt, von einzelnen Genossenschaften oder von Mitgliedern derselben Gratifikationen anzunehmen.

7. Der Revisor hat dem Vorstand und Aufsichtsrath in gemeinschaftlicher Sitzung über seinen Revisionsbefund Mittheilung zu machen. Ueber das Ergebniß seiner Revision hat er schriftlichen Bericht an die revidirte Genossenschaft zu erstatten, dem Vorsitzenden des Aufsichtsraths Kenntniß von der Absendung des Berichts zu geben und eine Abschrift dieses Berichts an den Verbandsdirektor einzusenden.

8. Dem ordentlichen Verbandstage hat der Verbandsrevisor oder Verbandsdirektor über die vorgenommenen Revisionen und seine Thätigkeit in dem abgelaufenen Geschäftsjahre und deren Erfolge Bericht zu erstatten.

9. Der Revisor ist in Betreff aller geschäftlichen Verhältnisse der von ihm revidirten Genossenschaften allen Nichtbetheiligten gegenüber unbedingt zur Verschwiegenheit verpflichtet.

10. Die Revisionen sind theils ordentliche, theils außerordentliche. Zum Zweck der ordentlichen Revision wird das Verbandsgebiet nach der geographischen Lage der Genossenschaften in Reisebezirke eingetheilt, die vom Revisor nach Verständigung mit dem Verbandsdirektor in regelmäßiger Reihenfolge bereist werden. Von der bevorstehenden Ankunft des Revisors wird jede Genossenschaft benachrichtigt.

Außerordentliche Revisionen finden sowohl auf Anrufen der betreffenden Genossenschaft, wie auf Anordnung des Verbandsdirektors statt; die durch die außerordentlichen Revisionen entstehenden Kosten hat die Genossenschaft zu tragen.

11. Der Revisor hat bei allen Revisionen nach der ihm ertheilten Anweisung zu verfahren.

Bei den ordentlichen Revisionen wird in der Regel eine kalkulatorische Prüfung der einzelnen Geschäftszweige nach Stichproben vorzunehmen sein, nach deren Ergebniß der Revisor zu erwägen hat, ob sie weiter ausgedehnt werden soll; es hat der Revisor besonders zu untersuchen, ob den Bestimmungen des Gesetzes überall genügt ist, ob die Geschäfte nach den Vorschriften des Statuts geführt werden und ob den Beschlüssen der Genossenschafts- und Verbandstage und den Rathschlägen des Anwalts die erforderliche

Beachtung geschenkt wird, und ob die bei früheren Revisionen von dem Revisor gerügten Mängel beseitigt und die empfohlenen besseren Einrichtungen eingeführt sind.

12. Zu allen Verbandsrevisionen und insbesondere zu der Ziff. 7 erwähnten Berichterstattung des Revisors ist der Aufsichtsrath der zu revidirenden Genossenschaft zuzuziehen.

13. Stellen sich in einer Genossenschaft schwere Uebelstände heraus, welche nach übereinstimmender Ansicht des Verbandsdirektors und des Revisors durch Zuwiderhandeln gegen die Gesetze oder die Genossenschaftsstatuten entstanden sind, oder eine ernste Gefahr für die Existenz der Genossenschaft in sich schließen, so ist der Verbandsdirektor verpflichtet, dem Anwalte eine Abschrift des Revisionsberichts einzusenden, die Genossenschaft zur Beseitigung der betreffenden Mißstände aufzufordern und nach wiederholt erfolgloser Aufforderung dem Verbandstage von derselben Kenntniß zu geben.

6. „Bildung, Sitz . . . des Vorstandes“.

Das Gesetz denkt sich einen mehrköpfigen Vorstand. Die meisten Verbände haben nur einen Verbandsdirektor als alleinigen Vorsteher, dessen Funktionen in Behinderungsfällen ein Stellvertreter übernimmt. Da der Verbandsdirektor meist nur auf ein Jahr gewählt wird, so ist der Wohnort des jeweiligen Verbandsdirektors der Sitz des Vorstandes. „Das Statut“ — sagen die Motive a. a. O. — „soll die Organe des Verbandes, insbesondere Sitz und Funktionen des Vorstandes, mit welchem die erforderlichen Kommunikationen stattzufinden haben, angeben.“ Es genügt also die Bestimmung: der Sitz des Vorstandes ist der jedesmalige Sitz des Verbandsdirektors. Nicht zulässig erscheint es, einer Genossenschaft den Vorsitz zu übertragen, wohl aber einer Person einer Genossenschaft, die in derselben eine bestimmte Stellung einnimmt, z. B. der Vorsitzende des Aufsichtsraths der Kreditgenossenschaft zu N., e.G.m.u.H. bildet den Vorstand.

7. Andere Bestimmungen des Statuts.

„Für eine entsprechende Wirksamkeit der Verbände werden freilich noch manche andere statutarische Festsetzungen nicht zu entbehren sein, wie denn namentlich Vorschriften über die Bedingungen der Aufnahme in den Verband und des Austritts oder der Ausschließung aus demselben, über die Beiträge zu den Verbandskosten und über die Voraussetzungen und die Form von Statutenänderungen hierhin zu zählen sein werden“. (Begr. I 129, II 86.)

§ 57.

Die Verleihung des Rechts zur Bestellung des Revisors erfolgt, wenn der Bezirk des Verbandes sich über mehrere Bundesstaaten erstreckt, durch den Bundesrath, anderenfalls durch die Zentralbehörde des Bundesstaates.

Aenderungen des Verbandsstatuts sind der nach Absatz 1 zuständigen Stelle einzureichen.

Entw. I, II u. Komm. 53, Rtg. 55. Begr. I 130, II 87, Komm.Ber. 31.

I. Zur Geschichte des § 57.

a) In dem der Sachverständigenkonferenz vorgelegten Vorentwurf des Reichsjustizamts lautete die Bestimmung: „Das Verbandsstatut und eine Aenderung desselben bedarf der Genehmigung durch die Landeszentralbehörde; sofern der Verband sich jedoch über das Gebiet eines Bundesstaates hinaus erstreckt, der Genehmigung durch den Reichskanzler." Der Entwurf I hatte: „Die Verleihung des Rechts zur Bestellung des Revisors erfolgt durch den Bundesrath. Aenderungen des Verbandsstatuts sind dem Bundesrath einzureichen." In der Begründung war für diese Aenderung zutreffend bemerkt, der Bundesrath erscheine nach seiner verfassungsmäßigen Stellung und Zusammensetzung hierzu in erster Linie berufen. Es spreche dafür auch der Umstand, „daß die Bezirke der Revisionsverbände sich in den meisten Fällen über das Gebiet eines Bundesstaates hinaus erstrecken werden, und daß auch da, wo dies bei Errichtung eines Verbandes im Statut desselben nicht vorgesehen ist, doch nachträglich noch eine derartige Ausdehnung des Bezirks jederzeit vorgenommen werden kann". Der Entwurf II des Bundesraths hatte dies geändert, ohne es besonders zu motiviren. In der Kommission ward beantragt, die Entscheidung in allen Fällen dem Bundesrath zu übertragen, „da es wichtig sei, daß die Verleihung überall nach gleichen Grundsätzen geschehe". Der Antrag wurde abgelehnt auf die Erklärung der Regierungsvertreter, „es sei nicht zweckmäßig, dem Bundesrath ohne Noth derartige Geschäfte zu übertragen, bei deren Erledigung er in Ermangelung anderweiter Information doch die Aeußerung der im einzelnen Falle betheiligten Bundesregierung seiner Entscheidung zu Grunde legen müsse". (Komm.Ber. 31.)

b) Ueber den Fortfall des dritten zwischen Abs. I und II befindlich gewesenen Abs. s. § 61 Ia.

II. **Erläuterungen zu § 57.**

1. **Absatz** I. Zuständigkeit.

Für die Zuständigkeit des Bundesraths und der Zentralbehörde des Bundesstaates ist nicht der zeitige thatsächliche Genossenschaftsbestand, sondern das Statut und der in ihm gemäß § 56 festgesetzte Verbandsbezirk entscheidend (Komm.Ber. 32).

2. **Absatz** II. Aenderungen des Statuts.

Die Aenderungen des Statuts bedürfen ebensowenig wie dieses selbst einer Bestätigung und können nur unter den Voraussetzungen des § 60 zur Entziehung des Rechts zur Bestellung des Revisors führen. Denn „nicht die nicht mehr bestehende Erwartung, daß der Verband seiner Revisionspflicht genüge, sondern die Thatsache, daß er seiner Pflicht nicht genügt, rechtfertigt die Entziehung des Bestellungsrechts" (Birkenbihl-Maurer S. 254). Dehnt ein bisher auf einen Bundesstaat beschränkter Verband im Wege der Statutenänderung seinen Bezirk über mehrere Bundesstaaten aus, so muß er eine neue Verleihung des Rechts durch den Bundesrath einholen. Die landesstaatliche Verleihung ist von dem Registergerichte des betreffenden andern Bundesstaats, über den sich der Verband nun auch erstrecken will, nicht zu berücksichtigen. Dagegen behält der Verband das einmal verliehene Recht, auch wenn er sich auf einen Bundesstaat beschränkt. Die Verleihungsbehörde hat das Zustandekommen der Statutenänderung nicht zu prüfen. Die Aenderung hat nach Maßgabe des Statuts zu erfolgen.

§ 58.

Der Verbandsvorstand hat das Statut mit einer beglaubigten Abschrift der Verleihungsurkunde, sowie alljährlich im Monat Januar ein Verzeichniß der dem Verbande angehörigen Genossenschaften den Gerichten (§ 10), in deren Bezirke diese ihren Sitz haben, sowie der höheren Ver-

waltungsbehörde, in deren Bezirke der Vorstand seinen Sitz hat, einzureichen.

Entw. I, Entw. II u. Komm. 54, Rtg. 56. Begr. I 130, II 87. A.V. § 8.

Erläuterungen zu § 58.

1. Die Einreichungen an die höhere Verwaltungsbehörde sind erst vom Bundesrath in Folge der Annahme des § 59 vorgeschlagen. In der Begründung heißt es: „Da die Genossenschaften, welche einem mit dem Revisionsrecht ausgestatteten Verband angehören, der subsidiären Bestellung des Revisors durch das Registergericht (§ 61) nicht unterliegen, so muß dieses Gericht, sofern Genossenschaften des Verbandes in seinem Bezirk ihren Sitz haben, von den in Betracht kommenden Einrichtungen des Verbandes, sowie von den einzelnen demselben angehörenden Genossenschaften Kenntniß erhalten. Zu diesem Behufe, sowie mit Rücksicht auf die im § 59 der höheren Verwaltungsbehörde übertragenen Befugnisse sind die Vorschriften im § 58 und im letzten Abs. des § 60 getroffen." Jedem Gericht, in dessen Bezirk eine Verbandsgenossenschaft ihren Sitz hat, ist ein Verzeichniß aller Mitglieder des Verbandes einzureichen, a. A. Vierhaus auf dem Vereinstage der landwirthschaftlichen Genossenschaft zu Hannover (1894), er hält es für ausreichend, wenn das Verzeichniß die im Gerichtsbezirke gelegenen Genossenschaften umfaßt (Jahrbuch S. 25). Abänderungen des Statuts sind nicht einzureichen.

2. „Mit einer beglaubigten Abschrift".
Nach § 8 der A.V. bedarf es hier der gerichtlichen oder notariellen Beglaubigung, der Abschrift der Verleihungsurkunde.

3. „Höhere Verwaltungsbehörde" s. § 161.

§ 59.

Generalversammlungen des Verbandes dürfen nur innerhalb des Verbandsbezirks abgehalten werden.

Sie sind der höheren Verwaltungsbehörde, in deren Bezirke der Vorstand seinen Sitz hat, sowie der höheren Verwaltungsbehörde, in deren Bezirke die Versammlung abgehalten werden soll, unter Einreichung der Tagesordnung mindestens eine Woche vorher anzuzeigen.

Der letzteren Behörde steht das Recht zu, in die Versammlung einen Vertreter zu entsenden.

Entw. II u. Komm. § 55, Rtg. 57. Begr. II 87, Komm.Ber. 32.

Erläuterungen zu § 59.

1. Der § 59 fehlte im ersten Entwurfe und verdankt seine Entstehung dem Bundesrath, der für die genossenschaftlichen Revisionsverbände wie auf staatsgefährliche Gesellschaften Ausnahmebestimmungen schaffen wollte.

Im ersten Absatz hieß es:

„Versammlungen des Verbandsvorstandes und Generalversammlungen des Verbandes dürfen nur innerhalb des Verbandsbezirks abgehalten werden."

Der zweite Absatz ist unverändert in den § 59 aufgenommen.

Der dritte aber lautete:

„Der letzteren Behörde steht das Recht zu:

1. die Versammlung zu untersagen, wenn die Tagesordnung Gegenstände umfaßt, welche zu den nach § 53 (jetzt § 55) gestatteten Zwecken des Verbandes nicht in Beziehung stehen,
2. in die Versammlung einen Vertreter zu entsenden und durch diesen die Versammlung zu schließen, wenn die Verhandlungen auf Gegenstände erstreckt werden, welche zu den vorbezeichneten Zwecken nicht in Beziehung stehen, oder wenn Anträge oder Vorschläge erörtert werden, welche eine Aufforderung oder Anreizung zu strafbaren Handlungen enthalten."

Zur Begründung dieser Vorschläge war nur gesagt worden:

„Die Vorschriften des § 55 (jetzt § 57) gewähren der Staatsbehörde die erforderlichen Mittel, um von den Verhandlungen der Verbände Kenntniß zu erhalten und gegen etwaige Gesetzwidrigkeiten rechtzeitig einzuschreiten. Die Bestimmungen lehnen sich im Einzelnen an die auf die Innungsverbände bezüglichen Vorschriften des § 104e der Gewerbeordnung an."

Von wie schiefen Vorstellungen von der genossenschaftlichen Verbandsthätigkeit die Verfasser dieser Vorschläge befangen waren, ergiebt namentlich der Umstand, daß sie sogar „die Versammlungen des meist einköpfigen „Verbandsvorstandes" acht Tage vorher angezeigt verlangten, und wegen ungehöriger Tagesordnung im Voraus polizeilich verbieten und wegen ungehöriger Verhandlungen auflösen wollten! Die Berücksichtigung dieser Verbandsvorstands-Versammlungen wurde gestrichen. Die Mehrheit der Kommission wollte sich jedoch nicht dazu verstehen, den ganzen § 59 zu streichen. Gegen die Annahme der Regierungsvertreter, daß die Revisionsverbände ein öffentliches Interesse verträten, wurde von mehreren Mitgliedern mit Recht geltend gemacht, daß die Verbände der Genossenschaften keine im öffentlichen Interesse begründeten Einrichtungen seien, sondern lediglich privaten Zwecken dienten, und daß eine polizeiliche Beaufsichtigung erst in Frage kommen könne, wenn sie durch den Nachweis ihrer Nothwendigkeit gerechtfertigt werde; man habe aber weder den Genossenschaftsverbänden noch den Genossenschaften auch nur in einem einzigen Falle vorwerfen können, daß sie in das öffentliche Gebiet hinübergegriffen hätten. Die überwiegende Mehrheit der Kommission hielt diese Vorschläge für zu weitgehend und für ausreichend, wenn die Verwaltungsbehörde einen Vertreter in die Verhandlungen senden könne, um von den dort gepflogenen Berathungen Kenntniß zu nehmen (Komm.Ber. 32).

2. Die Revisionsverbände und das Vereins- und Versammlungsrecht (vgl. § 55 Erl. 2 am Schluß).

3. Rechte des Regierungsvertreters.

§ 55 Erl. 2. Derselbe hat keinerlei polizeiliche Rechte, ebenso Birkenbihl-Maurer S. 257, Joël S. 556, Jessenberger S. 59, Zeller zu § 57. Er hat sich zu informiren und seiner Behörde Bericht zu erstatten. Da sich nach diesem Bericht die Behörde zu unterrichten hat, ob der Verband seiner Revisionspflicht nachkommt, muß der Vertreter ein mit Bedeutung und Wesen der Genossenschaften vertrauter Mann sein (vgl. Proebst S. 209 u. 212).

4. Tagesordnung.

Wenn auch die Tagesordnung der zuständigen Behörde einzureichen ist, so schließt dies nicht aus, daß auch noch andere Gegenstände zur Verhandlung kommen bezw. auch zur Beschlußfassung. Das Statut ist hierfür bestimmend.

5. Strafvorschrift.

Die unterlassene Anzeige der Versammlung bedroht § 150 mit Strafe.

§ 60.

Das Recht zur Bestellung des Revisors kann dem Verbande entzogen werden,

1. wenn er sich gesetzwidriger Handlungen schuldig macht, durch welche das Gemeinwohl gefährdet wird, oder wenn er andere als die im § 55 bezeichneten Zwecke verfolgt;
2. wenn der Verband der ihm obliegenden Pflicht der Revision nicht genügt.

Die Entziehung wird nach Anhörung des Verbandsvorstandes durch die für die Verleihung zuständige Stelle ausgesprochen.

Von der Entziehung ist den im § 58 bezeichneten Gerichten Mittheilung zu machen.

Entw. I 55, II und Komm. 56, Rtg. 58. Begr. I 130, II 87, Komm.Ber. 33.

Erläuterungen zu § 60.

1. **Absatz I.** Der Entwurf II des Bundesraths hatte folgerichtig noch einen dritten Grund für die Entziehung des Rechts, nämlich wenn in dem Falle des § 59 erlassenen Verfügungen (Untersagung, Schließung von Versammlungen) keine Folge gegeben wird. Mit Rücksicht auf die bei § 59 erfolgten Aenderungen mußte dieser Grund wegfallen.

2. Entziehung des Rechts.

Anträge auf Ersetzung der Entziehung des Rechts durch Ordnungsstrafen und auf Ueberweisung der Entziehung an die Verwaltungsgerichtsbehörden wurden in der Kommission abgelehnt. Die Regierungsvertreter erklärten, daß das Recht auf Bestellung des Revisors kein jus quaesitum sei (Komm.Ber. 33). Nur das Recht auf Bestellung des Revisors wird entzogen, auf den Bestand des Verbandes ist dies ohne Einfluß, dieser unterliegt dem Vereinsrecht. Die zuständige Behörde § 57.

3. Gesetzwidrige Handlungen. Andere Zwecke.

Es ist nicht einzusehen, wie der Verband sich gesetzwidriger Handlungen soll schuldig machen können, da er doch keine Rechtspersönlichkeit hat, geschweige denn handlungsfähig ist, im Uebrigen vgl. zu § 81. Ueber die „anderen Zwecke" vgl. § 55 Erl. 2. Birkenbihl-Maurer S. 258 bemerken zu den sehr dehnbaren Begriffsbestimmungen dieses Paragraphen mit vollem Recht, daß eine „wohlwollende Handhabung erhofft werden muß".

4. „der ihm obliegenden Pflicht".

Die Entwürfe hatten hier „gesetzlich ihm obliegenden Pflicht". Bei der zweiten Lesung wurde das Wort „gesetzlich" gestrichen, „um damit der etwaigen irrthümlichen Auslegung vorzubeugen, daß die Prüfung sich nur darauf zu erstrecken habe, ob regelmäßig revidirt worden sei, nicht aber auch zugleich darauf, ob die Revisionspflicht in der durch das Statut gebotenen Art und Ausdehnung ausgeübt worden sei". (Komm.Ber. 34.) Das wichtigste Material für die Prüfung wird der Behörde der von dem Vertreter der Regierung über die Generalversammlung erstattete Bericht bieten (§ 59 Erl. 3). Bestimmte Grundsätze darüber, wann die Pflicht vernachlässigt ist, lassen sich natürlich nicht aufstellen. Wenn Birkenbihl-Maurer S. 259 glauben, „innerhalb des Verbandsbezirks vorgekommene Zusammenbrüche einzelner Genossenschaften" sind für die Beantwortung jener Frage von Bedeutung, so muß dem nach allen Erfahrungen die allgemeine Richtigkeit bestritten werden; es sind auch in Verbänden mit trefflich organisirter Revision derartige Zusammenbrüche vorgekommen. Einmal hat der Verband kein Mittel, die Beseitigung der gefundenen Mängel bei der Genossenschaft zu erzwingen, es bliebe ihm nur das Recht des Ausschlusses, mit dem aber weder der Genossenschaft noch dem Verbande in der Regel gedient ist, denn der Zusammenbruch wird dadurch nicht aufgehalten —, dann ferner entzieht sich die Beseitigung der Ursachen des Zusammenbruches leider nur zu oft überhaupt jedem Einfluß. Die Revision kann nur bei solchen

Genossenschaften eine günstige Wirkung ausüben, deren Organe bereit sind, aus derselben Nutzen zu ziehen; die Revision kann insbesondere nicht hohe Kreditgewährungen verhindern —, der Revisor und der Verbandsvorstand können nur auf die Gefahren hinweisen (vgl. hierzu auch die Kommissionsverhandlungen § 61 Erl. Ib).

5. **Absatz** II. „Anhörung".

Die Anhörung des Verbandsvorstandes wird entweder durch einen Kommissar oder durch Aufforderung zu einer schriftlichen Rückäußerung geschehen.

6. **Absatz** III. Mittheilung an die Gerichte.

Die Mittheilung hat der Bundesrath bezw. die Zentralbehörde des Bundesstaates zu machen.

§ 61.

Für Genossenschaften, welche einem Revisionsverbande (§§ 55 bis 57) nicht angehören, wird der Revisor durch das Gericht (§ 10) bestellt.

Der Vorstand der Genossenschaft hat die Bestellung zu beantragen.

Die Bestellung erfolgt, nachdem die höhere Verwaltungsbehörde über die Person des Revisors gehört ist. Erklärt die Behörde sich mit einer von der Genossenschaft vorgeschlagenen Person einverstanden, so ist diese zum Revisor zu bestellen.

Entw. I 56, Entw. II u. Komm. 57, Rtg. 59. Begr. I 131, II 87 Komm.Ber. 34.

I. **Zur Geschichte des § 61.**

a) Der dritte Absatz des § 61 fehlte im ersten Entwurf und wurde erst im zweiten Entwurf vorgeschlagen. In der Begründung heißt es:

„Die subsidiäre Bestellung des Revisors durch den Registerrichter erfolgt für die jedesmalige Revision besonders. Während aber bei den Verbandsrevisionen es im Allgemeinen Sache des Verbandsvorstandes ist, für die Revision der einzelnen Genossenschaften innerhalb des nach § 51 (jetzt § 53) maßgebenden zweijährigen Zeitraums Sorge zu tragen, muß in den Fällen des § 59 (jetzt § 61) dem Vorstand der Genossenschaft die Pflicht auferlegt werden, die rechtzeitige Vornahme der Revision herbeizuführen. Die Bestellung des Revisors ist deshalb von ihm beim Gericht zu beantragen, und das letztere soll ihn hierzu in Gemäßheit des § 152 (jetzt § 160) durch Ordnungsstrafen anhalten. Die Stellung des Antrags wird dem Vorstand zugleich Gelegenheit geben, Vorschläge in Betreff der Person des Revisors zu machen.

Die wiederholte Bestellung desselben Revisors und die Auswahl aus einer Liste zur Revision befähigter Personen, welche an geeigneter Stelle für einen gewissen Bezirk und Zeitraum aufgestellt ist, erscheint natürlich nicht ausgeschlossen, und um in dieser Richtung eine entsprechende Einwirkung zu üben, empfiehlt es sich, die vorgängige Anhörung der höheren Verwaltungsbehörde vorzuschreiben. Im Falle der Uebereinstimmung dieser Behörde mit einem hinsichtlich der Person des Revisors von der Genossenschaft selbst gemachten Vorschlage wird es auch unbedenklich sein, den Registerrichter an diesen Vorschlag zu binden."

b) In der Kommission war beantragt, an Stelle des Gerichts die höhere Verwaltungsbehörde zu setzen, und dem Revisor eine Berichterstattung an dieselbe aufzuerlegen (§ 63). In der ersten Berathung der Kommission ward der Antrag trotz lebhaften Widerspruchs der Regierungsvertreter mit 16 gegen 8 Stimmen angenommen, aber in zweiter Berathung in Folge des Kompromisses wieder abgelehnt. Die gepflogenen Verhandlungen sind sehr bezeichnend für den Standpunkt der Kommissionsmehrheit gegenüber den Anschauungen der „auf dem Boden der Selbsthülfe" gegründeten Genossenschaften, insbesondere in Ansehung der „Förderung" der Genossenschaften durch den Staat. Im Kommissionsbericht ist darüber Folgendes zu lesen:

„Es war beantragt, für Genossenschaften, welche einem Revisionsverbande nicht angehören, die Bestellung des Revisors an Stelle des Gerichts der höheren Verwaltungsbehörde zu übertragen. Es handle sich, so führten die Antragsteller aus, bei dieser Revisorenbestellung nicht um eine eigentlich richterliche Thätigkeit, weder um die Schlichtung und Entscheidung von Parteistreitigkeiten, noch um die Verleihung öffentlicher Glaubwürdigkeit bei gewissen Rechtshandlungen, sondern lediglich um die Auswahl einer besonders geeigneten technischen Kraft, eine Thätigkeit, die ihrer Natur nach in das Gebiet der Verwaltung falle. Man solle sich hüten, den Richter auf einen Boden zu verpflanzen, wo er nicht am Platze sei und den gehegten Erwartungen nicht genügen könne —, das schwäche die Autorität.

Die Gegner des Antrages bestritten, daß es sich hier um Wahrnehmung von Geschäften handle, die an sich der gerichtlichen Thätigkeit fern lägen; man brauche blos an die Führung der Obervormundschaft zu denken, bei welcher dem Richter sogar eine materielle Prüfung der Geschäftsführung des Vormundes obliege. Der Richter zudem habe das voraus, daß ihm wegen seiner Unabsetzbarkeit von den Genossenschaften ein größeres Vertrauen entgegengebracht werden würde als dem Verwaltungsbeamten. Indessen liege das Hauptbedenken gegen den Antrag auf politischem Gebiete. Eine Verwaltungsbehörde möge noch so trefflich und noch so sachlich entscheiden, sie werde leicht unter dem Verdachte stehen, daß von ihr politischer Einfluß geübt werden solle, weil es überhaupt zu ihren Aufgaben gehöre, sich mit politischen Dingen zu beschäftigen.

Von den Freunden des Antrages wurde erwidert, daß man die Verwaltungsbehörden mit denselben Gründen, aus welchen man sie hier als politisch verdächtig beseitigen wolle, auch auf allen übrigen Gebieten ausschließen könne. Diese Gründe seien unhaltbar; die Oeffentlichkeit, die Presse böten ein ausreichendes Korrektiv dagegen, daß die Verwaltungsbehörden politische Gesichtspunkte in ihre Entscheidungen hineintrügen. Es handle sich hier um eine Frage von der erheblichsten wirthschaftlichen Bedeutung, nämlich um die gesunde Entwickelung des Genossenschaftswesens; in der Einführung der Revision solle sich die Fürsorge des Staates für die zahlreichen wirthschaftlich minder widerstandsfähigen Bevölkerungsklassen ausprägen, welche den Hauptbestandtheil der Genossenschaften bildeten. Wo ein so großes öffentliches Interesse im Spiele wäre, da müsse der Staatsverwaltungsbehörde auch ein erhöhter Einfluß gesichert werden.

Man entgegnete, daß der Richter ebenso wie der Verwaltungsbeamte die öffentlichen Interessen wahrzunehmen habe, wenn auch in anderen Formen und in einem anderen Verfahren. Die Bestellung des Revisors sei aber an sich gar keine öffentlich-rechtliche Funktion, ebensowenig wie der Revisionsverband selbst eine öffentliche Behörde sei. Von der anderen Seite wurde entgegengehalten, daß es nicht die Aufgabe des Richters sei, die wirthschaftlichen Interessen überhaupt und diejenigen der Genossenschaften insbesondere zu fördern, und hierum handle es sich im vorliegenden Falle.

Gerade diese Begründung stieß auf den Widerspruch der Regierungsvertreter. Dieselben wendeten gegen die beantragte Uebertragung der Revisorenbestellung auf die Verwaltungsbehörden und gegen den damit in Zusammenhang stehenden Antrag zu § 63, den Revisoren eine Berichterstattung an die Verwaltungsbehörden aufzuerlegen, vornehmlich ein, daß eben deshalb, weil es im Allgemeinen Aufgabe der Verwaltungsbehörden sei, die wirthschaftlichen Interessen wirksam zu vertreten, einerseits die beantragten Bestimmungen zu der Auffassung führen müßten, als sollte dadurch den Verwaltungsbehörden die Pflicht einer Prüfung der vorgenommenen Revisionen, die Verantwortlichkeit für deren Aus- und Durchführung und ein Eingreifen im Falle hervorgetretener und nicht beseitigter wirthschaftlicher Gefahr zugewiesen werden; andererseits aber würden derartige Bestimmungen die Folgerung zulassen, als ob die Verwaltungsbehörden zur Erfüllung solcher Aufgaben und zur Tragung der hiermit verbundenen Verantwortlichkeit im Stande wären. Dagegen werde, wenn die Revisorenbestellung durch das Gericht erfolge, zufolge der engeren Begrenzung richterlicher Thätigkeit, die Folgerung einer staatlichen Ueberwachung der Revision vermieden. Der Registerrichter sei auf die Prüfung beschränkt, ob der zu Bestellende als Revisor geeignet erscheine, und bei dieser Prüfung und Auswahl werde ihm die Unterstützung der Verwaltungsbehörden zugesichert."

c) In erster Lesung hatte die Kommission noch einen Zusatz angenommen:

„Richtet sich der Vorschlag der Genossenschaft auf den Revisor eines Revisionsverbandes, so ist diesem Vorschlage stattzugeben."

Bei der zweiten Lesung strich die Kommission diesen Zusatz, indem sie folgende Ausführungen der Regierungsvertreter für durchschlagend erachtete:

„Mit der Bezeichnung „Revisor eines Revisionsverbandes“ sei an und für sich noch keine Qualifikation gegeben. Die Stellung eines Verbandsrevisors sei nicht nothwendig ein dauerndes Amt; ein Verband könne vielleicht einen seiner früheren Revisoren aus wohlerwogenen Gründen nicht mehr verwenden, während der Richter für die außerhalb des Verbandes stehende Genossenschaft sich noch jener Person habe bedienen müssen. Es könne Jemand für einen Verband, der nur Genossenschaften mit einfachen Verhältnissen umfasse, ganz brauchbar, dagegen völlig außer Stande sein, eine große Genossenschaft mit ausgedehntem Bankbetriebe und schwierigen Verhältnissen zu revidiren, in die der Vorstand den Einblick möglichst zu erschweren Ursache habe; der Richter könne aber unmöglich in die Zwangslage versetzt werden, eine gänzlich ungeeignete Persönlichkeit mit der Revision zu betrauen. Ein Verband könne ferner auch eine schwächere Kraft benutzen, die gleichwohl bei selbstständiger Funktionirung den Dienst versage, weil der treibende Faktor, nämlich das Bewußtsein der Abhängigkeit von der disziplinarischen Kontrole des Verbandes, geschwunden sei. Es komme hinzu, daß die fragliche Bestimmung leicht dazu führen könne, die Autorität der Verbände zu schwächen und zu lockern, denn die Genossenschaften würden alsdann gar keine Veranlassung haben, in Verbände einzutreten.“

II. Erläuterungen zu § 61.

1. **Absatz** I. Qualifikation des Revisors.

Es gilt das zu § 53 Bemerkte. Die Befürchtung, daß die Gerichte und Behörden bei der Bestellung und Auswahl des Revisors nicht die nöthige Sorgfalt anwenden würden, daß diese Art der Bestellung des Revisors die Revision zu einer leeren Formsache machen würde (vgl. allerdings die Zweifel bei Birkenbihl-Maurer S. 245), haben in nicht wenigen Fällen Bestätigung gefunden. Die von den Gerichten in Preußen zuweilen getroffene Auswahl hat sogar zu einer Verfügung des Justizministers vom 23. Mai 1892 geführt, daß die Bestellung von Justiz-Subalternbeamten zu Revisoren mit den Interessen der Justizverwaltung unvereinbar, daher im Allgemeinen zu versagen und nur unter ganz besonderen Umständen zulässig sei, wenn sein dienstliches Verhältniß zum vorgesetzten Amtsrichter keine Schädigung erleidet und wenn keine sonstigen geeigneten Persönlichkeiten vorhanden sind, wobei es auf den Sitz der Genossenschaft nicht ankommt. Anderenfalls seien die nicht angeschlossenen Genossenschaften seitens der Registerrichter an die Verbandsrevisoren zu verweisen. — Die Verbandsrevisoren werden allerdings im Interesse ihrer Verbände schwerlich bereit sein, Revisionen von nicht angeschlossenen Vereinen vorzunehmen. Die größte Verantwortung bei der Bestellung haben die höhere Verwaltungsbehörde und das Gericht, Aufgabe derselben ist es, die Qualifikation des Revisors zu prüfen.

2. Genossenschaften.

§ 61 bezieht sich nur auf solche Genossenschaften, die einem Revisionsverbande nicht angehören. Angeschlossene Vereine sind nicht berechtigt, die Bestellung des Revisors bei dem Gericht zu beantragen, und das Gericht hätte einen solchen Antrag abzulehnen; das Gericht kann den Antrag auch dann nicht fordern, wenn die betreffende Genossenschaft eine Revisionsbescheinigung nicht einreicht (§ 63). Ebenso Birkenbihl-Maurer S. 260.

3. **Absatz** II. Antrag.

Nur der Vorstand der Genossenschaft kann den Antrag stellen. Der Antrag muß in der für die Abgabe von Willenserklärungen des Vorstandes maßgebenden Form gestellt sein. Zur Stellung des Antrages sind die Vorstandsmitglieder durch Ordnungsstrafen anzuhalten; und zwar wird das Gericht zur Androhung und Festsetzung der Ordnungsstrafen bereits eine angemessene Frist vor Ablauf der Revisionsperiode befugt sein, damit die Revision rechtzeitig erfolgt (§ 53 Erl. 4). Es handelt sich hier immer nur um die Revision nach Maßgabe des § 53; die Genossenschaft ist daher nicht berechtigt, zu jeder beliebigen Zeit die Bestellung eines Revisors zu fordern.

Das Recht des Gerichts zur Erzwingung der Revision beschränkt sich auf die Verhängung von Ordnungsstrafen; das Gericht kann ohne den Antrag keinen Revisor bestellen (ebenso Birkenbihl-Maurer S. 262), anders Joël S. 558, Richter S. 223 und erste Auflage dieses Kommentars.

4. **Absatz** III. Höhere Verwaltungsbehörde — § 161.

5. Bestellung.

Nach der Entstehungsgeschichte des § 159 ist kein Zweifel, daß die in § 159 den Genossenschaften bewilligte Gebührenfreiheit sich auch auf die Bestellung des Revisors bezieht.

Erklärt sich die Verwaltungsbehörde mit dem vom Vorstande vorgeschlagenen Revisor einverstanden, so muß das Gericht denselben bestellen.

Wird der vom Vorstande vorgeschlagene Revisor abgelehnt, so bestellt das Gericht den Revisor nach eigener Auswahl, es hat nur die Verwaltungsbehörde über den Revisor zu hören. Das Gericht kann sogar den vom Vorstande vorgeschlagenen, von der Verwaltungsbehörde abgelehnten Revisor bestellen.

Für das Verfahren gilt § 148 des Gesetzes über die Angelegenheiten der freiwilligen Gerichtsbarkeit: Hörung des Antragstellers, sofortige Beschwerde gegen die Verfügung.

§ 62.

Der Revisor hat gegen die Genossenschaft Anspruch auf Erstattung angemessener baarer Auslagen und auf Vergütung für seine Leistung nach Maßgabe der erforderlichen Zeitversäumniß.

Dem vom Gerichte bestellten Revisor werden in Ermangelung einer Einigung die Auslagen und die Vergütung durch das Gericht festgesetzt. Die Vorschriften im § 104 Absatz 2, § 105, § 794 Nr. 3 der Civilprozeßordnung finden Anwendung.

Entw. I 57, II 58, Komm. 58, Rtg. 60. Begr. I 131, II 88, Komm.Ber. 36.

Erläuterungen zu § 62.

1. Zur Begründung dieser Bestimmung wird gesagt:

„Dem Revisor wird, sei es, daß er von den Verbänden oder von Gerichten bestellt wird, nicht blos die Erstattung baarer Auslagen, sondern auch angemessener für seine Mühewaltung und Leistung eine Vergütung zuzubilligen sein, für welche als Maßstab am besten die von ihm aufzuwendende Zeitversäumniß dienen wird. Bei den Revisionsverbänden wird das Honorar des Revisors und in der Regel wohl auch ein bestimmter Pauschsatz für seine Auslagen durch den Anstellungsvertrag festgesetzt werden. Ist dies nicht geschehen, so müssen im Streitfall die Ansprüche des Revisors im Prozeßwege (vgl. § 54 Erl. § 55 Erl. 2) zum Austrage kommen. Dagegen erscheint es nicht angängig, auch den vom Registergericht bestellten Revisor auf die Erhebung einer Klage zu verweisen. Hier soll deshalb gegebenen Falls die Festsetzung der Auslagen und der Vergütung durch den Registerrichter stattfinden."

2. Der letzte Satz des zweiten Absatzes ist in der Kommission beschlossen. Er soll klarstellen, daß auch zur Bezahlung der dem vom Gericht bestellten Revisor zustehenden Gebühren die Genossenschaft, nicht aber die Staatskasse verpflichtet ist, und daß wegen dieser Gebühren die Bestimmungen der Civilprozeßordnung Anwendung finden (Komm.-Ber. 36).

3. Die angezogenen Bestimmungen der C.P.O. lauten:

§ 104 Abs. 2. Das Gesuch um Festsetzung des zu erstattenden Betrags ist bei dem Gericht erster Instanz anzubringen; es kann vor dem Gerichtsschreiber zu Protokoll erklärt werden. Die Kostenberechnung, die zur Mittheilung an den Gegner bestimmte Abschrift derselben und die zur Rechtfertigung der einzelnen Ansätze dienenden Belege sind beizufügen.

§ 105. Die Entscheidung über das Festsetzungsgesuch kann ohne vorgängige mündliche Verhandlung erfolgen.

Das Gericht kann sich bei der Prüfung des Gesuchs der Hülfe des Gerichtsschreibers bedienen.

Zur Berücksichtigung eines Ansatzes genügt, daß derselbe glaubhaft gemacht ist.

Gegen den Festsetzungsbeschluß findet sofortige Beschwerde statt.

§ 794 Nr. 3. Die Zwangsvollstreckung findet ferner statt: . . .

3. aus Entscheidungen, gegen welche das Rechtsmittel der Beschwerde stattfindet.

§ 63.

Der Vorstand der Genossenschaft hat dem Revisor die Einsicht der Bücher und Schriften der Genossenschaft und die Untersuchung des Bestandes der Genossenschaftskasse, sowie der Bestände an Effekten, Handelspapieren und Waaren zu gestatten. Zu der Revision ist der Aufsichtsrath zuzuziehen.

Der Vorstand hat eine Bescheinigung des Revisors, daß die Revision stattgefunden hat, zum Genossenschaftsregister einzureichen und den Bericht über die Revision bei der Berufung der nächsten Generalversammlung als Gegenstand der Beschlußfassung anzukündigen. In der Generalversammlung hat der Aufsichtsrath sich über das Ergebniß der Revision zu erklären.

Der von einem Verbande bestellte Revisor hat eine Abschrift des Revisionsberichts dem Verbandsvorstande einzureichen.

Entw. I 58 und II 59, Komm. 59, Rtg. 61. Begr. I 132, II 88, Komm.Ber. 36.

Erläuterungen zu § 63.

1. Anwendung des § 63.

§ 63 bezieht sich in seinem ganzen Umfang sowohl auf Genossenschaften, die keinem Revisionsverband, wie auf solche, die sich einem angeschlossen haben. Auch bei den Genossenschaften des Revisionsverbandes kann das Gericht daher die Vorstandsmitglieder zur Erfüllung der ihnen in § 63 übertragenen Obliegenheiten durch Ordnungsstrafen zwingen (§ 160), also 1. dem Revisor in dem in Abs. 1 bezeichneten Umfang Einsicht zu gewähren, 2. den Aufsichtsrath zuzuziehen, 3. die Bescheinigung über die stattgefundene Revision einzureichen, 4. den Bericht zur Beschlußfassung der nächsten Generalversammlung anzukündigen. Ordnungsstrafen nach § 160. Die Einreichung der Bescheinigung des Revisors kann beim Ausbleiben der Bescheinigung sofort durch Androhung von Ordnungsstrafen erzwungen werden. Das Gericht hat aber nicht etwa ein Aufsichtsrecht über die Beobachtung der übrigen Bestimmungen des § 63, sondern ist nur in der Lage, gegen die Vorstandsmitglieder vorzugehen, wenn es glaubhafte Kenntniß erhält, daß gegen § 63 verstoßen wird (vgl. § 160). Für die einem Revisionsverbande angehörigen Genossenschaften ist die Voraussetzung der Androhung einer Ordnungsstrafe bei unterlassener Einreichung der Revisions-Bescheinigung, daß eine Revision stattgefunden hat, das Gericht kann also nicht auf dem Umwege des § 63 bei solchen Genossenschaften die Vornahme der Revision erzwingen. Bei den Genossenschaften, die keinem Revisionsverbande angehören, mußte die Revision zunächst nach § 61 erzwungen werden, da auch bei ihnen die ausgeführte Revision Voraussetzung der nach § 63 Abs. 2 zu erfüllenden Obliegenheiten ist.

Einreichung zu dem Gericht der Zweigniederlassung § 157 Abs. 2. Ueber die von dem Gericht auf Verlangen zu ertheilende Bescheinigung der Einreichung Verfügung des Preuß. Justizministers vom 27. Dezember 1895 (J.M.Bl. 1896 S. 15).

2. Absatz I. Zuziehung des Aufsichtsraths.

Daß der Aufsichtsrath zur Revision der Genossenschaft hinzuzuziehen sei, ist eigentlich selbstverständlich. Der zweite Satz des ersten Absatzes ist erst von der Kommission angenommen. Nach den Erfahrungen bei den Revisionsverbänden ist, wie es in dem Beschluß von Plauen (s. oben Vorbemerkung) heißt, dem Revisor überall die unabweisbare Verpflichtung auferlegt, nach vollendeter Revisionsarbeit, aber vor Abfassung des Revisionsberichts mit Vorstand und Aufsichtsrath über den Revisionsbefund zu verhandeln u. s. w. Eine solche Konferenz ist nicht vorgeschrieben. Die Mitglieder des Aufsichtsraths sind durch den Vorstand von der Revision zu benachrichtigen; die Revision geht dann vor sich, auch wenn sich nicht alle Aufsichtsrathsmitglieder eingefunden haben oder sie sich alle fern halten. Proebst S. 220 ist der Ansicht, daß der Revisor den Aufsichtsrath einzuladen hat. Die Kommission glaubte, daß dem Aufsichtsrath die Gelegenheit gegeben werden müsse, sich bei der Revision hören zu lassen. Macht er von denselben keinen Gebrauch, so wird hierin die Nichtanwendung der Sorgfalt eines ordentlichen Geschäftsmanns (§ 41) zu erblicken sein. Kein Mitglied des Aufsichtsraths kann sich damit entschuldigen, daß es von der Revision oder dem Befunde keine Kenntniß erhalten hat, da bei der Bedeutung der Revision sich der Aufsichtsrath um dieselbe zu bekümmern hat. Das Gesetz bringt dies in der Vorschrift in Absatz II zum Ausdruck, daß „der Aufsichtsrath“ sich in der Generalversammlung über das Ergebniß der Revision zu erklären hat. Die Erklärung muß also in einem Beschluß des Aufsichtsraths festgestellt sein, und jedes Mitglied des Aufsichtsraths hat nicht blos das Recht, sondern unter Umständen die Pflicht, seine etwa von der Erklärung abweichende Auffassung zur Kenntniß der Mitglieder zu bringen. Der Vorstand hat die Vornahme der Revision zu beantragen, den Zeitpunkt derselben mit dem Revisor zu vereinbaren; ihm liegt es daher ob, den Aufsichtsrath rechtzeitig von der Revision in Kenntniß zu setzen (vgl. Erl. 1). Wegen der Unterlassung der Zuziehung des Aufsichtsraths erscheint der Revisor nicht berechtigt, die Ausführung der Revision verweigern zu dürfen.

3. Bescheinigung des Revisors.

Die Bescheinigung des Revisors hat nur zu enthalten, daß und wann die Revision ausgeführt ist, und ist, wenn die Genossenschaft einem Revisionsverbande angehört, von dem Revisor in dieser Eigenschaft zu unterzeichnen, etwa in folgender Art: „Der Unterzeichnete bescheinigt hiermit, daß er die . . . (Firma der Genossenschaft) in den Tagen . . . revidirt hat.“

Ort, Datum.

N. N. Revisor des . . . (Bezeichnung des Verbandes).

Das Gericht hat nicht erfahren, wer der Revisor des Verbandes ist, es weiß nur, daß die Genossenschaft dem Revisionsverbande angehört; das Gericht hat nun nicht zu prüfen, ob der N.N. auch thatsächlich Revisor des Verbandes ist, es ist unter keinen Umständen berechtigt, die Annahme einer solchen Bescheinigung zu verweigern. So auch Maurer S. 124 Bl.f.G. von 1890.

Die Bescheinigung ist auch dem Gericht der Zweigniederlassung einzureichen (§ 157 Abs. 2).

4. Bericht des Revisors.

Vgl. Erl. 5. Daß der Revisor über den Revisionsbefund einen Bericht an die Genossenschaft zu erstatten hat, ergiebt sich daraus, daß ein solcher zur Beschlußfassung der Generalversammlung zu stellen ist, der Bericht gehört zu den Pflichten des Revisors, er ist schriftlich zu erstatten und an die Genossenschaft — also weder an den Vorstand noch an den Aufsichtsrath — zu senden; auf diese Weise gelangt er allerdings zunächst in die Hände der Vorstandsmitglieder. Pflicht des Aufsichtsraths aber ist es, sich nach dem Eingange zu erkundigen und eventuell bei dem Revisor Erkundigungen einzuziehen, um zu verhindern, daß der Vorstand den Bericht verheimlicht. Der Bericht des Revisors muß sich auf die Revision in allen ihren Theilen erstrecken und auch auf das Ergebniß, sowie die hiernach erforderlichen Rathschläge enthalten. Ein Bericht und kein Protokoll soll es sein, auch kein Zeugniß hat der Revisor auszustellen (vgl. Crüger „der Bericht über die Revision in Bl.f.G. Nr. 46 u. 47 von 1893, Nr. 13 von 1896). Der Bericht, den der Revisor erstattet, muß derselbe sein, der zur Beschlußfassung der Generalversammlung anzukündigen ist; der Revisor darf nicht einen Bericht für den letzteren Zweck und einen für Vorstand und Aufsichtsrath erstatten. Wie er zu verfahren hat, um nicht die Genossenschaft durch seinen Bericht zu schädigen, ist in den Aufsätzen a. a. O. dargelegt, vgl. auch Erl. 5.

5. Beschlußfassung der Generalversammlung über den Revisionsbericht.

Die Erfahrungen bei den Verbandsrevisionen vor dem Gesetz hatten dahin geführt, bei diesen den Revisionsbericht gleichsam als ein Internum zwischen Vorstand und Aufsichtsrath zu behandeln, der Generalversammlung nicht das Recht einzuräumen, Verlesung des Berichts zu verlangen. Bei zahlreichen Revisionen von Genossenschaften, die gut und ehrlich verwaltet wurden, hatten sich bei ersten Revisionen Fehler vorgefunden, deren Abstellung sich mit Sicherheit und ohne Schaden bewirken ließ, deren Bekanntwerden aber der Genossenschaft schweren Schaden zufügen konnte. Der im Reichsjustizamte verfaßte, der Sachverständigenkonferenz vorgelegte Vorentwurf schlug vor: „Der Bericht über das Ergebniß der Prüfung ist von dem Vorstande zu dem Genossenschaftsregister einzureichen und bei der Berufung der nächsten Generalversammlung als Gegenstand der Beschlußfassung anzukündigen." Es war also der Revisionsbericht als eine Jedermann zur Einsicht offenliegende Urkunde behandelt. Auf die Einwendungen aus der Praxis ward wenigstens die Ueberreichung zum Genossenschaftsregister beseitigt, nur die Bescheinigung, daß eine Revision stattgefunden, soll eingereicht werden. Dahingegen blieb es dabei, daß der Bericht über die Revision mit den vom Aufsichtsrath hierzu abzugebenden Erklärungen bei der Berufung der nächsten Generalversammlung als Gegenstand der Beschlußfassung anzukündigen sei. In der Begründung (I 132, II 88) ist ausgesprochen, der Generalversammlung als der unmittelbaren Interessentin am Ergebniß der Revision dürfe dieses allerdings nicht vorenthalten werden. „Sind durch die Revision Thatsachen aufgedeckt worden, deren sofortige Bekanntgebung, auch wenn diese auf die Generalversammlung allein beschränkt bleibt, eine Schädigung der Genossenschaft besorgen läßt, so wird sich wohl meistens die Möglichkeit bieten, die Abstellung der betreffenden Mängel noch vor Abhaltung der Generalversammlung herbeizuführen." Auch in der Kommission war man mit diesem Troste nicht zufrieden. Schließlich ward der Abs. 2 in der jetzigen Fassung angenommen. Ueber die Rechte der Genossen in der Generalversammlung mit Bezug auf die Vorlage des Revisionsberichts gaben die Regierungsvertreter folgende Erklärung ab, welcher sich die Kommission einhellig anschloß: „Es habe nur das Recht der Generalversammlung gewahrt werden sollen, auf der Vorlage des ganzen Revisionsberichts zu bestehen . . . Da der Revisionsbericht zur Verhandlung stehe, so könne auf den Antrag einzelner Genossen oder auf Vorschlag des Vorstandes die Generalversammlung beschließen, daß die Verhandlung nur über einzelne Theile des Berichts sich erstrecken, ein anderer Theil aber der Prüfung durch einen Ausschuß überwiesen werden, oder daß diese Ueberweisung sich auf den ganzen Bericht erstrecken, oder endlich daß überhaupt von einem weiteren Eingehen auf den Bericht abgesehen werden solle. Keineswegs aber folge aus der vorgeschriebenen Ankündigung des Revisionsberichts als Gegenstand der Tagesordnung, daß ein einzelnes Mitglied das Recht der Einsicht oder der Mittheilung des Berichts habe, denn mit Ausnahme eines einzigen Falls (§ 48) sei nirgends im Entwurf vorgeschrieben, daß die Unterlagen für die Tagesordnung der Generalversammlung zur Einsicht für die einzelnen Genossen ausliegen müßten. Es hier ausdrücklich auszusprechen, daß der Revisionsbericht nicht den Genossen ausgelegt zu werden brauche, sei bedenklich, weil dann ex argumento e contrario gefolgert werden könne, daß in allen übrigen Fällen der Grundsatz des § 48 die Regel sei." (Komm.Ber. 37.) Nach dem Wortlaut des Gesetzes und der Auslegung, welche die Bestimmung in der Kommission und in den Verhandlungen des Reichstages (2. Lesung am 26. März 1889 S. 1079) gefunden hat, kann jedes Mitglied verlangen, daß der auf der Tagesordnung stehende Bericht zur Kenntniß der Generalversammlung gebracht wird, und kann die Vorlage alsdann nur durch einen Beschluß der Generalversammlung ausgeschlossen werden; Sache des Vorstandes und Aufsichtsraths würde also sein, in den Fällen, da die Vorlage verlangt wird, ihnen aber eine Besprechung nicht im Interesse der Genossenschaft zu sein scheint, zu beantragen, daß von der Vorlage ganz Abstand genommen wird, oder daß nur bestimmte Theile zum Vortrage kommen. Der Aufsichtsrath hat sich unter allen Umständen über das Ergebniß der Revision zu erklären.

Der Verlauf der Angelegenheit wird in der Regel folgender sein (vgl. Crüger „Der Bericht über die Revision" in Bl.f.G. Nr. 47 von 1893, Nr. 13 von 1896): Zunächst hat sich der Aufsichtsrath — wohl durch seinen Vorsitzenden — über das Ergebniß der Revision zu erklären; er giebt ein Gesammtbild und theilt das mit, was zur Kenntniß der Mitglieder kommen muß. Ueber wichtige, zunächst für die öffentliche Erörterung nicht geeignete, Angelegenheiten wird er Einsetzung eines Ausschusses beantragen; meistens wird die Verwaltung schon vorher in der Lage sein, die gerügten Mängel abzustellen, wovon dann Kenntniß zu geben ist. Fordert ein Mitglied Verlesung des ganzen Berichts, und Vorstand und Aufsichtsrath halten dieselbe nicht für zweckmäßig, so müssen sie zu jenem Antrage auf Verlesung in der Art Stellung nehmen, daß sie entsprechenden Gegenantrag stellen. Nach dem hierauf ergehenden Beschluß richtet sich das weitere Verfahren. Falsche Darstellungen in der Generalversammlung sind nach § 147 strafbar.

6. Absatz III. Berichterstattung.

Ueber den von der Kommission in erster Lesung angenommenen und in zweiter Lesung abgelehnten Antrag, daß der Revisor alljährlich einen Generalbericht über seine Thätigkeit der höheren Verwaltungsbehörde einzureichen habe, vgl. zu § 61. Der Revisor ist dafür verantwortlich, daß der Vorstand des Verbandes eine wörtliche Abschrift des Berichts erhält. Der Verbandsvorstand hat dann in der Regel nach dem Verbandsstatut darüber zu wachen, daß die Genossenschaft die gerügten Mängel beseitigt. Er besitzt aber nirgends ein Zwangsrecht der Genossenschaft gegenüber; das letzte Mittel gegen eine renitente Genossenschaft ist Ausschluß aus dem Verbande nach Maßgabe des Statuts.

§ 64.

Der Reichskanzler ist ermächtigt, allgemeine Anweisungen zu erlassen, nach welchen die Revisionsberichte anzufertigen sind.

Entw. I 59, II, u. Komm. 60, Rtg. 62. Begr. I 133, II 88.

Erläuterungen zu § 64.

„Um die Sicherheit zu gewinnen, daß die Revisoren bei Erfüllung ihrer Aufgaben von richtigen und möglichst gleichmäßigen Gesichtspunkten ausgehen, sind schon bisher von den Genossenschaftsverbänden vielfach allgemeine Instruktionen für die Revisoren aufgestellt worden. In Folge der gesetzlichen Einführung der Revision wird das Bedürfniß nach derartigen Anordnungen, welche für die Ausführung aller auf Grund des Gesetzes stattfindenden Revisionen einer und derselben Gattung von Genossenschaften zu beobachten sind, voraussichtlich in verstärktem Maße sich geltend machen. Der Entwurf überträgt daher dem Reichskanzler die Befugniß zum Erlaß allgemeiner Anweisungen über die Einrichtung der Revisionsberichte." (Begr. I 133, II 88.) Bisher hat der Reichskanzler von dieser Befugniß keinen Gebrauch gemacht.

In den großen Verbänden sind Anweisungen ausgearbeitet.

Nr. 6 des Preußischen Ministerial-Blattes für die gesammte innere Verwaltung von 1897 erhielt folgenden:

Runderlaß an die Regierungspräsidenten, den Polizeipräsidenten in Berlin und die Oberpräsidenten vom 24. Mai 1897, betr. Mustervorschriften über die dienstliche Stellung des Verbandsrevisors und die Ausführung der Revisionen von Erwerbs- und Wirthschaftsgenossenschaften.

„Nach § 54 des Reichsgesetzes, betreffend die Erwerbs- und Wirthschaftsgenossenschaften, vom 1. Mai 1889 muß das Statut eines Genossenschaftsverbandes, welcher die Verleihung des Rechts zur Bestellung des Revisors für die ihm angehörigen Genossenschaften nachsucht, erkennen lassen, daß der Verband im Stande ist, der Revisionspflicht zu genügen. Dieser Vorschrift haben die Statuten der die Verleihung des Revisionsrechts nachsuchenden Verbände bisher häufig insofern nicht entsprochen, als sie nur unzureichende Vorschriften über die dienstliche Stellung des Verbandsrevisors und über die Ausführung der Revisionen enthielten. Das Revisionsrecht mußte daher solchen Verbänden nicht selten versagt werden oder doch so lange vorenthalten bleiben, bis das Statut die erforderlichen Ergänzungen erfahren hatte.

Um den neu entstehenden Revisionsverbänden die sachgemäße Ausarbeitung ihrer Statuten zu erleichtern, habe ich nunmehr die anliegenden Mustervorschriften über die dienstliche Stellung des Verbandsrevisors und die Ausführung der Revisionen aufstellen lassen. Ich ersuche die Herren Regierungspräsidenten, diese Mustervorschriften vorkommendenfalls den neu entstehenden Revisionsverbänden zur Beachtung zu empfehlen.

Auszug aus dem Statut eines Revisionsverbandes von Erwerbs- und Wirthschaftsgenossenschaften.

§. Der Verband stellt einen oder mehrere Verbandsrevisoren an, welche nach der ihnen ertheilten Instruktion und nach den Weisungen des Verbandsdirektors die Geschäftsführung der dem Verbande angehörigen Genossenschaften zu prüfen haben. Wegen Bestellung eines gemeinsamen Revisors oder wegen gegenseitiger Ueberweisung von Revisoren kann mit anderen Verbänden Vereinbarung getroffen werden.

§. Zum Revisor darf nur eine kaufmännisch gebildete, mit dem Genossenschaftswesen vollkommen vertraute, mit ausreichender Kenntniß der einschlägigen gesetzlichen Bestimmungen ausgerüstete Person gewählt werden.

Der Revisor wird von dem Verbandsdirektor mit Zustimmung des Verbandsausschusses*) angestellt.

Die näheren Bestimmungen über die Dauer der Anstellung, die Besoldung, die Kündigung u. s. w. werden durch besonderen, von dem Verbandsdirektor mit dem Revisor abzuschließenden Vertrag festgesetzt. Dieser Vertrag ist dem nächsten Verbandstage vorzulegen.

§. Dem Revisor ist es untersagt, von einzelnen Genossenschaften oder von deren Mitgliedern Vergütungen oder Geschenke anzunehmen. Nebenbeschäftigungen, welche

---

*) Ist ein Verbandsausschuß nicht vorhanden, so wird die vorläufige Anstellung des Revisors dem Verbandsdirektor zu übertragen sein, vorbehaltlich der Beschlußfassung durch den nächsten Verbandstag.

mit einer Einnahme verbunden sind, insbesondere auch Revisionen anderer, als der zum Verbande gehörigen Genossenschaften darf der Revisor nur mit Zustimmung des Verbandsdirektors übernehmen.

§. Der Revisor ist verpflichtet, über die geschäftlichen Verhältnisse der von ihm revidirten Genossenschaften allen Nichtbetheiligten gegenüber die strengste Verschwiegenheit zu beobachten.

§. Der Verbandsdirektor ist berechtigt, den Revisor in Fällen gröblicher Pflichtverletzung vorläufig seines Amtes zu entheben, vorbehaltlich der Genehmigung des nächsten Verbandstages.

§. Zu jeder Revision hat der Revisor außer dem Vorstande der zu revidirenden Genossenschaft auch deren Aufsichtsrath zuzuziehen. Nach Beendigung der Revision hat er dem Vorstande und Aufsichtsrathe in gemeinschaftlicher Sitzung über seinen Revisionsbefund genaue Mittheilung zu machen, über die Beseitigung vorhandener Mängel und die Herbeiführung besserer Einrichtungen seine Rathschläge zu ertheilen, demnächst über das Ergebniß der Revision schriftlichen Bericht an die revidirte Genossenschaft zu erstatten und eine Abschrift dieses Berichts dem Verbandsdirektor einzureichen.

§. Der Vorstand der revidirten Genossenschaft hat die Bescheinigung des Revisors, daß die Revision stattgefunden hat, zum Genossenschaftsregister einzureichen, über den Revisionsbericht sofort nach dessen Empfang in gemeinsamer Sitzung mit dem Aufsichtsrath zu beschließen und innerhalb dreier Monate dem Verbandsdirektor Mittheilung vom Geschehenen zu machen.

Außerdem hat der Genossenschaftsvorstand den Bericht über die Revision bei der Berufung der nächsten Generalversammlung der Genossenschaft als Gegenstand der Beschlußfassung anzukündigen.

In der Generalversammlung hat der Aufsichtsrath sich über das Ergebniß der Revision zu erklären.

§. Dem ordentlichen Verbandstage hat der Verbandsrevisor alljährlich über seine Thätigkeit in dem abgelaufenen Geschäftsjahre schriftlichen Bericht zu erstatten.

§. Die von den Verbandsrevisoren vorzunehmenden Revisionen sind theils ordentliche, theils außerordentliche. Bei der ordentlichen Revision, die mindestens in jedem zweiten Jahre erfolgt, wird der zu revidirenden Genossenschaft die bevorstehende Ankunft des Revisors angezeigt. Außerordentliche Revisionen finden nur auf Verlangen der betreffenden Genossenschaft oder auf Anordnung des Verbandsausschusses*) statt.

Vom Verbandstage kann jederzeit beschlossen werden, daß die ordentlichen Revisionen häufiger, als alle zwei Jahre, stattzufinden haben.

§. Der Revisor hat bei allen Revisionen nach der ihm ertheilten Anweisung zu verfahren. Bei den ordentlichen Revisionen ist in der Regel eine kalkulatorische Prüfung der einzelnen Geschäftszweige nicht vorzunehmen; dagegen hat der Revisor besonders zu untersuchen, ob den Bestimmungen des Gesetzes überall genügt ist, ob die Geschäfte nach den Vorschriften des Statuts geführt werden, ob den Beschlüssen der Generalversammlung der Genossenschaft und der Verbandstage und den Rathschlägen des Verbandsdirektors die erforderliche Beachtung geschenkt wird, und ob die bei früheren Revisionen von dem Revisor gerügten Mängel beseitigt und die empfohlenen besseren Einrichtungen eingeführt sind.

§. Die Revision muß sich auf alle Einrichtungen der Genossenschaft und auf deren Geschäftsführung in allen Zweigen der Verwaltung, ferner auf die Bücher und Akten der Genossenschaft, auf die Untersuchung des Bestandes der Genossenschaftskasse, sowie des Bestandes an Effekten, Handelspapieren und Waaren erstrecken.

Der Revisor hat insbesondere zu prüfen:

1. ob und inwieweit die Buchführung den Vorschriften des Handelsgesetzbuchs entspricht;

2. ob die Wechsel und die sonstigen Schuldurkunden gehörig ausgestellt und gestempelt sind;

3. ob und inwieweit alljährlich Inventuren aufgestellt werden;

4. ob die Jahresrechnung, die Bilanzen und die Vorschläge zur Vertheilung von Gewinn und Verlust von dem Aufsichtsrathe geprüft werden:

---

*) Bezw. auf Anordnung des Verbandsvorstandes, falls ein Verbandsausschuß nicht vorhanden ist.

5. ob etwa die Thätigkeit des Vorstandes auf andere als die im § 1 des Genossenschaftsgesetzes erwähnten geschäftlichen Zwecke gerichtet ist;
6. ob jede Aenderung in dem Personalbestande des Vorstandes dem Gerichte angezeigt wird;
7. ob ein Verzeichniß der Genossen geführt und in Uebereinstimmung mit der gerichtlichen Mitgliederliste gehalten wird;
8. ob etwa der Gewinn oder das Geschäftsguthaben entgegen den Vorschriften der §§ 19 und 22 des Genossenschaftsgesetzes ausgezahlt werden;
9. ob etwa das Geschäftsguthaben im geschäftlichen Verkehre zum Pfand genommen wird, und ob etwa die geschuldeten Einzahlungen auf den Geschäftsantheil erlassen werden;
10. ob der Vorstand die Beschränkungen einhält, welche durch das Statut der betreffenden Genossenschaft, durch Beschlüsse der Generalversammlung oder des Aufsichtsraths festgesetzt sind;
11. bei Vorschuß- und Kreditvereinen: ob etwa der Geschäftsbetrieb auf Nichtmitglieder ausgedehnt wird;
12. ob etwa ohne Genehmigung des Aufsichtsraths Kredit an die Vorstandsmitglieder gewährt wird oder diese als Bürgen angenommen werden;
13. ob ein Aufsichtsrath gewählt und ob er beschlußfähig ist;
14. ob etwa Aufsichtsrathsmitglieder, welche Stellvertreter des Vorstandes gewesen sind, vor ertheilter Decharge ihre Thätigkeit als Mitglieder des Aufsichtsraths ausgeübt haben oder ausüben;
15. ob, wie oft und in welcher Weise der Aufsichtsrath den Vorstand bei seiner Geschäftsführung überwacht und ob, wie oft, in welcher Weise und in welchem Umfange Revisionen von dem Aufsichtsrathe vorgenommen werden;
16. ob die Bilanz und die Zahl der eingetretenen und ausgeschiedenen, sowie die Zahl der am Jahresschlusse der Genossenschaft angehörigen Genossen veröffentlicht werden, und ob diese Bekanntmachung zu dem Genossenschaftsregister eingereicht wird;
17. ob und inwieweit der Aufsichtsrath und der Vorstand den sonstigen ihnen durch das Gesetz und das Genossenschaftsstatut übertragenen Pflichten nachkommen;
18. ob die Beschlüsse der Generalversammlungen in ein Protokollbuch eingetragen werden;
19. ob der Fall, daß das Vermögen der Genossenschaft einschließlich des Reservefonds und der Geschäftsguthaben zur Deckung der Schulden nicht ausreicht, vorgelegen hat oder vorliegt, und ob der Vorstand in diesem Falle die Generalversammlung zur Beschlußfassung über die Auflösung der Genossenschaft berufen hat;
20. ob die Genossenschaft zahlungsunfähig ist oder gewesen ist, und ob der Vorstand in solchem Falle Eröffnung des Konkurses beantragt hat.

§. Werden in den Einrichtungen einer Genossenschaft bei der Revision erhebliche Mängel festgestellt, die durch Zuwiderhandlung gegen die Gesetze oder das Genossenschaftsstatut entstanden sind oder eine ernste Gefahr für den Fortbestand der Genossenschaft in sich schließen, so ist der Verbandsdirektor verpflichtet, die Genossenschaft zur Beseitigung jener Mängel aufzufordern und, sofern diese Aufforderung ohne Erfolg bleiben sollte, dem Verbandstag behufs weiterer Entschließung Bericht zu erstatten. Der Verbandstag ist befugt, Genossenschaften, welche die Prüfung ihrer Einrichtungen und ihrer Geschäftsführung durch den bestellten Revisor verweigert oder Uebelstände der gedachten Art trotz der an sie ergangenen Aufforderung nicht beseitigt haben, aus dem Verbande auszuschließen."

Die allgemeinen Bestimmungen für das Statut eines Revisionsverbandes sind im Wesentlichen entlehnt den Statuten des Revisionsverbandes des Allgemeinen Verbands der deutschen Erwerbs- und Wirthschaftsgenossenschaften (vgl. Vorbemerkung zu diesem Abschnitt), es fehlen in den letzteren die Einzelbestimmungen für die Ausführung der Revision, diese sind vielmehr in besonderen Instruktionen enthalten, was zweckmäßiger ist, damit nicht jede Erweiterung eine Statutenänderung erfordert.

Fünfter Abschnitt.

Ausscheiden einzelner Genossen.

Vorbemerkung.

Nach dem Gesetz von 1868 wurde das Ausscheiden aus der Genossenschaft bewirkt:

1. durch Aufkündigung des Genossen,
2. durch Aufkündigung des Gläubigers eines Genossen,
3. durch Ausschließung durch die Genossenschaft,
4. durch den Tod eines Genossen.

Diese Beendigungsgründe hat das Gesetz in den §§ 65, 66, 68, 77 beibehalten und noch folgende aufgenommen:

5. Verlegung des Wohnsitzes aus dem Vereinsbezirk bei denjenigen Genossenschaften, welche statutengemäß die Mitgliedschaft an den Wohnsitz in einem bestimmten Bezirk knüpfen (§ 67),
6. Uebertragung des Geschäftsguthabens (§ 76).

Vgl. ferner § 114 des Gesetzes in der Fassung von 1889.

Dies sind die materiellen Gründe für die Beendigung der Mitgliedschaft, die letztere wird — mit Ausnahme des Todesfalles — allein durch die Eintragung in die Liste bewirkt (vgl. Vorbemerkung zu §§ 69 u. 70, §§ 70 Abs. 2, 76 Abs. 3, 77). Die Gründe des Ausscheidens sind hiermit gesetzlich bestimmt; die statutarische Festsetzung anderweiter Gründe des Ausscheidens ist unzulässig (Johow Bd. 11 S. 48); in dem zur Entscheidung gelangten Fall handelte es sich um eine Braugenossenschaft, deren Statut bestimmte: „ein Genosse, dessen Haus abgebrochen und nicht wieder aufgebaut wird, verliert die Mitgliedschaft . . .“ Das Kammergericht hat die Bestimmung für unzulässig erklärt, da sie unter keinen der gesetzlichen Beendigungsgründe zu bringen sei.

Nur bei bestehender Genossenschaft kann die Mitgliedschaft der einzelnen Genossen endigen. Es ergiebt sich dies zweifellos aus § 75.

Der Austritt darf — ausgenommen den Fall des § 76 (vgl. § 114 in der Fassung von 1889) nur zum Schluß des Geschäftsjahres, d. h. der Geschäftsperiode erfolgen. Das Ges. von 1868 schrieb allerdings vor, daß im Falle freiwilligen Austritts die Kündigung zum Schluß des Geschäftsjahres erfolgen sollte, ließ jedoch anderweitige statutarische Regelung zu; im Falle des Todes oder Ausschlusses endigte die Mitgliedschaft mit dem Tage des Todes oder Ausschließungsbeschlusses.

In der Begründung heißt es (I 135, II 90): „Außer dem Falle der Uebertragung des Geschäftsguthabens, in welchem eine Auseinandersetzung des Ausscheidenden mit der Genossenschaft nicht erforderlich ist — (in der Kommission ist noch der Fall des § 114 hinzugekommen, der durch die Novelle von 1896 wieder beseitigt ist) —, verbietet das Ausscheiden im Laufe des Geschäftsjahres sich schon aus Rücksichten auf den ungestörten Geschäftsgang der Genossenschaft. Sonst müßte, da ein anderer Zeitpunkt als der des Ausscheidens für die Auseinandersetzung mit dem Ausscheidenden nicht maßgebend sein kann, für jeden Tag im Laufe des Jahres, an welchem Genossen ausscheiden, eine besondere Inventur und Bilanzaufstellung und sogar ein besonderer Beschluß der Generalversammlung über die Vertheilung des bilanzmäßigen Gewinnes oder Verlustes herbeigeführt werden, um die Berechnung des dem ausscheidenden Genossen zu Gute kommenden oder zur Last fallenden Antheils zu ermöglichen. Selbst bei kleinen Genossenschaften mit möglichst einfacher Einrichtung der Geschäfts- und

Buchführung würden diese Maßregeln eine außerordentliche Belästigung herbeiführen; sie wären aber unter keinen Umständen zu umgehen, da sonst entgegen den Vorschriften des Gesetzes und unter offensichtlicher Gefährdung der in der Genossenschaft verbleibenden Mitglieder die Auszahlung des Guthabens an die Ausscheidenden ohne die Grundlage einer festgestellten Bilanz und demzufolge ohne jede Garantie, ob das Guthaben nicht durch Verluste gemindert oder erschöpft ist, geschehen würde. Zu diesem Grunde für die gesetzliche Beschränkung des Ausscheidens auf den Jahresschluß treten entscheidend die Gefahren, welchen die Genossenschaft selbst wie auch deren Gläubiger durch die Möglichkeit des jederzeitigen, unerwarteten Austritts zahlreicher Genossen und durch die hiermit verbundene plötzliche und nicht zu übersehende Verminderung des Genossenschaftsvermögens und des auf der Haftpflicht sämmtlicher Mitglieder beruhenden Kredits der Genossenschaft ausgesetzt werden. Wenn auch der wirthschaftliche Zweck der Genossenschaften verlangt, daß den Mitgliedern das Recht des freien Austritts gewahrt bleibe, so liegt es andererseits doch ebenso sehr im Wesen der Genossenschaften begründet, daß, wer einer solchen beigetreten ist, darauf verzichten muß, ihr jeden Augenblick, und auch zur Unzeit, wieder den Rücken zu wenden." Hierzu kommt noch, daß der Genossenschaft die Möglichkeit gewahrt bleiben muß, sich auf die Folgen etwaigen zahlreicheren Austritts wie Einrichtung des Geschäfts, Flüssigmachung der Guthaben, Befriedigung der in Folge des Austritts von Mitgliedern drängenden Gläubiger einzurichten. Zu diesem Zweck ist noch eine geräumige Kündigungsfrist vorgesehen.

Die Wirkung des Ausscheidens ist — ausgenommen bei Tod des Mitgliedes, in welchem Falle einige Modifikationen eintreten (§ 125 Abs. 2) — bedingt durch die Eintragung in das Genossenschaftsregister, und zwar so, daß, wenn die Eintragung erst im Laufe eines späteren Geschäftsjahres vorgenommen wird, als sie hätte geschehen müssen, das Ausscheiden auch erst zum Schluß dieses Geschäftsjahres wirkt; im Falle des Austritts durch Uebertragung des Geschäftsguthabens ist der Tag der Eintragung entscheidend. Ueber die Bedeutung der Eintragung vgl. § 70.

§ 65.

Jeder Genosse hat das Recht, mittelst Aufkündigung seinen Austritt aus der Genossenschaft zu erklären.

Die Aufkündigung findet nur zum Schlusse eines Geschäftsjahres statt. Sie muß mindestens drei Monate vorher schriftlich erfolgen. Durch das Statut kann eine längere, jedoch höchstens zweijährige Kündigungsfrist festgesetzt werden.

Eine den vorstehenden Bestimmungen zuwiderlaufendes Abkommen ist ohne rechtliche Wirkung.

Ges. von 1868 § 38 Abs. 1 und 2, Entw. I 60, II u. Komm. 61, Rtg. 63. Begr. I 137, II 87.

I. **Zur Geschichte des § 65.**

a) § 65 entspricht dem Abs. 1 und dem ersten Satze des Abs. 2 des § 38 Ges. von 1868. Diese lauten:

„Jeder Genossenschafter hat das Recht, aus der Genossenschaft auszutreten, auch wenn der Gesellschaftsvertrag auf bestimmte Zeit geschlossen ist.

Ist über die Kündigungsfrist und den Zeitpunkt des Austritts im Gesellschaftsvertrage nichts festgesetzt, so findet der Austritt nur mit dem Schluß des Geschäftsjahres nach vorheriger, mindestens vierwöchentlicher Aufkündigung statt."

b) Schulze-Delitzsch hat stets darauf gedrungen, den Austritt nur zum Schluß des Geschäftsjahres nach vorgängiger schriftlicher Kündigung zuzulassen, in seiner Novelle von 1881 beantragte er, durch das Gesetz eine abweichende statutarische Festsetzung auszuschließen. (Vgl. Mat. S. 9 und 24.)

II. **Erläuterungen zu § 65.**

1. Der § 65 weicht von den Bestimmungen des § 38 des Ges. von 1868 darin ab, daß

a) die Aufkündigung nur zum Schluß des Geschäftsjahrs erfolgen kann, während bisher das Statut noch einen beliebigen andern Termin bestimmen konnte,

b) die Kündigungsfrist mindestens drei Monate betragen muß, und höchstens zwei Jahre betragen darf, während bisher nur Mangels statutarischer Regelung eine vierwöchentliche Kündigung festgesetzt war. Ein weiteres Erschwerniß der Kündigung ist unzulässig § 1 Erl. 2.

2. **Absatz** I. Austrittsrecht vgl. Erl. 1 u. 7.

Als selbstverständlich ist der in § 38 des Ges. von 1868 enthaltene Satz fortgelassen, daß das Austrittsrecht den Genossen auch dann zustehe, wenn das Statut auf bestimmte Zeit geschlossen ist. Die Auslegung dieses Satzes war nach der Geschichte seines Zustandekommens und der Auslegung, die er bei den gesetzgebenden Faktoren erfahren hatte, recht zweifelhaft (vgl. Parisius S. 347ff.). Nach dem Gesetz hat auch derjenige, welcher bei der Gründung der auf bestimmte Zeit geschlossenen Genossenschaft mitgewirkt hat, das statutarische bezw. gesetzliche Kündigungsrecht. Es entspricht dies allein auch dem Wesen der Genossenschaft, die unabhängig von den sie bildenden Personen besteht und deren charakteristisches Moment der mögliche Wechsel ihrer Mitglieder ist. Mit Recht spricht Abs. 1 daher ganz allgemein von dem jedem Genossen zustehenden freien Austrittsrecht: nach § 18 kann der Gesellschaftsvertrag hieran nichts ändern, er kann also auch dieses freie Austrittsrecht nicht dadurch verkümmern, daß die Mitglieder sich verpflichten, bei der Genossenschaft während der Dauer ihres Bestehens zu verbleiben. Zulässig wäre nur eine Bindung des Mitgliedes an die Genossenschaft auf zwei Jahre, weil diese Zeit der gesetzlich zulässigen längsten Kündigungsfrist entsprechen würde.

Als Tag der Kündigung gilt der Tag des Eingangs derselben bei der Genossenschaft. Zu richten ist die Kündigung an die Genossenschaft bezw. an den Vorstand. Geht die Kündigung verspätet ein, so gilt sie für das kommende Geschäftsjahr (a. A. Birkenbihl-Maurer S. 273, dann aber S. 278 für das Kündigungsrecht des Gläubigers). Wie der Beitritt muß auch die Kündigung durch das Mitglied selbst oder dessen gesetzlichen Vertreter erfolgen; doch heißt es nicht wie für den Beitretenden, daß die Kündigung von dem Kündigenden zu unterzeichnen ist; erfolgt dieselbe durch einen Bevollmächtigten, was daher zulässig erscheint, so soll nach einem Beschluß des Sächsischen Oberlandesgerichts vom 25. April 1894 in Sachen des Vorschußvereins für Zöpen und Umgegend es genügen, wenn sich der Vorstand auf irgend welche Weise von dem Vorhandensein der Vollmacht überzeugt, und das Gericht soll dieselbe überhaupt nicht zu prüfen haben. Diese Ansicht erscheint nicht haltbar, und es wird dem Vorstand jedenfalls nicht versagt werden dürfen, Original oder beglaubigte Abschrift der Vollmacht zu fordern, welche dann mit der Kündigung dem Gericht einzureichen ist. § 28 A.V. fordert auch ausdrücklich Einreichung der „Kündigungserklärung desselben" (des Mitgliedes) vgl. Crüger „Kündigung der Mitgliedschaft" Bl.f.G. Nr. 27 von 1894. In Betreff der Kündigung einer Gesellschaft vgl. § 15 Erl. 2. Die Ehefrau kann bei Verwaltungsrecht des Mannes und mit dessen Genehmigung kündigen (B.G.B. § 1395).

Befindet sich das Mitglied in Konkurs, so ist während des Konkursverfahrens nicht das Mitglied zur Kündigung berechtigt, sondern der Konkursverwalter, denn das Konkursverfahren umfaßt das gesammte, einer Zwangsvollstreckung unterliegende Vermögen des Gemeinschuldners (§ 1 R.K.O.); zur Konkursmasse gehört auch das Geschäftsguthaben des Mitgliedes, da es ein Vermögensrecht ist, und Beschränkungen durch Zeit u. s. w. die Zugehörigkeit zur Konkursmasse nicht ausschließen. Gegenstand der Zwangsvollstreckung ist in diesem Falle: das Geschäftsguthaben und das zur Realisirung dieser Forderung erforderliche Kündigungsrecht der Mitgliedschaft. Nach § 6 R.K.O. verliert der Gemeinschuldner das Verfügungsrecht über sein zur Konkursmasse gehöriges Vermögen — es hat daher während des Konkurses der Konkursverwalter und nicht das Mitglied das Kündigungsrecht. Darauf allerdings beschränken sich auch die Rechte des Konkursverwalters, weitere Mitgliedschaftsrechte kann er nicht ausüben, insbesondere auch nicht das Stimmrecht in der Generalversammlung, welches bis zum Schluß des Geschäftsjahres dem Mitgliede verbleibt; über die Einzahlungen des in Konkurs gerathenen Mitgliedes auf Geschäftsantheil § 7 Erl. 6, über das Kompensationsrecht der Genossenschaft wegen ihrer Forderungen § 73.

Zu prüfen ist noch, welchen Einfluß Verlegung des Geschäftsjahres oder Aenderung der Kündigungsfrist hat. Letztere kommt in der Regel natürlich nur als Verlängerung hierfür in Betracht und muß dann nach allgemeinem Rechtsgrundsatze als Statutenänderung für alle diejenigen Mitglieder gelten, die noch nicht bei Eintritt der Rechtswirksamkeit der Aenderung von der Kündigung Gebrauch gemacht haben. Bei Verlegung des Geschäftsjahres wird davon auszugehen sein, daß diejenigen, welche bereits gekündigt haben, ein Recht auf den Austritt und damit auf Auseinandersetzung mit der Genossenschaft erworben haben, diese muß daher erforderlichen Falls bei Eintritt des Zeitpunktes die Auseinandersetzung auf Grund einer Bilanz vornehmen. Wer noch nicht gekündigt hat, muß sich die Aenderung des Geschäftsjahres als Statutenänderung gefallen lassen. Die gleichen Grundsätze müssen auch dann gelten, wenn die Kündigungsfrist zwar nicht verlängert, aber das Geschäftsjahr verlegt wird.

Die Kündigung führt, vorausgesetzt, daß die Eintragung rechtzeitig erfolgt ist (§ 70), das Ende der Mitgliedschaft zum Schluß des Geschäftsjahres herbei, und ist die Eintragung erfolgt, so kann auch die Kündigung nicht mehr zurückgenommen werden, denn „in Folge der Eintragung scheidet der Genosse mit dem in der Liste vermerkten Jahresschlusse aus“ (§ 70 Abs. 2, ebenso Proebst S. 236, Birkenbihl-Maurer S. 273, a. A. Joël S. 579). — Der Eintragung ist hier absolute Wirkung beigelegt, die Parteien können daran nichts ändern. Will der Ausscheidende Mitglied bleiben, so muß er im folgenden Jahre wiederum nach Maßgabe des § 15 beitreten, in dem Jahre des Ausscheidens kann er nicht beitreten, da er in diesem Jahre noch Mitglied ist. Die Kündigung aber kann weitergehende Rechte nicht ausschließen, und ein solches weitergehende Recht hat die Genossenschaft in dem Ausschluß des Mitgliedes (§ 68 Abs. 4); trotz Kündigung der Mitgliedschaft muß der Genossenschaft daher auch der Ausschluß des Mitgliedes zustehen.

3. **Absatz** II. Geschäftsjahr.

Zum Schluß des „Geschäftsjahres“ muß die Kündigung erfolgen (vgl. § 114 in der Fassung von 1889); hiermit ist zum Ausdruck gebracht, daß bei Genossenschaften, welche nicht mit dem Kalenderjahre, sondern — wie z. B. häufig Konsumvereine — mit einer kürzeren Geschäftsperiode abschließen (§ 8 Nr. 2), die Kündigung zum Abschluß der Geschäftsperiode erfolgen muß, ebenso Zeller zu § 63, Birkenbihl-Maurer S. 272, vgl. Sicherer S. 281; sie muß nur, falls das Statut nicht eine längere Frist für die Kündigung vorschreibt, drei Monate vor diesem Zeitpunkt erfolgen. Es steht nichts im Wege, die Kündigungsfrist länger als eine Geschäftsperiode festzusetzen.

4. Form der Kündigung.

Die schriftliche Form für die Kündigung entspricht der gleichen Form für die Beitrittserklärung (§ 15), sie ist mit Rücksicht auf das Erforderniß des Gesetzes, daß die Kündigung dem Genossenschaftsrichter im Original eingereicht werden muß (§§ 69, 72), selbstverständlich. Vgl. R.G. Bd. 38 S. 43.

5. Frist der Kündigung.

Die Kündigungsfrist muß für alle Mitglieder die gleiche sein, da das Gesetz grundsätzlich von gleichen Rechten und Pflichten der Mitglieder ausgeht.

Die Kündigungsfrist muß so bemessen sein, daß die Genossenschaft bei zahlreichem Austritt Zeit hat, ihren Geschäftsbetrieb entsprechend zu ändern. Nach dem Ges. von 1868 war es zweifelhaft, ob eine längere als einjährige Kündigungsfrist überhaupt zulässig sei (Parisius S. 351). Das Recht des freien Austritts darf nicht durch eine übermäßig lange Kündigungsfrist verkümmert werden, andererseits ist darauf Rücksicht zu nehmen, daß verschiedene Genossenschaftsarten, insbesondere Produktivgenossenschaften in große Verlegenheit gesetzt, wenn nicht gar zur Liquidation gedrängt werden könnten, sollte ihren Mitgliedern eine kurze Kündigung zustehen. Zwei Jahre entspricht in solchen Fällen den thatsächlichen Bedürfnissen.

6. Eintragung der Kündigung.

Darüber, daß nicht der Ablauf der Kündigung allein zur Beendigung der Mitgliedschaft hinreicht, sondern noch die Eintragung in das Genossenschaftsregister hinzukommen muß, vgl. zu §§ 69, 70.

7. **Absatz** III. Abkommen über die Kündigung.

Die Bestimmung in Abs. 3 ist mit Rücksicht auf § 18 selbstverständlich, nach der Begr. I 138, II 92 bezieht sie sich auf Verträge zwischen Mitgliedern und der Genossenschaft außerhalb des Gesellschaftsvertrages: „Separatverzichte der einzelnen Genossen auf die Geltendmachung ihres gesetzlichen oder statutarischen Austrittsrechts sind nicht zuzulassen und ebensowenig Vereinbarungen mit der Genossenschaft, durch welche diese ihrerseits Mitglieder von der Innehaltung der maßgebenden Kündigungsfrist entbindet." Ueber die Unzulässigkeit der vertraglichen Beschränkung des Kündigungsrechts vgl. R.G. Urtheil vom 9. Februar 1898 Jurist. Wochenschrift 1898 S. 205: weder ist der zeitliche Ausschluß des Kündigungsrechts zuläßig, noch ist ein Verzicht der Genossenschaft auf die Geltendmachung des Rechts der Ausschließung statthaft.

Ueber Austrittsgeld vgl. § 1 Erl. 2.

§ 66.

Der Gläubiger eines Genossen, welcher, nachdem innerhalb der letzten sechs Monate eine Zwangsvollstreckung in das Vermögen des Genossen fruchtlos versucht ist, die Pfändung und Ueberweisung des demselben bei der Auseinandersetzung mit der Genossenschaft zukommenden Guthabens erwirkt hat, kann behufs seiner Befriedigung das Kündigungsrecht des Genossen an dessen Stelle ausüben, sofern der Schuldtitel nicht blos vorläufig vollstreckbar ist.

Der Aufkündigung muß eine beglaubigte Abschrift des Schuldtitels und der Urkunden über die fruchtlose Zwangsvollstreckung beigefügt sein.

Ges. von 1868 § 16, Entw. I 61, II 62, **Komm.** 62, Rtg. 64. Begr. I 138, II 92, **Komm.Ber.** 38, **A.B.** §§ 8 u. 28.

I. **Zur Geschichte des § 66.**

a) Der § 66 entspricht dem § 16 des Ges. von 1868 (über dessen Entstehungsgeschichte s. Parisius S. 277) mit folgenden wichtigen Abweichungen:

α) es wird nicht mehr verlangt, daß der kündigende Gläubiger die Zwangsvollstreckung betrieben hat. „Dies verursacht unter Umständen zwecklose Weitläufigkeiten und Kosten; es muß vielmehr genügen, wenn die Unmöglichkeit, in anderer Weise Befriedigung zu erlangen, auch nur aus der Fruchtlosigkeit der von einem anderen Gläubiger versuchten Exekution sich ergiebt" (Begr. I 138, II 92).

β) Die Kündigungsfrist ist der des Mitgliedes gleichgesetzt. — Nach § 16 des Ges. von 1868 mußte die Kündigung unter allen Umständen mindestens sechs Monate vor Ablauf des Geschäftsjahres erfolgen, brauchte aber auch nicht früher zu geschehen. Es fehlt für diese Bestimmung, die dem Art. 126 (jetzt § 135) H.G.B. entnommen war, „bei der Genossenschaft an jedem inneren Grunde. Der Gläubiger darf in der fraglichen Beziehung nicht größere und nicht geringere Befugnisse haben als der Genosse selbst". Das Gesetz räumt jetzt dem Gläubiger lediglich die Ausübung des dem Genossen zustehenden Kündigungsrechts ein.

b) **Absatz** I. Im Entwurfe hieß es: „welcher nach einer fruchtlosen Zwangsvollstreckung in das Vermögen des letzteren". Die Kommission hat statt dessen gesetzt: „welcher, nachdem innerhalb der letzten sechs Monate eine Zwangsvollstreckung .... fruchtlos versucht ist". Es soll der Genossenschaft durch die Festsetzung der Zeitgrenze die Prüfung, ob die Voraussetzungen des Kündigungsrechts vorliegen, erleichtert werden. (Komm.Ber. 38; siehe unten Erl. 3.)

c) **Absatz** II. Der letzte Absatz lautete im Entwurf:

„Der Aufkündigung muß eine beglaubigte Abschrift des Schuldtitels und d e s über die fruchtlose Zwangsvollstreckung a u f g e n o m m e n e n P r o t o k o l l s beigefügt sein."

In der Kommission ist die Aenderung vorgenommen, weil es sich „nicht nur um Protokolle, sondern, wie z. B. im Falle der Fruchtlosigkeit einer Mobiliarpfändung zufolge der Interventionsklage des dritten Eigenthümers, auch um sonstige Urkunden handeln könne".

II. **Erläuterungen zu § 66.**

1. D i e G u t h a b e n f o r d e r u n g.

Zufolge Ausscheidens des Genossen löst sich das Rechtsverhältniß desselben zu der Genossenschaft in einen dem Genossen oder der Genossenschaft zustehenden Anspruch auf Zahlung einer Geldsumme auf, deren Höhe durch die Vermögenslage der Genossenschaft und die Zahl der Genossen im Zeitpunkt des Ausscheidens bestimmt wird. Dieser Auseinandersetzungsanspruch des Mitgliedes, welcher bedingt ist durch die Beendigung der Mitgliedschaft und auf diejenige Summe geht, welche sich in Folge der Einzahlungen auf den Geschäftsantheil, dazugeschriebener Dividenden oder abgeschriebener Verluste allmählig herausgestellt hat — ist freies Eigenthum des Mitgliedes, und unterliegt seinem Verfügungsrecht und dient daher auch seinen Gläubigern als Befriedigungsobjekt (Weiteres vgl. zu § 7 Erl. 4, § 73). Ebenso Birkenbihl-Maurer S. 275 a. A. Proebst S. 41 ff. Die Realisirbarkeit dieses Anspruchs ist also bedingt durch die Beendigung der Mitgliedschaft, und es muß das Gesetz daher dem G l ä u b i g e r die Möglichkeit geben, diese Bedingung eintreten zu lassen. § 66 regelt dieses Recht des Gläubigers und stellt die Voraussetzungen fest, unter denen er es geltend machen kann. G l ä u b i g e r k a n n a u c h d i e G e n o s s e n s c h a f t s e i n (§ 22 Erl. 5), die dann die gleichen Rechte hat wie jeder andere Gläubiger.

2. D i e z u r K ü n d i g u n g e r f o r d e r l i c h e n U r k u n d e n.

Der kündigende Gläubiger hat der Genossenschaft beizubringen:

a) beglaubigte Abschrift der Urkunden über fruchtlose Zwangsvollstreckung in das Vermögen des Mitgliedes,

b) beglaubigte Abschrift des rechtskräftigen Schuldtitels. Die Abschriften des Schuldtitels und der Urkunden über die fruchtlose Zwangsvollstreckung müssen gerichtlich oder notariell beglaubigt sein (A.V. § 8). Vgl. auch wegen der vom Vorstande zur Eintragung des Ausscheidens des Genossen im Fall des § 66 dem Gericht einzureichenden Urkunden: A.V. § 28 2 und unten § 69,

c) Pfändung und Ueberweisung des dem Genossen bei der Auseinandersetzung mit der Genossenschaft zukommenden Guthabens (C.P.O. § 828),

d) schriftliche Kündigung.

Die Urkunden zu a), b) und c) rechtfertigen das Kündigungsrecht des Gläubigers, sie sind rechtzeitig vor Ablauf der Kündigungsfrist beizubringen, sonst gilt das Gleiche wie bei Nichteinhaltung der Kündigungsfrist (Erl. 7).

3. Zwangsvollstreckung.

Die Zwangsvollstreckung braucht nicht von dem kündigenden Gläubiger vorgenommen zu sein (anders nach dem Ges. von 1868 oben I a α). In der Kommission ist erst eingeschoben, daß die Zwangsvollstreckung innerhalb der letzten sechs Monate versucht sein muß (oben I b), weil sonst jeder noch so lange zurückliegende vergebliche Versuch einer Zwangsvollstreckung als genügend anerkannt werden könnte (Komm.-Ber. 38). In dem Komm.Ber. heißt es: „innerhalb der letzten sechs Monate nach der Pfändung". Hier muß ein Druckfehler vorliegen, denn aus dem Wortlaut des Gesetzes ergiebt sich ganz klar, daß die Pfändung und Ueberweisung erwirkt sein muß, nachdem innerhalb der letzten sechs Monate eine Zwangsvollstreckung versucht ist. Die Zwangsvollstreckung muß der Ueberweisung also voraufgehen. Zwangsvollstreckung, d. h. die Vollstreckung in irgend eine Art von Vermögensgegenständen, wie beispielsweise die Mobiliarpfändung oder die Vollstreckung in Immobilien des Genossen, muß fruchtlos versucht sein (ebenso Proebst S. 229, Joël S. 580, Zeller S. 79, Komm.-Ber. 39). Birkenbihl-Maurer S. 276 fordern dagegen Zwangsvollstreckung in das gesammte Vermögen „bis zu ihrer Erschöpfung".

In der Praxis kommt es oft vor, daß Pfändung und Ueberweisung vor der Zwangsvollstreckung in das jetzige Vermögen erfolgen, ein solcher Gläubiger hat nicht das Kündigungsrecht nach § 66 des Ges. und es wird eine Wiederholung der Ueberweisung nothwendig sein. Ist die Pfändung vor der Zwangsvollstreckung erfolgt, so muß es aber für § 66 als genügend erachtet werden, wenn die Ueberweisung ihr folgt.

4. Schuldtitel.

Das Urtheil oder der Vollstreckungsbefehl, auf Grund dessen die Pfändung und Ueberweisung des Guthabens erfolgen, müssen vollstreckbar sein, sind sie nur vorläufig vollstreckbar, so soll die Geltendmachung des Kündigungsrechts durch den Gläubiger ausgeschlossen sein; denn die Verwickelungen, welche in diesem Falle bei einer späteren Wiederaufhebung der von dem Gläubiger erwirkten Vollstreckungsmaßregeln eintreten würden, müssen vermieden werden (Begr. I 139, II 92). Selbstverständlich ist eine Pfändung auf Grund eines solchen Titels zulässig, sie würde im Falle der Fälligkeit des Guthabens dem Gläubiger einen Vorrang vor anderen Gläubigern bieten.

5. Mehrfache Pfändung.

Ist das Guthaben mehreren Gläubigern überwiesen, so entscheidet die Priorität.

6. Kompensation der Genossenschaft.

Ueber das Recht der Genossenschaft, in erster Reihe vermittelst Kompensation Befriedigung in dem Guthaben zu suchen, vgl. § 22 Erl. 4, § 73 und Parisius S. 274.

7. Kündigungsfrist.

Der Gläubiger hat die Kündigungsfrist zu wahren, die das Mitglied einzuhalten hätte; also wenn das Statut nicht eine Frist festgesetzt hat, muß der Gläubiger drei Monate vor Ablauf des Geschäftsjahres kündigen. Ist die Kündigung verspätet, so gilt sie für das nächste Geschäftsjahr (§ 66 Erl. 1), ebenso Birkenbihl-Maurer S. 278 gegen Begr. I S. 140, welche bei verspäteter Einreichung der Urkunden die Kündigung für wirkungslos erachtet. Der Gläubiger kündigt die Mitgliedschaft ganz allgemein und nicht zu einem bestimmten Zeitpunkt auf. Mit der Begründung übereinstimmend Joël S. 581. Bei Nichtbeachtung der gesetzlichen Vorschriften läuft die Genossenschaft Gefahr, doppelt Zahlung leisten zu müssen.

8. Pfändung der Dividende.

Nicht an die Voraussetzungen des § 66 gebunden ist selbstverständlich die Pfändung und Ueberweisung der dem Mitgliede zukommenden Dividende; die Forderung auf Dividende ist abhängig davon, daß eine Dividende zur Auszahlung kommt. Trotzdem eine Dividende zur Vertheilung kommt, kann die Pfändung und Ueberweisung derselben bedeutungslos sein, wenn nach dem Statut die Dividende dem Geschäftsguthaben zuzuschreiben ist, und in dem Falle des § 19 Abs. 2; in diesen Fällen kann der Gläubiger, der sich die Dividende hat pfänden und überweisen lassen, nicht deren Auszahlung verlangen (vgl. § 19 Erl. 3 u. 5).

§ 67.

Ist durch das Statut die Mitgliedschaft an den Wohnsitz innerhalb eines bestimmten Bezirks geknüpft (§ 8 Nr. 2), so kann ein Genosse, welcher den Wohnsitz in dem Bezirke aufgiebt, zum Schlusse des Geschäftsjahres seinen Austritt schriftlich erklären.

Imgleichen kann die Genossenschaft dem Genossen schriftlich erklären, daß er zum Schlusse des Geschäftsjahres auszuscheiden habe.

Ueber die Aufgabe des Wohnsitzes ist die Bescheinigung einer öffentlichen Behörde beizubringen.

Entw. I 62 u. II 63, Komm. 63, Rtg. 65. Begr. I 83 u. 140, II 57, 93, A.B. § 18.

Erläuterungen zu § 67.

1. Der § 67, der in der Kommission nur unerhebliche redaktionelle Aenderungen erfahren hat, enthält die bereits bei § 8 Abs. 1 Ziffer 2 (Erl. 3) behandelte Berücksichtigung des Grundsatzes der Raiffeisenschen Darlehnskassenvereine, die Mitgliedschaft auf einen bestimmten Bezirk zu beschränken. Vgl. daselbst über die Auslegung des Wortes „Bezirk“, daß hierbei nicht an das „Deutsche Reich“ gedacht ist.

2. **Absatz** I. Austrittserklärung.

Voraussetzung des Ausscheidens in Folge Verlegung des Wohnsitzes ist, daß das Statut die Mitgliedschaft an den Wohnsitz in einem bestimmten Bezirk knüpft. Der Verlust der Mitgliedschaft ist in diesem Falle unabhängig von einer Kündigung, er ist aber abhängig von einer ausdrücklichen Erklärung.

3. Form der Erklärung.

Die Form ist die der Kündigung; die Erklärung muß schriftlich erfolgen, weil dieselbe mit der Bescheinigung der Behörde über die Aufgabe des Wohnsitzes dem Registerrichter zur Eintragung einzureichen ist.

4. Eintragung in die Mitgliederliste.

Wie im Falle der Kündigung, scheidet auch hier der Genosse nicht durch die schriftliche Erklärung aus, sondern erst zum Schluß des Geschäftsjahres, und diese

Wirkung ist wie dort noch dadurch bedingt, daß das Ausscheiden in demselben Jahre in das Genossenschaftsregister eingetragen ist; wird die Eintragung erst in dem folgenden Geschäftsjahre (immer gleich Geschäftsperiode) bewirkt, so scheidet der Genosse auch erst mit Ablauf dieses aus (§ 70). Der Wegzug muß also immer so rechtzeitig angezeigt sein, daß die Eintragung noch in demselben Geschäftsjahre erfolgen kann. Die Einreichung ist von dem Vorstand „ohne Verzug" vorzunehmen, falls nicht die Frist des § 69 Abs. 1 noch offen ist (§ 69 Abs. 2); verzögert er die Einreichung und dem Ausgeschiedenen entsteht dadurch ein Schaden, so wird der Ausgeschiedene von der Genossenschaft eventuell Schadensersatz verlangen können (§ 69 Erl. 3). Wird die Eintragung ohne Schuld des Vorstandes durch den Richter verzögert, so kann sich der Ausgeschiedene bei diesem schadlos halten (vgl. zu § 68).

Proebst S. 230 will dem Mitgliede das Recht einräumen, gegen die Erklärung der Genossenschaft Einsprache zu erheben, „wenn z. B. sein Wegzug nur vorübergehender Natur ist". Dem kann nicht beigetreten werden, da das Gesetz eine derartige Unterscheidung nicht zuläßt. Ebensowenig erscheint aber auch eine Prüfung des Gerichts zulässig, ob der Wegzug ein „vorübergehender" ist, auch selbst wenn die Genossenschaft dies anzuerkennen bereit ist. Ist die Eintragung auf Grund der erforderlichen Urkunden erfolgt, so zieht dieselbe das Ausscheiden zum Schluß des Geschäftsjahres kraft Gesetzes nach sich.

5. **Absatz** II. Verfahren.

Das Verfahren ist folgendes: die Genossenschaft, d. h. der Vorstand erklärt dem verzogenen Genossen schriftlich, daß er zum Schluß des Geschäftsjahres auszuscheiden habe — öffentliche Zustellung reicht nicht aus, ist der neue Wohnsitz nicht bekannt, so genügt es, wenn der Brief an die letzte bekannte Adresse gerichtet ist — und verschafft sich eine Bescheinigung einer öffentlichen Behörde über die Aufgabe des Wohnsitzes; diese Bescheinigung nebst unbeglaubigter Abschrift seines Schreibens an das Mitglied hat er dann ohne Verzug dem Genossenschaftsrichter einzureichen (vgl. § 69 u. A.V. § 28).

Der Genosse hat der Genossenschaft sein Ausscheiden unter Beifügung der Bescheinigung zu erklären.

§ 68.

Ein Genosse kann wegen des Verlustes der bürgerlichen Ehrenrechte, sowie wegen der Mitgliedschaft in einer anderen Genossenschaft, welche an demselben Orte ein gleichartiges Geschäft betreibt, zum Schlusse des Geschäftsjahres aus der Genossenschaft ausgeschlossen werden. Aus Vorschuß- und Kreditvereinen kann die Ausschließung wegen der Mitgliedschaft in einer anderen solchen Genossenschaft auch dann erfolgen, wenn die letztere ihr Geschäft nicht an demselben Orte betreibt.

Durch das Statut können sonstige Gründe der Ausschließung festgesetzt werden.

Der Beschluß, durch welchen der Genosse ausgeschlossen wird, ist diesem von dem Vorstande ohne Verzug mittelst eingeschriebenen Briefes mitzutheilen.

Von dem Zeitpunkte der Absendung desselben kann der Genosse nicht mehr an der Generalversammlung theilnehmen, auch nicht Mitglied des Vorstandes oder des Aufsichtsraths sein.

Ges. von 1868 § 38 Abs. 3, Entw. I 63, II 64, Komm. 64, Rtg. 66. Begr. I 149, II 93, Komm.Ber. 39.

I. Zur Geschichte des § 68.

a) Das Ges. von 1868 hatte über die Ausschließung von Mitgliedern nur die Bestimmung des § 38 Abs. 3:

In jedem Falle kann die Genossenschaft einen Genossenschafter aus den im Gesellschaftsvertrage festgesetzten Gründen, sowie wegen des Verlustes der bürgerlichen Ehrenrechte ausschließen.

(Vgl. über die Entstehung und Anwendung der Bestimmung Parisius S. 349 u. 353.

b) Im Entwurfe hieß der letzte Satz des ersten Absatzes:

Bei Vorschuß- und Kreditvereinen begründet die Mitgliedschaft in einer anderen solchen Genossenschaft die Ausschließung, auch wenn die letztere ihr Geschäft nicht an demselben Ort betreibt.

In der Kommission ist die Aenderung vorgenommen, die „das Mißverständniß auszuschließen bezweckt, als ob bei Vorschuß- und Kreditvereinen die Mitgliedschaft in einer anderen solchen Genossenschaft die Ausschließung ohne Weiteres herbeiführen könne, während doch auch hier nur ein Recht zur Ausschließung begründet sein soll."

II. Erläuterungen zu § 68.

1. **Absatz** I. Das Gesetz führt zwei Ausschließungsgründe an: Verlust der bürgerlichen Ehrenrechte und mehrfache Mitgliedschaft nach Maßgabe des Abs. I. Zum Unterschiede vom Ges. von 1868 führt § 68 als neuen gesetzlichen Ausschließungsgrund unter gewissen Voraussetzungen die Mitgliedschaft bei einer anderen Genossenschaft an und verlegt die Wirkung der Ausschließung auf den Schluß des Geschäftsjahres der Geschäftsperiode. Die Genossenschaft hat nur die Ausschließung, Stimmrecht allein kann dem Genossen nicht genommen werden (§ 43), Maurer S. 257 scheint dies offen zu lassen, Birkenbihl stimmt der vorstehenden Ansicht bei (S. 281).

2. Durch wen die Ausschließung erfolgt.

„Von welchen Organen der Genossenschaft die Ausschließung auszugehen hat, überläßt der Entwurf ebenso, wie das geltende Recht, der Bestimmung durch das Statut", heißt es in der Begründung des Entw. I (124). Enthält das Statut keine Vorschrift über das Organ, welches das Recht des Ausschlusses haben soll, so ist der Vorstand als der gesetzliche Vertreter der Genossenschaft ebenso befugt zur Ausschließung wie zur Aufnahme von Mitgliedern. Die Ausschließung ist von dem Ausgeschlossenen durch Klage anfechtbar; statutarischer Ausschluß des Rechtsweges ist unzulässig, doch könnte schiedsrichterliche Entscheidung vorbehalten werden, freilich kann die Generalversammlung nicht Schiedsrichter sein, da sie nicht in eigener Sache urtheilen darf. Wenn das Statut die Ausschließung der Generalversammlung überweist, so ist die Klage gegen den Beschluß der Generalversammlung nicht an die Voraussetzungen des § 51 gebunden (unten Erl. 5, § 51 Erl. 3, § 43 Erl. 1), da es sich dabei um ein persönliches Mitgliedschaftsrecht und um kein Individualrecht handelt. Die Anfechtung der Ausschließung hält die Eintragung des Ausscheidens auf Grund des Ausschließungsbeschlusses nicht auf. Genossenschaften, welche die Ausschließung Vorstand und Aufsichtsrath übertragen, lassen in der Regel Berufung an die Generalversammlung zu: in solchem Falle wird es zweckmäßig sein, diese „Berufung" an eine Frist zu knüpfen. Es ist dann der Beschluß der Generalversammlung, welcher der Anfechtung unterliegen würde. Ueber Ausschluß nach erfolgter Kündigung § 65 Erl. 2. Eine Zurücknahme der Ausschließung nach erfolgter Eintragung ist unzulässig (§ 65 Erl. 2, Birkenbihl-Maurer S. 282).

3. Mehrfache Mitgliedschaft.

Die Bestimmung, wonach die mehrfache Mitgliedschaft in gleichartigen Vereinen gesetzlicher Ausschließungsgrund geworden, hat nur für die Vorschußvereine Bedeutung. Für diese ist die doppelte Mitgliedschaft, und wie man den daraus erwachsenen Schäden begegnen kann, mehrfach Gegenstand der Berathung von Unterverbandstagen gewesen (Vgl. auch Mittheil. über Allgem. Vereinstag in Cassel 1866; Proebst, Die Grundlehren deutscher Genossenschaften Bd. 1 S. 162.) Die meisten Vorschußvereine haben in ihren Statuten die Bestimmung, daß aufnahmefähig nur Personen sind, die nicht bereits Mitglied eines anderen Vorschußvereins sind, und daß ein Mitglied ausgeschlossen werden kann wegen der Mitgliedschaft in einem anderen Vorschußvereine (Schulze-Delitzsch-Crüger S. 40, 42). Die mehrfache Mitgliedschaft zum gesetzlichen Ausschließungsgrund zu erheben, lag wohl kaum ein genügender Grund vor. Das Statut darf an der gesetzlichen Vorschrift nichts ändern, das Organ der Genossenschaft, welchem das Ausschließungsrecht zusteht, kann dasselbe in den gedachten Fällen stets ausüben, allerdings ist es nicht zur Ausschließung verpflichtet, sondern nur berechtigt. Ist der Beitritt eines Mitgliedes zu einer gleichartigen Genossenschaft vor dem Inkrafttreten des Gesetzes erfolgt, so ist damit ein gesetzlicher Ausschließungsgrund nicht gegeben (§ 159 in der Fassung von 1889), das Gesetz legt sich nach dieser Richtung hin keine rückwirkende Kraft bei, es ist eine Verbotsbestimmung, die, wenn sie rückwirkend sein sollte, wohlerworbene Rechte Dritter schädigen würde.

4. **Absatz** II. Statutarische Ausschließungsgründe.

Abgesehen von den im Gesetz ausdrücklich benannten Gründen kann ein Mitglied nur aus einem solchen Grunde ausgeschlossen werden, den das Statut anführt. Die Statuten müssen daher hierüber eingehende Vorschriften enthalten. Es müssen insbesondere die Fälle vorgesehen werden, in denen sich für die Genossenschaft das Bedürfniß herausstellt, in dem Guthaben des Mitgliedes Befriedigung zu suchen, denn da solches nur nach Beendigung der Mitgliedschaft erfolgen kann, muß die Genossenschaft die Möglichkeit besitzen, die Beendigung eintreten zu lassen, es muß also nach dem Statut zulässig sein, in einem solchen Falle das Mitglied auszuschließen; dies trifft z. B. zu, wenn über das Vermögen eines Mitgliedes Konkurs eröffnet wird, der Konkurs hat den Verlust der Mitgliedschaft nicht zur Folge, will die Genossenschaft sich wegen ihrer Forderung an das Guthaben halten, so muß sie das Mitglied ausschließen können, es muß daher das Statut ihr dieses Recht einräumen.

Ueber Austrittsgeld und Dividendenkürzung vgl. § 1 Erl. 2 § 19 S. 149.

5. Organ für die Ausschließung. Anfechtung des Ausschlusses.

Es gilt auch für den Ausschluß aus den im Statut bezeichneten Gründen das oben Erl. 2 Bemerkte.

6. **Absatz** III. Benachrichtigung von dem Ausschluß.

Die Bestimmung über die Mittheilung des Ausschlusses durch eingeschriebenen Brief ist nur Ordnungsvorschrift, sie ist auf die Ausschließung selbst und auf den Beginn der Verjährung des § 74 ohne Einfluß. Ihr Unterlassen könnte nur unter Umständen die Genossenschaft dem Ausgeschlossenen schadensersatzpflichtig machen, falls die Eintragung des Ausschlusses verspätet erfolgt. Ist der derzeitige Wohnort unbekannt, so genügt Benachrichtigung an den letzten der Genossenschaft bekannt gewordenen Wohnort. Die durch die Benachrichtigung entstehenden Kosten wird der Ausgeschlossene zu tragen haben.

7. **Absatz** IV. Wirkung des Ausschlusses.

Die Wirkung des Ausschlusses tritt erst zum Schluß der Geschäftsperiode ein (§ 73, vgl. aber § 76 u. § 114 in der Fassung des Gesetzes von 1889), es sind daher hier Vorkehrungen zu treffen, daß nicht das weitere Verbleiben in der Genossenschaft dieser nachtheilig werden kann. Die Folge tritt mit der Absendung des Briefes ein, der Vorstand hat es also in der Hand, den Genossen aus der Generalversammlung zu entfernen, in welcher der Beschluß gefaßt ist. Wegen dieser Beschränkung der Mitgliedschaftsrechte, und da die Bestimmung in Absatz 1, daß der Ausschluß zum Schlusse des Geschäftsjahres — also des Geschäftsjahres des Ausschlusses — auch für Absatz 2 gilt, erscheint es nicht zulässig, im Statut analog wie für die Kündigung den Ausgeschlossenen noch über das betr. Geschäftsjahr hinaus an die Mitgliedschaft zu fesseln. Die nach dem Ausschluß gefaßten Beschlüsse der Generalversammlung haben für den Ausgeschlossenen bindende Kraft (R.G. Bd. 30 S. 38).

Die Wirkung des Ausschlusses tritt auch dann sogleich ein, wenn das Statut gegen die Entscheidung nach Berufung an ein anderes Organ der Genossenschaft zuläßt oder der Ausgeschlossene den Rechtsweg beschreitet. Der Ausschluß ist in die Liste der Genossen einzutragen. Wird der Ausschluß auf Berufung oder Klage aufgehoben, so ist der frühere Zustand wiederherzustellen, nachdem die Unwirksamkeit nach Maßgabe des § 33 A.V. anerkannt oder durch Urtheil festgestellt ist (Johow Bd. 15 S. 59 ff. Bl.f.G. 1896 S. 303) vgl. § 70 Erl. 2. Ueber das Recht der Ausgeschlossenen mit Bezug auf Genehmigung der Bilanz und deren Anfechtung vgl. § 48 Erl. 1.

Vorbemerkung zu §§ 69 und 70.

1. Geschichte.

Ebenso wie die Entstehung der Mitgliedschaft (§ 15) wird auch das Ausscheiden aus der Genossenschaft von der Eintragung in der Liste abhängig gemacht. Nach dem Ges. von 1868 endigte die Mitgliedschaft bei rechtzeitiger Kündigung mit deren Ablauf oder mit dem Tode des Mitgliedes oder endlich mit dem Ausschluß des Mitgliedes. Die Vorschriften des Ges. von 1868 über den Verlust der Mitgliedschaft genügten ebensowenig wie die über den Erwerb, sie boten keine Sicherheit dafür, daß die von dem Gericht geführten Mitgliederlisten dem wirklichen Mitgliederbestande entsprachen. Schulze-Delitzsch verlangte daher in seinem bei dem Reichstage 1881 eingebrachten Antrage zur Revision des Genossenschaftsgesetzes: daß der Vorstand den Quartalsanzeigen über den Mitgliederbestand die Kündigung im Original, Abschrift der Gesellschaftsbeschlüsse über Ausschluß und die Todesanzeige beifügen sollte. Der Entwurf des Reichsjustizamts und die Regierungsvorlage hielten dies nicht für ausreichend, sie verlangten, daß nicht nur in die Liste die das Ausscheiden des Genossen begründende Thatsache und der aus den Urkunden hervorgehende Jahresabschluß eingetragen wird, sondern daß in Folge dieser Eintragung der Genosse mit dem in der Liste vermerkten Jahresschluß (ausgenommen die Fälle des § 76 und des § 114 in der Fassung des Gesetzes von 1889) ausscheiden soll, und wenn die Eintragung erst im Laufe eines späteren Geschäftsjahres erfolgt, mit dem Schluß des letzteren. In den Motiven wird zur Rechtfertigung dieses Verfahrens ausgeführt: „Ebenso wie die Entstehung der Mitgliedschaft muß auch das Ausscheiden aus der Genossenschaft von der Eintragung in die Liste abhängig gemacht werden, wenn die Zuverlässigkeit der letzteren gewährleistet sein soll. Die Liste hätte keinen ernstlichen Werth, wenn sie blos die Gewißheit gäbe, daß die darin aufgeführten Personen irgend einmal Mitglieder der Genossenschaft gewesen, nicht aber, daß sie es geblieben sind . . . Die Gefahr, daß Unrichtigkeiten in derselben durch Unterlassung der Anzeige des Ausscheidens von Genossen entstehen, liegt jedenfalls noch näher als die Gefahr der Eintragung von Personen, die überhaupt nicht beigetreten sind.“ Das erstrebte Ziel ist nur theilweise erreicht (vgl. zu § 70 Abs. 2, wegen des Beitritts § 15 Erl. 6).

2. Rechtliche Konstruktion.

Die in den §§ 65—68, 76 bezeichneten Thatsachen können für sich selbst nicht die Endigung der Mitgliedschaft herbeiführen, sie bilden vielmehr die Titel, auf Grund deren die Löschung zu erfolgen hat. Nur der Tod endigt als solcher die Mitgliedschaft zum Schluß der Geschäftsperiode, freilich ist auch hier die Eintragung nicht ohne Bedeutung (§§ 77, 125, 141). Ist nun die Eintragung von diesen Thatsachen abhängig, so ist sie auch durch deren Richtigkeit bedingt, sind die Titel unrichtig, so bleibt der Betreffende trotz der Löschung Mitglied der Genossenschaft; dagegen sind die urkundlichen Belege hier nicht von derselben Bedeutung wie bei dem Erwerb der Mitgliedschaft, ein Mangel derselben kann die Ungültigkeit der Eintragung nur zur Folge haben, wenn er gleichzeitig ein Mangel der materiellen Voraussetzungen des Ausscheidens ist (Begr. I 114, II 96), denn es heißt in § 70 Abs. 2: „In Folge der Eintragung scheidet der Genosse aus", während nach § 15 Abs. 3 die Mitgliedschaft entsteht „durch die Eintragung, welche auf Grund der Erklärung und deren Einreichung stattfindet". Die Rechtslage nach dem Gesetz ist nun folgende: Kündigung (§§ 65, 66), Verlegung des Wohnsitzes (§ 67), Ausschluß (§ 68), Uebertragung des Geschäftsguthabens (§ 76) geben ein Anspruch auf Entlassung aus der Mitgliedschaft. Die Beendigung der Mitgliedschaft ist abhängig von der Eintragung, ihre Wirkung tritt, ausgenommen den Fall des § 76 (vgl. § 114 in der Fassung des Gesetzes von 1889), erst mit dem Schluß der Geschäftsperiode ein, in welcher sie erfolgt ist.

3. Pflichten des Vorstandes.

Der Vorstand ist verpflichtet:

a) im Falle der Kündigung die Kündigung des Genossen oder des Gläubigers im Original nebst schriftlicher Versicherung, daß die Aufkündigung rechtzeitig erfolgt ist (§ 69 Abs. 1) — und bei Kündigung durch den Gläubiger nebst der beglaubigten Abschrift des Schuldtitels, der Urkunden über die fruchtlose Zwangsvollstreckung und des Pfändungs- und Ueberweisungsbeschlusses mindestens 6 Wochen vor dem Schlusse des Geschäftsjahres, zu dem sie erfolgt ist, dem Registerrichter einzureichen, welcher hierauf unverzüglich die Eintragung vorzunehmen hat. Wissentlich falsche Angaben in der Erklärung sind unter Strafe gestellt (§ 147);

b) im Falle der Verlegung des Wohnsitzes und der in Folge dessen erfolgten schriftlichen Erklärung des Austritts die Bescheinigung der öffentlichen Behörde über die Aufgabe des Wohnsitzes und die schriftliche Austrittserklärung, bezw. wenn der Vorstand dem Mitgliede schriftlich erklärte, es solle ausscheiden, Abschrift dieser Erklärung dem Genossenschaftsrichter innerhalb 6 Wochen vor dem Schlusse des Geschäftsjahres, zu dem der Austritt erfolgt, oder wenn derselbe nach diesem Zeitpunkt erklärt ist, ohne Verzug einzureichen (§ 69 Abs. 2);

c) im Falle des Ausschlusses Abschrift des Beschlusses innerhalb 6 Wochen vor Ende des Geschäftsjahres, zu dessen Schluß der Ausschluß erfolgt, oder wenn der Beschluß später gefaßt ist, ohne Verzug dem Gericht einzureichen (§ 69 Abs. 2);

d) im Falle des Ausscheidens durch Uebertragung des Geschäftsguthabens (§ 76) die Uebereinkunft zwischen dem Veräußerer und Erwerber des Geschäftsguthabens, und falls dieser schon Genosse ist, die schriftliche Versicherung, daß dessen bisheriges Guthaben mit dem zuzuschreibenden Betrage den Geschäftsantheil nicht übersteigt, nebst der durch § 137 Abs. 1 erforderten Erklärung des Genossen, und falls derselbe nicht Genosse ist, die Beitrittserklärung ohne Verzug dem Gericht einzureichen;

e) im Falle des Todes eines Mitgliedes ohne Verzug eine Anzeige von dem Tode des Genossen (§ 77) dem Gericht einzureichen.

Ueber die einzureichenden Urkunden A.V. § 28.

§ 69.

Der Vorstand ist verpflichtet, die Aufkündigung des Genossen oder des Gläubigers mindestens sechs Wochen vor dem Ende des Geschäftsjahres, zu dessen Schlusse sie stattgefunden hat, dem Gerichte (§ 10) zur Liste der Genossen einzureichen. Er hat zugleich die schriftliche Versicherung abzugeben, daß die Aufkündigung rechtzeitig erfolgt ist. Der Aufkündigung des Gläubigers sind die im § 66 Absatz 2 bezeichneten Urkunden, sowie eine beglaubigte Abschrift des Pfändungs- und Ueberweisungsbeschlusses beizufügen.

Imgleichen hat der Vorstand im Falle des § 67 mit der Bescheinigung die Erklärung des Genossen oder Abschrift der Erklärung der Genossenschaft, sowie im Falle der Ausschließung Abschrift des Beschlusses dem Gerichte einzureichen. Die Einreichung ist bis zu dem im ersten Absatz bezeichneten Zeitpunkte und, wenn die Erklärung oder der Beschluß später erfolgt, ohne Verzug zu bewirken.

Entw. I 64 u. II 65, Komm. 65, Rtg. 67. Begr. I 146, II 97, A.V. §§ 7, 8, 28, 29.

Erläuterungen zu § 69.

1. Der § 69 stimmt wörtlich mit dem Entwurfe überein, nur hat die Kommission das Wort „spätestens", welches im letzten Satze des zweiten Absatzes hinter den Worten „Die Einreichung ist" sich befand, gestrichen. Die Ausführungsverordnung enthält in den §§ 28 bis 33 ausführliche Bestimmungen über die einzureichenden Urkunden (28), über die Zeit der Einreichung (29), über die Eintragung des Ausscheidens (30), über die Eintragung der Ausgeschiedenen (31), über die Eintragung von Vormerkungen (33).

2. **Absatz** I. Einreichung.

Die Einreichung geschieht in der für die Erklärungen des Vorstandes überhaupt vorgeschriebenen Form. Das Mitglied kann seine Rechte durch Eintragung einer Vormerkung sichern (§ 71) und kann gegen die Genossenschaft auf Beantragung der Löschung klagen.

Der Vorstand braucht nicht jede Kündigung unter allen Umständen sofort einzureichen, als äußerster Termin sind 6 Wochen vor Ablauf der Geschäftsperiode vorgeschrieben, und dieser wird zweckmäßigerweise beobachtet werden, um den Mitgliedern die Zurücknahme der Kündigung offen zu halten. Ausnahmen enthalten Abs. 3 dieses Paragraphen, § 77 (vgl. auch § 114 in der Fassung des Gesetzes von 1889). Ueber die einzureichenden Urkunden und die entsprechenden Formulare vgl. Parisius u. Crüger Formularbuch S. 59 ff.

3. Verzögerung.

Eine Verzögerung der Einreichung kann zur Folge haben, daß die Eintragung erst in der nächsten Geschäftsperiode möglich ist, hierdurch bleibt der Ausgeschiedene noch bis zum Ablauf dieser Geschäftsperiode Mitglied. Entsteht ihm nun durch diese Verlängerung der Mitgliedschaft ein Schaden, so hat er einen Ersatzanspruch gegen die Genossenschaft und unter Umständen auch gegen den Vorstand. Der Anspruch gegen die Genossenschaft beruht auf der Verpflichtung der letzteren, die Beendigung der Mitgliedschaft herbeizuführen, wenn die Voraussetzungen hierfür gegeben sind. Der Ersatzanspruch gegen den Vorstand ist ein außerkontraktlicher Schadensersatzanspruch (B.G.B. § 823), denn zwischen dem Vorstand und dem Genossen besteht kein Vertragsverhältniß, die Haftung besteht für Vorsatz und Fahrlässigkeit und zwar für jedes Verschulden (§ 823 Abs. 2), jedoch kann auch ein konkurrirendes Verschulden des Ausgeschiedenen in Betracht kommen (B.G.B. § 254), denn der Ausgeschiedene hat das Recht, die Eintragung einer Vormerkung zu verlangen (§ 71). Durch die Vormerkung wird dem Genossen die Rechtsstellung gewahrt, welche er haben würde, wenn der Vorstand rechtzeitig die Kündigung oder den sonstigen Austritt oder die Ausschließung angezeigt und die betreffenden Urkunden eingereicht hätte (Begr. I 147, II 97). Der Ausgeschiedene ist also stets in der Lage, etwaige nachtheilige Folgen von Versäumnissen des Vorstandes — falls nicht noch etwa gleichzeitig ein Versäumniß des Richters hinzutritt, von sich abzuwenden, vorausgesetzt, daß er die Eintragung der Vormerkung noch in dem Jahre erwirkt, zu dessen Schluß er ausscheiden will. Unmöglich aber kann man es als eine Pflicht des Ausgeschiedenen ansehen, daß er sich unter allen Umständen dieses Rechts bedienen soll, widrigenfalls er sich die Folgen selbst zuzuschreiben hat. Eine allgemeine Regel dafür, wann er sich des Rechts der Vormerkung zu bedienen hat, läßt sich nicht aufstellen. Es ist im einzelnen Falle Thatfrage, ob ein Versehen und was für ein Versehen des Ausscheidenden konkurrirt. Ein Verschulden wäre dann anzunehmen, wenn der Ausgeschiedene das Ausbleiben der Bekanntmachung des Gerichts (§ 72) unbeachtet gelassen hat. Anders stellt sich das R.G. in dem Urtheil vom 15. März 1898 (Juristische Wochenschrift 1898 S. 266, Entsch. Bd. 41 S. 56, Bl.f.G. 1898 S. 219), wo es den Grundsatz vertritt:

„Wenn der Vorstand der klagenden Genossenschaft die ihm obliegende Pflicht zur Anmeldung der Aufkündigung des Beklagten sowie zur Herbeiführung der Löschung desselben im Genossenschaftsregister nicht rechtzeitig erfüllte und in Folge dessen der Beklagte nicht aufhörte, Mitglied der Genossenschaft zu sein, so kann sich doch die Klägerin hierauf nicht berufen; denn sie würde sich den durch Verschulden ihres Vorstandes entstandenen Vortheil aneignen, wenn sie noch nach dem Zeitpunkte, zu welchem des Beklagten Name ordnungsmäßig in der Liste zu tilgen war, ihn als Genossenschafter in Anspruch nehmen wollte. Diesem Verfahren steht, wie der erste Richter und die Revision zutreffend bemerken, die Einrede der Arglist entgegen, deren Geltendmachung durch das Genossenschaftsgesetz nicht ausgeschlossen wird, denn allerdings ist die Beendigung der Mitgliedschaft in ihrer Wirksamkeit gegen Dritte und gegen die Genossenschaft an und für sich durch die Eintragung des Endigungsgrundes in der Liste der Genossen (§ 69 Abs. 1) bedingt. Es kommt aber hier weiter in Frage, ob die Genossenschaft sich auf die Nichteintragung der Aufkündigung berufen kann, wenn diese Unterlassung durch ein Verschulden ihres eigenen Vorstandes veranlaßt ist."

In diesen Ausführungen liegt eine Verkennung der Bedeutung der Eintragung, vielmehr ist mit dem Urtheil des O.L.G. Jena vom 12. Juli 1897 (Deutsche Juristenzeitung 1898 S. 192) anzunehmen, daß die Bestimmung, betreffend die Endigung der Mitgliedschaft in Folge der Eintragung nicht nur zum Schutze der Gläubiger, sondern auch im Interesse der Genossenschaft gegeben ist. Folgt man dem R.G., so könnte sich das Mitglied, dessen Ausscheiden nicht eingetragen ist, auch im Fall des Konkurses der Inanspruchnahme aus der persönlichen Haftpflicht bei dem Nachschußverfahren entziehen (§ 111 Erl. 2) und damit würde das ganze System des Gesetzes über Erwerb und Verlust der Mitgliedschaft umgestoßen werden, freilich hat das R.G. sich auch bei der Anfechtung des Erwerbs der Mitgliedschaft auf einen ähnlichen bedenklichen Standpunkt gestellt (§ 15 S. 114 ff.). Daß nun aber, wie das O.L.G. Jena annimmt, nur die Vorstandsmitglieder haftbar sein sollen, ist auch nicht zutreffend, es ist nicht einzusehen, aus welchem Grunde kein Schadensersatzanspruch gegen die Genossenschaft geltend ge-

macht werden soll können, der natürlich einen ganz anderen Wirkung hat wie die Zulassung der exceptio doli gegen die Inanspruchnahme aus der Mitgliedschaft.

4. **Absatz** II. Abschrift des Beschlusses.

Der Beschluß ist in unbeglaubigter Abschrift einzureichen (vgl. Parisius u. Crüger a. a. O.).

§ 70.

In die Liste ist die das Ausscheiden des Genossen begründende Thatsache und der aus den Urkunden hervorgehende Jahresschluß unverzüglich einzutragen.

In Folge der Eintragung scheidet der Genosse mit dem in der Liste vermerkten Jahresschlusse, wenn jedoch die Eintragung erst im Laufe eines späteren Geschäftsjahres bewirkt wird, mit dem Schlusse des letzteren aus der Genossenschaft aus.

Entw. I 65, Entw. II u. Komm. 66, Rtg. 68. Begr. I 143, II 94, A.B. § 7.

Erläuterungen zu § 70.

1. **Absatz** I. Prüfungsrecht des Richters.

Die Prüfung des Richters mit Bezug auf das ihm zur Eintragung unterbreitete Rechtsverhältniß ist hier die gleiche wie bei dem Erwerb der Mitgliedschaft. Er hat also besonders zu prüfen, ob die Urkunden und die Einreichung derselben formell in Ordnung sind. Die materielle Prüfung erleidet dadurch ihre Einschränkung, daß die das Ausscheiden des Genossen begründende Thatsache unverzüglich von dem Richter einzutragen ist (§ 70 Abs. 1), ebenso Birkenbihl-Maurer S. 284. „Die Prüfung des Gerichts“ — heißt es in der Begr. I 143, II 95 — „hat sich nur darauf zu erstrecken, daß diese Urkunden (welche die das Ausscheiden begründenden Thatsachen darthun) vorschriftsmäßig und vollständig vorliegen, nicht aber auch auf die Richtigkeit und Rechtmäßigkeit der einzutragenden Thatsachen“. Dennoch wird auch hier „die Ablehnung der Eintragung nicht ausgeschlossen“ sein, wenn die Ungültigkeit der Urkunde, „ohne daß es weiterer Ermittelungen bedarf, aus den dem Gericht bekannten Thatsachen sich als zweifellos ergiebt“ (A.B. § 29 Abs. 5 und § 26 Abs. 4), z. B. der Richter hat Kenntniß von dem Leben eines als verstorben angezeigten Mitgliedes. Falsche Angaben des Vorstandes sind nach § 147 unter Strafe gestellt.

Nach § 70 und § 77 ist in die Liste die das Ausscheiden begründende Thatsache und der aus den Urkunden hervorgehende Jahresschluß einzutragen. Dies ist nicht so zu verstehen, daß der Jahresschluß in der betreffenden Urkunde (A.B. § 28) angegeben sein muß. Der Jahresschluß muß nur aus den Urkunden hervorgehen, nöthigenfalls unter Zuhülfenahme von Gesetz und Statut. So z. B. braucht im Ausschließungsbeschluß nicht der Zeitpunkt angegeben zu sein, zu welchem die Mitgliedschaft endigt, da nach § 68 des Gesetzes ein Genosse nur „zum Schlusse des Geschäftsjahres . . . ausgeschlossen werden kann“, und das Geschäftsjahr sich aus dem Statut ergiebt.

2. Unverzügliche Eintragung.

Mehr noch als bei dem Vorstande kann es hier im konkreten Falle zweifelhaft sein, ob an der verzögerten Eintragung Versäumniß des Richters schuld ist. Vgl. in Betreff der Eintragung Parisius u. Crüger „Formularbuch“ S. 64 ff. Daß die Eintragung sofort zu erfolgen hat, ohne Rücksicht darauf, ob das Ausscheiden noch anfechtbar ist oder angefochten wird, darüber vgl. § 68 Erl. 7. Fraglich kann erscheinen, ob das

Registergericht nach Maßgabe des § 127 des Gesetzes über die Angelegenheiten der freiwilligen Gerichtsbarkeit die Eintragung aussetzen könnte, bis über das streitige Rechtsverhältniß entschieden ist, doch muß die Anwendung dieser Bestimmung mit Rücksicht auf die zwingende Vorschrift des § 70 des Ges. über die „unverzüglich" vorzunehmende Eintragung abgelehnt werden.

3. **Absatz** II. Jahresschluß.

Vgl. Vorbemerkung. Ausnahme in § 74 (vgl. auch § 114 in der Fassung des Ges. v. 1889). Der „in der Liste vermerkte Jahresschluß": die Mitgliedschaft endigt also nicht nur mit dem Geschäftsjahr, in welchem die Eintragung erfolgt ist, bei zweijähriger Kündigung z. B. wird, wenn die Eintragung bei der Kündigung erfolgt ist, die Mitgliedschaft erst mit Ablauf des nächsten auf die Eintragung folgenden Geschäftsjahres endigen. Die Eintragung muß nur vor Ablauf des Geschäftsjahres erfolgen, mit welchem die Mitgliedschaft endigen soll. Diese Wirkung hat die Eintragung allein unter der Voraussetzung, daß das Ausscheiden dem Gesetz entspricht (vgl. Vorbemerkung).

4. Haftpflicht des Richters für Versäumniß.

Vgl. § 839 B.G.B.: „Fällt dem Beamten nur Fahrlässigkeit zur Last, so kann er nur dann in Anspruch genommen werden, wenn der Verletzte nicht auf andere Weise Ersatz zu erlangen vermag." Ueber die Haftpflicht des Staates für Beamte Art. 77 Einf.-Ges. z. B.G.B. Ueber das bisherige Recht vgl. zweite Auflage S. 279.

5. Anfechtung der Eintragung.

„In Folge der Eintragung" scheidet der Genosse aus; abweichend von dem Erwerb der Mitgliedschaft (§ 15) ist hier die Rechtsgültigkeit der Eintragung nicht abhängig gemacht von bestimmten Formvorschriften. „Ist ein Mangel in dieser Hinsicht übersehen worden, so darf deshalb allein, die Eintragung noch nicht als wirkungslos behandelt werden; auch in einem solchen Falle ist vielmehr die Anfechtung nur auf den Mangel der materiellen Voraussetzungen des Ausscheidens zu stützen" (Begr. I 144, II 96). Während z. B. die Eintragung des Erwerbs der Mitgliedschaft angefochten werden kann, weil die Einreichung der Beitrittserklärung nicht ordnungsmäßig erfolgt ist, ist dies hier ausgeschlossen: die Eintragung wirkt unabhängig von den zu Grunde liegenden Urkunden, sie stellt allein die Thatsachen fest, denn die Kündigung u. s. w. sind einseitige Rechtsakte. Die Anfechtung kann darauf gestützt werden, „daß die Kündigung keine rechtmäßige gewesen ist, insbesondere die gesetzliche oder statutenmäßige Kündigungsfrist nicht eingehalten ist, und in gleicher Weise muß die Anfechtung gegen die Rechtmäßigkeit des Wegzugs oder der Ausschließung u. s. w. sich richten können, denn die betreffenden Thatsachen sind es, welche die Eintragung und damit das Ausscheiden begründen", und sie müssen deshalb als materielle Voraussetzungen wesentlich bleiben (Begr. I 144, II 96). Anfechtbar ist selbstverständlich auch eine Löschung, welche in Folge Fälschung, falscher Todesanzeige u. s. w. erfolgte. Durch die Eintragung des Ausscheidens ungeachtet des Mangels der gesetzlichen Voraussetzungen erlischt die Mitgliedschaft nicht (Johow Bd. 11 S. 48). Ueber die Beweislast vgl. R.G. Bd. 1 S. 242, Bd. 8 S. 5, Joël S. 587.

Der zu Unrecht Gelöschte bleibt Mitglied sowohl der Genossenschaft wie den Gläubigern gegenüber, und zwar auch denjenigen Gläubigern gegenüber, welche mit der Genossenschaft zu einer Zeit kontrahirten, da die Löschung erfolgt war, denn der Genossenschaft gegenüber ist die Löschung unwirksam, das irrthümlich gelöschte Mitglied ist Mitglied geblieben, hieraus aber folgt, daß dasselbe im Konkurse zu Nachschüssen herangezogen werden kann, als wenn eine Löschung nicht erfolgt wäre; der Einzelangriff weiter ist wieder mit dem Nachschußverfahren so enge verbunden, daß nicht dieser oder jener Genosse von demselben ausgenommen werden kann. Muß man auch grundsätzlich anerkennen, daß der Gläubiger, welcher mit der Genossenschaft zu einer Zeit kontrahirte, da der Genosse gelöscht war, diesen gar nicht berücksichtigen konnte, so zwingen doch die obigen Erwägungen auch den Gläubigern gegenüber die Löschung als nicht erfolgt zu betrachten.

6. Verfahren zwecks Beseitigung der Eintragung.

Daß nach erfolgter Eintragung des Ausscheidens Kündigung [und Ausschluß nicht mehr beliebig zurückgenommen werden können § 65 Erl. 2, § 68 Erl. 2. Die Aufhebung der Eintragungen des Ausscheidens hat rückwirkende Kraft.

1. Ist die Eintragung durch ein Versehen des Richters erfolgt, so hat dieser dieselbe als zur Ungebühr bewirkt zu löschen (A.V. § 33).

2. Ist sie auf unrichtigen Antrag erfolgt, so ist zu unterscheiden:

a) bei bestehender Genossenschaft geschieht die Berichtigung in Gemäßheit der §§ 33 Abs. 2, 8 A.V., wenn dessen Voraussetzungen gegeben sind, ebenso Birkenbihl-Maurer S. 285.

b) bei in Konkurs befindlicher Genossenschaft muß der Konkursverwalter, wenn der Gelöschte nicht seine Mitgliedschaft anerkennt, gegen denselben hierauf klagen, denn die Löschung hat zur Folge, daß die Vermuthung Platz greift, der Betreffende ist nicht mehr Mitglied; deswegen müssen auch die Gläubiger, wenn sie einen in der Liste gelöschten Genossen in Anspruch nehmen wollen, den Nachweis führen, daß der Betreffende noch Mitglied ist.

Die Entscheidung des Richters über den Antrag auf Eintragung ist mit der sofortigen Beschwerde anfechtbar (§ 146 Abs. 2 des Gesetzes über die Angelegenheiten der freiwilligen Gerichtsbarkeit), obgleich es dem Genossen freisteht, im Wege des Prozesses die Feststellung der Mitgliedschaft durch Urtheil herbeizuführen, hat auch er die Beschwerde (Johow Bd. 11 S. 48).

§ 71.

Auf Antrag des Genossen, im Falle des § 66 auf Antrag des Gläubigers, hat das Gericht die Thatsache, auf Grund deren das Ausscheiden, und den Jahresschluß, zu welchem dasselbe beansprucht wird, ohne Verzug in der Liste vorzumerken.

Erkennt der Vorstand den Anspruch in beglaubigter Form an oder wird er zur Anerkennung rechtskräftig verurtheilt, so ist dies bei Einreichung des Anerkenntnisses oder Urtheils der Vormerkung hinzuzufügen. In Folge dessen gilt der Austritt oder die Ausschließung als am Tage der Vormerkung eingetragen.

Entw. I 66, II 67, Komm. 67, Rtg. 69. Begr. I 146, II 97. A.V. §§ 32 34, 7 u. 8.

Erläuterungen zu § 71.

1. Vormerkung. „Dem Genossen kann und muß ein Mittel gewährt werden, auch da, wo der Vorstand die Einreichung unterläßt oder verzögert, das Recht auf sein Ausscheiden selbstständig zu wahren. Dieses Mittel besteht in der Befugniß, den Anspruch auf das Ausscheiden in der Liste vormerken zu lassen." (Begr. I 146.) Schulze-Delitzsch hatte diese Vormerkung nach der Weise des sich an das Genossenschaftsgesetz von 1868 anschließenden preußischen Gesetzes, betreffend die Bildung von Wassergenossenschaften vom 1. April 1879, in seiner Novelle von 1881 vorgeschlagen (Mater. S. 9 u. 28). Die Ausführungsverordnung vom 11. Juli 1889 behandelt im § 32 die Eintragungen von Vormerkungen (vgl. daselbst auch §§ 7, 8 u. 34), dieselben

werden in Sp. 7 u. 8 eingetragen (vgl. Parisius u. Crüger Formularbuch S. 71 ff., 73 ff.). Ueber die Unzulässigkeit der Aussetzung der Eintragung der Vormerkung nach Maßgabe des § 127 des Gesetzes über die Angelegenheiten der freiwilligen Gerichtsbarkeit § 70 Erl. 2.

2. **Absatz** I. Antragsberechtigte.

In jedem Falle der Endigung der Mitgliedschaft hat der Genosse einen Anspruch auf das Ausscheiden: auch der Genosse, welcher ausgeschlossen ist, da er in der Zeit bis zu seinem wirklichen Ausscheiden nicht befugt ist, an der Generalversammlung theilzunehmen (§ 68 Abs. 4); er hat daher auch ein berechtigtes Interesse, daß dieser Zustand mindern Rechts nicht über den Schluß des Geschäftsjahres ausgedehnt werde; deswegen muß auch ihm das Recht der Vormerkung gewährt werden (Begr. I 147, II 97). Die Eintragung der Vormerkung kann auch erst nach Ablauf des Geschäftsjahres beantragt werden, zu dessen Schluß das Ausscheiden stattfinden sollte, selbstverständlich aber wirkt sie dann nicht für jenes Jahr.

3. Form des Antrags.

Der Antrag auf Eintragung der Vormerkung ist schriftlich zu stellen, derselbe muß die das Ausscheiden begründenden Thatsachen enthalten. „Die Thatsachen, auf welche der Anspruch gegründet wird (rechtzeitig bewirkte Aufkündigung, Uebertragung des Geschäftsguthabens, Tod des Erblassers u. s. w.) sind anzugeben" (A.V. § 32 Abs. 1). Das Nachweisen oder die Glaubhaftmachung dieser Thatsachen ist nicht erfordert und kann daher nicht vom Gericht verlangt werden. Lehnt der Richter die Eintragung ab, etwa weil die Thatsachen das Ausscheiden nicht begründen, so hat der Antragsteller die sofortigen Beschwerden (§ 146 des Gesetzes über die Angelegenheiten der freiwilligen Gerichtsbarkeit). Der Richter hat nur zu prüfen, ob die angezeigten Thatsachen überhaupt geeignet sind, das Ausscheiden zu begründen.

4. **Absatz** II. Umwandlung der Vormerkung.

Ein Interesse an der Umwandlung hat wesentlich der Genosse, denn die Bedeutung der Vormerkung ist abhängig davon, daß der Vorstand das Ausscheiden anerkennt oder rechtskräftig hierzu verurtheilt wird; regelmäßig wird daher der Genosse als Kläger auftreten. Aber auch dem Vorstand kann es nicht versagt werden, auf Anerkennung der Mitgliedschaft zu klagen, sein rechtliches Interesse ist darin zu finden, daß der Kredit der Genossenschaft darunter leiden kann, daß sich in der Mitgliederliste Vormerkungen finden, da die Gläubiger die Genossen, bei denen sich eine Vormerkung findet, nicht mehr als Mitglieder bei Prüfung der Lage der Genossenschaft berücksichtigen werden.

Wird der Anspruch durch eine übereinstimmende Erklärung des betheiligten Genossen und des Vorstandes der Genossenschaft in beglaubigter Form anerkannt, oder durch rechtskräftiges Urtheil festgestellt, so ist dies auf Antrag eines der beiden Theile in der letzten Spalte einzutragen (A.V. § 33 Abs. 2); der Antrag des Vorstandes hierauf hat in der für die Erklärungen des Vorstandes vorgeschriebenen Form zu erfolgen (A.V. § 7). Zur „beglaubigten Form" genügt die Beglaubigung der Unterschriften auch durch Gemeindevorsteher oder Polizeibehörden (A.V. § 8).

Weder das Gesetz noch die A.V. enthalten Bestimmungen über die Unwirksamkeit der Vormerkung. Es werden daher die Bestimmungen des zweiten Absatzes des § 33 A.V. über Eintragungen, die aus anderen Gründen als wegen eines Versehens des Gerichts unwirksam sind, sinngemäße Anwendung finden. Doch bedarf es nur einer Erklärung des Antragstellers, nicht auch des Vorstandes, da dieser ja einen Anspruch des Genossen auf Ausscheiden nicht behauptet hat: entweder beglaubigte Löschungsbewilligung oder Verurtheilung ist erforderlich.

5. **Wirkung der Vormerkung.**

„Durch die Vormerkung wird dem Genossen die Rechtsstellung gewahrt, welche er haben würde, wenn der Vorstand rechtzeitig die Kündigung oder den sonstigen Austritt oder die Ausschließung angezeigt und die betreffenden Urkunden eingereicht hätte" (Begr. II 98). Die Vormerkung soll der definitiven Eintragung rückwirkende Kraft beilegen, vorausgesetzt, daß sie (die Vormerkung) noch in dem Jahre eingetragen ist, zu dessen Schluß das Ausscheiden erfolgen sollte. Bis zur definitiven Eintragung aber bleibt der Betreffende Mitglied, seine Sache ist es daher, dieselbe herbeizuführen. Auch im Konkurse der Genossenschaft ist er von dem Konkursverwalter als Mitglied heranzuziehen, und er könnte nur gegen die Vorschußberechnung einwenden, daß er nicht Mitglied, und im Wege der Klage den Vertheilungsplan, insoweit er ihn betrifft, anfechten. Auch sind die Genossenschaftsgläubiger trotz der Eintragung der Vormerkung berechtigt, den Gläubiger event. in Anspruch zu nehmen. Es könnte nur das Gericht die Entscheidung aussetzen, bis über den Anspruch der Genossen gegen den Konkursverwalter auf Anerkennung der Nichtmitgliedschaft rechtskräftig entschieden ist (§ 148 C.P.O.). Der Genosse kann seine Nichtmitgliedschaft nicht im Wege der Einwendungen durchsetzen, ihm nützt nur ein Urtheil, in dem ausgesprochen ist, daß er nicht Mitglied ist.

§ 72.

Von der Eintragung sowie der Vormerkung oder von deren Versagung hat das Gericht den Vorstand und den Genossen, im Falle des § 66 auch den Gläubiger, zu benachrichtigen.

Die behufs der Eintragung oder der Vormerkung eingereichten Urkunden bleiben in der Verwahrung des Gerichts.

Entw. I 67, Entw. II 68, Komm. 68, Rtg. 70. Begr. I 147, II 98. A.V. § 9.

Erläuterung zu § 72.

In dem Entwurf II sind die Worte „oder von deren Versagung" eingefügt. Die Benachrichtigung kann ohne Förmlichkeiten, durch einfache Postsendung erfolgen — für die Benachrichtigung von Eintragungen sind in der Regel Postkarten zu verwenden. Für die Versagung sind Gründe mitzutheilen (A.V. § 9). In Betreff der Schreibgebühren vgl. § 15 Erl. 6. Die Benachrichtigung an die Genossenschaft muß Nummer der Eintragung, Vor- und Zunamen des Genossen enthalten, um dieser die Kontrole zu ermöglichen.

Ueber die Rechtsmittel vgl. § 146 des Gesetzes über die Angelegenheiten der freiwilligen Gerichtsbarkeit.

§ 73.

Die Auseinandersetzung des Ausgeschiedenen mit der Genossenschaft bestimmt sich nach der Vermögenslage derselben und dem Bestande der Mitglieder zur Zeit seines Ausscheidens.

Die Auseinandersetzung erfolgt auf Grund der Bilanz. Das Geschäftsguthaben des Genossen ist binnen sechs Monaten nach dem Ausscheiden auszuzahlen; an den Reservefonds und das sonstige Vermögen der Genossenschaft hat er keinen Anspruch. Reicht das Vermögen einschließlich des Reservefonds und aller Geschäftsguthaben zur Deckung der

Schulden nicht aus, so hat der Ausgeschiedene von dem Fehlbetrage den ihn treffenden Antheil an die Genossenschaft zu zahlen; der Antheil wird in Ermangelung einer anderen Bestimmung des Statuts nach der Kopfzahl der Mitglieder berechnet.

Ges. von 1868 § 39 Abs. 2, Entw. I 68, Entw. II 69. Komm. 69, Rtg. 71. Begr. I 147, II 98.

I. **Zur Geschichte des** § 73.

a) Das Ges. von 1868 hatte über die Forderungen der ausgetretenen oder ausgeschlossenen Genossenschafter sowie der Erben verstorbener Genossenschafter folgende Bestimmungen (§ 39 Absatz 2):

Wenn der Gesellschaftsvertrag nichts Anderes bestimmt, haben sie an den Reservefonds und an das sonst vorhandene Vermögen der Genossenschaft keinen Anspruch, sind vielmehr nur berechtigt zu verlangen, daß ihnen ihr Geschäftsantheil, wie er sich aus den Büchern ergiebt, binnen drei Monaten nach ihrem Ausscheiden ausgezahlt werde.

Ueber die Entstehung und die Mängel dieser Bestimmung u. s. w. vgl. Parisius S. 355. Ueber den dritten Absatz vgl. § 75.

b) Im Entw. I befand sich im Abs. II im zweiten Satze hinter den Worten „Das Geschäftsguthaben der Genossen ist" noch das Wörtchen „ihm", welches schon im Entw. II fortgefallen ist.

II. **Erläuterungen zu** § 73.

1. Im Allgemeinen.

Der § 73 entspricht dem § 39 Abs. 2 des Ges. von 1868, enthält jedoch erhebliche Abweichungen. § 39 setzte nur den Umfang des Auseinandersetzungsanspruchs der Genossen fest, d. h. wie viel der Ausscheidende bei seinem Ausscheiden von dem Vereinsvermögen sollte verlangen können. Das jetzige Gesetz dagegen geht weiter: es führt eine vollständige Auseinandersetzung ein, die sich nach der Vermögenslage der Genossenschaft und dem Bestande der Mitglieder zur Zeit des Ausscheidens bestimmt.

2. **Absatz** I. Auseinandersetzung.

Das Reichsgericht hatte in dem Urtheil vom 19. Februar 1889 (Jurist. Wochenschrift Nr. 13, 14) zu § 39 des Ges. von 1868 erklärt: „die Auseinandersetzung ist keine Rechnung, sondern ein auf Grund einer Rechnung geschlossenes Rechtsgeschäft". Dies ist nicht richtig (ebenso Birkenbihl-Maurer S. 291), die Auseinandersetzung ist die nothwendige Folge der Beendigung der Mitgliedschaft und kein Rechtsgeschäft, mit der Beendigung der Mitgliedschaft wird das zwischen der Genossenschaft und dem Genossen bestehende Rechtsverhältniß gelöst, und auf Grund dieser Lösung, nicht der Auseinandersetzung, fordert der Ausscheidende sein Guthaben, durch die Auseinandersetzung wird dasselbe nur ziffermäßig dargestellt. „Zufolge Ausscheidens des Genossen löst sich das Rechtsverhältniß desselben zu der Genossenschaft in einen dem Genossen oder der Genossenschaft zustehenden Anspruch auf Zahlung einer Geldsumme auf, deren Höhe durch die Vermögenslage der Genossenschaft und die Zahl der Genossen im Zeitpunkt des Ausscheidens bestimmt wird. In der Feststellung und Berichtigung dieses Anspruchs des Genossen oder der Genossenschaft besteht die Auseinandersetzung zwischen denselben. Den Umfang des Auseinandersetzungsanspruchs der Genossen bestimmt der Entwurf auf der Grundlage der für den Schluß des Geschäftsjahres, zu welchem das Ausscheiden erfolgt, maßgebenden Bilanz nach den gleichen Grundsätzen wie das geltende Gesetz (d. i. der § 39 des Ges. von 1868). Eine Abweichung besteht nur hinsichtlich des Zeitpunktes, in welchem der Genosse die Befriedigung seines Anspruchs verlangen kann." Begr. I 147, II 98. Vgl. weiter unten Erl. 10 insbesondere über

die nach Maßgabe des § 75 und § 128 mögliche ganze oder theilweise Aufhebung der Auseinandersetzung.

3. „Vermögenslage" — „Bilanz".

Ueber das Verhältniß von „Bilanz" und „Vermögenslage" läßt sich das Reichsgericht in dem Urtheil vom 8. Dezember 1893 nach der Juristischen Wochenschrift 1893 S. 24 wie folgt aus: „In § 71 (jetzt § 73) des Gesetzes, betr. die Erwerbs- und Wirthschaftsgenossenschaften vom 1. Mai 1889, ist an erster Stelle der Satz ausgesprochen: „Die Auseinandersetzung des Ausgeschiedenen mit der Genossenschaft bestimmt sich nach der Vermögenslage derselben und dem Bestande der Mitglieder zur Zeit seines Ausscheidens." Hiermit steht der erste Satz des folgenden Absatzes: „Die Auseinandersetzung erfolgt auf Grund der Bilanz" in vollem Einklange; denn einerseits ist die Bilanz, von welcher hier die Rede ist, keine andere als diejenige, welche die Genossenschaft, wie jeder Kaufmann, nach Art. 29 (jetzt § 39) des H.G.B. am Schlusse des Geschäftsjahres zu errichten hat (vgl. §§ 46 (jetzt § 48), 19, 17 Nr. 2, 7 Nr. 3 Gesetz vom 1. Mai 1889), und in welcher nach Art. 31 (§ 41) des H.G.B. sämmtliche Vermögensstücke und Forderungen nach dem ihnen zur Zeit der Bilanzaufnahme zukommenden Werthe anzusetzen sind, und andererseits ist der Schluß des Geschäftsjahres auch der Zeitpunkt, zu welchem das Ausscheiden sowohl der nach Kündigung austretenden als der verstorbenen Mitglieder erfolgt. (§§ 63 (jetzt § 65) Abs. 2, 75 (jetzt § 77) a. a. O.) Der erste Satz des Abs. 2 von § 71 (jetzt § 73) dient also zwar zur Erläuterung des Abs. 1 insofern, als er für die Abrechnung mit den Ausgeschiedenen keine andere Unterlage gestattet, als dieselbe Bilanz, welche nach § 19 des Gesetzes für die Gewinn- und Verlustvertheilung unter die Mitglieder maßgebend ist, enthält aber von dem Grundsatz des Abs. 1, wonach die Vermögenslage der Genossenschaft zur Zeit des Ausscheidens für die Auseinandersetzung bestimmend sein soll, nichts Abweichendes, da die Bilanz eben die wirkliche Vermögenslage zu dem genannten Zeitpunkte darstellen soll. Daß dieses und nichts anderes die Absicht des Gesetzgebers ist, ergiebt sich deutlich auch aus der Begründung des Gesetzes." (Vgl. die vorstehende Erl. 2. Ueber die Anfechtung der Bilanz vgl. § 48 Erl. 1 und unten Erl. 9.)

4. **Absatz** II. Umfang des Geschäftsguthabens.

Ueber den Charakter des „Geschäftsguthabens" § 7 Erl. 2 und 4. Es ist zu unterscheiden zwischen dem Auseinandersetzungsanspruch des Genossen und dem der Genossenschaft.

Der Auseinandersetzungsanspruch des Genossen (vgl. unten Erl. 9 über den Auseinandersetzungsanspruch der Genossenschaft): er setzt voraus, daß die Bilanz (§ 31 Erl. 3) keine Ueberschuldung ergiebt, seinen Umfang bestimmt das Gesetz auf der Grundlage der für den Schluß des Geschäftsjahres, zu welchem das Ausscheiden erfolgt, maßgebenden Bilanz nach denselben Grundsätzen wie das Ges. von 1868 § 39. Das Geschäftsguthaben ist dem Genossen nach dem Ausscheiden auszuzahlen; nach § 39 des Gesetzes war der Genosse berechtigt zu verlangen, „daß ihm sein Geschäftsantheil, wie er sich aus den Büchern ergiebt, ausgezahlt werde". Diese Vorschrift des Ges. von 1868 bedeutet nach ihrer Entstehungsgeschichte, daß das austretende Mitglied seinen Geschäftsantheil nur in dem Umfange zu fordern habe, wie er sich in Folge der zugeschriebenen Dividende und der abgeschriebenen Verluste als Resultat der Geschäftsführung der Genossenschaft ergiebt, wie solches durch die Bücher nachgewiesen wird (vgl. u. A. das Urtheil des R.O.H.G. Bd. 8 S. 68). Der buchmäßige Antheil ist gewählt im Gegensatz zum eingezahlten Antheil des preußischen Gesetzes (R.G. vom 6. Juni 1888 in der Jurist. Wochenschrift vom 6. Juli). Das Gesetz hat korrekter Weise den Ausdruck „Geschäftsantheil" durch „Geschäftsguthaben" ersetzt (vgl. § 7 Erl. 2). Das Geschäftsguthaben ist also auf Grund der zum Schluß des Geschäftsjahres (Geschäftsperiode), in welchem das Ausscheiden erfolgt, aufgenommenen Bilanz aus den Einzahlungen, den zugeschriebenen Dividenden und den abgeschriebenen Verlusten zu berechnen. Das Geschäftsguthaben ist die aus der Mitgliedschaft folgende Forderung, über die das Mitglied zwar bereits bei bestehender Mitgliedschaft frei verfügen kann, und die auch dem Zugriff der Gläubiger ausgesetzt ist, deren Realisirbarkeit aber bedingt ist durch die Beendigung der Mitgliedschaft (§ 22). Nur auf das „Geschäftsguthaben" hat das ausscheidende Mitglied einen Anspruch, nicht auf den Reservefonds, zu welchem Zwecke er auch gebildet sein mag, oder auf sonstiges Vereinsvermögen, (doch kann an Spezialreserven dem Ausscheidenden ein Antheil gewährt werden) und es kann auch nicht im Statut ein solcher Anspruch an dem obligatorischen Verlust-Reservefonds eingeräumt werden, die Bestimmung wäre, auch wenn sie eingetragen sein sollte, weil gesetzwidrig, nichtig. Vgl. Bl.f.G. von 1893 S. 220, wo der Fall einer „Abfindung" Ausgeschiedener behandelt und ausgeführt ist, daß dieselbe weder gesetzlich noch wirthschaftlich begründet ist; Abfindung aus dem Reingewinn aber auf die Dauer undurchführbar wegen der Ungewißheit des Reingewinns, auf den Niemandem ein Anspruch eingeräumt werden kann. Der Anspruch auf das Geschäftsguthaben darf aber auch nicht in irgend welcher Art genommen oder beschränkt werden — es sei denn, daß die Genossenschaft Forderungen gegen den Ausscheidenden hat —, weder ist eine Konfiskation des Geschäftsguthabens aus irgend welchem Grunde noch ein Austrittsgeld zulässig (vgl. § 1 Erl. 2, § 65 Erl. 2. R.G. Bd. 33 S. 65). Ueber den Anspruch des Ausgeschiedenen am Reingewinn vgl. § 48 Erl. 1 und Urtheil des R.G. vom 10. März 1896 in Bl.f.G. 1897 S. 155.

5. Auszahlungsfrist.

Das Geschäftsguthaben ist dem Ausgeschiedenen binnen sechs Monaten nach dem Ausscheiden herauszubezahlen; die vorgängige Feststellung der Bilanz ist die nothwendige Voraussetzung für die Berechnung des auszuzahlenden Guthabens, es kann daher für die Auszahlung keine kürzere als die der Genossenschaft für die Bilanzfeststellung verstattete Frist bestimmt werden. Die blos dreimonatliche Frist des § 39 des bisherigen Gesetzes war deshalb schon nach den Bestimmungen jenes Gesetzes nicht gerechtfertigt. Ist die Auszahlung nicht binnen sechs Monaten erfolgt, so ist die Genossenschaft verpflichtet, von Ablauf der sechs Monate ab Zögerungszinsen zu zahlen. Für die Zeit bis dahin besteht eine solche Verpflichtung nicht. Verjährung der Forderung auf Auszahlung des Guthabens: § 74. Der Beginn der Verjährung setzt voraus, daß die Genossenschaft zur Zahlung bereit ist. Ueber den Fall, daß der Vorstand nicht im Stande ist, die Bilanz aufzustellen, vgl. § 33 Erl. 4.

6. Guthabenbuch.

Regelmäßig wird seitens der Genossenschaft über die geleisteten Einzahlungen in einem sog. Guthabenbuch quittirt; inwieweit nun das Guthaben nur gegen Aushändigung dieses Buches zurückgezahlt werden kann, hängt davon ab, ob man in demselben eine Schuldurkunde oder nur eine Quittung sieht, im ersteren Falle ist es wesentlich, im letzteren nicht. Nach dem Zweck kann es nur Bescheinigungen über empfangene Zahlungen enthalten — nicht aber Anerkenntniß und Uebernahme der Verpflichtung zur Entrichtung der in einer Geldsumme bestehenden Schuld, welches die Merkmale eines Schuldscheins sind. Vgl. dagegen Entsch. des R.O.H.G. Bd. 24 S. 268, Birkenbihl-Maurer S. 296; in dem Urtheil des R.O.H.G. ist nicht berücksichtigt, daß die Genossenschaft bei Ausstellung der Bescheinigung über eine Einzahlung auf Geschäftsantheil keine Verpflichtung zur Rückzahlung einer bestimmten Geldsumme — Merkmal eines Schuldscheins — übernimmt noch übernehmen kann, denn die Forderung des Genossen hängt von der Auseinandersetzung ab, auch ist für die Einzahlungen gar kein Haftobjekt vorhanden, da sie selbst erst ein solches für die

Genossenschaft bilden. Nicht die Genossenschaft übernimmt eine Verpflichtung, sondern sie bescheinigt, daß der Genosse einer Verpflichtung nachgekommen ist (vgl. auch Crüger, Verlust des Mitgliederguthabenbuchs, in Bl.f.G. 1894 Nr. 22). Wird das Guthabenbuch als Schuldschein betrachtet, so hätte bei Verlust die Mortifikation nach § 371 B.G.B. zu erfolgen (öffentlich beglaubigtes Anerkenntniß [§ 129 B.G.B.], daß die Schuld erloschen sei).

7. Verfügung über das Geschäftsguthaben während der Mitgliedschaft.

Wie bei § 7 Erl. 4 ausgeführt ist, kann das Mitglied auch bei bestehender Mitgliedschaft über das Geschäftsguthaben verfügen, es kann dasselbe — ausgenommen an die Genossenschaft (§ 22 Abs. 2) — verpfänden, cediren (— nicht zu verwechseln mit dem Ausscheiden nach Maßgabe des § 76 —) u. s. w., und es kann auch gepfändet werden (§ 66). Ist einer dieser Fälle eingetreten und die Genossenschaft hat die ordnungsmäßige Kenntniß davon erhalten, so darf sie die Auszahlung an das Mitglied nicht vornehmen. Die Motive rechtfertigen das Verbot der Guthabenbeleihung (vgl. § 22) damit, daß mit Rücksicht auf die Natur des Geschäftsguthabens wird angenommen werden dürfen, daß der Genosse durch einseitige Verfügungen über das Guthaben das Recht der Genossenschaft, im Falle des Ausscheidens des Genossen, sich wegen ihrer Forderungen durch Aufrechnung gegen das Guthaben zu befriedigen, ohnehin nicht schmälern kann. Dies trifft nur insoweit zu, als es sich um Forderungen der Genossenschaft handelt, welche entstanden (Bl.f.G. 1895 S. 401) sind, bevor der Genosse über die Guthabenforderung verfügte oder bevor ein Dritter ein Pfandrecht auf dieselbe erwarb; wegen Forderungen dagegen, welche entstanden sind, nachdem ein Dritter ein Recht auf das Geschäftsguthaben erlangt hat, kann sie sich nur unter Wahrung der Rechte des Dritten an dasselbe halten (vgl. ausführlich hierüber „Das Verbot der Guthabenbeleihung" in Nr. 14 Bl.f.G. von 1890, ferner § 22 Erl. 4).

8. Konkurs des Genossen. — § 22 Erl. 6.

Bei § 65 Erl. 2 ist ausgeführt, daß der Konkursverwalter das Kündigungsrecht auszuüben befugt ist, daß das Geschäftsguthaben in die Konkursmasse fällt; die Genossenschaft ist folglich verpflichtet, dem Konkursverwalter in Folge des offenen Arrestes von dem Vorhandensein des Geschäftsguthabens Anzeige zu erstatten. Es sind im Einzelnen folgende Fälle zu unterscheiden:

a) bei Eröffnung des Konkursverfahrens ist der Gemeinschuldner nicht mehr Mitglied, hat aber sein Geschäftsguthaben noch nicht erhalten; es hat nach Maßgabe des § 73 die Auseinandersetzung zu erfolgen und das Geschäftsguthaben ist an die Konkursmasse auszuzahlen, wobei aber die Genossenschaft berechtigt ist, ihre Forderungen aufzurechnen (vgl. oben Erl. 7 und § 22 Erl. 4);

b) bei Eröffnung des Konkursverfahrens ist der Gemeinschuldner noch Mitglied, es ist aber bereits einer der Gründe für die Beendigung der Mitgliedschaft eingetreten. Es ist ebenso wie zu a) zu verfahren; zu beachten ist jedoch § 22 des Gesetzes, wonach während der Mitgliedschaft die Auszahlung nicht erfolgen darf, die Genossenschaft daher das Ende des Geschäftsjahres und die Auseinandersetzung abwarten muß, ehe sie an die Konkursmasse Zahlung leisten kann. Eventuell wird eine Nachtragsvertheilung durch den Konkursverwalter erfolgen müssen. Die Genossenschaft ist wie zu a) berechtigt, ihre Forderungen zu kompensiren, muß aber auch hiermit bis zur Auseinandersetzung warten, denn Kompensation steht der Auszahlung gleich; es ist daher das Vorhandensein des Geschäftsguthabens anzuzeigen, gleichzeitig aber, daß die Genossenschaft bei Eintritt der Fälligkeit ihre Forderungen zur Aufrechnung bringen würde. Nicht berechtigt erscheint dieselbe, ihre Forderungen voll anzumelden, um dann sich wegen des Ausfalls an das Geschäftsguthaben zu halten, da in der Anmeldung ohne Rücksicht auf spätere Kompensation ein Verhalten zu sehen sein würde, welches mit der Fortdauer des Rechts zur Aufrechnung für unvereinbar gehalten werden könnte (Urtheil des Reichsgerichts vom 5. Juli 1890, mitgetheilt in Nr. 42 Bl.f.G. von 1890). Selbstverständlich aber ist sie zur Anmeldung der vollen Forderungen berechtigt, wenn sie sich einem solchen Einwande bei späterer Geltendmachung der Kompensation aussetzen will, denn die Aufrechnungsbefugniß hindert an und für sich nicht, die vollen Forderungen anzumelden. Nach dem Grundsatz des R.G. hat auch das Landgericht I Berlin in einem Bl.f.G. 1898 S. 377 mitgetheilten Urtheil ausgesprochen: „in dem Verhalten der Genossenschaft während des Konkurses, in der vorbehaltlosen Betheiligung am Zwangsvergleich, sowie in der vorbehaltlosen Annahme der Accordrate liege ein Verzicht auf das Kompensationsrecht der Genossenschaft". Hieraus ergiebt sich weiter, daß, wenn der Konkurs mit Zwangsvergleich endet, die Genossenschaft nicht berechtigt ist, sich wegen des Ausfalls an das Geschäftsguthaben zu halten (§ 181 R.K.O.).

c) Der Gemeinschuldner ist Mitglied, es liegt auch noch keiner der Gründe für Beendigung der Mitgliedschaft vor. Der Konkurs an und für sich führt das Ende der Mitgliedschaft nicht herbei. Macht der Konkursverwalter von dem ihm zustehenden Kündigungsrecht Gebrauch (§ 65 Erl. 2), so ist ebenso zu verfahren wie zu b); das Gleiche gilt für den Fall, daß die Genossenschaft das Mitglied ausschließt. Tritt weder das Eine noch das Andere ein, so ist gleichwohl das Vorhandensein des Geschäftsguthabens dem Konkursverwalter anzuzeigen, da dasselbe als bedingte Forderung in die Konkursmasse fällt: will der Konkursverwalter die Mitgliedschaft nicht kündigen, so mag er eine andere Verwerthung suchen, wozu ihm z. B. die Abtretung den Weg bietet — über deren Wirkung vgl. aber § 7 Erl. 4 —; ist das Geschäftsguthaben bereits vorher von Gläubigern gepfändet, so haben diese hierbei ihr Absonderungsrecht geltend zu machen. In Frage bleibt, wie die Genossenschaft mit ihren Forderungen an den Gemeinschuldner zu verfahren hat. Jedenfalls ist dieselbe berechtigt, ihre Forderungen voll anzumelden; will sie aber dann später beim Ausscheiden des Mitgliedes den Ausfall auf das Geschäftsguthaben aufrechnen, so läuft sie Gefahr, dem Einwand zu begegnen, daß in ihrem Verhalten ein Verzicht auf die spätere Kompensation zu erblicken war (vgl. zu b), jedoch wird dieser Einwand nur dann begründet erscheinen (vgl. § 22 Erl. 6), wenn die Genossenschaft überhaupt berechtigt war, durch Ausschluß das Ende der Mitgliedschaft herbeizuführen: war sie dazu nicht im Stande, so konnte ihr auch nicht zugemuthet werden, sich mit einer in weiter Ferne liegenden, ganz ungewissen Kompensation zufrieden zu geben, es kann weder von „vorhandener" noch von „bevorstehender Realisirbarkeit des Geschäftsguthabens" gesprochen werden (R.G a. a. O.), es muß ihr Recht gewahrt bleiben, sich wegen des Ausfalls an das Geschäftsguthaben zu halten, und da ihre Forderung bereits vor der Konkurseröffnung entstanden ist, geht sie denjenigen Ansprüchen Dritter vor, welche in Folge Verwerthung des Geschäftsguthabens durch den Konkursverwalter auf dasselbe bei der Auszahlung geltend gemacht werden. Die Gläubiger, welche von dem Konkursverfahren ein Pfandrecht auf das Geschäftsguthaben erworben haben, müssen das Absonderungsrecht im Konkurse geltend gemacht haben, für die Verwerthung gilt das in Betreff des Konkursverwalters Bemerkte.

In dem Urtheil des Reichsgerichts a. a. O., ferner Bd. 26 S. 188, ist ausgeführt, daß § 44 jetzt § 51 R.K.O. nicht Anwendung finden kann auf Forderungen, welche sich darauf gründen, daß der in Konkurs verfallene Theilnehmer aus einem von der Gesellschaft in Bethätigung ihres Unternehmens mit ihm unterhaltenen Geschäftsverkehr Schuldner derselben geworden ist.

9. Der Anspruch der Genossenschaft.

Der Auseinandersetzungsanspruch der Genossenschaft: er setzt voraus, daß die Bilanz Ueberschuldung ergiebt. Es ist zu unterscheiden:

a) bei Genossenschaften mit beschränkter Haftpflicht muß es unter der Voraussetzung des § 140 zum Konkurse kommen, es entwickelt sich alsdann das Vorschuß und Nachschußverfahren (§§ 100 ff.), andernfalls, wie

b) bei Genossenschaften mit unbeschränkter Haftpflicht und Nachschußpflicht hat der Ausgeschiedene — falls nicht Konkurs eintritt, §§ 94, 121, 126 — den ihn zur Deckung der Unterbilanz treffenden Verlustantheil einzuzahlen.

Ueber die „Bilanz" s. oben Erl. 3, § 7 Erl. 8, § 33 Erl. 3; über die Anfechtung der Bilanz § 48 Erl. 1. Bei der Feststellung der Bilanz stimmt der Ausgeschiedene nicht mit, da er dann nicht mehr Mitglied ist (vgl. § 48 Erl. 1).

Der Anspruch der Genossenschaft entsteht mit genehmigter Bilanz; die im Gesetz vorgesehene sechsmonatige Frist gilt nur zu Gunsten der Genossenschaft und bezieht sich nur auf die Auszahlung des Geschäftsguthabens.

10. Folgen der Auseinandersetzung. Vgl. oben Erl. 2.

Das Ges. von 1868 kannte diese „Zubuße" nicht: der Ausgeschiedene war, falls die Bilanz ein Defizit ergab, nicht verpflichtet, einen Beitrag zu dessen Deckung zu zahlen; er hatte in diesem Fall, da sein Geschäftsantheil von den Verlusten verschlungen wurde, nur nichts von der Genossenschaft zu beanspruchen (a. A. Urtheil des R.G. vom 15. November 1893 in der Jurist. Wochenschrift 1894 S. 23, vgl. ferner Urtheil vom 13. Februar 1889 a. a. O. 1889 S. 112 und dessen Kritik durch Birkenbihl-Maurer S. 290, R.G. Bd. 18 S. 89). Nach § 73 Abs. 2 des Ges. ist der Ausgeschiedene dagegen verpflichtet, falls das Vereinsvermögen (Reservefonds und Geschäftsguthaben) zur Deckung der Schulden nicht ausreicht, von dem Fehlbetrage den ihn treffenden Antheil einzuzahlen. Es ist dies eine Ausnahme von dem Grundsatz, daß während des Bestehens der Genossenschaft eine Heranziehung der Genossen über die statutenmäßig auf den Geschäftsantheil zu leistenden Einzahlungen nicht stattfindet. Diese Ausnahme aber mußte gemacht werden, denn ohne die Heranziehung des Ausgeschiedenen zur Deckung der Verluste mit einem Verlustantheil auch über seine statutenmäßigen Einzahlungen hinaus ist eine endgültige Auseinandersetzung zwischen dem Genossen und der Genossenschaft nicht möglich (Begr. II 98). Die Folge dieser Auseinandersetzung ist die Lösung des Verhältnisses zwischen dem Ausgeschiedenen und der Genossenschaft. In dem der Entscheidung des R.G. vom 14. Jan. 1896 (Bd. 36 S. 105 ff.) zu Grunde liegenden Urtheil des O.L.G. Jena war gegen die Klage der Genossenschaft auf Zahlung des Verlustantheils des Ausgeschiedenen die Einrede der Sicherstellung zugelassen wie früher in dem Urtheil des R.G. vom 6. Novbr. 1886 (Bd. 18 S. 89). Letzteres Urtheil ist für die heutige Rechtslage bedeutungslos, da dieselbe eine andere geworden ist. Keine Bestimmung des § 73 des Gesetzes weist auf das Recht des Ausgeschiedenen hin, Sicherstellung gegen etwaige Inanspruchnahme der Gläubiger zu beanspruchen; eine solche Vorschrift konnte aber auch gar nicht gegeben werden, da sie die Auseinandersetzung unmöglich gemacht hätte, denn wie soll die Genossenschaft aus ihrem Vermögen ein ausgeschiedenes Mitglied gegen spätere Heranziehung durch Gläubiger sicher stellen?! Vgl. Birkenbihl-Maurer S. 294, wo referirend das Urtheil des R.G. Bd. 18 S. 89 betr. die Sicherstellung der Ausgeschiedenen mitgetheilt wird, während S. 290 die Unanwendbarkeit dieses Grundsatzes für die Genossenschaft ausgesprochen ist — ferner Proebst S. 242 — § 7 Erl. 5, § 19 Erl. 3, § 15 Erl. 6. Die Wirkung der Auseinandersetzung kann nur dadurch beseitigt werden, daß das Gesetz unter bestimmten Voraussetzungen den Austritt als nicht erfolgt erachtet. Das Gesetz enthält zwei solcher Fälle:

1. für alle drei Genossenschaftsarten, wenn sich die Genossenschaft innerhalb sechs Monate nach dem Ausscheiden auflöst (§ 75),
2. für die Genossenschaft mit unbeschränkter Nachschußpflicht, wenn über dieselbe innerhalb 18 Monate nach dem Ausscheiden der Konkurs eröffnet wird, und die Gläubiger alsdann nicht nach Ablauf von drei Monaten seit dem Termin, in welchem die Nachschußberechnung für vollstreckbar erklärt ist, die Befriedigung oder Sicherstellung in Gemäßheit des § 128 erlangt haben.

In diesen beiden Fällen wird das Ausscheiden als nicht geschehen behandelt und der Ausgeschiedene als zur Genossenschaft gehörig betrachtet; im zweiten Falle mit einem Regreß an die thatsächlich nicht ausgeschiedenen Genossen. Der Austritt erfolgt also allgemein unter der Bedingung, daß nicht innerhalb 6 Monate die Auflösung der Genossenschaft erfolgt (§ 75 Erl. 2); bei Genossenschaften m. u. N. gilt außerdem für die Endgültigkeit der Auseinandersetzung die weitere gesetzliche Bedingung, daß nicht innerhalb 18 Monate der Konkurs ausbricht, in welchem Falle die Auseinandersetzung nach Maßgabe der §§ 128, 130 Abs. 2 zu ergänzen ist. Im Falle des § 75 gilt der Austritt als überhaupt nicht erfolgt; der § 128 geht prinzipiell von der gleichen Voraussetzung aus, doch mit den daselbst bezeichneten Einschränkungen, und ferner wird in § 130 den Ausgeschiedenen ein Anspruch an die Genossenschaft — hinter den Gläubigern — gewährt wegen ihrer nach § 128 geleisteten Nachschüsse, indem anzunehmen ist, daß die verbliebenen Mitglieder die Ausgeschiedenen schadlos zu halten haben für die Beiträge, die sie zur Deckung für Verbindlichkeiten geleistet haben, die nach ihrem Ausscheiden eingegangen sind (vgl. § 128). Birkenbihl-Maurer S. 296 finden einen Widerspruch darin, „daß die Genossenschaft, die bei der Auseinandersetzung alle Beziehungen zu dem Ausgeschiedenen gelöst hat, wiederum forderungsberechtigt wird, ohne doch die Forderung selbst geltend machen zu können", sie gehen nach S. 144 offenbar von der Ansicht aus, daß der Konkursverwalter im Falle des § 128 die Nachschüsse als Vertreter der Gläubiger einzieht, während es sich hier um eine Forderung der Genossenschaft handelt, welche der Konkursverwalter als Vertreter der Genossenschaft, der Gemeinschuldnerin, beitreibt. Was dann die Lösung der Beziehungen zwischen dem Ausgeschiedenen und der Genossenschaft m. u. N. anlangt, so ist dieselbe, wie bemerkt, unter der gesetzlichen Bedingung erfolgt, daß nicht innerhalb 18 Monaten der Konkurs ausbricht (§ 128). Damit scheint jeder Widerspruch beseitigt.

Das Verhältniß des Ausgeschiedenen zu den G e n o s s e n s c h a f t s g l ä u b i g e r n wird bei den Genossenschaften mit unbeschränkter und beschränkter Haftpflicht durch die Auseinandersetzung nicht berührt, der Ausgeschiedene bleibt ihnen während der zweijährigen Haftfrist verhaftet; bei den Genossenschaften mit unbeschränkter Nachschußpflicht steht der Genosse überhaupt in k e i n e r Beziehung zu den Genossenschaftsgläubigern, hier wird aber die Wirksamkeit des Ausscheidens 18 Monate über den Zeitpunkt des Ausscheidens hinausgeschoben. Der Grund, weswegen bei den Genossenschaften mit unbeschränkter und beschränkter Haftpflicht der ausgeschiedene Genosse zu dem Nachschußverfahren nicht herangezogen werden kann (ausg. in dem Falle des § 75), ist der, daß in dem Nachschußverfahren die Beiträge umgelegt werden, welche erforderlich sind, um die Genossenschaft in den Stand zu setzen, allen ihren Verbindlichkeiten gerecht zu werden, der Ausgeschiedene aber bei seinem Ausscheiden aus der Genossenschaft b e i d e r A u s e i n a n d e r s e t z u n g den auf ihn fallenden Theil hierzu beigetragen hat. „Das Nachschußverfahren bietet keinen Raum für die Heranziehung des Ausgeschiedenen. In demselben könnte von dem ausgeschiedenen Genossen nichts weiter verlangt werden, als was die Genossenschaft selbst von ihm zu fordern berechtigt ist . . . Die Auseinandersetzung ergiebt den Antheil an dem bilanzmäßigen Ueberschuß der Aktiven über die Passiven, welchen der ausscheidende Genosse zu erhalten oder zu tragen hat"

(Begr. I 62, II 43). Die Folge hiervon ist, daß, wenn eine Auseinandersetzung nicht stattgefunden hat — ganz gleich aus welchem Grunde — und wenn auch die Auflösung später als sechs Monate nach dem Ausscheiden erfolgt, der Ausgeschiedene in dem Konkurse der Genossenschaft auch zu dem Nachschußverfahren heranzuziehen ist, aber auf Grund der für den Zeitpunkt seines Ausscheidens geltenden Bilanz, da er nur für die bis dahin von der Genossenschaft eingegangenen Verbindlichkeiten zu haften hat. Bei den Genossenschaften mit unbeschränkter Nachschußpflicht würde der Ausgeschiedene beim Mangel einer Auseinandersetzung zunächst mit den in der Genossenschaft verbliebenen Genossen zum Nachschußverfahren heranzuziehen sein, und zwar auf Grund der für den Zeitpunkt seines Ausscheidens maßgebenden Bilanz, da er für die später von der Genossenschaft eingegangenen Verbindlichkeiten nur unter den Voraussetzungen des § 128 in dem besonderen Nachschußverfahren der Ausgeschiedenen einzustehen hat. Wegen der ersteren Nachschüsse hätte er natürlich nicht den Regreß aus § 130. Birkenbihl-Maurer S. 296, Joël S. 432 erkennen diese Folge der unterbliebenen Auseinandersetzung nicht an.

§ 74.

Die Klage des ausgeschiedenen Genossen auf Auszahlung des Geschäftsguthabens verjährt in zwei Jahren.

Komm. 69a, Rtg. 72. Komm.Ber. 39.

Erläuterungen zu § 74.

Bei Vorschußvereinen und noch mehr bei Konsumvereinen klagte man über die unnütze Arbeit, die kleine nicht abgehobene Geschäftsguthaben ausgeschiedener, namentlich verstorbener Genossen bereiten. Kannte man den Aufenthaltsort der Empfangsberechtigten, so war bei nicht erfolgter Abhebung anzurathen, den Betrag denselben ins Haus zu senden. Manche Genossenschaft hatte die statutarische Bestimmung, daß solche Beträge nach einigen Jahren an den Reservefonds fielen. Aber diese Bestimmung war gesetzlich unzulässig. Um die Genossenschaften der Mühe zu entheben, Geschäftsguthaben bis zum Ablauf der ordentlichen (dreißigjährigen) Verjährung zur Verfügung des Ausgeschiedenen oder dessen Erben zu stellen, wurde in der Kommission zur Beseitigung „praktischer Mißstände" der Antrag zur Einschiebung dieses § 74 gestellt und angenommen. Nur die „Klage" verjährt; gegen Forderungen der Genossenschaft könnte das ausgeschiedene Mitglied die Guthabenforderung einredeweise auch nach zwei Jahren noch geltend machen. Die Verjährung trifft auch den Gläubiger, der nach § 66 gekündigt hat, ebenso die Genossen, welche vor Inkrafttreten des Gesetzes ausgeschieden sind. Die Verjährung beginnt mit der Fälligkeit des Geschäftsguthabens, also sechs Monate nach dem Ausscheiden, setzt aber voraus eine zur Zahlung bereite und fähige Genossenschaft. Die Unterbrechung der Verjährung erfolgt nach §§ 208 ff. B.G.B. Ueber die Verjährung der Dividenden vgl. § 19 Erl. 3. Ueber die Auszahlung der Geschäftsguthaben trotz der Verjährung der Klage, auf die sich zu berufen die Genossenschaft nicht verpflichtet ist, entscheidet der Vorstand, da es sich um eine Angelegenheit der Geschäftsführung handelt; ist das Geschäftsguthaben aber dem Reservefonds überwiesen, so hat die Möglichkeit der Verfügung damit ihr Ende erreicht.

§ 75.

Wird die Genossenschaft binnen sechs Monaten nach dem Ausscheiden des Genossen aufgelöst, so gilt dasselbe als nicht erfolgt.

Ges. von 1868 § 39 Abs. 3, Entw. I 69, II u. Komm. 70, Rtg. 73. Begr. I 149, II 99.

I. Zur Geschichte des § 75.

§ 75 entspricht dem § 39 Abs. 3 des Ges. von 1868, beseitigt aber eine Reihe Zweifel, welche die frühere Fassung über die Tragweite dieser Vorschrift veranlaßt hatte. § 39 Abs. 3 lautete:

> Gegen diese Verpflichtung der Auszahlung des Geschäftsguthabens kann sich die Genossenschaft nur dadurch schützen, daß sie ihre Auflösung beschließt und zur Liquidation schreitet.

Das Reichsgericht (Bd. 12 S. 58ff.) hat diese Gesetzesbestimmung dahin ausgelegt, daß nach der Auflösung der Ausgeschiedene für das Liquidationsgeschäft als nicht ausgeschieden angesehen werden soll, und daß die Ausgeschiedenen im Verhältniß zur Genossenschaft auch rücksichtlich späterer Verbindlichkeiten der Genossenschaft keine andere Stellung einnehmen als die verbliebenen Genossenschafter. Unberücksichtigt ließ das frühere Gesetz auch die Fälle, in denen die Auflösung aus anderen Gründen erfolgte als durch Liquidationsbeschluß, insbesondere durch Konkurs.

II. Erläuterungen zu § 75.

1. Auflösung der Genossenschaft. Vgl. § 73 Erl. 10.

Nach § 75 des Gesetzes gilt das Ausscheiden als nicht erfolgt, wenn nach demselben innerhalb der sechsmonatigen Frist die Auflösung der Genossenschaft aus irgend einem Grunde erfolgt. Jedes Ausscheiden ist mit einer gesetzlichen Resolutivbedingung behaftet und wird erst endgültig, wenn innerhalb der erwähnten Frist jene Bedingung nicht eingetreten ist (Begr. II 99).

2. Wirkung der Auflösung.

Mag also die Genossenschaft durch Liquidationsbeschluß, durch Konkurs, durch Beschluß der Verwaltungsbehörde oder des Gerichts innerhalb sechs Monate nach dem Ausscheiden aufgelöst werden, so ist der ausgeschiedene Genosse im Nachschußverfahren zur Deckung etwaiger Verluste im gleichen Umfange heranzuziehen, wie die in der Genossenschaft verbliebenen Genossen; es ist gleichgültig, ob die Auseinandersetzung bereits erfolgt ist oder nicht, ob die Auseinandersetzungsansprüche — sei es von der Genossenschaft durch Zahlung des Guthabens an den Genossen, sei es von dem ausgeschiedenen Genossen durch Zahlung des Verlustantheils an die Genossenschaft — bereits erfüllt sind oder nicht. Es tritt eine vollkommene Rescision des Austritts ein, die auf Grund der Auseinandersetzung gezahlten Beträge sind zurückzugewähren, sind eventuell als Konkursforderung anzumelden. Der Austritt wird so behandelt, als wenn er nicht erfolgt wäre; der Ausgeschiedene hat auch für die Verbindlichkeiten zu haften, die innerhalb der sechs Monate nach seinem Ausscheiden von der Genossenschaft eingegangen sind, und die inzwischen bis zur Auflösung auf den Geschäftsantheil fällig gewordenen Beiträge nachzuzahlen. Diese Wirkung der Auflösung ist nach den Motiven das Korrektiv für das freie Austrittsrecht der Genossen. Dieselben führen (Begr. II 100) dann noch zur Rechtfertigung an: Die Vorschrift ist auch nicht unbillig, denn es darf füglich verhindert werden, daß die Mitglieder einer Genossenschaft dieselbe in dem Augenblick im Stich lassen, in welchem der Zusammenbruch in naher Aussicht steht. Selbst die Erwägung steht nicht entgegen, daß die Verluste, zu welchem die betreffenden Genossen herangezogen werden, möglicherweise erst in den sechs Monaten nach ihrem Ausscheiden veranlaßt und eingetreten sind. Denn können überhaupt Mitglieder einer Genossenschaft sich nicht durch eine sofort wirksame Austrittserklärung von den Schicksalen der Genossenschaft loslösen, unterliegen sie vielmehr diesen bis zum Ablauf einer in allen Fällen beträchtlichen Kündigungsfrist und bis zum Schlusse des Geschäftsjahres, so kann es nichts Bedenkliches enthalten, wenn die unbedingte Wirksamkeit des Ausscheidens weiterhin noch für einen beschränkten Zeitraum suspendirt wird. Der Grundsatz erleidet eine Modifikation im Falle des Ausscheidens durch Uebertragung des Geschäftsguthabens (§ 76). Er findet dagegen Anwendung, wenn das Ausscheiden in Folge Kündigung, Tod, Ausschluß oder Wegzug erfolgt ist. Proebst S. 248 will § 75 nicht auf den Ausschluß angewendet wissen, da die Motive nur vom freiwilligen Austritt sprechen, nach dem Wortlaut des § 75 muß aber die Anwendung außer im Falle des § 76 Abs. 4 eine allgemeine sein, ebenso Birkenbihl=Maurer S. 299, Joël S. 593. Für die Genossenschaften mit unbeschränkter Nachschußpflicht vgl. § 128, § 73 Erl. 10. Die in der Zwischenzeit zwischen dem Ausscheiden und der Auflösung — also dem Wiedereintritt — gefaßten Beschlüsse haben bindende Kraft für die Ausgeschiedenen (R.G. Bd. 30 S. 38). Der Ausschluß eines Genossen wird aufgehoben, der Ausgeschlossene erlangt wieder Stimmrecht.

§ 76.

Ein Genosse kann zu jeder Zeit, auch im Laufe des Geschäftsjahres, sein Geschäftsguthaben mittelst schriftlicher Uebereinkunft einem Anderen übertragen und hierdurch aus der Genossenschaft ohne Auseinandersetzung mit ihr austreten, sofern der Erwerber an seiner Stelle Genosse wird oder sofern derselbe schon Genosse ist und dessen bisheriges Guthaben mit dem ihm zuzuschreibenden Betrage den Geschäftsantheil nicht übersteigt. Das Statut kann eine solche Uebertragung ausschließen oder an weitere Voraussetzungen knüpfen.

Der Vorstand hat die Uebereinkunft dem Gerichte (§ 10) ohne Verzug einzureichen und, falls der Erwerber schon Genosse ist, zugleich die schriftliche Versicherung abzugeben, daß dessen bisheriges Guthaben mit dem zuzuschreibenden Betrage den Geschäftsantheil nicht übersteigt.

Die Uebertragung ist in die Liste bei dem veräußernden Genossen unverzüglich einzutragen. Als Zeitpunkt des Ausscheidens gilt der Tag der Eintragung. Dieselbe darf, falls der Erwerber noch nicht Genosse ist, nur zugleich mit der Eintragung des letzteren erfolgen. Die Vorschriften der §§ 15, 71 und 72 finden entsprechende Anwendung.

Wird die Genossenschaft binnen sechs Monaten nach dem Ausscheiden des Genossen aufgelöst, so hat dieser im Falle der Eröffnung des Konkursverfahrens die Nachschüsse, zu deren Zahlung er verpflichtet gewesen sein würde, insoweit zu leisten, als zu derselben der Erwerber unvermögend ist.

Entw. I 70, II 71, Komm. 71, Rtg. 74. Begr. I 151, II 100.
Komm.Ber. 40, A.B. §§ 7 u. 28.

Erläuterungen zu § 76.

1. Der § 76 der in der Kommission nur eine redaktionelle Aenderung in Abs. 4 erfuhr, ist neu. Die Motive (II 100) sagen darüber im Allgemeinen: „Es läßt sich nicht verkennen, daß das unbedingte Verbot des Austritts vor dem Ende des Geschäftsjahres und das Erforderniß einer mindestens dreimonatigen Kündigung in Verbindung mit einer Frist von sechs Monaten für die Auszahlung des Geschäftsguthabens die Verfügung über das letztere für die Genossen stark beschränkt. So nothwendig für die Verhältnisse der Genossenschaft sich diese Beschränkung erweist, so wünschenswerth wird

im Hinblick auf die Vermögensverhältnisse eines großen Theils der Mitglieder sich nach anderer Richtung eine Erleichterung darstellen. Eine solche ist ohne Beeinträchtigung der vorerwähnten Kautelen durch die Zulassung des Ausscheidens mittelst Veräußerung des Guthabens ohne weitere Auseinandersetzung mit der Genossenschaft möglich." Verschieden hiervon ist die Veräußerung des Geschäftsguthabens ohne Ausscheiden (§ 7 Erl. 4).

2. Absatz I. Ausscheiden zu jeder Zeit.

Der wesentlichste Grund für die Verlegung des Ausscheidens in allen andern Fällen auf das Ende des Geschäftsjahres ist der, daß das Ausscheiden eine Auseinandersetzung zur Folge hat und diese sich, sollen nicht große Schwierigkeiten verursacht werden, nur am Ende des Geschäftsjahres ausführen läßt. Bei dem Ausscheiden durch Uebertragung des Geschäftsguthabens ist von der Auseinandersetzung Abstand genommen, dasselbe kann daher jederzeit erfolgen. Eine Auseinandersetzung aber ist in diesem Falle nicht erforderlich, weil das Geschäftsguthaben der Genossenschaft verbleibt, es wechselt nur seinen Eigenthümer. Als Zeitpunkt des Ausscheidens gilt der Tag der Eintragung Abs. 3.

3. Uebertragung des Guthabens.

Die Veräußerung erfolgt unter Formen und Voraussetzungen, welche Sicherheit dafür gewähren, daß von der Befugniß nicht über das Maß des Bedürfnisses hinaus Gebrauch gemacht wird. „Jede Konstruktion, welche die Uebertragung der Antheilsrechte in einer den Aktien ähnlichen Weise erleichterte, muß vermieden werden. Sie würde dahin führen, daß die Grundsätze über die Haftpflicht wirkungslos gemacht, das feste Band zwischen den Genossen und der Genossenschaft gelockert und die Genossenschaften den erheblichsten Gefahren ausgesetzt würden" (Begr. II 100). Die Uebertragung verstößt nicht gegen den genossenschaftlichen Grundsatz, daß Träger der Genossenschaft Personen und nicht Kapitaltheile sind; dem ist dadurch vorgebeugt, daß durch die Uebertragung des Geschäftsguthabens Niemand wider Willen der Genossenschaft Mitglied derselben werden kann. Die Uebertragung ist nur statthaft

a) an einen anderen Genossen, sofern dessen bisheriges Guthaben mit dem ihm zuzuschreibenden Betrage den Geschäftsantheil nicht übersteigt. Anderenfalls ist die Uebertragung an einen solchen Genossen unzuläsig, da das Geschäftsguthaben nur in seinem ganzen Betrage zum Zweck des Ausscheidens übertragen werden kann. Birkenbihl-Maurer S. 302 halten die Uebertragung des Geschäftsguthabens zu bestimmten Quoten an mehrere Genossen für zulässig. Wenn auch zuzugeben ist, daß Zweckmäßigkeits- und Billigkeitsgründe sogar dafür sprechen, so scheint doch nach dem Wortlaut des Gesetzes eine solche Theilung des Geschäftsguthabens nicht zulässig; Ausscheiden des Mitgliedes und Entstehung der Mitgliedschaft bei dem das Geschäftsguthaben erwerbenden Nichtgenossen bezw. Uebergang des Geschäftsguthabens auf den Genossen (vgl. Abs. 3) stehen im unmittelbaren Zusammenhang und sind von einander abhängig; dies würde sich nicht unter allen Umständen aufrecht erhalten lassen, wenn mehrere Erwerber des Geschäftsguthabens in Frage kommen, es kann z. B. der Fall eintreten, daß der Eine als Mitglied eingetragen wird, während die Eintragung des anderen gleichzeitig Angemeldeten abgelehnt wird;

b) an einen Nichtgenossen, sofern derselbe Genosse wird, d. h. die Mitgliedschaft nach den Bestimmungen des Gesetzes (§§ 15, 120, 127) und des Statuts erwirbt. Entgegen dem Willen der Genossenschaft kann auf diesem Wege also Niemand Genosse werden, da die Genossenschaft die Aufnahme dessen verweigern kann, der das Geschäftsguthaben erwerben will. Die in diesem Falle nothwendige Beitrittserklärung kann in dem Veräußerungsvertrage abgegeben oder auch besonders ausgestellt werden (Begr. II 101).

Die Eintragung der Uebertragung ist gleichzeitig mit derjenigen des Beitritts vorzunehmen. Die Uebertragung des Geschäftsguthabens muß in schriftlicher Form erfolgen. Unzulässig würde eine Uebertragung des Geschäftsguthabens durch Testament mit der Wirkung des § 76 sein, denn der verstorbene Genosse scheidet kraft Gesetzes nach § 77 mit dem Ende des Geschäftsjahres aus, in welchem der Tod erfolgt ist; hieran kann weder durch Statut noch durch Vertrag etwas geändert werden. Deswegen ist auch nicht angängig, daß sich die Erben eines verstorbenen Mitgliedes der Uebertragung des Geschäftsguthabens nach Maßgabe des § 76 bedienen. Ist der Todesfall eingetreten, so muß nach § 73 zwischen der Genossenschaft und den Erben die Auseinandersetzung stattfinden. Ist ein Fall der Beendigung der Mitgliedschaft eingetreten, so hört jedes Verfügungsrecht über dieselbe Seitens dessen, der ausscheidet, auf. Der Erbe kann das Geschäftsguthaben nicht auf sich selbst mit der Wirkung des § 76 übertragen, vgl. die Vorschläge von Parisius de lege ferenda Bl.f.G. 1895 S. 393. Auch ein Mitglied, das gekündigt hat, das ausgeschlossen ist, kann folglich sein Geschäftsguthaben mit der Wirkung des § 76 nicht übertragen (vgl. Crüger, die Uebertragung des Geschäftsguthabens in Nr. 3 Bl.f.G. von 1894). Uebertragung des Geschäftsguthabens von der Ehefrau auf den Ehemann erfolgt nach § 1406 Z. 3 B.G.B. formlos, vgl. für das frühere Recht Bl.f.G. 1898 S. 465.

Die Uebertragung des Geschäftsguthabens hat mit Bezug auf den Dividendengenuß zur Folge, daß derselbe nicht unterbrochen wird (unten Erl. 7). Für Genossenschaften m.b.H. kommt noch § 138 in Betracht; unzulässig ist die Uebertragung einzelner „Geschäftsantheile" und Verbleib mit einem oder mehreren in der Genossenschaft (ebenso Johow Bd. 15 S. 58). Der Genosse, der mehrere Geschäftsantheile besitzt, kann mit Wirkung für die Genossenschaft, d. h. zum Zweck des Ausscheidens nur sein ganzes Geschäftsguthaben übertragen. Das Geschäftsguthaben ist ein untheilbares Ganzes, auch wenn demselben die Betheiligung mit mehreren Geschäftsantheilen zu Grunde liegt. Nun aber kann nach § 136 eine Betheiligung mit mehreren Geschäftsantheilen nur successive erfolgen; ehe ein weiterer Geschäftsantheil erworben werden kann, muß der vorhergehende „erreicht", d. h. voll eingezahlt sein, die Betheiligung auf den weiteren Geschäftsantheil tritt ferner nach § 137 erst mit der Eintragung in Kraft, und bei der Einreichung der Betheiligungserklärung auf einen weiteren Geschäftsantheil hat der Vorstand die Versicherung abzugeben, daß die übrigen Geschäftsantheile des Genossen erreicht seien (§ 137). Beim Ausscheiden durch Uebertragung des Geschäftsguthabens soll die Uebertragung in einem Akte erfolgen, und § 138 erklärt dieselbe für Genossenschaften m.b.H. ausdrücklich mit der Maßgabe für anwendbar, daß die Uebertragung des Geschäftsguthabens an einen Genossen erfolgt, „dessen bisheriges Geschäftsguthaben mit dem ihm zuzuschreibenden Betrage die der höchsten Zahl der Geschäftsantheile entsprechende Gesammtsumme nicht übersteigt". Hierauf ist die in § 76 vorgeschriebene Versicherung des Vorstandes zu richten, im Uebrigen soll es bei den Bestimmungen in § 137 verbleiben. Hierzu heißt es in der Begr. II 137: „Soweit die Zuschreibung des übertragenen Guthabens die Bildung neuer Geschäftsantheile für den Erwerber nöthig macht, bedarf es auch der in § 131 (jetzt § 137) vorgesehenen schriftlichen Erklärung desselben und der daselbst bezeichneten schriftlichen Versicherung des Vorstandes." Dem kann dann nur theilweise zugestimmt werden. Es ergiebt sich Folgendes: der Erwerb eines weiteren Geschäftsantheils ist in diesem Falle nicht von der Eintragung und Betheiligung auf einen vorhergehenden abhängig. Würde man dies nicht annehmen, so verliert § 138 jede Bedeutung für den Fall, daß durch die Zuschreibung des übertragenen Geschäftsguthabens die Bildung mehrerer Geschäftsantheile außer den bereits erworbenen erforderlich wird, da eine Uebertragung des Geschäftsguthabens in Theilen, um so nach und nach den Erwerb mehrerer Geschäftsantheile zu ermöglichen, unzulässig ist — es kann nur das gesammte Geschäftsguthaben zum Zwecke des Ausscheidens übertragen werden. In Wegfall muß daher, entgegen der Begründung, die in § 137 Abs. 2 vorgeschriebene Versicherung des Vorstandes in solchem Falle kommen, „daß die übrigen Geschäftsantheile des Genossen erreicht seien", denn durch die Zuschreibung des Geschäftsguthabens sollen die weiteren Geschäftsantheile erst erreicht werden. Von einer bereits erfolgten „Erreichung" könnte nur insoweit die Rede sein, als der Erwerber bereits vor der beabsichtigten Uebertragung des Geschäftsguthabens einen oder mehrere Geschäftsantheile erreicht, zu denen nun die weiteren hinzutreten; es müßte aber auch dann zufälligerweise der bereits erworbene letzte Geschäftsantheil voll eingezahlt sein, denn mit der in Aussicht genommenen Zuschreibung des Geschäftsguthabens, die erst nach der Eintragung ausgeführt werden kann, wird der erworbene, aber noch nicht voll eingezahlte Geschäftsantheil natürlich noch nicht „erreicht", diese „Erreichung" wird sich erst aus der Zuschreibung ergeben. Es bleibt daher von § 137 nur die nach Abs. 1 erforderliche Erklärung über die Absicht, einen weiteren Geschäftsantheil zu erreichen, und diese Erklärung ist auf so viele Geschäftsantheile zu erstrecken, als das Geschäftsguthaben durch Zuschreibung des zu erwerbenden Geschäftsguthabens umfassen wird. Wo also der Fall eintritt, daß durch die Zuschreibung des Geschäftsguthabens die Bildung weiterer Geschäftsantheile erforderlich wird, ist die Erklärung des Genossen und die Versicherung des Vorstandes nach §§ 76, 138 einzureichen, worauf die Betheiligung des Genossen mit der entsprechenden Anzahl Geschäftsantheile einzutragen ist. Eine Ausnahme für den Fall, daß der erwerbende Genosse bei der Uebertragung des Geschäftsguthabens gerade einen Geschäftsantheil „erreicht" hat, scheint nicht geboten.

Ist der Erwerber Nichtgenosse, so muß er außer der Beitrittserklärung eine Erklärung über den Erwerb weiterer Geschäftsantheile ausstellen, auch hier kann aus den gleichen Gründen der Erwerb eines weiteren Geschäftsantheils von der Eintragung und Erreichung des vorhergehenden nicht abhängig sein, es ist folglich auch nicht der Vorstand in der Lage, die in § 137 Abs. 2 erforderte Versicherung abzugeben. Das Mitglied wird mit der Eintragung in die Liste der Genossen und der gleichzeitigen Eintragung der Geschäftsantheile nach Maßgabe der Erklärung über die weitere Betheiligung auch gleichzeitig mit der entsprechenden Anzahl Geschäftsantheile betheiligt. Für die hier vertretene Ansicht kann auch angeführt werden, daß in A.V. § 28 Nr. 5 nicht der Versicherung des Vorstandes nach § 137 Erwähnung gethan ist. Wir haben es hier wohl mit einer Lücke des Gesetzes zu thun.

4. „Das Statut kann . . . ausschließen".

Ein Antrag, die „nicht unbedenkliche" Uebertragung des Geschäftsguthabens nur zu gestatten, wenn sie im Statut ausdrücklich zugelassen sei, wurde in der Kommission abgelehnt (vgl. unten Erl. 9).

5. **Absatz** II u. III. Einreichung zur Eintragung und Eintragung.

Das Ausscheiden ist abhängig von der Eintragung in die Liste, die Einreichung muß daher von dem Vorstand ohne Verzug bewirkt werden, vgl. A.V. § 29 Abs. 3. Die Ausführungen zu §§ 69 und 70 über den von dem Genossen erworbenen Anspruch auf Ausscheiden, die Verantwortlichkeit des Vorstandes und des Richters für Verzögerung bei der Herbeiführung der Eintragung treffen auch hier zu. Die Einreichung der Uebereinkunft u. s. w. findet auch hier nur bei dem Gericht der Hauptniederlassung statt. Der Vorstand hat in dem Falle, daß der Erwerber bereits Mitglied ist, dem Gericht eine schriftliche Erklärung gleichzeitig mit der Uebereinkunft einzureichen, daß das bisherige Guthaben des Erwerbers mit dem zuzuschreibenden Betrage die statutarisch festgesetzte Höhe des Geschäftsantheils nicht übersteigt; wissentliche Unrichtigkeit der Erklärung ist unter Strafe gestellt (§ 147); bei Genossenschaften mit beschränkter Haftpflicht geht, falls mehrere Geschäftsantheile eingeführt sind, die Versicherung dahin, daß das bisherige Guthaben mit dem ihm zuzuschreibenden Betrage die der höchsten Zahl der Geschäftsantheile entsprechende Gesammtsumme nicht übersteigt (§ 138). Ist der Erwerber noch nicht Mitglied, so muß die vorschriftsmäßige Beitrittserklärung eingereicht werden. (Vgl. über die Eintragung A.V. § 28 Nr. 5, ferner oben Erl. 3.)

Das Ausscheiden darf nicht eingetragen werden, wenn nicht auch der Erwerber, falls er noch nicht Genosse ist, nicht gleichzeitig als Mitglied eingetragen werden kann. Die Ablehnung der letzteren Eintragung hat auch die der ersteren zur Folge. Das Gleiche muß für den Fall gelten, daß bei Genossenschaften m. b. H. der Erwerber durch die Zuschreibung des Geschäftsguthabens mehrere Geschäftsantheile erwirbt (§ 138). Die Eintragung muß „unverzüglich" erfolgen (vgl. A.V. § 28 Nr. 5, § 30 Abs. 3, § 33 Abs. 4, Parisius u. Crüger, Formularbuch S. 63, 68 ff.).

6. Vormerkung.

Die Bestimmungen der §§ 71 und 72 über Eintragung einer Vormerkung, Benachrichtigung des Vorstandes und Genossen von der Eintragung und Verwahrung der Urkunden finden auch hier Anwendung.

7. Gewinn- und Verlustvertheilung nach Zuschreibung des Guthabens auf Grund des § 19.

In der Kommission ist die Frage erörtert, wie sich die Gewinnvertheilung auf Grund des § 19 im Falle der Zuschreibung des Guthabens stellt. Die Kommission war in Uebereinstimmung mit dem Regierungsvertreter der Ansicht, daß die Zuschreibung des Guthabens eines Genossen im Laufe des Geschäftsjahres bei der Gewinnvertheilung mit zu berücksichtigen sei, weil die Zuschreibung des Guthabens nicht einer im Laufe des Geschäftsjahres geleisteten Einzahlung gleichgestellt werden könne, und das Geschäftsguthaben in seinen beiden Bestandtheilen schon am Schlusse des Vorjahres bestanden habe, und dies genügen müsse, um nach der Vereinigung der beiden Guthaben in der Hand des Erwerbers die volle Berücksichtigung des nunmehrigen Gesammtguthabens bei der Gewinn- und Verlustvertheilung zu sehen. Nur müßten dabei selbstverständlich die von dem ausgeschiedenen Genossen noch im letzten Jahre (dem Jahre des Ausscheidens) geleisteten Zahlungen ebenso wie die von dem Erwerber selbst gemachten Zahlungen in Abzug kommen (Komm.Ber. 40). Es ist dies zweifellos richtig, hätte das Geschäftsguthaben des Ausgeschiedenen bei der Gewinn- und Verlustvertheilung in Gemäßheit des § 19 doch berücksichtigt werden müssen, wenn derselbe zum Schluß des Geschäftsjahres mit dem Geschäftsguthaben ausgetreten wäre.

8. Absatz IV. Wirkung der Uebertragung.

Während in den anderen Fällen des Ausscheidens bei Auflösung der Genossenschaft innerhalb sechs Monaten nach dem Ausscheiden der ausgeschiedene Genosse so behandelt wird, als wenn der Austritt nicht erfolgt wäre, hat er hier nur als Bürge für diejenigen Nachschüsse einzutreten, welche er selbst hätte leisten müssen, wenn er Mitglied geblieben wäre. Dem Veräußerer des Guthabens wird in diesem Falle eine subsidiäre Nachschußpflicht hinter seinem Rechtsnachfolger insoweit auferlegt, als nicht die Beitragspflicht des letzteren höher ist, als seine eigene gewesen sein würde. Diese Einschränkung hat hauptsächlich Bedeutung für die Genossenschaften mit beschränkter Haftpflicht. Der Ausgeschiedene haftet subsidiär nur insoweit persönlich, als er mit Geschäftsantheilen betheiligt war (§ 135), ist also der Erwerber mit mehr Geschäftsantheilen betheiligt, so kann der Veräußerer deswegen nicht stärker herangezogen werden. Für Genossenschaften mit unbeschränkter Haftpflicht hat die Einschränkung Bedeutung, sofern die Nachschüsse statutarisch nicht nach der Kopfzahl, sondern nach dem Verhältniß der Guthaben zu leisten sind. Kommt es innerhalb der 6 Monate zum Konkurs, so wird der Ausgeschiedene für das Nachschußverfahren insoweit sogleich noch als Mitglied betrachtet, als er für das Nachschußverfahren mitgezählt wird; es ist nur der auf ihn fallende Antheil zunächst von dem Erwerber des Geschäftsguthabens einzuziehen, er haftet erst subsidiär (vgl. Birkenbihl-Maurer S. 304, a. A. anscheinend Proebst S. 254). Die Haftpflicht den Gläubigern gegenüber wird durch diese Art des Ausscheidens nicht berührt; die zweijährige Haftfrist des § 125 beginnt mit dem Tage der Eintragung des Ausscheidens, und es haftet der Genosse dem Gläubiger für die bis zu diesem Tage eingegangenen Verbindlichkeiten. Bei G. m. u. N. kommt § 128 zur Anwendung.

9. Anwendung des § 76.

Das Ausscheiden mittelst Uebertragung des Guthabens kann in gewissen Fällen für alle Arten Genossenschaften eine werthvolle Ergänzung des Gesetzes sein. Ausscheidenden Genossen, die ins Ausland ziehen, auswandern, überhaupt den Wohnsitz wechseln und im neuen Wohnsitz die Genossenschaft nicht benutzen können, ihr Geschäft, ihren Betrieb verkaufen, bietet der § 76 die Mittel, ihre Guthabenforderung sofort flüssig zu machen. Die Genossenschaft läuft keine Gefahr, da sie den neuen Genossen, den Stellvertreter nicht anzunehmen braucht, wenn er ihr nicht paßt. Konsumvereine, unter deren Genossen die fluktuirende Bevölkerung stark vertreten ist, werden die frühere ungesetzliche Gepflogenheit, in dringlichen Fällen Mitglieder ohne Aufkündigung zu entlassen und ihnen sofort ihr Guthaben auszuzahlen, künftig mit Hülfe des § 76 unter der Aenderung beibehalten können, daß jene einen geeigneten Stellvertreter stellen. Wichtiger noch ist § 76 für diejenigen Arten Genossenschaften, in denen die Genossen in erster Linie mit ihrer gewerblichen Thätigkeit in Betracht kommen — namentlich bei industriellen und landwirthschaftlichen Produktivgenossenschaften. Bei Molkereigenossenschaften ist das Mitglied für die Genossenschaft nur als Besitzer oder Pächter eines Guts mit Milchwirthschaft von Werth. Die Uebertragung des Guthabens kommt in Frage, wenn der Besitzer sein Gut seinen Kindern überläßt, wenn er es verkauft oder verpachtet, wenn der Pächter die Pacht an einen Andern abtritt oder das Gut bei Ablauf der Pachtzeit an den Besitzer zurückgiebt. In der Regel bleibt in allen diesen Fällen die Milchwirthschaft auf demselben Grundstück unverändert bestehen; die Genossenschaft ist dabei interessirt, die Milch derselben Kuhställe ohne Unterbrechung zur Verarbeitung geliefert zu bekommen. Ebenso ist es bei anderen landwirthschaftlichen Produktivgenossenschaften, bei denen die Genossen verpflichtet sind, Erzeugnisse ihrer Wirthschaft (Obst, Sauerkraut, Zuckerrüben) von der Genossenschaft verarbeiten zu lassen. Auch bei anderen Arten landwirthschaftlicher Genossenschaften und bei Vorschußvereinen, bei denen der kleinere und mittlere Landwirth stark betheiligt ist, wird § 76 sich nützlich erweisen, wenn der Besitzer ins Altentheil geht (Auszügler wird). Der Gutsannehmer übernimmt etwaige Forderungen des Vorschußvereins dem Verein gegenüber als Selbstschuldner. Bei kleinen Produktivgenossenschaften, bei denen der Genosse mitarbeitet, seine besondere Geschicklichkeit, Kunstfertigkeit mit ins Gewicht fällt, und deshalb lange Kündigungsfristen nöthig sind, wird man ebenfalls den § 76 in Betracht zu ziehen haben.

Bei Uebertragung des Geschäftsguthabens auf einen anderen Genossen hat der Ausscheidende im Falle der Ablehnung des Vorstandes ein Klagerecht, es steht ihm ein solches aber dann nicht zu, wenn die Uebertragung an ein Nichtmitglied erfolgen soll, da die Genossenschaft nicht gezwungen werden kann, Jemanden als Mitglied aufzunehmen, zu weit gehen Birkenbihl-Maurer S. 303, Jessenberger S. 74.

§ 77.

Im Falle des Todes eines Genossen gilt dieser mit dem Schlusse des Geschäftsjahres, in welchem der Tod erfolgt ist, als ausgeschieden. Bis zu diesem Zeitpunkte wird die Mitgliedschaft des Verstorbenen durch den

Erben desselben fortgesetzt. Für mehrere Erben kann das Stimmrecht durch einen Bevollmächtigten ausgeübt werden.

Der Vorstand hat eine Anzeige von dem Tode des Genossen ohne Verzug dem Gerichte (§ 10) zur Liste der Genossen einzureichen.

Die Vorschriften in § 70 Absatz 1, §§ 71 bis 75 finden entsprechende Anwendung.

Ges. von 1868 § 38, Entw. I 72, II 73, Komm. 73, Rtg. 75. Begr. I 155, II 103, Komm.Ber. 41, A.B. §§ 7 und 28.

Erläuterungen zu § 77.

1. Allgemeines.

In der Begründung (II 103) heißt es: „In Uebereinstimmung mit dem geltenden Recht hält der Entwurf im Allgemeinen an der Unvererblichkeit der Mitgliedschaft fest. Bei der Wichtigkeit, welche die Individualität der einzelnen Genossen für die Genossenschaft besitzt, würde eine dauernde Succession in die Mitgliedschaft dem Wesen dieser Vereinigungsform widersprechen. In Folge Todes muß daher die Mitgliedschaft ihr Ende finden, aber es muß nach der allgemeinen Regel des Entwurfs auch in diesem Falle die Wirkung des Ausscheidens erst zum Schlusse des Geschäftsjahres eintreten, die Mitgliedschaft des Verstorbenen daher noch bis zu diesem Zeitpunkt durch den Erben fortgesetzt werden.“ Ueber die Unzulässigkeit des Ausscheidens durch Uebertragung des Geschäftsguthabens durch Testament oder durch die Erben § 76 Erl. 3.

2. **Absatz** I. Durch den Tod erlischt die Mitgliedschaft.

Die Endigung der Mitgliedschaft in Folge des Todes ist der einzige Fall, in welchem das Ausscheiden nicht durch die Eintragung bedingt ist, „denn die Achtsamkeit, welche von dem Genossen, der aus Gründen in seiner Person ausscheidet, ohne Härte gefordert werden kann, ist von den Erben, die oft nicht wissen und nicht leicht erfahren, daß ihr Erblasser Mitglied der Genossenschaft gewesen ist, nicht zu verlangen“ (vgl. Begr. II 101). Dem Tode steht gleich die Todeserklärung. Als Todesjahr gilt dann das in der Todeserklärung angenommene Jahr des Todes.

3. Unvererblichkeit der Mitgliedschaft.

Das Gesetz bringt deutlicher als das frühere Gesetz, welches im § 38 Abs. 2 Satz 2 bestimmte: „Ferner erlischt die Mitgliedschaft durch den Tod, sofern der Gesellschaftsvertrag keine entgegengesetzten Bestimmungen enthält“ (Parisius S. 352), die Unvererblichkeit der Mitgliedschaft zum Ausdruck. Weder kann der Gesellschaftsvertrag die Erben eines Mitgliedes zwingen, in die Genossenschaft mit der Solidarhaft ihres eigenen Vermögens einzutreten, noch kann er die Genossenschaft nöthigen, die Erben als Genossen aufzunehmen. Es würde dies dem Wesen der Genossenschaften widersprechen. Das Statut könnte nur die Erben verstorbener Mitglieder von der Erfüllung der sonst neu eintretenden Mitgliedern obliegenden Pflichten, wie z. B. Zahlung des Eintrittsgeldes, befreien: Voraussetzung aber ist stets, daß der Erbe oder die Erben gesetzmäßige Beitrittserklärungen ausgestellt haben und in das Genossenschaftsregister eingetragen sind.

4. Zeitpunkt der Endigung der Mitgliedschaft.

Nach dem früheren Recht endigte die Mitgliedschaft im Falle des Todes mit dem Todestage. Regelmäßig wurde jedoch im Statut bestimmt, daß die Erben noch bis zum Ablauf des Geschäftsjahres an die Mitgliedschaft gebunden seien. Hierdurch wurde erreicht, daß das Geschäftsguthaben erst nach Schluß des Geschäftsjahres ausgezahlt zu werden brauchte, und keine besondere Auseinandersetzung vorgenommen werden mußte. Die Erben selbst aber gewannen dadurch keinen Einfluß auf die Geschäftsführung, ein solches Recht konnte ihnen nach dem Gesetz nicht eingeräumt werden. § 77 läßt der allgemeinen Regel entsprechend auch im Falle des Todes eines Mitgliedes die Wirkung des Ausscheidens erst zum Schluß des Geschäftsjahres eintreten und bestimmt, daß bis dahin die Mitgliedschaft durch die Erben fortgesetzt werde.

Die Endigung der Mitgliedschaft im Falle des Todes ist von der Eintragung des Ausscheidens unabhängig und daher insofern auch die Liste der Genossen wenigstens den Genossen gegenüber nicht maßgebend; vgl. für die Gläubiger §§ 125, 128. Das Gleiche gilt auch in dieser Beziehung von der Liste, welche nach § 168 Abs. 2 (in der Fassung des Gesetzes von 1889) berichtigt ist; „ungeachtet der ferneren Aufführung eines (vor dem 1. Oktober 1889) verstorbenen Genossen in der berichtigten Liste bleibt also die Thatsache bestehen, daß er, bezw. daß dessen Erben, früher ausgeschieden sind" (Johow Bd. 11 S. 44). Erfährt die Genossenschaft von dem Tode eines solchen vor Inkrafttreten des Gesetzes verstorbenen Genossen, so bedarf es zur Berichtigung der Liste nicht des Berichtigungsverfahrens nach § 33 Abs. 2 A.V., sondern die Eintragung des Ausscheidens erfolgt nach Maßgabe des § 28 Nr. 6 A.V. (Johow a. a. O.)

§ 31 Abs. 3 A.V. bestimmt: „Auch bei verspäteter Einreichung der Todesanzeige ist der letzte Tag desjenigen Geschäftsjahres (oder Quartals), in welchem der Todesfall eingetreten ist, als Zeitpunkt des Ausscheidens einzutragen" (vgl. Parisius u. Crüger, Formularbuch S. 69); für die Haftpflicht den Gläubigern gegenüber gelten dann bei G.m.u.H. und bei G.m.b.H. § 125 Abs. 2 bezw. § 141, bei G.m.u.N. verbleibt es bei dem Zeitpunkt des Ausscheidens (§ 128), da hier eine Haftpflicht den Gläubigern gegenüber nicht besteht.

5. Fortsetzung der Mitgliedschaft des Verstorbenen durch dessen Erben.

Dem Erben wird eine Einwirkung auf die Geschäftsführung wie jedem anderen Genossen eingeräumt: er hat Stimmrecht in der Generalversammlung. Sind mehrere Erben vorhanden, so können sie das Stimmrecht durch einen Bevollmächtigten ausüben lassen (§ 43). Ist nur ein Erbe, so muß er seine Rechte in der Generalversammlung persönlich ausüben, denn nur bei mehreren Erben ist Bevollmächtigung gestattet. Für die Vollmacht ist keine Form vorgeschrieben, schriftliche Vollmacht wird als erforderlich und genügend betrachtet werden müssen. Die Erben leiten die Mitgliedschaftsrechte aus der Mitgliedschaft des Verstorbenen her. Ist der Erbe, der als solcher das Stimmrecht ausübt, gleichzeitig Genosse, so hat er doppeltes Stimmrecht. Der Erbe oder die Erben als solche kommen in Betracht; die Erbauseinandersetzung interessirt die Genossenschaft erst bei der Auszahlung des Geschäftsguthabens, die entweder an die Nachlaßmasse oder den zur Empfangnahme für sich berechtigten Erben bezw. Legatar zu erfolgen hat. Für die Auszahlung der Dividende gilt das Gleiche wie für die Zahlung des Geschäftsguthabens. Ueber das Todesjahr hinaus, also für spätere Jahre, ist keine Dividende zu zahlen, da die Mitgliedschaft mit Ablauf des Geschäftsjahres, in welchem der Tod erfolgt ist, ihr Ende erreicht hat. Zahlt die Genossenschaft gleichwohl Dividende aus, z. B. weil sie von dem Tode keine Kenntniß hat, so kann sie die Dividende mit der condictio indebiti von dem zurückfordern, welcher dieselbe von ihr erhalten hat. B.G.B. §§ 812 ff. Für die Nachschüsse u. s. w. haftet der Nachlaß, die Erben nur, insoweit sie für die Verpflichtungen des Erblassers einzutreten haben.

In entsprechender Weise kann der Erbe auch die Einrichtungen der Genossenschaft benutzen, so z. B. aus dem Konsumverein Waaren beziehen, wenn er den Haushalt des verstorbenen Mitgliedes fortführt, für dessen Geschäft den Kredit bei der Genossenschaft in Anspruch nehmen u. s. w. (vgl. Bl.f.G. 1898 S. 80).

6. Auflösung einer Gesellschaft.

Nach § 9 und § 43 ist es zweifellos, daß Gesellschaften, Korporationen u. s. w. Mitglieder werden können. Es fehlt in dem Gesetze jedoch eine Bestimmung darüber, welchen Einfluß auf die Mitgliedschaft bei der Genossenschaft die Auflösung einer solchen Gesellschaft hat. Das Kammergericht hat in dem Beschluß vom 5. Februar 1894 (Bl.f.G. 1894 Nr. 18, Johow Bd. 14 S. 53) allerdings angenommen, daß das Gesetz nach dieser Richtung hin keine Lücke hat, daß die Auflösung ohne Einfluß ist und den Liquidatoren bezw. bei Auflösung einer offenen Handelsgesellschaft ohne Liquidation deren physischen Trägern die Kündigung überlassen bleiben muß. Diese Auffassung führt zu unhaltbaren Verhältnissen. Soll z. B. die Genossenschaft, wenn Niemand kündigt, verpflichtet sein, eine nicht bestehende Gesellschaft fortzuführen? das steht im Widerspruch mit Wesen und Bedeutung der Liste der Genossen. Oder: die offene Handelsgesellschaft wird aufgelöst und besteht nur als Firma eines Einzelkaufmanns fort. Letzterer wird durch Uebernahme der Firma zweifellos nicht Mitglied, wie soll sich die Genossenschaft einem solchen Verfahren gegenüber verhalten? Es bleibt nur der Ausweg, § 77 auf diesen Fall analog anzuwenden, und wenn auch die aufgelöste Gesellschaft — wenn übrigens auch nicht jeder Art — zum Zwecke der Abwickelung der Geschäfte fortbesteht, so ist doch ein dem Tode einer physischen Person gleicher Zustand eingetreten. Die Auflösung einer Gesellschaft muß daher von dem Vorstande ebenso wie der Tod einer physischen Person behandelt werden (so auch Birkenbihl-Maurer S. 308). Die Mitgliedschaft endet mit dem Schlusse des Geschäftsjahres, in welchem die Auflösung erfolgt ist, bis dahin haben die Liquidatoren oder sonstigen Vertreter die Mitgliedschaftsrechte wahrzunehmen. Der Vorstand muß ohne Verzug, wenn er von der Auflösung Kenntniß erhält, das Ausscheiden zur Eintragung anmelden; besitzt er darüber keine Urkunde, so genügt eine Erklärung des Vorstandes, daß die Auflösung eingetreten sei (vgl. § 28 Nr. 6 A.V.).

7. **Absatz** II. Anzeige.

Der Entwurf schlug eine besondere Strafbestimmung (Geldbuße bis zu 150 Mk.) gegen Mitglieder des Vorstandes vor, „wenn sie entgegen der Vorschrift des § 77 Abs. 2 unterlassen, die Anzeige von dem Tode eines Genossen einzureichen". Dieser § (129) ist in der Kommission beseitigt.

Welche Urkunde der Anzeige beizufügen ist, ergiebt sich aus A.V. § 28 Nr. 6. Als Anzeige des Sterbefalls genügt „eine von den Angehörigen des Verstorbenen veröffentlichte oder der Genossenschaft erstattete Anzeige und mangels einer solchen die Erklärung des Genossenschaftsvorstandes, daß der Todesfall eingetreten sei." Da das Gericht nicht zu prüfen hat und auch nicht prüfen kann, ob der Vorstand eine Anzeige erhalten oder wie er sonst die Kenntniß von dem Todesfall erfahren hat, muß es sich mit der schriftlichen Erklärung des Vorstandes, daß der Todesfall eingetreten sei, begnügen, und diese Erklärung kann in den Antrag auf Eintragung des Ausscheidens aufgenommen sein. In der Anzeige braucht nicht angegeben zu werden, daß eine Urkunde über den Tod nicht vorhanden ist (vgl. Beschluß des Landgerichts Wiesbaden vom 4. Februar 1895 in Bl.f.G. 1895 S. 130), ebenso Birkenbihl-Maurer S. 308.

Da das Mitglied mit dem Schluß des Geschäftsjahres als ausgeschieden gilt, in welchem der Tod erfolgt ist und nach § 30 Abs. 4 A.V. in Sp. 8 der Zeitpunkt des Todes einzutragen ist, so muß grundsätzlich der Zeitpunkt des Todes aus der Anzeige hervorgehen. Die Angabe des Todesjahres und noch mehr des Todestages wird zuweilen dem Vorstande unüberwindliche Schwierigkeiten bereiten, wenn er wohl Kenntniß davon hat, daß ein Genosse verstorben ist, aber nicht weiß, an welchem Ort. Auf solche Umstände muß das Gericht Rücksicht nehmen, zumal der Vorstand die Anzeige „ohne Verzug" einzureichen hat. Es ist daher jedenfalls von dem Gericht in Sp. 8 einzutragen „verstorben", und gelingt es weder den Todestag noch Todesjahr zu erfahren, so wird in Sp. 8 als „Tag des Ausscheidens" „unbekannt" einzutragen sein, möglicherweise kann dies auch später noch richtig gestellt werden. Für die Haftpflicht der Erben und die sonstigen sich aus der Mitgliedschaft ergebenden Rechte und Pflichten wird der Schluß des Geschäftsjahres, in welchem die Eintragung erfolgt ist, maßgebend sein müssen.

Aus der Bezugnahme in Abs. 3 auf § 72 ergiebt sich, daß das Gericht von der Eintragung die Erben zu benachrichtigen hat, das Gesetz besagt Nichts darüber, auf welche Weise sich das Gericht Kenntniß verschaffen soll, wer Erbe ist; naturgemäß wird sich das Gericht an den Vorstand der Genossenschaft wenden, doch ist dieser nicht verpflichtet, die Erben namhaft zu machen. Selbstverständlich aber wird der Vorstand die Erben angeben, wenn sie ihm bekannt sind (vgl. den Erlaß des Badischen Ministeriums des Kultus und des Unterrichts, mitgetheilt in Nr. 7 Bl.f.G. von 1890). So auch Birkenbihl-Maurer S. 309. In Betreff der Verantwortung der Genossenschaft bezw. des Vorstandes für Einreichung der Todesanzeige „ohne Verzug" und des Richters für „unverzügliche" Eintragung den Erben gegenüber vgl. § 69 Erl. 3, § 70 Erl. 4.

8. **Absatz** III.

Die Bestimmungen des Gesetzes über unverzügliche Eintragung des Ausscheidens in die Liste durch den Richter (§ 70 Abs. 1), über Vormerkungen (§ 71), über Benachrichtigung des Vorstandes oder in diesem Falle der Erben (§ 72 und vorstehende Erl. 7). Auseinandersetzung (§ 73), Wirkung der Auflösung der Genossenschaft innerhalb sechs Monate nach dem Ausscheiden (§ 75) kommen auch hier zur Anwendung. Für die Eintragung vgl. A.V. § 28 Nr. 6, § 30 Abs. 4, § 31 Abs. 3, Parisius u. Crüger, Formularbuch S. 67 ff.

Die Regierungsvorlage hatte als folgenden Paragraphen (Entw. II 72) die Vorschrift über die Haftpflicht der Genossen den Gläubigern gegenüber:

„Der ausgeschiedene Genosse (§§ 68, 73, jetzt 70, 75) bleibt den Gläubigern der Genossenschaft für die von ihr bis zu dem Zeitpunkte seines Ausscheidens eingegangenen Verbindlichkeiten gleich den in derselben verbliebenen Genossen verhaftet.

Die Haftpflicht erlischt nach Ablauf von drei Jahren seit dem Zeitpunkte des Ausscheidens, sofern nicht innerhalb dieses Zeitraums das Konkursverfahren über das Vermögen der Genossenschaft eröffnet wird."

Diese Haftpflicht besteht nicht bei der von der Kommission angenommenen dritten Genossenschaftsart: der „Genossenschaft mit unbeschränkter Nachschußpflicht", die Bestimmung mußte daher unter den für alle Genossenschaften geltenden Vorschriften in Wegfall kommen, sie findet sich bei den Genossenschaften mit unbeschränkter Haftpflicht in § 125 und bei Genossenschaften mit beschränkter Haftpflicht in § 141.

Das Gleiche gilt von einem 2. Satz des Abs. 3 des § 77 der in der Regierungsvorlage (Entw. II 73) lautete:

„Wird das Ausscheiden nach dem im ersten Absatze bezeichneten Zeitpunkt eingetragen, so erstreckt sich die Haftung des Erben auf die bis zum Tage der Eintragung von der Genossenschaft eingegangenen Verbindlichkeiten, sofern der Erbe nicht beweist, daß bei ihrer Eingehung dem Gläubiger der Tod des Genossen bekannt war."

Sechster Abschnitt.

Auflösung und Nichtigkeit der Genossenschaft.

Vorbemerkung.

Nach dem Gesetz von 1868 konnte eine Genossenschaft aufgelöst werden:

1. durch Ablauf der im Gesellschaftsvertrage bestimmten Zeit,

2. durch einen Beschluß der Genossenschaft,

3. durch Eröffnung des Konkurses,

4. durch Urtheil, falls sich die Genossenschaft gesetzwidriger, das Gemeinwohl gefährdender Handlungen oder Unterlassungen schuldig macht.

Es kommt jetzt noch hinzu Auflösung

5. durch Gerichtsbeschluß, wenn die Zahl der Mitglieder weniger als sieben beträgt.

Im Falle der Auflösung zu 4 ist an die Stelle des Gerichts die Verwaltungsbehörde getreten.

Ueber den Einfluß der Verlegung des „Sitzes" ins Ausland vgl. § 6 Erl. 3.

§ 78.

Die Genossenschaft kann durch Beschluß der Generalversammlung jederzeit aufgelöst werden; der Beschluß bedarf einer Mehrheit von drei Viertheilen der erschienenen Genossen. Das Statut kann außer dieser Mehrheit noch andere Erfordernisse aufstellen.

Die Auflösung ist durch den Vorstand ohne Verzug zur Eintragung in das Genossenschaftsregister anzumelden.

Ges. von 1868 §§ 34 u. 36, Entw. I 73, II 74, Komm. 74, Rtg. 76. Begr. I 156, II 103.

I. Zur Geschichte des § 78.

Der § 78 entspricht (Abs. I) dem § 34 Nr. 2 und (Abs. II) dem § 36 des Ges. von 1868. Das unbedingte Erforderniß der Mehrheit von drei Viertheilen der erschienenen Genossen ist dem Art. 242 Nr. 2 des Aktiengesetzes (jetzt § 292 H.G.B.) entlehnt. Im alten Gesetz hieß es: „Die Genossenschaft wird aufgelöst . . . . 2. durch einen Beschluß der Genossenschaft." Damit konnte nur der Beschluß der Generalversammlung gemeint sein. Vgl. Parisius S. 339 und 342.

II. Erläuterungen.

1. **Absatz** I. Auflösung durch die Generalversammlung.

Nur die Generalversammlung hat das Recht, die Auflösung zu beschließen, durch das Statut darf dieses Recht keinem anderen Organ übertragen werden, $^3/_4$ Mehrheit der erschienenen Genossen ist das geringste Erforderniß, das Statut kann nur Erschwernisse vorsehen. Sicherer S. 274 verlangt Stimmeneinhelligkeit, vgl. dagegen Birkenbihl-Maurer S. 312 und oben § 16 Erl. 3. Als „erschienen" gelten für die Abstimmung nur die Genossen, welche eine giltige Stimme abgeben (R.G. Bd. 20 S. 140, § 43 Erl. 6). Birkenbihl-Maurer S. 313 weisen darauf hin, daß eine auf bestimmte Zeit gegründete Genossenschaft sich nicht „jederzeit" durch Beschluß auflösen kann, sondern daß zunächst im Wege der Statutenänderung die Zeitbeschränkung beseitigt werden müßte; dem ist zuzustimmen. Ueber den Fortbestand der Genossenschaft nach der Auflösung § 81 Erl. 1.

2. **Absatz** II. Anmeldung und Eintragung.

Form der Anmeldung § 157; zu dem Gericht der Zweigniederlassung hat dieselbe nicht zu erfolgen, das Gericht der Hauptniederlassung hat von der Eintragung dem Gericht der Zweigniederlassung Mittheilung zu machen (A.V. § 20 Abs. 3, Parisius u. Crüger Formularbuch S. 99). Anzumelden ist die Thatsache der Auflösung und die Bestellung der ersten Liquidatoren (§ 84) und zwar durch den Vorstand. Eine Abschrift des Beschlusses auf Auflösung ist nach dem Wortlaut des Gesetzes nicht beizufügen, dem entspricht auch A.B. § 21 Nr. 1. Das Gericht hat, wenn ihm die Auflösung ordnungsmäßig angemeldet wird, nicht zu prüfen, ob die Auflösung nach Gesetz und Statut beschlossen ist, es hat nur die Anmeldung zu beurkunden und keiner Rechtshandlung Rechtswirksamkeit zu verleihen (vgl. über Anmeldung und Eintragung Parisius u. Crüger Formularbuch S. 81 ff.). Die Vorstandsmitglieder sind durch Ordnungsstrafen zur Anmeldung anzuhalten (§ 160).

Die Rechtswirksamkeit des Beschlusses ist nicht von der Eintragung in das Genossenschaftsregister abhängig, es folgt dies daraus, daß im Abs. 2 die Anmeldung des Beschlusses zur Eintragung vorgeschrieben ist, ohne daß damit eine aufschiebende Wirkung verbunden ist, wie es bei § 16 Abs. 4 geschehen. Dennoch hat die Eintragung und die öffentliche Bekanntmachung eine civilrechtliche Wirkung; ist sie nämlich unterlassen und der Vorstand hat die Geschäfte weiter geführt, so kann sie dritten Personen nur entgegengesetzt werden, wenn die Genossenschaft beweist, daß der Auflösungsbeschluß letzteren beim Abschluß des Geschäfts bekannt war (H.G.B. § 15).

3. Bekanntmachung der Auflösung.

Der Auflösungsbeschluß ist vom Vorstand zu drei verschiedenen Malen durch die für die Bekanntmachungen der Genossenschaft bestimmten Blätter bekannt zu machen (§ 82), außerdem ist die Eintragung im Reichsanzeiger und in anderen vom Gericht für die öffentlichen Bekanntmachungen bestimmten Blätter zu veröffentlichen (§ 156). Dritten gegenüber sind diese letzteren Bekanntmachungen entscheidend, d. h. ist die Bekanntmachung der Auflösung durch das Gericht erfolgt, so muß ein Dritter, der sich dennoch mit dem Vorstand für die Genossenschaft in Geschäfte eingelassen hat, dieselbe gegen sich gelten lassen, sofern nicht Umstände vorhanden sind, welche die Annahme rechtfertigen, daß er die Auflösung beim Abschlusse des Geschäfts weder gekannt habe, noch habe kennen müssen.

§ 79.

In dem Falle, daß durch das Statut die Zeitdauer der Genossenschaft beschränkt ist, tritt die Auflösung derselben durch Ablauf der bestimmten Zeit ein.

Die Vorschrift im § 78 Absatz 2 findet Anwendung.

Ges. von 1868 § 34 Ziffer 1, Entw. I 74, II 75, Komm. 75, Rtg. 77.
Begr. I 156, II 104.

Erläuterungen zu § 79.

1. **Absatz** I. Zeitablauf vgl. § 8 Erl. 2.

Ein Auflösungsbeschluß ist in diesem Falle selbstverständlich nicht nothwendig. Der Vorstand hat dem Gericht ohne Verzug zur Eintragung in das Genossenschaftsregister anzumelden, daß die Zeitdauer der Genossenschaft abgelaufen sei. Das Verfahren ist das Gleiche wie beim Auflösungsbeschluß (vgl. § 78 Erl. 2); doch hat sich das Gericht aus dem Statut in diesem Falle zu überzeugen, ob der „Ablauf der bestimmten Zeit“ eingetreten ist.

2. Bekanntmachung.

Der Vorstand hat außerdem die Auflösung drei Mal bekannt zu machen (§ 82). Die Eintragung und öffentliche Bekanntmachung wird aber in diesem Falle nicht wie in dem der Auflösung durch Beschluß eine zivilrechtliche Bedeutung haben können, denn die Zeitdauer der Genossenschaft ist eingetragen und öffentlich bekannt gemacht, folglich wird sich ein Dritter auch nicht damit entschuldigen können, daß ihm die Auflösung der Genossenschaft unbekannt geblieben sei.

3. Fortsetzung der Genossenschaft.

Eine stillschweigende Fortsetzung der Genossenschaft über die vorgeschriebene Zeitdauer hinaus ist unmöglich; soll die Genossenschaft fortgesetzt werden, so ist eine rechtzeitige Statutenänderung nothwendig (Birkenbihl-Maurer S. 314, Joël S. 598), welche, wenn das Statut darüber nichts bestimmt, durch eine Mehrheit von drei Viertheilen der erschienenen Genossen beschlossen sein (§ 16) und welche in das Genossenschaftsregister eingetragen werden muß (§ 16 Abs. 4). Da die Statutenänderung erst durch diese Eintragung rechtliche Wirkung erhält (§ 16 Abs. 4), so muß diese Eintragung erfolgt sein, ehe die Zeitdauer abgelaufen ist; ist dieser Zeitpunkt verpaßt, so muß die Genossenschaft in Liquidation treten; eine Fortsetzung ist nicht mehr möglich. v. Sicherer zu § 30 des Ges. von 1868 verlangt zur Fortsetzung der Genossenschaft einen einhelligen Beschluß der sämmtlichen Genossenschafter (vgl. ebenso Neukamp — Gesetz betr. Gesellschaften mit beschränkter Haftung S. 216, da jedes Mitglied das Recht des Ausscheidens habe — bei der Genossenschaft haben die Mitglieder das Recht trotz der Zeitbeschränkung § 65) wie zu jeder Statutenänderung (vgl. hierüber zu § 16). Durch einen vor dem Zeitablauf gefaßten Beschluß kann sich die Genossenschaft nicht auflösen (§ 78 Erl. 1).

§ 80.

Beträgt die Zahl der Genossen weniger als sieben, so hat das Gericht (§ 10) auf Antrag des Vorstandes und, wenn der Antrag nicht binnen sechs Monaten erfolgt, von Amtswegen nach Anhörung des Vorstandes die Auflösung der Genossenschaft auszusprechen.

Der Beschluß ist der Genossenschaft zuzustellen. Gegen denselben steht ihr die sofortige Beschwerde nach Maßgabe der Civilprozeßordnung zu. Die Auflösung tritt mit der Rechtskraft des Beschlusses in Wirksamkeit.

Entw. I 75, II 76, Komm. 76, Rtg. 78. Begr. I 157, II 104. A.B. § 21.

Erläuterungen zu § 80.

1. **Absatz** I. Auflösung tritt in Folge des Gerichtsbeschlusses ein.

Das Ges. von 1868 enthielt keine Bestimmung für die Fälle, daß alle Mitglieder sterben oder die Mitgliedschaft soweit herabsinkt, daß sie die zum Fortbestande der Genossenschaft erforderlichen Organe nicht mehr besetzen kann (vgl. Parisius S. 338). Die Auflösung der Genossenschaft, im Falle die Genossenschaft nicht mehr sieben Mitglieder hat, ist eine Konsequenz der Vorschrift in § 4. Diese Thatsache allein hat aber die Auflösung noch nicht zur Folge, sie muß durch Gerichtsbeschluß ausgesprochen werden, „denn es kann im einzelnen Falle zweifelhaft sein, ob das siebente Mitglied als aus der Genossenschaft ausgeschieden zu betrachten ist oder nicht“ (Begr. II 104). Die Auflösung hat nicht unter allen Umständen sofort nach dem Herabsinken des Mitgliederbestandes unter die gesetzliche Mindestzahl zu erfolgen. „Der Vorstand muß allerdings das Recht haben, die alsbaldige Auflösung durch Stellung des Antrages bei dem Gericht zu veranlassen, denn er ist für die ordnungsmäßige Besetzung der Genossenschaftsorgane, wie namentlich des Aufsichtsraths verantwortlich, und wenn die geringe Mitgliederzahl diese Besetzung unmöglich macht, so muß er im Stande sein, sich von dieser Verantwortlichkeit zu befreien. Wenn dagegen ein derartiger Grund zur schleunigen Auflösung nicht vorliegt und der Vorstand dafür hält, daß der baldige Eintritt neuer Genossen zu erwarten steht, so erscheint es angemessen, hierfür eine entsprechende Frist zu gewähren.

Die Auflösung ist deshalb von Amtswegen erst, wenn nach Ausweis der gerichtlichen Mitgliederliste der fragliche Zustand sechs Monate gedauert hat, und nur nach Anhörung des Vorstandes, also nachdem diesem zur mündlichen oder schriftlichen Erklärung Gelegenheit gegeben ist, auszusprechen" (Begr. II 104). Produktivgenossenschaften, bei denen der Fall der kleinen Mitgliederzahl wohl auch am häufigsten vorkommen wird, helfen sich durch Aufnahme der Ehefrauen der Mitglieder. Proebst S. 259 macht darauf aufmerksam, daß auch Genossenschaften mit weniger als sieben Mitgliedern das Recht der Auflösung bleibt. Ueber das Verfahren des Registergerichts vgl. Parisius u. Crüger, Formularbuch S. 87 ff.

2. **Absatz** II. Suspensiv-Effekt der Beschwerde.

Die Auflösung erfolgt erst durch den rechtskräftigen Beschluß. Ist es also der Genossenschaft gelungen, die Zahl der Mitglieder auf sieben zu bringen vor Ablauf der Frist für die sofortige Beschwerde, und wird noch rechtzeitig Beschwerde eingelegt, so hat das Beschwerdegericht den Auflösungsbeschluß des Amtsgerichts aufzuheben. Die sofortige Beschwerde ist binnen einer Nothfrist von zwei Wochen, welche mit der Zustellung beginnt, bei dem Amtsgericht oder dem Beschwerdegericht einzulegen (C.P.O. § 577). Zu erheben ist die Beschwerde durch den Vorstand als den Repräsentanten der Genossenschaft, die Mitglieder haben nicht das Beschwerderecht. Auf eine Genossenschaft, welche bei dem Inkrafttreten des Gesetzes weniger als sieben Mitglieder hat, findet die Bestimmung über die Auflösung erst Anwendung, wenn die Genossenschaft nach dieser Zeit bereits eine Mitgliederzahl von sieben erreicht hat (§ 159 in der Fassung des Gesetzes von 1889).

An die rechtskräftig ausgesprochene Auflösung hat sich die Liquidation anzuschließen.

§ 81.

Wenn eine Genossenschaft sich gesetzwidriger Handlungen oder Unterlassungen schuldig macht, durch welche das Gemeinwohl gefährdet wird, oder wenn sie andere als die in diesem Gesetze (§ 1) bezeichneten geschäftlichen Zwecke verfolgt, so kann sie aufgelöst werden, ohne daß deshalb ein Anspruch auf Entschädigung stattfindet.

Das Verfahren und die Zuständigkeit der Behörden richtet sich nach den für streitige Verwaltungssachen landesgesetzlich geltenden Vorschriften. Wo ein Verwaltungsstreitverfahren nicht besteht, finden die Vorschriften in §§ 20, 21 der Gewerbeordnung mit der Maßgabe Anwendung, daß die Entscheidung in erster Instanz durch die höhere Verwaltungsbehörde ererfolgt, in deren Bezirke die Genossenschaft ihren Sitz hat.

Von der Auflösung hat die in erster Instanz entscheidende Behörde dem Gerichte (§ 10) Mittheilung zu machen.

Ges. von 1868 § 35, Entw. I 76, II 77, Komm. 77, Rtg. 79. Begr. I 157, II 104 Komm.Ber. 41.

I. Zur Geschichte des § 81.

a) Die thatsächlichen Voraussetzungen, unter denen eine Genossenschaft aufgelöst werden kann, sind dieselben wie in § 35 des Gesetzes von 1868, der mit § 34 des preuß. Gen.Ges. übereinstimmt. In den parlamentarischen Kämpfen um das preußische Genossenschaftsgesetz kam nach der Vorlegung des Regierungsentwurfs vom 11. November 1866 auf Schulze-Delitzschs Betrieb zunächst in der Kommission des Abgeordnetenhauses ein Kompromiß mit der Staatsregierung zu Stande, bei dem die Mehrheit drei Beschlüsse als der Regierung gebrachte Opfer am Prinzip auffaßte — als drei Zugeständnisse an das Mißtrauen der preußischen Staatsregierung, die einen Mißbrauch der Genossenschaften zu fremden und staatsgefährlichen Zwecken befürchtete (vgl. §§ 47, 81, 149). Das Abgeordnetenhaus bestätigte das in der Kommission geschlossene Abkommen. Die Genossenschaften hofften auf baldige Wiederaufhebung der ihrer Meinung nach ungerechtfertigten Beschränkungen rein privatrechtlicher Gesellschaften. „Die erste Gelegenheit" (sagt Parisius im Kommentar zum preuß. Gen.Ges. S. 87) „wird zur Beseitigung dieser dem öffentlichen Interesse keineswegs förderlichen, sondern nur schädlichen Bestimmungen zu benutzen sein". Allein alle drei Bestimmungen gingen unverändert in das Ges. von 1868 und von da wieder in das Ges. vom 1. Mai 1889 über, obschon in der langen Reihe von Jahren keine jenes Mißtrauen der Regierung rechtfertigenden Thatsachen vorgekommen sind. Die drei Zugeständnisse sind:

1. die Strafvorschrift gegen Mitglieder des Vorstandes, wenn sie andere als die geschäftlichen Zwecke des Genossenschaftsgesetzes verfolgen oder Erörterung auf öffentliche Angelegenheiten gerichteter Anträge in den Generalversammlungen dulden — § 26 des preuß. Ges. vom 27. März 1867, § 27 des deutschen Ges. vom 4. Juli 1868 und § 149 des Ges. vom 1. Mai 1889;

2. die Befugniß der Staatsbehörde zur Einsicht in das Protokollbuch der Generalversammlungen — § 32 des preuß. Ges., § 33 des Ges. von 1868, § 47 des Ges. von 1889;

3. Auflösung der Genossenschaft wegen Mißbrauchs — § 34 des preuß. Ges., § 35 des Ges. von 1868, § 81 des Ges. von 1889.

Maurer S. 26 bemerkt mit Bezug auf § 81 u. § 149: „Die Vorschriften in § 81, § 149 u. § 2 des Gesetzes gegen die gemeingefährlichen Bestrebungen der Sozialdemokratie vom 21. Oktober 1878 sind die Ausläufer solchen Mißtrauens. Die Genossenschaften haben bewiesen, daß sie ihren eigentlichen Zweck stets im Auge behalten haben, der Erfolg hat ihre sittliche Berechtigung dargethan, alle Parteien haben ihren Nutzen anerkannt, und es steht zu erwarten, daß die letzten Spuren verletzenden Mißtrauens fallen werden" — damit hat Maurer seinen eigenen Ausspruch S. 289 widerlegt: „Ueber die Berechtigung der Bestimmung (— § 81 —) an sich kann ein Zweifel nicht sein". Birkenbihl hat in seiner Bearbeitung des Maurer'schen Kommentars die erste Stelle fortgelassen, die zweite S. 317 übernommen! Birkenbihl S. 317 hält im Gegensatz zu Maurer die Ausdehnung des § 2 des Gesetzes gegen die gemeingefährlichen Bestrebungen der Sozialdemokratie auf Genossenschaften sogar für korrekt!

b) **Absatz** I. Dieser Absatz stimmt jetzt genau mit dem ersten Absatz des § 34 bezw. § 35 der früheren Gen.Ges. überein, nur daß früher „im gegenwärtigen" statt „in diesem" Gesetz gesagt war. Der erste Entwurf der preußischen Regierung bedrohte sogar mit Auflösung jede Genossenschaft, „wenn sie andere als die im Gesellschaftsstatut bezeichneten Zwecke verfolgt". Die Aufnahme des § 34 in das preußische Gesetz, sagt Parisius S. 340,*) war

„die letzte und erheblichste der drei Konzessionen (vgl. oben unter a), welche die Kommission des preußischen Abgeordnetenhauses der Staatsregierung insofern gemacht hat, als sie die Bestimmung desselben nicht für nützlich, sondern für schädlich erachtete, und dennoch dem Abgeordnetenhause deren Annahme empfahl. Der § 34 stimmt mit dem § 5 Art. 12 des preuß. Einführungsgesetzes zum Deutschen Handelsgesetzbuche vom

*) Vgl. dort die entsprechenden Bestimmungen des bayerischen und des badischen Genossenschaftsgesetzes.

24. Juni 1861, welcher Gleiches für die Aktiengesellschaften anordnet, überein, jedoch mit dem Unterschiede, daß nur die das Gemeinwohl gefährdenden Handlungen und Unterlassungen, nicht auch die Verfolgung anderer Zwecke eine Auflösung der Aktiengesellschaft ohne Entschädigung zur Folge haben kann. Die preußische Regierung hatte eine ähnliche Bestimmung zur Aufnahme in das Deutsche Handelsgesetzbuch selbst in ihrem Entwurfe vorgeschlagen, nur sollte an Stelle der Gefährdung des Gemeinwohls der grobe Mißbrauch ihres Rechts zur Auflösung der Aktiengesellschaft durch richterliches Urtheil führen. Die Kommission zum Entwurf des Handelsgesetzbuchs überließ dies aber den Landesgesetzgebungen und ordnete im letzten Absatz des Art. 242 des Handelsgesetzbuchs nur an, daß der über die Auflösung der Aktiengesellschaften handelnde vierte Abschnitt des dritten Titels auf Fälle der Auflösung oder Konzessionszurücknahme nach dem in den einzelnen Staaten geltenden Recht ebenfalls Anwendung finde."

Uebrigens hat das Ges. vom 11. Juli 1870 den Auflösungsgrund der Zurücknahme der staatlichen Genehmigung beseitigt. Das A.G. vom 18. Juli 1884 änderte nach dieser Richtung an dem Art. 242 des H.G.B. nichts. — § 292 H.G.B.

c) Der Entwurf hatte den thatsächlichen Voraussetzungen, unter denen die Auflösung einer Genossenschaft durch die Staatsbehörde stattfinden kann, noch den Fall einer fortgesetzten Zuwiderhandlung gegen das Verbot des § 8 Abs. 2 für Vorschuß- und Kreditvereine (Ausdehnung des Geschäftsbetriebes auf Nichtmitglieder) hinzugefügt. Die Reichstagskommission hat dies einstimmig gestrichen (Komm.Ber. 10), vgl. § 8 Erl. 7 a und b.

d) **Absatz** II u. III. Diese lauteten im Ges. von 1868:

Die Auflösung kann in diesem Falle nur durch gerichtliches Erkenntniß auf Betreiben der höheren Verwaltungsbehörde erfolgen. Als das zuständige Gericht ist dasjenige anzusehen, bei welchem die Genossenschaft ihren ordentlichen Gerichtsstand hat.

Das Erkenntniß ist von dem zuständigen Gerichte demjenigen Gerichte, welches das Genossenschaftsregister führt, zur Eintragung und Veröffentlichung nach § 36 mitzutheilen.

Ebenso im preußischen Gesetz, nur daß dort „auf Betreiben der Bezirksregierung" statt „der höheren Verwaltungsbehörde" stand.

Nach dem ersten, der Sachverständigenkonferenz vorgelegten, Entwurf sollte das Fortbestehen jeder Genossenschaft ganz und gar in das Belieben der Verwaltungsbehörden — der Staatsregierung — gestellt werden. Es hieß darin:

Die Auflösung wird durch die höhere Verwaltungsbehörde ausgesprochen, in deren Bezirke die Genossenschaft ihren Sitz hat; gegen die Verfügung findet der Rekurs statt; im Uebrigen gelten bezüglich des Verfahrens und der Behörden die Vorschriften der Gewerbeordnung §§ 20, 21. Landesgesetzlich kann bestimmt werden, daß auf das Verfahren und die Zuständigkeit der Behörden die für streitige Verwaltungssachen geltenden Vorschriften Anwendung finden.

Von der Auflösung hat die Verwaltungsbehörde dem Gerichte Mittheilung zu machen. An Stelle dieser Bestimmung ist die jetzige bereits in den ersten Entwurf aufgenommen. Auch gegen sie erklärten sich mit Entschiedenheit die Genossenschaften.*)

Der allgemeine Vereinstag zu Plauen (August 1887) sprach sich gegen die Uebertragung der Entscheidung an die Verwaltungsgerichtsbehörde und Verwaltungsbehörden aus und fand darin eine durch nichts gerechtfertigte schwere Beeinträchtigung der Genossenschaften.

In der Reichstagskommission stieß die Aenderung des Verfahrens, wie es in dem

---

*) Schon der allgemeine Vereinstag zu Nürnberg (August 1871) beschloß auf Antrag des Unterverbandes der Provinz Preußen den Anwalt Schulze-Delitzsch zu ersuchen, auf Aufhebung der §§ 27 u. 35 des Ges. von 1868 hinzuwirken. Schulze erklärte es dabei ebenfalls „für zweckmäßig, diesen Ballast in unserm Genossenschaftsgesetze zu beseitigen" (Mittheilungen vom Vereinstag Nürnberg S. 37—42). Vgl. oben Erl. 1a.

Komm.Ber. (S. 41) heißt, bei einzelnen Mitgliedern der Kommission auf lebhaften Widerspruch. Dieselben führten aus, „daß zu einer solchen Minderung des Rechtsschutzes für die Genossenschaften keinerlei Grund vorliege; die letzteren hätten zu dem Mißtrauen einen Anlaß nicht geboten, vielmehr sei von der Auflösung unter den geltenden Gesetzen so gut wie kein Gebrauch gemacht worden. Die Uebertragung der Auflösung an die Verwaltungsgerichte oder gar an die Verwaltungsbehörden stehe auch im Widerspruch mit der Stellung der Genossenschaften als reiner Privatvereine". Allein „die große Mehrheit der Kommission erblickte in der Bestimmung der Vorlage eine Verbesserung des geltenden Rechts, indem den Gerichten eine Aufgabe abgenommen werde, welche ihrer Natur nach der Thätigkeit der ordentlichen Gerichte fremd sei und weit mehr dem Wirkungskreise der Verwaltungsgerichte und Verwaltungsbehörden anheimfalle, denn die Gründe, aus welchen die Auflösung ausgesprochen werden könne, seien vorwiegend solche des öffentlichen Wohles". Mit allen gegen 4 Stimmen wurde ein Antrag auf Wiederherstellung der Zuständigkeit der Gerichte abgelehnt.

Für die Auslegung des den deutschen Genossenschaften so gefährlichen § 81 sind die Verhandlungen des preußischen Abgeordnetenhauses über § 5 Art. 12 des Ges. vom 24. Juni 1861 lehrreich. Dieses Gesetz wurde gemeinsam von der Justizkommission und einer verstärkten Kommission für Handel und Gewerbe vorberathen. In dem Bericht vom 26. Mai 1861 (Sten.Ber. 7. Bd. Anlage Theil 4 Aktenstück Nr. 190 S. 1491) heißt es:

„Es wurde zu § 5 Art. 12 das Bedenken angeregt, daß nicht die Aktiengesellschaft selbst, als eine fingirte Person, sondern nur der Vorstand oder die Generalversammlung sich rechtswidriger Handlungen und Unterlassungen schuldig machen könne, und jedenfalls nicht ersichtlich sei, ob schon eine rechtswidrige Handlung des Vorstandes oder nur der Generalversammlung der Aktiengesellschaft zu imputiren sei. Von Seiten der Regierungskommissare wurde indessen erwidert, daß vom kriminalrechtlichen Standpunkte das Bedenken begründet sei, es sich hier aber nur um die privatrechtlichen Wirkungen widerrechtlicher Handlungen und Unterlassungen handle, und müsse der Richter in jedem einzelnen Falle entscheiden, ob nach den generellen Grundsätzen die Widerrechtlichkeit, welche vorliege, als eine widerrechtliche Handlung und Unterlassung der Aktiengesellschaft anzusehen sei; derselbe Ausdruck befinde sich bereits im § 7 des Ges. vom 9. November 1843 und habe man denselben zu verlassen keinen Grund gehabt."

§ 7 des Ges. über die Aktiengesellschaften vom 9. November 1843 lautete: „Macht sich eine Aktiengesellschaft eines groben Mißbrauchs ihres Privilegiums schuldig, so geht dieselbe ihres Rechts ohne Entschädigung verlustig. Die Aufhebung des Rechts kann jedoch in diesem Falle nur durch Richterspruch erfolgen" (G.S. 1843 S. 341).

Die Motive zum Einf.Ges. zum H.G.B. führen aus, daß die Aenderung des § 7 des Ges. von 1843 durch den § 5 des Einf.Ges. — „groben Mißbrauch des Privilegiums" — „in Gefährdung des Gemeinwohls durch rechtswidrige Handlungen oder Unterlassungen" eine „besondere materielle Bedeutung nicht habe" (Sten. Ber. Bd. 6 Anlage Theil 3 Aktenstück Nr. 149 S. 1125). Das Vorsteheramt der Königsberger Kaufmannschaft hat sich auf eine Anfrage des Preußischen Ministers für Handel u. Gewerbe ausführlich über die Auflösung einer Aktiengesellschaft wegen einer das Gemeinwohl gefährdenden Handlung geäußert (vgl. Zeitschrift f. Handel u. Gewerbe 1898 S. 121), daselbst heißt es u. A.:

„Da diese Bestimmungen mit dem Erforderniß der staatlichen Genehmigung und Beaufsichtigung der Aktiengesellschaften in Verbindung stehen, und dieses Erforderniß durch § 2 des Gesetzes vom 11. Juli 1870 (R.G.Bl. S. 375) beseitigt ist, so sind Zweifel darüber entstanden, ob jene Bestimmungen noch Geltung haben.

Durch eine solche preußische Vorschrift würde zunächst die Rechtseinheit im Reiche durchbrochen werden. Sachlich wäre eine solche Vorschrift in keiner Weise zu rechtfertigen. Die Berufung auf die für Vereine geltenden Bestimmungen der §§ 43 und 44 des Bürgerlichen Gesetzbuches erscheint als verfehlt. Die erwähnten Bestimmungen des Bürgerlichen Gesetzbuches gewähren nicht die Möglichkeit einer Auflösung des Vereins, sondern lediglich einer Entziehung der Rechtsfähigkeit. Dann auch wird es sich sehr selten um Vereine handeln, deren Zwecke auf einen wirthschaftlichen Geschäftsbetrieb gerichtet sind (§ 22 B.G.B.), sondern in der Regel um Vereine, die einen politischen oder einen sonstige öffentliche Angelegenheiten berührenden Zweck haben.

In der Generalversammlung erfahren die Aktionäre schließlich nur Dinge, welche von den leitenden und verantwortlichen Organen der Gesellschaft bereits ausgeführt sind. Sie haben gar kein Mittel, etwaige Handlungen dieser leitenden Organe zu verhindern, welche in gesetzwidriger Weise gegen das Gemeinwohl verstoßen, selbst wenn sie von denselben vor Ausführung Kenntniß gehabt hätten. Es ist daher eine durch nichts zu billigende Härte und Ungerechtigkeit, wenn die Aktionäre, die nichts verschuldet haben und die gesetzlich außer Stande sind, gemeingefährliche Maßnahmen der verantwortlichen Gesellschaftsorgane zu verhindern, für Handlungen des allein verantwortlichen Vorstandes und des Aufsichtsraths mit der Gefährdung ihres Aktienkapitals durch Auflösung der Gesellschaft bestraft werden sollten.

Hierzu kommt noch, daß der Begriff der rechtswidrigen Handlungen und Unterlassungen, durch welche das Gemeinwohl gefährdet wird, ein überaus dehnbarer und auch von den jeweiligen politischen Strömungen abhängiger ist. Es liegt sogar die Möglichkeit vor, daß nicht nur die Verletzung strafrechtlicher, sondern auch zivilrechtlicher Vorschriften den Anlaß zu einer Auflösung bieten könnte.

Gesetzwidrige Handlungen und Unterlassungen von Aktiengesellschaften oder Kommanditgesellschaften auf Aktien sind als solche an sich unmöglich. Ueberall kann es sich nur um Handlungen oder Unterlassungen der verantwortlichen Organe (des Vorstandes und des Aufsichtsrathes oder der persönlich haftenden Gesellschafter) handeln, also um Handlungen einzelner Personen, die dafür nach dem Strafgesetze oder nach dem Handelsgesetzbuche verantwortlich gemacht werden können. Ein neues Gesetz ist dazu nicht nöthig. Bereits das gegenwärtige Handelsgesetzbuch enthält so scharfe Vorschriften über die Verantwortlichkeit der leitenden Organe, und das neue Handelsgesetzbuch hat diese Vorschriften noch so wesentlich verschärft, daß gar kein Bedürfniß nach einer preußischen Vorschrift vorliegt, welche nicht nur die wirklich schuldigen Personen, sondern eine Menge ganz Unschuldiger treffen würde.

Abgesehen von diesen sachlichen Bedenken ist die in Aussicht genommene preußische Vorschrift unseres Erachtens rechtlich unzulässig.

Die Motive zu dem Reichsgesetz vom 11. Juni 1870 ergeben auch, daß bei seiner Schaffung die staatliche Einmischung als unpraktisch, zwecklos und der Tendenz der Gesetzgebung über die Aktiengesellschaften zuwiderlaufend erachtet wurde.

Die „anderen Gründe", aus welchen die Auflösung einer Aktiengesellschaft erfolgen kann, betreffen nunmehr lediglich die an anderen Stellen des gegenwärtigen und des neuen Handelsgesetzbuches vorgesehenen Fälle des Aufhörens einer Aktiengesellschaft durch Amortisation ihrer Aktien oder durch Fusion mit einer anderen Gesellschaft (Artikel 215d und 247 des gegenwärtigen Handelsgesetzbuches, §§ 227 und 303—308 des neuen Handelsgesetzbuches). Durch die Beseitigung der Worte „die Zurücknahme der staatlichen Genehmigung nach dem in den Einzelstaaten geltenden Rechte" hat die Reichsgesetzgebung unzweifelhaft ausgesprochen, daß die Landesgesetzgebung nicht mehr befugt ist, andere Auflösungsgründe als das Handelsgesetzbuch vorschreibt, zu schaffen."

Alle diese Einwände lassen sich auch gegen den § 81 des Genossenschaftsgesetzes geltend machen. Art. 4 des Entwurfs eines preußischen Ausführungsgesetzes zum H.G.B. bestimmt gleichwohl: „eine Aktiengesellschaft . . . kann aufgelöst werden, wenn sie durch einen gesetzwidrigen Beschluß der Generalversammlung oder durch gesetzwidriges Verhalten des Vorstandes oder des Aufsichtsraths das Gemeinwohl gefährdet"; über die Auflösung soll im Verwaltungsstreitverfahren entschieden werden.

II. Erläuterungen zu § 81.

1. Absatz I. „eine Genossenschaft".

Wie die Entstehungsgeschichte ergiebt, waltete bei Annahme der unverändert gebliebenen Bestimmung des preußischen Gesetzes entschieden die Absicht ob, daß nicht Handlungen oder Unterlassungen des Vorstandes oder des Aufsichtsrathes oder der Generalversammlung die Auflösung begründen sollten, sondern daß die Genossenschaft selbst sich gesetzwidrig verhalten müsse. Vgl. vorstehende Ausführungen, ebenso Proebst S. 261, Zeller zu § 79, Richter S. 278, wogegen Birkenbihl-Maurer S. 318 den § 181 auch bei Zuwiderhandlungen, „von den Organen der Genossenschaft" begangen, anwenden wollen, beschränken dies dann aber auch selbst wieder auf „Handlungen der zur Vertretung berufenen Organe" — also doch wohl ausschließlich des Vorstandes. Daß gesetzwidrige Handlungen des Vertretungs-Organs nicht bereits den Thatbestand ausmachen, ergiebt sich auch aus der Fassung des dem § 181 nachgebildeten § 62 des Gesetzes betr. die Gesellschaften m. b. H. vom 20. April 1892. Ueber die Strafbarkeit der Genossenschaft vgl. § 17 Erl. 1, über die zivilrechtliche Verantwortung § 26 Erl. 5 und 17 Erl. 1.

Die bisher vorgekommenen Fälle der Anwendung dieses § (s. unten) geben in dieser Beziehung keinen Anhalt für die Auslegung. (Man vgl. Gierke, Die Genossenschaftstheorie und die deutsche Rechtsprechung S. 743 ff.)

2. „Gesetzwidrige Handlungen und Unterlassungen ..., durch welche das Gemeinwohl gefährdet wird."

„Unterlassungen, durch welche das Gemeinwohl gefährdet wird," sind kaum denkbar, wie auch Birkenbihl-Maurer S. 317 hervorheben. Der Entwurf zum Gesetz betr. Gesellschaften m. b. H. enthielt in § 62 die gleiche pleonastische Ausdrucksweise, in der Reichstagskommission wurden die Unterlassungen gestrichen. Von „gesetzwidrigen Handlungen" kann es überaus zweifelhaft sein, ob sie das Gemeinwohl gefährden; manche Berufsklassen, die von ihrer Bedeutung für den Staat eine besonders hohe Meinung haben, sind leicht geneigt, bereits in einer sie schädigenden Handlung eine solche zu sehen, die „das Gemeinwohl gefährdet", indem sie sich mit dem „Gemeinwohl" identifiziren. So ist von den Kolonialwaarenhändlern -- selbst von einem Gericht — in dem Verkauf von Waaren an Nichtmitglieder durch einen Konsumverein eine das Gemeinwohl gefährdende Handlung gesehen und die Anwendbarkeit des § 81 auf diesen Fall behauptet; bei § 8 Erl. 11 ist die Unhaltbarkeit dieser Auffassung dargelegt. Das „Gemeinwohl" sollte nach der Auffassung einer Behörde durch die Auszahlung von Sterbegeldern an die Hinterbliebenen von Mitgliedern gefährdet sein! In einem andern Fall ist der Versuch gemacht, Verhandlungen in der Generalversammlung über die Schließung der Läger am 1. Mai als das Gemeinwohl gefährdend zu betrachten. Ebensowenig ist § 81 anwendbar, wenn es sich um Uebertretungen der Gewerbeordnung oder der für Versicherungsgesellschaften geltenden Vorschriften handelt (O.V.G. Bd. 25 S. 326 ff., § 8 Erl. 11, § 1 Erl. 5, Birkenbihl-Maurer S. 318).

„Gemeinwohl" ist ein dehnbarer Begriff. Die in den §§ 306 ff. St.G.B. behandelten Delikte sind „gemeingefährliche Verbrechen und Vergehen", man wird dieselben als gegen das Gemeinwohl gerichtet zu betrachten haben. Gesellschaften, die den Umsturz der bestehenden Staats- und Gesellschaftsordnung bezwecken, gefährden das Gemeinwohl, falls der Umsturz auf gesetzwidrigem Wege erreicht werden soll. Daß Genossenschaften für derartige Zwecke als eingetragene nicht zu Stande kommen, dafür bieten jedoch die gesetzlichen Bestimmungen die genügende Sicherheit.

3. „andere . . . Zwecke".

Eine Ausdehnung des Geschäftsbetriebes auf Nichtmitglieder enthält auch bei den Genossenschaften, für welche das Gesetz in § 8 dies verbietet, nicht eine Verfolgung anderer als der im § 1 bezeichneten Zwecke (vgl. § 8 Erl. 7b, 11), es können nur die auf die Uebertretung des Verbots gesetzten Strafbestimmungen zur Anwendung kommen. Ueber die von Genossenschaften zu verfolgenden Zwecke § 1 Erl. 5; über Verfolgung anderer Zwecke als der im Statut vorgesehenen § 1 Erl. 6, insbesondere über Zuwendungen § 48 Erl. 1, vgl. auch Proebst S. 261. Wie bei § 48 bereits bemerkt ist, kann der § 81 bei Behörden, welche den sozialpolitischen Aufgaben der Genossenschaft kein Verständniß entgegenbringen, für die Genossenschaften sehr gefährlich werden. Es gilt auch hier, was zu § 60 ausgeführt ist. Es müssen Statut und Geschäftsbetrieb in der Gesammtheit berücksichtigt werden, und ob hiernach „andere Zwecke" als die gesetzlichen verfolgt werden, vgl. den Beschluß des Kammergerichts vom 21. Mai 1894,

Johow Bd. 14 S. 43, aus diesem Beschluß mag hier noch zur Charakterisirung der von der Genossenschaft zu verfolgenden Zwecke hervorgehoben werden, daß eine „sittliche Hebung" der Mitglieder sehr wohl im Statut als Zweck der Genossenschaft angeführt werden kann, wenn sich im Uebrigen ergiebt, daß die sittliche Hebung der Mitglieder durch die materielle Hebung derselben erstrebt wird; es muß nur der wirthschaftliche Zweck der Genossenschaft für die Mitglieder derselben ein egoistischer sein. — § 1 Erl. 6.

4. „kann aufgelöst werden".

„Das Gesetz bestimmt zwar die Voraussetzungen, unter welchen allein die Auflösung ausgesprochen werden kann, aber ... das Vorhandensein dieser Voraussetzungen soll nicht die Auflösung unter allen Umständen nach sich ziehen; auch wenn dieselben an und für sich vorliegen, hat doch die Behörde nach Lage des Falles zu befinden" (Begr. II 104).

5. Absatz II. „landesgesetzlich geltende Vorschriften".

Es lohnt sich nicht, auf die Gründe einzugehen, welche die Motive dafür beibringen, die Entscheidung den Civilgerichten zu entziehen. — Das Deutsche Reich besitzt ein einheitliches Gerichtsverfahren. Nach dem Genossenschaftsgesetze von 1868 konnte die Auflösung von Genossenschaften durch die Staatsbehörde nur in einem nach diesem einheitlichen Gerichtsverfahren geführten Prozesse und schließlich durch Urtheil des Reichsgerichts ausgesprochen werden. Dieser Schutz ist beseitigt. Der Fortbestand einer Genossenschaft unter dem deutschen Genossenschaftsgesetze ist nunmehr von den überall verschiedenen Vorschriften der Landesgesetze für das Verfahren bei streitigen Verwaltungssachen und, wo ein Verwaltungsstreitverfahren gar nicht besteht (und das ist in Sachsen und fast allen kleineren Staaten der Fall), von dem Belieben der Verwaltungsbehörden abhängig. Diese Verschlechterung des deutschen Genossenschaftsgesetzes verstößt bei der Anerkennung, welche sich die deutsche Genossenschaftsbewegung und die deutsche Genossenschaftsgesetzgebung bei allen Kulturstaaten der Welt errungen hat, in der That gegen „nationale Interessen". Für Gesellschaften m.b.H. sind die entsprechenden Bestimmungen in § 62 des Gesetzes vom 20. April 1892 erheblich günstiger, indem dort wo kein Verwaltungsstreitverfahren besteht, das gerichtliche Verfahren Platz greift.

6. Das Verfahren.

Wo ein Verwaltungsstreitverfahren besteht, sind die Verwaltungsgerichte kompetent, andernfalls die höheren Verwaltungsbehörden, und diese müssen unter den in §§ 20 u. 21 Gewerbe-Ord. hinsichtlich der Zusammensetzung der Behörden und des Verfahrens gebotenen Garantien entscheiden.

§ 20 der Gewerbe-Ordn. lautet:

Gegen den Bescheid ist Rekurs an die nächstvorgesetzte Behörde zulässig, welcher bei Verlust desselben binnen vierzehn Tagen, vom Tage der Eröffnung des Bescheides an gerechnet, gerechtfertigt werden muß.

Der Rekursbescheid ist den Parteien schriftlich zu eröffnen und muß mit Gründen versehen sein.

§ 21. Die näheren Bestimmungen über die Behörden und das Verfahren, sowohl in der ersten als in der Rekurs-Instanz, bleiben den Landesgesetzen vorbehalten. Es sind jedoch folgende Grundsätze einzuhalten:

1. In erster oder in zweiter Instanz muß die Entscheidung durch eine kollegiale Behörde erfolgen. Diese Behörde ist befugt, Untersuchungen an Ort und Stelle zu veranlassen, Zeugen und Sachverständige zu laden und eidlich zu vernehmen, überhaupt den angetretenen Beweis in vollem Umfange zu erheben.

2. Bildet die kollegiale Behörde die erste Instanz, so ertheilt sie ihre Entscheidung in öffentlicher Sitzung, nach erfolgter Ladung und Anhörung der Parteien, auch in dem Falle, wenn zwar Einwendungen nicht angebracht sind, die Behörde aber nicht ohne weiteres die Genehmigung ertheilen will, und der Antragsteller innerhalb vierzehn

Tagen nach Empfang des .... Bescheides der Behörde auf mündliche Verhandlung anträgt.

3. Bildet die kollegiale Behörde die zweite Instanz, so ertheilt sie stets ihre Entscheidung in öffentlicher Sitzung, nach erfolgter Ladung und Anhörung der Parteien.

6. „höhere Verwaltungsbehörden".

Für Preußen ist durch Königl. Verordnung vom 28. Mai 1890 (Preuß. G.S. S. 135) angeordnet, daß über die Auflösung der Bezirksausschuß auf Klage des Regierungspräsidenten entscheidet. Für Bayern ist maßgebend Gesetz vom 28. November 1889 (Gesetz- und Verordnungsblatt Nr. 46 von 1889 — Bl.f.G. 1889 S. 499).

7. Absatz III. Bekanntmachung der Auflösung.

Die in erster Instanz entscheidende Behörde hat, wenn ihre Entscheidung rechtskräftig geworden ist, dem Gericht von der Auflösung Mittheilung zu machen, dieses hat die Auflösung einzutragen und bekannt zu machen. Gleichfalls hat der Vorstand die Auflösung zu drei verschiedenen Malen durch die für die Bekanntmachung der Genossenschaft bestimmten Blätter, mit der Aufforderung an die Gläubiger sich zu melden, zu veröffentlichen (§ 82). Von der Wirkung der Auflösung Dritten gegenüber vgl. § 78.

8. Strafbarkeit der Vorstandsmitglieder.

Ueber die besondere Strafbarkeit der Mitglieder des Vorstandes, wenn ihre Handlungen auf andere als die im § 1 erwähnten geschäftlichen Zwecke gerichtet sind, oder wenn sie in der Generalversammlung die Erörterung von Anträgen gestatten oder nicht hindern, welche auf öffentliche Angelegenheiten gerichtet sind, vgl. § 149.

9. Bisherige Fälle der Verfolgung von Genossenschaften durch Auflösungsanträge.

Nur folgende Fälle sind vorgekommen, in denen § 35 des Ges. von 1868 angewendet worden:

a) Durch Erkenntniß des Bezirksgerichts München vom 9. Juni 1875, bestätigt in zweiter Instanz vom Appellationsgericht München am 27. Dezember 1875, ist (statt in dem allein zulässigen Civilprozeßverfahren) in einem großen Sozialistenstrafprozeß gegen die erste Münchener Genossenschaftsbuchdruckerei E.G. auf Auflösung erkannt, weil es ihr „eigentlich nicht um den angegebenen Zweck (Buchdruckerei verbunden mit einem Buchhandel), sondern überhaupt nicht um geschäftliche Zwecke im Sinne des § 1 des Ges. vom 4. Juli 1868 zu thun gewesen". Vgl. ausführliche Darstellung bei Parisius S. 341 und 566, ferner 1. Auflage S. 268.

b) Ueber einen zweiten Fall erfährt man durch einen Beschluß des Reichsgerichts (zweiter Civilsenat) vom 26. Juni 1885 (Bd. 14 Nr. 11 S. 29) auf eine Beschwerde der Kreishauptmannschaft zu Bautzen. Diese hat gegen den homöopathischen Verein E.G. zu E. die Auflösungsklage angestellt. Das Landgericht zu Bautzen hatte zur mündlichen Verhandlung im Strafverfahren vorgeladen, das Oberlandesgericht zu Dresden auf Beschwerde den Beschluß aufgehoben. Das Reichsgericht wies die Beschwerde der Kreishauptmannschaft als unzulässig zurück und sprach aus, daß das Verfahren ein zivilprozessuales sei und vor das ordentliche Civilgericht gehöre, vgl. 1. Auflage S. 269.

c) Der Regierungspräsident v. Heppe zu Danzig klagte gegen den Ackerbau- und Kreditverein zu Pinschin E.G. auf Auflösung des Vereins vor der Civilkammer des Landgerichts Danzig und wurde durch Urtheil vom 16. Mai 1889 abgewiesen. Aus den Urtheilsgründen ist zu bemerken: Der Gegenstand des Unternehmens der am 10. Juli 1888 in das Genossenschaftsregister des Amtsgerichts zu Stargardt eingetragenen Genossenschaft ist nach dem Statut: „Förderung des Kredits, des Erwerbes und der Wirthschaft der Mitglieder durch Erwerb des Rittergutes Pinschin, dessen Bewirthschaftung durch Mitglieder, Geldanlage und Verleihung seitens der Mitglieder und an dieselben". Der Kläger versuchte nachzuweisen, daß, da die Genossenschaft ohne gemeinsamen Geschäftsbetrieb und mit Beschränkung der Mitgliederzahl die Förderung des Kredits des Erwerbes und der Wirthschaft der Mitglieder vornehmen wolle, sie nicht den gesetzlich zugelassenen Zweck verfolge ... In dem den Kläger kostenpflichtig abweisenden Urtheil heißt es:

„Es liegt auf der Hand, daß die Verfolgung anderer als der bezeichneten geschäftlichen Zwecke sich weder aus einer geschlossenen Mitgliederzahl, noch aus dem Mangel eines gemeinschaftlichen Geschäftsbetriebes herleiten läßt. Diese beiden Punkte kommen nur bei der Prüfung in Frage, ob eine Gesellschaft unter die rechtlichen Formen einer Genossenschaft gebracht werden kann, oder ob derselben ein anderer rechtlicher Charakter beizulegen ist. Diese Prüfung jedoch ist lediglich dem Richter gegeben, welcher das Genossenschafts-Register führt und die Eintragung der Gesellschaft in das Register anzuordnen hat. Der Verwaltungsbehörde ist ein Klagerecht wegen Bedenken über die rechtliche Gestaltung der Gesellschaft nicht beigelegt; sie ist als Aufsichtsbehörde nicht für den das Genossenschafts-Register führenden Richter, sondern für die Genossenschaft selbst bestellt. Eine Klage auf Auflösung einer Genossenschaft setzt voraus, daß die Genossenschaft dem Gesetze entsprechend gegründet sei. Hier wird Auflösung der Genossenschaft verlangt, weil die Genossenschaft nach ihrem Statute dem Gesetze nicht entsprochen, zur Eintragung nicht geeignet gewesen, im Grunde also eine Genossenschaft gar nicht zu Stande gekommen sein soll. Hieraus ergiebt sich die Unzulässigkeit der Klage. Es kann deshalb dahingestellt bleiben, ob die Ausführungen des Klägers auch sonst noch zutreffend sind."

Gegen das Urtheil wurde Berufung eingelegt, die sich zunächst darauf stützte, daß die Genossenschaft wegen Fehlens des gemeinschaftlichen Geschäftsbetriebs andere als die in § 1 des Gesetzes bezeichneten geschäftlichen Zwecke verfolge. Dann aber — inzwischen war das neue Gesetz in Kraft getreten — stellte der klagende Regierungspräsident den Antrag, „den Rechtsweg für unzulässig zu erklären", da sich das Verfahren nur nach den für streitige Verwaltungssachen geltenden Vorschriften zu richten habe. Das Oberlandesgericht erkannte am 19. November 1889 nach diesem Antrage. Die Bedründung hat nur noch historisches Interesse (vgl. 1. Auflage S. 443). Das in diesem Falle von den oberen Behörden beobachtete Verfahren ist geeignet, bei jedem, der von demselben Kenntniß nimmt, das allergrößte Erstaunen hervorzurufen, es steht vielleicht einzig in der preußischen Verwaltungspraxis da und ist gewiß nicht geeignet, mit Vertrauen die Entscheidung über die Auflösung einer Genossenschaft einer Verwaltungsbehörde zu übertragen. Vgl. die aktenmäßige Darstellung des Falles in den Bl.f.G. von 1890 S. 100, 105, 123. Hierzu kommen unter dem Gesetze von 1889 folgende Fälle:

d) Durch Urtheil des Bezirks-Ausschusses vom 4. Oktober 1890 ist der Konsumverein zu Schermcke aufgelöst; hier war als eine das Gemeinwohl gefährdende Handlung betrachtet, daß die Genossenschaft einer gesetzlichen Vertretung entbehrte. An eine solche Auslegung des § 24 und einer derartigen Anwendung des § 81 auf § 24 hatte vorher schwerlich Jemand gedacht. Das Urteil ist rechtlich unhaltbar (vgl. Nr. 4 Bl.f.G. von 1891, wo das Urtheil von Parisius mitgetheilt ist).

e) Durch Beschluß der Distrikts-Polizeibehörde zu Memmingen vom 6. November 1890 ist der Konsumverein Woringen aufgelöst; es handelte sich um einen Konsumverein, der Spirituosen an seine Mitglieder abgab, ohne Konzession zu besitzen, hierin erblickte das Bezirksamt den Thatbestand des § 79 (§ 81). Bei § 8 Erl. 11 ist die Unrichtigkeit dieser Auffassung dargelegt (vgl. auch den Beschluß und die Kritik in Nr. 37 Bl.f.G. von 1891).

f) Selbst eine „polizeiliche" Auflösung einer Genossenschaft ist erfolgt!! Es handelte sich um eine Versicherungsgesellschaft, welche die Konzession nicht erhalten konnte. Der betreffenden Behörde war es unbekannt, daß das Gesetz ein solches Auflösungsverfahren nicht kennt. Vgl. über diesen Fall und die dabei vorgekommenen groben Gesetzesverletzungen Parisius in Nr. 16 u. 44 Bl.f.G. von 1892. Es handelt sich um die Hagelversicherungsgenossenschaft zu Suddendorf — wird in solchem Falle die für den Geschäftsbetrieb erforderliche Genehmigung nicht ertheilt, so bleibt der Genossenschaft nichts übrig, als sich wieder aufzulösen, da die betr. Vorstandsmitglieder, welche ohne erforderliche Konzession den Geschäftsbetrieb beginnen würden, sich nach den für die Versicherungsgesellschaften geltenden gesetzlichen Bestimmungen der Behörde verantwortlich machen würden (§ 1 Erl. 5).

g) Gegen eine Kreditgenossenschaft ist das Auflösungsverfahren eingeleitet, weil sie für ihre Mitglieder eine Sterbekasse errichtet hatte. Lag eine Versicherungskasse vor, für die die Konzession erforderlich war, so konnten die Bestimmungen des Strafgesetzbuchs gegen die Vorstandsmitglieder angewendet werden, die Kreditgenossenschaft aber durfte nicht deswegen der Vernichtung bestimmt werden. S. auch Birkenbihl-Maurer S. 318.

h) Weitere Auflösungen von Genossenschaften, über die Näheres nicht bekannt geworden ist, sind erfolgt: Konsumverein Winkhausen durch gerichtlichen Beschluß (1892); Konsum- und Sparkassenverein zu Gillowitz i. Schl. und Konsum- und Sparkassenverein zu Mokrau i. Schl. durch gerichtlichen Beschluß (1893); Konsum- und Sparkassenverein zu Kreuzdorf i. Schl., Konsum- und Sparkassenverein zu Ober-Boischow durch Beschluß des Bezirksausschusses (1894); Konsum- und Sparkassenverein Gostin i. Schl. und Konsum- und Sparkassenverein zu Ober-Lazisk i. Schl. durch Urtheil des Bezirksausschusses (1895); Konsum- und Sparkassenverein zu Zwakow i. Schl., Bürger-Konsumverein zu Spiesen i. der Rheinprovinz und Konsum-Vereinswirthschaft zu Untermühlegg in Bayern durch behördliches Erkenntniß (1896). — Die Auflösungen durch Gerichtsbeschluß sind wahrscheinlich nach § 80 erfolgt.

§ 82.

Die Auflösung der Genossenschaft ist von dem Gerichte ohne Verzug in das Genossenschaftsregister einzutragen.

Sie muß von den Liquidatoren zu drei verschiedenen Malen durch die für die Bekanntmachungen der Genossenschaft bestimmten Blätter bekannt gemacht werden. Durch die Bekanntmachung sind zugleich die Gläubiger aufzufordern, sich bei der Genossenschaft zu melden.

Ges. von 1868 § 36, Entw. I 77, II 78, Komm. 78, Rtg. 80. Einf.-Ges. z. H.G.B. Art. 10 VII. Begr. I 159, II 105.

Erläuterungen zu § 82.

§ 82 giebt im Wesentlichen den § 36 des Ges. von 1868 und Art. 243 H.G.B. (jetzt §§ 293, 297) wieder.

1. **Absatz** I. Eintragung und Bekanntmachung der Auflösung durch das Gericht. — A.V. § 21.

Ueber die Prüfung des Gerichts § 78 Erl. 2, § 79 Erl. 1.

Die Eintragung der Auflösung ist von dem Gericht durch den Deutschen Reichsanzeiger und die anderen für die Bekanntmachungen des Gerichts bestimmten Blätter zu veröffentlichen (§ 156). Ueber die Wirkung vgl. zu § 78. Diese Bekanntmachung ist unabhängig von der von dem Vorstande ausgehenden, welche in den für die Bekanntmachungen der Genossenschaft von dieser bestimmten Blättern geschieht, die Bekanntmachung wird also meistens in ganz verschiedenen Blättern erfolgen. Die

Löschung der Firma kann erst nach durchgeführter Liquidation erfolgen (vgl. Holdheim in der Monatsschrift für Aktienrecht 1895 S. 98).

2. Anmeldung der Auflösung.

Von dem Vorstande ist die Auflösung nur in den Fällen der Auflösung durch Beschluß (§ 78) und durch Zeitablauf (§ 79) anzumelden. Zu dem Genossenschaftsregister der Zweigniederlassung wird die Eintragung der Auflösung von dem Gerichte der Hauptniederlassung mitgetheilt (vgl. § 158 Abs. 2, A.V. § 20 Abs. 3). In dem Falle des § 80 erfolgt die Anzeige durch das Gericht.

3. **Absatz** II. Aufforderung der Gläubiger.

Nach der Fassung des Gesetzes von 1889 hat der Vorstand die Gläubiger aufzufordern; die Aenderung ist getroffen zur Uebereinstimmung mit § 297 H.G.B. und zweifellos zu billigen; die Liquidatoren, nicht das Gericht haben „durch die für die Bekanntmachungen der Genossenschaft bestimmten Blätter" also durch diejenigen Blätter, in welchen die von der Genossenschaft ausgehenden Bekanntmachungen erfolgen (§ 6 Nr. 4), diese dreimalige Aufforderung zu erlassen. Die Liquidatoren dürfen vor Ablauf eines Jahres seit dem Tage, an welchem „die Aufforderung der Gläubiger in den hierzu bestimmten Blättern zum dritten Male erfolgt ist", nichts von dem Vermögen vertheilen (§ 90).

Nach dem Ges. von 1868 sollten sich die Gläubiger „bei dem Vorstande" der Genossenschaft melden, es war dies jedenfalls nur ein Redaktionsfehler (Parisius S. 343). Die Aufforderung an die Gläubiger bezweckt, diese zur Wahrung ihrer Rechte zu veranlassen und die Genossenschaftsorgane in den Stand zu setzen, den Umfang der Ansprüche kennen zu lernen, welche anzuerkennen oder zu bestreiten sind (R.O.H.G. Bd. 24 S. 254). Eine Präklusivfrist zur Meldung kann den Gläubigern nicht gesetzt werden.

§ 83.

Die Liquidation erfolgt durch den Vorstand, wenn nicht dieselbe durch das Statut oder durch Beschluß der Generalversammlung anderen Personen übertragen wird.

Es sind wenigstens zwei Liquidatoren zu bestellen.

Auf Antrag des Aufsichtsraths oder mindestens des zehnten Theils der Genossen kann die Ernennung von Liquidatoren durch das Gericht (§ 10) erfolgen.

Die Abberufung der Liquidatoren kann durch das Gericht unter denselben Voraussetzungen wie die Bestellung erfolgen. Liquidatoren, welche nicht vom Gerichte ernannt sind, können auch durch die Generalversammlung vor Ablauf des Zeitraums, für welchen sie bestellt sind, abberufen werden.

Ges. von 1868 § 40, Entw. I 78 u. II, Komm. 79, Rtg. 81. Begr. I 160, II 106.

I. **Zur Geschichte des § 83.**

Der § 40 des Ges. von 1868 lautete übereinstimmend mit dem Inhalt des Art. 243 des H.G.B. (jetzt § 295) wie folgt:

„Nach Auflösung der Genossenschaft außer dem Falle des Konkurses erfolgt die Liquidation durch den Vorstand, wenn nicht dieselbe durch den Gesellschaftsvertrag oder einen Beschluß der Genossenschaft an andere Personen übertragen wird. Die Bestellung der Liquidatoren ist jederzeit widerruflich."

Damit stimmt, abgesehen von dem etwas dunkel gehaltenen Schlußsatze, der erste Absatz des § 83 des Gesetzes überein.

Der zweite Absatz „über die Mindestzahl von zwei Liquidatoren" ist eine Konsequenz der für den Vorstand aufgestellten gleichartigen Vorschrift des § 24. Die Abs. 3 und 4 sind dem Art. 244 des Aktiengesetzes (jetzt § 295 Abs. 2 u. 3 nachgebildet).

II. Erläuterungen zu § 83.

1. Liquidation.

Mit der Auflösung nimmt nur die produktive Seite der Genossenschaft ein Ende, diese besteht noch weiter zum Zweck der Abwickelung ihrer Geschäfte; für Aktiengesellschaften hat das R.G. (Bd. 3 S. 55) ausgesprochen, daß es durch die praktische Nothwendigkeit geboten und in der Rechtsprechung ziemlich allgemein anerkannt sei, daß die Organe, insbesondere die Generalversammlung, auch noch während der Liquidation für die Zwecke und bis zur Beendigung derselben fortbestehen, soweit es sich mit dem Wesen der Liquidation verträgt (vgl. auch R.G. Bd. 24 S. 71, Johow Bd. 14 S. 242; Anwendung der für die Bilanz geltenden Bestimmungen auf das Liquidations-Stadium). Für Genossenschaften gilt das Gleiche; die Genossenschaft in Liquidation ist dasselbe Rechtssubjekt wie die Genossenschaft vor der Auflösung, jedoch mit einem gesetzlich bestimmten Zweck, wie derselbe in § 88 näher bezeichnet ist. Der Revision nach Maßgabe der §§ 53ff. unterliegt die aufgelöste Genossenschaft nicht. Generalversammlung und Aufsichtsrath bleiben unverändert, an Stelle des Vorstandes treten die Liquidatoren, deren Vertretung jedoch nicht in gleichem Maße unbeschränkt ist, wie die des Vorstandes. Birkenbihl-Maurer S. 310, 322, nehmen an, daß mit der Auflösung die Genossenschaft vollständig untergehe, daß daher auch der Aufsichtsrath neu bestellt werden muß — vgl. daselbst auch die weiteren Ansichten. — Rechtlich scheint diese Annahme nicht geboten und die wirthschaftliche Zweckmäßigkeit muß ihr bestritten werden; allerdings geht die Genossenschaft mit der Auflösung zu Grunde, doch der Beschluß auf Auflösung ist nur der Beginn dafür, es bedarf gar keiner „Fiktion" für den „Fortbestand", da es sich nur um die Abwickelung der Geschäfte einer fingirten Rechtsperson handelt. Proebst S. 266, Joël S. 603 wollen den Vorstand neben den Liquidatoren beibehalten. Letzterer führt als Thätigkeit des Vorstandes auf: weitere Führung der Mitgliederliste (§ 30), Veröffentlichung der Mitgliederzahl am Jahresschluß (§ 33 Abs. 2); einmal bedürfte es zu solch geringfügigen Obliegenheiten schwerlich eines besonderen Organs, dann können im Mitgliederbestande auch nach der Auflösung keine Aenderungen mehr eintreten, denn aus einer aufgelösten Genossenschaft kann Niemand austreten, und endlich ist es rechtlich unmöglich, daß eine Rechtsperson zwei selbstständige Vertretungsorgane hat. Neben den Liquidatoren ist für den Vorstand kein Raum (§§ 88 und 89). Statutenänderungen können nach erfolgter Auflösung nicht mehr beschlossen werden (§ 16 Erl. 1, Johow u. Küntzel Bd. 7 S. 5). Abgesehen von dem Falle des Konkurses ist die Liquidation die nothwendige Folge der Auflösung, sie kann sich jedoch auch an den Konkurs noch anschließen; es verstößt wider das Gesetz und ist wirkungslos, wenn Registerrichter zugleich mit der Auflösung öffentlich bekannt machen, daß wegen Mangels eines gemeinschaftlichen Vermögens, eines zu liquidirenden Geschäfts, einer zu liquidirenden Masse u. s. w. keine Liquidation nöthig sei. Durch Ordnungsstrafen sind die Vorstandsmitglieder zur Anmeldung der Liquidatoren zu zwingen (§§ 84, 160). Die Auflösung als solche giebt den Gläubigern nicht das Recht, „vorzeitig und ohne Rücksicht auf die Vertragsvereinbarungen und -Bedingungen Bezahlung ihrer Forderung zu begehren" (R.G. Bd. 9 S. 14), es müßten hierzu besondere Gründe vorliegen. Das Gleiche gilt für Verträge, welche die Genossenschaft abgeschlossen; die Auflösung führt nicht ohne Weiteres zur Aufhebung. Es gilt dies insbesondere von Verträgen mit Angestellten, und ist „nach Maßgabe des Inhalts des in Betracht kommenden Vertrages in Bezug auf die Art der darin festgesetzten Leistungen und ihrer wirthschaftlichen Bedeutung für die Betheiligten zu prüfen, ob die Leistungen oder ihre Annahme wegen der in den Verhältnissen der Aktiengesellschaft durch den Eintritt in den Liquidationszustand eintretenden Veränderung entweder überhaupt oder doch in der durch den Vertrag ihnen zugewiesenen Bedeutung und Zweckbestimmung unmöglich werden" (R.G. Bd. 24 S. 71). — H.G.B. §§ 66, 67, B.G.B. § 626 (vgl. § 24 Erl. 9). Die Liquidationsfirma (§ 85 Abs. 3) enthält keine Aenderung der bisherigen Firma (vgl. R.G. Bd. 15 S. 105) im Sinne des § 5 Nr. 2 des Markenschutzgesetzes und des Art. 25 (jetzt § 31) H.G.B.

Die Folgen der Auflösung können nicht mehr rückgängig gemacht werden, auch der Konkurs bedeutet die endgültige Auflösung; vgl. aber § 60 Z. 4 des Gesetzes betr. die Gesellschaften mit beschränkter Haftung in der vom 1. Januar 1900 an geltenden Fassung (Parisius u. Crüger S. 244); wollen die Genossen das Unternehmen fortführen, so müssen sie eine neue Genossenschaft gründen.

2. Liquidator.

Als Liquidatoren können fungiren:

a) der Vorstand,
b) die durch das Statut bestimmten,
c) die durch die Generalversammlung erwählten,
d) die durch den Richter ernannten Personen.

Erfolgt die Liquidation durch den Vorstand, so ändern sich dessen Funktionen nach Maßgabe des § 88. Liegt keiner der anderen Fälle vor, so ist die Durchführung der Liquidation eine Pflicht des Vorstandes (Joël S. 604). Für die Liquidatoren fordert das Gesetz nicht, daß dieselben Mitglieder der Genossenschaft sind.

Durch das Gesetz ist dem Gericht unter bestimmten Voraussetzungen das Recht gegeben, Liquidatoren zu bestellen und abzuberufen. Einen weiteren Einfluß auf die Liquidation aber hat der Richter ebensowenig wie auf die Geschäftsführung der Genossenschaft vor ihrer Auflösung. Es gelten hier die gleichen Grundsätze, die das Reichsgericht mit Bezug auf das Verhalten des Registerrichters zur offenen Handelsgesellschaft (R.G. Bd. 12 S. 34) ausgesprochen hat: dagegen ist dem Richter nirgends die Befugniß ertheilt, in den Betrieb der Gesellschaftsgeschäfte, sei es vor der Auflösung der Gesellschaft, sei es im Liquidationsstadium, einzugreifen. Die Befugniß hierzu kann auch nicht etwa aus jener Befugniß (Liquidatoren zu ernennen) hergeleitet werden, denn beide Befugnisse erscheinen als etwas generisch Verschiedenes, jene umfaßt nicht etwa diese als die engere; für ein argumentum a majori ad minus liegen daher die Voraussetzungen nicht vor.

Die Bestellung und Abberufung von Liquidatoren durch das Gericht kann nur auf Antrag erfolgen — nie von Amtswegen. Für das Verfahren — Hörung der Antragsteller, sofortige Beschwerde — § 148 des Gesetzes über die Angelegenheiten der freiwilligen Gerichtsbarkeit.

Der Antrag des Aufsichtsraths muß ergeben, daß ein Beschluß des Aufsichtsraths vorliegt. Besondere Förmlichkeiten, wie Beglaubigung u. s. w., verlangt das Gesetz nicht.

Der Richter kann nicht verlangen, daß sich die Antragsteller als Aufsichtsrathsmitglieder legitimiren, vgl. § 28 Erl. 6 (anders in der früheren Auflage). Der von den Mitgliedern ausgehende Antrag ist von der erforderlichen Anzahl Mitglieder zu unterschreiben. Eine Beglaubigung der Unterschriften ist nicht erforderlich. Der Antrag ist zu begründen, denn das Gericht beschließt nach freiem Ermessen. Der Bescheid ist dem- oder denjenigen zuzustellen, die den Antrag überreicht haben.

Unter Bezugnahme auf R.G. Bd. 13 S. 155 nehmen Birkenbihl-Maurer S. 324 an, daß, wenn über die Ernennung der Liquidatoren Streit ist, das Prozeßgericht auch zugleich die Liquidatoren zu ernennen hat. Dem wird nach dem Wortlaut des § 83 kaum beizustimmen sein. Ueber Anmeldung der Liquidatoren § 84, Zeichnung derselben § 85.

Die Liquidatoren sind mangels besonderer vertragsmäßiger Vereinbarung berechtigt, ihr Amt — nur nicht zur Unzeit — niederzulegen (Urtheil des R.G. vom 18. Oktober 1893, Jurist. Wochenschrift 1893 S. 542), B.G.B. § 626: der Vertrag mit ihnen wird durch den Aufsichtsrath abgeschlossen.

3. Absatz IV. Abberufung der Liquidatoren.

Die vom Richter ernannten Liquidatoren können auch nur von diesem abberufen werden, und zwar auf Antrag des Aufsichtsraths oder des zehnten Theiles der Genossen.

Die Bestellung der nicht vom Richter ernannten Personen kann jederzeit von der Generalversammlung widerrufen werden, und von dem Richter auf Antrag des Aufsichtsraths oder des zehnten Theiles der Genossen.

Der Widerruf geschieht unbeschadet der Ansprüche der Liquidatoren aus den Anstellungsverträgen (B.G.B. § 626).

Da der Aufsichtsrath in Funktion bleibt (§ 87) und ihm insbesondere das Recht und die Pflicht der Ueberwachung der Liquidatoren übertragen ist (§ 89), so muß ihm auch die Befugniß des § 40 den Liquidatoren gegenüber zustehen, diese vorläufig von ihrem Amte zu entheben (ebenso Proebst S. 266, Joël S. 604, Birkenbihl-Maurer S. 328; sind die Liquidatoren vom Richter ernannt, so hat dieser darüber zu entscheiden, ob die Liquidatoren abzuberufen sind oder nicht; sind die Liquidatoren nicht vom Richter ernannt, so hat der Aufsichtsrath entweder das Recht, die Abberufung beim Richter zu beantragen oder unverzüglich eine Generalversammlung zur Beschlußfassung über die Abberufung anzuberaumen (§ 40). Sollte sein Antrag auf Abberufung vom Richter abgelehnt sein, so steht nichts im Wege, daß er sich noch an die Generalversammlung wendet, und diese nun seinem Antrage stattgiebt; auch das Umgekehrte kann eintreten. Im Falle der vorläufigen Suspension hat der Aufsichtsrath für die Fortführung der Geschäfte zu sorgen (§ 40), und sind die Liquidatoren nach seinem Antrage abgesetzt, so muß er entweder von der Generalversammlung Neuwahlen vornehmen lassen oder sich an das Gericht mit dem Antrage auf Ernennung von Liquidatoren wenden.

Die Vorschriften über die Ernennung und Abberufung von Liquidatoren durch den Richter beruhen nach den Motiven auf denselben Erwägungen, wie die analogen Bestimmungen des Art. 244 A.G. (jetzt § 295 H.G.B.). In der Begründung zu Art. 244 A.G. heißt es: Die Erfahrung hat gezeigt, daß auch bei den sogenannten Entgründungen von Aktiengesellschaften Mißbräuche nicht minder schwerer Art wie bei den Gründungen derselben vorzukommen pflegen, insofern dieselben von Interessenten dazu benutzt werden, sich mit Hülfe gefügiger Liquidatoren auf Kosten der Gesellschaftsgläubiger und Aktionäre zu bereichern. Solchen Mißständen kann nur dadurch mit Erfolg gesteuert werden, daß dem Handelsgericht die Befugniß gegeben wird, auf Antrag Liquidatoren zu bestellen oder abzuberufen; auch können sonstige Fälle vorkommen, in denen nur durch ein solches richterliches Recht zweckmäßige Abhülfe eintreten kann. Die Entscheidung über die Gründe ist im Einzelfalle dem pflichtmäßigen Ermessen des Richters überlassen. Die hier in Erwägung gezogenen Erfahrungen sind bei den Genossenschaften bisher nicht vorgekommen.

§ 84.

Die ersten Liquidatoren sind durch den Vorstand, jede Aenderung in den Personen der Liquidatoren, sowie eine Beendigung ihrer Vertretungsbefugniß ist durch die Liquidatoren zur Eintragung in das Genossenschaftsregister anzumelden. Eine Abschrift der Urkunden über die Bestellung der Liquidatoren oder über die Aenderung in den Personen derselben ist der Anmeldung beizufügen und wird bei dem Gericht aufbewahrt.

Die Eintragung der gerichtlichen Ernennung oder Abberufung von Liquidatoren geschieht von Amtswegen.

Die Liquidatoren haben ihre Unterschrift persönlich vor dem Gerichte zu zeichnen oder die Zeichnung in beglaubigter Form einzureichen.

Ges. von 1866 § 41, Entw. I 79 und II, Komm. 80, Rtg. 82. Einf.Ges. z. H.G.B. Art. 10 VIII. Begr. I 160, II 106, A.B. §§ 6, 21.

I. Zur Geschichte des § 84.

§ 84 entspricht dem § 41 des Ges. von 1868.

In der Fassung des Gesetzes von 1889 lautete § 84:

> „Die Bestellung der ersten Liquidatoren ist durch den Vorstand, jede Aenderung der Liquidatoren oder Beendigung ihrer Vollmacht ist durch diese zur Eintragung in das Genossenschaftsregister ohne Verzug anzumelden.
> Zugleich haben die Liquidatoren ihre Unterschrift persönlich vor dem Gerichte zu zeichnen oder die Zeichnung in beglaubigter Form einzureichen.
> Eine Abschrift der Urkunden über ihre Bestellung ist der Anmeldung beizufügen und wird bei dem Gerichte aufbewahrt."

Die veränderte Fassung bringt zum Ausdruck, daß die Eintragung der gerichtlichen Ernennung oder Abberufung eines Liquidators von Amtswegen zu erfolgen hat (Denk. zum H.G.B. S. 312) — § 296 H.G.B.

II. Erläuterungen zu § 84.

1. **Absatz** I und II. Anmeldung der Vorstandsmitglieder als Liquidatoren.

Geschieht die Liquidation durch die Vorstandsmitglieder, so haben diese sich als Liquidatoren anzumelden. A.B. § 21 Abs. 2.

2. Beendigung der Vertretungsbefugniß.

Beendigung der Vertretungsbefugniß umfaßt alle die Fälle, in denen nicht „Aenderung", d. h. Ausscheiden eines Liquidators vorliegt, sie begreift alle sonstigen Formen des Aufhörens der Liquidirungsbefugniß, z. B. Entlassung eines Liquidators ohne Ernennung eines andern, Beendigung der Liquidation (§ 22 A.B.); auch in letzterem Falle ist eine Löschung nothwendig, weil es immerhin möglich ist, daß ohne dieselbe in Folge betrügerischer Handlungsweise der Liquidatoren die in Liquidation befindliche Genossenschaft gegen Dritte Verpflichtungen erhält, falls das Vermögen noch nicht vertheilt ist (§ 86).

3. Anmeldung.

Erfolgt die Bestellung der Liquidatoren durch den Richter, so ist die Eintragung von Amtswegen vorzunehmen. Die Anmeldung zur Eintragung ist wie bei dem Vorstande nur eine Ordnungsvorschrift. Vgl. auch § 157 über Form der Anmeldung zum Gericht der Zweigniederlassung. Die Anmeldung ist von dem Gericht nach § 160 durch Ordnungsstrafen zu erzwingen. Es würde zweckmäßiger sein, wenn wie bei der Anmeldung der Vorstandsmitglieder, auch hier die Anmeldung den neu Bestellten übertragen würde. Abgesehen von der *ersten* Bestellung gilt auch hier der Grundsatz, daß die neu bestellten Liquidatoren ihre Bestellung bezw. die Entsetzung u. s. w.

der anderen anzumelden haben, vgl. auch Johow Bd. 14 S. 27. Nur die Liquidatoren, welche die Liquidation beendigt haben (A.B. § 22 Abs. 1), müssen die Beendigung ihrer Vollmacht selbstverständlich selbst anmelden. Vgl. für die Anmeldungen u. s. w. Parisius u. Crüger, Formularbuch S. 81, 85. Zweifellos gestellt ist jetzt die Frage der Legitimation der Bestellten vor dem Gericht (vgl. Johow Bd. 14 S. 30).

4. **Absatz** III. Zeichnung der Unterschrift.

Nach dem Wortlaut des Abs. 3 müssen die Liquidatoren auch dann ihre Unterschrift vor dem Gericht zeichnen oder die Zeichnung in beglaubigter Form einreichen, wenn sie als Vorstandsmitglieder die Liquidation besorgen. In § 28, welchem § 84 entspricht, ist ausdrücklich bestimmt, daß nur neue Vorstandsmitglieder ihre Unterschrift zu zeichnen haben; diese einschränkende Vorschrift fehlt in § 84. Dennoch wird man die Vorschrift des § 28 analog anwenden müssen, denn da doch die Unterschrift der Personen die gleiche ist, ob sie Vorstandsmitglieder oder Liquidatoren sind, so läßt sich kein Grund dafür finden, weswegen die Vorstandsmitglieder als Liquidatoren nochmals ihre Unterschrift abgeben sollten (a. A. Birkenbihl-Maurer S. 326, Proebst S. 267, Joël S. 605). Ueber die Form der Beglaubigung A.B. § 8.

§ 85.

Die Liquidatoren haben in der bei ihrer Bestellung bestimmten Form ihre Willenserklärungen kundzugeben und für die Genossenschaft zu zeichnen. Ist nichts darüber bestimmt, so muß die Erklärung und Zeichnung durch sämmtliche Liquidatoren erfolgen. Weniger als zwei dürfen hierfür nicht bestimmt werden.

Die Bestimmung ist mit der Bestellung der Liquidatoren zur Eintragung in das Genossenschaftsregister anzumelden.

Die Zeichnungen geschehen derartig, daß die Liquidatoren der bisherigen, nunmehr als Liquidationsfirma zu bezeichnenden Firma ihre Namensunterschrift beifügen.

Ges. von 1868 §§ 42, 45, Entw. I 80 u. II, Komm. 81, Rtg. 83.
Begr. I 160, II 106.

II. **Erläuterungen zu § 85.**

1. **Absatz** I. Bestimmungen über die Vertretung.

§ 85 entspricht dem § 42 Abs. 2 des Ges. von 1868 mit den durch § 25 erforderlichen Abänderungen. Falls das Statut nichts über die Vertretung der Liquidatoren bestimmt, so kann dieselbe nur von dem Organ, durch welches die Bestellung erfolgt, also von der Generalversammlung oder dem Registergericht, getroffen werden. Wie für Vorstandsmitglieder, gilt auch für Liquidatoren, daß die Vertretung mindestens zwei Liquidatoren übertragen werden muß.

2. **Absatz** II. Bedeutung der Eintragung.

Die Bestimmungen über die Vertretung der Genossenschaft durch die Liquidatoren — falls dieselbe nicht durch sämmtliche erfolgen soll — ist von den Liquidatoren zur Eintragung in das Genossenschaftsregister anzumelden, und von der Eintragung und Veröffentlichung hängt die Wirkung Dritten gegenüber ab (§ 86). Dieser Grundsatz hat auch dann Anwendung zu finden, wenn eine Bestimmung der fraglichen Art erst nachträglich, d. h. nach der Bestellung und Anmeldung der Liquidatoren, erfolgt ist. Vgl. § 157 über die Form der Anmeldung, und daß dieselbe auch zum Gericht der Zweigniederlassung zu erfolgen hat, und § 160 über Ordnungsstrafen.

3. **Absatz** III. Firma.

Die Firma der Genossenschaft, welche mit den Worten „Eingetragene Genossenschaft mit unbeschränkter Haftpflicht (oder mit unbeschränkter Nachschußpflicht oder mit beschränkter Haftpflicht)" schließen muß, erhält den Zusatz „In Liquidation". Die Vorschriften über die Zeichnung sind gleich denen für den Vorstand nur Ordnungsvorschriften (vgl. auch § 83 Erl. 1).

§ 86.

Die Vorschriften im § 29 über das Verhältniß zu dritten Personen finden bezüglich der Liquidatoren Anwendung.

Ges. von 1868 § 42, Entw. I 81 u. II, Komm. 82, Rtg. 84. Begr. I 160, II 106.

§ 87.

Bis zur Beendigung der Liquidation kommen ungeachtet der Auflösung der Genossenschaft in Bezug auf die Rechtsverhältnisse derselben und der Genossen die Vorschriften des zweiten und dritten Abschnitts dieses Gesetzes zur Anwendung, soweit sich aus den Bestimmungen des gegenwärtigen Abschnitts und aus dem Wesen der Liquidation nicht ein Anderes ergiebt.

Der Gerichtsstand, welchen die Genossenschaft zur Zeit ihrer Auflösung hatte, bleibt bis zur vollzogenen Vertheilung des Vermögens bestehen.

Ges. von 1868 § 49, Entw. I 82 u. II, Komm. 83, Rtg. 85. Begr. I 161, II 106.

Erläuterungen zu § 87.

§ 87 regelt, wie § 49 des Ges. von 1868, die Rechtsverhältnisse der Genossenschaft und der Genossen während der Liquidation. Fortgefallen ist die dortige Vorschrift über die Zustellungen an die Liquidatoren. Die Frage ist im § 171 C.P.O. geregelt.

1. **Absatz** I. „Vorschriften des zweiten und dritten Abschnittes".

Von den Vorschriften des zweiten und dritten Abschnittes kommen nicht zur Anwendung die §§ 20, 21, 22, 30 Abs. 2, 49, weil es an den entsprechenden Voraussetzungen fehlt; es sind ersetzt § 19 durch § 91, § 24 durch §§ 83, 88, 89, § 25 durch § 85, § 28 durch § 84, §§ 33 und 34 durch § 89. Die übrigen Vorschriften finden entsprechende Anwendung; insbesondere behalten der Aufsichtsrath und die Mitglieder in der Generalversammlung ihre Rechte und Pflichten gegenüber den Liquidatoren. Der Abschnitt IV betr. die Revision findet keine Anwendung. Vgl. Birkenbihl-Maurer S. 298, 299.

2. **Absatz** II. Gerichtsstand.

Nach § 49 des Ges. von 1868 sollte der Gerichtsstand der Genossenschaft „bis zur Beendigung der Liquidation" bestehen bleiben; genauer und in Uebereinstimmung mit § 193 Abs. 2 (§ 207 Abs. 2) K.K.O. (§ 91 Abs. 2 des Ges.) wird hier „bis zur vollzogenen Vertheilung des Vermögens" gesagt, denn dann hat thatsächlich die Genossenschaft erst aufgehört zu bestehen (vgl. § 98 Abs. 2).

§ 88.

Die Liquidatoren haben die laufenden Geschäfte zu beendigen, die Verpflichtungen der aufgelösten Genossenschaft zu erfüllen, die Forderungen derselben einzuziehen und das Vermögen der Genossenschaft in Geld umzusetzen; sie haben die Genossenschaft gerichtlich und außergerichtlich zu vertreten. Zur Beendigung schwebender Geschäfte können die Liquidatoren auch neue Geschäfte eingehen.

Ges. von 1868 § 43, **Entw.** I 83, II u. Komm. 84, Rtg. 86. Begr. I 161, II 106.

Erläuterungen zu § 88.

§ 88, inhaltlich gleich dem Art. 137 H.G.B. (vgl. jetzt § 298 H.G.B.) entspricht dem § 43 Abs. 1 des Gesetzes von 1868, weggelassen ist nur als selbstverständlich, daß die Liquidatoren Vergleiche schließen und Kompromisse eingehen können.

1. Gesetzlicher Umfang der Vertretung.

§ 88 bestimmt den gesetzlichen Umfang der Vertretungsbefugniß der Liquidatoren, welche mit Wirkung gegen Dritte ebensowenig wie die der Vorstandsmitglieder durch Statut oder Generalversammlungs-Beschlüsse beschränkt — aber auch nicht erweitert werden kann. Solche Beschränkungen haben nur die Bedeutung, daß sich die Liquidatoren durch Nichtinnehaltung derselben der Genossenschaft verantwortlich machen (§§ 89, 26, 27); im Gesetze von 1868 trafen §§ 44 und 46 in diesem Sinne besondere Bestimmungen für die Einschränkung der Vertretung der Liquidatoren und deren Verantwortlichkeit. Diese Vorschriften sind durch die Bezugnahme des § 89 auf die für den Vorstand geltenden analogen Normen entbehrlich geworden.

Durch Rechtsgeschäfte, welche nicht in dem Rahmen der gesetzlichen Vollmacht liegen, wird die Genossenschaft nicht verpflichtet. Eine Spezialvollmacht zur Vornahme eines unter § 88 fallenden Rechtsgeschäfts ist selbstverständlich nicht erforderlich. Für die Haftung der Liquidatoren gilt das Gleiche wie für Vorstandsmitglieder (vgl. § 25 Erl. 4 am Schluß).

Es findet § 27 auch auf die in Liquidation befindliche Genossenschaft Anwendung, und können die Liquidatoren auch Immobilien für die Genossenschaft erwerben, soweit der Erwerb in den Rahmen ihrer Vertretungsbefugniß fällt; es kann der Erwerb von Immobilien z. B. zur Rettung von Forderungen in der Subhastation erforderlich werden. Ueber die Veräußerung von Immobilien vgl. § 89.

2. Einräumung weiterer Rechte.

In Frage kann kommen, ob durch das Statut oder die Generalversammlung den Liquidatoren weitere Rechte eingeräumt werden können; es wird dies verneint werden müssen, da es sich in der Liquidation gesetzlich nur um Rechtsgeschäfte handeln kann und soll, die zur Abwickelung der Geschäfte der Genossenschaft nothwendig sind.

3. Befugnisse der Liquidatoren.

Die Liquidatoren sind verpflichtet:

a) zur Beendigung der laufenden Geschäfte; es kann im einzelnen Fall zweifelhaft sein, welche Rechtsakte hierher gehören,

b) zur Erfüllung der Verpflichtungen der aufgelösten Gesellschaft,

c) zur Einziehung der Forderungen derselben,

d) zur Versilberung des Vermögens derselben,

und die Liquidatoren sind berechtigt

e) zur Beendigung schwebender Geschäfte neue Geschäfte einzugehen.

4. Beendigung schwebender Geschäfte.

Wann ein Geschäft sich als solches qualifizirt, kann natürlich im einzelnen Falle zweifelhaft sein; und mit Recht sagt daher v. Hahn zu Art. 137 H.G.B. § 4, daß dieser Punkt es ist, welcher den Geschäftsverkehr mit einer in Liquidation begriffenen Gesellschaft bedenklich macht, besonders wenn Ordrepapiere ausgestellt, acceptirt oder indossirt werden und dieselben in dritte Hand kommen. Unerheblich für die Beurtheilung der Frage, ob es sich um ein Geschäft handelt, welches ein schwebendes „beendigt", ist, ob sich den Liquidatoren zur Abwickelung des schwebenden Geschäfts ein zweckmäßigerer Weg bot (R.G. Bd. 4 S. 64). Nicht zu verstehen ist unter der Beendigung allein die gänzliche Tilgung aus dem alten Geschäft; unter die in Rede stehenden Geschäfte fällt nach Ansicht des Reichsgerichts a. a. O., wenn der Liquidator der Genossenschaft nach Leistung einer Abschlagszahlung auf eine vor Auflösung der Genossenschaft kontrahirte Wechselschuld über den nicht bezahlten Restbetrag derselben dem bisherigen Wechselgläubiger einen neuen Wechsel ausstellt. Die Liquidatoren haben die auf Geschäftsantheil rückständigen Beiträge der Mitglieder einzuziehen (vgl. R.O.H.G. Bd. 22 S. 136), mit der Auflösung aber hört die laufende Einzahlungspflicht auf Geschäftsantheil auf. Ebenso haben die Liquidatoren etwaige Schadensersatzansprüche, welche der Genossenschaft zustehen, z. B. gegen Vorstands- und Aufsichtsrathsmitglieder, geltend zu machen, falls nicht die Generalversammlung besondere Prozeßbevollmächtigte bestellt.

In der zweiten Lesung des Reichstags wurde angeregt, mit Bezug darauf, daß den Liquidatoren sehr weitgehende Rechte und Pflichten zugewiesen werden, und daß der Konkursverwalter über alle Ersatzforderungen verfügt, zu Vergleichen über dieselben die Zustimmung der Generalversammlung oder des Gerichts zu erfordern. Der Regierungsvertreter erwiderte, daß der Konkursverwalter allerdings für derartige Vergleiche zuständig sei, es liege aber genügende Sicherheit darin, daß nach § 121 (jetzt § 133 R.K.O.) alle Vergleiche der Genehmigung des Gläubigerausschusses bedürften (vgl. Proebst S. 272). „So lange die Gesellschaft besteht — was jedenfalls anzunehmen ist, so lange noch schwebende Geschäfte abzuwickeln sind —, kann sie auch alle gesetzlichen Mittel zur Erhaltung der ihr zustehenden Rechte und zum Schutz derselben gegen unberechtigte Verletzung geltend machen, ohne daß sie wegen der eingetretenen Liquidation besonders darzuthun hätte, in welcher Weise sie diese Rechte bei der Liquidation zur Verwerthung bringen kann und will" (R.G. Bd. 15 S. 104) — sie hat daher die Firmenberechtigung, das Recht des Markenschutzes für die bereits hergestellten und während der Liquidation angefertigten Waaren (R.G. a. a. O. S. 104, 105); das Recht des Markenschutzes ist an die Firma geknüpft, so daß es nur mit der Firma auf einen Anderen übergehen kann, der Uebergang der unveränderten Firma einer Genossenschaft muß als unzulässig erachtet werden, wenn auch für Aktiengesellschaften die Fortführung durch Andere anerkannt ist (wie bei R.G. a. a. O. S. 110), daraus ergiebt sich, daß die Genossenschaft den Markenschutz nicht übertragen kann. Nicht berechtigt sind die Liquidatoren, verjährte Forderungen anzuerkennen (R.O.H.G. Bd. 9 S. 85). Remuneratorische Zuwendungen sind auch während der Liquidation zulässig (R.O.H.G. Bd. 24 S. 224 ff.) — vgl. Birkenbihl-Maurer S. 330.

Ueber die Beweislast läßt sich das Urtheil des R.O.H.G. Bd. 13 S. 226 *wie folgt* aus: Der Regel nach darf der Liquidator neue Geschäfte nicht eingehen. Aus diesem Verhältniß von Regel und Ausnahme folgt, daß derjenige, welcher Ansprüche aus einer von dem Vertreter einer in Liquidation befindlichen Firma eingegangenen Wechselverpflichtung erhebt, beweisen muß: entweder, daß die Wechsel zur Beendigung schwebender Geschäfte bestimmt gewesen seien, oder daß er trotz Erfüllung der ihm obliegenden Erkundigungspflicht berechtigt gewesen anzunehmen, die fragliche Wechselverpflichtung sei eingegangen zur Beendigung schwebender Geschäfte (anderer Ansicht anscheinend das R.G. Bd. 4 S. 66).

§ 89.

Die Liquidatoren haben die aus den §§ 26, 27, § 33 Absatz 1, § 34, §§ 44 bis 47, § 48 Absatz 2, § 51 sich ergebenden Rechte und Pflichten des Vorstandes und unterliegen gleich diesem der Ueberwachung des Aufsichtsraths. Sie haben sofort bei Beginn der Liquidation und demnächst in jedem Jahre eine Bilanz aufzustellen. Die erste Bilanz ist zu veröffentlichen; die Bekanntmachung ist zu dem Genossenschaftsregister einzureichen.

Ges. von 1868 §§ 44, 40, 48, 43, Entw. I 84, II u. Komm. 85, Rtg. 87. Einf.Ges. z. H.G.B. Art. 10 IX. Begr. I 161, II 107, Komm.Ber. 42, A.B. § 7.

Erläuterungen zu § 89.

Die nach der neuen Fassung des § 51 für den Vorstand mit Bezug auf die Anfechtung der Beschlüsse der Generalversammlung geltenden Vorschriften sind auf die Liquidatoren ausgedehnt.

In der Fassung des Gesetzes von 1889 hatte § 89 einen zweiten Absatz:

„Die Veräußerung unbeweglicher Sachen kann von den Liquidatoren, sofern nicht das Statut oder ein Beschluß der Generalversammlung anders bestimmt, nur durch öffentliche Versteigerung bewirkt werden."

Die Beschränkung ist in das H.G.B. nicht aufgenommen, daher auch hier fortgelassen (Denkschrift zum H.G.B. S. 313).

1. Anwendbarkeit der für die Vorstandsmitglieder gegebenen Vorschriften auf die Liquidatoren — vgl. § 83 Erl. 1.

Die Liquidatoren verpflichten die Genossenschaft durch die von ihnen für diese abgeschlossenen Rechtsgeschäfte, sobald sich nur aus den Umständen ergiebt, daß das Rechtsgeschäft für die Genossenschaft gelten sollte. Zu ihrer Legitimation vor den Behörden genügt eine Bescheinigung des Gerichts über ihre Eintragung (§ 26). Beschränkungen in ihrer gesetzlichen Vertretung haben Wirksamkeit nur der Genossenschaft gegenüber (§ 27). Sie haben dafür Sorge zu tragen, daß die erforderlichen Bücher geführt werden (§ 33 Abs. 1); in Betreff ihrer Verantwortung gelten die gleichen Bestimmungen wie für den Vorstand (§ 34), sie sind also regelmäßig nur der Genossenschaft gegenüber verantwortlich. Die Prozesse gegen die Liquidatoren hat der Aufsichtsrath zu führen, allerdings ist § 39 Abs. 1 hier nicht besonders aufgeführt, seine Anwendung folgt aber aus § 87 Abs. 1 und dem Fortbestand des Aufsichtsraths (ebenso Joël S. 609). Für ihr Verhältniß den Gläubigern gegenüber gelten die §§ 90 Abs. 3 u. 142, vgl. ferner zu § 34. Eine gesetzliche weitergehende Verantwortlichkeit der Liquidatoren den Gläubigern gegenüber wäre am Platz gewesen, da die Liquidatoren nicht Mitglieder der Genossenschaft zu sein brauchen und der für die Beschränkung der direkten Haftbarkeit der Vorstandsmitglieder angeführte Grund daher wegfällt. Die Liquidatoren haben ferner die den Vorstandsmitgliedern mit Bezug auf die Berufung der Generalversammlung obliegenden Pflichten (§§ 44, 47, 48 Abs. 2).

2. Aufsichtsrath.

Um jeden Zweifel über die Thätigkeit des Aufsichtsraths während der Liquidation auszuschließen, wird hier zum Ausdruck gebracht, daß die Liquidatoren der Ueberwachung durch den Aufsichtsrath unterliegen, dieser hat zudem das Recht der vorläufigen Suspension, er hat die Bilanzen u. s. w. zu prüfen. Vgl. § 83 Erl. 1

3. Bilanz.

Für die Aufstellung der Liquidationsbilanz gelten die gleichen Grundsätze, wie für die Bilanzen während des Bestehens der Genossenschaft, vgl. Johow Bd. 14 S. 238 ff. Es werden nun aber überall die wirklichen Werthe eingestellt, wo bisher geringere Werthe standen, z. B. bleiben unberücksichtigt die durch Abschreibungen entstandenen geringeren Buchwerthe bei Grundstücken, andererseits ist für die Werthbemessung die Aufgabe des Geschäftsbetriebes in Betracht zu ziehen, vgl. Simon S. 445 ff.

Das Ges. von 1868 hatte in Betreff der Aufstellung der Bilanz in § 48 die Bestimmung, daß die Liquidatoren sofort beim Beginn der Liquidation eine Bilanz aufzustellen haben; diese Bilanz hatte nur den Zweck, eine Uebersicht über die Vermögenslage der Genossenschaft zu geben. Die Bilanz des jetzigen Gesetzes hat eine größere Bedeutung. Durch die in § 91 über die Gewinn- und Verlustvertheilung für den Zeitraum der letzten Geschäftsperiode getroffenen Vorschriften erhält die erste Liquidationsbilanz noch einen weitergehenden Zweck. „Tritt die Liquidation mit dem Beginn eines Geschäftsjahres ein, so fällt die Liquidationsbilanz mit der Jahresbilanz zusammen, in allen anderen Fällen ist sie gesondert aufzustellen, indem dabei der Zeitraum seit dem Ende des letzten Jahres als eine besondere Geschäftsperiode zu behandeln ist. Mit dieser Bilanz ist daher auch in allen Beziehungen ebenso zu verfahren wie mit den Jahresbilanzen bei bestehender Genossenschaft; insbesondere hat in gleicher Weise wie bei diesen die Veröffentlichung und Einreichung zum Genossenschaftsregister zu erfolgen, vgl. Johow Bd. 14 S. 242. Dagegen sollen die weiterhin im Laufe der Liquidation in jedem Jahre aufzustellenden Bilanzen nur dazu dienen, den Mitgliedern der Genossenschaft regelmäßige Aufklärung über die Vermögenslage und den Fortgang der Liquidation zu geben. Sie sind deshalb zwar der Generalversammlung vorzulegen (§ 48 Abs. 2), eine Veröffentlichung derselben ist dagegen nicht erforderlich" (Begr. II 107). „In jedem Jahre" bedeutet hier nach dem Sprachgebrauch des Gesetzes „Kalenderjahr" und nicht „Geschäftsperiode". Es ist dies auch in der Kommission noch von dem Regierungsvertreter auf Anfrage eines Mitgliedes ausdrücklich anerkannt mit der Begründung, daß eine Normirung des Geschäftsjahres auf weniger als ein Jahr mit der Auflösung der Genossenschaft ihre Bedeutung verliere; für den Zweck, welcher mit der Bilanz im Liquidationsstadium verfolgt würde, sei die Aufstellung in Zwischenräumen von einem Jahre genügend (Komm.Ber. 42). Aufstellung im Kalenderjahre reicht also auch bei Genossenschaften aus, die mit kürzerer Geschäftsperiode abschließen. Für den Fall der Ueberschuldung vgl. § 99, es kommt zum Konkurs.

§ 90.

Eine Vertheilung des Vermögens unter die Genossen darf nicht vor Tilgung oder Deckung der Schulden und nicht vor Ablauf eines Jahres seit dem Tage vollzogen werden, an welchem die Aufforderung der Gläubiger in den hierzu bestimmten Blättern (§ 82 Absatz 2) zum dritten Male erfolgt ist.

Meldet sich ein bekannter Gläubiger nicht, so ist der geschuldete Betrag, wenn die Berechtigung zur Hinterlegung vorhanden ist, für den Gläubiger zu hinterlegen. Ist die Berichtigung einer Verbindlichkeit zur Zeit nicht ausführbar oder ist eine Verbindlichkeit streitig, so darf die Vertheilung des Vermögens nur erfolgen, wenn dem Gläubiger Sicherheit geleistet ist.

Liquidatoren, welche diesen Vorschriften zuwiderhandeln, sind außer der Genossenschaft den Gläubigern zum Ersatze des ihnen daraus erwachsenen Schadens persönlich und solidarisch verpflichtet. Die gleiche Verpflichtung trifft die Mitglieder des Aufsichtsraths, wenn die Zuwiderhandlung mit ihrem Wissen und ohne ihr Einschreiten geschieht. Die Verpflichtung wird den Gläubigern gegenüber dadurch nicht aufgehoben, daß die Zuwiderhandlung auf einem Beschlusse der Generalversammlung beruht.

Entw. I 85, II 86, Komm. 86, Rtg. 88. Einf.Ges. z. H.G.B. Art. 10 X.
Begr. I 162, II 107, Komm.Ber. 42.

Erläuterungen zu § 90.

1. **Absatz** I. Vertheilung.

Nach dem Ges. von 1868 konnte sofort nach Eröffnung der Liquidation mit der Vertheilung des Genossenschaftsvermögens begonnen werden. Es bestimmte § 47 unter Nr. 1 nur, daß zunächst die Gläubiger der Genossenschaft je nach der Fälligkeit ihrer Forderungen befriedigt und die zur Deckung noch nicht fälliger Forderungen nöthigen Summen zurückbehalten werden sollten. Die Vorschrift war dem für die offene Handelsgesellschaft geltenden Art. 141 (vgl. jetzt § 155) H.G.B. entnommen, „sie genügt aber keineswegs nun auch bei der Genossenschaft die Rechte der Gläubiger zu sichern, denn die Mitglieder der Genossenschaft haften den Gläubigern nicht unbedingt wie die Theilnehmer einer offenen Handelsgesellschaft, sondern nur im Falle des Konkurses, und die Konkurseröffnung ist nicht mehr möglich, sobald das Genossenschaftsvermögen vollständig vertheilt ist“ (Begr. II 107). Aus diesen Gründen sind für die Vertheilung des Vermögens die für die Aktiengesellschaften maßgebenden Vorschriften aus Art. 245 (jetzt § 301) H.G.B. analog für die Genossenschaften angewendet. Der früheste Termin für die Vertheilung des Vermögens ist Ablauf eines Jahres seit der dritten Aufforderung an die Gläubiger sich zu melden, vorausgesetzt, daß die den Liquidatoren bekannten Schulden getilgt oder sichergestellt sind.

Die Frist gilt für die Vertheilung des ganzen Vermögens der Genossenschaft, also auch für die Auszahlung der Geschäftsguthaben an die Mitglieder. Es ist vorgekommen, daß, ohne Rücksicht auf die Frist, sofort eine Vertheilung des Vermögens vorgenommen ist, ohne daß Liquidatoren bestellt sind. Da grundsätzlich nach § 83 der Vorstand die Liquidation zu besorgen hat, gelten seine Mitglieder als Liquidatoren, und es ist unerheblich, ob sie als solche eingetragen sind (vgl. § 84 Erl. 3); es sind daher zunächst die Vorstandsmitglieder den Gläubigern als Liquidatoren verhaftet. Nun kann, wenn dieselben vermögenslos sind, den Gläubigern diese Regreßpflicht vielleicht wenig nützen, und es fragt sich, ob in solchem Falle — nach Vertheilung des Vereinsvermögens — es noch zur Liquidation kommen kann. Es ist dies zu bejahen, „denn dasjenige, was den einzelnen Mitgliedern der Genossenschaft zu viel bei der Vertheilung des Vermögens zugewendet sein sollte, das kann von diesen Mitgliedern jederzeit zurückverlangt werden; denn es ist ein Indebitum, was hier bezahlt worden ist, und dieser Anspruch auf Rückzahlung ist unter allen Umständen auch ein Aktivum der Genossenschaft, das geltend gemacht werden kann und also auch die Existenz eines gewissen Genossenschaftsvermögens darthut. Das Rechtssubjekt der Genossenschaft besteht deshalb in diesem Fall insoweit weiter, um es zu ermöglichen, daß der Anspruch der benachtheiligten Genossen gegen die in Liquidation befindliche Genossenschaft geltend gemacht und aus dem erwähnten Rückforderungsanspruch der letzteren befriedigt werden kann“ (Aeußerung des Regierungsvertreters in der zweiten Berathung des Gesetzes, stenogr. Bericht S. 1082). Die Aeußerung ward durch ein Bedenken über die Sicherheit der

Genossen gegen derartige Benachtheiligung durch die Liquidatoren veranlaßt. Es finden auf diese Weise aber noch weit mehr die Gläubiger Schutz.

Es kann Proebst (S. 275) nicht beigetreten werden, daß die Genossenschaft es in der Hand hat, durch Abkürzung das Sperrjahr zu verkürzen. Das Sperrjahr hat auch nicht die Bedeutung einer Präklusivfrist; solange unvertheiltes Vermögen vorhanden ist, können Gläubiger sich zur Befriedigung melden.

2. „Tilgung oder Deckung der Schulden".

Schwebende Verbindlichkeiten sind auch solche, welche aus den in ihrer vertraglichen Entstehung liegenden Gründen hinsichtlich ihrer Existenz und Höhe oder hinsichtlich der Zeit ihrer Einforderbarkeit ungewiß sind.

Das Gesetz besagt Nichts, wie in dem Fall zu verfahren ist, daß der Gläubiger z. B. hypothekarisch gesichert ist, es unterscheidet aber auch nicht zwischen gedeckten und ungedeckten Forderungen, sondern schreibt ganz allgemein „Deckung" vor, und die Liquidatoren müssen für eine solche sorgen, die einen Schaden des Gläubigers ausschließt, da sie andernfalls nach Absatz 3 haftbar sein würden. Hieraus ergiebt sich, daß Liquidatoren und Aufsichtsrath in solchem Falle zu prüfen haben, ob die vorhandene Deckung ausreicht. Finden sie dabei unter Anwendung der Sorgfalt eines ordentlichen Geschäftsmannes, daß die Deckung ausreicht, so können sie an die Vertheilung des Vereinsvermögens gehen. Bei der Sicherung schwebender Verbindlichkeiten können sich die Liquidatoren gegen jeden Regreß nur dadurch sichern, daß sie entweder den entsprechenden Betrag unvertheilt lassen oder mit dem Gläubiger über die Deckung eine Vereinbarung treffen, event. auch dieselbe im Wege des Prozesses bestimmen lassen, wobei ausgesprochen werden kann, daß die Genossenschaft in Folge der vorhandenen Deckung von Leistung einer weiteren befreit wird. Antheilsweise Tilgung der Gläubiger kann nicht stattfinden, da Ueberschuldung den Konkurs zur Folge hat.

3. **Absatz** II. Hinterlegen — Sicherstellung.

Es ist nicht vorgeschrieben, daß die zur Deckung u. s. w. erforderlichen Beträge zu hinterlegen sind, doch wird dies regelmäßig geschehen. Es kommt nicht darauf an, ob sich die Gläubiger gemeldet haben oder nicht, sofern nur dieselben bekannt sind.

Absatz 2 lautet in der Fassung des Gesetzes von 1889.

> Nicht erhobene Schuldbeträge, sowie die Beträge für betagte oder streitige Forderungen sind zurückzubehalten. Dasselbe gilt von schwebenden Verbindlichkeiten.

Die Aenderung ist getroffen mit Rücksicht auf die Bestimmungen § 301 H.G.B. und die Vorschrift in § 52 B.G.B. (Denkschrift zum H.G.B. S. 313).

4. **Absatz** III. Verantwortlichkeit.

a) gegenüber der Genossenschaft

α) der Liquidatoren.

Die Worte „außer der Genossenschaft" sind in der Kommission hinzugesetzt, „um mit der Absicht der Vorlage klarzustellen, daß die Schadensersatzpflicht der Liquidatoren, im Falle von Zuwiderhandlungen gegen die Vorschriften über die Vertheilung des Genossenschaftsvermögens, sowohl der Genossenschaft als den Gläubigern gegenüber besteht" (Komm.Ber. 42); Voraussetzung ist ein Schaden; ein solcher ist wohl nur dann denkbar, wenn Gläubiger befriedigt sind, deren Forderungen mit Erfolg hätten angefochten werden können oder welche zur Zeit noch keinen Anspruch auf Befriedigung hatten. Nicht für die Zahlung (vgl. §§ 34, 41), sondern für den Schaden besteht der Regreßanspruch. Den Liquidatoren gleich zu achten sind die Vorstandsmitglieder bis zur Bestellung von Liquidatoren (§ 83 vgl. auch oben Erl. 1).

β) der Aufsichtsrathsmitglieder.

Die Aufsichtsrathsmitglieder haften für den der Genossenschaft durch die vorzeitige Vertheilung entstandenen Schaden (vgl. zu α), wenn sie Kenntniß von derselben gehabt hatten und trotzdem nicht eingeschritten sind, z. B. durch Suspension der Liquidatoren, vgl. § 41 Erl. 4.

b) gegenüber den Gläubigern

α) der Liquidatoren.

Die Liquidatoren haften jedem Gläubiger für den durch die vorzeitige Vertheilung entstandenen Schaden (vgl. zu α). Jeder Gläubiger, welcher nachweist, daß die Genossenschaft ihn nicht befriedigen könne, kann den Anspruch selbstständig verfolgen; dem Beklagten bleibt es überlassen, wie sonstige Einwendungen gegen den Anspruch so auch Zahlungen geltend zu machen, welche er auf denselben an andere Gläubiger oder an die Genossenschaft geleistet hat (vgl. § 142 Erl. 1 a. A. Joël S. 612, ebenso aber Birkenbihl-Maurer S. 337).

β) der Aufsichtsrathsmitglieder.

Es gelten dieselben Voraussetzungen wie oben zu β.

Das Gesetz giebt in diesen Fällen den Gläubigern ausnahmsweise einen direkten Anspruch, da „die vorzeitige Vertheilung des Genossenschaftsvermögens gerade die Folge haben kann, daß ein unberücksichtigt gebliebener Gläubiger weder Vermögen noch Personen mehr vorfindet, an welche er sich halten kann" (Begr. II 108). Vgl. b α.

Birkenbihl-Maurer S. 338 lassen den Gläubiger die Zahlung an „die Gesammtheit" fordern zur Vertheilung an sämmtliche Gläubiger; dem kann nicht zugestimmt werden, da der Gläubiger nur sein eigenes Recht wahrnimmt.

c) gegenüber den Genossen.

Den Genossen gegenüber besteht nur eine außerkontraktliche Schadensersatzpflicht (vgl. § 34). „Selbstverständlich bleibt im Falle eines dolosen Verhaltens der Liquidatoren für die einzelnen geschädigten Mitglieder der Genossenschaft der Deliktsanspruch gegen die Liquidatoren gewahrt" (zweite Lesung a. a. O. vgl. auch Erl. 1).

5. Vertheilung auf Grund eines Generalversammlungsbeschlusses.

Den Gläubigern gegenüber ist es bedeutungslos, wenn die vorzeitige Vertheilung auf Grund eines Generalversammlungsbeschlusses ausgeführt ist, auch selbst wenn sie den Beschluß ohne Erfolg angefochten haben; denn wenn der Vorstand (Liquidatoren) und Aufsichtsrath einen gesetzwidrigen Beschluß ausführen, so thun sie es den Gläubigern gegenüber auf ihre eigene Verantwortlichkeit. Aus der Bestimmung des letzten Satzes ist nicht zu schließen, daß, wenn die Vertheilung auf Grund eines Generalversammlungsbeschlusses geschehen ist, Vorstand (Liquidatoren) und Aufsichtsrath unter allen Umständen von der Ersatzverbindlichkeit der Genossenschaft gegenüber frei werden (a. A. Proebst S. 275); weist die Genossenschaft nach, daß der Vorstand (Liquidatoren) die Generalversammlung nicht genügend aufgeklärt hat, so besteht die Verbindlichkeit der Organe auch ferner, es gilt hier das Gleiche wie bei der Decharge (vgl. § 34 Erl. 5).

§ 91.

Die Vertheilung des Vermögens unter die einzelnen Genossen erfolgt bis zum Gesammtbetrage ihrer auf Grund der ersten Liquidationsbilanz (§ 89) ermittelten Geschäftsguthaben nach dem Verhältniß der letzteren. Bei Ermittelung der einzelnen Geschäftsguthaben bleiben für die Vertheilung des Gewinnes oder Verlustes, welcher sich für den Zeitraum zwischen der letzten Jahresbilanz (§ 33) und der ersten Liquidationsbilanz ergeben hat, die seit der letzten Jahresbilanz geleisteten Einzahlungen

außer Betracht. Der Gewinn aus diesem Zeitraum ist dem Guthaben auch insoweit zuzuschreiben, als dadurch der Geschäftsantheil überschritten wird.

Ueberschüsse, welche sich über den Gesammtbetrag dieser Guthaben hinaus ergeben, sind nach Köpfen zu vertheilen.

Durch das Statut kann die Vertheilung des Vermögens ausgeschlossen oder ein anderes Verhältniß für die Vertheilung bestimmt werden.

Ges. von 1868 § 47, Entw. I 86, II 87, Komm. 87, Rtg. 89. Begr. I 163, II 108, Komm.Ber. 43. Nov. Komm.Ber. S. 13.

I. Zur Geschichte des § 91.

Im Ges. von 1868 behandelte die Theilung des liquidirten Vermögens der Genossenschaft unter die Mitglieder § 47, über dessen Entstehung Parisius S. 365 Auskunft giebt. Er lautet:

Die bei Auflösung der Genossenschaft vorhandenen und die während der Liquidation eingehenden Gelder werden, wie folgt, verwendet:

a) es werden zunächst die Gläubiger der Genossenschaft je nach der Fälligkeit ihrer Forderungen befriedigt und die zur Deckung noch nicht fälliger Forderungen nöthigen Summen zurückbehalten;
b) aus den alsdann verbleibenden Ueberschüssen werden die Geschäftsantheile an die Genossenschafter zurückgezahlt. Reicht der Bestand zur vollständigen Deckung nicht aus, so erfolgt die Vertheilung desselben nach Verhältniß der Höhe der einzelnen Guthaben, wenn der Gesellschaftsvertrag nicht anders bestimmt;
c) aus dem nach Deckung der Schulden der Genossenschaft, sowie der Geschäftsantheile der Genossenschafter (§ 39) noch verbleibenden Bestande wird zunächst der Gewinn des letzten Rechnungsjahres an die Genossenschafter nach den Bestimmungen des Gesellschaftsvertrages gezahlt. Die Vertheilung weiterer Ueberschüsse unter die Genossenschafter erfolgt in Ermangelung anderer Vertragsbestimmungen nach Köpfen.

Der § 91 stammt aus dem Regierungsentwurfe. Mehrere Aenderungen des ersten Absatzes, welche die Reichstagskommission vornahm, sind lediglich redaktioneller Natur.

In der Fassung des Gesetzes von 1889 lautete Absatz 3:

„Durch das Statut kann ein anderes Verhältniß für die Vertheilung bestimmt werden. Die Aenderung ist in der Kommission zur Novelle von 1896 getroffen."

II. Erläuterungen zu § 91.

1. **Absatz** I. Grundlage der Vertheilung.

Nach § 47 des Ges. von 1868 erfolgte in Ermangelung einer anderweiten Bestimmung des Statuts die Vertheilung des Genossenschaftsvermögens bis zum Gesammtbetrage der Geschäftsguthaben ebenfalls nach dem Verhältniß dieser. Es wurde jedoch in litt. b der Fall, daß der Bestand zur vollständigen Deckung nicht ausreicht, von dem Fall in litt. c getrennt behandelt, daß sich über den Gesammtbetrag der Guthaben ein Ueberschuß ergiebt, in welchem Falle zunächst „der Gewinn des letzten Rechnungsjahres" gezahlt werden sollte, und zwar nach den Geschäftsantheilen, wenn das Statut nichts Anderes bestimmte.

Das Statut kann die Vertheilung gänzlich ausschließen — so wurde in der 2. Auflage ausgeführt — und das Vermögen z. B. einem gemeinnützigen Zweck überweisen (vgl R.G. Bd. 7 S. 70, Preuß. Gewerbesteuergesetz vom 24. Juni 1891 § 5). Der Entscheidung des R.G. a. a. O. hat sich das Kammergericht in dem Beschlusse vom 21. Mai 1894 Johow Bd. 14 S. 43 angeschlossen: „in § 89 (jetzt § 91) ist nicht genügend bestimmt, daß das Vereinsvermögen an die Genossen aufgetheilt werden müsse. Nur das Verhältniß der Vertheilung ist gesetzlich bestimmt unter Freigabe anderweiter statutarischer Regelung. Im Allgemeinen muß davon ausgegangen werden, daß die Genossenschaft, zumal durch das ursprüngliche, von allen Genossen angenommene Statut, über ihr Vermögen auch für den Auflösungsfall selbst bestimmen darf. Um dieses Bestimmungsrecht auszuschließen, hätte es einer ausdrücklichen Gesetzesvorschrift bedurft"; mit der Zweckbestimmung des § 1 bringt das Kammergericht durchaus zutreffend dies dadurch in Uebereinstimmung, daß mit Bezug auf Verfolgung des genossenschaftlichen Zwecks das Statut in seiner Totalität geprüft werden muß. Durch Absatz 3 ist die Frage jetzt zweifellos gestellt, vgl. § 20 Erl. 1. Die Ausschließung der Gewinnvertheilung kann auch bei bestehender Genossenschaft eingeführt werden (vgl. § 43 Erl. 1 die Ausführungen über die Sonderrechte, a. A. Birkenbihl-Maurer S. 204, 227, 233).

2. Die Liquidationsbilanz und die ihr vorangehende Geschäftsperiode.

Das Gesetz regelt die Vertheilung weit einfacher. Es trennt zunächst nicht die Vertheilung der Geschäftsguthaben, falls der Betrag die Gesammtguthaben nicht überschreitet, und die Vertheilung des Gewinnes der letzten Rechnungsperiode, da beide Male dieselbe nach der Höhe der Geschäftsguthaben zu erfolgen hat, und legt der Vertheilung des Vermögens die zu Beginn der Liquidation ermittelten Geschäftsguthaben zu Grunde. In den Motiven heißt es (Begr. II 108): „Es erscheint ungerecht, in dem einen oder anderen Falle als Maßstab für die Theilung diejenigen Guthaben, welche für die einzelnen Genossen zum Schlusse des letzten vollen Geschäftsjahres, nach der letzten Jahresbilanz, ermittelt waren, und nicht vielmehr die einzelnen Guthaben in ihrer zu Beginn der Liquidation ermittelten Höhe zu nehmen, soweit beide Zeitpunkte nicht etwa zusammenfallen . . . Der Abschluß in ihrer (der Genossen) Betheiligung findet erst mit der Auflösung der Genossenschaft statt, und der Zeitraum zwischen dem Schlusse des letzten Geschäftsjahres und dem Beginn der Liquidation erscheint daher als eine den früheren vollen Geschäftsjahren gleichartige, aber in ihrer Begrenzung selbstständige Geschäftsperiode."

3. Gewinn- und Verlust-Vertheilung.

Für die Gewinn- und Verlust-Vertheilung sind die Guthaben daher auch in Gemäßheit des § 19 zu berechnen, d. h. es werden die durch Zuschreibung von Gewinn, Abschreibung von Verlusten und durch Einzahlungen angesammelten Geschäftsguthaben festgestellt, wie sie sich am Schluß der letzten Geschäftsperiode vor der Bilanz herausgestellt haben. Die in der Zwischenzeit geleisteten Einzahlungen bleiben unberücksichtigt — vorausgesetzt, daß nicht das Statut eine andere Vertheilung vorschreibt —, jedoch nur für die Berechnung von Gewinn und Verlust dieser Geschäftsperiode, im Uebrigen gehören sie zum Geschäftsguthaben, kommen mit diesem bei der Liquidationsbilanz in Betracht und werden folglich auch für den Vertheilungsmaßstab mit berücksichtigt. Damit werden die Zweifel von Maurer S. 308 hinfällig, der anscheinend übersieht, daß die Nichtberücksichtigung der in der letzten Geschäftsperiode geleisteten Einzahlungen sich nur auf Gewinn- und Verlustvertheilung bezieht. Wie hier jetzt auch Birkenbihl S. 339.

4. Zuschreibung des Gewinnes.

Der Grund für die Zuschreibung des Gewinnes in dem angeführten Falle ist, daß es sich nur um eine Rechnungsoperation handelt, durch welche der richtige Maßstab für die Vertheilung der Liquidationsmasse gefunden werden soll (Begr. II 108); selbstverständlich werden bei dieser Berechnung auch die in der Zeit von der letzten Geschäftsperiode bis zur Auflösung auf den Geschäftsantheil geleisteten Einzahlungen mitberechnet. Durch diese Feststellung des Guthabens ist eine besondere Bestimmung über die Auszahlung des Gewinnes übrig geworden (§ 47 des Ges. von 1868), da die berechneten Geschäftsguthaben den Maßstab der Vermögensvertheilung bilden.

5. Verletzung der Vertheilungsvorschriften.

Werden von den Liquidatoren die Vertheilungsgrundsätze verletzt, so kann der benachtheiligte Genosse gegen die Genossenschaft klagen, von welcher der bei der Vertheilung den einzelnen Genossen zu viel gezahlte Betrag als Indebitum zurückgefordert werden kann (2. Lesung am 26. März 1887 S. 1083). Gegen die Liquidatoren hat der benachtheiligte Genosse nur einen außerkontraktlichen Anspruch; es ist nicht berücksichtigt, daß sie nicht Mitglieder der Genossenschaft zu sein brauchen — vgl. § 89 Erl. 1.

6. Absatz II. Vertheilung der Ueberschüsse, vgl. Erl. 1.

Der Ueberschuß wird Mangels anderweitiger statutarischer Bestimmung wie nach dem früheren Gesetz nach Köpfen vertheilt. „Sobald das während der Mitgliedschaft beziehungsweise während bestehender Genossenschaft durch das Geschäftsguthaben nur formell zum Ausdruck gelangte ideelle Antheilsrecht der einzelnen Genossen bei der Auseinandersetzung seine Deckung gefunden hat, tritt in der Betheiligung der Genossen eine kapitalistische Verschiedenheit gegenüber der persönlichen Gleichheit zurück" (Begr. II 109).

Diese Vertheilung nach Köpfen entspricht der Solidar-Bürgschaft der Genossen, welche erst eintritt, wenn das Vermögen vollständig aufgezehrt ist, während bei der Aktiengesellschaft die Vertheilung des gesammten Gewinnes nach den Geschäftsantheilen (Art. 245 A.G., jetzt § 300 H.G.B.) und bei der offenen Handelsgesellschaft nach Köpfen (Art. 109 H.G.B. jetzt § 121) folgerichtig ist. Vgl. für Genossenschaften m.b.H. § 19 Erl. 1, § 105 Erl. 6. Ueber Abänderung der gesetzlichen oder statutarischen Bestimmungen vgl. oben Erl. 1 am Schluß.

7. Beendigung der Liquidation.

Ueber die Schlußbilanz Simon S. 454, 458.

„Sobald mit der vollständigen Vertheilung des Genossenschaftsvermögens die Liquidation beendigt ist, haben die Liquidatoren das Erlöschen ihrer Vollmacht zur Eintragung anzumelden", worauf die Eintragungen roth zu unterstreichen sind (A.B. § 22 Abs. 1 u. 3). Die Richtigkeit der Anmeldung hat das Gericht nicht zu prüfen. Die Anmeldung hat auch zu dem Gericht der Zweigniederlassung zu erfolgen (§§ 84, 157). Die Eintragung ist von dem Gericht zu veröffentlichen (Parisius u. Crüger, Formularbuch S. 86, H.G.B. § 13). Die Beendigung der Liquidation selbst ist im Uebrigen weder einzutragen noch zu veröffentlichen, vgl. die in Monatsschrift für Aktienrecht 1896 S. 308 mitgetheilten Entscheidungen (a. A. Birkenbihl-Maurer S. 340), — sie ergiebt sich aus der Beendigung der Vollmacht der Liquidatoren. Die Legung einer Schlußrechnung erfordert das Gesetz zwar nicht, doch ergiebt sich die Pflicht dazu und die Einholung der Decharge der Generalversammlung aus der Stellung der Liquidatoren als Geschäftsführer. (Vgl. für Akt.Ges., Monatsschrift für Aktienrecht 1894 S. 447, R.G. Bd. 34 S. 57.)

Finden sich nach Beendigung der Liquidation unvertheilte Vermögensbestandtheile, so zeigt sich damit, daß die Liquidation noch nicht zu Ende geführt ist, sie muß wieder aufgenommen werden; event. hat das Gericht auf Antrag die Liquidatoren zu ernennen oder es ist ein Prozeßpfleger zu bestellen (C.P.O. § 57). „Die Thatsache, daß noch solches Vermögen und Mitglieder vorhanden sind, wird weder durch einen Beschluß der Generalversammlung (Entlastung der Liquidatoren für Schlußrechnung) noch durch eine Eintragung ins Handelsregister (Beendigung der Liquidation) beseitigt, die der wirklichen Sachlage nicht entsprechen" (R.G. Bd. 41 S. 96 für A.G.)

§ 92.

Ein bei der Auflösung der Genossenschaft verbleibendes unvertheilbares Reinvermögen (§ 91 Absatz 3) fällt, sofern dasselbe nicht durch das Statut einer physischen oder juristischen Person zu einem bestimmten Verwendungszweck überwiesen ist, an diejenige Gemeinde, in der die Genossenschaft ihren Sitz hatte. Die Zinsen dieses Fonds sind zu gemeinnützigen Zwecken zu verwenden.

Nov. Komm.Ber. 13.

Erläuterung.

§ 92 entspricht den Grundsätzen über die Bildung des untheilbaren Vereinsvermögens, vgl. zur Entstehung § 20 Erl. 1.

§ 93.

Nach Beendigung der Liquidation sind die Bücher und Schriften der aufgelösten Genossenschaft für die Dauer von zehn Jahren einem der gewesenen Genossen oder einem Dritten in Verwahrung zu geben. Der Genosse oder der Dritte wird in Ermangelung einer Bestimmung des Statuts oder eines Beschlusses der Generalversammlung durch das Gericht (§ 10) bestimmt. Dasselbe kann die Genossen und deren Rechtsnachfolger, sowie die Gläubiger der Genossenschaft zur Einsicht der Bücher und Schriften ermächtigen.

Ges. von 1868 § 50, Entw. I 87, II 88, Komm. 88, Rtg. 90. Begr. I 165, II 109, Komm.Ber. 43.

I. Zur Geschichte des § 93.

Der entsprechende § 49 des preußischen Ges. vom 27. März 1867 war wörtlich dem Art. 145 H.G.B. von der offenen Handelsgesellschaft entlehnt, nur daß „Genossenschaft" für „Gesellschaft" und „Genossenschafter" für „Gesellschafter" gesetzt war. Dieser § 49 ging wörtlich als § 50 in das Reichsges. von 1868 über, nur daß durch einen im Reichstage vorgekommenen Schreibfehler die „gütliche Uebereinkunft" in eine „gültige" verwandelt wurde. (Vgl. Parisius S. 370.) § 50 des Ges. von 1868 lautete darnach:

Nach Beendigung der Liquidation werden die Bücher und Schriften der aufgelösten Genossenschaft einem der gewesenen Genossenschafter oder einem Dritten in Verwahrung gegeben. Der Genossenschafter oder der Dritte wird in Ermangelung einer gültigen Uebereinkunft durch das Handelsgericht bestimmt.

Die Genossenschafter und deren Rechtsnachfolger behalten das Recht auf Einsicht und Benutzung der Bücher und Papiere.

Der jetzige § 90 schließt sich den Bestimmungen des Art. 246 A.G. (jetzt § 302 H.G.B.) an. Im Entwurf waren dementsprechend nur die „Bücher", nicht auch die Schriften genannt. In der Reichstagskommission ist die Bestimmung wieder auf die „Schriften" ausgedehnt.

II. Erläuterungen zu § 93.

1. Aufbewahrung der Bücher und Schriften — Bestimmung des Dritten.

Nach § 44 H.G.B. sind die Kaufleute verpflichtet, ihre Handelsbücher während zehn Jahren, von dem Tage der in dieselben geschehenen letzten Eintragung an gerechnet, aufzubewahren, ebenso die empfangenen Handelsbriefe sowie Inventarien und Bilanzen. Diese Bestimmung kommt nach § 17 Abs. 2 des Ges. auch auf Genossenschaften zur Anwendung. Nach dem Gesetz soll nun beim Mangel einer Bestimmung des Statuts oder eines Beschlusses der Generalversammlung das Gericht den Genossen oder den Dritten bestimmen, der die Bücher aufzubewahren habe. Diese Aenderung ist vorgenommen, weil bei der Genossenschaft — anders als bei der offenen Handelsgesellschaft — eine gütliche Uebereinkunft zwischen allen Genossen nicht in Betracht zu ziehen ist. — Die Pflicht des Gerichts besteht auch dann, wenn die bezeichnete Person die Bücher u. s. w. nicht annimmt. Die Kosten für Aufbewahrung sind von der liquidirenden Genossenschaft zu tragen. .Ueber das Verfahren § 148, § 146 des Gesetzes über die Angelegenheiten der freiwilligen Gerichtsbarkeit.

2. Einsicht der Bücher.

Ungenauerweise bestimmte § 50 Abs. 2 des Ges. von 1868, daß die Genossen und deren Rechtsnachfolger das Recht auf Benutzung und Einsicht der Bücher „behalten", bei bestehenden Genossenschaften hatten sie ein solches Recht gar nicht (vgl. Parisius S. 371). Das Gesetz läßt die Einsicht der Bücher von einer Ermächtigung des Gerichts abhängen; es soll dem vorgebeugt werden, daß berechtigte Interessen Dritter durch grundlose Offenlegung ihrer früheren Geschäftsbeziehungen verletzt werden (Begr. II 109). Der Richter wird also vor Ertheilung der Ermächtigung zu prüfen haben, ob der Nachsuchende ein berechtigtes Interesse hat, die Einsicht der Bücher zu verlangen. Ein Recht zur Einsicht der Bücher und Schriften hat Niemand. Unter den Genossen sind auch vor der Auflösung ausgeschiedene frühere Mitglieder und deren Rechtsnachfolger mit einbegriffen. Ablehnung des Antrags giebt die Rechtsmittel, welche gegen Verfügungen der nicht streitigen Gerichtsbarkeit zustehen (§ 148, § 146).

§ 94.

Enthält das Statut nicht die für dasselbe wesentlichen Bestimmungen, oder ist eine dieser Bestimmungen nichtig, so kann jeder Genosse und jedes Mitglied des Vorstandes und des Aufsichtsraths im Wege der Klage beantragen, daß die Genossenschaft für nichtig erklärt werde.

§ 95.

Als wesentlich im Sinne des § 94 gelten die in den §§ 6, 7 und 131 bezeichneten Bestimmungen des Statuts mit Ausnahme derjenigen über die Beurkundung der Beschlüsse der Generalversammlung und den Vorsitz in dieser, sowie über die Grundsätze für die Aufstellung und Prüfung der Bilanz.

Ein Mangel, der eine hiernach wesentliche Bestimmung des Statuts betrifft, kann durch einen den Vorschriften dieses Gesetzes über Aenderungen des Statuts entsprechenden Beschluß der Generalversammlung geheilt werden.

Die Berufung der Generalversammlung erfolgt, wenn sich der Mangel auf die Bestimmungen über die Form der Berufung bezieht, durch Einrückung in diejenigen öffentlichen Blätter, welche für die Bekanntmachung der Ein-

tragungen in das Genossenschaftsregister des Sitzes der Genossenschaft bestimmt sind.

Betrifft bei einer Genossenschaft mit beschränkter Haftpflicht der Mangel die Bestimmungen über die Haftsumme, so darf durch die zur Heilung des Mangels beschlossenen Bestimmungen der Gesammtbetrag der von den einzelnen Genossen übernommenen Haftung nicht vermindert werden.

§ 96.

Das Verfahren über die Klage auf Nichtigkeitserklärung und die Wirkungen des Urtheils bestimmen sich nach den Vorschriften des § 51 Absatz 3 bis 5 und des § 52.

§ 97.

Ist die Nichtigkeit einer Genossenschaft in das Genossenschaftsregister eingetragen, so finden zum Zwecke der Abwickelung ihrer Verhältnisse die für den Fall der Auflösung geltenden Vorschriften entsprechende Anwendung.

Die Wirksamkeit der im Namen der Genossenschaft mit Dritten vorgenommenen Rechtsgeschäfte wird durch die Nichtigkeit nicht berührt.

Soweit die Genossen eine Haftung für die Verbindlichkeiten der Genossenschaft übernommen haben, sind sie verpflichtet, die zur Befriedigung der Gläubiger erforderlichen Beträge nach Maßgabe der Vorschriften des folgenden Abschnitts zu leisten.

Einf.Ges. z. H.G.B. Art. 10 XI.

Erläuterungen zu §§ 94 bis 97.

Bei § 10 Erl. 5 ist die Frage behandelt, welche Folgen die Eintragung einer Genossenschaft hat, deren Statut mit wesentlichen Bestimmungen des Gesetzes in Widerspruch steht. Es ist daselbst auch auf die Entscheidung des Kammergerichts (Johow Bd. 14 S. 39) verwiesen, in der der Grundsatz aufgestellt ist, daß passiver Widerstand des Gerichts dann nicht statthaft ist, wenn es sich bei den statutarischen Verstößen gegen das Gesetz um unwesentliche Bestimmungen handelt. In solchen Fällen habe das Gericht die Anmeldungen und Einreichungen, insoweit diese nur mit dem Gesetz in Uebereinstimmung stehen, entgegenzunehmen und nach denselben zu verfahren, es habe kein Mittel in der Hand, den Vorstand zu zwingen, die Gesetzwidrigkeiten zu beseitigen. Beläßt der Vorstand es bei denselben und es entstehen daraus für die Genossenschaft Schädigungen, so hätte er dafür die Verantwortung der Genossenschaft gegenüber zu tragen.

Welches sind nun unwesentliche Bestimmungen? Die Antwort darauf giebt § 95 des Ges., der die Bestimmungen bezeichnet, die als wesentlich zu betrachten sind und das Verfahren nach Maßgabe der §§ 94 ff. zur Folge haben.

§§ 94 ff. aber setzen voraus, daß ein Genosse oder ein Mitglied des Vorstands oder Aufsichtsraths im Wege der Klage die Nichtigkeitserklärung verfolgt, das Gericht hat nicht die Befugniß, die Vorstandsmitglieder etwa durch Ordnungsstrafen zur Einleitung der Klage zu zwingen.

Löschung von Amtswegen. Das Gericht kann nach Maßgabe des § 147 Abs. 2 des Gesetzes über die Angelegenheiten der freiwilligen Gerichtsbarkeit von Amtswegen die Löschung betreiben. § 147 bestimmt:

„Eine in das Genossenschaftsregister eingetragene Genossenschaft kann gemäß den Vorschriften der §§ 142, 143 als nichtig gelöscht werden, wenn die Voraussetzungen vorliegen, unter denen nach den §§ 94, 95 des Gesetzes betreffend die Erwerbs- und Wirthschaftsgenossenschaften die Nichtigkeitsklage erhoben werden kann."

Die §§ 142, 143 sind oben bei § 10 des Gesetzes mitgetheilt.

Das Gesetz über die Angelegenheiten der freiwilligen Gerichtsbarkeit geht noch weiter, es schreibt in § 147 Abs. 2 vor:

„Ein in das Genossenschaftsregister eingetragener Beschluß der Generalversammlung einer Genossenschaft kann gemäß den Vorschriften der §§ 142, 143 als nichtig gelöscht werden, wenn er durch seinen Inhalt zwingende Vorschriften des Gesetzes verletzt und seine Beseitigung im öffentlichen Interesse erforderlich erscheint."

Hier handelt es sich hauptsächlich um Statutenänderungen.

Der Beschluß muß inhaltlich zwingende Vorschriften des Gesetzes verletzen, „die Löschung von Amtswegen ist daher nicht schon deshalb zulässig, weil ein Beschluß unter Verletzung der Vorschriften über die Berufung der Versammlung oder über die Abstimmung zu Stande gekommen ist oder weil der Inhalt des Beschlusses gegen Bestimmungen des Gesellschaftsvertrages oder gegen gesetzliche Vorschriften nicht zwingender Natur verstößt". (Entwurf des Gesetzes über die Angelegenheiten der freiwilligen Gerichtsbarkeit, Guttentag'sche Ausgabe der Reichstagsvorlage S. 73), in diesen Fällen bleibt die Anfechtung den Betheiligten überlassen.

Es soll ferner Voraussetzung der Löschung von Amtswegen auch sein, daß die Beseitigung im öffentlichen Interesse erforderlich erscheint. Beide Voraussetzungen müssen kumulativ vorhanden sein.

Im öffentlichen Interesse liegen jedenfalls alle die Beschlüsse der Generalversammlung, die nach § 16 A.V. „ihrem Inhalte nach" einzutragen sind, es sind dies Beschlüsse die betreffen, die im § 12 Abs. 2 u. 4 des Gesetzes bezeichneten Angaben, bei Genossenschaften mit beschränkter Haftpflicht außerdem die Höhe der Haftsumme und im Falle des § 134 des Gesetzes die höchste Zahl der Geschäftsantheile, auf welche ein Genosse sich betheiligen kann. Gegen das öffentliche Interesse verstoßen würden ferner Beschlüsse, die das Gesetz verletzen bei Regelung der Angelegenheiten in § 7 Z. 1, 2; dagegen liegen die übrigen Angelegenheiten, auf die sich §§ 7 u. 8 beziehen, kaum „im öffentlichen Interesse", sie berühren mehr die Interessen der Mitglieder. Mit Vorstehendem sind aber die Beschlüsse der Generalversammlung, die gegen das öffentliche Interesse verstoßen, nicht erschöpfend aufgezählt. So würde z. B. auch ein Beschluß der Generalversammlung, infolgedessen Jemand als Vorstandsmitglied eingetragen ist, der nicht Mitglied der Genossenschaft ist, mit dem öffentlichen Interesse unvereinbar sein, da er die Vertretung der Genossenschaft nach Außen berührt — ebenso ein Beschluß, durch den in gesetzwidriger Weise die Bestimmungen über die Bildung des Reservefonds abgeändert werden, jedoch braucht ein solcher Beschluß, auch wenn er gesetzwidrig ist, nicht nothwendigerweise das öffentliche Interesse zu verletzen. Einen Anhalt bietet für die Beurtheilung der Frage § 95 Abs. 1.

Ueber das bei der Löschung von Amtswegen zu beobachtende Verfahren vgl. §§ 142, 143, 147 Abs. 4 a. a. O. (s. oben bei § 10). Nach § 126 des Gesetzes über die Angelegenheiten der freiwilligen Gerichtsbarkeit sind die Organe des Handelsstandes (Handelskammer u. s. w.) berechtigt, Anträge behufs Berichtigung des Handelsregisters zu stellen und gegen Verfügungen durch die über solche Anträge entschieden wird, Beschwerde zu führen. Gegenüber dem Genossenschaftsregister besteht diese Initiative nicht.

Die Nichtigkeitsklage. Die §§ 94 ff. sind den §§ 309 ff. H.G.B. nachgebildet. § 94 Abs. 4 lautete in der Regierungsvorlage:

„Ein Mangel, der die Bestimmung über die Haftung der Genossen betrifft, kann nur dadurch geheilt werden, daß von sämmtlichen Genossen einstimmig die unbeschränkte Haftpflicht beschlossen wird."

In der Kommission (Bericht S. 138) wurde gegen diese Bestimmung geltend gemacht, sie „enthalte Forderungen, die an sich nicht gerade unmöglich seien, der Wahrscheinlichkeit nach aber nie erfüllt würden ... Eine Genossenschaft mit beschränkter Haftpflicht und eine solche mit unbeschränkter Haftpflicht gingen von solch verschiedenen wirthschaftlichen und auch ethischen Anschauungen aus, daß eine Ueberführung aus der ersteren in die letztere Gesellschaftsform überhaupt kaum durchführbar sei. Dazu komme dann noch die Forderung der Einstimmigkeit, um die Sache unmöglich zu machen ... Wenn bestimmt werde, daß der Umfang der Haftung der gleiche bleiben solle, wie bisher, so sei den berechtigten Ansprüchen der Gläubiger Genüge geschehen". Absatz 4 erhielt hierauf unter ausdrücklicher Zustimmung der Regierungsvertreter die jetzige Fassung. Weitere in der Kommission an § 95 vorgenommene Aenderungen sind nur redaktioneller Natur.

„Enthält das Statut nicht die für dasselbe wesentlichen Bestimmungen oder ist eine der wesentlichen Bestimmungen nichtig, so soll jeder Genosse und jedes Mitglied des Vorstandes und des Aufsichtsraths im Wege der Klage beantragen können, daß die Genossenschaft für nichtig erklärt werde. Als wesentlich in dem bezeichneten Sinne können jedoch nicht alle in den §§ 6, 7 und 125 (§ 131) des Genossenschaftsgesetzes vorgesehenen Bestimmungen behandelt werden; vielmehr muß ein Theil derselben, nämlich die Bestimmungen über die Beurkundung der Beschlüsse der Generalversammlung und den Vorsitz in dieser sowie über die Aufstellung und Prüfung der Bilanz, hier ausscheiden (§ 90b Abs. 1, (§ 95 Abs. 1). Leidet das Statut an Mängeln, die nur auf Bestimmungen der letzteren Art sich beziehen, so darf zwar der Registerrichter die Genossenschaft nicht eintragen; ist aber die Eintragung erfolgt, so haben die Mängel auf die Rechtsbeständigkeit der Gesellschaft keinen Einfluß." (Denkschrift zum H.G.B. S. 313.)

Für die Beurtheilung der §§ 94 ff. ist von Bedeutung die Begründung der vorbildlichen §§ 309 ff. H.G.B., es heißt zu dieser Bestimmung (Denkschrift zum H.G.B. S. 171):

„Der Entwurf eröffnet einen Weg, um, soweit möglich, Mängel des Gesellschaftsvertrags, welche die Nichtigkeit der Gesellschaft zur Folge haben, nachträglich zu heilen. Da im Falle der Nichtigkeit der Gesellschaft an sich auch eine Aenderung oder Ergänzung des Gesellschaftsvertrags durch Mehrheitsbeschluß der Generalversammlung ausgeschlossen sein würde, so bedarf es einer ausdrücklichen Vorschrift des Gesetzes, wenn dies dennoch ermöglicht werden soll. Bei einzelnen der in Betracht kommenden Mängel (— bei der Genossenschaft bei allen —) kann dies auch unbedenklich geschehen. Fehlt im Gesellschaftsvertrage nur eine Bestimmung über die Firma oder den Sitz der Gesellschaft, über den Gegenstand des Unternehmens, die Bestellung oder Zusammensetzung des Vorstandes, die Form der Bekanntmachungen der Gesellschaft oder die Form der Berufung der Generalversammlung oder ist eine solche Bestimmung ungültig, so bildet es keine unzulässige Beeinträchtigung der Rechte der einzelnen Betheiligten, wenn ein solcher Mangel durch einen den gesetzlichen Vorschriften über eine Aenderung des Gesellschaftsvertrags entsprechenden Mehrheitsbeschluß verbessert wird. Betrifft der Mangel die Bestimmungen über die Berufung der Generalversammlung, so bedarf es noch einer besonderen Vorschrift, um überhaupt das Zustandekommen einer Versammlung, die zu einem Mehrheitsbeschlusse genügend legitimirt erscheint, zu ermöglichen.

Das Urtheil, durch welches die Gesellschaft für nichtig erklärt wird, hat nur deklaratorische Bedeutung; der Standpunkt des Entwurfs ist nicht etwa der, daß die Gesellschaft bis dahin als Aktiengesellschaft zu Recht bestände. Diese Auffassung wird schon durch die Natur der Mängel, welche die Nichtigkeit begründen, ausgeschlossen. Hieraus folgt insbesondere, daß die Mitglieder sich jederzeit auf die Nichtigkeit berufen, also auch die Leistung von Einlagen zum Betriebe des Unternehmens verweigern und die Beschlüsse der Generalversammlung, als unverbindlich behandeln können, ohne dabei an die Vorschriften über die Anfechtung von Generalversammlungsbeschlüssen, gebunden zu sein.

Das schließt aber nicht aus, daß der Gesellschaft insoweit, als es sich um die Abwicklung ihrer Verhältnisse handelt, dennoch eine gewisse Rechtsbeständigkeit beigelegt wird. Auf Grund der Eintragung in das Handelsregister ist sie thatsächlich ins Leben getreten; möglicherweise hat der Betrieb des Unternehmens längere Zeit gedauert, sind Rechtsgeschäfte geschlossen, Ansprüche erworben und Verbindlichkeiten eingegangen worden. Alles dieses kann nicht einfach als nicht geschehen behandelt werden. Das vorhandene Vermögen läßt sich auch nicht derart auflösen, daß jeder einzelne Gegenstand wieder seinem früheren Eigenthümer zufiele; hieraus würde sich nur Verwirrung und eine Schädigung aller Betheiligten ergeben. Sollten ferner wegen der eingegangenen Verbindlichkeiten lediglich diejenigen haften, die namens der Gesellschaft gehandelt haben, so wäre dies nicht nur eine unbillige Härte, sondern auch für die Gläubiger unzureichend. Hiernach rechtfertigt es sich, wenn der Entwurf zum Zwecke der Abwickelung der Verhältnisse der als Aktiengesellschaft für nichtig erklärten Vereinigung dennoch die im Falle der Auflösung der Aktiengesellschaft geltenden Vorschriften entsprechende Anwendung finden läßt, auch die Rechtsverbindlichkeit der im Namen der Gesellschaft mit Dritten vorgenommenen Geschäfte trotz der Nichtigkeitserklärung ausdrücklich anerkennt. Die Gesellschaft, welcher insoweit, als es sich um die Bethätigung des Gesellschaftszwecks handelt, die Eigenschaft einer Aktiengesellschaft versagt werden muß, wird nunmehr als Liquidationsgesellschaft anerkannt und ist als solche auch nach den Grundsätzen des Aktienrechts zu beurtheilen. Sie hat demgemäß nicht nur die für den Liquidationszweck nöthige Rechts- und Handlungsfähigkeit, sodaß selbst die Eröffnung des Konkurses gegebenenfalls nicht ausgeschlossen ist, sondern auch in Betreff der inneren Verhältnisse finden die hinsichtlich einer aufgelösten Aktiengesellschaft geltenden Vorschriften Anwendung, soweit die Mängel des Statuts es gestatten".

Ist die Genossenschaft durch rechtskräftiges Urtheil für nichtig erklärt, so finden zum Zwecke der Abwickelung ihrer Verhältnisse die für den Fall der Auflösung geltenden Vorschriften entsprechende Anwendung. Ueber das Vermögen der betreffenden Genossenschaft kann daher auch das Konkursverfahren eröffnet werden, und nach § 97d Abs. 3 sind alsdann die Genossen, soweit sie eine Haftung für die Verbindlichkeiten der Genossenschaft übernommen haben, verpflichtet, die zur Befriedigung der Gläubiger erforderlichen Beträge in Gemäßheit der Vorschriften des siebenten Abschnitts des Genossenschaftsgesetzes zu leisten.

Ist gegen die Genossenschaft von Amtswegen mit Löschung vorgegangen, so kann die Nichtigkeitsklage aus §§ 94 ff. nicht mehr erhoben werden. Andererseits ist auch das Registergericht behindert, von Amtswegen nach § 147 des Gesetzes über die Angelegenheiten der freiwilligen Gerichtsbarkeit vorzugehen, wenn bereits eine Nichtigkeitsklage erhoben ist. Die rechtskräftige Nichtigkeitsklage ist endgültig, ebenso wie die rechtskräftig von Amtswegen verfügte Löschung. Heilung der Mängel ist möglich, solange das Urtheil nicht rechtskräftig geworden ist.

Die Nichtigkeitsklage kann sowohl erhoben werden, wenn es sich um Bestimmungen handelt, die sich ursprünglich im Statut befanden, als auch dann, wenn solche später durch Statutenänderung hereingekommen sind.

Siebenter Abschnitt.

Konkursverfahren und Haftpflicht der Genossen.

Vorbemerkung.

Die Voraussetzungen für die Konkurseröffnung sind die gleichen wie nach dem Ges. von 1868 (§ 28 desselben und § 195 [alter Fassung] R.K.O.), hinzugekommen ist nur in § 140 eine Spezialvorschrift für die Genossenschaften mit beschränkter Haftpflicht. Abgesehen von dieser Spezialvorschrift ist Voraussetzung entweder Zahlungsunfähigkeit oder Ueberschuldung bei aufgelöster Genossenschaft. Eine wesentliche Abweichung von dem Ges. von 1868 besteht darin, daß dieses für den Fall der Ueberschuldung bei aufgelöster Genossenschaft einen Aufschub von 8 Tagen gewährte: die Liquidatoren sollten zunächst, wenn sich Ueberschuldung herausstellte, eine Generalversammlung einberufen und erst wenn binnen 8 Tagen nach derselben der Fehlbetrag nicht gedeckt war, den Konkurs anmelden. Die Motive (I 167, II 110) sehen in diesem Aufschub einen Fehler. „Durch freiwillige Zahlungen mögen die Genossen die Ueberschuldung und die Konkurseröffnung abwenden. Aber nach wirthschaftlichen wie rechtlichen Gründen verbietet sich jeder gesetzliche Aufschub des Konkurses und . . . ein Nachschußverfahren zur Abwendung des Konkurses . . . Ueberhaupt wird verkannt, daß nicht das Konkursverfahren, sondern die ihm zu Grunde liegende Ueberschuldung der Genossenschaft das eigentliche Uebel ist, welches vorliegt, und um dessen bestmögliche Hebung es sich handelt." In der Kommission wurde ein Antrag gestellt, welcher vom Standpunkt des Ges. von 1868 ausging, die 8tägige Frist durch eine 14tägige zu ersetzen und ein freiwilliges Umlageverfahren zum Zweck der Vertheilung der vom einzelnen Genossen zur Deckung der Unterbilanz eingezahlten Beträge auf alle Genossen zuzulassen. Die Antragsteller beriefen sich auf die Praxis, die gezeigt, daß die Liquidation dem Konkurse vorzuziehen sei, und daß die Genossen zur Deckung der Defizits meist bereit seien, um den Konkurs zu verhüten. Die Regierungsvertreter vertraten die Vorlage mit den oben angeführten Gründen, und die Kommission schloß sich ihnen an. Der Antrag wurde abgelehnt. Es ist dies zu bedauern — anscheinend auf eben diesem Standpunkt Maurer S. 314 —, ist doch noch in letzter Zeit wiederholt der Beweis geliefert, daß es im Interesse der Genossenschaft und weiter Kreise der Bevölkerung liegt, den Konkurs auch im Falle der Ueberschuldung zu vermeiden, dies aber wird umsoeher zu erreichen sein, wenn den Genossen, welche zur Deckung des Defizits Vorschüsse geleistet, ein Weg geboten würde, diese Summen auf alle betheiligten Genossen zu vertheilen. Nicht bei der Liquidation werden die Aktiven verschleudert, sondern im Konkurse. Diese Worte der I. Auflage haben seitdem wiederholt Bestätigung gefunden. Außerordentliche Konkurskosten, Verschleuderung der Werthe, der Ruin vieler Mitglieder hätten vermieden werden können, wenn das Gesetz ein freiwilliges Umlageverfahren zugelassen (vgl. § 19 Erl. 3, Birkenbihl-Maurer S. 133, 352, Crüger, Giebt es ein freiwilliges Umlageverfahren? in der Monatsschrift für Aktienrecht 1895 S. 225). Ueber Auflösung der Genossenschaft im Falle des Konkurses vgl. § 101.

§ 98.

Das Konkursverfahren findet im Falle der Zahlungsunfähigkeit, nach Auflösung der Genossenschaft auch im Falle der Ueberschuldung statt.

Nach Auflösung der Genossenschaft ist die Eröffnung des Verfahrens so lange zulässig, als die Vertheilung des Vermögens nicht vollzogen ist.

Ges. von 1868 § 48, Entw. I 88, II 89, Komm. 89, Rtg. 91. Begr. I 166, II 109, Komm.Ber. 43.

Erläuterungen zu § 98.

1. **Absatz** I. Zahlungsunfähigkeit.

Die Genossenschaft ist zahlungsunfähig, wenn sie nicht mehr genügende Mittel besitzt, um fällige Schulden zu decken; Zahlungsunfähigkeit ist nach § 102 R.K.O. insbesondere anzunehmen, wenn „Zahlungseinstellung" erfolgt ist, d. h. wenn die Zahlungsunfähigkeit sich äußerlich bemerkbar macht, indem die Zahlung verlangenden Gläubiger aus Mangel an Geld zurückgewiesen werden. Zahlungseinstellung kann aus diesbezüglichen Erklärungen gefolgert werden (R.G. Urtheil vom 17. Mai 1895 in Jurist. Wochenschrift 1895 S. 298). Bloße Zahlungsstockung ist noch keine Zahlungsunfähigkeit, denn die erstere ist ein vorübergehender Zustand, während letztere allgemein und voraussichtlich andauernd sein muß (R.G. in Strafsachen Bd. 3 S. 294, Bd. 4 S. 68, Bd. 14 S. 222).

2. Ueberschuldung.

Ueberschuldung liegt vor, wenn Unzulänglichkeit zur Deckung der Verbindlichkeiten besteht, sie ist also nicht gleichbedeutend mit Zahlungsunfähigkeit. Die Eine kann ohne die Andere vorhanden sein. Selbstverständlich aber ist eine Ueberschuldung, welche die Konkurseröffnung (bezw. den Eintritt des § 121) zur Folge hat, nicht schon dann vorhanden, wenn die Passiven größer sind als die Aktiven, denn eine Ueberschuldung liegt vor, wenn das Vermögen nicht mehr die Schulden deckt, und zu dem Vermögen gehören die Geschäftsguthaben und Reserven (so auch Birkenbihl-Maurer S. 350); Erneuerungsfonds u. s. w. kommen als Schulden insoweit in Betracht, als sie zur Ausgleichung des Minderwerths der Aktiven dienen. Kommt die Ueberschuldung auf andere Weise als durch die Bilanz zur Kenntniß von Vorstand und Aufsichtsrath, so erfordert es die Sorgfalt eines ordentlichen Geschäftsmannes, daß sofort eine Bilanz aufgestellt wird. Ueber Antrag auf Konkurs vgl. §§ 99 u. 100. Für die Aufstellung der Bilanz gelten die allgemeinen Grundsätze (§ 40 H.G.B.).

3. Konkurseröffnung.

Im Falle der Zahlungsunfähigkeit ist stets die Eröffnung des Konkursverfahrens zu beantragen (§ 99 Abs. 2), im Falle der Ueberschuldung nur, wenn die Genossenschaft aufgelöst ist (Ausnahme für Genossenschaften mit beschränkter Haftpflicht in § 140), jedoch ist eine Generalversammlung zu berufen zur Beschlußfassung über die Auflösung oder den Fortbestand der Genossenschaft (§§ 121, 126), wird die Auflösung beschlossen, so führt dies unbedingt zum Konkurs (vgl. Vorbemerkung und § 99 Erl. 1). Für Genossenschaften m. b. H. (§ 140) ist die Einberufung einer Generalversammlung im Gesetz nicht vorgeschrieben, wird aber die Generalversammlung berufen und hier die Auflösung beschlossen, so hat dies gleichfalls den Konkurs zur Folge — § 99 gilt für alle Haftarten. Während bei der Aktiengesellschaft Ueberschuldung stets die Konkurseröffnung zur Folge hat (§ 207 R.K.O.), soll dies auf Genossenschaften mit unbeschränkter Haftpflicht während ihres Bestehens nicht Anwendung finden, denn es ist denselben Raum zu gewähren, eine von Zahlungsunfähigkeit nicht begleitete Ueberschuldung durch Anwendung der ihnen zu Gebote stehenden Mittel, Erhöhung des Geschäftsantheils oder

der auf diesen zu leistenden Einzahlungen, zu beseitigen (Begr. II 110). Die Aktiengesellschaft hat ein feststehendes eigenes Vermögen und kann dies nur schwer vergrößern, die Genossenschaft hat es dagegen durch Erhöhung des Geschäftsantheils oder der Einzahlungen jederzeit in der Hand, das Vereinsvermögen zu vermehren (§ 19 Erl. 3). Ueber Einzahlungen auf Geschäftsantheil während des Konkurses § 7 Erl. 6.

4. Haftbarkeit der Mitglieder des Vorstandes und der Liquidatoren. Ueber die Haftbarkeit für Zahlungen, die nach dem Zeitpunkt geleistet sind, in welchem der Antrag auf Konkurseröffnung zu stellen war, vgl. § 100 Abs. 2; strafrechtliche Verantwortung in § 148 Nr. 2, falls Vorstand oder Liquidatoren nicht die Eröffnung des Konkursverfahrens beantragen, wenn sich nach oder bei der Auflösung aus der Bilanz Ueberschuldung ergiebt, vgl. § 99 Erl. 2, ferner §§ 121 u. 126.

5. **Absatz** II. Vertheilung des Vermögens.

Der Abs. 2 ist der gleichlautenden Vorschrift für Aktiengesellschaften in § 207 Abs. 2 R.K.O. nachgebildet. Eine besondere Begründung findet sich in den Motiven nicht, nur gelegentlich wird S. 113 Begr. II bemerkt: „Darauf braucht kaum hingewiesen zu werden, daß die Unzulässigkeit einer Abweisung des Konkursantrages wegen Mangels an Masse nicht der Bestimmung widerspricht, nach welcher die Eröffnung des Konkurses über eine aufgelöste Genossenschaft nicht mehr stattfindet, wenn die Vertheilung des Vermögens vollzogen ist. Denn in dem letzteren Falle wird der Konkursantrag nicht wegen Mangels an Masse, sondern deswegen abgewiesen, weil die Genossenschaft auch als Liquidationsfirma nicht mehr existirt." Die Folge der Vorschrift des Abs. 2 ist, daß, wenn die Vertheilung des Vermögens vollzogen ist, die Eröffnung des Konkurses nicht mehr statthaft ist. Hierdurch wird unter Umständen gerade die Bedingung beseitigt, von welcher die Nachschußverbindlichkeit der Genossen abhängig ist. Sie versagt also für einen Fall, für welchen sie vorgesehen ist, — den Fall der Ueberschuldung. Daß über das Vermögen einer Aktiengesellschaft nach deren Auflösung nicht mehr der Konkurs eröffnet werden kann, wenn das Vermögen aufgetheilt ist, ist selbstverständlich, denn es kann auf keine Weise mehr Vermögen geschafft werden. Anders liegt der Fall bei einer eingetragenen Genossenschaft. Bei ihr dient nicht allein das Vereinsvermögen den Gläubigern als Befriedigungsobjekt, sondern auch das persönliche Vermögen der Genossen (entweder unbeschränkt oder beschränkt), die Realisirbarkeit dieses Befriedigungsobjekts ist allerdings bedingt durch den Konkurs über das Vereinsvermögen, diese Bedingung aber muß eintreten bei Zahlungsunfähigkeit und unter Umständen auch bei Ueberschuldung, und diese Bedingung wird im Abs. 2 für einen bestimmten Fall aufgehoben. Es läßt sich auch nicht behaupten, daß mit der Austheilung des Vermögens bei der eingetragenen Genossenschaft das Rechtssubjekt beseitigt sei, über welches der Konkurs eröffnet werden könnte, denn anders als bei den Aktiengesellschaften ist nicht das Kapital der Träger der Rechtspersönlichkeit, sondern die Mitglieder bilden dieselbe in ihrer Gesammtheit. Die eingetragene Genossenschaft ist denkbar auch ohne alles Vermögen. Wäre dies nicht der Fall, dann könnte ja auch über eine eingetragene Genossenschaft nicht der Konkurs eröffnet werden, wenn sich nach der Auflösung herausstellt, daß die Genossenschaft gar kein Vermögen besitzt, und doch ist dies nach dem Gesetz angängig (§ 102). Birkenbihl-Maurer S. 350 nehmen an, daß die Genossenschaft in solchen Fällen immer noch aus Pflichtverletzung ihrer Organe einen Anspruch haben wird, der als vorhandenes Aktivum zur Eröffnung des Konkursverfahrens über das Vermögen ausreichen würde. (Vgl. auch § 90 Erl. 1 und Birkenbihl-Maurer S. 355.)

§ 99.

Sobald die Zahlungsunfähigkeit der Genossenschaft eintritt, hat der Vorstand die Eröffnung des Konkursverfahrens zu beantragen; dasselbe

gilt, wenn bei oder nach Auflösung der Genossenschaft aus der Jahresbilanz oder aus einer im Laufe des Jahres aufgestellten Bilanz Ueberschuldung sich ergiebt.

Die Mitglieder des Vorstandes sind der Genossenschaft zum Ersatz einer nach diesem Zeitpunkte geleisteten Zahlung nach Maßgabe des § 34 verpflichtet.

Die Ansprüche auf Grund der vorstehenden Bestimmungen verjähren in fünf Jahren.

Ges. von 1868 § 48, Entw. I 89, II 90, Komm. 90, Rtg. 92. Begr. I 165 ff., II 109 ff., Komm.Ber. 43 ff.

Erläuterungen zu § 99.

1. **Absatz** I. Auflösung.

In der Regierungsvorlage fehlten die Worte „bei oder", sie sind in der Kommission hinzugesetzt, um zum Ausdruck zu bringen, daß, wenn sich vor Auflösung aus einer Bilanz Ueberschuldung ergiebt, und der Vorstand in Gemäßheit des § 121 eine Generalversammlung zur Beschlußfassung über die Auflösung beruft und diese die Auflösung beschließt, der Vorstand verpflichtet ist, sofort die Konkurseröffnung zu beantragen (Komm.Ber. 45). Vgl. § 121 u. § 98 Erl. 1 u. 2: Antragsberechtigt sind der Vorstand oder die Liquidatoren (§ 118) in der für die Abgabe der Willenserklärungen der Genossenschaft maßgebenden Form. Ablehnung des Antrags ist mit der sofortigen Beschwerde anfechtbar (§ 109 R.K.O.). Antragsberechtigt sind aber weiter auch die einzelnen Vorstandsmitglieder oder Liquidatoren oder ein Gläubiger nach Maßgabe des § 100; steht die Ueberschuldung („bei oder nach Auflösung") nicht bilanzmäßig fest, sondern der Vorstand hat nur die Ueberzeugung von derselben, so wird nach § 100 zu verfahren sein.

2. **Absatz** II. Die Mitglieder des Vorstandes sind ersatzpflichtig.

Die „Mitglieder des Vorstandes" sind ersatzpflichtig, nicht der Vorstand, d. h. also diejenigen Personen, welche bei der Zahlung mitgewirkt haben. Das Gleiche gilt für die Liquidatoren (§ 118). Der Ersatzanspruch aus § 99 wird allein durch die Thatsache der Zahlung nach dem in Abs. 1 bezeichneten Zeitpunkt begründet. Ebenso Art. 241 (jetzt § 241 Abs. 3 Z. 6) H.G.B. Ein Schadensnachweis ist nicht erforderlich. „In allen Genossenschaften können die Genossen, wenn die während des kritischen Zeitraums noch bezahlten Forderungen hätten bestritten werden können, benachtheiligt sein; überhaupt haben sowohl die Gläubiger wie die Genossen ein begründetes Interesse, daß die bei Eintritt der Konkursvoraussetzungen vorhandenen Aktiven zur gleichmäßigen Vertheilung unter diejenigen und nur unter diejenigen Gläubiger verwendet werden, welche demnächst im Konkursverfahren auftreten und demzufolge auch allein auf weitere Befriedigung durch Beiträge der Genossen Anspruch haben" (Begr. II 112). Die Ersatzpflicht bezieht sich auf jede Zahlung, ist also weitergehend als in § 34. — Strafvorschrift in § 148. Ergiebt sich aber nach Auflösung einer Genossenschaft mit unbeschränkter Haftpflicht und nach geschehener Bestellung von Liquidatoren aus der Liquidationsbilanz eine Ueberschuldung, so sind, nach einem Urtheil des Reichsgerichts, I. Strafsenats, vom 22. Januar 1894 (R.G. Strafsachen Bd. 25 S. 86) die bisherigen Vorstandsmitglieder der Genossenschaft wegen unterlassener Stellung des Antrages auf Konkurseröffnung nicht strafbar. Der Wortlaut des § 148 Nr. 2, der die Strafvorschrift enthält, spricht dagegen. Danach werden bestraft:

„2. Die Mitglieder des Vorstands oder die Liquidatoren, wenn entgegen den Vorschriften in §§ 99, 118, 140 der Antrag auf Eröffnung des Konkursverfahrens unterlassen ist."

3. Zeitpunkt der Zahlungen.

Die Zahlungen müssen, abgesehen von der Zahlungsunfähigkeit, geleistet sein nach der Bilanz, welche „bei oder nach Auflösung der Genossenschaft" aufgenommen ist. Bei Auflösung aber ist regelmäßig die Bilanz nicht aufgenommen, sondern vor Auflösung, und die Generalversammlung hat wegen der sich aus dieser Bilanz ergebenden Ueberschuldung erst die Auflösung zu beschließen. Man wird in diesem Falle das Zahlungsverbot von dem Auflösungsverbot ab rechnen müssen, denn vor demselben ist der Vorstand nicht in der Lage, die Konkurseröffnung zu beantragen, und darf daher auch nicht Zahlungen verweigern.

4. Die Ersatzverbindlichkeit besteht der Genossenschaft gegenüber.

„Eine subsidiäre direkte Ersatzverbindlichkeit gegenüber den Gläubigern, wie sie der Art. 241 A.G. (§ 241 Abs. 4 H.G.B.) vorsieht, ist mit Rücksicht auf die allgemeine genossenschaftliche Haftpflicht der Vorstandsmitglieder auch hier entbehrlich" (Begr. II 112). Dies ist für Liquidatoren, für welche das Gleiche gilt (§ 118), aber nicht zutreffend, es ist nicht berücksichtigt, daß die Liquidatoren nicht Mitglieder der Genossenschaft zu sein brauchen. Für G.m.b.H. gilt § 142.

5. Die Mitglieder des Aufsichtsraths.

Eine Ersatzverbindlichkeit wie der Vorstandsmitglieder und der Liquidatoren besteht für die Mitglieder des Aufsichtsraths nicht, sie werden daher nur unter den Voraussetzungen des § 41 Abs. 2 haften. Für die Genossenschaften mit beschränkter Haftpflicht ist eine Spezialvorschrift in § 142 getroffen.

6. Anfechtung der geleisteten Zahlungen.

In Betreff der Anfechtung der nach der Zahlungseinstellung geleisteten Zahlungen verbleibt es bei § 30 R.K.O. Soweit in Folge der Anfechtung Ersatz erlangt wird, fällt der Anspruch gegen die Vorstandsmitglieder und Liquidatoren fort, und andererseits können diese bei Rückerstattung der Zahlungen die Abtretung etwaiger Anfechtungsansprüche von dem Konkursverwalter fordern (Begr. II 113).

§ 100.

Zu dem Antrage auf Eröffnung des Verfahrens ist außer den Konkursgläubigern jedes Mitglied des Vorstandes berechtigt.

Wird der Antrag nicht von allen Mitgliedern gestellt, so ist derselbe zuzulassen, wenn die ihn begründenden Thatsachen (§ 98) glaubhaft gemacht werden. Das Gericht hat die übrigen Mitglieder nach Maßgabe der Konkursordnung § 105 Absatz 2, 3 zu hören.

Der Eröffnungsantrag kann nicht aus dem Grunde abgewiesen werden, daß eine den Kosten des Verfahrens entsprechende Konkursmasse nicht vorhanden sei.

R.K.O. (in alter Fassung) §§ 193 Abs. 2, 194 u. 195 (jetzt §§ 208 Abs. 2, 209, 210, Entw. I 90, II 91, Komm 91, Rtg. 93. Begr. I 171, II 113.

Erläuterungen zu § 100.

1. **Absatz** I und II stimmen mit §§ 194 und 195 Abs. 2 der R.K.O. in der alten Fassung (jetzt §§ 209, 210 Abs. 2) überein. Ueber Antrag des Vorstandes vgl. § 99.

Berechtigt ist jedes Mitglied des Vorstandes. Die Mitglieder des Vorstandes haben sich in Gemäßheit des § 26 Abs. 2 zu legitimiren. Was hier von den Mitgliedern des Vorstandes gesagt wird, gilt auch von den Liquidatoren (§ 118).

Nicht für antragsberechtigt sind Aufsichtsrath und Generalversammlung erklärt, diese Organe können sich damit helfen, daß sie die Vorstandsmitglieder entsetzen, welche den Konkurs nicht anmelden. Auch wenn nur **ein** Gläubiger vorhanden, ist dieser antragsberechtigt (R.G. Bd. 11 S. 40) — Erfordernisse § 104 R.K.O. für die Vorstandsmitglieder, § 105 R.K.O. für die Gläubiger.

2. **Absatz** II. „glaubhaft machen".

Ueber „glaubhaft machen" bestimmt § 294 C.P.O.: „Wer eine thatsächliche Behauptung glaubhaft zu machen hat, kann sich aller Beweismittel, mit Ausnahme der Eideszuschiebung, bedienen, auch zur eidlichen Versicherung der Wahrheit der Behauptung zugelassen werden. — Eine Beweisaufnahme, welche nicht sofort erfolgen kann, ist unstatthaft." Die „Glaubhaftmachung" erfordert nicht eine objektive Begründung, sondern lediglich ein subjektives richterliches Ermessen. Birkenbihl-Maurer S. 355 sind der Ansicht, daß es der Glaubhaftmachung nicht bedarf, wenn die Anmeldung durch den Vorstand in rechtsverbindlicher Form erfolgt.

3. Verfahren vor dem Konkursgericht.

§ 105 Abs. 2 und 3 R.K.O. schreiben vor: „Wird der Antrag zugelassen, so hat das Gericht den Schuldner zu hören und, sofern dieser nicht seine Zahlungsunfähigkeit oder Zahlungseinstellung einräumt, die erforderlichen Ermittelungen anzuordnen. — Die Anhörung des Schuldners kann unterbleiben, wenn sie eine öffentliche Zustellung oder eine Zustellung im Auslande erfordert; in diesem Falle ist, soweit thunlich, ein Vertreter oder Angehöriger des Schuldners zu hören." Gegen den Eröffnungsbeschluß steht dem Gemeinschuldner (Vorstand bezw. Liquidatoren), gegen den abweisenden Beschluß demjenigen, welcher den Antrag gestellt hat, die sofortige Beschwerde zu (§ 109 R.K.O.). Für den Schuldner — die Genossenschaft — sind alle Vorstandsmitglieder bezw. Liquidatoren zu hören.

4. **Absatz** III. Mangel an Masse.

Die Vorschrift in Abs. 3 ist eine Folge (§ 107 R.K.O.) der im Entwurf gewählten Konstruktion der Nachschußpflicht, da nach derselben auch die Nachschußansprüche zur Konkursmasse gehören. Eine weitere Konsequenz hiervon ist, daß § 204 R.K.O.: „Das Gericht kann das Konkursverfahren einstellen, sobald sich ergiebt, daß eine den Kosten des Verfahrens entsprechende Konkursmasse nicht vorhanden ist" keine Anwendung findet (Begr. II 125). Diese Bestimmung aber entbindet den Gläubiger, der die Eröffnung des Konkurses beantragt, nicht von der Verpflichtung, einen Kostenvorschuß zu zahlen (§ 82 des Deutschen Gerichtskostengesetzes).

§ 101.

Durch die Eröffnung des Konkursverfahrens wird die Genossenschaft aufgelöst.

Ges. von 1868 § 34, Entw. I 91, II 92, Rtg. 94. Begr. I 171, II 113.

I. **Zur Erläuterung der §§ 101 und 102** heißt es in der Begründung:

„Die beiden die Auflösung der Genossenschaft durch die Eröffnung des Konkursverfahrens und die Eintragung derselben in das Genossenschaftsregister betreffenden Paragraphen geben den Inhalt der früheren §§ 34 Nr. 3 und 37 wieder. Die sonst vorgeschriebenen öffentlichen Bekanntmachungen über die Auflösung der Genossenschaft sind im Falle der Konkurseröffnung mit Rücksicht auf die Veröffentlichung des Konkursgerichts (Konkursordnung § 111) entbehrlich und fallen deshalb hier fort.

Ebenso ist der Schlußsatz des seitherigen § 37, nach welchem das Konkursgericht dem Registerrichter von der Konkurseröffnung Mittheilung zu machen hatte, durch die Vorschrift im § 112 der Konkursordnung überflüssig geworden und deshalb weggelassen."

2. Folgen der Auflösung.

Die Auflösung ist eine endgiltige, falls nicht der Eröffnungsbeschluß nach § 116 R.K.O. aufgehoben wird — vgl. § 116. Die Beendigung des Konkurses kann daher nicht zum Wiederaufleben der Genossenschaft, sondern nur zur Liquidation führen, a. A. das Reichsgericht Bd. 28 S. 132 für offene Handelsgesellschaften im Falle des Zwangsvergleichs, der bei Genossenschaften freilich nicht in Frage kommt; gegen die endgiltige Auflösung durch Konkurs besonders Landgericht Würzburg in Wochenschrift für Aktienrecht 1892 S. 146, vgl. die eingehende Widerlegung dieses Urtheils von Petersen a. a. O. S. 161 ff., S. 171 ff., Crüger in Bl.f.G. 1892 S. 279 ff. unter Anwendung auf Genossenschaften, ebenso auch Ring für definitive Auflösung durch Konkurs S. 645, wo auch die einschlägige Literatur angegeben ist. (Vgl. die andersartige Regelung für Gesellschaften mit beschränkter Haftung, § 60 Ziff. 4 in der Fassung von 1900 ab.) In Folge des Konkurses geht die Verwaltung und Vertretung auf den Konkursverwalter über, daneben aber bleiben die Organe der Genossenschaft in Funktion und nehmen die Rechte der Gemeinschuldnerin wahr (§ 104 R.G. Bd. 14 S. 418 ff., Birkenbihl-Maurer S. 356). Betreffs der Einzahlungen auf Geschäftsantheile, vgl. § 7 Erl. 6. Auch die Inanspruchnahme der Vorstands- und Aufsichtsrathsmitglieder aus ihrer Regreßpflicht geht auf den Konkursverwalter über (vergl. R.G. Bd. 13 S. 44), zur energischen Betreibung des Prozesses können die Genossen als Intervenienten beitreten (vgl. § 39 Erl. 2, § 33 Erl. 6).

Aus § 116 ergiebt sich, daß, wenn einmal der Eröffnungsbeschluß unanfechtbar geworden ist, der Konkurs der Genossenschaft bis zur Schlußvertheilung fortgeführt werden muß, § 202 R.K.O. ist auf Genossenschaften nicht anwendbar vgl. Bl.f.G. 1892, S. 280 die Eröffnung des Konkursverfahrens über den Vorschußverein zu Saalfeld.

Wechselproteste sind bei dem Vorstand bezw. den Liquidatoren aufzunehmen, es kann in dem seitherigen Geschäftslokal geschehen (R.G. Bd. 2 S. 23). Das Gleiche gilt für Postaufträge zur Einziehung von Geldbeträgen und Einholung von Wechselaccepten (Bl.f.G. 1890 S. 150).

§ 102.

Die Eröffnung des Konkursverfahrens ist unverzüglich in das Genossenschaftsregister einzutragen. Die Eintragung wird nicht bekannt gemacht.

Ges. von 1868 § 37, Entw. I 92, II 93, Komm. 93, Rgt. 95. Begr. I 171, II 113.

Erläuterung zu § 102.

Vgl. § 101. R.K.O. § 112 betr. die Benachrichtigung. Der Registerrichter hat dem Gerichte der Zweigniederlassung Nachricht zu geben (§ 157, A.V. § 20 Abs. 3). Die Veröffentlichung unterbleibt bei dem Registergericht, da dieselbe durch das Konkursgericht erfolgt (R.K.O. § 111).

§ 103.

Bei der Eröffnung des Verfahrens ist von dem Gerichte ein Gläubigerausschuß zu bestellen. Die Gläubigerversammlung hat über die Beibehaltung der bestellten oder die Wahl anderer Mitglieder zu beschließen.

Im Uebrigen kommen die Vorschriften im § 87 der Konkursordnung zur Anwendung.

Komm. 93a, Rtg. 96. Komm.Ber. S. 46.

Zur Erläuterung des § 103.

Dieser § 103 ist von der Kommission hinzugefügt und damit begründet, daß zwar als allgemeine Regel die fakultative Bestellung des Gläubigerausschusses (§ 87 R.K.O.) ausreichen möge, daß dies aber für den Konkurs der Genossenschaften nicht genüge; denn hier fordert das Interesse nicht nur der Gläubiger, sondern namentlich auch der der Haft- und Nachschußpflicht unterliegenden Genossen, daß der Konkursverwalter stets von Anfang an einer wirksamen Kontrole unterstellt werde (Komm.Ber. 46). Vgl. Joël S. 623, Sten. Berichte S. 1060 ff.

§ 104.

Die Generalversammlung ist ohne Verzug zur Beschlußfassung darüber zu berufen (§§ 44 bis 46), ob die bisherigen Mitglieder des Vorstandes und des Aufsichtsraths beizubehalten oder andere zu bestellen sind.

Entw. I 93, II 94, Komm. 94, Rtg. 97. Begr. I 172, II 113, Komm.Ber. 46.

Erläuterungen zu § 104.

1. Berufung.

Es erscheint „unter allen Umständen angemessen, daß der Generalversammlung Gelegenheit gegeben wird, Beschluß darüber zu fassen, ob die Personen, unter deren Geschäftsführung die Katastrophe eingetreten ist, noch weiter in der Stellung als Vorsteher, Liquidatoren oder Aufsichtsrathsmitglieder zu belassen, oder ob sie durch andere ersetzt werden sollen" (Begr. I 172, II 113). Die Generalversammlung ist vom Vorstande bezw. den Liquidatoren (§ 118) zu berufen (§§ 44, 89): Aufsichtsrath (§ 38 Abs. 2). — Die Beschlußfassung kann bereits in der Generalversammlung erfolgen, welche über die Auflösung entscheidet (§ 121).

2. Fortdauer der Organisation der Genossenschaft während des Konkurses.

Durch den Inhalt des § 104 wird die Fortdauer der im 3. Abschnitt geregelten Organisation der Genossenschaft auch für den Konkurs ausdrücklich anerkannt (vgl. Birkenbihl-Maurer S. 357, Reinartz S. 77 ff. über die Befugnisse des Vorstands und Aufsichtsraths während des Konkurses), es ist daher von der Aufnahme der Vorschrift aus § 196 Abs. 1 R.K.O. (alter Fassung), daß die Genossenschaft durch den Vorstand oder die Liquidatoren vertreten werde, abgesehen (Begr. II 114). R.G. Bd. 14 S. 418 f. — § 101 Erl. 2.

Vorbemerkung zu § 105.

Bevor die Genossenschaften die gesetzliche Anerkennung erlangt hatten, konnten die Gläubiger jeden Genossen jederzeit wegen ihrer fälligen Forderungen in Anspruch nehmen. Sie konnten von diesem nicht auf das Gesellschaftsvermögen verwiesen werden, da ein solches im eigentlichen Sinne nicht vorhanden war. Hieran wurde auch nichts geändert, als die Gerichte die Prozeßfähigkeit organisirter Vereine anerkannten, denn die Vorsteher handelten Dritten gegenüber nur immer als Bevollmächtigte der einzelnen Genossen und berechtigten und verpflichteten daher auch nur diese allein. Schulze-Delitzschs Streben ging nun nicht allein dahin, die Anerkennung der Genossenschaft als Rechtsperson zu erlangen, sondern er strebte auch darnach, aus der prinzipalen unbeschränkten Solidarhaft eine Solidarbürgschaft zu konstruiren. Schon in seinem ersten Gesetzentwurf hatte er ein besonderes Verfahren zur Realisirung der Solidarhaft im Falle der Insuffizienz vorgeschlagen, was denjenigen Bestimmungen nachgebildet war, welche die sächsische Regierung zu Ende der fünfziger Jahre mehreren Volksbanken, zuerst dem Kreditverein zu Meißen auf Betreiben seines verdienstvollen Gründers, des Finanzprokurators Hallbauer, bei Verleihung der Korporationsrechte zugestanden hatte. Die betreffenden Bestimmungen bildeten den § 36 des Schulzeschen Entwurfs und sind in dem Kommentar von Parisius zum preußischen Gesetze S. 124 Anm. 132 abgedruckt. In der Kommission des preußischen Abgeordnetenhauses von 1863 machte sich zwar überwiegend die Ansicht geltend, daß es „wünschenswerth sei, derartige Bestimmungen in das Gesetz aufzunehmen" (Protokoll v. 24. April 1863 in den Akten des Abgeordnetenhauses), schließlich ließ man dieselben aber fallen, weil man die Schwierigkeiten, welche sich aus der Organisation der Gerichte in den verschiedenen Landestheilen dabei ergeben, für überwiegend erachtete. Bei den Verhandlungen, welche zum Erlaß des preußischen Genossenschaftsgesetzes führten, ließ Schulze einstweilen jenen Plan fallen, in der Absicht, darauf bei erster gelegener Zeit zurückzukommen. Er that dies in seinem Entwurfe für den Norddeutschen Bund. Der § 52 seines Entwurfs lautete mit den kleinen Aenderungen, welche daran in der Reichstagskommission beziehungsweise im Reichstage mit Zustimmung des Antragstellers vorgenommen wurden, wie folgt:

„Sobald das Konkursverfahren (Falliment) zur Schlußvertheilung gediehen ist, wird durch den Vorstand oder, im Falle besondere Liquidatoren an dessen Stelle getreten sind, durch diese eine Generalversammlung der bisherigen Genossenschafter berufen zur Verhandlung über die Beschaffung der zur Deckung der Gläubiger wegen ihrer im Konkurs erlittenen Ausfälle erforderlichen Summe.

Zu diesem Behufe ertheilt das Konkursgericht dem Vorstande, beziehungsweise den Liquidatoren, sobald der Schlußvertheilungsplan feststeht, ein Attest über den Stand der Masse, auf dessen Grund der Vorstand, beziehungsweise die Liquidatoren, die zur vollen Befriedigung der Gläubiger fehlende Summe auf alle einzelnen, der Genossenschaft bei der Auflösung angehörigen, sowie die früheren noch haftbaren Mitglieder (§§ 39 und 53) vertheilen und diesen Vertheilungsplan vor der Generalversammlung zur Kenntniß dieser Mitglieder bringen.

Wird in Folge eines von der Generalversammlung gefaßten Beschlusses innerhalb 8 Tagen die erforderliche Summe zu Händen des Vorstandes, beziehungsweise der Liquidatoren, eingezahlt, so hat es hierbei sein Bewenden. Ist dies nicht der Fall, so beantragen der Vorstand, beziehungsweise die Liquidatoren bei dem persönlichen Gerichte der Genossenschaft gegen die säumigen Mitglieder die Exekution, indem sie dem Antrage das Attest des Konkursgerichts, das Verzeichniß der Mitglieder und eine Abschrift oder einen Abdruck des Gesellschaftsvertrages (Statuts), sowie des der Generalversammlung vorgelegten Vertheilungsplans beifügen. Das Gericht erläßt hierauf die Zahlungsaufforderung mit 3- bis 8tägiger Frist und vollstreckt auf ferneren Antrag gegen die Säumigen die Exekution.

Im Falle die Exekution bei einzelnen Mitgliedern fruchtlos bleibt, wird der dadurch an der aufzubringenden Summe entstandene Defekt von Neuem durch den Vorstand, beziehungsweise die Liquidatoren, unter die übrigen solventen Mitglieder vertheilt, und durch das Gericht auf Antrag in derselben Weise beigetrieben, auch damit so lange fortgefahren, bis vollständige Deckung erfolgt ist.

Den einzelnen Genossenschaftern stehen gegen diese Beitreibung nur solche Einwendungen zu, welche entweder das der Umlage zu Grunde gelegte Vertheilungsprinzip oder die Richtigkeit der Berechnung, oder ihre auf der Mitgliedschaft in der Genossenschaft beruhende Haftbarkeit allen oder einzelnen der zur Einforderung gelangenden Forderungsresten gegenüber, betreffen. Dergleichen Einwendungen müssen, bei Vermeidung der Präklusion, vor Ablauf der Zahlungsfrist dem Gerichte angemeldet werden, welches im abgekürzten Verfahren, wie solches bei Einwendungen in der Exekutionsinstanz nach den Landesgesetzen stattfindet, darüber entscheidet. Die Genossenschaft, als Provokatin, wird dabei vom Vorstande, beziehungsweise von den Liquidatoren, vertreten.

Die Zahlung der ausgeschriebenen Beträge erfolgt an den Vorstand, beziehungsweise die Liquidatoren, welche auch die Vertheilung der eingegangenen Gelder an die Gläubiger zu bewirken haben.

Insofern die Konkurseröffnung ohne vorgängige Liquidation stattgefunden hat, kann die Berufung der Generalversammlung außer vom Vorstande auch von den nach dem Gesellschaftsvertrage sonst dazu befugten Personen ausgehen, und in dieser Versammlung die Vertretung der Genossenschaft in dem ganzen Verfahren durch andere sofort zu erwählende Bevollmächtigte an der Stelle des Vorstandes beschlossen werden, ohne daß der Antrag hierauf vorher auf die Tagesordnung zu bringen ist.

Bis zur Beendigung des im Vorstehenden angeordneten Verfahrens kommen ungeachtet der Auflösung der Genossenschaft, wie im Falle der Liquidation (§ 49 Absatz 1) in Bezug auf die Rechtsverhältnisse der bisherigen Genossenschafter untereinander wie gegen Dritte, die Vorschriften des zweiten und dritten Abschnittes dieses Gesetzes zur Anwendung.

Uebrigens wird durch das vorstehende Verfahren an dem Rechte der Genossenschaftsgläubiger, wegen der im Konkurs an ihren Forderungen erlittenen Ausfällen die Genossenschafter solidarisch in Anspruch zu nehmen, nichts geändert."

Der Bericht der Reichstagskommission (Drucksachen Nr. 80 S. 11 und 12) fand in dem § 52 „die wichtigste und folgenreichste Ergänzung des preußischen Gesetzes, welche als ein dringendes Bedürfniß für die gedeihliche Entwickelung der Genossenschaften, ja geradezu als eine Forderung des Gemeinwohls von der Kommission anerkannt ist". Der Reichstag nahm den § 52 ohne Diskussion an. Die Civilprozeßkommission schlug statt dessen die Einschiebung der §§ 52—62 des Ges. von 1868 vor. (Reichstags-Drucksachen Nr. 193 S. 1 ff. u. S. 5.) Der Reichstag nahm am 20. Juni 1868 mit einer kleinen Aenderung des § 62 die ganzen Vorschläge der Civilprozeßkommission an. (Vgl. Parisius S. 357—378.)

Nach dem Ges. von 1868 beruhte die Beitragspflicht im Umlageverfahren auf der Verpflichtung der einzelnen Genossen gegenüber den übrigen Mitgliedern, mitzutragen an der Deckung der Verbindlichkeiten der Genossenschaft. Anders, jedoch nicht richtig, R.G. Bd. 3 S. 11, vgl. auch Jurist. Wochenschrift 1889 S. 212, 1894 S. 23 und Gierke S. 300, welche die Beitragspflicht als der Genossenschaft gegenüber bestehend betrachten; es ist dies im Ges. von 1868 nicht begründet, vgl. Begr. II 41 und § 73 Erl. 9. Es sollte das Umlageverfahren erst beginnen, sobald der Schlußvertheilungsplan im Konkurse festgestellt war, ohne daß jedoch hierdurch das Recht des Gläubigers, die einzelnen Genossen wegen des im Konkurse der Genossenschaft an der festgestellten Forderung erlittenen Ausfalls direkt in Anspruch zu nehmen, aufgehalten wurde. Die rechtliche Konstruktion und der Zeitpunkt des Beginns des Umlageverfahrens benahmen demselben jede größere praktische Bedeutung. Hierzu kam noch, daß die Fassung des Gesetzes zu einer Reihe Streitfragen von prinzipieller Bedeutung Veranlassung gab, wohin insbesondere die gehört, ob die Heranziehung der ausgeschiedenen Genossen in das Umlageverfahren statthaft ist.

Das Gesetz hat diesen Mängeln durch Veränderung der Konstruktion und Verlegung des Beginns des Umlageverfahrens in vorzüglicher Weise abgeholfen. Die Nachschußpflicht der einzelnen Genossen besteht jetzt der Genossenschaft gegenüber, die Nachschüsse sind daher zur Konkursmasse zu leisten (§ 105), sie bilden einen Bestandtheil des Vermögens der Genossenschaft, der allerdings in seiner Entstehung durch den Eintritt des Konkurses bedingt und in seinem Umfang durch dessen Ausgang begrenzt ist (Begr. II 41). Die Nachschußpflicht, d. h. die Verhaftung des Mitgliedes mit seinem persönlichen Vermögen, ist in dem Wesen der Genossenschaft begründet, deren Träger die jeweilig ihr angehörigen Mitglieder sind, deren Vermögen daher auch — durch Ein- und Austritt — einer fortwährenden Veränderung unterworfen wird. Jeder, der der Genossenschaft als Mitglied beitritt, hat die statutenmäßig vorgeschriebenen Einzahlungen auf den Geschäftsantheil zu leisten und übernimmt ferner die Verpflichtung, mit seinem persönlichen Vermögen für die Befriedigung der Gläubiger einzustehen, falls diese nicht aus dem Vereinsvermögen erfolgen kann. Während nach dem Ges. von 1868 Voraussetzung der Beitragspflicht die den Gläubigern gegenüber bestehende Garantiehaft war, die Beitragspflicht ihr juristisches Fundament nicht in sich selbst, sondern in dem außerhalb liegenden Moment der Garantiehaft fand, nur als ein Ausfluß der in Folge möglicher Geltendmachung der direkten Haftung zu erwartenden gegenseitigen Regreßrechte der Genossen erscheint — ist jetzt die Nachschußpflicht eine selbstständige Verbindlichkeit der Genossenschaft gegenüber, welche Voraussetzung und Grund allein in der Zugehörigkeit zu derselben hat (vgl. Begr. II 41). Ebenso Joël S. 429.

Das „Nachschußverfahren" des Gesetzes ist, da die Nachschüsse Theile des Genossenschaftsvermögens sind, ein Theil des Konkursverfahrens. Dem Konkursverwalter hat daher nothwendigerweise die Leitung übertragen werden müssen. Der Vorstand und die Liquidatoren haben jedoch mitzuwirken, um den Konkursverwalter zu unterstützen, aber auch um die Rechte der Genossen wahrzunehmen (§§ 115, 117, 122, 141).

Was dann weiter den Zeitpunkt des Beginns des Umlageverfahrens anbelangt, so ist derselbe auf den Beginn des Konkurses verlegt. Parisius sagte bereits zu § 52 des Ges. von 1868 mit Bezug auf den Zeitpunkt des Beginns: „Es ist leicht erklärlich, daß sich, je länger der Konkurs dauert, desto mehr solidarisch Verpflichtete der Erfüllung ihrer Verpflichtungen zu entziehen suchen und dadurch ihre Mitgenossen benachtheiligen . . . Eine wesentliche Abhülfe würde schon geschaffen sein, wenn der Vorstand der Genossenschaft verpflichtet würde, schon nach dem ersten Prüfungstermin auf Grund einer Bilanz . . ., einen vorläufigen Umlageplan aufzustellen und nach den §§ 52—58 prüfen zu lassen und auszuführen. Ein zweiter definitiver Umlageplan würde dann nach dem festgestellten Konkurs-Vertheilungsplan stattfinden." Dem Vorschlag entspricht das Nachschußverfahren des Gesetzes, nur daß die Leitung entsprechend der veränderten Konstruktion des Gesetzes in die Hände des Verwalters gelegt ist.

Bei den Genossenschaften mit unbeschränkter und beschränkter Haftpflicht besteht außer der Nachschußpflicht der Genossen gegenüber der Genossenschaft noch eine direkte Garantiehaft dem Genossenschaftsgläubiger gegenüber: ist der Gläubiger nach Ablauf von drei Monaten seit dem Termine, in welchem die Nachschußberechnung für vollstreckbar erklärt ist, nicht befriedigt, so ist er berechtigt, die einzelnen Genossen in Anspruch zu nehmen (§§ 122, 141 und wegen der Ausgeschiedenen §§ 125, 73). Bei den Genossenschaften mit unbeschränkter Nachschußpflicht existirt eine solche direkte Garantiehaft nicht, der Gläubiger ist auf das Nachschußverfahren verwiesen (vgl. § 128). Das Nähere hierüber vgl. in der Einleitung.

Anders konstruirn Birkenbihl-Maurer S. 360, 147 die Nachschußpflicht, sie sehen in der Geltendmachung derselben durch das Umlageverfahren eine Ausübung der Rechte der Gläubiger, welche aus der Bürgschaft der einzelnen Genossen entstehen — für Maurer ist aber auch der Konkursverwalter der Vertreter der Gläubiger (vgl. § 73 Erl. 10).

§ 105.

Soweit die Konkursgläubiger wegen ihrer bei der Schlußvertheilung (Konkursordnung § 161) berücksichtigten Forderungen aus dem zur Zeit der Eröffnung des Konkursverfahrens vorhandenen Vermögen der Genossenschaft nicht befriedigt werden, sind die Genossen verpflichtet, Nachschüsse zur Konkursmasse zu leisten.

Die Nachschüsse sind von den Genossen, wenn nicht das Statut ein anderes Beitragsverhältniß festsetzt, nach Köpfen zu leisten.

Beiträge, zu deren Leistung einzelne Genossen unvermögend sind, werden auf die übrigen vertheilt.

Zahlungen, welche Genossen über die von ihnen nach den vorstehenden Bestimmungen geschuldeten Beiträge hinaus leisten, sind ihnen, nachdem die Befriedigung der Gläubiger erfolgt ist, aus den Nachschüssen zu erstatten.

Gegen die Nachschüsse kann der Genosse eine Forderung an die Genossenschaft aufrechnen, sofern die Voraussetzungen vorliegen, unter welchen er als Konkursgläubiger Befriedigung wegen der Forderung aus den Nachschüssen zu beanspruchen hat.

Ges. von 1868 § 59, Entw. I 94, II 95, Komm. 95, Rtg. 98. Begr. I 172—176, II 114—116, Komm.Ber. 46.

Erläuterungen zu § 105.

1. **Absatz** I. Befriedigung der Konkursgläubiger.

Die Befriedigung der Konkursgläubiger der Genossenschaft ist aus dem persönlichen Vermögen der Genossen insoweit herbeizuführen, als dieselbe aus dem Genossenschaftsvermögen — also der zur Zeit der Konkurseröffnung vorhandenen Masse, wie sich diese durch die konkursmäßige Ermittelung und Verwerthung, insbesondere durch die Aktiva, die Anfechtungs-, Regreß- und die Passivprozesse gestaltet — nicht erreicht wird. Dies ist der Grundsatz, nach welchem sich der Kreis der Gläubiger und die Höhe der von ihnen geltend zu machenden Forderungen sowohl für das Umlageverfahren wie für den direkten Angriff bestimmt. Nachschußpflichtig sind die „Genossen", das sind diejenigen, welche bei der Konkurseröffnung Mitglieder sind, oder welche innerhalb 6 Monate vor derselben ausschieden (§ 75, § 76 Abs. 4); für G. m. u. N. vgl. § 128 — vgl. Parisius S. 381, Sicherer S. 309, Schulze-Delitzsch Streitfragen I S. 28 ff., Goldschmidt „Erwerbs- und Wirthschaftsgenossenschaften" S. 25, R.G. Bd. 18 S. 88 und Bd. 3 S. 10 ff., Begr. I S. 62.

2. Kreis der Gläubiger.

Nach § 12 des Ges. von 1868 und § 197 R.K.O. (in der alten Fassung) waren die Konkursgläubiger, deren Forderungen festgestellt waren, berechtigt, sich an die einzelnen persönlich haftenden Genossen zu halten. Als festgestellt gilt nach § 144 R.K.O. eine Forderung, soweit gegen sie im Prüfungstermine ein Widerspruch weder von dem Verwalter noch von einem Konkursgläubiger erhoben oder soweit ein erhobener Widerspruch beseitigt wird. Darüber, ob die Feststellung bis zur Aufhebung des Konkurses erfolgt sein mußte, gingen die Ansichten auseinander. Die persönliche Haftpflicht der Genossen ist — abgesehen von dem Fall des § 73 — bedingt durch die Eröffnung des Konkurses über das Vermögen der Genossenschaft, und nach § 105 Abs. 1 haben alle die Konkursgläubiger, deren Forderungen bei der Schlußvertheilung berücksichtigt sind, das Recht, Befriedigung aus dem persönlichen Vermögen der Genossen zu verlangen. Hierunter fallen:

a) die im Konkurse festgestellten Forderungen;

b) streitig gebliebene Konkursforderungen, für welche ein mit der Vollstreckungsklausel versehener Schuldtitel, ein Endurtheil oder ein Vollstreckungsbefehl nicht vorliegt, sofern der Gläubiger innerhalb der zweiwöchigen Ausschlußfrist nachweist, daß die Feststellungsklage erhoben oder das Verfahren in dem früher anhängigen Prozesse wieder aufgenommen ist (§ 152 R.K.O.);

c) streitig gebliebene Konkursforderungen, für welche ein mit der Vollstreckungsklausel versehener Schuldtitel, ein Endurtheil oder ein Vollstreckungsbefehl vorliegt (§ 146 R.K.O.);

d) Forderungen unter aufschiebender Bedingung, sofern dem Verwalter bis zum Ablauf der Ausschlußfrist der Eintritt der Bedingung nachgewiesen ist, oder soweit die Genossenschaft zu einer Sicherheitsleistung verpflichtet war (§ 154 R.K.O.);

e) Forderungen, wegen deren abgesonderte Befriedigung verlangt wird, falls bis zum Ablaufe der Ausschlußfrist der Nachweis des Verzichts oder des Ausfalls geführt ist (§ 153 R.K.O.);

f) Forderungen unter auflösender Bedingung (§ 66 R.K.O.).

3. Vertheilungen.

Das im Konkurs aufgestellte Schlußverzeichniß (§ 161 R.K.O.) entscheidet für alle Vertheilungen im Nachschußverfahren, und die Vertheilung der Nachschüsse erfolgt nach den Grundsätzen der Konkursordnung im Wege der Nachtragsvertheilung (§ 114 des Ges. und § 166 R.K.O.); doch soll hier der zur Vertheilung kommende Antheil außer in den Fällen des § 166 R.K.O. auch für solche Forderungen zurückbehalten werden, welche im Prüfungstermine vom Vorstande ausdrücklich bestritten worden sind (§ 115).

4. Umfang der im Nachschußverfahren zu berücksichtigenden Forderungen.

Nach § 12 des Ges. von 1868 und § 197 R.K.O. (alter Fassung) hatten die solidarisch haftenden Genossen für den im Konkurs der Genossenschaft erlittenen Ausfall „einschließlich der Zinsen und Kosten" zu haften (R.G. Bd. 9 S. 149, Bd. 15 S. 115). Es war dies von dem Standpunkte aus, daß die Gläubiger an der Genossenschaft, so lange noch solvente Mitglieder vorhanden, keinen Pfennig verlieren sollten, gerechtfertigt; denn im Konkurse selbst konnten diese Ansprüche nicht geltend gemacht werden (§ 63 R.K.O.). Diese weitgehende Fürsorge für die Gläubiger hat aber nicht selten zu Unzuträglichkeiten geführt, dieselbe machte eine Uebereinkunft zwischen den Mitgliedern der Genossenschaft und den Gläubigern in der Regel unmöglich, weil diese leicht für ihre Forderungen Käufer fanden, die in der Voraussetzung, weder Zins- noch Kosten-Verlust zu erdulden, die Nothlage der Genossenschaft ausbeuteten und diese zum Konkurse drängten. Eine Berücksichtigung der Zinsen und Kosten im Nachschußverfahren würde auch eine besondere Anmeldung und Feststellung dieser Nebenforderungen nothwendig machen, was aus Zweckmäßigkeitsgründen vermieden werden muß (Begr. II 115).

Nach der Bestimmung in Abs. 1 sollen die Gläubiger nur wegen der bei der Schlußvertheilung berücksichtigten Forderungen Befriedigung aus den Nachschüssen verlangen können; hierdurch ist von selbst eine Hereinziehung der fraglichen Zins- und Kostenansprüche ausgeschlossen; abgesehen hiervon hat die Vorschrift zur Folge, daß der Betrag der zu deckenden Ausfälle einer weiteren Feststellung oder Erörterung nicht mehr bedarf (Begr. II 115).

5. Betagte Forderungen, wiederkehrende Hebungen u. s. w.

Insbesondere sind darnach Forderungen, welche nicht auf einen Geldbetrag gerichtet sind, sowie Ansprüche auf wiederkehrende Hebungen und betagte unverzinsliche Forderungen (§§ 65, 70 R.K.O.) nur zu dem Betrage zu decken, mit welchem sie bei der Schlußvertheilung berücksichtigt und ausgefallen sind (Begr. II 115).

6. **Absatz** II und III. Vertheilung nach Köpfen.

Ueber den Charakter der Nachschüsse vgl. Vorbemerkung zu § 105.

Abs. 2 und 3 enthalten die Grundsätze, nach denen der Ausfall von den einzelnen Genossen aufzubringen ist, sie stimmen in Betreff der Umlagen überein mit §§ 73, 91 Abs. 2 und 3 und mit dem Ges. von 1868 § 9 Abs. 2 und 57. Entsprechend dem Wesen der Solidarhaft sind die erforderlichen Nachschüsse auf die Genossen nach Köpfen zu vertheilen, vorbehaltlich anderer statutarischer Regelung. Wie bei § 19 Erl. 1 dargelegt ist, verdient es Erwägung, ob das Statut bei Genossenschaften mit beschränkter Haftpflicht, falls dieselben den Erwerb mehrerer Geschäftsantheile zulassen, nicht in Konsequenz davon die Vertheilung der das Vereinsvermögen übersteigenden Verluste nach Verhältniß der Haftsumme verordnen soll (vgl. § 91 Erl. 6).

7. Unvermögende Genossen.

Während das Ges. von 1868 in § 57 die Uebertragung des auf einen Genossen fallenden Antheils auf die übrigen von der fruchtlosen Exekution gegen den einzelnen Genossen abhängig machte, der zu deckende Ausfall der Gläubiger also auf alle Genossen ohne Ausnahme zu vertheilen war, was zu unnützen Weitläufigkeiten führte, bestimmt nun Abs. 3, daß die auf unvermögende Genossen fallenden Beiträge auf die andern zu vertheilen sind (vgl. § 106 Abs. 2 und § 114 Abs. 2), d. h. die unvermögenden Genossen kommen nur für die rechnerische Feststellung der Umlage nicht in Betracht. In der Regierungsvorlage hieß es: „Beiträge, welche von den einzelnen Genossen nicht zu erlangen sind." Die Aenderung ist in der Kommission beschlossen, um das Mißverständniß auszuschließen, „als ob es jedesmal einer fruchtlosen Zwangsvollstreckung bedürfe, um den Beitrag eines Genossen als uneinbringlich zu behandeln" (Komm. Bericht 46). Gleichzeitig wurden in der Kommission auch Aenderungen im § 96 (jetzt § 103 des Gesetzes) vorgenommen. Nach dem Entwurf hatte der Verwalter in der vorzulegenden Vorschußberechnung, in die er die unvermögenden Genossen nicht aufzunehmen hatte, zu berechnen, wieviel zur Deckung des Fehlbetrages jeder Genosse vorschußweise beizutragen habe. In der Kommission wurde von den Bundesrathsvertretern angeführt, die Regierungsvorlage befolge das System,

„daß einerseits der in der Berechnung auf die Genossen zu vertheilende Gesammtbetrag nicht auf mehr, als das aus der Bilanz des Konkursverwalters sich ergebende Defizit zu bemessen ist, daß andererseits aber diejenigen Genossen, deren Unvermögen zur Zahlung von Beiträgen mit Sicherheit vorausgesehen werden kann, schon in der ersten Berechnung nicht unter die beitragspflichtigen Genossen aufgenommen zu werden brauchen". Hiergegen wurde geltend gemacht, es sei „mißlich, einen Theil der Genossen von vorn herein von jeder Beitragspflicht freizulassen. Dies könne leicht zu Willkürlichkeiten führen; besser sei es, allen Genossen ohne Ausnahme den entsprechenden Beitrag aufzuerlegen, damit wenigstens der Versuch gemacht werden könne, einen jeden heranzuziehen. Bei notorischem Zahlungsunvermögen brauche darum natürlich nicht bis zur Zwangsvollstreckung vorgegangen zu werden" ... Vorzuziehen sei, „den einzuziehenden Gesammtbetrag von vornherein höher als das bilanzmäßige Defizit zu bemessen, derart, daß trotz der voraussichtlichen Zahlungsunfähigkeit einzelner Genossen ein Ausfall nicht entstehe. Zu diesem Zwecke müßten gegebenen Falls auch die Beiträge der einzelnen Genossen — einschließlich der Zahlungsunfähigen — höher festgesetzt werden, als wenn nur das bilanzmäßige Defizit den nach den Berechnungen einzuziehenden Gesammtbetrag bilde" ...

Die Reichstagskommission nahm die hiernach beantragten Aenderungen zu § 96 des Entwurfs (§ 103 des Gesetzes) an:

Nach dem Absatz 1 soll in die Vorschußberechnung aufgenommen werden, wie viel zur Deckung des Fehlbetrages „die Genossen" — nicht „jeder Genosse" vorschußweise beizutragen haben. Sodann ist ein Absatz 2 eingeschoben, nach welchem in der Vorschußberechnung sämmtliche Genossen, einschließlich der unvermögenden „namentlich zu bezeichnen sind und auf sie die Beträge zu vertheilen"; der Gesammtbetrag der Beiträge aber ist höher als der bilanzmäßige Fehlbetrag zu bemessen und zwar so hoch, daß durch das Unvermögen Einzelner ein Ausfall nicht entsteht. Bei der Genossenschaft m.b.H. darf der Gesammtbetrag der Beiträge natürlich nicht höher sein, als der Gesammtbetrag der durch das Statut bestimmten Haftsummen.

Der Konkursverwalter kann bei notorisch zahlungsunfähigen Genossen auf Zwangsvollstreckung verzichten. Es würde sich mit der von ihm anzuwendenden Sorgfalt (§ 82 R.K.O. — früher § 74 „Sorgfalt eines ordentlichen Hausvaters") nicht vertragen, wenn er unnöthigerweise durch Zwangsvollstreckungskosten die Konkursmasse verringern wollte. Ist er von einem Genossen überzeugt, daß er nicht die ganze Summe, sondern nur einen Theil bezahlen kann, so ist er auch berechtigt, den Rest durch Vergleich zu erlassen. Stellt sich vor Endigung des Verfahrens heraus, daß der ohne Zwangsvollstreckung für zahlungsunfähig gehaltene Genosse doch zahlungsfähig war, oder (z. B. durch Erbschaft) zahlungsfähig geworden ist, so kann von ihm der Betrag noch immer eingezogen werden, wenn nöthig durch Zwangsvollstreckung, — wogegen derjenige Genosse, dem vergleichsweise ein Theil erlassen ist, allerdings nicht mehr zur Nachzahlung verpflichtet werden kann.

Die übrigen Genossen können in der Verhandlung über die Vorschußberechnung (§ 107), oder über eine Zusatzberechnung (§ 113) und schließlich noch in der Verhandlung über die Nachschußberechnung, in der die unvermögenden Genossen gar nicht aufzuführen sind (§ 114), Irrthümer des Konkursverwalters über die Zahlungsunfähigkeit eines anderen Genossen durch Einwendungen bekämpfen und sogar eine gerichtliche Entscheidung bewirken, die den Konkursverwalter nöthigt, vor endgiltiger Feststellung des Gesammtbetrages der Nachschüsse Zwangsvollstreckung zu versuchen.

Bei großer Vorsicht des Konkursverwalters wird es öfters vorkommen, daß er zur Befriedigung der Gläubiger nicht erforderliche Ueberschüsse an die Genossen zurückzuzahlen hat. (Vgl. zu §§ 106 und 115.)

Als „unvermögend" ist nicht nur der Genosse zu betrachten, der zahlungsunfähig ist, sondern auch der, von dem aus anderen Gründen z. B. wegen unbekannten Aufenthalts der Beitrag nicht zu erlangen ist (§ 106 Erl. 2).

Der Konkursverwalter kann unter Genehmigung des Gläubigerausschusses Vergleiche abschließen, das ist für die Bemessung der Nachschüsse nicht statthaft, deren Höhe durch Gesetz oder Statut bestimmt ist. Schon hieraus ergiebt sich, daß der Konkursverwalter nicht berechtigt ist, den Anspruch der Genossenschaft auf Leistung der Nachschüsse abzutreten. Auch folgende Erwägung führt zu diesem Resultat. Mit dem Schluß des Konkurses erreichen die Verpflichtungen des Mitgliedes aus der persönlichen Haftpflicht ihr Ende, diese Verpflichtungen stehen im unmittelbaren Zusammenhang mit der Mitgliedschaft, nur von der Genossenschaft können sie geltend gemacht werden, der vollstreckbare Titel im Nachschußverfahren besteht allein zu Gunsten der Genossenschaften und nur für das Umlageverfahren, das allein durch den Konkursverwalter durchgeführt werden kann.

Der Anspruch auf die Nachschüsse entsteht erst mit dem Konkurse der Genossenschaft, daraus ergiebt sich, daß ein in Anspruch genommenes Mitglied sich gegenüber der Forderung der Genossenschaft nicht auf einen Zwangsvergleich berufen kann, mit dem ein Konkurs über sein Vermögen beendet ist. Wenn dagegen während des Konkurses der Genossenschaft ein Mitglied in Konkurs geräth, so sind die Ansprüche auf Nachschüsse zu dem Konkurse als Konkursforderungen anzumelden, die Genossenschaft ist Konkursgläubiger (vgl. S. 508 Bl.f.G. von 1897).

8. **Absatz** IV. Freiwillige Zahlungen.

Der vierte Absatz ist von der Kommission eingefügt zu dem Zwecke, um freiwillige Zahlungen, welche behufs schleunigerer Befriedigung der Gläubiger von einzelnen Genossen über die an sich ihnen obliegenden Beiträge hinaus geleistet werden, zu fördern. Das Nachschußverfahren würde in solchem Falle nach der Befriedigung der Genossenschaftsgläubiger zu dem gedachten Zwecke fortzusetzen sein (§§ 124, 130), und tritt an Stelle besonderer Regreßprozesse, wodurch die Zulassung solcher Regreßklagen entbehrlich wird (Komm.Ber. 47). Der Grundsatz — Ausschluß der Regreßklagen — muß allgemein gelten, z. B. auch in dem Falle, daß sich im Falle Unvermögens einzelner Genossen die Beitragspflicht verschieden gestaltet, die Mitglieder sind auf die Anfechtung der Berechnung nach § 111 beschränkt. Ueber die Befriedigung aus den verbleibenden Nachschüssen § 115.

9. **Absatz** V. Aufrechnung.

Nach allgemeinen Grundsätzen müßte es dem Genossen gestattet sein, seine Forderung an die Genossenschaft gegen seine Nachschußverbindlichkeit (Forderung der Genossenschaft) aufzurechnen, denn dadurch, daß die letztere bedingt ist, wird die Aufrechnung im Konkurse nicht ausgeschlossen (§ 54 R.K.O.). Das Gesetz lehnt jedoch die Zulässigkeit der Aufrechnung in ihrer Allgemeinheit ab, weil durch dieselbe die nach dem Ausfall der Konkursgläubiger bei der Schlußvertheilung bemessenen Nachschüsse in unzulässiger Weise gemindert würden (Begr. II 115), und beschränkt dieselbe auf die Fälle, in denen der Genossenschafter als Konkursgläubiger Befriedigung wegen der Forderung aus den Nachschüssen zu beanspruchen hätte. „Daraus ergiebt sich, daß die Aufrechnung nur gegen solche Beträge stattfinden kann, die nach jenem Zeitpunkt, — d. h. auf Grund der Nachschußberechnung § 114 (Erl. 10) — von dem Genossen eingezogen werden sollen; eine Kompensation gegen die vorher gemäß §§ 106 ff. zu leistenden Vorschüsse würde die Sachlage verwickeln".

10. Berücksichtigung der Forderung des Genossen im Schlußverzeichniß.

Der Genosse hat also wie jeder Gläubiger der Genossenschaft — wenn er überhaupt Befriedigung aus den Nachschüssen erwarten will — seine Forderung anzumelden und dafür zu sorgen, daß die Höhe seines Ausfalls im Schlußverzeichniß feststeht. Die inzwischen von ihm im Vorschußverfahren gezahlten Beiträge muß er ohne Abzug leisten, er darf erst gegen diejenigen Beiträge (Nachschüsse) aufrechnen, welche ihm in Gemäßheit des § 114 auferlegt sind, — also in der Nachschußberechnung (die von dem Konkursverwalter aufgestellt wird, sobald mit dem Vollzuge der Schlußvertheilung begonnen wird). Ist der Genosse noch mit Beiträgen im Rückstande, die ihm in früheren Vorschußberechnungen auferlegt sind, so hat er auf diese kein Kompensationsrecht mit seiner Forderung.

11. Befriedigung.

Weitere Voraussetzung für das Kompensationsrecht ist, daß der Genosse als Konkursgläubiger Befriedigung aus den Nachschüssen verlangen kann; es genügt nicht, daß er in der Schlußvertheilung berücksichtigt ist. Die Forderung des Genossen muß also im Augenblick der Aufrechnung entweder

a) festgestellt sein oder

b) mit einem vollstreckbaren Schuldtitel, einem Endurtheil oder Vollstreckungsbefehl versehen und nicht im Prozeß befangen sein, und

c) in beiden Fällen muß gegen die Forderung seitens des Vorstandes oder der Liquidatoren ein Widerspruch im Prüfungstermine nicht erhoben oder durch Anerkennung oder rechtskräftiges Urtheil beseitigt sein.

Die Aufrechnung ist unter obigen Voraussetzungen auch zulässig, wenn der Genosse nach der Eröffnung des Konkursverfahrens die Forderung eines Gläubigers erworben hat — heißt es in der Begründung; mit Recht weist Joël S. 628 nach, daß dies im Widerspruch mit den Grundsätzen des § 55 R.K.O. stehen würde, der in seinem ganzen Umfange zur Anwendung zu kommen hat, mit der Begr. Birkenbihl-Maurer S. 365.

Das Nachschußverfahren.

Ueber den Charakter der Nachschüsse vgl. Vorbemerkung zu § 105.

Das Nachschußverfahren soll die gerichtliche Feststellung der von den einzelnen Genossen zu entrichtenden Beiträge herbeiführen und die Einziehung derselben nöthigenfalls im Wege der Zwangsvollstreckung ermöglichen. Nach §§ 52 ff. des Ges. von 1868 lag die Leitung des Umlageverfahrens in den Händen des Vorstandes und sollte dasselbe erst beginnen, nachdem der Schlußvertheilungsplan im Konkurse feststand. Dem Gericht war der „Vertheilungsplan" zur vorläufigen Vollstreckbarkeitserklärung erst einzureichen, wenn die Zahlung der Beiträge verweigert oder verzögert wurde. Ueber die für das Nachschußverfahren des vorliegenden Gesetzes geltenden Grundsätze läßt sich die Begründung (II 116) folgendermaßen aus: „Zur Sicherung und Beschleunigung dieses Resultats sollen schon vor der endgültigen Feststellung des Ausfalls der Gläubiger die Beiträge der Genossen vorläufig nach Maßgabe des in der Bilanz des Konkursverwalters ermittelten Defizits berechnet und erhoben werden. Das Verfahren zerfällt deshalb in zwei Hauptabschnitte. Der erste Abschnitt (106—113) hat die Feststellung und Einziehung der vorläufigen Beiträge der Genossen zum Gegenstande; dieselben haben den Charakter von Vorschüssen, welche demnächst auf Grund der endgültigen Feststellung der Nachschüsse entweder von den Genossen zu ergänzen oder, soweit sie die Nachschüsse übersteigen, von dem Konkursverwalter zurückzuerstatten sind. Die definitive Feststellung der Nachschüsse bildet den zweiten Abschnitt des Verfahrens (§ 114). Derselbe kann nicht vor dem Anfang der Schlußvertheilung im Konkurse beginnen, da erst dann die nach § 105 für die Berechnung des endgültigen Ausfalls maßgebenden Gesichtspunkte Anwendung finden können. Jeder der beiden Hauptabschnitte des Verfahrens erweitert sich möglicherweise noch durch ein Zusatzverfahren (auch mehrere), wenn die aufgestellte Berechnung (Vorschuß- und Nachschußberechnung) in Folge der Insolvenz einzelner Genossen oder aus anderen Gründen einer Ergänzung (Zusatzberechnung) bedarf. Das Verfahren, das vom Konkursverwalter mit Unterstützung des Vorstandes oder der Liquidatoren betrieben und vom Konkursgericht unter Zuziehung des Gläubigerausschusses geleitet wird, ist als ein Theil des Konkursverfahrens selbst behandelt. Es braucht daher im Gesetz nicht besonders ausgesprochen zu werden, daß die allgemeinen Bestimmungen der Konkurs-Ordnung auch für diesen Theil des Verfahrens maßgebend sind, und ebenso wird es in Folge dessen entbehrlich, die Erhebung besonderer Gebühren für das Verfahren vorzusehen."

Nach § 85 R.K.O. hat der Verwalter Anspruch auf Erstattung angemessener baarer Auslagen und auf Vergütung für seine Geschäftsführung. Die Festsetzung der Auslagen und der Vergütung erfolgt durch das Konkursgericht. Ueber die Beendigung des Nachschußverfahrens vgl. zu § 116.

§ 106.

Der Konkursverwalter hat sofort, nachdem die Bilanz auf der Gerichtsschreiberei niedergelegt ist (Konkursordnung § 124), zu berechnen, wieviel zur Deckung des in der Bilanz bezeichneten Fehlbetrages die Genossen vorschußweise beizutragen haben.

In der Berechnung (Vorschußberechnung) sind die sämmtlichen Genossen namentlich zu bezeichnen und auf sie die Beiträge zu vertheilen. Die Höhe der Beiträge ist jedoch derart zu bemessen, daß durch ein vorauszusehendes Unvermögen einzelner Genossen zur Leistung von Beiträgen ein Ausfall an dem zu deckenden Gesammtbetrage nicht entsteht.

Die Berechnung ist dem Konkursgerichte mit dem Antrage einzureichen, dieselbe für vollstreckbar zu erklären. Wird das Genossenschaftsregister nicht bei dem Konkursgerichte geführt, so ist dem Antrage eine beglaubigte Abschrift des Statuts und der Liste der Genossen beizufügen.

Ges. von 1868 § 52, Entw. I 95, II 96, Komm. 96, Rtg. 99. Begr. I 177, II 117, Komm.Ber. 47.

Erläuterungen zu § 106.

1. **Absatz** I. Fehlbetrag.

In der Begründung heißt es: „Das Verfahren ist unverzüglich nach der Niederlegung der Bilanz auf der Gerichtsschreiberei einzuleiten. Ein früherer Zeitpunkt ist nicht möglich, weil es vorher an jeder zuverlässigen Abschätzung des vermuthlichen Ausfalls der Gläubiger fehlt. Es wird Sache des Konkursgerichts sein, den Verwalter zur schleunigen Aufnahme des Inventars und der Bilanz anzuhalten. Derselbe wird bei dem Ansatz der einzelnen Werthe und daher bei Abschluß der Bilanz mit besonderer Sorgfalt eine Ueberschätzung der Aktiva und Unterschätzung der Passiva zu vermeiden haben; je mehr die angenommene Unterbilanz von dem Ausfall der Gläubiger bei der Schlußvertheilung überschritten wird, desto größer ist die Zeitversäumniß, Schwierigkeit und Gefahr, in dem späteren Nachschußverfahren den Fehlbetrag einzuziehen, während durch eine zu hoch angenommene Unterbilanz keine Gefahr erwächst; denn die zuviel eingezogenen Vorschüsse werden sicher verwahrt und den Genossen zurückgezahlt. Im Interesse aller Betheiligten wird deshalb der bilanzmäßige Fehlbetrag und also der Gesammtbetrag der einzuziehenden Vorschüsse nicht zu gering zu veranschlagen sein." — Ueber Zusatzberechnung vgl. § 113.

2. **Absatz** II. Heranziehung unvermögender Genossen und Höhe des Gesammtbetrages.

Der Regierungsentwurf hatte nur zwei Absätze. Im zweiten hieß es statt des jetzigen Abs. II und des ersten Satzes von Abs. III:

„Die Berechnung (Vorschußberechnung), in welcher die Genossen namentlich zu bezeichnen sind, ist dem Konkursgerichte mit dem Antrag einzureichen, dieselbe für vollstreckbar zu erklären."

Ueber die Heranziehung unvermögender Genossen zur Vorschußberechnung war im Regierungsentwurf keine ausdrückliche Bestimmung enthalten, es war nur in § 105 Abs. 3 vorgeschrieben: „Beiträge, die von einzelnen Genossen nicht zu erlangen sind, werden auf die übrigen vertheilt." In der Begr. II 117 war der Sinn dieser Bestimmung dahin angegeben, daß „ein zahlungsunfähiger Genosse schon in der ersten Berechnung außer Ansatz zu lassen ist". Nach der Erklärung der Regierungsvertreter in der Kommission war es ferner Absicht der Vorlage, daß der Gesammtbetrag der Umlagen nicht auf mehr als das aus der Bilanz des Konkursverwalters sich ergebende Defizit zu bemessen sei. Dieser Standpunkt stieß in der Kommission auf Widerspruch, weil dies leicht zu Willkürlichkeiten führen könne und nach demselben kaum jemals zu vermeiden sei, daß ein Ausfall in dem einzuziehenden Gesammtbetrage entstehe; die Möglichkeit, das Vorschußverfahren mit einer einzigen Berechnung zu erledigen, sei nach dem System der Vorlage ausgeschlossen. Aus diesen Gründen wurde der Grundsatz aufgestellt, daß alle Genossen herangezogen werden, und der einzuziehende Gesammtbetrag höher als das bilanzmäßige Defizit bemessen werden sollte. Ein in diesem Sinne gestellter Antrag (Abs. 2) wurde angenommen. Vgl. über die Heranziehung der unvermögenden Genossen und die Geltendmachung der Nachschüsse § 105 Erl. 7.

Stellt sich trotzdem in Folge Unvermögens einzelner Genossen die Nothwendigkeit einer Zusatzberechnung heraus (§ 113), so braucht die Uneinbringlichkeit nicht durch fruchtlose Zwangsvollstreckung konstatirt zu sein (§ 105 Erl. 7). Ob der Genosse zur Zahlung unvermögend ist, haben der Konkursverwalter und das Gericht bei Prüfung der Zusatzberechnung zu entscheiden, dissentirende Mitglieder oder Organe der Genossenschaft sind auf Einwendungen in dem Verfahren über die Zusatzberechnung (§§ 108, 113) und auf die Anfechtungsklage angewiesen. Ueber die Nachschußberechnung vgl. § 114. Für Genossenschaften m.u.N. vgl. § 128.

3. Bezeichnung der Genossen.

Die Genossen müssen in der Vorschußberechnung so genau bezeichnet sein, daß ein Auszug aus derselben (§ 109 Abs. 2) die Zwangsvollstreckung nach § 750 C.P.O. ermöglicht (Begr. II 117).

4. **Absatz** III. Vollstreckbarkeitserklärung.

Nach dem Ges. von 1868 § 52 Abs. 2 war der Vertheilungsplan zur Vollstreckbarkeitserklärung erst einzureichen, wenn die Zahlung der Beiträge verweigert oder verzögert wurde, wodurch das Verfahren sehr aufgehalten wurde; jetzt muß die Berechnung sogleich nach ihrer Aufstellung eingereicht werden, und es wird die ganze Berechnung für vorläufig vollstreckbar erklärt (§ 108), die Genossen behalten nur das Recht, die Berechnung im Wege der Klage (§ 109 Abs. 3) anzufechten, und können allein in Gemäßheit der §§ 769, 770 C.P.O. die Einstellung der Zwangsvollstreckung oder Aufhebung der Vollstreckungsmaßregeln beantragen (§§ 111 Abs. 1, 112 Abs. 4). Das Verfahren wird von dem Konkursgericht geleitet, welches nicht dasselbe zu sein braucht, das das Genossenschaftsregister führt. Ist dies der Fall, so muß der Konkursverwalter beglaubigte Abschrift des Statuts und der Liste der Genossen einreichen.

§ 107.

Zur Erklärung über die Berechnung bestimmt das Gericht einen Termin, welcher nicht über zwei Wochen hinaus anberaumt werden darf. Derselbe ist öffentlich bekannt zu machen; die in der Berechnung aufgeführten Genossen sind besonders zu laden.

Die Berechnung ist spätestens drei Tage vor dem Termine auf der Gerichtsschreiberei zur Einsicht der Betheiligten niederzulegen. Hierauf ist in der Bekanntmachung und den Ladungen hinzuweisen.

Ges. von 1868 § 53, Entw. I 96, II 97, Komm. 97, Rtg. 100. Begr. I 178, II 117.

Erläuterungen zu § 107.

1. **Absatz** I. — Frist. —

„Die Vorschriften über die Anberaumung und Vorbereitung des Termins zur Verhandlung über die Berechnung (§ 107), sowie die Bestimmungen über das Verfahren in demselben (§ 108) entsprechen mit den durch die veränderten Grundlagen des Verfahrens, sowie durch die Vorschriften der C.P.O. und R.K.O. bedingten Modifikationen im Wesentlichen den Bestimmungen der §§ 53 bis 55 des Ges. von 1868" (Begr. II 178). Im Interesse der Beschleunigung ist für das Gericht eine Frist gesetzt, über welche hinaus es den Termin zur Verhandlung über die Berechnung nicht ansetzen „darf".

2. Oeffentliche Bekanntmachung.

Der Termin ist öffentlich bekannt zu machen, für diese Bekanntmachung und die besondere Ladung der in der Berechnung aufgeführten Genossen gelten die Bestimmungen der R.K.O. §§ 76, 77 Abs. 1:

§ 76 R.K.O.: „Die öffentlichen Bekanntmachungen erfolgen durch mindestens einmalige Einrückung in das zur Veröffentlichung amtlicher Bekanntmachungen des Gerichts bestimmte Blatt; die Einrückung kann auszugsweise geschehen. Die Bekanntmachung gilt als bewirkt mit dem Ablauf des zweiten Tages nach der Ausgabe des die Einrückung oder die erste Einrückung enthaltenden Blattes.

Das Gericht kann weitere Bekanntmachungen anordnen.

Die öffentliche Bekanntmachung gilt als Zustellung an alle Betheiligten, auch wenn dieses Gesetz neben ihr eine besondere Zustellung vorschreibt."

§ 77. „Wenn neben der öffentlichen Bekanntmachung eine besondere Zustellung vorgeschrieben ist, so kann dieselbe durch Aufgabe zur Post bewirkt werden. Einer Beglaubigung der Abschrift des zuzustellenden Schriftstückes bedarf es nicht."

Die Ladung an den „in der Berechnung aufgeführten Genossen" (s. § 106 Abs. 2) gilt also schon mit der öffentlichen Bekanntmachung des Termins als erfolgt. Ist dem Genossen die besondere Ladung nicht zugegangen, so kann er damit allein die Anfechtungsklage nicht begründen (§ 111). Die „besondere Ladung" erfolgt durch die Post (R.G. Urtheil vom 5. Januar 1898, Jurist. Wochenschrift 1898 S. 145). Die Genossenschaftsorgane, der Konkursverwalter und der Gläubigerausschuß erhalten keine besondere Ladung, zumal eine solche auch sonst nach der Konkursordnung bei öffentlich bekannt zu machenden Terminen nicht stattfindet, und die Mitglieder des Vorstandes und des Aufsichtsraths zudem als Genossen eine Ladung erhalten" (Begr. II 118).

§ 108.

In dem Termine sind Vorstand und Aufsichtsrath der Genossenschaft, sowie der Konkursverwalter und der Gläubigerausschuß und, soweit Einwendungen erhoben werden, die sonst Betheiligten zu hören.

Das Gericht entscheidet über die erhobenen Einwendungen, berichtigt, soweit erforderlich, die Berechnung oder ordnet die Berichtigung an und erklärt die Berechnung für vollstreckbar. Die Entscheidung ist in dem Termine oder in einem sofort anzuberaumenden Termine, welcher nicht über eine Woche hinaus angesetzt werden soll, zu verkünden. Die Berechnung mit der sie für vollstreckbar erklärenden Entscheidung ist zur Einsicht der Betheiligten auf der Gerichtsschreiberei niederzulegen.

Gegen die Entscheidung findet ein Rechtsmittel nicht statt.

Entw. I 97, II 98, Komm. 98, Rtg. 101. Begr. I 179, II 118.

Erläuterungen zu § 108.

1. § 108 entspricht mit den durch die C.P.O. und R.K.O. bedingten Aenderungen denn §§ 54, 55 Abs. 1 und 2 des Ges. von 1868.

2. **Absatz** II. Die Verhandlung und die Einwendungen.

In der Begr. II 118 heißt es:

„In dem Termin hat das Gericht stets den Konkursverwalter und Gläubigerausschuß, sowie den Vorstand oder die Liquidatoren und den Aufsichtsrath über die Berechnung gegen einander zu hören; den Genossen bleibt es überlassen, Einwendungen zu erheben; im Falle der Erhebung sind dieselben zu erörtern.

Die Einwendungen können sich beispielsweise auf die Mitgliedschaft eines Genossen, auf die Weglassung zahlungsfähiger oder die Aufnahme zahlungsunfähiger Genossen (vgl. § 105 Erl. 7, § 106 Erl. 2), auf den Vertheilungsmaßstab und namentlich auf die Richtigkeit der Bilanz und des in ihr und in der Berechnung bezeichneten Fehlbetrags, also auch auf die Richtigkeit und Vollständigkeit des der Bilanz zu Grunde liegenden Inventars, und zwar sowohl in Betreff der Aktiv- wie der Passivposten, beziehen.

Die Verhandlung in dem Termin soll einen summarischen Charakter haben, wie dies auch nach dem bisherigen Gesetz der Fall war. Ein förmliches Beweisverfahren ist nicht vorgesehen, wenn auch Ermittelungen des Gerichts zu dessen näherer Informirung in Gemäßheit des § 67 (jetzt § 75) der Konkursordnung nicht ausgeschlossen sind. Soweit die Erörterungen zwischen den Betheiligten zur Klarstellung der Sachlage nicht führen, müssen illiquide Einwendungen gegen die Berechnung der Geltendmachung im Wege der Anfechtungsklage nach §§ 111 und 112 überlassen bleiben."

3. Die Entscheidung.

„Die Entscheidung darf niemals eine bloße Zurückweisung des Antrags auf Vollstreckbarerklärung enthalten, da im Interesse aller Betheiligten ein rein negatives Resultat des Verfahrens unter allen Umständen ausgeschlossen sein muß. Wenn dem Antrag nicht ohne Weiteres zu entsprechen ist und auch die Berichtigungen, die auf Grund der erhobenen Einwendungen oder von Amtswegen an der Berechnung für nothwendig befunden werden, nicht alsbald von dem Gericht selbst vorgenommen werden können, so hat dasselbe unter Aussetzung des Termins dem Verwalter die Berichtigung aufzugeben; es ist so lange zu verhandeln, bis eine zur Vollstreckbarerklärung geeignete Berechnung vorliegt." (Begr. II 118.)

4. Neuer Termin.

Ist ein neuer Termin erforderlich, so muß derselbe sogleich in dem ersten Termin anberaumt werden und soll nicht über eine Woche hinaus angesetzt werden. Es konnte hier nicht wie in § 107 „darf" gesagt werden, weil die Erhebungen sich möglicherweise über eine Woche hinausziehen können; es wird immer möglichst die Frist eingehalten werden müssen.

5. Verkündung der Entscheidung.

Die Entscheidung ist zu verkünden, daher ist die in § 55 Abs. 1 des Ges. von 1868 vorgesehene Zustellung der Entscheidung an den Vorstand u. s. w. nicht erforderlich.

6. Absatz III. Rechtsmittel.

Rechtsmittel gegen die Entscheidung sind ausgeschlossen, weil dieselbe durch Anfechtungsklage angefochten werden kann; es entspricht dies dem früheren Recht, vgl. § 111 (für das frühere Recht R.O.H.G. Bd. 9 S. 294 und R.G. Bd. 11 S. 43). Der Ausschluß eines Rechtsmittels ist nicht unbedenklich, da der Fall eintreten kann, daß das Gericht die Umlage herabsetzt, obgleich dies nach Ansicht des Konkursverwalters den Interessen der Genossenschaft widerspricht. Vgl. § 111 Erl. 2.

Ueber das Kompensationsrecht der Genossen vgl. 105 Abs. 4, § 106.

§ 109.

Nachdem die Berechnung für vollstreckbar erklärt ist, hat der Konkursverwalter ohne Verzug die Beiträge von den Genossen einzuziehen.

Die Zwangsvollstreckung gegen einen Genossen findet in Gemäßheit der Civilprozeßordnung auf Grund einer vollstreckbaren Ausfertigung der Entscheidung und eines Auszuges aus der Berechnung statt.

Für die in den Fällen der §§ 731, 767, 768 der Civilprozeßordnung zu erhebenden Klagen ist das Amtsgericht, bei welchem das Konkursverfahren anhängig ist, und, wenn der Streitgegenstand zur Zuständigkeit der Amtsgerichte nicht gehört, das Landgericht ausschließlich zuständig, zu dessen Bezirke der Bezirk des Konkursgerichts gehört.

Ges. von 1868 § 55, Entw. I 98, II 99, Komm. 99, Rtg. 102. Begr. I 180, II 119 u. Komm.Ber. 48.

Erläuterungen zu § 109.

1. **Absatz** I und II. Der § 109 entspricht mit den durch das veränderte Verfahren nach der C.P.O. erforderten Aenderungen dem § 55 Abs. 3 des Ges. von 1868. Bisher hatte der Vorstand die Beiträge einzuziehen, jetzt der Konkursverwalter.

Die Beiträge sollen „ohne Verzug" eingezogen werden, darin liegt eine große Härte gegen die Genossen, und es müßte dies zum Ruin vieler Mitglieder führen, wenn damit ausgeschlossen erscheinen soll, daß die Beiträge in Raten gezahlt werden können, es würde aber auch nicht im Interesse der Gläubiger liegen, da unter Anwendung von Schonung von den Mitgliedern in der Regel mehr zu erzielen sein wird. Die Bedeutung der Vorschrift wird daher darin zu suchen sein, daß „ohne Verzug" mit der Einziehung begonnen werden soll, um sog. Schiebungen möglichst zu verhindern (so auch Birkenbihl-Maurer S. 369), andererseits hat der Konkursverwalter bei der Einziehung so zu verfahren, wie dies nach der von ihm anzuwendenden Sorgfalt geboten ist (R.K.O. § 82). In dieser Beziehung ist mustergiltig der Verlauf des Konkurses über den Burgstädter Kreditverein (vgl. Burgstädter Amts- und Tageblatt vom 15. und 19. Febrar 1896).

2. **Absatz** III. Zuständiges Gericht (§ 22 C.P.O.).

Wo die Civilprozeßordnung dem Prozeßgericht eine Mitwirkung bei der Zwangsvollstreckung überträgt, tritt das Konkursgericht ein. „Die vollstreckbare Ausfertigung der Entscheidung und der Auszug aus der Berechnung sind daher in Gemäßheit des § 724 C.P.O. durch den Gerichtsschreiber des Konkursgerichts zu ertheilen, und vor dieses Gericht gehören auch die Klagen aus §§ 731, 767, 768 C.P.O." (Begr. II 119). — Dieser Absatz ist erst durch die Kommission hinzugefügt, um jeden Zweifel über die Zuständigkeit auszuschließen (Komm.Ber. 48).

§ 110.

Die eingezogenen Beträge sind bei der von der Gläubigerversammlung bestimmten Stelle (Konkursordnung § 132) zu hinterlegen oder anzulegen.

Entw. I 99, II 100, Komm. 100, Rtg. 103. Begr. I 181, II 119.

Erläuterungen zu § 110.

Die eingezogenen Vorschüsse sind zu hinterlegen oder anzulegen, weil sie „bedingt, sofern und soweit der Ausfall und also die Nachschußpflicht festgestellt wird, einen Theil der Konkursmasse bilden" (Begr. II 119). Ihre Verwendung bestimmt sich erst durch die Nachschußberechnung. Da die eingezogenen Beträge zur Konkursmasse gehören, hat nach § 132 R.K.O. die Gläubigerversammlung über Stelle und Bedingungen für Hinterlegung und Anlage zu entscheiden.

In den letzten Jahren pflegen sich, wenn Kreditgenossenschaften in Konkurs gerathen, Schutzvereine aus den Mitgliedern zu bilden zum Ankauf von Forderungen an die in Konkurs gerathene Genossenschaft, Erwerb von Vermögensstücken, zur Vertheilung des Fehlbetrags auf die Mitglieder nach Verhältniß ihrer Leistungsfähigkeit. Es kann sich dann empfehlen, um diese Schutzvereine leistungsfähiger zu machen, sie als Hinterlegungsstelle nach Maßgabe des § 110 zu gebrauchen. Sehr instruktiv ist, was in dieser Beziehung über den bei § 109 erwähnten Konkurs des Burgstädter Kreditvereins berichtet wird:

In der am 28. Oktober 1892 abgehaltenen Gläubigerversammlung nämlich wurde die Konkursverwaltung ermächtigt, die Nachschußmasse beim Schutzvereine gegen eine verhältnißmäßig niedrige Verzinsung, die jedoch den Bankzinsfuß um Einiges überstieg, anzulegen, und zwar gegen Verpfändung der vom Schutzvereine erworbenen Konkursforderungen.

Nun entwickelte sich eine lebhafte Geschäftsverbindung zwischen der Konkursverwaltung und dem Schutzvereine, welche der weiteren Entwickelung des Vorschußverfahrens ihr Gepräge aufdrückte.

Die Gelder, welche der Konkurs von den Mitgliedern des Kreditvereins im Vorschußverfahren einzog, wanderten als Darlehne in die Hände des Schutzvereins;

Dieser seinerseits schrieb die Beträge, welche er zur Vertretung der Haftpflicht von seinen Mitgliedern hereinzog, der Konkursverwaltung gut.

Diese Mittel aber fanden von Seiten des Schutzvereins fortlaufend Verwendung zur abfindungsweisen Befriedigung von Gläubigern durch Ankauf der diesen an den Konkurs zustehenden Forderungen.

Der Konkurs fand Sicherstellung durch Verpfändung dieser vom Schutzvereine erworbenen Forderungen; die auf diese entfallenden Abschlagsdividenden behielt die Konkursverwaltung ein. Sie bildeten die Rückzahlung der dem Schutzvereine kreditirten Beträge.

Der Schlußerfolg war der, daß der Schutzverein etwa drei Viertheile sämmtlicher bei dem Konkurse angemeldeter Forderungen erworben hatte, so daß nur ein Viertheil derselben in den Händen der ursprünglichen Konkursgläubiger verblieben war.

Als sich gegen Ende des Konkursverfahrens der Stand der Dinge klar übersehen ließ, wurde das Verhältniß des Schutzvereins zum Konkurse auf eine einfachere Basis gestellt.

Der Schutzverein erklärte der Konkursverwaltung gegenüber, daß er für jedes seiner geschützten Mitglieder für den im Nachschußverfahren aufzubringenden Kopftheil als Selbstschuldner eintrete. Hiergegen gab die Konkursverwaltung alle ihr von dem Schutzvereine für Rechnung seiner Mitglieder auf Vorschuß bewirkten Ueberweisungen zurück.

§ 111.

Jeder Genosse ist befugt, die für vollstreckbar erklärte Berechnung im Wege der Klage anzufechten. Die Klage ist gegen den Konkursverwalter zu richten. Sie findet nur binnen der Nothfrist eines Monats seit Verkündung der Entscheidung und nur insoweit statt, als der Kläger den Anfechtungsgrund in dem Termine (§ 107) geltend gemacht hat oder ohne sein Verschulden geltend zu machen außer Stande war.

Das rechtskräftige Urtheil wirkt für und gegen alle beitragspflichtigen Genossen.

Ges. von 1868 § 56, Entw. I 100, II 101, Komm. 101, Rtg. 104. Begr. I 181, II 119.

Erläuterungen zu § 111.

1. **Absatz** I. Feststellungsklage.

Die Klage ist eine Feststellungsklage im Sinne des § 256 C.P.O. (R.G. Bd. 14 S. 90).

2. Voraussetzungen.

Die Voraussetzungen der Anfechtungsklage sind erheblich gegen § 56 des Ges. von 1868 verschärft, welches ganz allgemein die Anfechtungsklage gegen die übrigen betheiligten Genossen zuließ. „Der Mangel jeder zeitlichen und gegenständlichen Schranke hatte die Folge, daß der Vertheilungsplan niemals als endgültig festgestellt anzusehen war, vielmehr jederzeit noch nachträgliche Aenderungen erfahren konnte" (Begr. II 119), vgl. Parisius S. 385. Voraussetzungen der Anfechtungsklage sind jetzt:

a) Anstellung binnen der Nothfrist eines Monats seit Verkündung der Entscheidung,

b) erfolglose Geltendmachung des Anfechtungsgrundes in dem Termine, — nur dieser geltend gemachte Grund kann im Wege der Klage verfolgt werden (vgl. dagegen § 51) oder

c) **schuldlose Verhinderung**, den Anfechtungsgrund in dem Termine geltend zu machen (vgl. § 582 C.P.O.). Gegen die Versäumung der Frist findet Wiedereinsetzung in Gemäßheit der §§ 233 ff. C.P.O. statt:

„Einer Partei, welche durch Naturereignisse oder andere unabwendbare Zufälle verhindert worden ist, eine Nothfrist einzuhalten, ist auf Antrag die Wiedereinsetzung in den vorigen Stand zu ertheilen."

Das Gericht hat von Amtswegen das Vorhandensein der sämmtlichen Voraussetzungen zu prüfen (R.G. Bd. 40 S. 155).

Einwendungen, welche erst nach dem Termin entstanden sind, können auch nach Ablauf der Nothfrist im Wege der Klage vor dem zuständigen Gericht (§ 106) geltend gemacht werden: § 767 C.P.O. (Begr. II 121).

Die Anfechtungsklage ist nicht auf Verletzung des Gesetzes oder Statuts beschränkt, sie kann jedem Umstande entnommen werden (Birkenbihl-Maurer S. 371 z. B. auch der zu niedrigen Bemessung der Umlage vgl. § 108 Erl. 6).

Das Reichsgericht hatte (Bd. 11 S. 43) sich für das Gesetz von 1868 dahin ausgesprochen, daß die Klage nicht zu einer Annullirung des Umlageverfahrens, sondern nur zu einer Abänderung des Vertheilungsplans führen, daß dieselbe nur auf materiellrechtliche Gründe gestützt werden kann, „welche die Existenz oder Nichtexistenz und den Umfang von genossenschaftlichen, den Prozeßparteien gegeneinander obliegenden Verpflichtungen zum Gegenstand haben". Mit Recht weist Joël S. 636 darauf hin, daß diese Ansicht darauf zurückzuführen sei, daß die Beitragspflicht als eine Verpflichtung des Genossen gegenüber den sämmtlichen übrigen Genossen konstruirt wurde. Die Auslegung kann daher nicht für § 111 gelten, da die Beitragspflicht jetzt gegenüber der Genossenschaft besteht, vgl. über Einwendungen § 108 Erl. 1. Wird die Mitgliedschaft bestritten, so trifft die Genossenschaft die Beweislast (R.G. Bd. 14 S. 22, R.G. Urtheil vom 12. Februar 1898, Jurist. Wochenschrift 1898 S. 247, Bl.f.G. 1898 S. 322).

3. Klage gegen den Konkursverwalter.

Die Klage ist gegen den Konkursverwalter zu richten, weil die Beiträge zur Konkursmasse gehören — was nach dem Ges. von 1868 nicht der Fall war. Gegen den Konkursverwalter geht auch die Klage auf Anerkennung der Nichtmitgliedschaft (vgl. Joël S. 638).

4. Intervention der Genossen.

Die nicht in den Prozeß verwickelten Genossen können einer der Parteien gemäß § 66 C.P.O. als Intervenienten beitreten, die Intervention ist nicht abhängig von den Voraussetzungen der Anfechtungsklage.

5. **Absatz** II. Wirkung des Urtheils.

Es können auch mehrere Genossen gemeinschaftlich die Klage anstellen (§ 59 C.P.O.), und mehrere Anfechtungsprozesse können verbunden werden (§ 147 C.P.O.), alsdann würde das streitige Rechtsverhältniß allen Genossen gegenüber einheitlich festgestellt (§ 62 C.P.O.). Da aber nicht immer alle Genossen als Intervenienten oder Streitgenossen auftreten, die Feststellung der Berechnung aber immer nur einheitlich möglich ist, so rechtfertigt sich die Vorschrift, daß das im Anfechtungsprozeß ergehende rechtskräftige Urtheil für und gegen alle Genossen wirkt (Begr. II 120, vgl. § 112).

§ 112.

Die Klage ist ausschließlich bei dem Amtsgerichte zu erheben, welches die Berechnung für vollstreckbar erklärt hat. Die mündliche Verhandlung erfolgt nicht vor Ablauf der bezeichneten Nothfrist. Mehrere Anfechtungsprozesse sind zur gleichzeitigen Verhandlung und Entscheidung zu verbinden.

Uebersteigt der Streitgegenstand eines Prozesses die sonst für die sachliche Zuständigkeit der Amtsgerichte geltende Summe, so hat das Gericht, sofern eine Partei in einem solchen Prozesse vor der Verhandlung zur Hauptsache darauf anträgt, durch Beschluß die sämmtlichen Streitsachen an das Landgericht, in dessen Bezirke es seinen Sitz hat, zu verweisen. Gegen diesen Beschluß findet die sofortige Beschwerde statt. Die Nothfrist beginnt mit der Verkündung des Beschlusses.

Ist der Beschluß rechtskräftig, so gelten die Streitsachen als bei dem Landgerichte anhängig. Die im Verfahren vor dem Amtsgerichte erwachsenen Kosten werden als Theil der bei dem Landgerichte erwachsenen Kosten behandelt und gelten als Kosten einer Instanz.

Die Vorschriften der Civilprozeßordnung §§ 769, 770 über die Einstellung der Zwangsvollstreckung und die Aufhebung der Vollstreckungsmaßregeln finden entsprechende Anwendung.

Entw. I 101 u. II 102, Komm. 102, Rtg. 105. Begr. I 182, II 120, Komm.Ber. 48.

Erläuterungen zu § 112.

1. **Absatz** I. Einheitliche Feststellung.

§ 112 bezweckt, wie die Motive ergeben, der Vervielfältigung selbstständiger Anfechtungsprozesse und der Möglichkeit abweichender gesetzlicher Entscheidungen vorzubeugen. Die Bestimmungen lehnen sich an die analogen Vorschriften des § 51.

2. **Absatz** II. Zuständigkeit.

Zuständig ist das mit dem Konkursgericht identische Amtsgericht, ohne Rücksicht auf den Werth des Streitgegenstandes. Da jedoch durch die Zuständigkeitserklärung des Amtsgerichts die Revisionsinstanz bei sonst revisiblen Sachen verloren geht, hat jeder Genosse das Recht, die Prozesse vor das Landgericht zu bringen. Der Antrag hierauf muß jedoch bei Verlust des Rechts vor der Verhandlung zur Hauptsache gestellt sein. Das Amtsgericht entscheidet ohne mündliche Verhandlung durch Beschluß (vgl. § 506 C.P.O.), der im Termin zu verkünden und mit der sofortigen Beschwerde anfechtbar ist, die binnen der Nothfrist von zwei Wochen bei dem Beschwerdegericht oder dem Amtsgericht einzulegen ist. Die Reichstagskommission hat unter anderen redaktionellen Aenderungen in Abs. 2 und 3 „statt des in der Vorlage gebrauchten Ausdrucks „Entscheidung" das Wort „Beschluß" gesetzt, weil es sich hier um eine im Civilprozeß ohne mündliche Verhandlung ergehende Verfügung und nicht, wie in den Fällen der §§ 108 und 109, um eine im Konkursverfahren erlassene, den Vorschriften des § 66 (jetzt § 73) der Konkursordnung unterliegende Entscheidung handelt" (Komm.Ber. 48).

„Aus diesen Vorschriften folgt, nachdem das Landgericht mit der Verhandlung und Entscheidung eines Anfechtungsprozesses befaßt worden ist, die Zuständigkeit dieses Gerichts für alle anderen, auch für die verspätet erhobenen Anfechtungsklagen. Der rechtskräftige Verweisungsbeschluß wirkt für alle Klagen, bezieht sich demnach auch auf die verspäteten Klagen. Mit dem Verweisungsbeschlusse auch nur in einer Klagesache wird die Zuständigkeit des Landgerichts für den ganzen Umfang der Anfechtungsansprüche festgestellt. Der später auftretende Kläger kann nicht genöthigt werden, zunächst das Amtsgericht anzugehen und dort den Antrag auf Verweisung der Sache an das Landgericht zu stellen." Urtheil des R.G. vom 30. Oktober 1893 (Bd. 32 S. 395).

3. **Absatz** III. Kosten.

Die Bestimmung, daß das Verfahren vor dem Land- und Amtsgerichte als eine

Instanz gilt, ist im Interesse der Kostenersparniß getroffen (C.P.O. § 506 Abs. 2, G.K.G. § 30 Abs. 1, Gebührenordnung für Rechtsanwälte § 26).

4. Inhalt des Urtheils.

Das Urtheil kann nur über die erhobenen Einwendungen entscheiden, eventuell den Konkursverwalter zur Rückerstattung des zu viel gezahlten Antheils verurtheilen. Die in Folge dessen erforderliche Abänderung der Berechnung kann nur im Wege der Zusatzberechnung (§ 113) erfolgen.

5. **Absatz** IV. Einstellung und Aufhebung der Zwangsvollstreckung.

Das Ges. von 1868 bestimmte in § 56, daß durch den Prozeß die Exekution nicht gehemmt wird (R.G. Bd. 7, S. 318), das vorliegende Gesetz bringt die §§ 769, 770 C.P.O., welche den Einfluß materieller Einwendungen auf den Fortgang der Zwangsvollstreckung behandeln, zur analogen Anwendung. Nach § 769 a. a. O. kann das Prozeßgericht und in dringenden Fällen das Vollstreckungsgericht anordnen, daß bis zur Erlassung des Urtheils die Zwangsvollstreckung gegen oder ohne Sicherheitsleistung eingestellt oder nur gegen Sicherheitsleistung fortgesetzt werde und daß die erfolgten Vollstreckungsmaßregeln gegen Sicherheitsleistung aufzuheben seien. Nach § 770 a. a. O. kann das Prozeßgericht in dem Urtheil, durch welches über die Einwendungen entschieden wird, die vorbezeichneten Aenderungen erlassen oder bestätigen (oder aufheben, abändern).

§ 113.

Soweit in Folge des Unvermögens einzelner Genossen zur Leistung von Beiträgen der zu deckende Gesammtbetrag nicht erreicht wird, oder in Gemäßheit des auf eine Anfechtungsklage ergehenden Urtheils oder aus anderen Gründen die Berechnung abzuändern ist, hat der Konkursverwalter eine Zusatzberechnung aufzustellen. Rücksichtlich derselben kommen die Vorschriften in §§ 106 bis 112 zur Anwendung.

Die Aufstellung einer Zusatzberechnung ist erforderlichenfalls zu wiederholen.

Ges. von 1868 § 57, Entw. I 102, II 103, Komm. 103, Rtg. 106, Begr. I 184, II 121, Komm.Ber. 49.

Erläuterungen zu § 113.

1. **Absatz** I. Andere Gründe.

In der Begründung (II 121) heißt es:

„Nicht nur durch erfolgreiche Anfechtung der Berechnung kann eine Abänderung derselben erforderlich werden. Auch ohne Anfechtung kann sich ein Fehler in der Berechnung ergeben, Genossen können als zahlungsunfähig sich erweisen. Aus diesen und ähnlichen Gründen muß die Abänderung im Wege einer Zusatzberechnung erfolgen. Für einen Zusatz zur Vorschußberechnung ergeben sich jedoch die durch den Zweck der letzteren gezogenen Grenzen. Dieser Zweck besteht nur in der Aufbringung des in der Vorschußberechnung selbst schätzungsweise festgestellten oder durch Urtheil im Anfechtungsprozesse bestimmten Fehlbetrags, und hieraus folgt, daß eine Zusatzberechnung nicht wegen bloßer Aenderungen in dem Bestand der Konkursmasse oder wegen der Wahrscheinlichkeit eines größeren oder geringeren als des ursprünglich veranschlagten Defizits aufzustellen ist. Vor beendigter Realisirung der Masse beruht die Veranschlagung des voraussichtlichen Ausfalls der Konkursgläubiger stets auf mehr oder weniger schwankenden Grundlagen, und die Berücksichtigung der jeweilig wechselnden Schätzungen würde zu einer unzweckmäßigen Häufung der Zusatzberechnungen führen.“ . . .

„Die Zusatzberechnung soll überhaupt nur stattfinden, wenn die Abänderung der Vorschußberechnung sich als nothwendig erweist", ihre Veranstaltung ist also wesentlich in das Ermessen des Konkursverwalters und Gläubigerausschusses gelegt.

2. Art der Berechnung der Umlagen in der Zusatzberechnung.

Für dieselbe gelten die Ausführungen zu § 106 über die erste Berechnung.

3. **Absatz** II. Der zweite Absatz ist in der Reichstagskommission hinzugefügt. Wie es im Kommissions-Bericht 49 heißt, um „deutlicher zum Ausdruck zu bringen, daß die Zusatzberechnungen so lange zu wiederholen sind, bis der nach der Bilanz zu deckende Fehlbetrag eingezogen oder die Leistungsfähigkeit aller Genossen erschöpft ist. In dem Nachschußverfahren im engeren Sinne (§ 114) gilt das Gleiche bis zu voller Befriedigung der Gläubiger sowie der nach § 105 Abs. 4, §§ 124, 126 etwa regreßberechtigten Genossen. Anträge, welche dahin gingen, letzteres noch ausdrücklich im Gesetz auszusprechen, wurden zurückgezogen, indem man anerkannte, daß die bezeichneten Sätze sich aus dem Zusammenhange des Entwurfs von selbst ergeben".

§ 114.

Sobald mit dem Vollzuge der Schlußvertheilung (Konkursordnung § 161) begonnen wird, hat der Konkursverwalter in Ergänzung oder Berichtigung der Vorschußberechnung und der zu derselben etwa ergangenen Zusätze zu berechnen, wieviel die Genossen in Gemäßheit des § 105 an Nachschüssen zu leisten haben.

Die Berechnung (Nachschußberechnung) unterliegt den Vorschriften in §§ 106 bis 109, 111 bis 113, der Vorschrift im § 106 Absatz 2 mit der Maßgabe, daß auf Genossen, deren Unvermögen zur Leistung von Beiträgen sich herausgestellt hat, Beiträge nicht vertheilt werden.

Entw. I 103, II 104, Komm. 104, Rgt. 107. Begr. I 185, II 122, Komm.Ber. 49.

Erläuterungen zu § 114.

1. **Absatz** I. Zwecke der Nachschußberechnung.

Die Nachschußberechnung hat zweierlei Zwecke. Sie hat

a) den Betrag festzustellen, welcher erforderlich ist, um die Konkursgläubiger, insoweit sie Anspruch auf Befriedigung aus den Nachschüssen haben (§ 105), zu befriedigen und die Kosten des Konkursverfahrens, — wozu auch die Kosten des Umlageverfahrens zu rechnen sind, da dasselbe einen Theil des Konkursverfahrens bildet (vgl. Begr. II 116, Vorbemerkung zu § 106) — sowie etwaiger von dem Vorstand (§ 115 Abs. 2) oder dem Verwalter zu führender Prozesse zu decken. In der Nachschußberechnung sind diejenigen Beträge zu berechnen, welche von den Genossen in Form von Nachschüssen aufzubringen sind. In dem Zeitpunkt, da die Nachschußberechnung aufgemacht wird — Vollzug der Schlußvertheilung — steht vorbehaltlich der Vertheilung der nach § 168 R.K.O. zurückbehaltenen oder gemäß § 166 ebenda sonst zur Masse zurückfließenden oder ihr noch zugehenden Beträge der Ausfall der Konkursgläubiger fest (vgl. Begr. II 122). Der Betrag ist nach den Grundsätzen des § 105 zu berechnen;

b) endweder

α) den nach Verrechnung der bereits gezahlten Vorschüsse auf die festgestellte Ausfallssumme der Konkursgläubiger verbleibenden Rest auf die Genossen umzulegen. Die Nachschußberechnung darf nicht etwa die vollen, die einzelnen Genossen treffenden Nachschüsse bezeichnen, welche von diesen überhaupt aufzubringen sind, und ebensowenig genügt es, daß von diesen Antheilen lediglich die bereits gezahlten Vorschüsse abgezogen werden, denn die vollstreckbaren Titel der früheren Berechnungen bilden auch fernerhin die Grundlage für deren Einziehung, und es darf nicht ein weiterer vollstreckbarer Titel auf dieselben Nachschüsse geschaffen werden. Nur der noch verbleibende Rest ist Gegenstand der Berechnung. Die Nachschußberechnung hat in dieser Beziehung nur den Charakter einer Zusatzberechnung (vgl. Begr. II 122):

oder

β) falls weitere Beträge nicht erforderlich sind, dies kalkulatorisch darzulegen, und eventuell ist auch der von den eingezahlten Vorschüssen zurückzugewährende Betrag festzustellen (Begr. II 122, § 115 Abs. 3).

Nicht ausdrücklich berücksichtigt ist anscheinend im Gesetz der Fall, daß bei der Genossenschaft mit beschränkter Haftpflicht sich die Unmöglichkeit ergiebt, den Ausfall der Gläubiger zu decken, indem schon im Vorschußverfahren die Mitglieder bis zur Grenze der Haftsumme in Anspruch genommen sind (§ 141). Nach dem Wortlaut des § 141 und der Bezugnahme auf § 125 kann kein Zweifel bestehen, daß § 107 auch für Genossenschaften mit beschränkter Haftpflicht gilt, daraus ergiebt sich, daß in dem in Betracht gezogenen Falle die Nachschußberechnung nur einen kalkulatorischen Charakter hat. A. A. das Amtsgericht Berlin (vgl. Bl.f.G. 1897 S. 85, dem beitretend Birkenbihl-Maurer S. 414, obgleich daselbst S. 375 zugegeben ist, daß die Nachschußberechnung den Charakter einer Rechnungslegung haben kann), das in solchem Falle von der Nachschußberechnung absieht und dann zu willkürlichen Schlußfolgerungen über den Beginn der Frist der Geltendmachung des Einzelangriffs gelangt.

2. **Absatz** II. Art der Berechnung.

Die „unvermögenden" (vgl. § 105 Erl. 7) Genossen sind in der Nachschußberechnung nicht mehr als leistungspflichtige Genossen aufzunehmen, weil das vorhergehende Vorschußverfahren eine bestimmte Grundlage für die Zahlungsfähigkeit der Genossen bietet. Der Gesammtbetrag ist in dieser Berechnung nur entsprechend dem wahren Fehlbetrag zu bestimmen, weil es sich in diesem Stadium um den Abschluß des Verfahrens handelt, bei welchem die einzuziehenden Beträge endgültig nach dem vorliegenden Ergebnisse des Konkursverfahrens festgestellt werden müssen (Komm.Ber. 48). Die Nachschußberechnung ist von dem Verwalter dem Konkursgericht einzureichen (§ 106), welches einen Verhandlungstermin anberaumt (§§ 107, 108). Eventuell sind auch Zusatzberechnungen aufzustellen (§ 113). In Betreff der Einwendungen, Anfechtung u. s. w. kommen die bei der Vorschußberechnung geltenden Grundsätze zur Anwendung.

§ 115.

Der Verwalter hat, nachdem die Nachschußberechnung für vollstreckbar erklärt ist, unverzüglich den gemäß § 110 vorhandenen Bestand und, so oft von den noch einzuziehenden Beiträgen hinreichender Bestand eingegangen ist, diesen im Wege der Nachtragsvertheilung (Konkursordnung § 166) unter die Gläubiger zu vertheilen.

Außer den Antheilen auf die im § 168 der Konkursordnung bezeichneten Forderungen sind zurückzubehalten die Antheile auf Forderungen, welche im Prüfungstermine von dem Vorstande ausdrücklich bestritten worden sind. Dem Gläubiger bleibt überlassen, den Widerspruch des Vorstandes durch Klage zu beseitigen. Soweit der Widerspruch rechtskräftig für begründet erklärt wird, werden die Antheile zur Vertheilung unter die übrigen Gläubiger frei.

Die zur Befriedigung der Gläubiger nicht erforderlichen Ueberschüsse hat der Konkursverwalter an die Genossen zurückzuzahlen.

Entw. I 104, Entw. II 105,*) Komm. 105, Rtg. 108. Begr. I 186, II 125.

Erläuterungen zu § 115.

1. **Absatz** I. Vollstreckbarkeitserklärung der Nachschußberechnung.

Die Nachschußberechnung muß von dem Gericht für vollstreckbar erklärt werden (§ 108 Abs. 2, § 114 Erl. 1). Sind weitere Nachschüsse nicht erforderlich oder können nicht umgelegt werden, weil bei der Genossenschaft mit beschränkter Haftpflicht z. B. die Haftsumme erschöpft ist, so ist die Vollstreckbarkeitserklärung nur Erfüllung einer Formalität, um den Abschluß bezw. den Lauf der Frist des § 141 herbeizuführen. Durch den Umfang der Berechnung werden auch die Einwendungen bestimmt.

2. Vertheilung der Nachschüsse.

Der Vertheilung muß die Vollstreckbarkeitserklärung der Nachschußberechnung vorausgehen. Für die Vertheilung der Nachschüsse sind die Bestimmungen der Konkursordnung über Nachtragsvertheilung (§ 166 R.K.O.) maßgebend, als welche sich die Nachschußvertheilung — wegen ihrer Zugehörigkeit zur Konkursmasse — rechtlich darstellt. Die Bestimmungen der Konkursordnung entscheiden darüber, wie die Nachschüsse zu verwenden sind, inwieweit Masseansprüche, Massekosten geltend gemacht werden können, welche Konkursforderungen zu berücksichtigen sind, und in welcher Rangordnung und zu welchem Betrage die Befriedigung der Gläubiger zu geschehen hat. Die Grundlage bildet unter allen Umständen das Schlußverzeichniß, denn die Konkursgläubiger können nur wegen ihrer bei der Schlußvertheilung berücksichtigten Forderungen Befriedigung aus den Nachschüssen verlangen (§ 105 Abs. 1). Die Gläubiger können also ihre Ansprüche auf die Nachschüsse nur durch rechtzeitige Einwendungen gegen das Schlußverzeichniß sichern (§ 162 R.K.O. Joël S. 641), im Uebrigen aber werden die Gläubiger im Nachschußverfahren durch den Gläubigerausschuß vertreten (§ 108 Abs. 1). Massekosten und Masseschulden aber sind aus den Nachschüssen vorweg zu berichtigen (§§ 57 ff. R.K.O.). Hierher gehören: die gerichtlichen Kosten, die Ausgaben für die Verwaltung, Umlageverfahren, Verwerthung und Vertheilung der Masse, Ansprüche, welche aus Geschäften oder Handlungen des Konkursverwalters entstehen, Ansprüche aus zweiseitigen Verträgen, deren Erfüllung zur Konkursmasse verlangt wird oder für die Zeit nach der Eröffnung des Verfahrens erfolgen muß, die Ansprüche aus einer rechtlosen Bereicherung der Masse; über Präklusion der Masseansprüche R.K.O. § 172.

3. **Absatz** II. Zurückbehaltung der Nachschüsse.

Die Nachschußdividende ist zurückzubehalten:

a) auf die im § 168 R.K.O. bezeichneten Forderungen,

α) auf streitige im Prozeß befangene Forderungen (§§ 146 Abs. 1 und 6, 152 R.K.O.),

β) auf aufschiebend bedingte Forderungen, falls die Genossenschaft zu einer Sicherheitsleistung verpflichtet ist,

γ) auf Forderungen unter auflösender Bedingung, sofern der Gläubiger zu einer Sicherheitsleistung verpflichtet ist und die Sicherheit nicht leistet,

---

*) In dem Entwurfe des Reichsjustizamtes lautete der Schluß des zweiten Absatzes nach dem ersten Satze: „Soweit in dem Prozeß gegen den Vorstand dessen Widerspruch rechtskräftig für begründet erklärt wird, werden die Antheile zur Vertheilung unter die übrigen Gläubiger frei.“ (Begr. II 125).

b) auf Forderungen, welche im Prüfungstermine von dem Vorstande ausdrücklich bestritten sind. „Für die Befriedigung aus den Nachschüssen verlangt das Interesse der Genossen die selbstständige Mitwirkung eines dieselben vertretenden Organs bei der Prüfung der Forderungen ebenso, wie bei der Feststellung und Aufbringung der Nachschüsse die Gläubiger durch den Konkursverwalter und Gläubigerausschuß vertreten werden . . . Das Organ der Genossen kann natürlich nur der Vorstand oder die Liquidatoren sein, welche nach § 141 Konkursordnung sich ohnehin über die angemeldeten Forderungen zu erklären haben" (Begr. II 123). Die Konkursordnung bestimmt Gleiches für das Recht auf Zwangsvollstreckung gegen den Gemeinschuldner (§ 164 Abs. 2 R.K.O.) — vgl. auch § 122 für den Fall der direkten Haftpflicht.

Das Gesetz verlangt nicht für die Berücksichtigung der Forderung aus den Nachschüssen, d. h. für die Zurückbehaltung der Nachschußdividende, daß die Erhebung der Klage bis zum Ablauf der Ausschlußfrist für die Schlußvertheilung dem Konkursverwalter nachgewiesen sei, weil dies das Verfahren kompliziren würde, da dann die Nachtragsvertheilungen aus der Nachschußmasse nicht einfach auf Grund des rechtskräftigen Schlußverzeichnisses geschehen könnten (Begr. II 124).

4. Klagen gegen den Widerspruch.

Die Vorschriften über die Anfechtung des Widerspruchs durch Klage enthalten wesentliche Abweichungen von der Konkursordnung: „Kläger ist in allen Fällen der Inhaber der bestrittenen Forderung, mag auch für diese ein vollstreckbarer Schuldtitel, ein Endurtheil oder ein Vollstreckungsbefehl vorliegen, während in einem solchen Falle nach § 146 Abs. 6, § 152, § 168 Konkursordnung der Widerspruch die Auszahlung des Antheils nur aufhält, wenn der Widersprechende die Klage erhebt. Für die Nachschußvertheilung muß dem Bestreiten seitens des Organs der die Nachschüsse leistenden Genossen, sowohl was die Verhinderung der Zahlung, als was die Parteirollen behufs Erlangungen derselben betrifft, die gleiche Bedeutung beigelegt werden, wie dies naturgemäß bei der direkten Inanspruchnahme der einzelnen Genossen durch den Gläubiger der Fall ist" (Begr. II 124). Verzögert der Gläubiger die Klage, so muß auch der Genossenschaft die Befugniß zustehen, Klage mit dem Antrag zu erheben, den Widerspruch für begründet zu erklären — so Joël S. 643.

Die Klage, welche gegen die Genossenschaft, vertreten durch den Vorstand oder die Liquidatoren, geht, ist weder die Feststellungsklage des § 144 Abs. 1 R.K.O. noch des § 256 C.P.O. (Begr. II 124), sie geht allein darauf, den Widerspruch als unbegründet zu erklären. Wird die Klage abgewiesen, so wird die Forderung der Nachschußmasse gegenüber als nicht bestehend betrachtet, und der auf die Forderung zurückbehaltene Antheil wird daher für die anderen Genossen frei. Das Urtheil hat aber keinen Einfluß auf die Berücksichtigung der Forderung bei Vertheilungen aus der eigentlichen Konkursmasse, es wirkt nur für die Nachschußmasse. War bereits ein von dem Konkursverwalter oder einem Gläubiger erhobener Widerspruch als begründet anerkannt, so kann dem Gläubiger ein weiterer Prozeß gegen den Vorstand wegen Berücksichtigung bei Vertheilung der Nachschußmasse nichts nützen, da eine als Konkursforderung in Wegfall gekommene Forderung auch nicht mehr für die Nachschüsse in Betracht kommt (vgl. Begr. II 124).

Die übrigen Konkursgläubiger, der Konkursverwalter und die Genossen können in dem Prozeß gegen den Vorstand oder die Liquidatoren interveniren.

5. **Absatz** III. Rückzahlung der Nachschüsse, vgl. §§ 105 Abs. 4, 124, 130 Abs. 2, 141.

Die Rückzahlung muß nach Höhe der geleisteten Nachschüsse erfolgen (vgl. auch Birkenbihl-Maurer S. 378), zuvor freilich sind die Genossen, die größere als die geschuldeten Zahlungen geleistet haben, hierfür aus den Nachschüssen zu befriedigen (§ 105 Abs. 4), es bezieht sich dies auf die freiwillig geleisteten Zahlungen.

Die Rückzahlung muß in Höhe der von den Genossen thatsächlich geleisteten Nachschüsse erfolgen. Hieran kann auch das Statut nichts ändern. Allerdings könnte man behaupten, diese Vertheilung führe zur Ungerechtigkeit, z. B. wenn einzelnen Genossen es gelungen ist, trotz günstigerer Vermögenslage mit geringeren Nachschüssen fortzukommen, als andere Genossen zahlten. Aber solche Ausnahmen, die auf Fehler oder Irrthümer des Konkursverwalters zurückzuführen sind, können es nicht ändern, daß in der Regel die Rückzahlungen nach Verhältniß der geleisteten Einzahlungen ein der Billigkeit am ersten entsprechender Maßstab ist. Es ist dabei auch zu erwägen, daß im Konkurse eine Vollzahlung der Guthaben bis zur Höhe des Geschäftsantheils nicht stattfindet, und die Höhe der Guthaben in keiner Beziehung zum Vermögen der Genossen steht. Ein Beispiel zur Erläuterung: In einer Genossenschaft mit 600 Mk. Geschäftsantheil und 100 Genossen (wir nehmen runde Zahlen) haben je 20 Genossen Guthaben von 50, 100, 200, 400, 600 Mk., so daß die gesammte Summe der Guthaben 27000 Mk. beträgt. Es berechnet der Konkursverwalter das Defizit auf 11000 Mk. Aber in Anbetracht, daß viele Genossen notorisch ganz unbemittelt sind, fordert er vorschußweise 15000 Mk., also 150 Mk. pro Kopf. Es zahlen nun:

A.	10 Genossen	nichts,			
B.	15	„	100 Mk.,	zus.	1500,
C.	5	„	120 „	„	600,
D.	70	„	150 „	„	10500,
				zus.	12600 Mk. (statt 11000 Mk.).

Der Konkursverwalter hat nach § 108 die zur Befriedigung der Gläubiger nicht erforderlichen Ueberschüsse im Betrage von 1600 Mk. an die Genossen zurückzuzahlen. Erfolgt die Vertheilung nach dem Verhältniß der gemachten Einzahlungen, so erhält

jeder der 15 Genossen	zu	B.	12,70 Mk.,	zus.	190,50 Mk.,
„ „ 5 „	„	C.	15,24 „	„	76,20 „
„ „ 70 „	„	D.	19,05 „	„	1333,50 „
				zus.	1600 Mk.

Eine Ungerechtigkeit kann man in dieser Vertheilung der Ueberschüsse nicht finden, denn es steht keineswegs fest, daß die Genossen zu D. den größten Nachtheil von dem Konkurse der zusammengebrochenen Genossenschaft haben. Es ist möglich, daß die 10 Genossen, von denen kein Nachschuß mehr eingegangen ist, zu den 20 Genossen mit 600 Mk. Guthaben (also vollem Geschäftsantheil) gehörten und ebenso von den 15 Genossen, die nur 100 Mk. Nachschuß zahlen konnten, 10 Genossen je 600 Mk. und 5 je 400 Mk. Guthaben verloren haben, während von den 70 Genossen, die noch die vollen Nachschüsse, mit 150 Mk. zahlten, 20 nur je 50 bezw. je 100 und 200 Mk. und 10 je 400 Mk. Guthaben hatten. Darnach würden an Guthaben und Nachschüssen vor Zurückzahlung der Ueberschüsse verloren haben: die 10 Genossen zu A. je **600** Mk., von den Genossen zu B. 10 G. je **700** Mk. (600 + 100) und 5 je **500** Mk. (400 + 100), die 5 G. zu C. je **520** Mk. (400 + 120), endlich von den 70 G. zu D. 10 G. je **550** Mk. (400 + 150), 20 G. je **350** Mk. (200 + 150), 20 G. je **250** Mk. (100 + 150) und 20 G. je **200** Mk. (50 + 150). Die 30 Genossen zu A., B., C. waren unvermögend; sie hatten sich bei der Zwangsvollstreckung als zahlungsunfähig erwiesen oder waren nach der Ueberzeugung des Konkursverwalters so vermögenslos, daß es dem Interesse der Gläubiger und der übrigen Genossen nicht entsprechend schien, die Kosten der Zwangsvollstreckung oder, wenn sie Grundstücke hatten, der Zwangsversteigerung an sie zu wagen, um von ihnen den Fehlbetrag von den auf sie vertheilten Beiträgen zu erhalten. Dagegen konnten unter den 70 Genossen zu D. auch unter denen, die nur 200 Mk. verloren hatten, sich Millionäre befinden. Die Bestimmung des § 115 Abs. 3 gilt sowohl, wenn bei der ersten Einziehung der Vorschüsse mehr eingegangen ist, als zur Befriedigung der Gläubiger erforderlich war, als auch, wenn dies Ergebniß eintrat, nachdem eine Zusatzberechnung (§ 113) und Einziehung der Zusatzbeträge erfolgte, als auch endlich, wenn in Ergänzung der Vorschußberechnung erst eine Nachschußberechnung (§ 114) stattgefunden hatte, bei der Beiträge auf diejenigen nicht vertheilt wurden, deren Unvermögen zur Leistung von Beiträgen sich herausgestellt hatte. In allen drei Fällen hat die Vertheilung der Ueberschüsse nach Verhältniß der von den Genossen überhaupt gezahlten Beiträge zu erfolgen. Die Vorlegung der Berechnung (§§ 107, 108, 113, 114) und die Anfechtungsklage (§§ 111, 113, 114) schützen die Genossen gegen eine etwaige absichtliche Begünstigung anderer Genossen durch den Konkursverwalter.

Nach alledem ist es nicht richtig, wenn in dem Konkurse einer Genossenschaft die Rückzahlung der Ueberschüsse an diejenigen Genossen erfolgt, welche die höchsten Nachschüsse geleistet hatten, bis unter ihnen ein Ausgleich hergestellt war. Die Befriedigung der Gläubiger durch Nachschüsse der solidarisch verpflichteten Genossen nach dem Grundsatze „Einer für Alle und Alle für Einen" erfordert eine solche Art der Vertheilung nicht; sollte der Gesetzgeber sie gewollt haben, so hätte er sie vorschreiben müssen.*) **)

---

*) Es ist der Fall vorgekommen, daß ein Genosse seinen Verpflichtungen als Schuldner der in Konkurs gerathenen Genossenschaft nicht nachkam, aber im Nachschußverfahren einen Beitrag leistete und dann vermögenslos war. Die Frage entstand, ob dieser Genosse an der Rückzahlung der Ueberschüsse im gleichen Verhältniß wie die übrigen Genossen theilzunehmen habe. Es kann sich hier nur um ein Versehen des Konkursverwalters handeln, der in erster Linie für Erfüllung der Verbindlichkeiten des Genossen aus seiner früheren Schuld zu sorgen hatte. Ob und wie in solchem Falle das Versehen gut zu machen ist, mag dahingestellt bleiben. Wenn der Konkursverwalter den von dem Genossen im Nachschußverfahren gezahlten Beitrag einbehielt, so konnte er ihn keinesfalls als Ueberschuß auf Grund des § 115 vertheilen, sondern es würde nach dem Konkursverfahren in einem Liquidationsverfahren jener Betrag als Vermögensbestandtheil der Genossenschaft nach § 91 unter die einzelnen Genossen zu vertheilen sein.

**) In dem Falle des Burgstädter Kreditvereins (vgl. § 109 Erl. 1) sind die verbliebenen Nachschüsse zur Rückzahlung an die Genossen verwendet, die im Umlageverfahren die größten Zahlungen geleistet haben und heißt es in dem Bericht:

„Dieses — oben im Kommentar vertretene — Verfahren führte dazu, daß auch denjenigen Mitgliedern, welche aus irgend welchem Grunde nicht einmal den Kopftheil geleistet haben, aus den Mitteln derjenigen Mitglieder, die einen zu hohen Vorschuß gezahlt haben, eine Zuwendung zu theil wird.

Die andere, in der Nachschußberechnung zur Geltung gebrachte Auffassung führt dazu, daß die von einzelnen Mitgliedern im Vorschußverfahren zuviel (über den schließlichen Kopftheil) gezahlten Beträge eben diesen Mitgliedern bis auf den verbleibenden Kopftheil zurückzuerstatten sind.

Der Konkursverwalter begründete diese seine Auffassung auf dem klaren Wortlaute des § 98 (jetzt § 105) Abs. 2 und 4 des Genossenschaftsgesetzes.

Die abweichende Auffassung beruhe auf einem Verkennen des Wesens des Vorschußverfahrens.

Dieses bilde lediglich ein Vorverfahren, mittelst dessen der Konkursverwalter in den Stand gesetzt werden soll, von jedem einzelnen Mitgliede den muthmaßlichen Kopftheil als einen Vorschuß, ein Berechnungsgeld, einzuheben. Die eingehobenen Beträge bildeten ebensoviel einzelne Berechnungsgelder als Zahlende vorhanden seien, und es sei einfach begriffswidrig, wollte man bei der Abrechnung mit den Mitgliedern (d. i. in der Nachschußberechnung) dasjenige, was das Mitglied A auf Grund eines unzutreffenden Voranschlags als Berechnungsgeld über

§ 116.

Eine Aufhebung des Konkursverfahrens durch Zwangsvergleich findet nicht statt.

Eine Einstellung des Verfahrens ist erst zulässig, nachdem mit dem Vollzuge der Schlußvertheilung begonnen ist. Die Zustimmung aller bei der letzteren berücksichtigten Konkursgläubiger ist beizubringen. Inwieweit es der Zustimmung oder der Sicherstellung von Gläubigern bedarf, deren Forderungen nicht festgestellt sind, entscheidet das Konkursgericht nach freiem Ermessen.

Entw. I 105, II 106, Komm. 106, Rtg. 109. Begr. I 189, II 125.

Erläuterungen zu § 116.

1. **Absatz** I. Zwangsvergleich.

Abs. 1 entspricht dem früheren Recht (§ 51 Abs. 3 des Ges. von 1868, § 196 (früherer Fassung) R.K.O.). „Der Zwangsvergleich im Genossenschaftskonkurse müßte sich nothwendig auch auf die Haftung der einzelnen Genossen erstrecken, es Haftung der Mitglieder gerade für den Fall des Konkurses ihnen zugesicherte Mittel der vollen Befriedigung zu verzichten. Dies kann nicht als zulässig betrachtet werden" (Begr. II 125).

2. Einstellung.

Dieselben Gründe führen auch zu einer Beschränkung der Einstellung des Konkursverfahrens (vgl. Entscheidung des R.G. vom 11. Januar 1884, abgedruckt in Nr. 45 der Bl.f.G. von 1884). „Wenn es gestattet würde, in Gemäßheit des § 188 (jetzt § 202) Konkursordnung das Verfahren nach Ablauf der Anmeldefrist auf Grund der Einwilligung derjenigen Gläubiger, welche bis dahin ihre Forderungen angemeldet haben, einzustellen, so würden hierdurch diejenigen, welche sich noch weiterhin hätten melden können, ohne vorgängiges Gehör von der Befriedigung ausgeschlossen sein, welche die Fortsetzung des Verfahrens bis zur persönlichen Heranziehung der Genossen ihnen verschaffen konnte" (Begr. II 125). — Vgl. § 101 Erl. 2, Vollzug der Schlußvertheilung § 161 R.K.O.

In Konsequenz der Vorschrift in § 100 Abs. 2 ist eine Einstellung des Verfahrens wegen ungenügender Konkursmasse unzulässig.

Aufhebung des Konkursverfahrens.

Für die Eintragung vgl. A.V. § 22 Abs. 2.

In Betreff der formellen Aufhebung des Konkursverfahrens ist keine Bestimmung getroffen. Die Aufhebung des Konkursverfahrens kann nach Abhaltung des Schlußtermins ausgesprochen werden. Das Nachschußverfahren ist aber ein Theil des Konkursverfahrens, folglich kann bei Genossenschaften die Aufhebung regelmäßig auch erst nach Beendigung des Nachschußverfahrens stattfinden. „Zudem aber verbietet sich eine Aufhebung des Konkursverfahrens, bevor die Nachschußberechnung für vollstreckbar erklärt und auf der Gerichtsschreiberei niedergelegt ist, da es jedenfalls bis zu dem Zeitpunkt,

---

würde daher der majorisirte Theil der Konkursgläubiger gezwungen, auf das in dieser den schließlichen Bedarf hinausbezahlt hat, dem Mitgliede B schenken, welches aus irgend welchem Grunde ein geringeres Berechnungsgeld eingezahlt hat.

Zudem werde durch eine solche Handhabung das Prinzip des Genossenschaftsgesetzes, die Haftung nach Köpfen, umgestoßen.

mit welchem die Frist für die direkte Inanspruchnahme eines Genossen beginnt, also bis zur Ermöglichung der letzteren fortgeführt werden muß" (Begr. II 126).

Das Richtige und Zweckmäßige ist, das Konkursverfahren erst nach vollständig durchgeführtem Nachschußverfahren zu beendigen, d. h. also wenn die Mitglieder der Genossenschaft die Gläubiger bezw. die ausgeschiedenen Genossen, welche durch Befriedigung der Gläubiger an deren Stelle getreten sind, befriedigt haben, oder wenn sie alle zahlungsunfähig geworden sind; bis zu diesem Zeitpunkte muß der Konkursverwalter in Thätigkeit bleiben, und über alle von ihm in den Nachtragsvertheilungen vorgenommenen Vertheilungen muß er dem Konkursgericht Rechnung ablegen. Es ist nicht einzusehen, welchen Vortheil eine frühere Konkursbeendigung haben soll.

Eine besondere Beendigung des Nachschußverfahrens ist im Gesetz nicht vorgesehen, es ist daher, bis alle Gläubiger bezw. Genossen (§§ 105 Abs. 4, 124, 130 Abs. 2, 141) befriedigt sind, auch immer noch eventuell die Aufstellung einer Zusatzberechnung zulässig. Es ist dies von besonderer Wichtigkeit für die Fälle, in denen ein direkter Zugriff nicht gestattet ist: §§ 105 Abs. 4, 124, 129 ff., 141. Für die Zahlung von Nachschüssen läuft die gewöhnliche landesgesetzliche Verjährungsfrist. Das Verfahren hat der Konkursverwalter zu betreiben. §§ 166 ff. R.K.O. werden zur entsprechenden Anwendung kommen müssen.

§ 117.

Der Vorstand ist verpflichtet, den Konkursverwalter bei den diesem, in § 106 Absatz 1, § 109 Absatz 1, §§ 113, 114 zugewiesenen Obliegenheiten zu unterstützen.

Entw. I 106 und II 107 (erster Absatz), Komm. 107, Rtg. 110. Begr. I 191, II 126, Komm.Ber. 49.

Erläuterungen zu § 117.

1. § 117 und § 118 bildeten zusammen den § 106 des Entw. I und den § 107 des Entw. II und sind von der Reichstagskommission aus redaktionellen Gründen getrennt.

2. „Es liegt in der Natur der Sache und entspricht dem Grundsatze des § 92 (jetzt § 100) Konkursordnung, daß der Genossenschaftsvorstand auf Grund seiner Kenntniß der Verhältnisse der Genossenschaft und der einzelnen Genossen auch im Nachschußverfahren dem Konkursverwalter seine Unterstützung zu leihen hat" (Begr. II 126).

§ 118.

Die in diesem Abschnitte hinsichtlich des Vorstandes getroffenen Bestimmungen gelten auch hinsichtlich der Liquidatoren.

Entw. I 106 u. II 107 (zweiter Absatz), Komm. 107a, Rtg. 111. Begr. I 191, II 126, Komm.Ber. 49.

Erläuterungen zu § 118.

1. „Die ergänzende Vorschrift ist erforderlich, weil in den vorausgehenden Bestimmungen dieses Abschnitts der Kürze halber immer nur des Vorstandes und nicht zugleich der Liquidatoren Erwähnung gethan ist" (Begr. II 126).

2. Vgl. § 117 Erl. 1.

Achter Abschnitt.

Besondere Bestimmungen.

I. Für Genossenschaften mit unbeschränkter Haftpflicht.

§ 119.

Bei Genossenschaften mit unbeschränkter Haftpflicht darf ein Genosse nicht auf mehr als einen Geschäftsantheil betheiligt sein.

Entw. I 107, II 108, Komm. 108, Rtg. 112. Begr. I 191, II 126. Komm.Ber. 54.

Erläuterungen zu § 119.

1. Beschränkung auf einen Geschäftsantheil.

Die Beschränkung des Genossen bei einer Genossenschaft mit unbeschränkter Haftpflicht auf einen Geschäftsantheil ist nach den Motiven veranlaßt durch das Streben, eine allzugroße Ungleichheit in der Betheiligung und ein übermäßiges Herandrängen des kapitalistischen Elements zu verhindern. Letzteres müsse die Neigung zu Geschäften befördern, die mit den Chancen eines erheblichen Gewinnes zugleich diejenigen beträchtlicher Verluste in sich tragen. Zudem würde in solchen Fällen der Gewinn, der zu einem unverhältnißmäßig hohen Antheil wenigen Mitgliedern zuflösse, in der Hauptsache aus den Geschäften mit den übrigen Genossen erzielt werden, also gerade von denjenigen zu leisten sein, in deren Interesse die Genossenschaft ihre Wirksamkeit äußern soll. Es wird dann noch für die Nothwendigkeit des Verbots angeführt, daß sich bei den bestehenden Vorschußvereinen die Einzahlungspflicht meist auf den vollen Betrag des Geschäftsantheils erstreckt, in Folge dessen es vielfach nothwendig geworden sei, den Erwerb weiterer Geschäftsantheile zu gestatten (Begr. II 126). In der Kommission wurde ein Antrag gestellt, die Regelung der Geschäftsantheile dem Statut zu überlassen, da Verhältnisse denkbar seien, in denen das Verbot mehrerer Geschäftsantheile die Genossenschaft schädigen könnte: „Die Besorgniß, daß durch die Zulassung mehrerer Antheile kapitalistische Strömungen in den Genossenschaften die Oberhand erlangen, insbesondere Diskont- und Dahrlehnszinsen behufs Erzielung hoher Dividenden über Gebühr erhöht werden könnten, sei nicht begründet, da solche Bestrebungen bisher nirgends hervorgetreten seien". Die Kommission lehnte jedoch den Antrag ab (Komm. Ber. 55). In der That sprechen die Erfahrungen bei den Vorschußvereinen, gegen welche das Verbot vorzugsweise gerichtet ist, gegen dasselbe. Die „doppelten Geschäftsantheile" sind schon vor Erlaß der Genossenschaftsgesetze vielfach eingeführt und bei vorzüglich geleiteten Vereinen festgehalten.*) Für G. m. u. N. gilt die gleiche Bestimmung,

---

*) „Das Bedürfniß, ein stärkeres Gesellschafts-Kapital, ein schnelleres Anwachsen also der Einzelbetheiligung, zu erzielen, ohne die Gleichberechtigung zu verletzen, führte" — wie Parisius S. 191 mittheilt — „bald dazu, Mitglieder, welche das Maximum des Geschäftsantheils erreicht hatten, zu gestatten, einen „zweiten Geschäftsantheil", ein zweites Guthaben von demselben oder von einem noch höheren Maximalbetrage durch Einzahlungen und durch Zurückbehalten der Dividenden zu erwerben. Die Frage des „doppelten Guthabenmaximums", die Frage also, ob der Vorschußverein „die Grenze der Berechtigung mit der Grenze der Verpflichtung zusammenfallen" lassen oder „neben dem obligatorischen Maximum noch ein darüber hinausgehendes fakultatives Maximum stellen" soll," ist zuerst in den Bl.f.G. 1866 in Nr. 5 und 12 erörtert worden. Schulze-Delitzsch hatte sich in einem Gutachten dagegen ausgesprochen, weil dadurch die Befestigung der bestehenden Klassenunterschiede gefördert

§ 126. Uebergangsbestimmung in § 163 (in der Fassung des Gesetzes von 1889). Für G. m. b. H. gilt § 134.

2. Obligatorische Einzahlungen.

In Folge der Bestimmung in § 7 Ziffer 2, nach welcher statutarisch der Genosse zu baaren Einzahlungen nur bis zum zehnten Theil des Geschäftsantheils verpflichtet zu werden braucht, ist thatsächlich jede Genossenschaft in der Lage, eine Einrichtung zu treffen, welche den mehreren Geschäftsantheilen gleichkommt. Das Statut braucht Einzahlungen nur bis zu dem gedachten Betrage festzusetzen und überläßt es den Genossen, höhere Beträge durch freiwillige Einzahlungen zu leisten. In Betreff der Gewinn-Auszahlung kann im Statut Vorkehrung getroffen werden, daß jedes Mitglied, welches im Besitz des zehnten (oder höheren) Theils des Geschäftsantheils ist, die Herauszahlung des Jahresgewinns verlangen kann, daß derselbe nur bis zur obligatorischen Grenze der Einzahlungen dem Geschäftsantheil zuzuschreiben ist (§ 19).

§ 120.

Die Beitrittserklärungen (§ 15) müssen die ausdrückliche Bemerkung enthalten, daß die einzelnen Genossen für die Verbindlichkeiten der Genossenschaft dieser sowie unmittelbar den Gläubigern derselben nach Maßgabe des Gesetzes mit ihrem ganzen Vermögen haften.

Entw. I 108, II 109, Komm. 109, Rtg. 113. Begr. I 192, II 127, Komm.Ber. 55, A.B. § 26.

Erläuterungen zu § 120.

1. Inhalt der Beitrittserklärung.

Die Bestimmung ist neu, das Ges. von 1868 kannte nur Genossenschaften mit unbeschränkter Haftpflicht, und es mußte daher Jeder, der einer Genossenschaft beitrat, wissen, daß er mit seinem ganzen Vermögen zu haften habe. Wie die Firma der Genossenschaft mit unbeschränkter Haftpflicht den diesbezüglichen Zusatz enthalten muß, damit der Gläubiger, der sich mit der Genossenschaft einläßt, sofort weiß, auf welcher Haftpflicht die Genossenschaft beruht, so soll durch den Zusatz in der Beitrittserklärung Vorkehrung getroffen werden, daß Jeder, der einer solchen Genossenschaft beitritt, „über die rechtliche Tragweite seines Schritts thunlichst aufgeklärt werde" (Begr. II 127). Die Worte „dieser sowie unmittelbar den Gläubigern derselben" sind in der Kommission hinzugesetzt als eine Konsequenz der Einführung der Genossenschaften mit unbeschränkter Nachschußpflicht (§ 127).

---

würde. Nizze, Parisius und Julius Wiggers-Rostock vertheidigten gegen ihn „die doppelten Guthaben-Maxima", als durch die fortschreitende Entwickelung der Geschäfte bedingt. Sie sind oft gerade im Interesse der kleinsten Gewerbetreibenden eingeführt. Der tüchtige selbstständige Handwerksmeister wird als Anfänger in der Regel am besten thun, seine Ersparnisse im eigenen Geschäft nutzbringend anzulegen, er sollte nicht gezwungen sein, sein Kreditbedürfniß durch allmähliches Festlegen von Ersparnissen zu erkaufen, die vielleicht höher werden als das Darlehn, das er von Zeit zu Zeit beansprucht. In demselben Kreditverein den Genossen, der 20000 Mark Kredit begehrt und erhält, und den, der höchstens 300 Mk. Darlehen brauchen kann, zur Ansammlung eines Guthabens von 1200 Mk., zu zwingen, wird zu einer Benachtheiligung der Kleinen zu Gunsten der Großen. Für den, der diese Gesichtspunkte für richtig hielt, war der mehrfache Geschäftsantheil das beste Mittel, sie zur Geltung zu bringen. — Schulze-D. blieb übrigens ein Gegner dieses Auskunftsmittels, er empfahl „gleich hohe Geschäftsantheile für Alle mit fester Begrenzung, ohne Gestattung mehrerer Antheile in einer Hand", (Vorschuß- und Kreditvereine, Aufl. 5 S. 104) — vgl. dagegen Schulze-Delitzsch-Crüger S. 83.

2. Mängel der Beitrittserklärung.

Die Bemerkung in Betreff der Haftpflicht ist so wesentlich, daß ihr Fehlen Ungültigkeit der Beitrittserklärung zur Folge hat, und der Richter hat deshalb seine Prüfung auf diesen Punkt zu erstrecken (Begr. II 127). Würde er dennoch, obgleich die Erklärung fehlt, die Eintragung der Mitglieder vornehmen, so kann die Eintragung von dem Mitgliede angefochten werden, vgl. § 15 Erl. 6.

3. Formulare.

Eine Beitrittserklärung sollte nur das unbedingt Nothwendige enthalten. Jedes überflüssige Wort giebt mindestens Gelegenheit zu Irrthümern und zu Einwendungen. Als Beitrittserklärung würde sich empfehlen:

> Der Unterzeichnete erklärt hierdurch seinen Beitritt zu der unter Firma .... eingetragene Genossenschaft mit unbeschränkter Haftpflicht zu .... bestehenden Genossenschaft, deren einzelne Genossen für die Verbindlichkeiten der Genossenschaft dieser, sowie den Gläubigern derselben nach Maßgabe des Gesetzes mit ihrem ganzen Vermögen haften.
>
> X., den ...... N. N.

Anderweitig meint man zur Verdeckung der „schroffen Worte", welche die Beitrittserklärung enthalten muß, durch Erläuterungen in der Formulirung die Schroffheit mildern zu sollen. Proebst (S. 322) schlägt zu diesem Zwecke folgendes Formular vor:

> „Ich erkläre hiermit meinen Beitritt zum Kreditverein A., eingetragene Genossenschaft mit unbeschränkter Haftpflicht, dessen Statuten mit der Verpflichtung der einzelnen Genossen, für die von der Genossenschaft bis zu ihrem Ausscheiden eingegangenen Verbindlichkeiten nach Maßgabe des Gesetzes vom 1. Mai 1889 über die Erwerbs- und Wirthschaftsgenossenschaften sowohl der Genossenschaft selbst als äußersten Falles unmittelbar den Gläubigern mit ihrem ganzen Vermögen zu haften, mir genau bekannt sind."

Da der Beitretende in der Erklärung des § 120 seine Kenntniß nicht von einer statutarischen, durch die Genossenschaft selbst abänderlichen Bestimmung, sondern von einer gesetzlichen Bestimmung zu versichern hat, so kann die Zulässigkeit jener Erklärung nicht anerkannt werden.

Für G. m. u. N. enthält § 127 die Erfordernisse der Beitrittserklärung. Für G. m. b. H. schreibt das Gesetz keine bestimmte Form vor: Birkenbihl-Maurer S. 409 fordern auch hier die Erklärung über die Haftpflicht, in den Vorschriften des Gesetzes ist dies nicht begründet.

Gesetz vom 12. August 1896 Art. I 6.

Der § 114 wird aufgehoben.

§ 114 lautete:

> „Ist durch das Statut die Gewinnvertheilung ausgeschlossen (§ 20), so finden während des hierfür bestimmten Zeitraums auf das Ausscheiden der Genossen die Bestimmungen in den §§ 63 bis 75 (jetzt §§ 65 bis 77), mit der Maßgabe Anwendung, daß an Stelle des Geschäftsjahres das Quartal tritt und daß die Aufkündigung (§ 63 (jetzt 65), Absatz 2) mindestens sechs Wochen, sowie die Einreichung der Urkunden durch den Vorstand (§ 67, jetzt 69) mindestens drei Wochen vor dem Quartalsschluß erfolgen muß.
>
> Im Falle des Ausscheidens ist eine Bilanz aufzustellen; die Zahl der mit dem Quartalsschluß ausgeschiedenen Genossen ist zu veröffentlichen."

Komm. 109a, Rtg. 114. Komm.Ber. 56, A.B. §§ 24, 29, 30, 31.

Entstehung.

Der § 114 war ein Zusatz der Kommission und mit Bezug auf diejenigen kleineren ländlichen Genossenschaften, welche nach § 20 die Gewinnvertheilung ausgeschlossen haben, beantragt. Die besonderen Verhältnisse dieser Genossenschaften machten es namentlich mit Rücksicht auf die den Vereinen „in Folge des Ausschlusses jeder Gewinnvertheilung häufig nur aus Humanitätsgründen beigetretenen wohlhabenderen Mitglieder" wünschenswerth, den Austritt nicht zu sehr zu erschweren und an zu lange Fristen zu binden. Bei diesen Genossenschaften fielen die Gründe fort, welche regelmäßig für die Verlegung des Austritts auf das Ende des Geschäftsjahres sprechen: Eine Gewinnvertheilung besteht nicht und die Bilanz-Ziehung ist bei dem kleinen Geschäftsbetrieb und der einfachen Buchführung sehr leicht. (So der Komm.Ber. 56.) Die Erleichterung galt nur für Genossenschaften mit unbeschränkter Haftpflicht. Die Ausführungsverordnung enthält in Betreff des § 114 ausführliche Bestimmungen über die Einrichtung der Liste der Genossen (§ 24), über die Zeit der Einreichung der Urkunden im Falle des Ausscheidens (§ 29), über die Eintragung des Ausscheidens (§§ 30 und 31).

In der Kommission zur Novelle von 1896 wurde bezüglich des § 114 „allgemein die Anschauung vertreten, daß gar kein Grund vorliege, die Vereine, welche die Dividendenvertheilung ausschließen, anders zu behandeln, als alle übrigen und wurde Streichung des ganzen § 114 einstimmig beschlossen (Komm.Ber. S. 14).

§ 121.

Sobald sich bei der Geschäftsführung ergiebt, daß das Vermögen der Genossenschaft einschließlich des Reservefonds und der Geschäftsguthaben zur Deckung der Schulden nicht ausreicht, hat der Vorstand die Generalversammlung zur Beschlußfassung, ob die Genossenschaft aufgelöst werden soll, zu berufen.

Für den Fall, daß die Auflösung beschlossen wird, ist zugleich die im § 104 vorgesehene Beschlußfassung herbeizuführen.

Entw. I 109, II 110, Komm. 110, Rtg. 115. Begr. I 193, II 127.

Erläuterungen zu § 121.

1. **Absatz** I. Ueberschuldung bei bestehender Genossenschaft.

Die Ueberschuldung allein hat bei der Genossenschaft mit unbeschränkter Haftpflicht den Konkurs noch nicht zur Folge (vgl. § 94, anders für G. m. b. H. § 140). Der Zustand der Ueberschuldung ist jedoch so gefahrdrohend, daß die Generalversammlung sofort davon Kenntniß erhalten muß, um sich darüber zu entscheiden, ob sie zur Auflösung schreiten oder auch trotz der Ueberschuldung die Geschäfte weiter geführt wissen will (Begr. II 127). Soll die Generalversammlung zur Beseitigung der Ueberschuldung über Erhöhung des Geschäftsantheiles u. s. w. beschließen können, so müssen auch diese Gegenstände auf der Tagesordnung stehen und rechtzeitig bekannt gemacht sein, insoweit sie eine Statutenänderung enthalten. Ueber Verlustdeckung § 19 Erl. 3.

Der Auflösungsbeschluß bedarf einer Mehrheit von $^3/_4$ der erschienenen Mitglieder, falls das Statut nicht weitere Erschwernisse enthält (§ 78).

Auf G. m. u. N. ist § 121 durch § 126 für anwendbar erklärt, dagegen gilt die gleiche Bestimmung nicht für G. m. b. H. A. A. Birkenbihl-Maurer S. 387 dann aber S. 414.

Wenn Maurer S. 348 hervorhebt, daß ausstehende, d. h. rückständige Einzahlungen auf Geschäftsantheile als Aktiva figuriren, so ist dies nur bedingt richtig, es muß ihnen ein Passivposten gegenüber gestellt werden (§ 7 Erl. 5). So auch jetzt Birkenbihl S. 386.

Das Gesetz fordert nicht, daß die Ueberschuldung durch eine Bilanz festgestellt ist — vgl. § 148 Erl. 3 —, doch ist es selbstverständlich, daß zunächst eine Bilanz aufzustellen ist, ehe die Generalversammlung berufen wird, da ohnedies sich nicht bestimmen läßt, ob und welche Ueberschuldung vorliegt. Zeller S. 124, Proebst S. 325, Birkenbihl=Maurer S. 386 a. A. Joël S. 668, vgl. auch Kaiser S. 99. Die bisher gemachten Erfahrungen haben ergeben, daß die Genossenschaft einen schweren Fehler begeht, wenn sie die Auflösung beschließt, welche zum Konkurse und damit in der Regel zum Ruin vieler Mitglieder führt, vgl. die Vorbemerkung zu § 98.

2. **Absatz** II. Beschluß über Belassung der Vorstands= und Aufsichtsrathsmitglieder im Amte.

Dagegen ist die Generalversammlung, falls sie die Auflösung beschließt, berechtigt, zugleich darüber Beschluß zu fassen, ob die bisherigen Mitglieder des Vorstandes oder Aufsichtsraths beizubehalten oder andere zu bestellen sind (§ 104); es müßte dies nicht als besonderer Gegenstand auf die Tagesordnung gesetzt gewesen sein. Es ist eine Folge davon, daß die Auflösung, da durch sie die Ueberschuldung konstatirt wird, die Konkurseröffnung zur Folge hat und der Vorstand zur Stellung des Antrages auf Eröffnung des Konkursverfahrens verpflichtet ist (§§ 98, 99), ebenso Birkenbihl=Maurer S. 387.

§ 122.

Im Falle des Konkursverfahrens sind neben der Genossenschaft die einzelnen Genossen solidarisch und mit ihrem ganzen Vermögen den Konkursgläubigern für den Ausfall verhaftet, welchen diese an ihren bei der Schlußvertheilung (Konkursordnung § 161) berücksichtigten Forderungen bei derselben erleiden.

Nach Ablauf von drei Monaten seit dem Termine, in welchem die Nachschußberechnung für vollstreckbar erklärt ist, können die Gläubiger, soweit sie bisher nicht befriedigt sind, die einzelnen Genossen in Anspruch nehmen.

Festgestellte Forderungen, welche im Prüfungstermine von dem Vorstande oder den Liquidatoren nicht ausdrücklich bestritten sind, können auch von den in Anspruch genommenen Genossen nicht bestritten werden.

Das rechtskräftige Urtheil, welches in dem Prozeß über eine im Prüfungstermine von dem Vorstande oder den Liquidatoren bestrittene Forderung für oder gegen dieselben ergeht, wirkt gegenüber allen Genossen.

In Ansehung einer im Konkursverfahren streitig gebliebenen Forderung kann, solange dieselbe nicht festgestellt ist, eine Verurtheilung der Genossen nicht erfolgen.

Entw. I 110, II 111, Komm. 111, Rtg. 116. Einf.Ges. z. H.G.B. Art. 10 XII.
Begr. I 194—197, II 127—130, Komm.Ber. 57.

Erläuterungen zu § 122.

1. Früheres Recht.

Nach dem Ges. von 1868 konnte gegen jeden Genossen (gegen einen ausgeschiedenen innerhalb der zweijährigen Verjährungsfrist) die Solidarhaft geltend gemacht werden, ohne daß ihm die Einrede der Theilung zustand:

a) wenn die Eröffnung des Konkurses nicht erfolgen konnte,

b) im Falle des Konkurses nach Aufhebung desselben wegen des an der festgestellten Forderung in dem Verfahren erlittenen Ausfalls einschließlich der Zinsen und Kosten. Einwendungen konnten nur gegen solche Forderungen erhoben werden, welche von dem Vorstande oder den Liquidatoren im Prüfungstermin ausdrücklich bestritten waren.

Der direkte Anspruch der Gläubiger wurde nicht aufgehalten durch das nach der Beendigung des Konkurses beginnende Umlageverfahren (§§ 12, 62 Ges. von 1868, § 197 R.K.O. alter Fassung).

Der jetzige § 122 entspricht dem Regierungsentwurf, abgesehen von den Aenderungen welche die Kommission in Absatz II vornahm (s. daselbst).

2. „Konkursgläubiger".

Konkursgläubiger kann auch ein Genosse wegen seiner Forderungen an die Genossenschaft sein. Für seine Befriedigung ist zu unterscheiden, ob er Gläubiger ist,

a) kraft eigenen Rechts, z. B. weil er der Genossenschaft Darlehen, Spareinlagen gegeben, ihr ein Haus verkauft hat,

b) weil er in die Rechte eines Gläubigers, z. B. durch Cession, getreten ist, oder

c) weil er einen Konkursgläubiger, der ihn auf Grund des § 122 in Anspruch nahm, befriedigt hat und nach § 124 in dessen Rechte gegen die Genossenschaft eingetreten ist.

Das Gesetz behandelt nur den Fall c). „Der Genosse tritt an die Stelle des befriedigten Gläubigers nur gegenüber der Genossenschaft, nicht gegenüber den einzelnen Genossen; die Ausgleichung der den einzelnen Genossen obliegenden und von ihnen bewirkten Leistungen kann nur im Nachschußverfahren erfolgen, das gerade den Zweck hat, die Beitragspflicht der Genossen nach ihrem materiellen Gehalt zur Durchführung zu bringen. Wollte man auch das den Gläubigern zustehende Recht des Einzelangriffs auf den in Anspruch genommenen Genossen übergehen lassen, so würde hierdurch der Zweck des Nachschußverfahrens vereitelt, ein endgültiges Resultat aber überhaupt nicht erreicht werden," (Begr. I 200) a. A. Birkenbihl-Maurer S. 394. Das Gleiche gilt nach § 125 für den von einem Gläubiger in Anspruch genommenen ausgeschiedenen Genossen.

Ueber die Folgen der Fälle zu a) und b) sagt das Gesetz nichts, auch ist in der Begründung nichts darüber zu finden. Bei der Verschiedenheit der Sachlage kann eine analoge Anwendung des § 124 nicht in Frage kommen. Es ist ohne Zweifel, daß ein Genosse Gläubiger der Genossenschaft, über die das Konkursverfahren eröffnet ist, sein kann. Daraus folgt, daß er in den beiden, durchweg gleich zu behandelnden Fällen zu a) und b) alle Rechte des Gläubigers hat. Danach hat er nicht blos Anspruch, wegen des im Konkursverfahren bei der Schlußvertheilung erlittenen Ausfalles durch die Genossenschaft (§§ 105, 115) im Nachschußverfahren befriedigt zu werden, sondern er kann nach Ablauf von drei Monaten seit dem Termin, in welchem die Nachschußberechnung für vollstreckbar erklärt ist, wegen des Ausfalles, soweit er bis dahin nicht befriedigt ist, den einzelnen Genossen durch Klage direkt in Anspruch nehmen (§ 122). So auch das R.G. in dem Urtheil vom 4. April 1895 (landwirthschaftliche Genossenschaftspresse 1895 S. 214). Dabei muß er sich aber, in Folge des korrealen Schuldverhältnisses, einen antheilsweisen Abzug auf so hoch, wie er als Genosse für seine Forderung haftet, gefallen lassen. Der Antheil ist kopfweise zu berechnen, wenn nicht das Statut einen anderen Maßstab für die Verlustvertheilung vorschreibt (§ 105 Abs. 2). Der in Anspruch genommene Genosse, der den Genosse-Gläubiger nach § 122 befriedigt hat, tritt nun in dessen Rechte gegen die Genossenschaft ein und wird auf Grund des § 124 für seine Leistung im Nachschußverfahren Ersatz suchen. So kann es, wenn nur noch wenige zahlungsfähige Mitglieder vorhanden sind, geschehen, daß der Genosse-Gläubiger bei Fortsetzung des Nachschußverfahrens das, was er empfangen hat, zum großen Theile wieder herausgeben muß. Er haftet mit seinen Nachschüssen für den Ausfall an seiner eigenen Forderung, wenn er schließlich das einzige zahlungsfähige Mitglied ist. In Wirklichkeit wird es kaum vorkommen, daß in einer G. m. u. H. ein Genosse, der zugleich Gläubiger ist, wegen des Ausfalles, den er bei der Schlußvertheilung im Konkurse erlitten hat, von dem Rechte des § 122 Gebrauch macht. Denn nur, wenn seine Forderung einen bedeutenden Theil der Schulden der Genossenschaft ausmacht, und nur, wenn wenige zahlungsfähige Genossen vorhanden sind, und auch dann nur, wenn der Konkursverwalter bei Aufstellung der Vorschußberechnung behufs Einforderung der Vorschüsse zur Deckung des in der Bilanz bezeichneten Fehlbetrages (§ 106) sich in der Abschätzung der Zahlungsfähigkeit der Genossen erheblich geirrt hat oder bei Einziehung der Vorschüsse nachlässig war, kann der Ausfall, den der Genosse an seiner Forderung erlitten hat, für ihn von Bedeutung sein. Dieser Ausfall muß sich, wenn der Konkursverwalter unverzüglich, nachdem die Nachschußberechnung für vollstreckbar erklärt ist, die noch erforderlichen Beträge im Wege der Zwangsvollstreckung einzieht, schon innerhalb der drei Monate, bevor der Gläubiger mit dem Einzelangriff vorgehen darf, verringert haben und wird, da das Nachschußverfahren durch den Einzelangriff nicht unterbrochen wird, noch vor Endigung der im gewöhnlichen Prozesse verhandelten Klage weitere Minderungen — auch durch seine eigenen Nachschüsse — erleiden. Welche Veranlassung kann der Genosse-Gläubiger, der im Nachschußverfahren Zinsen und Prozeßkosten nicht ersetzt erhält und für seine eigene Forderung einstehen muß, danach haben, einen seiner solidarisch mitverhafteten Genossen in Anspruch zu nehmen?

Etwas anders kann es bei der G. m. b. H. liegen, bei der ebenfalls der Einzelangriff gestattet ist. Hier kann die persönliche Haftpflicht der einzelnen Genossen, je nach der Betheiligung mit einer verschiedenen Zahl Geschäftsantheilen so verschieden sein, daß der Genosse-Gläubiger, wenn er einen Mitgenossen in Anspruch nimmt, nicht mehr in Gefahr kommen braucht, von dem, was er empfangen, in dem fortgesetzten Nachschußverfahren etwas herauszuzahlen. — Ist der Genosse-Gläubiger aber derjenige, welcher allein noch zahlungsfähig ist, und welcher die weitgehendste persönliche Haftpflicht hat, so trägt er möglicherweise auch fast allein den Ausfall an seiner Forderung, wie im entsprechenden Falle bei der unbeschränkten Haftpflicht. Dieses Resultat ist nicht überraschend, denn der Verlust für das Mitglied würde der gleiche sein, wenn nicht er, sondern ein Nichtmitglied Gläubiger der Genossenschaft ist.

Joël konstruirt S. 671 für die Geltendmachung von Forderungen der Mitglieder gegen die Genossenschaft einen Ausnahmefall im Anschluß an das Urtheil des Reichsgerichts vom 20. Mai 1884 (Bd. 11 S. 179 ff.), betreffend den Konkurs einer nach dem Gesetze vom 4. Juli 1868 als Genossenschaft eingetragenen Lebensversicherungsgesellschaft auf Gegenseitigkeit; solche Lebensversicherungsgesellschaften können nicht als Genossenschaften konstituirt werden (s. § 1 Erl. 5).

3. „neben der Genossenschaft".

Die direkte Haftung hat einen subsidiären bürgschaftsartigen Charakter, vgl. Einleitung. Sie kann nur durch Klage geltend gemacht werden (vgl. unten Erl. 10 Begr. II 128, dag. § 164 R.K.O.). Das Gesetz hat für die Klage keinen besonderen Gerichtsstand bestimmt, es sind daher §§ 13 ff. C.P.O. anzuwenden.

4. „solidarisch und mit ihrem ganzen Vermögen".

„Solidarisch und mit ihrem ganzen Vermögen" haften den Gläubigern direkt jetzt nur die Mitglieder einer Genossenschaft mit unbeschränkter Haftpflicht. Weggefallen ist die besondere Vorschrift des Ges. von 1868, daß diese Haftung auch dann eintreten soll, wenn es nicht zum Konkurse kommen kann, da jetzt auch der Konkurs zu eröffnen ist, wenn eine den Kosten des Verfahrens entsprechende Masse nicht vorhanden ist (§ 100 Abs. 3), vgl. für G. m. b. H. §§ 131, 145, für G. m. u. N. § 128.

5. „bei der Schlußvertheilung berücksichtigte Forderungen".

Nach dem Ges. von 1868 bezw. § 197 R.K.O. (alte Fassung) war der direkte Angriff nur wegen der im Konkurse „festgestellten Forderungen" zulässig. Das Gesetz stellt für die Geltendmachung im direkten Angriff die Voraussetzungen auf, welche für die Betheiligung an der Befriedigung aus der Nachschußmasse maßgebend sind; wie in § 105 müssen die Forderungen bei der Schlußvertheilung nur berücksichtigt sein (§ 105 Erl. 2). In Betreff streitig gebliebener Forderungen vgl. Erl. 13. Die Garantiehaft ist nur ein weiteres Sicherungsmittel neben der Nachschußpflicht, für Voraussetzungen und Umfang des Anspruchs der Gläubiger aus der direkten Haftpflicht gelten daher die gleichen Grundsätze wie für die Befriedigung aus den Nachschüssen (Begr. II 127).

6. **Absatz** II. „Nach Ablauf von drei Monaten".

Der der Sachverständigenkonferenz vorgelegte Entwurf des Reichsjustizamts schlug als Zeitpunkt für die Zulassung des Einzelangriffs einen Monat „seit dem Tage, an welchem die Nachschußberechnung auf der Gerichtsschreiberei niedergelegt ist", vor. In der Begründung war gesagt: wenn auch mit der Eröffnung des Einzelangriffs die mit vollstreckbarem Schuldtitel versehenen Gläubiger sich die wohlhabenderen Genossen aussuchen, so können die letzteren doch noch im Nachschußverfahren zur Deckung der übrigen Gläubiger, die nicht so rasch zugreifen konnten, herangezogen werden. Nach Ablauf der Frist von einem Monat müsse in der Regel und in der Hauptsache durch ordnungsmäßige Durchführung des Vorschuß- und Nachschußverfahrens meistens die Befriedigung der Gläubiger schon erfolgt oder doch die Einziehung der Mittel dazu erledigt sein, sofern die nachschußpflichtigen Genossen zur Aufbringung derelben überhaupt im Stande sind ... (Manuskript S. 49, wiederholt zum großen Theil in allg. Begr. II 42.) In dem veröffentlichten Regierungsentwurfe ist aus der einmonatlichen Frist eine zweimonatliche geworden. In der Begr. II 128 heißt es:

„Es darf der Einzelangriff nicht früher zugelassen werden, als zu einem Zeitpunkt, in welchem bei ordnungsmäßigem Sachbetriebe das Nachschußverfahren im Wesentlichen erledigt sein muß. Der Entwurf bestimmt hierfür das Ende des zweiten Monats nach der Niederlegung der vollstreckbar erklärten Nachschußberechnung auf der Gerichtsschreiberei (§ 102 [109] Abs. 2). Dies muß genügen. Erwägt man, daß auf Grund der Nachschußberechnung der Regel nach nur noch ein verhältnißmäßig unbedeutender Restbetrag zur Deckung des Ausfalls der Gläubiger zu erheben sein wird, da in der Hauptsache die hierzu erforderlichen Beiträge schon während der Dauer des Konkursverfahrens auf Grund der Vorschußberechnung und der Zusätze zu derselben eingezogen sein müssen, so kann es nicht zweifelhaft sein, daß die weiter gewährte Frist von zwei Monaten vollkommen ausreicht, um die noch erforderlichen Nachschüsse beizutreiben."

Die Kommission verlängerte diese Frist auf drei Monate und gegen die Ausgeschiedenen (§ 125) auf sechs Monate — „um dem subsidiären Charakter des Einzelangriffs praktisch eine erhöhte Geltung zu verschaffen" (Komm.Ber. 57).

In der Fassung des Gesetzes von 1889 schließt Absatz 2 mit den Worten: „ohne daß den letzteren die Einrede der Theilung zusteht". „Diese Vorschrift wird durch das B.G.B., welches die Einrede der Theilung den Gesammtschuldnern überhaupt nicht gewährt, entbehrlich und ist deshalb zu streichen." (Denkschrift zum H.G.B. S. 314.)

7. Beginn der Frist.

Die Regierungsvorlage ließ die Frist mit der Niederlegung der vollstreckbaren

Nachschußberechnung auf der Gerichtsschreiberei beginnen, in der Kommission ist dies geändert, weil dies „eine innere, den Betheiligten nur durch Einsicht der Akten bekannt werdende Angelegenheit des Gerichts ist, während der Vollstreckbarkeitsbeschluß öffentlich verkündet wird" (Komm.Ber. 57).

8. Die einzelnen Genossen.

Es können beliebig viele Genossen gleichzeitig in Anspruch genommen werden. Zu den Genossen gehören auch die Ausgeschiedenen innerhalb der Haftfrist (§ 125).

9. **Absatz** III. Einwendungen gegen festgestellte Forderungen.

Der Vorstand bezw. die Liquidatoren müssen die festgestellte (wegen der bestrittenen vgl. Erl. 12) Forderung bestritten haben, soll dem in Anspruch genommenen Genossen ein Bestreitungsrecht zustehen (ebenso § 197 R.K.O. [alter Fassung] für das bisherige Recht); selbstverständlich bezieht sich dies nur auf den Bestand der Forderung, nicht auf die individuelle Haftpflicht des einzelnen Genossen; einen dieserhalb betreffenden Einwand zu erheben, kann dem Genossen nicht benommen werden (Begr. II 130). Insbesondere kann der Einwand der Ungültigkeit der Mitgliedschaft erhoben werden (vgl. § 15 Erl. 6).

10. Klage.

Der Gläubiger muß wie nach dem bisherigen Recht klagen, es handelt sich nicht um festgestellte Forderungen, welche auf Grund der Tabellen und der Nachschußberechnung im Wege der Zwangsvollstreckung beizutreiben sind (vgl. oben Erl. 3).

„Die sofortige Zwangsvollstreckung würde die direkte Haftpflicht .... ohne zwingenden Grund verschärfen und in den Vordergrund drängen" (Begr. II 128).

11. **Absatz** IV. Beseitigung des Widerspruchs.

Der Gläubiger muß auch den Widerspruch beseitigen, um aus den Nachschüssen Befriedigung zu erlangen (§ 115 Abs. 2). Beklagte ist die Genossenschaft, vertreten durch den Vorstand bezw. die Liquidatoren (vgl. zu § 115). Der Gläubiger ist aber auch berechtigt, ohne vorhergehende Klage gegen die Genossenschaft auf Beseitigung des Widerspruchs zunächst die Genossen direkt in Anspruch zu nehmen, er kann dann aber nur ein Urtheil gegen den oder die in Anspruch genommenen Genossen erlangen, er erhält auch bei obsieglichem Urtheil nicht das Recht, Befriedigung aus den Nachschüssen zu verlangen oder sich anderen Genossen gegenüber auf dieses Urtheil zu berufen. Der Gläubiger kann ferner auch die Genossenschaft und den oder die Genossen gleichzeitig verklagen (Begr. II 129). Auch in diesen Fällen müssen immer die Voraussetzungen des Einzelangriffs selbstverständlich vorliegen. Die Klage gegen die Genossenschaft geht darauf, den Widerspruch für unbegründet zu erklären, gegen die Genossen würde der Antrag auch in den hier erwähnten Fällen auf Zahlung gehen.

12. Wirkung des gegen die Genossenschaft ergangenen Urtheils.

Das Urtheil wirkt für und gegen alle, auch die ausgeschiedenen noch haftpflichtigen Genossen, weil der Vorstand bezw. die Liquidatoren „den Widerspruch als Organ der einzelnen Genossen und in deren Interesse erhebt" (Begr. II 129). In Betreff der Einwendungen aus der individuellen Haftpflicht der einzelnen Genossen vgl. Erl. 8 zu diesem Paragraphen.

13. **Absatz** V. Verurtheilung wegen streitiger Forderungen.

Klage gegen die einzelnen Genossen auf Grund des Einzelangriffs kann auch erhoben werden aus einer streitigen, d. h. einer im Prozeß befangenen Forderung (§ 115), es darf aber vor der Feststellung derselben keine Verurtheilung des Genossen erfolgen, denn wenn der Widerspruch des Konkursverwalters oder eines Gläubigers demnächst rechtskräftig für begründet befunden würde, würde sie auch den in Anspruch genommenen Genossen gegenüber hinfällig werden (Begr. II 65). Die Prozesse gegen den bestreitenden Verwalter bezw. Gläubiger und den Genossen können nebenhergehen, der Genosse ist, bis die Feststellung erfolgt ist, unbeschränkt in der Bestreitung der Forderung, auch wenn dieselbe im Prüfungstermin durch den Vorstand bezw. die Liquidatoren unbestritten geblieben ist (Begr. II 125). Joël S. 671 weist darauf hin, daß in Folge dieser Vorschrift auch dem Konkursgläubiger, welcher einen vollstreckbaren Titel hat, dessen Forderung aber gleichwohl bestritten ist, das Recht zustehen muß, auf Beseitigung des Widerspruchs Klage zu erheben, da die Forderung im Konkurs „festgestellt" sein muß; für seine Befriedigung aus der Konkurs- und Nachschußmasse würde die Klage nicht erforderlich sein.

§ 123.

Die Klage der Gläubiger gegen die einzelnen Genossen verjährt, sofern nicht nach Beschaffenheit der Forderung eine kürzere Verjährungsfrist gesetzlich eintritt, in zwei Jahren seit Ablauf der im § 122 Absatz 2 bestimmten Frist.

Die Verjährung zu Gunsten eines Genossen wird durch Rechtshandlungen unterbrochen, welche gegen die Genossenschaft oder von derselben vorgenommen werden; sie wird nicht unterbrochen durch Rechtshandlungen, welche gegen einen anderen Genossen oder von demselben vorgenommen werden.

Ges. von 1868 §§ 63, 64, 65, Entw. I 111, II 112, Komm. 112, Rtg. 117 Einf. Ges. zu H.G.B. Art. 10 XIII. Begr. I 197 bis 199, II 130, Komm.Ber. 57.

Erläuterungen zu § 123.

1. Verjährung der Ansprüche aus der direkten Haftpflicht.

„Die Bestimmungen dieses Paragraphen beziehen sich nur auf die Verjährung der aus der direkten Haftpflicht der Genossen hervorgehenden Ansprüche. Für die Nachschußpflicht erscheint die Einführung einer besonderen Verjährung weder nothwendig noch zweckdienlich, da durch eine solche die Gläubiger, um sich nicht die Befriedigung entgehen zu lassen, unter Umständen zur Geltendmachung des Einzelangriffs auch da genöthigt sein würden, wo aus sonstigen Gründen eine Veranlassung hierzu nicht vorläge" (Begr. II 130).

2. **Absatz** I. Dauer und Beginn der Verjährung.

„Für die direkte Haftpflicht sieht der Entwurf in Uebereinstimmung mit dem bisherigen Gesetze (§§ 63, 64) eine zweijährige Verjährung vor. Im Einzelnen gestalten sich jedoch die Vorschriften über dieselbe im Entwurf wesentlich einfacher." Die Verjährung beginnt in Uebereinstimmung mit allgemeinen Rechtsgrundsätzen mit dem Zeitpunkte, in welchem die Klage aus der direkten Haftpflicht erhoben werden kann (§ 122 Abs. 2). Daher ist aber auch anzunehmen, daß die zweijährige Frist gegen die Ausgeschiedenen (§ 125) erst 6 Monate nach der Vollstreckbarkeitserklärung beginnt (Birkenbihl-Maurer S. 391). Betagte Forderungen gelten als fällig, da die Befriedigung der Gläubiger in dem Umfang und in der Art nur beansprucht werden kann, wie im Konkurse, und nach § 65 R.K.O. betagte Forderungen als fällig gelten; aus diesem Grunde ist § 63 Abs. 2 des Ges. von 1868 hinsichtlich solcher Forderungen nicht aufgenommen (Begr. II 131). In Betreff der ausgeschiedenen Genossen vgl. § 125. Die Verjährung bewirkt Verlust des Rechts, den Anspruch durch Klage oder im Wege der Einrede geltend zu machen.

3. **Absatz** II. Unterbrechung der Verjährung.

Die Unterbrechung der Verjährung ist wie in dem bisherigen Recht geordnet. Die Verjährung wird unterbrochen durch jede Rechtshandlung gegen oder von der Konkursmasse, zu der auch die Nachschußmasse gehört. Klagen gegen die Genossenschaft während des Konkurses kommen in den Fällen der §§ 115 Abs. 2 und 122 Abs. 4 vor. Unter „Rechtshandlungen" sind solche zu verstehen, welche nach dem geltenden Civilrecht zur Unterbrechung geeignet sind (Jurist. Wochenschrift 1889 S. 70). — B.G.B. §§ 208 ff.; für früheres Recht vgl. R.G. Bd. 10 S. 44.

4. Das Gesetz von 1889 enthält auch einen dritten Absatz:

„Die Verjährung läuft auch gegen Minderjährige und bevormundete Personen, sowie gegen juristische Personen, denen gesetzlich die Rechte der Minderjährigen zustehen, ohne Zulassung der Wiedereinsetzung in den vorigen Stand, jedoch mit Vorbehalt des Rückgriffs gegen die Vormünder und Verwalter."

Die Vorschrift entsprach dem Art. 149 H.G.B. in alter Fassung und ist wie dieser mit dem Inkrafttreten des B.G.B. ohne Bedeutung geworden (Denkschrift zum H.G.B. S. 314, Einf.-Gesetz zum H.G.B. Art. 10 XIII).

§ 124.

Soweit Genossen in Gemäßheit des § 122 Konkursgläubiger befriedigen, treten sie in die Rechte der letzteren gegen die Genossenschaft ein.

Entw. I 112, II 113, Komm. 113, Rtg. 118. Begr. I 200, II 131.

Erläuterungen zu § 124.

1. Rückgriff und Umfang desselben. Vgl. §§ 130, 141.

„Das Recht des Rückgriffs, welches dem von einem Gläubiger in Anspruch genommenen Genossen gegenüber der Genossenschaft eingeräumt wird, steht in Einklang mit den Grundsätzen, welche nach den in Deutschland geltenden Rechtssystemen in Bezug auf den Regreß des Bürgen gegen den Hauptschuldner anerkannt sind" (Begr. II 131). Hat der Genosse im Nachschußverfahren die auf ihn entfallenden Beiträge vollständig geleistet, so kann er vollen — und nicht nur antheilsweisen — Ersatz dessen, was er an den Gläubiger bezahlt hat, verlangen; ist dies nicht der Fall, so werden gegen ihn die auf ihn fallenden noch nicht berichtigten Nachschüsse aufgerechnet. Voraussetzung des Regresses ist Befriedigung und nicht schon Verurtheilung zur Zahlung, die Grundsätze des Urtheils des R.G. vom 28. Januar 1891 (Jurist. Wochenschrift 1891 S. 135) finden hier daher keine Anwendung.

2. Genossenschaft.

Nur an die Genossenschaft kann er Regreß nehmen, nicht an die Genossen, also nur im Wege des Nachschußverfahrens, nicht des Einzelangriffs (vgl. Begr. II 131, §§ 105 Abs. 4, 130 Abs. 2). Die Ausgleichung der den einzelnen Genossen obliegenden und von ihnen bewirkten Leistungen kann nur im Nachschußverfahren erfolgen, welches bis zur vollständigen Befriedigung des Genossen fortzusetzen ist (vgl. § 122 Erl. 2). Der Genosse hat event. die Klage aus § 111.

3. Genossen.

Unter Genossen sind auch die ausgeschiedenen Mitglieder zu verstehen (Begr. II 131).

§ 124 bezieht sich nur auf den Fall, daß ein Genosse in Folge der Inanspruchnahme nach § 122 an Stelle eines Gläubigers getreten ist; hat er die Forderung durch Cession erworben, so tritt er in alle Rechte des Gläubigers gegen die Genossenschaft und die Genossen (§ 122 Erl. 2, Joël S. 676), Birkenbihl-Maurer S. 394 suchen nachzuweisen, daß der Wortlaut des Gesetzes der Begründung nicht entspricht, daß ein Genosse, der einen Gläubiger befriedigt, alle der Forderung innewohnenden Rechte ausüben kann. Ihnen ist dahin zuzustimmen, daß nach der juristischen Konstruktion — bei den Ausgeschiedenen wegen der Auseinandersetzung (R.G. Bd. 18 S. 89), bei den aktiven Genossen wegen des zwischen ihnen bestehenden Korrealschuldverhältnisses —

ein solches Recht der Genossen bestehen könnte, jedoch scheint der Wortlaut des Gesetzes die Beschränkung des Rechtes genügend deutlich zum Ausdruck gebracht zu haben (§ 122 Erl. 2). Ein in Anspruch genommener ausgeschiedener Genosse hat seinen Regreß bei der Genossenschaft im Nachschußverfahren zu suchen, erlangt er hier nicht seine Befriedigung, so bestimmt sich sein Recht, von den übrigen ausgeschiedenen Genossen Ersatz zu verlangen, resp. der Umfang dieses Ersatzes nach den Landesgesetzen (Begr. II 132) —, vgl. jetzt B.G.B. § 426. Die Ausgeschiedenen sind Korrealschuldner.

§ 125.

Die Bestimmungen der §§ 122 bis 124 finden auf die in den letzten zwei Jahren vor der Eröffnung des Konkursverfahrens aus der Genossenschaft ausgeschiedenen Genossen (§§ 70, 76), welche nicht schon in Gemäßheit des § 75 der Haftpflicht unterliegen, wegen der bis zu dem Zeitpunkte ihres Ausscheidens von der Genossenschaft eingegangenen Verbindlichkeiten mit der Maßgabe Anwendung, daß der Anspruch der Gläubiger erst nach Ablauf von sechs Monaten seit dem Termine, in welchem die Nachschußberechnung (§ 114) für vollstreckbar erklärt ist, erhoben werden kann.

Dieser Anspruch erstreckt sich, wenn im Falle des Todes eines Genossen dessen Ausscheiden nach dem im § 77 Absatz 1 bezeichneten Zeitpunkte eingetragen ist, auf die bis zum Tage der Eintragung von der Genossenschaft eingegangenen Verbindlichkeiten, sofern nicht der Erbe beweist, daß bei ihrer Eingehung dem Gläubiger der Tod des Genossen bekannt war.

Ges. von 1868 §§ 39 u. 63, Entw. I 71 u. 72, II 72 u. 73, Komm. 113 a, Rtg. 119 Begr. I 154, II 102, Komm.Ber. 40 u. 57.

Erläuterungen zu § 125.

1. Der § 125 ist von der Kommission an Stelle der gestrichenen §§ 74 und 75 Abs. 3 aufgenommen. Die Bestimmungen mußten in Folge der Einfügung der Genossenschaften mit unbeschränkter Nachschußpflicht aus dem allgemeinen Theil herausgenommen werden; sie gelten für Genossenschaften mit unbeschränkter Haftpflicht und mit beschränkter Haftpflicht (§ 141). § 123 regelt die Verjährung des Anspruchs aus der direkten Haft gegen alle Genossen, § 125 regelt die Haftfrist für die ausgeschiedenen Genossen gegenüber den Gläubigern.

2. **Absatz** I. Frist und nicht Verjährung der Haftpflicht.

Die ausgeschiedenen Genossen wurden nach § 39 des Ges. von 1868 von der Haftung für die Verbindlichkeiten der Genossenschaft befreit durch den Ablauf einer zweijährigen Verjährung; die Verjährung begann mit dem Tage, da das Ausscheiden dem Registergericht angezeigt war. Die Folge dieser Vorschrift war, daß die Verjährung entgegen allen Rechtsgrundsätzen lange vor der Möglichkeit der Klageerhebung selbst zu laufen begann. Anderseits aber wurde die „Verjährung schon in diesem Stadium durch jede gegen die Genossenschaft selbst gerichtete und zur Unterbrechung an sich geeignete Rechtshandlung auch gegenüber den ausgeschiedenen Genossen unterbrochen. Berücksichtigt man aber, daß nach den meisten Rechtssystemen schon die regelmäßigen Zins- und Abschlagszahlungen, sowie alle Arten von Anerkennungshandlungen zur Unterbrechung der Verjährung genügen, so liegt auf der Hand, daß hierdurch der Zweck der kurzen Verjährungsfrist fast ganz vereitelt wurde" (Begr. II 102), so daß thatsächlich die ausgeschiedenen Genossen in den meisten Fällen erst mit der Tilgung der betreffenden Verbindlichkeit befreit wurden. Den Mängeln einer solchen Einrichtung hilft das Gesetz dadurch ab, daß es an Stelle der zweijährigen Verjährung eine zweijährige Frist setzt, und diese Frist allein mit der Konkurseröffnung über die Genossenschaft unterbrechen läßt. Der Rechtszustand ist für die Genossenschaften mit unbeschränkter Haftpflicht und beschränkter Haftpflicht (§ 141 — in Betreff der Genossenschaft mit unbeschränkter Nachschußpflicht vgl. § 128) folgender: Das Ausscheiden erfolgt — abgesehen von dem Fall des § 76 — unter der Resolutivbedingung, daß nicht innerhalb sechs Monaten nach demselben die Genossenschaft aufgelöst wird (§ 75), tritt dieser Fall ein, so gilt das Ausscheiden als nicht erfolgt. Andernfalls — im Falle des § 76 stets — bleiben die Ausgeschiedenen noch während einer zweijährigen Haftfrist den Gläubigern direkt haftbar, falls in dieser Zeit der Konkurs über die Genossenschaft eröffnet wird; z. B. der Konkurs wird am 1. Mai 1890 eröffnet: dann gilt der Austritt der zu Ende 1889 Ausgeschiedenen als nicht erfolgt, diese sind zum Nachschußverfahren heranzuziehen und haften außerdem den Gläubigern für alle bis zum Konkurs seitens der Genossenschaft eingegangenen Verbindlichkeiten direkt (in Gemäßheit des § 122, § 141). Ferner haften die zu Ende 1888 Ausgeschiedenen und zwar nur nach § 122 im Wege des Einzelangriffs, an dem Nachschußverfahren nehmen sie nicht Theil. Die zu Ende 1887 ausgeschiedenen Genossen sind durch Ablauf der Haftfrist Ende 1889 frei geworden. Ist der Konkurs im September 1890 eröffnet, also nach Ablauf der sechsmonatigen Frist (§ 75), so haften auch in Folge dessen die Ende 1889 Ausgeschiedenen nur nach § 122 im Wege des Einzelangriffs und ferner haften die zu Ende 1888 Ausgeschiedenen. Es ist bei diesen Beispielen davon ausgegangen, daß das Geschäftsjahr mit dem Kalenderjahr abschließt; ist die Geschäftsperiode nicht gleich dem Kalenderjahr, schließt sie mit einem andern Termin ab oder ist sie kürzer, so ändert sich dementsprechend die Fristberechnung. Für die in Folge Uebertragung des Geschäftsguthabens ausgeschiedenen Mitglieder ist die Haftfrist von dem Tage der Eintragung des Ausscheidens ab zu rechnen. Ist innerhalb der sechsmonatigen Frist nach dem Ausscheiden die Genossenschaft aufgelöst oder innerhalb der zweijährigen Haftfrist Konkurs eröffnet, so greift für die Verjährung des Anspruchs aus der direkten Haftpflicht die Verjährungsfrist des § 123 Abs. 1 Platz.

Uebergangsbestimmung in § 162 in der Fassung des Gesetzes von 1889.

3. Verbindlichkeiten.

Der Ausgeschiedene kann nur für diejenigen Verbindlichkeiten der Genossenschaft von den Gläubigern in Anspruch genommen werden, welche bis zu seinem Ausscheiden eingegangen sind; ob dies der Fall ist, wird in einzelnen Fällen Thatfrage sein, deren Entscheidung sehr schwierig ist. Verbindlichkeiten aus der Beendigung schwebender Verbindlichkeiten sollen nicht dahin gehören (R.G. Bd. 12 S. 57), vgl. ferner R.G. Bd. 18 S. 264, betreffend die Haftpflicht für Kontokorrentschulden. Anders bei Genossenschaften mit unbeschränkter Nachschußpflicht vgl. § 128.

4. Sechs Monate.

In der Regierungsvorlage war für alle Genossen der gleiche Zeitpunkt bestimmt. Die in der Genossenschaft verbliebenen Genossen können nach dem Gesetz die Gläubiger nach Ablauf von drei Monaten seit dem Termin, in welchem die Nachschußberechnung für vollstreckbar erklärt ist, in Anspruch nehmen (§ 122). Diese Frist ist für die Ausgeschiedenen auf sechs Monate ausgedehnt, um die Subsidiarität der Haftung der Ausgeschiedenen gegenüber derjenigen der aktiven Genossen hervortreten zu lassen (Komm.-Ber. 57).

5. **Absatz** II. Haftung der Erben verstorbener Mitglieder.

Die Beendigung der Mitgliedschaft durch Tod ist der einzige Fall, der unabhängig von der Eintragung in die Mitgliederliste ist (§ 77). Die Eintragung ist dennoch nicht ohne Bedeutung. Der Erbe soll, wenn die Beendigung der Mitgliedschaft erst nach Schluß des Geschäftsjahres eingetragen ist, in welchem der Tod erfolgte, wegen der bis zur Eintragung von der Genossenschaft eingegangenen Verbindlichkeiten dem Gläubiger haften müssen, wenn er, der Erbe, nicht beweist, daß bei ihrer Eingehung dem Gläubiger der Tod des Genossen bekannt war. Es wird hier der allgemein für handelsrechtliche Eintragungen geltende Grundsatz über die Wirkung derselben Dritten gegenüber zur Geltung gebracht. In § 129 der Regierungsvorlage waren die Mitglieder des Vorstandes mit Strafe bedroht, wenn sie es unterließen, die Anzeige von dem Tode des Genossen dem Gerichte einzureichen. Diese Strafvorschrift ist in der Kommission beseitigt (vgl. § 77 Erl. 7).

II. Für Genossenschaften mit unbeschränkter Nachschußpflicht.

— Ueber die Geschichte dieser Genossenschaftsart und ihre Bedeutung vgl. Einleitung. —

§ 126.

Die Bestimmungen des § 119 über die Beschränkung der Betheiligung auf einen Geschäftsantheil und des § 121 über die Berufung der Generalversammlung im Falle der Ueberschuldung finden auf die Genossenschaften mit unbeschränkter Nachschußpflicht Anwendung.

Komm. 113b, Rtg. 120, Komm.Ber. 58.

Vgl. die Erläuterungen zu §§ 119 und 121.

§ 127.

Die Beitrittserklärungen (§ 15) müssen die ausdrückliche Bemerkung enthalten, daß die einzelnen Genossen mit ihrem ganzen Vermögen verpflichtet sind, der Genossenschaft die zur Befriedigung der Gläubiger derselben erforderlichen Nachschüsse nach Maßgabe des Gesetzes zu leisten.

Komm. 113c, Rtg. 121, A.B. § 26.

Erläuterungen zu § 127.

1. Ueber Mängel der Form vgl. § 120 Erl. 2.

2. Auch hier dürfte das Formular der Beitrittserklärung bei Proebst, welches die Kenntniß des Inhalts der Statuten mit der Bestimmung, daß die einzelnen Genossen u. s. w. (wie im § 127), bezeugt, nicht ohne Bedenken sein (vgl. § 120 Erl. 3).

§ 128.

Ist im Falle der Eröffnung des Konkursverfahrens nach Ablauf von drei Monaten seit dem Termine, in welchem die Nachschußberechnung (§ 114) für vollstreckbar erklärt ist, die Befriedigung oder Sicherstellung der im § 105 Absatz 1 bezeichneten Konkursgläubiger noch nicht bewirkt, so sind die hierzu erforderlichen Beiträge von den innerhalb der letzten achtzehn Monate vor der Eröffnung des Konkursverfahrens ausgeschiedenen Genossen, welche nicht schon in Gemäßheit des § 75 oder des § 76 Ab-

satz 4 der Nachschußpflicht unterliegen, nach Maßgabe des § 105 zur Konkursmasse zu leisten.

Komm. 113d, Rtg. 122.

Erläuterungen zu § 128.

1. Im Allgemeinen (vgl. Einleitung).

Bei den Genossenschaften mit unbeschränkter und beschränkter Haftpflicht hat der Gläubiger das Recht, insoweit er nach Ablauf von drei Monaten seit dem Termine, in welchem die Nachschußberechnung für vollstreckbar erklärt ist, nicht befriedigt ist, alle Genossen, d. h. die zur Zeit der Auflösung der Genossenschaft angehörigen Mitglieder, und außerdem nach Ablauf von sechs Monaten die innerhalb zwei Jahre vor Eröffnung des Konkurses Ausgeschiedenen im Wege des Einzelangriffs in Anspruch zu nehmen. Bei der Genossenschaft mit unbeschränkter Nachschußpflicht ist ihm dies Recht nicht gewährt, sondern es müssen nach dem erst gedachten Zeitpunkt die innerhalb achtzehn Monaten vor der Eröffnung des Konkursverfahrens Ausgeschiedenen im Wege eines besonderen Nachschußverfahrens die Beträge aufbringen, welche in diesem Zeitpunkt noch zur Befriedigung der Gläubiger erforderlich sind. Die Genossen stehen „bei der neuen Form in keinerlei Beziehung zu den Gläubigern" (Komm.Ber. 54), es ist die bürgschaftsartige, sogenannte Garantiehaft bei ihr in Wegfall gekommen.

Für die Genossenschaften mit unbeschränkter Nachschußpflicht gelten die allgemeinen Bestimmungen des Gesetzes.

2. Die in der Genossenschaft verbliebenen Genossen.

Das Nachschußverfahren der in der Genossenschaft verbliebenen Genossen wird nicht durch das Nachschußverfahren gegen die Ausgeschiedenen aufgehalten (§ 130).

3. Die Ausgeschiedenen.

Falls die Genossenschaft innerhalb sechs Monaten nach dem Ausscheiden aufgelöst wird, ist das Ausscheiden rescindirt und die Ausgeschiedenen sind für alle auch in diesem Zeitraum von der Genossenschaft eingegangenen Verbindlichkeiten gleich den in der Genossenschaft verbliebenen Genossen und mit diesen zusammen im Nachschußverfahren heranzuziehen. Für die durch Uebertragung des Geschäftsguthabens Ausgeschiedenen gilt die Sonderbestimmung des § 76 Abs. 4; Joël S. 680 nimmt an, daß der Konkursverwalter auf die subsidiäre Nachschußforderung aus § 76 Abs. 4 verzichten und die Ausgeschiedenen nach § 128 heranziehen kann, dies ist im Gesetz nicht begründet (wie hier auch Birkenbihl-Maurer S. 400). Die Haftpflicht der Erben kann bei dieser Haftart möglicherweise eine begrenztere sein als bei den andern Haftarten (§ 125 Abs. 2). Nach § 73, welcher auch auf diese Genossenschaftsart Anwendung findet, hat zwischen den Ausgeschiedenen und der Genossenschaft eine Auseinandersetzung stattzufinden, durch welche alle Verbindungen zwischen beiden Theilen gelöst werden. Trotzdem (so nach Birkenbihl-Maurer S. 400) wird der Ausgeschiedene nun bei den Genossenschaften mit unbeschränkter Nachschußpflicht im Falle des Konkurses nochmals zur Deckung der Verbindlichkeiten der Genossenschaft herangezogen. Während bei den andern beiden Genossenschaftsarten der Austritt unter der Resolutivbedingung erfolgt, daß sich nicht innerhalb sechs Monaten die Genossenschaft auflöst, ist bei den Genossenschaften mit unbeschränkter Nachschußpflicht das Ausscheiden außer an diese Resolutivbedingung noch an die fernere gebunden, daß nicht innerhalb achtzehn Monaten nach dem Ausscheiden Konkurs über die Genossenschaft eröffnet wird, und nicht in dem Konkurse nach Ablauf von drei Monaten seit dem Termine, in welchem die Nachschußberechnung für vollstreckbar erklärt ist, die Befriedigung oder Sicherstellung der im § 105 Abs. 1 bezeichneten Konkursgläubiger bewirkt ist. Auch in diesem Falle tritt Rescission des Ausscheidens ein, und der Ausgeschiedene muß für diejenigen Verbindlichkeiten haften, welche innerhalb dieses Zeitraums von der Genossenschaft eingegangen sind. Die Rechtfertigung für diese Ordnung soll nach dem Komm.Ber. 54 in der „Bestimmung in § 130, nach welcher den Ausgeschiedenen die von ihnen geleisteten Beiträge aus den Nachschüssen der in der Genossenschaft verbliebenen Genossen zu erstatten sind", und in der „Annahme . . daß die Auseinandersetzung auf Grund der Bilanz unzureichend gewesen sei", liegen. Die Annahme freilich trifft nicht zu, da sich die Haftpflicht auch noch auf Verbindlichkeiten erstreckt, welche nach jener Auseinandersetzung eingegangen sind.

4. Die Frist.

Die Ausgeschiedenen sollen zum Nachschußverfahren herangezogen werden können, wenn innerhalb achtzehn Monaten nach ihrem Ausscheiden der Konkurs eröffnet ist; diese Frist kann eine sehr verschiedene Wirkung haben, z. B. der Konkurs wird im Mai 1890 eröffnet, so ist zunächst das Ausscheiden der am 31. Dezember 1889 Ausgetretenen rescindirt, welche gleich den in der Genossenschaft Verbliebenen zum Nachschußverfahren heranzuziehen sind, und ferner das Ausscheiden der am 31. Dezember 1888 Ausgetretenen, welche zum besonderen Nachschußverfahren zu veranlagen sind: es haften also zwei Jahrgänge. Wird dagegen der Konkurs im zweiten Semester 1890 eröffnet, so sind nur die zum 31. Dezember 1889 Ausgetretenen zum besonderen Nachschußverfahren heranzuziehen, die zum 31. Dezember 1888 Ausgetretenen sind wegen Ablaufs der achtzehnmonatigen Frist frei geworden. Ob diese Verschiedenartigkeit beabsichtigt war, ist aus den Kommissionsverhandlungen nicht zu ersehen.

5. Konkursmasse.

Auch das Nachschußverfahren gegen die Ausgeschiedenen ist ein Theil des Konkursverfahrens, und kommen daher die Bestimmungen der Konkursordnung auf dieses Verfahren in dem gleichen Umfang zur Anwendung, wie auf das Nachschußverfahren der §§ 105 ff., ebenso sind die Bestimmungen des § 105 auf dasselbe anzuwenden: die Konkursgläubiger haben keine weiteren Rechte, als sie ihnen dort gegeben sind.

§ 129.

Der Konkursverwalter hat ohne Verzug eine Berechnung über die Beitragspflicht der Ausgeschiedenen aufzustellen.

In der Berechnung sind dieselben namentlich zu bezeichnen und auf sie die Beiträge zu vertheilen, soweit nicht das Unvermögen Einzelner zur Leistung von Beiträgen vorauszusehen ist.

Im Uebrigen finden die Vorschriften in § 106 Absatz 3, §§ 107 bis 109, 111 bis 113 und 115 entsprechende Anwendung.

Komm. 113e, Rtg. 123.

Erläuterung zu § 129.

Vgl. die im Abs. III angezogenen Paragraphen mit den Erläuterungen. § 110 findet keine Anwendung. Die Ausfälle der ersten Umlage werden nur dann eine Zusatzberechnung erfordern, wenn sie höher sind, als die inzwischen durch die fortgesetzte Einziehung der Nachschüsse eingegangenen Beträge.

§ 130.

Durch die Bestimmungen der §§ 128, 129 wird die Einziehung der Nachschüsse von den in der Genossenschaft verbliebenen Genossen nicht berührt.

Aus den Nachschüssen der letzteren sind den Ausgeschiedenen die von diesen geleisteten Beiträge zu erstatten, sobald die Befriedigung oder Sicherstellung der sämmtlichen im § 105 Absatz 1 bezeichneten Konkursgläubiger bewirkt ist.

Komm. 113f, Rtg. 124.

Erläuterungen zu § 130.

1. Vertheilung.

Die eingekommenen Beträge hat der Konkursverwalter nach den Bestimmungen der Konkursordnung, sobald hinreichender Bestand vorhanden ist, im Wege der Nachtragsvertheilung zu vertheilen (§ 166 R.K.O.).

2. **Absatz** II. Die Rückerstattung an die Ausgeschiedenen erfolgt ebenfalls im Wege der Nachtragsvertheilung. Denn nach Befriedigung der Konkursgläubiger treten die Ausgeschiedenen wegen ihrer Nachschüsse an deren Stelle, da auch auf sie § 124 analoge Anwendung finden muß.

III. Für Genossenschaften mit beschränkter Haftpflicht.

— Ueber die Geschichte dieser Genossenschaftsart und ihre Bedeutung vgl. Einleitung. —

§ 131.

Bei Genossenschaften mit beschränkter Haftpflicht darf die Haftsumme der einzelnen Genossen (§ 2) nicht niedriger als der Geschäftsantheil sein.

Die Haftsumme muß bei Errichtung der Genossenschaft durch das Statut bestimmt werden. Die Bestimmung oder eine Abänderung derselben ist zu veröffentlichen (§§ 12, 16).

Entw. I 113 Abs. 1 und 2, II 114 Abs. 1 und 2, Komm. 114, Rtg. 125.
Begr. I 201, II 132, Komm.Ber. 58, A.B. § 15.

Erläuterungen zu § 131.

1. Haftsumme.

Ueber die Beitrittserklärung § 120 Erl. 3.

Während bei den Genossenschaften mit unbeschränkter Haftpflicht und unbeschränkter Nachschußpflicht die persönliche Haftpflicht unbeschränkt ist, ist dieselbe bei den Genossenschaften mit beschränkter Haftpflicht begrenzt durch einen im Statut für alle Genossen grundsätzlich gleichen Betrag: die Haftsumme. „Haftsumme und Geschäftsantheil sind getrennte Begriffe. Der letztere gehört weder selbst zur Haftsumme, noch verstärkt er dieselbe in dem Sinne, daß die auf die einzelnen Geschäftsantheile noch nicht eingezahlten Beträge den Haftsummen der betreffenden Genossen hinzuzurechnen wären. Soweit Einzahlungen, welche auf den Geschäftsantheil hätten geleistet werden müssen, auch bei Eröffnung des Konkursverfahrens gegen die Genossenschaft fällig sind oder im Laufe des Verfahrens fällig (— vgl. aber § 7 Erl. 6 —) werden, bilden sie eine Forderung der Genossenschaft, welche wie jede andere Forderung derselben durch den Konkursverwalter einzuziehen ist. Darüber hinaus findet nach dem Entwurf eine Haftung mit den auf den Geschäftsantheil noch nicht eingezahlten Beträgen nicht statt; denn nach der Beendigung des Konkursverfahrens existirt die durch die Konkurseröffnung oder schon vorher aufgelöste Genossenschaft nicht einmal mehr als Liquidationsfirma" (Begr. II 132). Die Höhe der Haftsumme muß nach dem Kreditbedürfniß bestimmt werden, sie kann nach oben hin beliebig hoch gegriffen werden — braucht nicht in einem Vielfachen des Geschäftsantheils zu bestehen — nach unten ist sie durch die Höhe des Geschäftsantheils begrenzt. Mit dem Erwerbe jedes weiteren Geschäftsantheils übernimmt der Genosse eine weitere Haftsumme, insoweit steht die Haftsumme in einem Verhältniß zum Geschäftsantheil (§ 135). Ueber Vertheilung des Verlustes § 19 Erl. 1.

2. **Absatz** II. Bekanntmachung der Höhe der Haftsumme.

Die Haftsummen bilden einen wesentlichen Bestandtheil der Kreditbasis der Genossenschaft, deshalb ist ihre Bekanntmachung, wie auch ihre Eintragung in das Register erforderlich. Nur die Haftsumme und nichts weiter als die Haftsumme (Parisius u. Crüger, Formularbuch S. 36, 40) und eventuell die höchste Zahl der zugelassenen Geschäftsantheile (§ 134) sind zu veröffentlichen.

3. „Abänderung".

Im Entwurf hieß der letzte Satz: „die Bestimmung ist in die Veröffentlichung derselben aufzunehmen". Die Kommission änderte dies (Komm.Ber. 58).

4. Ueber gesetzliche Verstöße vgl. Parisius in Bl.f.G. 1889 Nr. 42, 43, 45ff., 1890, Nr. 1ff. u. s. w.

§ 132.

Zu einer Erhöhung der Haftsumme bedarf es einer Mehrheit von drei Viertheilen der in der Generalversammlung erschienenen Genossen. Das Statut kann noch andere Erfordernisse aufstellen.

Entw. I 113 Abs. 3, II 114 Abs. 3, Komm. 114a, Rtg. 126. Begr. I 204, II 134. Komm.Ber. 58.

Erläuterungen zu § 132.

1. Dreiviertel Mehrheit.

Durch das unbedingte Erforderniß der erhöhten Mehrheit werden die Rechte der Minderheit geschützt, denn die Minderheit ist an den Beschluß gebunden, die Mitglieder können sich auch durch Austritt nicht schützen, dazu sind die Kündigungsfristen zu lang. Außerdem kann der Austritt immer erst zum Schluß eines Geschäftsjahres erfolgen. Das Statut kann noch weitere Erschwernisse einführen. Die Erhöhung der Haftsumme enthält stets eine Statutenänderung, sie ist zur Eintragung in das Genossenschaftsregister anzumelden und zu veröffentlichen (§ 131 Abs. 2).

2. Erhöhung des Geschäftsantheils.

Eine Erhöhung des Geschäftsantheils ohne gleichzeitige Erhöhung der Haftsumme kann nur bis zum Betrage derselben erfolgen, eine weitere Erhöhung hat ohne Weiteres auch die Erhöhung der Haftsumme bis zu dem nunmehrigen Betrage zur Folge (Begr. II 134); es ist dies die nothwendige Folge der absoluten Vorschrift in § 131 Abs. 1, und würde eintreten, auch wenn die Erhöhung der Haftsumme nicht eingetragen ist. Sollten jedoch bei der Beschlußfassung nicht die für die Erhöhung der Haftsumme vorgesehenen statutarischen Erschwernisse beobachtet sein, so würde der Beschluß nach § 51 anfechtbar sein.

3. Herabsetzung des Geschäftsantheils.

Eine Herabsetzung des Geschäftsantheils (§ 22) ist auf die Höhe der Haftsumme ohne Einfluß.

§ 133.

Eine Herabsetzung der Haftsumme kann nur unter Beobachtung der Bestimmungen erfolgen, welche für die Vertheilung des Genossenschafts-

vermögens im Falle der Auflösung maßgebend sind (§ 82 Absatz 2, § 90 Absatz 1 bis 3). Bekannte Gläubiger sind durch besondere Mittheilung zur Anmeldung aufzufordern.

Die Anmeldung des Herabsetzungsbeschlusses zum Genossenschaftsregister erfolgt nicht vor Ablauf des im § 90 Absatz 1 bezeichneten Jahres. Mit der Anmeldung sind die Bekanntmachungen des Beschlusses einzureichen. Zugleich hat der Vorstand die schriftliche Versicherung abzugeben, daß die Gläubiger, welche sich bei der Genossenschaft gemeldet und der Herabsetzung nicht zugestimmt haben, befriedigt oder sichergestellt sind.

Entw. I 113 Abs. 4, II 114 Abs. 4, Komm. 114 b. Rtg. 127. Einf.Ges. z. H.G.B. Art. 10 XIV. Begr. I 204, II 133, Komm.Ber. 58.

Erläuterungen zu § 133.

1. **Absatz** I. Herabsetzung der Haftsumme.

Die Herabsetzung der Haftsumme enthält eine Verminderung des Haftobjekts; deshalb sind die für die Herabsetzung des Geschäftsantheils, die Auftheilung des Genossenschaftsvermögens geltenden Bestimmungen auch in diesem Falle für anwendbar erklärt.

2. Materielle Seite der Herabsetzung und Verfahren.

Als Grenze für die Herabsetzung dient der Betrag des Geschäftsantheils, eine Herabsetzung unter denselben wäre unter allen Umständen wirkungslos. Eine qualifizirte Mehrheit ist für den Beschluß nicht vorgeschrieben. Der Vorstand hat die Herabsetzung zu drei verschiedenen Malen in den für die Bekanntmachungen der Genossenschaft bestimmten Blättern zu veröffentlichen und in der Bekanntmachung die Gläubiger aufzufordern, sich zu melden (§ 90 Abs. 2). Bevor nicht diejenigen Gläubiger, welche sich innerhalb eines Jahres nach der dritten Bekanntmachung melden — gleichviel ob ihre Forderung aus der Zeit vor Beschlußfassung auf Herabsetzung oder aus späterer Zeit herrührt — befriedigt oder sichergestellt sind, kann die Herabsetzung nicht ausgeführt werden. Der früheste Zeitpunkt ist hiernach also ein Jahr nach der dritten Bekanntmachung und Aufforderung an die Gläubiger, sich zu melden. In dem Komm.Ber. 59 ist ausdrücklich anerkannt, daß nur solche Gläubiger zu befriedigen oder sicherzustellen sind, die sich melden. Joël S. 685 hält wegen des Hinweises auf § 90 dies für unzutreffend, er fordert Befriedigung bezw. Deckung aller bekannten Gläubiger. Dem ist nicht beizustimmen, § 90 findet nur analoge Anwendung für das Verfahren, bei § 90 handelt es sich um die Vertheilung des Vermögens, und dann müssen selbstverständlich alle Gläubiger berücksichtigt werden, da von keinem anzunehmen ist, daß er auf seine Forderung verzichtet — anders hier, wo die Genossenschaft fortbesteht und sehr wohl vorauszusetzen ist, daß von sich nicht meldenden Gläubigern anzunehmen ist, daß sie gegen die Herabsetzung nichts einzuwenden haben. Die Ansicht von Joël würde die Herabsetzung nach den praktischen Erfahrungen in ähnlichen Fällen unmöglich machen.

Hat die Herabsetzung der Haftsumme auch eine solche des Geschäftsantheils zur Folge, so muß mit Bezug auf letzteren das in § 22 vorgeschriebene Verfahren beobachtet werden. Selbstverständlich kann Beides verbunden werden.

Das Verfahren ist auch dann zu beobachten, wenn die Genossenschaft keinen Gläubiger hat. Eine Verkürzung der Meldefrist für die Gläubiger ist unzulässig. Ueber Tilgung und Deckung vgl. § 90 Erl. 2. Das Verfahren hat nicht den Eintritt der Fälligkeit einer Forderung zur Folge.

Die Bestimmung, daß bekannte Gläubiger durch besondere Mittheilung zur Anmeldung aufzufordern sind, ist durch Einf.-Ges. zum H.G.B. in das Gesetz hineingekommen mit Rücksicht darauf, daß die gleiche Vorschrift für Gesellschaften mit beschränkter Haftung und Aktiengesellschaften gilt (Komm.Ber. S. 139) und weil „es nicht nothwendig sei, daß bekannte Gläubiger befriedigt oder sichergestellt würden, dieselben seien also bei Herabsetzung der Haftsumme einer größeren Gefahr ausgesetzt, als bei Auflösung der Genossenschaft".

3. **Absatz** II. Anmeldung und Bekanntmachung des Herabsetzungsbeschlusses.

Mit der Erfüllung der Bedingungen des Abs. 1 sind die materiellen Voraussetzungen für die Herabsetzung gegeben. Abs. 2 regelt die formelle Erledigung: der Beschluß ist mit den daselbst bezeichneten Anlagen zur Eintragung in das Genossenschaftsregister anzumelden, und mit dieser Eintragung beginnt seine Rechtswirksamkeit (§ 16 Abs. 4), das Gericht hat die Eintragung zu veröffentlichen (§§ 16 Abs. 3, 131 Abs. 2, vgl. Art. 248 (jetzt § 289) H.G.B.). Dieser zweite Absatz ist erst in der Kommission beschlossen (vgl. Komm.Ber. 58). Mit der Eintragung erlangt die Herabsetzung rechtliche Wirksamkeit, dem entspricht auch der Komm.Ber. 58: „Die Bedeutung dieser Eintragung wird dadurch (Hinausschieben bis zum Ablauf des Jahres) wesentlich gesteigert, indem diese nunmehr die beschlossene Herabsetzung der Haftsumme unmittelbar zur Wirksamkeit bringt und nicht mehr ein bedingtes, ungewisses, sondern stets ein vollendetes Rechtsverhältniß beurkundet". Hiernach fallen auch die von Joël gegen frühere Stellen des Berichts geäußerten Bedenken fort.

Wenn Maurer S. 367 durch diese Aenderung die Herabsetzung für „thatsächlich unmöglich geworden" erachtet, so ist der Grund hierfür nicht klar — scheint auch von Birkenbihl fallen gelassen zu sein; — die Gläubiger werden durch die Bekanntmachungen des Vorstandes in Kenntniß gesetzt. Es mag sein, daß Gläubiger von denselben keine Kenntniß erhalten, das könnte aber auch ebenso der Fall sein, wenn die Eintragung des Beschlusses schon vor Eintritt der Rechtswirksamkeit erfolgt, da die Gläubiger sich erfahrungsgemäß wenig um die Eintragungen in das Register bekümmern.

Die Anmeldung muß auch zu dem Gericht der Zweigniederlassung erfolgen (§ 157). Die Versicherung ist in der für die Abgabe von Willenserklärungen des Vorstandes maßgebenden Form zu ertheilen (A.V. § 7 Abs. 1). Die Gläubiger sind gegen gesetzwidriges Verfahren durch die zivilrechtliche und strafrechtliche Verantwortung der Vorstandsmitglieder (§§ 90 Abs. 2, 147) geschützt.

Das Gericht hat zu prüfen, ob zwischen der letzten Bekanntmachung und der Anmeldung ein Jahr liegt, ferner ob nicht die Haftsumme niedriger als der Geschäftsantheil ist; im Uebrigen ist ebenso wie bei der Eintragung von Statutenänderungen zu verfahren. Vgl. für Anmeldung, Eintragung und Veröffentlichung Parisius u. Crüger, Formularbuch S. 114.

§ 134.

Durch das Statut kann die Betheiligung des Genossen auf mehrere Geschäftsantheile, unter Festsetzung der höchsten Zahl derselben, gestattet werden.

Die Bestimmung oder eine Abänderung derselben ist zu veröffentlichen (§§ 12, 16).

Entw. I 114, II, 115, Komm. 115, Rtg. 128. Begr. I 204, II 134, A.V. §§ 15, 17, 27.

Erläuterungen zu § 134.

1. Begründung.

Bei den Genossenschaften mit unbeschränkter Haftpflicht ist eine Betheiligung mit mehr als einem Geschäftsantheil verboten (§ 119), jedes Mitglied haftet für die Gesellschaftsschulden ohne Rücksicht auf die Höhe des Geschäftsantheils, eventuell persönlich mit seinem gesammten Vermögen; bei den Genossenschaften mit beschränkter Haftpflicht dagegen richtet sich die persönliche Haftpflicht nach der Höhe des Geschäftsantheils, falls nicht statutarisch dieselbe höher gegriffen ist. Der Umfang der Haftpflicht der einzelnen Mitglieder soll sich nach der Leistungsfähigkeit derselben richten, deshalb mußte von dem Verbot der Betheiligung mit mehreren Geschäftsantheilen Abstand genommen werden. „Würde bei Beschränkung der Betheiligung auf einen Geschäftsantheil dieser so hoch normirt, daß auch den leistungsfähigeren Mitgliedern noch hinreichender Raum zu freiwilligen Einlagen bliebe, so erschiene für die weniger bemittelten Genossen die Haftsumme von vornherein zu hoch gegriffen, und der reelle Werth des garantirten Gesammtbetrages würde hierdurch erheblich beeinträchtigt. Andererseits müßte es, wenn letzterem Gesichtspunkt Rechnung getragen und der Geschäftsantheil den Verhältnissen unbemittelter Genossen entsprechend niedrig bestimmt wird, als ein Nachtheil für die Genossenschaft und ihren Kredit erscheinen, daß die Bildung des eigenen Vermögens und die Gesammtgarantie unter dem durch die Leistungsfähigkeit der vermögenderen Mitglieder gegebenen Maße bliebe" (Begr. II 135). Die Zulassung von mehreren Geschäftsantheilen ermöglicht den Mitgliedern die Betheiligung nach ihrer Leistungsfähigkeit.

In dem Gesetz heißt es, daß das Statut die Betheiligung mit mehreren Geschäftsantheilen gestatten kann, damit soll nur gesagt sein, daß für Genossenschaften m. b. H. die Betheiligung mit mehreren Geschäftsantheilen zulässig ist, daß dann aber die Bestimmung hierüber im Statut zu treffen ist. Daraus ergiebt sich nun weiter, daß das Statut unter bestimmten Voraussetzungen die Verpflichtung zum Erwerb weiterer Geschäftsantheile vorschreiben kann, so daß der Vorstand im Wege der Klage dies erzwingen könnte (vgl. § 136 Erl. 2). Es ist dies nicht nur von Bedeutung für verschiedene Genossenschaftsarten, sondern auch für den Fall des Uebergangs von der unbeschränkten Haftpflicht zur beschränkten und gleichzeitiger Auflösung des Geschäftsantheils in mehrere. Hierin liegt freilich eine Herabsetzung des Geschäftsantheils. Um dann aber zu verhindern, daß Mitglieder, die bereits ein größeres Geschäftsguthaben besitzen, als der Betrag des neuen Geschäftsantheils ist, den überschießenden Betrag herausziehen können, kann die Genossenschaft die Bestimmung treffen, daß die Mitglieder so viel Geschäftsantheile erwerben müssen, als nach ihrem bisherigen Geschäftsguthaben erforderlich sein würden.

Läßt das Statut ganz allgemein den Erwerb mehrerer Geschäftsantheile zu, so haben die Mitglieder auch das Recht zu dem Erwerb weiterer Geschäftsantheile zugelassen zu werden, statthaft ist es aber jedenfalls, daß das Statut Schranken für den Erwerb setzt, die Entscheidung über die Zulassung in das Ermessen des Vorstandes (oder Aufsichtsraths oder beider Organe) stellt. Vgl. § 136 Erl. 2. Crüger Bl.f.G. 1895 S. 168 Birkenbihl-Maurer S. 409.

Werden später durch Aenderung des Statuts mehrere Geschäftsantheile zusammengelegt, so sind hierbei die gesetzlichen Vorschriften über die Herabsetzung der Haftsumme zu beobachten, sofern die Zusammenlegung zu einer Verringerung der Haftsumme führt, z. B. der Geschäftsantheil beträgt 50 M. die Haftsumme 300 M., zugelassen ist der Erwerb von 6 Geschäftsantheilen, will man nun 6 Geschäftsantheile zusammenlegen und die Haftsumme auf 300 M. belassen, so würde dies für alle die Mitglieder, die mehr als einen Geschäftsantheil besitzen, eine Herabsetzung der Haftsumme bedeuten, es bedarf folglich für die Zusammenlegung die Beobachtung der Bestimmungen über die Herabsetzung der Haftsumme.

Wird bei Besitz mehrerer Geschäftsantheile durch Mitglieder der Geschäftsantheil erhöht, so müssen die Mitglieder die von ihnen erworbenen Geschäftsantheile der Reihe nach auf den statutartischen Betrag bringen. Das Gleiche gilt, wenn durch Abschreibung in Folge von Verlusten eine über mehrere Geschäftsantheile reichende Abschreibung des Geschäftsguthabens erforderlich wird, denn der Erwerb der weiteren Geschäftsantheile kann dadurch schon deswegen nicht berührt werden, weil die Haftsumme der Mitglieder, die sich nach den einmal erworbenen Geschäftsantheilen richtet, durch derartige Abschreibungen nicht berührt werden kann. Vgl. auch § 19 Erl. 5.

Eine Herabsetzung der mehreren Geschäftsantheile muß ebenso wie die Herabsetzung des Geschäftsantheils behandelt werden, sie ist von besonderer Bedeutung, weil bei den Mitgliedern, die in Folge dessen Geschäftsantheile aufgeben, sich auch die Haftsumme entsprechend vermindert.

2. Höchste Zahl.

Das Statut muß die höchste Zahl der Geschäftsantheile der einzelnen Genossen festsetzen, um eine übermäßige Verschiedenheit der Betheiligung einzelner Mitglieder zu verhindern. Da jeder Genosse nur seine Stimme und nur eine Stimme hat, ist dem übermäßigen Einfluß des Kapitals vorgebeugt.

3. Erwerb weiterer Geschäftsantheile vgl. 137. Der Erwerb der weiteren Geschäftsantheile tritt erst mit der Eintragung in Kraft (§ 137) und die Eintragung kann allein auf Grund der Betheiligungserklärung erfolgen. Das ist wichtig für die Bilanz. Wenn z. B. in dem in Erl. 1 erwähnten Falle der Herabsetzung des Geschäftsantheils und Verpflichtung der Mitglieder, entsprechend ihrem bisherigen Geschäftsguthaben Geschäftsantheile zu erwerben, Mitglieder sich weigern die Betheiligungserklärung auszustellen, so können sie wohl von der Genossenschaft auf die Ausstellung verklagt werden, für die Bilanz aber kommen sie nur mit dem einen Geschäftsantheil in Betracht (vgl. § 137 Erl. 4) und dementsprechend ist auch die Höhe der Haftsumme zu bemessen (§ 139).

§ 135.

Die Haftung eines Genossen, welcher auf mehr als einen Geschäftsantheil betheiligt ist, erhöht sich auf das der Zahl der Geschäftsantheile entsprechende Vielfache der Haftsumme.

Entw. I 115, II 116, Komm. 116, Rtg. 129.

Erläuterung zu § 135.

Mit dem Erwerb jedes weiteren Geschäftsantheils erhöht sich auch die persönliche Haftpflicht um eine weitere Haftsumme, mag dieselbe auch noch so hoch bemessen sein. Das Statut kann hieran nichts ändern, es ist eine absolute Vorschrift. Sie ist eine Konsequenz der Zulassung mehrerer Geschäftsantheile: die Haftpflicht eines Jeden soll sich nach seiner Leistungsfähigkeit richten. Die Erhöhung der persönlichen Haftpflicht tritt sofort ein, wenn der weitere Geschäftsantheil erworben ist, und dies tritt ein mit der Eintragung der Zulassung auf einen weiteren Geschäftsantheil in das Genossenschaftsregister (§ 137 Abs. 3, vgl. § 134 Erl. 3); es kommt nicht darauf an, ob bereits Einzahlungen auf den weiteren Geschäftsantheil geleistet sind.

§ 136.

Bevor der erste Geschäftsantheil erreicht ist, darf die Betheiligung des Genossen auf einen zweiten Geschäftsantheil seitens der Genossen-

schaft nicht zugelassen werden. Das Gleiche gilt von der Zulassung zu jedem weiteren Geschäftsantheile.

Entw. I 116, II 117, Komm. 117, Rtg. 130. Begr. I 205, II 135.

Erläuterungen zu § 136.

1. Zweiter Geschäftsantheil.

Durch diese Vorschrift soll der „leicht eintretenden Täuschung vorgebeugt werden, als ob jeder Erhöhung der Garantiepflicht der einzelnen Genossen auch wirklich eine größere Leistungsfähigkeit derselben zu Grunde liegt". Nach der Begründung könnte man annehmen, als ob die Vorschrift nur anzuwenden sei, wo die Haftsumme im Verhältniß zum Geschäftsantheil festgesetzt ist. Nach dem Wortlaut des Gesetzes aber muß als allgemeine Regel, welche durch das Statut nicht abgeändert werden darf, angenommen werden, daß bei Genossenschaften mit beschränkter Haftpflicht ein weiterer Geschäftsantheil nur erworben werden kann, wenn der vorhergehende voll eingezahlt ist. Grundsätzlich ist der Erwerb mehrerer Geschäftsantheile ein successiver. Vgl. Ausnahme in Erl. 2.

2. „zugelassen werden".

„Ob dem Genossen hierauf ein Anspruch zusteht, oder ob der Antrag nach freiem Ermessen von der Genossenschaft zurückgewiesen werden kann, bestimmt sich nach dem Statut". (Begr. II 135.) Das Statut hat die näheren Bestimmungen über die Zulassung ebenso wie über die Aufnahme als Mitglied zu treffen. Fehlt es darin, so entscheidet der Vorstand nach freiem Ermessen. Ueber die Verpflichtung zum Erwerb vgl. § 134 Erl. 1.

Von der „Zulassung" auf einen weiteren Geschäftsantheil kann nur die Rede sein, wenn der „Erwerber" nicht bereits im Besitze eines entsprechenden Geschäftsguthabens ist, oder nicht ein Geschäftsguthaben erwirbt, das mehrere Geschäftsantheile (event. durch die Zuschreibung) umfaßt. Der letztere Fall kann eintreten bei Uebertragung des Geschäftsguthabens nach Maßgabe des § 76, der erstere Fall kann vorliegen, wenn bei Umwandlung von der unbeschränkten zur beschränkten Haftpflicht der Geschäftsantheil in mehrere kleinere Geschäftsantheile zerlegt wird (§ 134 Erl. 1) mit der Verpflichtung der Mitglieder, so viel Geschäftsantheile zu erwerben, wie ihrem zeitigen Geschäftsguthaben entsprechen. § 136 sieht für derartige Fälle zwar nicht ausdrücklich eine Ausnahme vor, bereits nach dem Zweck der Bestimmungen der §§ 135, 136 muß aber für solche Fälle der gleichzeitige Erwerb mehrerer Geschäftsantheile zugelassen werden.

Bei § 76 Erl. 3 ist dargelegt, wie im Falle der Uebertragung des Geschäftsguthabens zu verfahren ist; das Gleiche gilt, wenn durch die Theilung des Geschäftsantheils und Verpflichtung zum Erwerb mehrerer Geschäftsantheile das Mitglied entsprechend mehrere Geschäftsantheile erwerben muß. Von einer „Zulassung" kann hier überall nicht die Rede sein, da die Voraussetzung für den Erwerb mehrerer Geschäftsantheile der Besitz eines entsprechenden Geschäftsguthabens bereits erfüllt ist. Die entsprechende Erhöhung der Haftpflicht ist von der Eintragung in das Register abhängig (§§ 135, 137). Dagegen kann sich ein neu beitretendes Mitglied außer im Falle des § 76 nicht sogleich mit mehreren Geschäftsantheilen betheiligen.

§ 137.

Ein Genosse, welcher auf einen weiteren Geschäftsantheil betheiligt sein will, hat darüber eine von ihm zu unterzeichnende, unbedingte Erklärung abzugeben.

Die Erklärung ist von dem Vorstande nach der Zulassung des Genossen zu dem weiteren Geschäftsantheile behufs Eintragung des letzteren in die Liste der Genossen dem Gerichte (§ 10) einzureichen. Zugleich hat der Vorstand schriftlich zu versichern, daß die übrigen Geschäftsantheile des Genossen erreicht seien.

Die Betheiligung auf den weiteren Geschäftsantheil tritt mit der in Gemäßheit der vorstehenden Absätze erfolgten Eintragung in Kraft.

Im Uebrigen kommen die Vorschriften des § 15 zur entsprechenden Anwendung.

Entw. I 117, II 118, Komm. 118, Rtg. 131. Begr. I 206, II 135. A.V. §§ 7, 27.

Erläuterungen zu § 137.

§ 137 regelt die formellen Vorschriften der Betheiligung auf mehrere Geschäftsantheile im Anschluß an die Vorschriften des § 15 über den Erwerb der Mitgliedschaft.

1. **Absatz** I. Voraussetzungen des Erwerbes eines weiteren Geschäftsantheils.

Unter welchen Voraussetzungen ein Mitglied einen weiteren Geschäftsantheil erwerben kann, hat das Statut zu bestimmen, vgl. § 134 Erl. 1, § 136 Erl. 2. Bindende Vorschrift für dasselbe ist, daß ein weiterer Geschäftsantheil nicht eher erworben werden darf, als bis der vorhergehende voll eingezahlt ist (§ 136).

2. Erklärung über den Erwerb.

Wie das der Genossenschaft beitretende Mitglied eine unbedingte schriftliche Beitrittserklärung auszustellen hat, so hat das Mitglied, welches einen weiteren Geschäftsantheil erwerben will, die schriftliche, von keiner Bedingung abhängige Erklärung abzugeben, daß es „einen weiteren Geschäftsantheil erwerben wolle". Ueber die Haftpflicht bedarf es keiner Erklärung (§ 120 Erl. 3). Auf Ausstellung der Betheiligungserklärung kann die Genossenschaft klagen, wenn eine Verpflichtung dazu vorliegt (§ 134 Erl. 3).

3. **Absatz** II. Eintragung in die Mitgliederliste.

Ist die Erklärung ordnungsmäßig ausgestellt, und sind die weiteren statutarischen Voraussetzungen für den Erwerb erfüllt, so muß der Vorstand die Erklärung im Original und die schriftliche Versicherung, daß die bisherigen Geschäftsantheile erreicht seien (vgl. § 147 Strafvorschrift) dem Gericht mit dem Antrage einreichen, die Betheiligung des Genossen auf einen weiteren Geschäftsantheil in die Mitgliederliste einzutragen. In dem Antrag liegt das Einverständniß der Genossenschaft zu dem Erwerb. Der Genosse und die Genossenschaft sind von der Eintragung zu benachrichtigen, die Urkunden von dem Gericht aufzubewahren (§ 15, Begr. II 135, A.V. § 27, Parisius u. Crüger, Formularbuch S. 56 ff.).

4. **Absatz** III. Inkrafttreten des Erwerbs.

Die Betheiligung des Genossen auf den weiteren Geschäftsantheil und damit die Erhöhung der Haftbarkeit auch in Betreff der Haftsumme (§ 135) tritt — analog dem Erwerb der Mitgliedschaft — mit der Eintragung ein (vgl. § 134 Erl. 3). Vorher auf den neuen Geschäftsantheil geleistete Einzahlungen begründen, ehe die Eintragung erfolgt ist, keinen Anspruch auf Gewinn, verpflichten auch nicht zur Theilnahme an der Verlustdeckung, derartige Einlagen müssen als der Genossenschaft gewährte Darlehen angesehen werden; erfolgt aber die Eintragung, so wird man diese Einzahlungen als an dem Tage des Erwerbs des Geschäftsantheils auf diesen gemacht betrachten müssen. Vgl. auch § 19, § 76 Erl. 7 insbes. für den Fall der Uebertragung des

Geschäftsguthabens, wo durch den Wechsel in der Mitgliedschaft keine Unterbrechung im Dividendengenuß entsteht, das Gleiche wird stets anzunehmen sein, wenn sich die mehreren Geschäftsantheile aus einem bereits vorhandenen Geschäftsguthaben zusammensetzen (§ 136 Erl. 1), die Voraussetzung für den Erwerb, insoweit sie im Geschäftsguthaben besteht, wie gesagt, bereits vorhanden ist.

5. **Absatz** IV. Entsprechende Anwendung sonstiger Bestimmungen. § 15 Abs. 4 findet entsprechende Anwendung. Die Bestimmungen des Gesetzes über den Geschäftsantheil: Ansammlung, Erhöhung, Herabsetzung, Vertheilung, Zu- und Abschreibung von Gewinn und Verlust finden auf jeden weiteren Geschäftsantheil gleichmäßig Anwendung, insbesondere ist zu beachten, daß auch die Vorschriften über die obligatorischen Einzahlungen angewendet werden müssen (§§ 7 Nr. 2, 16, 19, 21, 22). Vgl. Weiteres § 134 Erl. 1. Ohne Einfluß ist der Erwerb eines weiteren Geschäftsantheils auf das Stimmrecht in der Generalversammlung (§ 43 Abs. 2). In Betreff der Haftung heißt es in der Begründung: „Die Betheiligung auf mehrere Geschäftsantheile, und demzufolge die Haftung bis zu einer höheren Maximalgrenze rechtfertigen es nicht, den betreffenden Mitgliedern von vornherein einen größeren Antheil am Verlust aufzuerlegen. Der Vorzug, den sie während bestehender Genossenschaft durch den Bezug höherer Gewinnantheile genossen haben, ist durch den Verlust ihres größeren Kapitalantheils ausgeglichen. Hiernach hat einerseits der ausscheidende Genosse, welcher auf mehr als einen Geschäftsantheil betheiligt war, im Falle einer Unterbilanz nur einen Kopftheil des Verlustes an die Genossenschaft zu zahlen (§ 73), und andererseits sind im Nachschußverfahren die Beiträge der Genossen auch hier zunächst ohne Rücksicht auf mehrfache Betheiligung nach Köpfen zu berechnen (§ 105 Abs. 2). Nur dann tritt im Nachschußverfahren eine stärkere Heranziehung der mehrfach betheiligten Mitglieder ein, wenn die einfachen Haftsummen der zahlungsfähigen Genossen zur Deckung des Ausfalls der Gläubiger unzureichend sind; in diesem Falle ist der Fehlbetrag auf die mehrfach Betheiligten bis zur Erschöpfung der für sie maßgebenden mehrfachen Haftsummen umzulegen" (Begr. II 136). Birkenbihl-Maurer S. 410 behaupten, die Konsequenz der kopfweisen Verlustaufbringung sei, daß ein mittelst des Einzelangriffs in Höhe seiner mehrfachen Haftsummen in Anspruch genommener Genosse berechtigt sei, bei den übrigen Genossen Ausgleich zu suchen, als wäre er wie sie nur mit einfacher Haftsumme verhaftet. Dem steht einmal entgegen, daß nach §§ 141, 124 ein solcher Genosse nur im Nachschußverfahren Ausgleich suchen kann, ferner muß § 21 Abs. 2 analoge Anwendung auch auf die Haftsumme finden. Nach §§ 19, 73, 105 kann das Statut jeden anderen Maßstab für Vertheilung von Gewinn und Verlust vorsehen (vgl. § 19 Erl. 1).

Rückzahlung einzelner Geschäftsantheile ist nicht zulässig, das Geschäftsguthaben ist ein Ganzes, daher ist auch Kündigung eines oder mehrerer Geschäftsantheile nicht gestattet (vgl. Goldschmidt S. 116, Schulze-Delitzsch, Material S. 71) — Johow Bd. 15 S. 57 ff., § 76 Erl. 3.

6. Beispiel.

Die Beispiele beziehen sich auf den Fall, daß die Nachschüsse nach Köpfen zu leisten sind (§ 105 Erl. 2, vgl. jedoch auch § 19 Erl. 1).

Der durch die Haftsummen zu deckende Ausfall beträgt 15000 Mk. Vorhanden sind 150 Genossen. Die Haftsumme beträgt 100 Mk. Von den 150 Genossen haben 100 einen, 20 zwei, 30 drei Geschäftsantheile, es haften also 100 mit je 100, 20 mit je 200, 30 mit je 300 Mk.

Erste Umlage. 15000 Mk. Fehlbetrag wird auf 150 Genossen mit 150 ersten Haftsummen vertheilt. Die ganze erste Haftsumme eines Jeden wird in Anspruch genommen. Ausfall 3000 Mk., weil sich zahlungsunfähig erwiesen 20 Genossen mit einer, 5 mit zwei und 5 mit drei Haftsummen. Für den Ausfall sind nicht in Anspruch zu nehmen die zahlungsfähigen 80 Genossen mit einer Haftsumme. Dagegen haften dafür bei Fortlassung der zahlungsunfähigen von denen mit nur zwei Haftsummen 20 — 5 = 15, von denen mit drei Haftsummen 30 — 5 = 25 Genossen.

Zweite Umlage auf die zweiten Haftsummen von 40 Genossen. Da nur 3000 Mk. zu decken, werden von jeder der 40 zweiten Haftsummen 75 Mk. erfordert (75 × 40 = 3000). Es fallen aus 1500 Mk., da sich 20 Genossen als zahlungsunfähig erwiesen, und zwar von den 15 mit zwei Haftsummen 10 und von den 25 mit drei Haftsummen ebenfalls 10.

Zur Deckung der 1500 Mk. bleiben noch übrig

a) die nicht eingezogenen je 25 Mk. der zweiten Haftsumme von den 20 bisher zahlungsfähigen Genossen (5 mit zwei, 15 mit drei Haftsummen), zusammen 500 Mk.

b) 1500 Mk. dritte Haftsumme mit je 100 Mk. von den bisher zahlungsfähigen 15 Genossen mit drei Haftsummen. Es sind nur 1500 Mk. zu decken.

Dritte Umlage a) mit je 25 Mk. von zweiter Haftsumme auf jene fünf Genossen mit zwei Antheilen 125 Mk.

b) mit gleichem Betrage von der zweiten Haftsumme auf die 15 andern mit 375 Mk.

c) mit je 66²/₃ Mk. vertheilt auf die dritte Haftsumme derselben 15 Genossen 1000 „ 1375 „

1500 Mk.

Von jedem der 15 Genossen mit drei Haftsummen werden somit 25 + 66²/₃ = 91²/₃ Mk. erfordert. Das Ergebniß der Umlage ist: es zahlen zwar die fünf Genossen zu à 125 Mk., aber von den 15 Genossen, die je 91²/₃ Mk. zahlen sollen, stellen sich 9 als zahlungsunfähig heraus, so daß statt 1375 Mk. nur 91²/₃ × 6 = 550 Mk. eingehen und 825 Mk. ausfallen. Wegen dieser muß nun die

Vierte Umlage stattfinden. Allein da die zahlungsfähigen fünf Genossen mit zwei Haftsummen nicht mehr herangezogen werden, und die sechs noch zahlungsfähigen Genossen mit drei Haftsummen bereits 100 + 75 + 25 + 66²/₃ oder 266²/₃ Mk. gezahlt haben und nur noch auf die dritte Haftsumme je 33¹/₃ Mk. zu zahlen verpflichtet sind, so gehen von den 825 Mk. nur 33¹/₃ × 6 = 200 Mk. ein — und die Gläubiger verlieren die letzten 625 Mk.

Den Gläubigern hafteten 100 + 20 × 2 + 30 × 3 = 330 Haftsummen von je 100 Mk., aber sie erhielten nur 14375 Mk. von 15000 Mk. Was die einzelnen der drei Klassen von Genossen anlangt, so haben gezahlt

1. von 100 Genossen mit einer Haftsumme 20 nichts, 80 je 100 Mk.
2. von 20 Genossen mit zwei Haftsummen
   a) 5 nichts,
   b) 10 je 100 Mk. 1000 Mk.
   c) 5 je (100 + 75 + 25) 200 Mk. 1000 „ 2000 Mk.
3. von 30 Genossen mit drei Haftsummen
   a) 5 nichts,
   b) 10 je 100 Mk. 1000 Mk.
   c) 9 je (100 + 75) 175 Mk. 1575 „
   d) 6 je (100 + 75 + 91²/₃ + 33¹/₃) 300 Mk. 1800 „ 4375 Mk.

Summa 14375 Mk.

Als zahlungsfähig, soweit ihre Verpflichtungen reichten, stellten sich 80 Genossen mit einer, 5 mit zwei und 6 mit drei Haftsummen, zusammen 91 von 150 Genossen heraus — unter denen möglicherweise außerordentlich reiche Personen sein können.

§ 138.

Eine Uebertragung des Geschäftsguthabens findet in dem Falle des § 134 an einen anderen Genossen nur statt, sofern dessen bisheriges Guthaben mit dem ihm zuzuschreibenden Betrage die der höchsten Zahl der Geschäftsantheile entsprechende Gesammtsumme nicht übersteigt. Hierauf ist die im § 76 vorgesehene Versicherung des Vorstandes zu richten. Im Uebrigen verbleibt es bei den Bestimmungen im § 137.

Entw. I 118, II 119, Komm. 119, Rtg. 132. Begr. I 206, II 138.

Erläuterungen zu § 138.

1. Ausscheiden der Mitglieder, Voraussetzung der Uebertragung. Voraussetzung der Uebertragung eines Geschäftsguthabens ist Ausscheiden des Mitgliedes, die Vorschriften des § 76 finden in der Hauptsache auch hier Anwendung, sie gelten nach ihrer Stellung für alle Haftarten. „Dadurch verbietet sich einmal die Kündigung und Herausziehung eines der Antheile beziehungsweise eines Theils des Guthabens; das würde in Verbindung mit der dadurch eintretenden Verringerung der Garantiehaft leicht zu einer Täuschung der Gläubiger und zur Gefährdung der Genossenschaft führen. Sodann wird die Uebertragung eines der Antheile bezw. eines entsprechenden Theils des Guthabens an Andere derart, daß der Genosse mit dem Rest in der Genossenschaft verbliebe, ausgeschlossen" (Begr. II 136).

2. Uebertragung und Erwerb eines weiteren Geschäftsantheils Aus der Hinweisung auf die Bestimmungen im § 137 folgt, daß der Genosse, falls er durch die Zuschreibung des Guthabens des Ausscheidenden einen weiteren Geschäftsantheil erwerben will, die schriftliche Erklärung abzugeben hat, daß er auf einen weiteren Geschäftsantheil betheiligt sein will. Er soll sich darüber klar werden, daß auch seine persönliche Haftbarkeit eine größere wird: diese Erklärung ist von dem Vorstand mit der schriftlichen Uebereinkunft zwischen dem Veräußerer und dem Erwerber dem Gericht einzureichen. Für den Fall, daß das Geschäftsguthaben mehrere Geschäftsantheile umfaßt vgl. § 76 Erl. 3. Unzulässig ist, daß ein mit mehreren Geschäftsantheilen betheiligter Genosse, einzelne abtritt (§ 76 Erl. 3, § 137 Erl. 5, Johow Bd. 15 S. 57).

§ 139.

Mit der Bilanz eines jeden Geschäftsjahres ist außer den im § 33 vorgesehenen Angaben über die Zahl der Genossen der Gesammtbetrag, um welchen in diesem Jahre die Geschäftsguthaben, sowie die Haftsummen der Genossen sich vermehrt oder vermindert haben, und der Betrag der Haftsummen zu veröffentlichen, für welche am Jahresschluß alle Genossen zusammen aufzukommen haben.

Entw. I 119, II 120, Komm. 120, Rtg. 133. Begr. I 208, II 137.

Erläuterungen zu § 139.

§ 139 bezweckt, den Gläubigern ein Urtheil über die Kreditfähigkeit der Genossenschaft zu ermöglichen, deren Grundlage die Guthaben und die persönlichen Haftsummen bilden. Es sollen daher mit der Bilanz (§ 33 Abs. 2) veröffentlicht werden (Beispiele bei Schulze-Delitzsch-Crüger S. 49).

1. der Betrag der Haftsummen am Jahresschluß, wobei die zum Jahresschluß ausgeschiedenen Mitglieder mit zu berücksichtigen sind;

2. der Betrag der Erhöhung bezw. Verminderung

a) der Haftsummen,

b) der Geschäftsguthaben

zum Vorjahre; es sind also hier nur die Differenzen zwischen den beiden Jahresschlüssen zu veröffentlichen. Der Gesammtbetrag der Geschäftsguthaben ist nicht zu veröffentlichen, da er in der Bilanz steht. Vgl. § 134 Erl. 3 für den Fall des Erwerbs weiterer Geschäftsantheile.

Die Haftsummen der Mitglieder, welche zum Jahresschluß ausscheiden, sind mitzurechnen (vgl. § 33), da die Mitglieder am Tage der Bilanzziehung der Genossenschaft noch angehören; wie mit den Mitgliedern ist selbstverständlich auch mit den Geschäftsguthaben und Haftsummen zu verfahren (vgl. Crüger Bl.f.G. 1892 S. 34, ebenso Birkenbihl-Maurer S. 412). Die Veröffentlichung des Gesammtbetrags der Haftsummen ist übrigens nicht ganz unbedenklich, da dieselbe zuweilen das Gegentheil ihres Zwecks erreicht, indem die Gläubiger sich die Ansicht bilden, daß der Betrag der Haftsummen auch zweifellos aufgebracht werden kann, was aber wegen des Ausfalls eines Theils der Mitglieder kaum jemals der Fall sein wird. Diese Veröffentlichung besagt wenig über den wirklichen Bestand; es können hundert Tausend Mark Haftsumme nichts werth sein. Andererseits würde die Genossenschaft vollständig den genossenschaftlichen Charakter aufgeben, wenn sie nur solche Mitglieder aufnehmen wollte, die bis zu dem Betrage der Haftsumme sicher sind, damit würde der kapitalistische Charakter einer Aktiengesellschaft in Wirklichkeit entstehen.

§ 140.

Das Konkursverfahren findet bei bestehender Genossenschaft außer dem Falle der Zahlungsunfähigkeit in dem Falle der Ueberschuldung statt, sofern diese ein Viertheil des Betrages der Haftsummen aller Genossen übersteigt. Der Vorstand hat, wenn eine solche Ueberschuldung sich aus der Jahresbilanz oder aus einer im Laufe des Jahres aufgestellten Bilanz ergiebt, die Eröffnung des Konkursverfahrens zu beantragen. Die Vorschriften des § 99 Absatz 2, 3, § 100 finden entsprechende Anwendung.

Entw. I 120, II 121, Komm. 121, Rtg. 134. Begr. I 209, II 137, Komm.Ber. 59.

I. Zur Geschichte des § 140.

a) In dem Entwurfe I bestand der entsprechende § 120 aus zwei Sätzen: „Das Konkursverfahren findet bei bestehender Genossenschaft im Falle der Ueberschuldung statt." Sodann folgt der letzte Satz wie im § 140. Im Bundesrath ward zwischen beiden Sätzen noch ein dritter eingeschoben: „Der Vorstand hat, wenn aus der Jahresbilanz oder aus einer im Laufe des Jahres aufgestellten Bilanz Ueberschuldung sich ergiebt, die Eröffnung des Konkursverfahrens zu beantragen."

b) Während bei Genossenschaften mit unbeschränkter Haftpflicht und unbeschränkter Nachschußpflicht die Ueberschuldung nur im Falle der Liquidation den Konkurs nach sich zieht, soll dies hier schon bei bestehender Genossenschaft der Fall sein. In der Regierungsvorlage war der Vorstand zum Antrage auf Konkurseröffnung verflichtet, wenn die einfache Ueberschuldung sich aus der Bilanz ergab. Als Vorbild diente die gleiche Bestimmung für die Aktiengesellschaften (§ 193 R.K.O. alter Fassung). In der Erwägung, daß anders als Aktiengesellschaften die Genossenschaften mit beschränkter Haftpflicht in der Lage sind, jederzeit durch Erhöhung der Geschäftsantheile oder der Einzahlungen die Ueberschuldung zu beseitigen, wurde in der Kommission ein Antrag auf Streichung dieser Spezialbestimmung gestellt, derselbe jedoch abgelehnt, da „die Nothwendigkeit, die Genossenschaften mit beschränkter Haftpflicht in der fraglichen Beziehung anders zu behandeln als die übrigen Genossenschaften . . . anerkannt wurde“ (Komm.Ber. 59).

In der Begr. II 137 wird angeführt:

„Wenngleich auch bei den Genossenschaften mit beschränkter Haftpflicht das Vermögen der Genossenschaft nicht das ausschließliche Deckungsmittel für die Gläubiger bildet, so hat dasselbe für die Befriedigung der Gläubiger in Folge der betragsmäßigen Beschränkung der persönlichen Haftung der Genossen eine vermehrte Wichtigkeit. Es erscheint nicht gerechtfertigt, im Falle der Ueberschuldung lediglich im Hinblick auf die beschränkte Mitgliederhaftung die Eröffnung des Konkurses auszuschließen.“

Die erwähnte Möglichkeit der Erhöhung des Vereinsvermögens und die damit verbundene Beseitigung der Ueberschuldung, sowie der Umstand, daß, namentlich so lange eine Genossenschaft noch kein erhebliches eigenes Vermögen besitzt, eine Ueberschuldung leicht eintreten könne, welche bei ungestörtem Fortgang des Geschäftsbetriebes leicht wieder verschwindet, bestimmte jedoch die Kommission, von einer völligen Gleichstellung der Genossenschaften mit beschränkter Haftpflicht und der Aktiengesellschaften in dieser Beziehung abzusehen, und man nahm daher einen Antrag an, der auch die Haftsummen bei der Konstatirung der Ueberschuldung berücksichtigen sollte. Es entstand die jetzige Fassung des Paragraphen.

II. **Erläuterungen zu § 140.**

1. Ueberschuldung.

Die Unterbilanz muß mehr als ein Viertheil des Gesammtbetrages der Haftsummen betragen, mit welchen die Mitglieder im Konkurse einzustehen haben. Vgl. § 94 Abs. 2, § 148 Nr. 2.

2. Im Falle der Ueberschuldung keine Berufung der Generalversammlung.

Bei Genossenschaften mit unbeschränkter Haftpflicht (§ 121) und unbeschränkter Nachschußpflicht (§ 126) ist der Vorstand verpflichtet, sobald sich bei der Geschäftsführung Ueberschuldung herausstellt, eine Generalversammlung zur Beschlußfassung darüber zu berufen, ob die Genossenschaft aufgelöst werden soll (§ 121). Für die Genossenschaft mit beschränkter Haftpflicht hat der Vorstand eine solche Verpflichtung nicht, selbstverständlich aber ist er dazu berechtigt. Unterläßt er es, so erwächst ihm daraus keine besondere Verantwortung.

3. Bilanz.

Die Ueberschuldung muß durch eine Bilanz festgestellt sein (vgl. § 121). Nach § 33 Abs. 2 ist der Vorstand verpflichtet, binnen sechs Monaten nach Ablauf jedes Geschäftsjahres die Bilanz desselben zu ziehen, so daß trotz des § 140 die Genossenschaft 18 Monate sich im Zustande der Ueberschuldung befinden kann, ohne daß sich der Vorstand strafbar macht (§ 148), und ohne daß ihn eine civilrechtliche Verantwortlichkeit unter allen Umständen zu treffen braucht.

§ 141.

Die einzelnen Genossen können über ihre Haftsumme hinaus weder auf Leistung von Nachschüssen, noch von den Konkursgläubigern in Anspruch genommen werden. Im Uebrigen finden auf den Anspruch der Gläubiger die Bestimmungen in §§ 122 bis 125 Anwendung.

Entw. I 121, II 122, Komm. 122, Rtg. 135. Begr. I 209, II 137.

Erläuterung zu § 141.

Grenze der persönlichen Haftbarkeit.

Die Höhe der Haftsumme bildet die Grenze, mit welcher der einzelne Genosse außer mit seinen bis zur Konkurseröffnung fälligen Einzahlungen auf den Geschäftsantheil für die Verbindlichkeiten der Genossenschaft zu haften hat. Wird gegen den Genossen im Wege des direkten Angriffs ein Anspruch erhoben, welcher unter Einrechnung der zur Schuldendeckung von dem Genossen bereits gemachten Leistungen die Haftsumme desselben übersteigt, so ist er berechtigt, die entrichteten Nachschüsse und ebenfalls die an andere Gläubiger geleisteten Zahlungen jedem Gläubiger gegenüber geltend zu machen.

§ 142.

Außer dem Falle des § 90 kann in dem Falle, daß entgegen den Vorschriften in §§ 19, 22 der Gewinn oder das Geschäftsguthaben ausgezahlt wird, der Ersatzanspruch gegen die Mitglieder des Vorstandes oder des Aufsichtsraths oder gegen die Liquidatoren von den Gläubigern der Genossenschaft, soweit sie von dieser ihre Befriedigung nicht erlangen können, selbständig geltend gemacht werden. Dasselbe findet gegen die Mitglieder des Vorstandes oder die Liquidatoren statt, wenn nach dem Zeitpunkte, mit welchem die Verpflichtung zum Antrage auf Eröffnung des Konkursverfahrens eingetreten ist, eine Zahlung geleistet wird, rücksichtlich des Ersatzes derselben.

Die Ersatzpflicht wird den Gläubigern gegenüber dadurch nicht aufgehoben, daß die Handlung auf einem Beschlusse der Generalversammlung beruht.

Entw. I 122, II 123, Komm. 123, Rtg. 136. Begr. I 210, II 138.

Erläuterungen zu § 142.

1. **Absatz** I. Direkte Haftpflicht der Organe.

Die Ersatzverbindlichkeit von Vorstand, Aufsichtsrath und Liquidatoren besteht in den genannten Fällen den Gläubigern gegenüber direkt, während bei den anderen beiden Haftarten eine solche direkte Haftpflicht nur im Falle des § 90 besteht. Die Mitglieder der Organe der Genossenschaft haften bei den Genossenschaften mit beschränkter Haftpflicht nicht als Genossen mit ihrem ganzen Vermögen den Gläubigern, folglich ist hier eine Spezialbestimmung getroffen (vgl. A.G. Art. 226, 241, H.G.B. §§ 249, 241). Die Geltendmachung der Haftpflicht Seitens der Genossenschaft aber verbraucht die Ansprüche der Gläubiger, vgl. § 34 Erl. 5.

2. Geltendmachung der Haftpflicht.

Für die Geltendmachung der Ersatzverbindlichkeit treffen auch hier die Ausführungen in der allgemeinen Begründung zum A.G. (§ 12 Nr. 4) zu:

„Die Gläubiger sollen nicht nöthig haben, erst die Gesellschaft zu verklagen und sich den Anspruch der Gesellschaft gegen die Mitglieder des Aufsichtsraths im Wege der Zwangsvollstreckung überweisen zu lassen, . . . jeder Gläubiger, welcher nachweist, daß die Gesellschaft ihn nicht befriedigen könne, kann den Anspruch gegen das Aufsichtsrathsmitglied zu seiner Befriedigung im Wege der Klage selbständig verfolgen. . . . Dem Beklagten muß es überlassen bleiben, wie sonstige Einwendungen gegen den Anspruch, so auch Zahlungen geltend zu machen, welche er auf denselben an andere Gläubiger oder an die Gesellschaft etwa geleistet hat . . . . soweit von

den Aufsichtsrathsmitgliedern Ersatz der Gesellschaft wirklich geleistet wird, erlischt natürlich auch der Anspruch den Gläubigern gegenüber."

Das Gleiche gilt von den Vorstandsmitgliedern und den Liquidatoren.

3. Haftpflicht der Vorstandsmitglieder bezw. Liquidatoren.

Ueber den Einwand geleisteter Zahlung vgl. Erl. 2.

Die Vorstandsmitglieder bezw. Liquidatoren sind den Gläubigern schadensersatzpflichtig:

a) wenn sie entgegen den Vorschriften des § 90 das Vermögen der Genossenschaft vertheilt haben;

b) wenn sie nach dem Zeitpunkt, mit welchem die Verpflichtung zum Antrag auf Eröffnung des Konkursverfahrens bestand (im Falle der Zahlungsunfähigkeit: § 98, und Ueberschuldung: §§ 98, 140), eine Zahlung geleistet haben.

Die Vorstandsmitglieder sind ferner schadensersatzpflichtig, wenn sie, entgegen den Vorschriften in §§ 19 und 22, Gewinn oder Geschäftsguthaben ausbezahlt haben.

4. Haftpflicht der Aufsichtsrathsmitglieder.

Ueber den Einwand geleisteter Zahlung vgl. Erl. 2.

Die Aufsichtsrathsmitglieder sind den Gläubigern schadensersatzpflichtig:

a) wenn entgegen den Vorschriften in § 90 das Vermögen der Genossenschaft vertheilt ist, und die Zuwiderhandlung mit ihrem Wissen und ohne ihr Einschreiten geschehen ist; die letztere Voraussetzung muß auch hier Anwendung finden, denn es ist ganz allgemein der Fall des § 90 hier angezogen;

b) wenn entgegen den Vorschriften in §§ 19 und 22 Gewinn- und Geschäftsguthaben ausbezahlt sind, und die Zahlung mit ihrem Wissen und ohne ihr Einschreiten erfolgt ist, zwar ist das letztere hier nicht ausdrücklich vorgesehen, doch liegt es auch nicht in der Absicht des Gesetzes, den Gläubigern größere Rechte zu geben als der Genossenschaft, die Gläubiger machen nur die Rechte der Genossenschaft für sich selbst in eigenem Namen geltend. Es heißt in der Begr. II 138: „Es ist insbesondere der nach den §§ 34 Abs. 3, 41 Abs. 3 rc. für die Genossenschaft selbst begründete Anspruch, welcher, ohne daß es einer besonderen Ueberweisung bedarf, von den Gläubigern geltend gemacht werden darf." Es folgt dies auch ferner aus einer Vergleichung mit Art. 226 A.G. (§ 249 H.G.B.), dem Vorbild der Bestimmung des Gesetzes, woselbst ausdrücklich gesagt ist, daß der Gläubiger den „Ersatzanspruch" der „Gesellschaft" geltend machen kann.

Die Mitglieder des Aufsichtsraths haften den Gläubigern nicht für Zahlungen, welche geleistet sind, wenn ein Antrag auf Eröffnung des Konkursverfahrens gestellt werden mußte (ebenso A.G. Art. 226, 241, H.G.B. §§ 249, 241).

5. Haftung gegenüber der Genossenschaft.

In Betreff der Verantwortlichkeit gegenüber der Genossenschaft kommen die §§ 34 Abs. 3, 41 Abs. 3, 89, 94, 140 zur Anwendung.

6. **Absatz** II. Generalversammlungsbeschluß.

Die Mitglieder des Vorstandes und Aufsichtsraths dürfen gesetz- oder statutenwidrigen Beschlüssen der Generalversammlung nicht Folge leisten, widrigenfalls sie die Verantwortlichkeit tragen (vgl. § 27 Erl. 1), ebenso Art. 226, 241 A.G. (§§ 249, 241 H.G.B.).

7. Beabsichtigte weitere Beschränkung der Genossenschaft mit beschränkter Haftpflicht.

Der erste Entwurf des Reichsjustizamts schlug, wohl in der Absicht, den Kreditgenossenschaften die Umwandlung in Genossenschaften mit beschränkter Haftpflicht zu verleiden, folgende Bestimmung vor:

(§ 119.) „Eine Spareinlage darf zehn Mark und der Gesammtbetrag der für dieselbe Person eingelegten Gelder darf dreihundert Mark nicht überschreiten.

Die letztere Bestimmung gilt auch für die Hinterlegung von Geldern gegen Verzinsung.

Bei fortgesetzter Zuwiderhandlung gegen diese Vorschriften kann die Auflösung der Genossenschaft in Gemäßheit des § 76 (jetzt § 81) erfolgen."

In der Sachverständigenkonferenz haben sich die Verfasser des Entwurfs von der Unhaltbarkeit dieser Bestimmung überzeugt.

IV. Für die Umwandlung von Genossenschaften.

Vorbemerkung.

Der Entwurf hatte nur den § 123 (130), welcher die Umwandlung der Genossenschaft mit unbeschränkter Haftpflicht in eine mit beschränkter Haftpflicht durch den einen Satz erledigte: „Eine Genossenschaft mit unbeschränkter Haftpflicht kann sich in eine Genossenschaft mit beschränkter Haftpflicht unter Beobachtung der Bestimmungen umwandeln, welche für die Vertheilung des Genossenschaftsvermögens im Falle der Auflösung maßgebend sind (§ 80 Abs. 2, § 88)." Durch die Einfügung der Genossenschaft mit unbeschränkter Nachschußpflicht wurden weitere Bestimmungen nothwendig. Die betreffenden §§ 143, 144, 145 vereinigte die Kommission in eine besondere Unterabtheilung des achten Abschnittes.

Das Gesetz enthält nur Sonderbestimmungen für den Fall des Ueberganges von der umfassenderen Haftart zu der beschränkteren und nicht für den umgekehrten Fall, der die Interessen der Gläubiger nicht berührt. Hier ist daher nur einfache Statutenänderung nach Maßgabe des § 144 nothwendig, vgl. im Uebrigen § 145 Erl. 1, Parisius u. Crüger, Formularbuch S. 111.

§ 143.

Eine Genossenschaft mit unbeschränkter Haftpflicht kann sich in eine solche mit unbeschränkter Nachschußpflicht nur unter Beobachtung der Bestimmungen umwandeln, welche für die Vertheilung des Genossenschaftsvermögens im Falle der Auflösung maßgebend sind (§ 82 Absatz 2, § 90 Absatz 1 bis 3).

Dasselbe gilt von der Umwandlung einer Genossenschaft mit unbeschränkter Haftpflicht oder mit unbeschränkter Nachschußpflicht in eine solche mit beschränkter Haftpflicht.

Die Vorschriften im § 133 Absatz 2 finden entsprechende Anwendung.

Entw. I 123, II 124, Komm. 124, Rtg. 137. Begr. I 211, II 138, Komm.Ber. 60 bis 62, A.B. §§ 6 Ziffer 2, 17.

Erläuterungen zu § 143.

1. **Absatz** I. „umwandeln".

Für die Umwandlung einer Genossenschaft mit unbeschränkter Haftpflicht in eine solche mit unbeschränkter Nachschußpflicht und einer mit unbeschränkter Haftpflicht oder mit unbeschränkter Nachschußpflicht in eine solche mit beschränkter Haftpflicht müssen für die Gläubiger der Genossenschaft Kautelen geschaffen werden, da die Sicherheit derselben herabgemindert wird. Eine Umwandlung in der Art, daß die geringere Haftbarkeit nur den späteren Gläubigern gelte, ist nicht angängig, weil dieselbe das Fortbestehen zweier Haftungsarten neben einander ergeben und zu fortwährenden Streitigkeiten führen würde, diese Art der Umwandlung aber verbietet sich vollständig nach Einführung der Genossenschaften mit unbeschränkter Nachschußpflicht. Die Gläubiger werden am zweckmäßigsten durch die Kautelen geschützt, welche für die Vertheilung des Vermögens und eine Herabsetzung des Geschäftsantheils bezw. der Haftsummen gelten. Dadurch, daß das Gesetz diese Kautelen auch für die Umwandlung einer Genossenschaft mit unbeschränkter Haftpflicht in eine solche mit unbeschränkter Nachschußpflicht vorsieht, bringt es unzweideutig zum Ausdruck, daß auch in diesem Falle eine Herabminderung der Sicherheit der Gläubiger zu sehen ist.

Die Umwandlung nach Maßgabe des § 143 erfolgt ohne Liquidation, es sind daher für die Beschlußfassung nur die für eine Statutenänderung maßgebenden Vorschriften (§ 16) zu beobachten.

Solange die Umwandlung nicht eingetragen ist, kann durch Beschluß der Generalversammlung das weitere Verfahren eingestellt werden; nach der Eintragung ist der Rückgang zur bisherigen Haftpflicht nur nach § 144 möglich.

2. Das Verfahren bei der Umwandlung.

Das Verfahren ist folgendes:

Nachdem der Beschluß auf Umwandlung, für den eine qualifizirte Mehrheit nicht vorgeschrieben ist (anders in dem Falle des § 144), im Wege der Statutenänderung gefaßt ist, muß der Vorstand diesen Beschluß zu drei verschiedenen Malen durch die für die Bekanntmachungen der Genossenschaft bestimmten Blätter veröffentlichen, und gleichzeitig mit diesen Bekanntmachungen sind die Gläubiger, welche der Umwandlung nicht zustimmen wollen, aufzufordern sich zu melden. Nothwendig ist, daß der Umwandlungsbeschluß besonders gefaßt wird, es genügen nicht die diesbezüglichen Statutenänderungen, dies folgt aus § 145. Eine besondere Meldefrist kann nicht vorgeschrieben werden (a. A. Proebst S. 359), denn das gesetzliche Sperrjahr (§ 90) ist zum Schutz der Gläubiger gegeben. Bekannte Gläubiger sind zu benachrichtigen. Die Gläubiger, welche bis zum Ablauf eines Jahres seit der dritten Bekanntmachung sich melden — zu welchem Zeitpunkte ihre Forderungen entstanden sind, ist gleichgültig —, sind von dem Vorstande wegen ihrer Forderungen zu befriedigen bezw. sicherzustellen. Ueber Befriedigung und Deckung vgl. § 90 Erl. 2, § 133 Erl. 2, es gelten hier die gleichen Grundsätze. Die Umwandlung hat ebensowenig wie die Auflösung zur Folge, daß die Forderungen fällig werden, es sind daher nur fällige Forderungen zu befriedigen, alle anderen sicherzustellen — falls die Gläubiger hierauf Anspruch erheben. Sind die Gläubiger befriedigt bezw. sichergestellt, und ist ein Jahr seit der letzten Bekanntmachung verflossen, so ist der Umwandlungsbeschluß zur Eintragung anzumelden. Mit der Eintragung des Beschlusses erhält die Umwandlung Rechtswirksamkeit allen Gläubigern gegenüber, vgl. § 133 Erl. 3. Wenn Maurer S. 377 und ihm zustimmend Birkenbihl S. 418 fordern, daß die Befriedigung sämmtlicher Gläubiger hätte verlangt werden müssen, so lassen sie unbeachtet, daß es dann keiner „Umwandlung" bedurft hätte, dann wäre eben nur Auflösung und Liquidation möglich gewesen. Im Uebrigen gilt gegen die Beanstandungen, das zu § 133 Ausgeführte. In der Praxis haben sich die Bestimmungen, so wie sie hier ausgelegt sind, durchaus bewährt.

Die Gläubiger sind gegen gesetzwidriges Verfahren durch die civilrechtliche und strafrechtliche Verantwortung der Vorstandsmitglieder geschützt (§ 90 Abs. 2, § 147).

3. Anmeldung.

Die näheren Bestimmungen enthält § 17 A.V.; für die Form der Anmeldung ist § 157, A.V. § 8 Abs. 1 maßgebend; Anmeldung zu dem Gericht der Zweigniederlassung durch das Gericht der Hauptniederlassung (§ 157).

Außer dem Umwandlungsbeschluß muß zur Eintragung angemeldet werden:

1. die Aenderung der Firma,

2. bei dem Uebergang zur beschränkten Haftpflicht die Festsetzung der Höhe der Haftsumme und die höchste Zahl der Geschäftsantheile, falls der Erwerb mehrerer Geschäftsantheile gestattet sein soll (§ 134),

3. der Beschluß über Bestimmung der Haftpflicht der Genossen (§ 7 Nr. 1).

Diese Statutenänderungen können im Laufe des Sperrjahres beschlossen werden.

Als Beweis für das ordnungsmäßige Zustandekommen der Umwandlung sind der Anmeldung außer zwei einfachen Abschriften der betreffenden Beschlüsse beizufügen:

1. die Blätter, in welchen die vorgeschriebenen Bekanntmachungen des Beschlusses veröffentlicht sind,

2. die schriftliche Versicherung des Vorstandes, daß die Gläubiger, welche sich gemeldet haben, befriedigt und sichergestellt sind.

Es braucht nicht gerade das Wort „versichern" gebraucht zu werden, es handelt sich nur um eine rechtsverbindliche Erklärung des Vorstandes. Die Versicherung muß in der für die Willenserklärung des Vorstandes vorgeschriebenen Form, insbesondere unter Mitwirkung der hiernach erforderlichen Zahl von Mitgliedern erfolgen (A.V. § 7 Abs. 1). Haben sich auf die Aufforderung des Vorstandes hin überhaupt keine Gläubiger gemeldet, oder hat kein Gläubiger Widerspruch erhoben, so ist die Versicherung dahin abzugeben, daß sich auf die in Folge der beschlossenen Umwandlung erlassene Aufforderung hin kein Gläubiger gemeldet hat (oder: kein Gläubiger Widerspruch erhoben hat).

Unter allen Umständen aber ist die Abgabe dieser Versicherung ebenso wie die Einhaltung des Sperrjahres nothwendig, auch selbst dann, wenn die Genossenschaft im Stande sein sollte, nachzuweisen, daß sie überhaupt keinen Gläubiger hat, oder daß die Gläubiger der sofortigen Umwandlung zustimmen. Nimmt die Genossenschaft noch weitere Statutenänderungen vor, so kann deren Anmeldung gleichzeitig mit der der Umwandlung erfolgen. Es finden hierauf die obigen Ausführungen in Betreff der Eintragungen von Statutenänderungen Anwendung. Vgl. die Formulare für Anmeldung, Eintragung und Veröffentlichung bei Parisius u. Crüger, Formularbuch S. 106ff.

Wird bei dem Uebergang zur beschränkten Haftpflicht der bisherige Geschäftsantheil in mehrere getheilt, so liegt hierin eine Herabsetzung desselben (vgl. § 134 Erl. 1), und es ist das für die Herabsetzung des Geschäftsantheils vorgeschriebene Verfahren (§ 22) neben der Umwandlung zu beobachten.

Ueber die Prüfung des Gerichts § 133 und Parisius u. Crüger, Formularbuch S. 108.

Nach erfolgter Eintragung hat der Gerichtsschreiber die Veröffentlichung zu veranlassen (§ 156, 131 Abs. 2, § 134 Abs. 2, § 16 Abs. 3, § 12 Nr. 2, H.G.B. § 10). Zu veröffentlichen ist der Umwandlungsbeschluß, die veränderte Firma, die Haftsumme und, wenn eine Bestimmung über die Zulassung mehrerer Geschäftsantheile erfolgt ist, die höchste Zahl derselben. Die Bestimmung über die Haftpflicht der Genossen ist nicht zu veröffentlichen.

4. Rechtszustand in der Zeit zwischen Beschluß auf Umwandlung und dessen Eintragung.

Bis zur Eintragung des Umwandlungsbeschlusses behält die Genossenschaft die bisherige Haftform bei, die in dieser Zeit ausgestellten Beitrittserklärungen müssen daher auch die dieser Haftform entsprechende Erklärung enthalten. Ein in dieser Zeit ausgebrochener Konkurs trifft die Genossenschaft in ihrer früheren Haftform. Die Bedenken Birkenbihl-Maurers S. 417, 418 sind daher unbegründet.

Die für Genossenschaften mit beschränkter Haftpflicht zugelassene Betheiligung mit mehreren Geschäftsantheilen kann erst eingetragen werden und in Wirksamkeit treten, nachdem die Umwandlung eingetragen ist, oder gleichzeitig mit dieser. Vgl. die Ausnahmen bei § 136 Erl. 2.

§ 144.

Zu dem Beschluß auf Umwandlung einer Genossenschaft mit unbeschränkter Nachschußpflicht in eine solche mit unbeschränkter Haftpflicht oder einer Genossenschaft mit beschränkter Haftpflicht in eine solche mit unbeschränkter Haftpflicht oder mit unbeschänkter Nachschußpflicht bedarf es einer Mehrheit von drei Viertheilen der in der Generalversammlung erschienenen Genossen. Das Statut kann noch andere Erfordernisse aufstellen.

Komm. 124 a, Rtg. 138. Komm.Ber. 60 bis 62, A.B. § 6 Ziffer 2 und §§ 17 und 18.

I. Zur Geschichte des § 144.

Die Regierungsvorlage enthielt keine Vorschriften über die Umwandlung der Genossenschaften mit beschränkter Haftpflicht in solche mit unbeschränkter Haftpflicht. „Die hierbei stattfindende Beseitigung der früheren Haftungsgrenze steht dem Falle der Erhöhung der Haftsumme im Sinne des § 132 gleich, und es müssen deshalb die dort getroffenen Bestimmungen entsprechende Anwendung finden" (Begr. II 139). In Folge der Einführung der Genossenschaften mit unbeschränkter Nachschußpflicht und der dadurch bedingten Umwandlung von Genossenschaften mit beschränkter Haftpflicht in Genossenschaften mit unbeschränkter Nachschußpflicht und der letzteren in solche mit unbeschränkter Haftpflicht wurde es jedoch erforderlich, Bestimmungen in das Gesetz auch für die Umwandlung in eine Form mit strengerer Haftung aufzunehmen. Für die getroffenen Vorschriften in § 144 war „maßgebend die Erwägung, daß denjenigen Genossenschaften, bei welchen die Wahl eines strengeren Haftungsprinzipes nach Lage ihrer Verhältnisse als nothwendig sich erweist, eine Umwandlung in diesem Sinne zwar ermöglicht werden mußte, daß andererseits aber den Genossen durch das unbedingte Erforderniß einer qualifizirten Mehrheit für den Umwandlungsbeschluß der nöthige Schutz gegen eine ungerechtfertigte Schädigung ihrer Interessen zu gewähren sei" (Komm.Ber. 61).

II. Erläuterung zu § 144.

Kautelen für die Gläubiger sind selbstverständlich in diesen Fällen nicht zu schaffen, die Wirkung des Umwandlungsbeschlusses ist daher nicht suspendirt, der Beschluß kann sofort zur Eintragung angemeldet werden und tritt mit derselben in Wirksamkeit (§ 16 Abs. 4), gleichzeitig sind die Aenderungen der Firma und die durch die Umwandlung erforderlichen Statutenänderungen anzumelden, fehlen diese, so kann die Umwandlung nicht eingetragen werden. Nothwendigkeit der Eintragung des Beschlusses ergiebt sich aus § 145. Ueber Anmeldungen vgl. § 157, § 143 Erl. 3.

§ 145.

Die Umwandlung (§§ 143, 144) ist auch gegenüber den vor der Eintragung des Beschlusses in das Genossenschaftsregister aus der Genossenschaft Ausgeschiedenen wirksam.

Im Falle der Umwandlung einer Genossenschaft mit unbeschränkter Nachschußpflicht können dieselben für die Verbindlichkeiten der Genossenschaft nicht in Anspruch genommen werden, sofern ihr Ausscheiden früher

als achtzehn Monate vor der Eintragung erfolgt ist. Im Falle der Umwandlung einer Genossenschaft mit beschränkter Haftpflicht bleibt der Anspruch gegen sie auf ihre bisherige Haftsumme beschränkt.

Komm. 124 b, Rgt. 139. Begr. I 211, II 138 u. 139, Komm.Ber. 60 bis 62.

Erläuterungen zu § 145.

Das Gesetz stellt in Absatz I als Grundsatz auf, daß die Umwandlung Rechtswirksamkeit auch für die Haftpflicht derjenigen Genossen hat, welche vor der Umwandlung ausgeschieden sind, daß also auf sie die neue Haftform anzuwenden ist. Es sind zwei Fälle zu unterscheiden:

a) an Stelle der strengeren Haftform tritt die mildere (§ 143),

b) an Stelle der milderen Haftform tritt die strengere (§ 144).

a) Umwandlung der strengeren Haftform in die mildere.

Die Anwendung des gedachten Prinzips auf diese Fälle ist in Betreff der Gläubiger ohne Bedenken, da diese durch die bei der Umwandlung in ihrem Interesse getroffenen Bestimmungen genügend geschützt sind. Ob dieses Prinzip auch wirklich für die Ausgeschiedenen immer ohne Bedenken ist, ist Ansichtssache. Die Umwandlung einer Genossenschaft mit unbeschränkter Haftpflicht in eine solche mit unbeschränkter Nachschußpflicht ist die Umwandlung einer strengeren Haftform in eine mildere jedenfalls dem Gläubiger gegenüber, welchem bei der letzteren Genossenschaftsart nicht die gleichen Sicherheiten geboten sind wie bei der ersteren; anders dagegen verhält es sich mit den Genossen. Es wird ganz zweifellos sehr viele Personen geben, die es vorziehen, sich bei der Genossenschaft mit unbeschränkter Haftpflicht der Gefahr des Einzelangriffs auszusetzen und nur für die bis zum Austritt von der Genossenschaft eingegangenen Verbindlichkeiten haften zu müssen, als bei der Genossenschaft mit unbeschränkter Nachschußpflicht zwar den Einzelangriff nicht fürchten zu brauchen, dagegen aber auch für die von der Genossenschaft innerhalb 18 Monate nach dem Austritt eingegangenen Verbindlichkeiten Nachschüsse leisten zu müssen. Diesem Umstande scheint in der Kommission nicht Rechnung getragen zu sein, wenigstens ist er in dem Kommissionsbericht nicht in Erwägung gezogen. Aus der Genossenschaft mit unbeschränkter Haftpflicht sind die vor der Umwandlung ausgeschiedenen Genossen mit der Ueberzeugung ausgetreten, schlimmstenfalls nur für diejenigen Verbindlichkeiten der Genossenschaft eintreten zu müssen, die vor ihrem Austritt kontrahirt waren. Erfolgt nun aber innerhalb 18 Monate nach ihrem Austritt die Umwandlung, so sind sie im Konkursfalle nach dem Wortlaut des ersten Absatzes verpflichtet, auch zur Deckung derjenigen Verbindlichkeiten beizutragen, die in diesen 18 Monaten nach ihrem Austritt von der Genossenschaft eingegangen sind. Andererseits währte ihre Haftpflicht unter der früheren Haftform zwei Jahre, ist also der Zeit nach verkürzt.

Bei dem Uebergang von der unbeschränkten Haftpflicht zur beschränkten ändert sich die Lage der Ausgeschiedenen insofern zu ihren Gunsten, als sie eintretendenfalls nur bis zur statutarischen Haftsumme haften.

Bei Uebergang von unbeschränkter Nachschußpflicht zu beschränkter Haftpflicht gilt das unten zu « Bemerkte.

b) Umwandlung einer Genossenschaft mit milderer Haftform in eine solche mit strengerer Haftpflicht.

In diesen Fällen kommen die Interessen der Gläubiger überhaupt nicht in Anbetracht, da ihnen eine größere Sicherheit geboten wird, wohl aber die der Genossen. Auch hier ist nach dem Komm.Ber. 62 an dem obigen Prinzip mit den Einschränkungen des Abs. 2 festgehalten, „denn die Haftung der Ausgeschiedenen ist bei den einzelnen Genossenschaftsarten nicht blos in Bezug auf Umfang und Dauer der Verpflichtung, sondern auch in Betreff der Person des Berechtigten (Genossenschaft bezw. Gläubiger), sowie rücksichtlich der Form der Geltendmachung und des Verfahrens so verschiedenartig, daß eine theilweise Uebertragung der für eine Genossenschaftsart geltenden Bestimmungen auf eine andere zu erheblichen Schwierigkeiten und Verwickelungen führen müßte".

Die Rechtslage ist unter Berücksichtigung der Einschränkungen des Abs. 2 folgende:

α) Umwandlung einer Genossenschaft mit unbeschränkter Nachschußpflicht in eine solche mit unbeschränkter Haftpflicht: Die bis zur Umwandlung ausgeschiedenen Genossen haften mit „unbeschränkter Haftpflicht", d. h. den Gläubigern gegenüber nach den für diese Haftform aufgestellten Grundsätzen im Wege der direkten Klage für die bis zu ihrem Ausscheiden von der Genossenschaft eingegangenen Verbindlichkeiten. Es können aber diejenigen Genossen, welche länger als 18 Monate vor der Umwandlung ausgeschieden sind, für die Genossenschaftsschulden nicht mehr in Anspruch genommen werden. Diese Beschränkung ist selbstverständlich, sie schützt jura quaesita, denn die Genossen, welche aus einer Genossenschaft mit unbeschränkter Nachschußpflicht 18 Monate ausgeschieden sind, sind von allen Verpflichtungen frei (§ 128), falls nicht inzwischen Konkurs eröffnet ist; sie können selbstverständlich in Folge der Umwandlung nicht mehr dem Einzelangriffe ausgesetzt werden, die zweijährige Haftfrist für Genossenschaften mit unbeschränkter Haftpflicht kann auf sie keine Anwendung finden; a. A. Joël S. 696.

β) Umwandlung einer Genossenschaft mit beschränkter Haftpflicht in eine solche mit unbeschränkter Haftpflicht oder mit unbeschränkter Nachschußpflicht: Die bis zur Umwandlung Ausgeschiedenen haften zwar nach den Grundsätzen der neuen Haftform, aber niemals über den Betrag ihrer Haftsumme hinaus.

Joël S. 697 erörtert noch die Fälle, daß innerhalb 6 Monate nach dem Ausscheiden sowohl die Umwandlung rechtswirksam als auch der Konkurs eröffnet wird. Er kommt mit Recht zu dem Resultat, daß, wenn das Ausscheiden nach §§ 65—68, § 77 erfolgt ist, und die Umwandlung zu einer strengeren Haftform erfolgt ist, sich die Haftpflicht des Ausgeschiedenen entsprechend verschärft, da das Ausscheiden durch den Konkurs aufgehoben wird, und möglicherweise der Ausgeschiedene bei der Umwandlung, die nach seinem Ausscheiden erfolgte, nicht einmal mitwirken konnte. Es ist dies eine Härte, gewiß — aber der Fall wird kaum je vorkommen. Ist das Ausscheiden durch Uebertragung des Geschäftsguthabens (§ 76) erfolgt, so würde § 145 Abs. 2 zur Anwendung kommen, da das Ausscheiden dann nicht nach Maßgabe des § 75 rescindirt wird, sondern § 76 Abs. 4 die Haftpflicht bestimmt (Joël a. a. O.).

Neunter Abschnitt.

Strafbestimmungen.

Vorbemerkung.

Das Ges. von 1868 hatte nur zwei Strafvorschriften: Vorstandsmitglieder sollten 1. wegen Unrichtigkeiten in den ihnen obliegenden Anzeigen und amtlichen Angaben mit Geldbuße bis zu 20 Thalern, und 2. wenn ihre Handlungen auf andere als die in § 1 erwähnten geschäftlichen Zwecke gerichtet waren, oder wenn sie in der Generalversammlung die Erörterung von Anträgen gestatteten oder nicht hinderten, welche auf öffentliche Angelegenheiten gerichtet waren, deren Erörterung unter die Landesgesetze über das Vereins- und Versammlungsrecht fiel, mit einer Geldbuße bis zu 200 Thalern bestraft werden. Im Uebrigen wurden die Handlungen der Vorstands- und Aufsichtsrathsmitglieder nach dem gemeinen Strafrecht beurtheilt. Diese Strafbestimmungen sind bei der Revision des Gesetzes von der Regierung für nicht genügend erachtet, und es sind in den §§ 146—148, 150 eine Reihe neuer Strafvorschriften eingeführt, welche dem Aktiengesetz nachgebildet sind. Ein in der Kommission gestellter Antrag auf Streichung des ganzen Abschnittes wurde abgelehnt (Komm.Ber. 63).

Für die kriminelle Verantwortlichkeit ist zu unterscheiden, ob den Organen nur solche Pflichten obliegen, deren Versäumniß unter Strafe gestellt ist, oder ob einzelne Mitglieder strafbare Handlungen begangen haben (Birkenbihl-Maurer S. 422).

Durch die Novelle von 1896 sind hinzugekommen die §§ 152—154.

§ 146.

Mitglieder des Vorstandes und des Aufsichtsraths und Liquidatoren werden, wenn sie absichtlich zum Nachtheile der Genossenschaft handeln, mit Gefängniß und zugleich mit Geldstrafe bis zu dreitausend Mark bestraft.

Zugleich kann auf Verlust der bürgerlichen Ehrenrechte erkannt werden.

Entw. I 124, II 125, Komm. 125, Rtg. 140. Begr. I 212, II 139, Komm.Ber. 63.

Erläuterungen zu § 146.

1. Untreue.

Der § 146 enthält den Thatbestand der Untreue aus § 266 St.G.B. Das Reichsgericht Bd. 3 S. 35 hat die Nr. 2 des § 266 St.G.B., welche von der Untreue der Bevollmächtigten, von absichtlichen Verfügungen zum Nachtheil des Auftraggebers handelt, für anwendbar auf die Vorstandsmitglieder einer eingetragenen Genossenschaft erklärt. Das Gesetz hat sich für den weitergehenden Thatbestand der Nr. 1 entschieden, da Nr. 2 sich nur auf Verfügungen über Forderungen und Vermögensstücke bezieht. Es genügt das Bewußtsein der Benachtheiligung, dieselbe braucht nicht bezweckt zu sein, das Bewußtsein aber muß vorhanden sein. Unerheblich ist es, ob die Handlung vom Thäter in der Absicht begangen ist, sich oder einem Anderen einen Vermögensvortheil zu verschaffen oder nicht. Die Strafe richtet sich gegen die, welche die Funktion als Mitglieder des Vorstandes und Aufsichtsraths oder als Liquidatoren ausgeübt haben, dieselben können sich daher nicht mit ungültiger Wahl entschuldigen (R.G. Strafsachen Bd. 16 S. 269). Die Handlungen können auch in einem Unterlassen liegen (R.G. Strafsachen Bd. 11 S. 412). „Absichtlich" bedeutet nur „vorsätzliches" Handeln, d. h. mit dem Bewußtsein, daß die Handlung objektiv für den Geschäftsherrn nachtheilig ist (R.G. Strafsachen Bd. 1 S. 172, 329, Bd. 7 S. 279, Bd. 14 S. 401, Bd. 16 S. 77) — Birkenbihl-Maurer S. 423. — Mitglieder des Vorstandes oder Aufsichtsraths können sich auch dann der Untreue schuldig machen, wenn sie nur als Mitglieder mit der Genossenschaft kontrahirten (R.G. Strafsachen Bd. 26 S. 136).

2. Strafmaß.

Der Entw. I hatte „Gefängniß und Geldstrafe bis zu 6000 Mk.". Der Entw. II (des Bundesraths) setzte dafür „Gefängniß und zugleich mit Geldstrafe". Die Kommission hat den Höchstbetrag herabgesetzt.

§ 147.

Mitglieder des Vorstandes und des Aufsichtsraths und Liquidatoren werden mit Gefängniß bis zu einem Jahre und zugleich mit Geldstrafe bis zu dreitausend Mark bestraft, wenn sie in den von ihnen dem Gerichte (§ 10) zu machenden Anmeldungen, Anzeigen und Versicherungen wissentlich falsche Angaben machen, oder in ihren Darstellungen, ihren Uebersichten über den Vermögensstand der Genossenschaft, über die Mitglieder und die Haftsummen, oder den in der Generalversammlung gehaltenen Vorträgen den Stand der Verhältnisse der Genossenschaft wissentlich unwahr darstellen.

Zugleich kann auf Verlust der bürgerlichen Ehrenrechte erkannt werden.

Sind mildernde Umstände vorhanden, so tritt ausschließlich die Geldstrafe ein.

Ges. von 1868 §§ 67 und 68, Entw. I 125, II 126, Komm. 126, Rtg. 141. Begr. I 213, II 140.

Erläuterungen zu § 147.

1. **Absatz** I. Wissentlich unrichtige Anmeldungen, Anzeigen, Versicherungen.

§ 147 richtet sich 1. gegen wissentlich falsche Anmeldungen, Anzeigen, Versicherungen zu Eintragungen in das Genossenschaftsregister (Anmeldungen §§ 11, 14, 16, 29, 80, 81, 86, 87 und § 170 (in der Fassung des Gesetzes von 1889); Anzeigen § 59 und 164 (in der Fassung des Gesetzes von 1889), Versicherungen §§ 69, 76, 137, 138; 2. gegen wissentlich unwahre Darstellung des Standes der Verhältnisse der Genossenschaft. Des ersten Vergehens können sich nur Vorstandsmitglieder und Liquidatoren schuldig machen, da dem Aufsichtsrath keine Anmeldungen u. s. w. obliegen; es ist daher nicht richtig, wenn in dem § 147 beide Vergehen auch auf die Mitglieder des Aufsichtsraths bezogen werden. Das Gesetz von 1868 ahndete alle Unrichtigkeiten in den dem Vorstande obliegenden Anzeigen u. s. w. mit Geldbuße, ohne zu unterscheiden, ob der Vorstand vorsätzlich gehandelt oder nicht. Das Gesetz bestraft in § 147 mit Recht nur die wissentlich falschen Angaben und ist in dieser — der einzigen — Beziehung milder als das frühere Gesetz. Der erste Theil des § 147 entspricht dem § 271 St.G.B., der von der intellektuellen Urkundenfälschung handelt. Die Strafe des § 147 kommt zur Anwendung ohne Rücksicht auf den Zweck, zu welchem der Vorstand eine wissentlich falsche Angabe gemacht hat, es ist insbesondere gleichgültig, ob er damit sich oder einem Dritten einen Vermögensvortheil verschaffen wollte oder nicht; würde dieser erschwerende Umstand hinzutreten, so würde der Thäter unter die Bestimmung des § 272 St.G.B. fallen.

2. Wissentlich unwahre Darstellungen.

Der zweite Theil des § 147 ist dem Art. 249b des Aktiengesetzes (§ 314 H.G.B.) nachgebildet, stellt jedoch nicht wie dieser auch die Verschleierung des Standes der Verhältnisse unter Strafe, sondern bezieht sich nur auf wissentlich unwahre Darstellungen.

„Bei den Genossenschaften wird eine Strafvorschrift in dieser Beschränkung genügen. Die wissentliche Verschleierung der Verhältnisse trägt wohl in den meisten Fällen zugleich die Merkmale einer unwahren Darstellung; soweit dies aber nicht der Fall ist, wäre bei der nicht selten unvollkommenen technischen Ausbildung und Einsicht der Genossenschaftsfunktionäre eine Strafvorschrift nicht ohne Bedenken" (Begr. II 140).

Voraussetzung ist eine wissentlich falsche Darstellung der Verhältnisse der Genossenschaft „in den Darstellungen, den Uebersichten über den Vermögensstand der Genossenschaft", es sind hierunter die Geschäftsberichte und Bilanzen zu verstehen. Strafbar würden hiernach z. B. die Mitglieder des Vorstandes und Aufsichtsraths sein, wenn sie in die Bilanz unter die Aktiven Forderungen aufnehmen, die entweder bereits ganz ausgefallen, oder von denen sie wissen, daß sie nicht mehr vollwerthig sind. Es wird bei der Aufstellung der Bilanz mit der größten Vorsicht zu verfahren sein. Vgl. § 33 Erl. 3.

In der Strafsache gegen den ehemaligen Aufsichtsraths-Vorsitzenden des Vorschuß- und Sparvereins zu Weimar wegen Bilanzfälschung und Untreue hat das Reichsgericht die folgenden Rechtsgrundsätze aufgestellt:

1. Bei wiederholter Fälschung der Jahresbilanzen ist jede einzelne Fälschung als selbstständige Handlung zu bestrafen, auch wenn es sich nur um eine Wiederkehr der in den früheren Bilanzen enthaltenen wissentlich falschen Angabe handelt.

2. Wegen Untreue ist ein Mitglied der Verwaltung der Genossenschaft schon dann zu bestrafen, wenn dasselbe mit der Genossenschaft zum Nachtheile derselben solche Geschäfte eingeht, von denen das kontrahirende Verwaltungsmitglied wissen mußte, daß dieselben den Genossen Nachtheile bringen konnten.

3. Die Bestrafung wegen Untreue ist nicht davon abhängig zu machen, daß der Beschuldigte in seiner Eigenschaft als Verwaltungsmitglied gehandelt hat, sondern es genügt der Umstand, daß derselbe zur Zeit der That der Verwaltung angehörte.

Ferner sind strafbar wissentlich falsche Darstellungen über die Mitglieder und die Haftsummen: hierher gehören insbesondere die Bekanntmachungen aus § 33 und § 139; endlich sind strafbar wissentlich unwahre Darstellungen in den in der Generalversammlung gehaltenen Vorträgen. — Auch im Verkehr mit dem Aufsichtsrath können sich die Vorstandsmitglieder dieser Strafthat schuldig machen (R.G. Strafsachen Bd. 5 S. 146).

§ 148.

Mit Geldstrafe bis zu sechshundert Mark oder mit Gefängniß bis zu drei Monaten oder mit beiden Strafen zugleich werden bestraft:

1. **die Mitglieder des Vorstandes und des Aufsichtsraths und die Liquidatoren, wenn länger als drei Monate die Genossenschaft ohne Aufsichtsrath geblieben ist, oder in dem letzteren die zur Beschlußfähigkeit erforderliche Zahl von Mitgliedern gefehlt hat;**
2. **die Mitglieder des Vorstandes oder die Liquidatoren, wenn entgegen den Vorschriften in §§ 99, 118, 140 der Antrag auf Eröffnung des Konkursverfahrens unterlassen ist.**

Die Strafe tritt nicht gegen denjenigen ein, welcher nachweist, daß die Unterlassung ohne sein Verschulden geschehen ist.

Entw. I 126, II 127, Komm. 127, Rtg. 142. Begr. I 214, II 140, Komm.Ber. 63.

Erläuterungen zu § 148.

1. **Absatz** I. Strafe.

Der Entwurf hatte auch hier eine Bestimmung des Aktiengesetzes Art. 249 c (H.G.B. § 315) aufgenommen. Im Eingange: „mit Gefängniß bis zu drei Monaten und zugleich mit Geldstrafe bis zu 5000 Mk." war nur die Geldstrafe auf 600 Mk. herabgesetzt; wie im Aktiengesetz war daneben die Bestimmung, daß bei mildernden Umständen ausschließlich auf Geldstrafe zu erkennen sei. In der Kommission wurden die Strafen „allseitig als zu hart empfunden. Man wünschte die Geldstrafe als das in erster Linie Zulässige, die Gefängnißstrafe als das für schwerere Fälle und die Vereinigung beider Strafen als das für die schwersten Fälle Anwendbare hingestellt zu sehen" (Komm.Ber. 63), der Paragraph wurde daher in diesem Sinne abgeändert.

2. Bestellung eines beschlußfähigen Aufsichtsraths.

Nr. 1 entspricht den Vorschriften in Art. 249c Nr. 1 A.G. (§ 315 Nr. 1 H.G.B.) Strafbar sind nur diejenigen Mitglieder des Vorstandes u. s. w., welche hierbei ein Verschulden trifft. Das Gesetz aber stellt wie das A.G. eine generelle Präsumtion für das Verschulden auf, und es ist nur den Mitgliedern des Vorstandes u. s. w. gestattet, einen Exkulpationsbeweis zu führen (Abs. 3). Die Motive rechtfertigen dies S. 141 folgendermaßen: „im Allgemeinen wird die Kenntniß der Thatsachen, welche die Vornahme der betreffenden Handlung nothwendig machen, bei ordnungsmäßiger Pflichterfüllung den in Betracht kommenden Personen nicht entgehen können". Eine Schuld der Mitglieder des Vorstandes, des Aufsichtsraths oder der Liquidatoren wird z. B. nicht vorliegen, wenn es ihnen nicht gelingt, eine beschlußfähige Generalversammlung zusammenzuberufen. Die Strafbarkeit kann nicht dadurch ausgeschlossen werden, daß nach dem Statut die Wahlen zum Aufsichtsrath nur zu bestimmten Zeiten stattfinden sollen, denn es handelt sich hier um eine Strafvorschrift öffentlichen Rechts, die nicht durch Privatvertrag abgeändert werden kann. Mangelhafte Bestimmungen des Statuts bilden überdies keinen Strafausschließungsgrund (R.G. Strafsachen Bd. 5 S. 161). „Ist eine beschlußfähige Anzahl vorhanden, wenn auch zeitweilig z. B. durch Krankheit nicht funktionsfähig, so ist Strafbarkeit nicht gegeben (Birkenbihl-Maurer S. 426).

3. Antrag auf Konkurseröffnung, vgl. auch R.K.O. § 244.

Die Nr. 2 giebt Art. 249c Nr. 2 A.G. (§ 315 Nr. 2 H.G.B.) insoweit wieder, als daselbst die Unterlassung des Antrages auf Eröffnung des Konkurses behandelt wird. Auch in diesen Fällen wird Verschulden präsumirt und die Angeklagten müssen den Exkulpationsbeweis führen. Stellt sich die Vermögensunzulänglichkeit erst nach der Wahl der Liquidatoren heraus, so sind die Vorstandsmitglieder nicht mehr zum Antrag auf Konkurseröffnung verbunden (R.G. Strafsachen Bd. 25 S. 86). Die Regierungsvorlage hatte auch den Fall des § 121 hierher bezogen, wenn entgegen der Vorschrift desselben im Falle der Ueberschuldung einer Genossenschaft mit unbeschränkter Haftpflicht die alsbaldige Berufung der Generalversammlung unterlassen ist. Die Kommission strich denselben, weil die Verzögerung der Einberufung der Generalversammlung häufig in dem guten Glauben veranlaßt sein möge, die Konkurseröffnung noch abwenden zu können. In dieser Strafvorschrift hätte eine außerordentliche Härte gelegen, da die Ueberschuldung nur durch die Bilanz konstatirt werden kann.

§ 149.

Mitglieder des Vorstandes werden mit Geldstrafe bis zu sechshundert Mark bestraft, wenn ihre Handlungen auf andere als die im § 1 erwähnten geschäftlichen Zwecke gerichtet sind, oder wenn sie in der Generalversammlung die Erörterung von Anträgen gestatten oder nicht hindern, welche auf öffentliche Angelegenheiten gerichtet sind, deren Erörterung unter die Gesetze über das Versammlungs- und Vereinsrecht fällt.

Ges. von 1868 § 27, Entw. I 127, II 128, Komm. 128, Rtg. 143. Begr. I 215, II 141.

I. Zur Geschichte des § 149.

a) Der § 149 stimmt inhaltlich mit § 27 Abs. 2 des Ges. von 1868 und dieser mit § 26 Abs. 2 des preuß. Ges. überein. § 26 des preuß. Ges. enthielt eine der Konzessionen,

(§ 49, § 81, § 149), welche die Genossenschaften durch ihre in der Kommission des Abgeordnetenhauses befindlichen Mitglieder und insbesondere durch ihren Anwalt Schulze-Delitzsch der Staatsregierung machten, um das Zustandekommen des Gesetzes zu erwirken. Der preußische Regierungsentwurf hatte ursprünglich eine noch viel weiter gehende Bestimmung: „Sie haben, wenn ihre Handlungen auf einen anderen als den im Gesellschaftsvertrage bezeichneten Zweck der Genossenschaft gerichtet sind, oder wenn sie in den Generalversammlungen die Erörterung von Anträgen gestatten oder nicht verhindern, welche auf einen andern als in dem Gesellschaftsvertrage bezeichneten Zweck der Genossenschaft gerichtet sind, eine Geldstrafe bis zu 200 Thalern verwirkt." Zur Begründung dieser Bestimmung hieß es in den Motiven, daß es sowohl im öffentlichen Interesse, als auch im eigenen Interesse der Genossenschaft selbst liege, daß der Verfolgung anderer als der statutenmäßigen Zwecke durch den Vorstand möglichst wirksam vorgebeugt werde. Die Staatsregierung, welche keine speziellere Ueberwachung der Geschäftsführung der Genossenschaften und ihrer Vorstände sich vindizire, müsse wenigstens dagegen gesichert sein, daß die einmal anerkannten Genossenschaften demnächst ihre Thätigkeit und ihre Vereinsfonds anderen, als den im Statut bezeichneten, vielleicht sogar dem eigentlichen Gebiete des Genossenschaftswesens ganz fremden Zwecken zuwenden u. s. w. Die Kommission des Abgeordnetenhauses beschloß anfänglich, den ganzen Satz zu streichen. Gegen die Uebertretung von strafrechtlichen Bestimmungen schütze das allgemeine Straf- und das speziellere Vereinsgesetz. Ein Spezialstrafgesetz dürfe nicht anders erlassen werden, als bis ein gefühlter, durch den Schutz der allgemeinen Gesetze nicht zu unterdrückender Mißbrauch dargethan sei. Es liege aber kein einziger Fall eines solchen Mißbrauchs vor. Die Kommanditgesellschaft sei keinen derartigen Bestimmungen unterworfen. Die Genossenschaft habe sich keiner Handlungsweise schuldig gemacht, welche ein erhöhtes Mißtrauen rechtfertige. (Vgl. Bericht Nr. 55 der Drucksachen S. 13 und 14.) — Als nun später die Staatsregierung durch Vorlegung des Entwurfs vom 11. November 1866 die Kommission zu nochmaliger Prüfung der Streitpunkte veranlaßte, erklärte sich, wie es in dem Nachtragsbericht (Nr. 104 der Drucksachen S. 2) vom 5. Dezember 1866 heißt, der Antragsteller bereit, in einem gewissen Umfange den Schutz einer besonderen Strafbestimmung gegen den befürchteten Mißbrauch der Genossenschaft zu fremden und staatsgefährlichen Zwecken zuzulassen, wenn durch diese Konzession das Zustandekommen des Gesetzes gefördert werde. Dementsprechend wurden in der Kommission drei, als der Regierung gebrachte Opfer am Prinzip erscheinende, Beschlüsse gefaßt, von denen der erste in der Aufnahme des zweiten Absatzes des § 27 bestand. Als nun die Ausdehnung des preußischen Genossenschaftsgesetzes über den Norddeutschen Bund in Frage kam, hat Schulze-Delitzsch sich vergeblich bemüht, die Streichung des Absatzes durchzusetzen. Der Bericht der Reichstagskommission sagt hier: „Bei § 27 entstand eine längere Diskussion darüber, ob der zweite Absatz nicht in allen Bundesstaaten durch die mit hinreichenden Vorsichtsmaßregeln ausgestattete Gesetzgebung über das Vereinswesen u. s. w. überflüssig gemacht und als ein das vorliegende Gesetz wenig zierender Ausdruck des Mißtrauens gegen das Genossenschaftswesen zu streichen sei. Das Bedürfniß dieser besondern Strafbestimmung wurde fast einstimmig in Zweifel gezogen; jedoch wurde auch vielfach anerkannt, daß die Strafbarkeit für den Vorstand nicht lediglich deshalb, weil in der Versammlung sich irgend Jemand Ungehörigkeiten erlaube, sondern nur, wenn der Vorstand nicht mit allen ihm zu Gebote stehenden Mitteln einer solchen Ausschreitung begegne, eintrete; ferner wurde unter Bezugnahme auf die Verhandlungen des preußischen Abgeordnetenhauses über das Genossenschaftsgesetz sehr nachdrücklich die Befürchtung geäußert, daß der Versuch, den zweiten Absatz dieses Paragraphen zu streichen, das Zustandekommen des Gesetzes gefährden könne, und darum schließlich von der Streichung Abstand genommen." (Drucksachen Nr. 80 S. 7.) Zur Ergänzung des Berichts theilt Schulze in den Blättern für Genossenschaftswesen (1868 Nr. 23 S. 89) mit, der Vertreter des Bundeskanzleramtes habe jede solche Aenderung für eine das Zustandekommen des Gesetzes gefährdende Maßregel erklärt. —

Darnach hielt auch der Reichstag es für gerathen, die Bestimmung mit den durch die Sache gebotenen Aenderungen anzunehmen.*)

b) In den Motiven des gegenwärtigen Gesetzes ist nichts zur Begründung des § 149 gesagt, als daß die Bestimmung des alten Gesetzes unverändert wiedergegeben ist. Die Erfahrung aber lehrte, daß diese gänzlich überflüssig war. Um so anstößiger werden die Ausnahme-Strafbestimmungen des Genossenschaftsgesetzes (§ 81 und § 149) den Genossenschaften bleiben.

Den in der Kommission gegen die Dehnbarkeit der in diesem Paragraphen enthaltenen Strafbestimmung erhobenen Bedenken gegenüber wurde darauf hingewiesen, daß die gleichlautende Fassung des § 27 Abs. 2 des Ges. vom 4. Juli 1868 seiner Zeit das schwer zu Stande gekommene Resultat eines Kompromisses zwischen gegensätzlichen Anschauungen der Regierungen und des Parlaments gewesen sei.

II. **Erläuterungen zu § 149.**

1. „geschäftliche Zwecke".

Die im § 1 erwähnten geschäftlichen Zwecke sind Förderung des Erwerbes oder der Wirthschaft der Genossen. Daß alle auf andere Zwecke gerichteten Handlungen für strafbar erklärt sind, ist ungefährlich, so lange man es mit wohlwollenden oder wenigstens nicht mißgünstigen Behörden zu thun hat. Andernfalls aber läßt sich manche durchaus gleichgültige oder harmlose Handlung der Vorsteher eines großen Vereins zu einer Anklage benutzen. Ueber die „Zwecke" vgl. § 1 Erl. 6, § 60 Erl. 3, § 81 Erl. 3

---

*) Der Abs. 2 des § 26 des preußischen Ges. lautet:
„Sie haben, wenn ihre Handlungen auf andere als die in dem gegenwärtigen Gesetze (§ 1) erwähnten geschäftlichen Zwecke gerichtet sind, oder wenn sie in der Generalversammlung die Erörterung von Anträgen gestatten oder nicht verhindern, welche auf keinen geschäftlichen Zweck, sondern auf öffentliche Angelegenheiten (§ 1 der Verordnung über die Verhütung eines die gesetzliche Freiheit gefährdenden Mißbrauchs des Versammlungsrechts vom 11. März 1850) gerichtet sind, eine Geldbuße bis zu 200 Thalern verwirkt."
Der § 1 der Verordnung vom 11. März 1850 lautet in seinem ersten Absatze „Von allen Versammlungen, in welchen öffentliche Angelegenheiten erörtert oder berathen werden sollen, hat der Unternehmer mindestens 24 Stunden vor dem Beginn der Versammlung, unter Angabe des Ortes und der Zeit derselben, Anzeige bei der Ortspolizeibehörde zu machen. Diese Behörde hat darüber sofort eine Bescheinigung zu ertheilen." — Was unter „öffentlichen Angelegenheiten" zu verstehen sei, darüber sind die verschiedenartigsten, mehr kulturgeschichtlich als juristisch interessanten Entscheidungen ergangen.
Im bayerischen Ges. vom 29. April 1869 lautete der zweite Absatz: „Sie sind wenn sie in der Generalversammlung die Erörterung von Anträgen gestatten oder nicht hindern, welche auf keine geschäftlichen Zwecke, sondern auf öffentliche Angelegenheiten gerichtet sind, wegen Vergehens an Geld bis zu dreihundert Gulden zu bestrafen."
Im badischen Ges. vom 11. Februar 1870 war der ganze Absatz gestrichen, — schon auf Antrag der Regierung, die in den Motiven ihrer Vorlage (Beiträge zum Protokoll der 3. öffentlichen Sitzung der 2. Kammer vom 28. September 1869 Seite 26 sagte, zur Aufnahme einer Strafbestimmung für den Fall, wenn die Handlungen auf andere u. s. w. als die geschäftlichen Zwecke gerichtet sind, liege ein ausreichender Grund nicht vor. „Sind die Handlungen der Vorstände strafbarer Art, so bietet das St.G.B und das Ges. vom 7. November 1867, das Vereins- und Versammlungsrecht betr. das für alle Arten von Vereinen gilt, die nöthigen Mittel zum Einschreiten." Die weitere Strafbestimmung sei für Baden inhaltlos, da das citirte Ges. vom 2. November 1867 zwischen politischen und anderen Vereinen nicht mehr unterscheide.

2. „nicht hindern".

In Betreff dieses Punktes, durch welchen sich die Mitglieder des Vorstandes strafbar machen können, kommt die Sache dadurch eigenthümlich zu stehen, daß nach vielen Statuten nicht ein Vorstandsmitglied, sondern der Vorsitzende des Aufsichtsraths die Generalversammlung beruft und leitet. Wie sollen die Vorstandsmitglieder es nun anfangen, die Erörterung auf öffentliche Angelegenheiten gerichteter Anträge durch die Generalversammlung zu verhindern, wenn sie selbst kein Recht haben, die Versammlung zu schließen? — Uebrigens wurde in der Kommission konstatirt, daß der Ausdruck „nicht hindern" die Bedeutung habe „nicht das Ihrige thun, um zu verhindern" (Komm.Ber. 64).

Die „öffentlichen Angelegenheiten" müssen außerhalb des Interessenbereiches der Genossenschaft liegen, Verhandlungen über die Schließung der Läden an dem sog. „Arbeiter-Feiertage" fallen daher z. B. nicht unter die von der Berathung ausgeschlossenen Angelegenheiten, es kann der Mitbestimmung der Mitglieder nicht die Entscheidung darüber entzogen sein, ob die Läden an bestimmten Tagen zu schließen oder offen zu halten sind. Ebenso muß es den Mitgliedern unbenommen bleiben, darüber zu debattiren, zu welchem Zwecke der Reingewinn Verwendung finden soll (im Rahmen des Statuts), es ist dies ihr durch § 48 des Gesetzes gesichertes Recht. Vgl. auch Birkenbihl-Maurer S. 428 die Verhandlung „einer der Genossenschaft fremden Angelegenheit" betreffend, wenn sie verboten sein soll, Stenglein, die strafrechtlichen Nebengesetze, 2. Aufl. S. 716.

3. Oeffentliche Angelegenheiten.

In § 27 des Ges. von 1868 hieß es „auf öffentliche Angelegenheiten gerichtet sind, deren Erörterung unter die Landesgesetze über das Versammlungs- und Vereinsrecht fällt". An Stelle des Wortes „Landesgesetze" ist jetzt einfach „Gesetze" gesagt mit Bezug auf das frühere Sozialistengesetz und ein künftiges Reichsgesetz über das Vereins- und Versammlungsrecht. In denjenigen Staaten, in denen wie in Baden solche öffentlichen Angelegenheiten gar nicht in den Gesetzen vorkommen, fällt die Strafbestimmung ganz zusammen. Ueber den Begriff „öffentliche Angelegenheiten" vgl. § 55 Erl. 2 und den Aufsatz in Nr. 36 der Bl.f.G. von 1874.

§ 150.

Die Mitglieder des Vorstandes eines Revisionsverbandes werden, wenn unterlassen ist, die Versammlung in Gemäßheit des § 59 Absatz 2 anzuzeigen, mit Geldstrafe bis zu sechshundert Mark bestraft.

Die Strafe tritt nicht gegen denjenigen ein, welcher nachweist, daß die Unterlassung ohne sein Verschulden geschehen ist.

Komm. 129a, Rtg. 144. Komm.Ber. 64.

Erläuterung zu § 150.

Diese Strafbestimmung hat die Reichstagskommission eingeschaltet, um eine Lücke zu beseitigen.

§ 151.

Wer sich besondere Vortheile dafür hat gewähren oder versprechen lassen, daß er bei einer Abstimmung in der Generalversammlung in

einem gewissen Sinne stimme, wird mit Geldstrafe bis zu dreitausend Mark, oder mit Gefängniß bis zu einem Jahre bestraft.

Entw. I 129, II 130, Komm. 130, Rtg. 145. Begr. I 215, II 141.

Erläuterungen zu § 151.

Gleiche Strafbestimmung enthält die Konkursordnung in § 243 und das Aktiengesetz in Art. 249e (jetzt § 317 H.G.B.). Die Strafe trifft alle diejenigen, welche zur Ausübung des Stimmrechts berechtigt sind, also auch gesetzliche Vertreter und Bevollmächtigte (§§ 43, 77). Das Vergehen ist vollendet mit der Annahme des Vortheils oder des Vortheilsversprechens für das Stimmen in einem gewissen Sinne. Der Vortheil braucht nicht ein vermögensrechtlicher zu sein (R.G. Strafsachen Bd. 9 S. 166). Auf die zu Grunde liegende Obligation kommt es nicht an und auch nicht darauf, ob die Abstimmung thatsächlich erfolgt ist. (Jurist. Wochenschrift S. 54 von 1889. Willenbücher, Die Reichskonkursordnung zu § 213.) Wer den Vortheil gewährt, ist als Anstifter strafbar (Birkenbihl-Maurer S. 430).

§ 152.

Personen, welche für einen Konsumverein den Waarenverkauf bewirken, werden, wenn sie der Vorschrift des § 8 Absatz 4 zuwider **wissentlich** oder ohne Beobachtung der nach § 31 von dem Vorstande erlassenen Anweisung Waaren an andere Personen als an Mitglieder oder deren Vertreter verkaufen, mit Geldstrafe bis zu einhundertfünfzig Mark bestraft.

Gleiche Strafe trifft das Mitglied, welches seine Legitimation, durch die es zum Waarenkauf in einem Konsumverein oder bei einem mit diesem wegen Waarenabgabe an die Mitglieder in Verbindung stehenden Gewerbetreibenden berechtigt wird, einem Dritten zum Zweck unbefugter Waarenentnahme überläßt.

Dritte, welche von solcher Legitimation zu demselben Zweck Gebrauch machen, oder auf andere Weise zu unbefugter Waarenabgabe zu verleiten unternehmen, werden in gleicher Weise bestraft.

Nov. Entw. Art. 2, Komm. 1, 8, Rtg. 1, 7.

I. Zur Geschichte des § 152.

Vgl. § 8 Erl. 9 über die Versuche, in das Genossenschaftsgesetz von 1889 eine Strafbestimmung auf die Uebertretung des Verbots der Waarenabgabe an Nichtmitgliedern einzufügen — vgl. § 31 und die Erläuterungen. Die Regierungsvorlage enthielt nur Absatz 1 und 2, der dritte Absatz ist von der Reichstagskommission aus dem letzten Satz des Absatz 2 der Regierungsvorlage neu gebildet, der zweite Theil des Satzes ist von der Reichstagskommission hinzugesetzt.

II. Erläuterungen.

1. Voraussetzungen der Strafbarkeit.

Die Strafe trifft die zum Verkauf angestellten Personen — also nicht die Vorstandsmitglieder — wenn sie

a) wissentlich oder ohne Beobachtung der vom Vorstande gegebenen Anweisung und

b) der Vorschrift des § 8 Abs. 4 zuwider, Waaren an Nichtmitglieder abgeben.

Aus dem Erforderniß zu b folgt, daß der Konsumverein einen „offenen Laden" (§ 31 Erl. 1) haben muß und daß der Verkauf „im regelmäßigen Geschäftsverkehr" (§ 8 Erl. 10) erfolgt. (So auch Birkenbihl-Maurer S. 430.)

Straflos ist daher z. B. der Verkauf an Nichtmitglieder zur Probe; straflos ist der Verkauf an Personen, die zwar als Mitglieder aufgenommen, aber noch nicht eingetragen sind.

2. Konsumvereine.

Es muß ein Konsumverein mit offenem Laden oder ein einem solchen gleichgestellter landwirthschaftlicher Rohstoffverein (§ 8 Abs. 4) sein. Darüber, daß der Konsumverein hierunter nur mit seinem distributiven und nicht auch mit seinem produktiven Geschäftszweige fällt, vgl. § 1 Erl. 11, § 32 Erl. 1.

3. Kontrolle der Behörde.

Das Gesetz giebt den Behörden nicht das Recht, eine regelmäßige Kontrolle über den Konsumverein auszuüben, ob die Vorschrift in § 8 Abs. 4 beobachtet wird, die Behörden sind auf die Prüfung der ihnen nach Maßgabe des § 32 eingereichten Anweisungen beschränkt, und können Uebertretungen nicht anders verfolgen, wie sonstige unter Strafe gestellte Handlungen.

4. Keine Strafbestimmung gegen die im Lieferantenverkehr mit Konsumvereinen stehenden Kaufleute und Gewerbetreibende.

Die Strafvorschriften beziehen sich nur auf den Waarenverkehr im Konsumverein. Nicht strafbar ist der im Lieferanten-Verhältniß zum Konsumverein stehende Gewerbetreibende oder sein Vertreter, wenn sie an Nicht-Mitglieder des Konsumvereins Waaren abgeben zu den mit dem Konsumverein vereinbarten Bedingungen. Straffällig sind nur Mitglieder, die ihre Legitimation einem Dritten zur Waarenentnahme bei dem Lieferanten überlassen, um bei diesem zu den dem Konsumverein bewilligten Bedingungen zu kaufen (Abs. 2) und Dritte, die von solcher Legitimation Gebrauch machen (Abs. 3). Die Strafbarkeit Dritter tritt auch ein, wenn sie auf andere Weise die Lieferanten „zu verleiten" suchen, sie als Mitglieder des Konsumvereins zu betrachten (Abs. 3) — vgl. Bl.f.G. 1897 S. 166 auch über den Fall, daß sich Vertreter des Lieferanten nach § 266 Nr. 2 Strafgesetzbuch strafbar machen.

5. Zur Waarenabgabe verleiten.

In der Kommission wurde die Forderung für berechtigt erkannt, daß strafbar sein soll, „wer die den Waarenverkauf bewirkenden Personen zur unbefugten Waarenabgabe zu verleiten versucht" (Nov.-Komm.Ber. 8). Es ist also der Versuch bereits strafbar und es kommt nicht weiter darauf an, ob der Betreffende Waaren erhalten hat oder nicht. Diese Bestimmung ist zum Schutz der Konsumvereine von Werth, da wiederholt von Gegnern derselben der Versuch gemacht ist, durch Täuschung der Angestellten Waaren aus dem Konsumverein zu beziehen, um dann wegen Uebertretung des Verbotes der Waarenabgabe an Nichtmitglieder zu denunziren.

6. Anzeige zur Bestrafung.

Die Genossenschaft ist nicht verpflichtet, ihre Angestellten wegen Nichtbefolgung der Anweisung zur Bestrafung anzuzeigen. Eine diesbezügliche Anforderung der Kreishauptmannschaft Bautzen ist von dem Ministerium aufgehoben (Bl.f.G. 1897 S. 166).

§ 153.

Mit Geldstrafe bis zu einhundertfünfzig Mark wird bestraft, wer Waaren, die er aus dem Konsumverein oder von einem mit diesem wegen Waarenabgabe in Verbindung stehenden Gewerbetreibenden auf Grund

seiner Mitgliedschaft bezogen hat, gegen Entgelt gewohnheitsmäßig oder gewerbsmäßig an Nichtmitglieder veräußert.

Diese Bestimmung findet keine Anwendung:

1. **wenn ein Mitglied eines Konsumvereins die von ihm bezogenen Waaren in seiner Speiseanstalt oder an seine Kostgänger zum alsbaldigen persönlichen Verbrauch abgiebt;**
2. **wenn ein Konsumverein, welcher Mitglied eines anderen Konsumvereins ist, die aus letzterem bezogenen Waaren an seine Mitglieder abgiebt.**

Erläuterungen.

§ 153 hat die gleiche Entstehungsgeschichte wie § 152, er befand sich aber nicht in der Regierungsvorlage, sondern ist in der Kommission beschlossen mit folgender Begründung (Nov.=Komm.Ber. 8): „Mitglieder von Konsumvereinen, namentlich auch Beamte und Arbeiter, welche zum Bezuge aus Fabrik=, Eisenbahn=, Post=Konsumvereinen und Anstalten berechtigt seien, versorgten ihre ganze Verwandtschaft und Nachbarschaft mit Waaren. Dienstmädchen besorgten oft den Einkauf auch für die übrigen Familien des Hauses. Bald sei es Gefälligkeit, die Waaren zu besorgen, bald würden die kleinen Vergütungen als Neben=Einnahmen dankend angenommen, oft auch lohne sich die Arbeit genügend durch die Erhöhung der Dividende, die durch den Mehrbezug von Waaren erzielt werde. Vielfach werde die Waarenvermittelung aus dem Konsumverein sogar gewerbsmäßig betrieben, indem z. B. Botenfrauen ꝛc. in der Stadt dem Konsumverein beitreten und nun die dort eingekauften Waaren im Dorfe wieder verkauften oder gegen eine entsprechende Vergütung abließen. Dieses System werde sich in Zukunft, wenn die Konsumvereine die Vorschrift des Gesetzes, nur an Mitglieder zu verkaufen, strenger durchführten, naturgemäß noch mehr ausbilden." Wohl noch nie ist eine Strafvorschrift in solcher Weise begründet! Und das in einem Gesetz, das den Zweck hat, die Bildung von Gesellschaften zur Förderung von Erwerb und Wirthschaft der Mitglieder zu unterstützen! In einer Zeit, in der Millionen zur Förderuug des Genossenschaftswesens verausgabt werden!

Die Strafbarkeit setzt voraus, daß die Abgabe von Waaren erfolgt „gegen Entgelt" und gewerbsmäßig oder gewohnheitsmäßig. Straffrei ist also die Abgabe, wenn sie gelegentlich aus Gefälligkeit erfolgt, auch wenn sie „gegen Entgelt" geschieht. Die Worte „gegen Entgelt" sind weder im Plenum noch in der Kommission erklärt, in dem Zusammenhang mit dem Worte „veräußert" haben sie nur dann einen Sinn, wenn sie die Erzielung eines besonderen Vortheils bei der Veräußerung zum Ausdruck bringen. (So auch Birkenbihl=Maurer S. 432.) Der Empfang von Dividendenmarken wird bereits als ein solcher Vortheil zu betrachten sein.

Die Angestellten des Konsumvereins werden nicht strafbar; denn sie haben nicht danach zu fragen, zu welchem Zweck die Mitglieder die Waaren entnehmen.

Konsumverein ist ein Verein „zum gemeinschaftlichen Einkaufe von Lebens= oder Wirthschaftsbedürfnissen im Großen und Ablaß im Kleinen" (§ 1 Z. 5), zu dem Begriff des Konsumvereins also gehört „Ablaß (der Waaren) im Kleinen" und ebenso wie der Konsumverein zur Produktivgenossenschaft wird, wenn er selbständig produzirt, so hört er auch auf „Konsumverein" zu sein für den Waaren=Ablaß, den er im Großen betreibt (vgl. Schneider in Bl.f.G. 1896 S. 270), damit steht auch die Begründung der Gesetzes=Vorschrift in Uebereinstimmung, die „Botenfrauen", „Dienstmädchen",

„Arbeiter", „Beamte" im Auge hat. Der Kaufmann, der Gewerbetreibende, der Waaren aus dem Konsumverein entnimmt, um sie weiter zu veräußern, macht sich daher nicht strafbar. Es wäre ja auch ein Widersinn, wenn es statthaft sein sollte, daß der Kaufmann aus dem nach § 1 Z. 2 oder 6 gebildeten Einkaufsverein Waaren zur Weiterveräußerung entnehmen darf (was zweifellos ist) — sich aber strafbar macht, wenn er sich des Konsumvereins als Einkaufsquelle bedient.

Vgl. über verschiedene Fälle der Zulässigkeit der Waarenabgabe an Nichtmitglieder § 8 Erl. 10.

Das Gesetz selbst macht in § 153 zwei Ausnahmen. Das Hervorheben dieser Ausnahmen macht die vorstehenden Ausführungen nicht hinfällig, denn Letztere beruhen auf dem Begriff des Konsumvereins, § 153 bezieht sich auf die Konsumvereine und die ihnen gleichgestellten landwirthschaftlichen Einkaufsgenossenschaften (§ 8 Abs. 4), ist folglich nur anwendbar, wo der Geschäftsbetrieb dieser Genossenschaftsarten zu Grunde liegt. Daher fallen unter die Strafvorschriften auch alle jene Fälle nicht, in denen der Käufer die Waaren nach Ver- oder Bearbeitung weiter veräußert, z. B. ist es zulässig, wenn der Bäcker aus dem Konsumverein Mehl u. s. w. kauft, um es in seinem Gewerbe zu verarbeiten, der Restaurateur Waaren, um Speisen für seine Gastwirthschaft herzustellen (vgl. auch Birkenbihl-Maurer S. 432).

Zu den im Gesetz ausdrücklich vorgesehenen Ausnahmen:

In Nr. 1 war zunächst nur die Abgabe von „Genußmitteln" freigegeben, der Ausdruck wurde bemängelt, „da so die Verabreichung von Seife, Petroleum ꝛc. nicht unter die Ausnahme begriffen sei (Nov.-Komm.Ber. 9), die Mehrheit einigte sich dann auf die jetzige Fassung, „dabei war man in Uebereinstimmung mit den Regierungskommissaren der Ansicht, daß auch der Schlafbursche und Zimmermiether, soweit er von seinem Hauswirth Waaren zum alsbaldigen persönlichen Verbrauch beziehe, dem Kostgänger gleich zu achten sei". Unter die Ausnahme fallen folglich auch die Pensionate.

Nr. 2 soll den Einkauf von Konsumvereinen und anderen Genossenschaften sicherstellen.

§ 154.

Zuwiderhandlungen gegen die Vorschrift des § 32 werden mit Geldstrafe bis zu einhundertfünfzig Mark bestraft.

Nov. Komm. Art. 1, 8, Rtg. Art. 1, 7.

Zehnter Abschnitt.

Schlußbestimmungen.

§ 155.

In bürgerlichen Rechtsstreitigkeiten, in welchen durch Klage oder Widerklage ein Anspruch auf Grund der Bestimmungen dieses Gesetzes geltend gemacht ist, wird die Verhandlung und Entscheidung letzter Instanz im Sinne des § 8 des Einführungsgesetzes zum Gerichtsverfassungsgesetze dem Reichsgerichte zugewiesen.

Entw. I 130, II 131, Komm. 131, Rtg. 146. Begr. I 215, II 141.

Erläuterung zu § 155.

Nach § 8 des Einführungsgesetzes zum Gerichtsverfassungsgesetz kann durch die Gesetzgebung eines Bundesstaates, in welchem mehrere Oberlandesgerichte errichtet werden, die Entscheidung der zur Zuständigkeit des Reichsgerichts gehörenden Revisionen und Beschwerden in bürgerlichen Rechtsstreitigkeiten einem obersten Landesgericht zugewiesen werden, falls es sich nicht um Rechtsstreitigkeiten handelt, die zur Zuständigkeit des früheren Reichsoberhandelsgerichts gehören oder durch besondere Reichsgesetze dem Reichsgerichte zugewiesen sind. Ein solches oberstes Landesgericht ist in Bayern errichtet. Im Interesse einer gleichmäßigen Rechtsprechung wird die Entscheidung letzter Instanz über Klagen und Widerklagen aus Ansprüchen auf Grund dieses Gesetzes dem Reichsgericht zugewiesen.

§ 156.

Die Vorschriften in §§ 9 bis 11 des Handelsgesetzbuchs finden auf das Genossenschaftsregister Anwendung. Die Eintragungen sind durch den Deutschen Reichsanzeiger bekannt zu machen. Die anderen Blätter hat das Gericht zu bestimmen, für kleinere Genossenschaften nur ein anderes Blatt.

Ges. von 1868 §§ 4, 8, Entw. I 131, II 132, Komm. 132, Rtg. 147.
Begr. I 216, II 141 ff., Komm.Ber. 64, A.V. §§ 3, 5.

Erläuterungen zu § 156.

1. Oeffentlichkeit des Genossenschaftsregisters.

Ueber die zur Führung des Genossenschaftsregisters zuständigen Gerichte ist in § 10 Abs. 1 Bestimmung getroffen. Für die Oeffentlichkeit des Genossenschaftsregisters genügen § 9 bis 11 H.G.B. (s. oben zu § 10 Erl. 1). Für die Oeffentlichkeit der Liste der Genossen ist besondere Bestimmung in § 12 Abs. 3 getroffen. Die Einsicht in das Genossenschaftsregister ist während der gewöhnlichen Dienststunden einem Jeden gestattet; es bezieht sich dies auch auf die Anlagen des Registers, d. h. diejenigen Urkunden, auf Grund deren die Eintragungen erfolgt sind. Von den Eintragungen „kann gegen Erlegung der Kosten eine Abschrift gefordert werden, die auf Verlangen zu beglaubigen ist". Ueber Abschrift aus der Liste der Genossen § 12 Erl. 3, § 10 Erl. 2.

2. Veröffentlichung der Eintragungen.

Vgl. oben § 10 Erl. 3 und A.V. § 5. — Die Eintragungen sind in den für die öffentlichen Bekanntmachungen des Gerichts bestimmten Blättern und, falls das Gesetz nichts Anderes bestimmt, „nach ihrem ganzen Inhalte" zu veröffentlichen (§ 12 Erl. 2, H.G.B. § 10). Erst nach erfolgter Eintragung kann selbstverständlich die Veröffentlichung erfolgen. Zu diesen Blättern muß nach § 156 Satz 2 der Reichsanzeiger gehören, damit sich die „sämmtlichen Publikationen aus dem Genossenschaftsregister in einem Zentralorgan vereinigen". Außer im Reichsanzeiger müssen die Bekanntmachungen noch in mindestens einem Blatte veröffentlicht werden. Es ist, „um die den Genossenschaften entstehenden Kosten zu ermäßigen, die Auswahl der sonst noch für die Bekanntmachungen zu bestimmenden Blätter auf das Nöthigste zu beschränken" (Begr. II 142). Für kleinere Genossenschaften darf nur ein anderes Blatt bestimmt werden. Der Entwurf hatte: „für kleinere Genossenschaften genügt ein anderes Blatt". Um die Bestimmung mehrerer anderer Blätter ganz auszuschließen, wurde dies in der Kommission geändert. (Vgl. § 12 Erl. 1, 2.)

Das Gericht hat von Amtswegen zu prüfen, ob die Genossenschaft zu den kleineren gehört, unerheblich ist auch, ob das Gericht es unterlassen hat im Voraus nach § 5 A.V. das eine Blatt für die Bekanntmachungen kleinerer Genossenschaften zu bestimmen (J.M.Bl. 1893 S. 112), es hat dann das Blatt nachträglich zu bestimmen, wenn eine Bekanntmachung erforderlich wird. Für die Beurtheilung, ob die Genossenschaft zu den kleinen gehört, ist lediglich der Zeitpunkt der Bekanntmachung maßgebend (§ 5 A.V.) und nicht die Möglichkeit des Anwachsens (so Johow Bd. 15 S. 46 ff).

3. „Die anderen Blätter" — „nur ein anderes Blatt".

Es ist nicht erforderlich, daß neben dem Reichsanzeiger für die größeren Genossenschaften noch zwei, und blos für die kleineren Genossenschaften nur noch ein Blatt gewählt werde. Ein Blatt neben dem Reichsanzeiger wird — wenn die Auswahl „auf das Nöthigste" beschränkt wird — überall da genügen, wo im ganzen Gerichtsbezirk ein bestimmtes Blatt das allgemein verbreitete ist. Der Beschluß des Kammergerichts vom 9. Mai 1892 (J.M.Bl. S. 328), wonach die Genossenschaften die Kosten „nur hinsichtlich derjenigen Insertionen" zu tragen haben „welche durch das Genossenschaftsgesetz vorgeschrieben sind", muß auch dann Anwendung finden, wenn die Insertion in anderen Blättern erfolgte, als gesetzlich geboten war. So ist der Beschluß auch in dem Aufsatz über die Veröffentlichungen der Eintragungen in das Genossenschaftsregister in Nr. 16 J.M.Bl. von 1893 ausgelegt, ferner bei Johow Bd. 15 S. 46 ff., das J.M.Bl. vom 20. November 1895 bringt den Beschluß des Kammergerichts vom 1. April 1895 (Johow Bd. 15 S. 46 ff.) den Gerichten in Erinnerung. Vgl. auch die in der deutschen landwirthschaftlichen Genossenschaftspresse vom 15. August 1892 mitgetheilte Verfügung des Preußischen Justizministers vom 1. April 1892 an die Oberlandesgerichtspräsidenten, ebenso die Verfügung des Württembergischen Justizministers vom 19. Oktober 1889 (Staatsanzeiger für Württemberg vom 20. Oktober 1889). Ueber den abweichenden Standpunkt des O.L.G. Darmstadt vom 24. August 1897 vgl. Bl.f.G. 1898 S. 144. Die Gerichte sollten den Aufsatz über die Veröffentlichungen der Eintragungen im J.M.Bl. 1893 nicht unbeachtet lassen.

4. Bekanntmachung der Blätter.

Nach § 11 H.G.B. hat das Gericht für seinen Bezirk alljährlich für das nächstfolgende Jahr im Monat Dezember die öffentlichen Blätter für die Bekanntmachungen auszuwählen. Diese Bestimmung ist im § 5 der A.V. unter Bezugnahme auf die besonderen Vorschriften des § 156 entsprechend erläutert.*)

Vgl. Parisius u. Crüger, Formularbuch S. 11 ff.: „Die jährliche Bekanntmachung der Registerblätter", ferner Bl.f.G. 1892 Nr. 51.

§ 157.

Die Anmeldungen zum Genossenschaftsregister sind durch sämmtliche Mitglieder des Vorstandes oder sämmtliche Liquidatoren persönlich zu bewirken oder in beglaubigter Form einzureichen.

Die in §§ 16, 28, § 33 Absatz 2, § 51 Absatz 5, § 63 Absatz 2, § 84, § 85 Absatz 2 vorgeschriebenen Anmeldungen und Einreichungen

---

*) Mit Recht ist in § 5 der Ausführungsverordnung hervorgehoben, daß bei der Auswahl des für den kleineren Genossenschaften auszuwählenden Blattes hauptsächlich auf seine Verbreitung im Gerichtsbezirke Gewicht zu legen ist. Dadurch soll jedenfalls verhütet werden, daß ein im Gerichtsbezirk allgemein verbreitetes Blatt wegen politischer oder konfessioneller Färbung etwa zu Gunsten eines anderen unberücksichtigt bleibe.

müssen auch zu dem Genossenschaftsregister einer jeden Zweigniederlassung erfolgen.

Entw. I 132, II 133, **Komm.** 133, **Rtg.** 148. Einf.Ges. z. H.G.B. Art. 10 XV. (Vgl. Ges. von 1868 §§ 18, 23, 41.) A.V. §§ 6, 20. Begr. I 271, II 142.

I. **Zur Geschichte des § 157.**

Das Ges. von 1868 bestimmte über die Form der Anmeldungen nur in den §§ 18, 23, 41 (Anmeldung der Vorstandsmitglieder und Liquidatoren zum Genossenschaftsregister und Zeichnung vor dem Gericht), daß dieselbe vom Vorstande bezw. von den Liquidatoren in Person oder in beglaubigter Form erfolgen muß. Das Gesetz verallgemeinert dies auf alle „Anmeldungen". (Vgl. A.V. § 6, der die „Form der Anmeldungen, Anzeigen, Einreichungen u.s.w." behandelt.)

Das Gesetz hatte in der Fassung von 1889 noch einen dritten Absatz:

„Für den Eintritt der in § 13, § 16 Abs. 4, §§ 29, 84 (jetzt § 86) 139 jetzt § 145) vorgesehenen Wirkungen entscheidet die Eintragung in das Genossenschaftsregister der Hauptniederlassung."

Die Bestimmung ist fortgefallen durch das Einf.Ges. zum H.G.B. mit Rücksicht auf die Bestimmung in § 15 Abs. 3 H.G.B. (vgl. § 13 I).

II. **Erläuterungen zu § 157.**

1. **Absatz** I. „in beglaubigter Form".

In diesem Falle genügt die Beglaubigung der Unterschriften, die außer durch das Gericht oder einen Notar auch durch den Gemeindevorsteher oder die Polizeibehörde erfolgen kann — ohne Zuziehung von Zeugen (A.V. § 8: „Beglaubigungen").

2. „Anmeldungen".

Die Vorschrift des Abs. 1 bezieht sich nur auf die Fälle der Anmeldung, nicht auf die sonstigen Anzeigen, Einreichungen oder Versicherungen; diese können vielmehr mündlich oder schriftlich nach Maßgabe der auf die Form der Willenserklärungen des Vorstandes bezüglichen Bestimmungen des § 25 erfolgen. (Vgl. Erläuterungen zu § 147 und Begr. II 142.) In der Reichstagskommission zum H.G.B. (Komm.Ber. 139) war beantragt worden, nur für die Fälle der §§ 11, 14, 133, 144 die Mitwirkung sämmtlicher Vorstandsmitglieder zu verlangen, entsprechend den erleichterten Vorschriften für Aktiengesellschaften (§ 12 Abs. 2 H.G.B.) Der Antrag wurde in Folge des Widerspruchs der Regierungskommissare zurückgezogen, als Grund gegen die Erleichterung wurde angeführt, daß die Anmeldungen der Genossenschaften nicht wie die der Aktiengesellschaften auf Grund öffentlich beglaubigter Urkunden erfolgten, vgl. §§ 147, 129 des Gesetzes über die Angelegenheiten der freiwilligen Gerichtsbarkeit, danach ist der Notar, von dem die erforderliche Erklärung beurkundet oder beglaubigt ist, ermächtigt „im Namen des zur Anmeldung Verpflichteten die Eintragung zu beantragen".

3. **Absatz** II. Anmeldungen und Einreichungen bei dem Gericht der Zweigniederlassung (vgl. H.G.B. § 13).

Nach dem Gesetz von 1868 § 7 ist nur die Errichtung einer Zweigniederlassung und jede Statutenänderung bei dem Gericht der Zweigniederlassung anzumelden. Der Zweck des Registers der Zweigniederlassung aber ist, Auskunft zu geben über die Rechtsverhältnisse der Genossenschaft, das Gesetz verlangt daher, daß

a) Statutenänderungen — § 16 — dahin gehört auch Umwandlung von einer Haftart in die andere u.s.w.

b) Aenderungen in der Zusammensetzung des Vorstandes — § 28 —

c) Bekanntmachungen der Bilanz und des Mitgliederstandes — § 33 Abs. 2 —

d) Ungültigkeitserklärung eines eingetragenen Generalversammlungsbeschlusses — § 51 Abs. 5

e) Bescheinigung des Revisors über Ausführung der Revision — § 63 Abs. 2 —

f) Bestellung der Liquidatoren — § 84 —

g) Zeichnung der Liquidatoren — § 85 Abs. 2 —

durch den Vorstand oder die Liquidatoren auch zu dem Gericht der Zweigniederlassung anzumelden sind. Außerdem ist durch das Gericht der Hauptniederlassung in den beiden Fällen des § 158 der Zweigniederlassung Nachricht zu geben.

Die Anmeldung zu dem Gericht der Zweigniederlassung erfordert den Nachweis, daß bei dem Hauptregister die Eintragung erfolgt ist (Johow Bd. 14 S. 242).

§ 158.

Von der Eintragung eines beitretenden Genossen, der Eintragung oder Vormerkung des Austritts, der Ausschließung oder des Todes von Genossen, sowie von der Eintragung weiterer Geschäftsantheile in die Liste der Genossen hat das Gericht (§ 10) dem Gerichte einer jeden Zweigniederlassung zur Berichtigung der dort geführten Liste Mittheilung zu machen.

Imgleichen ist die Eintragung der Auflösung einer Genossenschaft, sowie der Eröffnung des Konkursverfahrens zu dem Genossenschaftsregister einer jeden Zweigniederlassung mitzutheilen.

Entw. I 134, II 135, Komm. 135, Rtg. 149. A.V. §§ 20—25. Begr. I 218, II 143.

Erläuterungen zu § 158.

Regelmäßig hat der Vorstand alle Anmeldungen und Anzeigen zu dem Genossenschaftsregister sowohl bei dem Gericht der Haupt- wie bei dem der Zweigniederlassung zu erstatten (§ 157 H.G.B. § 13); hiervon werden zwei Ausnahmen in § 158 gemacht:

1. Anmeldungen behufs Berichtigung der Liste der Genossen sind nur bei dem Gericht der Hauptniederlassung zu machen. Der Grund hierfür liegt in der Vermeidung von Verschiedenheiten in den beiden Listen, der Nothwendigkeit der Prüfung der Originalurkunden und endlich in dem Umstande, daß Eintragungen auch auf Verlangen einzelner Genossen vorzunehmen sind (§ 71).

1. Anmeldungen über Auflösung der Genossenschaft. Die Eintragung erfolgt nur im Falle der freiwilligen Auflösung (§ 78) und des Zeitablaufs (§ 79) auf Antrag, in den anderen Fällen (Herabsinken der Anzahl der Mitglieder unter sieben, Auflösung durch die Verwaltungsbehörde bezw. das Verwaltungsgericht, Konkurs) von Gericht zu Gericht; um „allzu viele Verschiedenheiten zu vermeiden", ist daher das Gleiche auch für die Fälle der §§ 78, 79 angeordnet.

Das Gericht der Hauptniederlassung hat von der vorgenommenen Eintragung dem Gericht der Zweigniederlassung Mittheilung zu machen.

Gesetz über die Angelegenheiten der freiwilligen Gerichtsbarkeit.

§ 187.

„Der § 150 des Gesetzes betreffend die Handels- und Wirthschaftsgenossenschaften vom 1. Mai 1889 wird aufgehoben."

§ 187 bezieht sich auf den § 150 alter Fassung, der auf den jetzigen § 158 folgte und lautete:

„Gegen die Entscheidung über Anträge auf Eintragung in das Genossenschaftsregister oder die Liste der Genossen oder auf Vormerkung in der letzteren finden die Rechtsmittel statt, welche gegen die Entscheidung über Eintragungen in das Handelsregister zulässig sind".

Das Rechtsmittelverfahren ist jetzt durch § 146 Abs. 1 u. 2 des Gesetzes über die Angelegenheiten der freiwilligen Gerichtsbarkeit geregelt, vgl. oben bei § 10.

§ 159.

Gebühren für die Verhandlung und Entscheidung erster Instanz über die in vorstehendem Paragraphen bezeichneten Anträge, sowie für die Eintragungen und Vormerkungen werden nicht erhoben. Die Erhebung von Auslagen findet nach §§ 79, 80 und 80b des Gerichtskostengesetzes statt.

Ges. von 1868 § 69, Entw. I 135, II 136, Komm. 136, Rtg. 151. Begr. I 218, II 143.

I. Zur Geschichte des § 159.

Der „vorstehende" Paragraph ist fortgefallen, die Bestimmung bezieht sich nun auf die Vorschriften, die an Stelle des § 150 alter Fassung getreten sind — doch nur dem Wortlaut nach, denn dem Sinne nach gilt die Gebührenfreiheit für alle sich auf die Eintragungen beziehenden Verhandlungen, vgl. wegen des Preußischen Gerichtskostengesetzes vom 25. Juni 1895 die Verfügung des Preußischen Ministers Bl.f.G. 1895 S. 510.

Gebührenfreiheit.

§ 69 des Ges. von 1868 lautete: „Die Eintragungen in das Genossenschaftsregister erfolgen kostenfrei". Diese Vorschrift stimmte mit dem ersten Satze des § 57 des preuß. Ges. überein. Die Motive des Regierungsentwurfs zu diesem Paragraphen lauteten: „Zur Förderung der Genossenschaften ist den Eintragungen in das Genossenschaftsregister Kostenfreiheit zugestanden". Die Kommission des Abgeordnetenhauses war nicht ohne Bedenken in Betreff der Kostenfreiheit. Es heißt darüber in dem Bericht (Drucksachen Nr. 55 S. 22): „Weder der Antragsteller noch die Kommission ist gesinnt, irgend ein Vorrecht für die Genossenschaft zu beanspruchen. Da sie jedoch mit der Prüfung des ehemaligen Regierungsentwurfs sich befaßten, so hielten sie sich nicht gezwungen, die für die Eintragungen angebotene Kostenfreiheit abzulehnen. Es liegt im öffentlichen Interesse, die Genossenschaften zu ermuntern, wenn sie einmal die übrigen Erfordernisse erfüllen, daß sie durch Eintragung sich unter die Herrschaft dieses Gesetzes stellen. Unzweifelhaft werden die Genossenschaften ihren eigenen Vortheil zu würdigen wissen. Wenn aber die Königliche Staatsregierung durch Kostenfreiheit den Antrieb vermehren und ihre Theilnahme für die Entwickelung des Genossenschaftswesens ausdrücken will, so darf die Landesvertretung dem beistimmen, ohne das fiskalische Interesse strenger wahren zu müssen als die Staatsregierung. In England ist den Genossenschaften durchweg Freiheit von Stempel und Kosten gewährt. Nur darf aus der kleinen Gunst kein Einmischungsrecht hergeleitet werden; gegen einen solchen Preis verzichten die Genossenschaften gern auf jede Bevorzugung." — Ueber den Umfang der Kostenfreiheit traten in den einzelnen Staaten schon in den Ausführungsverordnungen sehr verschiedene Anschauungen hervor. Noch schwankender war die Auslegung der Gerichte. Während manche Amtsgerichte — besonders im Königreich Sachsen — die Gebührenfreiheit möglichst einschränkend auslegten, wurde sie von oberen Gerichten öfters in weitem Umfange ausgedehnt. Durch Beschluß z. B. vom 14. Juni 1888 in Sachen des Konsumvereins im Plauenschen Grunde, E.G., zu Deuben (abgedruckt in

Nr. 6 der Bl.f.G. von 1889) hat das Königlich sächsische Oberlandesgericht ausgeführt, daß lediglich die baaren Auslagen, welche dem Gerichte erwachsen, zu ersetzen, daß aber die Schreib- und Bestellgebühren sowie die Botenlöhne mit in die Gesetzbestimmung einzubeziehen sind, da damit ebenfalls nur eine dem Gericht obliegende Thätigkeit vergütet wird, baarer Aufwand aber nicht darunter begriffen ist, vgl. ferner die einleitende Bemerkung.

II. **Erläuterungen zu § 159.**

1. „Gebühren für die Verhandlung und Entscheidung erster Instanz".

„Die Gebührenfreiheit für die Eintragungen in das Genossenschaftsregister ist aufrecht erhalten und zugleich dahin erläutert, daß auch für die Verhandlungen und Entscheidungen, die sich auf die Eintragungen beziehen, Gebühren nicht in Ansatz zu bringen sind. Es entspricht dies dem nach den ergangenen Ausführungsverordnungen in dem größten Theil der Bundesstaaten bestehenden Rechtszustand. Dagegen fehlt es an einem Grund, die Gebührenfreiheit auch auf die Beschwerde-Instanz auszudehnen; für die höheren Instanzen müssen vielmehr die im § 159 bezeichneten landesrechtlichen Vorschriften auch in Betreff der Gebührenordnung Platz greifen. Die Erhebung der Auslagen ist im Entwurf für alle Instanzen einheitlich nach den Grundsätzen des Gerichtskostengesetzes geregelt." (Begr. II 143.)

2. Baare Auslagen.

Die für Erhebung von Auslagen geltenden Paragraphen des Gerichtskostengesetzes lauten:

„§ 79. An baaren Auslagen werden erhoben: 1. die Schreibgebühren; 2. die Post- und Telegraphengebühren; 3. die durch Einrückung einer Bekanntmachung in öffentliche Blätter entstehenden Kosten; 4. die an Zeugen und Sachverständige zu zahlenden Gebühren; 5. die bei Geschäften außerhalb der Gerichtsstelle den Gerichtsbeamten zustehenden Tagegelder und Reisekosten; . . . .

§ 80. Die Schreibgebühren werden für Ausfertigungen und Abschriften erhoben. Die Schreibgebühr beträgt für die Seite, welche mindestens zwanzig Zeilen von durchschnittlich zwölf Silben enthält, zehn Pfennig, auch wenn die Herstellung auf mechanischem Wege stattgefunden hat. — Jede angefangene Seite wird voll berechnet.

§ 80 b. Für die von Amtswegen bewirkten Zustellungen werden baare Auslagen nicht erhoben Die Erhebung der Schreibgebühr für die Ausfertigungen und Abschriften des zuzustellenden Schriftstücks wird hierdurch nicht ausgeschlossen."

§ 15 Erl. 7 betr. Schreibgebühren für Benachrichtigungen über Eintragungen in die Liste der Genossen. Für die von dem Gericht zu Unrecht bewirkten Insertionen besteht seitens der Genossenschaft keine Zahlungspflicht (Beschluß des Kammergerichts vom 9. Mai 1892, Bl.f.G. 1892 Nr. 43 und oben § 156 Erl. 2). Vgl. in Betreff der Kosten Verfügung des Sächsischen Ministeriums der Justiz vom 2. März 1893, mitgetheilt in Bl.f.G. von 1893 Nr. 29, ferner für Preußen Bl.f.G. 1895 S. 510.

§ 160.

Die Mitglieder des Vorstandes sind von dem Gerichte (§ 10) zur Befolgung der im § 8 Absatz 2, § 14, §§ 28, 30, § 61 Absatz 2, § 63, § 78 Absatz 2, § 79 Absatz 2 enthaltenen Vorschriften durch Ordnungsstrafen anzuhalten; die einzelne Strafe darf den Betrag von dreihundert Mark nicht übersteigen. In gleicher Weise sind die Mitglieder des Vorstandes und die Liquidatoren zur Befolgung der im § 33 Absatz 2, § 47,

§ 48 Absatz 2, § 51 Absatz 4 und 5, § 84, § 85 Absatz 2, § 89, § 157 Absatz 2 enthaltenen Vorschriften anzuhalten.

Rücksichtlich des Verfahrens sind die Vorschriften maßgebend, welche zur Erzwingung der im Handelsgesetzbuch angeordneten Anmeldungen zum Handelsregister gelten.

Ges. von 1868 § 66, Entw. I 136, II 137, Komm. 137, Rtg. 152, Einf.Ges. z. H.G.B. Art. 10 XVI. Begr. I 219, II 144, Komm.Ber. 64.

Erläuterungen zu § 160.

Der § 160 entspricht mit den durch die Abänderung der betreffenden Gesetzesstellen nothwendig gewordenen veränderten Bezugnahmen dem § 66 des Ges. von 1868.

1. **Absatz** I. Strafvorschrift.

§ 14 H.G.B. bestimmt in Uebereinstimmung mit § 78 B.G.B., daß die einzelne Ordnungsstrafe den Betrag von 300 Mk. nicht übersteigen soll, nach dem Gesetz von 1889 konnten die Ordnungsstrafen bis 600 Mk. gehen, sie ist durch Einf.Ges. z. H.G.B. Art. IV, XVI entsprechend ermäßigt.

Das Gesetz von 1889 enthielt noch in Absatz 1 den Hinweis auf §§ 16 Abs. 3, 133 Abs. 2, 143 Abs. 3, die Hinweise sind in der Kommission zum H.G.B. (Bericht S. 140) gestrichen, da kein Grund bestehe, bei Genossenschaften auch diejenige Anmeldung zu erzwingen, von welcher die Rechtswirksamkeit eines Beschlusses abhänge.

In der Kommission (zum Gesetz von 1889) war folgender Zusatz beantragt: „Der Richter soll damit nicht beauftragt sein, den Vorstand von Amtswegen durch Ordnungsstrafen zur Eintragung der Beschlüsse der Generalversammlung in das Protokollbuch anzuhalten". Der Antrag wurde mit Rücksicht auf die Erklärung des Regierungsvertreters zu § 47 abgelehnt (vgl. zu § 47).

2. **Absatz** II. Das Verfahren.

Nur das Gericht der Hauptniederlassung ist für die Androhung und Festsetzung der Ordnungsstrafen zuständig, auch in Betreff derjenigen Anmeldungen, Einreichungen und Anzeigen, die zu den Gerichten der Zweigniederlassung zu geschehen haben.

Das Zwangsverfahren, durch welches die Betheiligten zu Anmeldungen zum Handelsregister behufs Berichtigung desselben anzuhalten sind, bildet ein Offizialverfahren, kein Parteiverfahren, die Registerbehörde verfährt dabei von Amtswegen, ist an Anträge nicht gebunden und hat nur das öffentliche Interesse wahrzunehmen. — Handelt es sich jedoch um Erzwingung der Befolgung einer Anordnung, welche nur im Interesse einzelner Berechtigter gegeben ist, und deren Beobachtung diese Berechtigten zwar verlangen können oder auch müssen, um ein Einschreiten des Gerichts zu rechtfertigen, so muß dem Antragsberechtigten auch die Befugniß zustehen, gegen die Versagung des Schutzes seiner Privatrechte im Rechtsmittelwege anzukämpfen (Johow Bd. 13 S. 10). Es handelte sich um das Verlangen eines Genossen, auf seine Kosten Abschrift der Bilanz zu verlangen (§ 48 Abs. 2), und ist ausgesprochen, daß gegen die Entscheidung, durch welche der Antrag eines Genossen abgelehnt ist, die Mitglieder des Vorstandes durch Ordnungsstrafen zur Ertheilung einer Abschrift der Bilanz 2c. anzuhalten, dem betreffenden Genossen die Beschwerde bezw. weitere Beschwerde zusteht; vgl. jetzt § 146 des Gesetzes über die Angelegenheiten der freiwilligen Gerichtsbarkeit.

Das Verfahren bei Verhängung der Ordnungsstrafen ist nun einheitlich durch §§ 132 ff. des Gesetzes über die Angelegenheiten der freiwilligen Gerichtsbarkeit geregelt. Voraussetzung für die Androhung der Ordnungsstrafe ist, daß das Gericht in glaubhafter Weise von der Nichtbefolgung einer gesetzlichen Anordnung Kenntniß erhält. Ist dieser Fall eingetreten, so hat das Gericht den Vorstandsmitgliedern unter Androhung der Ordnungsstrafe aufzugeben, die gesetzliche Anordnung zu befolgen. (Vgl. für früheres Recht ebenso Beschluß des Kammergerichts vom 28. April 1890 — mitgetheilt in Nr. 26 Bl.f.G. von 1890.)

Der Richter darf sein Aufsichtsrecht über die eingetragene Genossenschaft nur im Rahmen des § 160 ausüben und ist nur in den daselbst benannten Fällen berechtigt, die Ausführung gesetzlicher Obliegenheiten zu erzwingen. Dabei hat es sein Bewenden, das Gericht hat keine weitergehenden Rechte; es ist nicht befugt, den Vorstand, zur Vermeidung von Verstößen gegen das Gesetz, unter eine fortwährende Aufsicht und Kontrole zu nehmen. So kann das Gericht z. B. nicht ohne Weiteres verlangen, daß der Vorstand ihm das von ihm zu führende Verzeichniß der Genossen (§ 30) zur Prüfung vorlegt, ob dasselbe mit der gerichtlichen Mitgliederliste in Uebereinstimmung steht; es müßte zuvor Kenntniß davon erhalten haben, daß dies nicht der Fall ist und hätte dann erst unter Androhung einer Ordnungsstrafe den Vorstand dazu anzuhalten. Noch weniger ist der Richter berechtigt, eine regelmäßige Vorlage des Verzeichnisses der Genossen von dem Vorstande zu verlangen. (Beschluß des Kammergerichts a. a. O.) Wo der Vorstand dem Gerichte gegenüber zu regelmäßigen Nachweisungen verpflichtet ist*), hat das Gesetz es ausdrücklich vorgeschrieben; hier muß das Gericht ohne Antrag einschreiten und zu rechter Zeit die Einreichung der erforderlichen Schriftstücke durch Ordnungsstrafen erzwingen. Es kommen dabei nur folgende Fälle in Betracht.

I. Kontrole über Veröffentlichung der Bilanzen.

a) Nach § 33 hat der Vorstand jeder Genossenschaft binnen sechs Monaten nach Ablauf jeden Geschäftsjahres die Bilanz, die Zahl der im Laufe des Jahres eingetretenen oder ausgeschiedenen, sowie die Zahl der am Jahresschlusse der Genossenschaft angehörigen Genossen zu veröffentlichen. Nach § 139 hat der Vorstand der Genossenschaft mit beschränkter Haftpflicht außerdem den Gesammtbetrag, um welchen sich im Laufe des Jahres die Geschäftsguthaben, sowie die Haftsummen vermehrt oder vermindert haben, und den Betrag der Haftsumme zu veröffentlichen, für welche am Jahresschluß alle Genossen zusammen aufzukommen haben. Die Bekanntmachung ist zum Genossenschaftsregister einzureichen.

b) Nach § 89 haben die Liquidatoren sofort bei Beginn der Liquidation eine Bilanz aufzustellen und zu veröffentlichen und die Bekanntmachung zum Genossenschaftsregister einzureichen.

Der Richter wird sich die Genossenschaftsakten regelmäßig sechs Monate nach Ablauf jeder Geschäftsperiode vorlegen lassen, um, falls eine Bekanntmachung zu a) noch nicht eingereicht ist, deren Einreichung durch Ordnungsstrafen zu erzwingen. Wegen des Falls zu b) wird er bei der Eintragung der Auflösung der Genossenschaft die Vorlegung der Akten in geeigneter Frist verfügen.

II. Bestellung des Revisors und Einreichung der Revisionsbescheinigung.

1. Jede keinem Revisionsverbande angehörende Genossenschaft hat die Bestellung des Revisors rechtzeitig zu beantragen — spätestens etwa zwei Monate vor Ablauf des zweiten Jahres (§ 63), damit nach der Bestellung noch ausreichende Zeit zur Ausführung der Revision bleibt. Der Richter wird sich die Akten spätestens zwei Monate

---

*) Unter das Aufsichtsrecht des Richters gehört auch das Recht, die Genossenschaft von Amtswegen aufzulösen, wenn die Zahl der Genossen weniger als sieben beträgt (§ 80, A.B. § 21). Hier erhält das Gericht durch die zur Liste der Genossen gestellten Anträge des Vorstandes von dem Herabsinken der Mitgliederzahl so ausreichende Kenntniß, daß es von Amtswegen vorgehen muß.

vor Ablauf jenes Jahres vorlegen lassen müssen, um den Antrag, falls er ausblieb, durch Ordnungsstrafen zu erzwingen.

2. Der Vorstand jeder Genossenschaft hat die Bescheinigung des Revisors über die stattgehabte Revision zu dem Genossenschaftsregister einzureichen. Der Richter wird sich deshalb die Akten jedesmal nach Ablauf des zweiten Jahres vorlegen lassen müssen.

§ 161.

Die zur Ausführung der Vorschriften über das Genossenschaftsregister und die Anmeldungen zu demselben erforderlichen Bestimmungen werden von dem Bundesrath erlassen.

Welche Behörden in jedem Bundesstaate unter der Bezeichnung Staatsbehörde (§ 47) und höhere Verwaltungsbehörde (§§ 58, 59, 61, 81) zu verstehen sind, wird von der Zentralbehörde des Bundesstaates bekannt gemacht.

Entw. I 155, II 156, Komm. 156, Rtg. 171. Begr. I 232, II 152.

Erläuterungen zu § 161.

1. **Absatz** I. Ausführungsvorschriften.

„Die Bekanntmachung, betreffend die Führung des Genossenschaftsregisters und die Anmeldungen zu demselben" vom 11. Juli 1889 (R.G.B. Nr. 15 vom 22. Juli 1889 S. 150—164). Mit dem § 72 des Ges. von 1868, der die Regierungen der einzelnen Bundesstaaten beauftragte, die näheren Bestimmungen behufs Ausführung des Gesetzes im Verordnungswege zu erlassen, hatte das Reich sehr böse Erfahrungen gemacht. (Vgl. Parisius S. 100, 399—402, 409—461.) Mit Recht ist daher diesmal den Regierungen der Einzelstaaten der gleiche Auftrag nicht ertheilt.

2. **Absatz** II. Bekanntmachungen der Zentralbehörden der Bundesstaaten.

Diese Bekanntmachungen werden im dritten Theile dieses Buches veröffentlicht.

Uebergangsbestimmungen.

Durch Art. 13 des Einführungsgesetzes zum Handelsgesetzbuch ist der „Reichskanzler ermächtigt, die Texte des Gesetzes betreffend die Erwerbs- und Wirthschaftsgenossenschaften . . . wie sie sich aus den in den Artikeln 10 . . . vorgesehenen Aenderungen ergeben, durch das Reichsgesetzblatt bekannt zu machen. Hierbei sind die in den bezeichneten Gesetzen enthaltenen Verweisungen auf Vorschriften des Allgemeinen Deutschen Handelsgesetzbuchs durch Verweisungen auf die nach Artikel 3 des gegenwärtigen Gesetzes an die Stelle jener Vorschriften tretenden neuen Vorschriften zu ersetzen." Der Reichskanzler hat sich in der hierauf erfolgten Bekanntmachung des Gesetzes betreffend die Erwerbs- und Wirthschaftsgenossenschaften nicht beschränkt, er hat auch die Bestimmungen der Novelle von 1896 in das Gesetz eingefügt und die Paragraphenzahlen entsprechend geändert, er hat fortgelassen den § 150 des Gesetzes (in der Fassung von 1889), der durch § 187 des Gesetzes über die Angelegenheiten der freiwilligen Gerichtsbarkeit aufgehoben ist (S. 455), er hat nicht aufgenommen den Art. 2 der Novelle von 1896 (s. S. 472) und endlich er hat fortgelassen die Uebergangsbestimmungen, die das Gesetz von 1889 enthält, ohne daß dies irgendwo begründet ist. Was die ersten Punkte anlangt, so handelt es sich um redaktionelle Aenderungen, deren Zulässigkeit ja zweifelhaft sein kann und zu deren Vornahme keine gesetzliche Ermächtigung vorliegt, die aber an sich rechtlich bedeutungslos sind — sind nun aber die „Uebergangsbestimmungen" durch die Nichtaufnahme in die nach Maßgabe des Art. 13 des Einführungsgesetzes z. H.G.B. erfolgte Bekanntmachung aufgehoben? Es kann kein Zweifel darüber bestehen, daß dies nicht der Fall ist, sie bestehen fort ebenso wie die Ueberschrift des Gesetzes von 1889 (S. 3) und dessen Schlußsatz. Die Uebergangsbestimmungen haben auch noch keineswegs ihre thatsächliche Bedeutung verloren, wie eine nicht kleine Anzahl Prozesse ergeben. Wir lassen daher nachstehend die „Uebergangsbestimmungen" des Gesetzes vom 1. Mai 1889 folgen, es sind die §§ 153 bis 170, § 172. Der § 171 hat die Ordnungsnummer § 161 in der Bekanntmachung des Gesetzes erhalten (S. 460). Wegen der eingehenden Erläuterungen zu den einzelnen Vorschriften nehmen wir auf die zweite Auflage Bezug.

§ 153.

Das Gesetz, betreffend die privatrechtliche Stellung der Erwerbs- und Wirthschaftsgenossenschaften, vom 4. Juli 1868 (Bundes-Gesetzbl. S. 415) mit der Deklaration vom 19. Mai 1871 (Reichs-Gesetzbl. S. 101), sowie die Vorschriften in §§ 195 bis 197 der Konkursordnung und im § 3 Absatz 4 des Einführungsgesetzes zu derselben werden aufgehoben. Unberührt bleibt die Vorschrift im § 6 des letzteren Gesetzes.

Wo in anderen Gesetzen auf die Bestimmungen des Gesetzes vom 4. Juli 1868 Bezug genommen ist, treten an deren Stelle die entsprechenden Bestimmungen des gegenwärtigen Gesetzes.

Entw. I 137, II 138, Komm. 138, Rtg. 153. Begr. I 220, II 145.

Erläuterungen zu § 153.

1. Im Allgemeinen. Aufgehobene Bestimmungen.

Die §§ 153 bis 170 enthalten die Uebergangsbestimmungen für die nach dem Ges. vom 4. Juli 1868 eingetragenen Genossenschaften. § 175 R.K.O. ist durch § 91 (jetzt 98) des Ges.; § 196 a. a. O. durch §§ 95 (jetzt 102), 109 (jetzt 116); § 197 a. a. O. durch §§ 98 (jetzt 105), 116 (jetzt 122), § 3 Abs. 4 des Einf.Ges. zur R.K.O. durch § 118 (jetzt 124) Abs. 2 ersetzt.

2. Absatz I. Das bayerische Gesetz vom 29. April 1869.

§ 6 des Einf.Ges. zur R.K.O. erklärt die Vorschriften der R.K.O. über Konkurseröffnung für Aktiengesellschaften, über das Verbot des Zwangsvergleichs für eingetragene Genossenschaften und über Bestrafung der Vorstandsmitglieder und für Liquidatoren für entsprechend anwendbar auf die registrirten Gesellschaften des bayerischen Ges. vom 29. April 1869, im Uebrigen kam auf diese Gesellschaften das genannte Gesetz zur Anwendung. Das Gesetz ändert hierin nichts. „Die Haftungsgrundsätze des bayerischen Gesetzes sind zu verschieden von den Bestimmungen der §§ 125 (131) bis 136 (142) des Gesetzes, als daß jene Gesellschaften ohne Weiteres zu Genossenschaften mit beschränkter Haftpflicht im Sinne des neuen Gesetzes erklärt werden können. Bei der geringen Zahl der in Betracht kommenden Institute erscheint es auch unbedenklich, dieselben nach ihrem bisherigen Spezialrecht fortbestehen zu lassen, sofern sie nicht freiwillig den Bestimmungen des neuen Gesetzes sich unterwerfen" (Begr. II 145).

§ 154.

Auf die in Gemässheit des Gesetzes vom 4. Juli 1868 eingetragenen Genossenschaften findet das gegenwärtige Gesetz mit den in den nachfolgenden Paragraphen enthaltenen Massgaben Anwendung.

Entw. I 138, II 139, Komm. 139 Rtg. 154. Begr. I 220, II 144. A.B. §§ 36—39 („Anlegung und Berichtigung der Liste für bestehende Genossenschaften").

Erläuterungen zu § 154.

I. Nothwendige Abänderungen des Statuts bestehender Genossenschaften.

Als Neuerungen kamen hauptsächlich in Betracht:

1. Zu der Firma war die gesetzliche Bezeichnung „eingetragene Genossenschaft mit unbeschränkter Haftpflicht" aufzunehmen (§ 155).

2. In das Statut waren Bestimmungen aufzunehmen:

a) über die Beurkundung des Beschlusses der Generalversammlung und über den Vorsitz in derselben (§ 6 Ziff. 3);
b) über den Betrag, bis zu welchem sich die einzelnen Genossen mit Einlagen betheiligen können (Geschäftsantheil) und über die Einzahlungen, zu welchen jeder Genosse verpflichtet ist (§ 7 Ziff. 2);
c) über die Bildung des Reservefonds (§ 7 Ziff. 4);
d) über die Dauer des Geschäftsjahres, falls dasselbe auf kürzere Zeit als auf ein Jahr bemessen ist oder nicht dem Kalenderjahr entspricht (§ 8 Ziff. 2);
e) über Erwerb und Fortdauer der Mitgliedschaft, falls dieselbe an den Wohnsitz innerhalb eines bestimmten Bezirkes geknüpft ist (§ 8 Ziff. 2);
f) über die Ausdehnung des Geschäftsbetriebes auf Nichtmitglieder, falls eine solche zugelassen ist (§ 8 Ziff. 4).

3. Die Beitrittserklärungen müssen die Bemerkung enthalten, daß die einzelnen Genossen „für die Verbindlichkeiten der Genossenschaft dieser sowie unmittelbar den Gläubigern derselben nach Maßgabe des Gesetzes mit ihrem ganzen Vermögen haften" (§ 113 [jetzt 120]).

4. Zu dem Vorstand sind mindestens zwei Mitglieder zu bestellen (§ 24 Abs. 2), zur Zeichnung für die Genossenschaft dürfen nicht weniger als zwei Vorstandsmitglieder bestimmt werden (§ 25).

5. Der Vorstand hat ein Verzeichniß der Genossen zu führen (§§ 30, 152 [jetzt 160]).

6. Ein Aufsichtsrath aus mindestens 3 Personen muß bestellt werden (§§ 9, 34 [jetzt 36], 158 [alter Fassung]).

7. Prokuristen und Handlungsbevollmächtigte zum gesammten Geschäftsbetriebe dürfen nicht bestellt werden (§ 40 [jetzt 42] Abs. 2).

8. Jeder Genosse hat in der Generalversammlung eine einzige Stimme (§ 41 [jetzt 43] Abs. 2).

9. Das Ausscheiden von Genossen findet nur zum Schluß des Geschäftsjahres statt (§§ 63, 64, 65, 66, 75 [jetzt 65, 66, 68, 77]); die Kündigung muß auf mindestens 3 Monate und höchstens 2 Jahre angesetzt sein (§ 63 [jetzt 65] Abs. 2). — Das Geschäftsguthaben ist innerhalb 6 Monate nach dem Ausscheiden auszuzahlen (§ 71 [jetzt 73]).

10. Die Uebertragung des Geschäftsguthabens muß im Statut verboten sein, falls dieselbe nicht statthaft sein soll (§ 74 [jetzt 76]).

11. Der Beschluß auf Auflösung sowie eine jede Statutenänderung bedürfen einer Mehrheit von drei Viertheilen (§§ 76 [jetzt 78], 16).

12. Ein Genosse darf nicht auf mehr als einen Geschäftsantheil betheiligt sein (§ 112 [jetzt 119]). — Diejenigen Genossen, welche beim Inkrafttreten des Gesetzes mehr als einen Geschäftsantheil besitzen, werden hiervon nicht betroffen (§ 163 [alter Fassung]); haben sie auf einen weiteren Geschäftsantheil Einzahlungen in diesem Zeitpunkte gemacht, so können sie den angefangenen Geschäftsantheil noch ganz erwerben (vgl. unten).

13. Für das Geschäftsguthaben dürfen Zinsen von bestimmter Höhe nicht vergütet werden (§ 21 Abs. 1).

14. Das Geschäftsguthaben darf während der Mitgliedschaft weder ausgezahlt noch im geschäftlichen Betriebe zum Pfande genommen werden (§ 22 Abs. 2).

II. Uebergangsbestimmungen.

a) Die Einführung eines zweigliedrigen Vorstandes und Einsetzung eines Aufsichtsraths mußte bis zum 1. April 1890 erfolgt sein.
b) Die Vorschrift in Nr. 3 § 8 Abs. 1 über das Geschäftsjahr fand vom 1. Januar 1890 ab Anwendung.
c) Das Verbot der Ausdehnung des in Darlehnsgewährung bestehenden Geschäftsbetriebes auf Nichtmitglieder trat für Vorschußvereine erst am 1. Oktober 1891 in Kraft.

d) Bis in dem Statut die im § 7 Nr. 4 vorgesehene Bestimmung über die Bildung des Reservefonds getroffen ist, ist zu derselben mindestens der zehnte Theil des jährlichen Reingewinns zu verwenden (§ 156 Fassung von 1889).

e) Ferner enthalten Uebergangsbestimmungen noch die §§ 159 und 160 (Fassung von 1889), in Betreff des Ausschlusses eines Mitgliedes wegen Zugehörigkeit zu einer gleichartigen Genossenschaft und in Betreff der Auflösung einer Genossenschaft wegen Herabsinken der Mindestzahl der Mitglieder unter sieben.

f) Alle bestehenden eingetragenen Genossenschaften mußten die nach dem neuen Gesetze für die Genossenschaften mit unbeschränkter Haftpflicht gegebenen Bestimmungen annehmen.

III. Nicht eingetragene Genossenschaften.

Die Stellung der nicht eingetragenen Genossenschaften wurde durch das neue Gesetz nicht berührt, dieselben können sich nur freiwillig demselben unterwerfen. Das Gesetz findet als regelmäßige Form die eingetragene Genossenschaft vor, sein Verhältniß zu dieser regelt es. Die nicht eingetragenen Genossenschaften werden von dem Gesetze nicht erwähnt.

Das Gesetz von 1868 bestimmte in § 71:

In dem Vermögensstande einer schon bestehenden Genossenschaft wird durch deren Eintragung in das Genossenschaftsregister nichts geändert.

Auf nicht eingetragene Genossenschaften kommen die Bestimmungen dieses Gesetzes nicht zur Anwendung.

In den Motiven der Civilprozeßkommission — welche den Paragraphen gestrichen wissen wollte — heißt es:

„Diese Vorschrift soll, wie es scheint, der rückwirkenden Kraft des Gesetzes entgegentreten. Allein bei einem Gesetze, wie das vorliegende, ist eine derartige Bestimmung, wenn sie etwas Mehreres sein soll, als was sich ganz von selbst versteht, bedenklich. Die Genossenschaften können die Einwirkung des Gesetzes dadurch verhindern, daß sie die Genossenschaft nicht eintragen lassen. Daß aber die Eintragung, wenn sie erfolgt, an den vermögensrechtlichen Verhältnissen der Genossenschaft nichts ändere, kann so unbedingt nicht gesagt, es muß die gehörige Unterscheidung zwischen den verschiedenen möglichen Fällen und die Lösung der dabei entstehenden Fragen der Rechtsprechung überlassen werden. Außerdem könnte die Fassung zu dem Irrthum verleiten, als erkenne das Gesetz die bestehenden Genossenschaften, auch abgesehen von deren Eintragung, als selbstständige Rechtssubjekte an."

Dieser Bedenken wegen wurde im bayerischen Gesetz der ganze § 71 und im badischen Gesetz der Absatz 1 gestrichen. In den Motiven der Regierungsvorlage zu dem letzteren Gesetz heißt es:

„Stimmen die Statuten bestehender Genossenschaften mit den Vorschriften des Gesetzes nicht überein, so müssen diese Genossenschaften, bevor sie sich unter das Gesetz stellen, Statutenänderungen vornehmen und unter Umständen das alte Geschäft liquidiren."

Die Praxis hat die Frage, ob die Mitglieder einer nach den Landesgesetzen bestehenden Genossenschaft an einen Beschluß derselben, sich unter das Genossenschaftsgesetz zu stellen, gebunden seien, nicht gleichmäßig entschieden. Das R.O.H.G. (Bd. 22 S. 104) entschied in einem Falle, in welchem sich in Hessen eine nach dem Landesgesetz bestehende Genossenschaft unter das für Südhessen erlassene Genossenschaftsgesetz vom 4. August 1869 bezw. das später an dessen Stelle getretene Reichsgesetz vom 4. Juli 1868 stellte: „schon nach allgemeinen Rechtsgrundsätzen müßte in einer derartigen Umwandlung eine Fortsetzung der ursprünglichen Genossenschaft erblickt werden; ganz unbedenklich sei dies nach den angeführten Gesetzen, denn durch die Eintragung würden die bestehenden Genossenschaften nur mit erweiterten Rechten ausgestattet". Das Reichsgericht ferner folgert in dem Urtheil vom 1. Juli 1886 (abgedruckt in Nr. 52 der Bl.f.G. von 1886) aus § 71 des Gesetzes von 1868: „daß Genossenschaften, welche schon vor dem Gesetze bestanden, sobald sie sich dem Gesetze unterwerfen und die Rechte einer eingetragenen Genossenschaft erwerben, hiermit regelmäßig nur eine Statutenänderung vollziehen".

Dagegen nun heißt es in dem Urtheil des Reichsgerichts vom 11. Oktober 1884 (Bd. 15 S. 77 ff.), nachdem der oben mitgetheilten Entscheidung des R.O.H.G. beigetreten ist: „Aber allerdings darf dabei nicht außer Acht gelassen werden, daß Jemand, der einem zur Zeit noch keineswegs zu einer eingetragenen Genossenschaft bestimmt gewesenen Vereine beigetreten ist, nicht gegen seinen Willen durch Umwandlung des

Vereins zum Mitgliede einer eingetragenen Genossenschaft gemacht werden kann, daß es ihm daher wenigstens freistehen muß, nachdem er von dieser Umwandlung erfahren hat, durch Kundgebung seines entgegengesetzten Willens die letztere Mitgliedschaft auszuschließen." In dem Uebergang einer Gesellschaftsform zu einer anderen nach „allgemeinen Rechtsgrundsätzen" eine „Fortsetzung" der bestehenden Genossenschaft zu sehen, kann nicht für richtig erachtet werden. Wer sich einer Aktiengesellschaft anschließt, kann nicht für verbunden erachtet werden, der offenen Handelsgesellschaft anzugehören, in welche sich jene umwandeln will; wählt eine Gesellschaft eine neue Form, so hört sie auf, in der bisherigen Form zu bestehen, und konstituirt sich neu unter der neuen Gesellschaftsform. Selbst eine offene Handelsgesellschaft könnte nicht mit rechtsverbindlicher Kraft für die widerstrebenden Mitglieder ihre Umwandlung in eine eingetragene Genossenschaft beschließen. Jede Gesellschaft, welche eine neue Gesellschaftsform wählt, muß sich auflösen und die Mitglieder müssen eine neue Gesellschaft gründen (v. Sicherer S. 135, Endemann S. 290 Note 23, ausgenommen der Uebergang von der Aktiengesellschaft zur Gesellschaft mit beschränkter Haftung nach dem Gesetz vom 20. April 1892).

Was nun das jetzige Gesetz anlangt, so kommt noch dazu, daß dasselbe verlangt, daß die Mitglieder entweder das Statut (bis zur Anmeldung) unterschrieben oder eine schriftliche Beitrittserklärung ausgestellt haben, für welche zum Theil sogar bestimmte Formerfordernisse aufgestellt sind, die Genossenschaft, welche ihre Eintragung beschließt, also regelmäßig gar nicht in der Lage wäre, die erforderlichen Beitrittserklärungen dem Gericht einzureichen. Das in § 164 (Fassung von 1889) für die Berichtigung der Mitgliederliste vorgesehene Verfahren bezieht sich nur auf solche Genossenschaften, welche unter dem Ges. vom 4. Juli 1868 beim Inkrafttreten des Gesetzes bestanden haben. Nach ihrer Eintragung aber auf Ausstellung formgerechter Beitrittserklärungen zu klagen, ist die Genossenschaft nicht im Stande, weil keines ihrer früheren Mitglieder verpflichtet ist, die Umwandlung mitzumachen, es sei denn, es hätte sich vorher dazu verpflichtet. Mit der Eintragung entsteht eine neue Gesellschaft, welche nicht ipso jure die Rechtsnachfolgerin ihrer Vorgängerin ist. Hat sie deren Aktiven und Passiven übernommen, so liegt hierin nur eine Art der Liquidation. Ebenso Joël S. 709, wohl auch Proebst S. 78.

§ 155.

Die Genossenschaften haben in die Firma die zusätzliche Bezeichnung: „eingetragene Genossenschaft mit unbeschränkter Haftpflicht" aufzunehmen. Zur Anmeldung dieses Zusatzes ist der Vorstand von dem Gerichte (§§ 10, 14) durch Ordnungsstrafen in Gemässheit des § 152 (jetzt 160) anzuhalten.

Entw. I 139, II 140, Komm. 140, Rtg. 155. Begr. I 221, II 144, Komm.Ber. 65, A.V. §§ 6 u. 18.

§ 156.

Solange in dem Statut einer Genossenschaft die im § 7 Nr. 4 vorgesehene Bestimmung über die Bildung eines Reservefonds nicht getroffen ist, hat die Genossenschaft von dem nach Inkrafttreten des Gesetzes beginnenden Geschäftsjahre an zur Bildung des Reservefonds mindestens den zehnten Theil des jährlichen Reingewinns zu verwenden.

Entw. I 140, II 141, Komm. 141, Rtg. 156. Begr. I 221, II 145.

Erläuterung zu § 156.

Das Statut, in welchem die Bestimmung des § 7 Nr. 4 über die Bildung eines Reservefonds noch fehlt, muß entsprechend ergänzt werden. „Ein unmittelbarer Zwang hierzu kann nicht geübt werden, weil die Ergänzung des Statuts nur durch einen Beschluß der Generalversammlung vorzunehmen ist. Der § 156 trifft deshalb eine subsidiäre Bestimmung" . . . (Begr. II 145). Vorstands- und Aufsichtsrathsmitglieder, welche dieser Bestimmung zuwiderhandeln und, ohne die aufgegebene Zuwendung zum

Reservefonds zu machen, Gewinn vertheilen, machen sich der Genossenschaft schadensersatzpflichtig (§§ 34 Abs. 2, 41 Abs. 2).

§ 157.

Die Vorschrift der Nr. 3 im § 8 Absatz 1 über das Geschäftsjahr findet nach Ablauf von drei Monaten seit dem Inkrafttreten des Gesetzes Anwendung.

Eine Genossenschaft, deren Statut die Ausdehnung des Geschäftsbetriebes durch Gewährung von Darlehen an Personen gestattet, welche nicht Mitglieder der Genossenschaft sind, unterliegt dem Verbote des § 8 Absatz 2 nach Ablauf von zwei Jahren seit dem Inkrafttreten des Gesetzes.

Entw. I 141, II 142, Komm. 142, Rtg. 157, Rtg. III 157. Begr. I 222, II 145. St.Ber. vom 4. April 1889 S. 1201.

§ 158.

Auf den Vorstand findet die Bestimmung im § 24 Absatz 2 über die Mindestzahl der Mitglieder, auf den Aufsichtsrath finden die Bestimmungen im § 9, § 34 (jetzt 36) Absatz 1 nach Ablauf von sechs Monaten seit dem Inkrafttreten des Gesetzes Anwendung. Das Gleiche gilt von der Bestimmung im § 81 (jetzt 83) Absatz 2 über die Zahl der Liquidatoren.

Entw. I 142, II 143, Komm. 143, Rtg. 158. Begr. I 222, II 146, Komm.Ber. 65.

§ 159.

Die Bestimmung des § 66 (jetzt 68) über die Ausschliessung von Genossen wegen der Mitgliedschaft in einer gleichartigen Genossenschaft findet, soweit der Beitritt zu dieser vor dem Inkrafttreten des Gesetzes erfolgt ist, keine Anwendung.

Entw. I 143, II 144, Komm. 144, Rtg. 159. Begr. I 223, II 146.

§ 160.

Auf eine Genossenschaft, welche bei dem Inkrafttreten des Gesetzes weniger als sieben Mitglieder hat, findet der § 78 (jetzt 80) solange keine Anwendung, als nicht diese Mitgliederzahl erreicht wird.

Entw. I 144, II 145, Komm. 145, Rtg. 160. Begr. I 223, II 146.

§ 161.

Die Haftpflicht der Genossen bestimmt sich nach den Vorschriften in §§ 52 bis 65 des Gesetzes vom 4. Juli 1868 und im § 197 der Konkursordnung, sofern vor dem Inkrafttreten des gegenwärtigen Gesetzes der Vertheilungsplan zur Erklärung der Vollstreckbarkeit eingereicht oder ohne Einreichung eines solchen das Konkursverfahren aufgehoben war.

Entw. I 145, II 146, Komm. 146, Rtg. 161. Begr. I 224 ff., II 146 ff.

§ 162.

Ausser den Fällen des vorhergehenden Paragraphen kommen rücksichtlich der Haftpflicht der Genossen, welche vor dem Tage des Inkrafttretens des Gesetzes aus der Genossenschaft ausgeschieden und noch nicht durch Verjährung der Klage befreit sind, die Vorschriften des gegenwärtigen Gesetzes mit der Massgabe zur Anwendung, dass mit dem bezeichneten Tage die zweijährige Frist des § 119 (jetzt 125) Absatz 1 beginnt, und dass die im zweiten Absatz desselben Paragraphen bestimmte Ausdehnung der Haftpflicht nicht eintritt.

Entw. I 146, II 147, Komm. 147, Rtg. 162. Begr. I 227 ff., II 147—149.

§ 163.

Die Bestimmung im § 112 (jetzt 119) findet nicht Anwendung, insoweit beim Inkrafttreten des Gesetzes ein Genosse auf mehr als einen Geschäftsantheil betheiligt ist.

Entw. I 147, II 148, Komm. 148, Rtg. 163. Begr. I 228, II 149.

Erläuterung zu § 163.

Die Begr. II 149 sagt hierüber Folgendes:

„Sind zur Zeit des Inkrafttretens des neuen Gesetzes bei einer Genossenschaft die Mitglieder oder ein Theil derselben auf mehr als einen Geschäftsantheil betheiligt, so würde die unbedingte Anwendung des § 112 (jetzt 119) die Folge haben, daß entweder eine theilweise Zurückzahlung der Guthaben gestattet oder eine allgemeine Erhöhung des Geschäftsantheils vorgenommen werden müßte. Weder zu der einen noch zu der anderen Maßregel liegt ein ausreichender Grund vor. Es erscheint zweckmäßiger, in einem solchen Falle es bei dem thatsächlich vorhandenen Zustande bewenden zu lassen. Zwar darf eine weitere Betheiligung auf neue Geschäftsantheile auch bei solchen Genossenschaften nicht mehr gestattet sein; die begonnene Bildung der Guthaben aber muß bis zur vollen Erreichung der betreffenden Geschäftsantheile fortgesetzt werden können. Sofern eine Genossenschaft, bei welcher die Voraussetzungen des § 164 (Fassung von 1889) vorliegen, sich demnächst in eine Genossenschaft mit beschränkter Haftpflicht umwandelt, sind die auf die mehrfache Betheiligung und deren Eintragung in die Liste bezüglichen Vorschriften der §§ 128 bis 131 (jetzt 134 bis 137) wie bei jeder anderen Genossenschaft zu beobachten."

Vorbemerkung zu §§ 164 bis 169.

Die §§ 164 bis 169 bezwecken, durch ein Berichtigungsverfahren die von den Gerichten geführten Mitgliederlisten zu einer ähnlichen Bedeutung zu erheben, wie sie den nach den §§ 15 und 66 (jetzt 68) des Gesetzes geführten Listen innewohnt. Zunächst hatte der Vorstand — und er war durch Ordnungsstrafen hierzu anzuhalten — dafür zu sorgen, daß die von dem Gerichte geführten Mitgliederlisten vorläufig berichtigt wurden; er hatte dieselben mit dem Mitgliederverzeichniß der Genossenschaft zu vergleichen und dem Gericht eine Zusammenstellung der Berichtigungen einzureichen. Hierher gehörten etwaige Irrthümer in den Listen und Veränderungen in dem Mitgliederbestande, die bis zum Inkrafttreten des Gesetzes vorgekommen waren. Denn die berichtigte Liste soll dem wirklichen Mitgliederbestande am Tage des Inkrafttretens des Gesetzes entsprechen. Auch die Kündigungen und Ausschließungen, welche vor dem Inkrafttreten des Gesetzes erfolgt waren, jedoch erst auf einen späteren Zeitpunkt galten, waren mitzutheilen (§ 164 Abs. 2). Der Vorstand konnte auch eine Liste in Gemäßheit des § 36 A.V. einreichen.

Auf Grund der von dem Vorstand richtiggestellten Liste hatte das Gericht das Aufgebot zu erlassen (§§ 165, 166 [Fassung von 1889]).

§ 164.

Der Vorstand hat dem Gerichte (§ 10) binnen einem Monate nach dem Tage des Inkrafttretens des Gesetzes anzuzeigen, welche Personen ausser den in der gerichtlichen Mitgliederliste (§§ 4, 25 Absatz 2 des Gesetzes vom 4. Juli 1868) aufgeführten bis zu dem bezeichneten Tage Mitglieder der Genossenschaft geworden sind, und welche von den in der Liste aufgeführten Personen an diesem Tage der Genossenschaft nicht angehört haben.

Zugleich sind die Mitglieder, welche nach dem Inkrafttreten des Gesetzes in Folge vorher geschehener Aufkündigung oder Ausschliessung ausscheiden, und der Tag ihres Ausscheidens zu bezeichnen.

Zur Befolgung dieser Vorschriften ist der Vorstand durch Ordnungsstrafen in Gemässheit des § 152 (jetzt 160) anzuhalten.

Entw. I 148, II 149, Komm. 149, Rtg. 164. Begr. I 228 bis 232, II 149 ff. A.V. § 36.

Erläuterung zu § 164.

Die materielle Wirkung der Gründe des Ausscheidens richtet sich nach dem Ges. von 1868. Es bleibt daher z. B. für eine Kündigung, die unter der Herrschaft des früheren Gesetzes ordnungsmäßig erfolgt ist, aber erst in der Zeit nach dem Inkrafttreten dieses Gesetzes ihre Wirkung äußern soll, das ältere Recht maßgebend (Begr. II 150); deswegen hat der Vorstand die vor dem Inkrafttreten des Gesetzes erfolgten, aber erst nach demselben wirkenden Kündigungen und Ausschließungen dem Gericht zur Eintragung mitzutheilen, und es kommen in diesem Falle die §§ 63 (jetzt 65) ff. nicht zur Anwendung. Die bisher geführten Listen bilden die Grundlage, diese Listen sind nach Maßgabe der Bestimmungen der §§ 165 ff. zu berichtigen.

§ 165.

Das Gericht hat die Liste nach den in vorstehendem Paragraphen bezeichneten Angaben zu berichtigen.

Es hat mittelst öffentlicher Bekanntmachung eine allgemeine Aufforderung zu erlassen, inhalts deren die in der Liste aufgeführten Personen, welche behaupten, dass sie am Tage des Inkrafttretens des Gesetzes nicht Mitglieder der Genossenschaft gewesen sind oder dass ihr Ausscheiden nicht richtig in die Liste eingetragen ist, sowie die in derselben nicht aufgeführten Personen, welche behaupten, dass sie an dem bezeichneten Tage Mitglieder der Genossenschaft gewesen sind, ihren Widerspruch gegen die Liste bis zum Ablauf einer Ausschlussfrist von einem Monate schriftlich oder zum Protokoll des Gerichtsschreibers zu erklären haben.

Entw. I 149, II 150, Komm. 150, Rtg. 165. Begr. I 228 bis 232, II 149 bis 152. A.V. §§ 36 bis 38.

Erläuterungen zu § 165.

Anlegung und Berichtigung der Liste ist in §§ 36 bis 39 A.V. geregelt.

1. Das Aufgebot.

Das Aufgebot richtet sich

a) an diejenigen, welche behaupten, unrichtigerweise als Mitglieder in der Liste aufgeführt zu sein, sei es, weil sie überhaupt nie Mitglieder geworden, oder schon vor dem Inkrafttreten dieses Gesetzes ausgeschieden sein wollen;

b) an diejenigen, welche zwar richtig eingetragen sind, aber auf Grund einer vor dem Inkrafttreten des Gesetzes erfolgten Kündigung das demnächstige Ausscheiden beanspruchen, oder umgekehrt die Richtigkeit einer dahin gehenden Eintragung bestreiten;

c) an diejenigen, welche nicht in der Liste aufgeführt sind, aber Mitglieder zu sein behaupten (Begr. II 150).

2. Keine namentliche Aufführung der Mitglieder.

Eine namentliche Aufführung der Mitglieder in dem Aufgebote ist der hohen Kosten wegen, die dadurch verursacht würden, nicht erfordert. Das gerichtliche Aufgebot hat lediglich den Hinweis auf § 168 Abs. 2 zu enthalten ohne Angabe des Inhalts der angeführten Gesetzesstellen.

3. Folgen des Aufgebots.

Das Aufgebot hat zur Folge, daß nach Ablauf der einmonatigen Ausschlußfrist (§ 168) der Inhalt der Liste für die Mitgliedschaft am Tage des Inkrafttretens des Gesetzes und für das Ausscheiden in Folge vorher geschehener Aufkündigung oder Ausschließung maßgebend ist, und daß Einwendungen gegen die Liste nur vorbehalten bleiben, falls sie binnen der einmonatigen Ausschlußfrist erhoben oder bei unverschuldeter Verhinderung binnen eines Monats nach Beseitigung des Hindernisses angemeldet sind (Begr. II 151). „Daraus folgt aber nicht, daß die Mitgliedschaft einer Person, die vor dem Inkrafttreten des Gesetzes gestorben und nach den früher geltenden Bestimmungen ausgeschieden war, gleichwohl aber in der berichtigten Liste aufgeführt ist, deshalb nunmehr durch den Erben fortgesetzt wird. Denn die Endigung der Mitgliedschaft im Falle des Todes ist auch nach dem neuen Gesetz (§ 75 jetzt 77) von der Eintragung des Ausscheidens unabhängig und es muß berücksichtigt werden, daß . . . der Gesetzgeber den Inhalt der Liste offenbar nur insoweit für maßgebend hat erklären wollen, als er diesem Inhalte nach den sonstigen Vorschriften des Gesetzes, entscheidende Bedeutung beimißt." (Beschluß des Kammergerichts vom 1. Dezember 1890, mitgetheilt in Nr. 6 Bl.f.G. von 1891, Johow Bd. 11 S. 41). Die Eintragung des früheren Ausscheidens macht das in § 33 Abs. 2 A.V. vorgesehene Berichtigungsverfahren nicht nothwendig (Kammergericht a. a. O.). Die rechtzeitigen Widersprüche sind in der Liste zu vermerken und dem Vorstande mitzutheilen (§ 38 A.V.) Der Widerspruch ist von Amtswegen zu löschen, falls nicht binnen zwei Jahren seit der Eintragung eine Anerkenntniß oder ein Urtheil oder eine die vorläufige Aufrechterhaltung des Widerspruchs anordnende einstweilige Verfügung des Prozeßgerichts eingereicht ist (§ 38 A.V.).

Die Liste stellt den Mitgliederbestand für den Zeitpunkt des Inkrafttretens des Gesetzes fest, sie besagt nichts darüber, ob Jemand bis zu dem Zeitpunkt Mitglied gewesen ist, und welche Verbindlichkeiten aus diesem Rechtsverhältniß entstanden sind; es haften daher diejenigen, welche bis zum Inkrafttreten des Gesetzes der Genossenschaft angehört haben, wenngleich sie bei Berichtigung der Liste in diese nicht aufgenommen sind, und auch ihre nachträgliche Aufnahme nicht bewirken, den Gläubigern in demselben Umfange, als wenn sie mit dem Inkrafttreten des Gesetzes ausgeschieden wären (Begr. II 151). Späteren Gläubigern also sind sie nicht verhaftet.

Diejenigen, welche in die Liste aufgenommen sind und ihre Einwendungen nicht in Gemäßheit des § 168 gewahrt haben, können nur nach den Vorschriften des Gesetzes ausscheiden.

§ 166.

Die Bekanntmachung erfolgt durch einmalige Einrückung in die für die Bekanntmachungen der Genossenschaft bestimmten Blätter.

Die Kosten der Bekanntmachungen werden von der Genossenschaft getragen.

Entw. I 150, II 151, Komm. 151, Rtg. 166. Begr. I 228 bis 232, II 149 bis 152.

In Absatz 2 müßte es „Bekanntmachung" heißen.

§ 167.

Die Ausschlussfrist beginnt mit dem Tage, an welchem das letzte der die Bekanntmachung enthaltenden Blätter erschienen ist.

Entw. I 151, II 152, Komm. 152, Rtg. 167. Begr. I 228 bis 232, II 149 bis 152.

§ 168.

Nach Ablauf der Ausschlussfrist ist für die Mitgliedschaft am Tage des Inkrafttretens des Gesetzes und für das Ausscheiden in Folge vorher geschehener Aufkündigung oder Ausschliessung (§ 164 Absatz 2) der Inhalt der Liste massgebend.

Einwendungen gegen die Liste bleiben den im § 165 Absatz 2 bezeichneten Personen vorbehalten, sofern sie in Gemässheit desselben den Widerspruch erklärt haben oder hieran ohne ihr Verschulden verhindert waren und binnen einem Monate nach Beseitigung des Hindernisses den Widerspruch schriftlich oder zum Protokoll des Gerichtsschreibers erklärt haben.

Auf diese Rechtsfolgen ist in der im § 165 vorgeschriebenen Bekanntmachung hinzuweisen.

Entw. I 152, II 153, Komm. 153, Rtg. 168. Begr. I 228 bis 232, II 149 bis 152, A.V. §§ 37, 38, 39.

Erläuterungen zu § 168.

1. **Absatz** I. Bedeutung der Liste.

Die berichtigte Mitgliederliste stellt den Mitgliederbestand der Genossenschaft zu dem Zeitpunkt des Inkrafttretens des Gesetzes fest, es ist dies eine Folge des Aufgebots. Da aber nicht vorausgesetzt werden kann, daß in Folge des Aufgebots etwaige Unrichtigkeiten der Liste unter allen Umständen zur Kenntniß der Betheiligten kommen, läßt das Gesetz Einwendungen gegen dieselbe noch unter der zweifachen Voraussetzung des Abs. 2 zu.

Ist ein Mitglied vor dem 1. Oktober 1889 ausgeschieden aber in der Liste stehen geblieben, ist dieselbe auch demnächst nicht berichtigt und ist gegen ein solches Mitglied das Präjudiz des § 168 eingetreten, so besteht seine Ausscheidung nicht zu Recht, und es ist so Mitglied geblieben, wie es Mitglied vor seinem Ausscheiden war. Es ist nicht ein abstraktes Mitglied ohne Recht und Verbindlichkeit geworden. Und dementsprechend wird eine Person, gegen welche das Präjudiz des § 168 eintritt, obschon ihr Beitritt vorher juristisch ungiltig war, nur so Mitglied, wie sie nach den thatsächlichen Vorgängen Mitglied werden wollte (R.G. Bd. 33 S. 53).

2. **Absatz** II. Einwendungen.

Einwendungen können gegen die Liste erhoben werden, wenn sie den betreffenden Personen entweder

a) in Gemäßheit des § 165 Abs. 2 vorbehalten sind, oder

b) wenn die Betreffenden an dem rechtzeitigen Widerspruch ohne ihr Verschulden verhindert waren und den Widerspruch binnen eines Monats nach Beseitigung des Hindernisses erklärt haben. Mangelnde Kenntniß der Liste ist als ein Hinderniß für Geltendmachung des Widerspruchs betrachtet (R.G. Bd. 40 S. 156). Ueber die Eintragung des Widerspruchs s. § 38 A.V. Weigert sich der Gerichtsschreiber das Protokoll aufzunehmen, so muß schriftlich Widerspruch eingelegt werden (R.G. Bd. 40 S. 157).

Die im Absatz gewährte Frist hat zwar „einige Aehnlichkeit mit der gemeinrechtlichen Restitution, deckt sich aber nicht mit derselben, welche (z. B.) Bevormundeten mit Rücksicht auf deren besondere Verhältnisse gegen die Wirkungen des Aufgebotsverfahrens überhaupt gewährt wird" (R.G. Urtheil vom 22. Januar 1897, Juristische Wochenschrift 1897 S. 138).

3. Klage des Widersprechenden.

Erkennt der Vorstand den Widerspruch nicht als begründet an, so muß der Widersprechende im Wege des Prozesses seine Einwendungen geltend machen (§ 169, innerhalb einer zweijährigen Frist). Im Prozesse hat der Widersprechende nachzuweisen, daß die Voraussetzungen des gültigen Widerspruchs vorhanden sind. Berichtigung des Widerspruchs § 38 A.V.

4. Keine Einwendungen der Genossenschaft und älterer Gläubiger gegen die Liste.

Für die Genossenschaft ist ein Recht, die Mitgliederliste anzufechten, nicht vorgesehen, da die Berichtigung derselben nach der Angabe des Vorstandes erfolgt; den älteren Gläubigern ist ein solches Recht nicht gegeben, da ihre Ansprüche durch die Liste nie beeinträchtigt werden (Begr. II 151, vgl. § 165).

§ 169.

Das Gericht hat die in Gemässheit des § 165 Absatz 2 und § 168 Absatz 2 erklärten Widersprüche in der Liste zu vermerken und dem Vorstande der Genossenschaft zur Erklärung mitzutheilen.

Soweit der Vorstand die Widersprüche in beglaubigter Form als begründet anerkennt oder zur Anerkennung rechtskräftig verurtheilt wird, ist die Liste zu berichtigen. Wird das Anerkenntniss oder Urtheil oder eine die vorläufige Aufrechterhaltung des Widerspruchs anordnende einstweilige Verfügung des Prozessgerichts nicht binnen zwei Jahren seit Eintragung des Widerspruchs dem Gerichte (§ 10) eingereicht, so ist derselbe als nicht erfolgt anzusehen und von Amtswegen zu löschen.

Entw. I 153, II 154, Komm. 154, Rtg. 169. Begr. I 231, II 152, A.V. §§ 7, 8, 36 bis 39.

Erläuterung zu § 169.

In der Begründung (II 152) heißt es:

„Aus den innerhalb der Ausschlußfrist oder in Gemäßheit des § 168 Absatz 2 nachträglich in der Liste vermerkten Widersprüchen ergiebt sich zunächst nur, daß die Mitgliedschaft der betreffenden Personen bestritten ist. Es ist aber wünschenswerth, daß diese Vermerke binnen angemessener Frist durch die Eintragung des wirklichen Sachverhältnisses ersetzt werden. Nach § 169 sind deshalb die rechtzeitig oder nachträglich angemeldeten Widersprüche dem Vorstand zur Erklärung mitzutheilen. Falls dieser persönlich zum Gerichtsprotokoll oder sonst in beglaubigter Form den Widerspruch als begründet anerkennt, so ist der betreffende Genosse endgültig als Mitglied einzutragen beziehungsweise zu löschen. Erkennt dagegen der Vorstand den Widerspruch nicht als begründet an, so muß von dem Widersprechenden verlangt werden, daß er seine Einwendungen gegen die Liste im Prozeßwege verfolge. Der § 169 Absatz 2 gewährt ihm hierzu eine zweijährige Frist. Wenn innerhalb derselben der Widerspruch durch rechtskräftiges Urtheil für begründet erklärt wird, so gilt das Gleiche wie im Falle des Anerkenntnisses durch den Vorstand; wird dagegen bis zum Ablauf der Frist weder ein Urtheil dieses Inhalts, noch ein Anerkenntniß des Vorstandes vorgelegt und auch nicht durch einstweilige Verfügung des Prozeßgerichts die vorläufige Aufrechterhaltung des Widerspruchs angeordnet, so soll der letztere als nicht erfolgt gelten und von Amtswegen in der Liste gelöscht werden. Daß auf Antrag die Löschung auch schon vorher erfolgen kann, wenn der Widerspruch zurückgenommen oder durch rechtskräftiges Urtheil für unbegründet erklärt wird, versteht sich von selbst."

§ 170.

Das Gericht hat von den zufolge § 165 Absatz 1, § 169 vorgenommenen Eintragungen dem Gerichte einer jeden Zweigniederlassung zur Berichtigung der dort geführten Liste Mittheilung zu machen.

Auf die Eintragungen finden die Vorschriften in §§ 150, 151 entsprechende Anwendung.

Entw. I 154, II 155, Komm. 155, Rtg. 170. Begr. I 232, II 152, A.B. § 25.

Erläuterung zu § 170.

Die Vorschrift in Absatz I über die Mittheilung „von den im Berichtigungsverfahren in die Liste eingetragenen Aenderungen und Vermerken" an das Gericht der Zweigniederlassung entspricht der Vorschrift des § 149 (158) Abs. I. Die Bestimmung des Absatz II betrifft die Gebührenfreiheit und die Rechtsmittel in jenem Verfahren.

§ 150 ist durch § 187 des Gesetzes über die Angelegenheiten der freiwilligen Gerichtsbarkeit aufgehoben (S. 455), § 151 hat die Ordnungsnummer 159.

§ 171.

§ 171 hat jetzt die Ordnungsnummer 161.

§ 172.

Dieses Gesetz tritt am 1. Oktober 1889 in Kraft.

Entw. II 157, Komm. 157, Rtg. 172.

Zur Geschichte des § 172.

Der Entwurf II vom 22. November 1888 schlug den 1. Juli 1889 vor. Sonderbarerweise ward noch in der zweiten Lesung der Reichstagskommission (laut Bericht vom 18. März 1889) ein Antrag (des Anwalts Schenck) auf Herausrückung des Termins auf den 1. Oktober 1889, da man den Genossenschaften Zeit lassen müsse, sich auf das Gesetz vorzubereiten, mit 11 gegen 10 Stimmen abgelehnt. Die Mehrheit hielt hierzu die Zeit bis 1. Juli für ausreichend. Die Aenderung wurde, als die einzige Abweichung von den Kompromißbeschlüssen der Kommission, in der zweiten Berathung des Reichstags (26. Mai) angenommen.

Urkundlich unter Unserer Höchsteigenhändigen Unterschrift und beigedrucktem Kaiserlichen Insiegel.

Gegeben Berlin, den 1. Mai 1889.

(L. S.)

Wilhelm.

Fürst von Bismarck.

Gesetz vom 12. August 1896. Artikel 3 lautet:

Artikel 3.

Dieses Gesetz tritt am 1. Januar 1897 in Kraft.

Urkundlich unter Unserer Höchsteigenhändigen Unterschrift und beigedrucktem Kaiserlichen Insiegel.

Gegeben Wilhelmshöhe, den 12. August 1896.

(L. S.)

Wilhelm.

Fürst zu Hohenlohe.

Gesetz,

betreffend

die Abänderung des Gesetzes über die Erwerbs- und Wirthschaftsgenossenschaften vom 1. Mai 1889

sowie den

Geschäftsbetrieb von Konsumanstalten.

Vom 12. August 1896.

(R.G.Bl. 1896 Nr. 29 S. 695—698.)

Wir Wilhelm, von Gottes Gnaden Deutscher Kaiser, König von Preußen 2c., verordnen im Namen des Reichs, nach erfolgter Zustimmung des Bundesraths und des Reichstags, was folgt:

Artikel 1 dieses Gesetzes bezieht sich auf die § 8 Abs. 4, § 20, § 31, § 32, § 91 Abs. 3, § 92, § 114 (Ordnungsnummer des Gesetzes von 1889), §§ 152—154, die Paragraphen sind in Folge der Bekanntmachung des Reichskanzlers (Art. 13 des Einführungsgesetzes zum H.G.B.) in den Text des Gesetzes eingefügt.*) Es ist übrig geblieben:

Artikel 2.

Die im Artikel 1 Nr. 1, 3 und 7 enthaltenen Vorschriften finden auf Konsumanstalten, welche von Arbeitgebern für ihre Arbeiter und Be-

*) Auf Vorschlag der Kommission hat der Reichstag auch noch beschlossen, „den Reichskanzler zu ersuchen, Anordnungen dahin treffen zu wollen, daß die Ueberlassung von im Eigenthum des Reichs befindlichen Gebäuden oder Theilen derselben an Konsumvereine oder Konsumanstalten und ebenso auch die Besorgung des Waarenverkaufs, der Buch- und Kassenführung in solchen Vereinen und Anstalten durch im Dienste des Reichs stehende Beamte künftighin im Wesentlichen auf Veranstaltungen zur Abgabe von Gegenständen des alsbaldigen Verbrauchs an die in Betriebsanlagen des Reichs beschäftigten Arbeiter und Beamten beschränkt bleibe."

amten betrieben werden, sowie auf Vereinigungen (Gesellschaften, Korporationen), deren wesentlicher Geschäftszweck es ist, ihren Mitgliedern oder bestimmten Berufskreisen in dem Bezug von Waaren Vortheile zu verschaffen, insbesondere auch auf Beamten- und Offiziervereine mit der Maßgabe sinngemäße Anwendung, daß die hinsichtlich der Mitglieder der Konsumvereine getroffenen Bestimmungen bei den vorbezeichneten Konsumanstalten und Vereinigungen hinsichtlich derjenigen Personen gelten, für welche die Einrichtung bestimmt ist. Jedoch ist es den Konsumanstalten und Vereinigungen der vorbezeichneten Art gestattet, in ihren Speiseanstalten Waaren zum alsbaldigen persönlichen Verbrauch auch an Dritte abzugeben.

Komm. Rtg. Art. 2, Komm.Ber. 10.

Erläuterungen.

Die Vorschriften des Artikel 1 Nr. 1, 3 und 7 befinden sich bei bezw. in § 8 Abs. 4, § 31, § 32, § 152, § 153, § 154.

1. Die Bestimmung ist in der Kommission entstanden und heißt es darüber in dem Komm.Ber. (S. 11): „Der Antrag (enthaltend die in Art. 2 vorgesehene Ausdehnung der Beschränkungen) wurde namentlich von den Regierungskommissaren mit Nachdruck bekämpft. Es sei nur die Absicht der verbündeten Regierungen gewesen, eine Lücke im Genossenschaftsgesetz auszufüllen. Hier werde ein ganz neues Gebiet einbezogen, über den Rahmen des Genossenschaftsgesetzes weit hinausgegangen. Es sei nicht berechtigt und angängig — so wurde von verschiedenen Seiten ausgeführt — das in der Gewerbeordnung gegebene Recht des Gewerbebetriebes hier wieder zu beschränken. Der Zweck werde auch gar nicht erreicht, vielmehr bestehe die Gefahr, daß die Beschränkung, welche diese Fabriken und Korporationen bisher sich selbst freiwillig aufgelegt hätten, einfach fiele, indem sie nur allgemein ohne jede Schranke den bezüglichen Gewerbebetrieb ausübten. Vielfach seien es mehr allgemeine, ideale und Wohlfahrtszwecke, welche diese Anstalten und Vereine einsetzten; es sei doch nicht wohlgethan, diese Bestrebungen zu erschweren."

Der Artikel findet Anwendung auf:

1. von Arbeitgebern betriebenen Konsumanstalten;
2. Vereinigungen (Aktiengesellschaften, Casinos u. s. w.), deren wesentlicher Zweck es ist, „ihren Mitgliedern oder bestimmten Berufskreisen" beim Waarenbezug Vortheile zu verschaffen.

Artikel 2 findet demnach keine Anwendung auf Vereinigungen (d. h. Aktiengesellschaften, Aktien-Kommanditgesellschaften, Gesellschaften mit beschränkter Haftung) zum freien Gewerbebetrieb, die weder „ihren Mitgliedern" noch „bestimmten Berufsklassen" Vortheile beim Waarenbezug verschaffen wollen, die vielmehr auf Verkauf an Jedermann gerichtet sind. Nichts steht im Wege, daß solche Gesellschaften mit freiem Gewerbebetrieb den Reingewinn oder Theile desselben an die Käufer nach Verhältniß des Waarenbezugs vertheilen, wie es ein Konsumverein thut. Nur in der Form der eingetragenen Genossenschaft (§ 1 Nr. 5 des Gesetzes) ist der freie Gewerbebetrieb verboten, in jeder anderen Gesellschaftsform ist er erlaubt, auch der Konsumverein als nicht eingetragene Genossenschaft kann unbehindert und frei das Gewerbe betreiben, wenn er nicht statutenmäßig den Geschäftsbetrieb auf seine Mitglieder oder bestimmte Berufsklassen beschränkt.

Eingetragene Genossenschaften, zu deren Mitgliedern Händler in größerer Anzahl gehören, denen § 153 die Weiterveräußerung der aus dem Konsumverein bezogenen Waaren verbietet, finden daher jedenfalls in Art. 2 den Ausweg, da sie in der Form der Aktiengesellschaft, Aktien-Kommanditgesellschaft oder Gesellschaft mit beschränkter Haftung das Geschäft nach den gleichen Grundsätzen und frei betreiben können, wenn sie im Statut sich bei dem Verkauf der Waaren keine Beschränkung auferlegen. Die Schwierigkeit liegt in dem Uebergang, der nur unter Auflösung der eingetragenen Genossenschaft erfolgen kann.

2. Die Ausnahme für die Speiseanstalten im Schlußsatz entspricht der Ausnahme des § 153, Abs. 2 Nr. 1.

Artikel 3 des Gesetzes ist S. 471 mitgetheilt.

Zweiter Theil.

Bekanntmachung, betreffend die Führung des Genossenschaftsregisters und die Anmeldungen zu demselben. Vom 11. Juli 1889.

(Nr. 1861.)

Bekanntmachung,*)

betreffend

die Führung des Genossenschaftsregisters und die Anmeldungen zu demselben.

Vom 11. Juli 1889.

(Nr. 15 des Reichsgesetzblattes, ausgegeben zu Berlin den 22. Juli 1889 Seite 150 bis 164.)

Auf Grund des § 161 [171] Absatz 1 des Gesetzes, betreffend die Erwerbs- und Wirthschaftsgenossenschaften, vom 1. Mai 1889 (Reichs-Gesetzbl. S. 55) hat der Bundesrath folgende Bestimmungen über die Führung des Genossenschaftsregisters und die Anmeldungen zu demselben erlassen:

I. Allgemeine Bestimmungen.

§ 1. Registergericht.

Das Genossenschaftsregister bildet fortan nicht einen Theil des Handelsregisters,**) sondern wird von dem zur Führung des letzteren zuständigen Gericht (Gesetz, betreffend die Erwerbs- und Wirthschaftsgenossenschaften, vom 1. Mai 1889, Reichs-Gesetzbl. S. 55, § 10 Absatz 2) als ein selbständiges Register geführt.

§ 2. Bisherige Register.

Die in Gemäßheit des Gesetzes vom 4. Juli 1868 (Bundes-Gesetzbl. S. 415) angelegten Register gelten als Genossenschaftsregister im Sinne des neuen Gesetzes und dieser Bestimmungen.

Wo bisher die dem Gesetze vom 4. Juli 1868 unterstehenden Genossenschaften nicht in eine besondere, als Genossenschaftsregister dienende Abtheilung des Handelsregisters, sondern zusammen mit den Handelsgesellschaften in das letztere eingetragen sind, ist ein besonderes Genossenschaftsregister anzulegen. In dasselbe sind aus dem Handelsregister die auf die vorgedachten Genossenschaften bezüglichen Eintragungen, soweit sie noch Geltung haben, von Amtswegen zu übertragen; hierbei ist die erfolgte Uebertragung aus dem Handelsregister zu vermerken.

§ 3.
Oeffentlichkeit des Registers und der Liste; Bekanntmachung der Registereintragungen.

Die für jede bei dem Registergericht eingetragene Genossenschaft zu führende Liste der Genossen ist, wie das Genossenschaftsregister, öffentlich (Gesetz § 12 Abs. 3, § 156 [147]).

In Betreff der Ertheilung von Abschriften, Auszügen und Bescheinigungen aus dem Register und der Liste, sowie in Betreff der Bekanntmachung der Eintragungen in das Register und in Betreff der Bestimmung der öffentlichen Blätter, in welchen die Bekanntmachungen erfolgen, finden, soweit nicht in dem Gesetze oder diesen Bestimmungen etwas Anderes verordnet ist, außer den auf das Handelsregister bezüglichen Vorschriften

---

*) In Folge der Aenderung der Ordnungsnummer der Paragraphen des Genossenschafts-Gesetzes mußten auch die Hinweise in der Bekanntmachung auf das Gesetz entsprechend geändert werden. Insoweit die Paragraphen in der Reihenfolge des Gesetzes von 1889 eine andere Ordnungsnummer haben, wie in der bisherigen Fassung, ist die alte Ordnungsnummer in eckigen Klammern hinzugefügt. Handelsgesetzbuch u. s. w. sind in der neuen Fassung citirt.

**) § 147 des Gesetzes über die Angelegenheiten der freiwilligen Gerichtsbarkeit.

der §§ 9—11 des Handelsgesetzbuches die zu denselben in den einzelnen Bundesstaaten ergangenen Ausführungsbestimmungen entsprechende Anwendung.

§ 4.

Die öffentliche Bekanntmachung einer Eintragung muß ohne Verzug, sobald diese geschehen ist, und ohne daß eine andere Eintragung abgewartet werden darf, veranlaßt werden.

§ 5.

Für die Bekanntmachungen aus dem Genossenschaftsregisters können andere, als die für die Bekanntmachungen aus dem Handelsregister dienenden Blätter bestimmt werden.

Die Bekanntmachungen im Deutschen Reichsanzeiger (Gesetz § 156 [147]) sind in einem bestimmten Theile desselben zusammenzustellen.

Bei der im Dezember jedes Jahres zu bewirkenden Veröffentlichung der für die Bekanntmachungen bestimmten Blätter ist dasjenige Blatt besonders zu bezeichnen, in welchem außer dem Deutschen Reichsanzeiger die Bekanntmachungen für kleinere Genossenschaften erfolgen sollen (Gesetz § 156 [147]). Bei der Auswahl dieses Blattes ist hauptsächlich auf seine Verbreitung im Gerichtsbezirke Gewicht zu legen.

Bei der Entscheidung, ob im Sinne der vorstehenden Bestimmung eine Genossenschaft zu den kleineren Genossenschaften zu rechnen ist, hat das Registergericht sowohl die Zahl der Mitglieder und die Größe des Genossenschaftsvermögens, als die Art und den Umfang des Geschäftsbetriebes zu berücksichtigen.

§ 6.

Form der Anmeldungen, Anzeigen, Einreichungen u. s. w.

Die Vorschrift, daß Anmeldungen zum Genossenschaftsregister durch sämmtliche Mitglieder des Vorstandes oder durch sämmtliche Liquidatoren persönlich zu bewirken oder in beglaubigter Form einzureichen sind (Gesetz § 157 [148]), gilt nur von denjenigen Anmeldungen, welche in dem Gesetze als solche ausdrücklich bezeichnet sind.

Hierher gehören:

1. die Anmeldung des Statuts der Genossenschaft (Gesetz §§ 10, 11);
2. die Anmeldung von Beschlüssen auf Abänderung des Statuts (Gesetz § 16), einschließlich der Anmeldung einer Herabsetzung der Haftsumme oder der Umwandlung einer Genossenschaft nebst den von dem Vorstande hierbei abzugebenden Versicherungen (Gesetz §§ 133, 143, 144 [127, 137, 138]);
3. die Anmeldung einer Zweigniederlassung (Gesetz § 14) oder der Aufhebung einer solchen;
4. die Anmeldung der Bestellung, des Ausscheidens oder der vorläufigen Enthebung von Vorstandsmitgliedern und Liquidatoren (Gesetz §§ 10, 11, 28, 84 [82], § 85 [83] Absatz 2);
5. die Anmeldung der Auflösung einer Genossenschaft in den Fällen der §§ 78 [76] und 79 [77] des Gesetzes;
6. die Anmeldung des von den bestehenden Genossenschaften nach § 155 [Fassung von 1889] des Gesetzes mit dem Inkrafttreten desselben anzunehmenden Firmenzusatzes.

Die Anmeldung durch einen Bevollmächtigten ist ausgeschlossen.*)

§ 7.

Für die sonstigen Anzeigen und Erklärungen, welche zum Genossenschaftsregister oder zu der Liste der Genossen zu bewirken sind, bedarf es weder der Mitwirkung sämmtlicher Vorstandsmitglieder oder Liquidatoren, noch, soweit das Gegentheil nicht besonders bestimmt ist, der beglaubigten Form (z. B. Gesetz § 33 [31] Absatz 2, § 89 [87]

*) vergl. §§ 147, 129 des Gesetzes über die Angelegenheiten der freiwilligen Gerichtsbarkeit.

Absatz 1, § 63 [61] Absatz 2). Sofern jedoch solche Anzeigen oder Erklärungen mit rechtsverbindlicher Wirkung für die Genossenschaft verbunden sind, müssen dieselben in der für die Willenserklärungen des Vorstandes oder der Liquidatoren vorgeschriebenen Form, insbesondere unter Mitwirkung der hiernach erforderlichen Zahl von Mitgliedern der bezeichneten Organe erfolgen (Gesetz §§ 25, 85 [83]).

Letzteres gilt insbesondere von den sämmtlichen Einreichungen, Anzeigen und Versicherungen, welche in Bezug auf den Beitritt und das Ausscheiden von Genossen, sowie auf die Betheiligung derselben mit weiteren Geschäftsantheilen von dem Vorstande zur Liste der Genossen zu bewirken sind (Gesetz § 15 Absatz 2, § 69 [67], § 71 [69] Absatz 2, § 76 [74] Absatz 2, § 77 [75] Absatz 2, § 137 [131] Absatz 2, §§ 138 [132], 164 [Fassung von 1889], § 169 [Fassung von 1889] Absatz 2), imgleichen von der Einreichung eines Urtheils, durch welches ein in das Genossenschaftsregister eingetragener Beschluß der Generalversammlung für ungültig erklärt wird (Gesetz § 51 [49] Absatz 4).

Die Einreichungen und Anzeigen können persönlich bei dem Gericht oder schriftlich mittelst Einsendung bewirkt werden. Im ersteren Falle hat das Gericht über den Vorgang unter Bezeichnung der erschienenen Vorstandsmitglieder einen Vermerk aufzunehmen; im Falle schriftlicher Einreichung ist die ordnungsmäßige Zeichnung durch den Vorstand erforderlich.

§ 8.

Beglaubigungen.

Soweit Anmeldungen zum Genossenschaftsregister oder Zeichnungen der Vorstandsmitglieder oder Liquidatoren in beglaubigter Form einzureichen sind (§ 6), genügt die Beglaubigung der Unterschriften. Das Gleiche gilt in Betreff der Anerkenntnisse des Vorstandes in den Fällen des § 71 [69] Absatz 2 und des § 169 Absatz 2 [Fassung von 1889] des Gesetzes, sofern nicht das Anerkenntniß bei dem Gericht zu Protokoll erklärt wird.

Die Beglaubigung der Unterschriften kann außer durch das Gericht oder einen Notar auch durch den Gemeindevorsteher oder die Polizeibehörde erfolgen. Einer Zuziehung von Zeugen bedarf es nicht.

In den Fällen, in welchen die Abschrift einer Urkunde zum Genossenschaftsregister oder zur Liste der Genossen einzureichen ist, genügt, sofern nicht das Gesetz die Beglaubigung vorschreibt, eine einfache Abschrift (Gesetz § 11 Nr. 3, § 28, § 69 [67] Absatz 2). Anderenfalls bedarf es der gerichtlichen oder notariellen Beglaubigung (Gesetz § 14 Absatz 2, § 58 [56], § 66 [64] Absatz 2, § 69 [67] Absatz 1).

§ 9.

Benachrichtigung der Betheiligten.

Von einer erfolgten Eintragung in das Genossenschaftsregister sind der Vorstand oder die Liquidatoren zu benachrichtigen. Das Gleiche gilt von der Ablehnung einer beantragten Eintragung.

Diese Benachrichtigungen sowie die im § 15 Absatz 4 und § 72 [70] des Gesetzes vorgesehenen Benachrichtigungen bezüglich des Beitritts oder des Ausscheidens von Genossen können ohne Förmlichkeiten, insbesondere durch einfache Postsendung erfolgen. Für die Benachrichtigung von Eintragungen in die Liste der Genossen sind in der Regel Postkarten zu verwenden.

Wird eine Eintragung in das Register oder in die Liste abgelehnt, so sind zugleich die Gründe der Ablehnung mitzutheilen.

§ 10.

Obliegenheiten des Richters und des Gerichtsschreibers.

Die Obliegenheiten des Richters und des Gerichtsschreibers (Registerführers) in Betreff der Führung des Genossenschaftsregisters und der Liste der Genossen sowie in

Betreff der auf die Eintragungen in dieselben bezüglichen Verhandlungen bestimmen sich nach den in den einzelnen Bundesstaaten für das Handelsregister geltenden Vorschriften.

§ 11.

Behandlung als Feriensachen.

Auf die Erledigung der das Genossenschaftsregister und die Liste der Genossen betreffenden Angelegenheiten sind die Gerichtsferien ohne Einfluß.

II. Die Eintragungen in das Genossenschaftsregister.

§ 12.

Einrichtung des Registers.

Das Genossenschaftsregister wird nach dem in den einzelnen Bundesstaaten vorgeschriebenen Formular geführt.

Jede Genossenschaft ist auf einem besonderen Blatte des Registers einzutragen; die für spätere Eintragungen noch erforderlichen Blätter sind freizulassen.

§ 13.

Registerakten.

Für jede in das Register eingetragene Genossenschaft werden besondere Akten angelegt. Zu denselben kommen alle zur Eintragung in das Register bestimmten Anmeldungen nebst den dazu gehörigen Schriftstücken, insbesondere den Zeichnungen von Unterschriften, sowie die sonst dem Gericht einzureichenden Urkunden und Beläge, soweit dieselben sich nicht auf die Liste der Genossen beziehen (§ 24 Absatz 4), ferner die auf die Eintragungsgesuche erlassenen Verfügungen und die Nachweisungen über die erfolgte Bekanntmachung der Eintragungen.

§ 14.

Datum und Unterschrift der Eintragungen.

Bei jeder Eintragung in das Genossenschaftsregister ist der Tag derselben anzugeben. Die Eintragung ist von dem Registerführer zu unterzeichnen. Zugleich ist auf die Verfügung, durch welche die Eintragung angeordnet ist, zu verweisen.

Nach erfolgter Eintragung ist in den Akten bei der Verfügung die Erledigung derselben und der Tag der Erledigung zu vermerken.

§ 15.

Eintragung des Statuts.

Vor der Eintragung des Statuts einer Genossenschaft (Gesetz §§ 10 bis 12) hat das Gericht zu prüfen, ob das Statut den gesetzlichen Vorschriften entspricht, insbesondere ob die in demselben bezeichneten Zwecke der Genossenschaft mit den Bestimmungen im § 1 des Gesetzes im Einklange stehen.

Die Eintragung geschieht in der Weise, daß in das Register selbst nur ein Auszug aus dem Statut aufgenommen wird. Derselbe hat die im § 12 Absatz 2 und 4 des Gesetzes bezeichneten Angaben, bei Genossenschaften mit beschränkter Haftpflicht außerdem die Höhe der Haftsumme und im Falle des § 134 [128] des Gesetzes die höchste Zahl der Geschäftsantheile, auf welche ein Genosse sich betheiligen kann, zu enthalten.

Das von dem Vorstande einzureichende Originalstatut ist zu den Akten zu nehmen; in dem Register ist auf die Stelle der Akten, an welcher dasselbe sich befindet, zu verweisen.

§ 16.

Eintragung von Statutenänderungen;

Beschlüsse auf Abänderung des Statuts (Gesetz § 16) werden, wenn sie eine der im Absatz 2 des vorhergehenden Paragraphen bezeichneten Bestimmungen zum Gegenstande haben, ihrem Inhalte nach, in anderen Fällen nur unter allgemeiner Bezeichnung ihres Gegenstandes eingetragen.

Mit Beschlüssen auf Fortsetzung einer auf bestimmte Zeit beschränkten Genossenschaft wird, auch wenn sie nicht eine Statutenänderung enthalten, ebenso wie mit einer solchen verfahren.

Die eine der von dem Vorstande einzureichenden beiden Abschriften des Beschlusses ist zu den Akten zu nehmen; in dem Register ist auf die Stelle der Akten, an welcher dieselbe sich befindet, zu verweisen.

§ 17.

insbesondere der Umwandlung einer Genossenschaft und der Herabsetzung der Haftsumme.

Im Falle der Umwandlung einer Genossenschaft (Gesetz §§ 143, 144 [137, 138]), in außer dem Umwandlungsbeschluß auch die durch denselben bedingte Aenderung der Firma (Gesetz §§ 2, 3) und bei der Umwandlung in eine Genossenschaft mit beschränkter Haftpflicht die Höhe der Haftsumme, sowie im Falle des § 134 [128] des Gesetzes die höchste Zahl der Geschäftsantheile, auf welche eine Genosse sich betheiligen kann, einzutragen.

In den im § 143 [137] des Gesetzes bezeichneten Umwandlungsfällen und ebenso im Falle einer Herabsetzung der Haftsumme bei einer Genossenschaft mit beschränkter Haftpflicht (§ 133 [127] daselbst) müssen mit der Anmeldung des Beschlusses die Blätter, in welchen die vorgeschriebenen Bekanntmachungen des Beschlusses veröffentlicht sind, eingereicht werden; zugleich haben die sämmtlichen Mitglieder des Vorstandes die im § 133 [127] Absatz 2 des Gesetzes vorgesehene schriftliche Versicherung abzugeben. Die Eintragung darf nur stattfinden, wenn zwischen der letzten der bezeichneten Bekanntmachungen und der Anmeldung ein Jahr verstrichen ist.

Im Uebrigen finden die Vorschriften des vorhergehenden Paragraphen Anwendung.

§ 18.

Eintragung des Firmenzusatzes bestehender Genossenschaften.

Die Eintragung des Zusatzes „eingetragene Genossenschaft mit unbeschränkter Haftpflicht“, welchen die unter dem Gesetz vom 4. Juli 1868 eingetragenen Genossenschaften in ihre Firma aufzunehmen haben (Gesetz § 155 [Fassung von 1889]), erfolgt auf Grund der Anmeldung des Vorstandes. Eines Beschlusses der Generalversammlung bedarf es nicht; die bezeichnete Aenderung der Firma tritt kraft Gesetzes ein. Der Vorstand ist jedoch gegebenenfalls durch Ordnungsstrafen zur Anmeldung anzuhalten.

Die vorstehende Bestimmung findet auf Genossenschaften, welche die Umwandlung in eine Genossenschaft mit unbeschränkter Nachschußpflicht oder mit beschränkter Haftpflicht beschließen, solange Anwendung, bis der Umwandlungsbeschluß in das Genossenschaftsregister eingetragen ist.

Auf Genossenschaften, welche beim Inkrafttreten des Gesetzes bereits aufgelöst sind, findet die Bestimmung des ersten Absatzes keine Anwendung.

§ 19.

Eintragungen in Bezug auf die Mitglieder des Vorstandes.

Die Anmeldung und Eintragung der Vorstandsmitglieder (Gesetz § 10 Absatz 1, § 28) hat mit dem Beginn ihres Amtes zu erfolgen. Dasselbe gilt für den Fall der Wiederwahl*) bisheriger Vorstandsmitglieder und für den Fall der Bestellung von Stellvertretern behinderter Vorstandsmitglieder (Gesetz § 35 [33]).

Imgleichen ist die Beendigung der Vollmacht von Vorstandsmitgliedern alsbald nach dem Ausscheiden derselben aus dem Vorstande anzumelden und einzutragen. Als

*) ist nicht mehr zur Eintragung anzumelden (§ 29 des Ges.)

Beendigung der Vollmacht gilt auch eine vorläufige Enthebung durch den Aufsichtsrath (Gesetz § 40 [38]).

Eine Beschränkung der Vertretungsbefugniß des Vorstandes kann nicht eingetragen werden.

§ 20.

Eintragung von Zweigniederlassungen.

Die Errichtung einer Zweigniederlassung außerhalb des Gerichtsbezirks der Hauptniederlassung ist bei dem Gericht, in dessen Bezirk die erstere sich befindet, in Gemäßheit des § 14 des Gesetzes zur Eintragung anzumelden. Die Eintragung erfolgt nicht, bevor die Eintragung der Hauptniederlassung nachgewiesen ist.

Von der bewirkten Eintragung der Zweigniederlassung hat das Gericht dem Gericht der Hauptniederlassung Mittheilung zu machen. Von dem letzteren ist auf Grund dieser Mittheilung die Errichtung der Zweigniederlassung im Register bei der Hauptniederlassung einzutragen.

Die bei dem Gericht der Hauptniederlassung zu bewirkenden Anmeldungen und Einreichungen zum Genossenschaftsregister haben in der gleichen Weise auch bei dem Gericht jeder Zweigniederlassung zu erfolgen (Gesetz § 157 [148] Absatz 2). Nur im Falle der Auflösung der Genossenschaft findet eine Anmeldung durch den Vorstand zum Register der Zweigniederlassung nicht statt; vielmehr hat in diesem Falle und ebenso im Falle der Eröffnung des Konkursverfahrens das Gericht der Hauptniederlassung von der geschehenen Eintragung unverzüglich zu dem Genossenschaftsregister einer jeden Zweigniederlassung Mittheilung zu machen. Auf Grund dieser Mittheilung erfolgt die Eintragung in das Register der Zweigniederlassung.

Wird abgesehen von dem Falle der Auflösung der Genossenschaft eine Zweigniederlassung aufgehoben, so ist dies in der gleichen Weise, wie die Errichtung, zur Eintragung anzumelden und von der bewirkten Eintragung dem Gericht der Hauptniederlassung behufs Eintragung in das Register dieses Gerichts Mittheilung zu machen.

Wird eine Zweigniederlassung in demselben Gerichtsbezirk errichtet, welchem die Hauptniederlassung angehört, so ist nur die Errichtung und der Ort der Zweigniederlassung sowie gegebenenfalls die Aufhebung durch den Vorstand anzumelden und in dem Register bei der Hauptniederlassung einzutragen.

§ 21.

Eintragung der Auflösung.

Die Eintragung der Auflösung einer Genossenschaft in das Register der Hauptniederlassung erfolgt

1. in den Fällen der §§ 78 [76] und 79 [77] des Gesetzes auf Grund der Anmeldung des Vorstandes,
2. in den übrigen Fällen von Amtswegen, und zwar in dem Falle des § 80 [78] nach Eintritt der Rechtskraft des von dem Registergericht erlassenen Auflösungsbeschlusses, in dem Falle des § 81 [79] auf Grund der von der zuständigen Verwaltungsgerichts- oder Verwaltungsbehörde erster Instanz dem Registergerichte mitzutheilenden rechtskräftigen Entscheidung, durch welche die Auflösung ausgesprochen ist, im Falle der Eröffnung des Konkursverfahrens auf Grund der Mittheilung des Gerichtsschreibers des Konkursgerichts (Konkursordnung § 112); in dem letzteren Falle unterbleibt die Veröffentlichung der Eintragung (Gesetz § 102 [95]).

In allen Fällen der Auflösung, außer dem Falle der Eröffnung des Konkursverfahrens, sind zugleich die Liquidatoren von dem Vorstande anzumelden. Dies gilt auch dann, wenn die Liquidation durch die Mitglieder des Vorstandes als Liquidatoren erfolgt (Gesetz §§ 83, 84 [81, 82]).

Ist über die Form, in welcher die Liquidatoren ihre Willenserklärungen kundzugeben und für die Genossenschaft zu zeichnen haben, insbesondere über die Zahl der Liquidatoren, welche dabei mitwirken müssen, eine Bestimmung getroffen, so ist auch diese anzumelden und einzutragen (Gesetz § 85 [83]).

Im Uebrigen finden die auf den Vorstand bezüglichen Vorschriften des § 19 dieser Bestimmungen entsprechende Anwendung.

§ 22.

Sobald mit der vollständigen Vertheilung des Genossenschaftsvermögens die Liquidation beendigt ist, haben die Liquidatoren das Erlöschen ihrer Vollmacht zur Eintragung anzumelden.

Die Aufhebung oder Einstellung des Konkursverfahrens (Konkursordnung §§ 163, 205; Gesetz § 116 [109]) ist auf Grund der bezüglichen Mittheilung des Gerichtsschreibers des Konkursgerichts im Genossenschaftsregister zu vermerken.

Zugleich mit den in Absatz 1 und 2 bezeichneten Eintragungen sind die sämmtlichen, auf die Genossenschaft bezüglichen Eintragungen roth zu unterstreichen.

§ 23.

Das Genossenschaftsregister ist dauernd aufzubewahren.

Die Registerakten (§ 13) können nach Ablauf von dreißig Jahren seit der Eintragung einer der im § 22 bezeichneten Thatsachen vernichtet werden.

III. Die Eintragungen in die Liste der Genossen.

§ 24.

Einrichtung der Liste.

Die Liste der Genossen wird für jede in das Register eingetragene Genossenschaft nach dem anliegenden Formular geführt. Sie bildet eine besondere Beilage zum Genossenschaftsregister.

Auf dem Titelblatt der Liste ist die Firma und der Sitz der Genossenschaft sowie Beginn und Ende des Geschäftsjahres derselben (Gesetz § 8 Nr. 3, § 12 Nr. 6 § 157 Absatz 1 [Fassung von 1889]) anzugeben. Für eine Genossenschaft, bei welcher in Gemäßheit des § 114 [Fassung von 1889] des Gesetzes das Ausscheiden von Genossen zum Schlusse jedes Kalenderquartals stattfindet, ist dies statt der Angabe über das Geschäftsjahr auf dem Titelblatt zu vermerken.

Die Eintragungen in die Liste sind stets ohne Verzug vorzunehmen. Bei jeder Eintragung ist der Tag derselben anzugeben; eine Unterzeichnung der einzelnen Eintragungen durch den Registerführer ist nicht erforderlich.

Die Anträge, Schriftstücke und Verfügungen, auf Grund deren die Eintragung stattfindet, sind mit der laufenden Nummer, unter welcher der Genosse in die Liste eingetragen ist, zu versehen und, nach Jahrgängen gesammelt, aufzubewahren.

§ 25.

Liste der Zweigniederlassung.

Eine Liste der Genossen wird auch bei jedem Gericht geführt, in dessen Register eine Zweigniederlassung der Genossenschaft eingetragen ist. Die Eintragungen in dieselbe erfolgen nicht auf Grund unmittelbarer Anzeigen oder Anträge der Betheiligten, sondern auf Grund der von dem Gericht der Hauptniederlassung dem Gericht der Zweigniederlassung zu machenden Mittheilungen über die in der Hauptliste bewirkten Eintragungen (Gesetz § 158 [149] Absatz 1, § 170 [Fassung von 1889]).

§ 26.

Eintragung des Beitritts.

In Spalte 1 bis 4 werden die Mitglieder der Genossenschaft unter fortlaufenden Nummern nach Vor- und Zunamen, Beruf und Wohnort eingetragen.

Als erste Mitglieder einer nach dem Inkrafttreten des Gesetzes zur Eintragung angemeldeten Genossenschaft sind die Unterzeichner des Statuts einzutragen. Dieselben müssen auch in einer mit der Anmeldung des Statuts von dem Vorstande einzureichenden besonderen Liste aufgeführt sein (Gesetz § 11 Nr. 1 und 2).

Bei der Eintragung eines Genossen, welcher nach der Anmeldung des Statuts der Genossenschaft beitritt, hat das Gericht zu prüfen, ob die Beitrittserklärung (Gesetz § 15) die Unterschrift des Genossen trägt, eine unbedingte ist und bei Genossenschaften mit unbeschränkter Haftpflicht oder unbeschränkter Nachschußpflicht die in den §§ 120, 127 [113, 121] des Gesetzes vorgeschriebene Bemerkung enthält, sowie ob die Einreichung ordnungsmäßig durch den Vorstand erfolgt ist (§ 7 dieser Bestimmungen).

Auf die Echtheit der Unterschrift und die materielle Gültigkeit der Beitrittserklärung erstreckt sich die Prüfung des Gerichts nicht; vielmehr bleibt es im Allgemeinen den Betheiligten überlassen, Mängel in dieser Richtung durch Anfechtung der Eintragung im Wege der Klage geltend zu machen. Eine Ablehnung der Eintragung aus solchen Gründen ist jedoch nicht ausgeschlossen, falls die Ungültigkeit der Beitrittserklärung, ohne daß es weiterer Ermittelungen bedarf, aus den dem Gericht bekannten Thatsachen sich als zweifellos ergiebt.

Bei der Benachrichtigung des Genossen und des Genossenschaftsvorstandes von der erfolgten Eintragung (Gesetz § 15 Absatz 4; oben § 9) ist die laufende Nummer, unter welcher die Eintragung bewirkt ist, anzugeben.

§ 27.

Eintragung weiterer Geschäftsantheile.

Die Spalten 5 und 6 dienen zur Eintragung der weiteren Geschäftsantheile bei solchen Genossenschaften mit beschränkter Haftpflicht, deren Statut die Betheiligung der Genossen auf mehr als einen Geschäftsantheil gestattet (Gesetz §§ 134 [128] bis 137 [131]). Der erste Geschäftsantheil wird nicht eingetragen.

Die Eintragung erfolgt auf Grund der von dem Vorstande einzureichenden Betheiligungserklärung des Genossen und der schriftlichen Versicherung des Vorstandes, daß die übrigen Geschäftsantheile des Genossen erreicht seien.

Bei der Einreichung der Urkunden ist die Nummer, unter welcher der Genosse in die Liste eingetragen ist, anzugeben.

Hinsichtlich der Prüfung der Urkunden sowie hinsichtlich der Anfechtung der Eintragung finden die Vorschriften des vorhergehenden Paragraphen entsprechende Anwendung.

Bei anderen, als den im Absatz 1 bezeichneten Genossenschaften ist die fünfte und sechste Spalte der Liste mit Rücksicht auf die Möglichkeit einer späteren Umwandlung der Genossenschaft offen zu lassen.

§ 28.

Einreichung der Urkunden im Falle des Ausscheidens von Genossen.

Die Eintragung des Ausscheidens von Genossen erfolgt auf Grund der von dem Vorstande einzureichenden Urkunden. Diese sind:

1. im Falle der Aufkündigung eines Genossen (Gesetz §§ 65, 69, [63, 67]) die Kündigungserklärung desselben und die schriftliche Versicherung des Vorstandes, daß die Aufkündigung rechtzeitig erfolgt sei;

2. im Falle der Aufkündigung des Gläubigers eines Genossen (Gesetz §§ 66, 69, [64, 67]) die Kündigungserklärung des Gläubigers und die in Nr. 1 bezeichnete Versicherung des Vorstandes, außerdem beglaubigte Abschrift des rechtskräftigen Urtheils oder sonstigen Schuldtitels und des Beschlusses, durch welchen das Geschäftsguthaben des Genossen für den Gläubiger gepfändet und demselben überwiesen ist, sowie des Gerichtsvollzieherprotokolls oder der sonstigen Urkunden, aus welchen sich die Fruchtlosigkeit einer innerhalb der letzten sechs Monate vor der Pfändung und Ueberweisung des Geschäftsguthabens gegen den Genossen versuchten Zwangsvollstreckung ergiebt;

3. im Falle der Aufgabe des Wohnsitzes eines Genosses in dem Bezirke bei Genossenschaften, deren Statut die Mitgliedschaft an den Wohnsitz innerhalb eines bestimmten Bezirks knüpft (Gesetz § 8 Nr. 2, §§ 67, 69 [65, 67]), die Austrittserklärung des Genossen oder Abschrift der an den Genossen gerichteten Erklärung der Genossenschaft, mit welcher diese das Ausscheiden desselben verlangt hat, sowie eine Bescheinigung der Polizei- oder Gemeindebehörde über den Wegzug aus dem Bezirke;

4. im Falle der Ausschließung eines Genossen aus der Genossenschaft (Gesetz §§ 68, 69 [66, 67]) Abschrift des Ausschließungsbeschlusses;

5. im Falle der Uebertragung des Geschäftsguthabens (Gesetz §§ 76, 138 [74, 132]) die zwischen dem Ausscheidenden und dem Erwerber des Guthabens wegen der Uebertragung geschlossene Uebereinkunft oder beglaubigte Abschrift derselben und,

falls der Erwerber bereits Mitglied der Genossenschaft ist, die schriftliche Versicherung des Vorstandes, daß das bisherige Geschäftsguthaben des Erwerbers mit dem ihm zuzuschreibenden Betrage den Geschäftsantheil oder — im Falle des § 138 [132] des Gesetzes — die der höchsten Zahl der Geschäftsantheile entsprechende Gesammtsumme nicht übersteigt,

falls der Erwerber des Guthabens noch nicht Mitglied der Genossenschaft ist, die vorschriftsmäßige Beitrittserklärung desselben;

6. im Falle des Todes eines Genossen (Gesetz § 77 [75]) eine Anzeige des Sterbefalls; als solche genügt eine von den Angehörigen des Verstorbenen veröffentlichte oder der Genossenschaft erstatte Anzeige und mangels einer solchen die Erklärung des Genossenschaftsvorstandes, daß der Todesfall eingetreten sei.

§ 29. Zeit der Einreichung.

In den Fällen der Aufkündigung des Genossen oder des Gläubigers eines Genossen (§ 28 Nr. 1, 2) muß die Einreichung der Urkunden durch den Vorstand spätestens sechs Wochen vor dem Schlusse des Geschäftsjahres (Gesetz § 69 [67] Absatz 1), und wenn das Ausscheiden der Genossen zum Schlusse jedes Kalenderquartals*) gestattet ist (Gesetz § 114 [Fassung von 1889]), spätestens drei Wochen vor dem Quartalsschlusse erfolgen. Die Einreichung der sämmtlichen im Laufe des Geschäftsjahres oder Quartals erfolgten Aufkündigungen kann bis zu dem bezeichneten Zeitpunkt aufgeschoben und zusammen bewirkt werden.

Dasselbe gilt in den Fällen der Austrittserklärung wegen Aufgabe des Wohnsitzes und der Ausschließung (§ 28 Nr. 3, 4); sind jedoch diese Thatsachen erst in den letzten sechs Wochen des Geschäftsjahres, beziehungsweise in den letzten drei Wochen des Quartals eingetreten, so ist die Einreichung unverzüglich zu bewirken.

Imgleichen hat in den Fällen der Uebertragung des Geschäftsguthabens und des Todes eines Genossen (§ 28 Nr. 5, 6) die Einreichung durch den Vorstand stets unverzüglich zu erfolgen.

Bei der Einreichung der Urkunden ist die Nummer, unter welcher der ausscheidende Genosse in die Liste eingetragen ist, anzugeben.

---

*) Hat keine Bedeutung mehr, da der betreffende § des Gesetzes früher 114 durch die Novelle von 1896 aufgehoben ist.

Hinsichtlich der Prüfung der Urkunden und hinsichtlich der Anfechtung der Eintragung finden die Vorschriften des § 26 entsprechende Anwendung.

§ 30.

Eintragung des Ausscheidens.

Das Ausscheiden von Genossen wird in Spalte 7 bis 9 der Liste eingetragen.

Außer der das Ausscheiden begründenden Thatsache (§ 28 Nr. 1 bis 6) ist in den Fällen der Aufkündigung, des Wegzuges aus dem Bezirke und der Ausschließung (§ 28 Nr. 1 bis 4) in Spalte 8 zugleich der Jahresschluß und, wenn in Gemäßheit des § 114 [Fassung von 1889] des Gesetzes das Ausscheiden zum Schlusse des Kalenderquartals*) stattfindet, der Quartalsschluß, zu welchem die Aufkündigung, Austrittserklärung oder Ausschließung erfolgt ist, zu vermerken.

Im Falle der Uebertragung des Geschäftsguthabens (§ 28 Nr. 5) ist in Spalte 8 außer der Uebertragung die Person des Erwerbers und die laufende Nummer, unter welcher derselbe in die Liste eingetragen ist oder eingetragen wird, anzugeben. Ist der Erwerber noch nicht Genosse, so darf die Uebertragung nur gleichzeitig mit dem Beitritt des Erwerbers eingetragen werden.

Im Falle des Todes eines Genossen (§ 28 Nr. 6) ist der Zeitpunkt des Todes zu vermerken.

§ 31.

Der Tag des Ausscheidens wird in Spalte 9 eingetragen. Da mit den im Gesetze bestimmten Ausnahmen das Ausscheiden nur zum Schlusse eines Geschäftsjahres, bei den im § 114 [Fassung von 1889] des Gesetzes bezeichneten Genossenschaften nur zum Schlusse eines Kalenderquartals*) und nur nach erfolgter Eintragung wirksam wird, so kann als Zeitpunkt desselben regelmäßig nur der letzte Tag des Geschäftsjahres oder Quartals, in welchem die Eintragung stattfindet, eingetragen werden.

Soll nach den eingereichten Urkunden das Ausscheiden nicht zum Schlusse des laufenden, sondern eines späteren Geschäftsjahres oder Quartals*) stattfinden, so ist dieser spätere Zeitpunkt einzutragen.

Wird die Einreichung der Urkunden oder die Eintragung selbst erst nach dem Jahres- oder Quartalsschlusse,*) mit welchem das Ausscheiden stattfinden sollte, bewirkt, so kann dasselbe erst mit dem nächsten Jahres- oder Quartalsschlusse wirksam werden; in diesem Falle ist deshalb der letztere Zeitpunkt als derjenige des Ausscheidens in die Liste einzutragen. Eine Ausnahme gilt in dieser Beziehung für die Eintragung des Ausscheidens bei Todesfällen, indem hier das Ausscheiden des Erben nicht von der vorgängigen Eintragung in die Liste abhängig ist (Gesetz § 77 [75]). Auch bei verspäteter Einreichung der Todesanzeige ist deshalb der letzte Tag desjenigen Geschäftsjahres oder Quartals,*) in welchem der Todesfall eingetreten ist, als Zeitpunkt des Ausscheidens einzutragen.

Auf den Fall des Ausscheidens durch Uebertragung des Geschäftsguthabens (§ 28 Nr. 6) finden die vorstehenden Bestimmungen keine Anwendung. In diesem Falle wird das Ausscheiden unmittelbar durch die Eintragung wirksam; der Tag der letzteren ist deshalb auch der Zeitpunkt des Ausscheidens und als solcher in der Liste zu vermerken.

§ 32.

Eintragung von Vormerkungen.

Vormerkungen zur Sicherung des Ausscheidens (Gesetz § 71 [69]) werden in Spalte 7 und 8 eingetragen. Die Eintragung erfolgt auf Antrag des Genossen, welcher das Ausscheiden beansprucht, im Falle des § 66 [64] des Gesetzes auf Antrag des Gläubigers des Genossen. Die Thatsachen, auf welche der Anspruch gegründet wird (rechtzeitig

---

*) Hat keine Bedeutung mehr, da der betreffende § des Gesetzes früher 114 durch die Novelle von 1896 aufgehoben ist.

bewirkte Aufkündigung, Uebertragung des Geschäftsguthabens, Tod des Erblassers u. s. w.) sind anzugeben; des Nachweises oder der Glaubhaftmachung derselben bedarf es nicht.

Der Zeitpunkt, zu welchem das Ausscheiden beansprucht wird, ist ebenfalls in Spalte 8 anzugeben. Derselbe bestimmt sich nach den Grundsätzen, welche maßgebend sein würden, wenn statt der Vormerkung das Ausscheiden selbst einzutragen wäre (§ 33 [31]). In Spalte 9 wird der hiernach vorgemerkte Zeitpunkt erst eingetragen, wenn das Ausscheiden durch ein Anerkenntniß des Vorstandes oder durch ein gegen denselben ergangenes rechtskräftiges Urtheil festgestellt ist und dies in die Liste eingetragen wird (Gesetz § 71 [69] Absatz 2).

§ 33.

Unrichtige und unwirksame Eintragungen.

Unrichtige Eintragungen, welche auf einem Versehen des Gerichts beruhen, sind durch einen Vermerk in der letzten Spalte als zur Ungebühr bewirkt zu löschen.

Wird die Unwirksamkeit einer Eintragung aus anderen Gründen durch eine übereinstimmende Erklärung des betheiligten Genossen und des Vorstandes der Genossenschaft in beglaubigter Form anerkannt oder durch rechtskräftiges Urtheil festgestellt, so ist dies auf Antrag eines der beiden Theile in der letzten Spalte einzutragen.

§ 34.

Mit der Eintragung des Ausscheidens eines Genossen (§§ 28 bis 33 [31], § 34 [32] Absatz 2) sowie mit den im § 34 [32] bezeichneten Eintragungen sind zugleich die sämmtlichen, auf den Genossen bezüglichen Eintragungen roth zu unterstreichen.

§ 35.

Die Liste der Genossen ist dauernd aufzubewahren.

Auf die nach Jahrgängen gesammelten Anträge, Schriftstücke und Verfügungen (§ 24 Absatz 4) findet die Bestimmung im § 23 Absatz 2 entsprechende Anwendung.

§ 36.

Anlegung und Berichtigung der Liste für bestehende Genossenschaften.

Für die bei dem Inkrafttreten des Gesetzes bestehenden Genossenschaften (Gesetz § 154 [Fassung von 1889]) ist die Liste der Genossen in der durch die gegenwärtigen Bestimmungen vorgeschriebenen Form neu anzulegen und hiermit die im § 165 [Fassung von 1889] des Gesetzes angeordnete Berichtigung des Inhalts der bisherigen Mitgliederliste zu verbinden.

Die Anlegung hat unverzüglich nach Eingang der im § 164 [Fassung von 1889] des Gesetzes vorgeschriebenen Anzeige des Vorstandes der Genossenschaft zu erfolgen. Derselbe kann die Anzeige in der Weise erstatten, daß er die neue Liste selbst entwirft und bei Einreichung derselben die Abweichungen von der bisherigen Liste bezeichnet.

Bei Eintragung der beim Inkrafttreten des Gesetzes der Genossenschaft angehörenden Mitglieder wird das Datum der Eintragung nicht in Spalte 2 angegeben, sondern unter der letzten Eintragung folgender Vermerk beigefügt:

„Die unter Nr. 1 bis . . . . eingetragenen Personen sind als die der Genossenschaft am 1. Oktober 1889 angehörenden Mitglieder eingetragen am . . . . . .“

Zugleich ist bei denjenigen Genossen, welche in Folge einer vor dem 1. Oktober 1889 geschehenen Aufkündigung nach diesem Tage aus der Genossenschaft ausscheiden (Gesetz § 164 Absatz 2 [Fassung von 1889]), die frühere Aufkündigung und der nach den bisherigen Vorschriften sich bestimmende Zeitpunkt des Ausscheidens in Spalte 8 und 9 einzutragen.

§ 37.

Sobald die Anlage der neuen Liste bewirkt ist, hat das Gericht die in § 165 Absatz 2 [Fassung von 1889], § 168 Absatz 3 [Fassung von 1889] des Gesetzes bezeichnete allgemeine Aufforderung in den für die Bekanntmachungen der Genossenschaft im Statut derselben bestimmten Blättern zu erlassen.

Soweit die zu dem Bezirke des Gerichts gehörenden Genossenschaften für ihre Bekanntmachungen dieselben Blätter bestimmt haben, kann für diese Genossenschaften die allgemeine Aufforderung verbunden werden.

§ 38.

Widersprüche, welche in Gemäßheit des § 165 Absatz 2 [Fassung von 1889] oder des § 168 Absatz 2 [Fassung von 1889] des Gesetzes gegen den Inhalt der neuen Liste erhoben werden, sind, sofern sie sich gegen die Aufnahme des Widersprechenden in die Liste richten oder das Ausscheiden desselben auf Grund einer vor dem 1. Oktober 1889 erklärten Aufkündigung betreffen, in der letzten Spalte einzutragen. Ist in Folge eines Anerkenntnisses des Vorstandes oder eines rechtskräftigen Urtheils gegen denselben die Liste nach Maßgabe des erhobenen Widerspruchs zu berichtigen (Gesetz § 169 Absatz 2 [Fassung von 1889]), so ist der Grund der Berichtigung in der letzten Spalte zu vermerken und zugleich die wegfallende Eintragung roth zu unterstreichen.

Zur Eintragung von Widersprüchen, mit welchen die Aufnahme des Widersprechenden in die Liste beansprucht wird, ist eine besondere Liste anzulegen. In dieselbe sind die Widersprechenden nach Namen, Beruf und Wohnort einzutragen. Eine spätere Berichtigung der Liste in Gemäßheit des Widerspruchs erfolgt durch Uebertragung des Genossen in die Hauptliste.

Des Nachweises oder der Glaubhaftmachung der Thatsachen, auf welche ein Widerspruch und im Falle des § 168 Absatz 2 [Fassung von 1889] des Gesetzes die Zulässigkeit der nachträglichen Geltendmachung desselben gegründet wird, bedarf es nicht.

Die Löschung eines Widerspruchs erfolgt, wenn die Voraussetzungen des § 169 Absatz 2 [Fassung von 1889] des Gesetzes vorliegen oder der Widerspruch zurückgenommen oder durch rechtskräftiges Urtheil für unbegründet erklärt wird, durch entsprechenden Vermerk in der Liste, in welcher der Widerspruch eingetragen war.

§ 39.

Solange die Anlegung der neuen Liste (§ 38 [36]) für eine Genossenschaft noch nicht vollendet ist, sind Eintragungen, welche auf Grund eines nach dem 1. Oktober 1889 erfolgten Beitritts oder Ausscheidens von Genossen erforderlich werden, in einer vorläufigen Liste zu bewirken. Dieselben sind nach Anlegung der neuen Liste in diese unter dem Datum der früheren Eintragung zu übertragen.

§ 40.

Die vorstehenden Bestimmungen treten gleichzeitig mit dem Gesetze vom 1. Mai 1889 in Kraft.

Berlin, den 11. Juli 1889.

Der Reichskanzler.

In Vertretung:

von Boetticher.

Anlage.

Liste der Genossen

für

....

Das Geschäftsjahr beginnt am .... und

endigt am ....

(Das Ausscheiden der Genossen findet zum Schluß eines jeden Kalenderquartals statt.*)

*) Kommt nicht mehr zur Anwendung, da der betreffende § (früher 114) des Gesetzes durch die Novelle von 1896 aufgehoben ist.

Laufende Nr.	Genossen.			Weitere Geschäftsantheile.		Ausscheiden.			Bemerkungen.
	Tag der Eintragung.	Name und Beruf.	Wohnort.	Tag der Eintragung.	Zahl der weiteren Geschäftsantheile.	Tag der Eintragung.	Grund des Ausscheidens.	Tag des Ausscheidens.	
1.	2.	3.	4.	5.	6.	7.	8.	9.	10.
1.	4. Februar 1890	Meier, Wilhelm, Schlossermeister	Merseburg			18. November 1892	Aufkündigung zum 31. Dezember 1892	31. Dezember 1892	
2.	4. Februar 1890	Böttcher, Hermann, Tischlermeister	"						Die Eintragung des Beitritts ist durch rechtskräftiges Urtheil für ungültig erklärt. Eingetragen am 6. Juli 1891.
3.	15. März 1890	Kraus, Philipp, Kaufmann	"	15. Dezember 1890 1. Juni 1891	1 1 2	7. August 1892	Verstorben am 30. Juli 1892	31. Dezember 1892	
4.	15. März 1890	Himmelreich, Anton, Klempnermeister	"			5. Juni 1891	Uebertragung d. Guthabens an .... (Nr. ....)	5. Juni 1891	
5.	15. März 1890	Kannegießer, Adolf, Auslaufer	"			25. Januar 1893	Ausschließung zum 31. Dezember 1893	31. Dezember 1893	
6.	15. März 1890	Müller, Hans, Landwirth	Bolzhausen	1. Mai 1891	1	20. Dezember 1893 4. März 1894	Vorgemerkt Kündigung z. 31. Dezbr. 1893 Anerkannt	31. Dezember 1893	
7.	2. April 1890	Schulz, Eduard, Gastwirth	Merseburg						
8.	2. April 1890	Becker, Matthias, Maurermeister	"			20. Dezember 1892	Wegen Aufgabe des Wohnsitzes im Bezirk ausgetreten zum 31. Dezember 1892	31. Dezember 1892	

Dritter Theil.

Bekanntmachungen der Zentralbehörden der Bundesstaaten nach § 161 [171] Absatz II des Gesetzes vom 1. Mai 1889.

Vorbemerkung.

Die Bekanntmachungen, zu welchen der § 161 [171] Abs. 2 des Reichsgesetzes vom 1. Mai 1889 die Zentralbehörde jedes Bundesstaates verpflichtet, mußten spätestens am 1. Oktober erfolgen. Aber nur der größere Theil der Zentralbehörden kam der Verpflichtung pünktlich nach.

Die Reihenfolge nach den Vollzugstagen der Bekanntmachungen ist:

1889 6. Juni (verkündet 20. Juni) Hessen VI.
„ 24. Juli (27. Juli) Bayern II.
„ 29. Juli (17. August) Schwarzburg-Sondershausen XVI.
„ 31. Juli (7. August) Schaumburg-Lippe XXI.
„ 2. August (7. August) Reuß jüngere Linie XX.
„ 4. August (27. August) Reuß ältere Linie XIX.
„ 11. August (13. September) Württemberg IV.
„ 14. August (18. September) Sachsen III.
„ 16. August (20. August) Waldeck XVIII.
„ 19. August (22. September) Schwarzburg-Rudolstadt XVII.
„ 29. August (5. September) Braunschweig XI.
„ 30. August (14. September) Sachsen-Weimar VII.
„ 3. September (11. September) Sachsen-Altenburg XIII.
„ 11. September (13. September) Lübeck XXIII.
„ 13. September (15. September) Hamburg XXV.
„ 18. September (28. September) Sachsen-Coburg-Gotha XIV.
„ 25. September (30. September) Mecklenburg-Schwerin VIII.
„ 25. September (22. Oktober) Mecklenburg-Strelitz VII.
„ 27. September (30. September) Baden V.
„ 28. September (5. Oktober) Elsaß-Lothringen XXVI.
„ 8. Oktober (12. Oktober) Bremen XXIV.
„ 11. Oktober (18. Oktober) Sachsen-Meiningen XII.
„ 14. Oktober (17. Oktober) Oldenburg X.
„ 12. Dezember (20. Dezember) Anhalt XV.
„ 18. Dezember (24. Dezember) Preußen I.
1890 16. April (23. April 1890) Fürstenthum Lippe XXII.

I. Preußen.

Bekanntmachung.

(Aus Nr. 307 des deutschen Reichsanzeigers und königlich preußischen Staatsanzeigers, ausgegeben Berlin, Dienstag den 24. Dezember Abends.)

Zur Ausführung des Gesetzes, betreffend die Erwerbs- und Wirthschaftsgenossenschaften vom 1. Mai 1889 (R.-G.-Bl. S. 55), wird auf Grund des § 161 [171] Abs. 2 desselben bestimmt:

1. Als Staatsbehörde gilt für Genossenschaften, deren Bezirk sich über die Grenzen eines Kreises nicht hinauserstreckt, der Landrath, in allen übrigen Fällen der Regierungs-Präsident desjenigen Bezirks, in welchem die Genossenschaft ihren Sitz hat. An Stelle des Regierungs-Präsidenten tritt für den Stadtkreis Berlin der Polizei-Präsident, und in der Provinz Posen bis zum 1. April 1890 die Regierung.

2. Als höhere Verwaltungsbehörde gilt der Regierungs-Präsident, für den Stadtkreis Berlin der Polizei-Präsident und in der Provinz Posen bis zum 1. April 1890 die Regierung.

Berlin, den 18. Dezember 1889.

Für den Minister für Handel und Gewerbe:	Der Minister für Landwirthschaft, Domänen und Forsten:	Der Minister des Innern:
von Boetticher.	Freiherr Lucius von Ballhausen.	Herrfurth.

II. Bayern.

Nr. 10,750. Königlich Allerhöchste Verordnung, den Vollzug des § 161 [171] des Reichsgesetzes über die Erwerbs- und Wirthschaftsgenossenschaften vom 1. Mai 1889 betreffend.

(Aus Nr. 26 des Gesetz- und Verordnungsblattes für das Königreich Bayern, ausgegeben München den 27. Juli 1889, S. 409 und 410.)

Im Namen Seiner Majestät des Königs. **Luitpold**, von Gottes Gnaden Königlicher Prinz von Bayern, Regent.

Wir finden Uns bewogen, im Hinblick auf § 161 [171] des Reichs-Gesetzes vom 1. Mai 1889, betreffend die Erwerbs- und Wirthschaftsgenossenschaften, anzuordnen, was folgt:

Die in diesem Gesetze der Staatsbehörde und der höheren Verwaltungsbehörde zugewiesenen Befugnisse und Verrichtungen sind von den Distriktspolizeibehörden, in München von der königlichen Polizeidirektion, wahrzunehmen.

München, den 24. Juli 1889.

Luitpold, Prinz von Bayern, des Königreichs Bayern Verweser.
Frhr. v. Feilitzsch. Frhr. v. Leonrod
Auf Allerhöchsten Befehl:
Der General=Sekretär, an dessen Statt: Ministerialrath v. Zenetti.

III. Königreich Sachsen.

Nr. 36. Verordnung zur Ausführung des Reichsgesetzes, die Erwerbs= und Wirthschaftsgenossenschaften, vom 1. Mai 1889 betreffend; vom 14. August 1889.

(8. Stück des Gesetz= und Verordnungsblattes für das Königreich Sachsen, ausgegeben zu Dresden den 18. September 1889, S. 78 bis 83.)

Mit Allerhöchster Genehmigung wird zu Ausführung des Reichsgesetzes, betreffend die Erwerbs= und Wirthschaftsgenossenschaften, vom 1. Mai 1889 (R.=G.=Bl. S. 55 flg.), verordnet, was folgt:

§ 1. Das Genossenschaftsregister ist nach dem unter O beigefügten Formulare zu führen.

Die Folien erhalten fortlaufende Nummern.

Jedes Folium enthält drei Rubriken.

§ 2. In der ersten Rubrik, welche die Ueberschrift „Firma" erhält, wird die Firma und der Sitz der Genossenschaft eingetragen.

In derselben Rubrik erfolgt die Verlautbarung

1. der Errichtung und der Aufhebung der Zweigniederlassung,

2. der Eröffnung des Konkursverfahrens zum Vermögen der Genossenschaft, sowie der Aufhebung oder Einstellung desselben,

3. der Auflösung der Genossenschaft außer dem Falle des Konkurses.

§ 3. Die zweite Rubrik ist mit der Ueberschrift „Rechtsverhältnisse der Genossenschaft" zu versehen und zur Eintragung eines Auszuges aus dem Statute, der Beschlüsse auf Abänderung des Statuts und auf Fortsetzung einer auf bestimmte Zeit beschränkten Genossenschaft und des in § 51 [49] Absatz 4 des Gesetzes bezeichneten Urtheils bestimmt.

§ 4. In der dritten Rubrik, welche die Ueberschrift „Vertreter" erhält, werden die Mitglieder des Vorstandes, die Stellvertreter derselben und die Liquidatoren, ferner die Bestimmungen über die Form, in welcher diese Personen ihre Willenserklärungen kundzugeben und für die Genossenschaft zu zeichnen haben, und die Beendigung der Vollmacht derselben, sowie auch eine vorläufige Enthebung der Vorstandsmitglieder von ihren Geschäften durch den Aufsichtsrath, eingetragen.

Mehrere Vorstandsmitglieder, Stellvertreter derselben oder Liquidatoren, welche gleichzeitig zur Eintragung kommen, werden unter fortlaufenden Buchstaben (a, b, c u. s. w.) aufgeführt.

§ 5. Im Uebrigen sind die Vorschriften in den §§ 15, 16 Absatz 1 und 2, 17 bis 20, 24, 25, 30, 31 und 35 der Verordnung zu Ausführung des Allgemeinen Deutschen Handelsgesetzbuchs und des Gesetzes vom 30. Oktober 1861, die Einführung des Allgemeinen Deutschen Handelsgesetzbuchs betreffend, vom 30. Dezember 1861 (G.= u. V.=Bl. S. 559 flg.) bei Führung des Genossenschaftsregisters und, soviel § 17 Absatz 2 und § 30 betrifft, auch in Bezug auf Eintragungen in die Liste der Genossen entsprechend anzuwenden. In Betreff kleinerer Genossenschaften ist als das neben dem Deutschen Reichsanzeiger für die Bekanntmachung der Eintragungen zu benutzende eine Blatt (§ 156 [147] Satz 3 des Gesetzes) das Amtsblatt des betreffenden Amtsgerichts zu bestimmen.

§ 6. Die Schriftstücke, auf Grund deren die Eintragungen in die Liste der Genossen erfolgen, sind nach der Zeitfolge des Eingangs in besondere Akten (Listenakten) einzuheften, auf deren Deckel die Firma der betreffenden Genossenschaft und Nummer des Registers anzugeben ist.

Jeder Eintrag in die Liste der Genossen einschließlich der Vormerkungen und der Verlautbarung von Widersprüchen (§§ 71 [69] 76 [74] Absatz 3, 77 [75] Absatz 3, 169 [Fassung von 1889] des Gesetzes) erfolgt auf Grund eines zu den Listenakten zu bringenden Beschlusses des Richters.

Eine vorgängige Entwerfung des Eintrags in den Akten findet nicht statt. Neben dem Beschlusse hat der Registerführer die Erledigung zu bemerken.

Am Schlusse jedes Kalendermonats ist die Liste der Genossen vom Richter mit den bei den Akten befindlichen Unterlagen zu vergleichen und, daß dies geschehen, in der Liste zu vermerken.

§ 7. Unter Staatsbehörde im Sinne von § 47 [45] des Gesetzes sind die Registerbehörden, die in den Fällen des § 81 [79] zur Entscheidung zuständigen Verwaltungsbehörden und die Staatsanwaltschaft zu verstehen.

Die höhere Verwaltungsbehörde im Sinne von §§ 58, 59, 61 [56, 57, 59] ist die Kreishauptmannschaft.

§ 8. In den § 81 [79] Absatz 1 gedachten Fällen richtet sich das Verfahren und die Zuständigkeit nach dem Gesetze D vom 30. Januar 1835, sowie nach dem Gesetze vom 5. Januar 1870.

Dresden, den 14. August 1889.

Die Ministerien des Innern und der Justiz.

v. Nostitz-Wallwitz. v. Abeken.

Dr. Gilbert

O

Fol. 46.

Nummer.	Firma.	Anmerkungen.
1.	1. November 1889. Konsumverein, eingetragene Genossenschaft mit unbeschränkter Haftpflicht, in Leipzig. Verfügung vom 30. Oktober 1889. Specialakten zu Fol. 46. Bl. 20. Müller, Registerführer.	Zweigniederlassung s. Nr. 2. Verändert s. Nr. 3. Aufgelöst s. Nr. 4. Konkurseröffnung s. Nr. 5.
2. Zu Nr. 1.	25. Mai 1890. Eine Zweigniederlassung ist in Taucha errichtet worden. Verfügung vom 25. Mai 1890. Specialakten 2c. Müller, Registerführer.	
3. Zu Nr. 1.	2. Januar 1893. Die Firma lautet künftig Konsumverein, eingetragene Genossenschaft mit beschränkter Haftpflicht. Verfügung vom 2. Januar 1893. Specialakten 2c. Müller, Registerführer.	
4. Zu Nr. 1.	25. Januar 1895. Die Genossenschaft ist aufgelöst. Verfügung vom 25. Januar 1895. Specialakten 2c. Müller, Registerführer.	
5. Zu Nr. 1.	14. Juli 1895. Zum Vermögen der Genossenschaft ist Konkurs eröffnet worden. Verfügung vom 14. Juli 1895. Specialakten 2c. Müller, Registerführer.	

Nummer.	Rechtsverhältnisse der Genossenschaft.	Anmerkungen.
1.	1. November 1889. Das Statut vom 20. Oktober 1889 befindet sich in Urschrift Bl. 2 flg. der Specialakten. Gegenstand des Unternehmens ist der gemeinschaftliche Einkauf von Lebens- und Wirthschaftsbedürfnissen im Großen und Ablaß im Kleinen. Die von der Genossenschaft ausgehenden Bekanntmachungen sind im Leipziger Tageblatte und Anzeiger, sowie in der Leipziger Zeitung zu veröffentlichen und von zwei Mitgliedern des Vorstands zu unterzeichnen. Die Zeitdauer der Genossenschaft ist auf Zwanzig Jahre bestimmt. Das Geschäftsjahr läuft vom 1. November des einen bis zum 31. Oktober des anderen Jahres. Verfügung vom 30. Oktober 1889. Specialakten 2c. Müller, Registerführer.	Statut abgeändert s. Nr. 2.
2. Zu Nr. 1.	2. Januar 1893. Das Statut ist abgeändert. Abschrift des Beschlusses Bl. 32 der Spezialakten. Die Haftsumme eines jeden Genossen beträgt Dreihundert Mark. Die höchste Zahl der Geschäftsantheile, auf welche ein Genosse sich betheiligen kann, ist auf Drei bestimmt. Verfügung vom 2. Januar 1893. Specialakten 2c. Müller, Registerführer.	

Nummer.	Vertreter.	Anmerkungen.
1.	1. November 1889. a) Karl Bruno Müller in Leipzig, b) Ernst Balduin Kunze in Eutritzsch, c) Franz Friedrich Schneider in Plagwitz sind Mitglieder des Vorstands. Willenserklärungen und Zeichnungen für die Genossenschaft sind verbindlich, wenn sie durch zwei Vorstandsmitglieder erfolgen. Verfügung vom 30. Oktober 1889. Specialakten 2c. Müller, Registerführer.	Zu a ausgeschieden s. Nr. 2. Neues Vorstandsmitglied s. Nr. 3.
2. Zu Nr. 1a.	23. Juli 1891. Der unter Nr. 1a genannte Karl Bruno Müller ist nicht mehr Mitglied des Vorstands. Verfügung vom 23. Juli 1891. Specialakten 2c. Müller, Registerführer.	
3. Zu Nr. 1.	23. Juli 1891. Wilhelm David Schmidt in Leipzig ist Mitglied des Vorstands. Verfügung vom 23. Juli 1891. Specialakten 2c. Müller, Registerführer.	
4.	25. Januar 1895. a) Richard Albert Schumann in Leipzig, b) Karl Ferdinand Werner in Lindenau sind Liquidatoren. Verfügung vom 25. Januar 1895. Specialakten 2c. Müller, Registerführer.	

IV. Württemberg.

Verfügung des Ministeriums des Innern, betreffend den Vollzug des Reichsgesetzes vom 1. Mai 1889 über die Erwerbs- und Wirthschaftsgenossenschaften. Vom 31. August 1889.

(Nr. 25 des Regierungsblattes für das Königreich Württemberg, ausgegeben Stuttgart, den 13. September 1889, S. 279 und 280.)

Zum Vollzug des Reichsgesetzes vom 1. Mai 1889 über die Erwerbs- und Wirthschaftsgenossenschaften (Reichsgesetzblatt S. 55) wird hiermit unter Bezugnahme auf § 161 [171] Abs. 2 dieses Gesetzes Nachstehendes verfügt:

§ 1. Die Zuständigkeit der „Zentralbehörde" in den Fällen der §§ 57 [55] und 60 [58] des Reichsgesetzes werden von dem Ministerium des Innern wahrgenommen.

Als „Staatsbehörde" im Sinne des § 47 [45] des Reichsgesetzes und als „höhere Verwaltungsbehörde" im Sinne der §§ 58, 59 [56, 57] und 61 [59] des Reichsgesetzes gelten die Kreisregierungen.

§ 2. Zur Auflösung von Genossenschaften in den Fällen des § 81 [79] des Reichsgesetzes sind die Kreisregierungen zuständig. Gegen deren Verfügung ist Beschwerde an das Ministerium des Innern und gegen dessen Bescheid Rechtsbeschwerde an den Verwaltungsgerichtshof nach Art. 13 und 59 fg. des Gesetzes über die Verwaltungsrechtspflege vom 16. Dezember 1876 (Reg.Blatt S. 485) zulässig.

Stuttgart, den 31. August 1889.

Schmid.

V. Baden.

Verordnung, die Erwerbs- und Wirthschaftsgenossenschaften betreffend, vom 27. September 1889.

(Aus Nr. XXIII des Gesetzes- und Verordnungs-Blattes für das Großherzogthum Baden, ausgegeben Karlsruhe, den 30. September 1889, S. 218 bis 226.)

Zum Vollzuge des Reichsgesetzes vom 1. Mai 1889, betreffend die Erwerbs- und Wirthschaftsgenossenschaften (Reichsgesetzblatt S. 55 ff.), und den vom Bundesrathe nach der Bekanntmachung des Reichskanzlers vom 11. Juli 1889 (Reichsgesetzblatt S. 150 ff.) erlassenen „Bestimmungen über die Führung des Genossenschaftsregisters und die Anmeldungen zu demselben" wird — und zwar hinsichtlich der nachstehenden §§ 10 und 11 auf Grund Allerhöchster Ermächtigung aus Großherzoglichem Staatsministerium vom 25. September 1889 — verordnet:

§ 1. Die Genossenschaftsregister werden von den Amtsgerichten geführt.

§ 2. Ueber persönliche Anmeldungen sind Protokolle aufzunehmen.

§ 3. Auf jede Anmeldung, Anzeige, Erklärung, Einreichung zum Genossenschaftsregister oder zur Liste der Genossen ist vom Richter Verfügung zu erlassen. Wird eine Eintragung in das Register oder in die Liste verfügt, so ist das Einzutragende vom Richter wörtlich in die Akten niederzulegen.

Die Eintragungen in das Register und in die Liste sind unter steter Aufsicht des Richters durch den Gerichtsschreiber oder einen zu dessen Vertretung befugten Gerichtsschreiberbediensteten zu besorgen.

§ 4. Die Registerakten (Bestimmungen § 13) sind mit fortlaufenden, in jedem Aktenbande von vorn anfangenden Seitenzahlen zu versehen.

In den Registerakten wie in den Listenakten (Bestimmungen § 24 Absatz 4) sind die Ordnungszahl und der Tag der Eintragung jeder eine solche anordnenden Verfügung beizusetzen.

§ 5. Die Genossenschaftsregister sind nach dem anliegenden Formulare 1 in besonderen Bänden zu führen.

Die eingetragenen Genossenschaften erhalten Ordnungszahlen, welche in jedem Registerbande neu beginnen. Sollte ungeachtet der Vorschrift des § 12 a. E. der „Bestimmungen" der für eine Genossenschaft bestimmte Raum erschöpft sein, so ist für weitere Eintragungen die Genossenschaft unter einer neuen Ordnungszahl wieder einzutragen. Der neue Eintrag, in welchen aus dem früheren nur die Firma herüber genommen wird, erhält die Ueberschrift „Fortsetzung aus Ordnungszahl .... des Bandes ...", und am Schlusse des früheren Eintrages wird auf diese Fortsetzung unter Angabe ihrer Ordnungszahl hingewiesen.

In der zweiten Spalte des Registers ist der Tag der Eintragung anzugeben und auf die Verfügung, durch welche die Eintragung angeordnet ist, unter Bezeichnung des Bandes und der Seite der Akten zu verweisen.

In die dritte Spalte des Registers ist die Firma mit einem der in § 2 des Gesetzes vorgeschriebenen Zusätze und der Sitz der Genossenschaft, sowie das Vorhandensein und der Sitz der Zweigniederlassung einzutragen.

In die vierte Spalte kommen die in den „Bestimmungen" § 15 Absatz 2, §§ 16 bis 22 bezeichneten Angaben, soweit nicht schon in Spalte 3 enthalten.

In die fünfte Spalte sind die vorgeschriebenen Verweisungen auf andere Einträge und solche Bemerkungen aufzunehmen, welche sich nicht füglich in eine andere Spalte eignen.

§ 6. Bei den Eintragungen in das Genossenschaftsregister und in die Liste der Genossen ist auf eine saubere, leicht lesbare Schrift besondere Sorgfalt zu verwenden. Firmen und andere Namen sind mit einer in die Augen fallenden Schrift zu schreiben. Ausstreichungen, Radirungen, Ueberschreibungen und Einschaltungen sind zu vermeiden, Irrthümer durch besondere Beurkundungen zu berichtigen.

Jeder Eintrag wird durch einen Querstrich abgeschlossen. Weitere Eintragungen, ausgenommen Verweisungen, dürfen nicht in eine leer gebliebene Spalte des abgeschlossenen Raumes geschrieben werden.

§ 7. Zum Genossenschaftsregister und zu jeder über 100 Namen aufweisenden Genossenliste sind auf die einschlägigen Ordnungszahlen des Registers hinweisende, stets auf dem neuesten Stande zu haltende alphabetische Namensverzeichnisse nach den anliegenden Formularen 2 und 3 zu führen.

§ 8. Die Amtsgerichte haben von Amtswegen darüber zu wachen, daß die in § 160 [152] des Gesetzes bezeichneten Vorschriften sowie diejenige des § 58 [56] des Gesetzes über Mittheilung des Verbandsstatuts und der Verzeichnisse der dem Verbande angehörigen Genossenschaften an das Gericht befolgt werden.

§ 9. Der Gemeindevorsteher (Bürgermeister) und die Polizeibehörde dürfen Unterschriften gemäß § 8 Absatz 2 der Bestimmungen nur dann beglaubigen, wenn ihnen derjenige, dessen Unterschrift beglaubigt werden soll, bekannt oder dessen Nämlichkeit (Identität) nachgewiesen ist und dieser in Gegenwart des beglaubigenden Beamten entweder die Urkunde eigenhändig unterzeichnet oder die bereits darauf befindliche Unterschrift als die seinige anerkennt und diese Anerkennung unterschriftlich bestätigt.

Die Beglaubigung muß das Vorhandensein dieser Erfordernisse ausdrücken und ist mindestens zu einem Theile auf die Urkunde selbst zu schreiben, von dem beglaubigenden Beamten unter Beifügung von Ort, Jahr und Tag der Fertigstellung zu unterzeichnen und zu besiegeln.

Für die Beglaubigung ist eine Gebühr von 20 Pf. beim Bürgermeister, von 50 Pf. beim Bezirksamte zu entrichten.

§ 10. Auf Grund des § 161 [171] Absatz 2 des Reichsgesetzes vom 1. Mai 1889, betreffend die Erwerbs- und Wirthschaftsgenossenschaften, werden die in §§ 47, 58, 59 [45, 56, 57] und 61 [59] des Gesetzes vorgesehenen behördlichen Befugnisse den nachstehenden Behörden zugewiesen:

1. diejenigen der Staatsbehörde im Sinne des § 47 [45] und der höheren Verwaltungsbehörde im Sinne des § 61 [59] Absatz 3 den Bezirksämtern, in deren Bezirk die Genossenschaft ihren Sitz hat;
2. diejenigen der höheren Verwaltungsbehörde im Sinne der §§ 58 [56] und 59 [57] den Landeskommissären, beziehungsweise dem Ministerium des Innern, falls der Bezirk des Genossenschaftsverbandes sich über den Dienstkreis eines Landeskommissärs hinaus erstreckt.

§ 11. Die gemäß § 81 [79] Absatz 2 des Gesetzes zu treffende Entscheidung über die Auflösung einer Genossenschaft wird dem Bezirksrath des Bezirks, in welchem die Genossenschaft ihren Sitz hat, als Verwaltungsbehörde übertragen.

Gegen die Entscheidung desselben findet die Klage an den Verwaltungsgerichtshof nach Maßgabe der §§ 4 und 41 des Gesetzes vom 14. Juni 1884, die Verwaltungsrechtspflege betreffend, statt, welche binnen einer Nothfrist von 14 Tagen einzureichen ist.

§ 12. Die Verordnungen vom 4. Mai 1870 (Gesetzes- und Verordnungsblatt Seite 416 ff.), 31. Dezember 1870 (Gesetzes- und Verordnungsblatt Seite 763) und 7. Juni 1884 (Gesetzes- und Verordnungsblatt Seite 196) werden aufgehoben.

§ 13. Diese Verordnung tritt am 1. Oktober 1889 in Kraft.

Karlsruhe, den 27. September 1889.

Großherzogliches Ministerium der Justiz, des Kultus und des Unterrichts.
Nokk.

Großherzogliches Ministerium des Innern.
Turban.

Vdt. Böhm.

Der Raumersparniß wegen geben wir nachfolgend nur den gedruckten Inhalt der 6 Seiten umfassenden drei Formulare.

1) Auf der ersten Seite des Formulars 1. des Genossenschaftsregisters (§ 5) steht Folgendes:

Großherzoglich Badisches Amtsgericht ....

Genossenschaftsregister.

Reichsgesetz, betreffend die Erwerbs- und Wirthschaftsgenossenschaften, vom 1. Mai 1889,
(Reichsgesetzblatt Seite 55 ff.)

Band ....

Gegenwärtiger Band enthält .... Seiten.

.... den ..... ten .... 18....

Großh. Amtsgericht.

....

Auf der zweiten Seite folgen die fünf Spalten, die in § 5 beschrieben sind.

2) Auf der ersten Seite des Formulars „Namensverzeichniß zum Genossenschaftsregister" steht Folgendes mit den entsprechenden Zwischenräumen:

Großherzoglich Badisches Amtsgericht ....

Namensverzeichniß zum Genossenschaftsregister.

Anleitung.

Dieses Namensverzeichniß zerfällt in soviel Abtheilungen als Gemeinden mit Genossenschaftssitz im Gerichtsbezirke vorhanden sind.

Auf der zweiten Seite mit der Ueberschrift „Gemeinde ...." folgt das Formular mit drei Spalten a) Firma der Genossenschaft b) Register, Band, Nr., Seite c) Bemerkungen.

3) Auf der ersten Seite des Formulars 2. „Namensverzeichniß zur Liste der Genossen" ist Folgendes gedruckt:

Großherzoglich Badisches Amtsgericht ....

Namensverzeichniß zur Liste der Genossen

für ....

Anleitung.

1. Für jeden Buchstaben ist mindestens eine Seite vorzusehen.
2. Frauen sind sowohl unter dem Namen ihrer Männer als ihrem Mädchennamen, jedesmal unter Beifügung des andern Namens einzutragen.

Auf der zweiten Seite mit der Ueberschrift A. befindet sich das Formular mit sechs Spalten: Des Genossen Zuname, Vorname, Beruf, Wohnort; Genossenliste Nr.; Bemerkungen.

VI. Hessen.

Verordnung, die Ausführung des Reichsgesetzes vom 1. Mai 1889 über die Erwerbs- und Wirthschaftsgenossenschaften betreffend.

Vom 6. Juni 1889.

(Nr. 12 des Großherzoglich Hessischen Regierungsblattes, ausgegeben zu Darmstadt, den 20. Juni 1889, Seite 69 u. 70.)

Zur Ausführung des § 161 [171] Absatz 2 des oben bezeichneten Reichsgesetzes wird mit Allerhöchster Genehmigung Seiner Königlichen Hoheit des Großherzogs hiermit verordnet, wie folgt:

§ 1. Als Staatsbehörde im Sinne des § 47 [45], sowie als höhere Verwaltungsbehörde im Sinne der §§ 58, 59 [56, 57] und 61 [59] des Reichsgesetzes gelten die Kreisämter.

§ 2. Die Entscheidung über die Auflösung einer Genossenschaft nach Maßgabe des § 81 [79] des Reichsgesetzes steht dem Provinzialausschuß zu.

Für das Verfahren des Provinzialausschusses, sowie für das im Falle eines Rekurses gegen die Entscheidung des Provinzialausschusses in der höheren Instanz einzuhaltende Verfahren gelten dieselben Bestimmungen, welche das Gesetz vom 12. Juni 1874, die innere Verwaltung und die Vertretung der Kreise und Provinzen betreffend, bezüglich der Zurücknahme einer Genehmigung zum Gewerbebetrieb — insbesondere in den Artikeln 98 Nr. 2 pos. 1, 110, 111 Absatz 3 und 112 Absatz 3 — enthält.

Darmstadt, am 6. Juni 1889.

Großherzogliches Ministerium des Innern und der Justiz.

Finger.

Lorbacher.

VII. Mecklenburg-Schwerin.

Verordnung zur Ausführung des Reichsgesetzes vom 1. Mai 1889, betreffend die Erwerbs- und Wirthschaftsgenossenschaften.

(Nr. 25 des Regierungs-Blattes für das Großherzogthum Mecklenburg-Schwerin, ausgegeben Schwerin, 30. September 1889 Seite 149—153.)

(Nr. 17.) **Friedrich Franz**, von Gottes Gnaden Großherzog von Mecklenburg, Fürst zu Wenden, Schwerin und Ratzeburg, auch Graf zu Schwerin, der Lande Rostock und Stargard Herr ꝛc.

Wir verordnen nach hausvertragsmäßiger Kommunication mit Seiner Königlichen Hoheit dem Großherzoge von Mecklenburg-Strelitz und nach verfassungsmäßiger Berathung mit unseren getreuen Ständen zur Ausführung des Reichsgesetzes vom 1sten Mai 1899, betreffend die Erwerbs- und Wirthschaftsgenossenschaften, was folgt:

I. Einrichtung des Genossenschaftsregisters.

§ 1. Zu dem Genossenschaftsregister ist dauerhaftes Papier in Großfolio zu verwenden. Es ist mit einem haltbaren Einbande zu versehen und so zu paginiren, daß zwei nebeneinander stehende Seiten ein Blatt bilden.

Der Gerichtsschreiber hat die Zahl dieser Blätter auf dem Titelblatte des Registers unter seiner Unterschrift zu bemerken.

Wächst das Genossenschaftsregister auf mehrere Bände, so ist die in dem ersten Bande begonnene Zählung der Blätter in den folgenden Bänden fortzuführen und die Zahl der in jedem späteren Bande enthaltenen Blätter ebenfalls auf dem Titelblatte wie vorstehend in den betreffenden Ziffern zu vermerken. Zugleich ist auf dem Titelblatte des ersten Bandes die Zahl der Blätter jedes folgenden Bandes in gleicher Weise nachzutragen.

§ 2. Das Genossenschaftsregister wird nach dem beigedruckten Formular in Anlage A. geführt.

§ 3. Die Firma der Genossenschaft wird in die zweite Kolumne, der Sitz derselben in die dritte Kolumne, die übrigen einzutragenden Bestimmungen des Statuts in die vierte Kolumne des für die betreffende Genossenschaft bestimmten Blattes eingetragen.

§ 4. In die vierte Kolumne sind ferner einzutragen:

1. die jeweiligen Mitglieder des Vorstandes der Genossenschaft;
2. die Errichtung und Aufhebung einer Zweigniederlassung;
3. die Auflösung der Genossenschaft;
4. die Eröffnung des Konkurses über die Genossenschaft, sowie die Aufhebung oder Einstellung desselben;
5. die nach der Auflösung eintretenden Liquidatoren, sowie die Bestimmung über die Form ihrer Willenserklärungen.

§ 5. Nach erfolgter Eintragung eintretende Veränderungen sind in der Kolumne nachzutragen, in welche sie ihrem Gegenstande nach gehören.

§ 6. Ist im Laufe der Zeit der für die Eintragung einer Genossenschaft gelassene Raum so erschöpft worden, daß er keine weiteren Nachtragungen mehr gestattet, so wird der noch gültige Inhalt der gesammten Eintragungen mit einer neuen Firmennummer, unter Verweisung auf das alte Blatt, auf ein neues Blatt übertragen, daß dies geschehen, unter Verweisung auf das letztere, auf dem alten Blatt und die neue Nummer in dem von dem Gerichtsschreiber nach Maßgabe des § 7 zu führenden alphabetischen Verzeichnisse bemerkt und die alte Nummer roth unterstrichen.

§ 7. Der Gerichtsschreiber hat zu dem Genossenschaftsregister ein nach den Firmen geordnetes alphabetisches Verzeichniß der darin eingetragenen Genossenschaften unter Bezugnahme auf die Nummer im Register zu führen.

Ist das Erlöschen einer Genossenschaft in das Register eingetragen, so ist in dem alphabetischen Verzeichnisse die erloschene Firma roth zu unterstreichen.

II. Gerichtskosten.

§ 8. Insoweit nicht der § 159 [151] des Gesetzes vom 1sten Mai 1889 und die revidirte Verordnung zur Ausführung des Gerichtskostengesetzes vom 14ten Januar 1886 (Reg.-Bl. von 1886, Nr. 2) Abschnitt 2 und 3 abweichende Bestimmungen enthalten, sind für das gerichtliche Verfahren auf Grund des Gesetzes vom 1sten Mai 1889 Gebühren nach Maßgabe der für die Amtsgerichte in Sachen der nichtstreitigen Gerichtsbarkeit normirenden Gebührentaxe zu erheben, jedoch mit folgenden Abweichungen:

1. Keine Gebühren werden erhoben für die Aufnahme der zum Zwecke der Eintragung in das Genossenschaftsregister beziehungsweise in die Liste der

Genossen persönlich erklärten Anmeldungen, sowie der vor dem Gerichte persönlich vollzogenen Zeichnungen und Unterschriften.

2. Keine Gebühren werden erhoben für die Gestattung der Einsicht des Registers, der Liste der Genossen und der bezüglichen Aktenstücke.
3. Für die Ertheilung einer Bescheinigung aus dem Genossenschaftsregister und der Liste der Genossen wird eine Gebühr von 2 Mark erhoben.
4. Auf das Verfahren nach Maßgabe des § 62 [60] Absatz 2 des Gesetzes findet die Vorschrift des § 38 Nr. 1 des Gerichtskostengesetzes Anwendung.

III. Allgemeine Bestimmungen.

§ 9. In Betreff des Erwerbes von Eigenthum und anderen dinglichen Rechten an Grundstücken durch eine Genossenschaft, sowie in Betreff der Eintragungen auf den Namen einer Genossenschaft in die Grund- oder Hypothekenbücher normiren die Bestimmungen der Verordnung zur Publikation des Allgemeinen Deutschen Handelsgesetzbuches vom 28sten Dezember 1863 (Reg.-Bl. 1864, Nr. 4) § 26 Absatz 1 und 2 und § 27 Absatz 1 bis 3, sowie der Verordnung vom 22sten Mai 1876 (Reg.-Bl. von 1876 Nr. 14).

§ 10. Unter der Bezeichnung „Zentralbehörde — § 57 [55] des Gesetzes —, „Staatsbehörde" — § 47 [45] daselbst — und „höhere Verwaltungsbehörde" — § 58, 59, 61 [56, 57, 59] und 81 [79] daselbst — ist das Ministerium des Innern zu verstehen. In dem Falle des § 81 [79] des Gesetzes hat bis auf Weiteres das Ministerium des Innern die Sache der von ihm kommittirten Gewerbe-Kommission als einer kollegialen Behörde zur Behandlung in erster Instanz zu verweisen und seinerseits eventuell den Rekursbescheid zu erlassen.

§ 11. Die gegenwärtige Verordnung tritt mit dem Gesetz vom 1sten Mai 1889, betreffend die Erwerbs- und Wirthschaftsgenossenschaften, in Kraft. Gleichzeitig treten die Verordnung vom 2ten Januar 1869 zur Ausführung des Gesetzes, betreffend die privatrechtliche Stellung der Erwerbs- und Wirthschaftsgenossenschaften (Reg.-Bl. von 1869 Nr. 2), sowie die Verordnung vom 18ten April 1874, betreffend die Eintragung der Gesellschaftsverträge 2c. (Reg.-Bl. von 1874, Nr. 13), insoweit sie sich auf Genossenschaften bezieht, außer Kraft. Die nach Maßgabe der Vorschriften der erstgedachten Verordnung angelegten Register sind jedoch fortzuführen.

Gegeben durch Unser Staats-Ministerium, Schwerin am 25sten September 1889.

Friedrich Franz.

A. v. Bülow. Buchka. v. Bülow.

1.	2.	3.	4.
Laufende Nummer.	Firma der Genossenschaft.	Sitz der Genossenschaft.	Rechtsverhältnisse der Genossenschaft.

VIII. Sachsen-Weimar.

Ministerial-Bekanntmachungen.

(Nr. 29 des Regierungsblattes für das Großherzogthum Sachsen-Weimar-Eisenach, ausgegeben Weimar, den 14. September 1889, Seite 189 und 190.)

In Ausführung des Reichsgesetzes vom 1. Mai 1889, betreffend die Erwerbs- und Wirthschaftsgenossenschaften, wird hiermit Folgendes bestimmt:

I. (Zu § 161 [171] Absatz 2 des Gesetzes.) Unter der Bezeichnung Staatsbehörde im § 47 [45] des Gesetzes ist das Großherzogliche Amtsgericht, sowie der Großherzogliche Bezirksdirektor zu verstehen; als höhere Verwaltungsbehörde im Sinne der §§ 58, 59, 61 [56, 57, 59] des Gesetzes gilt der Großherzogliche Bezirksdirektor; die im § 81 [79] Absatz 2 des Gesetzes der höheren Verwaltungsbehörde zugewiesene Entscheidung erfolgt in erster Instanz durch den Bezirksausschuß.

II. (Zu § 156 [147] des Gesetzes.) Die Eintragungen in das Genossenschaftsregister hat das Amtsgericht außer durch den Reichsanzeiger durch die Weimarische Zeitung, hinsichtlich größerer Genossenschaften neben dem auch durch ein drittes öffentliches Blatt, welches vom Amtsgericht bestimmt wird, bekannt zu machen. Die im § 156 [147] des Gesetzes verbunden mit Artikel 14 [jetzt § 11] Absatz 1 des Handelsgesetzbuchs vorgeschriebene Bekanntmachung wird von den Präsidenten der Landgerichte, von jedem für die zu seinem Sprengel gehörigen Großherzoglichen Amtsgerichte, alljährlich im Monat Dezember durch die Weimarische Zeitung erlassen.

Weimar, den 30. August 1889.

Großherzoglich Sächsisches Staats-Ministerium.

Stichling.

IX. Mecklenburg-Strelitz.

Verordnung zur Ausführung des Reichsgesetzes vom 1. Mai 1889, betreffend die Erwerbs- und Wirthschaftsgenossenschaften.

(Nr. 36 des Großherzoglich Mecklenburg-Strelitzischen offiziellen Anzeigers für Gesetzgebung und Staatsverwaltung, ausgegeben Neustrelitz, den 22. Oktober 1889 Seite 217 bis 221.)

Friedrich Wilhelm, von Gottes Gnaden Großherzog von Mecklenburg, Fürst zu Wenden, Schwerin und Ratzeburg, auch Graf zu Schwerin, der Lande Rostock und Stargard Herr ꝛc. ꝛc.

Wir verordnen nach hausvertragsmäßiger Kommunikation mit Seiner Königlichen Hoheit dem Großherzoge von Mecklenburg-Schwerin und nach verfassungsmäßiger Berathung mit Unseren getreuen Ständen zur Ausführung des Reichsgesetzes vom 1. Mai 1889, betreffend die Erwerbs- und Wirthschaftsgenossenschaften, was folgt:

I. §§ 1 bis 7, II. § 8 sind wörtlich übereinstimmend mit den gleichen Paragraphen in der Verordnung des Großherzogthums Mecklenburg-Schwerin vom 25. September 1889, s. oben zu VII.

III. Allgemeine Bestimmungen.

§ 9. In Betreff des Erwerbes von Eigenthum und anderen dinglichen Rechten an Grundstücken durch eine Genossenschaft, sowie in Betreff der Eintragungen auf den Namen einer Genossenschaft in die Grund- und Hypothekenbücher normiren die Bestimmungen der Verordnung zur Publikation des Allgemeinen Deutschen Handelsgesetzbuches vom 28. Dezember 1863 (Offiz. Anz. 1864, Nr. 2) § 26 Abs. 1 und 2 und § 27 Abs. 1 bis 3, sowie der Verordnung vom 22. Mai 1876 (Offiz. Anz. 1876, Nr. 16).

§ 10. Unter der Bezeichnung „Zentralbehörde" — § 57 [55] des Gesetzes —, „Staatsbehörde" — § 47 [45] daselbst — und „höhere Verwaltungsbehörde" — §§ 58, 59, 61 [56, 57, 59] und 81 [79] daselbst — ist Unsere Landesregierung zu verstehen. Im Falle des § 81 [79] des Gesetzes hat bis auf Weiteres Unsere Landesregierung die Sache der von ihr kommittirten Gewerbe-Kommission als einer kollegialen Behörde zur Behandlung in erster Instanz zu überweisen und ihrerseits eventuell den Rekursbescheid zu erlassen.

§ 11. Die gegenwärtige Verordnung tritt mit dem Gesetz vom 1. Mai 1889, betreffend die Erwerbs- und Wirthschaftsgenossenschaften, in Kraft. Gleichzeitig treten die Verordnung vom 2. Januar 1869 zur Ausführung des Gesetzes, betreffend die privatrechtliche Stellung der Erwerbs- und Wirthschaftsgenossenschaften (Offiz. Anz. von 1869, Nr. 2), sowie die Verordnung vom 18. April 1874, betreffend die Eintragung der Gesellschaftsverträge ꝛc. (Offiz. Anz. von 1874, Nr. 12), insoweit sie sich auf Genossenschaften bezieht, außer Kraft. Die nach Maßgabe der Vorschriften der erstgedachten Verordnung angelegten Register sind jedoch fortzuführen.

Urkundlich unter Unserer Höchsteigenhändigen Unterschrift und beigedrucktem Großherzoglichen Insiegel.

Gegeben Ostende, den 25. September 1889.

(L. S.) **Friedrich Wilhelm**, G. H. v. M.

F. v. Dewitz.

— Das beigefügte Formular A. stimmt ebenfalls genau mit dem Mecklenburgisch-Schwerinischen zu VII.

X. Oldenburg.

Nr. 38. Bekanntmachung des Staatsministeriums für das Großherzogthum, betreffend die Ausführung des Reichsgesetzes vom 1. Mai 1889, betreffend die Erwerbs- und Wirthschaftsgenossenschaften.

(Aus Band XXIX Stück 20 des Gesetzblattes für das Herzogthum Oldenburg, ausgegeben den 17. Oktober 1889, Seite 154 und 155.)

Zur Ausführung des Reichsgesetzes vom 1. Mai 1889, betreffend die Erwerbs- und Wirthschaftsgenossenschaften (Reichsgesetzblatt Seite 55), wird auf Grund des § 161 [171] Absatz 2 desselben Folgendes bestimmt:

1. Im Herzogthum Oldenburg sind zu verstehen:
   a) unter der Bezeichnung „Staatsbehörde": das Staatsministerium, Departement des Innern, sowie die Aemter und die Stadtmagistrate der Städte erster Klasse;
   b) unter der Bezeichnung „höhere Verwaltungsbehörde": in den Fällen der §§ 58 [56] und 59 [57] des Reichsgesetzes das Staatsministerium, Departement des Innern, und in den Fällen des § 61 [59] Absatz 3 daselbst die Aemter und die Stadtmagistrate der Städte erster Klasse.

2. In den Fürstenthümern Lübeck und Birkenfeld gelten als „Staatsbehörde" im Sinne des § 47 [45] des Reichsgesetzes und als „höhere Verwaltungsbehörde" im Sinne der §§ 58, 59 [56, 57] und 61 [59] des Reichsgesetzes die Regierungen.

3. Die Entscheidung in erster Instanz in den Fällen des § 81 [79] des Reichsgesetzes erfolgt im Herzogthum durch die im Staatsministerium, Departement des Innern, bestehende Abtheilung für Gewerbesachen (Art. 16 der Verordnung vom

14. Januar 1884, betreffend die Ausführung der Gewerbeordnung für das Deutsche Reich und in den Fürstenthümern durch die Regierungen.

Oldenburg, den 14. Oktober 1889.

Staatsministerium.
Ruhstrat.

Calmeyer-Schmedes.

XI. Braunschweig.

Verordnung zur Ausführung des Reichsgesetzes vom 1. Mai d. J., betreffend die Erwerbs- und Wirthschaftsgenossenschaften (R. G. Bl. S. 55). d. d. Blankenburg, den 29. August 1889.

Nr. 39 der Gesetz- und Verordnungs-Sammlung, ausgegeben Braunschweig, den 5. September 1889, S. 215.)

Von Gottes Gnaden, Wir, **Albrecht**, Prinz von Preußen ꝛc., Regent des Herzogthums Braunschweig,

verordnen hiermit auf Grund des § 161 [171] Absatz 2 des Reichsgesetzes vom 1. Mai d. J., betreffend die Erwerbs- und Wirthschaftsgenossenschaften (R.G.Bl. S. 55), was folgt:

Einziger Paragraph:

Unter der Bezeichnung Staatsbehörde (§ 47 [45]) und höhere Verwaltungsbehörde (§§ 58, 59, 61 [56, 57, 59]) ist die betreffende Herzogliche Kreis-Direktion, in der Stadt Braunschweig die Herzogliche Polizei-Direktion zu verstehen.

Die nach § 81 [79] durch die höhere Verwaltungsbehörde abzugebende Entscheidung erfolgt von der betreffenden kollegialen Gewerbebehörde (Verordnung vom 15. September 1869 Nr. 73).

Alle, die es angeht, haben sich hiernach zu achten.

Urkundlich Unserer eigenhändigen Unterschrift und beigedruckten Herzoglichen Geheime-Kanzlei-Siegels.

Blankenburg, den 29. August 1889.

(L. S). **Albrecht**, Prinz von Preußen.

Hartwieg.

XII. Sachsen-Meiningen.

Nr. 66. Ausschreiben des Herzoglichen Staatsministeriums, Abtheilung des Innern, vom 11. Oktober 1889, betreffend die Ausführung des Reichsgesetzes vom 1. Mai 1889, die Erwerbs- und Wirthschaftsgenossenschaften betr.

(Aus Nr. 165 des Regierungsblattes für das Herzogthum Sachsen-Meiningen vom 18. Oktober 1889, Seite 885 und 886.)

Mit höchster Genehmigung Seiner Hoheit des Herzogs wird auf Grund des § 161 [171] des Reichsgesetzes vom 1. Mai 1889, betreffend die Erwerbs- und Wirthschaftsgenossenschaften bestimmt:

Unter „Staatsbehörde" im Sinne des § 47 [45] a. a. O. sind die Herzogl. Landräthe, unter „höhere Verwaltungsbehörde" (§§ 58, 59, 61, 81 [56, 57, 59, 79] des genannten Gesetzes), sowie unter „Zentralbehörde" (§§ 57 [55] und 60 [58] des genannten Gesetzes), ist die unterzeichnete Stelle zu verstehen.

Meiningen, den 11. Oktober 1889.

Herzogliches Staatsministerium, Abtheilung des Innern.
M. v. Butler, kraft Auftrags.

XIII. Sachsen-Altenburg.

28. Verordnung des Herzoglichen Gesammt-Ministeriums, die Ausführung des Reichsgesetzes vom 1. Mai 1889 über die Erwerbs- und Wirthschaftsgenossenschaften betreffend, vom 3. September 1889.

(Publizirt in Nr. 108 des Amts- und Nachrichtsblattes vom 9. September 1889.) — Stück X 1889 der Herzogl. Sachsen-Altenburgischen Gesetzsammlung, ausgegeben den 11. September 1889, Seite 112. —

Zur Ausführung des Reichsgesetzes, betreffend die Erwerbs- und Wirthschaftsgenossenschaften vom 1. Mai 1889 (RGBl. 1889 S. 55 ff.), wird auf Grund des § 161 [171] Abs. 2 daselbst, bezw. mit Höchster Genehmigung Seiner Hoheit des Herzogs, Folgendes bestimmt:

1. Als Staatsbehörde im Sinne des § 47 [45], sowie als höhere Verwaltungsbehörde im Sinne der §§ 58, 59 [56, 57] und 61 [59] des Reichsgesetzes hat das Herzogliche Ministerium, Abtheilung des Innern, zu gelten.

2. Als Verwaltungsstreitverfahren im Sinne des § 81 [79] Abs. 2 des Reichsgesetzes kommt das durch das Gesetz über den unbestimmten summarischen Prozeß vom 7. April 1823 (GS. 1823 S. 51 ff.) geordnete Verfahren unter Berücksichtigung der durch die Prozeßnovelle vom 14. Oktober 1852 (GS. 1852 S. 185 ff.) gegebenen Abänderungen dieses Gesetzes analog den Vorschriften in § 9 der Verordnung vom 3. Juni 1871 (GS. 1871 S. 73) zur Anwendung.

Für die erstinstanzlichen Entscheidungen auf Grund des § 81 [79] Abs. 1 des Reichsgesetzes ist diejenige untere Verwaltungsbehörde zuständig, in deren Bezirke die Genossenschaft ihren Sitz hat.

Erscheint die Auflösung einer Genossenschaft auf Grund des § 81 [79] Abs. 1 des Reichsgesetzes im öffentlichen Interesse erforderlich, so kann vom Herzoglichen Gesammtministerium zur Betreibung des Auflösungsverfahrens ein Kommissar bestellt werden. Derselbe hat die nach dem Verfahren dem Kläger (Imploranten) obliegenden Funktionen wahrzunehmen.

Altenburg, am 3. September 1889.

Herzoglich Sächsisches Gesammt-Ministerium.
v. Leipziger.

XIV. Sachsen Coburg-Gotha.

Verordnung zur Ausführung des Reichsgesetzes vom 1. Mai 1889, betreffend die Erwerbs- und Wirthschaftsgenossenschaften — Reichsgesetzblatt von 1889, Nr. 11, S. 55 —, vom 18. September 1889.

(Nr. 19. Gesetzsammlung für das Herzogthum Gotha, ausgegeben den 28. September 1889, S. 71. Gesetzsammlung für das Herzogthum Coburg Nr. 1127, ausgegeben den 28. September 1889 S. 52. — Nr. 525 der gemeinschaftlichen Gesetzsammlung für die Herzogthümer Coburg und Gotha —).

Auf Höchsten Befehl wird zur Ausführung des Reichsgesetzes vom 1. Mai 1889, betreffend die Erwerbs- und Wirthschaftsgenossenschaften — Reichsgesetzblatt von 1889, Nr. 11, S. 55 — verordnet, was folgt:

§ 1. Unter der Bezeichnung „Staatsbehörde" (§ 47 [45] des Gesetzes) und „höhere Verwaltungsbehörde" (§§ 58, 59, 61, 81 [56, 57, 59, 79] des Gesetzes) sind hinsichtlich der dem Staatsministerium direkt unterstellten Städte die betreffenden Stadträthe

(Magisträte) und hinsichtlich der Landgemeinden das vorgesetzte Landrathsamt zu verstehen.

§ 2. Die Funktionen der „Zentralbehörde" (§ 57 [55] des Gesetzes) werden von dem Staatsministerium — der Abtheilung zu Coburg bezw. der Abtheilung zu Gotha — wahrgenommen.

Gotha, den 18. September 1889.

Herzogl. S. Staatsministerium.
von Bonin.

XV. Anhalt.

Ministerial-Verordnung zur Ausführung des Reichsgesetzes vom 1. Mai 1889, betreffend die Erwerbs- und Wirthschaftsgenossenschaften.

(Gesetzsammlung für das Herzogthum Anhalt Bd. XIII S. 319 Nr. 817, öffentlich bekannt gemacht und ausgegeben am 20. Dezember 1889.)

In Ausführung des § 161 [171] Absatz 2 des Reichsgesetzes vom 1. Mai 1889, betreffend die Erwerbs- und Wirthschaftsgenossenschaften, wird hierdurch verordnet, was folgt:

§ 1. Unter der Bezeichnung „Staatsbehörde" (§ 47 [45] und „höhere Verwaltungsbehörde" (§§ 58, 59 [56, 57] und 61 [59] des Reichsgesetzes) ist die Regierung, Abtheilung des Innern, zu verstehen.

§ 2. Das Verfahren und die Zuständigkeit der Behörden bei Auflösung einer Genossenschaft im Falle des § 81 [79] des Reichsgesetzes wird durch Gesetz geregelt.

Dessau, den 12. Dezember 1889.

Herzoglich Anhaltisches Staats-Ministerium.
(gez.) v. Krosigk.

XVI. Schwarzburg-Sondershausen.

Ministerial-Verordnung, die Ausführung des Reichsgesetzes über die Erwerbs- und Wirthschaftsgenossenschaften vom 1. Mai 1889 betreffend. Vom 29. Juli 1889.

(15. Stück der Gesetzsammlung für das Fürstenthum Schwarzburg-Sondershausen, ausgegeben am 17. August 1889, S. 51.)

Mit Höchstlandesherrlicher Genehmigung bestimmen wir in Ausführung des § 161 [171] Absatz 2 des Reichsgesetzes vom 1. Mai 1889, betreffend die Erwerbs- und Wirthschaftsgenossenschaften, hierdurch Folgendes:

Es sollen im Sinne des angeführten Reichsgesetzes gelten:

1) als „Staatsbehörde" (§ 47 [45]) der Fürstliche Landrath,
2) als „höhere Verwaltungsbehörde"
   a. in den Fällen der §§ 58, 59 [56, 57] und 61 [59] des Reichsgesetzes der Fürstl. Landrath
   b. im Falle des § 81 [79] der Bezirksausschuß, gegen dessen Entscheidung Rekurs an das Ministerium, Abtheilung des Innern, zusteht.

Sondershausen, den 29. Juli 1889.

(L. S.) Fürstl. Schwarzburg. Ministerium.
Petersen.

XVII. Schwarzburg-Rudolstadt.

Ausführungs-Verordnung vom 19. August zu dem Reichsgesetze, betreffend die Erwerbs- und Wirthschaftsgenossenschaften vom 1. Mai 1889.

(6. Stück vom Jahre 1889 der Gesetzsammlung für das Fürstenthum Schwarzburg-Rudolstadt, ausgegeben in Rudolstadt am 22. September 1889, Seite 37.)

Zur Ausführung des § 161 [171] Abs. 2 des Reichsgesetzes, betreffend die Erwerbs- und Wirthschaftsgenossenschaften, vom 1. Mai 1889 (R.-G.-Bl. S. 55) wird mit Genehmigung Seiner Durchlaucht des Fürsten Folgendes bestimmt:

§ 1. Die Befugniß der Staatsbehörde in § 47 [45] des Reichsgesetzes steht den Gerichten und den Landrathsämtern zu.

§ 2. Als „höhere Verwaltungsbehörde" in den Fällen der §§ 58, 59, 61, 81 [56, 57, 59, 79] gilt das Landrathsamt.

§ 3. Zentralbehörde (§ 57 [55]) ist die Verwaltungsabtheilung des Ministeriums.

Rudolstadt, den 19. August 1889.

Fürstl. Schwarzburg. Ministerium.
v. Starck.

XVIII. Waldeck.

Bekanntmachung, betreffend die Ausführung des Reichsgesetzes vom 1. Mai 1889 über die Erwerbs- und Wirthschafts-Genossenschaften.

(Aus Nr. 13 des Fürstlich Waldeckischen Regierungs-Blattes, ausgegeben den 20. August 1889, Seite 29.)

Zur Ausführung des § 161 [171] Abs. 2 des vorbezeichneten Reichsgesetzes (Reichsgesetzblatt Seite 93) wird bestimmt:

1. Als Staatsbehörde im Sinne des § 47 [45] sowie als höhere Verwaltungsbehörde im Sinne der §§ 58, 59 [56, 57] und 61 [59] des Reichsgesetzes gelten die Kreisamtmänner.
2. Die Entscheidung über die Auflösung einer Genossenschaft nach Maßgabe des § 81 [79] des Reichsgesetzes erfolgt durch das Landesdirektorium.
3. Für das dabei zu beobachtende Verfahren finden die Bestimmungen unter E Nr. 54 bis 59 einschließlich der Anweisung zur Ausführung der Gewerbe-Ordnung vom 30. September 1869 (Regierungsblatt Seite 161 und 162) entsprechende Anwendung.
4. Im Verfahren erwachsende baare Auslagen fallen, sofern die Auflösung ausgesprochen wird, der Genossenschaft, andernfalls der Staatskasse zur Last.

Arolsen, den 16. August 1889.

Der Landesdirektor.
von Saldern.

XIX. Reuß ältere Linie.

19. Regierungs-Verordnung vom 4. August 1889, Ausführungsbestimmungen zu dem Reichsgesetz, betreffend die Erwerbs- und Wirthschaftsgenossenschaften, vom 1. Mai 1889 enthaltend.

(Nr. 4 der Gesetzsammlung für das Fürstenthum Reuß älterer Linie, ausgegeben am 27. August 1889, Seite 44).

Mit Höchster Genehmigung Serenissimi wird in Ausführung des am 1. Oktober dieses Jahres in Kraft tretenden Reichsgesetzes vom 1. Mai 1889, die Erwerbs- und Wirthschaftsgenossenschaften betreffend, verordnet:

Als Staats- bezüglich höhere Verwaltungsbehörde im Sinne der §§ 47, 58, 59, 61 [45, 56, 57, 59] des citirten Reichsgesetzes ist Fürstliches Landrathsamt anzusehen, während für den Fall des § 81 [79] Abs. 2 desselben Gesetzes der Landesausschuß als höhere Verwaltungsbehörde bezeichnet wird.

Gegen die Entscheidungen des Landesausschusses ist Rekurs an die Landesregierung zulässig, welche übrigens als Zentralbehörde im Sinne des Gesetzes gilt.

Auf das Verfahren nach § 81 [79] des Reichsgesetzes finden außer den Vorschriften in §§ 20, 21 der Gewerbeordnung die Bestimmungen des Art. II der Landesherrlichen Verordnung vom 27. September 1869 entsprechende Anwendung.

Greiz, den 4. August 1889.

Fürstlich Reuß-Plauische Landesregierung.
Dr. Mortag.

Saupe.

XX. Reuß jüngere Linie.

Ministerial-Bekanntmachung vom 2. August 1889, zur Ausführung des Gesetzes, betreffend die Erwerbs- und Wirthschaftsgenossenschaften, vom 1. Mai 1889.

(Nr. 32 des Amts- und Verordnungsblattes für das Fürstenthum Reuß jüngerer Linie ausgegeben Gera den 7. August 1889, S. 229.)

Zur Ausführung der Bestimmung in § 161 [171] des Gesetzes, betreffend die Erwerbs- und Wirthschaftsgenossenschaften, vom 1. Mai 1889 (Reichsgesetzbl. S. 55) wird andurch folgendes zur öffentlichen Kenntniß gebracht.

1. Unter „Staatsbehörde" im § 47 [45] sind die Gerichtsbehörden, sowie die Fürstlichen Landrathsämter zu verstehen.

2. Als „höhere Verwaltungsbehörde" in den §§ 58, 59, 61 [56, 57, 59] wird das betreffende Fürstliche Landrathsamt bezeichnet.

3. Als „Zentralbehörde" in § 57 [55] gilt das Fürstliche Ministerium, Abtheilung für das Innere.

Gera, den 2. August 1889.

Fürstl. Reuß-Pl. Ministerium.
Dr. E. v. Beulwitz.

Dr. Winkler.

XXI. Schaumburg-Lippe.

A. (46.) **Verordnung, betr. die Uebertragung weiterer Geschäfte an die Abtheilung der Landesregierung für Gewerbe- und Gemeinde-Angelegenheiten.**

Vom 30. Juli 1889.

(Aus Nr. 10 Jahrgang 1889 Bd. XVI. der Schaumburg-Lippischen Landesverordnungen, ausgegeben 7. August 1889, Seite 153.)

Wir Adolf Georg, von Gottes Gnaden Regierender Fürst zu Schaumburg-Lippe, Edler Herr zur Lippe, Graf zu Sternberg und Schwalenberg rc. rc.
übertragen hiermit der durch Unsere Verordnung vom 23. August 1884 (L.-V. Bd. XIV. Seite 424) bestellten Abtheilung Unserer Landesregierung für Gewerbe- und Gemeinde-Angelegenheiten die in den §§ 58, 59, 61 [56, 57, 59] und 81 [79] des Reichsgesetzes,

betreffend die Erwerbs- und Wirthschaftsgenossenschaften, vom 1. Mai 1889 (Reichsgesetzblatt Seite 55 ff.) der höheren Verwaltungsbehörde überwiesenen Obliegenheiten und Geschäfte.

Gegeben Bückeburg, den 30. Juli 1889.

(L. S.) **Adolf Georg.**

Spring.

B. (47.) Allgemeine Verfügung zur Ausführung des Reichsgesetzes, betreffend die Erwerbs- und Wirthschaftsgenossenschaften, vom 1. Mai 1889.

Vom 31. Juli 1889.

(Aus der gleichen Nummer der Schaumburg-Lippischen Landesverordnungen wie A. S. 154.)

Auf Grund des § 161 [171] Abs. 2 des Reichsgesetzes, betreffend die Erwerbs- und Wirthschaftsgenossenschaften, vom 1. Mai 1889 (Reichsgesetzblatt Seite 55 ff.) wird Folgendes bestimmt:

Im Sinne des gedachten Reichsgesetzes sind zu verstehen:

1. unter „Staatsbehörde" (§ 47 [45])
   die Fürstlichen Landrathsämter und die Magisträte,
2. unter „höhere Verwaltungsbehörde" (§§ 58, 59, 61 [56, 57, 59] und 81 [79]
   die Landesregierung, Abtheilung für Gewerbe- und Gemeinde-Angelegenheiten (cf. Landesherrliche Verordnung vom 30. Juli d. Js.).

Die Rekursinstanz gegen die in Gemäßheit des § 81 [79] des Reichsgesetzes abgegebenen Entscheidungen der vorstehend gedachten Abtheilung der Landesregierung ist die Landesregierung.

Bückeburg, den 31. Juli 1889.

Fürstlich Schaumburg-Lippische Landesregierung.

Spring.

XXII. Fürstenthum Lippe.

Verordnung zur Ausführung der Bestimmung im § 161 [171] Abs. 2 des Reichsgesetzes, betreffend die Erwerbs- und Wirthschaftsgenossenschaften vom 1. Mai 1889, vom 16. April 1890.

Auf Grund des § 161 [171] Abs. 2 des Gesetzes, betreffend die Erwerbs- und Wirthschaftsgenossenschaften, vom 1. Mai 1889 (Reichs-Gesetzblatt S. 55) wird Folgendes bestimmt:

§ 1.

Unter Staatsbehörde im Sinne des § 47 [45] a. a. O. sind die fürstlichen Verwaltungsämter zu verstehen. Es werden dabei die Genossenschaften

1. im Bezirke der Städte Detmold, Lage und Horn dem fürstlichen Verwaltungsamte Detmold,
2. im Bezirke der Städte Lemgo und Barntrup dem fürstlichen Verwaltungsamte Brake,
3. im Bezirke der Stadt Salzuflen dem fürstlichen Verwaltungsamte Schötmar,
4. im Bezirke der Stadt Blomberg und des Fleckens Schwalenberg dem fürstlichen Verwaltungsamte Blomberg

unterstellt.

§ 2.

Unter höherer Verwaltungsbehörde im Sinne der §§ 58, 59, 61 [56, 57, 59] und 81 [79] a. a. O. ist die fürstliche Regierung zu verstehen.

Detmold, den 16. April 1890.

Fürstliches Kabinets-Ministerium.
Wolffgramm.

XXIII. Lübeck.

Bekanntmachung, betreffend die Ausführung des Gesetzes über die Erwerbs- und Wirthschaftsgenossenschaften, vom 1. Mai 1889.

(Veröffentlicht am 13. September 1889.)

(Nr. 25 der Sammlung der Lübeckischen Verordnungen und Bekanntmachungen.)

Auf Grund des § 161 [171] Absatz 2 des Gesetzes, betreffend die Erwerbs- und Wirthschaftsgenossenschaften, vom 1. Mai 1889 (Reichsgesetzbl. S. 55) bringt der Senat hierdurch zur öffentlichen Kenntniß, daß die Wahrnehmungen der Staatsbehörde (§ 47 [45] des Gesetzes), sowie der höheren Verwaltungsbehörde (§§ 58, 59, 61 [56, 57, 59] und 81 [79] daselbst) dem Stadt- und Landamte übertragen worden sind.

In den Fällen des § 81 [79] ist der Rekurs gegen die Entscheidung der höheren Verwaltungsbehörde an den Senat zu richten.

Gegeben Lübeck, in der Versammlung des Senates, am 11. September 1889.

Hasse Dr., Secretarius.

XXIV. Bremen.

XLII. **Verordnung, betreffend die Zuständigkeit der Behörden nach dem Reichsgesetz vom 1. Mai 1889, betreffend die Erwerbs- und Wirthschaftsgenossenschaften. Vom 12. Oktober 1889.**

(Nr. 30 des Gesetzblattes der Freien Hansestadt Bremen, ausgegeben am 12. Oktober 1889, Seite 177.)

Zur Ausführung des Reichsgesetzes vom 1. Mai 1889, betreffend die Erwerbs- und Wirthschaftsgenossenschaften, verordnet der Senat:

Die zufolge § 47 [45] der Staatsbehörde und die zufolge §§ 58, 59, 61 [56, 57, 59] und 81 [79] der höheren Verwaltungsbehörde zustehenden Geschäfte werden für die Stadt Bremen der Polizeidirektion, für das Landgebiet dem Landherrn, für die Hafenstädte dem Senatskommissar für die Hafenstädte überwiesen.

Beschlossen Bremen in der Versammlung des Senats am 8. und bekannt gemacht am 12. Oktober 1889.

XXV. Hamburg.

Bekanntmachung des Senats, betreffend die Ausführung des Reichsgesetzes über die Erwerbs- und Wirthschaftsgenossenschaften, vom 1. Mai 1889.

(Aus Nr. 100 des Amtsblattes der freien und Hansestadt Hamburg, ausgegeben den 15. September 1889, Seite 405.)

Zur Ausführung des Reichsgesetzes über die Erwerbs- und Wirthschaftsgenossenschaften vom 1. Mai 1889 hat der Senat auf Grund § 161 [171] dieses Gesetzes die nachfolgende Anordnung getroffen, welche hierdurch zur öffentlichen Kenntniß gebracht wird:

Die der Staatsbehörde in § 47 [45] und die der höheren Verwaltungsbehörde in den §§ 58, 59, 61, 81 [56, 57, 59, 79] des Gesetzes übertragenen Obliegenheiten werden von der Polizei-Behörde wahrgenommen. Auf Grund § 81 [79] Absatz 2 des Gesetzes erhobene Rekurse sind an die Senats-Sektion ür Gewerbe-Rekurssachen zu richten.

Gegeben in der Versammlung des Senats, Hamburg, den 13. September 1889.

XXVI. Elsaß-Lothringen.

Bekanntmachung zur Ausführung des § 161 [171] Abs. 2 des Reichsgesetzes, betreffend die Erwerbs- und Wirthschaftsgenossenschaften, vom 1. Mai 1889.

(Aus Nr. 42 des Central- und Bezirks-Amtsblattes für Elsaß-Lothringen, ausgegeben Straßburg, den 5. Oktober.)

Gemäß § 161 [171] Abs. 2 des Reichsgesetzes, betreffend die Erwerbs- und Wirthschaftsgenossenschaften, vom 1. Mai 1889 (Reichsgesetzbl. S. 55), wird Folgendes bestimmt:

1. Unter der Bezeichnung „Staatsbehörde" im Sinne des vorbezeichneten Gesetzes ist der Kreisdirektor, in den Stadtkreisen der Polizeidirektor zu verstehen.
2. Unter der Bezeichnung „höhere Verwaltungsbehörden" sind die Bezirkspräsidenten zu verstehen.

Straßburg, den 28. September 1889.

Ministerium für Elsaß-Lothringen. Abtheilung des Innern.

L. D. 5130. Der Unterstaatssekretär **von Köller.**

Sachregister.

A.

H.

J.

K.

L.

P.

Q.

R.

S.

T.

U.

V.

W.

Z.

Lippert & Co. (G. Pätz'sche Buchdruckerei), Naumburg a. S.

Einleitung.

Das Reichs-Gesetzblatt Nr. 28, ausgegeben zu Berlin den 12. Juli 1899 enthält die „Bekanntmachung, betreffend die Führung des Genossenschaftsregisters und die Anmeldungen zu diesem Register. Vom 1. Juli 1899".

Die Bekanntmachung ist erlassen von dem Bundesrath auf Grund des § 161 Abs. 1 des Gesetzes betreffend die Erwerbs- und Wirthschaftsgenossenschaften und tritt an die Stelle der Bekanntmachung vom 11. Juli 1889 (abgedruckt in dem Kommentar S. 477 ff.). Die Bekanntmachung vom 1. Juli 1899 weicht materiell von der Bekanntmachung vom 11. Juli 1889 nicht ab, es sind nur zum Theil die Paragraphen redaktionell anders gefaßt und anders geordnet, ferner sind die Hinweise auf die Paragraphen des Gesetzes angepaßt den neuen vom 1. Januar 1900 ab geltenden Paragraphen-Nummern (es ist dies auch bereits in dem Abdruck S. 477 ff. des Kommentars geschehen) und endlich ist das Nichtigkeitsverfahren berücksichtigt (Kommentar S. 365 ff.). Das Uebrige ergiebt sich aus der folgenden Zusammenstellung der Paragraphen-Zahlen der beiden Bekanntmachungen.

Bekanntmachung vom 11. Juli 1889.	Bekanntmachung vom 1. Juli 1899.
§ 1	als Uebergangsbestimmung fortgefallen
§ 2	" " "
§ 3	§ 26
§ 4	§ 4
§ 5	§ 5
§ 6	§ 6
§ 7	§ 7
§ 8	§ 8
§ 9	§ 3
§ 10	§ 1
§ 11	(§ 10 des Reichsgesetzes über die Angelegenheiten der freiwilligen Gerichtsbarkeit)
§ 12	§ 12
§ 13	§ 13
§ 14	§ 2, § 14
§ 15	§ 15
§ 16	§ 16

Bekanntmachung vom 11. Juli 1889.	Bekanntmachung vom 1. Juli 1899.
§ 17	§ 17
§ 18	als Uebergangsbestimmung fortgefallen
§ 19	§ 18
§ 20	§ 19
§ 21	§ 20
§ 22 Abs. 1 u. 2	§ 21
§ 22 Abs. 3	§ 10
§ 23	§ 25
§ 24	§ 27
§ 25	§ 28
§ 26	§ 29
§ 27	§ 30
§ 28	§ 31
§ 29	§ 32
§ 30	§ 33
§ 31	§ 34
§ 32	§ 35
§ 33	§ 24, § 36
§ 34	§ 10
§ 35	§ 37
§§ 36—40	als Uebergangsbestimmungen fortgefallen

Nicht enthalten in der Bekanntmachung vom 11. Juli 1889 sind die **§§ 9, 22, 23** der Bekanntmachung vom 1. Juli 1899 betr. die Löschung nichtiger Eintragungen, sie sind veranlaßt durch die §§ 94 des Genossenschaftsgesetzes und § 147 Abs. 2 des Reichsgesetzes über die Angelegenheiten der freiwilligen Gerichtsbarkeit (vgl. Kommentar S. 365 ff.). Nicht enthalten in der Bekanntmachung vom 11. Juli 1889 ist **§ 11** der Bekanntmachung vom 1. Juli 1899 betr. die Berechnung von Gebühren — vgl. Kommentar S. 456 und S. 120.

§ 24 der Bekanntmachung vom 1. Juli 1899 enthält eine Verallgemeinerung des § 33 Abs. 1 der Bekanntmachung vom 11. Juli 1889.

(Nr. 2593.)

Bekanntmachung

betreffend

die Führung des Genossenschaftsregisters und die Anmeldungen zu diesem Register.

Vom 1. Juli 1899.

Auf Grund des § 161 Abs. 1 des Gesetzes, betreffend die Erwerbs- und Wirthschaftsgenossenschaften (Reichs-Gesetzbl. 1898 S. 810), hat der Bundesrath beschlossen, daß vom 1. Januar 1900 ab an die Stelle der §§ 3 bis 17 und der §§ 19 bis 35 der Bestimmungen über die Führung des Genossenschaftsregisters und die Anmeldungen zu demselben (Reichs-Gesetzbl. 1889 S. 150) die folgenden Vorschriften treten:

I. Allgemeines.

§ 1.

Obliegenheiten des Richters und des Gerichtsschreibers.

Die Obliegenheiten des Richters und des Gerichtsschreibers bei der Führung des Genossenschaftsregisters und der Liste der Genossen sowie bei den auf die Eintragungen bezüglichen Verhandlungen bestimmen sich, soweit nicht durch Reichsgesetz oder durch diese Vorschriften besondere Anordnungen getroffen sind, nach den in den einzelnen Bundesstaaten für das Handelsregister geltenden Vorschriften.

§ 2.

Eintragungsverfügung.

Die Eintragungen in das Genossenschaftsregister und in die Liste der Genossen erfolgen auf Grund einer Verfügung des Registergerichts. Werden die Geschäfte des Registerführers nicht von einem Richter wahrgenommen, so soll die Verfügung für das Genossenschaftsregister den Wortlaut, für die Liste der Genossen den Inhalt der Eintragungen feststellen.

Die Eintragungen sind unverzüglich zu bewirken. Die erfolgte Eintragung ist bei der gerichtlichen Verfügung zu vermerken.

§ 3.

Benachrichtigung der Betheiligten.

Von jeder Eintragung in das Genossenschaftsregister oder in die Liste der Genossen ist dem Vorstand oder den Liquidatoren Nachricht zu geben. Das Gleiche gilt von der Ablehnung einer beantragten Eintragung.

Diese Benachrichtigungen sowie die in den Fällen der §§ 15, 72, 76, 77, 137 des Gesetzes weiter vorgeschriebenen Benachrichtigungen von Genossen und von Gläubigern oder Erben eines Genossen können ohne Förmlichkeiten, insbesondere durch einfache Postsendung erfolgen. Für die Benachrichtigungen über Eintragungen in die Liste der Genossen sind Formulare zu verwenden, deren Ausfüllung dem Gerichtsschreiber obliegt; die Benachrichtigung ist in der Regel mittelst einer Postkarte zu bewirken, auf deren Rückseite sich das Formular befindet.

Wird eine Eintragung abgelehnt, so sind die Gründe der Ablehnung mitzutheilen.

§ 4.

Bekanntmachung der Registereintragungen.

Die öffentliche Bekanntmachung einer Eintragung in das Genossenschaftsregister (Gesetz § 156; Handelsgesetzbuch § 10) ist zu veranlassen, sobald die Eintragung bewirkt ist und ohne daß eine andere Eintragung abgewartet werden darf.

§ 5.

Für die Bekanntmachungen aus dem Genossenschaftsregister können neben dem Deutschen Reichsanzeiger andere als die für die Bekanntmachungen aus dem Handelsregister dienenden Blätter bestimmt werden. Hinsichtlich der Bekanntmachung der hiernach bestimmten Blätter finden die Vorschriften entsprechende Anwendung, welche für die Bekanntmachung der zu den Veröffentlichungen aus dem Handelsregister benutzten Blätter gelten.

Hört eines der Blätter im Laufe des Jahres zu erscheinen auf, so hat das Gericht unverzüglich ein anderes Blatt zu bestimmen.

Bei kleineren Genossenschaften, für welche gemäß § 156 des Gesetzes neben dem Reichsanzeiger nur ein anderes Blatt zu bestimmen ist, hat die Auswahl dieses Blattes hauptsächlich mit Rücksicht auf die Verbreitung im Gerichtsbezirke zu erfolgen. Bei der Entscheidung, ob eine Genossenschaft zu den kleineren Genossenschaften zu rechnen ist, hat das Registergericht sowohl die Zahl der vorhandenen Mitglieder und die Größe des Genossenschaftsvermögens als die Art und den Umfang des Geschäftsbetriebs zu berücksichtigen.

Die Bekanntmachungen im Deutschen Reichsanzeiger sind in einem bestimmten Theile des Blattes zusammenzustellen.

§ 6.

Form der Anmeldungen sowie der sonstigen Anzeigen, Erklärungen und Einreichungen.

Die Vorschrift, daß Anmeldungen zum Genossenschaftsregister durch sämmtliche Mitglieder des Vorstandes oder durch sämmtliche Liquidatoren persönlich zu bewirken oder in beglaubigter Form einzureichen sind (Gesetz § 157 Abs. 1), gilt nur von den Anmeldungen, welche in dem Gesetz als solche ausdrücklich bezeichnet sind.

Dahin gehören:

1. die Anmeldung des Statuts (Gesetz §§ 10, 11);

2. die Anmeldung von Abänderungen des Statuts (Gesetz § 16) einschließlich der Anmeldung einer Herabsetzung der Haftsumme und der Umwandlung einer Genossenschaft nebst den von dem Vorstande hierbei abzugebenden Versicherungen (Gesetz §§ 133, 143, 144);
3. die Anmeldung einer Zweigniederlassung (Gesetz § 14) oder der Aufhebung einer solchen;
4. die Anmeldung der Bestellung, des Ausscheidens oder der vorläufigen Enthebung von Vorstandsmitgliedern und Liquidatoren (Gesetz §§ 10, 11, 28, 84, § 85 Abs. 2);
5. die Anmeldung der Auflösung einer Genossenschaft in den Fällen der §§ 78, 79 des Gesetzes.

Die Anmeldung durch einen Bevollmächtigten ist ausgeschlossen.

§ 7.

Für die sonstigen Anzeigen und Erklärungen, die zum Genossenschaftsregister oder zur Liste der Genossen zu bewirken sind, bedarf es weder der Mitwirkung sämmtlicher Vorstandsmitglieder oder Liquidatoren noch, soweit nicht ein Anderes vorgeschrieben ist, der beglaubigten Form (zu vergl. Gesetz § 33 Abs. 2, § 63 Abs. 2, § 89). Sind jedoch solche Anzeigen oder Erklärungen mit rechtlicher Wirkung für die Genossenschaft verbunden, so müssen sie in der für die Willenserklärungen des Vorstandes oder der Liquidatoren vorgeschriebenen Form, insbesondere unter Mitwirkung der hiernach erforderlichen Zahl von Vorstandsmitgliedern oder Liquidatoren erfolgen (Gesetz §§ 25, 85). Dahin gehören die sämmtlichen Einreichungen, Anzeigen und Versicherungen, die bezüglich des Beitritts und des Ausscheidens von Genossen sowie bezüglich der Betheiligung von Genossen auf weitere Geschäftsantheile von dem Vorstande zur Liste der Genossen zu bewirken sind (Gesetz § 15 Abs. 2, § 69, § 71 Abs. 2, § 76 Abs. 2, § 77 Abs. 2, § 137 Abs. 2, § 138).

Die Einreichungen und Anzeigen können persönlich bei dem Gericht oder schriftlich mittelst Einsendung bewirkt werden. Im ersteren Falle wird über den Vorgang ein Vermerk unter Bezeichnung der erschienenen Vorstandsmitglieder oder Liquidatoren aufgenommen; im Falle schriftlicher Einreichung ist die ordnungsmäßige Zeichnung durch den Vorstand oder die Liquidatoren erforderlich.

§ 8.

Beglaubigung.

Ist für eine Erklärung die beglaubigte Form erforderlich (§ 6 und § 36 Abs. 1 dieser Vorschriften, § 71 Abs. 2 des Gesetzes), so können außer den Notaren und den sonst zuständigen Behörden und Beamten auch der Gemeindevorsteher sowie die Polizeibehörde die Beglaubigung der Unterschriften bewirken.

In den Fällen, in welchen die Abschrift einer Urkunde zum Genossenschaftsregister oder zur Liste der Genossen einzureichen ist, genügt, sofern nicht ein Anderes vorgeschrieben ist, eine einfache Abschrift (Gesetz § 11 Abs. 2 Nr. 3, § 28, § 69 Abs. 2). Ist die Einreichung einer beglaubigten Abschrift vorgeschrieben, so hat die Beglaubigung durch eine zuständige Behörde oder einen zuständigen Beamten oder Notar zu erfolgen (§ 14 Abs. 2, § 58, § 66 Abs. 2, § 69 Abs. 1 des Gesetzes, § 31 Nr. 2, 5 dieser Vorschriften).

§ 9.

Löschungen von Amtswegen.

Soll eine Eintragung im Genossenschaftsregister von Amtswegen gelöscht werden, weil sie wegen Mangels einer wesentlichen Voraussetzung unzulässig war (Gesetz über die Angelegenheiten der freiwilligen Gerichtsbarkeit §§ 142, 143), so erfolgt die Löschung durch Eintragung des Vermerkes: „Von Amtswegen gelöscht".

Die für die Löschung unzulässiger Eintragungen im Genossenschaftsregister maßgebenden Vorschriften finden auch auf die Liste der Genossen Anwendung.

§ 10.

Gegenstandslos gewordene Eintragungen.

Eine Eintragung in das Genossenschaftsregister oder in die Liste der Genossen, die durch eine spätere Eintragung ihre Bedeutung verloren hat, ist roth zu unterstreichen oder in einer ihre Leserlichkeit nicht beeinträchtigenden Weise zu durchstreichen.

§ 11.

Kosten.

Für die Eintragungen in das Genossenschaftsregister oder in die Liste der Genossen mit Einschluß der Vormerkungen sowie für die Verhandlung und Entscheidung erster Instanz über Anträge auf solche Eintragungen werden Gebühren nicht erhoben; die Erhebung von Auslagen findet nach §§ 79, 80 und 80b des Gerichtskostengesetzes statt (Gesetz § 159). Für die Benachrichtigungen über Eintragungen in die Liste der Genossen werden Schreibgebühren nicht erhoben.

II. Eintragungen in das Genossenschaftsregister.

§ 12.

Einrichtung des Registers.

Das Genossenschaftsregister wird nach dem in den einzelnen Bundesstaaten vorgeschriebenen Formulare geführt.

Jede Genossenschaft ist auf einem besonderen Blatte des Registers einzutragen; die für spätere Eintragungen noch erforderlichen Blätter sind freizulassen.

§ 13.

Registerakten.

Für jede in das Register eingetragene Genossenschaft werden besondere Akten gehalten.

In die Registerakten sind aufzunehmen die zur Eintragung in das Register bestimmten Anmeldungen nebst den ihnen beigefügten Schriftstücken, insbesondere den Zeichnungen von Unterschriften, die sonstigen dem Gericht eingereichten Urkunden und Belege, soweit sie sich nicht auf die Liste der Genossen beziehen (§ 27 Abs. 4), ferner die gerichtlichen Verfügungen sowie die Mittheilungen anderer Behörden und die Nachweise über die Bekanntmachungen.

§ 14.

Inhalt der Eintragung.

Jeder Eintragung ist außer der Angabe des Tages der Eintragung und der Unterschrift des Registerführers eine Verweisung auf die Stelle der Registerakten beizufügen, wo sich die zu Grunde liegende gerichtliche Verfügung (§ 2 dieser Vorschriften) befindet.

§ 15.

Eintragung des Statuts.

Vor der Eintragung des Statuts (Gesetz §§ 10 bis 12) hat das Gericht zu prüfen, ob das Statut den Vorschriften des Gesetzes genügt, insbesondere ob die in dem Statute bezeichneten Zwecke der Genossenschaft den Voraussetzungen des § 1 des Gesetzes entsprechen und ob das Statut die erforderlichen Bestimmungen (Gesetz §§ 6, 7, § 36 Abs. 1 Satz 2, § 131 Abs. 2 Satz 1) enthält.

Die Eintragung des Statuts in das Register erfolgt durch Aufnahme eines Auszugs. Der Auszug hat die im § 12 Abs. 2, 4 des Gesetzes bezeichneten Angaben, bei Genossenschaften mit beschränkter Haftpflicht auch die Höhe der Haftsumme und im Falle des § 134 des Gesetzes die höchste Zahl der Geschäftsantheile, auf welche ein Genosse sich betheiligen kann, zu enthalten.

Die Urschrift des Statuts (Gesetz § 11 Abs. 2 Nr. 1) ist zu den Akten zu nehmen; in dem Register ist auf die Stelle der Akten, wo das Statut sich befindet, zu verweisen.

§ 16.

Eintragung von Abänderungen des Statuts;

Beschlüsse der Generalversammlung, die eine Abänderung der im § 15 Abs. 2 dieser Vorschriften bezeichneten Bestimmungen des Statuts oder die Fortsetzung einer auf bestimmte Zeit beschränkten Genossenschaft zum Gegenstande haben, werden nach ihrem Inhalte, Beschlüsse, die eine sonstige Abänderung des Statuts betreffen, nur unter allgemeiner Bezeichnung des Gegenstandes eingetragen (Gesetz § 16).

Die eine der mit der Anmeldung eingereichten Abschriften des Beschlusses (Gesetz § 16 Abs. 3 Satz 1) ist zu den Akten zu nehmen; in dem Register ist auf die Stelle der Akten, wo die Abschrift sich befindet, zu verweisen.

§ 17.

insbesondere der Umwandlung einer Genossenschaft und der Herabsetzung der Haftsumme.

Im Falle der Umwandlung einer Genossenschaft (Gesetz §§ 143, 144) ist außer dem Umwandlungsbeschluß auch die durch den Beschluß bedingte Aenderung der Firma (Gesetz §§ 2, 3) und bei der Umwandlung in eine Genossenschaft mit beschränkter Haftpflicht die Höhe der Haftsumme, sowie im Falle des § 134 des Gesetzes die höchste Zahl der Geschäftsantheile, auf welche ein Genosse sich betheiligen kann, einzutragen.

In den im § 143 des Gesetzes bezeichneten Umwandlungsfällen sowie im Falle einer Herabsetzung der Haftsumme bei einer Genossenschaft mit beschränkter Haftpflicht (§ 133 daselbst) sind mit der Anmeldung des Beschlusses die Belege über die vorgeschriebenen Bekanntmachungen des Beschlusses einzureichen; zugleich haben die sämmtlichen Mitglieder des Vorstandes die im § 133 Abs. 2 des Gesetzes vorgesehene schriftliche Versicherung abzugeben. Die Eintragung darf nur stattfinden, wenn zwischen der letzten der bezeichneten Bekanntmachungen und der Anmeldung ein Jahr verstrichen ist.

Im Uebrigen finden die Vorschriften des § 16 Anwendung.

§ 18.

Eintragungen in Ansehung der Mitglieder des Vorstandes.

Die Anmeldung und Eintragung der Vorstandsmitglieder (Gesetz § 10 Abs. 1, § 28) hat mit dem Beginn ihres Amtes zu erfolgen. Dasselbe gilt für den Fall der Bestellung von Stellvertretern behinderter Vorstandsmitglieder (Gesetz § 35). Bei der Eintragung sind die Vorstandsmitglieder nach Familiennamen, Vornamen, Beruf und Wohnort anzugeben.

Die Beendigung der Vertretungsbefugniß eines Vorstandsmitglieds ist alsbald nach dem Ausscheiden des Mitglieds aus dem Vorstand anzumelden und einzutragen. Als Beendigung der Vertretungsbefugniß gilt auch eine vorläufige Enthebung durch den Aufsichtsrath (Gesetz § 40).

Eine Beschränkung der Vertretungsbefugniß des Vorstandes kann nicht eingetragen werden.

§ 19.

Eintragung von Zweigniederlassungen.

Die Errichtung einer Zweigniederlassung außerhalb des Gerichtsbezirkes der Hauptniederlassung ist bei dem Gericht, in dessen Bezirke die erstere sich befindet, gemäß § 14 des Gesetzes zur Eintragung anzumelden. Die Eintragung erfolgt nicht, bevor die Eintragung der Hauptniederlassung nachgewiesen ist.

Von der bewirkten Eintragung der Zweigniederlassung hat das Gericht dem Gerichte der Hauptniederlassung Mittheilung zu machen. Auf Grund dieser Mittheilung wird die Errichtung der Zweigniederlassung im Register der Hauptniederlassung vermerkt (Gesetz über die Angelegenheiten der freiwilligen Gerichtsbarkeit §§ 131, 147).

Die bei dem Gerichte der Hauptniederlassung zu bewirkenden Anmeldungen und Einreichungen zum Genossenschaftsregister haben mit Ausnahme des Falles der Auflösung der Genossenschaft in der gleichen Weise auch bei dem Gerichte jeder Zweigniederlassung zu erfolgen (Gesetz § 157 Abs. 2).

Im Falle der Auflösung der Genossenschaft hat das Gericht der Hauptniederlassung von der in seinem Register bewirkten Eintragung unverzüglich zu dem Genossenschaftsregister einer jeden Zweigniederlassung Mittheilung zu machen; auf Grund dieser Mittheilung wird die Auflösung im Register der Zweigniederlassung vermerkt. Das Gleiche gilt im Falle der Konkurseröffnung sowie im Falle einer von Amtswegen im Register der Hauptniederlassung bewirkten Löschung (§§ 9, 22, 23 dieser Vorschriften).

Wird abgesehen von den Fällen der Auflösung und der Nichtigkeit der Genossenschaft eine Zweigniederlassung aufgehoben, so ist dies in der gleichen Weise, wie die Errichtung, bei dem Gerichte der Zweigniederlassung zur Eintragung anzumelden und auf Grund der Mittheilung dieses Gerichts über die bewirkte Eintragung im Register der Hauptniederlassung zu vermerken (Gesetz über die Angelegenheiten der freiwilligen Gerichtsbarkeit §§ 131, 147).

Wird eine Zweigniederlassung in dem Gerichtsbezirk errichtet, welchem die Hauptniederlassung angehört, so ist nur die Errichtung und der Ort der Zweigniederlassung durch den Vorstand anzumelden und in dem Register bei der Hauptniederlassung einzutragen. Diese Vorschrift findet im Falle der Aufhebung entsprechende Anwendung.

§ 20.

Eintragung der Auflösung.

Die Eintragung der Auflösung einer Genossenschaft in das Register der Hauptniederlassung erfolgt

1. in den Fällen der §§ 78 und 79 des Gesetzes auf Grund der Anmeldung des Vorstandes,
2. in den übrigen Fällen von Amtswegen, und zwar in dem Falle des § 80 nach Eintritt der Rechtskraft des von dem Registergericht erlassenen Auflösungsbeschlusses, in dem Falle des § 81 auf Grund der von der zuständigen Verwaltungsgerichts- oder Verwaltungsbehörde erster Instanz dem Registergerichte mitgetheilten rechtskräftigen Entscheidung, durch welche die Auflösung aus-

gesprochen ist, im Falle der Eröffnung des Konkursverfahrens auf Grund der Mittheilung des Gerichtsschreibers des Konkursgerichts (Konkursordnung § 112); in dem letzteren Falle unterbleibt die Veröffentlichung der Eintragung (Gesetz § 102).

In allen Fällen der Auflösung, außer dem Falle der Eröffnung des Konkursverfahrens, sind die Liquidatoren von dem Vorstand anzumelden. Dies gilt auch dann, wenn die Liquidation durch die Mitglieder des Vorstandes als Liquidatoren erfolgt (Gesetz §§ 83, 84). Sind die Liquidatoren durch das Gericht ernannt, so geschieht die Eintragung der Ernennung und der Abberufung von Amtswegen (Gesetz § 84 Abs. 2).

Ist über die Form, in welcher die Liquidatoren ihre Willenserklärungen kundzugeben und für die Genossenschaft zu zeichnen haben, insbesondere über die Zahl der Liquidatoren, welche dabei mitwirken müssen, eine Bestimmung getroffen, so ist auch diese anzumelden und einzutragen (Gesetz § 85).

Im Uebrigen finden die auf den Vorstand bezüglichen Vorschriften des § 18 entsprechende Anwendung.

§ 21.

Sobald mit der vollständigen Vertheilung des Genossenschaftsvermögens die Liquidation beendigt ist, haben die Liquidatoren die Beendigung ihrer Vertretungsbefugniß zur Eintragung anzumelden.

Die Aufhebung oder Einstellung des Konkursverfahrens (Konkursordnung §§ 163, 205, Gesetz § 116, ist auf Grund der Mittheilung des Gerichtsschreibers des Konkursgerichts im Genossenschaftsregister zu vermerken.

§ 22.

Eintragung der Nichtigkeit der Genossenschaft.

Soll eine Genossenschaft von Amtswegen als nichtig gelöscht werden, so ist in der Verfügung, welche nach § 142 Abs. 2, § 147 Abs. 2, 4 des Gesetzes über die Angelegenheiten der freiwilligen Gerichtsbarkeit der Genossenschaft zugestellt wird, ausdrücklich darauf hinzuweisen, daß der Mangel bis zur Löschung durch Beschluß der Generalversammlung gemäß § 95 Abs. 2 bis 4 des Genossenschaftsgesetzes geheilt werden kann.

Die Löschung erfolgt durch Eintragung eines Vermerkes, der die Genossenschaft als nichtig bezeichnet. Das Gleiche gilt in dem Falle, daß die Genossenschaft durch rechtskräftiges Urtheil für nichtig erklärt ist (Gesetz §§ 94, 96).

Im Uebrigen finden die Vorschriften des § 20 Abs. 2 bis 4 und des § 21 Abs. 1 entsprechende Anwendung.

§ 23.

Eintragung der Nichtigkeit von Beschlüssen der Generalversammlung.

Soll ein eingetragener Beschluß der Generalversammlung von Amtswegen als nichtig gelöscht werden (Gesetz über die Angelegenheiten der freiwilligen Gerichtsbarkeit § 147 Abs. 3, 4), so erfolgt die Löschung durch Eintragung eines Vermerkes, der den Beschluß als nichtig bezeichnet. Das Gleiche gilt, wenn der Beschluß durch rechtskräftiges Urtheil für nichtig erklärt ist (Gesetz § 51 Abs. 5).

§ 24.

Berichtigung von Schreibfehlern.

Schreibfehler und andere offenbare Unrichtigkeiten, die in einer Eintragung vorkommen, sind vor dem Gerichte zu berichtigen, ohne daß es einer vorgängigen Be-

nachrichtigung der Genossenschaft bedarf. Die Berichtigung erfolgt durch Eintragung eines Vermerkes.

§ 25.

Das Genossenschaftsregister ist dauernd aufzubewahren.

Die Registerakten (§ 13) können nach Ablauf von dreißig Jahren seit der Eintragung einer der im § 21 bezeichneten Thatsachen vernichtet werden.

III. Die Eintragungen in die Liste der Genossen.

§ 26.

Oeffentlichkeit der Liste.

Die Einsicht der Liste der Genossen ist Jedem gestattet (Gesetz § 12 Abs. 3).

Die Vorschriften des § 9 Abs. 2, 3 des Handelsgesetzbuchs über die Ertheilung von Abschriften und Bescheinigungen aus dem Handelsregister und aus den zu dem Handelsregister eingereichten Schriftstücken finden auch auf die Liste der Genossen und auf die zu der Liste eingereichten Schriftstücke Anwendung.

§ 27.

Einrichtung der Liste.

Die Liste der Genossen wird für jede in das Register eingetragene Genossenschaft nach dem anliegenden Formulare geführt. Sie bildet eine besondere Beilage zum Genossenschaftsregister.

Auf dem Titelblatte der Liste sind die Firma und der Sitz der Genossenschaft sowie Beginn und Ende des Geschäftsjahrs (Gesetz § 8 Abs. 1 Nr. 3, § 12 Abs. 1 Nr. 6) anzugeben.

Bei jeder Eintragung ist der Tag der Eintragung anzugeben; eine Unterzeichnung der Eintragung ist nicht erforderlich.

Die Anträge, Schriftstücke und Verfügungen, auf Grund deren die Eintragung stattfindet, sind mit der laufenden Nummer, unter welcher der Genosse in die Liste eingetragen ist, zu versehen und, nach Jahrgängen gesammelt, aufzubewahren.

§ 28.

Liste der Zweigniederlassung.

Eine Liste der Genossen wird auch bei jedem Gerichte geführt, in dessen Register eine Zweigniederlassung der Genossenschaft eingetragen ist. Die Eintragungen in diese Liste erfolgen nicht auf Grund unmittelbarer Anzeigen oder Anträge der Betheiligten, sondern auf Grund der von dem Gerichte der Hauptniederlassung dem Gerichte der Zweigniederlassung gemachten Mittheilungen über die in der Hauptliste bewirkten Eintragungen (Gesetz § 158 Abs. 1).

§ 29.

Eintragung des Beitritts.

In den Spalten 1 bis 4 werden die Mitglieder der Genossenschaft unter laufenden Nummern nach Familiennamen, Vornamen, Beruf und Wohnort eingetragen.

Als erste Mitglieder einer zur Eintragung angemeldeten Genossenschaft sind die Unterzeichner des Statuts einzutragen. Es ist darauf zu achten, daß diese auch in der mit der Anmeldung des Statuts von dem Vorstand eingereichten besonderen Liste (Gesetz § 11 Abs. 2 Nr. 2) aufgeführt sind.

Bei der Eintragung eines Genossen, der nach der Anmeldung des Statuts der Genossenschaft beitritt, hat das Gericht zu prüfen, ob die Beitrittserklärung (Gesetz § 15) die Unterschrift des Genossen trägt, eine unbedingte ist und bei Genossenschaften mit unbeschränkter Haftpflicht oder unbeschränkter Nachschußpflicht die in den §§ 120, 127 des Gesetzes vorgeschriebene Bemerkung enthält, sowie ob die Einreichung ordnungsmäßig durch den Vorstand erfolgt ist (§ 7 dieser Vorschriften).

Auf die Echtheit der Unterschrift und die Wirksamkeit der Beitrittserklärung erstreckt sich die Prüfung des Gerichts nicht; vielmehr bleibt es im Allgemeinen den Betheiligten überlassen, Mängel in dieser Richtung im Wege der Klage geltend zu machen. Eine Ablehnung der Eintragung aus solchen Gründen ist jedoch nicht ausgeschlossen, falls die Unwirksamkeit der Beitrittserklärung, ohne daß es weiterer Ermittelungen bedarf, aus den dem Gerichte bekannten Thatsachen sich als zweifellos ergiebt.

Bei der Benachrichtigung des Genossen und des Genossenschaftsvorstandes über die Vornahme der Eintragung (Gesetz § 15 Abs. 4, oben § 3) ist die laufende Nummer, unter welcher die Eintragung bewirkt ist, anzugeben.

§ 30.

Eintragung weiterer Geschäftsantheile.

Die Spalten 5 und 6 dienen zur Eintragung der weiteren Geschäftsantheile bei solchen Genossenschaften mit beschränkter Haftpflicht, deren Statut die Betheiligung der Genossen auf mehr als einen Geschäftsantheil gestattet (Gesetz §§ 134 bis 137). Der erste Geschäftsantheil wird nicht eingetragen.

Die Eintragung erfolgt auf Grund der von dem Vorstand eingereichten Betheiligungserklärung des Genossen und der schriftlichen Versicherung des Vorstandes, daß die übrigen Geschäftsantheile des Genossen erreicht seien.

Bei der Einreichung der Urkunden ist die Nummer, unter welcher der Genosse in die Liste eingetragen ist, anzugeben.

Hinsichtlich der Prüfung der Urkunden finden die Vorschriften des § 29 Abs. 3, 4 entsprechende Anwendung.

Bei anderen, als den im Abs. 1 bezeichneten Genossenschaften ist die fünfte und sechste Spalte der Liste mit Rücksicht auf die Möglichkeit einer späteren Umwandlung der Genossenschaft offen zu lassen.

§ 31.

Einreichung der Urkunden im Falle des Ausscheidens von Genossen.

Die Eintragung des Ausscheidens von Genossen erfolgt auf Grund der vom Vorstand eingereichten Urkunden. Diese sind:

1. im Falle der Aufkündigung eines Genossen (Gesetz §§ 65, 69) die Kündigungserklärung des Genossen und die schriftliche Versicherung des Vorstandes, daß die Aufkündigung rechtzeitig erfolgt sei;
2. im Falle der Aufkündigung des Gläubigers eines Genossen (Gesetz §§ 66, 69) die Kündigungserklärung des Gläubigers und die in Nr. 1 bezeichnete Versicherung des Vorstandes, außerdem beglaubigte Abschrift des rechtskräftigen Urtheils oder sonstigen Schuldtitels und des Beschlusses, durch welchen das Geschäftsguthaben des Genossen für den Gläubiger gepfändet und diesem überwiesen ist, sowie des Protokolls des Gerichtsvollziehers oder der sonstigen

Urkunden, aus denen sich die Fruchtlosigkeit einer innerhalb der letzten sechs Monate vor der Pfändung und Ueberweisung des Geschäftsguthabens gegen den Genossen versuchten Zwangsvollstreckung ergiebt;

3. im Falle der Aufgabe des Wohnsitzes eines Genossen bei Genossenschaften, deren Statut die Mitgliedschaft an den Wohnsitz innerhalb eines bestimmten Bezirkes knüpft (Gesetz § 8 Abs. 1 Nr. 2, §§ 67, 69), die Austrittserklärung des Genossen oder Abschrift der an den Genossen gerichteten Erklärung, mit welcher die Genossenschaft das Ausscheiden des Genossen verlangt hat, sowie eine Bescheinigung der Polizei- oder Gemeindebehörde über den Wegzug aus dem Bezirke;

4. im Falle der Ausschließung eines Genossen aus der Genossenschaft (Gesetz §§ 68, 69) Abschrift des Ausschließungsbeschlusses;

5. im Falle der Uebertragung des Geschäftsguthabens (Gesetz §§ 76, 138) die zwischen dem Ausscheidenden und dem Erwerber des Guthabens wegen der Uebertragung geschlossene Uebereinkunft oder eine beglaubigte Abschrift der Uebereinkunft und,

   falls der Erwerber bereits Mitglied der Genossenschaft ist, die schriftliche Versicherung des Vorstandes, daß das bisherige Geschäftsguthaben des Erwerbers mit dem ihm zuzuschreibenden Betrage den Geschäftsantheil oder — im Falle des § 138 des Gesetzes — die der höchsten Zahl der Geschäftsantheile entsprechende Gesammtsumme nicht übersteigt,

   falls der Erwerber des Guthabens noch nicht Mitglied der Genossenschaft ist, seine vorschriftsmäßige Beitrittserklärung;

6. im Falle des Todes eines Genossen (Gesetz § 77) eine Anzeige des Sterbefalls; als solche genügt eine von den Angehörigen des Verstorbenen veröffentlichte oder der Genossenschaft erstattete Anzeige und mangels einer solchen die Erklärung des Genossenschaftsvorstandes, daß der Todesfall eingetreten sei.

§ 32.

Zeit der Einreichung.

In den Fällen der Aufkündigung des Genossen oder des Gläubigers eines Genossen hat die Einreichung der Urkunden durch den Vorstand spätestens sechs Wochen vor dem Schlusse des Geschäftsjahrs (Gesetz § 69 Abs. 1) zu erfolgen. Die Einreichung der im Laufe des Geschäftsjahrs erfolgten Aufkündigungen kann bis zu dem bezeichneten Zeitpunkt aufgeschoben und zusammen bewirkt werden.

Dasselbe gilt in den Fällen der Austrittserklärung wegen Aufgabe des Wohnsitzes und der Ausschließung; sind jedoch diese Thatsachen erst in den letzten sechs Wochen des Geschäftsjahrs eingetreten, so ist die Einreichung unverzüglich zu bewirken.

In den Fällen der Uebertragung des Geschäftsguthabens und des Todes eines Genossen hat die Einreichung durch den Vorstand unverzüglich zu erfolgen.

Bei der Einreichung der Urkunden ist die Nummer, unter welcher der ausscheidende Genosse in die Liste eingetragen ist, anzugeben.

Hinsichtlich der Prüfung der Urkunden finden die Vorschriften des § 29 Abs. 3, 4 entsprechende Anwendung.

§ 33.

Eintragung des Ausscheidens.

Das Ausscheiden von Genossen wird in den Spalten 7 bis 9 der Liste eingetragen.

Außer der das Ausscheiden begründenden Thatsache (§ 31 Nr. 1 bis 6) ist in den Fällen der Aufkündigung, des Wegzugs aus dem Bezirk und der Ausschließung in der Spalte 8 zugleich der Jahresschluß, zu welchem die Aufkündigung, Austrittserklärung oder Ausschließung erfolgt ist, zu vermerken.

Im Falle der Uebertragung des Geschäftsguthabens ist in der Spalte 8 außer der Uebertragung die Person des Erwerbers und die laufende Nummer, unter welcher er in die Liste eingetragen ist oder eingetragen wird, anzugeben. Ist der Erwerber noch nicht Genosse, so darf die Uebertragung nur gleichzeitig mit dem Beitritte des Erwerbers eingetragen werden.

Im Falle des Todes eines Genossen ist der Zeitpunkt des Todes zu vermerken.

§ 34.

Der Tag des Ausscheidens wird in der Spalte 9 eingetragen. Da mit den im Gesetze bestimmten Ausnahmen das Ausscheiden nur zum Schlusse eines Geschäftsjahrs und nur nach erfolgter Eintragung wirksam wird, so kann als Zeitpunkt des Ausscheidens regelmäßig nur der letzte Tag des Geschäftsjahrs, in welchem die Eintragung stattfindet, eingetragen werden.

Soll nach den eingereichten Urkunden das Ausscheiden nicht zum Schlusse des laufenden, sondern eines späteren Geschäftsjahrs stattfinden, so ist dieser spätere Zeitpunkt einzutragen.

Wird die Einreichung der Urkunden oder die Eintragung selbst erst nach dem Jahresschlusse, mit welchem das Ausscheiden stattfinden sollte, bewirkt, so kann es erst mit dem nächsten Jahresschlusse wirksam werden; in diesem Falle ist deshalb der letztere Zeitpunkt als Tag des Ausscheidens in die Liste einzutragen. Eine Ausnahme gilt für die Eintragung des Ausscheidens bei Todesfällen, indem hier das Ausscheiden des Erben nicht von der vorgängigen Eintragung in die Liste abhängig ist (Gesetz § 77). Auch bei verspäteter Einreichung der Todesanzeige ist deshalb der letzte Tag desjenigen Geschäftsjahrs, in welchem der Todesfall eingetreten ist, als Zeitpunkt des Ausscheidens einzutragen.

Auf den Fall des Ausscheidens durch Uebertragung des Geschäftsguthabens finden die vorstehenden Bestimmungen keine Anwendung. In diesem Falle wird das Ausscheiden unmittelbar durch die Eintragung wirksam; der Tag der letzteren ist deshalb auch der Zeitpunkt des Ausscheidens und als solcher in der Liste zu vermerken.

§ 35.

Eintragung von Vormerkungen.

Vormerkungen zur Sicherung des Ausscheidens (Gesetz § 71) werden in den Spalten 7 und 8 eingetragen. Die Eintragung erfolgt auf Antrag des Genossen, welcher das Ausscheiden beansprucht, im Falle des § 66 des Gesetzes auf Antrag des Gläubigers des Genossen. Die Thatsachen, auf welche der Anspruch gegründet wird (rechtzeitig bewirkte Aufkündigung, Uebertragung des Geschäftsguthabens, Tod des Erblassers u. s. w.), sind anzugeben; des Nachweises oder der Glaubhaftmachung bedarf es nicht.

Der Zeitpunkt, zu welchem das Ausscheiden beansprucht wird, ist ebenfalls in der Spalte 8 anzugeben. Er bestimmt sich nach den Grundsätzen, welche maßgebend sein würden, wenn statt der Vormerkung das Ausscheiden selbst einzutragen wäre (§ 34). In der Spalte 9 wird der hiernach vorgemerkte Zeitpunkt erst eingetragen, wenn das Ausscheiden durch Anerkenntniß des Vorstandes oder durch rechtskräftiges Urtheil festgestellt ist und dies in die Liste eingetragen wird (Gesetz §. 71 Abs. 2).

§ 36.

Unwirksame Eintragungen; Berichtigung von Schreibfehlern.

Ist die Unwirksamkeit einer Eintragung durch eine übereinstimmende Erklärung des betheiligten Genossen und des Vorstandes der Genossenschaft in beglaubigter Form anerkannt oder durch rechtskräftiges Urtheil festgestellt, so ist dies auf Antrag eines der beiden Theile in der letzten Spalte einzutragen.

Schreibfehler und ähnliche offenbare Unrichtigkeiten, die in einer Eintragung vorkommen, sind von dem Gerichte durch einen Vermerk in der letzten Spalte zu berichtigen.

§ 37.

Die Liste der Genossen ist dauernd aufzubewahren.

Auf die nach Jahrgängen gesammelten Anträge, Schriftstücke und Verfügungen (§. 27 Abs. 4) findet die Vorschrift des § 25 Abs. 2 entsprechende Anwendung.

Berlin, den 1. Juli 1899.

Der Reichskanzler.

Fürst zu Hohenlohe.

Anlage.

Liste der Genossen

für

....

Das Geschäftsjahr beginnt am .... und

endigt am ....

Laufende Nr.	Genossen.			Weitere Geschäftsantheile.		Ausscheiden.			Bemerkungen.
	Tag der Eintragung.	Name und Beruf.	Wohnort.	Tag der Eintragung.	Zahl der weiteren Geschäftsantheile	Tag der Eintragung.	Grund des Ausscheidens.	Tag des Ausscheidens.	
1.	2.	3.	4.	5.	6.	7.	8.	9.	10.
1.	4. Februar 1900.	Meier, Wilhelm, Schlossermeister	Merseburg			18. November 1902	Aufkündigung zum 31. Dezember 1902	31. Dezember 1902	
2.	4. Februar 1900.	Böttcher, Hermann, Tischlermeister	"						Die Eintragung des Beitritts ist durch rechtskräftiges Urtheil für unwirksam erklärt. Eingetragen am 6. Juli 1901.
3.	15. März 1900	Kraus, Philipp, Kaufmann	"	15. Dezember 1900 1. Juni 1901	1 1 2	7. August 1902	Gestorben am 30. Juli 1902	31. Dezember 1902	
4.	15. März 1900	Himmelreich, Anton, Klempnermeister	"			5. Juni 1901	Uebertragung d. Guthabens an .... (Nr. ....)	5. Juni 1901	
5.	15. März 1900	Kannegießer, Adolf, Auslaufer	"			25. Januar 1903	Ausschließung zum 31. Dezember 1903	31. Dezember 1903	
6.	15. März 1900	Müller, Hans, Landwirth	Bolzhausen	1. Mai 1901	1	20. Dezember 1903 4. März 1904	Vorgemerkt Kündigung z. 31. Dezbr. 1903 Anerkannt	31. Dezember 1903	
7.	2. April 1900	Schulz, Eduard, Gastwirth	Merseburg						
8.	2. April 1900	Becker, Matthias, Maurermeister	"			20. Dezember 1902	Wegen Aufgabe des Wohnsitzes im Bezirk ausgetreten zum 31. Dezember 1902	31. Dezember 1902	

FSC
www.fsc.org
MIX
Papier | Fördert gute Waldnutzung
FSC® C083411

Kolibri 360 GmbH
Ferdinand-Jühlke-Straße 7
99095 Erfurt, Deutschland
produktsicherheit@kolibri360.de